I0094833

TRAITÉ

DE LA

SAISIE IMMOBILIÈRE

ET DE LA

PROCÉDURE D'ORDRE

PAR

E. GARSONNET

PROFESSEUR A LA FACULTÉ DE DROIT DE PARIS

(Extrait du *Traité théorique et pratique de procédure*)

PARIS

L. LAROSE ET FORCEL

Libraires-Editeurs

22, Rue Soufflot, 22

1891

TRAITÉ

DE LA

SAISIE IMMOBILIÈRE

ET DE LA

PROCÉDURE D'ORDRE

OUVRAGES DU MÊME AUTEUR

Traité théorique et pratique de procédure, organisation judiciaire, compétence et procédure en matière civile et commerciale, 1882-1891, tomes I à IV in-8°................ **40** fr.

(L'ouvrage formera 5 volumes.)

Précis de procédure civile, contenant les matières exigées pour le deuxième examen de baccalauréat en droit, 1885, **1** volume in-**8°**.. **12** fr.

Histoire des locations perpétuelles et des baux à longue durée, 1879, **1** volume in-**8°**..................... **12** fr.

(Ouvrage couronné par l'Académie des Sciences morales et politiques.)

Textes de droit romain, à l'usage des Facultés de droit, 1888, **1** volume in-**18**.............................. **6** fr.

TRAITÉ

DE LA

SAISIE IMMOBILIÈRE

ET DE LA

PROCÉDURE D'ORDRE

PAR

E. GARSONNET

PROFESSEUR A LA FACULTÉ DE DROIT DE PARIS

(Extrait du *Traité théorique et pratique de procédure*)

PARIS

L. LAROSE ET FORCEL

Libraires-Editeurs

22, Rue Soufflot, 22

1891

IMPRIMERIE
CONTANT-LAGUERRE
LVX VITAM
BAR-LE-DUC

TROISIÈME PARTIE

PROCÉDURE

(Suite)

LIVRE III.

PROCÉDURE POSTÉRIEURE AU JUGEMENT.

TITRE II.

EXÉCUTION DU JUGEMENT.

CHAPITRE II.

DE L'EXÉCUTION FORCÉE.

SECTION III.

DE LA SAISIE IMMOBILIÈRE.

§ I.

Principes généraux de la saisie immobilière.

SOMMAIRE. — § **638.** Histoire de la saisie immobilière. — § **639.** Dispositions du Code civil en cette matière. Privilège du Crédit foncier. Du droit qu'ont les créanciers d'un créancier hypothécaire de prendre inscription pour lui. — § **640.** Quels biens peuvent être saisis dans cette forme. — § **641.** Suite. Ce ne peut être que des immeubles. — § **642.** Suite. Il faut qu'ils appartiennent à la partie saisie. *Quid* des constructions élevées par une personne sur le sol d'autrui? — § **643.** Les immeubles des mineurs et interdits ne peuvent être saisis qu'après la discussion du mobilier. — § **644.** Saisie des biens hypothéqués et non hypothéqués, et des biens situés dans différents arrondissements. — § **645.** A quelles conditions la partie saisie peut obtenir un délai de grâce par dérogation aux articles 122 et 124. — § **646.** Des personnes, autres que le débiteur, qui peuvent être poursuivies par voie de saisie immobilière. — § **647.** Suite. 1° Du tiers détenteur. Comment il peut échapper à cette saisie : purge, délaissement, bénéfice de discussion. — § **648.** Suite. 2° Du curateur à l'immeuble délaissé. — § **649.** Suite. 3° De la caution réelle. — § **650.** Pourquoi la saisie immobilière est plus compliquée que les autres. C'est une procédure judiciaire. Quel est le tribunal compétent pour en connaître? Plan de cette section.

§ **638.** La saisie des immeubles est moins ancienne en France que celle des meubles : j'en ai dit le motif au § **531**. Elle n'apparaît qu'au XIIIe siècle et entourée de restrictions qui, par des voies diverses, tendent au même but : conserver l'immeuble du débiteur à sa famille et parer aux dangers d'une expropriation trop rapide et trop facile. Ce ne sont pas seulement des précautions plus grandes et des formalités plus nombreuses[1], ce sont les privilèges concédés à certains pays où les créanciers ne peuvent vendre les immeubles de leur débiteur sans son consentement[2], l'obligation assez générale de discuter préalablement le mobilier[3], et quelquefois même l'interdiction de vendre l'immeuble saisi. Les créanciers n'en ont que la jouissance jusqu'au paiement, quand c'est un fief[4] ou que le débiteur a été condamné par défaut[5]; ils peuvent seulement y mettre des garnisaires lors-

§ **638.** [1] Voy., sur les formes de la saisie immobilière dans le très ancien droi français, Tambour, *Des voies d'exécution*, t. II, p. 131 et suiv.; Petiet, *Des effets des jugements d'adjudication sur surenchère*, Thèse pour le doctorat (Paris, 1884), nos 32 et suiv. Par une exception qui paraît unique, une ordonnance de juillet 1409 instituait en Dauphiné une seule saisie, la même pour les immeubles que pour les meubles (Ch. LXXVIII et suiv.; *Ordonnances des rois de France*, t. IX, p. 453).

[2] Voy. notamment les privilèges octroyés à Rouvre par le duc de Bourgogne en 1259 et confirmés en 1361 par le roi Jean-le-Bon, art. 3 (*Ordonnances des rois de France*, t. IV, p. 391). Aj. Bouteiller, *Somme rurale*, ch. LXIX (P. 409).

[3] Voy. Beaumanoir, *Coutumes de Beauvoisis*, ch. XXXV, no 2, ch. XLIII, no 18 (Éd. Beugnot, t. II, p. 40 et 176); Bouteiller, *op. cit.*, tit. XLIX (P. 412); très ancienne coutume de Bretagne, art. 296 (Bordot de Richebourg, *Nouveau coutumier général*, t. IV, p. 270); très ancienne coutume de Bourgogne, art. 293 (Giraud, *Essai sur l'histoire du droit français au moyen-âge*, t. II, p. 324); fors de Béarn, *Rubrica de sentencias*, ch. 8 et suiv. (Bordot de Richebourg, *op. cit.*, t. IV, p. 1083); coutumes de Riom, art. 35 (*Ordonnances des rois de France*, t. XI, p. 497); O. 1409 pour le Dauphiné, ch. LXXIX (*Ib.*, t. IX, p. 453). Dans la très ancienne coutume de Bretagne (Art. 301; Bordot de Richebourg, *op. cit.*, t. IV, p. 271) et d'après l'ordonnance de juillet 1409 pour le Dauphiné, la maison du débiteur ne pouvait être saisie qu'à défaut d'autres biens; aux termes de la même ordonnance, les biens qui valaient plus du double du montant de la dette ne pouvaient être saisis qu'à défaut des autres (Ch. LXXIX; *ib.*, t. IX, p. 453). Une ordonnance de 1319 accordait aux habitants du Périgord et du Quercy le privilège de n'être pas saisis sur les biens nobles de leur résidence, s'ils possédaient d'autres biens saisissables (Ch. XIX; *ib.*, t. I, p. 698). Là même où la discussion préalable des meubles n'était pas requise, le débiteur pouvait obtenir la récréance en fournissant des meubles en quantité suffisante pour couvrir la totalité de la dette (Masuer, *Practica forensis*, tit. XXX, no 11, p. 420; voy., sur la récréance, t. III, § **448**).

[4] Beaumanoir, *op. cit.*, ch. XXXV, no 2 (Éd. Beugnot, t. II, p. 40). Bouteiller, *op. cit.*, tit. XXV (P. 136). Les Assises de Jérusalem n'admettaient même la saisie du fief qu'à défaut d'autres biens (Jean d'Ibelin, ch. CLXXXV; éd. Beugnot, t. I, p. 289).

[5] Pierre de Fontaines, *Conseil à un ami*, ch. XXI, § 9 (Éd. Marnier, p. 231). Aj. des dispositions transitoires : 1o les croisés qui voulaient éviter la vente de leurs immeubles donnaient à leurs créanciers le droit d'en percevoir les revenus (O. 1214, ch. I; *Ordonnances des rois de France*, t. I, p. 31); 2o à deux reprises, des ordonnances interdirent aux Juifs de faire vendre les immeubles de leurs débiteurs pour cause de dettes anciennes, et leur permirent seulement de se faire assigner les deux tiers du revenu (O. 1218, ch. VIII, O. 1318, art. 7; *ib.*, t. I, p. 37 et 683).

qu'il est loué, constitué en douaire ou donné en gage[6]. L'ordonnance de Villers-Cotterets supprima la discussion du mobilier, à moins que le débiteur ne fût mineur[7]; l'édit « des « criées, » rendu par Henri II le 3 septembre 1551[8], substitua aux coutumes particulières et aux usages locaux une procédure uniforme de « saisie réelle[9] » ou de « décret for« cé[10] » très compliquée, par conséquent très longue et très coûteuse[11]. La Flandre, l'Artois, la Normandie, l'Alsace, la Bresse, le Bugey, la Provence, le Béarn — qui n'observaient généralement pas les ordonnances antérieures à leur réunion — le Dauphiné, le Languedoc et la Guyenne ne suivirent pas l'édit ou ne l'observèrent qu'incomplètement, et restèrent fidèles à leurs coutumes propres[12]. La saisie immobilière, trop lente dans les pays soumis à l'édit, s'accomplit dans ces provinces avec une rapidité excessive qui ne fut tempérée que par la faculté reconnue au débiteur de reprendre pendant quelque temps, en payant sa dette, l'immeuble dont il avait été trop vite exproprié[13]. « C'est le propre de notre

6 Beaumanoir, *op. cit.*, ch. LIV, nº 9 (Éd. Beugnot, t. II, p. 315). Voy., sur l'usage des garnisaires à cette époque, Beaumanoir, *op. cit.*, ch. LIV, nos 9 et suiv. (Éd. Beugnot, t. II, p. 315 et suiv.); et, sur les privilèges locaux qui en portaient suppression, Tambour, *op. cit.*, t. II, p. 148 et suiv.

7 Art. 74 (Isambert, *Recueil des anciennes lois françaises*, t. XII, p. 615). Voy., sur ce point, Pothier, *De la procédure civile*, nos 536 et suiv.

8 Isambert, *op. cit.*, t. XIII, p. 216 et suiv.

9 Pothier, *op. cit.*, nº 522; *Introduction à la coutume d'Orléans*, tit. XXI, nº 1. Un édit de février 1626 créa des commissaires aux saisies réelles (Isambert, *op. cit.*, t. VI, p. 164; voy., sur cette ancienne fonction dont la trace est restée dans l'article 135-4º, Pothier, *De la procédure civile*, nos 546 et suiv.). On sait que *réel* était autrefois synonyme d'*immobilier* (Voy. t. I, § **129**).

10 On appelait décret forcé le jugement d'adjudication qui consommait la saisie (O. 3 sept. 1551, art. 1 et suiv.; Isambert, *op. cit.*, t. XIII, p. 216; Ferrière, *Dictionnaire de droit et de pratique*, vº *Décret forcé;* Pothier, *op. cit.*, nos 625 et suiv.). Le décret volontaire, origine de la purge des privilèges et hypothèques, consistait à simuler un décret forcé dans une vente amiable (Ferrière, *op. cit.*, vº *Décret volontaire*). Les lettres de ratification remplacèrent en 1771 cette procédure minutieuse et compliquée (Éd. juin 1771, Isambert, *op. cit.*, t. XXII, p. 530; Pont, *Des privilèges et hypothèques*, t. II, nº 1263).

11 « En la vente des immeubles saisis, disait Loyseau, nous y faisons beaucoup « plus de façon et de cérémonie qu'en droit romain » (*Du déguerpissement*, liv. III, ch. VII, nº 16; dans ses *Œuvres complètes*, p. 70). Voy., sur cette procédure, Pothier, *op. cit.*, nos 522 et suiv., et *Introduction à la coutume d'Orléans*, tit. XXI, nos 32 et suiv.; Tambour, *op. cit.*, t. II, p. 250 et suiv.

12 Pothier, *Introduction à la coutume d'Orléans*, tit. XXI, nº 1. Tambour, *op. cit.*, t. II, p. 25.

13 En Lorraine, il avait quinze jours (Coutumes de Lorraine, tit. XVIII, art. 17; Bordot de Richebourg, *op. cit.*, t. II, p. 1118); en Dauphiné, quatre mois (Denisart, *Recueil de décisions*, vº *Décret*, nº 82); dans la Bresse et le Bugey, six mois (Merlin,

« ancien droit, a-t-on dit justement, d'offrir à chaque instant « des contrastes de ce genre[14]. »

Ces divergences durèrent jusqu'à la loi du 11 brumaire an VII, celle du 9 messidor an III qui réduisait le délai minimum de la saisie à cinquante jours[15] n'ayant pas reçu d'exécution[16]. A la loi du 11 brumaire an VII, sous l'empire de laquelle la saisie ne pouvait durer moins de deux mois[17], succédèrent le Code civil de 1804 qui posa les principes généraux de cette procédure dans ses articles 2204 à 2218, le Code de procédure de 1806 qui en régla les détails dans ses articles 673 à 748, et la loi du 14 novembre 1808 sur la saisie des immeubles situés dans différents arrondissements : le Code civil lui conserva le titre d'expropriation forcée, souvenir du décret forcé[18]; le Code de procédure lui donna le nom de saisie immobilière qui lui est resté[19]. Les frais considérables et l'extrême lenteur de cette procédure, qui compliquaient la réalisation du gage et éloignaient les capitaux du prêt immobilier[20], appelaient une réforme : réclamée de-

Répertoire, v° *Subhastation*); en Provence et en Languedoc, dix ans (Merlin, *op. cit.*, v° *Rabattement de décrets*, n° 1).

14 Tambour, *op. et loc. cit.*

15 Voy. les articles 110 et suivants de cette loi. La procédure n'était ralentie que par la surenchère du dixième (Art. 145 et suiv.).

16 Cette loi qui formait un Code complet en matière hypothécaire contenait, en outre, une disposition remarquable sur les cédules hypothécaires. Un propriétaire pouvait prendre hypothèque sur lui-même pour un temps qui ne pouvait excéder dix années et jusqu'à concurrence des trois quarts de la valeur vénale de son immeuble; l'acte qui constatait cette hypothèque s'appelait cédule hypothécaire. Le conservateur des hypothèques était chargé de la délivrer; elle était transmissible par endossement et formait un titre exécutoire au profit du porteur contre le souscripteur (Art. 36 et suiv.; voy., sur cette partie de la loi du 9 messidor an III, Challamel, *De la cession des créances hypothécaires en droit français*, Thèse pour le doctorat (Paris, 1878), p. 17 et suiv.). Celles des 26 frimaire, 19 ventôse, 19 prairial, 24 thermidor an IV et 28 vendémiaire an V en prorogèrent successivement la mise en vigueur; cette dernière en suspendit définitivement l'exécution jusqu'à ce qu'il fût statué sur les réformes dont la matière paraîtrait susceptible.

17 Voy. art. 1 et suiv. Il ne faut pas confondre cette loi avec une autre promulguée le même jour, mais bien plus importante, qui établit pour la première fois en France le principe de la publicité des actes constitutifs d'hypothèques ou translatifs de propriété immobilière entre-vifs et à titre onéreux. La publicité n'existait auparavant que dans les pays de nantissement et pour les donations sujettes à insinuation en vertu de l'ordonnance de février 1731; la loi du 9 messidor an III qui généralisait ce principe (Art. 19) n'avait pas été appliquée (Voy. la note précédente). Aj., sur les origines et l'histoire de la publicité des droits réels, Aubry et Rau, *op. cit.*, t. II, p. 277 et suiv.

18 C'était aussi le langage des lois du 9 messidor an III (Tit. I, ch. V, § 2) et du 11 brumaire an VII (Ch. I). Voy., sur le décret forcé, *suprà*, note 10.

19 Il vient de l'ancienne dénomination de « saisie réelle » (Voy. *suprà*, note 9).

20 Voy., sur les inconvénients de cette procédure, Persil, *Premier rapport de la*

puis longtemps par la pratique, elle fut réalisée par la loi du 2 juin 1841 qui abrégea les délais, supprima des formalités reconnues inutiles, et réduisit non-seulement les frais, mais encore le nombre des saisies, car le débiteur, averti à temps de son expropriation imminente, se hâta souvent de payer pour s'y soustraire[21]. La loi du 21 mai 1858, sur e règlement des ordres, améliora notablement la procédure de saisie immobilière en modifiant les articles 692, 696 et 717 : les créanciers hypothécaires dispensés d'inscription furent désormais rattachés à la saisie et leurs hypothèques purgées par le jugement d'adjudication[22]. La loi du 2 juin 1881 mit un terme aux saisies indéfiniment prolongées qui, sans jamais aboutir, frappaient l'immeuble saisi d'indisponibilité[23]. Enfin, la loi du 23 octobre 1884 simplifia les formes et réduisit les frais des ventes judiciaires en général et de la saisie immobilière en particulier, toutes les fois que la mise à prix ou le prix principal d'adjudication ne dépasserait pas 2,000 francs[24].

§ **639**. Les principes généraux posés aux §§ **534** à **554** sur les biens saisissables, les personnes qui peuvent saisir et être saisies, et les titres en vertu desquels il est permis de saisir, s'appliquent à la saisie immobilière comme à toutes les

commission de la Chambre des pairs sur le projet de réforme de 1841 (D. A. vº *Vente publique d'immeubles*, p. 562, nos 1 et suiv.); Pascalis, *Premier rapport de la commission de la Chambre des députés sur le même projet* (D. A. vº *Vente publique d'immeubles*, p. 573, nº 90).

[21] « Ce projet (qui est devenu la loi du 2 juin 1841) remplace vingt-trois actes de « procédure par douze, huit mois à un an de durée de la poursuite par quatre à « huit mois au plus, une dépense de 600 à 700 francs en moyenne par une taxe « d'environ 300 francs. La commission a reconnu qu'il était impossible de porter plus « loin le retranchement des formalités et l'abréviation des délais, sans donner lieu aux « reproches si justement adressés à la loi qui a précédé le Code de procédure » (Pascalis, *op. cit.;* D. A. *vº cit.*, p. 573, nº 91). La loi du 2 juin 1841 n'a pas touché à celle du 14 novembre 1808 : elle est encore en vigueur.

[22] Voy., sur les nouveaux articles 692, 696 et 717, *infrà*, §§ **670**, **673**, **681** et **711**.

[23] Voy., sur cette loi, *infrà*, § **748**.

[24] Voy., sur cette loi, *infrà*, § **768**. On trouvera dans la traduction du Code de procédure civile du 30 janvier 1877 pour l'Empire d'Allemagne, par MM. Glasson, Lederlin et Dareste (Paris, 1887), p. LXXXI et suiv., 259, note 1, 295 et suiv. : 1º l'indication des principales lois étrangères sur la saisie immobilière; 2º un parallèle sommaire entre leurs dispositions les plus importantes et les articles correspondants du Code de procédure français. Le Code de procédure allemand ne s'occupe pas de l'exécution forcée sur les immeubles, lorsqu'elle a pour objet de procurer le paiement d'une somme d'argent : il se réfère, pour le règlement de cette procédure, aux lois particulières de chaque État (Art. 757; *ib.*, p. 259, note 1, et 261).

autres[1]. D'autres dispositions du Code civil lui sont particulières, à savoir : 1° l'article 2204, qui ne permet de saisir sous cette forme que les immeubles, d'ailleurs saisissables, qui sont susceptibles d'hypothèque; 2° les articles 2206 et 2207, qui prescrivent la discussion préalable des meubles du mineur et de l'interdit; 3° les articles 2210 et 2211, modifiés par la loi du 14 novembre 1808, sur la saisie immobilière des biens situés dans différents arrondissements[2]; 4° l'article 2212, sur les conditions auxquelles le débiteur peut obtenir un délai de grâce; 5° l'article 2215, relatif aux saisies immobilières poursuivies en vertu de jugements qui n'ont pas encore acquis force de chose jugée; 6° les articles 2166 à 2179, sur les poursuites dirigées contre le tiers détenteur d'un immeuble hypothéqué ou, en cas de délaissement, contre le curateur de cet immeuble. Je renvoie l'explication de l'article 2215 au titre III[3], mais je joindrai aux hypothèses qui viennent d'être énumérées celle d'une saisie immobilière pratiquée contre une caution réelle, et je m'expliquerai dès maintenant sur deux points qui dominent toute la matière.

1° Je mentionnerai, d'abord, le privilège accordé au Crédit foncier par le décret du 28 février 1852 : il peut remplacer l'expropriation de son débiteur par un séquestre pendant lequel il perçoit nonobstant toute opposition le montant des revenus et des récoltes, et l'applique par privilège au paiement des annuités échues et des frais[4]. A cet effet, il s'adresse par voie de requête, en cas de retard du débiteur, au président du tribunal de première instance du lieu de la situation qui l'autorise à se mettre en possession quinze jours après la mise en demeure aux frais du débiteur et à ses risques (Art. 29 et 30). Cette procédure a pour but « non-seulement de mettre « aux mains des sociétés de crédit foncier les moyens de payer « exactement à chaque semestre les intérêts dus à leurs obli- « gataires, mais aussi d'éviter le plus souvent possible au

§ **639.** [1] On a vu néanmoins que quelques-unes de ces règles conviennent seulement à la saisie immobilière; tels sont les articles 2209 du Code civil (Voy. *suprà*, § **534**) et 556 du Code de procédure (Voy. t. III, § **536**).

[2] L'article 2211 contient une autre disposition relative à la saisie simultanée des biens hypothéqués et non hypothéqués, lorsqu'ils font partie les uns et les autres d'une même exploitation : elle sera expliquée au § **644**.

[3] Voy. *infrà*, § **955**, et le tome V de ce Traité.

[4] Voy., sur ce privilège, Josseau, *Du crédit foncier*, t. I, nos 426 et 427.

« débiteur en retard la dépossession définitive qui résulte de « l'expropriation. C'est un emprunt fait à l'Allemagne; l'ex- « périence en a démontré l'utilité. En réfléchissant, d'ail- « leurs, à la nature du contrat intervenu entre l'emprunteur « et la société, on voit que le revenu de l'immeuble est spé- « cialement affecté au paiement de l'annuité; il ne paraît « donc pas exorbitant d'autoriser la société, à défaut de paie- « ment de cette annuité, à la percevoir elle-même sur le « revenu. Enfin, la société étant inscrite en première ligne, « l'exercice de ce droit, qui a, d'ailleurs, pour effet de dégre- « ver le gage commun, ne paraît pas pouvoir susciter de « plaintes légitimes[5]. » Avec la suppression des délais de grâce[6], la défense de saisir-arrêter le montant des annuités[7], la règle que les intérêts moratoires courent de plein droit au profit du Crédit[8], la rapidité particulière de la saisie lorsqu'il croit devoir y recourir[9], et le droit qui lui est accordé de toucher le montant de sa créance sans subir les lenteurs de l'ordre[10], ce privilège forme une législation spéciale et exceptionnelle appropriée aux besoins du crédit foncier : « Sa « nécessité se justifie facilement, dit M. Josseau : en effet la « principale obligation de l'emprunteur est le paiement exact « de l'annuité; or, lorsqu'on se rend bien compte des consé- « quences désastreuses que pourrait avoir pour ces établisse- « ments l'irrégularité habituelle de quelques-uns de leurs « débiteurs, quand on sait combien la mauvaise volonté peut « encore trouver de ressources dans les formalités judiciaires « malgré les simplifications qu'elles ont déjà reçues de nos « jours, on comprend sans peine que les règles du droit com- « mun étaient ici insuffisantes, et que la législation a dû « armer les sociétés de moyens d'exécution d'une puissance et « d'une rapidité particulières[11]. »

2° Je dois avertir, dès le début de cette procédure où les créanciers privilégiés ou hypothécaires inscrits jouissent de

[5] Josseau, *op. cit.*, t. I, n° 416.
[6] Voy., sur ce point, t. III, § **561**.
[7] Voy., sur ce point, D. 28 févr. 1852, art. 27.
[8] D. 28 févr. 1852, art. 28. Josseau, *op. cit.*, t. I, n°s 412 et 413.
[9] Voy. *infrà*, § **767**.
[10] Voy. *infrà*, § **783**.
[11] *Op. cit.*, t. I, n° 408.

droits particuliers qui n'appartiennent ni aux créanciers chirographaires ni même aux créanciers privilégiés ou hypothécaires soumis à l'inscription et non inscrits[12], que cette inscription peut être prise avant ou après la saisie non-seulement par les créanciers auxquels appartiennent ces privilèges ou ces hypothèques, mais encore par leurs propres créanciers agissant en vertu de l'article 775[13] ou, en cas de subrogation, en vertu de l'article 9 de la loi du 23 mars 1855[14]. On verra aux §§ **820** et suivants quel parti ils peuvent tirer personnellement de leur intervention, et en quoi diffèrent dans l'application l'article 775 et l'article 9 de la loi du 23 mars 1855; ce qui est certain, c'est que les créanciers ont ainsi

[12] Voy. notamment *infrà*, §§ **662, 663, 665, 671** et **711**.

[13] « Tout créancier peut prendre inscription pour conserver les droits de son débiteur. » L'article 775 ajoute que, si plusieurs créanciers du débiteur ont pris inscription pour lui, le montant de sa collocation sera partagé entre eux au marc le franc, mais je dois dire tout de suite que cette seconde disposition, dont on verra le sens et la portée exacts aux §§ **820** et suivants, ne se rattache pas indissolublement à la première, ce qui me fait les séparer l'une de l'autre dans l'explication de cet article. Il arrive, en effet, très fréquemment que plusieurs créanciers prennent successivement inscription au nom de leur débiteur pour venir ensuite demander ensemble que le montant de sa collocation leur soit attribué, mais il convient de faire observer : 1° qu'un débiteur peut n'avoir qu'un seul créancier, ou (ce qui revient au même dans l'espèce) qu'un seul créancier peut prendre inscription au nom de son débiteur, auquel cas la première disposition de l'article 775 s'applique seule, la seconde étant sans objet; 2° que la demande de collocation peut être faite en forme d'opposition par le créancier d'un créancier déjà inscrit, auquel cas c'est la seconde disposition de l'article 775 qui s'applique seule à l'exclusion de la première; 3° que la seconde partie de cet article présente des difficultés d'application qui n'existent pas pour la première, conséquence pure et simple de l'article 1166 du Code civil qu'on aurait pu suppléer dans le silence du Code de procédure et de la loi du 21 mai 1858 (Voy., sur ce point, la suite de ce §).

[14] Les créanciers des femmes mariées doivent même prendre cette inscription, si ce n'est déjà fait, pour être saisis à l'égard des tiers de l'hypothèque à laquelle la femme les a subrogés ou à laquelle elle a renoncé en leur faveur; dans le cas contraire, ils doivent faire mentionner cette subrogation ou cette renonciation en marge de l'inscription préexistante. Voy., sur l'application de cette règle et, spécialement, sur les conventions auxquelles elle s'applique et qui sont comprises en pratique sous le nom générique de subrogations à l'hypothèque légale des femmes mariées (L. 23 mars 1855, art. 9; L. 15 févr. 1889, art. 1), Aubry et Rau, *Cours de droit civil*, t. III, p. 462 et suiv.; Colmet de Santerre, *Cours analytique de Code civil*, t. IX, n° 107 *bis*-VI et suiv.; Laurent, *Principes de droit civil*, t. XXXI, n°s 338 et suiv.; Pont, *op. cit.*, t. II, n°s 778 et suiv.; Mourlon, *De la transcription hypothécaire*, t. II, n°s 880 et suiv.; Bertauld, *De la subrogation à l'hypothèque légale des femmes mariées* (Paris, 1864), n°s 8 et suiv.; Beudant, *De la subrogation aux droits d'hypothèque et des sous-ordres* (dans la *Revue critique de législation et de jurisprudence*, t. XXVIII, 1866, p. 30 et suiv.; 210 et suiv.). Les conventions comprises sous ce nom sont de même nature et donnent lieu aux mêmes difficultés, quelle que soit l'hypothèque à laquelle on est subrogé, que ce soit l'hypothèque légale d'une femme mariée, une autre hypothèque légale, une hypothèque judiciaire ou une hypothèque conventionnelle (Aubry et Rau *op. cit.*, t. III, p. 455 et suiv.).

conservé les droits de leur débiteur. Considérés à ce point de vue, ces articles ne sont que l'application du principe en vertu duquel tous les créanciers peuvent faire les actes nécessaires pour la conservation de leurs droits[15], et j'en conclus : 1) que le droit de prendre l'inscription dont il s'agit appartient à tous les créanciers d'un créancier, même chirographaires, même à terme ou conditionnels[16]; 2) qu'ils l'exercent sans sommation préalable ou mise en demeure adressée au débiteur[17]; 3) qu'ils conservent ainsi toute la créance inscrite, fût-elle supérieure au montant de leurs propres créances[18]; 4) qu'en prenant cette inscription ils n'exproprient pas leur débiteur du droit hypothécaire qui lui appartient et n'acquièrent eux-mêmes aucun droit réel sur son hypothèque : il conserve donc le droit de toucher sa créance et de donner mainlevée de son hypothèque tant que les créanciers qui l'ont fait inscrire n'ont pas pris contre lui les mesures dont je parlerai au § **821**[19]. On ne peut admettre, sans un texte de loi qui n'existe pas ici : *a*) qu'une simple inscription

[15] Voy. sur ce principe, t. I, § **117** et, spécialement, sur la distinction des actes conservatoires et des actes d'exécution, *ib.*, note 4. Peut-on dire aussi que le droit de prendre l'inscription dont il s'agit ici soit l'application de l'article 1166 du Code civil sur l'exercice des droits et actions du débiteur par ses créanciers? Oui, mais en faisant remarquer qu'il ne s'agit pas pour le créancier de s'approprier le droit d'hypothèque de son débiteur en l'en expropriant (Voy. la suite de ce §), mais seulement de l'exercer pour l'empêcher de se perdre. S'il s'agissait de s'approprier le droit d'hypothèque du débiteur, le droit de prendre inscription pour lui n'appartiendrait qu'à un créancier dont la créance est échue, et ne pourrait s'exercer qu'après une sommation ou mise en demeure qui n'est aucunement nécessaire lorsqu'il s'agit d'actes purement conservatoires. Voy., sur l'article 1166 du Code civil et sur les conditions d'application de cet article, lorsque les créanciers agissent non-seulement pour empêcher la perte des droits de leur débiteur mais encore pour s'en approprier le bénéfice, t. I, § **120**. Voy. encore *infrà*, note 17, une autre différence entre l'inscription prise dans l'espèce par le créancier d'un créancier et l'application de l'article 1166 du Code civil.

[16] Tous les créanciers peuvent prendre des mesures conservatoires, non-seulement les créanciers chirographaires (cela va de soi), mais encore les créanciers à terme ou conditionnels avant l'arrivée du terme ou de la condition (C. civ., art. 1180; Bioche, *Dictionnaire de procédure civile et commerciale*, v° *Ordre*, n°s 740 et 741; Seligmann, *Explication de la loi du* 21 *mai* 1858 *sur la saisie immobilière et la procédure d'ordre*, n°s 604 et 608).

[17] Seligmann, *op. cit.*, n° 609.

[18] Nouvelle différence avec l'application de l'article 1166 du Code civil, car les créanciers qui agissent en vertu de cet article ne le font que jusqu'à concurrence du montant de leurs créances (Bioche, *op. et v° cit.*, n° 762; Seligmann, *op. cit.*, n° 607; comp. t. I, § **120**).

[19] Pont, *op. cit.*, t. II, n°s 780 et suiv. Bioche, *op. et v° cit.*, n°s 746 et suiv. Seligmann, *op. cit.*, n° 609.

prise à l'insu d'un créancier opère la saisie et l'expropriation de son hypothèque, alors que la loi impose pour la saisie immobilière toutes les formalités et tous les délais qui font l'objet de la présente section; *b*) que cette inscription prise longtemps peut-être avant la saisie rende l'hypothèque indisponible, alors que la créance en vertu de laquelle cette inscription a été prise peut avoir cessé d'exister. L'inscription prise en vertu de l'article 775 ne peut l'être utilement que jusqu'à la transcription du jugement d'adjudication qui arrête, comme on le verra au § **708**, le cours des inscriptions du chef du saisi ou des précédents propriétaires [20]; elle doit ajouter aux énonciations prescrites par l'article 2148 du Code civil [21] la désignation du requérant, l'indication de son titre et celle du montant de sa créance [22].

§ **640**. I. « Le créancier peut poursuivre l'expropriation : « 1° de tous les biens immobiliers et de leurs accessoires réputés immeubles appartenant en propriété à son débiteur; « 2° de l'usufruit appartenant au débiteur sur les biens de « même nature » (C. civ., art. 2204). Rapprochée de l'article 2118 du même Code, aux termes duquel « sont seuls susceptibles d'hypothèque : 1° les biens immobiliers et leurs accessoires réputés immeubles; 2° l'usufruit des mêmes biens et « accessoires pendant le temps de sa durée [1], » cette disposition signifie qu'un bien, d'ailleurs saisissable [2], ne peut être l'objet d'une saisie immobilière qu'à deux conditions : 1° s'il est de nature immobilière; 2° s'il appartient au débiteur. Cette dernière condition n'est même pas nécessaire quand la saisie

20 Bioche, *op. et v° cit.*, n° 743.

21 Voy., sur cet article, Aubry et Rau, *op. cit.*, t. III, p. 341 et suiv.; Colmet de Santerre, *op. cit.*, t. IX, n°s 125 *bis*-I et suiv.; Laurent, *op. cit.*, t. XXXI, n°s 26 et suiv.; Troplong, *Des privilèges et hypothèques*, t. III, n°s 665 et suiv.; Pont, *op. cit.*, t. II, n°s 929 et suiv.

22 Bioche, *op. et v° cit.*, n°s 744 et 745. Seligmann, *op. cit.*, n° 705.

§ **640.** 1 Par contre, les seuls biens qui soient susceptibles d'hypothèque sont ceux qui peuvent être vendus aux enchères. Voy., sur le lien qui existe entre ces deux idées, Valette, *Des privilèges et hypothèques* (Paris, 1846), n° 127. Les navires font exception à l'article 2204, car ils sont susceptibles d'hypothèque (L. 20 déc. 1874, art. 1) et les formes de la saisie immobilière ne leur sont pas applicables : on verra cependant aux §§ **770** et **771** que la saisie des navires ressemble, à quelques égards, à celle des immeubles.

2 Voy. sur les biens insaisissables, t. III, §§ **543** et suiv.

est pratiquée par un créancier privilégié ou hypothécaire, car il a le droit de suivre l'immeuble en quelques mains qu'il passe et de le saisir sur le tiers détenteur et, en cas de délaissement, sur le curateur[3]; mais encore faut-il, pour qu'il en soit ainsi, que cet immeuble ait pu servir de gage au créancier et qu'il ait, par conséquent, appartenu au débiteur lors de la naissance du privilège ou de l'hypothèque[4]. Je réserve pour le § **647** le cas de poursuites dirigées contre un tiers détenteur, et pour le § **649** celui où l'hypothèque a été constituée par un tiers qui n'est pas personnellement débiteur.

§ **641**. Peuvent faire l'objet d'une saisie immobilière et ne peuvent être saisis que dans cette forme les biens susceptibles d'hypothèque (C. civ., art. 2218), à savoir[1] :

1° Les fonds de terre et les biens qui, y étant unis ou incor-

[3] « Un créancier peut non-seulement saisir les immeubles appartenant actuellement à son débiteur personnel, mais encore ceux qui, grevés de privilèges ou « d'hypothèques à son profit, ont passé entre les mains des tiers détenteurs » (Aubry et Rau, *op. cit.*, t. VIII, p. 458).

[4] J'ai en vue, en m'exprimant ainsi, les privilèges spéciaux qui ne peuvent porter que sur des immeubles appartenant au débiteur (C. civ., art. 2103), et l'hypothèque spéciale qui ne peut être constituée par le débiteur que sur les immeubles qui lui appartiennent actuellement ou sur les droits immobiliers dont il se trouve actuellement investi (C. civ., art. 2124 et 2129; voy., sur l'hypothèque constituée *a non domino*, Merlin, *Questions de droit*, v° *Hypothèque*, § IV *bis*; Aubry et Rau, *op. cit.*, t. III, p. 261 et suiv.; Colmet de Santerre, *op. cit.*, t. IX, n° 92 *bis*-III et suiv.; Troplong, *op. cit.*, t. II, n°s 517 et suiv.; Pont, *op. cit.*, t. II, n°s 624 et suiv.). Les privilèges généraux, les hypothèques légales et judiciaires qui sont générales, et les hypothèques conventionnelles dans le cas où il est permis de les constituer sur des biens à venir, peuvent porter sur des immeubles dont le débiteur n'était pas propriétaire lors de la naissance du privilège ou de l'hypothèque (C. civ., art. 2104, 2122, 2123, 2129 et 2130); mais une question très controversée s'élève sur le rang des hypothèques légales soumises à inscription et des hypothèques judiciaires, par rapport aux immeubles acquis par le débiteur après l'accomplissement de cette formalité. Est-ce l'inscription même qui détermine ce rang, ou bien ne datent-elles, malgré l'inscription déjà prise, que du jour où ces immeubles sont entrés dans le patrimoine du débiteur? Cette question se présentait déjà dans le droit romain où l'inscription n'existait pas, mais où l'on se demandait si l'hypothèque générale prend rang, quant aux biens à venir, du jour de sa constitution ou du jour où le débiteur est devenu propriétaire. Elle ne se pose pas aujourd'hui pour l'hypothèque conventionnelle sur les biens présents et à venir, car le créancier doit requérir l'inscription sur chacun de ces immeubles au fur et à mesure des acquisitions faites par le débiteur, et son hypothèque ne prend rang, quant à eux, que du jour de l'inscription qui les grève (Voy., sur ce point, dans le droit romain, Machelard, *Textes expliqués en 1856* (Paris, 1856), p. 125 et suiv.; et, dans le droit français, Aubry et Rau, *op. cit.*, t. III, p. 205, 337 et 485; Colmet de Santerre, *op. cit.*, t. IX, n° 102 *bis*-III et suiv.).

§ **641**. [1] Comp., sur la distinction des meubles et des immeubles, t. I, § **128**.

porés, sont rangés par la loi parmi les immeubles par nature[2] : bâtiments, substructions, ouvrages fixes posés sur maçonnerie ou sur piliers, tuyaux incorporés dans le sol ou dans une construction et destinés à la conduite ou à l'écoulement des eaux, produits du sol qui ne font qu'un avec lui (plantes, arbres et arbustes sur pied, fruits pendants par branches et par racines[3]). On remarquera seulement, pour ces derniers : 1) qu'ils peuvent être saisis dans d'autres formes, celles de la saisie-brandon, pendant les six semaines qui précèdent la récolte[4]; 2) qu'ils ne peuvent être saisis immobilièrement qu'avec le fonds[5], car une saisie de cette nature, portant sur les fruits sans s'attaquer à l'immeuble qui les produit, serait sans issue : il faudrait les couper pour les vendre, et ce seul fait, en les mobilisant, rendrait vaine une saisie qui ne peut s'appliquer qu'à des immeubles[6]. Il suit de là que les fruits ne peuvent être saisis immobilièrement s'ils ont été coupés ou vendus sans fraude avant la transcription de la saisie : avant la transcription de la saisie, car, à dater de ce moment, les fruits seraient définitivement immobilisés et ne pourraient plus être vendus au préjudice des créanciers[7]; sans fraude, c'est-à-dire en vertu et dans les limites du pouvoir d'administration que le débiteur a sur son immeuble, fût-il grevé d'hypothèque[8]. La coupe et la vente des fruits sont frauduleuses lorsqu'elles précèdent l'époque ordinaire de la récolte ou de la moisson[9] : plus de saisie immobi-

[2] A la rigueur, les fonds de terre « sont les seules choses vraiment immobilières « de leur nature » (Aubry et Rau, *op. cit.*, t. II, p. 5).

[3] Voy., pour les détails, C. civ., art. 517 et suiv.; Demolombe, *Cours de Code civil*, t. IX, nos 196 et suiv.; Aubry et Rau, *op. cit.*, t. II, p. 5 et suiv.; Valette, *Cours de Code civil*, t. II, p. 10 et suiv. La saisie et l'adjudication d'une usine à gaz comprennent la concession faite au propriétaire saisi du droit d'éclairer une ville : la partie du prix d'adjudication qui représente la valeur de cette concession appartient, par conséquent, aux créanciers hypothécaires à l'exclusion des créanciers chirographaires (Civ. rej. 21 janv. 1878; D. P. 79. 1. 263).

[4] Voy. t. II, §§ **684** et suiv.

[5] Pont, *op. cit.*, t. I, n° 360.

[6] Demolombe, *op. cit.*, t. IX, nos 159 et suiv. Aubry et Rau, *op. cit.*, t. II, p. 10. Req. 21 juin 1837 (D. A. v° *Biens*, n° 40). Comp. t. I, § **128**.

[7] Voy. *infrà*, § **663**.

[8] Aubry et Rau, *op. cit.*, t. II, p. 11; t. III, p. 427. Pont, *op. cit.*, t. I, n° 363. Civ. rej. 26 janv. 1808 (D. A. v° *cit.*, n° 45).

[9] Demolombe, *op. cit.*, t. IX, nos 188 et suiv. Aubry et Rau, *op. cit.*, t. III, p. 428. Valette, *op. cit.*, t. II, p. 14 et 15. Pont, *op. cit.*, t. I, n° 364.

lière[10], ni de droit de suite aux mains des tiers acquéreurs que protège l'article 2279 du Code civil[11], mais il reste à tous les créanciers la faculté de s'opposer à la livraison si elle n'a pas encore eu lieu[12], et, plus particulièrement, aux créanciers hypothécaires le droit de demander que le prix de la coupe leur soit attribué par ordre d'hypothèque[13], et même de réclamer leur remboursement immédiat ou un supplément d'hypothèque[14]. Les mêmes règles s'appliquent : 1) aux produits extraordinaires, tels que les coupes de futaies non aménagées[15] ; 2) aux constructions : le créancier peut les saisir avec le fonds tant qu'elles n'ont pas été démolies ou vendues pour l'être[16] ; il peut, lorsqu'elles ont été vendues ou démolies par fraude, empêcher la livraison des matériaux, s'en faire attribuer le prix suivant son rang d'hypothèque, demander un supplément d'hypothèque, ou se faire immédiatement rembourser[17].

2° Les immeubles par destination qui ne peuvent être saisis qu'avec le fonds. Il en résulte : 1) que le créancier du propriétaire ne peut les atteindre, sauf les cas exceptionnels prévus au § **552**, par une saisie-exécution qui déprécierait le fonds dont ils forment partie intégrante[18] ; 2) qu'il ne peut pas non plus les frapper d'une saisie immobilière qui ne

[10] La vente de fruits sur pied est une vente mobilière (Demolombe, *op. cit.*, t. IX, nos 159 et suiv.; Aubry et Rau, *op. cit.*, t. II, p. 11; req. 21 juin 1820, D. A. *v° et loc. cit.*).

[11] Voy., sur cet article, t. I, § **129**.

[12] Demolombe, *op. cit.*, t. IX, nos 188 et suiv. Pont, *op. et loc. cit.* Req. 10 juin 1841 (D. A. *v° cit.*, n° 48). Limoges, 8 déc. 1852 (D. P. 53.2.80).

[13] Aubry et Rau, *op. cit.*, t. III, p. 428.

[14] En vertu de l'article 2131 du Code civil (Aubry et Rau, *op. cit.*, t. III, p. 428 et 429). Voy., sur cet article, t. III, § **559**, note 21.

[15] L'article 521 du Code civil ne classe parmi les immeubles que les futaies aménagées, mais les autres le sont aussi, et même *à fortiori* (Aubry et Rau, *op. cit.*, t. II, p. 9).

[16] Aubry et Rau, *op. cit.*, t. II, p. 9; t. III, p. 427 et suiv. Pont, *op. et loc. cit.* Paris, 26 août 1809 (D. A. v° *Privilèges et hypothèques*, n° 793).

[17] La cour de cassation a jugé, le 9 août 1825, qu'en cas de vente d'une maison destinée à être démolie, les créanciers du vendeur n'ont pas d'action contre l'acheteur après démolition effectuée sans opposition de leur part (D. A. v° *Biens*, n° 53). C'est l'application de l'article 2279 du Code civil, car, la démolition faite, il n'y a plus que des matériaux qui sont meubles; mais il résulte, *à contrario*, de cet arrêt que les créanciers auraient action : 1° avant la démolition, pour l'empêcher en s'opposant à ce que l'acheteur fût mis en possession; 2° après la démolition, pour se faire rembourser ou obtenir un supplément d'hypothèque, si le vendeur avait démoli frauduleusement, c'est-à-dire au mépris d'une opposition pratiquée par eux.

[18] Cette saisie-exécution fait nécessairement échec à la saisie immobilière. Aj., sur ce point, t. III, § **567**.

s'appliquerait qu'à eux et ne porterait pas en même temps sur le fonds, car une telle saisie conduirait nécessairement à la séparation des objets vendus d'avec le fonds auquel ils sont incorporés : ils reprendraient ainsi leur nature propre qui est mobilière, et le prix n'en pourrait être distribué que comme valeur mobilière[19]; 3) que la saisie du fonds entraîne virtuellement celle des immeubles par destination qui en dépendent, lors même qu'ils n'auraient pas été spécialement désignés dans le procès-verbal de saisie[20]; 4) que les créanciers du preneur n'ont aucun droit sur les immeubles par destination attachés au fonds qui lui a été loué : il n'en est pas propriétaire, et, par conséquent, ses créanciers n'ont pas qualité pour les saisir[21]. Reste à fixer les droits du créancier quand les immeubles par destination qui ne peuvent en être l'objet sont aliénés ou matériellement séparés du fonds. 1) *Quid,* si le propriétaire les a séparés du fonds sans les aliéner et s'en trouve encore en possession? Ils ont cessé par-là d'être immeubles et ne peuvent être saisis immobilièrement dans leur état actuel, mais les créanciers chirographaires ont le droit de les saisir-exécuter[22], et le créancier hypothécaire peut non-seulement pratiquer cette saisie[23] mais encore exiger, pour la conservation de son gage immobilier, que ces objets soient réintégrés dans le fonds et redeviennent ainsi susceptibles de saisie immobilière[24]. 2) *Quid,* s'ils ont été aliénés? Peuvent-ils encore être recherchés entre les mains de l'acquéreur ou du tiers qui s'en trouve en possession après leur séparation d'avec le fonds? Pour ce dernier, la diffi-

19 Pigeau, *Commentaire du Code de procédure civile,* t. II, p. 217. Req. 27 mars 1821 (D. A. v° *Obligations,* n° 4333).

20 Riom, 30 avr. 1820 (D. A. v° *Vente publique d'immeubles,* n° 64). Toulouse, 22 avr. 1834 (D. A. *v° cit.,* n° 519).

21 Voy., sur la propriété des immeubles par destination incorporés à un fonds loué ou affermé, t. III, § **567,** note 13, et, sur la nullité des saisies faites *super non domino*, t. III, § **543.**

22 Voy., sur les objets saisissables dans cette forme, t. III, § **567.**

23 Les créanciers hypothécaires peuvent exercer non-seulement les droits qui leur sont propres, mais encore tous les droits des créanciers chirographaires (Voy. t. III, § **534**).

24 « Le propriétaire de l'immeuble hypothéqué ne peut, au détriment des droits « du créancier hypothécaire, faire aucun acte de disposition matérielle ou juridique « qui, directement et de sa nature même, aurait pour conséquence de diminuer la « valeur de cet immeuble » (Aubry et Rau, *op. cit.,* t. III, p. 427; voy., sur l'appréciation de cette règle, les mêmes auteurs, *op. cit.,* t. III, p. 428 et suiv.).

culté se résout par l'application de l'article 2279 du Code civil : « En fait de meubles possession vaut titre, » et ce tiers est à l'abri de toute recherche lorsqu'il est de bonne foi[25]. Pour l'acheteur, la question est plus complexe, car on peut se demander à quel moment les créanciers du vendeur perdent le droit de saisir : est-ce le jour de la vente ou seulement le jour de la tradition? L'acheteur est, sans nul doute, à l'abri de toute poursuite lorsqu'il a été mis de bonne foi en possession des immeubles par destination qui lui ont été vendus[26], et il ne reste alors aux créanciers, s'ils sont hypothécaires, que le droit d'exiger un remboursement immédiat ou un supplément d'hypothèque du débiteur qui a ainsi diminué les sûretés qu'il leur avait données par contrat[27]; mais en est-il de même quand ces objets n'ont pas encore été livrés? Cela dépend de la qualité des créanciers du vendeur. Les créanciers chirographaires ne peuvent plus saisir après la vente, car elle a rendu l'acheteur propriétaire et leur saisie serait pratiquée *super non domino*[28]; le débiteur conserve même jusqu'à la transcription de la saisie le droit d'aliéner les immeubles par destination qui dépendent de son fonds, et ses créanciers chirographaires ne peuvent les saisir sur l'acheteur que si la vente est postérieure à cette transcription[29] : c'est la conséquence du principe que la saisie ne confère aucun droit réel au saisissant[30]. Au contraire, les créanciers hypothécaires conservent, nonobstant la vente et jusqu'à la tradition faite à l'acheteur de bonne foi, le droit de saisir les immeubles par destination qui lui ont été vendus[31] : les personnes qui admettraient — bien à tort — que la règle « Meubles n'ont pas de suite par hypothèque » (C. civ., art. 2119) n'exclut en matière mobilière que le droit de suite et laisse subsister le droit de préférence[32], explique-

[25] Voy., sur l'article 2279 du Code civil, t. I, § **129**.

[26] Arg. C. civ., art. 2279 (t. I, *ib.*). Aubry et Rau, *op. cit.*, t. III, p. 428. Caen, 21 juill. 1874 (D. P. 76. 2. 57).

[27] C. civ., art. 1188 et 2131 (Voy. t. III, § **559,** note 21).

[28] *Nec obst.* C. civ., art. 1141 (Voy. t. III, § **543,** note 6).

[29] Voy., sur l'inaliénabilité qui résulte de la transcription de la saisie immobilière, *infrà*, §§ **664** et suiv.

[30] Voy., sur ce point, t. III, § **563.**

[31] Voy., en ce sens, les autorités citées *infrà*, note 35, et sur la règle « Meubles « n'ont pas de suite par hypothèque, » t. III, § **571,** note 7.

[32] Voy., en ce sens, Douai, 3 janv. 1815 (D. A. v° *Biens*, n° 92).

ront ainsi que le droit des créanciers hypothécaires survive à l'aliénation et ne s'éteigne que par la tradition. Celles qui, mieux inspirées, donnent un sens plus absolu à l'article 2119 du Code civil, et y voient la suppression du droit de préférence aussi bien que du droit de suite en matière mobilière[33], arriveront aux mêmes conclusions en partant de ces deux principes : *a*) que la vente des immeubles par destination attachés au fonds hypothéqué dépasse la mesure des actes d'administration et ne peut nuire au droit réel des créanciers[34]; *b*) que ces objets conservent le caractère immobilier aussi longtemps qu'ils sont incorporés avec le fonds, qu'un acte purement juridique ne fait pas cesser cette incorporation, et qu'elle dure jusqu'à ce que les biens dont il s'agit aient été non-seulement séparés du fonds mais encore livrés à un tiers couvert par l'article 2279 du Code civil[35]. Jusqu'à ce moment la situation des créanciers auxquels ils étaient hypothéqués demeure intacte : l'hypothèque subsiste, et avec elle le droit de pratiquer la saisie immobilière[36].

3° Les immeubles par l'objet auquel ils s'appliquent, lorsqu'ils sont susceptibles d'hypothèque. Je ne parle pas ici de la propriété pleine et entière qu'on a toujours tenue pour une chose corporelle et, par conséquent, immeuble par nature lorsqu'elle porte sur un immeuble : c'est le résultat d'une habitude de langage qui remonte aux Romains, et qui confond le droit de propriété avec l'objet même auquel il s'applique[37]. Je veux dire aussi : 1) la copropriété que les créanciers de chaque copropriétaire ont le droit de saisir[38] sous la réserve édictée par l'article 2205 du Code civil[39]; 2)

[33] Voy., en ce sens, Colmet de Santerre, *op. cit.*, t. IX, n° 79 *bis; Valette*, *Des privilèges et hypothèques*, n° 129; Pont, *op. cit.*, t. I, n° 416.

[34] Voy., sur ce point, Aubry et Rau, *op. cit.*, t. III, p. 428 et suiv.

[35] Voy., sur ce point, Demolombe, *op. cit.*, t. IX, n° 325.

[36] Demolombe, *op. cit.*, t. IX, n° 326. Aubry et Rau, *op. cit.*, t. III, p. 428. Valette, *op. et loc. cit.* Pont, *op. cit.*, t. I, n°s 410 et suiv. Paris, 22 mai 1868 (D. P. 69. 2. 72). Caen, 21 juill. 1874 (D. P. 76. 2. 57). Paris, 3 avr. 1875 (D. P. 76. 2. 289). Req. 20 déc. 1875 (D. P. 76. 1. 343).

[37] C'est pour cela que la propriété immobilière ne figure pas, dans l'article 526 du Code civil, au nombre des immeubles par l'objet auquel ils s'appliquent (Demolombe, *op. cit.*, t. IX, n°s 34 et 334; Pellat, *Exposé des principes généraux de la propriété et de l'usufruit*, p. 5 et suiv.).

[38] Voy., sur le droit qu'a chacun des copropriétaires d'hypothéquer sa part indivise, Aubry et Rau, *op. cit.*, t. III, p. 266.

[39] Voy. t. III, § **562.** L'hypothèque et, par conséquent, la saisie immobilière

la nue-propriété qui forme le gage des créanciers du nu-propriétaire, et qu'ils peuvent saisir et faire vendre sans porter atteinte à l'usufruit, lequel, en sa qualité de droit réel, suivra l'immeuble entre les mains de l'adjudicataire[40]; 3) la propriété grevée d'un droit de superficie[41], d'un droit d'emphytéose[42], ou d'une de ces rentes qui laissent la propriété d'autant plus intacte qu'elles sont essentiellement rachetables[43]; 4) la propriété du sol sous lequel existe une mine concédée à un tiers[44]; 5) la propriété souterraine, notamment celle qui résulte de la concession d'une mine[45]; 6) le

ne peuvent s'appliquer qu'à la copropriété ordinaire dans laquelle les copropriétaires ont un droit indivis sur chacune des molécules de la chose commune et peuvent sortir de cette situation par le partage; elles n'existent pas pour la copropriété avec indivision forcée qui résulte de la mitoyenneté des murs, des fossés ou des haies, et du partage des droits de jouissance entre plusieurs personnes ayant droit chacune à des produits d'une espèce différente (Voy., sur cette espèce de copropriété, Aubry et Rau, *op. cit.*, t. II, p. 409 et suiv.). La copropriété a pour objet, dans le premier cas, des choses affectées comme accessoires à l'usage commun de deux immeubles et qui ne peuvent être ni hypothéquées ni saisies sans ces immeubles; dans le second cas, des produits mobiliers qui ne sont susceptibles ni d'hypothèque ni de saisie immobilière. Il en est autrement de la copropriété qui résulte du partage d'une maison en différents étages ayant chacun un propriétaire différent (C. civ., art. 664) : chacun d'eux a le droit de faire dans l'étage qui lui appartient tous les changements qu'il juge convenable, à condition de ne pas compromettre la solidité de l'édifice et de ne nuire en rien aux droits des autres propriétaires (Demolombe, *op. cit.*, t. XI, n° 436; Aubry et Rau, *op. cit.*, t. II, p. 416); chaque étage peut donc être hypothéqué et saisi séparément, sauf à l'adjudicataire qui succèdera au débiteur ou au tiers détenteur à respecter également les droits de ses nouveaux copropriétaires.

[40] Aubry et Rau, *op. cit.*, t. II, p. 508.

[41] « Le propriétaire du tréfonds conserve la jouissance de tous les droits et l'exer- « cice de toutes les facultés qui appartiennent au propriétaire d'un fonds comme « maître du dessous, à charge cependant de ne causer aucun dommage aux édifices « et superficies » (Aubry et Rau, *op. cit.*, t. II, p. 439).

[42] Le caractère de l'emphytéose est encore aujourd'hui très controversé, mais, quel qu'il soit, le bailleur qui l'a consenti est certainement resté propriétaire de son fonds : l'emphytéose conférât-elle un domaine utile comme le prétend la jurisprudence, le bailleur garderait toujours le domaine direct qu'il pourrait aliéner et hypothéquer sans porter atteinte aux droits de l'emphytéote : ce domaine direct serait donc saisissable sous la même réserve (Voy., sur la nature de l'emphytéose, mon *Histoire des locations perpétuelles et des baux à longue durée*, p. 549; aj. *infrà*, note 53).

[43] Voy., sur le rachat des rentes foncières, C. civ., art. 530, et, sur les anciens baux perpétuels ou à longue durée qui sont aujourd'hui rachetables, mon *Histoire des locations perpétuelles et des baux à longue durée*, p. 535 et suiv., et les autorités qui y sont citées.

[44] Dans ce cas, le propriétaire du sol conserve la propriété de tout le terrain compris entre la surface et la mine, et y exerce tous les droits inhérents à la propriété pourvu qu'il ne nuise pas à la mine et n'en compromette pas l'exploitation (Aubry et Rau, *op. cit.*, t. II, p. 445; Biot, *De la propriété des mines et de ses rapports avec la propriété superficiaire* (Paris, 1876), p. 172 et suiv.

[45] « Il (l'acte de concession) donne la propriété perpétuelle de la mine, laquelle est « dès lors disponible et transmissible comme tous autres biens, et dont on ne peut « être exproprié que dans les cas et selon les formes prescrites pour les autres pro-

droit de superficie ou propriété superficiaire[46] qui appartient notamment[47] : *a*) au preneur bâtissant en vertu d'une clause de son bail, sur le fonds qu'il habite ou qu'il exploite[48] ; *b*) dans la Bresse, au propriétaire d'un étang mis en eau et considéré comme distinct du sol qui lui sert de lit[49]; *c*) en Bretagne, au domanier propriétaire des édifices et superfices du fonds qui lui a été baillé à domaine congéable[50]; 7) la propriété résultant des anciens baux qui existent encore aujourd'hui dans quelques départements, et en vertu desquels le preneur devient propriétaire à charge de payer au bailleur la redevance convenue[51]; 8) l'usufruit immobilier[52]; 9) l'emphytéose qui, d'après une jurisprudence aujourd'hui constante, confère à l'emphytéote un domaine utile susceptible d'hypothèque[53].

« priétés, conformément au Code civil et au Code de procédure civile » (L. 21 avr. 1810, art. 7). « Du moment où une mine sera concédée même au propriétaire de la « surface, cette propriété sera distinguée de celle de la surface et désormais considérée comme propriété nouvelle » (*Ib.*, art. 19). « Les autres droits de privilège « (autres que les privilèges établis par l'article 2103 du Code civil; voy. *ib.*, art. 20) « et d'hypothèque pourront être acquis sur la propriété de la mine, aux termes et en « conformité du Code civil, comme sur les autres propriétés immobilières » (*Ib.*, art. 25). « Toutefois, une mine ne peut être vendue par lots ou partagée sans une « autorisation préalable du Gouvernement donnée dans les mêmes formes que la « concession » (*Ib.*, art. 7 *in fine*). Voy., sur cette espèce de propriété, Aubry et Rau, *op. cit.*, t. II, p. 443 et suiv.; Biot, *op. cit.*, p. 108 et suiv., et mon *Histoire des locations perpétuelles et des baux à longue durée*, p. 550, note 6.

46 Le droit de superficie était-il une propriété dans le droit romain? M. Accarias, conteste (*op. cit.*, t. I, nº 283), mais telle est certainement sa nature en droit français (Merlin, *Questions de droit*, vº *Biens nationaux*, § V, nº 1; Aubry et Rau, *op. cit.*, t. II, p. 438; Troplong, *Du louage* (Paris, 1840), t. I, nº 30; Proudhon, *Des droits d'usage et d'habitation*, t. VIII, nº 3719; voy. aussi mon *Histoire des locations perpétuelles et des baux à longue durée*, p. 550, note 8).

47 Il n'existe pas seulement dans les deux cas que je vais citer; il peut s'établir aussi par convention et même s'acquérir par prescription (Aubry et Rau, *op. cit.*, t. II, p. 439).

48 Voy., sur cette hypothèse, le § suivant.

49 Voy., sur ces usages, Aubry et Rau, *op. cit.*, t. II, p. 442.

50 Voy., sur le droit réel immobilier du preneur ou domanier, sous la réserve du congément que le bailleur ou propriétaire foncier a le droit perpétuel et imprescriptible d'exercer contre lui, à moins qu'il n'y ait renoncé, mon *Histoire des locations perpétuelles et des baux à longue durée*, p. 394 et suiv., et 450, et les autorités qui y sont citées.

51 Voy., sur ce point, *ib.*, p. 420 et suiv.

52 Excepté la jouissance légale des père et mère sur les biens de leurs enfants mineurs et l'usufruit du mari sur les immeubles dotaux de sa femme (Voy., sur le caractère personnel et insaisissable de ces deux droits, t. III, § 544). Les droits d'usage et d'habitation ne sont pas non plus saisissables (Voy. t. III, *ib.*).

53 Voy., sur ce point très controversé parmi les auteurs, mon *Histoire des locations perpétuelles et des baux à longue durée*, p. 549. J'ajoute à ce passage l'observa-

4° Les actions de la Banque de France, lorsqu'elles ont été immobilisées en vertu du décret du 16 janvier 1808 : « Les actionnaires qui voudront donner à leurs actions la « qualité d'immeubles en auront la faculté, et, dans ce cas, ils « en feront la déclaration dans la forme prescrite pour les « transferts. Cette déclaration une fois inscrite sur les regis- « tres, les actions immobilisées resteront soumises au Code « civil et aux lois de privilège et d'hypothèque comme les « propriétés foncières; elles ne pourront être aliénées et les « privilèges et hypothèques être purgés qu'en se conformant « au Code civil et aux lois relatives aux privilèges et hypo- « thèques sur les propriétés foncières » (Art. 7)[54]. Ce sont les seuls immeubles par la détermination de la loi qui soient susceptibles d'hypothèque et de saisie immobilière[55]. La redevance due par le concessionnaire d'une mine au propriétaire de la surface ne peut être saisie dans cette forme qu'avec la surface à laquelle elle est réunie : séparée d'elle par

tion suivante : si l'emphytéose n'était qu'un *jus in re aliena*, ce qui est déjà contestable, il n'en résulterait pas nécessairement qu'il fût susceptible d'hypothèque, car l'article 2118 du Code civil ne reconnaît ce caractère qu'aux droits de propriété et d'usufruit (Voy., sur ce point, Aubry et Rau, *op. cit.*, t. III, p. 125; Colmet de Santerre, *op. cit.*, t. IX, n° 78 *bis*-VII), et la rédaction de cet article est d'autant plus significative que la loi du 11 brumaire an VII, qui l'a précédée, plaçait la jouissance à titre d'emphytéose parmi les droits réels immobiliers susceptibles d'hypothèque (Voy., sur ce point, Pont, *op. cit.*, t. I, n° 389). Le droit d'emphytéose ne peut être hypothéqué que s'il constitue, comme le veut la jurisprudence, un domaine utile, c'est-à-dire un véritable droit de propriété. J'en dirai autant des baux ordinaires, même des baux à longue durée non translatifs de propriété qu'on trouve encore aujourd'hui dans certains pays : conférassent-ils un droit réel, il ne rentrerait pas dans les termes de l'article 2118 et, par conséquent, ne serait pas susceptible d'hypothèque (Voy., sur ces baux, mon *Histoire des locations perpétuelles et des baux à longue durée*, p. 392 et suiv.). A plus forte raison, le simple droit au bail, même consenti pour plus de dix-huit ans, n'est-il pas susceptible d'hypothèque et saisissable par voie de saisie immobilière : fût-il réel immobilier — les auteurs ne l'admettent généralement pas et la jurisprudence est sur ce point très incertaine — il ne rentre pas dans l'énumération de l'article 2118 (Voy., sur la nature du droit du preneur, Demolombe, *op. cit.*, t. IX, n°s 492 et 493; Aubry et Rau, *op. cit.*, t. IV, p. 471; Colmet de Santerre, *op. cit.*, t. VII, n°s 198 *bis*-II et suiv.; Troplong, *op. cit.*, t. II, n°s 491 et suiv.; Jozon, *De la nature du droit du preneur* (dans la *Revue pratique de droit français*, t. XX, 1865, p. 358 et suiv.); Dalloz et Vergé, *Code civil annoté*, art. 1743, n°s 4 et suiv.; et, spécialement, sur l'impossibilité de l'hypothéquer, Pont, *op. cit.*, t. I, n° 385). Peut-on saisir le droit au bail et dans quelle forme? Voy., sur ce point, *infrà*, § 775.

[54] Voy., sur la saisie de ces actions, Demolombe, *op. cit.*, t. IX, n° 384, et, sur la manière d'en faire cesser l'immobilisation, L. 17 mai 1834 (Art. 5).

[55] Un décret du 16 mars 1810 autorisait l'immobilisation des actions des canaux d'Orléans et du Loing (Art. 13); mais elles n'existent plus, ces canaux ayant été rachetés pour cause d'utilité publique en vertu de la loi du 1er août 1860 (Art. 1).

l'aliénation de la surface avec réserve de la redevance ou par l'aliénation de la redevance avec réserve de la surface, elle ne comporterait plus qu'une saisie-arrêt[56]. Ainsi le veut l'article 18 de la loi du 21 avril 1810, aux termes duquel la valeur des « droits résultant en faveur du propriétaire de la surface de« meurera réunie à la valeur de ladite surface, et sera affectée « avec elle aux hypothèques prises par les créanciers du pro« priétaire[57]. » Il en est de même de l'indemnité payée par une compagnie d'assurances contre l'incendie au propriétaire d'une maison hypothéquée : le sol reste hypothéqué et, par conséquent, sujet à la saisie immobilière [58]; mais l'hypothèque ne s'étend pas à l'indemnité, qui représente plutôt les primes payées que le prix de l'immeuble [59], et la saisie-arrêt est le seul moyen que le créancier hypothécaire ait de se la faire attribuer [60].

§ **642**. II. Les biens qui viennent d'être énumérés ne peuvent être saisis que sur la personne à laquelle ils appartiennent, mais cette application du principe général posé au § **543** soulève une difficulté particulière en ce qui concerne les constructions élevées par une personne sur un fonds dont elle n'est pas propriétaire : 1° par un possesseur de bonne ou de mauvaise foi sur le fonds qui appartient à autrui; 2° par un usufruitier sur le fonds du nu-propriétaire; 3° par un locataire ou par un fermier sur le fonds du bailleur.

1° Nul doute que les constructions élevées par le possesseur ne soient des biens immobiliers, car l'article 518 du Code civil qualifie tous les bâtiments d'immeubles, par quelque

56 Civ. cass. 13 nov. 1848 (D. P. 48. 1. 245). Civ. rej. 24 juill. 1850 (D. P. 50. 1. 262).

57 Voy., sur les droits de ce propriétaire et sur le caractère juridique de la redevance qui lui est due, Biot, *op. cit.*, p. 164 et suiv.; civ. rej. 27 oct. 1885 (D. P. 86. 1. 134).

58 Aubry et Rau, *op. cit.*, t. III, p. 490.

59 Il en résulte que la transcription de la saisie n'immobilise pas cette indemnité et n'empêche pas le propriétaire assuré de la céder. Voy., sur ce point, Aubry et Rau, *op. et loc. cit.*; Pont, *op. cit.*, t. II, n° 698; civ. cass. 29 juin 1831, Grenoble, 27 févr. 1834 (D. A. v° *Assurances terrestres*, n° 84); et, sur les effets de la transcription de la saisie immobilière, *infrà*, §§ **662** et suiv. Aj., sur cette question, Chauveau, sur Carré, *op. cit.*, t. V, Ire part., p. 556.

60 Chauveau, sur Carré, *op. cit.*, t. V, Ire part., quest. 2277 *ter*. Colmar, 11 mars 1852 (D. P. 55. 2. 251).

personne qu'ils aient été élevés[1]. Nul doute encore que les créanciers du propriétaire du fonds ne puissent saisir immobilièrement ces constructions, car il pourrait les hypothéquer en exerçant par anticipation l'option qui lui est conférée par l'article 555 du Code civil, et en s'engageant ainsi à les conserver aux conditions que cet article lui impose en faveur du constructeur[2]; ses créanciers peuvent donc saisir ces mêmes constructions de son chef en vertu de l'article 1166 du Code civil[3], en déclarant en son nom qu'ils entendent les conserver aux conditions déterminées par l'article 555[4]. En est-il de même des créanciers du possesseur de bonne ou de mauvaise foi? La question serait très simple, si les constructions par lui élevées n'étaient considérées par rapport à lui que comme des objets mobiliers et, comme tels, non susceptibles d'hypothèque et de saisie immobilière; mais cette thèse est condamnée — je viens de le dire — par l'article 518 du Code civil. Il faut donc distinguer deux cas. 1) Le propriétaire a déjà revendiqué et déclaré ses intentions au sujet des bâtiments élevés par le possesseur. Dans ce cas, de deux choses l'une : ou bien il somme le possesseur de les enlever, et alors, déjà démolis ou à la veille de l'être, ce ne sont plus que des meubles, la saisie-exécution peut seule s'y appliquer[5], et le prix en est distribué comme valeur mobilière; ou bien il les retient en payant au possesseur l'indem-

§ **642**. [1] Demolombe, *op. cit.*, t. IX, n° 104. Aubry et Rau, *op. cit.*, t. II, p. 6.

[2] « Lorsque les plantations, constructions et ouvrages ont été faits par un tiers e « avec ses matériaux, le propriétaire a le droit ou de les retenir ou d'obliger ce tiers « à les enlever. Si le propriétaire du fonds demande la suppression des plantations « et constructions, elle est aux frais de celui qui les a faites, sans aucune indemnité « pour lui; il peut même être condamné à des dommages-intérêts, s'il y a lieu, pour « le préjudice que peut avoir éprouvé le propriétaire du fonds. Si ce propriétaire « préfère conserver ces plantations et constructions, il doit le remboursement de la « valeur des matériaux et du prix de la main-d'œuvre, sans égard à la plus ou moins « grande augmentation de valeur que le fonds a pu recevoir. Néanmoins, si les plan- « tations, constructions et ouvrages ont été faits par un tiers évincé qui n'aurait pas « été condamné à la restitution des fruits attendu sa bonne foi, le propriétaire ne « pourra demander la suppression desdits ouvrages, constructions et plantations, « mais il aura le choix, ou de rembourser la valeur des matériaux et du prix de la « main-d'œuvre, ou de rembourser une somme égale à celle dont le fonds a aug- « menté de valeur. »

[3] Voy., sur cet article, t. I, § **120**.

[4] Demolombe, *op. cit.*, t. IX, p. 175 et suiv. Persil, *Questions sur les privilèges et hypothèques*, t. II, p. 267 et suiv.

[5] Voy., sur ce point, t. III, § **567**.

nité réglée par l'article 555, et alors il est censé en avoir toujours été propriétaire, en sorte que le droit des créanciers du possesseur se transporte sur l'indemnité qui ne peut être l'objet que de saisies-arrêts[6]. 2) Le propriétaire n'a pas encore revendiqué. Je ne vois rien qui s'oppose alors à la saisie immobilière des bâtiments élevés par le possesseur et à la distribution, comme valeur immobilière, du prix qu'en produira la vente : je rappelle, d'abord, que toutes les constructions sont immobilières aux termes de l'article 518; je fais ensuite remarquer qu'elles ne peuvent, à aucun moment, se trouver sans maître, et que, n'appartenant pas au propriétaire du sol peut être inconnu, elles appartiennent nécessairement au constructeur entre les mains duquel elles ne peuvent être qu'une propriété immobilière[7]. A l'objection tirée de ce que cette propriété sera forcément résolue, quelque parti que prenne le propriétaire du sol et en quelque sens qu'il exerce la faculté d'option qui lui est conférée par l'article 555, je réponds : *a)* qu'un droit résoluble est susceptible d'hypothèque et de saisie immobilière, car, aux termes de l'article 2125 du Code civil, « ceux qui n'ont sur l'immeuble qu'un droit suspendu « par une condition, ou résoluble dans certains cas, ou sujet « à rescision, ne peuvent constituer qu'une hypothèque sou- « mise aux mêmes conditions ou à la même rescision[8]; » *b)* que l'extinction forcée de l'usufruit par la mort de l'usufruitier n'empêche pas ce dernier de constituer sur son droit une hypothèque soumise à la même cause d'extinction[9].

2° S'il s'agit de constructions élevées par un usufruitier en vertu et pendant la durée de son usufruit, la question se

6 Voy., sur les cas où le créancier doit employer la saisie-arrêt, t. III, § **636**.

7 C'est pour cela que le possesseur a le droit d'hypothéquer ses constructions (Lyon, 14 août 1868; D. P. 71. 3. 33), que la vente qu'il en fait est passible du droit de mutation en matière immobilière (Civ. cass. 1er juill. 1845, D. P. 45. 1. 317; civ. cass. 15 avr. 1846, D. P. 46. 1. 171), et que la possession qu'il en a est protégée par la complainte (Voy. cep., en sens contraire, trib. de Troyes, 11 déc. 1868, D. P. 71. 1. 172). Ces décisions ne visent pas précisément le simple possesseur de bonne ou de mauvaise foi, mais plutôt le locataire ou le fermier dont je parlerai au même §; elles s'appuient cependant sur des motifs généraux qui conviennent à tous les cas où une personne construit sur un sol qui ne lui appartient pas.

8 Voy., sur l'art. 2125 du Code civil, Aubry et Rau, *op. cit.*, t. II, p. 269; Colmet de Santerre, *op. cit.*, t. IX, n° 92 *bis*-II; Laurent, *op. cit.*, t. XXX, n°s 475 et suiv.

9 Voy., sur l'hypothèque du droit d'usufruit, Aubry et Rau, *op. cit.*, t. III, p. 125; Colmet de Santerre, *op. cit.*, t. IX, n° 78 *bis*-II; Laurent, *op. cit.*, t. XXX, p. 209 et suiv.

complique de deux éléments nouveaux. 1) Le possesseur, même de bonne foi, n'est qu'un usurpateur que le véritable propriétaire a le droit d'expulser tant qu'il n'a pas prescrit; l'usufruitier a un droit réel immobilier sur lequel le nu-propriétaire n'a aucun pouvoir avant l'expiration du temps fixé pour sa durée par la convention, par le testament ou par la loi, et qui s'étend sur les constructions élevées par cet usufruitier pendant le cours de son usufruit[10]. Il suit de là que le nu-propriétaire n'a aucun droit sur elles, et que ses créanciers n'ont pas qualité pour les saisir avant l'expiration de cet usufruit. 2) Il n'est pas certain que l'article 555 régisse les rapports du nu-propriétaire et de l'usufruitier : cela dépend du sens qu'on donne à l'article 599 du Code civil, d'après lequel « l'usufruitier ne peut, à la cessation de l'usufruit, réclamer « aucune indemnité pour les améliorations qu'il prétendrait « avoir faites, encore que la valeur de la chose en fût augmentée. » Si l'on entend par améliorations non-seulement les ouvrages entrepris pour mettre le fonds en meilleur état et en augmenter le revenu ou l'agrément, mais encore la construction d'édifices distincts de ce fonds, comme une grange élevée à proximité d'un champ pour en recevoir la récolte ou des communs bâtis à côté d'une maison d'habitation pour loger les domestiques[11], on en conclura naturellement que l'usufruitier n'en est pas propriétaire et que ses créanciers ne peuvent pas les saisir[12]. Je n'admets pas cette interprétation de l'article 599 qui conduirait à dire que l'usufruitier, titulaire d'un droit réel immobilier, a moins de droits sur ses constructions que le simple possesseur n'en a sur les siennes; j'applique, au contraire, l'article 555 à tous les travaux de l'usufruitier qui dépassent la mesure des simples améliorations[13],

[10] Demolombe, *op. cit.*, t. IX, nº 173. Aubry et Rau, *op. cit.*, t. II, p. 6. Persil, *op. et loc. cit.* Championnière et Rigaud, *Des droits d'enregistrement*, t. IV, nº 3184.

[11] Si cette interprétation de l'article 599 était fondée, il en résulterait que l'usufruitier ne peut ni enlever ses constructions, quand même il le pourrait sans détériorer le fonds, ni réclamer de ce chef une indemnité. Voy., en ce sens, Toullier, *op. cit.*, t. III, nº 427; Ducaurroy, Bonnier et Roustain, *Explication théorique et pratique du Code civil*, t. II, nºs 190 et 192; Proudhon, *op. cit.*, t. III, nºs 1437 et 1441; Pont, *op. cit.*, t. II, nº 635; civ. rej. 23 mars 1825, Bourges, 24 févr. 1837 (D. A. vº *Usufruit*, nº 745); Colmar, 18 mars 1853 (D. P. 53. 2. 131).

[12] Voy., en ce sens, Pont, *op. et loc. cit.*

[13] Delvincourt, *Cours de Code civil*, t. I, p. 360. Toullier, *op. cit.*, t. III, nº 427. Du-

et j'en conclus que ses créanciers ont le droit de les saisir comme il a le droit de les hypothéquer[14].

3° Ces solutions conviennent-elles au cas le plus fréquent dans la pratique, celui de constructions élevées par le preneur sur le sol qui lui a été loué ou affermé[15]? Cette question est complexe et ne se pose pas toujours dans les mêmes termes; quatre hypothèses peuvent, en effet, se présenter. 1) Il a été stipulé expressément que le preneur sera propriétaire de ses constructions, mais que le bailleur aura le droit de les conserver à la fin du bail en en payant la valeur à dire d'experts. Ce cas est absolument semblable à celui du possesseur de bonne ou de mauvaise foi : les créanciers du bailleur peuvent saisir les constructions pendant le cours du bail, en exerçant par anticipation, en vertu de l'article 1166 du Code civil, la faculté qu'a le bailleur de les conserver quand le bail aura pris fin; et, puisque le preneur est propriétaire — peu importe que sa propriété soit résoluble, je l'ai démontré en parlant du possesseur et de l'usufruitier — ses créanciers ont également le droit de saisir ces constructions jusqu'à la fin du bail, et même après si le bailleur a renoncé à les conserver[16]. 2) Le contrat ne résout pas expressément la question de propriété, et stipule seulement que le bailleur pourra, en fin

ranton, *Cours de droit civil*, t. IV, n° 379. Demolombe, *op. cit.*, t. IX, n°s 695 et 696. Aubry et Rau, *op. cit.*, t. II, p. 263. Marcadé, *Explication du Code civil*, t. II, n° 431. Cette solution s'applique-t-elle aux plantations faites par l'usufruitier? Voy. Demolombe, *op. et loc. cit.*; Aubry et Rau, *op. et loc. cit.*

[14] Demolombe, *op. cit.*, t. IX, n°s 172 et 174. Aubry et Rau, *op. cit.*, t. II, p. 6. Persil, *op. et loc. cit.* Championnière et Rigaud, *op. et loc. cit. Contrà*, Pont, *op. et loc. cit.*

[15] La question se posera d'autant plus souvent que le bail sera fait pour un plus long temps : les preneurs à long terme sont ceux qui construisent le plus, les autres n'auraient pas le temps de jouir de leurs travaux et de rentrer dans leurs frais. Toutefois, aucune question ne peut s'élever pour les baux à longue durée qui transfèrent la propriété : dans ce cas, le preneur est évidemment propriétaire des constructions par lui faites, il peut seul les hypothéquer, et ses créanciers ont seuls le droit de les saisir. Je ne fais exception que pour le bail à domaine congéable dans lequel le preneur ou domanier n'est propriétaire des édifices et superfices que sous la réserve du droit qu'a le bailleur ou propriétaire foncier de rentrer dans la propriété de ces objets en en remboursant la valeur à dire d'experts (Aubry et Rau, *op. cit.*, t. II, p. 442). Cette situation est identique à celle qui se produit dans un bail ordinaire, où le contrat réserve au preneur la propriété de ses constructions et au bailleur le droit de les reprendre en fin de bail en en payant la valeur (Voy., sur cette hypothèse, *infrà*, même §).

[16] Voy., en ce sens, un arrêt de la cour de Paris qui reconnaît au preneur le droit d'hypothéquer les constructions dont le bail lui attribue la propriété (23 févr. 1872; D. P. 74. 2. 21).

de bail, faire enlever les constructions ou les conserver moyennant indemnité. Le droit de saisie immobilière appartient alors : *a*) aux créanciers du bailleur exerçant par anticipation le droit qu'aura leur débiteur de conserver les constructions ; *b*) aux créanciers du preneur dont la propriété provisoire et résoluble résulte sinon des termes exprès du moins du sens général de son contrat, aux termes duquel il pourra, en fin de bail, enlever les constructions par lui faites ou en exiger la valeur[17]. Cette hypothèse ne diffère donc de la précédente qu'en un seul point : aucun créancier ne pourra saisir immobilièrement les constructions pour l'enlèvement desquelles le bailleur aura opté, car, vouées à une destruction immédiate, elles ne seront plus qu'une propriété mobilière sur laquelle les créanciers du preneur pourront seuls pratiquer une saisie-exécution[18]. 3) Le bail ne dit rien du sort des bâtiments qui pourront être élevés par le preneur. Dans ce cas, l'opinion commune est que le bailleur a le choix d'en exiger la suppression en vertu des articles 1730 et 1731 du Code civil qui obligent le preneur à rendre les lieux loués dans l'état où il les a reçus, ou de conserver ces édifices en remboursant intégralement, sinon en vertu de l'article 555 lui-même du moins par un argument d'analogie tiré de cet article, le prix des matériaux et de la main-d'œuvre[19]. S'il en est ainsi, cette hypothèse ne diffère pas de la précédente au point de vue de la saisie immobilière, et le droit de pratiquer cette saisie appartient tant aux créanciers du preneur qu'à ceux du bailleur, jusqu'à ce que celui-ci ait exigé

[17] Voy., en ce sens, civ. rej. 27 avr. 1862 (D. P. 62. 1. 281); Paris, 30 mai 1864 (D. P. 66.2.174). C'est en vertu du même principe qu'on a validé l'hypothèque consentie par le preneur sur ces mêmes constructions (Orléans, 19 avr. 1866 ; D. P. 66. 2. 94). Voy., en sens contraire, sur ces deux points, Merlin, *Répertoire*, v° *Hypothèque*, sect. II, § III, art. III, n° 6 ; Demolombe, *op. cit.*, t. IX, n°s 167 et suiv. ; Aubry et Rau, *op. cit.*, t. II, p. 6; Pont, *op. cit.*, t. II, n° 634; et, spécialement, sur la question de saisie immobilière, req. 14 févr. 1849 (D. P. 49. 1.166); Bordeaux, 22 déc. 1868 (D. P. 71. 2. 190).

[18] On a vu *suprà*, même §, qu'il en est de même des bâtiments construits par un possesseur de mauvaise foi, dès que le propriétaire en a exigé l'enlèvement aux termes de l'article 555 du Code civil.

[19] Voy., en ce sens, Demolombe, *op. cit.*, t. IX, n° 693; Aubry et Rau, *op. cit.*, t. II, p. 262; Proudhon, *op. cit.*, t. III, n° 1456; Troplong, *op. cit.*, t. II, n° 354; Duvergier, *Du louage* (Paris, 1841), t. I, n°s 457 et suiv. Voy. notamment, sur le point de savoir si l'article 555 du Code civil s'applique aux rapports du bailleur et du preneur, et sur la manière de poser cette question, Aubry et Rau, *op. et loc. cit.*

l'enlèvement des constructions[20]. 4) Le bail stipule expressément que le preneur construira pour le compte et au profit du bailleur, ou — ce qui revient au même — que ce dernier gardera les constructions à la fin du bail sans payer de ce chef aucune indemnité. Dans ce cas, elles lui appartiennent par droit d'accession, et les créanciers du preneur n'ont pas le droit de les saisir[21].

§ **643**. III. L'article 2206 du Code civil, emprunté à l'ancienne jurisprudence[1], a pour but de protéger le patrimoine immobilier du mineur et de lui épargner, s'il se peut, la saisie et l'expropriation de ses biens-fonds : il déroge au principe que tous les biens du débiteur sont également et indifféremment saisissables au profit de ses créanciers[2], et se rattache, comme toute la procédure de saisie immobilière, à l'ensemble des règles éparses dans nos lois civiles qui témoignent de la sollicitude particulière du législateur pour la propriété foncière[3]. « Les immeubles d'un mineur, même

[20] Voy., en ce sens, les arrêts cités *suprà*, note 7, et, sur cette jurisprudence, Demolombe, *op. cit.*, t. IX, n° 169; Aubry et Rau, *op. cit.*, t. II, p. 7; Championnière et Rigaud, *op. cit.*, t. IV, n°s 3177 et suiv. D'autres arrêts partent d'un principe contraire : ils considèrent le droit du preneur sur les constructions par lui élevées dans le silence du bail comme un droit purement mobilier, et en concluent : 1° que ses créanciers ont le droit de les saisir-exécuter (Lyon, 14 janv. 1832; D. A. v° *Biens*, n° 21); 2° qu'ils n'ont pas le droit d'y pratiquer une saisie immobilière (Req. 15 janv. 1824, D. A. v° *Louage emphytéotique*, n° 7; Grenoble, 6 janv. 1827, D. A. v° *Biens*, *loc. cit.*; Bordeaux, 22 déc. 1868, D. P. 71. 2. 190); 3° qu'il n'a pas le droit de les hypothéquer (Trib. de la Seine, 17 févr. 1870; D. P. 71. 3. 33); 4° qu'il ne peut, de ce chef, exercer la complainte (Trib. de Troyes, 11 déc. 1868. Voy. le § précédent, note 7).

[21] Demolombe, *op. cit.*, t. IX, n° 167. Pont, *op. cit.*, t. II, n° 634. Req. 27 mai 1873 (D. P. 73. 1. 410). Jugé, en vertu du même principe, que la vente de ces constructions par le preneur ne donne lieu qu'à la perception du droit de mutation mobilière (Civ. rej. 2 juill. 1851; D. P. 51. 1. 185).

§ **643.** [1] Voy., *suprà*, § **638**.

[2] Voy., sur ce principe, t. III, § **543.** Les articles 2209 et 2211 du Code civil relatifs à la même saisie dérogent aussi à ce principe (Voy. t. III, § **534**).

[3] Voy., sur l'ancien adage *Vilis mobilium possessio*, Demolombe, *op. cit.*, t. IX, n°s 71 et suiv.; Cauwès, *Précis d'économie politique*, t. II, n° 1014; et, sur les différences qui existent encore aujourd'hui entre la législation des meubles et celle des immeubles, C. civ., art. 931, 939, 948, 1140, 1401, 1404, 1674, 2118, 2119, 2265, 2279, etc.; et, particulièrement, sur la capacité et le pouvoir d'agir en justice en matière mobilière ou immobilière, t. I, § **122**. Demolombe fait remarquer que l'article 444 du Code de commerce de 1807, qui n'annulait que les donations d'immeubles consenties par le failli après la cessation de ses paiements ou dans les dix jours précédents, était conçu dans le même ordre d'idées, et que la loi du 28 mai 1838 qui l'a modifié, en annulant toutes les donations, même mobilières, passées dans le

« émancipé, ou d'un interdit[4] ne peuvent être mis en vente « avant la discussion du mobilier[5]. » Cet article, qui ne s'explique pas sur les formes de cette discussion et sur le délai dans lequel elle doit être demandée, doit être complété, sous ce rapport, à l'aide de l'article 2170 du Code civil sur le bénéfice de discussion du tiers détenteur[6]; il doit aussi être corrigé sur un point, car on ne peut ni vendre les immeubles du mineur et de l'interdit ni même les saisir avant la discussion du mobilier[7] : je renvoie, à cet égard, à l'explication de l'article 2205 où l'expression « mettre en vente » signifie également « saisir[8]. » Il y a pourtant cette différence entre la saisie et la vente qui auraient lieu avant la discussion du mobilier, que la saisie est nulle et que la vente ne l'est pas, car on verra au § **761** que la nullité de la procédure antérieure à la publication du cahier des charges — celle-ci est du nombre — doit être demandée, à peine de déchéance, trois jours au plus tard avant cette publication, et

même temps (Art. 446), a été un premier pas vers l'assimilation de la fortune mobilière à la fortune immobilière (*Op. cit.*, t. IX, nº 84). La loi du 27 février 1880, sur l'aliénation des valeurs mobilières appartenant aux mineurs, est un second pas que le législateur a fait dans la même voie.

4 C'est l'application de l'article 509 du Code civil : « L'interdit est assimilé au mi- « neur pour sa personne et pour ses biens; les lois sur la tutelle des mineurs s'ap- « pliqueront à la tutelle des interdits. » L'article 2206 s'applique-t-il aux personnes interdites légalement? Thomine-Desmazures enseigne la négative, parce que l'interdiction légale n'est pas la protection d'un incapable mais une peine (*Commentaire du Code de procédure civile*, t. II, p. 196). Cette solution est contraire à l'opinion généralement admise, que les règles de l'interdiction judiciaire doivent, en l'absence de textes spéciaux, s'appliquer à l'interdiction légale qui, bien que prononcée à titre de peine, n'en constitue pas moins une véritable incapacité (Duranton, *op. cit.*, t. I, nº 211; Demolombe, *op. cit.*, t. I, nº 192; Aubry et Rau, *op. cit.*, t. I, p. 353; Demante, *Cours analytique de Code civil*, t. I, nºs 755 et suiv.; Valette, sur Proudhon, *De l'état des personnes*, t. I, p. 554; Humbert, *Des conséquences des condamnations pénales relativement à la capacité des personnes* (Paris, 1855), nº 323). On sait cependant que le tuteur de l'individu légalement interdit ne doit lui remettre aucune somme pendant la durée de sa peine, à quelque titre et pour quelque cause que ce soit (C. pén., art. 31; comp. C. civ., art. 510).

5 Le créancier est-il tenu de discuter les meubles acquis par le créancier depuis le commencement des poursuites? Il ne paierait certainement pas les frais de ces poursuites, s'il était démontré que les meubles acquis depuis ce moment par le mineur ont une valeur suffisante pour couvrir le montant de la dette; mais on a jugé qu'il doit s'arrêter pour les discuter, dès qu'il arrive à sa connaissance qu'ils sont entrés dans le patrimoine du mineur (Turin, 14 août 1811; D. A. vº *Vente publique d'immeubles*, nº 131). Voy., en sens contraire, Pothier, *op. cit.*, nº 540; Pont, *op. cit.*, t. II, *De l'expropriation forcée*, nº 17.

6 Voy., sur cet article, *infrà*, § **647**.

7 Aubry et Rau, *op. cit.*, t. VIII, p. 470. Pont, *op. cit.*, t. II, *De l'expropriation forcée*, nº 15.

8 Voy., sur ce point, t. III, § **562**.

que, si cette nullité n'a pas été invoquée en temps utile, le jugement d'adjudication qui clôt la procédure est à l'abri de toute contestation[9].

Il y a trois exceptions à l'article 2206. 1° La discussion du mobilier n'est pas requise[10] lorsqu'un immeuble indivis entre un mineur et un majeur est saisi pour une dette qui leur est commune[11] : d'une part, la présence du mineur ne fait pas obstacle à la saisie, car il est de principe que le mineur ne relève le majeur qu'autant que les droits qui leur sont communs sont indivisibles[12]; d'autre part, l'article 2205 du Code civil ne permet pas au créancier de saisir la part indivise du majeur en même temps qu'il discute les meubles du mineur[13]; dès lors, une troisième solution s'impose, supprimer la discussion des meubles du mineur et autoriser la saisie immédiate de tout l'immeuble (C. civ., art. 2207)[14]. 2° Il est inutile de discuter le mobilier si c'est au cours de la saisie que le mineur poursuivi a succédé à un majeur ou que le majeur poursuivi a été frappé d'interdiction[15] : non-

9 Thomine-Desmazures enseigne (*Op. cit.*, t. II, p. 197) que le jugement d'adjudication rendu dans ces circonstances est sujet à requête civile, en vertu de l'article 481 qui permet d'attaquer ainsi le jugement des procès où les mineurs n'ont pas été valablement défendus (Voy., sur ce point, le tome V de ce Traité).

10 « Avant l'expropriation » dit l'article 2207 du Code civil. Cet article appelle la même correction que les articles 2205 et 2206 (Voy. t. III, § **562**) : il faut dire « avant la saisie. »

11 C'est par erreur que le tribun Lahary a dit au Corps législatif : « Cette discus- « sion ne sera pas requise avant l'expropriation : 1° si les immeubles sont possédés « par indivis entre un majeur et un mineur ou interdit ; 2° si la dette leur est com- « mune » (Dans Locré, *Législation civile*, t. XVI, p. 505). Les deux cas n'en font qu'un, et l'article 2207 du Code civil dit plus exactement : « La discussion n'est pas « requise avant l'expropriation des immeubles possédés par indivis entre un majeur « et un mineur ou un interdit, si la dette leur est commune. »

12 Arg. C. civ., art. 873, 1220 et 2249. Pothier, *De la prescription*, n° 551. Aubry et Rau, *op. cit.*, t. II, p. 359. Troplong, *De la prescription*, t. II, n° 649. Voy., sur la règle que le mineur relève le majeur *in individuis*, C. civ., art. 710 ; Pothier, *Des obligations*, n°s 682 et 698 ; Aubry et Rau, *op. cit.*, t. IV, p. 53 ; Colmet de Santerre, *op. cit.*, t. V, n° 161 *bis*-I ; Marcadé, *op. cit.*, t. IV, n° 648 ; Larombière, *Des obligations*, t. III, sur l'article 1225, n° 11.

13 C'était pourtant la solution de l'ancien droit qui exigeait la discussion des meubles du mineur, mais sous peine d'une nullité simplement relative et prononcée au profit du mineur seul (Pothier, *De la procédure civile*, n° 541).

14 Voy., sur les motifs de cette disposition, le discours précité du tribun Lahary (Dans Locré, *op. cit.*, t. XVI, p. 506).

15 Il ne suffit pas, pour que les poursuites soient tenues pour commencées, que le saisissant ait signifié le commandement dont il sera parlé aux §§ **653** et suiv. (Duranton, *op. cit.*, t. XXI, n° 22 ; Aubry et Rau, *op. cit.*, t. VIII, p. 470 ; Pont, *op. et loc. cit.*).

seulement l'intérêt du mineur et de l'interdit cède ici devant le droit acquis du créancier à continuer des poursuites régulièrement commencées, mais encore un excès de protection tournerait au détriment de ces deux incapables, car le créancier qui, arrivé presqu'au terme de la saisie et forcé de s'arrêter pour discuter le mobilier, en retirerait de quoi couvrir le capital de sa créance, aurait fait très légitimement, mais en pure perte, des frais qui retomberaient à la charge du mineur et de l'interdit (C. civ., art. 2207)[16]. 3° La discussion du mobilier est superflue lorsqu'il est déjà prouvé par un acte en bonne forme que ce mobilier n'existe plus ou qu'il est insuffisant pour payer la dette du mineur ou de l'interdit envers le saisissant. Cet acte peut être un procès-verbal de carence [17], ou une délibération du conseil de famille qui constate que le mobilier a été vendu et que le prix n'a pas suffi pour payer les dettes de l'incapable[18].

§ **644**. IV. L'article 2210 du Code civil déroge encore, dans une certaine mesure, au droit qu'a le créancier de saisir indistinctement et sans observer aucun ordre tous les biens qui forment son gage[1]. Il suppose que le débiteur possède plusieurs immeubles situés dans le ressort de différents tribunaux, et, craignant que plusieurs saisies séparément suivies n'occasionnent au débiteur un surcroît de frais, peut-être inutiles si le prix d'un de ces immeubles suffit pour désintéresser le créancier, il prescrit d'y procéder successivement : le créancier choisira l'arrondissement dans lequel il préfère commencer ses poursuites, mais il devra s'arrêter dès qu'il se trouvera rempli de tout ce qui lui est dû[2]. Il y a deux exceptions à cette règle. 1° Si les immeubles situés dans des arrondissements différents font partie d'une même exploitation, le morcellement de ce domaine en rendra la vente plus

[16] Voy., sur les motifs de la seconde partie de l'article 2207, le discours précité du tribun Lahary (Dans Locré, *op. et loc. cit.*), et Pont, *op. cit.*, t. II, *De l'expropriation forcée*, n° 18.
[17] Poitiers, 21 mars 1825 (D. A. *v° cit.*, n° 128).
[18] Paris, 2 août 1814 (D. A. *v° cit.*, n° 130).

§ **644**. [1] Voy., sur ce principe, t. III, § **534**.
[2] Voy., sur les motifs de l'article 2210, Pont, *op. cit.*, t. II, *De l'expropriation forcée*, n° 22.

difficile et probablement moins productive; l'article 2211 permet donc au créancier de saisir et de faire vendre en même temps tous ces biens, et le débiteur qui y a le même intérêt peut contraindre, au besoin, le créancier à procéder ainsi. On fera, s'il y a lieu, ventilation du prix d'adjudication, c'est-à-dire qu'on le divisera en fractions correspondantes à la valeur de chacun des immeubles compris dans le domaine saisi et vendu : ces fractions seront attribuées par rang d'hypothèque aux créanciers qui auraient inscription sur chacun de ces immeubles[3]. 2° C'est l'intérêt du débiteur qui empêche le créancier de recourir à des saisies successives; que cet intérêt disparaisse et le créancier recouvrera sa liberté d'action. C'est ce qui arrive, aux termes de la loi du 14 novembre 1808, dans le cas où, le passif du débiteur étant supérieur à son actif, il n'existe pour lui aucun moyen d'échapper à une expropriation complète; cette loi dispose, corrigeant en ce sens les termes trop absolus de l'article 2210, que « la saisie immobilière des biens d'un débiteur situés dans plusieurs arrondissements pourra être faite simultanément, toutes les fois « que la valeur totale desdits biens sera inférieure au montant réuni des sommes dues tant aux saisissants qu'aux autres créanciers inscrits; la valeur desdits biens sera établie « d'après les derniers baux authentiques sur le pied du denier « vingt-cinq; à défaut de baux authentiques, elle sera calculée d'après le rôle des contributions sur le pied du denier trente » (Art. 1 et 2)[4]. L'article 3 de la même loi trace la marche à suivre en pareil cas : « Le créancier qui voudra « user de la faculté accordée par l'article 1er sera tenu de « présenter requête au président du tribunal de l'arrondissement où le débiteur a son domicile, et d'y joindre : 1° co-

[3] Voy., sur cette opération, t. III, § **534**, note 14. L'article 743 du Code de procédure dispose également que « si une partie seulement des biens dépendant « d'une même exploitation avait été saisie, le débiteur pourra demander que le surplus soit compris dans la même adjudication. » Cette disposition est relative à la conversion de la saisie immobilière en vente volontaire (Voy. *infrà*, §§ **739** et suiv.), mais ne fait qu'y appliquer le principe plus large de l'article 2210 qui régit cette saisie sous toutes ses formes (Voy., en ce sens, Parant, *Rapport à la commission de 1838 pour la réforme de la saisie immobilière* (dans Carré, *op. cit.*, t. V, IIe part., p. 312); Bioche, *op. cit.*, v° *Saisie immobilière*, n° 782; Chauveau, sur Carré, *op. cit.*, t. V, IIe part., quest. 2445).

[4] Voy., sur ces deux articles, t. III, § **534**, note 25.

« pie en forme des baux authentiques ou, à leur défaut, copie,
« également en forme, du rôle de la contribution foncière;
« 2° l'extrait des inscriptions prises sur le débiteur dans les
« divers arrondissements où les biens sont situés, ou le cer-
« tificat qu'il n'en existe aucune. La requête sera communi-
« quée au ministère public, et répondue d'une ordonnance
« portant permis de faire la saisie de tous les biens situés dans
« les arrondissements et départements y désignés[5]. »

§ **645**. V. Le débiteur qui se trouve sous le coup d'une saisie immobilière peut obtenir des délais de grâce dans les cas et sous les conditions déterminés aux §§ **558** et suivants : s'il ne s'est pas obligé par-devant notaire, ces délais lui sont accordés par le jugement même qui le condamne[1]; dans le cas contraire, la jurisprudence admet que l'existence d'un acte notarié n'est pas de nature à faire obstacle aux délais de grâce, et que le tribunal peut en accorder toutes les fois qu'une action est intentée devant lui soit par le créancier qui agit afin d'obtenir l'hypothèque judiciaire et la condamnation du débiteur aux intérêts moratoires, soit par ce dernier lui-même qui forme opposition aux poursuites en les arguant de nullité ou en demandant simplement qu'il y soit sursis[2]. Ces délais ne peuvent être accordés aux débiteurs qui se trouvent dans l'une quelconque des situations prévues par l'article 124[3]; mais, par faveur spéciale, l'article 2212 du Code civil déjà cité aux §§ **558** et **561** permet aux juges de suspendre la saisie immobilière aux conditions ci-dessous[4], fût-elle pratiquée en vertu d'un jugement précédemment rendu ou contre un débiteur qui se trouve dans l'un des cas prévus par l'article 124[5]. Il faut pour cela : 1° que le débi-

[5] Je néglige, pour y revenir au § **650**, les règles de compétence qui se trouvent dans l'article 2161 du Code civil et dans l'article 4 de la loi du 14 novembre 1808.

§ **645**. [1] Voy. t. III, § **548**.

[2] Voy. t. III, § **561**.

[3] Voy. t. III, *ib.*

[4] Les tribunaux ont un pouvoir discrétionnaire pour appliquer cet article (Bruxelles, 22 mai 1821; D. A. v° *cit.*, n° 176). Il en est de même pour les délais de grâce accordés suivant le droit commun, en vertu des articles 1244 du Code civil et 122 du Code de procédure (Voy. t. III, § **560**).

[5] Voy., sur la conciliation de cet article avec l'article 1244 du Code civil, t. III, § **561**.

teur[6] justifie, par baux authentiques ou autrement[7], que le revenu net et libre de l'immeuble saisi[8] pendant une année suffit pour désintéresser le créancier; 2° qu'il lui affecte exclusivement ce revenu en le lui déléguant[9] ou en constituant sur l'immeuble un droit d'antichrèse à son profit[10]. Si cet immeuble est loué ou affermé, cette délégation constitue une véritable cession et n'a d'effet, comme telle, qu'après avoir été signifiée ou acceptée conformément à l'article 1690 du Code civil[11], mais elle est opposable à cette condition : 1° aux créanciers chirographaires du débiteur[12]; 2° à ses créanciers hypothécaires inscrits après l'accomplissement desdites formalités[13]; 3° à ses créanciers hypothécaires antérieurement inscrits, pourvu qu'ils ne saisissent pas l'immeuble et ne fassent pas transcrire leur saisie avant l'expiration de l'année dont les loyers ou fermages ont été délégués, car cette délégation ne leur est opposable pour aucune partie des loyers ou fermages à échoir postérieurement à cette transcription[14]. L'article 2212 ajoute que la saisie sera reprise « s'il survient « quelque opposition ou obstacle au paiement ». L'opposition peut venir d'une délégation antérieure dont l'existence a été

6 Une justification est nécessaire, une simple affirmation ne suffirait pas (Req. 12 nov. 1823 et 20 déc. 1832; D. A. *v° cit.*, n° 171).

7 Persil exige un bail authentique (*Op. cit.*, t. II, p. 15), mais il ajoute à la loi (Bioche, *op. et v° cit.*, n° 616; Chauveau, sur Carré, *op. cit.*, t. V, Ire part., quest. 2198; t. III, § **160**).

8 L'article 2212 dit « ses immeubles :.» je dis « l'immeuble saisi,» car le débiteur pourrait n'en avoir que l'usufruit et l'article 2212 lui serait applicable comme s'il en avait la propriété, puisque, dans les deux cas, il en aurait le revenu et pourrait, par conséquent, le déléguer. Voy., sur ce point, Proudhon, *op. cit.*, t. I, n° 21.

9 Voy., sur la délégation, t. III, § **538**, note 3.

10 L'article 2212 ne prévoit pas cette dernière combinaison, mais le débiteur satisfait certainement à cet article en la proposant au créancier, car ce dernier acquiert ainsi le droit de toucher, aussi bien que s'ils lui étaient délégués, les fruits naturels ou civils de l'immeuble qu'il voulait saisir (Duranton, *op. cit.*, t. XXI, n° 29). L'antichrèse vaut-elle mieux pour lui que la délégation? Voy. *infrà,* note 16.

11 Voy., sur l'application de l'article 1690 du Code civil en matière de saisie, t. III, §§ **538, 630** et suiv. Les cessions de moins de trois années de loyers ou fermages non échus ne sont pas soumises à la transcription (L. 23 mars 1855, art. 2-5°).

12 Les créanciers chirographaires deviennent des tiers, au sens de l'article 1690 du Code civil, lorsqu'ils ont fait saisie-arrêt (Voy. t. III, § **599**); ils peuvent alors tenir pour non avenues à leur égard les cessions de créance qui n'ont pas été dûment signifiées ou acceptées, mais ces cessions leur sont évidemment opposables du moment que ces formalités ont été remplies.

13 Aubry et Rau, *op. cit.*, t. III, p. 438. Pont, *op. cit.*, t. I, n° 366. Req. 6 mai 1867 (D. P. 67. 1. 308). Je reviendrai sur ce point au § **663,** à propos de la transcription de la saisie.

14 Je reviendrai *ib.* sur cette question qui est controversée.

frauduleusement dissimulée[15], ou de créanciers hypothécaires qui, inscrits avant que la délégation ait été signifiée ou acceptée, ont, comme il vient d'être dit, saisi l'immeuble et fait transcrire leur saisie[16]; d'ailleurs, un autre motif de reprendre les poursuites dans ce dernier cas, c'est que les délais de grâce cessent, aux termes de l'article 124, lorsqu'une saisie est pratiquée à la requête d'autres créanciers[17].

§ **646**. VI. J'ai posé au § **540** le principe qu'on ne peut saisir pour le paiement d'une dette que ceux qui sont personnellement tenus de l'acquitter, mais j'ai annoncé en même temps que la saisie immobilière apporte trois exceptions à ce principe. Les créanciers privilégiés et hypothécaires peuvent, en effet, la pratiquer : 1° contre le tiers détenteur de l'immeuble grevé d'hypothèque; 2° contre le curateur au délaissement, après que ce tiers détenteur a délaissé l'immeuble à raison duquel il est poursuivi; 3° contre la caution réelle, c'est-à-dire contre celui qui, sans s'obliger personnellement, a hypothéqué son immeuble à la dette d'autrui. C'est l'exercice du droit de suite que l'article 2166 du Code civil confère à ces créanciers, mais je rappelle qu'ils ne peuvent l'exercer qu'après avoir pris inscription de leur privilège ou de leur hypothèque, et qu'il n'y a d'exception à cette règle que pour la femme et le mineur dispensés d'inscription, tant au point de vue du droit de suite que du droit de préférence, par l'article 2135 du Code civil modifié par la loi du 23 mars 1855 (Art. 8)[1].

15 Pont, *op. cit.*, t. II, *De l'expropriation forcée*, n° 30.

16 Duranton, *op. et loc. cit.* Pont ne croit pas que la reprise des poursuites puisse venir d'une opposition des créanciers hypothécaires antérieurs à la délégation, parce qu'il considère cette délégation comme leur étant opposable (*Op. et loc. cit.*). Voy. *infrà*, § **663**, la réfutation de cette idée. La constitution d'un droit d'antichrèse serait-elle plus efficace, à ce point de vue, qu'une simple délégation? Duranton le croit (*Op. et loc. cit.*), mais il faudrait pour cela que ce droit fût opposable aux créanciers hypothécaires inscrits avant l'inscription de l'acte constitutif d'antichrèse; or il en est tout autrement (C. civ., art. 2091 cbn. L. 23 mars 1855, art. 2-1°). Il n'y a donc aucun moyen, dans l'espèce, d'écarter l'opposition des créanciers dont il s'agit, et, pût-on l'écarter, on trouverait dans l'article 124 (Voy. *infrà*, même §) une autre raison, non moins péremptoire, de reprendre les poursuites momentanément suspendues.

17 Voy., sur cette partie de l'article 124 et sur les motifs qui la justifient, t. III, § **559**.

§ **646**. 1 Voy. t. III, § **534**.

§ **647**. A. Dès que l'immeuble hypothéqué est sorti des mains du débiteur, ce n'est plus contre lui mais contre le tiers détenteur que la saisie se poursuit. La preuve en est : 1° dans l'ancien nom de cette procédure, celui d'expropriation, qui ne convient qu'à des poursuites dirigées contre un propriétaire; 2° et surtout dans l'article 2169 du Code civil, aux termes duquel les créanciers hypothécaires font vendre l'immeuble hypothéqué « sur le tiers détenteur[1]. » Il n'est même pas nécessaire de joindre le débiteur à la poursuite et de lui signifier les actes qu'elle comporte : ce ne serait pas inutile, car ils y sont tous deux intéressés, le premier comme garant de l'éviction qui menace le second[2]; mais on ne pourrait imposer ce surcroît de formalités au saisissant qu'en ajoutant arbitrairement à l'article 2169 qui suppose une saisie dirigée exclusivement contre le tiers détenteur[3]. Le Crédit foncier exerce également contre les tiers détenteurs, aussi bien que contre les débiteurs eux-mêmes, les droits mentionnés au § **639** : l'article 47 du décret du 28 février 1852 dispose, à cet effet, que les poursuites commencées contre le débiteur lors de l'aliénation par lui consentie sont continuées contre lui, lorsque les acquéreurs ne se sont pas fait connaître au Crédit foncier; mais que, dès qu'ils se sont fait connaître, c'est contre eux que les poursuites commencent ou qu'elles sont continuées[4].

Le tiers détenteur a plusieurs moyens d'échapper à la saisie immobilière. 1° Il peut payer le créancier saisissant jusqu'à concurrence de son prix d'acquisition[5]; si ce prix est égal au

§ **647**. [1] Lyon, 7 août 1850 (D. P. 54. 5. 676). L'avoué qui saisit sciemment sur le débiteur un immeuble appartenant à un tiers détenteur encourt l'application de l'article 1382 du Code civil (Req. 24 nov. 1884; D. P. 85. 1. 34).

[2] Un projet de loi de 1829 voulait que la dénonciation du procès-verbal de saisie (Voy., sur cette formalité, *infrà*, § **660**) fût faite au débiteur en même temps qu'au tiers détenteur (Voy., sur ce point, Chauveau, sur Carré, *op. cit.*, t. II, Ire part., quest. 2198, § II-IVo).

[3] Req. 4 janv. 1837 (D. A. *vo cit.*, no 312). *Contrà*, Chauveau, sur Carré, *op. et loc. cit.* Il en est autrement dans l'ordre : le débiteur doit y être appelé (Voy. *infrà*, §§ **788** et **825**).

[4] Voy., sur ce point, Josseau, *op. cit.*, t. I, no 502.

[5] On ne dira pas, s'il paie toute la dette (C. civ., art. 2168), qu'il mette obstacle à la saisie immobilière et qu'il exerce un droit réservé au tiers détenteur. Quand le débiteur lui-même paie toute la dette, il ne met pas obstacle à la saisie, il supprime l'intérêt et, par conséquent, le droit de la faire en éteignant la dette en vertu de laquelle il est poursuivi : le tiers détenteur ne fait pas autre chose en payant toute

montant de la dette, le saisissant désintéressé cesse naturellement ses poursuites[6]; s'il est inférieur, on peut espérer que le saisissant s'en contentera, craignant que l'immeuble saisi et mis en vente n'atteigne pas un prix plus élevé, et, dans le cas contraire, le tiers détenteur exproprié, mais subrogé aux droits du créancier qu'il a payé en partie et colloqué au rang hypothécaire de ce même créancier, sera sûr de retrouver ainsi la somme qu'il aura inutilement exposée[7]. 2° Il peut, s'il n'est pas personnellement obligé à la dette, exercer trois droits qui n'appartiennent qu'à lui et qui viennent justement de ce qu'il n'est tenu que *propter rem :* purger, délaisser ou demander la discussion des autres immeubles hypothéqués à la même dette qui se trouvent dans les mains du principal ou des principaux obligés. 3° Il jouit enfin, le cas échéant et quand même il serait personnellement obligé, d'une exception de garantie fondée sur la règle *Quem de evictione tenet actio eumdem agentem repellit exceptio*[8]; il oppose cette exception au créancier qui, tenu envers lui de l'obligation de garantie, aurait néanmoins la prétention de l'évincer[9]. Primus hypothèque son immeuble à Secundus, le vend à Tertius et contracte envers ce dernier l'obligation de ga-

la dette. S'il désintéresse entièrement le saisissant et que les autres créanciers inscrits, reprenant les poursuites, fassent vendre l'immeuble, le tiers détenteur sera subrogé aux droits du saisissant qu'il aura payé, et colloqué au rang de ce dernier pour obtenir le remboursement des sommes qu'il aura versées : l'article 1251-2° du Code civil ne subroge, il est vrai, légalement que l'acquéreur qui emploie tout ou partie de son prix au paiement des créanciers hypothécaires, mais celui qui paie toute la dette a évidemment droit à la même subrogation, soit en vertu du 3° du même article qui subroge légalement « celui qui, étant tenu avec d'autres ou pour « d'autres au paiement de la dette, avait intérêt à l'acquitter, » soit par un argument *à fortiori* tiré de ce même article, car la subrogation accordée à celui qui ne paie les créanciers hypothécaires que jusqu'à concurrence de son prix est due, à plus forte raison, à celui qui les paie intégralement (Duranton, *op. cit.*, t. XII, n° 157; Demolombe, *op. cit.*, t. XXVII, n°s 524 et suiv.; Aubry et Rau, *op. cit.*, t. IV, p. 183 et 184; Colmet de Santerre, *op. cit.*, t. V, n° 1194 *bis*-V; Marcadé, *op. cit.*, t. IV, n° 711; Laurent, *op. cit.*, t. XVIII, n° 90; Larombière, *op. cit.*, t. V, sur l'art. 1251, n°s 27 et 28).

6 Elles seraient nulles et frustratoires (Req. 12 mai 1852; D. P. 52. 2. 649).

7 C. civ., art. 1251-2° (Voy. la note précédente).

8 Voy., sur cette maxime, t. II, § **389**, note 2.

9 Voy., sur cette exception, t. II, *ib.* C'est un moyen de défense au fond; on n'y applique donc pas l'article 2022 du Code civil qui prescrit d'opposer l'exception de discussion dès les premières poursuites (Voy. *infrà,* même §), mais seulement l'article 728 du Code de procédure, aux termes duquel les nullités de fond ou de forme antérieures à la publication du cahier des charges doivent être proposées, à peine de déchéance, trois jours au plus tard avant cette publication (Voy. *infrà,* § **761**; comp. *suprà,* § **643**).

rantie, puis il meurt et laisse pour héritier Secundus qui succède à son obligation de garantie et pratique néanmoins la saisie immobilière contre Tertius; c'est le cas, pour ce dernier, de lui opposer l'exception de garantie[10]. La purge, le délaissement et l'exception de discussion demandent seuls quelques explications complémentaires[11].

a. La purge est une procédure imaginée par l'ancien droit français[12] pour que le tiers détenteur puisse s'affranchir des privilèges et hypothèques sans payer au-delà de son prix[13], et

[10] J'ai raisonné sur la vente qui est le cas le plus simple et le plus commun, mais tous les actes à titre onéreux engendrent l'obligation de garantie, et j'aurais pu supposer tout aussi bien le partage et la constitution de dot qui est, en ce sens du moins, un acte à titre onéreux (Voy. t. II, § **387**). J'exclus naturellement, en matière de vente, le cas où le vendeur a stipulé la non-garantie (C. civ., art. 1627 et suiv.).

[11] Les exceptions de discussion et de garantie sont les seules qu'un tiers détenteur puisse opposer aux créanciers inscrits : l'opinion commune lui refuse le droit d'invoquer l'article 2037 du Code civil (Aubry et Rau, *op. cit.*, t. III, p. 414; Pont, *op. cit.*, t. II, n° 1168; Mourlon, *Des subrogations*, n°s 526 et suiv.; voy. cep., en sens contraire, Delvincourt, *op. cit.*, t. III, p. 496; Toullier, *op. cit.*, t. VII, n° 172; Grenier, *op. cit.*, t. II, n° 332; Ponsot, *Du cautionnement* (Paris et Dijon, 1844), n° 331; voy. aussi Troplong qui propose de distinguer suivant que le tiers détenteur a droit ou non au bénéfice de discussion, *Du cautionnement*, n° 562). La jurisprudence est également fixée dans le sens de la non-application de l'article 2037 au tiers détenteur (Civ. cass. 17 mars 1852, D. P. 52. 1. 97; Aix, 24 mai 1853, D. P. 54. 5. 724; civ. cass. 18 déc. 1854, D. P. 55. 1. 34; Caen, 26 nov. 1870, D. P. 73. 2. 181; *contrà*, trib. de Villefranche, 7 févr. 1862, D. P. 64. 1. 217). Le tiers détenteur qui a fait des dépenses et a le droit d'en obtenir le remboursement (C. civ., art. 2175) jouit-il, à cet effet, d'un droit de rétention? La question est très controversée (Voy., pour l'affirmative, Tarrible, dans le *Répertoire* de Merlin, v° *Privilèges*, sect. IV, § v; Glasson, *Du droit de rétention*, n°s 140 et 141; pour la négative, Duranton, *op. cit.*, t. XX, n° 272; Aubry et Rau, *op. cit.*, t. III, p. 445; Grenier, *op. cit.*, t. II, n° 335; Troplong, *Des privilèges et hypothèques*, t. III, n° 836; Turin, 20 mai 1860, D. A. v° *Privilèges et hypothèques*, n° 1948; Bastia, 2 févr. 1846, D. P. 46. 2. 109), mais elle est indifférente au point de vue actuel, car, en admettant même que le droit de rétention existe dans l'espèce, il en résultera seulement que l'adjudicataire ne pourra entrer en possession qu'après avoir remboursé au tiers détenteur le montant de ses dépenses : le droit de rétention ne fera donc pas d'obstacle à la saisie (Aubry et Rau, *op. cit.*, t. III, p. 119).

[12] Voy., sur l'origine et sur l'histoire de cette procédure, Labbé, *De la purge* (dans la *Revue critique de législation et de jurisprudence*, t. XIX, 1861, p. 275 et suiv.).

[13] Ou de l'évaluation de l'immeuble s'il n'a pas été vendu mais donné (C. civ., art. 2183-1°). Il n'y a, en général, que les tiers acquéreurs qui puissent purger; par exception, les sociétés de crédit foncier ont le droit — c'était même une obligation pour elles d'après le décret organique du 28 février 1852 (Art. 19 et suiv.) — de purger l'immeuble sur lequel elles vont prêter des hypothèques légales qui existent sur lui. A cet effet, elles notifient l'acte constitutif d'hypothèque à leur profit au créancier s'il est connu, dans le cas contraire au procureur de la République. Le créancier a, pour s'inscrire dans le premier cas quinze jours, dans le second cas quarante jours. S'il s'inscrit, il conserve son droit d'hypothèque vis-à-vis de la société; s'il ne le fait pas, la purge est opérée et la société a la priorité sur lui (L. 10 juin 1853, art. 1 et suiv.; voy., sur cette purge, Josseau, *op. cit.*, t. I, n°s 365 et suiv.).

pour que les créanciers privilégiés et hypothécaires puissent, de leur côté, faire porter à son prix véritable l'immeuble qu'ils prétendent avoir été vendu au-dessous de sa valeur[14]. A cet effet, le tiers détenteur, ayant fait préalablement transcrire son titre d'acquisition[15], notifie aux créanciers inscrits : 1° un acte contenant un extrait de ce titre[16] et de la transcription qui en a été faite; 2° un tableau qui indique en trois colonnes la date des hypothèques et des inscriptions, le nom des créanciers et le montant des créances inscrites; 3° la déclaration que le tiers détenteur est prêt à acquitter sur-le-champ et jusqu'à concurrence de son prix toutes les dettes et charges hypothécaires qui existent sur l'immeuble : cette déclaration vaut, dans cette mesure, offre d'acquitter lesdites charges[17]. Si le tiers détenteur veut éviter la saisie, il doit faire cette notification dans les trente jours qui suivent la première sommation, non pas une sommation préalable de purger que les créanciers devraient signifier au tiers détenteur pour le

[14] « C'est un expédient équitable imaginé pour rendre l'immeuble aliéné aussi net « et aussi liquide, dans la main du tiers détenteur, que peut l'être l'argent qu'il offre « aux créanciers et qui est destiné à passer dans leurs mains en échange du droit « hypothécaire qu'ils ont sur l'immeuble. En deux mots, c'est la substitution de l'ar- « gent à l'immeuble faite sous la garantie de la loi, autant dans l'intérêt de la con- « servation des gages hypothécaires que pour faciliter sans inconvénient et sans « danger la circulation des propriétés immobilières. Il ne faut pas un grand effort « de réflexion pour comprendre que ce serait frapper tous les immeubles d'inaliéna- « bilité que de ne pas les mettre à un moment donné dans cet état de complète libé- « ration et d'affranchissement absolu » (Persil, *Rapport à la commission formée pour préparer la réforme de la législation hypothécaire* (Paris, 1848), p. 114).

[15] C'était, sous le Code civil et avant le Code de procédure, une des utilités de la transcription. Sous le Code de procédure, elle servait, en outre, à faire courir un délai de quinzaine après lequel les créanciers privilégiés et hypothécaires des précédents propriétaires ne pouvaient plus s'inscrire sur le tiers détenteur (Art. 834 et 835; voy., sur ces deux articles, le tome V de ce Traité). Depuis la loi du 23 mars 1855, la transcription arrête immédiatement le cours de ces inscriptions (Art. 6). Le tiers détenteur doit faire transcrire avec son propre titre ceux des précédents propriétaires pour lesquels cette formalité n'a pas été remplie (Voy., sur ce point qui est d'ailleurs controversé, Aubry et Rau, *op. cit.*, t. III, p. 511; Colmet de Santerre, *op. cit.*, t. IX, n° 170 *bis*-II et suiv.; Pont, *op. cit.*, t. II, n° 1202). Quel que soit le titre du tiers détenteur, il doit être transcrit préalablement aux autres formalités de la purge : s'il est translatif de propriété par lui-même et indépendamment de toute transcription — par exemple, un legs — il n'en est pas moins sujet à cette formalité du moment que le légataire veut purger : un extrait du testament qui contient le legs est remis au conservateur des hypothèques qui le transcrit sur le registre spécial des transcriptions (Pont, *op. cit.*, t. II, n° 1291).

[16] Voy., sur la rédaction et sur les diverses énonciations de cet extrait, C. civ., art. 2183-1°.

[17] Voy., sur l'étendue de cette offre et sur la nature et la portée de l'engagement qui en résulte, le tome V de ce Traité.

mettre en demeure d'user de cette faculté [18], mais la sommation de payer ou délaisser signifiée à ce tiers détenteur par le plus diligent des créanciers inscrits [19]. Ces trente jours ne sont ni un délai franc [20], ni un délai uniforme calculé de quantième à quantième d'après le calendrier grégorien : si la sommation a été faite le 15 février, il n'expire pas le 16, mais le 17 mars [21]. C'est, d'ailleurs, un délai fatal que le juge ne pourrait proroger [22], et passé lequel tous les créanciers inscrits, non-seulement celui qui a sommé le tiers détenteur mais encore tous les autres qui profitent de sa diligence [23], ont le droit de pratiquer la saisie nonobstant toute notification faite après l'expiration des trente jours [24]. A-t-elle, au contraire, été faite en temps utile, les créanciers peuvent se contenter du prix qui leur est offert, ou, s'il leur paraît insuffisant, requérir dans les quarante jours la mise aux enchères en s'engageant à le porter ou à le faire porter au dixième en sus [25]. Les hypothèques légales dispensées d'inscription et non inscrites se purgent de même, mais seulement après l'accomplissement de formalités spéciales qui ont pour but de les faire apparaître en mettant les créanciers auxquels ils appartiennent en demeure de les faire inscrire [26]. Le droit

[18] Voy. cep. Nîmes, 4 juin 1807, Limoges, 28 avr. 1818 (D. A. v° *Privilèges et hypothèques,* n° 2081).

[19] Aubry et Rau, *op. cit.,* t. III, p. 512. Colmet de Santerre, *op. cit.,* t. IX, n° 172 *bis*-II. Troplong, *op. cit.,* t. III, n° 793 *bis;* t. IV, n° 916. Pont, *op. cit.,* t. II, n° 1149. Req. 18 févr. 1824. Caen, 9 août 1824 (D. A. *v° cit.,* n° 2080). Orléans, 4 juill. 1828 (D. A. *v° cit.,* n° 1741). Amiens, 10 mars 1837 (D. A. *v° cit.,* n° 1810). Paris, 5 juin 1837 (D. A. *v° cit.,* n° 2075). Paris, 6 oct. 1842 (D. A. v° *Vente publique d'immeubles,* n° 411). Voy., sur cette sommation, *infrà,* § **656**.

[20] Les délais francs sont ceux qu'on a pour obtempérer à un acte signifié à personne ou à domicile, et non pas ceux qu'on a soi-même pour faire un acte (Art. 1033). Voy., en ce sens, Delvincourt, *op. cit.,* t. III, p. 597; Grenier, *op. cit.,* t. II, n° 449; en sens contraire, Troplong, *op. cit.,* t. III, n° 793; et, sur l'article 1033, t. II, § **203**.

[21] Arg. C. civ., art. 2183 cbn. 2169 : les créanciers inscrits peuvent saisir sur le tiers détenteur dans les trente jours qui suivent la sommation qui lui a été faite de payer ou délaisser; il a le droit de purger pendant le même délai (Aubry et Rau, *op. et loc. cit.;* Colmet de Santerre, *op. et loc. cit.;* Troplong, *op. cit.,* t. III, n° 792; Pont, *op. cit.,* t. II, n° 298; *contrà,* Grenier, *op. cit.,* t. II, n° 343).

[22] Caen, 17 juin 1823 (D. A. v° *Privilèges et hypothèques,* n° 2076).

[23] Req. 10 déc. 1812; Riom, 31 mai 1817; civ. cass. 30 juill. 1822 (D. A. *v° cit.,* n° 2074). Caen, 1er déc. 1849 (D. P. 52. 2. 73).

[24] Aubry et Rau, *op. cit.,* t. III, p. 513. Troplong, *op. cit.,* t. IV, n° 916. Pont, *op. cit.,* t. II, n° 1297. Paris, 18 mai 1832 (D. A. *v° cit.,* n° 2075).

[25] Voy., sur les délais, formes, conditions de validité et effets de cette surenchère, C. civ. art. 2185 et suiv.; C. pr. civ., art. 832 et suiv., et le tome V de ce Traité.

[26] C. civ., art. 2193 et suiv.

de purger n'appartient, d'ailleurs, qu'aux tiers détenteurs[27] qui ne sont pas tenus personnellement. Les cautions, les héritiers et les autres successeurs universels du débiteur doivent subir les conséquences du privilège ou de l'hypothèque et s'abstenir de tout acte qui serait de nature à y faire échec; ils manqueraient à cette obligation en usant d'une faculté de nature à porter atteinte au droit de suite[28]. Enfin, la purge est sans objet toutes les fois que le mode d'acquisition a lui-même pour effet de convertir le droit des créanciers sur l'immeuble en un droit qui ne porte plus que sur le prix; aussi la purge résulte-t-elle de plein droit : 1° des jugements d'adjudication sur saisie immobilière, comme on le verra aux §§ **709** à **711**; 2° des aliénations volontaires déjà suivies de surenchère, et contre lesquelles la règle « Surenchère sur surenchère ne vaut » empêche désormais de surenchérir à nouveau[29]. Je reviendrai dans le tome V de ce Traité, à propos de la surenchère sur aliénation volontaire, sur cette procédure dont je ne devais donner ici qu'une idée sommaire pour montrer le lien qui la rattache à la saisie immobilière[30].

b. La faculté de délaisser l'immeuble hypothéqué n'est ni de l'essence ni même de la nature du droit hypothécaire; c'est plutôt une atteinte au principe général de la liberté des conventions[31], car, en acquérant un immeuble qu'il savait ou devait savoir grevé de privilège ou d'hypothèque[32], le tiers détenteur a pris envers son auteur et les créanciers

[27] Quels acquéreurs ont le droit de purger? Voy., sur l'acquéreur d'un droit de servitude et sur l'acquéreur sous condition suspensive ou résolutoire, Labbé, *De la procédure de la purge et, spécialement, de ceux qui ont le droit de purger* (dans la *Revue critique de législation et de jurisprudence*, t. VIII, 1856, p. 220 et suiv.).

[28] Voy., sur ce point, Labbé, *op. cit.* (dans la *Revue critique de législation et de jurisprudence*, t. VIII, 1856, p. 210 et suiv.).

[29] Voy., pour plus de détails, Aubry et Rau, *op. cit.*, t. III, p. 497 et suiv.; Colmet de Santerre, *op. cit.*, t. IX, nº 169 *bis*-XVIII et suiv.; Pont, *op. cit.*, t. II, nºs 1279 et 1280.

[30] Voy., dans ce tome V, l'explication du titre du Code de procédure *De la surenchère sur aliénation volontaire* (Art. 832 et suiv.).

[31] Voy., sur ce principe, C. civ., art. 1134.

[32] Les privilèges et hypothèques sont rendus publics, en principe, par une inscription au bureau des hypothèques de l'arrondissement où sont situés les biens grevés de ces privilèges ou de ces hypothèques (C. civ., art. 2106 et suiv., 2134 et 2166). Certains privilèges (les privilèges généraux qui s'étendent sur tous les biens, meubles et immeubles, du débiteur) et certaines hypothèques (celles des mineurs, des interdits et des femmes mariées) sont dispensés de l'inscription (C. civ., art. 2107 et

de son auteur[33] qui ont les mêmes droits que lui l'engagement de subir leurs poursuites : au fond, le délaissement équivaut à la résolution d'un contrat synallagmatique par la volonté d'une seule partie[34]. Aussi n'est-il permis qu'à deux conditions. 1° Il faut que le tiers détenteur y ait un intérêt légitime, et cet intérêt n'existe pas si les créances garanties par les privilèges et hypothèques ne sont pas supérieures au prix de l'immeuble[35]. 2° Il faut que le tiers détenteur n'ait pas contracté personnellement l'obligation de payer la dette hypothécaire[36] : un acquéreur qui

2135), mais la loi qui fait cette faveur à certains créanciers n'entend pas qu'on la retourne contre eux, et, si le tiers détenteur n'avait pas le droit de délaisser à l'encontre des créanciers soumis à l'inscription et qu'il a, par cela seul, connus ou dû connaître, il devrait encore moins l'avoir vis-à-vis des créanciers dispensés d'inscription.

[33] Voy. C. civ., art. 1166 (T. I, § **120**).

[34] « Pour venir en aide au tiers détenteur, il n'est pas nécessaire de lui offrir un « moyen aussi facile de se délier de son acquisition. On doit tout à un acquéreur « qui exécute loyalement ses engagements en payant ou offrant de payer intégrale- « ment son prix; on ne doit rien à celui qui regarde son titre comme lettre morte et « qui ne répond aux poursuites légitimes des créanciers qu'en leur offrant la restitu- « tion de leur gage. Les créanciers, avec leurs droits hypothécaires, ont tous les droits « de leur débiteur, et, de même que le tiers détenteur ne pourrait pas éviter les pour- « suites de celui-ci par la restitution de l'immeuble, de même il ne peut pas empê- « cher celles des créanciers par un délaissement qui, en définitive, n'est pas autre « chose qu'une résolution de contrat par la seule volonté de la personne engagée. « L'inexécution des contrats est, sans doute, une juste cause de résolution, mais pour « celui envers qui ils constitueraient des engagements, jamais pour celui qui les a « pris » (Persil, *op. cit.*, p. 195). Le projet de réforme hypothécaire de 1841 supprimait la faculté de délaisser (Voy., sur ce point, Persil, *op. et loc. cit.;* Pont, *op. cit.*, t. II, n° 1134).

[35] Duranton, *op. cit.*, t. XX, n° 252. Aubry et Rau, *op. cit.*, t. III, p. 447. Troplong, *op. cit.*, t. III, n° 823. Paris, 24 mars 1847 (D. P. 47. 2. 110). Req. 1er juill. 1850 (D. P. 50. 1. 177). Metz, 17 juill. 1867 (D. P. 67. 2. 151). Civ. cass. 28 avr. 1874 (D. P. 74. 1. 287).

[36] Le délaissement ne peut être fait que par les tiers détenteurs qui ne sont pas personnellement obligés (C. civ., art. 2172), mais cette formule n'a pas le même sens qu'en matière de purge, et tel détenteur qui sera tenu pour personnellement obligé, en ce sens qu'il ne peut purger, aura néanmoins le droit de délaisser : ainsi l'héritier pour partie qui ne peut purger après avoir payé sa part de la dette (Voy. Labbé, *op. cit.*, dans la *Revue de législation et de jurisprudence*, t. VIII, 1856, p. 211 et suiv., et *suprà*, même §), a cependant le droit de délaisser (Aubry et Rau, *op. cit.*, t. III, p. 446). C'est que la purge porte atteinte au droit hypothécaire et diminue la sûreté du créancier, en l'exposant à ne recevoir qu'une partie de ce qui lui est dû s'il n'ose pas refuser les offres qui lui sont faites, ou si, les ayant acceptées, il ne trouve pas de surenchérisseur et reste lui-même acquéreur pour le montant de sa surenchère. Au contraire, le délaissement ne compromet en rien la situation du créancier qui est seulement tenu de poursuivre la saisie immobilière sur le curateur à l'immeuble délaissé (Voy. le § suivant). Le délaissement peut encore être fait après que le tiers détenteur a reconnu l'obligation ou subi la condamnation en sa seule qualité de tiers détenteur (C. civ., art. 2173).

serait en même temps codébiteur solidaire[37] ou caution de cette dette ne pourrait donc pas délaisser[38], ni même un acquéreur qui, ayant fait des offres à fin de purge, se trouverait ainsi personnellement obligé envers les créanciers qui les ont acceptées[39]. Le délaissement se fait par une déclaration au greffe du tribunal de la situation de l'immeuble, laquelle déclaration est signifiée au créancier saisissant et au précédent propriétaire avec sommation de se présenter à l'audience pour en voir donner acte s'il y a lieu, c'est-à-dire si le délaissement est contesté par le précédent propriétaire, le saisissant ou les autres créanciers inscrits[40]. On procède ensuite à la nomination d'un curateur contre lequel la saisie se poursuivra comme il sera dit au § suivant. Le délaissement peut être fait avant la saisie et même après qu'elle a été commencée[41], tant que le tiers détenteur n'a pas été condamné personnellement à payer la dette[42]. Cet acte qui exige, à raison de son importance, la capacité d'aliéner chez le tiers détenteur qui le fait[43], n'est cependant pas une

[37] S'il n'était que débiteur conjoint, il pourrait délaisser en payant la dette pour sa part, car alors il ne serait plus tenu personnellement (Aubry et Rau, *op. et loc. cit.*).

[38] Aubry et Rau, *op. et loc. cit.*

[39] Aubry et Rau, *op. et loc. cit.* Paris, 9 déc. 1833; req. 14 mars 1838 (D. A. *v*° *cit.*, n° 1871). *Contrà*, Angers, 14 juill. 1855 (D. P. 56. 2. 52). Comp. Aix, 18 juin 1840 (D. A. *v*° *et loc. cit.*). *Quid* du tiers détenteur qui a contracté envers le vendeur seul l'obligation de payer son prix entre les mains des créanciers de ce dernier par lui délégués? Voy. Aubry et Rau, *op. et loc. cit.*; Troplong, *op. cit.*, t. III, n° 813; Pont, *op. cit.*, t. II, n° 1180; Dalloz et Vergé, *Code civil annoté*, art. 2172, n°s 17 et suiv.

[40] Dans le cas contraire, le tribunal n'a pas à statuer (Pont, *op. cit.*, t. II, n° 1189).

[41] Aubry et Rau, *op. cit.*, t. III, p. 445. Pont, *op. cit.*, t. II, n° 1186. Angers, 14 juill. 1856 (D. P. 56. 2. 52). *Contrà*, Delvincourt, *op. cit.*, t. III, p. 609; Duranton, *op. cit.*, t. XX, n° 262; Persil, *Questions sur les privilèges et hypothèques*, t. II, p. 385. *Quid* après la conversion de la saisie en vente volontaire? Voy. Pont, *op. et loc. cit.*; Paris, 10 janv. 1851 (D. P. 53. 2. 230) et 17 févr. 1853 (D. P. 53. 2. 23); et, sur la conversion de la saisie immobilière en vente volontaire, *infrà*, §§ **739** et suiv.

[42] Comp. *suprà*, note 39.

[43] L'opinion commune est que le tuteur ne peut délaisser qu'avec l'autorisation du conseil de famille et l'homologation du tribunal : on argumente, en ce sens, de l'article 457 du Code civil qui exige ces conditions pour que le tuteur puisse aliéner valablement les immeubles de son pupille (Aubry et Rau, *op. cit.*, t. III, p. 448). Quelques auteurs enseignent cependant qu'il suffit de l'autorisation du conseil de famille et que l'homologation du tribunal est inutile, attendu que, s'il y avait lieu de recourir à justice, il faudrait observer aussi les formalités prescrites par l'article 459 du Code civil, et que ces formalités sont incompatibles avec les formes et délais de la saisie immobilière (Troplong, *op. cit.*, t. III, n° 820; Pont, *op. cit.*, t. II, n° 1172). On a même soutenu, dans une troisième opinion aujourd'hui abandonnée, que l'article 2172 du Code civil exige chez celui qui délaisse une capacité

aliénation, et le tiers détenteur qui délaisse demeure propriétaire jusqu'à ce que l'immeuble soit adjugé à une tierce personne. C'était un point constant dans l'ancien droit[44], et la preuve qu'il en est encore ainsi se trouverait, au besoin, dans l'article 2173 du Code civil, aux termes duquel le tiers détenteur qui a délaissé peut reprendre l'immeuble jusqu'à l'adjudication en payant la dette et les frais[45] : la loi ne pouvait pas dire plus clairement qu'il retient la propriété et abdique seulement la possession. L'article 2177 du même Code ferait, à la vérité, supposer le contraire, lorsqu'il dit que les servitudes et autres droits réels que le tiers détenteur avait sur l'immeuble délaissé renaissent après le délaissement, comme si le droit de propriété qu'il a eu sur cet immeuble était résolu rétroactivement[46]; mais cette disposition, sur laquelle je reviendrai au § **722** — elle est commune au délaissement et à l'adjudication sur surenchère — ne doit être considérée, au moins en ce qui concerne le délaissement, que comme une règle de faveur et d'équité dont il ne faut pas exagérer la portée[47]. Si le délaissement ne constitue pas une aliénation, j'en conclus : 1° que l'immeuble délaissé est aux risques du tiers détenteur jusqu'à l'expropriation qui résultera de l'adjudication prononcée au profit d'un tiers; 2° que le tiers détenteur peut, jusqu'à ce moment, reprendre l'immeuble en payant les frais occasionnés par son délaissement et les sommes dues aux créanciers inscrits; 3° que,

personnelle et suffisante à l'effet d'aliéner, que le tuteur, ne l'ayant pas, ne peut délaisser, et qu'ainsi le mineur en butte à une saisie immobilière est plus défavorablement traité qu'un majeur, ne pouvant pas délaisser lui-même et son tuteur ne pouvant à aucune condition le faire pour lui (Grenier, *op. cit.*, t. II, n° 327).

44 Voy., en ce sens, Pothier, *De l'hypothèque*, n° 119; Loiseau, *Du déguerpissement*, liv. VI, ch. VII, n° 1 (P. 164).

45 La capacité d'aliéner est requise pour des actes qui ne constituent pas des aliénations (Voy. C. civ., art. 2124 pour la constitution d'hypothèque, et 2222 pour la renonciation à la prescription acquise; aj., sur le caractère de cette renonciation, Colmet de Santerre, *op. cit.*, t. VIII, n° 439 *bis*-I). L'article 2172 qui exige la même condition pour le délaissement ne prouve donc pas que ce soit une aliénation.

46 Par une juste réciprocité, les servitudes que l'immeuble délaissé aurait eues, avant d'être acquis par le tiers détenteur, sur un autre immeuble appartenant à ce dernier renaîtraient après le délaissement (Pont, *op. cit.*, t. III, n° 1215). En outre, les créanciers personnels du tiers détenteur viennent, après tous ceux qui sont inscrits du chef des précédents propriétaires, exercer leurs hypothèques à leur rang sur le bien délaissé (C. civ., art. 2177).

47 Voy., en ce sens, Aubry et Rau, *op. et loc. cit.;* Colmet de Santerre, *op. cit.*, t. IX, n° 158 *bis*-I; Troplong, *op. cit.*, t. III, n° 825; Pont, *op. cit.*, t. II, n° 1214.

si l'immeuble est adjugé pour un prix supérieur auxdites sommes, le tiers détenteur a le droit d'en toucher le reliquat; 4° que le délaissement n'est pas soumis au droit proportionnel de mutation mais seulement au droit fixe de 7 francs 50 cent. (9 francs 37 cent. 1/2 avec les décimes) sur les « abandonnements de biens, soit volontaires soit forcés, « pour être vendus en direction » (L. 22 frimaire an VII, art. 68, § 4-1°; L. 28 févr. 1872, art. 4)[48].

c. Le Code civil assimile à la caution le tiers détenteur tenu, comme elle, de payer une dette qui n'est pas la sienne[49]. Ils jouissent l'un et l'autre du bénéfice de discussion, et le tiers détenteur peut, en vertu de ce bénéfice, renvoyer le saisissant à discuter les autres immeubles qui sont hypothéqués à la même dette; mais ce bénéfice porte atteinte au principe de l'indivisibilité de l'hypothèque, en vertu duquel le créancier devrait pouvoir diriger à son gré ses poursuites sur l'un quelconque des immeubles affectés à sa sûreté[50], et l'usage en est subordonné à quatre conditions. 1° Il faut que le tiers détenteur ne soit pas personnellement obligé à la dette,

[48] La loi du 28 février 1872 a augmenté de moitié le droit de 5 francs établi par celle du 22 frimaire an VII. On appelait autrefois directions les réunions de créanciers donnant mandat à l'un d'eux ou à un tiers de veiller sur leurs intérêts communs (D. A. v° *Direction de créanciers*). La vente des biens en direction se fait aujourd'hui par les soins d'un liquidateur (Naquet, *De l'enregistrement*, t. III, n° 1090).

[49] L'assimilation est inexacte, dit M. de Vatimesnil dans son rapport à l'Assem- « blée législative sur le projet de réforme hypothécaire. Le créancier, en contractant « avec la caution, sait qu'il n'aura contre elle qu'une action subsidiaire et qu'elle « pourra opposer le bénéfice de discussion; s'il ne veut pas être exposé à cette ex- « ception dilatoire, c'est à lui d'exiger que la caution renonce au bénéfice de discus- « sion ou s'engage solidairement. Le créancier hypothécaire, au contraire, ne con- « tracte nullement avec le tiers détenteur; l'aliénation ne doit pas rendre la situation « de ce créancier plus mauvaise en le soumettant à une épreuve à laquelle il ne se- « rait pas astreint si cette aliénation n'avait pas eu lieu » (*Impressions de l'Assemblée législative*, année 1850, n° 973, p. 48).

[50] Le bénéfice de discussion est cependant moins grave que la purge, car un tiers détenteur qui pourrait invoquer ce bénéfice et n'aurait pas le droit de purger n'échapperait que provisoirement à l'expropriation et resterait exposé aux poursuites, si les biens dont il a demandé la discussion ne suffisaient pas à désintéresser le créancier : après la purge il se trouverait à l'abri de la saisie. Voy., sur l'indivisibilité de l'hypothèque, C. civ., art. 2114; sur l'origine du bénéfice de discussion du tiers détenteur, Loyseau, *op. cit.*, liv. III, nos 1 et suiv., ch. VIII (P. 72), et Pont, *op. cit.*, t. III, n° 1157; et, sur l'atteinte que porte ce bénéfice au principe que l'hypothèque est indivisible, Pont, *op. et loc. cit.* L'exception de discussion du tiers détenteur a été supprimée par la loi hypothécaire du 16 décembre 1851 qui, abolissant les hypothèques générales, ne pouvait pas conserver un bénéfice exclusivement opposable, comme on va le voir, aux créanciers investis d'une hypothèque spéciale (Voy., sur ce point, Laurent, *op. cit.*, t. XXXI, n° 263).

et, par conséquent, celui qui n'a pas le droit de purger ne peut pas davantage user du bénéfice de discussion[51]. 2° Ce bénéfice ne peut être opposé qu'aux créanciers munis d'une hypothèque générale[52]; il n'est opposable ni aux créanciers privilégiés[53], ni aux créanciers pourvus de l'hypothèque conventionnelle qui est presque toujours spéciale[54], ni même aux créanciers munis d'une hypothèque conventionnelle qui porterait, par exception, sur les biens présents et à venir[55]. 3° Le

[51] Voy., sur ce point, Aubry et Rau, *op. cit.*, t. III, p. 441; Colmet de Santerre, *op. cit.*, t. IX, n° 151 *bis*-II et suiv.; Pont, *op. cit.*, t. II, n° 1160. Cela est particulièrement intéressant : 1° pour l'héritier pour partie qui peut délaisser après avoir payé sa part de la dette, et ne peut ni purger (Voy. *suprà*, même §) ni invoquer le bénéfice de discussion (Demolombe, *op. cit.*, t. XVII, n° 75; Aubry et Rau, *op. et loc. cit.* et t. VI, p. 674; Colmet de Santerre, *op. cit.*, t. IX, n°s 51 *bis*-III); 2° pour la caution qui peut faire valoir ce bénéfice lorsqu'elle est poursuivie en cette qualité sur ses propres biens, et n'y est plus recevable lorsqu'elle est poursuivie comme tiers détenteur d'un immeuble hypothéqué par le débiteur principal (Duranton, *op. cit.*, t. XX, n° 245; Aubry et Rau, *op. et loc. cit.*; Troplong, *op. cit.*, t. III, n° 797; Pont, *op. et loc. cit.*). Ces deux solutions sont cependant controversées; voy., en sens contraire, sur le premier point, Pont, *op. cit.*, t. II, n° 1181, et, sur le second, Colmet de Santerre, *op. cit.*, t. IX, n°s 51 *bis*-IV.

[52] « Le créancier qui a une hypothèque légale peut exercer son droit sur tous les « immeubles appartenant à son débiteur et sur ceux qui pourront lui appartenir par « la suite » (C. civ., art. 2122). Il y a des hypothèques légales spéciales : celle des légataires ne porte que sur les immeubles héréditaires qui se trouvent en la possession des héritiers débiteurs du legs (C. civ., art. 1017); celle des personnes retenues dans un établissement d'aliénés sur les biens de leurs administrateurs provisoires est spéciale si le jugement qui nomme l'administrateur en a ainsi décidé (L. 30 juin 1838, art. 34). Le bénéfice de discussion n'est pas opposable aux créanciers munis d'une hypothèque légale spéciale.

[53] Il n'y a pas à distinguer, sous ce rapport, entre les privilèges spéciaux et les privilèges généraux. L'avantage dont jouissent, à cet égard, les créanciers privilégiés, à savoir que le bénéfice de discussion ne leur est pas opposable, s'explique, en ce qui concerne les créanciers munis d'un privilège spécial, par le motif indiqué à la note suivante, et, en ce qui concerne les créanciers investis d'un privilège général, par cette considération que « la faveur en même temps que le peu d'importance des « créances garanties par ces privilèges ne permettent pas au tiers détenteur de para- « lyser dans les mains des créanciers l'exercice de leur droit de suite » (Pont, *op. cit.*, t. II, n° 1161).

[54] Les créanciers à la garantie desquels un immeuble est spécialement affecté, surtout par convention, ont ordinairement un droit plus fort et plus absolu que ceux auxquels la loi concède, en dehors de toute stipulation, une hypothèque générale sur tous les biens présents et à venir de leur débiteur : le bénéfice de discussion opposé à ces créanciers détruirait en partie le gage spécial qui leur a été attribué. Voy., sur la spécialité de l'hypothèque conventionnelle, C. civ., art. 2129.

[55] Cette hypothèque est générale au point de vue de la réduction à laquelle elle est soumise aux termes des articles 2140 et 2161 et suivants du Code civil, mais elle est spéciale en ce sens qu'elle porte principalement sur les biens présents et ne s'étend que subsidiairement sur les biens à venir (Voy., sur ce caractère de l'hypothèque conventionnelle sur les biens présents et à venir, et sur la conséquence qui en résulte au point de vue du bénéfice de discussion, Duranton, *op. cit.*, t. XX, n° 250; Aubry et Rau, *op. cit.*, t. III, p. 442; Colmet de Santerre, *op. cit.*, t. IX, n° 151 *bis*-XIII; Troplong, *op. cit.*, t. III, n° 808; Pont, *op. et loc. cit.*).

créancier n'est tenu de discuter que les autres immeubles hypothéqués à la même dette qui se trouvent dans la main du principal ou des principaux obligés[56], et encore faut-il qu'ils ne soient ni litigieux ni situés hors du ressort de cour d'appel où le paiement doit être fait; il n'y a donc pas lieu au bénéfice de discussion si le débiteur principal possède d'autres immeubles sur lesquels le créancier n'a pas d'hypothèque, si les autres immeubles hypothéqués à sa créance se trouvent entre les mains de cautions[57] ou d'autres tiers détenteurs, si la propriété en est contestée, ou s'ils sont situés hors du territoire qui vient d'être indiqué[58]. 4° Le tiers détenteur doit se conformer aux règles établies en matière de cautionnement par les articles 2022 et 2023 du Code civil, c'est-à-dire indiquer au créancier les biens dont il demande la discussion, avancer les frais de cette opération, et faire valoir cette prétention dès les premières poursuites. Quel est, au juste, le sens de cette formule, et jusqu'à quel moment le tiers détenteur peut-il invoquer ce bénéfice? De deux choses l'une : ou bien la procédure est tout entière extrajudiciaire, et c'est le cas le plus fréquent, car, la saisie immobilière supposant un titre exécutoire[59], le créancier n'a pas besoin d'en demander un à la justice; ou bien le tiers détenteur oppose à la sommation de payer ou délaisser qui lui est faite[60] un moyen de défense qui oblige le poursuivant à plaider, comme la nullité du titre, l'extinction de la dette ou un terme non

56 Voy., sur le sens de cette expression, la note suivante.

57 Des auteurs l'ont contesté en disant que la caution tenue personnellement est un principal obligé par rapport au tiers détenteur qui n'est tenu que *propter rem* (Voy., en ce sens, Troplong, *op. cit.*, t. III, n° 500 *bis;* Pont, *op. cit.*, t. II, n° 1163), mais cette interprétation du mot « principal obligé » est trop contraire à l'usage pour pouvoir être admise (Voy. Aubry et Rau, *op. cit.*, t. III, p. 441; Colmet de Santerre, *op. cit.*, t. IX, n° 151 *bis*-IX). L'article 2170 du Code civil a été invoqué par les partisans du tiers détenteur dans la question de savoir s'il est subrogé contre la caution lorsqu'il a payé la dette, ou si ce n'est pas elle qui, l'ayant payée, est subrogée contre lui (Troplong, *op. cit.*, t. III, n° 800, et *Du cautionnement*, n° 429) : sans entrer dans le fond de la question que ce n'est pas le lieu de traiter ici, je fais remarquer que l'argument qu'on prétend tirer de l'article 2170 tombe si le tiers détenteur n'a pas le droit de requérir la discussion des immeubles hypothéqués détenus par la caution (Voy., sur ce point, Aubry et Rau, *op. cit.*, t. IV, p. 189).

58 Arg. C. civ., art. 2023 qui ne permet pas à la caution de requérir la discussion de ces immeubles (Aubry et Rau, *op. cit.*, t. III, p. 441; Colmet de Santerre, *op. cit.*, t. IX, n° 151 *bis*-VIII; *contrà*, Duranton, *op. cit.*, t. XX, n° 246).

59 Voy. t. III, § **541**.

60 Voy., sur cette sommation, *infrà*, § **656**.

encore échu[61]. Dans le premier cas, le bénéfice de discussion peut être invoqué après la sommation qui n'est qu'un préliminaire des poursuites[62], et jusqu'à la dénonciation de la saisie qui réalise la menace contenue dans la sommation et porte légalement la saisie à la connaissance du tiers détenteur[63]; mais ce dernier est déchu de ce bénéfice s'il ne le fait pas valoir immédiatement après cette dénonciation qui constitue véritablement « les premières poursuites[64]. » Dans le second cas, on voit reparaître la question traitée au § **145** : le bénéfice de discussion est-il une exception dilatoire qu'on doive invoquer *in limine litis,* ou une défense au fond qui puisse être opposée au cours de l'instance? Je réponds pour le tiers détenteur, comme je l'ai fait pour la caution, qu'il serait illogique et même contraire au bon sens qu'il fût tenu de demander la discussion avant de plaider sur l'existence même de la dette, et déchu de ce bénéfice parce qu'il aurait suivi la marche inverse; il peut donc opposer, d'abord, tous les moyens de défense qui n'impliquent pas acquiescement aux poursuites dirigées contre lui et renonciation au droit de requérir la discussion des autres biens hypothéqués à la même dette[65]. Elle se demande par acte d'avoué à avoué lorsqu'on l'oppose à une demande judiciaire, et, dans le cas contraire, par assignation à fin de sursis devant le tribunal de la situation de l'immeuble qui prononce provisoirement et renvoie, pour la connaissance du fond, au tribunal d'exécution[66]. A partir du jour où le tiers détenteur a fait l'indication des biens à discuter et l'avance

[61] Voy., sur les nullités de fond qu'on peut faire valoir contre la saisie immobilière et sur le délai dans lequel on doit les proposer, *infrà,* § **761**.

[62] Voy., sur le caractère de la sommation, *infrà,* § **656**.

[63] Voy., sur cette dénonciation, *infrà,* § **660**.

[64] Aubry et Rau, *op. cit.*, t. III, p. 442. Pont, *op. cit.*, t. II, nº 1165. Voy., en ce sens, un arrêt de la cour de Bordeaux, du 6 décembre 1859, d'après lequel le bénéfice de discussion ne peut être invoqué après l'apposition des affiches qui annoncent l'adjudication (D. A. *vº cit.*, nº 1940); et, en sens contraire, Troplong qui enseigne qu'il ne peut pas l'être après la sommation de payer ou délaisser (*Op. cit.*, t. II, nº 801). Il a été jugé, avant la loi du 2 juin 1841 qui a réformé la saisie immobilière (Voy. *suprà,* § **638**), que la discussion ne peut plus être demandée après l'adjudication préparatoire et la fixation du jour de l'adjudication définitive (Toulouse, 20 nov. 1834; D. A. *vº et loc. cit.*).

[65] Voy., en ce sens, les autorités citées t. I, § **145**, note 5.

[66] Quel est ce tribunal? Voy. *infrà,* § **650**.

des frais, ces biens sont à ses risques : tant pis pour lui s'ils périssent en tout ou en partie avant qu'il les ait saisis et fait vendre[67].

§ **648**. B. Quand le tiers détenteur a délaissé et que le tribunal en a donné acte, il est créé à l'immeuble, sur la demande du plus diligent des intéressés, « un curateur sur « lequel la vente de l'immeuble est poursuivie dans les « formes prescrites pour les expropriations » (C. civ., art. 2174). A défaut de contestation et, par conséquent, de jugement[1], la partie la plus diligente présenterait requête au président du tribunal, et le curateur serait nommé par un jugement rendu en chambre du conseil[2]. Le curateur, une fois nommé, est le seul contradicteur du poursuivant : toute la procédure est dirigée contre lui, mais il y représente le tiers détenteur et même le débiteur originaire, et les jugements rendus contre lui leur sont opposables[3].

§ **649**. C. La caution réelle tient le milieu entre la caution personnelle et le tiers détenteur : elle diffère de l'une en ce qu'elle n'est pas personnellement obligée, n'ayant engagé pour la dette d'autrui que son immeuble; elle diffère de l'autre en ce qu'elle a pris, en hypothéquant cet immeuble, l'engagement de maintenir l'hypothèque intacte jusqu'au paiement et de ne porter aucune atteinte aux droits du créancier. Il résulte de là : d'une part, qu'elle peut délaisser[1], car le délaissement ne compromet en rien les droits du créancier qui poursuivra l'expropriation contre le curateur

[67] Arg. C. civ., art. 2024 : « Toutes les fois que la caution a fait l'indication de « biens autorisée par l'article précédent et qu'elle a fourni les deniers suffisants pour « la discussion, le créancier est, jusqu'à concurrence des biens indiqués, responsa- « ble, à l'égard de la caution, de l'insolvabilité du débiteur principal survenue par « le défaut de poursuites. Voy., sur ce point, Pont, *op. et loc. cit.*

§ **648**. [1] Voy., sur cette hypothèse, le § précédent.
[2] Bertin, *De la chambre du conseil*, t. II, n° 1260.
[3] Pont, *op. cit.*, t. II, n° 1191. Voy., sur ce point, dans l'ancien droit, Loyseau, *op. cit.*, liv. VI, ch. VII, n° 5 (P. 164). Aj., sur la nécessité de signifier quand même un commandement au débiteur si cette formalité n'a pas été remplie avant le délaissement, *infrà*, § **653**.

§ **649**. [1] Pont, *op. cit.*, t. II, n° 1179.

dans les conditions où il l'eût fait contre le tiers détenteur[2]; d'autre part, qu'elle ne peut purger[3], car la purge diminue les droits du créancier hypothécaire qu'elle expose à n'être payé qu'en partie[4]. Peut-elle invoquer le bénéfice de discussion ? L'hésitation serait permise, car, plus grave que le délaissement, la discussion empêche le créancier de faire vendre l'immeuble qu'il avait choisi pour se payer, et, moins grave que la purge, elle n'arrête que provisoirement et conditionnellement les poursuites qui reprendront leur cours si les biens que le créancier est forcé de discuter ne suffisent pas à le désintéresser[5]; mais une considération péremptoire tranche la difficulté : le bénéfice de discussion n'est pas opposable au créancier muni d'une hypothèque spéciale ; or l'hypothèque donnée par la caution réelle ne peut être qu'une hypothèque spéciale ou, exceptionnellement, une hypothèque de biens présents et à venir qui équivaut à une hypothèque spéciale au point de vue particulier du bénéfice de discussion[6]; la caution réelle se trouve donc ainsi privée de ce bénéfice[7].

§ **650**. VII. La saisie immobilière est, naturellement, la plus compliquée de toutes les saisies. D'abord, les biens sur lesquels elle porte représentent souvent une valeur très considérable dont il ne faut pas que le débiteur soit trop vite et trop facilement exproprié[1]; ensuite, il faut relier à la procédure les créanciers hypothécaires dont l'adjudication doit purger les hypothèques[2]; enfin, il faut prévoir un cas qui

2 Voy. les deux §§ précédents.
3 Aubry et Rau, *op. cit.*, t. III, p. 505. Pont, *op. cit.*, t. II, n° 1272. Labbé, *op. cit.* (dans la *Revue critique de législation et de jurisprudence*, t. VIII, 1856, p. 210 et suiv.). *Contrà*, Troplong, *Des privilèges et hypothèques*, t. III, n° 816, t. IV, n° 903 *bis*.
4 Voy. *suprà*, § **647**.
5 Voy. *ib.*, note 46.
6 Voy. *suprà*, § **647**.
7 Peut-elle invoquer l'article 2037 du Code civil, aux termes duquel la caution est déchargée quand la subrogation aux droits du créancier ne peut plus, par le fait de ce créancier, s'opérer en sa faveur? Voy., pour l'affirmative, Aubry et Rau, *op. cit.*, t. III, p. 454, t. IV, p. 698; Mourlon, *Des subrogations personnelles*, p. 514; et, pour la négative, Troplong, *Du cautionnement*, n° 562; Pont, *Des petits contrats*, t. II, n° 371.

§ **650**. 1 Voy., sur ce point de vue qui domine toutes les saisies et qui est d'autant plus important que les biens saisis ont plus de valeur, t. III, § **531**.
2 Voy., sur ces formalités, *infrà*, §§ **670** et suiv., et, sur cette purge, *infrà*, §§ **709** et suiv.

ne peut se présenter dans la saisie mobilière, celui de revendications ou d'autres actions réelles intentées par des tiers contre l'adjudicataire[3]. C'est une procédure judiciaire[4] qui exige, à diverses reprises, l'intervention du tribunal de première instance : celui de la situation quand la saisie ne comprend qu'un seul immeuble[5], et, dans le cas contraire, les tribunaux respectifs de chacun des immeubles saisis (L. 14 nov. 1808, art. 4)[6]. On verra, d'ailleurs, au § **748** qu'elle est soumise à des règles particulières au point de vue de la péremption. J'en diviserai l'explication en trois parties : 1° procédure ordinaire de saisie immobilière (Art. 673 à 717) ; 2° incidents (Art. 718 à 748); 3° formes particulières de cette saisie (D. 28 févr. 1852, art. 32; L. 23 oct. 1884, art. 1 et suiv.).

§ II.

Procédure ordinaire de saisie immobilière.

[3] Voy., sur ce point, *infrà*, §§ **702** et **712**. Comp. t. III, § **583**, sur la saisie-exécution où l'article 2279 du Code civil couvre l'adjudicataire contre les réclamations de tiers qui se diraient propriétaires des meubles adjugés ou feraient valoir sur ces meubles quelque autre droit réel.

[4] Voy., sur ce point, t. III, § **537**.

[5] Bioche, *op. cit.*, v° *Saisie immobilière*, n° 18. Voy., sur l'étendue de sa compétence, req. 10 juin 1879 (D. P. 80. 1. 418).

[6] Voy., sur cette loi et sur le cas où les immeubles situés dans différents arrondissements peuvent être saisis séparément ou doivent l'être simultanément, *suprà*, § **644**. Les tribunaux civils sont seuls compétents en matière de saisie immobilière, car eux seuls connaissent de l'exécution de leurs jugements (Voy. t. I, § **166**) : un tribunal de commerce ne peut, sous aucun prétexte, s'attribuer compétence pour connaître d'une question immobilière, notamment de l'application de l'article 685 (Req. 4 déc. 1888, D. P. 89. 1. 384; voy., sur cet article, *infrà*, § **663**).

liénabilité de l'immeuble saisi. — § **665.** Suite. L'aliénation produit son effet si l'acquéreur consigne les sommes dues au saisissant et aux créanciers inscrits. — § **666.** Suite. Caractères et effets de cette consignation. — § **667.** Suite. Quatrième effet de la transcription : le créancier saisissant est un tiers au point de vue des articles 941 et 1328 du Code civil. — § **668.** Suite. La transcription de la saisie ne rend pas le saisissant propriétaire et ne lui confère pas de droit réel. — § **669.** IV. Rédaction du cahier des charges. — § **670.** V. Dépôt de ce cahier; sommations d'en prendre connaissance, d'assister à la lecture qui en sera faite, et d'y fournir tels dires et observations qu'il appartiendra. 1° Sommation au saisi. — § **671.** Suite. 2° Sommations aux créanciers inscrits. — § **672.** Suite. 3° Sommation particulière au vendeur non payé. — § **673.** Suite. 4° Sommations aux créanciers dispensés d'inscription et non inscrits. — § **674.** Suite. Mention de ces sommations en marge de la transcription de la saisie. — § **675.** VI. Dires et observations au cahier des charges. — § **676.** Suite. *a*) A raison des clauses valables mais préjudiciables aux intérêts des parties en cause. — § **677.** Suite. *b*) A raison des clauses nulles. — § **678.** Suite. Dires et observations du vendeur non payé; comment il peut conserver son action résolutoire. — § **679.** VII. Formalités destinées à provoquer les enchères. — § **680.** Suite. 1° Lecture du cahier des charges en audience publique. — § **681.** Suite. 2° Insertions dans les journaux. — § **682.** Suite. 3° Affiches. — § **683.** VIII. Adjudication. Qui peut la requérir. Quand doit-on ou peut-on y surseoir? — § **684.** Suite. Comment elle se fait. — § **685.** Suite. Qui peut enchérir. — § **686.** Suite. 1° Personnes incapables de s'obliger en général ou seulement d'acheter l'immeuble saisi. — § **687.** Suite. 2° Membres du tribunal où la vente se poursuit. — § **688.** Suite. 3° Avoué poursuivant. — § **689.** Suite. 4° Personnes notoirement insolvables. — § **690.** Suite. 5° Partie saisie. — § **691.** Suite. Conséquences de l'adjudication prononcée au profit d'un incapable : nullité; responsabilité de l'avoué enchérisseur. — § **692.** Suite. Les enchères ne peuvent se faire que par le ministère des avoués. — § **693.** Suite. A quel taux. — § **694.** Suite. En quelle forme; effets des enchères; à quel moment elles deviennent définitives. — § **695.** Suite. Caractère de l'adjudication : est-ce un véritable jugement? — § **696.** Suite. Signification; mention en marge de la transcription de la saisie; transcription. — § **697.** Suite. Effets de l'adjudication. — § **698.** Suite. 1° L'adjudicataire devient propriétaire. — § **699.** Suite. A quel moment. — § **700.** Suite. *a*) Entre les parties. — § **701.** Suite. *b*) A l'égard des tiers. — § **702.** Suite. Quelles actions les tiers peuvent-ils intenter contre lui? — § **703.** Suite. *Quid*, si le saisi n'était pas propriétaire? — § **704.** 2° L'adjudicataire a les droits d'un acheteur. — § **705.** Suite. *a*) Délivrance. — § **706.** Suite. *b*) Garantie. — § **707.** Suite. 3° Il contracte les obligations d'un acheteur; paiement du prix et des frais; distinction des frais ordinaires et extraordinaires. — § **708.** Suite. 4° La transcription du jugement d'adjudication arrête le cours des inscriptions. — § **709.** Suite. 5° Purge des privilèges et hypothèques. — § **710.** Suite. *a*) Des privilèges et hypothèques inscrits. — § **711.** Suite. *b*) Des hypothèques dispensées d'inscription et non inscrites. — § **712.** 6° Purge de l'action résolutoire du vendeur non payé. — § **713.** Suite. 7° Les inscriptions hypothécaires doivent être considérées comme ayant produit leur effet légal à partir du jugement d'adjudication. Conséquences pour l'application des articles 2151 et 2154 du Code civil. — § **714.** IX. Déclaration par l'avoué du nom de l'adjudicataire. — § **715.** X. Surenchère. Montant et délai de la surenchère. — § **716.** Suite. Qui peut surenchérir. — § **717.** Suite. Formes de la surenchère. — § **718.** Suite. Nature de la surenchère. — § **719.** Suite. Adjudication sur surenchère. § **720.** Suite. Effets de la surenchère et du jugement d'adjudication sur surenchère. — § **721.** Suite. Premier cas : l'adjudication sur surenchère est prononcée au profit du surenchérisseur. — § **722.** Suite. *a*) La propriété du premier adjudicataire n'est résolue que par cette adjudication. — § **723.** Suite. *b*) La propriété de l'adjudicataire sur surenchère remonte au jour de la première adjudication. — § **724.** Suite. *c*) La surenchère et l'adjudication sur surenchère ne font pas revivre l'action résolutoire du vendeur non payé. — § **725.** Suite. Second cas : le premier adjudicataire reste adjudicataire sur la surenchère. — § **726.** Suite. Surenchère sur surenchère ne vaut.

§ **651.** La procédure ordinaire de saisie immobilière comprend : 1° des formalités préliminaires (Art. 673, 674 et 684; C. civ., art. 2169 et 2217); 2° la saisie elle-même (Art. 674 à 689); 3° la rédaction du cahier des charges (Art. 690); 4° des formalités qui ont pour but de le faire connaître et de lier à la poursuite les personnes qui y sont intéressées (Art. 691 à 693, al. 1 et 2); 5° des formalités qui ont pour but de publier la vente et de provoquer les enchères (Art. 694 à 700); 6° l'adjudication (Art. 701 à 706, 711, 712, 716, 717 et 750); 7° la déclaration par l'avoué du nom de la partie pour laquelle il s'est porté enchérisseur (Art. 707); 8° la surenchère (Art. 708 à 710)[1].

§ **652.** I. La saisie immobilière ne peut être pratiquée sans un titre exécutoire[1] : celui qui la fait a donc qualité pour faire un commandement[2], et son premier acte doit être de signifier ce commandement au débiteur saisi (Art. 673; C. civ., art. 2217)[3]. S'il saisit sur un tiers détenteur contre lequel il n'a pas de titre exécutoire, il doit, sans préjudice du commandement au débiteur, signifier une sommation à ce tiers détenteur (C. civ., art. 2169)[4]. Enfin, il y a lieu

§ **651.** [1] Le titre du Code de procédure *De la saisie immobilière* contient encore des dispositions relatives à la péremption de cette saisie (Art. 693, al. 3 et 4) et aux nullités qui peuvent être commises en cette matière (Art. 715). Je dirai, chemin faisant, à propos de chacune des formalités de la saisie immobilière, quelles sont celles qui sont irritantes et quelles personnes peuvent invoquer la nullité, mais la péremption de cette procédure et la théorie générale des nullités seront mieux placées dans le § III de la présente section où je traiterai des incidents de la saisie immobilière.

§ **652.** [1] Voy. t. III, § **541.**

[2] Voy., sur le commandement et, spécialement, sur le principe qu'on ne peut faire commandement qu'en vertu d'un titre exécutoire, t. III, § **541**, et, sur les irrégularités de ce commandement, Paris, 10 août 1885 (D. P. 86. 2. 208).

[3] Le commandement est-il en dehors de la saisie immobilière, ou bien en est-il le premier acte? Voy. *infrà*, § **654.**

[4] Voy., sur la sommation en général, sur la différence qui existe entre cet acte et

de remplir, le cas échéant, deux autres formalités préliminaires : 1° le créancier hypothécaire qui saisit sur un tiers détenteur doit prendre inscription, si ce n'est déjà fait et s'il n'en est pas dispensé; cette dispense n'existe que pour le mineur et la femme mariée[5]; 2° le cessionnaire du créancier et les autres successeurs qui lui sont assimilés doivent, avant de saisir, signifier au débiteur le transport que ce créancier leur a consenti ou le titre en vertu duquel ils lui ont succédé[6]. Je me suis suffisamment expliqué sur ces deux points aux §§ **534** et **538**[7].

§ **653**. A. « Toute poursuite en expropriation d'immeu« bles doit être précédée d'un commandement de payer fait, « à la diligence et requête du créancier, à la personne du « débiteur ou à son domicile par le ministère d'un huissier » (C. civ., art. 2217). L'article 673 du Code de procédure, dont les prescriptions doivent être suivies à peine de nullité (Art. 715)[1], énumère les énonciations et règle le mode de signification de cet exploit.

le commandement, et sur cette opposition entre le commandement qui précède toujours et la sommation qui précède quelquefois la saisie immobilière, t. II, § **221** et particulièrement les notes 3 et 4 de ce §.

[5] Les créanciers qui ont un privilège général sur les meubles et sur les immeubles ne sont dispensés d'inscription qu'au point de vue du droit de préférence, et il s'agit ici du droit de suite (Voy. t. III, § **534**, note 10). La femme et le mineur sont dispensés d'inscription tant pour le droit de suite que pour le droit de préférence, mais cette dispense cesse : 1° quand le mariage ou la tutelle a pris fin depuis plus d'un an (L. 23 mars 1855, art. 8; voy. t. III, § **534**, note 11); 2° quand la saisie immobilière est pratiquée par un tiers subrogé à l'hypothèque légale de la femme (L. 23 mars 1855, art. 9; voy., sur les opérations qui sont comprises sous le nom de subrogation à l'hypothèque légale des femmes mariées et qui tombent sous l'application de cet article, les autorités citées *suprà*, § **639**, note 13).

[6] Cette formalité est-elle particulière à la saisie immobilière ou applicable aux autres saisies? Voy. t. III, § **538**.

[7] Je rappelle seulement que rien n'oblige le cessionnaire et les personnes qui lui sont assimilées à signifier leur titre avant le commandement, et qu'elles peuvent faire les deux significations par le même acte. Cela résulte : 1° de la nature du commandement qui est en dehors de la poursuite et n'en constitue pas le premier acte (Voy. *infrà*, § **654**); 2° du principe que les nullités ne se suppléent pas (Art. 1030; voy. t. II, § **197**); 3° du texte même de l'article 2214 du Code civil qui ne prescrit aucun délai entre la signification du titre et les poursuites : si elle peut ne précéder le commandement que de quelques minutes, comment ne serait-elle pas valablement faite en même temps que lui et par le même acte? Voy., en ce sens, outre les autorités citées t. II, § **538**, note 24, Agen, 26 févr. 1806, Nîmes, 2 juill. 1809 (D. A. v° *Vente publique d'immeubles*, n° 142); Toulouse, 8 août 1850 (D. P. 51. 2. 143).

§ **653**. [1] L'application de cette sanction rigoureuse ne doit pas être exagérée, car

a. Le commandement contient, outre les mentions communes à tous les exploits[2] : 1° la copie du titre en vertu duquel il est fait ; 2° l'énonciation que, faute de paiement, il sera procédé à la saisie ; 3° élection de domicile dans le lieu où siège le tribunal compétent pour en connaître. La copie doit être entière : de légères omissions ou l'emploi de formules abréviatives n'entraîneraient pas la nullité du commandement[3], mais toutes les parties essentielles du titre, y compris la formule exécutoire[4], doivent s'y trouver : si cependant le titre consiste dans une ouverture de crédit, on peut ne pas donner copie de tous les actes qui constatent les versements successifs, et il suffit de transcrire dans le commandement le contrat même en vertu duquel ils ont été été faits[5]. La circonstance que le créancier aurait antérieurement signifié son titre à la partie saisie ne le dispenserait pas, comme dans la saisie-exécution[6], d'en donner de nouveau copie dans le commandement ; on en fit la proposition dans les travaux préparatoires de la loi du 2 juin 1841[7], mais elle fut repoussée comme dangereuse : on ne voulut pas obliger le débiteur qui se trouve sous le coup d'aussi graves poursuites à recourir, pour vérifier l'étendue de ses obligations, à des pièces qu'il n'a pas toujours sous la main et qu'il a peut-être égarées[8]. Peu importe aussi, malgré les termes impératifs de l'article 673, que la copie du titre soit en tête ou dans le

il y a dans l'article 673 des détails dont l'omission ne saurait entraîner la nullité du commandement : il dit, par exemple, que la copie du titre du saisissant sera signifiée en tête de cet acte, et il ne viendra à l'esprit de personne de l'annuler sous prétexte que cette copie se trouverait dans le corps de l'acte au lieu d'être en tête (Voy. *infrà*, même §). La suite de ce § montrera d'autres applications de cette idée.

[2] Voy., sur ces énonciations, t. II, § **224**.

[3] Bioche, *op. et v° cit.*, n° 104.

[4] Bioche, *op., v° et loc. cit.* Chauveau, sur Carré, *op. cit.*, t. V, Ire part., quest. 2204. Rodière, *op. cit.*, t. II, p. 269. Besançon, 18 mars 1808 ; Riom, 25 mai 1813 (D. A. *v° cit.*, n° 389). *Contrà*, req. 10 oct. 1809 (D. A. *v° cit.*, n° 390). Il faut même, après un changement de régime politique, que le titre contienne la formule exécutoire actuellement en vigueur (Poitiers, 17 juin 1875, D. P. 76. 2. 222 ; comp., sur ce point, t. III, § **541**).

[5] Req. 25 juill. 1859 (D. P. 59. 1. 400). Voy. cep. Poitiers, 28 janv. 1878 (D. P. 78. 2. 145). Aj. *infrà*, note 16.

[6] Voy., t. III, § **568**.

[7] Voy., sur ce point, Chauveau, sur Carré, *op. cit.*, t. V, Ire part., quest. 2200.

[8] Bioche, *op. et v° cit.*, n° 103. Chauveau, sur Carré, *op. et loc. cit.* Boitard, Colmet-Daage et Glasson, *op. cit.*, t. II, n° 914. Rodière, *op. cit.*, t. II, p. 267.

corps de la formule : la place qu'elle y occupe est absolument indifférente[9]. La procédure de saisie-exécution n'est pas judiciaire[10] et l'élection de domicile s'y fait dans la commune où se trouvent les meubles saisis[11], mais, la saisie immobilière exigeant l'intervention du tribunal[12], le saisissant doit y élire domicile dans la ville même où ce tribunal siège[13]. Si cette saisie comprend plusieurs immeubles et qu'ils soient saisis ensemble, l'élection se fait au siège du tribunal du chef-lieu de l'exploitation[14]; si ces immeubles sont saisis séparément, le saisissant doit élire domicile au siège du tribunal de la situation de chacun d'eux[15].

b. Le commandement doit être signifié à personne ou à domicile, c'est-à-dire à la personne ou au domicile de celui qui a qualité pour défendre à la saisie[16] : à sa personne en quelque lieu qu'on le trouve[17]; à son domicile élu aussi bien qu'à son domicile réel, car non-seulement l'article 111 du Code civil dispose que toutes les significations peuvent être faites au domicile élu[18], mais encore la Chambre des pairs a refusé de l'exclure en 1841, attendu qu'on ne peut priver le créancier du bénéfice de la convention souscrite à son profit, en présence d'un débiteur aux abois qui pourrait simuler plu-

9 Thomine-Desmazures, *op. cit.*, t. II, p. 200. Persil, *op. cit.*, t. II, p. 175.

10 Voy. t. III, § **566**.

11 Voy. t. III, § **568**.

12 Voy. *suprà*, § **650**.

13 Bordeaux, 23 mai 1846 (D. P. 47. 4. 434).

14 Voy., sur cette hypothèse, *suprà*, § **650**.

15 Boitard, Colmet-Daage et Glasson, *op. et loc. cit. Contrà*, Lyon, 22 mars 1884 (D. P. 85. 2. 193).

16 Au tuteur du mineur contre qui la saisie est poursuivie, et non pas à ce mineur lui-même (Civ. cass. 24 mess. an VIII, D. A. *v° cit.*, n° 344) ; aux syndics du débiteur en faillite, et non pas à ce débiteur (Bruxelles, 12 mai 1810, D. A. *v° cit.*, n° 345; Pau, 5 févr. 1884, D. P. 85. 2. 133). Voy., sur les personnes qui ont qualité pour défendre à la saisie en général et à la saisie immobilière en particulier, t. III, § **540**. Par exception, le créancier hypothécaire auquel le débiteur originaire, vendeur de l'immeuble saisi, a délégué sa créance n'est pas tenu de lui faire commandement avant de saisir l'acheteur, et de porter ainsi à sa connaissance une créance qu'il n'ignore pas et des poursuites auxquelles il doit s'attendre (Req. 6 juill. 1881; D. P. 82. 1. 455). *A fortiori*, le commandement que le saisissant a cru devoir lui signifier est-il valable, quoiqu'il ne contienne pas, avec la copie du titre en vertu duquel la saisie est pratiquée, copie de l'acte de délégation (Même arrêt).

17 Chauveau, sur Carré, *op. cit.*, t. V, Ire part., quest. 2199 *ter*.

18 Voy., sur ce point, t. I, § **176**. Voy., sur la signification du commandement à l'ancien domicile du saisi lorsqu'il résulte des circonstances du fait qu'il peut passer pour l'avoir conservé, Caen, 9 avr. 1875 (77. 2. 135).

sieurs domiciles pour qu'on ne sût pas où lui signifier le commandement[19]. L'huissier qui signifie l'exploit n'est pas assisté de témoins ou recors[20] — s'il l'était, ces frais inutiles resteraient à sa charge[21] — mais il doit, dans le jour[22], requérir le visa du maire ou des personnes appelées à le remplacer ainsi qu'il est dit au § **227**[23]. Ce visa, qui remplace avec avantage le témoignage des recors, sert à constater que l'huissier s'est réellement transporté au lieu où le commandement devait être signifié[24] : il est apposé sur l'original et il est inutile que la copie en fasse mention[25].

§ **654**. Le commandement précède la saisie immobilière sans en faire partie[1]. L'article 2217 du Code civil le dit en propres termes; l'article 673 le confirme en prescrivant d'y annoncer que, faute de paiement, il sera procédé à la sai-

19 Voy. le premier rapport de M. Persil à la Chambre des pairs (D. A. *v° cit.*, p. 563, n° 4) et la séance de cette Chambre, du 22 avril 1840 (*Moniteur* du 23, p. 769). La jurisprudence était fixée en ce sens avant la loi du 2 juin 1841 (Req. 5 févr. 1811, D. A. *v° Domicile élu*, n° 94; Bourges, 5 juin 1812, D. A. *v° Vente publique d'immeubles*, n° 615, et 27 juin 1823, D. A. v° *Domicile élu*, *loc. cit.*).

20 C'est le droit commun (V. t. II, § **225**, note 3), et la loi n'a pris la peine de le dire que pour abroger expressément l'ancien droit où le commandement à fin de saisie réelle exigeait l'assistance de recors (Voy. un acte de notoriété du Châtelet de Paris, du 23 mars 1699, dans Denisart, *op. cit.*, v° *Commandement*, n° 11), et pour marquer la différence avec la saisie-exécution où cette formalité est de rigueur (Voy. t. III, § **570**).

21 Voy., sur les frais frustratoires, t. II, § **200**. La présence de recors ne serait évidemment pas une cause de nullité : aucun texte ne prononce cette sanction et on ne la comprendrait même pas.

22 La loi est formelle sur ce point : le visa donné le lendemain serait tardif. La cour de Metz et le tribunal de Toulon avaient fait, lors des travaux préparatoires du Code de procédure, une proposition contraire qui n'a pas été accueillie (Bioche, *op. et v° cit.*, n° 119; Chauveau, sur Carré, *op. cit.*, t. V, Ire part., quest. 2210).

23 Cela résulte de la rédaction nouvelle de 1841 : « Le maire de la commune où « le commandement sera signifié. » Elle se réfère implicitement au droit commun en ne donnant aucune indication sur les personnes qui remplaceront le maire empêché. Tout autre était la rédaction de 1806, qui permettait de demander le visa indifféremment au maire ou à l'adjoint (Bioche, *op. et v° cit.*, n° 121; Chauveau, sur Carré, *op. cit.*, t. V, Ire part., quest. 2207; Boitard, Colmet-Daage et Glasson, *op. et loc. cit.*; Rodière, *op. cit.*, t. II, p. 269).

24 Réal, *Exposé des motifs du Code de procédure civile*, Ire part., liv. V (dans Locré, *op. cit.*, t. XXII, p. 589).

25 Req. 2 févr. 1830 (D. A. *v° cit.*, n° 340). La même question se pose pour tous les exploits (Voy. t. II, § **229**).

§ **654**. 1 Voy., en ce sens, Merlin, *Questions de droit*, v° *Saisie immobilière*, § II, n° 2; Duranton, *op. cit.*, t. XXI, n° 49; Persil, *Questions sur les privilèges et hypothèques*, t. II, p. 173; Pigeau, *op. cit.*, t. II, p. 211, note 4; Chauveau, sur Carré, *op. cit.*, t. V, Ire part., quest. 2202.

sie; enfin, ce n'est pas une formalité particulière à la saisie immobilière, car elle précède toutes celles qui se font en vertu d'un titre exécutoire[2] et peut même être destinée à toutes fins : on n'est pas tenu de signifier un commandement spécial pour chacune de ces saisies, et un commandement unique légitime les poursuites de toute nature qui se produiront ultérieurement[3]. Je tire cinq conséquences de ce principe[4] : 1° le commandement peut être fait en vertu d'une créance qui n'est pas encore liquide, pourvu qu'elle le devienne avant la saisie[5]; 2° l'huissier qui ne peut procéder à la saisie sans un pouvoir spécial n'en a pas besoin pour signifier le commandement[6]; 3° les personnes qui ne peuvent saisir qu'après avoir signifié leurs titres ne sont pas tenues de remplir cette formalité avant le commandement, et peuvent faire cette signification et le commandement par le même acte[7]; 4° la saisie immobilière pratiquée contre un commerçant après le jugement qui le déclare en faillite est nulle, mais le commandement antérieur à ce jugement est valable et produit les effets légaux qui seront indiqués ci-après[8]; 5° l'opposition au commandement, dont il sera parlé au § suivant, n'est pas un incident de la saisie immobilière, et ne tombe, par conséquent, pas sous le coup des règles posées aux §§ **728** et **729**[9]. Ce commandement qui met le débiteur

[2] Voy. t. III, § **532,** note 6.
[3] Voy. t. III, § **568,** note 10.
[4] Le tribunal de Tarbes (30 oct. 1885; D. P. 86. 3. 119) en a tiré une autre conséquence, mais purement transitoire : la saisie dans laquelle il n'a été fait qu'un commandement n'est pas réputée commencée, et tombe, par conséquent, sous le coup de la loi du 23 octobre 1884 (Voy., sur cette loi, *infrà,* § **768**), quoique le commandement qui la précède ait été signifié avant la promulgation de cette loi (*Contrà,* trib. de Blois, 13 mai 1885; D. P. 86. 3. 136).
[5] Bordeaux, 22 juin 1838 (D. A. v° *Jugement,* n° 373). Voy., sur le principe qu'on ne peut saisir qu'en vertu d'une créance liquide, t. III, § **542.**
[6] Voy. t. III, § **536,** note 8.
[7] Voy. t. III, § **538,** et *suprà,* § **652,** note 7.
[8] Douai, 17 févr. 1859 (D. P. 59. 2. 63). Voy., sur la suspension des poursuites individuelles en vertu du jugement déclaratif de faillite, t. III, § **557.**
[9] Req. 4 janv. 1827 (D. A. v° *Vente publique d'immeubles,* n° 1504). Req. 1er févr. 1830 (D. A. *v° cit.,* n° 1234). Orléans, 1er juin 1853 (D. P. 54. 5. 675). Civ. cass. 9 janv. 1854 (D. P. 54. 1. 12). Trib. de Gray, 22 nov. 1881 (D. P. 82. 3. 38). Riom, 31 janv. 1884 (D. P. 86. 2. 102). Orléans, 19 mai 1888 (D. P. 89. 2. 204). *Contrà,* Bourges, 9 févr. 1829 (D. A. *v° cit.,* n° 606); Nîmes, 24 janv. 1843 (D. A. *v° cit.,* n° 1505); Grenoble, 28 juin 1845 (D. P. 46. 4. 449); et 22 janv. 1884 (D. P. 86. 2. 102). En tout cas, les jugements rendus en matière de commandement ne sont pas des jugements de faillite, quand même la saisie serait pratiquée contre un failli;

en demeure et interrompt la prescription[10] produit, en outre, un effet qui lui est particulier : l'incapacité pour la partie saisie de louer ou d'affermer désormais l'immeuble saisi, et la nullité des baux passés par elle dans les conditions déterminées par l'article 684 et par les articles 2-4° et 3 de la loi du 23 mars 1855. Deux sortes de baux doivent être distingués : 1° ceux de dix-huit ans, ou d'une durée moindre, qui sont régis par l'article 684; 2° ceux de plus de dix-huit ans auxquels s'appliquent les articles précités de la loi du 23 mars 1855.

a. L'immeuble saisi est loué ou affermé pour une période qui n'excède pas dix-huit ans : est-ce à bas prix, le revenu de l'immeuble se trouve diminué pendant un temps qui peut être assez long; est-ce pour un bon prix, la présence du locataire ou du fermier n'empêche pas moins le propriétaire d'habiter ou d'exploiter par lui-même. Les créanciers qui, dans ces conditions, craignent avec raison de ne pas trouver d'adjudicataire sont-ils tenus de subir ce bail? L'adjudicataire, s'il s'en est rencontré un, a-t-il quelque moyen de s'en affranchir? Trois cas peuvent se présenter. 1° Si ce bail est authentique ou s'il a acquis date certaine avant le commandement[11], il est opposable pour toute sa durée, sauf l'application de l'article 1167 du Code civil en cas de fraude[12], non-seulement aux créanciers chirographaires, mais encore aux créanciers hypothécaires inscrits depuis qu'il a acquis date certaine, et même aux créanciers hypothécaires inscrits avant cette époque, car le propriétaire conserve, malgré l'hypothèque par lui constituée, la jouissance de son immeuble et le droit d'y consentir des baux opposables à ses créanciers hypothécaires[13]. Même solution pour l'adjudicataire, car l'ar-

et ne sont, par conséquent, pas soumis à l'application de l'article 582 du Code de commerce (Lyon, 16 févr. 1881, D. P. 81. 2. 237; voy., sur cet article, *infrà*, § **946**).

[10] Voy. t. II, § **221**. Je rappelle que le commandement ne fait pas courir les intérêts moratoires, et qu'ils ne courent qu'en vertu d'une demande en justice ou d'une citation en conciliation (V. t. II, §§ **221**, note 4, **240** et **255**).

[11] C'est surtout par l'enregistrement que les actes sous seing privé acquièrent date certaine, mais ce peut être aussi dans deux autres cas qu'indiquent l'article 1328 du Code civil. Voy., sur la date certaine, t. II, § **278**.

[12] Le bail étant un acte à titre onéreux, il faudra prouver, pour le faire tomber, l'intention frauduleuse du bailleur et la complicité du preneur (Voy., sur ce point, ma *Thèse pour le doctorat*, n°s 110 et suiv.).

[13] Tarrible, dans le *Répertoire* de Merlin, v° *Tiers détenteur*, n° II. Aubry et Rau, *op. cit.*, t. III, p. 430. Troplong, *De la transcription* (Paris, 1856), n° 201. Pont,

ticle 1743 du Code civil[14] dispose que « si le bailleur vend la « chose louée, l'acquéreur ne peut expulser[15] le fermier ou « le locataire[16] qui a un bail authentique ou dont la date est « certaine[17]. » 2° Si le bail n'a ni authenticité ni date certaine antérieure à l'adjudication[18], l'adjudicataire peut, *à contrario* de l'article 1743 du Code civil, donner congé au preneur[19] pour le terme fixé par l'usage des lieux s'il s'agit d'un bail à loyer, et, s'il s'agit d'un bail à ferme, pour l'époque où il aura pu recueillir tous les fruits (C. civ., art. 1736, 1748 et 1774)[20]. 3° Si le bail n'a acquis date certaine

op. cit., t. I, nº 369. Rouen, 18 févr. 1854 (D. P. 54. 2. 242). Req. 8 avr. 1863 (D. P. 63. 1. 411). Comp. Rivière et Huguet, *Questions théoriques et pratiques sur la transcription* (Paris, 1856), nºs 232 et suiv.

14 Les deux principaux arguments des auteurs qui attribuent au preneur un droit réel sont tirés de cet article et de l'article 684 du Code de procédure. Voy., sur cette question, les autorités citées *suprà*, § **641**, note 51; aj., sur l'origine et sur les précédents de l'article 1743 du Code civil, Code de Justinien, L. 9, *De locatione conductione* (IV, LXV); Pothier, *Du louage*, nº 292; D. 28 sept.-6 oct. 1791, tit. I, sect. II, art. 3; et, sur l'article 684, *infrà*, même §.

15 Cette formule ne signifie pas seulement que l'acquéreur est tenu de laisser en jouissance le preneur qui s'y trouve déjà: elle veut dire encore qu'il n'a pas le droit de l'empêcher d'y entrer; en un mot, qu'il ne peut, d'aucune manière, le priver du bénéfice de son bail (Voy., en ce sens, Aubry et Rau, *op. cit.*, t. IV, p. 501; Colmet de Santerre, *op. cit.*, t. VII, nº 189 *bis*-V; Troplong, *Du louage*, t. II, nºs 493 et suiv.; Marinier, *De la date certaine dans les actes sous seing privé* (dans la *Revue pratique de droit français*, t. VIII, 1859, p. 529); et, en sens contraire, Duranton, *op. cit.*, t. XVII, nº 139; Duvergier, *op. cit.*, t. I, nºs 281 et 541).

16 « A moins qu'il ne se soit réservé ce droit par le contrat de bail, » c'est-à-dire à moins qu'il n'ait été stipulé dans le bail que l'acquéreur pourra expulser le preneur. L'acquéreur peut invoquer le bénéfice de cette clause, quand même ce bénéfice ne lui aurait pas été expressément transféré (Aubry et Rau, *op. cit.*, t. IV, p. 502; Marcadé, *op. cit.*, sur les art. 1744 à 1749, nº 1; Duvergier, *op. cit.*, t. I, nº 543; *contrà*, Delvincourt, *op. cit.*, t. III, p. 430, Duranton, *op. cit.*, t. XVII, nº 148, Troplong, *op. cit.*, t. II, nº 511). Voy., sur les conditions auxquelles cette faculté d'expulsion peut être exercée, *infrà*, note 19.

17 Voy., sur cette application de la théorie de la date certaine, Colmet de Santerre, *op. cit.*, t. VII, nº 189 *bis*-IV; Marinier, *op. cit.* (dans la *Revue pratique de droit français*, t. VIII, 1859, p. 528 et suiv.); sur l'exception qu'y apporte la loi du 3 mai 1841 (Art. 21) au cas d'expropriation pour cause d'utilité publique, Aubry et Rau, *op. cit.*, t. IV, p. 503; et, sur l'application de l'article 1743 du Code civil à tous les acquéreurs ou successeurs particuliers du bailleur, Colmet de Santerre, *op. cit.*, t. VII, nº 189 *bis*-III.

18 Je dis « avant l'adjudication » et non pas « avant la transcription du jugement « d'adjudication, » car il s'agit d'un bail de moins de dix-huit ans, et les preneurs qui ont pris à bail pour plus de dix-huit ans ont seuls le droit d'opposer le défaut de transcription à l'adjudicataire en vertu de l'article 3 de la loi du 23 mars 1855 (Aubry et Rau, *op. cit.*, t. II, p. 58 et 307; Flandin, *De la transcription* (Paris, 1861), t. II, nºs 1262 et 1263).

19 A-t-il ce droit lorsqu'il a connu au moment de son acquisition l'existence du bail, sa durée, et l'absence de toute clause réservant la faculté d'expulsion? Voy., sur ce point, Aubry et Rau, *op. cit.*, t. IV, p. 502.

20 L'article 1748, supposant que l'acquéreur a la faculté d'expulsion, l'oblige à aver-

qu'entre le commandement et l'adjudication, de deux choses l'une : ou bien il est postérieur au commandement, c'est-à-dire à l'époque où le débiteur est devenu incapable de louer ou d'affermer; ou bien sa date, antérieure au commandement, n'est devenue certaine qu'après cette époque, auquel cas il est suspect d'antidate et présumé frauduleux[21]. Il tombe, dans les deux cas, sous le coup de l'article 684 du Code de procédure : « Les baux qui n'auront pas acquis « date certaine avant le commandement pourront être an- « nulés si les créanciers ou l'adjudicataire le demandent[22]. » Cette nullité peut être demandée après l'adjudication par

tir le locataire « au terme d'avance usité dans le lieu pour les congés, » et le fermier de biens ruraux « au moins un an à l'avance. » Les articles 1736 et 1774 règlent ainsi qu'il suit la durée des baux faits sans écrit. Art. 1736 : « Si le bail a été fait « sans écrit, l'une des parties ne pourra donner congé à l'autre qu'en observant les « délais fixés par l'usage des lieux. » Art. 1774 : « Le bail sans écrit d'un fonds « rural est censé fait pour le temps qui est nécessaire afin que le preneur recueille « tous les fruits de l'héritage affermé. Ainsi le bail à ferme d'un pré, d'une vigne, « et de tout autre fonds dont les fruits se recueillent en entier dans le cours de « l'année, est censé fait pour un an. Le bail des terres labourables, lorsqu'elles « se divisent par soles ou saisons, est censé fait pour autant d'années qu'il y a « de soles. » L'article 1748, qui renvoie implicitement à ces deux articles, est applicable aux baux que l'adjudicataire a le droit de faire cesser parce qu'ils n'ont pas acquis date certaine avant le jugement d'adjudication; il ne vise pas cette hypothèse, mais on concevrait difficilement que le preneur dont le bail écrit n'a pas date certaine fût traité moins favorablement que le preneur qui n'a qu'un bail verbal (Delvincourt, *op. cit.*, t. III, p. 426; Duranton, *op. cit.*, t. XVII, nº 144; Aubry et Rau, *op. et loc. cit.*; Colmet de Santerre, *op. cit.*, t. VII, nº 196 *bis*-III; Troplong, *op. cit.*, t. II, nº 505; Duvergier, *op. cit.*, t. I, nº 546). D'autre part, l'article 1749 se combine avec l'article 1774, de telle sorte que le fermier ne peut être expulsé qu'après congé donné un an d'avance conformément à l'article 1748, et après l'expiration des époques fixées par l'article 1774. Le premier de ces deux points pourrait seul faire difficulté, car on serait tenté d'appliquer purement et simplement au fermier la règle des baux non écrits et de faire cesser de plein droit son bail aux époques fixées par l'article 1774, mais cette solution serait : 1º trop rigoureuse, car le fermier qui n'a pas reçu congé peut compter que l'adjudicataire maintiendra son bail; 2º contraire à l'interprétation que j'ai donnée de l'article 1748, à savoir qu'il s'applique non-seulement aux baux qui réservent à l'adjudicataire la faculté d'expulsion, mais encore à ceux qui n'ont pas acquis date certaine avant le jugement d'adjudication (Voy., en ce sens, Colmet de Santerre, *op. et loc. cit.*).

[21] Toute la théorie de la date certaine repose sur cette présomption d'antidate et, par conséquent, de fraude (Voy. t. II, § 278, et, sur cette application de l'article 1328 du Code civil, Pascalis, *Premier rapport à la Chambre des députés*, D. A. *vº cit.*, p. 574, nº 106).

[22] Cet article est conforme, sauf la rédaction, à l'ancien texte (Art. 691), mais il a subi, dans les travaux préparatoires de la loi du 2 juin 1841, des changements sur lesquels je m'expliquerai aux notes suivantes. Il sert, comme l'article 1743 du Code civil (Voy. *suprà*, note 13), d'argument aux défenseurs de la réalité du droit du preneur qui tiennent ce langage : si les baux qui ont acquis date certaine avant le commandement sont maintenus, *à contrario* de l'article 684, à l'encontre des créanciers du bailleur qui viennent saisir l'immeuble loué, c'est que le preneur a, comme créancier

l'adjudicataire lui-même[23], avant l'adjudication par les créanciers hypothécaires ou chirographaires[24]; elle n'est pas de

du bailleur, une situation particulière et supérieure à celle des autres créanciers de ce dernier, et, s'il leur est préféré, c'est qu'il a vis-à-vis d'eux un droit réel, puisque le droit de préférence est l'un des attributs du droit réel (Voy., sur ce point, t. I, § **124**). Et qu'on ne dise pas que l'article 684 se borne à étendre au profit de l'adjudicataire la disposition de l'article 1743 du Code civil relative aux autres acquéreurs, en appliquant à certains baux qui ont acquis date certaine avant l'adjudication ce que dit l'article 1743 des baux qui n'ont acquis date certaine qu'après l'aliénation volontaire. Il se peut, en effet, que la question de maintien du bail s'agite uniquement entre créanciers : c'est ce qui arrivera dans une saisie immobilière pratiquée contre un commerçant failli et non suivie d'adjudication à raison d'un concordat qui a été consenti à ce failli (Voy., sur ce point, Jozon, *op. cit.*, dans la *Revue pratique de droit français*, t. XX, 1865, p. 363). M. Colmet de Santerre répond à cet argument : 1° qu'une disposition semblable à l'article 684 existait déjà dans l'ancien droit (Voy. Pothier, *op. cit.*, n° 305), et que, malgré cela, le droit du preneur n'y était pas regardé comme réel (Voy. Pothier, *op. cit.*, n° 285); 2° que l'article 684 prouverait plutôt contre la réalité de ce droit, car sa disposition serait superflue si le preneur avait un pareil droit : elle ne peut servir qu'à empêcher qu'on ne tire de la personnalité de son droit des conséquences exagérées, et à y apporter, dans l'espèce, une exception justifiée par des circonstances particulières; 3° que cet article se justifie effectivement par l'intérêt commun de toutes les parties en présence : le preneur a un intérêt évident au maintien de son bail; les créanciers ont moins d'intérêt à le faire annuler, car ils s'exposeraient, en en faisant prononcer la nullité, à voir le preneur expulsé demander et obtenir des dommages-intérêts et concourir avec eux, pour ces dommages-intérêts, dans la procédure de contribution (*Op. cit.*, t. VII, n° 198 *bis*-XXXIII). L'article 684 s'applique également aux conventions accessoires du bail qui n'ont pas acquis date certaine avant le commandement (Req. 26 nov. 1878; D. P. 79. 1. 302).

[23] On pourrait croire qu'il s'agit d'un adjudicataire des fruits de l'immeuble distinct de l'adjudicataire de l'immeuble lui-même, et argumenter, en ce sens, de ce que l'article 684 figure dans le Code avant les dispositions relatives à cette dernière adjudication. Ce serait une erreur : il s'agit bien de l'adjudicataire de la propriété de l'immeuble et des droits qui résulteront pour lui du jugement d'adjudication (Voy., sur ce point, Carré, *op. cit.*, t. V, Ire part., quest. 2286; Chauveau, sur Carré, *op. et loc. cit.*). La commission de la Chambre des pairs voulait, en 1841, supprimer la mention de l'adjudicataire dans le texte de l'article 684; elle estimait que le droit commun, c'est-à-dire l'article 1743 du Code civil, est suffisant en ce qui le concerne : le garde des sceaux a combattu et fait rejeter cette proposition en faisant remarquer que l'article 684 suppose un bail qui acquiert date certaine entre le commandement et l'adjudication, et l'article 1743 un bail qui n'acquiert date certaine qu'après l'adjudication; qu'ils prévoient, par conséquent, des situations absolument différentes, et que l'article 1743 ne protège aucunement l'adjudicataire contre les baux qui obtiendraient date certaine avant l'adjudication (Voy. Persil, *Second rapport à la Chambre des pairs*, D. A. v° *cit.*, p. 582, n° 180). D'ailleurs, les deux hypothèses se ressemblent en un point : l'acheteur n'a pas le droit d'expulser le preneur dont le bail n'a pas acquis date certaine avant la vente, lorsque la vente lui fait une obligation de supporter ce bail (Arg. C. civ., art. 1134); il en est de même de l'adjudicataire quand le cahier des charges l'oblige à respecter les baux en cours d'exécution (Rouen, 21 mai 1844; D. A. v° *Louage*, n° 96). Voy. *infrà*, note 27, une autre ressemblance entre un acquéreur ordinaire et un adjudicataire.

[24] L'opinion contraire de Carré (*Op. et loc. cit.*) et de Chauveau (Sur Carré, *op. et loc. cit.*) n'est pas soutenable : l'article 684 ne distingue pas, et l'on voit par l'article 686 (*Infrà*, § **664**) que les effets de la saisie peuvent être invoqués par tous les créanciers et sont indépendants des hypothèques qui peuvent exister à leur profit (Boitard, Colmet-Daage et Glasson, *op. cit.*, t. II, n° 925).

droit et diffère en cela de la nullité des baux qui n'ont acquis date certaine qu'après l'adjudication[25], mais le tribunal peut la prononcer malgré la bonne foi du bailleur et même du preneur[26], sauf à appliquer, dans l'intérêt de ce dernier, les articles 1736, 1747 et 1774 du Code civil qui assureront à son bail, s'il a reçu un commencement d'exécution, la durée minimum d'un bail verbal[27].

b. Si le bail est fait pour plus de dix-huit ans, il ne suffit pas qu'il ait date certaine, il faut encore qu'il soit transcrit pour être opposable à l'adjudicataire — je reviendrai sur ce point au § **701** — et aux créanciers hypothécaires. Ainsi le veut la loi du 23 mars 1855 qui, considérant les baux de

[25] Il suffit que l'adjudicataire se refuse à supporter les baux qui n'ont pas acquis date certaine avant l'adjudication, pour que le tribunal soit obligé d'en prononcer la nullité. Il résulte, au contraire, du texte et des travaux préparatoires de l'article 684 que la nullité des baux qui n'ont acquis date certaine qu'après le commandement est facultative, et que les juges ont le droit de ne pas la prononcer s'il leur paraît qu'à raison des circonstances du fait, et spécialement de la bonne foi des parties, il y a lieu de les maintenir. Voy., sur ce point, le second rapport de M. Persil à la Chambre des pairs (D. A. v° *Vente publique d'immeubles*, *loc. cit.*); le second rapport de M. Pascalis à la Chambre des députés (D. A. *v° cit.*, p. 583, n° 189), et les observations présentées par M. Laplagne-Barris devant la Chambre des pairs (Séance du 16 mars 1841; *Moniteur* du 17, p. 658). Aj., en ce sens et sur l'application de cette nullité facultative, Chauveau, sur Carré, *op. cit.*, t. V, Ire part., quest. 2282; Boitard, Colmet-Daage et Glasson, *op. et loc. cit.*; Rodière, *op. cit.*, t. II, p. 294; req. 8 mai 1872 (D. P. 72. 1. 373); req. 27 nov. 1875 (D. P. 77. 1. 151); civ. rej. 22 mai 1878 (D. P. 78. 1. 484); req. 26 nov. 1878 (D. P. 79. 1. 302); req. 9 déc. 1878 (D. P. 79. 1. 310).

[26] Autrement, l'article 684 ferait double emploi avec l'article 1167 du Code civil. Il résulte, d'ailleurs, expressément des travaux préparatoires de 1841 qu'on n'a pas entendu subordonner l'application de l'article 684 à la condition de fraude (Voy. les deux rapports de M. Pascalis à la Chambre des députés, D. A. *v° cit.*, p. 574 et 583, n°s 105 et 189; aj., en ce sens, Nîmes, 4 mars 1850, D. P. 52. 2. 249; Paris, 19 août 1852, D. P. 53. 2. 221; en sens contraire, Bordeaux, 18 nov. 1848, D. P. 49. 2. 133).

[27] Comment ne pas appliquer ces articles aux baux qui ont acquis date certaine entre le commandement et l'adjudication, quand on les applique à ceux qui n'ont obtenu date certaine qu'après l'adjudication (Voy., sur ce dernier point, *suprà*, même §)? Et comment les juges qui peuvent ne pas prononcer la nullité édictée par l'article 684 n'auraient-ils pas, à plus forte raison, le droit de la tempérer par l'application des articles 1736, 1748 et 1774? Enfin, la possession que le preneur a des biens loués ou affermés ne prouve-t-elle pas l'existence du bail — cette possession pourrait être simulée, mais alors il y aurait fraude et la preuve de la fraude est toujours réservée — et, dès lors, le bail qui a reçu un commencement d'exécution ne doit-il pas être assimilé, dans une certaine mesure, à celui qui a date certaine? C'est une nouvelle ressemblance entre le cas de l'article 684 et celui de l'article 1743 (Voy., en ce sens, Bioche, *op. et v° cit.*, n° 286; Carré, *op. et loc. cit.*; Rodière, *op. cit.*, t. II, p. 295). Toutefois, les travaux préparatoires de 1841 présentent sur ce point, une certaine confusion. La commission de la Chambre des députés avait inséré dans le projet de l'article 684 une disposition ainsi conçue : « Les baux qui n'auraient pas « de date certaine, mais dont l'exécution aurait commencé avant cet acte (c'est-

cette durée comme une lourde charge pour la propriété et comme une notable diminution de sa valeur vénale[28], dispose qu'ils seront transcrits au bureau des hypothèques de la situation de l'immeuble (Art. 2-4°), et qu'à défaut de transcription ils ne seront pas opposables pour plus de dix-huit ans aux tiers qui auront acquis des droits sur l'immeuble et les auront conservés en se conformant aux lois (Art. 3). Il résulte de cette formule que le défaut de transcription d'un pareil bail n'est pas opposable par les créanciers chirographaires qui n'ont de droit réel ni avant ni après la saisie — je l'ai démontré au § **563** — mais qu'il peut être opposé : 1° par l'adjudicataire au preneur qui n'a pas transcrit

« à-dire avant le commandement), auront leur effet conformément aux articles 1736 et « 1774 du Code civil. » La commission de la Chambre des pairs a rejeté cette partie de l'article. « Il nous a paru, dit M. Persil dans son second rapport, que ce serait à « la fois annuler et valider le bail, le valider pour tout le temps nécessaire à l'ex« pulsion, l'annuler pour le temps postérieur. Le bail déclaré nul ne doit laisser « aucune trace, et, s'il y en a eu d'inévitable à cause de son commencement d'exécu« tion, c'est aux tribunaux qu'il appartient d'en régler les suites : la loi n'a pas be« soin d'intervenir; le juge connaît seul l'exécution de ses jugements » (D. A. *v° cit.*, p. 582, n° 180). La commission de la Chambre des pairs ayant admis en même temps que la nullité des baux dont il s'agit ne serait que facultative (Voy. *suprà*, note 25), la commission de la Chambre des députés adhéra au changement proposé. M. Pascalis dit, à ce sujet, dans son second rapport : « Lorsque l'annulation des baux non re« vêtus d'une date certaine avant le commandement devait avoir lieu de plein droit, « il était juste de déclarer que ceux dont l'exécution serait commencée auraient ce« pendant leur effet pendant la durée qu'assurent aux baux verbaux les articles 1736 « et 1774 du Code civil, et c'est ce qu'avait dû exprimer la rédaction adoptée par cette « Chambre. Le principe de l'article 684 étant changé, il n'a plus été nécessaire d'écrire « dans la loi une réserve dont les tribunaux feront ou ne feront pas l'application, « suivant les circonstances qu'ils sont chargés d'apprécier » (D. A. *v° cit.*, p. 583, n° 189). On pourrait croire, en lisant ces observations, que les deux commissions ont eu l'intention formelle d'exclure ici l'application des articles 1736 et 1774; il n'en est rien cependant, et les documents que je viens de citer doivent être entendus en ce sens que les juges qui ne croient pas devoir user de la faculté qu'ils ont de maintenir le bail ont, du moins, celle d'appliquer les articles 1736, 1748 et 1774 au profit du preneur qui se trouve en jouissance au moment où la nullité est prononcée. C'est ce qu'ils feront, semble-t-il, si le bailleur a agi de mauvaise foi et le preneur de bonne foi : la fraude du premier et les conditions défavorables auxquelles il aura loué pourront être des raisons suffisantes d'annuler le bail, mais la bonne foi du second, les dépenses d'installation qu'il aura faites, la difficulté qu'il trouvera à se procurer un autre établissement justifieront très bien l'application des articles 1736, 1748 et 1774. La vente pour un prix unique des fruits que le fonds est susceptible de produire pendant une ou plusieurs années, sans que l'acheteur soit mis en possession de ce fonds et chargé de le cultiver, n'est pas un bail mais une vente de fruits : elle ne tombe pas sous l'empire de l'article 684 (Req. 30 mars 1868; D. P. 68. 1. 417), mais sous celui de l'article 685 qui déclare les fruits immobilisés à compter seulement de la transcription de la saisie (Voy. *infrà*, § **663**).

[28] Voy., sur les motifs des dispositions de la loi du 23 mars 1855 relatives aux baux de plus de dix-huit ans, l'Exposé des motifs de cette loi, n° 5 (D. P. 55. 4. 28) et le rapport de M. Debelleyme au Corps législatif, n°s 19, 27 et 28 (D. P. 55. 4. 29 et 30).

ou qui ne l'a fait qu'après la transcription du jugement d'adjudication; je reviendrai sur ce point au § **701**; 2° par les créanciers hypothécaires inscrits[29] au preneur qui n'a fait transcrire son titre que depuis le commandement, et même à celui qui l'a fait transcrire dans le temps qui s'est écoulé entre l'inscription de ces créanciers et le commandement. Si le poursuivant est créancier hypothécaire, il s'abstiendra de mettre au cahier des charges une clause qui obligerait l'adjudicataire à subir ce bail, ou, mieux encore, il y fera insérer une clause expresse qui dispensera l'adjudicataire de le supporter. Si le poursuivant n'est que créancier chirographaire mais qu'il existe des créanciers hypothécaires auxquels ce bail ne serait pas opposable, ils résisteront à l'insertion dans le cahier des charges d'une clause qui obligerait l'adjudicataire à respecter ce bail, ils pourront même y faire insérer une clause qui les dispensera d'en tenir compte[30].

α) Les créanciers hypothécaires ne sont tenus de subir les baux qui n'ont pas été transcrits, ou qui ne l'ont été que depuis le commandement, que pendant dix-huit ans à compter de ce commandement. Soit un bail de vingt ans signé le 1er janvier 1888 pour prendre fin le 1er janvier 1908, et un commandement à fin de saisie immobilière signifié le 2 janvier 1889 à la requête d'un créancier hypothécaire : si ce bail n'a pas été transcrit ou ne l'a été qu'après le 2 janvier 1889, il ne sera opposable au saisissant que jusqu'au 2 janvier 1907. Deux autres solutions ont été proposées. 1° Des auteurs enseignent que le bail en question se divise en périodes de dix-huit ans au plus, et que les créanciers hypothécaires ne sont tenus de le subir que jusqu'à la fin de celle où l'on se trouve à l'époque du commandement : dans l'espèce jusqu'au 1er janvier 1906, juste dix-huit ans après le 1er janvier 1888[31]. On invoque en ce sens, par analogie, les articles 595,

[29] Les créanciers hypothécaires non inscrits ne peuvent même pas faire valoir leurs droits contre les créanciers chirographaires (Voy. t. III, § **634**); ils le peuvent encore moins contre un preneur qui, ayant loué pour plus de dix-huit ans, figure parmi les tiers qui peuvent opposer le défaut de transcription (Voy. *infrà*, § **701**) et, à plus forte raison, le défaut d'inscription.

[30] Voy., sur le cahier des charges et sur les dires qui peuvent y être insérés, *infrà*, § **669**.

[31] Il se pourrait, dans ce système, que le bail ne fût opposable aux créanciers

1429 et 1718 du Code civil qui ne permettent pas à l'usufruitier, au mari commun en biens et au tuteur de lier le nu-propriétaire, la femme et le mineur pour plus de neuf ans, et qui décident que les baux de plus de neuf ans consentis par ces personnes ne seront opposables au nu-propriétaire, à la femme et au mineur que jusqu'à la fin de la période de neuf ans qui courra au moment où l'usufruit s'éteint, où la communauté se dissout, où la tutelle prend fin[32]. La loi du 23 mars 1855 eût pu adopter ce système et prescrire sous cette sanction la transcription des baux de plus de dix-huit ans, mais cette manière de l'appliquer n'est conforme ni à son texte ni à son esprit. Dire que les baux de plus de dix-huit ans non transcrits ne seront opposables aux tiers que pour dix-huit ans, c'est dire évidemment, *à contrario*, qu'ils le seront pour tout ce temps, et, d'ailleurs, c'est bien la pensée de la loi que la privation de jouissance ne soit considérée comme une aliénation et comme une atteinte à la propriété que lorsqu'elle doit se prolonger au-delà de ce terme[33]. 2° D'autres auteurs admettent que le bail dont il s'agit durera dix-huit ans, mais à partir du jour de l'adjudication, en sorte qu'en conservant le même exemple et en supposant l'adjudication prononcée le 1er septembre 1889, le bail prendra fin le 1er septembre 1907. Qu'a voulu la loi? disent ces auteurs : que les créanciers hypothécaires subissent pendant dix-huit ans le bail qui leur est préjudiciable; or il ne les gêne en rien pendant la durée de la saisie, car les loyers et fermages sont immobilisés par la transcription de cette saisie et attribués aux créanciers dans l'ordre de leurs hypothèques, et ce n'est qu'au moment de l'adjudication que ce bail commence à leur nuire en écartant les amateurs par la pers-

hypothécaires que pour un jour : c'est ce qui arriverait si le commandement était signifié la veille du jour où expire une période de dix-huit ans; ainsi, dans l'espèce, la première période de dix-huit ans se termine le 1er janvier 1896, et le bail ne serait opposable que pour un jour aux créanciers hypothécaires qui feraient commandement le 31 décembre 1895. Dans l'opinion que j'adopte, il le sera pour toute sa durée, puisque le temps qui reste à courir ne dépasse pas dix-huit ans.

[32] Aubry et Rau, *op. cit.*, t. II, p. 60; t. III, p. 431. Troplong, *De la transcription*, nos 203 et 204. Flandin, *op. cit.*, t. II, nos 1266 et suiv. Lesenne, *Commentaire théorique et pratique de la loi du 23 mars 1855* (Paris, 1856), no 73.

[33] Mourlon, *op. cit.*, t. II, p. 496. Rivière et Huguet, *op. cit.*, nos 237 et suiv. *Contrà*, Aubry et Rau, *op. cit.*, t. II, p. 60.

pective d'une entrée en jouissance très éloignée[34]. Cette manière de voir n'est conforme ni à l'article 3 de la loi du 23 mars 1855 ni à l'article 684 du Code de procédure. Quand l'article 3 dit qu'un bail de plus de dix-huit ans n'est opposable aux tiers que pendant dix-huit ans à dater du jour où ils ont fait transcrire leurs titres, il part évidemment de cette idée que le temps pendant lequel ils sont tenus de le subir court à compter du jour où le conflit s'engage entre eux et le preneur; or ce conflit se produit, en cas de saisie immobilière, au moment où le créancier hypothécaire manifeste par le commandement qui la précède l'intention de poursuivre la réalisation de son gage : la preuve que l'article 684 l'entend ainsi, c'est qu'il permet d'annuler, sur la demande non-seulement de l'adjudicataire mais encore des créanciers eux-mêmes, le bail qui n'a acquis date certaine que depuis le commandement[35]. On a tort de dire que le bail de dix-huit ans non transcrit ne nuit aux créanciers hypothécaires que lorsque, l'adjudication étant prononcée, l'adjudicataire va être forcé de le subir; il leur nuit dès que, se disposant à réaliser leur gage, ils le trouvent grevé d'une charge qui en rendra l'aliénation plus difficile et en fera baisser le prix[36].

β) Ce que je viens de dire s'applique également au cas où le preneur a fait transcrire son titre avant le commandement, mais après l'inscription hypothécaire des créanciers avec lesquels il se trouve en conflit : ceux-ci ne sont tenus de subir que pendant dix-huit ans à dater du commandement[37] le bail dont la transcription a suivi leur propre inscription. Cette solution très controversée résulte du texte et de l'esprit de la loi du 23 mars 1855. 1° « Jusqu'à la transcrip-

[34] Mourlon, *op. cit.*, t. II, n° 499. Voy., sur l'immobilisation des fruits par la transcription de la saisie, le § suivant.

[35] Voy., sur ce point, *suprà*, même §.

[36] Aubry et Rau, *op. cit.*, t. III, p. 431. Chauveau, sur Carré, *op. cit.*, t. V, Ire part., quest. 2281. Troplong, *op. cit.*, n° 205. Flandin, *op. cit.*, t. II, n° 1270.

[37] Je renvoie, pour la justification de ce point de départ, à ce que j'ai dit au même § du bail qui ne serait transcrit qu'après le commandement : à quelque époque que cette transcription remonte, c'est le commandement qui crée le conflit entre le preneur et les créanciers hypothécaires qui n'ont jusque-là ni intérêt ni qualité pour demander la réduction de la durée du bail (Voy., en ce sens, Rivière et Huguet, *op. et loc. cit.*; voy. aussi Mourlon qui part du même point de vue mais ne fait dater que de l'adjudication le conflit entre le preneur et les créanciers inscrits (*Op. et loc. cit.*). Aubry et Rau s'écartent sous deux rapports de la solution que j'indique

« tion, dit l'article 3, les droits résultant des actes et ju-« gements énoncés aux articles précédents ne peuvent être « opposés aux tiers qui ont des droits sur l'immeuble et qui « les ont conservés en se conformant aux lois; les baux qui « n'ont point été transcrits ne peuvent jamais leur être oppo-« sés pour une durée de plus de dix-huit ans. » Les créanciers hypothécaires déjà inscrits ont des droits sur l'immeuble et les ont conservés en se conformant aux lois; ils peuvent donc opposer le défaut de transcription au preneur qui n'a publié son titre qu'à une date postérieure à celle de leur inscription. Cela ne ferait aucun doute si le preneur se trouvait en conflit avec un acquéreur qui aurait fait transcrire son titre avant lui; il n'en peut être autrement s'il s'agit, au lieu d'un acquéreur, d'un créancier hypothécaire déjà inscrit lors de la transcription du bail. 2° La loi du 23 mars 1855 n'a pas seulement voulu, en exigeant la transcription des baux de plus de dix-huit ans, protéger les tiers qui traiteront plus tard avec le bailleur et porter à leur connaissance les baux déjà consentis qui leur seront opposables. S'il en était ainsi, un créancier hypothécaire qui ne subirait que pour dix-huit ans les baux passés avant et transcrits depuis son inscription, devrait supporter pour toute leur durée les baux passés et transcrits depuis cette époque; or tout autre est l'esprit de cette loi : elle a voulu qu'un bail de cette durée ne liât jamais que les tiers qui auront pu le connaître, et qu'il ne fût en aucun cas opposable aux personnes investies d'un droit antérieurement acquis et publié. M. Debelleyme l'a clairement expliqué dans son rapport : « Pour que la loi « atteigne complètement son but qui est de révéler d'une « manière pratique et utile l'état vénal de la propriété, il faut

(*Op. cit.*, t. II, p. 60; t. III, p. 431). 1° Ils assignent pour durée au bail transcrit entre l'inscription et le commandement le reste de la période de dix-huit ans en cours au moment où naît le conflit : je ne reviens pas sur la réfutation que j'ai donnée de cette solution *suprà*, même §. 2° Ils font courir le temps ainsi fixé à compter de l'entrée en jouissance du preneur. Je ne puis admettre cette opinion : d'une part, Aubry et Rau tombent dans une véritable contradiction en faisant courir le temps dont il s'agit à partir du commandement quand le bail a été transcrit après ce commandement, et à partir de l'entrée en jouissance lorsqu'il a été transcrit auparavant; d'autre part, on ne comprend pas pourquoi le bail est opposable pour un plus long temps quand sa transcription suit le commandement que lorsqu'elle l'a précédé : s'il devait y avoir une différence entre les deux cas, ce serait plutôt en sens inverse.

« assujettir à la transcription tous les actes qui, sans cons-« tituer des droits réels, imposent cependant à la propriété « des charges qui sont de nature à en altérer sensiblement « la valeur. Tels sont les baux à long terme : on sent toute « l'influence que peut exercer sur la propriété l'existence de « pareils actes; son utilité, sa jouissance, son produit sont « affectés de telle sorte qu'il y a pour l'acheteur et le prêteur « sur hypothèque un intérêt légitime à les connaître[38]. » S'il en est ainsi, un bail n'est jamais opposable pour plus de dix-huit ans aux créanciers hypothécaires qui, inscrits avant qu'il fût transcrit, l'ont nécessairement ignoré, et il n'importe que ce bail transcrit après leur inscription ait été passé avant ou après, car ils ne l'ont pas plus connu et, par conséquent, ne doivent pas plus le subir dans un cas que dans l'autre. Qu'on n'objecte pas le principe posé au même §, que l'hypothèque laisse le débiteur qui l'a constituée maître d'administrer comme il l'entend, car aliéner n'est pas administrer, et, dans la pensée de la loi du 2 mars 1855, les baux de plus de dix-huit ans prennent, par le seul fait de leur durée, le caractère d'actes d'aliénation ou de disposition[39].

§ **655**. Tels sont les effets du commandement. Quant à l'élection de domicile qu'il contient[1], elle donne, comme toujours[2], à celui dans l'intérêt de qui elle est faite — le saisi dans l'espèce — le droit de faire au domicile élu tous les actes qui, sans cela, devraient être signifiés au domicile réel de celui qui l'a faite — le saisissant dans l'espèce[3] — mais est-ce elle qui attribue juridiction au tribunal du lieu de la saisie

38 D. P. 55. 4. 30, n° 27.

39 Duvergier, *Lois annotées*, t. LV, p. 59, note 1. Aubry et Rau, *op. cit.*, t. III, p. 431. Chauveau, sur Carré, *op. et loc. cit.* Troplong, *op. cit.*, n° 201. Mourlon, *op. cit.*, t. II, n°s 500 et suiv. Flandin, *op. cit.*, t. II, n°s 1252 et suiv. *Contrà*, Pont, *op. cit.*, t. I, n° 368; Rivière et François, *Explication de la loi du 23 mars 1855* (Paris, 1855), n° 51.

§ **655**. 1 Voy. *suprà*, §§ **653** et **655**.

2 C. civ., art. 111 : « Lorsqu'un acte contiendra de la part des parties ou de l'une « d'elles élection de domicile pour l'exécution de ce même acte dans un autre lieu « que celui du domicile réel, les significations, demandes et poursuites relatives à « cet acte pourront être faites au domicile convenu et devant le juge de ce domi-« cile. »

3 Voy. notamment, pour l'opposition au commandement, Nîmes, 24 mess. an XIII (D. A. v° *Vente publique d'immeubles*, n° 366).

pour le jugement des incidents auxquels le commandement peut donner lieu[4], ou bien cette attribution de compétence résulte-t-elle des articles 2210 du Code civil et 4 de la loi du 14 novembre 1808[5]? La première solution est préférable[6], car le commandement n'est pas compris dans la saisie, et les incidents auxquels il donne lieu ne rentrent, par conséquent, pas dans les textes précités qui visent « la vente forcée » et « l'expropriation forcée[7]. » J'en conclus, la compétence du tribunal du domicile élu étant facultative au gré de la partie en faveur de laquelle il est fait élection de domicile[8], que le saisi a le droit de renoncer à ce bénéfice et d'assigner le saisissant devant le tribunal de son domicile réel[9]. Les effets de cette élection de domicile sont, d'ailleurs, limités à un triple point de vue. 1° Quant aux personnes : le saisi peut seul en profiter et assigner le saisissant au domicile élu, les autres parties et, spécialement, le tiers détenteur n'ont pas ce droit : il en est de même en matière de saisie-exécution, comme on l'a vu au § **568**[10]. 2° Quant à la durée : l'élection n'est pas faite pour toute la saisie comme en cas de saisie-exécution[11]; elle est remplacée, lors du procès-verbal de saisie, par une autre élection de domicile en l'étude de l'avoué du saisissant[12], et ne dure, par conséquent, que jusqu'au jour où ce changement est porté à la connaissance du saisi par la dénonciation de ce procès-verbal[13]. 3° Quant à l'étendue : l'article 673 ne dit pas, comme l'article 584 en

[4] Voy., sur l'attribution de compétence qui résulte de l'élection de domicile, t. I, § **176**.

[5] Voy. *suprà*, § **650**.

[6] Voy., en ce sens, Douai, 19 févr. 1857 (D. P. 58. 2. 30).

[7] Voy., sur ce point, t. I, § **176**.

[8] Il en serait différemment si l'élection de domicile devait, par ses termes mêmes, ou par les circonstances où elle s'est produite, être réputée faite dans l'intérêt des deux parties (Voy., sur ce point, t. I, § **176**).

[9] Il n'en est pas de même du tribunal désigné *ratione personæ* pour connaître des questions d'exécution : sa compétence est obligatoire et le demandeur n'a pas le choix entre ce tribunal et un autre de même ordre (Voy. t. I, § **174**).

[10] Bioche, *op. et v° cit.*, n° 110.

[11] Voy. t. III, § **568**.

[12] Voy. *infrà*, § **659**.

[13] Bioche, *op. et v° cit.*, n° 206. Pigeau, *op. cit.*, t. II, p. 214. Carré, *op. cit.*, t. V Ire part., quest. 2243. Chauveau, sur Carré, *op. et loc. cit.* Boitard et MM. Colmet-Daage et Glasson ne font durer cette élection de domicile contenue au commandement jusqu'au jour même du procès-verbal de saisie, mais ils font remarquer que le saisissant élira très souvent domicile, dès le commandement, chez l'avoué qu'il se propose

matière de saisie-exécution, que les significations d'offres réelles et d'appel pourront être faites au domicile élu dans le commandement[14], et il résulte des travaux préparatoires du Code de procédure et de la loi du 2 juin 1841 que cette différence de rédaction n'est pas l'effet du hasard : d'une part, le Tribunat en a fait l'observation formelle en 1806; d'autre part[15], le premier projet de réforme du titre *De la saisie immobilière* disait expressément, pour trancher les controverses qui s'étaient élevées sur ce point, que ces significations pourraient être faites au domicile dont il s'agit, et cette disposition a été supprimée sur les observations des cours d'appel[16]. Les offres réelles et l'appel resteront donc en dehors de cette élection de domicile[17]. 1) Quant aux offres, c'est l'application littérale de l'article 1258-6° du Code civil, qui prescrit de les faire « à la personne du créancier, ou « à son domicile, ou au domicile élu pour l'exécution de la convention[18], » et cela présente d'autant moins d'inconvénients que, la procédure de saisie immobilière étant moins rapide que celle de saisie-exécution, le débiteur aura toujours le temps de l'arrêter en signifiant ses offres au lieu indiqué par cet article[19]. S'ensuit-il nécessairement que la saisie immobilière sera poursuivie devant un tribunal et la demande en validité des offres portée devant un autre? Ce résultat fâcheux ne se produira pas, car la demande en

de constituer plus tard par le procès-verbal de saisie (*Op. cit.*, t. II, n° 914). Voy., sur cette constitution d'avoué, *infrà*, § **659**, et, sur la dénonciation de ce procès-verbal, *infrà*, § **660**.

[14] Voy., sur cette partie de l'article 584, t. III, § **568**.

[15] Locré, *op. cit.*, t. XXII, p. 493.

[16] Voy., sur cet incident des travaux législatifs qui ont abouti à la loi du 2 juin 1841, Chauveau, sur Carré, *op. cit.*, t. V, IIe part., quest. 2425 *bis*.

[17] Tarrible, dans le *Répertoire* de Merlin, v° *Saisie immobilière*, § VI, art. I, n° II-4°. Bioche, *op. et v° cit.*, n° 111. Chauveau, sur Carré, *op. cit.*, t. V, Ire part., quest. 2205; IIe part., quest. 2425 *bis*. Boitard, Colmet-Daage et Glasson, *op. et loc. cit.* Colmar, 29 juin 1831 (D. A. *v° et loc. cit.*, v° 359). Aix, 24 févr. 1844; Toulouse, 30 juill. 1844 (D. A. v° *Domicile élu*, n° 22). Civ. rej. 5 mars 1849 (D. P. 49. 1. 159). Trib. de Lesparre, 9 janv. 1868 (D. P. 68. 2. 219). *Contrà*, Pigeau, *op. cit.*, t. II, p. 213; Rodière, *op. cit.*, t. II, p. 268; Nîmes, 23 janv. 1827 (D. A. *v° et loc. cit.*).

[18] Voy., sur la procédure des offres réelles, le tome V de ce Traité. Aj. que, le commandement à fin de saisie immobilière pouvant servir aussi à la saisie-exécution, les offres réelles destinées à empêcher ou à arrêter cette dernière seraient valablement signifiées au domicile élu dans le commandement à fin de saisie immobilière (Bioche, *op. et v° cit.*, n° 744).

[19] Voy., sur la rapidité de la saisie-exécution comparée à celle de la saisie immobilière, t. III, § **566**, et *suprà*, § **650**.

validité des offres faites au domicile réel du créancier peut, en général, être formée incidemment devant le tribunal saisi de la demande principale, c'est-à-dire de la demande en paiement de la dette que le débiteur offre d'acquitter[20], et, par conséquent, rien n'empêchera de former cette même demande, en cas de saisie immobilière, devant le tribunal compétent pour connaître de cette saisie[21]. 2) L'appel du jugement en vertu duquel il est procédé à la saisie ne sera pas non plus signifié au domicile élu dans le commandement[22], et je crois, par la même raison, qu'il en sera de même de l'appel du jugement rendu sur l'opposition au commandement[23]. L'article 732 porte, il est vrai, que l'appel des jugements rendus sur des incidents de saisie immobilière sera signifié « au domicile de l'avoué, et, s'il n'y a pas d'avoué, « au domicile réel ou élu de l'intimé[24], » mais cet article n'a pas trait aux procédures dirigées contre le commandement, car il suppose que le saisissant peut avoir un avoué, et il n'en a jamais avant le procès-verbal de saisie[25].

§ **656**. B. Un acte aussi grave que l'expropriation du tiers détenteur ne peut se poursuivre sans qu'un avertissement préalable l'ait mis en demeure de payer ou de délaisser. Tel est l'objet de la sommation prescrite par l'article 2169 du Code civil[1] et qu'aucun autre acte ne pourrait suppléer, pas même la sommation de produire le titre en vertu duquel le tiers détenteur est devenu propriétaire[2]. Celle de payer ou

20 Bioche, *op. et vo. cit.*, no 111, et vo *Offres réelles*, nos 148 et suiv. Carré, *op. cit.*, t. VI, quest. 2790. Chauveau, sur Carré, *op. et loc. cit.* Bordeaux, 13 juill. 1849 (D. P. 52. 2. 61).

21 Voy., sur ce tribunal, *suprà*, § **650**.

22 Voy. les autorités pour et contre citées *suprà*, note 17.

23 Bioche, *op. cit.*, vo *Saisie immobilière*, no 744. Chauveau, sur Carré, *op. et loc. cit.*

24 Voy., sur cet article, *infrà*, § **951**.

25 L'article 732 suppose aussi qu'il peut n'y avoir pas d'avoué : le saisissant en a forcément un, celui qu'il a dû constituer par le procès-verbal de saisie (Voy. *infrà*, § **659**), mais le saisi peut n'en pas avoir.

§ **656**. 1 Les auteurs du Code de procédure et ceux de la loi du 2 juin 1841 ont jugé suffisant l'article 2169 du Code civil, et ne sont pas revenus sur la sommation à faire au tiers détenteur. La seule disposition nouvelle que contînt, à cet égard, le projet de 1841 a été jugée inutile et même nuisible : elle a disparu de la rédaction définitive (Voy. *infrà*, note 11).

2 Angers, 15 nov. 1848 (D. P. 49. 2. 103). Paris, 17 févr. 1853 (D. P. 53. 2. 231). Par contre, cette sommation est — avec l'inscription si le créancier poursuivant n'est

délaisser est signifiée à sa personne ou à celles qui ont qualité pour défendre en son nom à la saisie[3]; elle n'est pas sou-

pas déjà inscrit, et la signification du transport quand le poursuivant est le cessionnaire du créancier originaire (Voy. t. III, § **538**) — la seule formalité qui précède la saisie dirigée contre un tiers détenteur. L'action en reconnaissance ou en déclaration d'hypothèque, par laquelle on faisait autrefois connaître à ce tiers détenteur les hypothèques occultes établies sur l'immeuble par lui possédé (Pothier, *De l'hypothèque*, n°s 129 et 130; Loyseau, *Du déguerpissement*, liv. III, ch. III, n°s 10 et suiv., p. 61; Denisart, *op. cit.*, v° *Déclaration d'hypothèques*), est inutile maintenant que, les hypothèques étant nécessairement rendues publiques par la voie de l'inscription, le tiers détenteur en a par-là connaissance et se trouve obligé de payer ou de délaisser « par le seul fait des inscriptions » (C. civ., art. 2167). Cette action serait donc aujourd'hui inutile, frustratoire et non-recevable (Duranton, *op. cit.*, t. XX, n° 225; Aubry et Rau, *op. cit.*, t. III, p. 436; Grenier, *op. cit.*, t. III, n° 339; Persil, *op. cit.*, t. II, n° 10; Troplong, *op. cit.*, t. III, n°s 770 et suiv.; civ. rej. 16 mai 1811, civ. cass. 27 avr. 1812, D. A. v° *Privilèges et hypothèques*, n° 1784; civ. rej. 9 mai 1836, D. A. v° *cit.*, n° 1843). Elle n'a plus aujourd'hui qu'une seule application. Il est très généralement admis que l'article 2257 du Code civil, aux termes duquel la prescription des créances conditionnelles ne court pas avant l'arrivée de la condition, ne s'applique pas aux hypothèques qui garantissent ces créances, et que les tiers détenteurs des biens qui y sont hypothéqués prescrivent néanmoins contre ces hypothèques à compter du jour de leur entrée en possession (Merlin, *op. cit.*, v° *Prescription*, sect. III, § II, art. II, quest. II, n° 12, et *Questions de droit*, v° *Garantie*, § VI, n° 3; Delvincourt, *op. cit.*, t. II, p. 848, t. III, p. 617; Duranton, *op. cit.*, t. XX, n° 312, t. XXI, n° 328; Toullier, *op. cit.*, t. VI, n°s 527 et 528; Aubry et Rau, *op. cit.*, t. II, p. 331 et 333; Colmet de Santerre, *op. cit.*, t. VIII, n°s 346 *bis*-II et suiv.; Troplong, *op. cit.*, t. III, n° 780, t. IV, n° 886; Pont, *op. cit.*, t. II, n° 1255; Larombière, *op. cit.*, t. II, sur l'art. 1181, n° 15; Gabriel Demante, *Études critiques sur les origines romaines du droit français* (dans la *Revue critique de législation et de jurisprudence*, t. IV, 1854, p. 455); Colmar, 7 avr. 1821, D. A. v° *cit.*, n° 2528; Grenoble, 10 mars 1827, D. A. v° *cit.*, n° 2527; Bordeaux, 15 janv. 1835, D. A. v° *Prescription civile*, n° 1126; Pau, 22 nov. 1856, D. P. 57. 2. 61). Le créancier ne pouvant faire, à raison d'une créance non exigible, la sommation de payer ou délaisser qui interrompt ordinairement la prescription contre le tiers détenteur (Voy. *infrà*, même §), n'a, dans l'espèce, qu'un moyen d'interrompre cette prescription: il assigne immédiatement ce tiers détenteur en reconnaissance ou en déclaration de l'hypothèque en vertu de laquelle il le poursuivra quand la condition sera accomplie (Aj. aux auteurs qui viennent d'être cités Colmar, 1er déc. 1810, D. A. v° *Privilèges et hypothèques*, n° 2533; civ. cass. 27 avr. 1812, D. A. v° *cit.*, n° 1784; Colmar, 20 juill. 1826, D. A. v° *cit.*, n° 2533; Rouen, 28 nov. 1843, D. P. 45. 2. 49; Caen, 23 nov. 1847, D. P. 49. 2. 52). Il en serait autrement, et cette action redeviendrait frustratoire et non-recevable, si l'hypothèque ne garantissait pas des droits conditionnels, mais des droits présomptifs, c'est-à-dire dépendant d'une succession non encore ouverte ou subordonnés au décès d'une personne encore vivante, tels que le droit qui résulte d'une institution contractuelle. Les droits présomptifs ne peuvent s'éteindre ni directement ni indirectement par l'effet de la prescription, et, le tiers détenteur de l'immeuble hypothéqué à de pareilles créances ne pouvant prescrire avant que les droits présomptifs se soient réalisés, il n'y aurait pas lieu d'interrompre la prescription contre lui, et, par conséquent, de l'assigner en reconnaissance ou en déclaration d'hypothèque (Aubry et Rau, *op. cit.*, t. II, p. 327; Marcadé, *op. cit.*, t. XII, n° 213; Troplong, *De la prescription*, t. II, n° 800; civ. cass. 16 mai 1846, D. P. 46. 1. 256; req. 16 nov. 1857, D. P. 58. 1. 54).

[3] Bordeaux, 3 févr. 1835 (D. A. v° *Contumace*, n° 72). Ces personnes sont les mêmes que celles qui défendent à la saisie au nom du débiteur; la sommation sera donc signifiée aux personnes indiquées au § **653** comme ayant qualité pour recevoir signification du commandement.

mise pour sa rédaction aux formes particulières du commandement[4], et ne contient, outre les indications communes à tous les exploits[5], que celles dont le tiers détenteur a absolument besoin pour voir clair dans sa situation[6] : 1° le montant de la dette qu'il doit payer s'il ne veut ni délaisser ni se laisser exproprier[7]; 2° lorsqu'il a acquis du même débiteur plusieurs immeubles, la désignation de celui d'entre eux que le créancier s'apprête à saisir[8]. Ni la copie du commandement déjà signifié au débiteur; ni celle du titre en vertu duquel il est fait sommation, ni le visa du maire n'y sont requis[9]. La sommation peut même précéder le commandement[10], et peu importe,

[4] Aubry et Rau, *op. cit.*, t. III, p. 438. Bioche, *op. et v° cit.*, n° 138. Metz, 17 juill. 1867 (D. P. 67. 2. 151). Voy., sur les formes particulières de ce commandement, *suprà*, § **653**.

[5] Bioche, *op. et v° cit.*, n° 137. Voy., sur les formes des exploits en général, t. II, § **225** et suiv.

[6] Comment la sommation doit-elle être rédigée? Faut-il sommer le tiers détenteur de payer s'il n'aime mieux délaisser, ou de délaisser s'il n'aime mieux payer? L'article 2167 du Code civil donnerait à penser que la première formule est préférable, car il déclare le débiteur tenu de payer s'il ne remplit pas les formalités de la purge; quelques auteurs font cependant cette remarque empruntée à Pothier (*Op. cit.*, n° 70) que le tiers détenteur, n'étant tenu que *propter rem*, n'est pas débiteur personnel de la dette hypothécaire, que sa seule obligation est de délaisser, et que le paiement de la dette est pour lui une sorte de *facultas solutionis* dont il a le droit d'user mais qu'on ne peut le sommer d'exercer (Delvincourt, *op. cit.*, t. III, p. 609; Duranton, *op. cit.*, t. XX, n° 233; Troplong, *op. cit.*, t. III, n° 783). Cette observation est peut-être exacte en théorie, mais elle est indifférente au point de vue spécial dont il s'agit ici : les deux formules proposées se valent évidemment, et il en serait de même d'une troisième, plus brève, plus simple et qui ne peut faire naître aucune difficulté, « payer ou délaisser. »

[7] La cour de Toulouse a jugé, le 18 juillet 1823, que cette indication est superflue lorsque le créancier a, par un autre acte, fait connaître au tiers détenteur les titres qui justifient de son droit (D. A. v° *Privilèges et hypothèques*, n° 1819). *A contrario*, la sommation doit indiquer le montant de la dette quand les titres du créancier n'ont été, à aucun moment, signifiés au tiers détenteur.

[8] Aubry et Rau, *op. et loc. cit. Contrà*, Bioche, *op. et v° cit.*, n° 140.

[9] La copie du commandement est d'autant moins nécessaire que la sommation peut le précéder (Voy. *infrà*, même §). Voy., dans le même sens, pour la copie du titre, Aubry et Rau, *op. et loc. cit.*; Bioche, *op. et v° cit.*, n° 139; Troplong, *op. cit.*, t. III, n° 794; Pont, *op. cit.*, t. II, n° 1150; Douai, 18 mai 1836 (D. A. v° *cit.*, n° 1817); Bordeaux, 15 mai 1839 (D. A. v° *Contrat de mariage*, n° 1839); Riom, 6 août 1842 (D. A. v° *Privilèges et hypothèques*, n° 1817); et, pour le visa du maire, Rouen, 28 févr. 1810, Poitiers, 27 mai 1823 (D. A. v° *Vente publique d'immeubles*, n° 421). Voy., en sens contraire, pour la copie du titre, Bourges, 15 janv. 1810 (D. A. v° *cit.*, n° 422); Bordeaux, 24 juill. 1841 (D. A. v° *Privilèges et hypothèques*, n° 1818).

[10] L'usage est de faire le commandement avant la sommation, et c'est l'ordre le plus logique, car il se peut que le débiteur touché par le commandement paie la dette et rende ainsi inutile la sommation au tiers détenteur, mais rien n'empêche de suivre un ordre inverse, car la loi n'a rien prescrit à cet égard et les nullités ne se suppléent pas (Voy. t. II, § **198**). C'est pour cela que la sommation faite après le commandement peut n'en pas contenir la copie. Voy., en ce sens, Bioche, *op. et v° cit.*,

si elle le suit, l'intervalle plus ou moins long qui les sépare[11] : tout ce qu'il faut, c'est que la saisie ne s'accomplisse ensuite ni avant ni après l'expiration des délais qui seront déterminés au § suivant.

La sommation de payer ou délaisser remplace, pour le tiers détenteur, le commandement qu'on n'a pas le droit de lui faire faute d'avoir contre lui un titre exécutoire; elle produit donc à son égard tous les effets que produit le commandement à l'encontre du débiteur. 1° Elle entraîne, si le tribunal juge à propos de la prononcer[12], l'annulation des baux passés par le tiers détenteur qui n'ont pas acquis date certaine avant que cette sommation fût signifiée[13]. 2° Elle interrompt la prescription[14], effet remarquable que les autres sommations ne produisent jamais[15], mais qui paraîtra moins surprenant si l'on considère que celle-ci constitue le tiers détenteur en état de mauvaise foi quant aux fruits[16], et fait courir contre lui le délai dans lequel il doit, à peine de déchéance, user de la faculté de purger[17]. Elle a même, dans les saisies

nos 135 et 139; Grenier, *op. cit.*, t. II, n° 341; Troplong, *op. cit.*, t. III, n° 791; Pont, *op. cit.*, t. II, n° 1144; Riom, 6 août 1842 (D. A. v° *Privilèges et hypothèques*, n° 1800); Amiens, 15 janv. 1847 (D. P. 47. 2. 202); et, en sens contraire, Duranton, *op. cit.*, t. XX, n° 368; Aubry et Rau, *op. cit.*, t. III, p. 437; Nîmes, 10 déc. 1850 (D. P. 51. 2. 205) et 28 janv. 1856 (D. P. 56. 2. 98).

11 En général, la sommation suit le commandement à un jour d'intervalle (Bioche, *op.*, *v° et loc. cit.*), mais rien n'empêche de mettre entre eux un plus long délai. Le projet de 1841 voulait que la sommation ne fût pas séparée du commandement par plus de vingt jours, mais la commission a rejeté cette disposition comme inutile et même dangereuse, en ce qu' « elle forcerait le créancier qui ne voudrait pas « perdre les frais de son commandement à poursuivre le tiers détenteur que, sans « cela, il eût pu laisser tranquille » (Voy. le premier rapport de M. Persil à la Chambre des pairs; D. A. v° *Vente publique d'immeubles*, p. 563, n° 5).

12 Voy., sur la nullité des baux passés par le débiteur et qui n'ont acquis date certaine que depuis le commandement, et particulièrement sur le caractère facultatif de cette nullité, *suprà*, § **653**.

13 Aubry et Rau, *op. cit.*, t. III, p. 450. Ces auteurs ajoutent, ce qui est d'évidence, que le commandement fait au débiteur ne peut avoir aucun effet sur les baux passés par le tiers détenteur, et qu'en conséquence, il y a lieu de maintenir absolument les baux passés entre le commandement et la sommation.

14 Aubry et Rau, *op. cit.*, t. III, p. 494. Grenier, *op. cit.*, t. II, n° 517. Troplong, *De la prescription*, t. II, n° 479. Req. 27 déc. 1854 (D. P. 55. 1. 52). *Contrà*, req. 7 nov. 1838 (D. A. v° *Prescription civile*, n° 500).

15 Voy. t. II, § **221**, note 3.

16 Tel est le résultat de l'article 2176 du Code civil qui le rend comptable des fruits à dater de cette sommation (Voy. *infrà*, même §).

17 « Si le nouveau propriétaire veut se garantir de l'effet des poursuites autori- « sées dans le chapitre VI du présent titre (*Des privilèges et hypothèques*), il est tenu, « soit avant les poursuites, soit dans le mois au plus tard à compter de la somma- « tion qui lui est faite, de notifier aux créanciers, etc. » (C. civ., art. 2183).

pratiquées contre un tiers détenteur, un effet qui ne se produit que plus tard dans les saisies pratiquées contre le débiteur : alors que les fruits ne sont immobilisés dans ces dernières qu'au moment de la transcription de la saisie, et que le débiteur conserve jusque-là le droit d'administrer son immeuble et d'en user et jouir personnellement[18], c'est à dater de la sommation, et par une singulière anomalie, que le tiers détenteur doit les fruits de l'immeuble saisi sur lui, que le prix de ces fruits est dévolu aux créanciers hypothécaires dans l'ordre de leur inscription, et que les droits d'administration, d'usage et de jouissance de l'immeuble saisi sont restreints dans la mesure qui sera déterminée au § **662** (Art. 2176)[19]. Ces effets sont seulement subordonnés à la validité de la sommation et même à celle du commandement : d'une part, la sommation nulle ne produirait aucun effet[20]; d'autre part, la rédaction de l'article 2169 du Code civil : « chaque créancier hypothécaire fait vendre l'immeuble « trente jours après commandement fait au débiteur origi- « naire et sommation faite au tiers détenteur, » implique que ces deux actes sont la condition essentielle de la validité des poursuites, et que le tiers détenteur peut se soustraire aux conséquences de la sommation qui lui a été faite en faisant prononcer la nullité du commandement qui ne s'adressait cependant pas à lui. On l'a contesté dans le cas où ce commandement n'est entaché que d'un vice de pure forme[21], mais ce droit du tiers détenteur est absolu et résulte formellement de l'article 715 qui, visant dans son premier alinéa divers articles dont l'observation est requise à peine de nullité, ajoute dans son troisième alinéa que ces nullités pourront être proposées par toute personne intéressée[22]. Enfin, la sommation n'est pas plus comprise que le com-

18 Voy. *infrà*, § **663**.

19 Aubry et Rau, *op. cit.*, t. III, p. 449. Troplong, *Des priviléges et hypothèques*, t. III, nº 840 *bis*. Pont, *op. cit.*, t. II, nº 1212. *Contrà*, Tarrible, dans le *Répertoire* de Merlin, vº *Tiers détenteur*, nº XIII.

20 Voy., sur les actes nuls, t. II, § **196**.

21 Troplong, *op. cit.*, t. III, nº 795. Pont, *op. cit.*, t. II, nº 1148.

22 Aubry et Rau, *op. cit.*, t. III, p. 439. Nîmes, 6 juill. 1812; Nancy, 5 mars 1827 D. A. vº *Privilèges et hypothèques*, nº 1804). Req. 7 nov. 1838 (D. A. vº *Prescription civile*, nº 300). Req. 18 févr. 1852 (D. P. 52.1.241). Voy., sur l'article 715, *infrà*, §§ **758** et suiv.

mandement dans la procédure de saisie immobilière : elle la précède sans en faire partie, et j'en ai montré les conséquences au § **654**.

§ **657**. Un certain délai doit s'écouler entre ces préliminaires de la saisie et la saisie elle-même : s'il était trop court, la partie saisie n'aurait pas le temps de se procurer la somme réclamée par le créancier; s'il était trop long, cette partie pourrait s'endormir, trompée par l'inaction du créancier, et se réveiller trop tard pour éviter l'expropriation [1]. La saisie ne peut avoir lieu moins de trente jours et plus de quatre-vingt-dix jours après le commandement et la sommation. Avant trente jours elle est prématurée et, par conséquent, nulle, sauf le droit du créancier de la réitérer à ses frais après les trente jours [2]. Entre trente et quatre-vingt-dix jours elle est valable et se poursuit aux risques du créancier nonobstant toute opposition au commandement ou à la sommation [3], car le créancier n'a pu procéder à ces deux actes qu'en vertu d'un titre authentique [4], et, en pareil cas, l'opposition n'est

§ **657**. [1] Ces précautions sont cependant critiquées : on les dit contraires à l'intérêt et même aux droits du créancier, et inutiles au débiteur (Duvergier, *op. cit.*, t. XLI, p. 220, note 4).

[2] « Chaque créancier hypothécaire a le droit de faire vendre l'immeuble hypothé- « qué (sur le tiers détenteur) trente jours après commandement fait au débiteur ori- « ginaire et sommation faite au tiers détenteur » (C. civ., art. 2169). « La saisie « immobilière ne pourra être faite que trente jours après le commandement » (C. pr. civ., art. 674). La peine de nullité n'est pas expressément attachée à l'observation de ce délai, mais il faut certainement la suppléer, car ce n'est pas un cas où puisse s'appliquer l'article 1030 qui n'a trait ni aux formalités substantielles ni aux dispositions prohibitives, au lieu qu'on trouve ici tout à la fois un texte conçu dans une forme prohibitive et un délai qui, d'après ses motifs, doit être considéré comme substantiel (Voy., en ce sens, Caen, 10 juin 1879, D. P. 80. 2. 17; aj., sur l'article 1030 et, spécialement, sur les cas auxquels il ne s'applique pas, t. II, § **198**). Aux trente jours d'intervalle prescrits par les articles 674 et 2169 du Code civil il faut ajouter, en cas de saisie pratiquée contre des héritiers, le délai de huit jours prescrit par l'article 877 du Code civil (Voy., sur cet article, t. III, § **540**) : total, trente-huit jours (Nancy, 26 juill. 1884; D. P. 86. 2. 13).

[3] Colmar, 12 mai 1809 et 14 févr. 1815; Bourges, 23 avr. 1825 (D. A. v° *Vente publique d'immeubles*, n° 1043). L'opposition au commandement, dont j'ai dit au § **654** qu'elle n'est pas un incident de saisie immobilière et que le saisi a le droit de la signifier au domicile réel du saisissant, peut se fonder sur un vice de forme de nature à entraîner la nullité du commandement ou sur une cause qui touche au fond du droit, comme l'inexistence, la nullité ou l'extinction de la créance en vertu de laquelle le créancier prétend saisir. La sommation étant, dans l'espèce, l'équivalent d'un commandement (Voy. le § précédent), peut être, pour les mêmes causes, frappée d'opposition par le tiers détenteur.

[4] Le créancier n'a pas de titre exécutoire contre le tiers détenteur, et c'est pour

jamais suspensive[5] : il n'est cependant pas forcé d'exposer les frais d'une saisie qui pourrait ensuite être anéantie, et il a le droit de s'arrêter devant toute opposition qui lui paraîtra sérieuse[6]. Après quatre-vingt-dix jours la saisie ne serait plus valable, le commandement et la sommation étant périmés, le créancier devrait les recommencer, et la nouvelle saisie ne pourrait se faire qu'après un nouveau délai de trente jours[7]. Ces règles sont contenues dans les articles 2169 et 2176 du Code civil et 674 du Code de procédure, mais il faut, pour les appliquer, distinguer deux cas : 1° la saisie est pratiquée contre le débiteur; 2° elle est dirigée contre le tiers détenteur.

A. La première hypothèse est très simple. 1° Le créancier doit observer, entre le jour où le commandement a été signifié par son ordre et le jour où il saisira dans la forme indiquée aux §§ suivants, un délai de trente jours qui est, suivant l'opinion générale[8], un délai franc[9], mais fixe et, par conséquent, non susceptible d'augmentation à raison de la distance qui existe entre le lieu du domicile du créancier et celui où le commandement est signifié[10]. L'augmentation de distance ne concerne que les délais dans lesquels une personne est tenue d'obtempérer à un acte qui lui est signifié; elle est étrangère aux délais qu'une personne doit, comme dans l'espèce, observer avant de faire un acte[11]. 2° Le procès-verbal de saisie dont il sera parlé au § suivant doit être commencé dans les quatre-vingt-dix jours[12] qui suivent la

cela qu'il lui fait une sommation au lieu d'un commandement (Voy. le § précédent); mais il ne pourrait pas exproprier le tiers détenteur sans un titre exécutoire, puisqu'il doit faire, au préalable et sans préjudice de la sommation, un commandement qui suppose nécessairement un titre de cette nature (Voy. *suprà*, § **653**).

[5] Voy., sur la règle « Provision est due au titre » et sur l'exécution provisoire qui en est la conséquence, *infrà*, §§ **955** et suiv.

[6] Voy., en ce sens, les autorités citées *infrà*, note 20.

[7] Chauveau, sur Carré, *op. cit.*, t. IV, Ire part., quest. 2217 et 2220.

[8] Je dis « suivant l'opinion générale, » parce qu'elle n'est pas entièrement conforme à celle que j'ai exposée t. II, § **205**.

[9] Bioche, *op. et vo cit.*, no 144. Chauveau, sur Carré, *op. cit.*, t. V, Ire part., quest. 2217. Voy., sur le principe de la franchise des délais, t. II, § **205**.

[10] Bioche, *op., vo et loc. cit.* Chauveau, sur Carré, *op. et loc. cit.* Req. 8 avr. 1862 (D. P. 62. 1. 292).

[11] Voy., sur l'augmentation de distance dans les délais de procédure, t. II, § **206**.

[12] Ce délai a été substitué en 1841 au délai de trois mois qu'avait fixé l'article 674 du Code de procédure de 1806. On a fait ce changement pour trancher la diffi-

signification du commandement[13]; ce délai est franc[14], mais ne s'allonge pas plus que le précédent à raison de la distance qui peut exister entre le domicile du saisissant et la situation de l'immeuble saisi[15], car l'augmentation de distance n'est accordée — je viens de le rappeler — qu'aux personnes qui doivent répondre dans un certain laps de temps à un acte dirigé contre elles[16]. Les obstacles de fait qui peuvent s'opposer à la saisie ne suspendent pas ce délai, car il est de principe que les difficultés ou même les impossibilités de fait qui empêchent une personne d'exercer son droit ne la relèvent pas de la prescription qu'elle encourt[17], mais il en serait autrement des obstacles de droit qui entraveraient la poursuite immobilière[18], comme une contestation relative à la propriété de l'immeuble saisi[19] ou une opposition au commandement devant laquelle le saisissant a cru devoir s'arrêter[20] : c'est l'application de la maxime *Contra non agentem valere non currit præscriptio,* en vertu de laquelle la prescription est suspendue toutes les fois qu'un obstacle légal s'oppose à

culté qui s'était élevée sur la manière de calculer ces trois mois : était-ce de quantième à quantième ou par mois égaux de trente jours? Voy., sur ce point, Chauveau, sur Carré, *op. cit.,* t. V, Ire part., nº CCCCXCI *bis.*

[13] Il n'est pas nécessaire de terminer ce procès-verbal dans le délai de quatre-vingt-dix jours, il suffit de le commencer (Bioche, *op. et vº cit.,* nº 154; Chauveau, sur Carré, *op. cit.,* t. IV, Ire part., quest. 2222; Boitard, Colmet-Daage et Glasson, *op. cit.,* t. II, nº 915; Bordeaux, 20 déc. 1833, D. A. *vº cit.,* nº 564; civ. rej. 31 janv. 1848, D. P. 48. 5. 328).

[14] Bioche, *op. et vº cit.,* nº 152. Chauveau, sur Carré, *op. cit.,* t. V, Ire part., quest. 2217. Rouen, 16 mai 1842 (D. A. *vº cit.,* nº 434). Bordeaux, 28 mars 1876 (D. P. 77. 2. 151). *Contrà,* Lyon, 30 janv. 1858 (D. P. 59. 5. 338).

[15] Bioche, *op. et vº cit.,* nº 153.

[16] Voy. t. II, § **206.**

[17] La maxime bien connue *Contra non agentem valere non currit præscriptio* (Voy. la suite de ce §) ne signifie pas que la prescription soit suspendue à raison des difficultés ou impossibilités de fait qui auraient mis temporairement obstacle à l'exercice d'un droit ou d'une action (Aubry et Rau, *op. cit.,* t. II, p. 343). Seulement, ajoutent ces auteurs, « le juge serait, en pareil cas, autorisé à relever le « créancier ou le propriétaire des suites de la prescription accomplie pendant la « durée de cet obstacle, si, après sa cessation, il s'était immédiatement mis en me- « sure de faire valoir ses droits. C'est ce qui a lieu, par exemple, dans le cas où, « par suite d'inondation, d'invasion ou de siège, les communications ont été momen- « tanément interrompues entre le domicile du créancier ou propriétaire et celui du « débiteur ou possesseur. »

[18] Voy., en ce sens, les autorités citées aux deux notes suivantes.

[19] Req. 23 mars 1841 (D. A. vº *Privilèges et hypothèques,* nº 1810).

[20] Bioche, *op. et vº cit.,* nº 155. Chauveau, sur Carré, *op. cit.,* t. V, Ire part., quest. 2219. Req. 7 juill. 1818 (D. A. vº *Vente publique d'immeubles,* nº 446). Req. 23 juill. 1849 (D. P. 49. 1. 314). Besançon, 21 févr. 1877 (D. P. 80. 2. 12).

l'exercice d'un droit ou d'une action [21]. Il résulte, d'ailleurs, de l'article 2251 du Code civil que la prescription n'est pas alors interrompue mais seulement suspendue [22], et que le délai de quatre-vingt-dix jours reprend, par conséquent, son cours dès que l'obstacle a cessé, déduction faite du temps pendant lequel il n'a pas couru faute par le créancier de pouvoir passer outre à la saisie [23]. La péremption qui résulte de l'expiration de ce délai est encourue de plein droit, sans qu'il soit besoin de la faire prononcer, en ce sens que le saisi n'a pas d'action à introduire pour faire déclarer le commandement périmé et peut demander la nullité de la saisie poursuivie plus de quatre-vingt-dix jours après cet acte [24]; mais cette nullité serait couverte, comme toutes celles qui infectent la procédure antérieure à la publication du cahier des charges, si le saisi ne la proposait pas trois jours au plus tard avant cette publication [25]. D'ailleurs, le commandement ne se périme par quatre-vingt-dix jours que comme préliminaire obligé de la saisie, et conserve ses effets comme acte conservatoire malgré l'expiration de ce délai. J'entends par-là qu'il faudra le recommencer avant de procéder à la saisie, mais qu'il aura quand même interrompu la prescription : l'article 2244 du Code civil, aux termes duquel le commandement interrompt la prescription, n'exige pas pour cela que la saisie se produise ensuite dans un délai quelconque [26], et ce principe qui n'a jamais été contesté devient encore plus certain par le rapprochement de l'article 2244 avec l'article

21 Voy., sur cette maxime, Aubry et Rau, *op. cit.*, t. II, p. 342, et *suprà*, note 17.

22 Les applications de la maxime *Contra non valentem agere non currit præscriptio* se trouvent au Code civil, sous la rubrique *Des causes qui suspendent le cours de la prescription*, à la suite de l'article 2251 ainsi conçu : « La prescription court « contre toutes personnes, à moins qu'elles ne soient dans quelque exception éta« blie par une loi » (Voy., sur la différence qui existe entre une prescription suspendue et une prescription interrompue, Aubry et Rau, *op. cit.*, t. II, p. 345).

23 Bioche, *op. et v° cit.*, n° 156. Carré, *op. et loc. cit.* Chauveau, sur Carré, *op. et loc. cit.* Voy., en sens contraire, Rodière, *op. cit.*, t. II, p. 269; req. 19 juill. 1837 (D. A. *v° cit.*, n° 447).

24 Carré, *op. cit.*, t. V, Ire part., quest. 2220. Chauveau, sur Carré, *op. et loc. cit.*

25 Chauveau, sur Carré, *op. et loc. cit.* Voy., sur l'article 728, *infrà*, § **761**.

26 Merlin, *op. cit.*, v° *Commandement*, n° XVIII. Aubry et Rau, *op. cit.*, t. II, p. 351. Troplong, *De la prescription*, t. II, n° 575. Bioche, *op. et v° cit.*, n° 157. Chauveau, sur Carré, *op. et loc. cit.* Boitard, Colmet-Daage et Glasson, *op. et loc. cit.* Rodière, *op. et loc. cit.*

2247, d'après lequel l'interruption de prescription par la demande en justice est non avenue si le demandeur laisse périmer l'instance [27].

B. Si l'immeuble saisi se trouve dans les mains d'un tiers détenteur, l'obligation de faire sommation à ce dernier vient compliquer la situation, et les trois règles suivantes doivent être observées, les deux premières à peine de nullité, la troisième à peine de voir les frais faits rejetés de la taxe comme inutiles et frustratoires [28]. 1° Le tiers détenteur ne peut être saisi que trente jours après commandement fait au débiteur et sommation faite à lui personnellement (C. civ., art. 2169), c'est-à-dire que le commandement et la sommation doivent tous deux précéder de trente jours la saisie pratiquée contre lui. Si le commandement et la sommation ont été signifiés ensemble le 1er mars, la saisie ne peut avoir lieu que le 2 avril [29]; si la sommation est du 1er mars et le commandement du 10, la saisie ne peut avoir lieu que le 10 avril [30]; il en est de même si le commandement est du 1er mars et la sommation du 10, car il faut, avant de saisir le tiers détenteur, laisser au débiteur et au tiers détenteur lui-même le temps de payer et d'éviter ainsi l'expropriation [31]. 2° Le tiers détenteur ne peut être saisi valablement plus de quatre-vingt-dix jours après le commandement, quand même la sommation à lui faite ne remonterait pas au-delà de cette date : si le commandement est du 1er mars et la sommation du 10, la saisie doit avoir lieu au plus tard le 2 juin [32]. On a, il est vrai, prétendu que la péremption du commandement par quatre-vingt-dix jours ne concerne que la saisie pratiquée contre le débiteur, et ne

[27] Voy., sur l'effet de la péremption d'instance en général, et particulièrement à ce point de vue, le tome V de ce Traité.

[28] Les deux premières règles sont prohibitives, et l'infraction qui y serait commise entraînerait nullité (Voy. *suprà*, note 2). La troisième règle dispense d'accomplir une formalité jugée inutile, et n'a, par conséquent, pour sanction que le refus de passer en taxe les frais de l'acte qu'on n'eût pas dû faire (Voy., sur les frais frustratoires, t. II, § **200**).

[29] On a vu au même § qu'en cette matière les délais sont francs.

[30] Je rappelle que la sommation peut précéder le commandement (Voy. le § précédent).

[31] Voy., en ce sens, Carré, *op. cit.*, t. V, Ire part., quest. 2218; Chauveau, sur Carré, *op. et loc. cit.*; Limoges, 24 août 1821 (D. A. *v° cit.*, n° 442). Aj., sur l'utilité du commandement et de la sommation à fin de saisie immobilière, *suprà*, § **653** et le § précédent.

[32] Je rappelle l'observation faite *suprà*, note 29.

s'applique pas à celle qui est dirigée contre un tiers détenteur[33]; mais cette opinion est : 1) condamnée par les travaux préparatoires de la loi du 2 juin 1841, où il a été formellement déclaré que « le projet embrasse dans la même disposition le cas où l'immeuble que le créancier se propose de « saisir serait entre les mains d'un tiers détenteur[34]; » 2) contraire au sens naturel des articles 2169 et 2217 du Code civil et de l'article 674 du Code de procédure : les deux premiers prescrivent que toute saisie, quel que soit le défendeur, sera précédée d'un commandement signifié au débiteur, et ne laissent nullement entendre que les règles qui régissent ce commandement varient suivant que l'immeuble est saisi sur le débiteur ou sur un tiers détenteur; l'article 674 ne distingue pas davantage lorsqu'il fixe le délai dans lequel le commandement devra être suivi de saisie[35]. Il suit de là que le tiers détenteur, non moins intéressé que le débiteur à s'opposer à une saisie tardive, peut, comme lui, demander la péremption du commandement[36] en invoquant, au besoin, par analogie l'article 715 qui l'autorise à en demander la nullité[37]. 3° La sommation ne se périme pas par quatre-vingt-dix jours[38] et ne conserve pas non plus son effet pendant trente ans[39]; elle doit être renouvelée au bout de trois ans par application de l'article 2176 du Code civil, aux termes duquel « les fruits de l'immeuble hypothéqué ne sont « dus par le tiers détenteur qu'à compter du jour de la sommation de payer ou de délaisser, et, si les poursuites com-

[33] Duranton, *op. cit.*, t. XX, n° 240. Troplong, *Des privilèges et hypothèques*, t. III, n° 790. Bordeaux, 2 avr. 1831; req. 9 mars 1836; Amiens, 10 mai 1837; req. 23 mars 1841 (D. A. v° *Privilèges et hypothèques, loc. cit.*). Bordeaux, 22 juill. 1843 (D. P. 45. 4. 467).

[34] Persil, *Premier rapport à la Chambre des pairs* (D. A. v° *cit.*, p. 563, n° 5).

[35] Aubry et Rau, *op. cit.*, t. III, p. 437 et 438. Pont, *op. cit.*, t. II, n° 1147. Bioche, *op. et v° cit.*, n° 148. Pau, 16 juill. 1822; Montpellier, 29 nov. 1824; Rouen, 18 mars 1839; civ. rej. 14 mai 1839; Amiens, 31 déc. 1839; Douai, 14 déc. 1840; req. 16 mai 1843 (D. A. v° *Privilèges et hypothèques*, n° 1809).

[36] Voy. le § précédent.

[37] Aubry et Rau, *op. cit.*, t. III, p. 439. Bioche, *op. et v° cit.*, n° 149. Civ. rej. 14 mai 1839 (D. A. v° *et loc. cit.*). Civ. cass. 17 mars 1886 (D. P. 86. 1. 340). *Contrà*, Grenier, *op. cit.*, t. II, n° 343; Troplong, *op. cit.*, t. III, n° 795; Pont, *op. cit.*, t. II, n° 1148; req. 23 mars 1841 (D. A. v° *cit.*, n° 1810).

[38] Voy., sur l'immobilisation des fruits par la sommation faite au tiers détenteur, le § précédent.

[39] Aubry et Rau, *op. et loc. cit. Contrà*, Poitiers, 21 juill. 1842 (D. A. v° *cit.*, n° 1814).

« mencées ont été abandonnées pendant trois ans, à compter « de la nouvelle sommation qui sera faite[40] ». Je tire de là deux conséquences : 1) le créancier qui saisit le tiers détenteur en vertu d'un commandement qui remonte à moins de quatre-vingt-dix jours, et d'une sommation vieille de plus de quatre-vingt-dix jours mais de moins de trois ans, n'est pas tenu de la recommencer[41]; 2) le créancier qui saisit le tiers détenteur en vertu d'un commandement et d'une sommation signifiés ensemble plus de quatre-vingt-dix jours mais moins de trois ans auparavant, doit renouveler son commandement et n'est pas tenu de réitérer sa sommation[42].

§ **658**. II. La saisie proprement dite comprend trois actes : 1° un procès-verbal dressé par un huissier sur les lieux mêmes (Art. 675 et 676)[1]; 2° la dénonciation de ce procès-verbal

[40] Aubry et Rau, *op. et loc. cit.* Paris, 22 déc. 1819 (D. A. v° *Vente publique d'immeubles*, n° 441). Poitiers, 27 nov. 1833; req. 26 juill. 1843 (D. A. v° *Privilèges et hypothèques*, *loc. cit.*). *Contrà*, Bioche, *op.*, *v° et loc. cit.*; Chauveau, sur Carré, *op. cit.*, t. V, Ire part., quest. 2218; Boitard, Colmet-Daage et Glasson, *op. et loc. cit.*

[41] Cela suppose la sommation antérieure au commandement — j'ai dit au § précédent que rien n'empêche de procéder ainsi — et cela revient à dire que la sommation ne se périme pas par quatre-vingt-dix jours, mais par trois ans à compter de sa date. Exemple : sommation du 1er juillet 1887; commandement du 1er mars 1890 périmé le 2 juin 1890; jusqu'au 2 juillet on pourra saisir sur nouveau commandement sans nouvelle sommation. Voy., en ce sens, les auteurs cités à la note précédente.

[42] Cela revient à dire que la péremption du commandement n'entraîne pas celle de la sommation. Exemple : commandement et sommation du 1er mars 1888; la saisie qui n'est pas encore opérée le 2 juillet ne pourra se faire qu'après un nouveau commandement, mais, jusqu'au 2 mars 1891, on n'aura pas besoin de réitérer la sommation (Voy., en ce sens, Nîmes, 20 mars 1822, D. A. v° *Vente publique d'immeubles*, n° 444; Poitiers, 27 nov. 1833, D. A. v° *Privilèges et hypothèques*, *loc. cit.*; Bourges, 19 juill. 1841, D. A. v° *Vente publique d'immeubles*, *loc. cit.*). Il est à remarquer que, dans les travaux préparatoires de la loi du 2 juin 1841, M. Persil a présenté la solution contraire comme allant de soi. Parlant d'un article du projet sur les délais à observer entre le commandement et la sommation, « ce « serait, a-t-il dit, une répétition (de l'article 2169 du Code civil) inutile et par cela « même dangereuse, qui ne s'expliquerait pas par la nécessité d'étendre à la sommation la péremption de trois mois du commandement, parce qu'on n'a jamais contesté sérieusement qu'il en fût ainsi... Ce qu'il faut, c'est que la saisie ne se fasse « pas avant l'expiration de trois mois à partir du commandement et après les trois « mois de l'un et de l'autre » (*Premier rapport à la Chambre des pairs;* D. A. *v° cit.*, p. 563, n° 5).

§ **658**. [1] Sous la loi du 11 brumaire an VII, la saisie consistait dans l'apposition d'affiches à la porte du domicile du saisi, sur l'immeuble saisi, dans la commune où est situé, au chef-lieu du canton, au bureau du conservateur des hypothèques de l'arrondissement, et à la porte du tribunal où l'adjudication devait se faire (Ch. 1, art.

à la partie saisie (Art. 677); 3° la transcription de ce même procès-verbal au bureau des hypothèques de la situation de l'immeuble (Art. 678 à 683, 685 à 689). L'article 675-2° exige implicitement le transport de l'huissier sur les lieux[2], pour que les biens saisis soient plus sûrement désignés et leurs tenants et aboutissants indiqués aussi exactement que possible, mais la loi n'oblige pas l'huissier qui saisit une maison à y pénétrer comme s'il s'agissait d'une saisie-exécution[3] : la rébellion du saisi n'est donc pas à craindre, et, si l'huissier croyait devoir amener des recors, cette dépense inutile resterait à sa charge[4].

§ **659**. II *bis*. Le procès-verbal de saisie contient, outre les mentions communes à tous les exploits[1] : 1° l'énonciation du titre exécutoire en vertu duquel la saisie est faite[2]; 2° la mention du transport de l'huissier sur les lieux saisis[3]; 3° l'indication des biens saisis : *a*) s'il s'agit de maisons, par l'arrondissement, la commune, la rue et le numéro s'il y en a, sinon par deux au moins des tenants et aboutissants; *b*) s'il s'agit de biens ruraux, par la désignation des bâtiments s'il

5). La section de législation du Tribunat proposait, en 1806, de conserver ce mode de saisie dans son ensemble, en prenant seulement quelques précautions et en prescrivant quelques délais pour éviter le reproche de précipitation qu'on adressait à la loi du 11 brumaire an VII (Voy. les *Observations* de cette section dans Locré, *op. cit.*, t. XXII, p. 437). Le conseil d'État ne s'est pas rallié à cette manière de voir : il a pensé que des placards imprimés feraient mieux connaître la saisie que des affiches manuscrites qu'on ne lit généralement pas, et surtout qu'il est fâcheux de donner un tel éclat à une saisie qui n'est encore qu'à son début, et que le saisi évitera peut-être en payant sa dette (Locré, *op. cit.*, t. XXII, p. 643). La loi de 1841 s'est placée au même point de vue et a préféré, comme le Code de procédure, une saisie plus discrète consistant en un simple procès-verbal : les affiches viendront plus tard, à l'époque qui sera déterminée au § **682**.

[2] Le procès-verbal doit mentionner ce transport, et l'huissier commettrait un faux s'il disait mensongèrement s'être transporté (Chauveau, sur Carré, *op. cit.*, t. V, Ire part., quest. 2247; voy., sur le faux intellectuel, t. II, §§ **221** et **317**). C'est le visa dont il sera parlé au § suivant qui atteste le transport effectif de l'huissier sur le lieu de la saisie.

[3] Voy., sur l'entrée de l'huissier dans la maison où il procède à une saisie-exécution, t. III, § **570**.

[4] Voy., sur ce point, Bioche, *op. et v° cit.*, nos 162 et suiv., et, sur les frais frustratoires, t. II, § **200**. Le commandement qui précède la saisie se fait aussi sans l'assistance de recors (Voy. *suprà*, § **653**).

§ **659**. [1] Voy., sur ces énonciations, t. II, § **224**.

[2] La saisie immobilière ne peut être pratiquée qu'en vertu d'un titre exécutoire (Voy. t. III, § **541** et *suprà*, § **653**).

[3] Voy., sur la nécessité de ce transport, le § précédent.

y en a, la nature et la contenance approximative de chaque pièce, le nom du fermier s'il en existe un[4], l'arrondissement et la commune où les biens sont situés[5]; 4° la copie littérale de la matrice du rôle de la contribution foncière pour les articles saisis[6]; 5° l'indication du tribunal où la saisie sera portée[7]; 6° la constitution d'un avoué chez lequel le saisissant a de droit son domicile élu[8]; 7° le visa du maire de la commune où se trouve l'immeuble saisi : si la saisie comprend des biens situés dans plusieurs communes, le visa est donné successivement par chacun des maires à la suite de la partie du procès-verbal qui est relative aux biens situés dans sa commune[9]. Ce visa, qui atteste la présence effective de l'huissier sur le lieu de la saisie[10], peut être donné valablement jusqu'à l'enregistrement du procès-verbal, c'est-à-dire dans les quatre jours[11]; il est apposé sur l'original et la loi n'exige pas qu'il soit reproduit sur la copie[12]. Toutes ces énonciations et formalités sont requises à peine de nullité[13], mais l'huissier peut faire dresser le procès-verbal par un de ses clercs[14], et le dresser ou le faire dresser hors du lieu même de la saisie et, par exemple, en son étude[15]. Le procès-verbal de saisie ne

[4] L'article 675-3° dit : « Le nom du fermier ou du colon, s'il y en a; » il suppose un colon partiaire (C. civ., art. 1763).

[5] Comp., sur la désignation de l'immeuble dans les actions réelles immobilières, t. II, § **249**.

[6] En supposant que les biens saisis forment sur la matrice des articles distincts.

[7] Quel est ce tribunal? Voy., sur ce point, *suprà*, § **650**.

[8] Cette élection de domicile remplace, à partir de la dénonciation du procès-verbal, celle qui résulte du commandement (Voy. *suprà*, § **655**).

[9] Comment remplace-t-on le maire empêché? Voy., à cet égard, t. II, § **228**.

[10] Persil, *op. cit.* (D. A. *v° cit.*, p. 564, n° 11). Pascalis, *Premier rapport à la Chambre des députés* (D. A. *v° cit.*, p. 574, n° 100).

[11] Voy., sur les délais dans lesquels les actes de procédure doivent être enregistrés, t. II, § **230**.

[12] Bioche, *op. et v° cit.*, n° 212. Voy., sur ce point et sur les exploits en général, t. II, *ib.*

[13] Elle doit être proposée trois jours au moins avant la publication du cahier des charges (Voy. *infrà*, § **761**). « La nullité prononcée pour défaut de désignation d'un « ou plusieurs des immeubles compris dans la saisie n'entraînera pas nécessairement « la nullité de la poursuite en ce qui concerne les autres immeubles » (Art. 715). *Pas nécessairement* : le tribunal verra si, malgré l'absence de désignation ou la désignation incomplète d'un ou plusieurs immeubles saisis, les autres se trouvent suffisamment indiqués.

[14] Bioche, *op. et v° cit.*, n° 177.

[15] Bioche, *op. et v° cit.*, n° 176. Crivelli, sur Pigeau, *op. cit.*, t. II, p. 228, note 2. Chauveau, sur Carré, *op. cit.*, t. V, Ire part., quest. 2226. Boitard, Colmet-Daage et Glasson, *op. cit.*, t. II, n° 917. Paris, 28 déc. 1820 (D. A. *v° cit.*, n° 454). Paris, 20 janv. 1823 (D. A. *v° cit.*, n° 493).

produit par lui-même qu'un seul effet qui lui soit propre [16]; il interrompt la prescription (C. civ., art. 2244), c'est-à-dire qu'il renouvelle et rafraîchit, pour ainsi dire, l'interruption qui résultait déjà du commandement [17] : si le commandement a été signifié le 1er mars 1890 et le procès-verbal dressé le 1er mai suivant, la prescription ne s'accomplira plus qu'au coup de minuit qui séparera le 1er du 2 mai 1920 [18]. Les autres effets de la saisie immobilière se rattachent au commandement [19], à la dénonciation du procès-verbal [20] ou à la transcription de la saisie [21].

§ **660**. II *ter*. « La saisie immobilière sera dénoncée au « saisi dans les quinze jours qui suivront celui de la clôture « du procès-verbal, outre un jour par cinq myriamètres de « distance entre le domicile du saisi et le lieu où siège le tri- « bunal qui doit connaître de la saisie. L'original sera visé « dans le jour par le maire du lieu où l'acte de dénonciation « aura été signifié » (Art. 677). Cet exploit contient, outre les énonciations communes à tous les exploits [1], la copie littérale du procès-verbal sans laquelle le saisi ne saurait pas quels biens ont été saisis et s'ils l'ont été régulièrement [2]. Il doit être signifié au saisi ou aux personnes chargées de défendre pour lui à la saisie [3], à leur domicile réel ou au domicile élu pour l'exécution de la convention en vertu de laquelle il est saisi [4]. Les auteurs qui considèrent comme délai franc celui qui doit s'écouler entre le commandement et la saisie et celui

16 Voy., sur les effets des saisies en général, t. III, § **563**.

17 Voy., sur l'interruption de la prescription par la saisie, t. III, § **563**, note 2.

18 Voy., sur la manière de calculer le délai de la prescription, C. civ., art. 2260 et 2261; Aubry et Rau, *op. cit.*, t. II, p. 325.

19 Voy. t. III, § **563**, et *suprà*, § **653**.

20 Voy. le § suivant.

21 Voy. t. III, § **563**, et *infrà*, §§ **661** et suiv.

§ **660**. 1 Voy., sur ces énonciations, t. II, § **224**.

2 Bioche, *op. et v° cit.*, nos 216 et 217. Carré, *op. cit.*, t. V, 1re part., quest. 2257 et 2258. Chauveau, sur Carré, *op. et loc. cit.* Rodière, *op. cit.*, t. II, p. 273. Civ. cass. 5 août 1812 (D. A. *v° cit.*, n° 605). Caen, 28 mars 1868 (D. P. 70. 2. 48). *Contrà*, Bourges, 9 févr. 1829 (D. A. *v° cit.*, n° 606).

3 Voy., sur ces personnes, t. III, § **540**.

4 Arg. C. civ., art. 111. Bioche, *op. et v° cit.*, n° 219. Carré, *op. cit.*, t. V, Ire part., quest. 2251. Chauveau, sur Carré, *op. et loc. cit.* Rodière, *op. et loc. cit.* Bourges, 5 juin 1812 (D. A. *v° cit.*, n° 578). Rouen, 10 févr. 1834 (D. A. *v° cit.*, n° 616).

par lequel le commandement se périme [5], devraient admettre aussi la franchise du délai dans lequel le procès-verbal de saisie doit être dénoncé; l'opinion commune est cependant que le *dies ad quem* est compris dans ce dernier délai, et on argumente en ce sens de ce que l'article 677 stipule expressément l'augmentation de distance : sans cela, dit-on, cette augmentation n'eût pas existé dans l'espèce, et c'est là preuve que le législateur a considéré comme étrangères à la matière les dispositions de l'article 1033 sur la franchise des délais et les augmentations de distance [6]. L'augmentation d'un jour par cinq myriamètres est remplacée, pour le saisi qui demeure hors du territoire continental de la France, par les délais extraordinaires de l'article 73 [7]. Ordinaires ou extraordinaires, ces délais sont toujours suspendus, comme celui dans lequel le commandement doit être suivi de saisie [8], par les obstacles de droit qui peuvent entraver les poursuites, opposition ou contestation sur la propriété des biens saisis [9]. La dénonciation de la saisie produit deux effets [10] : le premier, déjà indiqué au § **655**, consiste à transférer le domicile élu par le saisi du lieu indiqué au commandement en l'étude de l'avoué constitué par le procès-verbal [11]; le second, qui résulte de la

[5] Voy., sur ce point, *suprà*, § **657**.

[6] Bioche, *op. et v° cit.*, n° 221. Carré, *op. cit.*, t. V, Ire part., quest. 2249. Chauveau, sur Carré, *op. et loc. cit.* La question est controversée (Voy., en sens contraire, Pigeau, *op. cit.*, t. II, p. 210; Paris, 27 août 1811, D. A. *v° cit.*, n° 597); mais on voit par-là que cette application de l'article 1033 est très incertaine, et que les solutions admises sur le calcul des délais en matière de saisie sont très difficiles à concilier. Les auteurs cités *suprà* disent avec raison que le délai pour dénoncer le procès-verbal de saisie immobilière n'est pas franc, parce que la franchise des délais n'a pas lieu pour ceux dans lesquels la loi prescrit de faire un acte; mais pourquoi en est-il autrement du délai dans lequel la saisie immobilière doit être faite sous peine de péremption du commandement? Voy., sur les difficultés d'application auxquelles l'article 1033 a donné lieu, t. II, §§ **205** et **206**.

[7] Bioche, *op. et v° cit.*, n° 224. Carré, *op. cit.*, t. V, Ire part., quest. 2250. Chauveau, sur Carré, *op. et loc. cit.* Rodière, *op. et loc. cit.* Voy., sur l'article 73, t. II, § **206**.

[8] Voy. *suprà*, § **657**.

[9] Bioche, *op. et v° cit.*, n° 220. Riom, 7 mai 1818 (D. A. *v° cit.*, n° 663). De simples obstacles de fait ne suspendraient pas les délais de la dénonciation (Voy., en ce sens, les arguments donnés *suprà*, § **657**, et, en sens contraire, Bioche, *op.*, *v° et loc. cit.*; Carré, *op. cit.*, t. V, Ire part., quest. 2256; Chauveau, sur Carré, *op. et loc. cit.*; req. 24 nov. 1814 (D. A. *v° cit.*, n° 598).

[10] La dénonciation de la saisie n'entraîne aucune diminution des droits du saisi sur son immeuble; cet effet de la saisie ne se produit qu'à partir de la transcription (Voy. *infrà*, § **662**, note 3).

[11] Je rappelle que ce n'est pas le procès-verbal lui-même, mais seulement sa dénonciation, qui opère ce changement de domicile (Voy. le § précédent).

constitution d'avoué contenue au procès-verbal de saisie [12], consiste à convertir cette procédure jusqu'alors extrajudiciaire en une véritable instance [13] dont le tribunal ne sera saisi que par le dépôt du cahier des charges à son greffe [14] — ce dépôt tient lieu de mise au rôle [15] — mais qui est dès maintenant sujette aux causes ordinaires d'interruption des instances [16], réserve faite de la péremption dont il sera parlé au § **748** et au tome V de ce Traité.

§ **661**. II *quater*. La dénonciation du procès-verbal a porté la saisie à la connaissance du débiteur ou du tiers détenteur qui doit la subir; la transcription va la révéler aux tiers qui seraient tentés d'acheter l'immeuble saisi, et les avertir de n'en rien faire [1]. Elle consiste à copier littéralement le procès-verbal de saisie et l'exploit de dénonciation sur les registres du bureau des hypothèques de la situation de l'immeuble saisi; si la saisie comprend des immeubles situés dans différents arrondissements, la transcription doit avoir lieu au bureau des hypothèques de chacun de ces arrondissements. Cette formalité doit être remplie au plus tard dans la quinzaine qui suit la dénonciation : à ce délai

[12] La constitution d'un avoué suppose nécessairement une procédure judiciaire (Voy. t. I, § **93**; t. II, §§ **249** et **260**) : c'est en l'étude de cet avoué que le saisissant élit domicile. Le second effet de la saisie ne se produit donc, comme le premier (Voy. le § précédent et la note précédente), qu'au moment où le procès-verbal est dénoncé (Voy. cep. Rodière, *op. cit.*, t. II, p. 292).

[13] Rodière, *op. et loc. cit.*

[14] Carré, *op. cit.*, t. V, Ire part., quest. 2262. Chauveau, sur Carré, *op. et loc. cit.* L'ancien article 680 exigeait que la saisie fût transcrite au greffe sur un registre spécial : cette formalité a été supprimée comme inutile en 1841 (Voy. Persil, *op. cit.*; D. A. *v° cit.*, p. 563 et 564, nos 3 et 12).

[15] Voy., sur la mise au rôle, t. II, § **262**.

[16] Rodière, *op. et loc. cit.* Voy., sur l'interruption et la reprise d'instance, t. II, §§ **361** et suiv.

§ **661**. [1] Avant 1841, la transcription de la saisie précédait la dénonciation (Voy. les anciens articles 677 et 681). La loi du 2 juin 1841 s'est montrée plus logique en renversant cet ordre : il est naturel que le saisi, principal intéressé à la saisie, soit le premier à la connaître, et qu'il puisse l'arrêter en payant la dette avant qu'elle soit devenue publique et que son crédit ait souffert une atteinte grave et peut-être irréparable (Voy., sur ce point, le premier rapport de M. Persil à la Chambre des pairs, D. A. *v° cit.*, p. 564, n° 12, et le premier rapport de M. Pascalis à la Chambre des députés, D. A. *v° cit.*, p. 574, n° 101). L'ordre établi par la loi entre ces deux formalités ne peut être changé par le saisissant, à peine de nullité (Boitard, Colmet-Daage et Glasson, *op. et loc. cit.*; Toulouse, 12 août 1853, D. P. 54. 2. 74; *contrà*, Grenoble, 28 janv. 1854, D. P. 55. 2. 75).

s'applique tout ce que j'ai dit au § précédent de celui dans lequel le procès-verbal doit être dénoncé (Art. 678). La transcription de la saisie produit cinq effets : 1° elle restreint, dans la mesure indiquée par les articles 681, 683 et 685, le droit qu'a le débiteur saisi[2] d'user et de jouir personnellement de son immeuble; 2° elle immobilise les loyers et fermages qui seront distribués avec le prix de l'immeuble par ordre d'hypothèque (Art. 682 et 685); 3° elle rend cet immeuble inaliénable (Art. 686 à 689); 4° elle modifie dans une certaine mesure la situation des créanciers saisissants qui deviennent des tiers à des points de vue auxquels ils n'étaient jusque-là que des ayants-cause; 5° en cas de concours entre plusieurs saisissants, elle assure la préférence à celui d'entre eux dont la saisie a été transcrite en premier lieu (Art. 679 et 680) : je réserve ce dernier effet de la transcription pour le § **731** où je traiterai, entre autres incidents de la saisie immobilière, du concours de plusieurs saisies sur un même immeuble[3].

§ **662**. A. La saisie porte une atteinte sensible aux droits d'administration, d'usage et de jouissance qui sont, aux termes de l'article 544 du Code civil, un des attributs de la propriété. Désormais, le saisi doit compte à ses créanciers de l'immeuble dont le prix doit servir à les payer : s'il continue à l'administrer, c'est plutôt pour eux que pour lui; s'il en use et s'il en jouit encore, c'est à condition de ne pas le déprécier. Il a déjà perdu, dès le commandement s'il est débiteur personnel, dès la sommation s'il est tiers détenteur, le droit de faire des baux opposables au saisissant[1]; il tombe

[2] Je ne dis pas « le saisi » mais « le débiteur saisi, » car, si la saisie était pratiquée sur un tiers détenteur, ces effets se produiraient dès la sommation de payer ou délaisser (Voy. *suprà*, § **656** et les deux §§ suivants).

[3] La transcription de la saisie intéresse également les locataires et les fermiers qui ne peuvent plus s'acquitter valablement entre les mains du débiteur saisi — je dis le « débiteur saisi » et non pas le « saisi » (Voy., sur ce point, la note précédente) — mais il ne suffit pas pour cela que la transcription ait porté la saisie à leur connaissance, il faut encore qu'un acte d'opposition leur ait été signifié (Voy. *infrà*, § **663**). La transcription de la saisie ne produit pas d'autres effets : je reviendrai au § **668** sur ce point dont l'importance est capitale.

§ 662. [1] Je renvoie, sur ce point, aux explications données aux §§ **654** et **656**; je rappelle, en outre, que les baux antérieurs au commandement ou à la sommation

maintenant, si l'immeuble n'est ni loué ni affermé ou s'il existe sur lui des baux opposables aux créanciers[2], sous le coup des articles 681, 683 et 685 qui s'appliquent à lui dès la sommation s'il est tiers détenteur[3], à compter seulement de la transcription s'il est débiteur personnel[4]. C'est le premier effet de la transcription de la saisie, mais on voit par-là qu'il concerne exclusivement les saisies pratiquées sur le débiteur[5]. Les articles 681 et 683 supposent un immeuble qui n'est ni loué ni affermé ; l'article 685, un immeuble dont le bail est opposable aux créanciers.

a. Les articles 681 et 683 prévoient deux cas.

α) Premier cas : personne ne demande l'expulsion du saisi.

ne sont pas non plus opposables au saisissant si, ayant une durée de plus de dix-huit ans, ils n'ont pas été transcrits avant le commandement ou la sommation (Voy. *suprà, ib.*), et j'ajoute que la transcription de la saisie n'a aucune influence sur les baux passés par le saisi. J'entends par-là : 1° qu'ils demeurent soumis à l'application de l'article 684, aux termes duquel la nullité de ces baux est facultative et peut n'être pas prononcée par le tribunal (Voy. *suprà,* § **654**); 2° qu'ils ne tombent pas sous le coup de l'article 686, aux termes duquel les aliénations postérieures à la transcription de la saisie sont frappées d'une nullité que les tribunaux ne pourraient pas se dispenser d'appliquer (Voy. *infrà,* § **664**). Les baux qui n'ont acquis date certaine qu'après le commandement, fût-ce même après la transcription de la saisie, ne sont donc qu'annulables, et l'annulation en est laissée à l'appréciation du tribunal (Req. 20 nov. 1875, D. P. 77. 1. 151; req. 22 mai 1878, D. P. 78. 1. 484; civ. rej. 9 déc. 1878, D. P. 79. 1. 310; *contrà,* Toulouse, 26 févr. 1852, D. P. 53. 2. 44).

[2] Quels baux sont opposables aux créanciers en cas de saisie immobilière? Voy. *suprà*, § **654**.

[3] Voy., sur ce point, *suprà,* § **656** et le § précédent, notes 1 et 2.

[4] Les articles 688 et 690 du Code de procédure de 1806, auxquels correspondent les nouveaux articles 681 et 683, faisaient dater cet effet de la saisie du jour de la dénonciation qui suivait alors la transcription (Voy. le § précédent). Aujourd'hui qu'un ordre inverse est établi et que la dénonciation précède la transcription, Rodière enseigne que les restrictions apportées par la saisie aux droits d'administration, d'usage et de jouissance remontent à la dénonciation de cette saisie (*Op. cit.,* t. II, p. 296). Cette opinion n'est pas soutenable : 1° les articles 681 et 683 sont précédés par l'article 678 qui exige la transcription de la saisie; cette place indique clairement que les incapacités portées par ces articles sont l'effet de la transcription; 2° l'immobilisation des fruits ne date certainement que de la transcription (Voy., sur ce point, au § suivant le texte formel des articles 681 et 683); les restrictions apportées aux droits de jouissance, d'usage et d'administration du saisi sont, sinon identiques, du moins de même nature (Voy., sur ce point, *infrà,* même §), et doivent avoir le même point de départ; 3° ces restrictions dataient, avant 1841, de la dénonciation qui était le dernier acte de la saisie proprement dite; c'est donc se conformer à l'esprit du Code de procédure que de les rattacher aujourd'hui à la transcription qui a pris la place de la dénonciation (Bioche, *op. et v° cit.,* n° 307; Carré, *op. cit.,* t. V, Ire part., quest. 2269; Chauveau, sur Carré, *op. et loc. cit.;* Boitard, Colmet-Daage et Glasson, *op. cit.,* t. II, n° 924).

[5] La crainte de voir le saisi détériorer son immeuble est le motif des articles 681 et 683 : ils visent surtout les fonds ruraux, mais ils ne distinguent pas et s'appliquent également aux maisons (Voy., sur ce point, Boitard, Colmet-Daage et Glasson, *op. cit.,* t. II, n° 920).

Il reste alors en possession jusqu'à ce que le jugement d'adjudication lui soit signifié [6], mais c'est en qualité de séquestre judiciaire (Art. 681) [7]. Comme propriétaire, il continue à habiter sans payer ni loyer ni fermage [8] mais sans recevoir aucune rétribution [9], et prend, si l'immeuble est frugifère, les fruits nécessaires pour sa consommation personnelle et celle de sa famille [10]. Comme séquestre judiciaire, il doit rendre compte de son administration [11], apporter à la chose les soins d'un bon père de famille [12], conserver les fruits ou ne les vendre qu'aux enchères [13] à moins que le président du tribunal statuant en référé [14] n'en ait autorisé la vente amiable [15], les représenter en nature ou en déposer le prix à la Caisse des dépôts et consignations [16], et s'abstenir de toute

[6] C'est le moment où l'adjudicataire doit être mis en possession (Voy. *infrà*, § **705**).

[7] Voy., sur le séquestre judiciaire, C. civ., art. 1961 et suiv. Comp. le gardien en cas de saisie-exécution et de saisie-brandon (T. III, §§ **572**, **574** et **587**), et voy. spécialement, sur le cas où la garde des meubles saisis est confiée au saisi lui-même, t. III, §§ **572** et **574**.

[8] Rodière, *op. cit.*, t. II, p. 298.

[9] Le saisi, comme séquestre judiciaire de son propre immeuble, n'a droit à aucune rétribution (Rodière, *op. et loc. cit.*).

[10] Cette tolérance se justifie par une évidente raison d'humanité, et peut se fonder aussi sur un argument d'analogie tiré de l'article 592-7° qui défend au créancier de saisir les deniers nécessaires à la consommation du saisi et de sa famille pendant un mois (Voy., en ce sens, Bioche, *op. et v° cit.*, n° 308, et, sur l'article 592-7°, t. III, § **552**).

[11] Voy., sur les obligations du séquestre judiciaire, C. civ., art. 1962; Aubry et Rau, *op. cit.*, t. IV, p. 633; Pont, *Des petits contrats*, t. I, n° 567.

[12] C. civ., art. 1962. Voy., sur le sens de cette formule, Demolombe, *op. cit.*, t. XXIV, n° 411; Aubry et Rau, *op. cit.*, t. IV, p. 101; Colmet de Santerre, *op. cit.*, t. V, n° 54 *bis*-I; Larombière, *op. cit.*, t. I, sur l'art. 1137, n° 4.

[13] Pascalis, *op. cit.* (D. A. *v° cit.*, p. 574, n° 103). Bioche, *op. et v° cit.*, n° 307 Carré, *op. cit.*, t. V, Ire part., quest. 2276. Bourges, 17 janv. 1821 (D. A. *v° cit.*, n° 722).

[14] Voy., sur cette procédure, le tome V de ce Traité.

[15] Arg. art. 681 qui permet aux créanciers (Voy. *infrà*, même §) de demander de cette manière la vente des fruits aux enchères ou même l'expulsion du saisi (Voy., sur ce point, Rodière, *op. cit.*, t. II, p. 299).

[16] L'obligation pour le séquestre judiciaire en général, et pour le saisi dans l'espèce, de rendre compte des fruits de la chose frugifère qui leur est confiée résulte de la combinaison de l'article 1936 du Code civil qui impose cette obligation au dépositaire, avec les articles 1962 et 1963 du même Code qui soumettent le séquestre aux règles du dépôt proprement dit. Voy. là-dessus Duvergier, *op. cit.*, t. XLI, p. 233, note 2; Pigeau, *op. cit.*, t. II, p. 240; Carré, *op. cit.*, t. II, Ire part., quest. 2268; Chauveau, sur Carré, *op. et loc. cit.*). Cette solution, rapprochée de la note 10, ôte tout intérêt à la question posée par quelques auteurs, de savoir si la saisie continue à faire les fruits siens après la transcription de la saisie (Voy. Bioche, *op. et v° cit.*, n° 308; Chauveau, sur Carré, *op. cit.*, t. II, Ire part., quest. 2276). Voy., sur l'emploi des fonds ainsi déposés à la Caisse des dépôts et consignations, le § suivant.

coupe de bois, dégradation ou détérioration[17] à peine de dommages-intérêts[18] et d'application des articles 400 du Code pénal en cas de destruction et 434 du même Code en cas d'incendie (Art. 683)[19]; mais il peut réclamer, le cas échéant, le remboursement des dépenses utiles qu'il a faites pour conserver l'immeuble et qui profiteront surtout au saisissant, puisque cet immeuble sera prochainement vendu et le sera d'autant mieux qu'il se trouve en meilleur état[20]. Si cependant les créanciers n'ont pas pleine confiance dans la bonne administration du saisi, ils peuvent, sans demander son expulsion, solliciter du président du tribunal statuant en référé[21] l'autorisation de faire couper et vendre en tout ou en partie les fruits pendants par branches et par racines[22]; cette vente sera faite aux enchères ou de toute autre manière autorisée par le prési-

[17] Y compris l'extraction de minerai (Bourges, 20 août 1851; D. P. 52. 2. 121).

[18] « Auxquels il sera contraint par corps » (Art. 683). Cette partie de l'article n'a plus d'objet depuis la loi du 22 juillet 1867 qui a abrogé la contrainte par corps en matière civile et commerciale (Voy. t. III, § **564**).

[19] « S'il y a lieu » dit l'article 683. Cette phrase incidente signifie que le ministère public devra exercer d'office l'action publique dans les termes du droit commun (Voy., en ce sens, la discussion qui a eu lieu à la Chambre des députés le 6 janvier 1841; *Moniteur* du 8, p. 53). Aj., sur l'application de l'article 400 du Code pénal en cas de saisie-exécution, t. III, § **574**.

[20] Carré, *op. cit.*, t. V, Ire part., quest. 2274. *Contrà*, Rodière, *op. cit.*, t. II, p. 298. Bioche n'accorde de ce chef aucune indemnité au saisi, mais concède un privilège aux fournisseurs non payés si l'urgence des travaux est constatée (*Op. et v° cit.*, n° 303). Ce privilège est de droit (C. civ., art. 2103-4°).

[21] Il résulte des travaux préparatoires de la loi du 2 juin 1841 que la voie du référé a été préférée à celle de la requête pour que ces mesures ne fussent ordonnées qu'après débat contradictoire et pour que la décision du président fût susceptible de recours (Voy. les discussions qui ont eu lieu à la Chambre des députés les 6 et 7 janvier 1841, et à la Chambre des pairs le 16 mars suivant; *Moniteur* du 7 janvier, p. 44, du 8 janvier, p. 53, du 17 mars, p. 657; le second rapport de M. Persil à la Chambre des pairs, D. A. *v° cit.*, p. 581, n° 178; et le second rapport de M. Pascalis à la Chambre des députés, D. A. *v° cit.*, p. 583, n° 188; aj., sur la différence qui existe entre la voie du référé et celle de l'ordonnance sur requête, et sur les voies de recours dont les ordonnances sur référé sont susceptibles, le tome V de ce Traité. Il n'y a, dès lors, aucun intérêt à examiner si cette demande des créanciers doit être motivée : le président, ne statuant qu'après un débat contradictoire, ne fera évidemment droit qu'à une demande sérieusement motivée (Bioche, *op. et v° cit.*, n° 293; Chauveau, sur Carré, *op. cit.*, t. V, Ire part., quest. 2271; Pigeau, *op. cit.*, t. II, p. 240; Rodière, *op. cit.*, t. II, p. 297).

[22] L'article 681 dit seulement « les fruits pendants par les racines, » mais il faut certainement y ajouter les fruits pendants par les branches : les mêmes règles s'appliquent toujours aux uns et aux autres (Voy. notamment, en matière de la saisie-brandon, t. III, § **585**). Il résulte, d'ailleurs, de la discussion qui s'est engagée à la Chambre des députés le 6 janvier 1841 (*Moniteur* du 7, p. 44), et de la formule de l'article 683 : « Le saisi ne pourra faire aucune coupe de bois » (Voy. *suprà*, même §), que les mots « fruits pendants par branches et par racines » ne peuvent s'appliquer

dent[23] et dans le délai par lui fixé; le prix en sera déposé à la Caisse des dépôts et consignations (Art. 681)[24]. Cette demande peut être formée non-seulement par les créanciers hypothécaires au profit desquels ce prix sera immobilisé pour leur être distribué par ordre d'hypothèque[25], mais par tout créancier saisissant ou ayant le droit de saisir et, par conséquent, par les créanciers même chirographaires munis d'un titre exécutoire et ayant fait un commandement préalable : ils y ont intérêt, car ce qui restera du prix des fruits en question doit leur revenir après le paiement des dettes hypothécaires; ils en ont le droit, car l'article 681 qui parle, sans distinguer, des créanciers comprend dans cette qualification tous ceux qui ont pratiqué la saisie ou qui ont qualité pour s'y mêler, et l'article 685, encore plus précis, dit, en cas de saisie d'un immeuble loué ou affermé en vertu de baux opposables aux créanciers : « Un simple acte d'opposition à la requête du « poursuivant ou de tous autres créanciers vaudra saisie-arrêt « entre les mains des fermiers et locataires[26]. » La restriction qu'apporte la saisie aux droits d'administration, d'usage et de jouissance ne doit donc pas être confondue avec l'immobilisation des fruits : celle-ci est édictée dans l'intérêt de tout créancier ayant le droit de saisir, celle-là ne profite qu'aux créanciers hypothécaires[27].

β) L'expulsion du saisi est demandée. Elle peut l'être, aux termes de l'article 681 et dans la forme qui vient d'être indiquée[28], par tous les créanciers saisissants ou ayant le droit de saisir : ils en ont le droit, car je viens de dire que l'article 681 ne distingue pas entre les créanciers hypothécaires et

aux coupes de bois qui sont interdites au saisi, mais seulement aux fruits dont il lui est permis de défaire et qu'on peut craindre de lui voir vendre à des conditions défavorables (Chauveau, sur Carré, *op. cit.*, t. V, Ire part., quest. 2272; Boitard, Colmet-Daage et Glasson, *op. cit.*, t. II, nº 922).

[23] Persil, *Premier rapport à la Chambre des pairs* (D. A. vº *cit.*, p. 582, nº 179). Lyon, 27 mars 1873 (D. P. 75. 2. 149). Pascalis, *Premier rapport à la Chambre des députés* (D. A. vº *cit.*, p. 574, nº 103).

[24] Voy., sur l'emploi de ce prix, le § suivant.

[25] Voy. le § suivant.

[26] Chauveau, sur Carré, *op. cit.*, t. V, Ire part., quest. 2275. Voy., sur l'article 685, *infrà*, même §.

[27] J'y ai déjà fait allusion *suprà*, note 4.

[28] Voy., sur ce point, les documents et autorités cités *suprà*, note 21.

les créanciers chirographaires; ils y ont intérêt, car déposséder le saisi, c'est le mettre hors d'état de nuire et de commettre des dégradations qui pourraient déprécier l'immeuble et diminuer les chances qu'ont tous les créanciers d'être payés[29]. Dans ce cas, le saisi n'a droit à aucune partie des fruits, même à titre alimentaire[30], sauf à distraire de la saisie-exécution, si elle est pratiquée en même temps contre lui, les objets de première nécessité qu'énumère l'article 592[31]. Le président du tribunal nomme un séquestre judiciaire[32] qui peut réclamer un salaire[33], sans préjudice du remboursement de ses dépenses utiles[34]; le saisi qui peut, avec le consentement du saisissant, être choisi pour gardien des meubles saisis[35], ne peut être nommé séquestre judiciaire, car la demande des créanciers tend à lui ôter la possession de l'immeuble et son maintien en possession comme séquestre judiciaire équivaudrait au rejet de cette demande[36]. Quant aux personnes que l'article 598 déclare incapables d'être gardiennes — le saisissant, son conjoint, ses proches parents ou alliés, et ses domestiques[37] — je pense que le président peut les désigner comme séquestres judiciaires, car l'article 681 n'édicte contre elles aucune incapacité, et, s'il apparaissait que nul ne peut mieux qu'elles conserver et administrer l'immeuble dans l'intérêt des autres créanciers et du saisi lui-

29 Voy., en ce sens, les auteurs *suprà*, note 26.

30 Rodière, *op. cit.*, t. II, p. 298. Civ. cass. 24 janvier 1872 (D. P. 72. 1. 438).

31 Voy., sur ces objets, t. III, § 552.

32 Voy., sur ce séquestre, *suprà*, note 7. Cette mesure est bien préférable au bail judiciaire usité en pareil cas dans l'ancien droit (Pothier, *op. cit.*, nos 555 et suiv.). Il faudrait aujourd'hui des circonstances très exceptionnelles pour que le président jugeât à propos d'y recourir (Bioche, *op. et v° cit.*, n° 296; Carré, *op. cit.*, t. V, Ire part., quest. 2271; Chauveau, sur Carré, *op. et loc. cit.*; Pigeau, *op. cit.*, t. II, p. 213).

33 C. civ., art. 1962. Quel salaire? Comment se perçoit-il? Le séquestre peut-il demander une provision? Voy., à cet égard, Bioche, *op. et v° cit.*, n° 297; Chauveau, sur Carré, *op. et loc. cit.*

34 Voy., sur ces dépenses, *suprà*, note 20. On a pu discuter la légitimité de ce remboursement lorsqu'il est demandé par le saisi constitué lui-même séquestre judiciaire, mais aucune difficulté ne peut s'élever quand c'est un tiers qui est désigné à cet effet.

35 Voy., sur le choix du saisi comme gardien en cas de saisie-exécution, t. III, § 572.

36 Rodière, *op. cit.* t. II, p. 297.

37 Et encore peuvent-elles être gardiennes si le saisi ne s'y oppose pas (Voy. t. III, § 572).

même, il serait fâcheux que le séquestre ne pût leur en être confié[38].

b) S'il y a sur l'immeuble un ou plusieurs baux valables au regard des créanciers, ceux-ci ne peuvent expulser ni le saisi qui ne possède pas ni les preneurs dont le droit leur est opposable[39]; la transcription de la saisie agit donc d'une autre manière sur les droits de jouissance et d'administration du saisi (Art. 685)[40]. Les loyers et fermages lui sont valablement payés, mais il en est comptable comme séquestre judiciaire : la loi ne dit pas s'il peut retenir une somme suffisante pour ses besoins et pour ceux de sa famille, mais j'incline à le croire pour deux raisons : d'une part, il est assimilé au séquestre judiciaire, et l'on a vu au même § que, laissé à ce titre en possession de l'immeuble qu'il exploiterait personnellement, il aurait droit de garder la quantité de fruits nécessaire pour sa consommation et pour celle de sa famille; d'autre part, les créanciers auraient tort de se plaindre, car il ne tenait qu'à eux — que ne l'ont-ils fait? — d'empêcher les fermiers et les locataires de s'acquitter entre ses mains. Ils pouvaient déjà, sous le Code de procédure, saisir-arrêter les loyers et les fermages entre les mains des locataires et des fermiers, et la loi du 2 juin 1841 a substitué à cette saisie longue, compliquée et coûteuse[41] une procédure plus simple : « Un simple acte d'opposition[42] vaudra saisie-« arrêt entre les mains des fermiers et locataires qui ne pour-« ront se libérer qu'en exécution de mandements de colloca-« tion[43] ou par le versement des loyers ou fermages à la Caisse « des dépôts et consignations; ce versement aura lieu à leur « réquisition ou sur la simple sommation des créanciers[44]. »

[38] Bioche, *op. et vº cit.*, nº 296. Chauveau, sur Carré, *op. et loc. cit.* Montpellier, 14 août 1850 (D. P. 50. 5. 419).

[39] Pendant combien de temps? Voy. *suprà*, § **654**.

[40] Je ne dis pas « son droit d'usage, » puisqu'il n'habite ni n'exploite personnellement.

[41] Voy., sur la complication de cette procédure et sur les expédients que la pratique a imaginés pour la simplifier, t. III, § **637**.

[42] Voy., sur le sens du mot *opposition*, t. III, § **588**.

[43] Dans l'ordre qui s'ouvrira sur le prix de l'immeuble. Voy., sur les mandements ou bordereaux de collocation, *infrà*, § **848**.

[44] Voy., sur les motifs qui ont fait insérer cette disposition nouvelle dans la loi du 2 mai 1841, le premier rapport de M. Persil à la Chambre des pairs (D. A. *vº cit.*, p. 564, nº 17), et le premier rapport de M. Pascalis à la Chambre des députés (D. A. *vº cit.*, p. 574, nº 107).

Cette opposition peut être signifiée par le poursuivant ou par « tout autre créancier »[45], c'est-à-dire par tous les créanciers, même chirographaires, pourvus d'un titre exécutoire qui, ayant fait commandement au débiteur, ont qualité pour se prévaloir des droits qui résultent de la saisie immobilière[46].

§ **663**. B. Les fruits naturels et industriels perçus avant la transcription de la saisie et les fruits civils échus avant la même époque appartiennent au saisi, s'ils n'ont pas été l'objet d'une saisie-brandon ou d'une saisie-arrêt[1] : dans ces deux cas, ils sont distribués par contribution et au marc le franc entre tous les créanciers[2], sans autre préférence que celle qui résulte des privilèges généraux ou spéciaux[3]. Il en est autrement des fruits industriels perçus ou des fruits civils échus depuis la transcription de la saisie : cette transcription les immobilise en leur attribuant, par une sorte de fiction, la nature même de l'immeuble qui les a produits, et en les affectant avant tout, comme le prix de cet immeuble, au paiement des dettes hypothécaires. « Les fruits naturels et industriels « recueillis postérieurement à la transcription ou le prix qui « en proviendra seront immobilisés pour être distribués avec « le prix de l'immeuble par ordre d'hypothèque » (Art. 682). « Les loyers et fermages seront immobilisés à partir de la « transcription de la saisie pour être distribués avec le prix « de l'immeuble par ordre d'hypothèque » (Art. 685). On empêche par-là que les lenteurs de la procédure ne nuisent aux créanciers hypothécaires qui se trouveront ainsi colloqués pour la même somme que si la saisie se terminait au moment

45 Je rappelle l'argument que fournissent ces termes de l'article 685 pour entendre de même le mot « créancier » de l'article 681 (Voy. *suprà*, même §).

46 Voy., pour la justification de ces conditions, ce que j'ai dit *suprà*, même §, de l'article 681.

§ **663.** 1 Voy., sur ces deux saisies, t. III, §§ **584** et suiv., **588** et suiv.

2 Chauveau, sur Carré, *op. cit.*, t. IV, Ire part., quest. 2288. Voy., sur cette procédure, *infrà*, §§ **860** et suiv.

3 Voy., sur la règle que le premier saisissant n'a point de privilège, t. III, § **563**; sur les privilèges généraux, C. civ., art. 2101 ; et, sur les privilèges particuliers sur certains meubles, C. civ., art. 2102-1° et 3° : les sommes dues pour les semences ou pour les frais de la récolte de l'année (Art. 2102-1°) et les frais faits pour la conservation de la chose (Art. 2102-3°) seront payés par préférence sur le prix des fruits naturels ou sur le montant des fruits civils.

même où elle est transcrite[4], et que les créanciers chirographaires n'aient intérêt à la prolonger par des incidents pour partager au marc le franc les fruits perçus ou échus pendant sa durée[5]. Cet effet de la saisie se produit de plein droit et par la seule force de la loi lorsqu'il s'agit de fruits naturels ou industriels[6], mais il n'a toute sa portée, quant aux fruits civils, que si les créanciers ont signifié en temps utile l'opposition prescrite par l'article 685 : quelles conséquences résultent de cette opposition ou de l'absence d'opposition? on le verra dans la suite de ce §. Je rappelle, en outre, que l'immobilisation des fruits n'est attachée à la transcription que dans les saisies pratiquées contre le débiteur personnel; il se produit dès la sommation dans celles qui sont dirigées contre un tiers détenteur[7].

L'immobilisation des fruits[8] produit trois conséquences. 1° Les fruits auxquels elle s'applique n'appartiennent ni au saisi, ni à ses créanciers chirographaires, ni à l'adjudicataire : ils sont la propriété exclusive des créanciers hypothécaires; la masse chirographaire n'y peut prétendre qu'après le paiement intégral de toutes les dettes hypothécaires, et le saisi qu'après le paiement de toutes les dettes même chirographaires; l'adjudicataire ne peut les réclamer, quoiqu'ils fassent fictivement partie de l'immeuble vendu, parce que l'entrée en jouissance ne date pour lui, sauf indication contraire, que du jour de l'adjudication prononcée en sa faveur[9]. 2° Ces fruits ne sont même plus grevés du privilège spécial que l'article 2102-1° du Code civil accorde, sur le prix de la récolte de l'année, aux créanciers qui ont fourni les semences et ustensiles ou avancé les frais de la récolte : du moment que ces fruits sont immobilisés, ils échappent au privilège de l'ar-

[4] Si la saisie se terminait au moment même où elle est transcrite, les fruits à percevoir ou à échoir à partir de ce moment augmenteraient la valeur de l'immeuble, et la mise à prix s'élèverait en proportion (Voy., sur la mise à prix, *infrà*, § **669**).

[5] « Cette règle est destinée, a dit M. Pascalis, à éviter des procédures particu- « lières et des distributions par contribution dont les frais absorberaient la valeur » (*Premier rapport à la Chambre des députés;* D. A. v° *cit.*, p. 574, n° 103). Aj. Boitard, Colmet-Daage et Glasson, *op. cit.*, t. II, n° 922.

[6] Bioche, *op. et v° cit.*, n°s 304, 307 et 311. Chauveau, sur Carré, *op. cit.*, t. V, 1re part., quest. 2276.

[7] Voy. *suprà*, § **656**.

[8] Quels sont ces fruits? Voy. la suite de ce §.

[9] Req. 17 avr. 1828 (D. A. v° *cit.*, n° 723).

ticle 2102-1° qui ne porte que sur les meubles[10]. 3° Les loyers et fermages ne peuvent plus se compenser, après la transcription de la saisie, avec les sommes dues par le saisi à ses fermiers et locataires[11] : ces derniers conservent, il est vrai, le droit de payer entre ses mains jusqu'à l'opposition dont j'ai parlé au § précédent, mais la compensation aurait, dans l'espèce, des conséquences plus graves, car les loyers et fermages payés au saisi seront frappés d'immobilisation et distribués par ordre d'hypothèque, au lieu que, compensés avec les sommes dues aux fermiers et aux locataires, ils resteraient entre les mains de ces derniers et seraient, par conséquent, perdus pour les créanciers hypothécaires[12]. L'immobilisation s'applique, avec ses suites, à tous les fruits postérieurs à la transcription de la saisie, c'est-à-dire aux fruits naturels qui sont pendants par branches ou par racines au moment où cette formalité s'accomplit[13], et à la portion de fruits civils, c'est-à-dire de loyers ou de fermages, qui n'est pas encore échue à cette date[14]. Si le saisi est expulsé, l'immobilisation porte sur la totalité des fruits naturels et indus-

[10] Req. 11 déc. 1861 (D. P. 62. 1. 119). Voy., sur ce privilège, Aubry et Rau, *op. cit.*, t. III, p. 150; Colmet de Santerre, *op. cit.*, t. IX, n° 28 *bis;* Pont, *op. cit.*, t. I, n° 133 et suiv.; Dalloz et Vergé, *op. cit.*, art. 2102, n° 163 et suiv.

[11] Voy., sur la compensation, t. I, § **146**.

[12] Civ. rej. 27 juin 1864 (D. P. 64. 1. 165). *Contrà*, req. 8 avr. 1863 (D. P. 63. 1. 411). Ce refus de compensation ne s'applique qu'aux loyers et fermages échus depuis la transcription, puisque celle-ci n'immobilise (Voy. *infrà*, même §) que la portion de loyers et de fermages non encore échus au moment où elle est faite (Voy. cep. Rouen, 17 mai 1825, D. A. v° *Privilèges et hypothèques*, n° 79; Rouen, 14 nov. 1826, D. A. v° *Vente publique d'immeubles*, n° 745).

[13] Les fruits naturels et industriels ne sont acquis que par la perception et ne sont censés perçus qu'au moment où ils sont séparés du sol : peu importe, d'ailleurs, qu'ils n'aient pas encore été enlevés (Arg. C. civ., art. 520 et 585; Demolombe, *op. cit.*, t. IX, n° 582, t. X, n° 275; Aubry et Rau, *op. cit.*, t. II, p. 186 et 480; Proudhon, *op. cit.*, t. II, n° 911). Il suit de là que les fruits naturels et industriels de l'immeuble saisi n'appartiennent au saisi, ou plutôt à la masse des créanciers chirographaires, qu'autant qu'ils ont été séparés du sol avant la transcription de la saisie; par cela seul qu'ils sont pendants par branches et par racines à cette époque, ils tombent sous le coup de l'immobilisation et appartiennent exclusivement aux créanciers chirographaires. Les fruits saisis-brandonnés avant la transcription de la saisie font-ils exception? Voy., sur ce point, *infrà*, même §.

[14] Les fruits civils s'acquièrent jour par jour : cette règle, posée par l'article 586 du Code civil en matière d'usufruit, convient également aux fruits civils d'un bien qui n'est pas grevé d'usufruit : c'est ainsi qu'en cas de vente d'un immeuble loué ou affermé, les loyers et fermages se répartissent entre le vendeur et l'acheteur eu égard à la date de la vente : si elle intervient au milieu de l'année courante du bail, la moitié des loyers et fermages appartient au vendeur, l'autre moitié à l'acheteur (Demolombe, *op. cit.*, t. IX, n° 576; Aubry et Rau, *op. cit.*, t. II, p. 186). Il en est de

triels perçus et des fruits civils échus après la perception[15]; s'il a été laissé en possession, il a le droit de consommer la quantité de fruits nécessaire à ses besoins et à ceux de sa famille[16], et l'immobilisation ne porte que sur le surplus, sans distinction, d'ailleurs, entre les fruits qu'il a conservés en nature et le prix de ceux qu'il a aliénés[17]. Le jugement déclaratif de faillite ne porte pas non plus atteinte aux droits de poursuite des créanciers hypothécaires et, par conséquent, aux effets de la transcription de la saisie par eux pratiquée[18]; l'immobilisation des fruits se produit donc quand même au préjudice de la masse[19]. Mais que décider du paiement ou de la cession des loyers et fermages non échus, de la vente des récoltes sur pied, et des saisies-brandon ou saisies-arrêts pratiquées par les créanciers chirographaires, le tout antérieurement à la transcription de la saisie immobilière? Les fruits vendus ou saisis-brandonnés, les loyers et fermages payés d'avance, cédés ou saisis-arrêtés sont-ils néanmoins immobilisés? La difficulté se résout par une distinction entre les actes devenus parfaits à l'égard des créanciers hypothécaires avant

même en cas de saisie : si la transcription est faite au milieu de l'année courante du bail qui existe sur les lieux loués, la moitié des loyers et fermages appartient au saisi ou à ses créanciers chirographaires, l'autre moitié est immobilisée et attribuée par ordre d'inscription aux créanciers hypothécaires (Bioche, *op., et v° cit.*, n° 314; Chauveau, sur Carré, *op. cit.*, t. V, Ire part., quest. 2287).

15 On a vu au § précédent que le saisi n'a droit alors à aucune portion des fruits, même à titre alimentaire.

16 Voy. le § précédent.

17 L'immobilisation ne s'appliquerait, suivant Rodière (*Op. cit.*, t. II, p. 298), qu'au prix des fruits dont le saisi n'a pas disposé régulièrement. L'auteur fait allusion à l'obligation où se trouve le saisi maintenu en possession de vendre aux enchères les fruits qu'il n'a pas le droit de consommer, à moins que le président du tribunal ne l'ait autorisé en référé à les vendre à l'amiable (Voy., sur cette obligation du saisi, le § précédent). Je ne vois, au contraire, aucune raison de distinguer entre les fruits aliénés valablement par le saisi et ceux dont il a disposé irrégulièrement : il doit déposer le prix des premiers à la Caisse des dépôts et consignations (Voy. le § précédent) et représenter le prix des autres; pourquoi l'immobilisation n'aurait-elle pas lieu dans les deux cas? Quoi qu'il en soit, un arrêt (Caen, 26 avr. 1842; D. P. 51. 2. 236) a eu tort de dire que l'immobilisation des fruits n'a trait qu'au cas où l'immeuble est remis à un séquestre judiciaire; elle s'applique aussi au cas où le saisi est maintenu en possession : 1° le saisi laissé en possession n'est, lui aussi, qu'un séquestre judiciaire (Voy., sur ce point, art. 681 et le § précédent); 2° l'immobilisation doit s'étendre à tous les fruits dont le saisi est tenu de rendre compte, et il doit rendre compte, s'il a continué de posséder, de tout ce qui dépasse ses besoins et ceux de sa famille.

18 Voy. t. III, § 557.

19 Chauveau, sur Carré, *op. cit*, t. V, Ire part., quest. 2290. Paris, 18 avr. 1833 (D. A. v° *cit.*, n° 725).

l'inscription de leurs hypothèques et les actes qui ne sont devenus parfaits quant à eux qu'après cette époque : les premiers sortent leur plein et entier effet, quelque atteinte qu'ils puissent porter à l'immobilisation des fruits; les seconds n'empêchent pas cette immobilisation de se produire avec toutes ses conséquences. Ces deux propositions se justifient : la première, par la règle générale que les hypothèques n'ont d'effet à l'égard des tiers, même des créanciers chirographaires, que par l'inscription et à compter de la date de l'inscription[20]; la seconde, par le principe que la saisie immobilière restreint, dans l'intérêt des créanciers hypothécaires, les droits d'usage, de jouissance et d'administration qui appartenaient au saisi[21]. Je tire de ces deux règles les conséquences suivantes.

1° Les paiements anticipés de loyers et de fermages non échus ne sont opposables aux créanciers hypothécaires que s'ils ont acquis date certaine avant l'inscription d'hypothèque[22], et si, de plus, ayant pour objet trois années au moins

[20] Voy. t. III, § **534**.

[21] Voy. *suprà*, §§ **654** et **662**. C'est en vertu de ce principe que les baux passés par le débiteur postérieurement à l'inscription des hypothèques par lui consenties sont quelquefois non avenus à l'égard de ses créanciers hypothécaires (Voy., sur ce point et sur la distinction qu'il comporte, *suprà*, § **654**). Il ne faudrait cependant pas assimiler complètement aux baux les paiements anticipés et les cessions de loyers ou de fermages. Il y a entre les uns et les autres trois différences. 1° La nullité des baux peut être demandée par l'adjudicataire et par les créanciers chirographaires; celle des paiements anticipés et des cessions ne peut être invoquée que par les créanciers hypothécaires, puisqu'elle résulte seulement de l'immobilisation des fruits qui ne profite qu'à eux (Voy., sur ce point, *suprà*, même §, et, sur le principe que les créanciers chirographaires n'acquièrent par le fait de la saisie aucun droit réel, t. III, § **563**). 2° Il faut considérer la date du commandement en matière de bail et la date de la transcription en cas de paiement anticipé ou de cession de loyers ou de fermages : en effet, les baux de moins de dix-huit ans sont valables ou annulables suivant qu'ils ont acquis, ou non, date certaine avant le commandement, et les baux de plus de dix-huit ans qui n'ont été transcrits qu'après le commandement ne sont opposables aux créanciers hypothécaires que pendant dix-huit ans à partir de cet acte — je ne reviens pas sur les baux de dix-huit ans qui ont été transcrits entre l'inscription du créancier auquel on prétend les opposer et le commandement (Voy., à cet égard, *suprà*, § **654**) — au contraire, c'est la transcription de la saisie qui arrête immédiatement l'effet des paiements anticipés et des cessions, et qui fait courir le délai après lequel ces actes n'auront plus d'effet à l'encontre des créanciers hypothécaires (Voy., sur cette distinction, la suite de ce §). 3° Les baux de moins de dix-huit ans qui ont acquis date certaine avant le commandement sont toujours et pleinement opposables aux créanciers hypothécaires même inscrits antérieurement à leur passation, au lieu que les paiements anticipés et les cessions faits à la même époque ne peuvent aucunement être opposés à ces mêmes créanciers (Voy. *infrà*, même §).

[22] C'est l'application de l'article 1328 du Code civil (Voy., t. II, § **278**). Objec-

de loyers ou de fermages, ils ont été transcrits au bureau des hypothèques de la situation de l'immeuble[23]. 1) Quittance de moins de trois ans de loyers ou fermages non échus enregistrée[24] avant l'inscription du créancier hypothécaire, ou de trois ans (ou plus) de loyers ou fermages non échus enregistrée et transcrite avant cette même inscription. Ce paiement est, sauf le cas de fraude[25], pleinement opposable au créancier, même pour les loyers et fermages à échoir après la transcription de la saisie, en sorte que l'immobilisation ne portera que sur les termes postérieurs à ceux qui sont compris dans la quittance[26]. 2) Quittance de plus ou moins de trois ans de loyers ou fermages non échus, enregistrée après l'inscription. Ce paiement n'est opposable au créancier que pour le temps qui précède la transcription de la saisie; il est sans effet, à son égard, pour les loyers et fermages à échoir après cet acte[27] : il est seulement admis par pure tolérance que les paiements anticipés faits de bonne foi peuvent être maintenus s'ils sont conformes à l'usage des lieux[28]. Si les baux qui n'ont acquis date certaine qu'à la même époque sont opposables pendant dix-huit ans aux créanciers hypothécaires, c'est que la loi du 23 mars 1855 ne considère pas les baux de dix-huit ans au plus comme diminuant la valeur de la propriété[29], au lieu que le paiement de loyers ou fermages non échus, restreignant la portée de

tera-t-on que, suivant une opinion très-généralement répandue et commandée en quelque sorte par des nécessités pratiques qu'il est impossible de ne pas reconnaître, on peut opposer aux tiers les quittances qui n'ont pas été enregistrées? Je rappelle — et je réponds ainsi à l'objection, — que cette tolérance ne doit être admise que pour les paiements usuels et quotidiens et ne peut être étendue à des actes exceptionnels comme les quittances de sommes payées avant l'échéance (Voy. t. II, *ib.*).

[23] « Sont transcrits... 5º tout acte ou jugement constatant, même pour bail de « moindre durée (c'est-à-dire de moins de dix-huit ans; voy. le 4º du même article), « quittance ou cession d'une somme équivalente à trois années de loyers ou fer« mages non échus » (L. 23 mars 1855, art. 2).

[24] Ou ayant acquis date certaine dans l'un des deux autres cas prévus par l'article 1328 du Code civil (Voy. t. II, § **278**). Je supposerai toujours, pour abréger, que l'acte a été enregistré ou qu'il ne l'a pas été.

[25] C. civ., art. 1167.

[26] Aubry et Rau, *op. cit.*, t. III, p. 434.

[27] Bioche, *op. cit.*, nº 288. Boitard, Colmet-Daage et Glasson, *op. cit.*, t. II, nº 928. Aubry et Rau, *op. et loc. cit.* Nîmes, 28 janv. 1810 (D. A. vº *Privilèges et hypothèques*, nº 1766). Req. 22 févr. 1854 (D. P. 54. 1. 188). Voy. cep., en sens contraire, Douai, 26 févr. 1850 (D. P. 52. 2. 78); Nîmes, 7 juill. 1852 (D. P. 53. 2. 53).

[28] Bioche, *op.*, vº *et loc. cit.* Boitard, Colmet-Daage et Glasson, *op. et loc. cit.*

[29] Voy. *suprà*, § **654**.

l'immobilisation des fruits et diminuant ainsi la valeur du bien saisi, ne doivent pas être opposables aux créanciers inscrits avant d'avoir reçu date certaine[30]. 3) Quittance de trois ans (ou plus) de loyers ou fermages non échus, enregistrée avant et transcrite après l'inscription. Ce paiement est opposable au créancier pour tout le temps qui précède la transcription de la saisie et pour les trois premières années qui la suivent, mais les loyers et fermages qui écherront après ces trois ans seront immobilisés à son profit. De ces trois solutions, la dernière est la seule qu'on puisse contester, et je renvoie, pour la justifier, à ce que j'ai dit au § **654** des baux de plus de dix-huit ans transcrits après l'inscription d'hypothèque : les raisons qui font dire que ce bail n'est opposable que pour dix-huit ans au créancier hypothécaire antérieurement inscrit doivent faire également décider qu'un paiement anticipé transcrit à la même époque ne peut lui être opposé que pendant trois ans[31]. On a même soutenu que ces paiements ne sont aucunement opposables aux créanciers inscrits, en s'appuyant sur l'article 3 de la loi du 23 mars 1855 aux termes duquel les actes soumis à transcription sont non avenus à l'égard des personnes recevables à opposer le défaut de transcription, mais je ne puis admettre cette opinion. L'article 3 de la loi du 23 mars 1855 porte une double sanction : l'une pour les constitutions de droits réels non transcrites qui ne sont aucunement opposables aux tiers; l'autre pour les baux de plus de dix-huit ans non transcrits qui ne leur sont opposables que pendant dix-huit ans; or, les paiements anticipés de loyers ou de fermages ressemblent plutôt aux baux qu'aux actes constitutifs de droits réels, et il est, par conséquent, plus naturel de leur appliquer la seconde sanction que la première. Cela est d'autant plus vrai que la loi du 23 mars 1855 n'a voulu soumettre à transcription que les paiements anticipés de loyers ou de fermages qui

30 Aubry et Rau, *op. cit.*, t. III, p. 433.

31 Aubry et Rau, *op. et loc. cit.* On peut invoquer encore, à l'appui de ces différentes solutions, les autorités citées aux notes suivantes : elles sont relatives aux cessions de loyers ou fermages non échus, mais on va voir que, sauf une différence signalée ci-après, les mêmes règles conviennent au paiement et à la cession de loyers ou fermages non échus. La cession est plus fréquente que le paiement anticipé, aussi les auteurs la visent-ils plus volontiers et a-t-elle donné lieu à un plus grand nombre de décisions judiciaires.

diminuent réellement la valeur de l'immeuble, et qu'ils n'ont ce caractère, à ses yeux, que s'ils portent au moins sur trois années de jouissance : le rapport de M. Debelleyme est formel sur ce point[32].

2° Les cessions de loyers ou de fermages non échus ne sont pas opposables aux créanciers hypothécaires si elles n'ont été signifiées au locataire ou au fermier ou acceptées par lui avant l'inscription d'hypothèque[33], et si, de plus, ayant pour objet trois ans au moins de loyers ou de fermages, elles n'ont été transcrites au bureau des hypothèques de la situation de l'immeuble[34]. Les trois cas que je viens de prévoir peuvent donc se reproduire sans autre changement que la substitution de la cession au paiement et de la signification ou de l'acceptation à l'enregistrement[35] : 1) cession de moins de trois ans de loyers ou de fermages non échus signifiée ou acceptée avant l'inscription du créancier hypothécaire, ou de trois ans (ou plus) de loyers ou de fermages non échus signifiée ou acceptée et transcrite avant cette inscription ; 2) cession de plus ou moins de trois ans de loyers ou de fermages non échus signifiée ou acceptée après l'inscription ; 3) cession de trois ans (ou plus) de loyers ou de fermages non échus signifiée ou acceptée avant et transcrite après l'inscription. La première est pleinement opposable au créancier hypothécaire, sans distinction entre les loyers ou fermages à échoir avant ou après la transcription de la saisie[36]. La seconde n'est opposable au créancier que pour les loyers et fermages à échoir avant la trans-

[32] « Il faut assujettir à la transcription tous les actes qui, sans constituer des droits « réels, imposent cependant à la propriété des charges qui sont de nature à en altérer sensiblement la valeur. Tels sont les baux à long terme et les quittances anticipées de plusieurs années de loyers » (D. P. 55. 4. 30). Voy., sur cette question, les autorités pour et contre citées *infrà*, note 37.

[33] Il suffit de faire enregistrer une quittance pour la rendre opposable aux tiers, mais cela ne suffit plus pour une cession : elle n'est parfaite à l'égard des tiers qu'après avoir été signifiée au débiteur cédé par un acte authentique ou acceptée par lui dans un acte également authentique (C. civ., art. 1690). Je rappelle qu'une acceptation sous seing privé saisirait le cessionnaire à l'égard du débiteur cédé, mais qu'il en est autrement vis-à-vis des ayants-cause du cédant et qu'à l'égard de ces derniers l'ensaisinement ne peut résulter que d'un acte authentique (Voy. t. III, § **538**, note 21). La date de la signification ou de l'acceptation remplace donc ici celle de l'enregistrement (Aubry et Rau, *op. cit.*, t. III, p. 434).

[34] Rej. 23 mars 1855, art. 2-5° (Voy. *suprà*, note 23).

[35] Voy. *suprà*, note 32.

[36] Aubry et Rau, *op. et loc. cit.* Douai, 6 févr. 1855 (D. P. 55. 2. 189). Le cas de fraude est, comme toujours, réservé (C. civ., art. 1167).

cription de la saisie[37]. La troisième n'a d'effet, à l'égard de ce créancier, que pour les loyers et fermages à échoir avant la transcription de la saisie et pour les trois premières années de loyers ou de fermages qui arriveront ensuite à échéance[38]. L'immobilisation ne s'appliquera donc, en cas de cession, qu'aux loyers et fermages dont la cession anticipée ne sera pas opposable au créancier hypothécaire[39].

3° Les ventes de récoltes sur pied, en vue et sous condition de leur séparation d'avec le sol, sont des aliénations mobilières[40], et l'hypothèque n'enlève pas au propriétaire de l'immeuble qui en est grevé le droit de l'administrer et d'en vendre les fruits[41]. Il résulte de ces deux principes que les créanciers hypothécaires ne peuvent, jusqu'à la transcription de la saisie, s'opposer à cette vente, empêcher l'acheteur de couper et de s'approprier les fruits par lui achetés, ou en ré-

[37] Voy., en ce sens, sur la cession de moins de trois années de loyers ou fermages échus signifiée ou acceptée après l'inscription d'hypothèque, Tarrible, dans le *Répertoire* de Merlin, v° *Tiers détenteur*, n° IV; Duranton, *op. cit.*, t. XVII, n° 163; Aubry et Rau, *op. cit.*, t. III, p. 432; civ. cass. 3 nov. 1813; Nîmes, 24 août 1819 (D. A. v° *et loc. cit.*); Bourges, 3 févr. 1851 (D. P. 55. 2. 15); Rouen, 1er févr. 1854 (D. P. 54. 2. 241); req. 23 mai 1859 (D. P. 59. 1. 433); Metz, 30 avr. 1863 (D. P. 66. 5. 420); Caen, 21 déc. 1874 (D. P. 76. 2. 81); et, en sens contraire, Grenier, *op. cit.*, t. II, n° 444; Proudhon, *Du domaine de propriété*, t. I, n° 87; Troplong, *op. cit.*, t. III, n° 777 *ter*; Pont, *op. cit.*, t. I, n° 366; Duvergier, *Du louage*, t. I, n° 464; Flandin, *op. cit.*, t. II, n° 1281; Boitard, Colmet-Daage et Glasson, *op. et loc. cit.*; Douai, 26 févr. 1850 (D. P. 52. 2. 78); Colmar, 6 août 1851 (D. P. 51. 2. 258); Rouen, 18 févr. 1854 (D. P. 54. 2. 242); req. 6 mai 1867 (D. P. 67. 1. 308); Angers, 16 févr. 1882 (D. P. 83. 2. 219). Cette cession diffère, sur ce point, d'un paiement anticipé qui aurait été fait à la même époque : un paiement anticipé peut être maintenu s'il a été fait de bonne foi et conformément à l'usage des lieux; une cession anticipée n'a jamais droit à la même tolérance.

[38] Aubry et Rau, *op., et loc. cit.* Flandin, *op. cit.*, t. II, nos 1279 et 1280. Bressolles, *Exposé des règles de droit civil résultant de la loi du 23 mars 1855 sur la transcription* (Toulouse, 1858), n° 50. Lesenne, *Commentaire théorique et pratique de la loi du 23 mars 1855* (Paris, 1856), n° 801. *Contrà*, Troplong, *De la transcription*, n° 209; Mourlon, *op. et loc. cit.*; Sellier, *Commentaire de la loi du 23 mars 1855* (Paris, 1856), n° 92; Caen, 21 déc. 1876 (D. P. 76. 2. 81). On soutient, dans cette dernière opinion, que ces cessions ne sont nullement opposables aux créanciers hypothécaires : j'ai réfuté cette opinion par avance en parlant des paiements anticipés enregistrés avant et transcrits après l'inscription (Voy. *suprà*, même §).

[39] Je renvoie pour la justification de ces diverses propositions, aux développements donnés *suprà*, même §.

[40] Quiconque a une capacité suffisante pour louer un bien et pour en recueillir les fruits a, par cela même, le droit de vendre les récoltes sur pied (Demolombe, *op. cit.*, t. IX, n° 780; Aubry et Rau, *op. cit.*, t. II, p. 11; comp. t. I, § **128**). Le tuteur et le mineur émancipé ont donc qualité pour passer cette vente (Arg. C. civ., art. 464, 481 et 1718).

[41] Aubry et Rau, *op. cit.*, t. III, p. 427 et 430.

clamer le prix à l'exclusion des créanciers chirographaires[42]. Mais *quid,* si la transcription est intervenue avant que la coupe ait été faite? Les créanciers hypothécaires peuvent-ils s'y opposer ou s'en faire attribuer le prix par ordre d'hypothèque? Je le crois, mais pour d'autres raisons que celles qui font annuler à l'égard des créanciers les paiements anticipés et les cessions dont je viens de parler; car, s'ils sont déclarés nuls, c'est que, n'étant devenus parfaits qu'après l'inscription, ils ne sont pas opposables aux créanciers hypothécaires antérieurement inscrits, au lieu que la vente de récoltes sur pied est une aliénation mobilière, valable et, par conséquent, parfaite à l'égard des créanciers hypothécaires par cela seul qu'avant ou même après l'inscription les parties sont convenues de la chose et du prix[43]. Ce qui me détermine, dans l'espèce, en faveur des créanciers hypothécaires, c'est le principe de l'immobilisation des fruits par la transcription de la saisie : l'article 682 ne distingue pas, pour l'application

[42] Demolombe, *op. cit.*, t. IX, n° 187. Aubry et Rau, *op. cit.*, t. II, p. 11. Proudhon, *op. cit.*, t. II, n° 100. Troplong, *Des privilèges et hypothèques,* t. II, n° 404; t. III, n° 834. Pont, *op. cit.*, t. I, n°s 363 et 365. Il en est de même d'une coupe de taillis ou de futaies aménagées, quand le temps normal de la coupe est arrivé (Aubry et Rau, *op. et loc. cit.;* Proudhon, *op. et loc. cit.*), mais il en serait différemment s'il s'agissait de futaies non aménagées qui auraient été vendues pour être abattues : cette aliénation serait immobilière au point de vue du pouvoir ou de la capacité du vendeur (Duranton, *op. cit.*, t. IV, n° 37; Demolombe, *op. cit.*, t. IX, n° 180; Aubry et Rau, *op. cit.*, t. II, p. 10) et des droits des créanciers hypothécaires : ces futaies ne seraient donc pas mobilisées, et ces créanciers pourraient, malgré la vente empêcher la coupe et exercer, à leur rang, leur droit de préférence sur le prix (Demolombe, *op. cit.*, t. IX, n°s 188 et suiv.; Aubry et Rau, *op. cit.*, t. II, p. 10; t. III, p. 428; *contrà,* Troplong, *op. et loc. cit.*). Ils ne pourraient, d'ailleurs, en aucun cas et quand même il s'agirait de récoltes sur pied ou de futaies qui ne sont pas mises en coupe réglée, suivre les fruits ou les bois abattus entre les mains de l'acquéreur de bonne foi, lequel serait couvert à leur égard par la règle : « En fait « de meubles possession vaut titre » (Voy., en ce sens, Aubry et Rau, *op. cit.*, t. III, p. 428, et, sur cette règle, t. I, § **128** et t. III, § **585**). Ils ne pourraient pas non plus s'en faire attribuer le prix déjà payé par ordre d'hypothèque et à l'exclusion des créanciers chirographaires, car, n'ayant sur ces objets aucun droit de suite, ils ne pourraient invoquer aucun droit de préférence sur le prix (Bioche, *op. et v° cit.*, n° 310; voy., sur l'extinction du droit de préférence en cas de perte du droit de suite et sur les cas exceptionnels où le premier peut survivre au second, *infrà*, §§ **709** et suiv.).

[43] « Elle (la vente) est parfaite entre les parties, et la propriété est acquise de plein « droit à l'acheteur à l'égard du vendeur, dès qu'on est convenu de la chose et du « prix, quoique la chose n'ait pas encore été livrée ni le prix payé » (C. civ., art. 1583). La loi ne réserve, par ces mots « à l'égard du vendeur. » que les droits des tiers auxquels les ventes d'immeubles ne sont opposables qu'après avoir été transcrites (L. 23 mai 1854, art. 3); les ventes mobilières sont opposables aux ayants-cause du vendeur dès et par cela seul qu'elles ont été conclues (*Nec obst.* C. civ., art. 1141; voy. t. III, § **543**).

de ce principe, entre les fruits déjà vendus et ceux qui ne le sont pas encore, et l'immobilisation ne doit céder que devant le fait accompli, à savoir l'enlèvement des fruits sur lesquels les créanciers n'ont pas de droit de suite, et le paiement du prix sur lequel, n'ayant pas de droit de suite, ils n'ont pas de droit de préférence [44]. Dira-t-on que le saisi qui conserve jusqu'à la transcription le droit d'aliéner l'immeuble conserve aussi jusque-là le droit de disposer des fruits? En conclura-t-on que les créanciers hypothécaires ne peuvent empêcher l'acheteur de les couper, et que le prix qui en proviendra doit être réparti, comme valeur mobilière, entre tous les créanciers? Je réponds que l'acheteur de l'immeuble hypothéqué, bien que devenu propriétaire, ne peut payer valablement son prix qu'entre les mains des créanciers hypothécaires, mais que, le droit de suite n'existant pas quant aux fruits, les créanciers n'ont qu'un moyen d'empêcher que le prix soit payé à leur détriment : c'est de faire annuler la vente et de s'opposer à la coupe [45].

4° Des créanciers chirographaires ont saisi-brandonné avant la transcription des fruits qui pendent encore par branches ou par racines au moment où cette formalité est remplie [46], ou saisi-arrêté à la même époque des loyers ou des fermages qui n'arriveront à échéance qu'après cette transcription [47]. Ces saisies font-elles échec à l'immobilisation, et les fruits qui en sont l'objet seront-ils, par conséquent, répartis au marc le franc entre tous les créanciers inscrits ou non [48]? C'est encore une question controversée, mais j'y réponds cette fois négativement, car la saisie-brandon est une saisie mobilière qui ne peut pas s'appliquer à des fruits immobilisés, et, la saisie-arrêt

[44] Voy. *suprà*, note 42.

[45] Bioche, *op., v° et loc. cit.* Cette difficulté a été soulevée dans l'affaire sur laquelle la cour de cassation, chambre des requêtes, a statué le 30 mars 1868 (D. P. 68. 1. 417), mais la cour n'a pas eu à juger cette question, car l'immobilisation des fruits et toutes les conséquences qui en résultent supposent une saisie immobilière effectivement formée et même transcrite, et le créancier hypothécaire s'était borné, dans l'espèce, à faire valoir ses droits dans un ordre ouvert après aliénation volontaire (Voy., sur cette procédure, le tome V de ce Traité).

[46] Voy., sur cette saisie, sur les fruits qui peuvent en être l'objet, et sur l'époque à laquelle il est permis de la faire, t. III, §§ **584** et suiv.

[47] Voy., sur le droit de saisir-arrêter des sommes non encore échues, t. III, § **594**.

[48] Sans privilège pour le premier saisissant. Voy., sur cette règle, t. III, § **563**, et, sur l'application qu'elle reçoit en matière de saisie-arrêt, t. III, §§ **627** et suiv.

des sommes non échues n'aboutissant qu'à l'échéance, les loyers et fermages saisis-arrêtés doivent être joints au prix de l'immeuble et attribués par ordre d'hypothèque aux créanciers inscrits. Dira-t-on que ces deux saisies constituent un droit acquis pour les créanciers chirographaires? Non, car la transcription de la saisie immobilière immobilise, aux termes des articles 682 et 684, tous les fruits naturels ou civils à recueillir ou à échoir après l'accomplissement de cette formalité, et il n'y a de droit acquis à l'encontre que pour les fruits recueillis ou échus avant cette époque : on a même vu dans ce § qu'un paiement anticipé de loyers ou de fermages ne constituerait pas, à ce point de vue, un droit acquis et ne serait pas toujours opposable aux créanciers hypothécaires, même pour le temps qui précède la transcription de la saisie[49].

§ **664**. C. Le saisi conserve jusqu'à la transcription de la saisie le droit d'aliéner l'immeuble qui en est l'objet, car, tant qu'elle n'est pas rendue publique, les tiers doivent croire que le saisi conserve intacte la faculté de disposer[1]. Cette aliénation fait toujours tomber la saisie et quelquefois même le droit du saisissant : la saisie si le saisissant est créancier hypothécaire; le droit même du saisissant s'il n'est que créancier chirographaire. Dans le premier cas, la saisie se trouve faite *super non domino* et doit être recommencée sur nouveaux frais contre le tiers détenteur; dans le second cas, elle ne peut même pas être reprise, car le saisissant qui n'a pas de droit de suite ne peut exproprier le tiers détenteur[2]. Il n'y a que trois excep-

[49] Voy., en ce sens, Bioche, *op. et v° cit.*, n° 309; et, en sens contraire, Persil, *op. cit.*, t. II, n° 141; Boitard, Colmet-Daage et Glasson, *op. cit.*, t. II, n° 922; Rodière, *op. cit.*, t. II, p. 300. Chauveau distingue entre la saisie-brandon et la saisie-arrêt : il ne voit que dans la première un droit acquis opposable aux créanciers hypothécaires (Sur Carré, *op. cit.*, t. V, Ire part., quest. 2277).

§ **664**. [1] Persil, *Premier rapport à la Chambre des pairs* (D. A. *v° cit.*, p. 564, n° 18). Ce principe, qui est certain et ne souffre pas d'autres exceptions que celles qui vont être énumérées, est indépendant de la question de savoir si les aliénations antérieures à la transcription de la saisie sont opposables au saisissant lorsqu'elles n'ont été transcrites qu'après la transcription de la saisie (Voy., sur ce point, *infrà*, § 668). Tout ce que je veux dire ici, c'est qu'un acte d'aliénation enregistré et transcrit avant la transcription de la saisie est absolument opposable au créancier saisissant, sauf les exceptions ci-après.

[2] Persil, *op. et loc. cit.*

tions à ce principe : 1° l'aliénation frauduleuse consentie par un saisi qui se sait insolvable à un acheteur qui connaît cette situation ou même à un donataire qui l'ignore[3]; 2° la faillite du saisi qui rend nuls tous les actes de disposition par lui faits après le jugement déclaratif[4], et qui rend, en outre, annulables les aliénations à titre onéreux par lui faites au profit d'un acquéreur de mauvaise foi depuis l'époque à laquelle remonte la cessation de ses paiements[5], et absolument nulles les donations par lui consenties à un acquéreur, même de bonne foi, depuis cette même époque ou dans les dix jours qui l'ont précédée[6]; 3° la simulation consistant dans une aliénation fictive que le saisi n'a même pas eu la pensée d'exécuter[7]. Dans le second cas, les syndics de la faillite agiront

[3] Voy., sur cette distinction fondamentale en matière d'action paulienne, ma Thèse pour le doctorat, n°s 113 et suiv., et t. I, § **125**.

[4] C. comm., art. 443 : « Le jugement déclaratif de faillite emporte de plein droit, « à partir de sa date, dessaisissement pour le failli de l'administration de ses biens. » Voy., sur cet effet du dessaisissement du failli, Boistel, *op. cit.*, n°s 906 et suiv.; Lyon-Caen et Renault, *op. cit.*, t. II, n°s 2654 et suiv.

[5] Tous les actes à titre onéreux passés par le failli depuis cette époque « pourront « être annulés, si, de la part de ceux qui ont reçu du débiteur ou qui ont traité avec « lui, ils ont eu lieu avec connaissance de la cessation des paiements » (C. comm., art. 447). Cette nullité, supposant chez le tiers acquéreur la connaissance de la cessation des paiements, ne peut s'appliquer qu'à des actes postérieurs à cette cessation : elle diffère donc par-là de celle dont il sera parlé à la note suivante et qui, ne supposant pas chez l'acquéreur la connaissance de la cessation des paiements, s'applique même aux actes passés dans les dix jours qui l'ont précédée. La nullité prononcée par l'article 447 diffère également de celle dont il va être question en ce qu'elle est facultative : il dépend du tribunal de ne pas la prononcer (Voy., sur ce point, Boistel, *op. cit.*, n° 954; Lyon-Caen et Renault, *op. cit.*, t. II, n° 2774).

[6] C. comm., art. 446 : « Sont nuls et sans effet, relativement à la masse, lorsqu'ils « auront été faits par le débiteur depuis l'époque déterminée comme étant celle de « la cessation de ses paiements ou dans les dix jours qui auront précédé cette épo- « que, tous actes translatifs de propriété mobilière ou immobilière à titre gratuit... » Voy., sur cette nullité comparée à celle de l'article 447, la note précédente.

[7] Cette simulation ne se comprend guère qu'à l'encontre d'un créancier chirographaire, car les créanciers hypothécaires ont le droit de suite (C. civ., art. 2166), et il leur importe peu que l'immeuble qu'ils vont saisir appartienne encore à leur débiteur ou qu'il soit devenu la propriété d'un tiers détenteur. Pratiquera-t-on la simulation contre un créancier hypothécaire, pour l'effrayer par la menace de la purge, du délaissement ou de l'exception de discussion auxquelles il n'est exposé que de la part d'un tiers détenteur (Voy. *suprà*, § **647**)? C'est peu probable, car ce ne sont pas ces difficultés qui arrêteront un créancier hypothécaire prêt à saisir et qui le feront renoncer à la poursuite de son droit. Voy., quoi qu'il en soit, sur la simulation et sur la différence qui existe entre elle et la fraude proprement dite, Merlin, *op. cit.*, v° *Simulation*, § V et suiv.; Demolombe, *op. cit.*, t. XXV, n° 235; Aubry et Rau, *op. cit.*, t. IV, p. 146; Larombière, *op. cit.*, t. II, sur l'art. 1167, n° 63; Varambon, *Des actes simulés ou frauduleux* (Dans la *Revue pratique de droit français*, t. III, 1857, p. 347 et suiv.).

au nom de la masse pour obtenir la nullité de l'aliénation [8]; dans les deux autres cas, les créanciers agiront individuellement pour la faire prononcer [9] : les créanciers chirographaires recouvreront ainsi le droit de saisir que l'aliénation leur avait enlevé [10]; les créanciers privilégiés et hypothécaires, qui peuvent saisir l'immeuble sur un tiers détenteur aussi bien que sur leur débiteur personnel, agiront de même si le prix de vente leur paraît inférieur à la valeur réelle de l'immeuble, et s'ils ont perdu le droit de le faire porter plus haut en ne surenchérissant pas dans le délai fixé par la loi [11].

Dès que la saisie est transcrite, la situation change : « La « partie saisie ne peut, à compter du jour de la transcription « de la saisie, aliéner les immeubles saisis, à peine de nullité « et sans qu'il soit besoin de la faire prononcer » (Art. 686) [12]. Le mot *aliéner* comprend, outre l'aliénation proprement dite à titre onéreux ou gratuit, la constitution d'un droit d'usufruit, d'usage ou d'habitation qui aurait, pour le saisissant, les

[8] La nullité de cette aliénation ne rendra pas aux créanciers chirographaires le droit de saisir individuellement l'immeuble qui rentrera ainsi dans la masse (Voy., sur la suspension des poursuites individuelles en cas de faillite, t. III, § **557**). S'il y a des créanciers hypothécaires, l'aliénation a laissé intact leur droit de suite et, par conséquent, leur droit de saisir; ils n'ont donc pas besoin, pour l'exercer, d'attendre que les syndics aient fait prononcer la nullité de cette aliénation (Voy., sur le droit de poursuite individuelle qui appartient aux créanciers hypothécaires malgré la faillite, t. III, *ib.*).

[9] La déconfiture diffère notamment de la faillite en ce que les créanciers conservent le droit de pratiquer les poursuites individuelles (Voy. t. III, *ib.*).

[10] Ils n'ont pas le droit de suite (Voy. *suprà*, § **647**.

[11] Voy., sur ce délai, C. civ., art. 2185-1° (*Suprà, ib.*). Ce droit des créanciers privilégiés et hypothécaires n'est pas contestable : 1° pour être investi d'un privilège ou d'une hypothèque, on n'en est pas moins créancier chirographaire, et l'on peut encore se réclamer du droit commun à tous les créanciers lorsqu'on a renoncé aux droits particuliers que confère le privilège ou l'hypothèque ou négligé d'en user en temps utile; 2° la purge qui s'est accomplie faute de surenchère n'a pas éteint les actions en nullité dont l'aliénation était susceptible (Demolombe, *op. cit.*, t. XXV, n° 228; Aubry et Rau, *op. cit.*, t. III, p. 533, t. IV, p. 130; Proudhon, *Des droits d'usufruit*, t. V, n° 2369; Troplong, *op. cit.*, t. IV, n° 937; Capmas, *De la révocation des actes faits par le débiteur en fraude des droits du créancier* (Paris, 1847, n° 67); ma Thèse pour le doctorat, n° 64; civ. rej. 11 janv. 1815; Limoges, 21 déc. 1822, req. 14 févr. 1826; Nancy, 9 mai 1840; req. 18 janv. 1841, D. A. v° *Privilèges et hypothèques*, n° 2114; req. 27 nov. 1855, D. P. 56. 1. 27; civ. cass. 21 juill. 1857, D. P. 57. 1. 404; Bordeaux, 14 juill. 1873, D. P. 75. 2. 18; req. 18 févr. 1878, D. P. 78. 1. 291; *contrà*, Metz, 28 avr. 1814, Bourges, 25 mai 1827, D. A. *v° cit.*, n° 2113).

[12] *Quid* d'une aliénation consentie le jour même de la transcription de la saisie? Il semble que la formule de l'article 686 « à compter du jour de la transcription « de la saisie » ait été choisie à dessein pour prévenir un doute, et pour avertir que les aliénations consenties le jour même de la transcription de la saisie sont présumées postérieures à cette formalité et frappées, par conséquent, de nullité. Si la loi

mêmes conséquences que l'aliénation en toute propriété [13]; mais la formule « sans qu'il soit besoin de faire prononcer la nullité » est loin d'avoir, en réalité, le sens qu'elle présente à première vue : elle ne veut dire ni que tous les intéressés puissent invoquer cette nullité ni surtout qu'elle puisse être prononcée d'office, mais seulement : 1° que le saisissant peut passer outre à l'aliénation et consommer, comme si de rien n'était, l'expropriation du saisi qui n'a pas cessé, quant à lui, d'être propriétaire [14]; 2° que l'acquéreur n'a pas le droit d'attaquer une autre aliénation consentie postérieurement par le saisi, transcrite par le second acquéreur, et régularisée par la consignation d'une somme suffisante pour désintéresser le saisissant et les créanciers inscrits [15]; 3° qu'en cas de contestation entre les personnes recevables à attaquer cette aliénation et celles qui ont intérêt à la faire maintenir, le tribunal ne peut pas refuser d'en prononcer la nullité [16]. Peuvent la demander les personnes en faveur desquelles elle est éta-

eût voulu qu'il en fût autrement, elle eût dit « à compter de la transcription » (Persil, *Commentaire de la loi du 2 janvier 1841*, n° 146; Limoges, 29 mai 1834, D. A. v° *Vente publique d'immeubles*, n° 649; *contrà*, Bioche, *op. et v° cit.*, n° 260; Chauveau, sur Carré, *op. cit.*, t. V, Ire part., quest. 2298). L'acquéreur pourra-t-il, au moins, prouver que la vente à lui faite a été signée avant que la saisie fût transcrite, par exemple, le matin, alors que la transcription n'a eu lieu que l'après-midi? Non, car la loi paraît contraire à ce genre de preuve toujours difficile (Arg. C. civ., art. 2147 : « Tous les créanciers inscrits le même jour exercent « en concurrence une hypothèque de la même date, sans distinction entre l'inscrip- « tion du matin et celle du soir, quand cette différence serait marquée par le conser- « vateur; » et 2260 : « La prescription se compte par jour et non par heure »). Il y a, d'ailleurs, en ce sens, un argument plus décisif : l'article 686 présume que les aliénations faites le jour même de la transcription de la saisie sont postérieures à cette transcription; sur le fondement de cette présomption il les annule, et les présomptions sur le fondement desquelles la loi annule certains actes sont *juris et de jure*, c'est-à-dire qu'elles n'admettent pas la preuve contraire (Voy. t. II, § **271**).

13 Les créanciers chirographaires ne pourraient plus saisir que la nue-propriété, les droits d'usufruit, d'usage ou d'habitation appartenant désormais à un tiers contre lequel ils n'ont pas de droit de suite. Les créanciers hypothécaires ne pourraient continuer contre le débiteur que la saisie de la nue-propriété, et devraient commencer de nouvelles poursuites contre l'acquéreur des droits d'usufruit, d'usage ou d'habitation (Voy., sur les personnes contre lesquelles la saisie immobilière doit être dirigée, *suprà*, § **646**). Par contre, la convention passée entre le saisi et son locataire, pour augmenter les droits de jouissance accordés à celui-ci par son bail, n'est pas une aliénation et ne tombe pas sous le coup de l'article 686 (Req. 26 nov. 1878; D. P. 79. 1. 302).

14 Bioche, *op. et v° cit.*, n° 262. Carré, *op. cit.*, t. V, Ire part., quest. 2293. Chauveau, sur Carré, *op. et loc. cit.*

15 Bourges, 17 nov. 1887 (D. P. 88. 2. 28). Voy., sur cette consignation, le § suivant.

16 Boitard, Colmet-Daage et Glasson, *op. cit.*, t. II, n° 930.

blie, à savoir le poursuivant, l'adjudicataire[17] et les créanciers hypothécaires même non poursuivants : il est vrai que la sommation de prendre communication du cahier des charges n'aura lieu que plus tard[18], qu'ils ne sont pas encore liés à la poursuite[19], et qu'on est parti de là pour leur contester le droit d'attaquer l'aliénation[20]; mais l'article 687, aux termes duquel l'acquéreur ne peut obtenir le maintien de son acquisition qu'en consignant une somme suffisante pour acquitter toutes les créances inscrites — je reviendrai sur ce point au § suivant — montre par-là que tous les créanciers hypothécaires qui ne sont pas désintéressés peuvent s'opposer au maintien de l'aliénation ou, ce qui revient au même, en demander la nullité[21]. Ne peuvent l'invoquer, car elle est purement relative, le saisi qui a lui-même aliéné[22], ses créanciers chirographaires qui, le cas de fraude toujours réservé[23], n'ont pas plus de droits que lui[24], et l'acquéreur mécontent

17 Boitard, Colmet-Daage et Glasson, *op. et loc. cit.*

18 Voy., sur cette sommation, *infrà*, § **670**.

19 Voy., sur ce point, *infrà*, note 21 et § **670**.

20 Grenoble, 3 avr. 1821 (D. A. *v° cit.*, n° 658).

21 Grenoble, 27 juin 1817; Riom, 29 janv. 1830 (D. A. *v° cit.*, n° 659). On a fait remarquer que les créanciers hypothécaires sont, sous un certain rapport, liés à la procédure dès la transcription de la saisie, puisqu'ils peuvent faire opposition au paiement des loyers et fermages (Boitard, Colmet-Daage et Glasson, *op. cit.*, t. II, n° 945; voy., sur cette opposition, *suprà*, § **662**). Cette observation est-elle parfaitement exacte et peut-on dire que la transcription lie, à ce point de vue, les créanciers hypothécaires à la saisie? Je ne le crois pas : cela serait vrai si l'article 685, qui permet aux créanciers de faire opposition au paiement des loyers et fermages qui écherront après cette transcription, n'accordait ce droit qu'à eux seuls, mais on a vu *suprà*, *ib.*, qu'il appartient également aux créanciers chirographaires qui se trouvent en situation de saisir, étant pourvus d'un titre exécutoire et ayant signifié un commandement : dira-t-on qu'ils sont, eux aussi, liés à la saisie? Assurément non. Je conclus de là que, malgré l'article 685, elle ne devient commune aux créanciers hypothécaires, en vertu de l'article 693, qu'après la mention en marge de la transcription de la saisie des sommations à eux faites, d'avoir à prendre connaissance du cahier des charges (Voy. *infrà*, § **674**). On verra au § suivant quel parti il faut tirer de cette observation. Je reconnais, d'ailleurs, avec les auteurs que je viens de citer, qu'il y a dans la loi un défaut de concordance et que les articles 685 et 693 ne sont pas facilement conciliables.

22 Bioche, *op. et v° cit.*, n° 263. Carré, *op. cit.*, t. V, 1re part., quest. 2294. Chauveau, sur Carré, *op. et loc. cit.* Boitard, Colmet-Daage et Glasson, *op. et loc. cit.* Persil, *op. cit.*, n° 149. Req. 4 janv. 1882 (D. P. 83. 1. 200). Bordeaux, 27 avr. 1885 (D. P. 86. 2. 263).

23 C. civ., art. 1167 (Voy. *suprà*, même §).

24 Bioche, *op.*, *v° et loc. cit.* Carré, *op. et loc. cit.* Chauveau, sur Carré, *op. et loc. cit.* Boitard, Colmet-Daage et Glasson, *op. et loc. cit.* Persil, *op. et loc. cit.* Rouen, 27 avr. 1820 (D. A. *v° cit.*, n° 666). Voy., sur la situation des créanciers chirographaires par rapport aux droits qui compètent à leur débiteur, C. civ., art. 1166, t. I, § **120**.

de son acquisition, car c'est contre lui et non point en sa faveur que cette nullité est établie[25]. Elle n'intéresse pas non plus l'ordre public, et il n'y a, par suite, aucune raison pour la prononcer d'office, alors que personne la demande et que les parties intéressées acceptent le maintien de l'aliénation[26]. On verra, d'ailleurs, au § **748** que la loi du 2 juin 1881 a sagement restreint ce qu'aurait d'excessif l'application indéfinie de l'article 686.

§ **665**. L'article 686 cesse de s'appliquer dans deux cas : 1° quand le saisissant donne mainlevée de la saisie ; 2° lorsqu'aux termes de l'article 687 l'acquéreur consigne les sommes dues au poursuivant et aux créanciers inscrits : « L'aliénation ainsi faite aura son exécution si, avant le jour fixé « pour l'adjudication, l'acquéreur consigne une somme suffisante pour acquitter, en principal, intérêts et frais, ce qui « est dû aux créanciers inscrits[1] ainsi qu'au saisissant[2], et s'il « leur signifie l'acte de consignation. » Dans le premier cas, le poursuivant renonce spontanément à la saisie ; dans le second cas, il n'a plus d'intérêt à la continuer : l'immeuble saisi redevient donc aliénable et la nullité de l'aliénation déjà faite ne peut plus être demandée. Le rapprochement de ces deux

[25] Bioche, *op.*, *v° et loc. cit.* Carré, *op. et loc. cit.* Chauveau, sur Carré, *op. et loc. cit.* Boitard, Colmet-Daage et Glasson, *op. et loc. cit.* Persil, *op. et loc. cit.* Req. 5 déc. 1827; Paris, 9 déc. 1833 (D. A. *v° cit.*, n° 653). Civ. rej. 10 janv. 1838 (D. A. *v° cit.*, n° 686). Voy. encore *infrà*, § **666**, en cas de ventes successives, une application de ce principe que la nullité dont il s'agit est purement relative.

[26] Voy. cep. Riom, 29 janv. 1830 (D. A. *v° cit.*, n° 659).

§ **665.** [1] L'article 687 dit, sans autrement préciser, « les créanciers inscrits; » mais à quelle époque doivent-ils l'être pour bénéficier de cette disposition et figurer au nombre des créanciers qu'il faut désintéresser pour éviter la nullité de l'aliénation? Au moment de la consignation : cela résulte du texte même de l'article 687 qui oblige l'acheteur à consigner le montant des sommes dues aux créanciers inscrits, c'est-à-dire des créanciers inscrits au moment où il consigne (Boitard, Colmet-Daage et Glasson, *op. cit.*, t. II, n° 933).

[2] L'article 693 du Code de 1806 ne parlait que des créances inscrites, mais il était admis, en doctrine et en jurisprudence, que l'acquéreur devait consigner aussi, pour éviter la nullité de l'aliénation, les sommes dues au créancier chirographaire poursuivant (Voy., en ce sens, Tarrible, dans le *Répertoire* de Merlin, *v° cit.*, § VI, art. I, n° 13; Pigeau, *op. cit.*, t. II, p. 231; Persil, *Questions sur les privilèges et hypothèques*, t. II, p. 354; aj. les observations présentées par M. Debelleyme à la Chambre des députés dans la discussion de la loi du 2 juin 1841, séance du 7 janvier 1841, *Moniteur* du 8, p. 54). La partie du nouvel article 687 qui consacre formellement cette pratique a été combattue par MM. de Golbéry et Dusollier (Voy. la même séance; *Moniteur, ibid.*, p. 55).

cas ne laisse pourtant pas d'embarrasser[3], car, si la mainlevée de la saisie doit rendre au saisi la libre disposition de son immeuble, il n'aura, pour l'obtenir, qu'à désintéresser le saisissant et se dispensera, puisque rien ne l'y oblige, de payer les créanciers inscrits[4] : comment donc pourront-ils exercer le droit que leur reconnaît l'article 687, de demander la nullité de l'aliénation si l'acquéreur ne les a pas entièrement désintéressés? La vérité est qu'il faut distinguer ici deux moments : 1° avant la mention au bureau des hypothèques, en marge de la transcription de la saisie, des sommations qui devront être faites aux créanciers; 2° après l'exécution de cette formalité[5].

A. La saisie a été transcrite, mais les sommations n'ont pas encore été faites, ou — ce qui revient au même dans l'espèce[6] — elles n'ont pas encore été mentionnées en marge de la transcription de la saisie. A ce moment, le saisissant est maître absolu de la poursuite, et il suffit, pour en obtenir la radiation[7], de consigner tout ce qui lui est dû[8]. Cela résulte : 1° de l'article 693, aux termes duquel la radiation de la saisie n'est subordonnée au consentement des créanciers inscrits que lorsqu'elle est postérieure à la mention dont il s'agit[9]; 2° du rejet par la Chambre des députés, le 8 janvier 1841, d'un amendement de MM. Renouard et Vivien ainsi conçu : « L'aliénation ainsi faite aura son effet si, avant l'adjudica-

[3] Les articles 687 à 689 ont soulevé tant de difficultés, lors des travaux préparatoires de la loi du 2 juin 1841, que MM. Boudet et Quénault en ont demandé la suppression pure et simple (Séance de la Chambre des députés du 7 janvier 1841; *Moniteur* du 8, p. 56).

[4] Je prends, jusqu'à nouvel ordre et pour simplifier, *paiement* comme synonyme de *consignation*. L'article 687 dit *consignation*; en quoi la consignation diffère-t-elle ici du paiement? Voy. le § suivant.

[5] Voy., sur cette formalité, *infrà*, § **674**.

[6] Je dis « dans l'espèce, » parce que les sommations n'ont effet, à ce point de vue, qu'en vertu de la mention qui en est faite en marge de la transcription de la saisie (Voy. *infrà*, même § et § **674**). Voy., sur les effets qu'elles produisent par elles-mêmes et indépendamment de cette mention, *infrà*, §§ **671** et suiv.

[7] Voy., sur la radiation de la saisie, *infrà*, § **735**.

[8] Voy., en ce sens, sous le Code de procédure de 1806, Tarrible, dans le *Répertoire* de Merlin, *v° et loc. cit.*; Persil, *op. cit.*, t. II, p. 200; et, sous la loi du 2 juin 1841, Chauveau, sur Carré, *op. cit.*, t. V, Ire part., quest. 2294, 2303 et 2335; Boitard, Glasson et Colmet-Daage, *op. et loc. cit.*

[9] Ou à l'existence de jugements rendus contre eux (Voy., sur ce point, *infrà*, § **735**).

« tion, la saisie est rayée du consentement des saisissants et « de tous les créanciers inscrits[10]. » Le maintien de l'aliénation résulte même du seul fait de la mainlevée, et n'est pas subordonné à la formalité purement matérielle de la radiation[11] dont l'omission n'engage, comme on va le voir, que la responsabilité du saisi[12]. Les autres créanciers n'ont que deux moyens de l'empêcher d'obtenir mainlevée à leur préjudice : 1° saisir à leur tour avant qu'il ait consigné, et se faire subroger aux poursuites abandonnées par le premier saisissant[13]; 2° intervenir au même moment dans la saisie pour la conservation de leurs droits[14]. Après la consignation leur saisie ou leur intervention serait tardive, car le saisi aurait un droit acquis à la mainlevée[15]. Le premier de ces deux moyens est à la portée de tous les créanciers, même chirographaires, qui ont fait la seconde ou subséquente saisie[16]; le second ne peut servir, quoi qu'on l'ait contesté, qu'aux créanciers hypothécaires, et les créanciers chirographaires n'y pourraient recourir, eûssent-ils le droit de saisir eux-mêmes étant pourvus d'un titre exécutoire et ayant signifié un commandement au débiteur. Les créanciers hypothécaires qui n'ont pas attendu pour intervenir les sommations qui

[10] M. Renouard avait proposé d'abord cet amendement : « L'aliénation faite par le « débiteur aura son effet si, avant l'adjudication, l'acquéreur a obtenu la ratification « du poursuivant et de tous les créanciers inscrits. » Il le retira pour se rallier à celui de M. Vivien qui exprimait avec plus de précision la même pensée. Voy., sur ces amendements et sur le vote qui les a écartés, la séance de la Chambre du 8 janvier 1841 (*Moniteur* du 9, p. 58 et suiv.).

[11] Chauveau, sur Carré, *op. cit.*, t. V, Ire part., quest. 2294. Grenoble, 1er févr. 1868 (D. P. 68. 2. 242). Une mainlevée en forme serait même inutile (Voy. cet arrêt) si la vente de l'immeuble saisi avait été faite au saisissant lui-même, car, en consentant à cette vente, il aurait donné par cela seul mainlevée de la saisie par lui pratiquée.

[12] Grenoble, 1er févr. 1868 (D. P. 68. 2. 242).

[13] Voy., sur le concours de plusieurs saisies successives, *infrà*, § **731**, et, sur la subrogation d'un second ou subséquent saisissant aux poursuites de celui ou de ceux qui le précèdent, *infrà*, §§ **732** et suiv. Aj. *infrà*, note 16.

[14] Voy., sur l'intervention en général, t. II, §§ **383** et suiv., et, en particulier, dans la procédure de saisie immobilière, *infrà*, § **730**. Voy. plus spécialement encore, dans cette hypothèse, Bioche, *op. et v° cit.*, n° 258; Chauveau, sur Carré, *op. cit.*, t. V, Ire part., quest. 2294; req. 14 mai 1835 (D. A. *v° cit.*, n° 844).

[15] Chauveau, sur Carré, *op. et loc. cit.*

[16] Cette saisie a pu n'être pas transcrite (Voy. *infrà*, § **731**). Si les deux saisies ont été jointes (Voy. *infrà*, *ib.*), l'acquéreur devra désintéresser les deux saisissants sans qu'aucun des deux ait besoin de se faire subroger aux poursuites de l'autre (Chauveau, sur Carré, *op. cit.*, t. V, Ire part., quest. 2303).

leur seront faites de prendre communication du cahier des charges sont fondés à prétendre que leur intervention équivaut, au point de vue de la mainlevée, à la mention de ces sommations en marge de la transcription de la saisie, mais les créanciers chirographaires ne peuvent tenir ce langage que s'ils sont eux-mêmes saisissants, car les saisissants et les créanciers inscrits sont les seules personnes que l'acquéreur soit tenu de désintéresser pour conserver le bénéfice d'une aliénation postérieure à la transcription de la saisie[17].

B. La mention des sommations prescrites par l'article 692 en marge de la transcription de la saisie change immédiatement cette situation : la saisie ne peut plus être rayée sans le consentement des créanciers inscrits[18], et l'acquéreur ne peut éviter la nullité de l'aliénation qu'en les désintéressant sans qu'ils aient besoin, pour conserver leur droit, de saisir à leur tour ou d'intervenir dans la saisie déjà formée[19]. L'article 688, supposant que l'acquéreur a emprunté pour les désintéresser, dit même que « les prêteurs n'auront d'hypothèque que « postérieurement aux créanciers inscrits lors de l'aliénation », et cette disposition passe avec raison pour inutile[20]. Que signifie-t-elle? Que les hypothèques des prêteurs ne prendront rang qu'à la date de leurs inscriptions? C'est un principe élémentaire qu'on eût pu se dispenser de rappeler. Qu'elles ne passeront après celles des créanciers inscrits que les deniers prêtés ont servi à désintéresser? On ne voit pas comment ce conflit pourrait s'élever, car ces hypothèques sont éteintes par le paiement des créances qu'elles garantissaient. Que les prêteurs ne seront pas subrogés légalement aux hypothèques des créanciers payés de leurs deniers, et qu'ils devront, s'ils veulent se mettre à la place de ces créanciers, se faire subroger

[17] Voy., en ce sens, les observations de M. Pascalis à la Chambre des députés (Séance du 8 janvier 1841; *Moniteur* du 9, p. 62); Chauveau, sur Carré, *op. cit.*, t. V, Ire part., quest. 2303 et 2335; et, en sens contraire, Ollivier et Mourlon, *Commentaire de la loi portant modification des articles du Code de procédure civile sur la saisie immobilière et sur les ordres* (Paris, 1858), n° 64.

[18] « Ou en vertu de jugements rendus contre eux » (Voy. *infrà*, § **735**).

[19] Tarrible, dans le *Répertoire* de Merlin, *v° et loc. cit.* Chauveau, sur Carré, *op. cit.*, t. V, Ire part., quest. 2294, 2303 et 2335. Boitard, Colmet-Daage et Glasson, *op. et loc. cit.*

[20] Chauveau, sur Carré, *op. cit.*, t. V, Ire part., n° CCCCXCIV *bis*. Boitard, Colmet-Daage et Glasson, *op. cit.*, t. II, n° 937.

conventionnellement à leurs droits [21] ? On n'a jamais besoin de dire qu'une personne n'est pas subrogée légalement, car, la subrogation légale est de droit étroit et n'a lieu que dans les cas déterminés par la loi [22]. On verra au § suivant comment les prêteurs de deniers peuvent se trouver en présence de privilèges ou d'hypothèques légales dispensées d'inscription et non inscrites, et ce qui adviendra de ce conflit.

§ **666**. L'article 687 exige de l'acquéreur, s'il veut conserver la propriété de l'immeuble par lui acquis, la consignation d'une somme suffisante pour acquitter, en principal, intérêts et frais, tout ce qui, échu ou non, est dû, suivant la distinction posée au § précédent, au saisissant et aux créanciers inscrits [1]; l'article 689 porte que la consignation sera faite avant l'adjudication et qu'aucun délai ne sera, sous aucun prétexte, accordé pour l'effectuer [2]; mais ce qu'il y a de plus remarquable dans ces articles, c'est le caractère qu'ils attribuent implicitement à la consignation et le privilège qu'ils accordent virtuellement aux personnes en faveur desquelles elle est faite [3].

[21] En vertu de l'article 1250-2° du Code civil : « La subrogation est conventionnelle... 2° lorsque le débiteur emprunte une somme à l'effet de payer sa dette et « de subroger le prêteur dans les droits du créancier. Il faut, pour que cette subrogation soit valable, que l'acte d'emprunt et la quittance soient passés devant notaires, que, dans l'acte d'emprunt, il soit déclaré que la somme a été empruntée « pour faire le paiement, et que, dans la quittance, il soit déclaré que le paiement « a été fait des deniers fournis à cet effet par le nouveau créancier; cette subrogation s'opère sans le concours de la volonté du créancier. »

[22] L'article 2103-2° et 5° du Code civil accorde le privilège du vendeur d'immeubles et celui des architectes, entrepreneurs et ouvriers aux personnes qui ont fourni des deniers pour payer ces créanciers, mais il ne les subroge pas légalement à ce privilège et suppose qu'une subrogation expresse leur a été consentie (Aubry et Rau, *op. cit.*, t. III, p. 170 et 176).

§ **666.** [1] L'article ne distingue pas suivant que la créance du saisissant et des créanciers inscrits est échue ou non encore exigible (Chauveau, sur Carré, *op. cit.*, t. V, Ire part., quest. 2311; civ. cass. 3 mai 1858, D. P. 58. 1. 211).

[2] La consignation serait tardive si l'acquéreur apportait la somme à l'audience où il va être procédé à l'adjudication : l'article 687 suppose une consignation faite avant ce moment et signifiée au saisissant (Chauveau, sur Carré, *op. cit.*, t. V, Ire part., n° CCCCXCIV *bis*). D'ailleurs, il va de soi que les parties intéressées pourraient dispenser l'acquéreur d'une consignation effective : elles ne feraient qu'user ainsi, sous une autre forme, du droit qu'elles ont (Voy. *suprà*, même §) de ne pas demander la nullité de l'aliénation (Bordeaux, 24 janv. 1826; D. A. v° *cit.*, n° 1617).

[3] La jurisprudence offre une curieuse application de l'article 687 combiné avec le principe que l'aliénation de l'immeuble saisi après la transcription est frappée d'une nullité purement relative (Voy. *suprà*, § **666**). L'immeuble saisi a été vendu après

A. La consignation des sommes dues au poursuivant et aux créanciers inscrits est un véritable paiement, à cela près qu'au lieu d'être immédiatement remises aux créanciers, ces sommes sont déposées à la Caisse des dépôts et consignations pour leur être attribuées après qu'ils auront justifié de leurs droits[1], mais ce n'est ni le paiement du prix de vente ni le paiement de la créance du poursuivant et des créances inscrites. Ce n'est pas le paiement du prix de vente, mais une somme que l'acheteur offre en sus du prix pour consolider un contrat qu'il

la transcription de la saisie à deux acheteurs successifs : lequel sera préféré, de celui qui aura le premier fait transcrire son titre au bureau des hypothèques, ou de celui qui aura le premier consigné les sommes dues au saisissant et, s'il y a lieu, aux créanciers inscrits? Celui qui aura fait le premier transcrire son titre, dit un arrêt de la cour de Poitiers du 12 juillet 1869 (D. P. 72. 1. 337), attendu que la vente à lui faite est valable entre les parties et à l'égard de tous autres que le poursuivant et les créanciers inscrits, spécialement à l'égard de l'autre acheteur qui n'a pas encore transcrit; la consignation destinée à consolider cette vente à l'encontre du saisissant et des créanciers inscrits n'a aussi d'effet qu'à leur égard, et la consignation faite par l'acheteur qui n'a pas encore transcrit ne lui donne pas la propriété à l'encontre de l'autre acheteur qui a transcrit le premier et consigné le second. La Cour de cassation (Civ. rej. 22 juill. 1872; D. P. *ib.*) a rejeté le pourvoi par une raison moins décisive : la validité de l'aliénation postérieure à la transcription est subordonnée, a-t-elle dit, à une condition suspensive qui consiste dans la consignation des sommes dues au saisissant et, s'il y a lieu, aux créanciers inscrits, et dont l'accomplissement rétroagit au jour même de la vente (C. civ., art. 1179) : celle-ci, devenant ainsi pure et simple, est régie par les principes généraux des ventes pures et simples et fait acquérir la propriété à celui des deux acheteurs qui a transcrit le premier. On peut faire à ce raisonnement deux objections également décisives. 1° Les articles 687 et suivants, sur la consignation des sommes dues, sont étrangers aux rapports des parties entre elles : ils n'intéressent que le saisissant et les créanciers inscrits, et n'empêchent pas la vente d'être pure et simple à l'égard de toutes autres personnes (Voy. la note dans D. P. *ib.*). 2° Si cette consignation devait consolider le droit d'un des deux acheteurs, comme l'arrivée de la condition suspensive consolide les droits subordonnés à cette condition, il serait inexplicable qu'elle ne consolidât pas ceux de l'acheteur qui a consigné, et que la consignation par lui faite ne servît qu'à rendre les droits de l'autre acheteur définitifs et incommutables à l'égard du poursuivant et des créanciers inscrits.

[1] On va voir que ces droits peuvent être contestés. Voici, au surplus, comment M. Debelleyme s'est exprimé, le 8 janvier 1841, devant la Chambre des députés : « C'est indûment qu'on se sert dans la loi du mot *consignation :* c'est un paiement. « Mais on comprend que, lorsqu'il faut relier des créanciers inscrits qui peuvent de« meurer dans des villes éloignées, dont les titres ne peuvent être représentés promp« tement, et lorsque le domicile élu est insuffisant, lorsqu'on peut contester leur « créance en tout ou en partie, la loi veut, pour arrêter par quelque chose de sé« rieux une poursuite et une mainmise de créancier ayant un titre paré, la loi veut « une consignation : c'est une délégation, une attribution, un paiement par consi« gnation..... Je crois donc que, sans changer le mot *consignation* qui se trouve dans « l'ancien article du Code, parce qu'il se comprend bien dans la pratique, parce « qu'il est impossible, au jour des offres, de réunir tous les ayants-droit pour don« ner quittance et justifier de leurs titres, parce qu'on peut les contester en tout ou « en partie, il est nécessaire d'exiger une consignation pour arrêter les poursuites » (*Moniteur* du 9, p. 61).

trouve avantageux et dont il veut s'assurer le maintien ; ce n'est pas le paiement des créanciers auxquels il offre cette somme, mais le prix de leur renonciation à la saisie et, pour ainsi dire, l'exécution d'un contrat tacitement formé entre l'acheteur qui demande le consentement des créanciers à l'aliénation et les créanciers qui le donnent en échange de la consignation de ce qui leur est dû. Tel est, évidemment, le sens des observations, d'ailleurs trop peu précises, qu'a présentées M. Debelleyme dans la discussion de la loi du 2 juin 1841 : « Est-ce que vous « donnez au saisissant le prix de l'immeuble? Quel est le « prix d'un immeuble? C'est celui de la vente en justice; « nous n'avons pas d'autre manière d'apprécier le prix. La « vente volontaire ne donne pas la juste valeur; le prix réel « ne peut résulter que de la chaleur des enchères contradic- « toirement avec toutes les parties intéressées. Non, on ne « dépose pas un prix réel débattu contradictoirement avec « les créanciers; c'est là ce qu'il faut bien définir : ce n'est « pas d'un prix réel qu'il s'agit, c'est la déclaration d'un prix « par un débiteur saisi [5]. » La première conséquence qui en résulte, c'est le droit pour les parties intéressées de contester, s'il y a lieu, la qualité des créanciers saisissants et inscrits auxquels la consignation a été offerte, à savoir l'existence de leurs créances ou celle de leurs hypothèques [6]. Si l'acheteur croit que leurs créances ne dépassent pas le prix de vente et qu'il a consigné à tort au-delà de ce prix, il contestera leur qualité pour se faire autoriser à retirer la différence entre ce prix et le montant de sa consignation ; s'il reconnaît que leurs créances sont égales ou inférieures au prix de vente, leur qualité ne peut être contestée que par le saisi et par ses créanciers chirographaires auxquels revient le reliquat du

[5] Séance de la Chambre des députés du 8 janvier 1841 (*Moniteur* du 9, *loc. cit.*).

[6] Chauveau fait une distinction : il admet l'acheteur à contester l'existence des créances, mais il lui refuse le droit de critiquer les inscriptions, « parce que c'était à lui, « acquéreur, à s'assurer de la réalité de l'inscription avant d'acheter, et que, d'ail- « leurs, en achetant il s'est confié à la foi de son vendeur qui lui donnait l'assurance « qu'il n'existait contre lui aucune autre hypothèque ou conventionnelle ou légale. » (Sur Carré, *op. cit.*, t. V, Ire part., quest. 2306). Je n'aperçois pas le motif de cette distinction. Le droit de contester la qualité du saisissant et des créanciers inscrits a été affirmé dans les travaux préparatoires de la loi du 2 juin 1841 (Voy. les passages du discours de M. Debelleyme à la Chambre des députés rapportés *suprà*, note 4), et il est reconnu par tous les auteurs (Voy. Boitard, Colmet-Daage et Glasson, *op. cit.*, t. II, nº 935; Rodière, *op. cit.*, t. II, p. 302).

prix de vente après le paiement du saisissant et des créanciers hypothécaires[7].

B. Une autre conséquence du même principe, c'est le privilège ou, si l'on veut, l'attribution de propriété qui en résulte pour le saisissant et les créanciers inscrits. Dire, en effet, que l'acheteur pourra, en consignant le montant des sommes dues au saisissant, obtenir l'exécution de la vente qui lui a été faite avant que les sommations prescrites par l'article 692 aient été mentionnées en marge de la transcription de la saisie, c'est dire que le montant de cette consignation sera acquis au saisissant à l'exclusion de tous autres créanciers; dire que l'acheteur pourra, en consignant le montant des sommes dues au saisissant et aux créanciers inscrits, obtenir l'exécution d'une vente postérieure à la mention desdites sommations en marge de la transcription de la saisie, c'est dire encore que le saisissant et les créanciers inscrits toucheront et garderont les sommes ainsi consignées à l'exclusion de tous autres créanciers[8]. Ce privilège ou cette attribution de propriété est donc opposable : dans le premier cas, à la masse chirographaire[9], aux créanciers privilégiés ou hypothécaires dispensés d'inscription ou encore à temps pour s'inscrire[10], et même aux créanciers ins-

[7] Il y aura certainement un reliquat si le prix de vente est supérieur au montant de la créance du saisissant et des créances inscrites; il pourra y en avoir un si ce prix est égal au montant de ces créances et que celles-ci aient été, après contestation, réduites ou reconnues inexistantes. Voy., sur les personnes recevables à élever ces contestations, Boitard, Colmet-Daage et Glasson, *op. et loc. cit.*

[8] L'existence de ce privilège ou de cette attribution exclusive de propriété a été formellement reconnue dans les travaux préparatoires de la loi du 2 juin 1841 (Voy. *infrà*, même §), et n'est aujourd'hui contestée par personne (Voy. notamment Bioche, *op. et v° cit.*, n° 279; Chauveau, sur Carré, *op. cit.*, t. V, Ire part., quest. 2305 et 2306; Boitard, Colmet-Daage et Glasson, *op. cit.*, t. II, n°s 933 et 934; Rodière, *op. cit.*, t. II, p. 301).

[9] Sont compris dans la masse chirographaire, sauf les exceptions indiquées à la note suivante, tous les créanciers privilégiés ou hypothécaires qui sont soumis à l'inscription et ne l'ont pas encore prise lors de la consignation (Voy., sur ce point, *suprà*, § précédent, note 1). Leur privilège ou leur hypothèque ne valant à l'égard des tiers que par l'inscription (C. civ., art. 2106, 2134 et 2166; voy. t. III, § 534), ils sont, par le seul fait de leur non-inscription, à considérer comme des créanciers chirographaires.

[10] C'est-à-dire : 1° aux créanciers hypothécaires et privilégiés qui ne sont pas encore inscrits, mais qui pouvaient s'inscrire utilement, en 1848, pendant un délai de quinzaine à compter de la transcription de l'aliénation faite par le saisi (Arg. art. 834; voy., en ce sens, les observations de M. Lherbette à la Chambre des députés, séance du 8 janvier 1841, *Moniteur* du 9, p. 63), et le peuvent encore aujourd'hui, mais seulement jusqu'à la transcription (L. 23 mars 1855, art. 6; voy., sur l'abroga-

crits[11]; dans le second cas, à la masse chirographaire et aux créanciers privilégiés ou hypothécaires dispensés d'inscription ou encore à temps pour s'inscrire[12]. Il en résulte donc : 1° que les créanciers chirographaires n'auront jamais droit au montant de la consignation, et cela se comprend étant donné qu'ils n'ont pas le droit de suite et qu'ils ne peuvent critiquer les aliénations postérieures à la transcription de la saisie; 2° qu'au lieu d'être attribuée aux créanciers privilégiés ou hypothécaires dans l'ordre qui leur est assigné par la loi ou qui résulte de leur inscription, cette somme est exclusivement attribuée au saisissant et aux créanciers déjà inscrits[13]. Ce privilège ou cette attribution de propriété déroge à deux principes, à celui qui refuse tout privilège au saisissant[14], et à celui d'après lequel les sommes provenant de l'aliénation volontaire ou forcée d'un bien grevé de privilège ou d'hypothèque sont attribuées par voie d'ordre aux ayants-droit[15]; mais cette situation exceptionnelle se justifie de deux manières. 1° Théoriquement, la somme consignée par l'acquéreur n'est pas un prix de vente

tion de l'article 834 par cette loi, le tome V de ce Traité) — parmi ces créanciers doivent figurer les créanciers munis d'un privilège général, tant sur les meubles que sur les immeubles, lesquels sont dispensés d'inscription au point de vue du droit de préférence mais y restent soumis au point de vue du droit de suite (Voy. t. III, § **534**); — 2° au vendeur et au copartageant, c'est-à-dire au propriétaire qui a vendu l'immeuble au débiteur saisi et aux copartageants qui ont mis cet immeuble dans son lot, lesquels peuvent s'inscrire utilement après la transcription de l'aliénation par lui faite, tant qu'il ne s'est pas écoulé plus de quarante-cinq jours depuis l'acte de vente ou de partage passé entre eux et le saisi (L. 23 mars 1855, art. 6); — 3° à la femme mariée et au mineur qui sont dispensés d'inscription tant au point de vue du droit de suite qu'au point de vue du droit de préférence, en ce sens que l'efficacité de leur hypothèque est, sous ces deux rapports, indépendante de toute inscription préalable, sauf ce qui sera dit de la purge, *infrà,* même §. Tous ces créanciers se trouvent dans une situation identique, en ce sens que l'acquéreur n'est pas obligé, pour consolider son titre, de consigner les sommes qui leur sont dues (Voy., en ce qui concerne la femme mariée et le mineur non inscrits et appelés à la saisie conformément aux articles 692 et 696, Chauveau, sur Carré, *op. cit.*, t. V, 1re part., quest. 2305 *ter;* Pont, sur Seligmann, *op. cit.*, n° 39, note 1; en sens contraire, Ollivier et Mourlon, *op. cit.*, n° 179, et, sur les articles 692 et 696, *infrà,* §§ **673** et **681**).

[11] Je rappelle que, jusqu'à la mention de la sommation à eux faite conformément à l'article 693, ces créanciers ne sont pas compris parmi ceux que l'acquéreur est tenu de désintéresser pour conserver le bénéfice de son acquisition (Voy. *suprà,* § **665**).

[12] Voy., sur ces créanciers, *suprà,* note 19.

[13] Voy., sur ce point, les autorités citées *suprà*, note 8.

[14] Voy., sur ce principe, t. III, § **563**.

[15] Voy., sur l'ordre en général et particulièrement en cas d'aliénation volontaire, *infrà,* §§ **783** et suiv., et le tome V de ce Traité.

mais le prix de la renonciation à la saisie; elle n'appartient donc qu'aux créanciers qui y ont renoncé et sans le consentement desquels elle ne peut être rayée[16]. 2° Pratiquement, l'attribution de la propriété de cette somme représente l'indemnité due au saisissant et aux créanciers inscrits expropriés des droits acquis qui résultent pour celui-là de la transcription de la saisie, pour ceux-ci de la mention des sommations à eux faites en marge de cette transcription, indemnité d'autant plus nécessaire au saisissant qu'il ne peut surenchérir du dixième en sa qualité de créancier simplement chirographaire, qu'on ne peut d'autre part l'obliger raisonnablement à se porter adjudicataire d'un immeuble dont la valeur est peut-être hors de proportion avec le montant de sa créance, et que les frais de saisie qu'il a inutilement exposés, ne lui étant pas remboursés par privilège, pourront rester à sa charge[17]. Quelle que soit la valeur de ce système au point de vue des principes et de l'équité, les auteurs de la loi du 2 juin 1841 en ont très bien vu les conséquences et les ont acceptées en pleine connaissance de cause, car ils ont rejeté un amendement qui, pour exprimer que la consignation n'attribue de droit de préférence ni aux créanciers inscrits ni au saisissant, proposait de rédiger ainsi l'article 687 : « Une somme égale « au montant, en principal, intérêts et frais, des créances « inscrites ainsi que de celle du saisissant[18]. » Est-ce à dire, cependant, que cette consignation rende l'acquéreur propriétaire incommutable de l'immeuble par lui acquis depuis la transcription de la saisie? Oui vis-à-vis des créanciers chirographaires qui n'ont contre lui aucun droit de suite; non vis-à-vis des créanciers privilégiés non encore inscrits et des créanciers hypothécaires dispensés d'inscription, car il faudra qu'il remplisse à leur égard toutes les formalités de la purge, et il ne lui restera, s'ils surenchérissent et demeurent adjudicataires, qu'à se faire colloquer dans l'ordre qui s'ensuivra aux lieu

[16] Voy., sur la nature de cette consignation et sur les personnes en faveur desquelles l'acquéreur est tenu de l'opérer, *suprà*, § **666**.

[17] Voy., en ce sens, les observations présentées à la Chambre des députés par MM. Debelleyme et Gaillard de Kerbertin (Séance du 8 janvier 1841; *Moniteur* du 9, p. 60 et 61).

[18] C'était l'amendement de M. Lherbette auquel s'étaient ralliés MM. Dalloz et Vavin (Voy. *ib.*).

et place des créanciers qu'il aura désintéressés : il invoquera, à cet effet, l'article 1251-2° du Code civil qui subroge de plein droit « l'acquéreur d'un immeuble qui emploie le prix de son « acquisition au paiement des créanciers auxquels cet héri- « tage était hypothéqué [19]. » Les tiers qui lui auront prêté de l'argent à cet effet seront colloqués à sa place et au même rang s'ils ont été subrogés conventionnellement à ses droits [20]. Enfin, il pourra se faire que, les créanciers qui surenchérissent étant antérieurs à ceux que l'acquéreur a désintéressés et aux droits desquels il est subrogé, les premiers absorbent le prix auquel l'immeuble sera vendu, et que l'acquéreur se trouve ainsi dans l'impossibilité de recouvrer le montant de sa consignation; cette perspective a de quoi le rendre très défiant, et M. Dalloz a eu raison de dire à la Chambre des députés le 11 janvier 1841 : « Où trouvera-t-on un acquéreur « assez imprudent, assez insensé pour consentir à solder immé- « diatement tous les créanciers inscrits, tous les créanciers [21], « au risque d'une surenchère qui le dépouillera de l'immeu- « ble sans lui assurer la restitution des sommes plus ou moins « considérables qu'il aura avancées [22]? »

§ **667**. D. La transcription de la saisie immobilière, qui restreint les droits d'usage et de jouissance du saisi, immobilise les loyers et fermages de l'immeuble saisi et rend cet immeuble inaliénable, produit encore un autre effet : le créancier saisissant devient un tiers, s'il ne l'était déjà, au point de vue de l'application des articles 1328 et 941 du Code civil. J'entends par-là qu'il peut : 1° critiquer non-seulement les quittances sous seing privé de loyers et de fermages non échus qui n'ont pas acquis date certaine avant la transcription de la saisie [1], mais encore les actes d'aliéna-

[19] Un amendement qui réservait ce droit expressément a été rejeté comme inutile (Voy. *ib.*).

[20] Comp., sur la situation de ces prêteurs, le § précédent.

[21] Cette répétition n'ajoute rien à ce qui précède, et M. Dalloz n'a certainement voulu parler que des créanciers inscrits.

[22] *Moniteur* du 12, p. 78. Aj., dans le même sens, ce qu'a dit M. Lherbette dans la même séance : « Croyez-vous qu'avec cette crainte de payer une seconde fois il « se présentera un seul acquéreur volontaire? » (Voy. *ib.*).

§ **667**. [1] Voy. *suprà*, § **663**.

tion sous seing privé qui n'auraient pas acquis date certaine avant la même époque[2]; 2° opposer le défaut de transcription des donations faites par le saisi qui auraient acquis date certaine, mais qui n'auraient pas été transcrites avant la transcription de la saisie[3]. Il acquiert, en effet, par cette transcription un droit propre et distinct de celui de son débiteur, et peut, dès lors, se prévaloir, dans le premier cas, de l'article 1328 du Code civil aux termes duquel les actes sous seing privé n'ont d'effet à l'égard des tiers que s'ils ont acquis date certaine[4]; dans le second, de l'article 941 du même Code d'après lequel le défaut de transcription des actes portant donation entre-vifs d'immeubles susceptibles d'hypothèque peut être opposé par toute personne ayant intérêt[5]. Le tout sans préjudice des droits qui résultent pour le saisissant de la saisie même non transcrite : il a pu, dès le commandement, demander la nullité des baux qui n'avaient pas acquis date certaine à cette époque[6]; il pourra même opposer le défaut de transcription des donations antérieures au procès-verbal, si l'on admet que les créanciers chirographaires acquièrent, par le seul fait de la saisie, le droit d'invoquer l'article 941 du Code civil[7]. Quant aux articles 1321 de ce Code d'après lequel les contre-lettres

[2] Merlin, *Questions de droit*, v° *Tiers*, § II. Toullier, *op. cit.*, t. VIII, n°s 251 et 252. Demolombe, *op. cit.*, t. XXIX, n° 548. Aubry et Rau, *op. cit.*, t. VIII, p. 256. Larombière, *op. cit.*, t. VI, sur l'art. 1328, n° 18.

[3] Demolombe, *op. cit.*, t. XX, n° 301. Aubry et Rau, *op. cit.*, t. VII, p. 392. Colmet de Santerre, *op. cit.*, t. IV, n° 82 *bis*-VIII. Civ. cass. 7 avr. 1841 (D. A. v° *Dispositions entre-vifs et testamentaires*, n° 1567). Amiens, 3 août 1841 (D. A. v° *cit.*, n° 1568). Il en sera de même des créanciers d'un propriétaire chargé de conserver et de rendre, aux termes des articles 1048 et suivants du Code civil, l'immeuble à lui donné ou légué sous cette condition : ils pourront opposer aux personnes au profit desquelles cette charge existe le défaut de transcription de l'acte qui contient cette clause (C. civ., art. 1070; Demolombe, *op. cit.*, t. XXII, n° 537; Aubry et Rau, *op. cit.*, t. VII, p. 345; Colmet de Santerre, *op. cit.*, t. IV, n° 233 *bis*-II).

[4] Voy., sur cet article, t. II, § **278**.

[5] Voy., sur cet article, Demolombe, *op. cit.*, t. XX, n°s 291 et suiv.; Aubry et Rau, *op. cit.*, t. VIII, p. 388 et suiv.; Colmet de Santerre, *op. cit.*, t. IV, n°s 82 *bis* et suiv.; Mourlon, *Répétitions écrites sur le Code civil*, t. II, n°s 697 et suiv.; Demangeat, sur Mourlon, *op. et loc. cit.*

[6] Voy. *suprà*, § **654**.

[7] Les créanciers chirographaires peuvent-ils, en cette seule qualité, opposer le défaut de transcription d'un acte portant donation entre-vifs d'un bien susceptible d'hypothèque? Voy., pour l'affirmative, Delvincourt, *op. cit.*, t. II, p. 486; Duranton, *op. cit.*, t. VIII, n° 517; Demolombe, *op. cit.*, t. XX, n°s 300 et suiv.; Aubry et Rau, *op. cit.*, t. VI, p. 391; Colmet de Santerre, *op. cit.*, t. IV, n° 82 *bis*-VIII; Troplong, *Des donations et testaments* (Paris, 1855), t. III, n° 1183, et *De la trans-*

n'ont pas d'effet à l'égard des tiers[8], et 3 de la loi du 23 mars 1855 aux termes duquel les tiers qui ont acquis des droits sur l'immeuble peuvent opposer le défaut de transcription des actes à titre onéreux portant aliénation de cet immeuble ou constituant sur lui des droits réels d'usufruit, d'usage, d'habitation, de servitude ou d'antichrèse[9], la transcription de la saisie n'influe en rien sur leur application : 1° les contre-lettres souscrites par un débiteur sont, par leur nature même, présumées frauduleuses, et ne peuvent être opposées à ses créanciers chirographaires même non saisissants[10]; 2° le défaut de transcription des actes à titre onéreux constitutifs de droits réels ne peut, au contraire, être opposé que par des tiers ayant eux-mêmes un droit réel sur cet immeuble, et j'ai démontré au § **563** que ni la saisie ni même la transcription de la saisie ne le leur confère. J'en conclus : 1° que les créanciers saisissants peuvent, même avant la transcription de la saisie, s'opposer à l'exécution des contre-lettres qui réserveraient secrètement l'usufruit au vendeur de l'immeuble dont le saisi est devenu, en apparence, plein propriétaire[11]; 2° que ces mêmes créanciers ne peuvent, malgré la transcription de la saisie, opposer le défaut de transcription

cription, n° 365; Nancy, 18 mai 1838 (D. A. *v° cit.*, n° 1567); Montpellier, 27 avr. 1840 (D. A. *v° cit.*, n° 1557); Caen, 19 févr. 1841 (D. A. *v° cit.*, n° 1567); Grenoble, 9 déc. 1850 (D. P. 52. 2. 264); Bordeaux, 26 févr. 1851 (D. P. 52. 2. 52); req. 23 févr. 1859 (D. P. 59. 1. 481); civ. cass. 26 janv. 1876 (D. P. 76. 1. 169); et, en sens contraire, Marcadé, *op. cit.*, t. III, sur l'art. 941, n° 1; Grenier, *op. cit.*, t. II, n° 360; Coin-Delisle, *Des donations et testaments* (Paris, 1855), sur l'art. 941, n°s 9 et suiv.; Flandin, *op. cit.*, t. II, n° 956; Grenoble, 17 juin 1822 (D. A. *v° cit.*, n° 1568). En est-il de même des créanciers du grevé, quant aux actes portant à sa charge obligation de conserver et de rendre? Voy., pour l'affirmative qui ne paraît pas contestée, Demolombe, *op. cit.*, t. XXII, n° 537; Aubry et Rau, *op. cit.*, t. VII, p. 345; Colmet de Santerre, *op. cit.*, t. IV, n° 233 *bis*-II.

8 Voy., sur cet article, Demolombe, *op. cit.*, t. XXX, n°s 303 et suiv.; Aubry et Rau, *op. cit.*, t. VIII, p. 263 et suiv.; Colmet de Santerre, *op. cit.*, t. V, n°s 283 *bis*-I et suiv.; Dalloz et Vergé, *op. cit.*, art. 1321, n°s 1 et suiv.

9 Voy., sur cet article, Aubry et Rau, *op. cit.*, t. II, p. 306 et suiv.; Mourlon, *De la transcription*, t. II, n°s 417 et suiv.

10 Toullier, *op. cit.*, t. VIII, n° 182. Demolombe, *op. cit.*, t. XXIX, n° 344. Aubry et Rau, *op. cit.*, t. VIII, p. 268. Colmet de Santerre, *op. cit.*, t. V, n° 283 *bis*-VII. Larombière, *op. cit.*, t. VI, sur l'art. 1321, n° 9. Bonnier, *op. cit.*, 5e éd. revue par M. Larnaude (Paris, 1888), n° 517. Civ. cass. 28 févr. 1835; Paris, 29 avr. 1837; civ. cass. 16 déc. 1840 (D. A. v° *Obligations*, n° 3204). Civ. cass. 11 mai 1853 (D. P. 53. 1. 297). Civ. cass. 20 avr. 1863 (D. P. 63. 1. 185). Req. 5 juill. 1870 (D. P. 72. 1. 71). Toulouse, 28 mai 1874 (D. P. 75. 2. 63). Req. 18 août 1874 (D. P. 75. 1. 123). *Contrà*, req. 23 mai 1870 (D. P. 71. 1. 109).

11 Voy., en ce sens et sur des questions analogues, les autorités citées à la note

d'une aliénation à titre onéreux consentie par le saisi, enregistrée, mais non encore transcrite[12]. Les créanciers chirographaires qui n'ont pas le droit de suite voient donc leur saisie tomber *ipso facto* dès que l'acquéreur produit son titre enregistré, et non transcrit; les créanciers hypothécaires peuvent, en vertu de leur droit de suite, commencer contre lui de nouvelles poursuites, mais ils perdent les frais de leur première saisie qui vient d'avorter, et l'acquéreur peut éviter la seconde en usant de la faculté de purger ainsi qu'on l'a vu au § **647**[13].

§ **668.** Les effets de la transcription de la saisie se bornent là : je viens de rappeler qu'elle ne confère pas de droit réel au saisissant, et d'en tirer une conséquence importante pour le conflit qui peut s'élever entre lui et un acquéreur qui n'aurait pas encore transcrit. A plus forte raison n'est-elle pas translative de propriété : la transcription de la saisie immobilière n'a, effectivement, rien de commun avec celle des

précédente. Je saisis cette occasion de rectifier une faute d'impression qui s'est glissée t. III, p. 590, lignes 12 et 13 : au lieu de *à compter de la transcription de la saisie*, lisez *à compter de la saisie*.

[12] Aubry et Rau, *op. cit.*, t. II, p. 313; t. IV, p. 346 et 347. Chauveau, sur Carré, *op. cit.*, t. V, Ire part., quest. 2291 *bis*. Mourlon, *op. cit.*, t. II, nos 476 et suiv. (Cet auteur avait enseigné d'abord l'opinion contraire; voy. t. III, § **563**, note 18). Flandin, *op. cit.*, t. II, no 853. Verdier, *De la transcription*, 2e éd. (Paris, 1881-1882), t. II, nos 312 et suiv. Rivière et Huguet, *op. cit.*, no 174. Devilleneuve, *Note* dans Sirey, *op. cit.*, t. LVIII, IIe part., p. 459. Beudant, *Note* dans D. P. 78. 1. 49. Angers, 1er déc. 1858 (D. P. 59. 2. 31). Limoges, 1er juin 1865 (D. P. 65. 2. 181). Pau, 6 déc. 1886 (D. P. 87. 1. 111). Voy., en sens contraire, les autorités citées t. III, § **563**, note 18; Boitard, Colmet-Daage et Glasson, *op. cit.*, t. II, no 930; Labbé, *Note* dans Sirey, *op. cit.*, t. LXXVII, Ire part., p. 441; Bourges, 12 déc. 1887 (D. P. 88. 2. 298); req. 18 déc. 1888 (D. P. 89. 1. 185), et le rapport de M. le conseiller Cotelle. *Quid*, si les deux transcriptions ont eu lieu le même jour? Voy. également ces deux arrêts. Aj., sur toutes ces questions, les auteurs et arrêts cités à la note suivante.

[13] Il n'y a pas d'autre distinction à faire entre les créanciers chirographaires et les créanciers hypothécaires, et ceux-ci ne peuvent pas plus que ceux-là opposer, dans l'espèce, le défaut de transcription. Voy. cep., en faveur des créanciers hypothécaires seuls, Ollivier et Mourlon, *op. cit.*, no 197; trib. d'Altkirch,... 1856 (D. P. 58. 3. 61); civ. cass. 31 août 1881 (D. P. 82. 1. 17). D'autres décisions admettent tous les créanciers à opposer le défaut de transcription, mais tirent leurs arguments de l'existence d'une hypothèque au profit de ces créanciers : on semble autorisé à en conclure qu'ils n'accordent qu'aux créanciers hypothécaires le droit d'opposer le défaut de transcription, et qu'ils donneraient une autre solution s'il s'agissait de créanciers purement chirographaires (Voy., en ce sens, trib. de Nancy, 8 déc. 1856, D. P. 58. 3. 61; Caen, 1er mai 1858, D. P. 58. 2. 161; trib. d'Altkirch, 18 mai 1858, D. P. 58. 3. 61; Besançon, 29 nov. 1858, D. P. 59. 2. 33; Caen, 23 févr. 1866, D. P. 68. 2. 140; req. 25 juill. 1877, D. P. 78. 1. 49).

actes à titre onéreux qui confère la propriété immobilière à l'égard des tiers en vertu des articles 1 et 3 de la loi du 23 mars 1855[1] : le Code de procédure et la loi du 2 juin 1841, préparés et promulgués à une époque où la propriété des immeubles se transférait par le seul effet de la convention[2], n'ont ni pu ni voulu dire que la propriété de l'immeuble saisi se transférât par la transcription, et, comme elle se transfère encore moins par la saisie même — je l'ai amplement démontré au § **563**[3] — le saisi demeure propriétaire jusqu'au jugement d'adjudication et, à l'égard des tiers, jusqu'à la transcription de ce jugement[4].

Sept conséquences résultent de ce principe. 1° Le saisi conserve l'administration de son immeuble, il peut notamment le louer ou l'affermer, et, si les créanciers et l'adjudicataire ont le droit de demander la nullité des baux par lui faits, c'est une nullité facultative et que les tribunaux ont le droit de ne pas prononcer[5]. 2° Il figure encore dans les actions intentées avant[6] ou après la transcription de la saisie[7], et, comme il y représente ses créanciers, même ceux qui l'ont saisi, ils ne peuvent, sauf le cas de fraude[8], attaquer par la tierce-opposition les jugements rendus contre lui et, par conséquent, contre eux[9]. 3° Il peut faire tous les actes de dis-

§ **668.** 1 Voy., sur ces articles, Aubry et Rau, *op. cit.*, t. II, p. 286 et suiv.; Mourlon, *op. cit.*, t. I, nos 7 et suiv., t. II, nos 417 et suiv.

2 Malgré les articles 834 et 835 du Code de procédure. Voy., sur ces deux articles considérés au point de vue de la translation de la propriété, le tome V de ce Traité.

3 On ne peut même pas dire que la saisie ou la transcription de la saisie dessaisisse le débiteur comme le ferait un jugement déclaratif de faillite : la preuve, c'est qu'il conserve l'administration de son immeuble (Voy. *suprà*, § **662**, et *infrà*, même §), au lieu que le jugement déclaratif de faillite enlève au failli l'administration de ses biens (C. comm., art. 443; voy., sur les effets de ce dessaisissement, Boistel, *op. cit.*, nos 906 et suiv.; Lyon-Caen et Renault, *op. cit.*, t. II, nos 2654 et suiv.; et, sur les effets du jugement déclaratif de faillite comparés à ceux de la transcription de la saisie, la suite de ce §).

4 Boitard, Colmet-Daage et Glasson, *op. cit.*, t. II, no 929.

5 Voy. *suprà*, § **662.**

6 Req. 3 févr. 1836 (D. A. vo *Tierce-opposition*, no 193). Il en est autrement en cas de faillite (C. comm., art. 443; Boistel, *op. cit.*, no 913; Lyon-Caen et Renault, *op. cit.*, t. II, nos 2675 et suiv.).

7 Amiens, 30 janv. 1825 (D. A. vo *Vente publique d'immeubles*, no 668). Bastia, 6 janv. 1857 (D. P. 58. 2. 31). *Secùs* en cas de faillite (Voy. la note précédente).

8 C. civ., art. 1167. Voy., sur cette application de la tierce-opposition, le tome V de ce Traité.

9 Bioche, *op. et vo cit.*, no 267. Chauveau, sur Carré, *op. cit.*, t. V, Ire part., quest. 2297. Amiens, 30 janv. 1825 (D. A. vo *et loc. cit.*). Req. 3 févr. 1836 (D. A. vo *Tierce-opposition*, *loc. cit.*).

position qui ne constituent pas l'aliénation ou la constitution d'usufruit prohibée par l'article 686; il peut notamment grever l'immeuble saisi de servitude[10] ou d'hypothèque[11]. C'est une dérogation importante, mais voulue, à l'article 2124 du Code civil qui ne permet d'hypothéquer qu'aux propriétaires qui ont le droit d'aliéner[12] : deux amendements en sens contraire ont été repoussés en 1841 par la Chambre des députés[13]. L'hypothèque conférée par le saisi après la transcription de la saisie ne porte atteinte, a-t-on dit, à aucun intérêt légitime : elle ne nuit pas à l'adjudicataire, car le jugement d'adjudication dûment transcrit purgera toutes les hypothèques, celle-là comme les autres[14]; elle est également indifférente aux créanciers hypothécaires déjà inscrits, car ce nouveau créancier ne sera colloqué qu'après eux[15]; elle lèse seulement les créanciers chirographaires qui n'ont pas le droit de se plaindre, car la saisie n'est point pour eux une cause de préférence, et ils sont en faute de n'avoir pas pris leurs précautions et exigé des hypothèques[16]. 4° Les créanciers dont l'hypothè-

[10] Rodière ne distingue pas entre l'usufruit et les servitudes, et considère la transcription de la saisie comme un obstacle à l'établissement d'une servitude aussi bien qu'à la constitution d'un droit d'usufruit (*Op. cit.*, t. II, p. 303; voy., sur ce point, *suprà*, § 664, note 13), mais il existe entre les deux cas une sensible différence. La constitution d'un droit d'usufruit rend la saisie impossible si le saisissant n'a pas d'hypothèque, et oblige à la recommencer dans le cas contraire. La création d'une servitude n'a pas les mêmes conséquences : elle peut déprécier l'immeuble et le faire vendre pour un moins bon prix, mais elle ne porte aucune atteinte au droit de le saisir.

[11] Aubry et Rau, *op. cit.*, t. III, p. 271. Persil, *op. cit.*, p. 131 et suiv. Pont, *op. cit.*, t. I, n° 353. Bioche, *op. et v° cit.*, n° 256. Chauveau, sur Carré, *op. cit.*, t. V, 1re part., quest. 2295. Boitard et Colmet-Daage, *op. cit.*, t. II, n° 931. Rodière, *op. cit.*, t. II, p. 302. *Contrà*, Tarrible, dans le *Répertoire* de Merlin, *v° cit.*, § VI, art. I, n° 13; Carré, *op. et loc. cit.*; Glasson, sur Boitard et Colmet-Daage, *op. et loc. cit.*, note 1. Il en serait autrement en cas de faillite : le failli ne peut plus consentir aucune hypothèque à partir du jugement déclaratif de faillite (C. comm., art. 443); les hypothèques par lui constituées depuis la cessation de ses paiements ou dans les dix jours qui l'ont précédée sont même nulles s'il les a données pour garantir des dettes antérieurement contractées (C. comm., art. 446; voy., sur cette partie de l'article 446, Boistel, *op. cit.*, n°s 952 et 953, Lyon-Caen et Renault, *op. cit.*, t. II, n°s 2758 et suiv.).

[12] Voy., sur cet article, Aubry et Rau, *op. cit.*, t. III, p. 261; Colmet de Santerre, *op. cit.*, t. IX, n°s 91 et suiv.; Pont, *op. cit.*, t. II, n°s 608 et suiv.

[13] Celui de M. Gaillard de Kerbertin qui proposait d'interdire au saisi la constitution d'hypothèque, et celui de M. Lherbette qui aurait voulu que l'hypothèque postérieure à la transcription de la saisie ne primât pas le saisissant mais seulement les autres créanciers chirographaires (Voy. la séance du 6 janvier 1841 à la Chambre des députés; *Moniteur* du 7, p. 46 et 47).

[14] Voy., sur cet effet du jugement d'adjudication, *infrà*, §§ 709 et suiv.

[15] *Prior tempore potior jure* (C. civ., art. 2134).

[16] Voy., sur les motifs pour lesquels la loi du 2 juin 1841 n'a pas étendu à la

que antérieure à la transcription de la saisie n'est pas encore inscrite à ce moment pourront s'inscrire malgré cette transcription, car elle n'arrête pas le cours des inscriptions comme le ferait la transcription d'une aliénation en vertu de l'article 6 de la loi du 23 mars 1855 [17], et, quand le saisi conserve la faculté d'hypothéquer malgré la transcription de la saisie, il faut, à plus forte raison, que les créanciers auxquels il a déjà donné hypothèque conservent, malgré le même acte, la faculté de prendre inscription [18]. 5° Si le saisi se marie, devient tuteur ou subit une condamnation après la transcription de la saisie, l'immeuble saisi se trouve grevé des hypothèques légales de sa femme ou de son pupille ou de l'hypothèque judiciaire qui résulte du jugement rendu contre lui [19]. 6° Les risques de l'immeuble sont toujours pour le saisi : le cas fortuit qui le fait périr après la transcription de la saisie ne le libère pas de sa dette et ne retombe sur ses créanciers que parce qu'il augmente son insolvabilité. Il en serait différemment si la transcription de la saisie les avait rendus propriétaires : le saisi serait libéré envers eux, par une sorte de dation en paiement, jusqu'à concurrence de la valeur qu'avait l'immeuble à cette époque ; l'immeuble périrait donc pour eux, et le prix qu'il valait alors serait déduit du montant de leurs créances [20]. 7° Si la saisie n'aboutit pas, soit que le saisissant

constitution d'hypothèque la prohibition d'aliéner après la transcription de la saisie, Persil, *Premier rapport à la Chambre des pairs* (D. A. v° *Vente publique d'immeubles*, p. 564, n° 18); Pascalis, *Premier rapport à la Chambre des députés* (D. A. v° *cit.*, p. 575, n° 110).

[17] Voy., sur cet article, Aubry et Rau, *op. cit.*, t. III, p. 324 et suiv.; Mourlon, *op. cit.*, t. II, n°s 570 et suiv.

[18] Il en serait autrement en cas de faillite : le jugement déclaratif arrêterait immédiatement le cours des inscriptions, et les inscriptions antérieures pourraient même être annulées si elles avaient été prises depuis la cessation de paiements, et plus de quinze jours après l'acte constitutif d'hypothèque (C. comm., art. 448); mais c'est que le jugement déclaratif enlève au failli la faculté d'hypothéquer (Voy. *suprà*, note 3).

[19] Les motifs donnés pour le maintien de l'hypothèque conventionnelle (Voy. *suprà*, même §) s'appliquent aussi bien aux hypothèques légales.

[20] Boitard, Colmet-Daage et Glasson, *op. et loc. cit.* Le créancier qui accepte la *datio in solutum* n'a de recours contre le débiteur que s'il est évincé de l'objet qu'il a reçu *in solutum*, et encore n'est-il pas certain qu'il conserve, pour exercer ce recours, toutes les garanties qui étaient attachées à sa créance : les cautions qu'il avait sont libérées (C. civ., art. 2038), et, suivant une opinion qui n'est pas d'ailleurs la plus générale, les hypothèques qui lui avaient été données demeurent éteintes (Voy., sur cette question, Aubry et Rau, *op. cit.*, t. III, p. 487; t. IV, p. 221 et 693).

l'abandonne et qu'aucun autre créancier ne la reprenne [21], soit que le saisi revenu à meilleure fortune paie toutes ses dettes, sa propriété n'a subi aucune interruption, ses baux et ses aliénations sont valables, et toutes les conséquences de la transcription de la saisie sont effacées rétroactivement [22].

§ **669.** III. La saisie proprement dite étant terminée, l'avoué poursuivant [1] commence à préparer l'adjudication en fixant les conditions dans lesquelles elle sera faite, et en les consignant dans un acte qu'on appelle cahier des charges [2] et qui servira de qualités au jugement d'adjudication (Art. 690) [3]. Il contient : 1° l'énonciation du titre exécutoire en vertu duquel la saisie a été faite [4], du commandement qui l'a précédée, du procès-verbal de saisie et des autres actes et jugements intervenus postérieurement (dénonciation et transcription du procès-verbal de saisie, jugements rendus sur les incidents qui ont déjà surgi, sur l'opposition au commandement ou à la saisie, sur la demande en nullité de baux qui n'avaient pas date certaine avant le commandement ou d'aliénations postérieures à la transcription de la saisie, etc...) [5] ; 2° la désignation de l'immeuble saisi, telle qu'elle a été insérée

[21] Voy., sur cette hypothèse, *infrà*, § **735**.
[22] Boitard, Colmet-Daage et Glasson, *op. et loc. cit.*

§ **669.** [1] Il a le privilège de la rédaction de cet acte et des honoraires qu'elle comporte (D. 10 oct. 1841, art. 11, § 1; Bioche, *op. et v° cit.*, n° 321; Chauveau, sur Carré, *op. cit.*, t. V, Ire part., quest. 2314; Boitard, Colmet-Daage et Glasson, *op. cit.*, t. II, n° 938; Rodière, *op. cit.*, t. II, p. 275).

[2] C'est la *lex bonorum vendendorum* de la procédure romaine (Accarias, *Précis de droit romain*, t. II, n° 483). Carré le définit « un acte destiné à faire connaître au « saisi, aux créanciers inscrits et aux prétendants à l'acquisition les conditions de « la vente » (*Op. cit.*, t. V, Ire part., n° CCCCXV). C'est plutôt par le dépôt du cahier des charges et par les sommations d'en prendre connaissance que les parties intéressées sont informées des conditions de la vente.

[3] Arg. art. 712 : « Le jugement d'adjudication ne sera autre que la copie du cahier « des charges » (Voy., sur cet article, *infrà*, § **695**, et, sur les qualités des jugements, t. III, § **483**).

[4] « Lorsqu'une saisie immobilière est pratiquée en vertu de plusieurs jugements « rendus au profit de différents créanciers, il n'est pas nécessaire que le cahier des « charges relate chacun de ces jugements séparément pour chacun des créanciers « en particulier; il suffit qu'il les indique par leur date, quoique par une seule et « même disposition » (Chauveau, sur Carré, *op. cit.*, t. V, Ire part., quest. 2315).

[5] Favard de Langlade, *op. cit.*, v° *Saisie immobilière*, § I, nos 1 et suiv. Bioche, *op. et v° cit.*, n° 322. Pigeau, *Commentaire du Code de procédure civile*, t. II, p. 257. Chauveau, sur Carré, *op. et loc. cit.*

dans le procès-verbal[6]; 3° les conditions de la vente dont il sera parlé ci-après; 4° la mise à prix[7] fixée par le poursuivant au mieux de ses intérêts[8], et dont la fixation le lie, en principe, comme par une sorte de contrat judiciaire[9]. Il peut la baisser s'il s'est trompé sur la valeur de l'immeuble, s'il y découvre quelques charges qu'il avait d'abord ignorées, ou qu'une demande en distraction formée avec succès ait soustrait à la saisie une partie plus ou moins considérable de l'immeuble saisi[10]; il le peut aussi dans le cas indiqué au § **680**, mais il serait dangereux qu'il eût le droit de le faire à sa fantaisie, car il pourrait fixer d'abord la mise à prix très haut pour éloigner les enchérisseurs et la baisser ensuite de manière à rester lui-même enchérisseur à très bon compte; aussi la faculté qu'il a de la modifier ne doit-elle s'exercer que sous le contrôle du saisi et des autres créanciers, sans préjudice de leurs réclamations, et sauf la ratification du tribunal devant lequel la contestation sera portée s'il y a lieu[11]. Il y aurait encore avantage à ce que le cahier des charges contînt l'établissement de la propriété, afin d'édifier les amateurs sur la valeur de leur titre éventuel et d'en attirer peut-être un plus grand nombre, mais la loi ne l'exige pas et ne le pouvait guère, car les titres de propriété ne sont pas à la disposition du saisissant, et le saisi qui est en hostilité déclarée avec lui pourrait les lui refuser ou lui donner des indications trom-

6 Le cahier des charges serait nul s'il contenait une simple désignation générale des objets saisis (Chauveau, sur Carré, *op. cit.*, t. V, Ire part., quest. 2318).

7 Si, parmi les immeubles saisis, il y en a qui puissent être vendus à part, on peut annoncer une vente séparée et établir pour chaque partie une mise à prix distincte (Voy., sur ce point, Pigeau, *op. et loc. cit.*; Chauveau, sur Carré, *op. cit.*, t. V, Ire part., quest. 2321).

8 Bioche, *op. et v° cit.*, n° 326. Chauveau, sur Carré, *op. et loc. cit.* Elle ne pouvait dépasser, sous la loi du 11 brumaire an VII (Art. 14), plus de quinze fois le revenu net indiqué dans la matrice du rôle de la contribution foncière : les cours d'Aix et de Riom et le tribunal de Draguignan avaient demandé, en 1841, le rétablissement de cette disposition, mais la loi du 2 juin 1841 ne l'a pas admise : « La concurrence et la chaleur des enchères remédieront à l'insuffisance « de cette fixation, » dit M. Pascalis dans son premier rapport à la Chambre des députés (D. A. v° *cit.*, p. 575, n° 111), c'est-à-dire qu'une mise à prix trop élevée exposera l'adjudicataire à rester enchérisseur pour le prix qu'il aura lui-même fixé, et qu'une mise à prix trop basse attirera, au grand avantage du saisi et des autres créanciers, un plus grand nombre d'enchérisseurs : aucun intérêt ne sera donc sacrifié.

9 Voy., sur le contrat judiciaire, t. II, § **253**.

10 Voy., sur cette hypothèse, *infrà*, §§ **736** et **737**.

11 Voy., en sens contraire, req. 13 août 1884 (D. P. 84. 1. 460), et, sur cette question, Chauveau, sur Carré, *op. et loc. cit.*; Persil, *op. cit.*, n° 179; Bordeaux, 15 avr. 1834 (D. A. v° *cit.*, n° 792).

penses[12]; le saisissant se borne donc le plus souvent à reproduire les documents trouvés dans les prêts hypothécaires[13], mais c'est cette lacune presque forcée des cahiers de charges qui fait le plus souvent convertir les saisies immobilières en ventes volontaires[14].

Le cahier des charges n'est, en somme, qu'une convention passée entre le vendeur de l'immeuble, c'est-à-dire le créancier poursuivant, et l'acheteur, c'est-à-dire l'enchérisseur au profit duquel l'adjudication sera prononcée : avec cette particularité que le premier stipule non-seulement pour lui mais aussi pour les autres intéressés, c'est-à-dire pour les autres créanciers qui seront liés à la poursuite ainsi qu'on le verra aux §§ suivants[15]. Cette convention fait donc loi pour les parties[16]

[12] Pascalis, *op. et loc. cit.*

[13] Bioche, *op. et v° cit.*, n° 327.

[14] Boitard, Colmet-Daage et Glasson, *op. cit.*, t. II, n° 939.

[15] Cette stipulation pour autrui est valable, car le poursuivant qui la fait y est intéressé au premier chef, et l'on peut stipuler au profit des tiers « lorsque telle est la « condition d'une stipulation que l'on fait pour soi-même » (C. civ., art. 1121; voy., sur cette disposition, Demolombe, *op. cit.*, t. XXIV, n°s 231 et suiv.; Aubry et Rau, *op. cit.*, t. IV, p. 308 et suiv.; Colmet de Santerre, *op. cit.*, t. V, n° 33 *bis*-I; Larombière, *op. cit.*, t. I, sur l'art. 1121, n°s 4 et suiv.). On peut dire aussi que le poursuivant est le mandataire légal et le gérant d'affaires des autres créanciers en tant qu'il agit dans leur intérêt, mais on remarquera qu'une différence importante le distingue du mandant, de la personne dont l'affaire a été gérée sans mandat donné par elle, et de celle au profit de laquelle un tiers a stipulé. Ces personnes n'ont pas besoin d'attaquer en justice les actes qui leur sont préjudiciables : il suffit au mandant qui ne veut pas exécuter les engagements pris par son mandataire de dire que ce dernier a dépassé ses pouvoirs (C. civ., art. 1998); au maître de l'affaire gérée sans son mandat qui n'accepte pas les conséquences des actes du gérant d'affaires, de dire que l'affaire n'a pas été bien administrée (C. civ., art. 1375); à la personne pour laquelle un tiers a stipulé, de déclarer qu'elle ne veut pas profiter de cette stipulation ou seulement de ne pas déclarer qu'elle en veut profiter (C. civ., art. 1121). Si les tiers prétendent que le mandataire a agi dans la limite de son mandat ou que l'affaire gérée sans mandat a été bien administrée, et que, par conséquent, le mandant ou le maître de l'affaire est tenu envers eux, c'est à eux d'agir contre lui pour en faire la preuve; quant à la personne au profit de laquelle un tiers a stipulé, il n'existe aucun moyen de la contraindre à profiter de cette stipulation. Il en est autrement dans l'espèce, et les personnes que le poursuivant a légalement représentées en rédigeant le cahier des charges sont tenues d'en accepter les clauses tant qu'elles n'en ont pas demandé et obtenu la réformation. L'intérêt commun le veut ainsi : la poursuite marcherait moins vite s'il fallait que le poursuivant appelât tous les intéressés à la rédaction du cahier des charges; les incidents se multiplieraient et l'adjudication serait moins solide si les créanciers liés à la poursuite n'avaient qu'à décliner l'exécution des clauses du cahier des charges pour obliger l'adjudicataire à agir contre eux et à prouver que ces clauses ne sont pas contraires à leur intérêt. Cet intérêt est sauvegardé du moment qu'on leur permet de demander la modification de ces clauses, mais ils y regarderont à deux fois avant de les attaquer et n'agiront à cette fin qu'à bon escient, pour ne pas s'exposer aux frais d'une instance engagée mal à propos (Voy., sur la condamnation de la partie perdante aux frais du procès, t. III, §§ 449 et suiv.).

[16] C. civ., art. 1134.

toutes les fois qu'elle ne contient pas de clauses contraires à la loi, aux bonnes mœurs ou à l'ordre public[17], ou nuisibles aux intérêts que le poursuivant est chargé de représenter[18]. Telles seraient une mise à prix trop élevée qui rendra l'adjudication plus difficile, une mise à prix trop faible qui risquera, si elle n'est pas couverte, de faire adjuger l'immeuble au-dessous de sa valeur; ou, plus généralement, des conditions trop dures pour les adjudicataires et de nature à les effrayer, ou trop favorables pour eux et susceptibles de compromettre le paiement intégral des créanciers hypothécaires[19]. Les clauses contraires à la loi, aux bonnes mœurs ou à l'ordre public sont notamment : 1° la convention usuraire qui obligerait l'adjudicataire à payer, en sus de son prix de vente, des intérêts

[17] C. civ., art. 1131 et 1133.

[18] Voy., sur cette hypothèse, *suprà*, note 14.

[19] Le tribunal jouira naturellement, en cela d'une très grande liberté d'appréciation, et sa décision sur le point de savoir si les clauses contestées du cahier des charges portent ou non préjudice aux intérêts des parties en cause ne tombera pas sous la censure de la cour de cassation (Voy. t. I, § **40**, et le tome V de ce Traité). Les clauses les plus usuelles dans le cahier des charges sont celles en vertu desquelles l'adjudicataire : 1° paiera les intérêts de son prix sans sommation et quand même l'immeuble adjugé ne serait pas frugifère (C. civ., art. 1652); 2° paiera non-seulement les frais ordinaires de poursuite mais encore les frais extraordinaires (Voy. *infrà*, § **707**); 3° sera tenu de consigner son prix ou dispensé de le faire (Voy. *infrà*, § **706**); 4° continuera à exécuter les engagements pris par le saisi en tant que propriétaire de l'immeuble saisi, par exemple, à fournir du minerai aux industriels voisins dans les conditions où le saisi avait promis de le faire (Bourges, 20 août 1851; D. P. 52. 2. 121); 5° sera tenu, contrairement à l'article 1743 du Code civil, de subir les baux passés par le saisi qui n'ont pas acquis date certaine avant le commandement à fin de saisie immobilière (Carré, *op. cit.*, t. V, Ire part., quest. 2320; Chauveau, sur Carré, *op. et loc. cit.;* voy., sur la situation de l'adjudicataire par rapport aux locataires et fermiers qui ont sur l'immeuble saisi des baux en cours d'exécution, *suprà*, §§ **654** et suiv., et sur l'article 1743 du Code civil aux termes duquel l'acquéreur n'est pas tenu, en principe, de respecter les baux qui n'ont pas acquis date certaine en temps utile, Aubry et Rau, *op. cit.*, t. IV, p. 501 et suiv.; Colmet de Santerre, *op. cit.*, t. VII, n° 189 *bis*-I et suiv.; Guillouard, *Du contrat de louage* (Paris, 1887), t. I, nos 359 et suiv.). Telle est encore la clause en vertu de laquelle l'immeuble sera adjugé par lots, stipulation très fréquente qui facilite la vente d'immeubles trop importants pour se placer aisément en un seul lot, et constitue l'une des causes les plus actives du morcellement de la propriété (Carré, *op. et loc. cit.;* Chauveau, sur Carré, *op. et loc. cit.;* Cauwès, *Précis d'économie politique*, t. II, n° 1043). Enfin, le cahier des charges peut contenir des clauses relatives à la garantie de contenance, d'éviction ou de vices cachés, soit pour ajouter sur ces trois points au droit commun, soit, au contraire, pour stipuler la non-garantie dans la mesure permise par les articles 1616 et suivants, 1627 et suivants et 1643 du Code civil (Voy., sur la garantie due à l'adjudicataire, *infrà*, § **706**). Les clauses préjudiciables aux droits ou aux intérêts d'une partie n'autorisent pas celle-ci à demander la nullité, mais seulement la rectification du cahier des charges (Nîmes, 7 mai 1813; D. A. v° *cit.*, n° 788). Voy. encore, sur le pouvoir d'appréciation du tribunal en cette matière, *infrà*, § **676**.

supérieurs à 5 p. 0/0 [20]; 2° la clause attentatoire à la liberté des enchères qui exclurait de l'adjudication une personne déterminée ou une catégorie déterminée de personnes [21]; 3° la faculté que le poursuivant se réserverait de réclamer son paiement par préférence aux autres créanciers, contrairement aux articles 2094, 2096 et 2134 du Code civil qui n'admettent d'autres causes de préférence entre créanciers que les privilèges et hypothèques classés les uns d'après la qualité des créances qu'ils garantissent, les autres d'après la date de leurs inscriptions respectives [22]; 4° la clause qui obligerait l'adjudicataire à payer des frais supérieurs au montant de la taxe. L'article 701 qui l'annule prohibe ainsi « les clauses de l'en« chère par lesquelles, faisant une sorte de forfait, il était dit « que l'adjudicataire paierait cette somme si mieux il n'ai« mait faire faire la taxe; on recourait rarement à cette mesure « qui pouvait annoncer de la défiance, et l'adjudicataire payait « au-delà de ce qui était dû [23]. » L'ordonnance du 10 octobre 1841, portant tarif des frais de ventes judiciaires d'immeubles, renouvelle et confirme cette prohibition en défendant « de stipuler au profit des officiers ministériels d'autres « et plus grands droits que ceux énoncés au présent tarif » (Art. 18) [24]. Quant à la clause du cahier des charges qui obligerait l'adjudicataire à fournir caution pour le paiement du

[20] L'intérêt conventionnel ne peut excéder 5 p. 0/0 en matière civile (L. 3 sept. 1807, art. 1). Il peut le dépasser en matière commerciale (L. 12 janv. 1886, art. 1), mais l'adjudicataire ne fait pas acte de commerce et ne doit, par conséquent, payer les intérêts qu'à 5 p. 0/0. Voy., sur l'application de la loi du 3 septembre 1807 (Art. 1) et, spécialement, sur le point de savoir dans quels cas la matière est civile, Aubry et Rau, *op. cit.*, t. IV, p. 605 et 606; Colmet de Santerre, *op. cit.*, t. VIII, nos 115 bis-II et suiv.; Pont, *Des petits contrats,* t. I, n° 277.

[21] Voy., sur le principe de la liberté des enchères et sur le délit d'entrave à la liberté desdites enchères, *infrà,* § **685**.

[22] Carré, *op. et loc. cit.* Chauveau, *op. et loc. cit.* Beudant, *Note* dans D. P. 78. 1. 145. Bourges, 16 nov. 1853 (D. P. 55. 2. 118). Voy., sur le principe que les privilèges sont classés d'après la qualité de la créance privilégiée, au lieu que les hypothèques sont soumises à la règle *Prior tempore potior jure,* Aubry et Rau, *op. cit.*, t. III, p. 478; Colmet de Santerre, *op. cit.*, t. IX, n° 7; Pont, *Des privilèges et hypothèques*, t. I, n° 24; Valette, *De l'effet ordinaire de l'inscription en matière de privilèges sur les immeubles* (Paris, 1841), p. 1 et suiv.; Duverger, *De l'effet de la transcription relativement aux droits du vendeur* (Paris, 1864), nos 1 et suiv.

[23] Persil, *Premier rapport à la Chambre des pairs* (D. A. v° *cit.*, p. 567, n° 31).

[24] La cour de Nancy a jugé, le 28 mars 1874, que la nullité portée par cet article atteint également la clause du cahier des charges qui, stipulant à titre de forfait une certaine somme (par exemple, 10 p. 0/0) au-dessus du prix, ajoute que la différence entre cette somme et la taxe tournera au profit ou à la perte du vendeur dans une vente volontaire, du saisi dans une saisie immobilière (D. P. 76. 2. 112).

prix auquel l'immeuble lui a été adjugé, on a dit et jugé qu'elle est nulle parce qu'elle impose à l'adjudicataire une condition qui n'est pas écrite dans la loi [25]; mais je n'admets pas cette solution, car les conditions particulières du cahier des charges ne sont nulles — sauf aux parties à les attaquer comme leur étant préjudiciables — qu'autant qu'elles sont contraires à la loi; or une clause qui assure le paiement du prix d'adjudication ne peut être que conforme au but et au vœu de la loi, et ce n'est pas entraver la liberté des enchères mais en garantir le succès que d'en écarter les insolvables [26]. On verra au § **677** quelles personnes peuvent demander la nullité des clauses et conditions du cahier des charges, et quelles sont les conséquences de cette nullité.

§ **670**. IV. Viennent ensuite les formalités destinées à faire connaître le cahier des charges et à lier à la poursuite les personnes qui y sont intéressées. Tel est l'objet : 1° du dépôt du cahier des charges au greffe (Art. 690); 2° des sommations prescrites par les articles 691 à 693.

A. Le cahier des charges n'est pas signifié et cette signification serait frustratoire [1], mais une simple production au greffe ne suffirait pas, car l'article 690 dit que le poursuivant y « déposera » le cahier des charges [2]. Il a pour cela vingt jours à partir de la transcription de la saisie, non compris le jour de la transcription mais y compris celui du dépôt : si la saisie a été transcrite le 1er juin, le dépôt doit avoir lieu le 21 au plus tard [3]. La loi ne prescrit pas d'en dresser acte, mais le greffier doit le faire pour constater que le dépôt a eu lieu dans les délais [4].

B. Les parties intéressées à la saisie sont le saisi lui-même,

[25] Chauveau, sur Carré, *op. et loc. cit.* Colmar, 25 févr. 1834 (D. P. 50. 5. 415).
[26] Persil, *op. cit.*, n° 177. Grenoble, 22 août 1832 (D. A. *v° cit.*, n° 779). Orléans, 14 mai 1850 (D. P. 50. 2. 161).

§ **670**. [1] Bioche, *op. et v° cit.*, n° 331. Chauveau, sur Carré, *op. cit.*, t. V, 1re part., quest. 2322. Rodière, *op. cit.*, t. II, p. 276.
[2] Bioche, *op. et v° cit.*, n° 330. Bastia, 17 nov. 1822 (D. A. *v° cit.*, n° 917).
[3] Bioche, *op. et v° cit.*, n° 329. Chauveau, sur Carré, *op. cit.*, t. V, Ire part., quest. 2313. Les délais dans lesquels une partie doit faire un acte ne sont pas francs (Voy. t. II, § **205**).
[4] Bioche, *op. et v° cit.*, n° 330. Chauveau, sur Carré, *op. cit.*, t. V, Ire part., quest. 2314. Bastia, 16 nov. 1822 (D. A. *v° et loc. cit.*).

les créanciers privilégiés ou hypothécaires inscrits sur l'immeuble saisi, et le vendeur non payé de cet immeuble, auxquels la loi du 21 mai 1858 a ajouté, en les supposant inscrits, les femmes et les pupilles du saisi et des précédents propriétaires dont les hypothèques légales sont dispensées d'inscription[5]. Le projet de 1841 n'exigeait, pour toutes ces personnes, qu'une sommation d'assister à la publication et à la lecture du cahier des charges, mais la Chambre des pairs ne l'a pas trouvée suffisante. « Ce qu'on doit se proposer, « a dit M. Persil au nom de la commission, c'est le règle- « ment préalable des clauses et conditions de l'enchère, c'est « la fixation par le tribunal du jour où doit avoir lieu l'ad- « judication; en se bornant à parler dans la sommation de « la lecture du cahier des charges, le poursuivant laisserait « ignorer aux intéressés le véritable objet de leur convoca- « tion devant la justice[6]. » De là l'article 691 qui exige une sommation « de prendre communication du cahier des char- « ges, de fournir les dires et observations, et d'assister à « la lecture et publication qui en sera faite ainsi qu'à la « fixation du jour de l'adjudication; cette sommation indi- « quera les jour, lieu et heure de la publication[7]. » « De cette « manière, dit encore M. Persil, tout sera disposé pour que « chacun ne se présente devant la justice qu'en connaissance « de cause et avec toute la préparation que peuvent exiger des « actes aussi importants[8]. » On verra même aux §§ **672** et **673** que les sommations doivent contenir quelque chose de plus lorsqu'elles s'adressent au vendeur et aux créanciers à hypothèque légale dispensés d'inscription et non inscrits. Dans tous les cas, elles sont faites par huissier[9] dans la forme

[5] Dans quelle mesure? Quelles restrictions apportent à cette dispense les articles 8 et 9 de la loi du 27 mars 1855? Voy., là-dessus, t. III, § **534**.

[6] *Premier rapport à la Chambre des pairs* (D. A. *v° cit.*, p. 565, n° 21).

[7] Quels peuvent être ces jour et heure? En d'autres termes, quand la lecture et la publication du cahier des charges peuvent-elles avoir lieu? Voy. *infrà*, § **680**.

[8] D. A. *v° et loc. cit.*

[9] Cet huissier ne sera pas désigné par le tribunal mais choisi par le poursuivant: la loi ne prescrit pas de procéder ici par un huissier commis, et cela est d'autant moins nécessaire que le poursuivant n'a aucun intérêt à écarter de la poursuite les personnes qu'il lui est prescrit de sommer, et que, d'autre part, ces personnes ne sont déchues — en supposant qu'elles aient été sommées, que la sommation ne leur soit point parvenue et qu'elles soient, par conséquent, restées dans l'inaction — que du droit de faire insérer leurs dires et observations dans le cahier des charges (Voy. *infrà*, § **675**). Il en est autrement en matière de purge (Art. 832) et d'ordre (Art. 752): la loi

ordinaire des exploits[10] et, au plus tard, dans les huit jours qui suivent le dépôt au greffe : ce délai n'est pas franc[11], mais il s'allonge d'un jour par cinq myriamètres de distance entre le lieu où siège le tribunal et celui où les sommations doivent être faites (Art. 691 et 692)[12]. Ces sommations ne sont recommencées ni en cas de suspension des poursuites ni quand l'adjudication est reportée du jour primitivement fixé à un autre jour déterminé ou non; dès qu'elles ont été faites, c'est aux intéressés qu'il appartient de suivre et de surveiller la marche de la procédure[13]. Le saisi est sommé par exploit signifié à sa personne ou à son domicile soit réel soit élu : l'élection de domicile produit, sous ce rapport, son effet ordinaire[14], et la Chambre des pairs a rejeté, le 23 avril 1840, un amendement d'après lequel la sommation n'aurait pu être faite qu'au domicile réel du saisi[15]. Les sommations aux créanciers inscrits, au vendeur et aux créanciers à hypothèque légale dispensés d'inscription et non inscrits sont soumises aux règles posées par les trois §§ suivants[16].

exige alors que les sommations soient faites par huissier commis, mais c'est que les déchéances ont, dans ces deux cas, une extrême gravité (Pont, sur Seligmann, *op. cit.*, nº 17, note 1-6º; voy., sur les notifications à fin de purge et sur les sommations de produire à l'ordre, *infrà*, §§ **806** et suiv., et le tome V de ce Traité.

10 Chauveau, sur Carré, *op. cit.*, t. V, Ire part. quest. 2324 *bis*. Bordeaux, 8 mai 1844 (D. A. *vº cit.*, nº 801).

11 En vertu du principe rappelé *suprà*, note 3, que les délais dans lesquels une personne est tenue de faire elle-même un certain acte ne sont pas des délais francs (Bioche, *op. et vº cit.*, nº 340; Chauveau, sur Carré, *op. cit.*, t. V, Ire part., quest. 2323).

12 Chauveau, sur Carré (*Op. cit.*, t. V, Ire part., quest. 2233 *ter*) et Seligmann (*Op. cit.*, nºs 24 et 31) trouvent ces délais bien brefs quand toutes ces personnes ne sont pas connues, car le poursuivant n'a que huit jours, plus l'augmentation de distance, pour s'informer de leur existence, trouver leur domicile et leur faire signifier les sommations. Aussi pensent-ils que le poursuivant satisfait à la loi en justifiant dans ce délai qu'il lui a été impossible de savoir quelles personnes il devait sommer, ou en établissant par un procès-verbal de perquisition qu'il n'a pu trouver le domicile du vendeur et des créanciers dispensés d'inscription et non inscrits : après quoi il leur fera sommation au parquet du tribunal de première instance du lieu où la saisie se poursuit (Arg. art. 69-8º; voy. t. II, § **226**).

13 Voy., en ce sens, sur le cas de suspension des poursuites, Grenoble, 28 juin 1826 (D. A. *vº cit.*, nº 835), et, sur le cas de prorogation du jour de l'adjudication, Boitard, Colmet-Daage et Glasson, *op. cit.*, t. II, nº 942; Pont, sur Seligmann, *op. cit.*, nº 17, note 1-2º; req. 23 juill. 1817 (D. A. *vº cit.*, nº 234).

14 Bioche, *op. et vº cit.*, nº 342. Chauveau, sur Carré, *op. cit.*, t. V, Ire part., quest. 2324. Rodière, *op. et loc. cit.* Voy., sur l'effet de l'élection de domicile, t. I, § **176**.

15 *Moniteur* du 24, p. 383.

16 La nullité de ces sommations n'entraîne pas la nullité de toute la procédure qui les précède; elle est reprise à partir du dernier acte valable (Pau, 19 mai 1884; D. P. 85. 2. 114).

§ **671**. 1° On ne somme pas tous les créanciers[1] : on ne somme ni les créanciers chirographaires qui ont le droit de saisir s'ils se trouvent dans les conditions requises[2], mais qui n'ont rien à voir dans une saisie qu'ils n'ont pas faite[3] — ni les créanciers privilégiés et hypothécaires sujets à inscription et non inscrits, car leurs privilèges et hypothèques n'existent pas à l'égard des tiers[4] et c'est par leur faute qu'ils sont exclus de la saisie[5] — ni même les créanciers à privilège général qui sont dispensés de l'inscription quant au droit de préférence, car ils y sont soumis au point de vue du droit de suite[6] et doivent s'en prendre à eux-mêmes si, faute de s'être mis en règle, ils voient l'immeuble grevé de leurs privilèges sortir des mains de leur débiteur par une adjudication à laquelle ils n'ont pu s'opposer[7]. Par contre, on somme tous les créanciers inscrits (Art. 692-1°) sans distinction : 1) entre ceux qui étaient tenus de s'inscrire et la femme et le mineur qui en étaient dispensés : ils seraient sommés, s'ils n'étaient pas inscrits, au lieu et de la manière indiquée au § **673** ; ils seront sommés, s'ils ont pris inscription comme il sera dit au même §, au même lieu et de la même manière que les autres créanciers inscrits[8] ; 2) entre ceux qui ont pris inscription sur le débiteur ou sur le tiers détenteur actuellement saisi et ceux qui étaient déjà inscrits du chef des précédents propriétaires, car l'adjudication doit purger tous les privilèges et toutes les hypothèques[9] et ne peut le faire que si tous les créanciers investis de ces droits ont été liés à la saisie[10].

Qu'arrivera-t-il si le conservateur des hypothèques, requis

§ **671**. [1] Arg. art. 692 : « Pareille sommation sera faite... 1° aux créanciers inscrits « sur les biens saisis. » Le coéchangiste et l'auteur d'une donation avec charges figurent-ils parmi les créanciers inscrits auxquels il faut faire sommation? Voy. le § suivant.

[2] Voy., sur ces conditions, t. III, § **534**.

[3] Voy., sur ce point, *suprà*, §§ **665** et **666**.

[4] Voy., en ce sens, t. II, § **534**.

[5] Pont, sur Seligmann, *op. cit.*, n° 17, note 1-3°.

[6] Voy. *suprà*, § **666**.

[7] Pont, sur Seligmann, *op. et loc. cit.*

[8] Seligmann, *op. cit.*, n° 13.

[9] Voy. *infrà*, § **710**.

[10] Bioche, *op. et v° cit.*, n° 344. Carré, *op. cit.*, t. V, Ire part., quest. 2329. Chauveau, sur Carré, *op. et loc. cit.* Boitard, Colmet-Daage et Glasson, *op. et loc. cit.* Rodière, *op. cit.*, t. II, p. 277. Seligmann, *op. cit.*, nos 12 et 14. Pont, sur Seligmann, *op. cit.*, n° 17, note 1-3°. Caen, 14 nov. 1849 (D. P. 50. 2. 39).

de fournir l'état des inscriptions qui existent sur l'immeuble, n'a pas connu celles qui ont été prises du chef des précédents propriétaires et les a, par suite, omises dans cet état? Cela peut arriver, car les registres hypothécaires ne se tiennent pas en France par nom d'immeuble mais par nom de propriétaire[11], et le conservateur des hypothèques ne peut fournir que l'état des inscriptions prises sur les propriétaires dont on lui indique les noms[12]; or, si le titre qui a rendu le saisi propriétaire n'a pas été transcrit[13], qu'il refuse par mauvaise volonté de faire connaître le nom du précédent propriétaire, et qu'enfin l'inscription du privilège du vendeur n'ait pas été prise d'office au nom de ce dernier conformément à l'article 2108 du Code civil[14], le poursuivant ne pourra le connaître et l'indiquer au conservateur qui, de son côté, ne sera pas tenu de le chercher et ne délivrera, par suite, que l'état des inscriptions qui existent du chef du saisi[15]. Il résulte de là, pour l'ap-

[11] Troplong, *Des privilèges et hypothèques*, t. I, *Préface*, p. XXXIV et suiv., et *De la transcription*, nos 26 et suiv. Cauwès, *op. cit.*, t. I, nos 574 et 575; t. II, nos 1024 et 1025. Valette, *Examen du rapport adressé à M. le garde des sceaux par la Faculté de droit de Toulouse sur les réformes à introduire en matière de privilèges et d'hypothèques* (Dans la *Revue de droit français et étranger*, t. XII, 1845, p. 61 et suiv.). Gide, *Compte-rendu de l'Explication théorique et pratique de la loi du 23 mars 1855 par M. Verdier* (Dans la *Revue critique de législation et de jurisprudence*, t. XXVI, 1865, p. 368 et suiv.). Gérardin, *Exposé de la loi sur le règlement des droits immobiliers en Prusse* (Dans le *Bulletin de la Société de législation comparée*, 1870, p. 30 et suiv.). Challamel, *op. cit.*, p. 150 et suiv.

[12] Son titre contient nécessairement le nom de son vendeur et la transcription de ce titre révèle ce nom à qui de droit; de même, si le titre du vendeur a été transcrit, on connaît par-là le nom du précédent propriétaire. Si le titre du saisi n'a pas été transcrit, le saisi n'est pas devenu propriétaire à l'égard des tiers, c'est-à-dire des personnes qui ont reçu des droits de son vendeur et les ont conservés en se conformant aux lois, c'est-à-dire d'un second acheteur qui a transcrit avant lui, ou des créanciers auxquels ce même vendeur a hypothéqué l'immeuble et qui ont pris inscription avant que l'acheteur n'ait transcrit (L. 23 mars 1855, art. 3 et 6); mais ce défaut de transcription n'empêche pas l'acheteur de devenir propriétaire à l'égard de ses propres ayants-cause, et, par conséquent, la saisie pratiquée sur lui n'est pas faite *super non domino*. Voy., sur le principe que la transcription n'est nécessaire que pour rendre l'acheteur propriétaire à l'égard des ayants-cause de son vendeur, Duverger, *op. cit.*, nos 19 et suiv., 82 et suiv.

[13] Voy., sur cette hypothèse, la note précédente.

[14] Voy., sur cette inscription d'office, Aubry et Rau, *op. cit.*, t. III, p. 356; Colmet de Santerre, *op. cit.*, t. IX, no 166 *bis*-VI; Pont, *Des privilèges et hypothèques*, t. II, nos 268 et suiv.

[15] C'est encore plus vrai pour les hypothèques légales et judiciaires dont l'inscription ne contient même pas le nom de l'immeuble, puisqu'une seule inscription suffit pour grever tous les immeubles situés dans un même arrondissement (C. civ., art. 2148-5o; voy., sur ce mode d'inscription des hypothèques légales et judiciaires, Aubry et Rau, *op. cit.*, t. III, p. 346 et suiv.; Colmet de Santerre, *op. cit.*, t. IX, no 133; Pont, *op. cit.*, t. II, nos 1945 et suiv.).

plication de l'article 692, que le saisissant qui n'est pas tenu à l'impossible ne sommera que les créanciers portés sur l'état à lui fourni, et que la saisie se poursuivra valablement à l'insu des autres sans que le saisissant ou le conservateur encoure vis-à-vis d'eux aucune responsabilité[16]. Quant aux créanciers que le conservateur pouvait et devait connaître, qu'il a omis sur l'état par lui fourni et qui n'ont pu, par suite, être sommés, la saisie est également valable et le saisissant irresponsable à leur égard : c'est le conservateur seul qui doit les indemniser du préjudice qu'il leur a causé[17]. Ainsi le veut l'article 2198 du Code civil quand le conservateur a omis un créancier inscrit dans l'état demandé par un acquéreur qui veut se rendre compte, avant de transcrire, des inscriptions qui grèvent l'immeuble[18] : la situation présente est analogue et doit se régler de même[19]. Il est dur, assurément, pour des créanciers inscrits de subir les effets d'une saisie qu'ils n'ont pas connue, alors qu'ils n'ont eux-mêmes rien négligé pour se faire connaître, mais la loi qui veut, avant tout et dans l'intérêt même de la masse des créanciers, donner à l'adjudicataire toute la sécurité possible, a dû sacrifier quelques intérêts particuliers à cette considération d'ordre général et supérieur, et elle le pouvait d'autant

[16] Bioche, *op.*, v° *et loc. cit.* Seligmann, *op. cit.*, n° 12. Pont, sur Seligmann, *op. cit.*, n° 17, note 1-3°. Caen, 14 nov. 1849 (D. P. 50. 2. 39). Voy., en sens contraire, Chauveau, sur Carré (*Op. cit.*, t. V, Ire part., quest. 2329); Ollivier et Mourlon (*Op. cit.*, n° 54). D'après ces auteurs, le saisissant demanderait au conservateur un certificat constatant le nombre des inscriptions existantes ou un certificat négatif constatant qu'il n'en existe aucune, et le conservateur qui n'aurait pas découvert tous les créanciers inscrits serait responsable envers ceux qui ne seraient pas portés dans son état. Les considérations exposées au texte réfutent suffisamment cette opinion.

[17] Voy., sur la responsabilité des conservateurs d'hypothèques, Aubry et Rau, *op. cit.*, t. III, p. 293 et suiv.; Colmet de Santerre, *op. cit.*, t. IX, nos 190 et suiv.; Pont, *op. cit.*, t. II, nos 1443 et suiv.; Dalloz et Vergé, *op. cit.*, art. 2197, nos 1 et suiv.

[18] « L'immeuble à l'égard duquel le conservateur aurait omis dans ses certificats « une ou plusieurs des charges inscrites en demeure, sauf la responsabilité du con- « servateur, affranchi dans les mains du nouveau possesseur, pourvu qu'il ait requis « le certificat depuis la transcription de son titre, sans préjudice néanmoins du « droit des créanciers de se faire colloquer suivant l'ordre qui leur appartient tant « que le prix n'a pas été payé par l'acquéreur ou que l'ordre fait entre les créanciers « n'a pas été homologué » (C. civ., art. 2198). Voy., sur cette disposition et spécialement sur ce cas de survie du droit de préférence au droit de suite, Aubry et Rau, *op. cit.*, t. III, nos 405 et 495; Colmet de Santerre, *op. cit.*, t. IX, n° 191; Pont, *op. cit.*, t. II, nos 1422 et 1447.

[19] Seligmann, *op. cit.*, n° 13. Rodière, *op. cit.*, t. II, p. 278. Req. 9 sept. 1806 (D. A. v° *cit.*, n° 312). Paris, 26 févr. 1846 (D. P. 47. 2. 54).

mieux qu'une saisie immobilière est entourée par elle-même d'une telle publicité que les intéressés ne peuvent guère l'ignorer et sont presque toujours en faute de n'y être pas intervenus spontanément[20].

Deux autres difficultés ont été soulevées, l'une pour les créanciers dont l'inscription est postérieure à la délivrance de l'état des inscriptions, l'autre pour les créanciers du mari subrogés à l'hypothèque légale de sa femme. 1) Le poursuivant est-il tenu de sommer les créanciers qui ne se sont inscrits qu'après la délivrance de l'état des inscriptions? Cela dépend. Il n'y a jamais lieu de sommer les créanciers dont l'inscription est postérieure à la transcription de la saisie[21], car ils ont dû connaître cette formalité, être instruits par-là de la saisie, et, par conséquent, y intervenir spontanément et à leurs frais[22]. Donc de deux choses l'une : ou l'état a été délivré avant la transcription de la saisie[23], auquel cas il suffit de sommer tous les créanciers qui y sont portés[24]; ou l'état a été fourni après la transcription de la saisie, auquel cas il faut sommer non-seulement les créanciers qui y sont portés mais encore tous ceux qui se sont inscrits entre la délivrance de cet état et la transcription de la saisie qu'ils n'ont eu aucun moyen de connaître[25]. 2) Les créanciers du mari, subrogés à l'hypothèque légale de la femme, doivent-ils aussi être sommés? Cela dépend de la manière dont leur subrogation est devenue publique[26]. Ont-ils pris une hypothèque conventionnelle sur les biens du mari et mentionné leur subrogation en prenant inscription de cette hypothèque[27], il faut les sommer en qualité de créanciers

20 Seligmann, *op. cit.*, n° 22.

21 La transcription de la saisie n'arrête pas le cours des inscriptions (Voy. *suprà*, § **668**).

22 Voy., sur cette intervention, *infrà*, § **730**.

23 Je suppose l'état complet; voy., sur le cas où il ne le serait pas, *suprà*, même §.

24 Seligmann, *op. cit.*, n° 10. Bioche dit que, s'il s'est écoulé un long délai entre la saisie et le dépôt de l'enchère dont il sera parlé au § **694**, le poursuivant doit requérir un état supplémentaire (*Op.*, *v° et loc. cit.*). Il le peut assurément, mais rien ne l'y oblige.

25 Seligmann, *op. et loc. cit.*

26 Les créanciers subrogés à l'hypothèque légale des femmes mariées ne jouissent pas de la dispense d'inscription accordée par l'article 2135 du Code civil à ces dernières (L. 23 mars 1855, art. 9; voy. t. III, § **534**).

27 Cette inscription cumulative est régulière et conserve les droits des créanciers subrogés à l'hypothèque légale, lorsqu'elle contient les énonciations prescrites

inscrits sur l'immeuble du mari[28]. L'hypothèque légale était-elle déjà inscrite et ont-ils fait inscrire à part l'acte qui les y a subrogés, il faut encore les sommer comme inscrits[29]. Enfin, n'ont-ils rendu leur subrogation publique que par une mention faite en marge de l'inscription préexistante de l'hypothèque légale, il y a lieu de voir si cette mention contient ou non une élection de domicile. Dans le premier cas, elle produit l'effet d'une inscription et les créanciers qui l'ont faite doivent être sommés au domicile par eux élu. Dans le second cas, il en est différemment, attendu qu'ils n'ont qu'un domicile réel et que l'article 692 prescrit seulement, comme on va le voir, de sommer les créanciers à leur domicile élu : la sommation faite à la femme aux droits de laquelle ils sont subrogés, au domicile élu par elle dans son inscription[30], vaut donc pour eux comme pour elle et les avertit suffisamment de prendre communication du cahier des charges[31].

La sommation sera faite, dit l'article 692-1°, « aux domiciles « élus dans les inscriptions » conformément à l'article 2148-1° du Code civil[32]. C'est une facilité que la loi accorde au poursuivant, le dispensant ainsi de s'enquérir du domicile réel des créanciers qu'il doit poursuivre ; mais il y a lieu d'appliquer ici, bien qu'on l'ait contesté, le principe posé au § **176**, et

par l'article 2153 du Code civil (Aubry et Rau, *op. cit.*, t. III, p. 469; Troplong, *De la transcription*, n° 343; Bertauld, *De la subrogation à l'hypothèque légale des femmes mariées*, 2e éd. (Paris, 1864), n° 98; Pont, *op. cit.*, t. II, nos 782 et suiv., et *Examen doctrinal de la jurisprudence en matière civile* (dans la *Revue critique de législation et de jurisprudence*, t. IX, 1856, p. 97 et suiv., t. XI, 1857, p. 2 et suiv.); Dijon, 13 juill. 1858, D. P. 60. 5. 196; req. 9 déc. 1872, D. P. 73. 1. 339; *contrà*, Mourlon, *op. cit.*, t. II, nos 1023 et suiv.). En est-il de même d'une simple mention faite en marge de l'inscription de l'hypothèque conventionnelle et ne contenant pas les énonciations exigées par cet article? Voy., pour l'affirmative, Pont, *Des privilèges et hypothèques*, *loc. cit.*, et *Examen doctrinal de la jurisprudence en matière civile* (dans la *Revue critique*, *loc. cit.*); Bourges, 20 août 1859 (D. P. 60. 2. 80); pour la négative, Aubry et Rau, *op. et loc. cit.*; Mourlon, *op. cit.*, t. II, n° 1022; civ. rej. 4 févr. 1856 (D. P. 56. 1. 61); Paris, 27 févr. 1857 (D. P. 58. 2. 22).

[28] Seligmann, *op. cit.*, n° 17.

[29] Seligmann, *op. et loc. cit.*

[30] C. civ., art. 2153-1°.

[31] Seligmann, *op. et loc. cit.*

[32] « Pour opérer l'inscription, le créancier représente, soit par lui-même soit par « un tiers, au conservateur des hypothèques l'original en brevet ou une expédition « authentique du jugement ou de l'acte qui donne naissance au privilège ou à l'hypo- « thèque; il y joint deux bordereaux écrits sur papier timbré dont l'un peut être porté « sur l'expédition du titre; ils contiennent : 1° les nom, prénoms, domicile du « créancier, sa profession s'il en a une, et l'élection d'un domicile pour lui dans un « lieu quelconque de l'arrondissement du bureau..... »

de valider les sommations faites au domicile réel si le poursuivant en a connaissance et renonce volontairement aux avantages qui résultent pour lui de l'élection de domicile[33]. Un cas plus intéressant est celui des créanciers qui, prenant inscription de leurs hypothèques, n'y ont pas fait l'élection de domicile exigée par l'article 2148-1° du Code civil[34] : est-ce une énonciation substantielle dont l'omission entraîne la nullité de l'inscription, ou bien n'en résulte-t-il que la dispense de sommer les créanciers qui n'ont pas rempli cette formalité, et la nécessité pour eux de requérir spontanément communication du cahier des charges[35]? Cela importe beaucoup aux créanciers qui seront confondus dans la masse chirographaire si leurs inscriptions sont déclarées nulles [36]; cela n'importera pas moins au poursuivant quand le moment sera venu de régler l'ordre, car les hypothèques dont l'inscription n'est pas valable ne pourront lui être opposées[37]. Pour le moment et au seul point de vue de l'article 692, la question lui est

33 Chauveau, sur Carré, *op. cit.*, t. V, Ire part., quest. 2330. Seligmann, *op. cit.*, n° 16. Poitiers, 30 nov. 1826 (D. A. *v° cit.*, n° 823). *Contrà*, Bioche, *op. et v° cit.*, n° 345; Ollivier et Mourlon, *op. cit.*, n° 69.

34 Voy. *suprà*, note 30.

35 Cette question est très controversée. Voy., pour la nullité, Duranton, *op. cit.*, t. XX, n° 107; Colmet de Santerre, *op. cit.*, t. IX, n° 163 *bis*-VI et VII; Persil, *Régime hypothécaire* (Paris, 1809), p. 264; Colmar, 16 août 1847 (D. P. 50. 5. 283); Nîmes, 31 juill. 1849 (D. P. 50. 2. 80); Bourges, 25 janv. 1850 (D. P. 56. 5. 248); Rouen, 4 déc. 1854 (D. P. 55. 5. 253); et, pour l'opinion contraire qui est plus généralement suivie, Merlin, *op. cit.*, v° *Inscription hypothécaire*, § V, n° 8 et *Questions de droit*, *eod. v°*, § IV; Delvincourt, *op. cit.*, t. III, p. 565; Aubry et Rau, *op. cit.*, t. III, p. 350; Grenier, *op. cit.*, t. I, n° 97; Troplong, *Des privilèges et hypothèques*, t. III, n° 679; Pont, *op. cit.*, t. II, n° 978; Metz, 2 juill. 1812, Grenoble, 10 juill. 1823, Riom, 7 mars 1825, Paris, 8 août 1832 (D. A. *v° cit.*, n° 1525); Agen, 4 févr. 1854 (D. P. 55. 2. 42); Orléans, 4 juin 1860 (D. P. 61. 2. 100); Rennes, 27 janv. 1874 (D. P. 75. 2. 13); Poitiers, 10 juin 1878 (D. P. 79. 2. 69). « L'élection de domicile que le créancier doit faire n'a de rapport direct, disent Aubry et Rau, ni « avec la spécialité ni avec la publicité de l'hypothèque, et ne concourt en aucune manière à la réalisation de ce double principe. Cette formalité n'a d'autre objet que « de faciliter aux tiers acquéreurs ou créanciers les notifications ou significations « qu'ils peuvent avoir à faire au sujet de l'inscription des immeubles grevés, et la « seule sanction qui doive s'attacher à l'omission de l'élection de domicile, eu égard « à son but, est de priver le créancier du droit d'exiger et d'attendre pour agir les « notifications ou significations dont s'agit » (*Op. et loc. cit.*). Jusqu'en 1863 la cour de cassation se prononçait invariablement dans le sens de la nullité (Req. 2 mai 1816; civ. cass. 27 août 1828, 6 janv. 1835, 12 juill. 1836 et 11 déc. 1843, D. A. *v° cit.*, n° 527; civ. cass. 26 juill. 1858, D. P. 58. 1. 354). L'arrêt du 15 janvier 1863 cité *infrà*, note 39, a rompu en partie avec cette jurisprudence.

36 Voy., sur la conséquence du défaut d'inscription d'un privilège ou d'une hypothèque soumise à cette pénalité, t. III, § **534**.

37 Voy., sur le règlement de l'ordre, *infrà*, § **817**.

indifférente, car, quoi que vaillent les inscriptions dont il s'agit, il est certainement dispensé de sommer les créanciers qui les ont prises : il ne les sommera pas si leurs inscriptions sont nulles, car elles sont à considérer comme non avenues et une hypothèque non inscrite n'existe pas à l'égard des tiers; il ne les sommera pas davantage si leurs inscriptions sont valables, car elles ne contiennent pas d'élection de domicile et c'est seulement au domicile élu que les sommations doivent être faites[38]. Il faudrait, pour qu'il en fût autrement, que le domicile réel des créanciers fût mentionné dans leurs inscriptions et que cette indication fût regardée comme une élection de domicile implicite et virtuelle : les chambres réunies de la cour de cassation se sont prononcées en ce sens le 15 janvier 1863[39], obligeant le poursuivant à sommer les créanciers dont l'inscription est ainsi faite à leur domicile réel qui est en même temps leur domicile élu[40].

§ **672**. Au nombre des créanciers inscrits peut se trouver le vendeur non payé de l'immeuble saisi, créancier non-seulement privilégié mais encore investi d'un droit particulier, celui de faire prononcer la résolution de la vente[1]. La sommation qui lui sera faite « portera, dit l'article 692, qu'à défaut « de former sa demande en résolution et de la notifier au « greffe avant l'adjudication, il sera définitivement déchu à « l'égard de l'adjudicataire du droit de la faire prononcer. »

[38] Bioche, *op. et v° cit.*, n° 345. Chauveau, sur Carré, *op. cit.*, t. V, Ire part., quest. 2329 *ter.* Ollivier et Mourlon, *op. cit.*, nos 70 et 71.

[39] D. P. 63. 1. 101. Voy., dans le même sens, Limoges, 10 déc. 1845 (D. P. 47. 2. 109); Aix, 8 mars 1860 (D. P. 60. 2. 106). « Cette décision qui crée une « sorte de présomption légale d'élection de domicile, alors que, d'après son objet « et ses effets, la constitution d'un domicile élu semble exiger un acte spécial et ex- « près de volonté, nous paraît, disent Aubry et Rau, pour le moins contestable, et « nous ne croyons devoir l'adopter qu'en tant qu'elle serait l'indice et le point de « départ d'un retour sur la jurisprudence antérieure » (*Op. cit.*, t. III, p. 351).

[40] Les sommations prescrites par l'article 692-1° dispensent-elles les créanciers inscrits qui les ont reçues de renouveler leurs inscriptions pour empêcher la péremption? Voy. *infrà*, § **713**.

§ **672** 1. Voy., sur l'action en résolution de la vente d'immeubles pour défaut de paiement du prix, C. civ., art. 1654 et suiv. Aj. l'article 7 de la loi du 23 mars 1855 qui associe le sort de cette action à celui du privilège du vendeur en les déclarant éteints dans le même cas, et voy., sur l'application de ce principe en cas d'adjudication sur saisie immobilière, l'article 717 du Code de procédure, *infrà*, § **712**.

L'explication de cette formule sera mieux placée au § **678**, mais à quelles personnes cette sommation doit-elle être faite et en quel lieu doit-elle leur être signifiée[2]?

a) Et d'abord en quel lieu? « Si parmi les créanciers ins« crits se trouve le vendeur de l'immeuble saisi, la somma« tion à ce créancier sera faite, à défaut de domicile élu par « lui, à son domicile réel pourvu qu'il soit fixé en France. » Le Code de procédure et la loi du 2 juin 1841 offraient une lacune[3] : ils ne s'occupaient que du vendeur qui a pris luimême inscription, et négligeaient celui dont le privilège n'a été conservé que par la transcription avec ou sans inscription d'office par le conservateur des hypothèques[4]. Comment lui faire parvenir la sommation prescrite par l'article 692? L'inscription d'office n'avait-elle pas été prise, son nom ne se trouvait même pas sur le registre; avait-elle été prise, il n'avait pas de domicile élu[5]; car le conservateur n'avait pas qualité pour l'élire en son nom [6] : on ne pouvait donc le sommer qu'à son domicile réel et la jurisprudence tenait cette sommation pour nécessaire [7]. La loi du 21 mai 1858 a confirmé

[2] La partie de l'article 692 qui concerne particulièrement le vendeur est une innovation de la loi du 2 juin 1841. L'article 695 du Code de 1806 ne le mettait pas à part et le comprenait dans la formule générale « les créanciers inscrits, » formule qui ne lui convenait même pas, car on va voir au même § qu'il pouvait n'être pas inscrit. La loi du 2 juin 1841 prescrivait de lui faire la sommation spéciale dont il s'agit ici, mais ne précisait rien quant au lieu où elle devait lui être faite : « Si « parmi les créanciers inscrits se trouve, disait-elle, le vendeur de l'immeuble saisi, « la sommation portera... » On va voir comment la loi du 21 mai 1858 l'a heureusement complétée.

[3] Cette lacune était encore plus sensible depuis la loi du 2 juin 1841 : auparavant le vendeur n'était sommé que dans les mêmes termes que les créanciers inscrits, au lieu qu'en vertu de cette loi une sommation particulière devait lui être faite en vue de son action résolutoire (Voy. la note précédente). La loi du 2 juin 1841 qui avait attaché une grande importance à cette sommation (Voy. *infrà*, § **678**) n'en avait cependant pas assuré la remise.

[4] « Le vendeur privilégié conserve son privilège par la transcription du titre qui « a transféré la propriété à l'acquéreur.... Sera néanmoins le conservateur des hypo« thèques tenu, sous peine de tous dommages-intérêts envers les tiers, de faire d'of« fice l'inscription sur son registre des créances résultant de l'acte translatif de « propriété » (C. civ., art. 2108).

[5] L'inscription d'office n'est pas nécessaire pour la conservation du privilège, et le défaut d'inscription d'office n'a d'autre conséquence que la responsabilité encourue par le conservateur négligent (C. civ., art. 2108, à la note précédente; Aubry et Rau, *op. cit.*, t. III, p. 356; Colmet de Santerre, *op. cit.*, t. IX, nº 69 *bis*-VI; Troplong, *op. cit.*, t. I, nº 286; Pont, *op. cit.*, t. I, nº 270; Flandin, *op. cit.*, t. II, nº 1102).

[6] Voy. *infrà*, même §.

[7] Je ne dis pas *suffisante*, car, s'il y avait domicile élu, le poursuivant n'était ja-

cette jurisprudence en y apportant un tempérament sans lequel il serait presque impossible de l'observer [8]; le nouvel article 692 dispense de sommer le vendeur qu'il serait trop difficile de trouver et trop long de sommer parce qu'il n'a pas son domicile réel en France : « Ce vendeur n'est informé directement « ni des poursuites ni de l'adjudication, mais, s'il doit en « éprouver un préjudice, il ne peut l'attribuer qu'à son in- « curie, car il lui suffisait pour l'éviter de faire au bureau des « hypothèques une élection de domicile[9]. » Quant au vendeur domicilié en France — c'est naturellement le cas le plus fréquent — la sommation est faite, suivant la règle générale en matière d'exploits [10], à sa personne en quelque lieu qu'on le rencontre [11], à son domicile réel qu'il y réside ou non [12], et à sa résidence actuelle si son domicile réel est inconnu [13]. S'il n'a ni domicile ni résidence connue et si le poursuivant a fait tout ce qui dépendait de lui pour les découvrir, la som-

mais tenu d'y sommer le vendeur et pouvait toujours le faire au domicile réel s'il en avait connaissance (Voy. le § précédent); je dis *nécessaire,* en sorte que le défaut de signification au domicile réel entraînait la nullité de la saisie (Paris, 31 mai 1813, D. A. v° *Ordre entre créanciers,* n° 364; req. 21 déc. 1824, D. A. *v° cit.*, n° 363; voy., dans le même sens, Pont, *op. cit.*, t. I, n° 272, Seligmann, *op. cit.*, n° 24, Pont, sur Seligmann, *op. et loc. cit.*, note 1).

[8] Cette disposition ne se trouvait pas dans le projet du Gouvernement : elle y a été insérée par la commission du Corps législatif et le conseil d'État l'a adoptée (Voy. le rapport de M. Riché au Corps législatif, n° 53; D. P. 55. 4. 50).

[9] Circ. minist. 2 mai 1859, n° 13 (D. P. 59. 2. 27).

[10] Voy. t. II, § **227**.

[11] *Nec obst.* art. 692-1° : « à son domicile réel. » Non-seulement il est de principe général que les parties peuvent toujours être assignées ou sommées à personne, leur domicile réel fût-il connu et fussent-elles trouvées hors de ce domicile (Voy. t. II, § **227**), mais encore ce mode de sommation est, dans tous les cas et particulièrement dans l'espèce, le plus sûr de tous : le vendeur connaîtra bien mieux les poursuites par une sommation faite à sa personne que par un exploit fait à son domicile réel où il ne paraît peut-être jamais (Circ. minist. 2 mai 1859, n° 13, D. P. 59. 4. 27; Pont, sur Seligmann, *op. et loc. cit.*).

[12] Circ. minist. 2 mai 1859 (D. P. *ib.*).

[13] L'article 692-1° ne fait pas mention de la résidence actuelle, mais je ne doute pas que le poursuivant n'y somme valablement le défendeur dont le domicile est inconnu : 1° c'est le droit commun (Voy. t. II, § **227**) et il n'apparaît pas assez clairement que l'article 692 ait eu l'intention d'y déroger; 2° le vendeur dont le domicile réel est inconnu sera nécessairement sommé au parquet, conformément à l'article 69-8° (Voy., sur cet article, t. II, § **227** et, sur l'application de cet article à l'espèce, *infrà*, même §); or, si l'on recourt à l'article 69-8°, il faut l'appliquer en entier et il prescrit d'assigner « ceux qui n'ont aucun domicile connu en France au « lieu de leur résidence actuelle; si ce lieu n'est pas connu, etc...; » 3° il serait déraisonnable de sommer au parquet, en vertu de cet article, une partie dont on connaît la résidence actuelle, car, si une sommation doit lui parvenir sûrement, c'est plutôt celle dont copie est laissée chez elle que celle dont copie est remise au procureur de la République.

mation est faite en deux copies dont l'une est affichée à la principale porte de l'auditoire du tribunal du lieu de la saisie [14], l'autre remise au procureur de la République près ce tribunal [15]. Le délai de huitaine paraîtra bien court, même avec l'augmentation de distance, pour découvrir le domicile réel du vendeur, et l'on peut craindre que la sommation remise au parquet, très bonne pour régulariser les poursuites, ne parvienne rarement à sa connaissance et ne le laisse trop souvent étranger à la saisie [16]; mais il n'y a pas d'autre moyen de procéder à son égard, et, dans le cas même où le conservateur prenant l'inscription d'office y aurait élu pour lui domicile, la sommation signifiée à cet endroit ne serait pas valable [17], le conservateur n'ayant pas qualité, comme je l'ai dit, pour élire domicile au nom du vendeur [18]. On admettra seulement que le vendeur interdit peut et doit être sommé au domicile de son tuteur, la femme venderesse au domicile de son mari [19], et les héritiers du vendeur décédé à son dernier domicile sans que le poursuivant ait besoin d'adresser à chacun d'eux une sommation individuelle [20]. Quant au

14 Quel est ce tribunal? Voy. *suprà*, § **650.**

15 Bioche, *op. et* v° *cit.*, n° 352. Chauveau, sur Carré, *op. cit.*, t. V, Ire part., quest. 2333 *ter*. Seligmann, *op. et loc. cit.* Pont, sur Seligmann, *op. et loc. cit.* Ollivier et Mourlon, *op. cit.*, n° 87. « La loi ne semble pas laisser la ressource créée « par le droit commun d'une signification au dernier domicile connu. C'est du domi- « cile réel que parle son texte, et c'est bien là que, dans son esprit, la mise en de- « meure doit atteindre le vendeur sous peine de manquer le but qu'on se propose. « Toutefois, comme il s'agit d'éteindre à l'aide d'une déchéance un droit précieux, « le moyen le plus efficace qui appartienne au vendeur non payé, on comprend que « la loi ait voulu que la déchéance fût acceptée, et elle ne pouvait avoir ce carac- « tère qu'autant qu'elle était précédée d'un avertissement personnel » (Delangle, *Rapport au Sénat* cité par le garde des sceaux dans sa circulaire du 2 mai 1859, n° 14; D. P. 59. 4. 27). Cette affirmation, que les sommations pourraient être faites au dernier domicile connu d'une partie, est très contestable : on a vu, au contraire, t. II, § **227,** que les significations peuvent et doivent être faites au parquet toutes les fois que le domicile actuel est inconnu. Ce qui est certain, c'est que le requérant doit faire tout ce qui est moralement possible pour connaître ce domicile et ne peut signifier au parquet qu'en cas d'impossibilité absolue de le découvrir.

16 Voy., sur ce point, Chauveau, sur Carré, *op. cit.*, t. V, 1re part., quest. 2333 *bis*; Seligmann, *op. cit.*, n° 24; Pont, sur Seligmann, *op. et loc. cit.* Comp. la note précédente.

17 Bioche, *op.*, v° *et loc. cit.* Boitard, Colmet-Daage et Glasson, *op. et loc. cit.* Pont, sur Seligmann, *op. et loc. cit.* Req. 21 déc. 1824 (D. A. v° *Ordre entre créanciers, loc. cit.*).

18 A moins qu'il ne paraisse, d'après les circonstances, avoir agi comme mandataire du vendeur (Bioche, *op.*, v° *et loc. cit.*).

19 Seligmann, *op. cit.*, n° 26.

20 Seligmann, *op. cit.*, n° 27. Arg. C. civ., art. 2156 : « Les actions auxquelles

vendeur qui a pris lui-même inscription de son privilège, il a élu domicile dans cette inscription ou négligé de le faire : dans le premier cas, il sera sommé suivant le droit commun à son domicile élu[21]; dans le second cas, il devra l'être à son domicile réel conformément à l'article 692-1°[22].

b) Cet article ne vise expressément que le vendeur, mais il s'applique, en réalité, à quiconque jouit des droits établis en faveur du vendeur d'immeubles (privilège, action résolutoire ou autre analogue), avec cette différence que les personnes munies seulement du privilège ou d'une action qui ne tombe pas sous le coup de l'article 717 ne seront sommées que de prendre communication du cahier des charges, d'y fournir leurs dires et observations, et d'assister à la lecture et publication qui en sera faite ainsi qu'à la fixation du jour de l'adjudication, au lieu que les personnes investies non-seulement d'un privilège mais encore d'une action résolutoire soumise à l'application de l'article 717 seront, en outre, averties, sous la sanction indiquée au § **678**, de former leur demande en résolution et de la notifier au greffe avant l'adjudication à peine de déchéance. Il résulte de ce principe : 1) que le donateur avec charges, eût-il — ce qui est très contestable — un privilège à raison des conditions imposées par lui au donataire et non exécutées par ce dernier[23], ne doit

« les inscriptions peuvent donner lieu contre les créanciers seront intentées devant « le tribunal compétent par exploits faits à leur personne ou au dernier domicile « élu sur les registres; et ce, nonobstant le décès soit des créanciers soit de ceux « chez lesquels ils auront fait élection de domicile. »

[21] Voy., sur ce point, Bioche, *op.*, *v° et loc. cit.;* Chauveau, sur Carré, *op. cit.*, t. V, Ire part., quest. 2333 *ter;* Pont, sur Seligmann, *op. cit.*, n° 24; Ollivier et Mourlon, *op. cit.*, nos 82 et suiv.; Grosse et Rameau, *Commentaire de la loi du 21 mai 1858* (Paris, 1858), t. II, nos 15 et suiv. Il en sera de même si, le conservateur ayant pris l'inscription d'office, le vendeur l'a renouvelée au bout de dix ans conformément à l'article 2154 du Code civil. Y est-il tenu sous peine de perdre son privilège ou seulement de dommages-intérêts? La question est très controversée. Voy., dans le premier sens, av. cons. d'Ét. 22 janv. 1808; Duranton, *op. cit.*, t. XX, n° 13; Aubry et Rau, *op. cit.*, t. III, p. 372; Troplong, *op. cit.*, t. I, nos 286 et suiv., et *De la transcription*, n° 294; civ. cass. 20 déc. 1831 (D. A. v° *Priviléges et hypothèques*, n° 667); Paris, 30 nov. 1860 (D. P. 61. 2. 75); civ. cass. 2 déc. 1863 (D. P. 64. 1. 105); civ. cass. 7 mars 1865 (D. P. 65. 1. 121); et, en sens contraire, Pont, *Des privilèges et hypothèques*, t. I, n° 274; Mourlon, *op. cit.*, t. II, nos 694 et 695; Flandin, *op. cit.*, t. II, nos 1104 et suiv.; Rivière et Huguet, *op. cit.*, n° 367.

[22] Voy., sur ce point, Bioche, *op.*, *v° et loc. cit.;* Chauveau, sur Carré, *op. et loc. cit.;* Pont, sur Seligmann, *op. et loc. cit.;* Ollivier et Mourlon, *op. et loc. cit.;* Grosse et Rameau, *op. et loc. cit.*

[23] Voy., en faveur de ce privilège, Demante, *op. cit.*, t. IV, n° 96 *bis*-II; Pont,

être sommé que de prendre communication du cahier des charges, etc...[24], car on verra au § **712** que l'action en révocation des donations pour inexécution des conditions ne tombe pas sous l'application de l'article 717; 2) qu'au contraire, le poursuivant doit non-seulement sommer de prendre communication du cahier des charges, etc..., mais encore avertir de former leur demande en résolution et de la notifier au greffe avant l'adjudication : α) les personnes qui, ayant fourni des deniers pour l'acquisition d'un immeuble et ayant été subrogées conventionnellement au privilège du vendeur, ou s'étant rendues cessionnaires de sa créance privilégiée[25], ont le droit d'exercer à sa place l'action résolutoire qui lui compète[26]; β) le coéchangiste créancier d'une soulte non encore payée qui a de ce chef, suivant l'opinion commune, un privilège et une action résolutoire[27]; γ) les

Des privilèges et hypothèques, t. I, n° 188; Bioche, *op. et v° cit.*, n° 349; Chauveau, sur Carré, *op. cit.*, t. V, Ire part., quest. 2333 *quater* et 2404 *quinquies*. Voy., en sens contraire, Duranton, *op. cit.*, t. XIX, n° 256; Demolombe, *op. cit.*, t. XX, n° 576; Aubry et Rau, *op. cit.*, t. III, p. 169; Grenier, *op. cit.*, t. II, n° 387; Persil, *op. cit.*, p. 76; Troplong, *op. cit.*, t. I, n° 216; Mourlon, *Examen critique du Commentaire de M. Troplong sur les privilèges et hypothèques*, n° 152; Douai, 18 juill. 1846 (D. P. 47. 2. 22); Orléans, 26 mai 1848 (D. P. 48. 2. 122); Douai, 6 juill. 1852 (D. P. 54. 5. 602); Agen, 4 janv. 1854 (D. P. 55. 2. 42); Nîmes, 29 nov. 1854 (D. A. v° *Privilèges et hypothèques*, n° 434). Aj. Ollivier et Mourlon qui distinguent suivant que la charge imposée au donataire consiste, ou non, à payer une somme d'argent (*Op. cit.*, n° 93).

[24] Voy., sur cette sommation, Pont, sur Seligmann, *op. cit.*, n° 18, note 1.

[25] Voy., sur ces cessions et subrogations, C. civ., art. 2103-2° et 2112, *suprà*, § **665**.

[26] Voy., sur l'obligation de faire à ces personnes la sommation prescrite par l'article 692-1°, circ. minist. 2 mai 1859, n° 16 (D. P. 59. 3. 27); Seligmann, *op. cit.*, n° 19; Bordeaux, 19 févr. 1850 (D. P. 50. 2. 153); et, en sens contraire, civ. cass. 18 juin 1866 (D. P. 66. 1. 332).

[27] Voy., sur ce privilège, Duranton, *op. cit.*, t. XII, p. 255; Aubry et Rau, *op. cit.*, t. III, p. 168; Grenier, *op. et loc. cit.*; Persil, *op. et loc. cit.*; Troplong, *op. cit.*, t. I, n° 215; Pont, *Des privilèges et hypothèques*, t. I, n° 187; Bioche, *op.*, v° *et loc. cit.*; Chauveau, sur Carré, *op. cit.*, t. V, Ire part., quest. 2333 *quater*; req. 11 mai 1863 (D. P. 64. 1. 191). Ollivier et Mourlon s'attachent à l'importance de la soulte et n'accordent de privilège au coéchangiste qu'autant qu'elle dépasse la moitié de la valeur de l'immeuble qu'elle doit remplacer (*Op. cit.*, n° 94). Quant au coéchangiste qui n'est créancier que d'une indemnité d'éviction ou de sommes qu'il a dû payer aux créanciers hypothécaires inscrits sur l'immeuble pour n'en être pas évincé, on lui refuse communément ce privilège (Aubry et Rau, *op. cit.*, t. III, p. 169; Pont, *op. et loc. cit.*; Paris, 20 janv. 1834, D. A. v° *Échange*, n° 45; civ. cass. 26 juill. 1852, D. P. 52. 1. 196; civ. rej. 14 nov. 1859, D. P. 60. 1. 221), mais l'article 1705 du Code civil l'autorise à choisir entre les dommages-intérêts et la répétition de la chose qu'il a donnée en échange : cette action est-elle soumise à l'application de l'article 717? Voy., sur ce point et dans le sens de l'affirmative, *infrà*, § **712**. Cette solution admise, j'en conclus que la sommation avec avertissement que l'article 692-1° permet de si-

précédents vendeurs non payés que le poursuivant a pu les connaître, car il s'élève pour eux la même difficulté que pour les créanciers des précédents propriétaires : le registre des transcriptions n'étant pas tenu par nom d'immeuble mais par nom de propriétaire [28], et le conservateur des hypothèques ne pouvant porter dans son état que ceux des précédents propriétaires dont le nom lui est révélé par une transcription ou par une inscription du privilège de vendeur, le poursuivant qui n'est pas tenu à l'impossible n'aura pas à sommer ceux dont le conservateur ne lui aura pas livré les noms : solution à coup sûr très rigoureuse, mais que justifient les considérations présentées au § précédent au sujet des créanciers restés inconnus des précédents propriétaires. Exemple : Primus a vendu un immeuble à Secundus qui n'a pas fait transcrire son titre; Secundus l'a revendu à Tertius qui a fait transcrire le sien et sur qui l'immeuble est saisi par Quartus; Quartus, ne pouvant se renseigner sur l'origine de la propriété auprès du saisi qui est en fuite ou qui lui refuse les renseignements nécessaires, s'adresse au conservateur des hypothèques qui lui donne copie de la transcription de l'acte passé entre Secundus et Tertius; si cet acte ne mentionne pas le nom du précédent vendeur Primus et que l'inscription du privilège de Secundus ne l'indique pas davantage, il est absolument impossible de retrouver Primus et, par conséquent, de le sommer [29]. Ce cas se présentera moins souvent, si l'on admet — c'est l'opinion commune — que Tertius n'a pu opposer son titre aux ayants-cause (acquéreurs ou créanciers hypothécaires) de Primus qu'à la condition d'avoir transcrit, avant leur inscription ou transcription, non-seulement son propre titre mais encore l'acte antérieure-

gnifier au vendeur doit être, dans l'espèce, également adressée au coéchangiste; mais, n'étant pas inscrit puisqu'il n'a pas de privilège, il n'a pas de domicile élu et cette sommation ne peut lui être faite qu'à son domicile réel.

[28] Voy., sur ce point, le § précédent.

[29] Boitard, Colmet-Daage et Glasson, *op. et loc. cit.* Seligmann, *op. cit.*, n° 22. Voy., en sens contraire, Chauveau qui, fidèle à l'opinion par lui émise au sujet des créanciers inscrits du chef des précédents propriétaires dont le nom n'a pu être retrouvé sur le registre des inscriptions (Voy. le § précédent), enseigne que le poursuivant n'est pas dispensé de sommer les précédents vendeurs qui ont pris inscription, mais qui ont été dessaisis de la propriété par un acte que leur acquéreur n'a pas transcrit (Sur Carré, *op. cit.*, t. V, Ire part., quest. 2329). Voy. *suprà, ib.*, la réfutation de cette opinion.

ment passé entre Primus et Secundus : Tertius ne manquera pas, s'il est prudent, de faire procéder à cette dernière transcription ; le titre de Secundus sera ainsi transcrit avec le sien, et rien n'empêchera plus de sommer Primus dont le nom sera ainsi révélé [30].

§ **673**. 3° La sommation aux créanciers incapables dont l'hypothèque légale est dispensée d'inscription [1] et non inscrite [2], c'est-à-dire aux mineurs, aux interdits et aux femmes mariées [3], est encore une innovation de la loi du 21 mai 1858. Elle complète et corrige le principe posé pour la première fois dans cette loi que les hypothèques légales, même non inscrites, sont purgées par la transcription du jugement d'adjudication sur saisie immobilière [4] : les créanciers aux

30 Voy., sur la nécessité où se trouve un sous-acquéreur de faire transcrire le titre de son propre vendeur pour empêcher le premier vendeur d'aliéner ou de conférer des hypothèques au préjudice de ce sous-acquéreur et pour arrêter le cours des transcriptions et inscriptions des aliénations ou hypothèques déjà consenties par ce premier vendeur, Demolombe, *op. cit.*, t. XXIV, n° 465; Aubry et Rau, *op. cit.*, t. II, p. 315 et suiv.; Larombière, *op. cit.*, t. I, sur l'art. 1138, n° 47; Mourlon, *De la transcription*, t. II, n°s 447 et suiv.; Humbert, *Nouvelles observations sur la loi relative à la transcription*, n° 40 (dans la *Revue historique de droit français et étranger*, t. I, 1855, p. 485); Lesenne, *Commentaire de la loi du 23 mars 1855* (Paris, 1856), n°s 63 et suiv.; Ducruet, *Études sur les difficultés que présente l'application de la loi sur la transcription* (Lyon, 1856), n°s XIV et XV; Duverger, *op. cit.*, n° 61; Gide, *op. cit.* (dans la *Revue critique de législation et de jurisprudence*, t. XXVI, 1865, p. 372 et suiv.). Voy., en sens contraire, Pont, *Des privilèges et hypothèques*, t. II, n° 1292; Flandin, *op. cit.*, t. II, n°s 883 et 890; Rivière et François, *op. cit.*, n° 52; Rivière et Huguet, *op. cit.*, n° 212. Comp. Troplong, *De la transcription*, n°s 164 et suiv.

§ **673.** 1 Les règles posées dans ce § ne s'appliquent pas aux créanciers munis d'hypothèques légales soumises à inscription (l'État, les communes, les établissements publics, les légataires, les créanciers de la faillite; voy., sur ces hypothèques, Aubry et Rau, *op. cit.*, t. III, p. 248, Colmet de Santerre, *op. cit.*, t. IX, n°s 83 et 85, Pont, *op. cit.*, t. I, n°s 503 et suiv.). Si ces créanciers sont inscrits, ils doivent être sommés aux domiciles élus par eux dans leurs inscriptions; s'ils ne le sont pas ou si leurs inscriptions ne contiennent pas d'élection de domicile, ils ne reçoivent aucune sommation ainsi qu'il est dit au § **671** (Voy., en ce sens, la discussion qui a eu lieu au Corps législatif le 14 avril 1858, *Moniteur* du 15, p. 461, et la circulaire ministérielle du 2 mai 1859, n° 27, D. P. 59. 3. 28). J'en dirai autant des créanciers subrogés aux hypothèques légales des mineurs et des femmes mariées : ces créanciers ne sont pas dispensés d'inscription (L. 23 mars 1855, art. 9) et doivent être complètement assimilés aux créanciers munis d'hypothèques conventionnelles (Voy., sur l'article 9 de la loi du 23 mars 1855, *suprà*, § **671**).

2 Les sommations aux mineurs, interdits et femmes mariées dont les hypothèques légales sont inscrites ne sont pas régies par le présent §, mais par le droit commun tel qu'il est exposé au § **671** (Chauveau, sur Carré, *op. cit.*, t. V, Ire part., quest. 2333 *septies;* Grosse et Rameau, *op. cit.*, t. I, n° 425).

3 Les autres créanciers à hypothèque légale sont soumis à la formalité de l'inscription (Voy. *suprà*, note 1).

4 Voy. *infrà*, § **711**.

quels ces hypothèques appartiennent ne les perdront pas sans avoir été avertis et mis autant que possible à même de les conserver[5]. Cette sommation contiendra, outre l'invitation de prendre connaissance du cahier des charges, etc., « l'a« vertissement que, pour conserver les hypothèques légales « sur l'immeuble exproprié, il sera nécessaire de les faire « inscrire avant la transcription du jugement d'adjudica« tion » (Art. 692-2°)[6].

Sont visées par cette partie de l'article 692 les personnes suivantes. 1) La femme du saisi et celles des précédents propriétaires, pourvu qu'elles soient actuellement dispensées de s'inscrire, c'est-à-dire que leur mariage dure encore ou soit dissous depuis moins d'un an; car, s'il s'est écoulé plus d'un an depuis la dissolution de leur mariage, l'article 8 de la loi du 23 mars 1855 les oblige à s'inscrire[7] et les fait ainsi rentrer dans le droit commun : inscrites, on les somme aux domiciles élus dans leurs incriptions et l'avertissement dont il vient d'être parlé n'a pas d'objet; non inscrites, elles ne reçoivent aucune sommation, et il en est de même si leurs inscriptions ne contiennent pas d'élection de domicile[8]. 2) Les mineurs et interdits dont le saisi ou les précédents propriétaires ont eu ou ont encore la tutelle, tant que dure la minorité ou l'interdiction et jusqu'à l'expiration de l'année qui suit la majorité ou la mainlevée de l'interdiction[9] : cette année expirée, le droit commun reprend son empire, comme pour la femme mariée,

[5] Voy., sur les motifs de cette partie de l'article 692, l'Exposé des motifs de la loi du 21 mai 1858, n°s 6 et 7 (D. P. 58. 4. 45), et le rapport fait par M. Riché au nom de la commission du Corps législatif, n°s 54 et 55 (D. P. 58. 4. 50).

[6] Voy., sur cette inscription et sur les conséquences du défaut d'inscription, *infrà*, § **711**.

[7] Voy., sur cet article, t. III, §. **534**. L'article 692-2° ne parle pas de la femme veuve ou divorcée, mais il faut évidemment étendre à cette femme, par identité de motifs, ce qu'il dit (Voy. *infrà*, même §) du mineur devenu majeur : elle devra recevoir la sommation prescrite par cet article jusqu'au jour où la dispense d'inscription cessera pour elle en vertu de l'article 8 de la loi du 23 mars 1855 (Seligmann, *op. cit.*, n° 35). L'article 692-2° aurait pu mentionner la veuve mais non pas la femme divorcée, car le divorce n'a été rétabli que par la loi du 27 juillet 1884.

[8] Bioche, *op. et v° cit.*, n° 356. Chauveau, sur Carré, *op. et loc. cit.* Boitard, Colmet-Daage et Glasson, *op. et loc. cit.* Rodière, *op. cit.*, t. II, p. 279. Seligmann, *op. et loc. cit.* Ollivier et Mourlon, *op. cit.*, n°s 113 et suiv.

[9] La loi du 23 mars 1855 ne prolonge la dispense d'inscription au profit du mineur que jusqu'à la cessation de la tutelle (Art. 8), mais il faut entendre par-là la cessation de la tutelle *ex parte minoris*, c'est-à-dire le décès ou la majorité du pu-

en vertu du même article 8 de la loi du 23 mars 1855[10]. 3) Les héritiers majeurs ou mineurs[11] de ces femmes, mineurs et interdits, pendant l'année qui suit la dissolution du mariage par mort du mari, divorce ou prédécès de la femme, ou la cessation de la tutelle par arrivée du mineur à sa majorité, mainlevée de l'interdiction, ou décès du mineur ou de l'interdit en état de minorité ou d'interdiction. La dispense d'inscription subsiste pendant cette année en vertu de l'article 8 de la loi du 23 mars 1855 : ce temps expiré, les héritiers sont tenus de s'inscrire et le poursuivant les somme dans les mêmes termes que les autres créanciers inscrits s'ils ont pris leur inscription et y ont élu domicile ; dans le cas contraire, il n'a pas de sommation à leur adresser[12]. L'obli-

pille. S'il ne fait que changer de tuteur, la dispense d'inscription continue jusqu'à sa mort ou jusqu'à sa majorité : 1° parce qu'il est incapable, tant qu'il est en tutelle, de protéger lui-même ses intérêts ; or, c'est l'esprit de l'article 8 que le mineur ne soit tenu de prendre inscription que s'il est devenu capable de veiller à la conservation de ses droits ou s'il est mort laissant des héritiers capables de le faire ; 2° parce que l'article 8 n'impose expressément l'obligation de s'inscrire qu'au mineur devenu majeur ou à ses héritiers (Colmet de Santerre, *op. cit.*, t. IX, n° 107 *bis*-III). Même situation pour l'interdit : l'article 8 ne s'applique à lui que lorsqu'il est décédé ou lorsque la mainlevée de son interdiction a été prononcée (Seligmann, *op. et loc. cit.*).

10 Voy., en ce sens, les auteurs cités *suprà*, note 8.

11 « Le but de l'article 8 de la loi du 23 mars 1855 et la nature même de sa dis- « position décrétée en vue de l'intérêt des tiers repoussaient toute restriction fondée « sur la condition personnelle des héritiers de la femme mariée, du mineur ou de « l'interdit. Aussi cet article n'admet-il en faveur des héritiers mineurs aucune pro- « rogation du délai préfix qu'il établit, et dont l'expiration emporte non une vérita- « ble prescription mais une déchéance à laquelle ne s'applique pas l'article 2252 du « Code civil » (Aubry et Rau, *op. cit.*, t. III, p. 305).

12 Qu'il s'agisse de la femme, du mineur ou de leurs héritiers, la situation et la raison de décider sont les mêmes (Voy., en ce sens, les auteurs cités *suprà*, note 8). On remarquera que j'assimile au cas de dissolution du mariage par prédécès du mari ou de cessation de la tutelle par majorité du pupille ou mainlevée de l'interdiction, le cas de prédécès de la femme ou de mort du pupille ou de l'interdit en état de minorité ou d'interdiction. L'article 8 de la loi du 23 mars 1855 ne prévoit textuellement que la première hypothèse, mais il comprend nécessairement aussi la seconde, car la dispense d'inscription qui cesserait au bout d'un an si la femme, le mineur ou l'interdit avaient acquis ou recouvré leur pleine capacité ne peut durer plus longtemps pour leurs héritiers qui n'ont jamais été incapables (Aubry et Rau, *op. cit.*, t. III, p. 304 ; Colmet de Santerre, *op. cit.*, t. IX, n° 107 *bis*-II ; Pont, *op. cit.*, t. II, n° 809 ; Mourlon, *op. cit.*, t. II, n°s 866 et suiv.). Il n'y a pas non plus à distinguer suivant que la femme par le prédécès de laquelle le mariage s'est dissous a laissé des enfants mineurs sous la tutelle de leur père son ci-devant mari ou sous la tutelle d'un tiers : l'article 8 de la loi du 23 mars 1855 s'applique à la première hypothèse aussi bien qu'à la seconde (Aubry et Rau, *op. cit.*, t. III, p. 305 ; Mourlon, *op. cit.*, t. II, n° 871 ; *contrà*, Troplong, *op. cit.*, n° 311 ; Pont, *op. et loc. cit.*).

gation de sommer toutes ces personnes n'existe, d'ailleurs, à défaut d'inscription, que dans le cas où le mariage ou la tutelle sont connus du poursuivant d'après son titre : l'article 692-2° ne l'oblige pas à rechercher si le saisi ou les précédents propriétaires sont ou ont été mariés ou tuteurs; s'ils l'ont été et que le titre du poursuivant n'en fasse pas mention, leurs femmes et leurs pupilles n'apprendront les poursuites que par la très grande publicité qu'elles reçoivent[13]. Un seul cas pourrait faire difficulté, celui où le poursuivant connaîtrait par un autre titre, et surtout par un acte authentique, l'existence du mariage ou de la tutelle; mais alors même il faudrait s'en tenir à l'application rigoureuse de l'article 692-2° qui, par son texte et surtout par son esprit, permet à l'avoué du poursuivant de s'en rapporter exclusivement au titre de son client pour dresser la liste des créanciers non inscrits qu'il doit sommer[14]. Aussi lit-on dans la circulaire ministérielle du 2 mai 1859 qu' « il est de l'intérêt autant « que du devoir des officiers ministériels de se pénétrer des « nouvelles obligations qui leur sont imposées. Les omissions « ou les erreurs dans l'accomplissement de ces formalités en- « gageraient gravement leur responsabilité; les notaires com- « prendront la nécessité de constater avec l'exactitude la plus « scrupuleuse, dans les constitutions de créances aussi bien « que dans les prêts hypothécaires, non-seulement l'état civil « proprement dit du débiteur mais encore la date du décès « de sa femme, l'époque et la cause de la cessation de la tu- « telle, le nom du tuteur qui l'a remplacé dans la tutelle, et « celui du subrogé-tuteur[15]. » Il suffit, toutefois, pour obliger le poursuivant à faire la sommation que son titre lui révèle le fait du mariage ou de la tutelle : c'est à lui de rechercher : 1) dans les actes de l'état civil le nom de la femme, la preuve et la date de son décès, l'âge du mineur ou la preuve et la date de son décès; 2) dans les affiches apposées en l'audi-

[13] J'ai déjà fait cette remarque à propos des créanciers inscrits qui n'ont pu être sommés faute d'avoir élu un domicile, et du précédent propriétaire qui n'a pu l'être faute d'une transcription qui révélât son existence (Voy. *suprà*, § **671**).

[14] Duvergier, *Collection des lois et décrets*, t. LVIII, p. 142, note 3. Chauveau, sur Carré, *op. et loc. cit.* Rodière, *op. cit.*, t. II, p. 278. Seligmann, *op. cit.*, n° 32. Ollivier et Mourlon, *op. cit.*, n° 133. Grosse et Rameau, *op. cit.*, t. I, n°s 30 et 31.

[15] N° 20 (D. P. 59. 3. 28).

toire des tribunaux et en l'étude des notaires la date de l'interdiction ou de la mainlevée qui en a été prononcée[16]. Il ne pourrait pas se dispenser de sommer la femme, le mineur, l'interdit ou leurs héritiers sous prétexte que son titre ne le renseignait pas sur ces circonstances[17].

Ces sommations sont faites, dit l'article 692-2°, « à la femme « du saisi, aux femmes des précédents propriétaires, au « subrogé-tuteur des mineurs ou interdits, ou aux mi- « neurs devenus majeurs. » 1) Si c'est à la femme, la copie lui est remise à personne ou laissée à son domicile[18] entre les mains des parents, serviteurs ou voisins désignés par l'article 68 pour la recevoir à sa place[19]; on peut même la laisser au mari, car la commission de 1858 a rejeté comme impraticable un amendement conçu en sens contraire, et renvoyé purement et simplement au droit commun qui consiste à appliquer l'article 68[20]. 2) Si c'est au mineur ou à l'interdit, la copie n'est pas remise au tuteur qui pourrait, ayant un intérêt contraire à celui de son pupille, dissimuler l'exploit à lui destiné pour l'empêcher de contester le cahier des charges, mais au subrogé-tuteur dont la fonction est précisément de suppléer le tuteur quand les intérêts de ce dernier sont opposés à ceux du pupille[21]. Le poursuivant commencera donc par en faire nommer un[22] s'il n'y en a jamais eu ou si, étant pré-

16 Voy., sur ces affiches, C. civ., art. 501 et 512.

17 Seligmann, *op. et loc. cit.*

18 Le projet portait que la sommation lui serait remise à personne (Voy. l'Exposé des motifs, n° 7; D. P. 58. 4. 45), mais la commission du Corps législatif a émis et fait prévaloir l'avis qu'on s'en tiendrait purement et simplement au droit commun (Voy. le rapport de M. Riché au Corps législatif, n° 57, D. P. 58. 4. 51; Bioche, *op. et v° cit.*, n° 360; Chauveau, sur Carré, *op. cit.*, t. V, Ire part., quest. 2333 *octies;* Seligmann, *op. cit.*, n° 29; Ollivier et Mourlon, *op. cit.*, n° 142; et, en sens contraire, Troplong, *Des privilèges et hypothèques*, t. IV, n° 978; Grosse et Rameau, *op. cit.*, t. I, n° 45).

19 Voy., sur cet article, t. II, § 227.

20 M. Millet avait présenté au Corps législatif un amendement qui tendait à exclure le mari du nombre des parents auxquels la sommation pourrait être remise : cet amendement a été rejeté (Voy. le rapport de M. Riché, *loc. cit.*, et les autorités citées à la note précédente).

21 Voy., sur le rôle du subrogé-tuteur, C. civ., art. 420; Demolombe, *op. cit.*, t. VII, n°s 359 et suiv.; Aubry et Rau, *op. cit.*, t. I, p. 474 et suiv.; Proudhon, *De l'état des personnes*, t. II, p. 299.

22 Voy., sur la manière de nommer un subrogé-tuteur, C. civ., art. 421 à 423; Demolombe, *op. cit.*, t. VII, n°s 371 et suiv.; Aubry et Rau, *op. cit.*, t. I, p. 416; Proudhon, *op. cit.*, t. II, p. 390.

décédé, il n'a pas été remplacé[23] : le contraire a été dit à trois reprises dans la discussion de la loi du 21 mai 1858[24], mais on procède ainsi dans une hypothèse absolument semblable, celle de la purge des hypothèques légales dispensées d'inscription[25]; et la preuve que le conseil d'État n'a pas voulu distinguer entre les deux cas, c'est qu'il a rejeté un amendement de la commission du Corps législatif qui, effrayée de voir tant de formalités renfermées dans un si court délai[26], demandait que le poursuivant ne fût obligé de sommer le subrogé-tuteur que s'il en existe un[27]. 3) S'il y a lieu de sommer un mineur émancipé, on le fait à sa personne ou à son domicile, et il n'est pas nécessaire de signifier une seconde copie à son curateur : la loi du 10 juin 1853 impose cette précaution aux sociétés de crédit foncier qui purgent les hypothèques établies sur les immeubles de leurs emprunteurs (Art. 19)[28], mais on n'a pas le droit d'étendre à la saisie im-

[23] Circ. minist. 2 mai 1859, n° 18 (D. P. 59. 3. 27). Rodière, *op. et loc. cit.* Pont, sur Seligmann, *op. cit.*, n° 30. L'opinion contraire est plus généralement suivie (Bioche, *op. et v° cit.*, n° 355; Chauveau, sur Carré, *op. et loc. cit.*; Boitard, Colmet-Daage et Glasson, *op. cit.*, t. II, n° 943; Ollivier et Mourlon, *op. cit.*, n° 143; Grosse et Rameau, *op. cit.*, t. I, n° 47).

[24] M. Riché a dit, à propos du rejet par le conseil d'État de l'amendement dont il va être parlé : « Ce qui ne nous paraît pas impliquer la nécessité de faire nom« mer un subrogé-tuteur, peu conciliable avec le délai de huitaine imparti par l'article « 692 pour les sommations » (*Op. cit.*, n° 56; D. P. 58. 4. 51). Voy., dans le même sens, les déclarations formelles de MM. Josseau, et de Parieu, commissaire du Gouvernement (Séance du Corps législatif du 12 avril 1858; *Moniteur* du 13, p. 461).

[25] Malgré l'avis du conseil d'État des 9 mai-1er juin 1807 : il suppose qu'un acquéreur peut craindre de voir l'immeuble par lui acquis grevé des hypothèques légales de mineurs qu'il ne connaîtrait pas, et décide : 1° qu'en pareil cas, l'acquéreur signifiera copie de son titre au procureur de la République, en déclarant dans la signification que, les mineurs du chef desquels il pourrait être pris inscription ne lui étant pas connus, il fera publier conformément à l'article 696 du Code de procédure (Voy. *infrà*, § **682**) la signification qui devrait leur être adressée; 2° qu'il fera réellement cette publication; 3° qu'il requerra, faute de journaux existant dans le département, un certificat du procureur de la République constatant qu'il n'en existe pas : moyennant quoi ces hypothèques légales, s'il en existe, seront purgées. Cet avis ne s'applique pas au cas où les mineurs ayant hypothèque légale sont connus : s'ils sont pourvus d'un subrogé-tuteur, les notifications à fin de purge doivent leur être signifiées; s'ils n'en sont pas pourvus, on doit leur en faire nommer un pour pouvoir lui adresser les notifications (Aubry et Rau, *op. cit.*, t. III, p. 542; Colmet de Santerre, *op. cit.*, t. IX, n° 184 *bis*-VI et VII; Pont, *op. cit.*, t. II, n° 1411; Besançon, 12 juill. 1837, Rouen, 13 mars 1840, Grenoble, 8 févr. 1842, Limoges, 5 mai 1843, civ. cass. 8 mai 1844, D. A. v° *Privilèges et hypothèques*, n° 2252; *contrà*, Grenoble, 20 août 1834, 29 nov. 1837 et 31 juill. 1840, D. A. *v° cit.*, n° 2253).

[26] Voy., sur la brièveté de ce délai, *suprà*, § **670**, note 12, et *infrà*, même §.

[27] Riché, *op. cit.*, n° 56 (D. P. 58. 4. 51).

[28] Les prêteurs n'ont généralement pas le droit de purger (Pont, *op. cit.*, t. II, n°

mobilière une formalité prescrite par une loi aussi spéciale[29], et on le doit d'autant moins qu'il existe une différence notable entre les effets de cette purge et ceux de l'adjudication sur saisie immobilière : un surcroît de précaution se comprend dans le premier cas où l'hypothèque légale du mineur est éteinte non-seulement au point de vue du droit de suite, mais encore au point de vue du droit de préférence[30]; le législateur a pu trouver cette formalité inutile dans le second cas où l'on verra le droit de préférence survivre au droit de suite au profit du créancier dont l'hypothèque est purgée[31]. 4) Le mineur devenu majeur, la personne dont l'interdiction a été levée et la femme veuve ou divorcée sont sommés à personne ou à leur domicile réel pendant l'année qui suit leur majorité, la mainlevée de leur interdiction ou la dissolution de leur mariage; ce délai passé et leur inscription prise, ils sont sommés au domicile élu par eux dans cette inscription[32]. 5) Après le décès de la femme, du mineur ou de l'interdit et pendant l'année qui suit[33], la sommation est faite à leurs héritiers collectivement au dernier domicile du défunt[34] : la commission du Corps législatif proposait de le dire expressément dans l'article 692-2°, mais le conseil d'État a repoussé cet amendement comme inutile[35], et il a été entendu dans la discussion que le poursuivant ne serait pas tenu de rechercher le domicile réel de chacun des héritiers pour l'y

1269). Le décret du 28 février 1852 fait exception à cette règle en faveur des sociétés de crédit foncier (Art. 8) et la loi du 10 juin 1853 organise cette purge (Art. 19 et suiv.; Josseau, *op. cit.*, t. I, nos 365 et suiv.

[29] Ollivier et Mourlon, *op. cit.*, no 146. *Contrà*, Chauveau, sur Carré, *op. et loc. cit.*

[30] L'article 25 du décret du 28 février 1852, modifié par la loi du 10 juin 1853, ne distingue pas : « La purge est opérée par le défaut d'inscription dans les délais fixés « par les articles précédents » (Voy., sur ce point, Josseau, *op. cit.*, t. I, no 43).

[31] Voy. *infrà*, § **711**.

[32] S'ils ont pris inscription, ils doivent être assimilés à tous les autres créanciers inscrits; s'ils n'en ont pas pris, il n'y a pas de sommation à leur adresser (Voy. *suprà*, même §).

[33] Après l'année on rentre dans le droit commun; les héritiers ne sont sommés que s'ils ont pris inscription, mais alors ils le sont à leur domicile élu (Voy. *suprà*, même §).

[34] A moins, bien entendu, que le poursuivant, instruit de leur domicile réel et plus méticuleux que la loi ne l'exige, ne fasse à chacun d'eux, à son domicile réel, des sommations individuelles : on applique ici purement et simplement l'article 447 relatif à la signification des jugements susceptibles d'appel aux héritiers d'une partie prédécédée (Voy. *infrà*, § **943**.)

[35] Voy. le rapport de M. Riché, no 56 (D. P. 58. 4. 51).

sommer personnellement[36]. La circulaire ministérielle du 2 mai 1859 interprète différemment la loi, car elle prescrit de faire au domicile du défunt des recherches sur le domicile réel des héritiers et de sommer chacun d'eux à son propre domicile lorsqu'on a pu le découvrir[37], mais procéder ainsi est une pure faculté pour le poursuivant, et il n'y est pas tenu à peine de nullité[38].

Dans tous les cas et à quelque incapable que la sommation doive être faite, les trois règles suivantes doivent être observées.

1) Si l'incapable n'est pas inscrit et que son domicile ne soit pas connu[39], la sommation est faite à sa résidence[40]; s'il n'a ni domicile ni résidence connue en France, une copie de l'exploit est affichée, conformément à l'article 69-8°[41], à la principale porte de l'auditoire du tribunal qui connaîtra de la saisie[42], l'autre est remise au procureur de la République qui vise l'original[43]; si le très bref délai dans lequel la sommation doit être faite ne permet pas de rechercher ce domicile ou cette résidence, il suffit de dresser dans le même délai un procès-verbal de perquisition après lequel on procède comme il vient d'être dit[44].

2) Si l'incapable habite le territoire français hors de l'Eu-

[36] Voy. les observations de MM. de Parieu, commissaire du Gouvernement, et Josseau (Séance du Corps législatif du 12 avril 1858; *Moniteur* du 13, *loc. cit.*).

[37] « C'est au lieu de l'ouverture de la succession que doivent se concentrer les « investigations : suivant le résultat des recherches, la sommation est faite à tous les « héritiers collectivement, comme dans l'hypothèse prévue par l'article 447 du Code « de procédure civile, ou à chacun d'eux à son domicile réel » (N° 19; D. P. 59. 3. 28).

[38] Bioche, *op. et v° cit.*, n° 353. Boitard, Colmet-Daage et Glasson, *op. et loc. cit.* Seligmann, *op. cit.*, n° 30. Pont, sur Seligmann, *op. et loc. cit.* Ollivier et Mourlon, *op. cit.*, n° 147. Toutefois, Duvergier (*Op. cit.*, t. LVIII, p. 145, note 1), Chauveau, sur Carré (*Op. et loc. cit.*) et Grosse et Rameau (*Op. cit.*, t. I, n°s 51 et suiv.) paraissent prendre à la lettre l'instruction ministérielle.

[39] Ou s'il n'a pas de domicile, en admettant qu'il puisse n'en pas avoir (Voy., sur ce point, t. II, § **227**).

[40] C'est le droit commun en matière d'exploits (Voy. t. II, *ib.*).

[41] Voy., sur cet article, t. II, *ib.*

[42] Voy., sur ce tribunal, *suprà*, § **650**.

[43] On dit généralement que la sommation est faite au parquet conformément à l'article 69-9° (Voy., Chauveau, sur Carré, *op. cit.*, t. V, Ire part., quest. 2233 *ter;* Seligmann, *op. cit.*, n° 31; et, sur cet article, t. II, § **228**). Cette manière de s'exprimer n'est pas exacte : les exploits destinés aux parties qui n'ont ni domicile ni résidence connue ne sont pas régis par l'article 69-9° qui prescrit simplement de les signifier au procureur de la République, mais par l'article 69-8° qui ordonne d'en faire deux copies, l'une affichée dans l'auditoire du tribunal, l'autre remise au procureur de la République (Voy., sur ce point, t. II, § **227**).

[44] Chauveau, sur Carré, *op. et loc. cit.*, Seligmann, *op. et loc. cit.*

rope et de l'Algérie, ou s'il est établi en pays étranger, on n'est pas dispensé de le sommer[45] comme s'il s'agissait du vendeur domicilié ou résidant hors en France[46]; on procède à son égard comme il est dit à l'article 69-9° : la sommation est remise « au parquet du procureur de la République près « le tribunal où la demande est portée — c'est-à-dire qui « connaîtra de la saisie[47] — lequel visera l'original et enverra « directement la copie au ministre compétent ou à toute autre « autorité déterminée par les conventions diplomatiques[48]. »

3) Copie des sommations[49] « sera notifiée au procureur de la « République de l'arrondissement où les biens sont situés[50], « lequel sera tenu de requérir l'inscription des hypothèques « légales existant du chef du saisi seulement sur les biens « compris dans la saisie » (Art. 692-2°)[51]. Le délai dans lequel cette formalité doit être remplie n'est pas fixé et le poursuivant n'est pas absolument tenu d'y satisfaire dans la huitaine[52],

[45] Bioche, *op. et v° cit.*, n°s 356 et 359. Chauveau, sur Carré, *op. cit.*, t. V, Ire part., quest. 2333 *octies*. Ollivier et Mourlon, *op. cit.*, n° 140.

[46] Voy. le § précédent.

[47] Quel est ce tribunal? Voy., *suprà*, § **650**.

[48] Voy., sur l'article 69-9°, t. II, § **227**.

[49] Il ne s'agit, bien entendu, que des sommations faites aux incapables (femmes, mineurs et interdits). Cette formalité n'existe pas pour les sommations faites au vendeur et aux autres créanciers capables et inscrits (Circ. minist. 2 juin 1859, n° 29, D. P. 59. 3. 28; instruction du procureur de la République près le tribunal de la Seine au président de la chambre des avoués près ce tribunal, 24 août 1858, dans le *Journal des avoués*, t. LXXXIII, p. 621). Par contre, on va voir que cette partie de l'article 692-2° s'applique à toutes les sommations faites aux créanciers incapables, même à ceux qui sont déjà inscrits. Voy. encore sur cet article Orléans, 23 nov. 1888 (D. P. 90.2.245).

[50] C'est-à-dire au procureur de la République près le tribunal qui connaîtra de la saisie (Bioche, *op. et v° cit.*, n° 363; Ollivier et Mourlon, *op. cit.*, n° 152; voy., sur ce tribunal, *suprà*, § **650**).

[51] La circulaire ministérielle adressée le 2 mai 1859 aux procureurs généraux fait très bien ressortir le caractère spécial et exceptionnel de cette formalité : « Lorsque « la purge est opérée à la suite d'une aliénation volontaire conformément à l'article « 2194 du Code civil, vos substituts n'interviennent qu'exceptionnellement et dans « une mesure que la circulaire du 15 septembre 1806 (Gillet et Demoly, *Analyse des « circulaires, instructions et décisions émanées du ministère de la justice*, t. I, n° 554) « a pu circonscrire sans danger. Dans le système qu'introduit la loi nouvelle la sol- « licitude qui s'attache aux droits des femmes, des mineurs et des interdits exigeait « que l'intervention du ministère public devînt non plus l'exception mais la règle. Je « n'ai pas besoin d'insister auprès de vous sur l'importance des intérêts qui se trou- « vent ainsi confiés à l'exactitude et à la vigilance du procureur de la République » (N°s 23 et 24; D. P. 59. 3. 28). Voy., sur l'article 2194 du Code civil, Aubry et Rau, *op. cit.*, t. II, p. 541 et suiv.; Colmet de Santerre, *op. cit.*, t. IX, n° 184 *bis*-II et suiv.; Pont, *Des privilèges et hypothèques*, t. II, n°s 1404 et suiv.

[52] J'entends par-là la huitaine, avec augmentation de distance, dans laquelle le poursuivant doit signifier les sommations prescrites par les articles 691 et 692 (Voy., sur ce délai, le § précédent et *suprà*, même §).

mais il doit le faire assez tôt pour que l'inscription d'office puisse être prise en temps utile, c'est-à-dire avant la transcription du jugement d'adjudication — on verra au § **708** comment et pourquoi l'inscription postérieure à cette date serait tardive — et la procédure est nulle si la copie en question n'a été notifiée au parquet qu'après la transcription de ce jugement[53]. Quant au procureur de la République, qui a non-seulement le droit mais le devoir de requérir l'inscription[54], son obligation est purement morale suivant le principe posé au § **77**, et ne le rend pas responsable des conséquences que peut entraîner sa négligence[55]. Il n'a pas, sous cette réserve, à s'enquérir : *a*) si les maris et tuteurs grevés d'hypothèques légales sont insolvables; ils sont présumés l'être et le procureur de la République doit prendre inscription pour eux dès que la copie par lui reçue lui révèle l'existence d'un incapable[56]; *b*) si cet incapable a réellement des droits à conserver; il restera au mari ou au tuteur le droit de faire rayer l'inscription si elle est sans objet[57]; *c*) si l'hypothèque légale n'est pas déjà inscrite; le fût-elle, il y a encore intérêt à la réinscrire, car cette réinscription vaut renouvellement et re-

[53] Chauveau, sur Carré, *op. cit.*, t. V, Ire part., quest. 2333 *undecies*. Seligmann, *op. cit.*, n° 37.

[54] Cela résulte des termes mêmes de l'article 692-2° : « sera tenu de requérir « l'inscription, » et des travaux préparatoires de la loi du 27 mai 1858 : M. Dalloz avait demandé que le procureur de la République eût seulement le droit de requérir l'inscription, et le conseil d'État n'a pas admis cet amendement (Voy. le rapport de M. Riché, n° 58, D. P. 58. 4. 51; en ce sens, Chauveau, sur Carré, *op. cit.*, t. V, Ire part., quest. 2333 *terdecies;* Boitard, Colmet-Daage et Glasson, *op. et loc. cit.;* Rodière, *op. et loc. cit.;* Seligmann, *op. et loc. cit.;* Ollivier et Mourlon, *op. cit.*, nos 153 et suiv.; et, en sens contraire, Duvergier, *op. et loc. cit.;* Grosse et Rameau, *op. cit.*, t. I, nos 59 et suiv.).

[55] Duvergier, *op. et loc. cit.* Chauveau, sur Carré, *op. et loc. cit.* Rodière, *op. et loc. cit.* Seligmann, *op. et loc. cit. Contrà*, Ollivier et Mourlon, *op. cit.*, n° 54. Voy. spécialement, sur l'irresponsabilité du ministère public, t. I, § **77**, note 29, et sur cette application particulière du principe général, t. I, § **84**, note 18.

[56] La circulaire ministérielle du 2 mai 1859 veut sans doute exprimer cette idée lorsqu'elle dit que le procureur de la République n'a pas à se préoccuper du point de savoir si la femme, le mineur ou l'interdit « trouveront un avantage sérieux à mani- « fester leur hypothèque » (N° 26; D. P. 59. 3. 28). Elle ajoute (*Ib.*) qu'il n'a pas davantage à rechercher « si la femme, ayant contracté la dette solidairement avec « son mari, a intérêt à l'inscription : » le garde des sceaux veut dire par-là qu'en s'obligeant solidairement avec son mari à payer la dette contractée par celui-ci envers le saisissant, la femme a renoncé au droit d'opposer son hypothèque légale à ce dernier (Voy., sur ce point, Aubry et Rau, *op. cit.*, t. III, p. 464) et les autorités qui y sont citées); mais qu'elle peut l'opposer encore à tous les autres créanciers de son mari et qu'elle a, par conséquent, intérêt à ce qu'il en soit pris inscription.

[57] Voy., sur ce point la circulaire précitée, n° 26 (D. P. 59. 3. 28).

cule d'autant le point de départ des dix ans au bout desquels les inscriptions sont périmées[58]. Le procureur de la République ne doit s'abstenir que dans trois cas : *a*) lorsqu'il lui est justifié que l'hypothèque légale a été régulièrement restreinte à certains immeubles du mari ou du tuteur[59] et que l'immeuble saisi en est affranchi[60]; *b*) lorsqu'un an s'étant écoulé depuis la dissolution du mariage, la mort ou la majorité du mineur, la mort de l'interdit ou la mainlevée de l'interdiction, l'hypothèque légale est rentrée dans le droit commun et s'est trouvée soumise à l'inscription[61]; le créancier étant devenu capable et ses héritiers n'ayant jamais cessé de l'être, le procureur de la République n'a pas à veiller sur leurs intérêts[62]; *c*) quand l'hypothèque légale grève l'immeuble saisi du chef d'un précédent propriétaire : la présomption d'insolvabilité ne s'étend pas à ce dernier et le procureur de la République n'a pas à faire inscrire l'hypothèque légale de sa femme ou de son pupille[63]; toutefois, si l'immeuble est saisi sur un tiers détenteur, une double inscrip-

[58] Voy., sur ce point, *ib.*, et, sur la péremption des inscriptions hypothécaires, C. civ., art. 2154; Aubry et Rau, *op. cit.*, t. III, p. 372 et suiv.; Colmet de Santerre, *op. cit.*, t. IX, nos 134 *bis*-I et suiv.; Pont, *op. cit.*, t. II, nos 1034 et suiv.

[59] Voy., sur la restriction des hypothèques légales de la femme mariée, du mineur et de l'interdit, C. civ., art. 2140, 2141 et 2165; Aubry et Rau, *op. cit.*, t. III, p. 398 et suiv.; Colmet de Santerre, *op. cit.*, t. IX, nos 110 et suiv. et 145; Pont, *op. cit.*, t. II, nos 538 et suiv.

[60] Circ. minist. 2 mai 1859, no 27 (D. P. 59. 3. 28).

[61] Voy., sur cette hypothèse et sur les distinctions qu'elle comporte, *suprà*, même §.

[62] « Il convient de dire que, par les mots ***hypothèques légales***, la loi nouvelle « n'entend parler que des hypothèques des femmes, des mineurs et des interdits, « telles qu'elles sont réglées par l'article 2135 du Code civil. L'intervention d'office « du ministère public n'est donc exigée qu'autant que ces hypothèques peuvent exister sans être inscrites : elle cesse dès qu'elles sont soumises à la nécessité de l'inscription, c'est-à-dire pour les femmes une année après la dissolution du mariage, « pour les mineurs et les interdits un an après l'avènement de la majorité ou la levée « de l'interdiction » (Circ. minist. 2 mai 1859, no 27; D. P. 59. 3. 28). D'un autre « côté, si le saisi a été chargé de plusieurs tutelles ou si, veuf depuis moins d'une « année, il a contracté un second mariage, le procureur de la République requerra « autant d'inscriptions qu'il y aura de droits à conserver » (*Ib.*, no 23; D. P. *loc. cit.*)

[63] Arg. art. 692-2o : « L'inscription des hypothèques légales existant du chef du « saisi seulement sur les biens compris dans la saisie... » Le procureur de la République ne doit donc se préoccuper ni des immeubles non compris dans la saisie (ce qui va de soi), ni des hypothèques légales qui existent sur les biens saisis mais qui ne procèdent pas du chef du saisi. « Que sera-ce, dit M. Riché dans son rapport « au Corps législatif, s'il y a, comme il arrive souvent, plusieurs parcelles expropriées « dont chacune est d'origine différente et a subi, en remontant à trente ans, trois ou « quatre mutations par vente? Supposez seulement dix petits biens saisis, chacun « ayant eu trois vendeurs successifs : voilà trente inscriptions du chef des femmes « ou pupilles de ces créanciers vendeurs. En supposant qu'on puisse, par des main-

tion est nécessaire, l'une pour la femme ou le pupille du débiteur personnel qui est, au sens propre du mot, le débiteur saisi, l'autre pour la femme ou le pupille du tiers détenteur contre qui l'expropriation est poursuivie[64]. La copie notifiée au ministère public ne doit contenir que les énonciations nécessaires à la rédaction des bordereaux qui seront préparés par le procureur de la République[65]; il doit se conformer, pour ce travail[66], aux prescriptions de l'article 2153 du Code civil[67], et notamment élire domicile d'office pour l'incapable en un lieu quelconque de l'arrondissement où la saisie se poursuit : soit au parquet, soit en l'étude d'un avoué près le tribunal de l'arrondissement, soit chez le maire

« levées, se débarrasser de ce chaos, voilà, en sus du coût des inscriptions, environ « 400 francs de frais de mainlevée. Le vendeur le plus solvable, le jour où il voudra « aliéner, emprunter, marier son enfant, découvrira qu'il est grevé d'inscription au « nom de sa femme et de ses enfants parce que l'un des acquéreurs successifs d'un « de ses biens a fait de mauvaises affaires! En prévision de ces résultats les notai- « res reculeront devant l'établissement de la filiation de la propriété dans les trente « dernières années, et, l'obscurité s'étendant sur ces renseignements si nécessaires, « la rédaction si parfaite aujourd'hui remontera au berceau des tabellionages » (*Loc. cit.*; D. P. 58. 4. 51).

[64] Voy., sur ce point et en ce sens, la circulaire ministérielle du 2 mai 1859, n° 24 (D. P. 59. 3. 28).

[65] « L'exploit ne doit contenir rien d'étranger aux personnes dans l'intérêt des- « quelles le procureur de la République est tenu d'intervenir, mais il est essentiel « qu'il relate exactement la saisie et la désignation des immeubles qui en sont frap- « pés, la date, le volume et le numéro de la transcription. Il importe également que « les originaux des sommations dont il s'agit soient distincts de ceux relatifs à toutes « autres personnes, de telle sorte que la notification faite au parquet ne contienne « que les énonciations nécessaires à la rédaction des bordereaux que le procureur « de la République doit préparer » (Circ. minist. 2 mai 1859, D. P. 59. 3. 28; aj., sur les formalités de la réception et du visa de ces notifications au parquet, *ib.*, n° 25).

[66] Aucun délai n'est prescrit pour la faire : si elle n'était pas faite avant la transcription du jugement d'adjudication et si l'hypothèque légale n'était pas, par ailleurs, déjà inscrite, il en résulterait pour l'incapable de graves conséquences dont il sera parlé au § **711**, mais le procureur de la République n'encourrait, par ce fait, qu'une responsabilité morale (Voy., sur ce point, Seligmann, *op. et loc. cit.*, et *suprà*, même §).

[67] Voy., sur cet article, Aubry et Rau, *op. cit.*, t. III, p. 343 et suiv.; Colmet de Santerre, *op. cit.*, t. IX, n° 133; Pont, *op. cit.*, t. II, n°s 929 et suiv. C'est au procureur de la République à désigner dans le bordereau d'inscription les immeubles grevés qui ne sont autres que ceux qui sont compris dans la saisie : il en trouve la désignation dans la notification qui lui a été faite ou dans le cahier des charges déposé au greffe (Circ. minist. 2 mai 1859, n° 25; D. P. 59. 3. 28). « Néanmoins, dit M. Se- « ligmann, quelques chefs de parquet se bornent à faire cette désignation par renvoi, « dans le bordereau d'inscription, au numéro du registre des transcriptions qui « contient la copie du procès-verbal de saisie. Cela peut donner lieu à des difficul- « tés, en ce que l'inscription se trouve ainsi incomplète et que les tiers sont obligés « de recourir aux registres de transcription pour connaître les biens grevés » (*Op. cit.*, n° 37, note 4; voy., sur les frais de l'inscription, circ. minist. 2 mai 1859, *ib.*).

de la commune où l'incapable a son domicile réel et où ce domicile élu subsistera même en cas de changement de domicile réel[68]. On verra au § **808** que les sommations de produire à l'ordre pourront être faites à ce domicile élu.

§ **674**. Quand les sommations expliquées aux précédents §§ ont été signifiées ou notifiées à qui de droit, il en est fait mention (Art. 693) en marge de la transcription de la saisie[1] dans la huitaine qui suit le dernier exploit, augmentée à raison de la distance d'un nombre de jours égal à celui dont le délai des sommations s'est lui-même augmenté, c'est-à-dire que, le créancier sommé étant domicilié à vingt-cinq myriamètres du lieu où la saisie se poursuit et le délai de la sommation étant par suite augmenté de cinq jours[2], la mention dont il s'agit pourra n'être faite que dans la huitaine de cette sommation augmentée des cinq jours qui sont présumés nécessaires pour que la copie de l'exploit ait pu revenir au poursuivant[3]. Cette formalité est prescrite à peine de nullité de la saisie[4], et l'article 693 y attache un effet considérable dont j'ai déjà parlé au § **665** : « Du jour de cette « mention la saisie ne pourra plus être rayée que du con« sentement des créanciers inscrits en vertu de jugements « rendus contre eux[5]. » Le poursuivant est resté jusqu'à ce moment maître de la saisie par lui formée, libre de la pousser jusqu'à l'expropriation du débiteur, libre aussi d'en donner mainlevée, c'est-à-dire de l'abandonner, soit qu'il y ait découvert une cause de nullité et qu'il veuille la recommen-

[68] Voy., sur cette élection de domicile, Dramard, *Questions sur les ordres et contributions* (Dans la *Revue critique de législation et de jurisprudence*, nouv. sér., t. I, 1872-1873, p. 617, note 1).

§ **674**. [1] « Au bureau des hypothèques » dit l'article 692. Voy., sur la transcription et sur la manière de la faire, *suprà*, § **661**.

[2] L. 3 mai 1862 (Voy., sur les augmentations de délai à raison de la distance, t. II, § **206**).

[3] Dépôt du cahier des charges au greffe le 1er février ; sommation faite à 25 kilomètres de là le 14 : le délai pour faire la mention expirera le 27. Comp. t. II, § 388, une situation analogue, à savoir le délai qu'a le garant pour notifier au demandeur originaire l'assignation en garantie par lui donnée dans un lieu situé à plus de cinq myriamètres de son propre domicile.

[4] Bioche, *op. et v° cit.*, n° 366. Carré, *op. cit.*, t. V, Ire part., quest. 2334. Chauveau, sur Carré, *op. et loc. cit.* Rodière, *op. cit.*, t. II, p. 279.

[5] Je réserve pour le § **748** la fin de cet article qui est relative à la péremption de la saisie immobilière.

cer sur nouveaux frais, soit qu'il se décide sur le tard à accorder un terme à son débiteur, soit enfin — hypothèse plus pratique et plus vraisemblable — qu'il se trouve satisfait par le paiement de ce qui lui est dû[6]. Dans tous ces cas, la saisie est rayée, c'est-à-dire qu'il est fait mention en marge de la transcription de l'abandon des poursuites commencées[7]. La mention prescrite par l'article 693 une fois faite, la situation change : les créanciers sommés en vertu de l'article 692 se trouvant liés à la poursuite, elle ne peut être abandonnée malgré eux, et, si le saisissant y renonce pour sa part en donnant mainlevée — c'est son droit et nul ne peut l'empêcher d'en disposer — la radiation ne peut plus avoir lieu qu'avec leur consentement ou en vertu de jugements rendus contre eux[8]. On en verra les conséquences au § **731** en cas de seconde ou subséquente saisie; on les a déjà vues en cas d'aliénation de l'immeuble saisi après la transcription de la saisie, car l'acquéreur, qui peut obtenir le maintien de son acquisition en consignant les sommes dues au saisissant tant que la mention prescrite par l'article 693 n'a pas été faite, doit consigner, dans le cas contraire, non-seulement le montant de la créance du saisissant mais encore les sommes dues aux autres créanciers inscrits[9].

Ici s'élèvent deux difficultés. 1° La règle en vertu de laquelle la saisie ne peut être rayée, après la mention prescrite par l'article 693, qu'avec le consentement des créanciers inscrits ou en vertu de jugements rendus contre eux, vise-t-elle non-seulement une saisie valable qu'il plaît au saisissant d'abandonner, mais encore une saisie nulle dont il se désis-

[6] Voy., sur ce droit du saisissant, Carré, *op. cit.*, t. V, Ire part., quest. 2335; Chauveau, sur Carré, *op. et loc. cit.;* Boitard, Colmet-Daage et Glasson, *op. cit.*, t. II, n° 944.

[7] On ne touche point aux actes inscrits sur les registres publics, on se contente de mettre en marge, lorsqu'il y a lieu, une mention qui en détruit l'effet : c'est ainsi qu'on procède en matière de rectification des actes de l'état civil (C. civ., art. 100), de révocation des donations entre-vifs pour cause d'ingratitude (C. civ., art. 958), et de radiation des inscriptions hypothécaires (Aubry et Rau, *op. cit.*, t. III, p. 386). Par exception, les actes déclarés faux peuvent être réformés, c'est-à-dire simplement déclarés nuls et non avenus, ou rayés du registre où ils sont portés (T. II, § **320**).

[8] Voy., sur l'application de cette règle, Carré, *op. et loc. cit.;* Chauveau, sur Carré, *op. et loc. cit.;* Boitard, Colmet-Daage et Glasson, *op. et loc. cit.;* Nancy, 2 mars 1818 (D. A. v° *Jugement*, n° 1086); req. 30 août 1825 (D. A. v° *Intervention*, n° 53); req. 14 janv. 1874 (D. P. 74. 1. 57).

[9] Voy. *suprà*, § **665**.

terait pour la reprendre ensuite dans des conditions plus régulières? On a soutenu que l'article 693 ne concerne pas cette hypothèse; que cette saisie peut être rayée en vertu d'un acte de mainlevée notifié par le poursuivant sans le consentement des créanciers, ou d'un jugement qui a déclaré la nullité sans qu'ils y aient été présents ou même appelés; que les poursuites sont alors non avenues tant à leur égard qu'à celui du poursuivant, et qu'en conséquence les effets du commandement, du procès-verbal et de la transcription sont rétroactivement effacés[10]. Cette solution me semble inadmissible, car la garantie que l'article 693 a voulu donner aux créanciers, et les précautions qu'il a prises pour que le saisissant ne disposât plus sans leur aveu d'une procédure qui leur est devenue commune, se réduiraient à rien s'il lui était permis de supprimer la saisie en prétextant faussement qu'elle est nulle ou même en vertu d'un jugement rendu en leur absence et peut-être obtenu par un concert frauduleux[11].
2° L'article 693 qui réserve ainsi les droits des créanciers inscrits doit-il être entendu littéralement, ou ne faut-il pas assimiler aux créanciers inscrits les créanciers à hypothèque légale dispensés d'inscription et non inscrits? J'adopte cette dernière opinion, bien qu'elle ne soit pas généralement admise : la loi du 21 mai 1858 n'a-t-elle pas voulu que ces créanciers fûssent liés à la poursuite comme les créanciers inscrits et que leurs hypothèques, quoique non inscrites, fûssent purgées comme les autres[12]? Dès lors, les sommations à eux faites n'ont-elles pas le même caractère et les mêmes effets que les sommations faites aux créanciers inscrits, et ne confèrent-elles pas aux uns comme aux autres, à partir du moment prévu par l'article 693, le droit d'exiger que la saisie suive son cours nonobstant tout acte passé sans leur aveu ou tout jugement rendu en dehors d'eux[13]?

10 Boitard, Colmet-Daage et Glasson, *op. et loc. cit.*

11 Carré, *op. cit.*, t. V, Ire part., quest. 2336. Chauveau, sur Carré, *op. et loc. cit.*

12 Voy., sur ce point, *infrà*, § 711.

13 Seligmann, *op. cit.*, n° 39. Ollivier et Mourlon, *op. cit.*, n° 178. *Contrà*, Carré, *op. et loc cit.*; Chauveau, sur Carré, *op. et loc. cit.*; Boitard, Colmet-Daage et Glasson, *op. et loc. cit.*; Rodière, *op. cit.*, t. II, p. 304; Grosse et Rameau, *op. cit.*, t. I, nos 56 et 58.

§ **675.** Le cahier des charges a été déposé au greffe pour que tous les intéressés pûssent en prendre connaissance, et les créanciers inscrits ou dispensés d'inscription en ont été avertis par les sommations dont il vient d'être parlé. Il convient, en effet, que chacun puisse, avant que la procédure soit poussée plus avant, faire valoir ses droits, présenter ses objections, et fournir, à cet effet, ce que l'article 692 appelle « ses dires et observations : » 1° sur l'opportunité; 2° sur la validité des clauses et conditions du cahier des charges. Ces deux hypothèses doivent être examinées séparément.

§ **676.** A. Le droit de critiquer dans le cahier des charges des clauses valables, mais attentatoires aux droits d'une partie ou contraires à l'intérêt commun des parties en cause, doit appartenir non-seulement aux créanciers sommés en vertu de l'article 692, c'est-à-dire aux créanciers privilégiés et hypothécaires, mais encore aux créanciers chirographaires[1], au saisi, au poursuivant[2], aux locataires, aux fermiers, et aux personnes qui prétendent avoir sur l'immeuble saisi un droit de propriété, d'usufruit ou de servitude[3]. Quant à celles qui se proposent d'acquérir l'immeuble saisi, elles ne sont pas recevables à discuter les conditions de la future adjudication, et n'ont qu'à s'abstenir si ces conditions leur paraissent trop rigoureuses : comprendrait-on, par exemple, qu'une personne tentée d'acheter demandât la baisse de la mise à prix[4]? Le greffier n'est pas juge de l'intérêt des personnes qui critiquent

§ 675......

§ **676.** 1 Tous les créanciers du saisi sont représentés par le poursuivant; ils ont cependant qualité pour intervenir dans la saisie s'ils y ont intérêt, et notamment pour demander la rectification du cahier des charges (Toulouse, 24 janv. 1851; D. P. 52, 2. 102). Dans quel délai peuvent-ils le faire? Voy. *infrà*, même §.

2 L'article 694 donne expressément au poursuivant, comme au saisi, le droit de présenter des observations sur le cahier des charges. Quelles observations? dira-t-on. N'est-ce pas lui-même qui l'a rédigé? On peut concevoir qu'il en demande la rectification à raison de circonstances survenues depuis la rédaction, ou même de circonstances antérieures dont il n'avait pas connaissance et qui seront, par exemple, de nature à influer sur la mise à prix. Il se peut aussi que d'autres personnes aient critiqué le cahier des charges, et que ses dires et observations aient pour objet de faire droit ou de répondre à leurs critiques.

3 Douai, 27 avr. 1850 (D. P. 55. 2. 191). Riom, 24 août 1863 (D. P. 63. 2. 161). Angers, 14 juin 1866 (D. P. 66. 2. 143). Voy., sur la situation particulière de ces tiers au point de vue de la critique du cahier des charges, la suite de ce §.

4 Chauveau, sur Carré, *op. cit.*, t. V, Ire part., quest. 2342. On peut invoquer en ce sens, par un argument *à fortiori*, un arrêt de la cour de cassation (Req.

le cahier des charges et ne peut refuser d'insérer leurs dires et observations[5], mais le tribunal peut y passer outre[6]; il ne peut même pas rectifier d'office le cahier des charges[7] ou le modifier à la demande des personnes qui n'auraient pas qualité à cet effet. Il pouvait le rectifier d'office d'après le projet de loi sur la saisie immobilière qui fut préparé en 1838 au ministère de la justice[8], mais la commission nommée par le Gouvernement pour l'examiner ne tint pas compte de cet avis : « Ce pouvoir, dit le rapporteur, paraît exorbitant et dangereux; « exorbitant en ce que, les parties intéressées se trouvant en « présence, c'est à elles à demander le changement des dis« positions qu'elles croiraient contraires à leurs intérêts; dan« gereux, en ce que, le tribunal agissant d'office, sa décision « peut donner lieu à appel et provoquer ainsi un incident qui « ne se serait pas élevé sans cela : à moins, ce qui est im« possible, de déclarer qu'il n'y aura pas de recours contre « cette décision[9]. » Le seul pouvoir du tribunal — mais il est déjà considérable — est d'apprécier la valeur et de déterminer les conséquences des critiques qui lui sont soumises : sont-elles fondées et, dans ce cas, doivent-elles entraîner la modification partielle ou la réfection complète du cahier des charges[10]?

Les dires et observations présentés contre le cahier des charges se produisent sous la forme la plus simple : ils sont formulés par écrit et remis par un avoué au greffier qui les

8 juin 1857; D. P. 57. 1. 361), aux termes duquel l'adjudicataire ne peut demander la nullité des modifications apportées à la première rédaction du cahier des charges, lorsqu'il les a connues et n'a pu, par conséquent, se tromper sur les conditions de l'adjudication : il doit accepter le cahier des charges tel qu'il se comporte et avec les modifications qui y ont été faites à la demande des parties intéressées; à plus forte raison n'a-t-il pas le droit d'en demander lui-même la modification.

5 Voy. *suprà*, § **675**.

6 Voy., sur le pouvoir du tribunal en cette circonstance, *infrà*, § **680**.

7 Bioche, *op. et v° cit.*, n° 378. Chauveau, sur Carré, *op. cit.*, t. V, Ire part., quest. 2344.

8 Voy., sur ce projet rédigé par M. Pascalis, alors directeur des affaires civiles, Carré, *op. cit.*, t. V, Ire part., p. 16.

9 Dans Chauveau, sur Carré, *op. cit.*, t. I, Ire part., quest. 2344.

10 La modification partielle, si la condition supprimée ou modifiée peut s'isoler de l'ensemble des clauses du cahier des charges; la réfection complète, si les diverses parties du cahier sont indivisibles. Ainsi le changement de la mise à prix n'entraînera pas la nécessité de refaire en entier le cahier des charges, mais il en sera, il pourra du moins en être autrement, si le tribunal n'a pas cru devoir accepter la condition de lotissement. Voy., sur cette condition, *suprà*, § **669**.

inséré à la suite de la mise à prix; le tribunal y statue au jour indiqué par les sommations réglées aux §§ précédents, en même temps qu'il donne acte de la lecture et publication du cahier des charges et fixe le jour de l'adjudication. Les personnes qui ont des droits de propriété, d'usufruit ou de servitude à faire valoir sur l'immeuble saisi ne sont pas tenues de présenter leurs dires et observations sur le cahier des charges dans les formes plus compliquées et plus coûteuses de la demande en distraction[11], mais ces dires et observations n'auront pas la valeur et ne produiront pas les effets de cette demande, c'est-à-dire que le tribunal ne pourra qu'ordonner les modifications au cahier des charges qui lui paraîtront justes et raisonnables, et devra attendre, pour se prononcer sur l'existence des droits de propriété, d'usufruit ou de servitude, qu'une demande en distraction ait été introduite dans les formes prescrites par les articles 725 et 726 (Art. 694 et 695)[12]. On verra aussi au § suivant que les droits du vendeur ne se conservent pas par un simple dire inséré au cahier des charges.

Le Code de procédure de 1806 qui comportait, en cas de saisie immobilière, deux adjudications, l'une préparatoire l'autre définitive[13], admettait les dires et observations sur le cahier des charges à se produire jusqu'au jour de l'adjudication définitive[14]. Le projet de 1841, qui supprimait l'adjudication préparatoire[15], permettait de les faire jusqu'au huitième jour avant l'adjudication. « Ce serait un danger véri« table, a dit la commission de la Chambre des pairs : les « tiers qui se proposeraient d'enchérir ne connaissant pas « ces modifications assez à temps, dans la crainte de se com« promettre, pourraient renoncer à courir la chance des en« chères. Pour éviter cet inconvénient, votre commission « vous propose de décider que tous les dires, observations et « contestations relatifs à ce cahier y seront insérés trois jours

[11] Chauveau, sur Carré, *op. cit.*, t. V, Ire part., quest. 2343. Rodière, *op. cit.*, t. II, p. 280. *Contrà*, Orléans, 26 mai 1809 (D. A. *vo cit.*, no 860). Voy., sur les formes de la demande en distraction, *infrà*, § **737**.

[12] Voy., sur ces articles, *infrà*, *ib.*

[13] Voy., sur ce point, les articles 702 à 706 de l'ancien texte.

[14] Voy., sur ce point, les observations de M. Persil à la Chambre des pairs (Séance du 24 avril 1840; *Moniteur* du 25, p. 796).

[15] Voy., sur ce point, *infrà*, § **638**.

« au moins avant celui de la publication ; de cette manière, « tout sera réglé assez à temps pour que les tiers aient con- « naissance des conditions de l'adjudication, et leur confiance « sera d'autant plus entière qu'ils sauront qu'aucun change- « ment ne pourra y être apporté[16]. » La commission a eu gain de cause[17] : l'article 694 dispose que les dires et obser- vations seront formulés « trois jours au plus tard avant la « publication, » et que « passé ce délai, ils (les personnes « intéressées) ne seront plus recevables à proposer de chan- « gements, dires et observations[18] : » il résulte seulement des explications données au même § que le droit de critiquer les modifications opérées en vertu de dires tardifs n'est pas absolu, et que l'adjudicataire, en particulier, n'a pas le droit de les contester s'il les a connues avant l'adjudication et n'a pu se tromper sur les conditions auxquelles elle était faite[19]. D'ailleurs, la déchéance prononcée par l'article 694 n'est pas non plus absolue : elle ne s'applique qu'aux dires et observations présentés par le saisi, le poursuivant et les créanciers sommés, et n'est pas opposable : 1° aux créanciers inscrits et dispensés d'inscription que le poursuivant a négligé de sommer[20]; 2° aux tiers qui, n'ayant pas été avertis du dépôt et de la publication du cahier des charges, n'ont pu le consulter et y proposer des objections[21]; 3° à ceux qui invo-

16 Persil, *Premier rapport à la Chambre des pairs* (D. A. *v° cit.*, p. 567, n° 27).

17 Voy., sur ce point, les discussions qui ont eu lieu à la Chambre des pairs et notamment les observations de M. Rossi (Séance du 24 avril 1840 ; *Moniteur* du 25, *loc. cit.*), et la séance de la Chambre des députés du 12 janvier 1841, où MM. Boudet et Vavin ont demandé en vain le rejet de l'article proposé par la commission et le retour au projet du Gouvernement (*Moniteur* du 13, p. 89 et 90).

18 Ce qui revient à dire que les clauses et conditions du cahier des charges sont obligatoires pour les personnes qui ne les ont pas attaquées en temps utile (Bioche, *op. et v° cit.*, n° 325 ; Chauveau, sur Carré, *op. et loc. cit.*; voy., sur cette déchéance et sur la nullité des changements apportés à la suite de dires ou observations tardifs, Bioche, *op. et v° cit.*, n° 334 ; Chauveau, sur Carré, *op. cit.*, t. V, Ire part., quest. 2342 ; Boitard, Colmet-Daage et Glasson, *op. cit.*, t. II, n° 946 ; req. 8 nov. 1887, D. P. 87. 1. 263) ; Limoges, 25 mai 1888 (D. P. 90. 2. 224). Aj., sur le calcul de ce délai, *infrà*, § **680**.

19 Req. 8 juin 1857 (Voy. *suprà*, note 4).

20 Chauveau, sur Carré, *op. et loc. cit.*

21 Par exemple, au fermier ou locataire de l'immeuble saisi (Angers, 14 juin 1866; D. P. 66. 2. 143) et au cessionnaire des revenus échus et à échoir de cet immeuble (Douai, 17 avr. 1850; D. P. 55. 2. 191; voy., sur les effets de cette cession en cas de saisie immobilière, *suprà*, § **662**). Ces personnes ne sont pas liées à la saisie puisque les sommations prescrites par l'article 692 ne leur sont pas adressées, et la déchéance dont il s'agit ne leur est même pas applicable dans le cas où la saisie

quent un droit réel sur l'immeuble saisi[22] et dont la demande[23] est recevable jusqu'à l'adjudication[24]; 4° au vendeur sur la situation duquel je reviendrai au § **678**. Reste à savoir — c'est le point le plus délicat — si cette déchéance vise tous les créanciers ou seulement ceux qui sont inscrits : est-elle opposable aux créanciers chirographaires et aux incapables dont l'hypothèque légale n'a pas été inscrite? Je le crois. Si les créanciers chirographaires ont le droit de demander la rectification du cahier des charges[25], ils ne peuvent être mieux traités sous ce rapport que les créanciers privilégiés et hypothécaires : ils ne peuvent reprocher au poursuivant de ne les avoir pas sommés puisqu'il les représentait dans la saisie[26]; ils doivent plutôt s'en prendre à eux-mêmes de n'avoir pas saisi à leur tour s'ils avaient un titre exécutoire, et de n'avoir pas pris, dans le cas contraire, un jugement qui leur permît de le faire[27]. Quant aux incapables dont l'hypothèque légale dispensée d'inscription n'a pas été inscrite, leur déchéance résulte nécessairement du système inauguré par la loi du 21 mai 1858, qui consiste à rendre la saisie commune à ces créanciers dès que les sommations voulues leur ont été faites et dans le cas même où elles ne seraient pas suivies d'inscription: la preuve, c'est que leurs hypothèques sont purgées ainsi qu'il sera dit au § **711**[28].

leur a été dénoncée, car cette dénonciation que la loi prescrit de faire au saisi seulement (Voy. *suprà*, § **660**) n'a pas de valeur légale en ce qui les concerne, et ne les instruit même pas de ce qu'ils ont intérêt à connaître dans l'espèce, à savoir les clauses et conditions du cahier des charges (Angers, 14 juin 1866; D. P. 66. 2. 143).

[22] Par exemple, à l'usufruitier (Riom, 24 août 1863; D. P. 63. 2. 161).

[23] C'est une véritable demande en distraction (Voy., sur ce point, *infrà*, § **736**).

[24] « Ultérieurement, peut-il y avoir encore des modifications à ce cahier des « charges? Ces modifications pourraient résulter d'un incident qui se serait élevé, « par exemple, d'une demande en distraction qui aurait été formée et qu'on aurait « accueillie » (M. Pascalis, rapporteur, à la Chambre des députés; séance du 12 janvier 1841, *Moniteur* du 13, p. 90). Voy., dans le même sens, Chauveau, sur Carré, *op. et loc. cit.* Je rappelle seulement que cette demande en distraction ne pourra se produire utilement, avant et surtout après les trois jours qui précèdent la publication du cahier des charges, que dans les formes indiquées *infrà*, § **737**.

[25] Voy. *suprà*, note 1.

[26] Voy. *suprà*, *ib.*

[27] Voy., sur la situation des créanciers chirographaires, en cas de saisie immobilière, par rapport au poursuivant et aux créanciers privilégiés et hypothécaires, *suprà*, § **665**.

[28] Chauveau, sur Carré, *op. et loc. cit.* Comp. *suprà*, § **673**.

§ **677**. B. Les règles qui précèdent ne conviennent pas absolument aux dires et observations dirigés contre la validité d'une ou plusieurs clauses du cahier des charges et qui ont, par conséquent, pour but d'en obtenir la nullité.

1° Le saisi, le poursuivant et les créanciers inscrits ou dispensés d'inscription peuvent faire valoir, après la lecture du cahier des charges et même après l'adjudication, la nullité d'une ou plusieurs clauses et conditions de ce cahier. Jusqu'à quel moment le peuvent-ils? Je le dirai au § **763**, mais je ne crois pas[1] qu'il faille appliquer à cette hypothèse l'article 694, aux termes duquel les dires et observations dirigés contre le cahier des charges doivent être formulés trois jours au moins avant le cahier des charges[2], ou l'article 728, qui prescrit de proposer à la même époque « les moyens de nul« lité, tant en la forme qu'au fond, « contre la procédure qui « précède la publication du cahier des charges[3]. » Les mots « dires et observations » ne conviennent exactement qu'aux critiques élevées contre l'utilité ou l'opportunité de telle ou telle clause; la formule « moyens de nullité, tant en la forme « qu'au fond, contre la procédure qui précède la publication « du cahier des charges » ne vise que les irrégularités de la procédure de saisie immobilière[4] et ne s'applique pas à la nullité des clauses et conditions du cahier des charges, car cette nullité ne vicie pas la procédure mais seulement le contrat qui sert de base à l'adjudication. Cette solution, déjà certaine si la nullité d'une clause du cahier des charges ne doit entraîner que la suppression de cette clause, devient

§ **677**. [1] Les recueils ne contiennent pas d'arrêts sur cette question et les auteurs la passent à peu près sous silence. Chauveau dit seulement que la nullité des clauses et conditions du cahier des charges peut être demandée jusqu'à l'adjudication et même après (Sur Carré, *op. cit.*, t. V, IIe part., quest. 2342). La cour de Nancy a jugé, le 28 mars 1874 (D. P. 76. 2. 112), que l'adjudicataire peut demander la nullité de la clause qui permet d'exiger de lui, à titre de frais, des sommes supérieures à celles qui sont portées au tarif (Voy., sur cette clause, *suprà*, § **669**. Dire que l'adjudicataire pourra la faire annuler, c'est dire que la nullité peut en être demandée après l'adjudication (Voy., sur le même point, la note insérée dans D. P. 50. 2. 161).

[2] Voy., sur cette déchéance, le § précédent.

[3] Voy., sur cette partie de l'article 728, *infrà*, § **761**.

[4] Voy., sur cette cause de nullité de la saisie, t. III, § **545**, et, sur l'application de l'article 728 à cette hypothèse et aux autres nullités de la saisie immobilière, *infrà*, § **761**.

évidente quand cette nullité est de nature à faire tomber tout le cahier des charges et avec lui l'adjudication qui en est résultée, car on ne comprendrait pas qu'il fallût demander la nullité d'une adjudication qui n'a pas encore eu lieu et qu'on fût ainsi déchu d'un droit qui n'existe pas encore.

2° Quiconque a l'intention de se porter enchérisseur peut demander la nullité des clauses et conditions du cahier des charges, car, si le poursuivant peut écarter les amateurs à ses risques et périls en insérant dans ce cahier des stipulations qui les détourneront d'enchérir, il n'a pas le droit de le faire en violant la loi[5] : les personnes qui se proposent de prendre part à l'adjudication peuvent donc demander, avant la mise aux enchères, la nullité des clauses qui auraient pour but soit de les exclure de l'adjudication, soit de leur faire payer des intérêts usuraires ou des frais supérieurs au montant de la taxe[6]. Peuvent-elles encore en demander la nullité après l'adjudication? On le verra au § **763**.

3° Les clauses qui viennent d'être énumérées sont frappées d'une nullité d'ordre public que le tribunal peut et doit prononcer d'office[7] : les deux premières constituent le délit d'usure ou d'entrave à la liberté des enchères[8]; l'article 701 dit formellement, pour la troisième, qu'elle sera « nulle de droit, » c'est-à-dire qu'attaquée ou non par les parties intéressées, le juge taxateur devra en faire abstraction et réduire les frais

[5] *Note* dans D. P. 50. 2. 161.

[6] Civ. cass. 17 déc. 1847 (D. P. 47. 1. 360). Civ. cass. 5 juill. 1853 (D. P. 53. 1. 213). Req. 28 mars 1855 (D. P. 55. 1. 236). Nancy, 28 mars 1874 (D. P. 76. 2. 112). Aj. *infrà*, § **684**, note 2. On admettra sans difficulté, par la même raison que le droit de demander la rectification d'une taxe erronée appartient à toutes les parties intéressées (Chauveau, sur Carré, *op. cit.*, t. V, IIe part., quest. 2375 *bis;* Merville, *Notaire, frais d'adjudication, taxe*, dans la *Revue pratique de droit français*, t. III, 1857, p. 517 et suiv.). Au contraire, les personnes disposées à enchérir ne peuvent attaquer la clause du cahier des charges qui établirait entre les créanciers à payer un autre rang que celui que leur assignent les articles 2093 et 2094 du Code civil (Voy., sur cette clause, le § précédent). Cette clause ne porte atteinte ni à l'ordre public ni aux droits et intérêts des personnes désireuses d'enchérir : elle ne lèse que certains créanciers et ils peuvent seuls en demander la nullité.

[7] *Note* dans D. P. 50. 2. 161. L'arrêt de la cour de Colmar, du 25 février 1834 (D. P. 50. 5. 415), est trop absolu lorsqu'il permet au tribunal de prononcer d'office la nullité des clauses du cahier des charges : cela n'est vrai que des clauses contraires à l'ordre public.

[8] Voy., sur ce dernier délit, *infrà*, § **685**.

et honoraires des officiers ministériels à la somme fixée par le tarif[9].

§ **678**. Le vendeur non payé et muni comme tel d'un privilège et d'une action résolutoire se trouve, à ce dernier point de vue, dans une situation particulière. S'il ne veut exercer que son privilège, il se conforme à ce qui vient d'être dit et fait insérer ses dires et observations au cahier des charges dans le délai fixé par l'article 694. S'il veut user de son action résolutoire, il faut, avant tout, qu'il la conserve, et, sous ce rapport, il diffère en deux points des autres créanciers inscrits, car l'article 717 l'oblige à notifier sa demande avant l'adjudication au greffe du tribunal où la saisie se poursuit[1], c'est-à-dire : 1° qu'il n'est pas tenu de faire valoir son droit trois jours avant la publication du cahier des charges et n'est forclos que par le jugement d'adjudication[2]; mais 2° qu'il ne lui suffit pas de faire insérer un dire au cahier des charges, et qu'il doit former effectivement sa demande avant l'adjudication en assignant les personnes qui ont qualité pour y défendre[3], et la notifier au greffe du tribunal du lieu de la saisie[4]. Cette partie de l'article 717, sur laquelle je reviendrai au § **712** à propos des effets du jugement d'adjudication, appelle dès maintenant les observations suivantes.

1° Le droit de faire prononcer la résolution jusqu'à l'adjudication appartient, et l'obligation de former cette demande et de la notifier au greffe avant l'adjudication incombe : 1) non-seulement au vendeur, mais encore aux autres personnes énumérées au § **672** auxquelles il a été fait sommation de

[9] Voy., sur ce point, les autorités citées *suprà*, notes 6 et 7.

§ **678**. [1] Voy., sur ce tribunal, *suprà*, § **650**.

[2] Nîmes, 25 mai 1852 (D. P. 55. 2. 262).

[3] Si c'est contre l'acheteur lui-même que la saisie est pratiquée, le vendeur n'assignera que ce dernier. Si l'immeuble vendu et non payé a passé des mains de l'acheteur dans celles d'un tiers détenteur sur lequel il est actuellement saisi, le vendeur intentera deux actions successives, l'une pour faire prononcer la résolution de la vente contre l'acheteur, l'autre contre le tiers détenteur en revendication de l'immeuble dont le vendeur est redevenu propriétaire en vertu de la résolution déjà prononcée; ou bien il agira seulement contre le tiers détenteur en mettant l'acheteur en cause pour faire prononcer contre lui la résolution. Ces deux manières de procéder sont la conséquence du caractère mixte de l'action résolutoire (Voy. t. I, § **126**).

[4] Bioche, *op. et v° cit.*, n° 532.

prendre communication du cahier des charges, et dont l'action résolutoire sera purgée par le jugement d'adjudication comme on le verra au § **712**; 2) non-seulement au dernier vendeur de l'immeuble saisi, mais encore aux précédents vendeurs non payés de cet immeuble qui, sommés ou non — le poursuivant ne les a pas sommés s'il n'a pu les connaître[5] — verront leur action résolutoire purgée faute de l'avoir exercée et notifiée en temps utile[6]; 3) non-seulement au vendeur capable, mais encore à la femme mariée, au mineur et à l'interdit[7], car la loi ne distingue pas et la Chambre des députés a rejeté sans débat un amendement qui tendait à réserver complètement les droits du vendeur incapable[8]; 4) non-seulement au vendeur demeuré jusqu'alors étranger à la saisie, mais encore à celui qui y est déjà intervenu et qu'on ne présume pas avoir renoncé par cela seul à son action résolutoire[9]. Peu importe aussi que le prix ne soit pas encore exigible[10], car, si le saisi jouissait d'un délai de grâce, il l'a perdu par le seul fait de la saisie[11], et, s'il jouissait d'un terme de droit, il l'a également perdu par l'état de déconfiture où la saisie fait présumer qu'il est tombé[12]. Par contre, un cas où l'article 717 ne devrait pas s'appliquer, c'est celui d'un vendeur qui aurait non-seulement demandé mais encore fait prononcer la résolution avant l'adjudication. L'adjudication sera révolue du même coup, se trouvant ainsi faite sur un saisi qui n'est plus propriétaire[13], et l'adjudicataire verra son droit s'évanouir en vertu d'un acte qui n'aura pas été porté officiellement à sa connaissance et qu'il aura peut-être ignoré; mais l'application de l'article 717 à cette hypothèse serait aussi contraire aux principes qu'au texte de

[5] Voy. *suprà*, § **672**.

[6] Chauveau, sur Carré, *op. cit.*, t. V, IIe part., quest. 2405.

[7] Duvergier, *op. cit.*, t. XLI, p. 262, note 3. Bioche, *op. et v° cit.*, n° 546. Chauveau, sur Carré, *op. et loc. cit.* Rodière, *op. cit.*, t. II, p. 308. Seligmann, *op. cit.*, n° 62. Ollivier et Mourlon, *op. cit.*, n° 228.

[8] Séance du 15 juin 1841 (*Moniteur* du 16, p. 125).

[9] Req. 7 mars 1854 (D. P. 54. 1. 243).

[10] Chauveau, sur Carré, *op. cit.*, t. V, IIe part., quest. 2405 *ter*. Rodière, *op. et loc. cit.* Seligmann, *op. cit.*, n° 63.

[11] Voy., sur ce point, t. III, § **561**.

[12] Voy., sur ce point, t. III, *ib*.

[13] Ce sera un cas de saisie *super non domino*. Voy., sur la nullité de cette saisie, t. III, § **543**.

la loi : *a*) au texte qui suppose une demande formée et non encore jugée avant l'adjudication : « Il sera sursis à l'adju- « dication, et le tribunal, sur la réclamation du poursuivant « ou de tout créancier inscrit, fixera le délai dans lequel le « vendeur sera tenu de mettre à fin l'instance en résolu- « tion..... Ce délai expiré sans que la demande en résolution « ait été définitivement jugée[14]....; » *b*) aux principes, car l'adjudication ne peut porter atteinte à des droits acquis, et le vendeur au profit duquel la résolution est déjà prononcée a un droit acquis à rentrer dans la propriété de son immeuble[15].

2° Le vendeur n'est tenu que de former sa demande et de la notifier au greffe avant l'adjudication : le projet voté par la Chambre des pairs en 1840 l'obligeait à la mentionner au cahier des charges ou à la notifier au poursuivant, mais cette disposition n'a pas été maintenue dans la rédaction définitive[16]. Comment le poursuivant en sera-t-il informé? Com-

[14] Voy., sur ces dispositions, *infrà*, § 712.

[15] *Note* dans D. P. 72. 2. 105. *Contrà*, Chauveau, sur Carré, *op. cit.*, t. V, IIe part., quest. 2404 *undecies*; Aix, 23 déc. 1870 (D. P. 72. 2. 105). Objectera-t-on que « tout « jugement prononçant la résolution, nullité ou rescision d'un acte transcrit doit, « dans le mois à compter du jour où il a acquis l'autorité de la chose jugée, être « mentionné en marge de la transcription faite sur le registre » (L. 23 mars 1855, art. 4), et conclura-t-on de là que, dans l'espèce, le jugement de résolution ne peut être opposé à l'adjudicataire, faute par le vendeur qui l'a obtenu d'avoir rendu sa demande publique en temps utile? Ce ne serait, en tout cas, qu'un argument d'analogie, car il y a cette différence essentielle entre l'article 717 et la disposition précitée de la loi du 23 mars 1855 que l'un organise la publicité du jugement et l'autre la publicité de la demande, mais cet argument même trouverait sa réfutation dans la suite de l'article 4 de la loi du 23 mars 1855, de laquelle il résulte que les jugements de résolution, nullité ou rescision qui n'ont pas été mentionnés en marge du registre des transcriptions sont néanmoins opposables aux tiers, et que le défaut de mention de ces jugements n'engage que la responsabilité pécuniaire de l'avoué qui devait remplir cette formalité et a négligé de le faire : « L'avoué qui a obtenu ce « jugement est tenu, sous peine de 100 francs d'amende, de faire opérer cette men- « tion en remettant un bordereau rédigé par lui au conservateur qui lui en donne ré- « cépissé » (Aubry et Rau, *op. cit.*, t. II, p. 305).

[16] *Rédaction de la Chambre des pairs* : « L'adjudicataire ne pourra être troublé, « etc..., à moins que la demande n'en soit antérieure à l'adjudication, ou que les droits « des vendeurs créanciers du prix n'aient été réservés soit dans le cahier des char- « ges soit dans des notifications faites au poursuivant aussi antérieurement à ladite « adjudication. » *Première rédaction de la Chambre des députés* : « L'adjudicataire ne « pourra être troublé, etc..., à moins que l'action en résolution ou les droits du ven- « deur créancier de tout ou partie du prix n'aient été mentionnés dans le cahier des « charges ou dénoncés au poursuivant avant l'adjudication. » *Seconde et dernière rédaction de la Chambre des députés* : « L'adjudicataire ne pourra être troublé, etc., « ... à moins qu'avant l'adjudication la demande n'ait été notifiée au greffe du tri- « bunal où se poursuit la vente. » Voy. ces textes successifs dans Carré, *op. cit.*, t. V, Ire part., p. 257.

ment saura-t-il qu'il y a lieu de demander un sursis à l'adjudication? Comment fera-t-il pour intervenir dans l'instance en résolution? Qu'arrivera-t-il, enfin, si, le tribunal ayant passé outre à l'adjudication dans l'ignorance d'une action résolutoire que rien n'aura révélée, cette action est poursuivie, la résolution prononcée et l'adjudicataire évincé? Une première opinion impose au poursuivant l'obligation de s'enquérir lui-même des actions en résolution qui ont pu être formées et d'obtenir du greffier un certificat affirmatif ou négatif : dans le premier cas, il sera à même de demander un sursis à l'adjudication; dans le second cas, il laissera les choses suivre leur cours sous la responsabilité du greffier qui aurait délivré par erreur un certificat négatif; mais il sera lui-même responsable envers l'adjudicataire évincé s'il n'a pas pris auprès du greffier les informations nécessaires, ou si, ayant obtenu de lui un certificat négatif, il a négligé de faire surseoir à l'adjudication[17]. On invoque, en ce sens, l'autorité des deux rapporteurs du projet de loi de 1841 à la Chambre des pairs et à la Chambre des députés : « Votre « commission ne vous propose pas de le déclarer, a dit M. « Persil, parce que c'est de droit[18]; » « il devra, sous peine « de dommages-intérêts, a dit M. Pascalis, en informer les « enchérisseurs[19]. » Cette opinion ajoute certainement à la loi qui non-seulement ne dit rien de tel mais encore a exclu de son texte définitif, après l'avoir admise dans sa rédaction primitive, la responsabilité qu'on prétend faire peser sur le poursuivant[20] : c'est à ce premier texte que se rapportent les déclarations de MM. Persil et Pascalis, et cette circonstance leur ôte toute valeur dans l'espèce. Aussi une seconde opinion, meilleure à mon sens, a-t-elle été proposée, d'après laquelle les conséquences du défaut de sursis et de l'éviction qui s'en est suivie retombent sur le greffier responsable, en général, de toute faute par lui commise dans l'accomplissement de ses fonctions[21], et, dans ce cas particulier, de la né-

[17] Seligmann, *op. cit.*, n° 68.
[18] D. A. v° *cit.*, p. 569, n° 47.
[19] D. A. v° *cit.*, p. 577, n° 130.
[20] Voy. *suprà*, note 15.
[21] Voy., sur la responsabilité des greffiers en général, t. I, § **90**.

gligence qu'il a mise à signaler au tribunal un fait dont il avait lui-même connaissance et qui devait faire surseoir à l'adjudication[22].

3° Si la demande n'a pas été notifiée en temps utile, le vendeur est déchu de son action en résolution : j'expliquerai cette déchéance au § **712**. S'il l'a notifiée en temps utile, le tribunal surseoit à l'adjudication ainsi qu'il sera dit au § **683**, et fixe, sur la réclamation du poursuivant ou de l'un quelconque des créanciers inscrits, le délai dans lequel le vendeur sera tenu de mettre à fin l'instance en résolution. Ce délai expiré sans que l'action résolutoire ait été définitivement jugée, il est passé outre à l'adjudication, à moins que le tribunal n'ait accordé un nouveau délai pour causes graves dûment justifiées, et le jugement qui prononce la résolution[23] n'est pas opposable à l'adjudicataire : l'adjudication prononcée à son profit est définitive, et le vendeur dont l'action résolutoire est ainsi purgée n'a plus qu'un droit de préférence sur le prix (Art. 717). Cette disposition, sur laquelle je reviendrai également au § **712**, a rencontré une vive résistance dans la discussion de la loi du 2 juin 1841, car, aux termes d'un amendement fortement appuyé, le vendeur qui s'était mis en règle avec la première partie de l'article 717, en notifiant sa demande au greffe avant l'adjudication, devait conserver le droit de faire prononcer la résolution après et malgré l'adjudication[24]. Si les Chambres se sont déterminées, et avec raison, en sens contraire, c'est qu'en obligeant le vendeur à faire juger sa demande avant l'adjudication et dans un délai fixé par le tribunal, on rend, sans lui porter préjudice, un important service à l'adjudicataire qui ne sera plus évincé, comme autrefois, par suite d'une résolution prononcée après l'adjudication, et aux créanciers qui trouveront un meilleur prix de l'immeuble du moment

[22] Bioche, *op. et v° cit.*, n° 533. Chauveau, sur Carré, *op. cit.*, t. V, Ire part., quest. 2407 *ter*. Ollivier et Mourlon, *op. cit.*, n° 220.

[23] On verra au § **712** qu'elle n'est pas sans objet.

[24] Voy. le second rapport de M. Persil à la Chambre des pairs (D. A. *v° cit.*, p. 582, n° 182); le second rapport de M. Pascalis à la Chambre des députés (D. A. *v° cit.*, p. 584, n° 191); la séance de la Chambre des pairs du 25 avril 1840 (*Moniteur* du 26, p. 813 et suiv.), et celles de la Chambre des députés des 14 et 15 janvier 1841 (*Moniteur* du 15, p. 109 et suiv., du 16, p. 120 et suiv.).

que cette menace ne pèsera plus sur l'adjudicataire; et comment le vendeur pourrait-il se plaindre? le tribunal ne lui accordera-t-il pas toujours un délai largement suffisant avant l'expiration duquel l'adjudication n'aura pas lieu[25]? Le poursuivant pourra, dit l'article 717, intervenir dans la demande en résolution : cette indication, inutile si ce procès devait être considéré comme un incident de la saisie immobilière[26], montre clairement que c'est une instance à part, qu'elle n'est pas nécessairement portée devant le tribunal de la saisie qui est en même temps celui de la situation de l'immeuble[27], et qu'elle peut l'être aussi, puisqu'elle est mixte[28], devant le tribunal du domicile réel de l'acheteur[29] ou devant celui du lieu où les parties ont élu domicile pour l'exécution de la vente[30]. La forme de cette demande et le délai de l'appel ne sont pas non plus régis par les règles spéciales des incidents de saisie[31]; ils restent soumis au droit commun, la procédure y est tantôt ordinaire tantôt sommaire[32], l'appel peut être interjeté pendant deux mois[33]. Le poursuivant n'est pas nécessairement partie dans cette instance et ne s'y trouve lié que s'il a eu soin d'y intervenir[34]. Il est inutile de la faire suivre d'une demande en distraction intentée et jugée dans les formes qui seront indiquées au § **737**, car le jugement qui prononce la résolution de la vente emporte *ipso facto* la distraction, c'est-à-dire la suppression de la saisie si elle avait pour unique objet l'immeuble dont la vente est résolue, et, dans le cas contraire, la restriction de cette saisie aux immeu-

[25] Voy., sur les motifs de cette partie de l'article 717, les documents cités à la note précédente.

[26] Le poursuivant est nécessairement partie dans tous les incidents de la saisie immobilière (Voy. *infrà*, § **728**).

[27] Voy. *suprà*, § **650**.

[28] Voy. t. I, § **126**, et *suprà*, note 3.

[29] Bioche, *op. et v° cit.*, n° 538. Chauveau, sur Carré, *op. cit.*, t. V, IIe part., quest. 2405 *quater*. Seligmann, *op. cit.*, n° 64.

[30] Voy., en ce sens, les auteurs cités à la note précédente, et, sur la compétence en cas d'élection de domicile, t. I, § **176**.

[31] Voy., sur la procédure des incidents de saisie immobilière et sur le délai de l'appel en cette matière, *infrà*, §§ **728** et **945**.

[32] Bioche, *op. et v° cit.*, n° 540. Voy., sur les cas où l'on procède sommairement, t. III, §§ **399** et **400**.

[33] Bourges, 31 juill. 1852 (D. P. 56. 2. 4). Voy., sur ce délai qui est le délai ordinaire de l'appel, *infrà*, § **934**.

[34] Seligmann, *op. et loc. cit.* Aj. *suprà*, note 26.

bles auxquels ne s'applique pas la résolution[35]. Ce n'est pas le cas non plus d'observer les formes de l'exécution des jugements contre les tiers qui ne sont pas faites pour les cas de ce genre[36], et il suffit de signifier le jugement de résolution à l'avoué du poursuivant avec sommation de renoncer à poursuivre l'adjudication ou d'en exclure l'immeuble dont la vente vient d'être résolue[37].

§ **679**. V. Les créanciers privilégiés et hypothécaires inscrits ou dispensés d'inscription, y compris le vendeur non payé de l'immeuble saisi, sont maintenant liés à la saisie; le moment de l'adjudication approche. Il faut, d'abord, l'annoncer de manière à provoquer les enchères, car plus grande sera la publicité plus nombreux seront les enchérisseurs, plus haut montera le prix de l'immeuble, et tout le monde y est intéressé : les créanciers qui seront d'autant plus sûrs d'être payés, et le saisi qui, ses créanciers satisfaits, touchera ce qui reste du prix de l'immeuble exproprié. Tel est l'objet : 1° de la lecture et publication du cahier des charges, c'est-à-dire de la lecture de ce document en audience publique (Art. 694 et 695)[1]; 2° des annonces insérées dans les journaux (Art. 696 à 698) ; 3° des affiches apposées aux endroits déterminés par la loi (Art. 699 et 700).

§ **680**. A. La lecture du cahier des charges, bien que faite en audience publique, ne donne à l'adjudication qu'une publicité illusoire : sa publicité réelle résultera surtout des annonces insérées dans les journaux et des affiches apposées dans les endroits les plus apparents; quant aux clauses et conditions de l'adjudication, les personnes intéressées ne les connaîtront véritablement qu'en se faisant communiquer au greffe

35 Voy., sur ce point, Bioche, *op. et v° cit.*, n° 542.

36 Voy., sur ce point, t. III, § **565**.

37 Chauveau, sur Carré, *op. cit.*, t. V, II° part., quest. 2406 *bis*. Ollivier et Mourlon, *op. cit.*, n° 226.

§ **679**. 1 La publication proprement dite ne résulte et ne peut résulter que des insertions dans les journaux et de l'apposition des affiches, formalités prescrites par les articles 696 à 700 et réglées *infrà*, §§ **681** et **682**. Les mots « publication et « lecture » de l'article 694 sont synonymes de « lecture en audience publique » (Voy., pour plus de détails, le § suivant).

le cahier qui les contient[1]. D'abord, ces sortes de lectures faites à l'audience des tribunaux sont rarement entendues et plus rarement encore écoutées; ensuite, celle du cahier des charges n'est presque jamais complète et ne comprend ordinairement que l'intitulé et la mise à prix[2] : le projet de 1838 voulait qu'elle fût « entière, » mais la commission du Gouvernement a supprimé cet adjectif, attendu que « cette mesure serait d'une « exécution trop peu probable[3]. » Quoi qu'il en soit, cette lecture est faite au jour indiqué par les sommations prévues aux §§ **670** et suivants[4], trente jours au plus tôt et quarante jours au plus tard après le dépôt du cahier des charges[5] : trente jours au plus tôt, afin que les parties intéressées aient le temps de présenter leurs dires et observations; quarante jours au plus tard, pour que la procédure ne traîne pas en longueur et ne laisse pas indéfiniment le saisi sous le coup d'une saisie toujours pendante et jamais consommée[6]. Ce délai est de rigueur[7] et le *dies ad quem* n'y est pas compté, car la franchise ne s'applique pas, comme on sait, aux délais dans lesquels une personne est tenue de faire un acte[8]; il ne peut être prorogé ni sur la demande du poursuivant et des autres créanciers qui n'y ont pas d'intérêt, ni sur celle du saisi qui peut solliciter un délai de grâce — j'ai démontré au § **561**

§ **680.** [1] Voy., sur ce point, Carré, *op. cit.*, t. V, IIe part., quest. 2339; Chauveau, sur Carré, *op. et loc. cit.*

[2] Bioche, *op. et v° cit.*, n° 372. Carré, *op. et loc. cit.* Chauveau, sur Carré, *op. et loc. cit.* Boitard. Colmet-Daage et Glasson, *op. cit.*, t. II, n° 946. Rodière, *op. cit.*, t. II, p. 280.

[3] Voy., sur ce point, Carré, *op. et loc. cit.*; Chauveau, sur Carré, *op. et loc. cit.* Ces auteurs font remarquer : 1° que le mot *lecture*, intercalé par la loi du 2 juin 1841 dans le texte du Code de procédure de 1806 qui ne parlait que de publication, indique chez le législateur l'intention d'ajouter à ce qui se faisait jusqu'alors; 2° que l'ordonnance du 10 octobre 1841, portant tarif des frais et dépens en matière de ventes judiciaires d'immeubles, accorde un franc d'honoraires à l'huissier pour cette lecture (Art. 6, § 1; voy. *infrà*, même §). On peut induire de là que l'article 694 désire une lecture complète du cahier des charges et qu'un simple appel de cause ne satisferait pas au vœu de la loi, mais il est néanmoins certain que la lecture complète du cahier n'est pas exigée à peine de nullité.

[4] L'article 694 dit seulement « au jour indiqué; » l'article 695 précise davantage : « au jour indiqué par la sommation faite au saisi et aux créanciers. »

[5] Voy., sur ce dépôt, *suprà*, § **670**.

[6] Voy., sur les motifs de ce double délai, Pascalis, *op. cit.* (D. A. *v° cit.*, p. 575, n° 113).

[7] L'article 694 est compris parmi les dispositions de ce titre qui doivent être observées à peine de nullité (Chauveau, sur Carré, *op. cit.*, t. V, Ire part., quest. 2338; voy. *infrà*, même §).

[8] Voy. t. II, § **205**.

que l'existence du titre exécutoire qui milite contre lui ne suffit pas pour lui faire refuser ce délai s'il n'en est déchu pour une autre cause[9], — mais qui n'obtiendra ainsi qu'un sursis à l'adjudication, car l'article 703 permet d'y surseoir sur la demande du saisi, mais aucun texte n'autorise à retarder la lecture du cahier des charges[10]. Les dires et observations sur ce cahier doivent être proposés trois jours au moins avant la lecture[11], ce qui donne au saisi et aux créanciers sommés dans la huitaine du dépôt un délai minimum de dix-neuf ou de vingt-neuf jours, suivant que la lecture a lieu trente ou quarante jours après le dépôt[12]. Cette lecture est faite à l'audience spéciale des criées qui se tient une ou plusieurs fois par semaine pendant l'année judiciaire[13]; la chambre des vacations[14] tient cette audience pendant les vacances. La procédure de saisie n'est donc pas suspendue pendant ce temps[15], et le poursuivant doit prendre ses mesures et calculer de manière à éviter la nullité le jour où le cahier des charges pourra être lu[16]. C'est l'huissier audiencier qui doit le lire[17], car l'ordonnance du 10 octobre 1841, portant tarif des frais en matière de ventes judiciaires d'immeubles, lui alloue pour cela (Art. 6, § 1) un franc d'honoraires auquel il a droit quand même la lecture aurait été faite par le greffier ou par l'avoué du poursuivant, lequel ne pourrait, de son côté, réclamer pour cela

9 Voy., sur les débiteurs qui ne peuvent demander un délai de grâce et qui ne jouissent même pas de celui qui leur a déjà été accordé, t. III, § **561**.

10 Agen, 28 janv. 1867 (D. P. 67. 2. 245). Aj. Chauveau, sur Carré, *op. cit.*, t. V, IIe part., quest. 2338 *bis*, et, sur l'article 703, *infrà*, § **683**.

11 Voy. *suprà*, § **675**.

12 Dans le premier cas, 30 — 8 — 3 = 19 jours; dans le second cas, 40 — 8 — 3 = 29 jours. Le saisi et les créanciers qui ont reçu lesdites sommations plus tard, à raison de leur éloignement (Voy., sur cette hypothèse, *suprà*, § **671**), ont nécessairement un délai plus court pour produire leurs dires et observations; ceux qui, se trouvant domiciliés hors du territoire européen de la France ou de l'Algérie n'auront reçu ces mêmes sommations qu'après la lecture du cahier des charges ne pourront, en fait, produire contre lui ni dires ni observations (Voy., sur cette hypothèse, *suprà*, *ib.*).

13 Le jeudi, à Paris; les mercredis et samedis sont réservés aux adjudications sur licitation et sur conversion de saisie en vente volontaire (Voy., sur les unes, le tome V de ce Traité, et sur les autres, *infrà*, § **744**).

14 Voy., sur le service des vacations, t. I, § **24**.

15 Chauveau, sur Carré, *op. cit.*, t. V, IIe part., quest. 2340. Rodière, *op. cit.*, t. II, p. 281.

16 Pigeau, *op. cit.*, t. II, p. 262. Chauveau, sur Carré, *op. et loc. cit.* Comp. Persil, *Commentaire de la loi du 2 juin 1841*, nos 86 et suiv.

17 Montpellier, 28 avr. 1851 (D. P. 51. 2. 213).

aucune vacation[18]. Quant à annuler la lecture sous prétexte que ce n'est pas l'huissier audiencier qui l'aurait faite, cela me paraît impossible, quoiqu'on ait invoqué en ce sens[19] l'article 715 qui déclare irritantes les formalités prescrites par l'article 694[20] : je ne puis croire qu'un détail aussi insignifiant doive être observé à peine de nullité, et l'application rigoureuse de l'article 715 me paraît d'autant plus facile à éviter, dans l'espèce, que la règle d'après laquelle le cahier des charges doit être lu par l'huissier audiencier n'est pas écrite dans le Code de procédure et ne résulte que par induction de l'article 6, § 1, de l'ordonnance du 10 octobre 1841[21]. L'huissier audiencier, pouvant ne lire qu'une partie du cahier des charges[22], n'a pas besoin que le greffier lui en donne copie; il peut faire sa lecture sur une note communiquée par ce dernier et contenant simplement l'intitulé et la mise à prix (Art. 694)[23].

A la même audience[24], le tribunal donne acte au poursuivant de la lecture et publication du cahier des charges, statue sur les dires et observations qui y ont été insérés[25] et sur les nullités proposées contre la procédure antérieure à la lecture et publication dudit cahier[26], et fixe comme on le verra au § **683** les jour et heure où il procèdera à l'adjudication Son pouvoir s'arrête là, puisqu'il ne peut ordonner d'office la rectification du cahier des charges[27], mais rien ne l'empêche de renvoyer à une prochaine audience le jugement des dires et observations des parties[28], car l'article 695,

[18] Cette irrégularité a, comme on va le voir, peu d'importance, mais elle ne doit pas porter préjudice à l'huissier audiencier en le frustrant des honoraires qui lui sont dus, et au saisi en ajoutant aux frais nécessaires de cette procédure des honoraires supplémentaires que le greffier ou l'avoué poursuivant réclamerait pour un acte dont il n'était pas chargé.

[19] Bioche, *op. et v° cit.*, n° 371.

[20] Voy. *suprà*, même §.

[21] Montpellier, 15 févr. 1840 (D. A. *v° cit.*, n° 874).

[22] Voy. *suprà*, même §.

[23] Bioche, *op. et v° cit.*, n° 370.

[24] Voy. *suprà*, note 4.

[25] Voy. *suprà*, § **675**.

[26] Voy. *infrà*, § **761**.

[27] Voy. *suprà*, § **675**.

[28] Chauveau, sur Carré, *op. cit.*, t. V, Ire part., quest. 2345. Si la lecture du cahier des charges n'a pu avoir lieu à l'audience indiquée dans la sommation signi-

qui l'invite à y statuer à l'audience même où il est donné lecture du cahier des charges, ne figure pas dans l'article 715 sur la liste de ceux qui doivent être observés à peine de nullité[29]. Ce jugement n'est signifié que lorsqu'il statue sur les dires insérés au cahier des charges[30] : se borne-t-il à donner acte de la lecture de ce document, il n'apprend rien aux intéressés qu'ils ne sachent déjà ou qu'ils ne doivent savoir, ayant reçu sommation d'en prendre communication; fixe-t-il en même temps le prix de l'adjudication, les journaux et les affiches le feront bientôt connaître et la signification est frustratoire[31]. Si le tribunal, faisant droit aux dires et et observations proposés contre le cahier des charges, en a tellement aggravé les clauses et conditions qu'on puisse craindre de ne pas trouver d'enchérisseur pour la mise à prix primitivement fixée, le poursuivant a le choix entre deux partis : 1° se désister de la saisie avec le consentement du saisi et des autres parties liées à la procédure[32], et en payant les frais déjà faits[33]; 2° baisser de son autorité privée la mise à prix, droit exceptionnel comme on l'a vu au § **669**, mais qu'on ne peut lui contester ici ni en droit ni en équité : en droit, la mise à prix ne le lie que si les conditions

fiée au saisi (Voy., sur cette sommation, *suprà*, § **670**) par suite d'un incident qui a occupé toute cette audience, le renvoi de ces formalités à un jour déterminé, prononcé par le juge en présence des parties ou de leurs avoués, dispense d'adresser au saisi une nouvelle sommation (Bordeaux, 29 août 1855; D. P. 57. 2. 52); mais, si la lecture du cahier des charges avait eu lieu à une autre audience que celle qui avait été indiquée, sans renvoi ordonné en présence des parties ni sommation d'assister à cette nouvelle audience, la lecture serait nulle, et les parties, remises en l'état où elles se trouvaient auparavant, pourraient demander la nullité des actes antérieurs (Req. 30 juill. 1873; D. P. 74. 1. 313). Comp., sur la nullité des jugements rendus à une autre audience que celle qui avait été d'abord indiquée, t. III, § **443**. Voy. encore Aix, 15 juill. 1872 (D. P. 73. 2. 134).

[29] Intentionnelle ou non, cette omission est certaine (Bioche, *op. et v° cit.*, n° 678; Carré, *op. cit.*, t. V, Ire part., quest. 2400; Boitard, Colmet-Daage et Glasson, *op. cit.*, t. II, n° 950).

[30] Ou sur des moyens de nullité proposés contre la procédure antérieure à la lecture du cahier des charges (Voy., sur ces moyens, *infrà*, § **761**). Il ne donne pas lieu non plus à un droit de jugement au profit de l'avoué (Req. 20 juill. 1885; D. P. 87. 1. 301).

[31] Bioche, *op. et v° cit.*, n° 386. Carré, *op. cit.*, t. V, IIe part., quest. 2346. Rouen, 4 juin 1842 (D. A. v° *cit.*, n° 1593).

[32] Ces personnes sont les autres saisissants et les créanciers sommés ainsi qu'il a été dit aux §§ **671** et suivants.

[33] Ce sont les conditions ordinaires du désistement (Art. 403); voy. le tome V de ce Traité.

par lui fixées demeurent intactes, et le tribunal le dégage en les modifiant; en équité, il ne peut risquer de rester malgré lui enchérisseur pour une mise à prix très raisonnable au moment où il l'a fixée, mais devenue excessive par suite des changements apportés en dehors de lui au cahier des charges (Art. 695)[34].

§ **681**. B. « Quarante jours au plus tôt et vingt jours au « plus tard avant l'adjudication[1], l'avoué du poursuivant « fera insérer dans un journal publié dans le département « où sont situés les biens un extrait[2] signé de lui et conte- « nant : 1° la date de sa saisie et de sa transcription; 2° les « noms, professions, demeures du saisi, du saisissant et de « l'avoué de ce dernier; 3° la désignation des immeubles « telle qu'elle a été insérée dans le procès-verbal[3]; 4° la mise

[34] La commission de la cour de cassation à laquelle le projet de 1838 avait été soumis avait demandé l'insertion dans la loi d'un article ainsi conçu : « Si, au jour « de l'adjudication, des modifications sont admises par le tribunal dans les conditions « de l'adjudication, le poursuivant pourra demander à être relevé de sa mise à prix, « à la charge d'en faire immédiatement une autre » (Voy. cette proposition, avec les motifs à l'appui, dans Carré, *op. cit.*, t. V, Ire part., quest. 2344 *bis*). Le législateur ne l'a ni admise ni repoussée, mais elle se justifie si bien qu'on ne doit pas hésiter à la suppléer et à reconnaître au poursuivant le droit que la commission de la cour de cassation voulait lui accorder expressément (Bioche, *op. et v° cit.*, n° 382; Carré, *op. et loc. cit.*; Chauveau, sur Carré, *op. et loc. cit.*; Boitard, Colmet-Daage et Glasson, *op. cit.*, t. II, n° 947).

§ **681.** [1] L'annonce insérée dans un supplément du journal est régulière lorsqu'elle a lieu dans le délai de la loi, bien que ce supplément n'ait été publié que le lendemain du jour où a paru le numéro auquel il se rattache (Toulouse, 20 déc. 1827; D. A. *v° cit.*, n° 1846).

[2] Il doit être passé en taxe à l'avoué poursuivant autant de droits d'extrait qu'il y a eu d'insertions prescrites par la loi (O. 10 oct. 1841, art. 11). S'ensuit-il qu'il faille dresser autant d'originaux d'extrait qu'il a été fait d'insertions? Ce n'est pas indispensable : un seul original suffit, avec deux copies sur papier libre envoyées l'une au bureau du journal pour l'insertion, l'autre à l'imprimeur pour la confection des placards dont il sera parlé au § suivant.

[3] A peine de nullité (Agen, 3 mai 1823; D. A. *v° cit.*, n° 891), mais cette nullité ne devra pas être prononcée : 1° si l'extrait, indiquant d'ailleurs tous les immeubles saisis, ne reproduit pas exactement le procès-verbal de saisie et change, par exemple, l'ordre dans lequel les immeubles saisis y sont indiqués (Bordeaux, 20 déc. 1833; D. A. *v° cit.*, n° 564); 2° si l'omission d'un ou plusieurs immeubles compris dans la saisie est immédiatement réparée par une nouvelle insertion (Turin, 17 mars 1810; D. A. *v° cit.*, n° 892); 3° si l'extrait ne reproduit pas la partie du procès-verbal de saisie qui contient copie de la matrice cadastrale (Voy., sur cette partie du procès-verbal, *suprà*, § **669**) : l'article 696-3° n'exige dans l'extrait que « la « désignation des immeubles telle qu'elle a été insérée dans le procès-verbal, » c'est-à-dire la reproduction des mentions prescrites par l'article 675-3°; or, la reproduction

« à prix[4]; 5° l'indication du tribunal où la saisie se pour-« suit[5] et des jour, lieu et heure de l'adjudication[6]. Il sera, « en outre, déclaré dans l'extrait que tous ceux du chef des-« quels il pourrait être requis inscription pour raison d'hy-« pothèques légales devront requérir cette inscription avant « la transcription du jugement d'adjudication[7]. Toutes les « annonces judiciaires relatives à la même saisie seront in-« sérées dans le même journal » (Art. 696). Les préfets des départements observent, à ce sujet, le décret du Gouvernement de la défense nationale (délégation de Bordeaux) du 28 décembre 1870, aux termes duquel « provisoirement et jus-« qu'à ce qu'il en ait été autrement ordonné, les annonces « judiciaires et légales pourront être insérées, au choix des « parties, dans l'un des journaux publiés en langue française « dans le département[8]. » Ils s'abstiennent, en conséquence, de désigner aucun journal pour recevoir exclusivement les annonces légales et judiciaires et particulièrement celles qui sont prescrites en matière de saisie. Le préfet de la Seine continue, au contraire, à observer l'article 23 du décret du 17 février 1852 qui n'a pas été légalement abrogé[9], et aux termes duquel les annonces judiciaires seront insérées, à peine de nullité de l'insertion, dans un des journaux de l'arrondisse-

de la matrice cadastrale au procès-verbal de saisie n'est prescrite que par le 4° de cet article (Req. 19 août 1884, D. P. 85. 1. 68; *contrà*, Chauveau, sur Carré, *op. cit.*, t. V, II° part., quest. 2351 *quinquies*).

[4] La même, à peine de nullité, que celle qui est portée au cahier des charges (Bordeaux, 28 juin 1831; D. A. *v° cit.*, n° 898). Voy. cep. *infrà*, note 7.

[5] Voy. *suprà*, § **650**.

[6] A peine de nullité (Besançon, 31 janv. 1817; D. A. *v° cit.*, n° 895). Voy. cep. la note suivante.

[7] La nullité ne sera pas prononcée si le même numéro du journal ou un numéro suivant rectifie l'erreur de l'extrait : ainsi jugé pour les fautes d'impression (Req. 12 janv. 1813; D. A. *v° cit.*, n° 512) et pour l'indication inexacte des jour et heure de l'adjudication (Amiens, 23 mai 1812; D. A. *v° cit.*, n° 1406). D'autre part, cette nullité n'atteint que les actes antérieurs à l'insertion (Bordeaux, 28 févr. 1831, D. A. *v° cit.*, n° 898; voy., sur ce principe général en matière de saisie immobilière, *infrà*, § **761**).

[8] La dernière disposition de ce décret reproduit la disposition finale de l'article 696 : « Toutes les annonces judiciaires relatives à une même procédure de vente se-« ront insérées dans le même journal. »

[9] Les décrets de ce Gouvernement sont à considérer comme en vigueur lorsqu'ils ont un caractère définitif et qu'aucun texte postérieur ne les a abrogés ou modifiés (Voy. t. I, § **1**, note 6), mais le décret du 28 décembre 1870, émanant de la délégation de Bordeaux, n'est pas considéré comme obligatoire à Paris. D'autre part, aucun article de la loi du 29 juillet 1881 sur le régime de la presse n'abroge l'article 23 du décret du 17 février 1852.

ment ou, à défaut, du département que le préfet désignera chaque année[10]. « Lorsqu'indépendamment des insertions « prescrites par l'article précédent, le poursuivant, le saisi « ou l'un des créanciers inscrits estimera qu'il y aura lieu de « faire d'autres annonces de l'adjudication par la voie des « journaux, le président du tribunal devant lequel se pour- « suit la vente pourra, si l'importance des biens paraît l'exi- « ger, autoriser cette insertion extraordinaire; les frais n'en- « treront en taxe que dans le cas où cette autorisation aurait « été accordée; l'ordonnance du président ne sera soumise à « aucun recours » (Art. 697). Le saisi qui trouve cette publicité inutile, trop coûteuse ou même nuisible peut seulement faire une démarche officieuse pour dissuader le président de l'ordonner[11]. « Il sera justifié de l'insertion aux journaux par « un exemplaire de la feuille contenant l'extrait annoncé « par l'article précédent; cet exemplaire portera la signa- « ture de l'imprimeur[12] légalisée par le maire[13] » (Art. 698)[14].

§ **682**. C. « Extrait pareil à celui qui est prescrit par l'ar-

[10] MM. Bottieau, Adnet, Giraud, Albert Desjardins et Joubert ont déposé à l'Assemblée nationale, le 31 juillet 1871, une proposition de loi qui tendait à faire désigner dans chaque département par le conseil général, sur la proposition des conseils d'arrondissement, les journaux dans lesquels les annonces légales et judiciaires devaient être insérées. Cette proposition a été adoptée par l'Assemblée en première délibération, mais la seconde délibération n'a pas eu lieu (Voy. les *Impressions* de l'Assemblée nationale, nos 521 et 1255, et le *Journal officiel* du 22 mars 1873, p. 1999).

[11] Voy., sur ce point, Bioche, *op. et vo cit.*, no 408; Chauveau, sur Carré, *op. cit.*, t. V, IIe part., no CCCCXCVI *ter;* et, sur les voies de recours contre les ordonnances du président en général, le tome V de ce Traité.

[12] L'insertion ne peut être justifiée que dans la forme indiquée par la loi (Rennes, 4 janv. 1813; D. A. *vo cit.*, no 914), mais il n'est pas absolument nécessaire que l'imprimeur qui atteste l'insertion par sa signature soit patenté : il suffit qu'il se qualifie imprimeur et que le maire qui légalise sa signature (Voy. *infrà*, même §) le reconnaisse pour tel (Req. 5 oct. 1812; D. A. *vo cit.*, no 916).

[13] Et, en cas d'empêchement, par le maire ou par l'un des conseillers municipaux dans l'ordre du tableau : la signature de l'adjoint fait présumer légalement l'empêchement du maire; la signature d'un conseiller municipal fait présumer légalement l'empêchement du maire, de l'adjoint et des conseillers municipaux qui précèdent celui qui a légalisé (Bastia, 16 nov. 1822; D. A. *vo cit.*, no 917). La parenté qui existerait entre l'imprimeur et la personne qui a légalisé sa signature n'entraînerait pas la nullité de la légalisation (Rennes, 5 juin 1814; D. A. *vo cit.*, no 624).

[14] Il est inutile de faire enregistrer le journal qui contient l'insertion (Rennes, 4 janv. 1813; D. A. *vo cit.*, no 919).

« ticle 696[1] sera imprimé en forme de placard[2] et affiché « dans le même délai[3] : 1° à la porte du domicile du saisi[4];

§ 682. [1] Pareil, c'est-à-dire contenant les mêmes énonciations, spécialement le nom et la demeure actuelle du saisi (Paris, 17 flor. an XIII, D. A. v° *Exploit*, n° 117; Paris, 31 mars 1806, D. A. v° *Vente publique d'immeubles*, n° 334; Bruxelles, 19 juin 1811, D. A. *v° cit.*, n° 928), et le jour même que l'extrait publié dans les journaux indique comme celui où il sera procédé à l'adjudication (Bourges, 30 mars 1808, D. A. *v° cit.*, n° 1577; Besançon, 31 janv. 1817, D. A. *v° cit.*, n° 895); mais il a été jugé : 1° quant à la désignation du poursuivant, qu'il est inutile d'indiquer en quelle qualité il agit, si c'est comme tuteur, comme mari ou en son nom personnel (Paris, 2 déc. 1837; D. A. *v° cit.*, n° 961); 2° quant à la désignation de l'avoué du poursuivant, que sa demeure est suffisamment indiquée par le siège du tribunal où la saisie doit avoir lieu (Toulouse, 2 juill. 1842; D. A. *v° cit.*, n° 932); 3° quant à la désignation du saisi, que l'indication de ses prénoms et de sa profession ne sont pas indispensables (Paris, 2 vent. an XII, D. A. *v° cit.*, n° 928, 8 germ. an XIII, D. A. *v° cit.*, n° 929, et 31 mars 1806, D. A. *v° cit.*, n° 334; Bruxelles, 19 juin 1811, D. A. *v° cit.*, n° 928); 4° quant à la date de la saisie, que, si elle s'est continuée pendant plusieurs jours, il suffit d'indiquer celui où elle a commencé (Metz, 14 nov. 1823; D. A. *v° cit.*, n° 927).

[2] L'ordonnance du 10 octobre 1841, portant tarif en matière de saisie immobilière, prescrit la rédaction d'un original de placard par l'avoué qui le conserve, le signe et le fait enregistrer (Art. 11), mais la rédaction de cet original n'est pas exigée à peine de nullité : il suffit, pour qu'on sache si les délais légaux ont été observés, que les affiches fassent exactement connaître le jour où elles ont été apposées (Metz, 6 févr. 1840; D. A. *v° cit.*, n° 940). Il suffirait, à plus forte raison, que l'avoué apposât sa signature sur un exemplaire imprimé de ces affiches, le datât et le fît enregistrer. Les placards doivent, en principe, être imprimés en entier (Toulouse, 11 avr. 1815; D. A. *v° cit.*, n° 941), mais l'insertion d'un mot écrit à la main n'est pas une cause de nullité si ce mot n'est pas essentiel (Agen, 20 juin 1810; D. A. *v° cit.*, n° 945); plusieurs arrêts ont également décidé que l'addition ou la rectification à la main d'une mention essentielle et requise à peine de nullité ne serait pas elle-même une cause de nullité (Rennes, 5 déc. 1812, req. 16 janv. 1822 et 9 janv. 1823, D. A. *v° cit.*, n° 944; Bordeaux, 3 févr. 1837, D. A. *v° cit.*, n° 526). Toutefois, ce dernier point est controversé (Voy., en sens contraire, Toulouse, 11 avr. 1815, D. A. *v° cit.*, n° 941). *A fortiori*, les erreurs et omissions des affiches peuvent-elles être rectifiées par des cartons collés sur l'affiche même ou par des *errata* imprimés sur une annexe, pourvu qu'il soit prouvé que ces cartons ou *errata* ont été collés sur tous les placards ou insérés à la suite de tous les placards sans exception (Req. 10 août 1808; D. A. *v° cit.*, n° 947). Le tribunal auquel on demande la nullité des affiches irrégulières peut aussi ordonner qu'elles ne seront pas recommencées mais seulement rectifiées (Req. 14 janv. 1816; D. A. *v° cit.*, n° 785). Enfin, les placards imprimés des deux côtés sont parfaitement réguliers, du moment qu'une page a été laissée en blanc pour l'appliquer contre le mur (Turin, 28 avr. 1810; D. A. *v° cit.*, n° 946).

[3] Les affiches ne précèdent pas nécessairement l'insertion dans les journaux; ces deux formalités peuvent être accomplies simultanément (Req. 5 oct. 1812, D. A. *v° cit.*, n° 916; Bruxelles, 28 nov. 1822, D. A. *v° cit.*, n° 925).

[4] C'est-à-dire à la porte extérieure de la maison qu'il habite, et non pas à la porte intérieure de l'appartement qu'il y occupe (Req. 10 juill. 1817; D. A. *v° cit.*, n° 955). S'il est domicilié avec d'autres personnes dans un terrain clos, on affiche le placard à la porte extérieure qui sert d'entrée commune (Req. 29 juill. 1818; D. A. *v° cit.*, n° 518). L'apposition d'un placard à la porte du domicile du saisi suppose que ce domicile est connu du poursuivant, et la loi l'oblige ainsi implicitement à s'en informer : elle le dispense pourtant de cette recherche lorsqu'il signifie le commandement qui précède la saisie immobilière ou le procès-verbal qui la constitue (Voy., sur la signification de ces actes au saisi dont le domicile est inconnu *suprà*, §§ 653

« 2° à la principale porte des édifices saisis[5]; 3° à la prin-
« cipale place de la commune où le saisi est domicilié, ainsi
« qu'à la principale place de la commune où les biens sont
« situés et de celle où siège le tribunal devant lequel se
« poursuit la vente; 4° à la porte extérieure des mairies du
« domicile du saisi et des communes de la situation des
« biens; 5° au lieu où se tient le principal[6] marché[7] de
« chacune des deux communes[8] les plus voisines[9] dans l'ar-

et 660). Aussi avait-on demandé en 1841 la suppression de ce placard, et la Chambre des députés n'a rejeté cet amendement qu'après une épreuve douteuse (Voy. la séance de la Chambre des pairs du 24 avril 1840, *Moniteur* du 25, p. 799; et celle de la Chambre des députés du 14 janvier 1841, *Moniteur* du 15, p. 108). Comment faire, en fin de compte, si le domicile du saisi n'est pas connu? M. Persil a dit à la Chambre des pairs qu'on afficherait au domicile ou à la résidence du saisi tels qu'ils sont indiqués dans le titre du saisissant, et, si ce titre ne les indique pas, à la résidence actuelle du saisi (Séance du 24 avril 1840, *Moniteur* du 25, *loc. cit.*; voy., dans le même sens, Bioche, *op. et v° cit.*, n° 415). On décide plus généralement que, faute de connaître le domicile réel du saisi, le poursuivant déposera au parquet un exemplaire du placard (Carré, *op. cit.*, t. V, II° part., quest. 2360; Boitard, Colmet-Daage et Glasson, *op. cit.*, t. II, n° 949). On argumente, en ce sens, de l'article 69-8° sur l'assignation des personnes qui n'ont pas de domicile connu en France, mais on n'applique pas ce texte à la lettre, car il prescrit d'afficher une première copie de l'exploit à la principale porte de l'auditoire du tribunal où la demande est portée — la seconde est remise au parquet — et cette affiche à la porte du tribunal ferait double emploi, dans l'espèce, avec celle que prescrit l'article 696-7° (Voy. *infrà*, même §, et, sur l'article 69-8°, t. II, § 227). Quand l'immeuble est saisi sur un tiers détenteur, l'affiche doit être mise, à peine de nullité, à la porte de son domicile et non pas à la porte du domicile de son débiteur personnel (Colmar, 27 mars 1807; D. A. *v° cit.*, n° 311).

[5] Lorsqu'une habitation principale comprend plusieurs édifices saisis, il suffit d'apposer une seule affiche à la porte principale et extérieure de cette habitation (Bruxelles, 3 nov. 1810; D. A. *v° cit.*, n° 166). Si l'immeuble exproprié comprend plusieurs édifices, il suffit d'apposer une affiche à l'extérieur du principal corps de bâtiment (Req. 6 fruct. an XI; D. A. *v° cit.*, n° 957). Aj. Liège, 26 août 1806 (D. A. *v° et loc. cit.*).

[6] Lorsqu'une ville a plusieurs marchés et qu'aucun acte officiel n'indique celui d'entre eux qu'on doit considérer comme le principal, il faut s'en référer à l'usage. Lorsqu'une commune est sectionnée et que les biens saisis sont tous situés dans la même section, on se contente d'afficher au principal marché de la section où se trouve la mairie (Montpellier, 14 janv. 1833; D. A. *v° cit.*, n° 963).

[7] L'affiche est valablement apposée au lieu désigné par l'autorité administrative pour la tenue d'un marché, quand même, en fait, il ne s'y tiendrait aucun marché (Toulouse, 12 avr. 1825; D. A. *v° cit.*, n° 961). Inversement, l'affiche est valablement apposée au lieu où les habitants du pays ont coutume de se réunir pour vendre et acheter des denrées, encore que ce lieu ne jouisse pas du privilège d'avoir une foire ou un marché (Req. 6 avr. 1824; D. A. *v° cit.*, n° 967). *Quid*, s'il est reconnu qu'un marché a cessé d'exister? Voy. Nîmes, 17 nov. 1819 (D. A. *v° cit.*, n° 336).

[8] « Des deux communes » à peine de nullité (Poitiers, 9 juin 1809, Liège, 6 janv. 1816, Toulouse, 12 avr. 1825; D. A. *v° cit.*, n° 961). Voy. aussi Aix, 2 déc. 1837 (D. A. *v° et loc. cit.*).

[9] La saisie sera-t-elle valable si l'on affiche à deux marchés qui ne sont pas les plus voisins, mais qui sont plus importants que les deux plus voisins? La question est controversée. Voy., pour l'affirmative, Bourges, 8 janv. 1814, req. 29 nov. 1816

« rondissement[10]; 6° à la porte de l'auditoire du juge de paix « de la situation des bâtiments, et, s'il n'y a pas de bâtiments, « à la porte de l'auditoire de la justice de paix où se trouve « la majeure partie des biens saisis; 7° aux portes extérieures « des tribunaux du domicile du saisi, de la situation des « biens, et de la vente. L'huissier attestera, par un procès- « verbal rédigé sur un exemplaire du placard[11], que l'apposi- « tion a été faite aux lieux déterminés par la loi, sans les « détailler[12]. Ce procès-verbal sera visé par le maire[13] de « chacune des communes dans lesquelles l'apposition aura « été faite[14] » (Art. 699). Le nombre des placards est proportionné à la nature et à l'importance des biens, mais on n'en passe en taxe que cinq cents au plus, non compris le

et 11 mai 1822, Douai, 3 janv. 1825, Bordeaux, 25 févr. 1833 (D. A. *v° cit.*, n° 972); pour la négative, Nîmes, 16 mai 1810, Rouen, 27 sept. 1814, civ. cass. 8 mai 1838, Orléans, 13 juill. 1839 (D. A. *v° cit.*, n° 971). Dans tous les cas, la saisie ne sera jamais annulée pour une très légère différence de distance entre les deux communes où les affiches ont été apposées et celles qui étaient, rigoureusement parlant, les plus voisines du lieu de la saisie (Toulouse, 15 avr. 1828, D. A. *v° cit.*, n° 962; Bordeaux, 1er août 1834, D. A. *v° cit.*, n° 383, et 19 nov. 1839, D. A. *v° cit.*, n° 146).

[10] La loi n'exige pas, à peine de nullité, que les placards soient affichés aux jours de tenue des marchés (Paris, 3 févr. 1812, Toulouse, 7 févr. 1812, D. A. *v° cit.*, n° 975; Bourges, 5 juin 1812, D. A. *v° cit.*, n° 616; req. 19 nov. 1812, Rennes, 28 oct. 1816, Riom, 26 mars 1817, Caen, 9 juill. 1817, D. A. *v° cit.*, n° 975, civ. rej. 12 janv. 1820, D. A. *v° cit.*, n° 465; *contrà*, Caen, 2 juill. 1811, D. A. *v° cit.*, n° 976).

[11] Ou par plusieurs, si les affiches ont été apposées dans plusieurs communes (Bordeaux, 19 nov. 1839; D. A. *v° cit.*, n° 146).

[12] L'huissier peut se borner à dire qu'il s'est transporté dans telle et telle commune et qu'il y a fait apposer les placards dans tous les endroits où l'usage est de placer ce genre d'affiches (Req. 23 nov. 1836; D. A. *v° cit.*, n° 985).

[13] Il doit être désigné par son nom et non pas seulement par sa qualité de maire (Liège, 3 mai 1808, D. A. *v° cit.*, n° 561; Nîmes, 13 janv. 1829, D. A. *v° cit.*, n° 537). La circonstance qu'il serait parent, allié ou créancier du saisi ne l'empêche pas de viser le procès-verbal (Req. 9 févr. 1837; D. A. *v° cit.*, n° 993). En cas d'empêchement, il est remplacé dans cette fonction par l'adjoint (Riom, 4 janv. 1814, D. A. *v° cit.*, n° 991; Rennes, 6 juin 1814, D. A. *v° cit.*, n° 624; req. 25 févr. 1818, Caen, 7 févr. 1822, D. A. *v° cit.*, n° 989; req. 23 nov. 1836, D. A. *v° cit.*, n° 985), ou par un conseiller municipal en suivant l'ordre du tableau (Besançon, 26 nov. 1810, D. A. *v° cit.*, n° 992; Riom, 26 mars 1817, D. A. *v° cit.*, n° 989; Metz, 14 nov. 1823, D. A. *v° cit.*, n° 991; req. 9 févr. 1837, D. A. *v° cit.*, n° 993), et le visa donné par ces personnes fait présumer légalement que le maire se trouvait empêché (Voy. les mêmes arrêts et comp. le § précédent, note 13).

[14] A peine de nullité, mais la substitution du mot *certifié* au mot *visé* n'entraîne pas nullité (Grenoble, 19 juill. 1808; D. A. *v° cit.*, n° 994), et le procès-verbal est valable si, l'affiche ayant été apposée à Paris sur une place qui dépend à la fois de deux arrondissements, le visa n'a été donné que par le maire de l'un d'eux (Paris, 25 août 1840; D. A. *v° cit.*, n° 988).

nombre d'affiches prescrit par l'article 699 ; le surplus reste à la charge du poursuivant (Art. 700).

§ **683**. VI. On arrive ainsi à l'adjudication, mais deux conditions sont nécessaires pour qu'elle puisse avoir lieu. 1° Il faut (Art. 702) qu'elle soit demandée par l'une des personnes qui ont qualité à cet effet, à savoir : 1) le poursuivant dont c'est le rôle naturel et dont le zèle aura rarement besoin d'être stimulé ; 2) les créanciers inscrits et les créanciers à hypothèque légale dispensés d'inscription et non inscrits [1], s'ils craignent que le poursuivant ne s'entende avec le saisi pour retarder indéfiniment l'adjudication ; 3) le saisi lui-même, s'il craint qu'on ne laisse passer un moment favorable pour trouver un bon prix de son immeuble [2]. Lorsqu'au jour fixé pour l'adjudication, aucune de ces personnes ne la re-

§ **683**. [1] L'article 702 dit qu'il sera procédé à l'adjudication sur la demande du poursuivant ou « de l'un des créanciers inscrits ; » j'ajoute « ou même non inscrits » si ce sont des créanciers à hypothèque légale dispensés d'inscription, car, ayant admis que la saisie ne peut plus être rayée sans leur consentement (Voy. *suprà*, § **674**), je ne vois aucune raison de leur refuser le droit de poursuivre l'adjudication. On objecte qu'ils doivent être exclus de cette faculté tant qu'ils n'ont pas fait connaître leurs créances par l'inscription, qu'on les excitera ainsi à s'inscrire, et que le droit de requérir l'adjudication sera comme une prime accordée à leur vigilance (Chauveau, sur Carré, *op. cit.*, t. V, IIe part., quest. 2377). Je réponds : 1° que les créanciers dispensés d'inscription et non inscrits sont parties à la saisie, et qu'elle leur devient commune dès qu'ils ont reçu les notifications prescrites par la loi ; que la seule différence qui existe désormais entre eux et les créanciers inscrits, c'est que la conservation de leur droit de préférence est subordonnée à la circonstance qui sera expliquée au § **711** ; qu'il n'y a, par conséquent, en droit, aucun motif pour leur refuser le droit de réquisition ; 2° que le leur refuser s'ils ne sont pas inscrits et le leur accorder dès qu'ils ont rempli cette formalité, c'est faire une distinction subtile et même déraisonnable : 1) subtile, car tout ce qu'on peut demander ici à ces créanciers, c'est de se faire connaître ; or ils sont déjà connus puisque les notifications leur ont été faites, et ils se font encore mieux connaître en poursuivant l'adjudication ; pourquoi exiger qu'ils le fassent par une inscription ? 2) déraisonnable, car, si leur droit de préférence est conservé malgré le défaut d'inscription sous la condition qui sera expliquée au § **711**, comment n'auraient-ils pas le droit de provoquer l'adjudication qui donnera ouverture à leur droit sur le prix ? 3° que ce droit, s'il leur est dénié sous cette forme, renaîtra aussitôt à leur profit sous une forme plus compliquée, et qu'on n'aura, par conséquent, rien gagné à le leur refuser. Lors, en effet, qu'aucune des personnes énumérées en l'article 702 ne requiert l'adjudication, la saisie ne tombe pas pour cela, et les autres intéressés qui ne doivent pas souffrir de cette négligence ont le droit de se faire subroger aux poursuites (Voy. *infrà*, même §) ; or, le droit de se faire subroger à la saisie immobilière appartient même aux créanciers dispensés d'inscription et non inscrits (Voy. *infrà*, § **732**) ; ils pourront donc, en se faisant préalablement subroger, poursuivre la mise aux enchères. Ne pouvant les en empêcher, on fera mieux de les y autoriser *de plano* et d'éviter ainsi les complications et les frais d'un incident (Voy., sur les formes de la demande en subrogation, *infrà*, § **732**).

[2] Bioche, *op. et v° cit.*, n° 425.

quiert, la poursuite est tenue pour abandonnée, et il reste aux intéressés le droit de s'y faire subroger ainsi qu'il sera dit au § **732**, et de demander la fixation d'un autre jour[3] auquel y sera procédé sur de nouvelles publications[4]. 2° Il faut que le saisi se trouve encore débiteur au moment de l'adjudication, car, s'il était libéré, la saisie n'aurait plus d'objet[5] : le paiement intégral[6], les offres réelles suivies de consignation[7], la compensation légale[8] seraient autant d'obstacles à l'adjudication, pourvu qu'ils portassent sur la totalité de la dette[9] et qu'ils éteignissent non-seulement la créance du poursuivant mais encore celles de tous les créanciers inscrits ou dispensés d'inscription, car l'extinction de la seule créance du poursuivant laisserait intact le droit des autres créanciers sans le consentement desquels la saisie ne peut être rayée[10] et qui ont qualité pour requérir la mise aux enchères[11]. L'adjudication a lieu au jour indiqué par le tribunal lors de la lecture du cahier des charges (Art. 702)[12], trente jours au moins et soixante jours au plus après cette lecture (Art. 695). Ce délai ne s'augmente pas à raison des distances[13]

[3] Bioche, *op. et v° cit.*, n° 451. Chauveau, sur Carré, *op. cit.*, t. V, IIe part., quest. 2377 *bis*.

[4] Arg. art. 704 qui prescrit de nouvelles insertions et de nouvelles affiches toutes les fois que l'adjudication est remise à un autre jour (Bioche, *op.*, *v° et loc. cit.*; Chauveau, sur Carré, *op. et loc. cit.*; voy., sur l'article 704, *infrà*, § **683**).

[5] Voy., sur la créance dont l'existence est nécessaire pour justifier la saisie immobilière, t. III, § **542**.

[6] Caen, 19 mai 1847 (D. P. 48. 5. 328).

[7] Voy. le même arrêt.

[8] Aux conditions de liquidité et d'exigibilité requises par l'article 1290 du Code civil : le saisi ne pourrait arguer, pour obtenir la suspension des poursuites, d'une créance qu'il aurait contre le saisissant mais dont l'existence ou la quotité seraient contestées en justice (Req. 25 janv. 1869; D. P. 72. 1. 78).

[9] Le paiement partiel, en admettant que le créancier consente à le recevoir, laisse intact le droit qu'il a de saisir pour la portion de la dette qui n'est pas payée (Voy., sur le droit qu'a le créancier de refuser le paiement partiel d'une dette même divisible, C. civ., art. 1244). Même observation pour les offres réelles et pour la consignation (C. civ., art. 1258-3°). La compensation légale n'éteint les deux dettes que jusqu'à concurrence de leurs quotités respectives; la partie qui demeure créancière conserve le droit de saisir l'autre partie (C. civ., art. 1290). Voy., sur l'application de ces principes au droit de poursuivre l'adjudication, les arrêts cités *suprà*, notes 6 et 8).

[10] Voy. *suprà*, § **674**.

[11] Voy. *suprà*, même §.

[12] Voy. *suprà*, § **680**.

[13] Bioche, *op. et v° cit.*, n° 383. Chauveau, sur Carré, *op. cit.*, t. V, Ire part., quest. 2347.

et n'est point prorogé par les vacations : l'adjudication se fera, à ce moment de l'année, à la plus prochaine audience des criées qui suivra l'expiration du délai fixé par le tribunal [14]. Peut-il être sursis à l'adjudication? Dans quels cas et à quelles conditions? Il faut distinguer.

A. Le sursis à l'adjudication est tantôt obligatoire tantôt facultatif : s'il est obligatoire, le tribunal exige la preuve des faits sur lesquels on se fonde pour le demander, mais il est tenu de l'accorder dès que ces faits sont prouvés; si le sursis est facultatif, le tribunal conserve un plein pouvoir d'appréciation et peut ordonner de passer outre, les faits allégués à l'appui fûssent-ils d'ores et déjà certains ou dûment établis. Le sursis est obligatoire dans tous les cas où les voies d'exécution sont suspendues : 1° en cas de mort du débiteur, jusqu'à ce que le titre qui existe contre lui ait été de nouveau signifié à ses héritiers [15]; 2° en cas de faillite, lorsqu'elle est déclarée

[14] Chauveau, sur Carré, *op. cit.*, t. V, IIe part., quest. 2376. Comp., sur la non-prorogation, pendant les vacances judiciaires, du délai imparti pour la lecture du cahier des charges, et sur les précautions que l'avoué doit prendre, à ce moment de l'année, pour éviter la forclusion, *suprà*, § **680**.

[15] Le décès de l'une des parties, survenu au cours de la saisie immobilière, entraîne-t-il l'interruption légale de cette procédure et, par conséquent, l'obligation de la reprendre suivant les règles exposées t. II, § **365**? L'affirmative semble résulter : 1° d'arrêts qui ont jugé qu'une saisie immobilière est en état et, par conséquent, ne peut donner lieu à une reprise d'instance à partir du moment où tous les actes préalables à l'adjudication ont été faits, ce qui implique, *à contrario*, que jusque-là la procédure n'est pas encore en état et est sujette à reprise (Voy., en ce sens, Bordeaux, 20 avr. 1834, D. A. v° *Reprise d'instance*, n° 12; req. 6 juill. 1841, D. A. v° *Vente publique d'immeubles*, n° 1617; comp. Paris, 11 juill. 1812 et 15 nov. 1834, D. A. *v° cit.*, n° 1308, et, sur la notion de la mise en état appliquée à la reprise d'instance, t. II, §§ **363** et **366**); 2° d'un autre arrêt aux termes duquel le décès du poursuivant ne donne pas lieu à reprise d'instance quand son avoué ne l'a pas connu, d'où il faudrait conclure, *à contrario*, que ce même décès, connu de l'avoué du poursuivant, interrompt légalement l'instance et oblige à la reprendre (Paris, 15 nov. 1834; D. A. *v° et loc. cit.*). Je ferai d'abord remarquer que, si l'on veut appliquer ici toutes les règles de la reprise d'instance, il ne suffit pas que l'avoué du poursuivant ait connu, en fait, le décès de son client : il faut qu'il lui ait été notifié, car c'est à cette condition seulement que les instances sont légalement interrompues par le décès de l'une des parties (Voy. t. III, § **363**). D'ailleurs, je ne crois pas que les règles de l'interruption et de la reprise d'instance s'appliquent à la saisie immobilière. 1° Elles ne conviennent qu'aux instances proprement dites (Voy. t. II, § **361**, note 10), et la saisie immobilière n'en est pas une, puisqu'il n'y a ni contestation, ni cause proprement dite, ni conclusions, ni, par conséquent, mise en état. 2° Les formes de la reprise d'instance n'y sont pas applicables, car elles supposent une assignation et un acte d'avoué à avoué fait au nom de la partie assignée, et il n'y a, dans l'espèce, ni assignation ni constitution d'avoué par le défendeur, c'est-à-dire par le saisi. 3° On ne conçoit pas que les héritiers du poursuivant notifient son décès au saisi, car cette notification a pour but, dans les instances ordi-

par un jugement rendu depuis le commencement de la saisie[16]; 3° en cas de faux principal, quand la chambre des mises en accusation a renvoyé devant la cour d'assises l'individu inculpé de falsification du titre en vertu duquel la saisie est pratiquée[17]; 4° en cas d'obtention d'un délai de grâce, lorsqu'à la demande du saisi le tribunal devant lequel la saisie se poursuit en a ordonné la suspension[18]. Il doit être également sursis à l'adjudication : 1° en cas de décès ou de cessation des fonctions de l'avoué du poursuivant, jusqu'à ce qu'un nouvel avoué ait été constitué[19]; 2° en cas d'expro-

naires, d'indiquer à la partie qui la reçoit en quel lieu et à quelles personnes ses significations doivent s'adresser désormais, et, en cas de saisie immobilière, le saisi n'a rien à signifier; cette notification ne tendrait donc qu'à retarder la saisie que les héritiers du poursuivant ont, au contraire, intérêt à mener le plus rapidement possible, et, s'ils avaient par hasard l'intention de la ralentir, ils n'auraient pas besoin pour cela de l'interrompre légalement et n'auraient qu'à ne pas requérir la mise aux enchères. 4° Si ce n'est pas le poursuivant mais le saisi qui est décédé, la saisie doit désormais, et à peine de nullité, être dirigée contre ses héritiers, mais il n'est pas besoin de la reprendre pour les avertir des poursuites auxquelles ils vont être en butte, et il est à la fois nécessaire et suffisant d'observer à leur égard l'article 877 du Code civil, aux termes duquel les titres exécutoires contre le défunt ne peuvent être mis à exécution contre eux que huit jours après leur avoir été signifiés (Voy. t. III, § **540**). Il n'y a pas lieu d'appliquer en ce cas l'article 344 aux termes duquel le décès d'une partie n'interrompt l'instance qu'autant qu'il a été notifié à l'autre (Voy. t. II, § **363**), et la saisie est certainement nulle lorsqu'on la poursuit contre les héritiers sans avoir, au préalable, accompli la formalité et observé le délai prescrit par l'article 877 du Code civil (Orléans, 15 févr. 1876; D. P. 76. 2. 103). *Quid* en cas de vacance de la succession du saisi? Voy. Bruxelles, 2 juill. 1817 (D. A. *v° cit.*, n° 1311). Tout ce que je viens de dire s'applique exclusivement au cas où l'une des parties vient à décéder; voy., sur le cas où son avoué meurt ou cesse ses fonctions, *infrà*, même §.

16 Le jugement déclaratif de faillite n'empêche pas seulement d'entamer des poursuites individuelles; il arrête celles qui sont déjà commencées (Voy. t. III, § **557**).

17 La plainte en faux principal (c'est-à-dire en faux criminel; voy. t. II, § **313**) entraîne nécessairement la suspension de l'exécution de l'acte argué de faux (C. civ., art. 1319; voy., sur ce point, t. II, § **318**, t. III, § **556**, et, sur l'application de cet article en cas de saisie immobilière, Bioche, *op. et v° cit.*, n° 441; Pau, 3 déc. 1856, D. P. 57. 2. 58).

18 Voy., sur cette hypothèse, *suprà*, § **645**). Je suppose ici que le débiteur a obtenu antérieurement pour s'acquitter un délai de grâce qui suspend toutes les poursuites exercées contre lui, et qu'il demande le sursis à l'adjudication en exécution de ce jugement. Il ne faut pas confondre cette hypothèse avec une autre dont il sera question plus loin (Voy. *infrà*, même §), celle où le débiteur, n'ayant pas encore obtenu un délai de grâce, demande, à raison de ses malheurs et de sa bonne foi, qu'il soit sursis à l'adjudication.

19 Cette nouvelle constitution s'impose, car le décès ou la cessation des fonctions de l'avoué empêche nécessairement la continuation des poursuites et interrompt légalement la saisie (Bourges, 9 août 1822, D. A. v° *Reprise d'instance*, n° 86; comp. t. II, § **364** et *suprà*, note 4).

priation de l'immeuble saisi pour cause d'utilité publique[20]; 3° en cas d'offres réelles avec consignation, jusqu'à ce qu'il ait été statué sur leur validité[21]; le sursis devient définitif lorsqu'elles sont déclarées non-seulement bonnes et valables[22], mais encore suffisantes pour éteindre la créance du poursuivant et celles de tous les créanciers qui ont le droit de requérir l'adjudication en son lieu et place[23]; 4° jusqu'au jugement des incidents de la saisie, soit que, postérieurs à la lecture du cahier des charges, ils n'aient pas encore été jugés, soit qu'antérieurs à cette lecture, ils aient été jugés en première instance mais se trouvent encore pendants devant la cour[24]; 5° lorsque le vendeur impayé a notifié au greffe sa

[20] Pourvu qu'il s'agisse d'une expropriation totale (Paris, 9 oct. 1839; D. A. v° *Vente publique d'immeubles*, n° 1335).

[21] Caen, 19 mai 1847 (D. P. 48. 5. 328). Le créancier qui reçoit le capital et les intérêts qui lui sont dus ne peut même pas continuer la saisie pour le paiement des frais, s'il n'a fait dans la quittance une réserve expresse à cet égard (Bruxelles, 30 janv. 1813; D. A. *v° cit.*, n° 1458; Paris, 4 févr. 1833, D. A. *v° cit.*, n° 220). Par contre, on n'assimile aux offres ni la demande formée par le débiteur en vue d'établir sa libération que le poursuivant ou les autres créanciers lui contestent (Bruxelles, 5 janv. 1822; D. A. *v° cit.*, n° 1840), ni l'assignation par lui donnée au poursuivant, sans pièces justificatives, aux fins de voir déclarer la poursuite éteinte (Bruxelles, 7 mars 1822; D. A. *v° cit.*, n° 1332), ni le moyen de défense tiré de la compensation quand le débiteur se trouve cessionnaire d'une créance litigieuse contre le poursuivant (Req. 25 janv. 1869; D. P. 72. 1. 78). Le tribunal n'est pas tenu non plus de surseoir à l'adjudication lorsqu'il renvoie les parties à compter au greffe du tribunal (Colmar, 14 juin 1811; D. A. *v° cit.*, n° 159), et le saisi ne peut arguer l'adjudication de nullité sous prétexte qu'elle aurait eu lieu nonobstant une saisie-arrêt formée entre ses mains par un créancier du poursuivant (Paris, 23 oct. 1811, D. A. *v° cit.*, n° 1336; voy. cep. req. 19 therm. an XII, D. A. *v° cit.*, n° 1337).

[22] Voy., sur cette procédure, le tome V de ce Traité.

[23] Paris, 17 août 1811 (D. A. *v° cit.*, n° 1340). Grenoble, 19 févr. 1818 (D. A. *v° cit.*, n° 1332). Req. 18 févr. 1840 (D. A. v° *cit.*, n° 1340). Voy., sur le droit qu'ont tous les créanciers liés à la saisie, de s'opposer à ce qu'elle soit rayée et de poursuivre l'adjudication s'ils ne sont pas complètement désintéressés, *suprà*, § **665** et le § précédent.

[24] Arg. art. 741 : « Lorsqu'à raison d'un incident ou de tout autre motif légal, il « aura été sursis à l'adjudication... » Les nullités postérieures à la lecture du cahier des charges ne peuvent naturellement être proposées qu'après cette lecture; les nullités antérieures à cette formalité doivent l'être au moins trois jours avant (Voy., sur cette distinction, *infrà*, §§ **761** et **762**; sur l'appel des jugements rendus sur des incidents de saisie immobilière, *infrà*, § **925**; et, sur le sursis qui doit être apporté à l'adjudication par suite de ces incidents, Bioche, *op. et v° cit.*, n° 387; Chauveau, sur Carré, *op. cit.*, t. V, II° part., n° CCCCXCVII; Agen, 10 mai 1809, Pau, 20 nov. 1813, Montpellier, 21 juill. 1824, D. A. *v° cit.*, n° 1342; Bourges, 20 août 1851, D. P. 52. 2. 121). La saisie faite en vertu d'un jugement passé en force de chose jugée ne peut être suspendue et l'adjudication retardée : 1° par une simple opposition (Colmar, 12 mai 1809; D. A. *v° cit.*, n° 1043); 2° par l'appel interjeté au cours de la saisie contre un jugement étranger à cette saisie, ou qui s'y rapporte mais ne lui sert pas de base (Req. 24 janv. an XII, D. A. v° *Saisie-arrêt*, n° 341; civ. cass. 26 mai 1838, D. A. v° *Vente publique d'immeubles*, n° 1326; req. 12 janv. 1813, D. A *v° cit.*, n° 1329).

demande en résolution ainsi qu'il est dit au § **678** : l'article 717 dit qu' « il sera sursis » à l'adjudication jusqu'à l'expiration du délai donné au vendeur pour faire juger sa demande, et, comme cette formule est impérative, tout ce que peut faire le tribunal auquel le sursis paraît préjudiciable et la demande mal fondée, c'est de n'accorder qu'un très bref délai pour la faire juger, de manière à ne surseoir que le moins possible à l'adjudication[25]. Quant aux sursis facultatifs, ils ne peuvent être accordés que « pour cause grave et dûment justifiée » (Art. 703)[26], mais on verra bientôt que le tribunal jouit, à cet égard, d'un pouvoir d'appréciation discrétionnaire[27]. Il surseoira, par exemple[28], si le titre en vertu duquel l'immeuble est saisi est l'objet d'une inscription de faux incident[29], si une crise politique ou une indication fautive de l'extrait affiché ou inséré dans les journaux empêche les enchérisseurs de se présenter[30], si le tribunal espère que, sans compromettre les créances du poursuivant et des créanciers liés à la poursuite, un sursis permettra au débiteur malheureux et de bonne foi de s'acquitter et d'éviter ainsi l'expropriation[31], ou si le vendeur n'a pu faire juger sa demande en résolution dans le délai fixé par le tribunal[32]. Le sursis accordé de prime-abord pourra

25 Chauveau, sur Carré, *op. cit.*, t. V, IIe part., quest. 2405 *quinquies*. Ollivier et Mourlon, *op. cit.*, n° 221.

26 L'inconvénient de surseoir à l'adjudication ne vient pas seulement du retard qu'éprouvent les créanciers à être payés; il consiste aussi dans les insertions et affiches qu'il faut recommencer sur nouveaux frais (Voy. *infrà*, même §).

27 Voy. *infrà*, même §.

28 Ce ne sont que des exemples (Voy., sur ce point, Bioche, *op. et v° cit.*, n° 443; Chauveau, sur Carré, *op. cit.*, t. V, IIe part., quest. 2378 *quinquies ;* req. 17 juin 1861, D. P. 62. 1. 82).

29 Il s'agit là du faux incident civil en présence duquel le tribunal est maître de suspendre ou non l'exécution du titre impugné (C. civ., art. 1319; voy. t. II, § **318**, t. III, § **556**). Il serait surtout libre de ne pas surseoir si le saisi n'avait encore manifesté que l'intention de s'inscrire en faux (Req. 24 mars 1824; D. A. *v° cit.*, n° 1307).

30 Bioche, *op. et v° cit.*, n° 440. Dijon, 28 févr. 1813 (D. A. *v° cit.*, n° 1327). Il en serait autrement et l'adjudication ne serait pas différée si le manque d'enchérisseurs ne pouvait être attribué à l'une de ces deux causes : l'immeuble devrait alors être adjugé au poursuivant pour la mise à prix (Amiens, 23 mars 1826, D. A. *v° cit.*, n° 1326; Pau, 9 nov. 1831, D. A. *v° cit.*, n° 1325).

31 Cette nouvelle application de l'article 1244 du Code civil, indépendante de celle dont j'ai parlé *suprà*, note 18, est controversée. Voy., en ce sens, Rouen, 7 août 1813 (D. A. *v° cit.*, n° 862); Colmar, 29 juill. 1850 (D. P. 52. 2. 238); et, en sens contraire, Caen, 7 mars 1840 (D. P. 50. 2. 155); Amiens, 11 févr. et 6 avr. 1850 (D. P. 52. 2. 175).

32 Voy., sur ce délai et sur le premier sursis qui en résulte, *suprà*, § **678** et

toujours être prorogé ou renouvelé, mais le tribunal sera naturellement de plus en plus réservé et accordera le second sursis moins facilement que le premier[33].

B. Le sursis facultatif ne peut être ordonné d'office[34], mais toute personne intéressée peut le demander[35] ou s'y opposer[36]. Cette demande peut être formée : 1° jusqu'à l'adjudication, par un simple dire inséré au cahier des charges[37]; 2° à l'audience même d'adjudication, sans avenir préalable et par de simples conclusions non signifiées d'avance[38] : ce n'est pas, à proprement parler, un incident de la saisie[39], et les articles 718 et 728, sur la forme des incidents et sur le délai

même §. « Ce délai expiré sans que la demande en résolution ait été définitivement « jugée, il sera passé outre à l'adjudication, à moins que, pour des causes graves et « dûment justifiées, le tribunal n'ait accordé un nouveau délai pour le jugement de « l'action en résolution » (Art. 717). Voy., sur ce nouveau délai, Bioche, *op. et v° cit.*, n° 543; Chauveau, sur Carré, *op. cit.*, t. V, IIe part., quest. 2406; Riom, 16 juill. 1849 (D. P. 52. 2. 103).

33 Bioche, *op. et v° cit.*, n° 444. Chauveau, sur Carré, *op. cit.*, t. V, IIe part., quest. 2378 *quinquies*.

34 Pascalis, *Premier rapport à la Chambre des députés* (D. A. *v° cit.*, p. 576, n° 120). Observations de M. Laplagne-Barris à la Chambre des pairs (Séance du 25 avril 1840; *Moniteur* du 26, p. 812).

35 Le projet de 1841 n'accordait ce droit qu'au poursuivant, craignant que le saisi n'y trouvât le moyen d'éluder l'article 2212 du Code civil et d'obtenir un sursis dans un cas où il ne serait pas permis de lui accorder un délai de grâce (Voy., sur cet article, *suprà*, § 645). La commission de la Chambre des pairs a élargi, sur ce point, le texte du projet et permis au saisi lui-même de solliciter le sursis : demande d'autant moins dangereuse que le tribunal sera nécessairement très circonspect et n'accordera le sursis que pour des causes très graves et parfaitement justifiées (Voy. le premier rapport de M. Persil à la Chambre des pairs; D. A. *v° cit.*, p. 567, n° 32). L'article 702 accorde également aux créanciers inscrits le droit de demander un sursis à l'adjudication, et j'ajoute aux créanciers inscrits ceux qui, dispensés d'inscription et non inscrits, sont liés comme eux à la saisie : s'ils peuvent requérir la mise aux enchères (Voy., sur ce point, le § précédent), ils doivent aussi pouvoir demander qu'il y soit sursis.

36 Bioche, *op. et v° cit.*, n° 43. Carré, *op. cit.*, t. V, IIe part., quest. 2378. Chauveau, sur Carré, *op. et loc. cit.*

37 Bioche, *op., v° et loc. cit.*, n° 439. Voy. cep. Toulouse, 16 nov. 1867 (D. P. 67. 2. 224).

38 Bioche, *op., v° et loc. cit.* Carré, *op. et loc. cit.* Chauveau, sur Carré, *op. et loc. cit.* Rodière, *op. cit.*, t. II, p. 285. Civ. cass. 22 déc. 1828 (D. A. *v° cit.*, n° 1353). Bordeaux, 27 mars 1833 (D. A. *v° cit.*, n° 1352). Req. 17 juin 1861 (D. P. 62. 1. 82). Une fois l'adjudication commencée, on ne pourrait la renvoyer à un autre jour sous prétexte qu'il ne s'y est pas présenté un assez grand nombre d'enchérisseurs (Voy. *suprà*, note 30).

39 Voy., en ce sens, les autorités citées aux deux notes précédentes. Si les parties avaient pris la voie de l'assignation, il n'en résulterait pas de nullité (Voy., sur cette manière de procéder, Besançon, 31 janv. 1817; D. A. *v° cit.*, n° 1354). En aucun cas, le saisi qui demande un sursis n'est tenu de fournir caution (Dijon, 18 févr. 1818; D. A. *v° cit.*, n° 1327).

dans lequel ils doivent être soulevés[40] ne s'y appliquent pas; mais il faut, si la demande est fondée sur l'action résolutoire du vendeur non payé, mettre le vendeur en cause pour qu'il puisse discuter la durée du sursis et demander que l'adjudication n'ait lieu que lorsqu'il aura pu faire statuer sur son action résolutoire[41]. Le jugement qui prononce la remise de l'adjudication fixe[42] le jour auquel il y sera procédé et qui ne peut être, sauf prorogation[43], éloigné de moins de quinze jours et de plus de soixante; de nouvelles insertions auront lieu et de nouveaux placards seront apposés au moins huit jours d'avance[44]. « Ce jugement ne sera susceptible d'aucun « recours, » dit l'article 703 qui exclut par-là l'appel et l'opposition : la jurisprudence en a conclu que, n'ayant aucun caractère contentieux[45], cette décision n'a pas besoin d'être signifiée[46], n'est pas plus susceptible d'appel ou d'opposition lorsqu'elle rejette la demande que lorsqu'elle y fait droit[47], et ne peut jamais être déférée à la cour de cassation[48]. Cette

[40] Voy., sur ces deux articles, *infrà*, §§ **728** et **761**. Il en serait différemment et les articles 718 et 728 devraient être observés si la demande en sursis était fondée sur une cause qui pût être considérée comme une défense au fond contre la saisie : ainsi la demande de sursis formée par le saisi, à raison de ce qu'il n'est pas propriétaire de l'immeuble saisi ou de ce qu'il en a seulement la copropriété, touche au fond et est, par conséquent, soumise à l'application des articles 718 et 728 (Civ. cass. 18 juin 1849 ; D. P. 49. 1. 316). Comp. *infrà*, note 47.

[41] Comp., sur cette hypothèse, *suprà*, § **678**. Le demandeur qui n'aurait pas été appelé à la demande de sursis pourrait faire opposition au jugement rendu sur cette demande (Chauveau, sur Carré, *op. cit.*, t. V, IIe part., quest. 2405 *sexies;* Seligmann, *op. cit.*, no 65 ; Ollivier et Mourlon, *op. cit.*, nos 222 et 223).

[42] Pas à peine de nullité (Req. 17 juin 1861 ; D. P. 62. 1. 82).

[43] Voy., sur cette prorogation, *suprà*, même §.

[44] C'est ce qui rend la remise coûteuse (Voy. *suprà*, même §).

[45] Paris, 12 déc. 1846 (D. P. 47. 4. 493). Voy., en sens contraire, Boitard, Colmet-Daage et Glasson, *op. cit.*, t. II, no 951.

[46] Liége, 25 août 1808; civ. rej. 29 janv. 1827; Bordeaux, 11 sept. 1827 (D. A. *vo cit.*, no 1362). Paris, 27 juin 1872 (D. P. 73. 5. 413). *Contrà*, Lyon, 5 juill. 1824; Agen, 24 nov. 1824 (D. A. *vo cit.*, no 1361).

[47] Poitiers, 22 juin 1842 (D. A. vo *Appel civil*, no 321). Rennes, 1er déc. 1843 (D. P. 45. 4. 467). Paris, 12 déc. 1846 (D. P. 47. 4. 493). Bordeaux, 20 mars 1848 (D. P. 48. 5. 328). Paris, 18 oct. 1848 (D. P. 48. 2. 184). Toulouse, 22 mars 1850 (D. P. 51. 2. 22). Req. 2 avr. 1850 (D. P. 50. 1. 148). Nîmes, 4 juin 1860 (D. P. 61. 5. 434). Req. 5 juin 1861 (D. P. 61. 1. 379). Paris, 27 juin 1872 (D. P. 73. 5. 413). Voy., dans le même sens, Bioche, *op. et vo cit.*, no 447 ; Chauveau, sur Carré, *op. cit.*, t. V, IIe part., quest. 2379; Rodière, *op. et loc. cit.;* et, en sens contraire, Persil, *op. cit.*, no 223. Il est, d'ailleurs, certain que la demande de sursis n'est jugée qu'à charge d'appel, lorsqu'elle touche au fond et soulève la question de savoir s'il peut être valablement procédé à l'adjudication requise par le poursuivant (Civ. rej. 17 déc. 1849; D. P. 50. 1. 52).

[48] Civ. rej. 18 févr. 1851 (D. P. 51. 1. 19).

dernière proposition est excessive : le tribunal a un pouvoir discrétionnaire pour accorder ou pour refuser le sursis demandé[49], et la cour de cassation n'est pas juge des motifs qui l'y ont déterminé[50]; mais, s'il a renvoyé d'office l'adjudication à un autre jour[51], s'il a fixé contrairement à la loi le jour où il y sera procédé[52], ou s'il était irrégulièrement composé le jour où il a statué sur la demande de sursis[53], il est impossible d'admettre que de pareilles violations de la loi soient à l'abri du pourvoi en cassation[54].

C. Les règles qui précèdent ne s'appliquent qu'en partie au sursis obligatoire. L'adjudication renvoyée à un autre jour est précédée de nouvelles sommations (Art. 741)[55], mais le tribunal n'a pas à indiquer, pour le moment, le jour de cette adjudication dont la fixation dépend le plus souvent de circonstances indépendantes de sa volonté[56] : signification à faire par le poursuivant, solution d'une faillite, jugement rendu sur une inscription de faux, sur la validité d'offres réelles ou sur la demande en résolution d'un vendeur, etc...[57]. D'autre part, le jugement qui refuse un sursis obligatoire est nécessairement contentieux et susceptible d'appel, d'opposition et de pourvoi en cassation, puisqu'il intervient dans un cas où le tribunal n'a pas un pouvoir d'appréciation discrétionnaire[58]. Une question plus délicate est de savoir si ce sursis

[49] Voy. *suprà*, même §.

[50] Elle l'est d'autant moins que ces motifs reposent sur des appréciations de fait qui échappent, de droit commun, à sa juridiction (Voy. t. I, § **40**, et le tome V de ce Traité).

[51] Il n'en a pas le droit (Voy. *suprà*, même §).

[52] Voy., sur ce délai, *infrà*, même §.

[53] Voy., sur la manière dont les tribunaux doivent être composés pour juger valablement, t. I, § **24**.

[54] Voy., en ce sens, Chauveau, sur Carré, *op. et loc. cit.*, et les conclusions données par M. l'avocat général Nicias-Gaillard, lors de l'arrêt du 18 février 1851 cité *suprà*, note 48. Si l'on demande pourquoi l'appel n'est pas admis en pareil cas (Voy. *suprà*, même §) alors que le pourvoi en cassation est recevable, je répondrai que cette différence s'explique : l'appel est suspensif et l'article 703 l'écarte pour ne pas retarder l'adjudication ; le pourvoi en cassation n'est pas suspensif et, par suite, ne présente pas cet inconvénient.

[55] Voy. *suprà*, même §.

[56] Pas toujours, car, si le sursis provient de l'existence d'un délai de grâce précédemment accordé par justice (Voy. *suprà*, note 18), le tribunal qui l'ordonne n'a, pour en fixer la durée, qu'à se reporter au jugement qui l'a octroyé.

[57] Voy., sur les cas de sursis obligatoire, *suprà*, même §.

[58] Persil, *op. et loc. cit. Contrà*, Chauveau, sur Carré, *op. cit.*, t. V, IIe part., nº CCCCXCVII et quest. 2379.

peut être accordé d'office : je ne le crois pas, car les raisons pour lesquelles il est demandé sont assez graves pour qu'on n'ait pas le droit de le refuser, mais elles n'ont aucun caractère d'ordre public et le tribunal excèderait ses pouvoirs en accordant au saisi ce qu'il n'a pas demandé[59].

§ **684.** L'adjudication se fait aux enchères, à l'audience spéciale des saisies immobilières (Art. 705) ; elle consiste dans le jugement dont il sera parlé au § **695** et qui attribue la propriété au dernier et plus fort enchérisseur. Il est inutile de relire préalablement le cahier des charges[1], mais l'article 701 prescrit d'annoncer publiquement le montant de la taxe avant l'ouverture des enchères et d'en faire mention dans le jugement d'adjudication[2]. Si les frais n'avaient pas encore été taxés, on devrait, rigoureusement, renvoyer l'adjudication à un autre jour et aux frais de l'avoué qui eût dû requérir plus tôt la taxe[3], mais la pratique est moins exigeante et on annonce très souvent un chiffre provisoire, « sauf la taxe » qui sera faite ultérieurement[4]. Quant au lotissement, le tribunal ne peut l'ordonner qu'avec le consentement de toutes les parties[5]. Quatre questions se posent au sujet des enchères : 1° qui peut enchérir; 2° par quel ministère; 3° à quel taux; 4° comment se font les enchères, quel en est l'effet et à quel moment elles deviennent définitives.

[59] Chauveau, sur Carré, *op. et loc. cit. Contrà*, Persil, *op. et loc. cit.*

§ **684.** [1] Le projet de réforme de 1829 exigeait cette formalité (Art. 134; dans Carré, *op. cit.*, t. V, Ire part., p. 244), mais la loi du 2 juin 1841 n'a pas reproduit cette disposition (Voy., en ce sens, Bioche, *op. et v° cit.*, n° 460 ; Chauveau, sur Carré, *op. cit.*, t. V, IIe part., quest. 2381 *bis*).

[2] Cette prescription n'existait pas dans le Code de procédure de 1806 : elle a pour but de supprimer un ancien abus qui consistait à mettre à la charge des adjudicataires des frais non taxés et souvent au-dessus de leurs prévisions. Elle est complétée par la défense de rien exiger au-delà du montant de la taxe et par la nullité de toute stipulation contraire (Voy. *suprà*, § **669**).

[3] Chauveau, sur Carré, *op. cit.*, t. V, IIe part., n° CCCCXCVI. On pourrait même, suivant Rodière (*Op. cit.*, t. II, p. 288), mettre la totalité des frais de la saisie à la charge de l'avoué négligent : cette peine serait exorbitante.

[4] Chauveau, sur Carré, *op. cit.*, t. V, IIe part., quest. 2375 *bis*.

[5] Bioche, *op. et v° cit.*, n° 461. Chauveau, sur Carré, *op. cit.*, t. V, IIe part., quest. 2381. Le projet de 1829 autorisait le tribunal à l'ordonner (Art. 134 ; dans Carré, *op. cit.*, t. V, Ire part., p. 244). Voy., sur la condition de lotissement dans le cahier des charges, *suprà*, § **669**, note 18).

§ **685**. A. Toute personne peut enchérir si elle n'est déclarée incapable par la loi[1] : l'entrave ou le trouble apportés à la liberté d'enchérir, par voies de fait, violences ou menaces commises avant ou pendant les enchères, sont punis d'un emprisonnement de quinze jours à trois mois et d'une amende de 100 à 5,000 francs; la même peine a lieu contre ceux qui ont écarté les enchérisseurs par des dons ou par des promesses (C. pén., art. 412)[2]. Ne peuvent, par exception, se porter enchérisseurs et, par conséquent, devenir adjudicataires par eux-mêmes ou par personnes interposées[3] : 1° les personnes frappées par le droit commun d'une incapacité générale de s'obliger ou de l'incapacité spéciale d'acheter l'immeuble mis aux enchères; 2° les membres du tribunal devant lequel la saisie se poursuit; 3° l'avoué poursuivant; 4° les personnes notoirement insolvables; 5° le saisi.

§ **686**. *a*. Sont incapables de s'obliger et, par conséquent, d'enchérir le mineur non émancipé, l'interdit légal ou judiciaire et la femme mariée non autorisée : pour les deux premiers, l'enchère est mise, s'il y a lieu, par le tuteur qui les représente; la troisième ne peut la mettre qu'avec l'autorisation de son mari ou de justice[1]. Par exception, la femme

§ **685**. [1] C'est le droit commun : toute personne peut contracter et spécialement acheter, à moins que la loi ne l'en déclare incapable (C. civ., art. 1123 et 1594).

[2] Voy., sur ce délit, Carré, *op. cit.*, t. V, IIe part., quest. 2382 *quinquies* et *sexies;* Chauveau, sur Carré, *op. et loc. cit.;* Chauveau-Adolphe et Faustin-Hélie, *Théorie du Code pénal*, t. V, nos 2119 et suiv.; et, sur la défense d'insérer au cahier des charges une clause destinée à exclure de l'adjudication telle ou telle personne ou catégorie de personnes, *suprà*, § **669.** Peut-on écarter indirectement une personne disposée à enchérir en l'obligeant par le cahier des charges à fournir une caution qu'elle ne peut trouver? Voy., sur ce point, *suprà, ib.*

[3] Arg. C. civ., art. 1596 : « Ne peuvent se rendre adjudicataires ni par eux-mê-« mes ni par personnes interposées... » Bioche, *op. et v° cit.*, n° 500. Req. 18 févr. 1846 (D. P. 46. 1. 134). *Contrà*, Chauveau, sur Carré, *op. cit.*, t. V, IIe part., quest. 2395 *sexies*. Les présomptions d'interposition de personnes établies par les articles 911 et 1100 du Code civil, pour les donations faites à des incapables ou qui dépassent le taux spécial de la quotité disponible entre époux, sont de droit étroit et ne s'appliquent pas dans l'espèce : l'interposition doit toujours être prouvée (Aubry et Rau, *op. cit.*, t. IV, p. 349; Troplong, *De la vente*, t. I, n° 193; Duvergier, *De la vente*, t. I, n° 193; Bioche, *op., v° et loc. cit.;* Chauveau, sur Carré, *op. et loc. cit.;* Boitard, Colmet-Daage et Glasson, *op. cit.*, t. II, n° 956; Rodière, *op. cit.*, t. II, p. 288; Persil, *op. cit.*, n° 270; Bordeaux, 21 févr. 1829, D. A. v° *Surenchère*, n° 314; Paris, 10 juin 1850, D. P. 52. 2. 116; *contrà*, Toulouse, 16 mars 1833, D. A. v° *Vente*, n° 452).

§ **686**. [1] Voy., sur l'incapacité de ces personnes, Pigeau, *op. cit.*, t. II, p. 152; Bioche, *op. et v° cit.*, n° 499; Rodière, *op. cit.*, t. II, p. 289.

séparée de biens qui a conservé ou recouvré la libre administration de ses biens[2] peut faire emploi de ses capitaux et, par conséquent, se porter adjudicataire [3]; mais, avec la jurisprudence qui ne lui permet de s'obliger, même pour acquérir, que pour les besoins et dans les limites d'une sage administration [4], l'avoué fera bien de n'enchérir pour elle que si elle justifie de l'autorisation de son mari ou de justice[5]. Le mineur émancipé qui a également la libre administration de ses biens[6] peut aussi — je le crois du moins — enchérir sans l'assistance de son curateur[7], mais c'est encore un point controversé[8] et l'avoué fera mieux d'exiger cette garantie[9].

Sont incapables d'acheter l'immeuble saisi et, par conséquent, de s'en porter adjudicataires[10] : 1° le tuteur, lorsqu'il s'agit des biens de son pupille; 2° le mandataire, lorsqu'il s'a-

2 Conservé en cas de séparation de biens conventionnelle, recouvré en cas de séparation de biens judiciaire (C. civ., art. 1449 et 1536; voy., sur la capacité de la femme séparée de biens, t. I, § **122**).

3 Demolombe, *op. cit.*, t. IV, nos 154 et 157. Aubry et Rau, *op. cit.*, t. V, p. 404.

4 Voy., sur cette jurisprudence, Dalloz et Vergé, *Code civil annoté*, art. 1449, nos 40 et suiv.

5 Voy., sur la responsabilité de l'avoué qui a enchéri pour un incapable, *infrà*, § **691**.

6 C. civ., art. 484. Voy., sur sa capacité, t. I, § **122**.

7 Aubry et Rau, *op. cit.*, t. I, p. 549. Marcadé, *op. cit.*, t. II, n° 296. Toulouse, 24 janv. 1825 (D. A. v° *Obligations*, n° 2924). Colmar, 31 janv. 1826; req. 15 déc. 1832 (D. A. v° *Minorité*, n° 809). *Contrà*, Troplong, *De la vente*, t. I, n° 167; Toulouse, 14 déc. 1813 (D. A. *v° et loc. cit.*); Rouen, 24 juin 1819 (D. A. *v° cit.*, n° 810).

8 Voy. la note précédente.

9 Voy., sur sa responsabilité si l'enchérisseur est déclaré incapable, *infrà*, § **691**.

10 On ne peut cependant pas dire que toutes les prohibitions d'acheter qui sont portées par le Code civil s'appliquent à l'adjudication sur saisie immobilière. Ainsi un époux peut, malgré l'article 1595 de ce Code qui interdit la vente entre époux, se porter adjudicataire des immeubles saisis sur son conjoint : ne pourrait-il pas, s'il était créancier de ce conjoint, saisir lui-même ces immeubles et se les faire adjuger, et n'est-ce pas pour éviter cette extrémité que le même article 1595 lui permet de les recevoir à titre de dation en paiement? Il doit pouvoir, par la même raison, s'en rendre adjudicataire lorsqu'ils sont saisis par un tiers. D'ailleurs, aucun des motifs de l'article 1595 ne convient à l'espèce. Il a craint : 1° que la vente entre époux ne déguisât une donation irrévocable et, par conséquent, contraire au principe de l'article 1096 du Code civil, ou supérieure à la quotité disponible fixée par les articles 1094 et 1098 du même Code; 2° que les époux ne parvînssent, par une vente simulée, à soustraire les immeubles de l'un d'eux aux poursuites de ses créanciers (Portalis, *Exposé des motifs du titre* De la vente, Faure, *Rapport au Corps législatif,* Grenier, *Discours au Tribunat;* dans Locré, *op. cit.*, t. XIV, p. 148, 194 et 240); or, on n'imagine pas aisément qu'une donation déguisée se cache sous le couvert d'une vente judiciaire ou que l'immeuble saisi soit adjugé à l'époux adjudicataire pour un prix inférieur à sa valeur vénale, et les autres créanciers de l'époux saisi, au moins ceux qui ont un privilège ou une hypothèque, n'ont rien à craindre d'une poursuite à laquelle ils sont liés (Voy. *suprà*, § **671**) et qu'ils sont, par

git de ceux qu'il est chargé de vendre. Cette prohibition n'est pas écrite au Code de procédure, mais elle résulte formellement du texte et des motifs de l'article 1596 du Code civil[11] : 1° du texte qui déclare incapables de se rendre adjudicataires, sous peine de nullité, « par eux-mêmes ou par personnes « interposées, les tuteurs, des biens de ceux dont ils ont la « tutelle, les administrateurs, des biens qu'ils sont chargés « de vendre[12]; » 2° des motifs de l'article, car cette adjudication présenterait le même danger qu'une acquisition à l'amiable, celui de placer les personnes dont il s'agit entre le devoir qui leur commande de faire monter aussi haut que possible le prix de l'immeuble, et l'intérêt qui les pousse à l'acheter au plus bas prix[13]. Cette incapacité pèse sur tous les tuteurs, tuteurs ordinaires, cotuteurs, protuteurs et tuteurs

suite, à même de surveiller (Chauveau, sur Carré, *op. et loc. cit.;* Boitard, Colmet-Daage et Glasson, *op. cit.*, t. II, n° 956; Aix, 27 avr. 1809, Besançon, 12 mars 1811, D. A. v° *Vente publique d'immeubles*, n° 1635; Grenoble, 24 févr. 1855, D. P. 60. 5. 341; req. 15 avr. 1873, D. P. 73. 1. 424). Ce principe souffre naturellement exception en cas de collusion dûment établie entre les deux conjoints (Agen, 9 janv. 1811; D. A. v° *cit.*, n° 1634); mais *quid,* si une femme commune en biens se porte adjudicataire d'un immeuble propre à son mari et saisi sur lui? L'arrêt précité de la chambre des requêtes, du 15 avril 1873, décide que cette adjudication n'est pas valable, attendu que l'immeuble acquis à titre onéreux pendant la communauté doit tomber dans cette communauté (C. civ., art. 1401-3°), que l'administration de cette même communauté n'appartient qu'au mari (C. civ., art. 1421), que la femme a, par conséquent, agi comme mandataire de ce dernier (Comp. C. civ., art. 1420), et qu'étant incapable de se porter lui-même adjudicataire (Art. 711; voy. *infrà,* même §) il ne peut pas non plus le faire par mandataire. Enfin, le troisième alinéa de l'article 1596 du Code civil ne s'applique pas à la saisie immobilière : cette voie d'exécution n'étant point praticable contre l'État, les communes et les établissements publics (Voy. t. III, § **540**), il ne peut être question pour les administrateurs de se rendre adjudicataires « des biens des communes ou des établissements publics con- « fiés à leurs soins. »

[11] Elle est également contenue, en ce qui concerne le tuteur, dans l'article 450 du Code civil : « Il ne peut ni acheter les biens du mineur... » J'entends par-là l'interdit aussi bien que le mineur, puisque toutes les règles de la tutelle des mineurs s'appliquent, en principe, à celle des interdits (C. civ., art. 509).

[12] L'article 711 (Voy. *infrà,* même §) ne reproduit pas cette prohibition, mais peu importe : il ajoute à l'article 1596 du Code civil et n'en retranche rien.

[13] Voy., sur les motifs de l'article 1596 du Code civil, Faure, *Rapport au Tribunat* (dans Locré, *op. cit.*, t. XIV, p. 195), et, dans le sens de l'application de cet article à l'adjudication sur saisie immobilière, Demolombe, *op. cit.*, t. VII, n° 752; Aubry et Rau, *op. cit.*, t. IV, p. 347; Carré, *op. cit.*, t. V, IIe part., quest. 2395; Chauveau, sur Carré, *op. et loc. cit.;* Boitard, Colmet-Daage et Glasson, *op. cit.*, t. II, n° 958; Rodière, *op. cit.*, t. II, p. 288; Paris, 28 janv. 1826 (D. A. v° *Vente*, n° 448). On a invoqué, en sens contraire (Bioche, *op. et v° cit.*, n° 491; Thomine-Desmazures, *op. cit.*, t. II, p. 258; Persil, *op. cit.*, n° 267; Colmar, 16 févr. 1808, D. A. v° *Minorité,* n° 565), le droit romain et l'ancien droit français où le tuteur, incapable d'acheter à l'amiable les immeubles du pupille, pouvait s'en rendre adjudicataire quand la vente était poursuivie par les créanciers (Dig., L. 5, §§ 4 et 5, *De auct.*

officieux [14], mais elle n'atteint ni le père investi de l'administration légale qui n'est pas une tutelle [15], ni le subrogé-tuteur qui n'est pas non plus un tuteur et qui peut prendre part à l'adjudication comme adjudicataire puisque sa présence comme subrogé-tuteur n'y est pas requise à peine de nullité [16]; ni le curateur du mineur émancipé ou le conseil judiciaire du prodigue ou du faible d'esprit, car ces personnes ne sont pas des tuteurs et les incapacités ne s'étendent pas par analogie [17]; ni, enfin, le tuteur qui se trouve en même temps créancier du saisi : qu'il ait ou non poursuivi la saisie, il a le droit de se faire adjuger l'immeuble, car, les incapacités portées par l'article 711 cessant dans cette hypothèse — je m'expliquerai sur ce point au § suivant — celle-ci ne doit pas non plus s'y appliquer [18]. Il faut seulement que le u teur qui veut prendre personnellement part à l'adjudica-

et cons. tut. vel cur., XXVI, VIII; Code, L. 5, *De contr. empt.*, IV, XXXVIII; Meslé, *Des minorités, tutelles et curatelles*, Ire part., ch. IX, no 3, éd. Paris, 1752, p. 229); mais ces arguments purement historiques ne peuvent prévaloir contre le texte et les motifs de l'article 1596. Quant aux travaux préparatoires de la loi du 2 juin 1841, ils fournissent des armes aux deux opinions, car MM. Persil et Pascalis ont dit dans leurs rapports : le premier, que l'article 1596 est étranger à l'adjudication sur saisie immobilière, le second, qu'il s'y applique entièrement (Voy. Persil, *Premier rapport à la Chambre des pairs*, D. A. vo *Vente publique d'immeubles*, p. 568, no 39; Pascalis, *Premier rapport à la Chambre des députés*, D. A. vo *cit.*, p. 577, no 124).

14 Aubry et Rau, *op. et loc. cit.* Duvergier, *op. cit.*, t. I, no 188. Pau, 28 févr. 1826 (D. A. vo *Vente, loc. cit.*). Aix, 27 janv. 1870 (D. P. 72. 2. 53).

15 Aubry et Rau, *op. cit.*, t. I, p. 508. Bordeaux, 3 janv. 1849 (D. P. 52. 5. 550). *Contrà*, Demolombe, *op. cit.*, t. VI, no 441. Voy., sur l'administration légale, Aubry, *De l'administration légale du père pendant le mariage* (dans la *Revue de droit français et étranger*, t. XI, 1844, p. 681 et suiv.).

16 L'article 962 prescrit d'appeler le subrogé-tuteur à la vente de l'immeuble du pupille, mais il ajoute qu'il y est procédé « tant en son absence qu'en sa présence » (c'est-à-dire que sa présence n'y est pas requise à peine de nullité; voy., sur ce point, le tome V de ce Traité). Voy., en faveur de la solution indiquée au texte, Delvincourt, *op. cit.*, t. III, p. 356; Duranton, *op. cit.*, t. XVI, no 134; Aubry et Rau, *op. cit.*, t. IV, p. 348; Troplong, *op. cit.*, t. I, no 187; Duvergier, *op. et loc. cit.*; Riom, 4 avr. 1829 (D. A. vo *cit.*, no 445); civ. cass. 21 déc. 1852 (D. P. 52. 1. 314); Agen, 13 juin 1853 (D. P. 53. 2. 183); Grenoble, 4 janv. 1854 (D. P. 56. 2. 238); et, en sens contraire, Demolombe, *op. cit.*, t. VII, no 375; Lyon, 7 déc. 1821 (D. A. vo *Obligations*, no 5033); Riom, 25 févr. 1843 (D. A. vo *Vente*, no 446); Toulouse, 17 mai 1850 (D. P. 52. 2. 62).

17 Duranton, *op. cit.*, t. XVI, nos 135 et 136. Aubry et Rau, *op. et loc. cit.* Duvergier, *op. cit.* t. I, no 188. *Contrà*, Riom, 25 févr. 1843 (D. A. vo *et loc. cit.*); Toulouse, 17 mai 1850 (D. P. 52. 2. 62).

18 Demolombe, *op. cit.*, t. VII, no 753. Aubry et Rau, *op. cit.*, t. IV, p. 347. Carré, *op. et loc. cit.* Chauveau, sur Carré, *op. et loc. cit.* Toulouse, 4 févr. 1825 (D. A. vo *Minorité*, no 565).

tion ait soin d'y faire représenter le saisi par le subrogé-tuteur[19].

Une question plus délicate est celle de savoir comment doit s'entendre, en cas de saisie immobilière, la disposition de l'article 1596 du Code civil qui défend aux mandataires de se rendre adjudicataires des biens qu'ils sont chargés de vendre. 1° S'agit-il des mandataires du saisi ou de ceux des créanciers? Ce n'est pas le saisi qui vend, mais ce sont plutôt ses créanciers qui poursuivent vente comme on le verra à propos de la garantie due à l'adjudicataire[20]; ce ne sont donc pas ses mandataires mais les leurs qui sont incapables d'enchérir[21], et le droit de le faire appartient, par conséquent, au mandataire général que le saisi a chargé d'administrer ses biens et de défendre aux actions intentées contre lui, au mandataire spécial qu'il a commis pour défendre à la saisie[22], et à l'avoué qu'il a constitué dans cette procédure[23]. 2° A quels mandataires des créanciers s'applique l'incapacité d'enchérir? C'est à l'esprit de la loi qu'il faut s'attacher ici et non pas à la lettre de l'article 1596 du Code civil, car l'expression « mandataires chargés de vendre » ne convient pas absolument à la saisie immobilière où nul n'est chargé de vendre et où il existe simplement des personnes chargées de poursuivre la vente[24] : ce sont celles-là qu'il faut déclarer incapables d'enchérir pour ne pas les mettre dans une situation où

[19] Dans ce cas seulement, sa présence est requise à peine de nullité (Voy., en ce sens, les autorités citées *suprà*, note 16).

[20] Voy. *infrà*, § **706**.

[21] On peut, d'ailleurs, invoquer, en ce sens, la disposition de l'article 711 (Voy. *infrà*, § **688**) qui écarte de l'adjudication l'avoué du poursuivant, mandataire des créanciers ou du moins de celui d'entre eux qui agit au nom de tous (Bioche, *op. et* v° *cit.*, n°s 492 et 493; Pigeau, *op. cit.*, t. II, p. 150).

[22] Bioche, *op. et* v° *cit.*, n° 492. Il ne s'agit pas là d'un mandataire chargé de se rendre adjudicataire pour le compte du saisi et qui jouerait ainsi le rôle de personne interposée, mais d'une personne qui, munie d'une procuration générale et spéciale que le saisi lui a donnée pour s'occuper de l'ensemble de ses affaires ou de l'affaire actuellement pendante, se fait adjuger l'immeuble pour son propre compte. Il n'y a donc pas de contradiction entre ce que je viens de dire et ce que j'ai dit au § précédent.

[23] Bioche, *op. et* v° *cit.*, n° 493. Voy. cep. un arrêt de la chambre des requêtes, du 2 mars 1815 (D. A. v° *Vente*, n° 452), d'après lequel l'avoué du saisi peut se porter adjudicataire lorsqu'il a cédé son office et cessé ses fonctions avant l'adjudication: faut-il en conclure, *à contrario*, qu'il ne le peut pas lorsqu'il est encore en charge?

[24] Cette partie de l'article 1596 ne convient littéralement qu'aux adjudications qui ne se font pas sur saisie, ventes de biens de mineurs, licitations, etc...

leur intérêt serait contraire à leur devoir[25], et c'est pour cela que la loi du 2 juin 1841, tranchant la controverse qui s'élevait jusqu'alors, a formellement défendu à l'avoué du poursuivant de se rendre personnellement adjudicataire[26]. La même question se pose encore pour l'huissier qui a signifié des actes de procédure à la requête du poursuivant, et pour les syndics de la faillite du saisi qui poursuivent la vente de ses immeubles pour le compte de ses créanciers. L'huissier n'est certainement pas chargé de poursuivre la vente, rien ne l'empêche de faire prononcer l'adjudication à son profit[27], et il est très généralement admis qu'il en est de même des syndics[28]. On dit, en ce sens, que, n'étant pas chargés de vendre, ils ne rentrent pas dans les termes de l'article 1596; on invoque, en outre, la discussion de la loi du 28 mai 1838 sur la faillite à la Chambre des pairs : « Il a paru inutile à « votre commission, a dit M. Tripier, rapporteur, d'exprimer « particulièrement la capacité des syndics à l'effet de se porter adjudicataires; on ne peut, ni d'après la lettre ni d'après « l'esprit de la loi, leur opposer l'article 1596 du Code ci- « vil[29]. » Ces deux arguments ne portent cependant pas : 1° l'article 1596 ne vise et ne peut viser, en matière de saisie immobilière, que les personnes chargées de poursuivre la vente, et telle est assurément la mission des syndics[30]; 2° on

25 Voy., sur les motifs de l'article 1596, *suprà*, même §.

26 Voy. *infrà*, § **688**. Suivant l'opinion générale, l'avoué qui poursuivait au nom du tuteur la vente des biens d'un mineur (Voy., sur cette procédure, le tome V de ce Traité) était un véritable mandataire et ne pouvait, par conséquent, se faire adjuger ces biens (Marcadé, *op. cit.*, t. VI, sur l'art. 1596, n° 2; Troplong, *op. cit.*, t. I, n° 188; Duvergier, *op. cit.*, t. I, n° 188; civ. cass. 2 août 1813, Rouen, 6 mai 1815, Paris, 27 août 1831, Toulouse, 16 mars 1833, D. A. v° *cit.*, n° 452), mais il en était autrement de l'avoué qui poursuivait la saisie immobilière. Le créancier qu'il représente n'a pas, disait-on, mandat de vendre et, par conséquent, n'a pu transmettre ce mandat à son avoué (Marcadé, *op. et loc. cit.;* Duvergier, *op. et loc. cit.;* req. 4 déc. 1817, Poitiers, 10 mars 1833, D. A. v° *cit.*, n° 452; *contrà*, Troplong, *op. et loc. cit.*).

27 Bordeaux, 8 janv. 1833 (D. A. v° *cit.*, n° 454).

28 Voy., en ce sens, Bioche, *op. et v° cit.*, n° 494; Bourges, 1er juin 1813 (D. A. v° *Faillite*, n° 1164); civ. rej. 23 mars 1836 (D. A. v° *cit.*, n° 1159); Orléans, 16 nov. 1842 (D. A. v° *cit.*, n° 1164).

29 Séance du 5 avril 1838 (*Moniteur* du 6, p. 811).

30 « S'il n'y a pas de poursuite en expropriation des immeubles commencée avant « l'époque de l'union, les syndics seuls seront admis à poursuivre la vente, ils seront « tenus d'y procéder, etc... » (C. comm., art. 572; voy., sur ce point, Boistel, *op. cit.*, n° 1077; Lyon-Caen et Renault, *op. cit.*, t. II, n° 2952).

conçoit que M. Tripier les tînt pour capables d'enchérir en 1838, alors que l'opinion dominante regardait l'avoué même du poursuivant comme capable de le faire [31]; mais, depuis que la loi du 2 juin 1841 a formellement édicté l'incapacité de ce dernier [32], comment ne pas l'étendre aux syndics chargés comme lui de poursuivre la vente? Ces arguments écartés, il reste — et cela suffit pour condamner la prétention des syndics — l'esprit de la loi qui ne permet pas d'admettre à l'adjudication des personnes qui, ayant mission de liquider l'actif du failli dans les conditions les plus favorables pour ses créanciers, pourraient être tentées d'éloigner les amateurs pour acheter elles-mêmes à meilleur compte [33].

§ **687**. *b*. Les membres du tribunal ne peuvent devenir cessionnaires des droits litigieux qui y sont pendants (C. civ., art. 1597) [1]; ils ne peuvent pas non plus se porter enchérisseurs dans les ventes qui se font devant lui (Art. 711). Cette dernière prohibition — moins absolue, comme on le verra, que la précédente — repose sur le même motif : la crainte que les magistrats n'abusent ou ne soient soupçonnés d'abuser de leur influence pour écarter la concurrence et acheter eux-mêmes à plus bas prix [2]. On doit entendre ici par membres du tribunal non-seulement les juges titulaires et suppléants, mais encore les membres du ministère public qui sont soumis aux mêmes devoirs et frappés des mêmes incapacités professionnelles [3], les greffiers qui cumulent le caractère de magistrats

[31] Voy. *suprà*, note 26.
[32] Voy. *suprà*, notes 20 et 26, et *infrà*, même §.
[33] Voy., sur cette considération, *suprà*, même §.

§ **687**. [1] L'ancien texte (Art. 713) étendait cette incapacité aux membres de la cour d'appel dans le ressort de laquelle se trouve le tribunal compétent pour connaître de la saisie. On a trouvé avec raison en 1841 que ces magistrats sont « trop éloignés des juridictions inférieures pour exercer l'influence qu'on a voulu atteindre » (Persil, *Premier rapport à la Chambre des pairs;* D. A. v° *Vente publique d'immeubles*, p. 568, n° 39), et l'on a restreint la prohibition aux membres du tribunal.

[2] Voy., sur l'article 1597 du Code civil, t. I, § **55**, et, sur l'origine et les motifs de cet article, les *Observations du Tribunat;* Portalis, *Exposé des motifs du titre* De la vente; Faure, *Rapport au Tribunat;* Grenier, *Discours au Corps législatif* (dans Locré, *op. cit.*, t. XIV, pages 127, 149, 195 et 239); Troplong, *op. cit.*, t. I, n°s 195 et suiv.

[3] Persil, *Premier rapport à la Chambre des pairs* (D. A. *v° et loc. cit.*). L'ancien texte les visait expressément (Art. 713), et le nouveau ne les passe sous silence que

et celui d'officiers ministériels[4], et même, suivant l'opinion commune, les commis-greffiers assermentés qui sont astreints aux mêmes obligations et à la même discipline que le greffier qui les emploie[5]. L'incapacité de ces personnes se restreint cependant au cas où le saisi dont l'immeuble est mis en vente n'est pas leur débiteur, et elles ont le droit de prendre part à l'adjudication lorsqu'elles ont contre lui une créance hypothécaire ou même chirographaire : elles auraient pu poursuivre la saisie et, faute d'enchérisseur, rester elles-mêmes adjudicataires pour la mise à prix ; pourquoi ne pourraient-elles pas se porter enchérisseurs sur la poursuite d'un autre créancier[6]? On objecte[7] que les magistrats ne peuvent jamais se faire céder les droits en litige devant le tribunal auquel ils appartiennent, que cette cession est nulle alors même qu'un simple particulier pourrait l'accepter sans s'exposer au retrait par application de l'article 1701 du Code civil[8], et que par suite, un magistrat ne peut se faire céder un droit en litige devant le tribunal dont il est membre, fût-il déjà propriétaire d'une partie de ce droit, possesseur de l'immeuble dont la propriété est litigieuse, ou créancier de la somme en paiement de laquelle cette cession lui est faite[9]. L'objection ne porte pas, car la situation n'est pas la même. Le ces-

pour abréger et parce qu'ils sont virtuellement compris dans l'expression « les membres du tribunal. » Voy., sur le caractère des membres du ministère public, leurs obligations et leurs incapacités, t. I, § **77**.

4 Même obs. Voy., en ce sens, Bioche, *op. et v° cit.*, n° 487 ; Chauveau, sur Carré, *op. cit.*, t. V, II° part., quest. 2395 *quater ;* Boitard, Colmet-Daage et Glasson, *op. cit.*, t. II, n° 955 ; Rodière, *op. cit.*, t. II, p. 287 ; et, sur le double caractère des greffiers, t. I, § **90**.

5 Bioche, *op., v° et loc. cit.* Chauveau, sur Carré, *op. et loc. cit.* Persil, *op. cit.*, n° 268. *Contrà*, Rodière, *op. et loc. cit.* Voy., sur le caractère des commis-greffiers, t. I, § **91**.

6 M. Pascalis l'a affirmé, sans être contredit, à la Chambre des députés (Séance du 14 janvier 1841 ; *Moniteur* du 15, p. 109). Voy., en ce sens, Troplong, *op. cit.*, t. I, n° 190 ; Bioche, *op. et v° cit.*, n° 488 ; Chauveau, sur Carré, *op. cit.*, t. V, II° part., quest. 2395 *bis ;* Boitard, Colmet-Daage et Glasson, *op. et loc. cit.* ; Montpellier, 17 août 1818, Grenoble, 19 avr. 1823, Montpellier, 23 août 1835 (D. A. *v° cit.*, n° 1629).

7 Thomine-Desmazures, *op. cit.*, t. II, p. 257. Persil, *op. cit.*, n° 266.

8 Voy., sur l'article 1701 du Code civil, Duranton, *op. cit.*, t. XVI, n°s 538 et suiv. ; Aubry et Rau, *op. cit.*, t. IV, p. 458 ; Colmet de Santerre, *op. cit.*, t. VII, n°s 148 *bis*-I et suiv. ; Troplong, *op. cit.*, t. II, n°s 390 et suiv. ; Duvergier, *op. cit.*, t. II, n°s 104 et suiv. ; Albert Desjardins, *op. cit.*, n°s 85 et suiv.

9 C'est l'opinion commune, malgré l'affirmation contraire de Grenier (*Discours au Corps législatif ;* dans Locré, *op. cit.*, t. XIV, p. 255). Voy., en ce sens, Duranton, *op. cit.*, t. XVI, n°s 142 et 538 ; Aubry et Rau, *op. cit.*, t. IV, p. 454 ; Albert Desjardins, *Du retrait litigieux* (Paris, 1871), n° 10 ; Nîmes, 25 mai 1840, Rouen, 1er juill. 1852 (D. P. 52. 2. 263).

sionnaire obtient un droit nouveau dans les trois cas prévus par l'article 1701, et les magistrats, tenus à plus de réserve que les simples particuliers, ne peuvent en aucune circonstance aggraver la situation d'un plaideur en acquérant contre lui un droit litigieux dans la poursuite duquel ils pourraient être tentés d'abuser de leur influence[10]. Au contraire, ils n'exercent, dans l'espèce, que leurs droits préexistants de créanciers privilégiés, hypothécaires ou chirographaires; or, à moins de les mettre hors la loi, on ne peut les empêcher d'être créanciers et de poursuivre, lorsqu'ils le sont, le recouvrement de leurs créances. Tout ce qu'il faut, c'est qu'ils s'abstiennent, les juges de siéger, le procureur de la République et ses substituts de monter à l'audience, le greffier et ses commis-greffiers de tenir la plume lors du jugement d'adjudication et même, lorsqu'ils sont poursuivants ou liés à la poursuite comme créanciers inscrits ou dispensés d'inscription, à toutes les audiences où l'affaire sera appelée pour le jugement d'un incident, pour la lecture du cahier des charges ou pour le jugement des dires et observations auxquels il a donné lieu[11]. Ce qui prouve, au surplus, que la prohibition de l'article 711 n'a pas la même étendue que celle de l'article 1597 du Code civil, c'est que ce dernier vise, outre les membres du tribunal, les avocats, les avoués, les huissiers et les notaires exerçant auprès de lui ou dans son ressort[12], au lieu que l'article 711 ne vise que les membres du tribunal et l'avoué poursuivant[13].

§ **688**. *c*. Les avoués ne peuvent — je viens de le dire — se rendre cessionnaires de droits en litige devant le tribunal où ils occupent, mais ils peuvent se porter enchérisseurs dans les ventes d'immeubles qui se font par-devant lui : par exception, l'avoué poursuivant ne peut être adjudicataire de l'immeuble qu'il fait vendre (Art. 711). « On peut dire que ce

[10] Voy., sur ce point, les autorités citées à la note précédente.

[11] Boitard, Colmet-Daage et Glasson, *op. et loc. cit.*

[12] Voy., sur l'application de cette partie de l'article 1597 du Code civil, t. I, §§ **94, 95** et **103.**

[13] « Au-delà de cette courte nomenclature qui s'explique d'elle-même, tous les « autres citoyens peuvent prendre part aux enchères » (Persil, *Premier rapport à la Chambre des pairs;* D. A. *v° cit.*, p. 568, n° 39).

« n'est là qu'une application de l'article 1596 du Code civil, « qui défend aux mandataires de rapporter l'adjudication « des biens qu'ils sont chargés de vendre[1]. L'avoué fait la « procédure et dresse le cahier des charges, c'est-à-dire des « conditions de la vente; lui permettre d'enchérir en son « nom, ne serait-ce pas, quand il aurait d'avance cette inten- « tion, le placer dans une position difficile, c'est-à-dire entre « son devoir comme mandataire de son client et son intérêt « personnel[2]? »

§ **689**. *d.* L'insolvabilité de l'adjudicataire est une menace pour la solidité de l'adjudication et un danger pour les créanciers. Si l'adjudicataire ne remplit pas ses engagements, ils ne pourront revendre l'immeuble à sa folle enchère qu'à l'expiration des délais auxquels il a droit pour s'acquitter; ils subiront donc les conséquences des actes de mauvaise administration qu'il aura pu faire pendant que l'immeuble était en sa possession, ne trouveront peut-être pas à la seconde adjudication un aussi bon prix qu'à la première, et n'auront contre le fol enchérisseur, s'il est complètement insolvable, qu'un recours illusoire en dommages-intérêts : tous ces points seront expliqués au § **749**. On peut parer à ce danger dans le cahier des charges en imposant à l'enchérisseur l'obligation de justifier préalablement qu'il est solvable et même de donner caution[1], mais *quid* dans le silence du cahier des charges? Deux hypothèses doivent être distinguées.

1° Lorsqu'un enchérisseur est notoirement insolvable[2], c'est-à-dire qu'il est de notoriété publique au lieu de son domi-

§ **688.** [1] Voy., sur le lien qui existe entre l'article 1596 du Code civil et cette partie de l'article 711, *suprà*, même §.

[2] Pascalis, *Premier rapport à la Chambre des députés* (D. A. v° *cit.*, p. 577, n° 124).

§ **689.** [1] Voy. *suprà*, § **669**.

[2] Les juges du fait ont un pouvoir discrétionnaire pour apprécier non-seulement si l'enchérisseur est insolvable, mais encore si son insolvabilité est notoire (Carré, *op. cit.*, t. V, IIe part., quest. 2396; Chauveau, sur Carré, *op. et loc. cit.;* Boitard, Colmet-Daage et Glasson, *op. cit.*, t. II, n° 957; Rodière, *op. cit.*, t. II, p. 287; req. 11 mars 1823, D. A. *v° cit.*, n° 1712; civ. rej. 12 janv. 1847, D. P. 47. 1. 102; req. 14 janv. 1856, D. P. 56. 1. 82; Aix, 10 nov. 1870, D. P. 77. 5. 420). Leur décision sur ce point échappe donc à la censure de la cour de cassation, mais ils doivent, pour la solution de cette question de fait, se conformer aux indications qui leur sont données par les arrêts cités aux notes suivantes.

cile[3] qu'il est hors d'état[4] de payer[5] avec ses biens disponibles[6] le montant de la mise à prix[7], l'article 711 le déclare incapable de prendre part à l'adjudication en défendant à l'avoué d'enchérir pour lui[8]. Cela signifie : 1) que l'avoué

[3] Le centre des affaires de l'enchérisseur est au lieu de son domicile; s'il y a lieu de faire une enquête sur son crédit et sur sa réputation, c'est là qu'il faut y procéder : on le tiendra donc pour incapable s'il a, à cet endroit, une réputation bien établie d'insolvabilité, n'eût-elle pas pénétré jusqu'au lieu où se fait l'adjudication et y passât-il pour un homme parfaitement solvable (Req. 30 déc. 1850, D. P. 51. 1. 94; Bordeaux, 29 avr. 1853, D. P. 53. 2. 219; Montpellier, 18 déc. 1854, D. P. 56. 2. 160; req. 14 janv. 1856, D. P. 56. 1. 82).

[4] Le failli non réhabilité et le débiteur admis au bénéfice de cession de biens (Voy., sur la cession de biens, *infrà*, § **875**) sont, par ce seul fait, réputés notoirement insolvables (Carré, *op. et loc. cit.;* Chauveau, sur Carré, *op. et loc. cit.*). Si plusieurs personnes se portent solidairement adjudicataires, la solvabilité des unes couvre l'insolvabilité même notoire des autres (Bruxelles, 15 avr. 1809, D. A. *v° cit.*, n° 298; req. 15 mai 1855, D. P. 55. 1. 242).

[5] Les personnes notoirement insolvables, au sens de l'article 717, sont celles qui ne possèdent ni meubles ni immeubles (Rennes, 29 juin 1814; D. A. v° *Surenchère*, n° 313), mais on ne peut regarder comme notoirement insolvable une personne qui, ne possédant pas d'immeubles, offrirait d'autres gages de solvabilité (Bordeaux, 21 févr. 1829; D. A. *v° cit.*, n° 314).

[6] La femme dotale sera réputée notoirement insolvable, s'il est à la connaissance de tous que sa fortune consiste uniquement dans des immeubles dotaux qu'elle ne peut aliéner et que le créancier poursuivant ne peut saisir pour le paiement du prix d'adjudication (Lyon, 27 août 1813, D. A. *v° cit.*, n° 319; *contrà*, Bordeaux, 23 juin 1843, D. A. *v° et loc. cit.;* Grenoble, 12 juin 1860, D. P. 61. 5. 524).

[7] Voy., sur l'appréciation de cet élément de l'insolvabilité de l'enchérisseur, req. 30 déc. 1850 (D. P. 51. 1. 94).

[8] *Quid,* s'il offre de fournir caution et si cette caution répond du paiement du prix d'adjudication et des frais? On décide quand même qu'il ne peut se porter enchérisseur, attendu que la loi n'oblige à fournir caution que les personnes qui surenchérissent du dixième en cas d'aliénation volontaire (Bioche, *op. cit.*, v° *Surenchère*, n° 260; Carré, *op. et loc. cit.;* Chauveau, sur Carré, *op. et loc. cit.;* civ. rej. 31 mars 1819, D. A. v° *Surenchère*, n° 308; civ. rej. 28 août 1850, D. P. 50. 1. 272). Cette rigueur est exagérée, car l'insolvabilité, même notoire de l'adjudicataire, est sans danger du moment qu'elle est couverte par une caution solvable, et l'argument tiré de la surenchère sur aliénation volontaire ne porte pas, car, de ce que la loi a dit que cette surenchère ne serait admise que moyennant caution, il ne résulte pas qu'une autre enchère ne puisse pas l'être avec cette garantie : tout ce qu'on peut conclure du silence que la loi garde, dans l'espèce, relativement à la caution, c'est qu'on n'a pas le droit d'exiger de l'enchérisseur qu'il fournisse caution. Une partie ne peut attaquer l'adjudication prononcée au profit d'une personne notoirement insolvable, lorsque c'est d'après ses propres sollicitations que l'adjudicataire prétendu insolvable s'est présenté (Req. 30 mars 1814; D. A. v° *Vente publique d'immeubles*, n° 1648). Un autre arrêt (Civ. rej. 31 mars 1819; D. A. v° *Surenchère, loc. cit.*) n'a annulé l'adjudication prononcée au profit d'un enchérisseur notoirement insolvable qui avait fourni caution, que faute par lui de s'être conformé aux règles du Code de procédure sur la surenchère en matière d'aliénation volontaire. Voy., sur ces règles, le tome V de ce Traité. *Quid,* si l'enchérisseur qui passe pour insolvable consigne au greffe une somme suffisante pour couvrir le prix d'adjudication avec les frais? Il n'y a plus de raison pour l'écarter de l'enchère ou pour annuler l'adjudication si elle a déjà été prononcée, mais il en serait autrement si une personne notoirement insolvable surenchérissait en ne consignant que le montant de sa surenchère (Bioche, *op. et v° cit.*, n° 262; Rennes, 29 juin 1814, D. A. *v° cit.*, n° 314).

qu'il commet pour porter une enchère en son nom, et qui, comme on va le voir, en sera responsable, a le droit de s'y refuser en excipant de son insolvabilité notoire, à moins qu'il ne justifie qu'il ne mérite pas sa mauvaise réputation et qu'il est réellement solvable[9]; 2) que, si l'avoué déclare en portant l'enchère le client qui lui a donné mandat, le tribunal peut refuser de la recevoir à la demande des parties intéressées[10] attendu que ce client est notoirement insolvable[11]; 3) que, l'enchère reçue, l'enchérisseur déclaré adjudicataire et l'avoué l'ayant fait immédiatement connaître, le tribunal peut encore, à la demande des parties intéressées[12], annuler l'adjudication pour insolvabilité notoire de cet adjudicataire, ordonner séance tenante la réouverture des enchères, et procéder à une nouvelle adjudication[13]; 4) que, l'audience levée et l'adjudication définitivement prononcée, les parties intéressées peuvent en demander la nullité. Si cette demande est formée avant l'expiration des délais qu'a l'adjudicataire pour remplir ses engagements, elle aura sur la procédure de folle enchère l'avantage d'empêcher l'adjudicataire d'entrer en possession et de faire sur l'immeuble aucun acte d'administration; si elle est formée après ces délais contre un adjudicataire déjà mis en possession, je ne vois rien dans les conditions qu'elle exige et dans les effets qu'elle produit qui la distingue d'une poursuite en folle enchère[14].

2° Si l'insolvabilité d'un enchérisseur est simplement douteuse, c'est une hypothèse plus délicate et que l'article 711 n'a pas prévue, mais je crois que le tribunal peut, à la demande des parties intéressées[15], exiger de celui qui veut enchérir la preuve d'une solvabilité suffisante ou la consignation

[9] Le ministère des avoués est obligatoire et ils ne peuvent le refuser aux parties qui les chargent d'enchérir (Voy. le § suivant), mais cette règle n'est pas absolue, et un avoué ne peut être contraint d'engager sa responsabilité personnelle en se portant enchérisseur pour une personne dont l'insolvabilité est notoire.

[10] Mais non pas d'office, car l'ordre public n'est pas intéressé dans l'espèce. D'ailleurs, le tribunal n'a aucun moyen de savoir par lui-même si l'enchérisseur est notoirement solvable.

[11] Agen, 26 févr. 1806 (D. A. v° *Vente publique d'immeubles*, n° 142).

[12] Comp. *suprà*, note 10.

[13] Riom, 15 nov. 1815 (D. A. *v° cit.*, n° 1647).

[14] Voy., sur la folle enchère et les conséquences qu'elle entraîne, *infrà*, §§ 749 et suiv.

[15] Voy. *suprà*, notes 10 et 12.

au greffe d'une somme suffisante pour couvrir le montant des frais et du prix d'adjudication. Tout le monde y gagnera, car on évitera ainsi une adjudication qui ne serait peut-être pas sérieuse, et personne ne pourra se plaindre, car l'enchérisseur qu'on oblige à prouver sa solvabilité n'a aucun intérêt à devenir adjudicataire pour un prix qu'il ne pourrait payer. Dira-t-on que j'ajoute ainsi à l'article 711 qui n'exclut de l'enchère que les personnes notoirement insolvables? Je répondrai : 1) qu'il défend à l'avoué d'enchérir pour elles, mais qu'il ne défend pas au tribunal de prendre des précautions pour écarter des enchères qui ne seraient pas sérieuses; 2) qu'il y aura cette différence entre les personnes dont l'insolvabilité est notoire et celles dont la solvabilité est seulement suspecte, que l'adjudication est immédiatement annulable dans le premier cas, et ne peut être attaquée dans le second que par la voie de la folle enchère et après l'expiration des délais dans lesquels l'adjudicataire doit s'exécuter[16].

§ **690**. *e.* L'incapacité du saisi découle en partie de celle qui précède. Il est presque toujours insolvable et même notoirement, les poursuites pratiquées contre lui en font foi; s'il est par hasard solvable et se laisse cependant exécuter, c'est que ses autres biens sont insaisissables et rien ne prouve qu'il veuille les employer à payer le prix d'adjudication : cette adjudication demeurerait, par conséquent, sans résultat[1]. Cette incapacité ne concerne, d'ailleurs, que le saisi qui est personnellement débiteur; elle ne doit pas être étendue, à moins d'insolvabilité notoire, aux tiers détenteurs poursuivis en paiement de la dette d'autrui à laquelle leurs immeubles sont hypothéqués : on en voit de très solvables qui, ayant négligé de purger en temps utile, ne consentent cependant pas à payer toutes les dettes hypothécaires et n'offrent aux créanciers que leur prix d'achat dont ceux-ci ne veulent pas se

[16] Voy., en ce sens, Rouen, 30 mai 1823 (D. A. v° *Surenchère*, n° 316); req. 26 juill. 1836 (D. A. *v° cit.*, n° 318); Liège, 6 août 1838 (D. A. *v° cit.*, n° 316); et, en sens contraire, Rouen, 13 juill. 1818 (D. A. *v° cit.*, n° 317).

§ 690. [1] Voy., sur les motifs de l'incapacité du saisi, Pigeau, *op. cit.*, t. II, p. 148.

contenter[2]. Il est vrai que le mot *saisi* comprend le tiers détenteur aussi bien que le débiteur personnel[3], et que les articles 2167 et 2168 du Code civil déclarent tenu des dettes hypothécaires le tiers détenteur qui n'a pas purgé en temps utile[4], mais cette objection ne porte pas : l'acquéreur qui n'a pas purgé n'est tenu que « comme tiers détenteur » puisqu'il conserve le bénéfice de discussion et le droit de délaisser[5]. D'ailleurs, peu importent ici la rigueur des principes et le caractère juridique de l'obligation du tiers détenteur, car il n'y a qu'une chose à considérer lorsqu'il enchérit : est-il solvable ou ne l'est-il pas? Même solution pour l'héritier qui, n'ayant accepté que sous bénéfice d'inventaire la succession contre laquelle la saisie immobilière est pratiquée, désire très légitimement conserver les biens de famille que les créanciers du défunt veulent exproprier[6] : d'une part, il n'est tenu que *propter rem* au paiement des dettes héréditaires[7]; d'autre part, aucune présomption d'insolvabilité ne s'élève contre lui[8].

§ **691**. L'article 711 a pour sanction la nullité de l'adjudication et la responsabilité de l'adjudicataire incapable et de l'avoué qui a occupé pour lui.

[2] Bioche, *op. cit.*, v° *Saisie immobilière*, n° 490. Pigeau, *op. et loc. cit.* Boitard, Colmet-Daage et Glasson, *op. et loc. cit.* Rodière, *op. cit.*, t. II, p. 288. Voy., sur la situation du tiers détenteur, *suprà*, § **647**.

[3] Voy. notamment art. 677, 680, 681, 683, 686, etc.

[4] Carré, *op. cit.*, t. V, IIe part., quest. 2395 *ter*. Chauveau, sur Carré, *op. et loc. cit.* Bruxelles, 15 avr. 1809 (D. A. v° *Surenchère*, n° 298).

[5] Voy. *suprà*, § **647**.

[6] On ne peut même pas l'écarter de l'adjudication comme poursuivant, car de deux choses l'une : ou bien il poursuit l'expropriation en son propre nom, et alors il est pleinement capable d'enchérir, car l'article 711 ne prononce aucune interdiction contre le poursuivant; ou bien il poursuit l'expropriation forcée au nom des créanciers, et alors encore il est capable d'enchérir, car l'article 1596 du Code civil n'en déclare incapables que les mandataires chargés de vendre, et l'héritier bénéficiaire n'est chargé que de poursuivre la vente (Voy., sur cette hypothèse, Delvincourt, *op. cit.*, t. II, p. 302; Taulier, *Théorie raisonnée du Code civil* (Grenoble, 1840-1847), t. III, p. 263; Chauveau, sur Carré, *op. cit.*, t. V, IIe part., quest. 2395 *ter* et 2509; Pau, 2 août 1844, D. P. 46. 1. 134). Comp. *suprà*, § **686**.

[7] « L'effet du bénéfice d'inventaire est de donner à l'héritier l'avantage : 1° de « n'être tenu du paiement des dettes de la succession que jusqu'à concurrence de « la valeur des biens qu'il a recueillis, même de pouvoir se décharger du paiement « des dettes en abandonnant tous les biens de la succession aux créanciers et aux « légataires... » (C. civ., art. 802).

[8] Demolombe, *op. cit.*, t. XV, n° 191. Aubry et Rau, *op. cit.*, t. VI, p. 446. Rodière, *op. et loc. cit.* Championnière et Rigaud, *Des droits d'enregistrement*, t. II, n° 2019. Limoges, 5 déc. 1833; Caen, 23 août 1839 (D. A. v° *Vente*, n° 1631). Voy. aussi les autorités citées *suprà*, note 6.

a. La nullité de l'adjudication est d'intérêt purement privé et par conséquent relative[1]. L'adjudicataire est-il frappé d'incapacité par le droit commun, comme un mineur, un interdit ou une femme mariée non autorisée, il peut seul demander la nullité de l'adjudication conformément à l'article 1125 du Code civil : « Les personnes capables de s'engager « ne peuvent opposer l'incapacité du mineur, de l'interdit ou « de la femme mariée avec qui elles ont contracté[2]. » Est-il atteint d'une des incapacités spéciales qu'édicte l'article 711, la nullité de l'adjudication ne peut être demandée que par le poursuivant, les créanciers inscrits et le saisi, en supposant, bien entendu, qu'ils ne soient pas eux-mêmes adjudicataires, car le principe de la nullité relative les empêcherait d'attaquer l'adjudication prononcée à leur profit[3]. La seule hypothèse qui fasse difficulté est celle d'une adjudication prononcée en faveur des membres du tribunal devant lequel la saisie est poursuivie : les motifs sur lesquels cette nullité repose lui impriment nécessairement un caractère d'ordre public[4], et on serait tenté d'en tirer cette conséquence qu'elle est absolue et que l'adjudicataire lui-même peut la demander. La conclusion serait fausse, car, bien que d'ordre public, cette nullité est dirigée contre l'adjudicataire, et on irait contre l'esprit et le vœu de la loi en la prononçant à sa demande lorsqu'il n'a pas trouvé dans son acquisition tout le profit qu'il se flattait d'en retirer[5].

§ 691. [1] Persil, *Premier rapport à la Chambre des pairs* (D. A. v° *Vente publique d'immeubles*, p. 568, n° 39). Pascalis, *Séance de la Chambre des députés* du 14 janvier 1841 (*Moniteur* du 15, p. 109). Duvergier, *Collection des lois et décrets*, t. XLI, p. 260, note 5. Bioche, *op. et v° cit.*, n°s 504 et 505. Chauveau, sur Carré, *op. cit.*, t. V, IIe part., quest. 2395 *quinquies*. Boitard, Colmet-Daage et Glasson, *op. cit.*, t. II, n° 959.

[2] Aj. C. civ., art. 225. Voy., sur l'application de ce principe aux actions en justice, t. I, § **144**, et en matière de requête civile, le tome V de ce Traité.

[3] Voy., en ce sens, les autorités citées *suprà*, note 1.

[4] Voy. *suprà*, même §.

[5] Chauveau, sur Carré, *op. et loc. cit.* Boitard, Colmet-Daage et Glasson, *op. et loc. cit.* Civ. cass. 1er mars 1882 (D. P. 83. 1. 110). Orléans, 7 juill. 1883 (D. P. 83. 5. 397). Req. 8 nov. 1884 (D. P. 85. 1. 110). *Contrà*, Caen, 4 janv. 1848 (D. P. 48. 2. 140). Cette nullité, fût-elle d'ordre public, ne pourrait être demandée que pendant dix ans (Aubry et Rau, *op. cit.*, t. IV, p. 272), mais les deux arrêts précités de 1882 et 1883 ne font courir ce délai qu'à partir du jour où l'interposition de personnes a été connue : c'est pourtant un principe constant qu'à part les cas de dol, de violence et d'incapacité, la prescription de l'article 1304 du Code civil a pour point de départ le jour même où l'acte nul a été passé (Aubry et Rau, *op. cit.*, t. IV, p. 278), et, si ce principe n'était pas applicable dans l'espèce, cette prescription

b. La responsabilité de l'avoué est à la fois civile et disciplinaire : que l'adjudication soit ou non déclarée nulle[6], il est tenu de dommages-intérêts envers toutes les parties intéressées auxquelles ses agissements ont pu causer un préjudice[7], et passible des peines disciplinaires portées contre tout officier ministériel qui contrevient aux lois et règlements de sa profession[8]. Sa responsabilité civile est solidaire avec celle de l'adjudicataire, ainsi qu'il arrive à toutes les personnes tenues ensemble de la réparation d'un délit ou quasi-délit même civil[9]. Par contre, l'article 707, aux termes duquel l'avoué demeure adjudicataire en son propre nom lorsqu'il n'a pas, dans les trois jours, déclaré l'adjudicataire et rapporté son acceptation ou représenté son pouvoir, ne s'applique pas à l'avoué qui a enchéri pour une personne incapable, car les peines ne s'étendent point par analogie d'un cas à un autre[10].

§ **692**. B. Les enchères ne peuvent être faites que par le ministère des avoués : on a craint que l'intervention des parties en personne n'amenât quelque incident fâcheux entre le

devrait plutôt courir à compter du jour où le magistrat pour lequel l'enchère a été portée a cessé ses fonctions (Voy., sur ce point, Aubry et Rau, *op. cit.*, t. IV, p. 272). Même question sur l'article 1597 (Voy., sur cet article, *suprà*, même §; en ce sens, Duranton, *op. cit.*, t. XVI, nº 145, Aubry et Rau, *op. cit.*, t. I, p. 122, t. IV, p. 453, Colmet de Santerre, *op. cit.*, t. VII, nº 24 *bis*-III, Troplong, *op. cit.*, t. I, nº 196; et, en sens contraire, Marcadé, *op. cit.*, t. VI, sur l'art. 1597, nº 3, Duvergier, *De la vente*, t. I, nº 200).

6 Bordeaux, 29 avr. 1853 (D. P. 53. 2. 219). Req. 17 janv. 1854 (D. P. 54. 1. 101). Grenoble, 12 juin 1860 (D. P. 61. 5. 524).

7 En cas d'adjudication faite à une personne insolvable, l'avoué n'est responsable que si l'insolvabilité était notoire, puisqu'il ne lui est défendu d'enchérir que pour les personnes notoirement insolvables (Civ. rej. 12 janv. 1847, D. P. 47. 1. 102; Paris, 30 nov. 1863, D. P. 64. 2. 67; voy., sur cette prohibition, *suprà*, même §); mais il est responsable toutes les fois que l'insolvabilité était notoire, quand même il l'aurait personnellement ignorée : il eût dû mieux se renseigner (Grenoble, 12 juin 1860; D. P. 61. 5. 524).

8 Voy. encore les observations présentées par M. Pascalis, par le garde des sceaux et par le ministre des travaux publics sur un amendement de M. Chégaray (Séance de la Chambre des députés du 15 janvier 1841; *Moniteur* du 16, p. 109). Aj., sur la discipline des officiers ministériels, t. I, § **100**.

9 Bioche, *op. et vº cit.*, nº 508. Pigeau, *op. cit.*, t. II, p. 152. Chauveau, sur Carré, *op. cit.*, t. V, IIe part., quest. 2336 *bis*. Voy., sur la solidarité en matière de dépens dans les condamnations prononcées pour crimes et délits, t. III, § **457**.

10 Chauveau, sur Carré, *op. et loc. cit.* Persil, *op. cit.*, t. II, nº 275. Paris, 20 mai 1835 (D. A. *vº cit.*, nº 1702). *Contrà*, Toulouse, 16 mai 1840 (D. A. *vº cit.*, nº 701). J'ajoute que cette peine ferait double emploi avec les dommages-intérêts auxquels l'avoué peut être condamné; car, si, l'adjudication étant déclarée nulle, il était déclaré personnellement adjudicataire, le tort causé aux créanciers se trouverait ainsi réparé et les dommages-intérêts seraient sans objet. Voy., sur l'article 707, *infrà*, § **714**.

poursuivant, le saisi ou les amateurs excités par la lutte, et surtout que les enchères ne fûssent trop souvent mises par des personnes insolvables ou irresponsables, ce qui rendrait plus fréquentes les reventes sur folle enchère dont on verra les inconvénients au § **751** [1]. Le tribunal ne peut donc autoriser les parties à enchérir en personne, mais aussi les avoués ne peuvent refuser de le faire pour elles que dans les cas exceptionnels où ils ne sont pas tenus de prêter leur ministère [2]. S'il y a dans un petit tribunal plus d'enchérisseurs que d'avoués, il est généralement admis que le même avoué peut représenter plusieurs personnes et, par conséquent, enchérir pour elles, pourvu qu'elles soient à côté de lui et qu'il ne fasse pas une enchère à haute voix sans y avoir été autorisé par l'une d'elles à voix basse ou d'un simple geste : c'est comme si elles enchérissaient elles-mêmes assistées d'un avoué. Cette façon de procéder n'est peut-être pas très conforme à la loi, mais sans cela les enchères et, par suite, l'adjudication seraient impossibles [3].

§ **693**. C. Les enchères ont pour point de départ la mise à prix : le cahier des charges peut fixer le chiffre minimum

§ **692**. [1] Voy., sur ces différentes considérations, les Observations du Tribunat sur le projet de Code de procédure (dans Locré, *op. cit.*, t. XXII, p. 457); Bioche, *op. et v° cit.*, n° 452; Boitard, Colmet-Daage et Glasson, *op. cit.*, t. II, p. 952.

[2] Colmar, 17 mai 1843 (D. A. *v° cit.*, n° 1717). Voy., sur le caractère obligatoire du ministère de l'avoué et sur les exceptions que comporte ce principe, t. I, § **692**. Un avoué très prudent et qui craindrait d'être désavoué par son client pourrait exiger de lui une procuration spéciale à l'effet d'enchérir, mais la loi n'exige pas qu'il la représente : lorsqu'il déclare que telle personne lui a donné mandat d'enchérir, il est cru, comme presque toujours, sur sa seule affirmation (Voy., sur ce principe, t. II, § **370**, et, sur cette application du principe, Bioche, *op., v° et loc. cit.*).

[3] On s'était déjà préoccupé de cette difficulté lors de la rédaction du Code de procédure : la cour d'Amiens avait proposé de donner aux amateurs le droit d'enchérir en personne assistés d'un avoué qui pourrait en représenter plusieurs (Carré, *op. cit.*, t. V, IIe part., quest. 2382 *quater*); le Tribunat était d'avis que les notaires pûssent enchérir à défaut d'avoués (Locré, *op. et loc. cit.*). Le projet de réforme de 1829 consacrait l'opinion de la cour d'Amiens (Art. 134; dans Carré, *op. cit.*, t. V, Ire part., p. 144). En 1841, M. Gaillard de Kerbertin proposa à la Chambre des députés un amendement aux termes duquel les parties pourraient enchérir par elles-mêmes, pourvu que celle qui resterait adjudicataire constituât avoué immédiatement après. L'amendement ne fut pas appuyé (Séance du 15 janvier 1841; *Moniteur* du 15, p. 102). Carré voudrait que l'avoué qui représente plusieurs clients déclarât à chaque enchère le nom de celui pour qui il la fait (*Op. cit.*, t. V, IIe part., quest. 2382 *quater*). Chauveau (Sur Carré, *op. et loc. cit.*), Boitard, Colmet-Daage et Glasson (*Op. et loc. cit.*), Rodière (*Op. cit.*, t. II, p. 286) préfèrent l'expédient indiqué au texte. Aj., sur cette question, Bioche, *op., v° et loc. cit.*, n° 452).

auquel elles doivent s'élever [1]; s'il est muet sur ce point, l'avoué doit se conformer à son mandat et son client est libre de mettre une enchère aussi basse qu'il lui plaît [2], car ce n'est qu'une promesse d'acheter [3] et la convention des parties fait loi dans tout ce qui n'intéresse pas l'ordre public [4]. Le président et même le tribunal tout entier commettraient donc un excès de pouvoir en fixant un chiffre au-dessous duquel les enchères ne pourront descendre [5] : l'adhésion expresse des parties couvrirait seule cette irrégularité [6], et celles dont les avoués se seraient conformés sans protester à l'ordre qui leur a été donné pourraient demander nonobstant la nullité de l'adjudication [7].

§ **694**. D. Comment se font les enchères, quel en est l'effet, et à quel moment deviennent-elles définitives? Aussitôt qu'elles seront ouvertes, disent les articles 705 et 706, « il sera « allumé successivement des bougies préparées de manière « que chacune ait une durée d'au moins une minute.... L'ad- « judication ne pourra être faite qu'après l'extinction de trois « bougies allumées successivement. » La loi du 2 juin 1841 ajoute (Art. 10) que « l'emploi des bougies dans les adjudica- « tions publiques pourra être remplacé par un autre mode en « vertu d'une ordonnance royale (aujourd'hui un décret du « président de la République [1]) rendue dans la forme des

§ **693**. [1] Voy., sur les stipulations que peut contenir le cahier des charges, *suprà*, § **669**.

[2] Chauveau, sur Carré, *op. cit.*, t. V, IIe part., quest. 2383 *bis*. Le tribunal de Saint-Omer avait demandé en 1806 que le minimum fût de 5 francs jusqu'à 1,000 francs et de 6 francs au-dessus de 1,000 francs (Chauveau, sur Carré, *op. et loc. cit.*).

[3] Promesse d'acheter, car l'enchérisseur s'engage à rester adjudicataire pour le montant de son enchère si elle n'est pas couverte; mais promesse unilatérale, car le poursuivant ne s'engage pas envers lui et demeure libre de vendre à la partie qui mettra une plus forte enchère. Voy., sur les promesses unilatérales d'acheter, Aubry et Rau, *op. cit.*, t. IV, p. 333; Colmet de Santerre, *op. cit.*, t. VII, no 10 *bis*-VII.

[4] C. civ., art. 1134. Voy., sur l'application de ce principe, Dalloz et Vergé, *Code civil annoté*, art. 1134, nos 1 et suiv.

[5] Bioche, *op. et vo cit.*, no 469. Chauveau, sur Carré, *op. et loc. cit.* Boitard, Colmet-Daage et Glasson, *op. cit.*, t. II, no 954. Montpellier, 5 janv. 1856 (D. P. 57. 2. 21). Civ. rej. 6 avr. 1857 (D. P. 57. 1. 157).

[6] Voy., sur ce point, les deux arrêts cités à la note précédente.

[7] Civ. rej. 6 avr. 1857 (D. P. 57. 1. 157). *Contrà*, req. 29 mai 1834 (D. A. vo *cit.*, no 1675).

§ **694**. [1] Voy., sur ce point, t. I, § 1.

« règlements d'administration publique[2] : » aucune ordonnance et aucun décret n'ayant été rendus sur la matière, l'ancien usage des bougies[3] est resté en vigueur. Quatre hypothèses doivent être distinguées pour l'application des articles 705 et 706[4].

1° Aucune enchère ne se produit pendant la durée des trois bougies. Le poursuivant devient adjudicataire pour la mise à prix, dit l'article 706 : cette formule impérative signifie que c'est à la fois un droit et une obligation pour le poursuivant, qu'il peut exiger que l'immeuble lui soit adjugé pour le prix qu'il a lui-même indiqué, mais qu'il est également tenu de le prendre pour ce prix[5], et, qu'en conséquence l'adjudication ne peut être remise à sa demande ou contre lui après l'extinction de trois bougies successivement allumées[6].

2° Une seule enchère s'est produite pendant la durée de ces trois bougies. Elle efface la mise à prix et dégage le poursuivant de l'obligation de prendre l'immeuble pour lui à défaut d'enchère, mais lui enlève en même temps l'espérance qu'il avait peut-être de le garder pour le prix par lui fixé. L'unique enchérisseur est dans la même situation que le poursuivant dans la première hypothèse : l'enchère qu'il a portée est à la fois pour lui un droit acquis et un engagement ferme, et il est définitivement adjudicataire sans que les enchères puissent être rouvertes pour ou contre lui. On peut seulement se demander ce qui arrivera dans le cas où cette unique enchère serait annulée, et s'il faut, dans ce cas, recommencer l'adjudication ou faire revivre la mise à prix et adjuger l'immeuble au poursuivant : l'adjudication serait recommencée, comme on va le voir, si une première enchère était couverte par une seconde et que celle-ci fût déclarée

[2] C'est-à-dire le conseil d'Etat entendu (Ducrocq, *Cours de droit administratif*, t. I, n° 65).

[3] Voy., sur cet usage, Tambour, *op. cit.*, t. II, p. 283 et 284, et la note.

[4] Il peut arriver aussi qu'un accident matériel survienne, qu'une bougie s'éteigne à peine allumée ou avant d'avoir duré le temps prescrit : on la rallume et l'on considère le feu éteint comme non avenu (Chauveau, sur Carré, *op. cit.*, t. V, II° part., quest. 2383 *ter*).

[5] Voy., sur cette obligation du poursuivant, *suprà*, §§ **669** et **680**.

[6] Chauveau, sur Carré, *op. cit.*, t. V, II° part., quest. 2383 *quater*. Rodière, *op. cit.*, t. II, p. 289.

nulle[7]; en sera-t-il de même dans l'espèce? considérera-t-on le poursuivant comme un premier enchérisseur, ou bien le déclarera-t-on immédiatement adjudicataire pour la mise à prix? L'assimilation ne serait pas tout à fait exacte, car le premier enchérisseur dont l'offre a été couverte par la surenchère annulée peut ne pas prendre part à la seconde adjudication, au lieu que le poursuivant demeurera sûrement adjudicataire si l'enchérisseur dont l'enchère est annulée se dérobe et qu'aucun autre ne se présente pas à cette nouvelle adjudication[8]. Je crois cependant qu'il y aura lieu de rouvrir les enchères dans l'intérêt des créanciers liés à la poursuite si la mise à prix est assez basse pour qu'ils puissent espérer un meilleur prix, et dans l'intérêt du poursuivant si elle est assez élevée pour qu'il craigne de prendre l'immeuble à ce prix; d'ailleurs, les créanciers n'ont rien à craindre, puisqu'en mettant les choses au pis ils sont sûrs de voir le poursuivant rester acquéreur pour la mise à prix.

3° Une première enchère s'est produite et a été couverte par une seconde. Le premier enchérisseur est dégagé, aux termes de l'article 706, quand même la seconde enchère serait déclarée nulle, car il serait inique de le laisser dans les liens d'une obligation dont il a dû se croire dégagé lorsqu'il a vu couvrir son enchère[9]. Il ne peut même pas la faire revivre en faisant annuler celle qui l'a couverte, car on peut espérer que le second enchérisseur dont l'enchère est annulée la réitérera et qu'il s'en présentera d'autres; les créanciers ont donc un intérêt légitime à faire procéder à une nouvelle adjudication dans laquelle le premier enchérisseur portera, s'il le veut, une nouvelle enchère nécessairement plus élevée que celle qu'il avait faite en premier lieu[10]. Quant au second enchérisseur qui se repentirait de l'engagement qu'il a pris, il n'a pas le droit de s'en dégager en faisant prononcer la nullité de la première enchère que la sienne a couverte : « il « contracte strictement avec la justice l'obligation absolue et

[7] Chauveau, sur Carré, *op. et loc. cit.* Rodière, *op. et loc. cit.*

[8] C'est la conséquence de l'obligation où il est de la prendre pour la mise à prix toutes les fois que celle-ci n'est pas couverte (Voy. *suprà*, § **669**).

[9] Voy., sur ce point, Rodière, *op. cit.*, t. II, p. 287.

[10] Carré, *op. cit.*, t. V, IIe part., quest. 2382. Chauveau, sur Carré, *op. et loc. cit.* Boitard, Colmet-Daage et Glasson, *op. et loc. cit.* Persil, *op. cit.*, n° 237.

« parfaite de porter jusqu'à telle somme le prix de l'adjudica-« tion; il ne contracte pas par l'intermédiaire du précédent « enchérisseur et sous la condition que l'enchère précédente « ne sera pas nulle[11]. »

4° L'adjudication a été remise[12]. L'enchérisseur unique ou le dernier enchérisseur est libéré par-là de son engagement, car on doit présumer qu'il n'a voulu se lier que si l'adjudication devait être définitive. Il y avait entre lui et les créanciers que le poursuivant représente un contrat en vertu duquel il devait rester adjudicataire si aucune autre enchère n'était survenue avant l'extinction des trois bougies; remettre après cela l'adjudication, c'est lui refuser l'exécution de ce contrat et il n'est que juste de lui rendre sa liberté[13].

§ **695**. L'adjudication est-elle un jugement? Oui certe, si l'on entend par jugement tout mandement de justice émané d'un tribunal régulièrement composé; mais, si l'on réserve ce nom aux décisions judiciaires qui statuent sur des contestations, l'adjudication n'a ce caractère que dans le cas où le tribunal statue sur un incident de la poursuite en même temps qu'il proclame l'adjudication; dans le cas contraire, c'est un simple procès-verbal qui constate que tel jour les enchères ont été ouvertes, et qu'un tel ayant mis la plus forte enchère est demeuré adjudicataire ou qu'aucune enchère n'ayant été faite le poursuivant est resté adjudicataire pour la mise à prix[1]. La vérité sur ce point se trouve, à mon

[11] Carré, *op. cit.*, t. V, IIe part., quest. 2382 *ter*. Voy., dans le même sens, Tarrible, dans le *Répertoire* de Merlin, v° *Transcription*, § IV; Bioche, *op. et v° cit.*, n° 467; Chauveau, sur Carré, *op. et loc. cit.;* Boitard, Colmet-Daage et Glasson, *op. et loc. cit.;* Persil, *op. cit.*, n° 238.

[12] Voy., sur la remise de l'adjudication, *suprà*, § **683**.

[13] Arg. C. civ., art. 1184. Chauveau, sur Carré, *op. cit.*, t. V, II° part., quest. 2382 *bis*. Persil, *op. cit.*, n° 239. Riom, 3 avr. 1806 (D. A. *v° cit.*, n° 1683).

§ **695**. [1] Voy., en ce sens, Merlin, *Questions de droit*, v° *Expropriation*, § III-5°; Bioche, *op. et v° cit.*, n° 514; Chauveau, sur Carré, *op. cit.*, t. V, II° part., quest. 2397 et 2423 *quinquies;* Boitard, Colmet-Daage et Glasson, *op. cit.*, t. II, n° 961; Persil, *op. cit.*, n° 277; Grenoble, 21 flor. an IX (D. A. *v° cit.*, n° 1996); civ. rej. 18 févr. 1846 (D. P. 46. 1. 134). Voy. cep. un arrêt rendu par la cour de cassation, chambre civile, le 3 juillet 1855 (D. P. 55. 1. 307), sur la question de savoir si l'administration de l'enregistrement qui peut requérir une expertise pour établir la valeur véritable des immeubles vendus et, par conséquent, le montant des droits de

sens, dans les cinq propositions suivantes. 1° L'adjudication sur saisie immobilière porte l'intitulé des jugements, le mandement qui les termine[2] et l'injonction dont il sera parlé au § **705** ; elle n'est valablement prononcée qu'en audience publique[3] et par un tribunal régulièrement composé[4] ; elle forme un titre exécutoire en faveur du poursuivant et des créanciers contre le saisi et l'adjudicataire[5]; elle n'est exécutoire qu'après avoir été signifiée à personne ou à domicile[6]. 2° Ce jugement n'emporte pas de condamnation et, par conséquent, ne donne pas d'hypothèque judiciaire aux créanciers sur les biens de l'adjudicataire pour sûreté du paiement de son prix et de l'exécution de ses autres obligations, soit qu'elles résultent simplement du droit commun soit qu'elles fassent l'objet d'un article spécial du cahier des charges[7]. La clause de ce cahier qui stipulerait une telle hypothèque serait même nulle en vertu des articles 2123 et 2115 du Code civil qui disposent : le premier, que l'hypothèque judiciaire résulte seulement des jugements de condamnation[8]; le second, que « l'hypothèque n'a lieu que dans ces cas et suivant la forme « autorisée par la loi[9]. » 3° Si le jugement d'adjudication

mutation (L. 21 frim. an VII, art. 15-6°, 16 et suiv.), a ce droit à l'égard des immeubles vendus volontairement par-devant notaire (Voy., sur ces ventes, le tome V de ce Traité) : la cour s'est prononcée affirmativement, « attendu que les actes volontaires « d'aliénation ne sauraient être assimilés aux adjudications qui se font en justice, « lesquelles constituent de véritables jugements et sont, d'ailleurs, soumises à des « conditions de publicité réglées par la loi. » La cour n'a pas voulu dire que les adjudications doivent être traitées à tous égards comme des jugements; elle a seulement voulu les distinguer des ventes volontaires auxquelles s'appliquent exclusivement les articles précités de la loi du 22 frimaire an VII. Voy., sur la définition et sur la notion du jugement, t. III, § **433**.

[2] Voy., sur cet intitulé et sur ce mandement, c'est-à-dire sur la formule exécutoire, t. III, § **544**, et *infrà*, § **707**.

[3] Et avec mention de cette publicité dans la rédaction du jugement (Voy. t. I, § **213**).

[4] Chauveau, sur Carré, *op. cit.*, t. V, IIe part., quest. 2397. Rodière, *op. cit.*, t. II, p. 290. Voy., sur la composition des tribunaux de première instance réunis à l'effet de rendre un jugement, t. I, § **24**, t. III, § **436**.

[5] Voy., sur l'exécution de ce jugement tant contre le saisi que contre l'adjudicataire, *infrà*, §§ **705** et **707**.

[6] Voy., sur ce point le § suivant.

[7] Chauveau, sur Carré, *op. cit.*, t. V, IIe part., quest. 2397 *ter*.

[8] *Nec obst.* C. civ., art. 2117 : « L'hypothèque judiciaire est celle qui résulte des « jugements ou actes judiciaires. » *Actes judiciaires* veut dire ici les reconnaissances faites en justice de signatures apposées sur des actes sous seing privé (Voy. t. III, §§ **464** et **489**).

[9] Chauveau, sur Carré, *op. cit.*, t. V, Ire part., quest. 2320. Comp. *suprà*, § **464**.

ne statue sur aucune contestation, il diffère des décisions contentieuses : 1) par sa rédaction qui ne contient pas de motifs[10] et consiste uniquement dans la reproduction du cahier des charges suivie de la formule exécutoire dont il sera parlé au § **707** (Art. 701 et 712)[11] ; 2) en ce qu'il n'est pas signifié à l'avoué du saisi (Art. 716)[12] ; 3) en ce qu'il n'a pas l'autorité de la chose jugée, c'est-à-dire que les parties intéressées ne peuvent ni ne doivent l'attaquer par les voies de recours ordinaires ou extraordinaires dans les formes et délais établis pour chacune d'elles, et ne peuvent exercer contre lui qu'une action principale en nullité dont je traiterai aux §§ **758** et suivants[13]. 4° Ce jugement n'est pas déclaratif de droits

[10] Chauveau, sur Carré, *op. cit.*, t. V, IIe part., quest. 2397. Rodière, *op. et loc. cit.* Toulouse, 31 janv. 1826 (D. A. v° *Jugement*, n° 865).

[11] Voy., sur le cahier des charges, *suprà*, § **669**. Faut-il insérer dans cette reproduction du cahier des charges les dires des parties et la réponse qu'y a faite le jugement qui a donné acte de la lecture de ce cahier? Les articles 694 et 695 prescrivent de porter ces dires et les jugements auxquels ils ont donné lieu sur le cahier des charges à la suite de la mise à prix, et l'article 712 dit, sans autrement distinguer, que le jugement d'adjudication ne sera que la reproduction du cahier des charges. Il semble donc qu'il y ait lieu d'y insérer ces dires et ce jugement, et les travaux préparatoires confirment cette induction, car, lorsque le premier projet de réforme de la saisie immobilière fut soumis aux corps judiciaires en 1839, quelques-uns demandèrent, par raison d'économie, que les dires et le jugement qui en a été la suite ne fussent pas insérés dans le jugement d'adjudication : la commission du Gouvernement repoussa cette proposition, craignant qu'une économie mal entendue ne fût une cause de désordre et ne jetât de l'incertitude sur les résultats de la saisie (Voy., sur ce point, Bioche, *op. et v° cit.*, n° 542; Chauveau, sur Carré, *op. et loc. cit.*; Rodière, *op. et loc. cit.*).

[12] « Le jugement d'adjudication ne sera signifié qu'à la personne ou au domicile de « la partie saisie. » C'est seulement par raison d'économie (Voy. le premier rapport de M. Pascalis à la Chambre des députés; D. A. *v° cit.*, p. 577, n° 127) que l'article 716 déroge ainsi au principe général en vertu duquel la signification à avoué précède toujours l'exécution des jugements (Voy. t. III, § **490**).

[13] Bourges, 22 janv. 1878 (D. P. 79. 1. 71). Cette action principale déroge à la règle « Voies de nullité n'ont lieu contre les jugements » (Voy. *infrà*, § **891**); je reviendrai sur ce point au § **925**, à propos de l'appel des jugements rendus en matière de saisie immobilière. On dit aussi quelquefois que les personnes étrangères à la saisie mais auxquelles cette procédure peut être préjudiciable, comme le tiers qui se prétend propriétaire de l'immeuble saisi sur une autre personne, ne sont pas tenues d'attaquer le jugement d'adjudication par la tierce opposition en se conformant aux règles spéciales de compétence de procédure établies pour cette action, et qu'elles peuvent former pendant trente ans et suivant les règles du droit commun une demande en distraction. L'observation est juste mais n'a pas d'intérêt, car on verra au tome V de ce Traité que les personnes dont les intérêts sont lésés par des jugements auxquels elles n'ont pas été parties ne sont jamais tenues de se pourvoir contre eux par la tierce opposition lorsqu'elles ont d'autres moyens à leur disposition, et tel est le cas du propriétaire dont l'immeuble a été saisi *super non domino* et adjugé : il n'a qu'à former une demande en distraction (Voy., sur cette demande,

préexistants[14]; il transfère la propriété de l'immeuble saisi à l'adjudicataire qui n'y avait encore aucun droit, et de là la nécessité de le transcrire au bureau de la conservation des hypothèques, ainsi qu'il sera dit au § suivant. 5° Ces principes cessent de s'appliquer ou, du moins, ne s'appliquent plus qu'en partie quand le jugement d'adjudication statue en même temps sur un incident : il a, de ce chef, tous les caractères d'une décision contentieuse, se rédige et se signifie suivant le droit commun, procure l'hypothèque judiciaire s'il contient une condamnation, ne produit qu'un effet déclaratif, n'est susceptible *inter partes* que des voies de recours ordinaires et extraordinaires [15], et ne peut être attaqué par voie principale que par les tiers qui invoquent des droits sur l'immeuble saisi [16]. Tel est le sens de l'article 730, aux termes duquel « ne pourront être attaqués par la voie de l'appel les « jugements qui, sans statuer sur des incidents, prononce- « ront l'adjudication [17], » et c'est l'hypothèse que vise l'article 750 en prescrivant à l'adjudicataire de faire transcrire le jugement d'adjudication « en cas d'appel dans les quarante-cinq « jours de l'arrêt confirmatif [18]. » Reste à savoir — je m'en expliquerai au § **764** — si les voies de recours exercées contre le chef du jugement qui statue sur des incidents auront quelque effet sur celui qui prononce simplement l'adjudication.

§ **696**. Trois formalités suivent le jugement d'adjudication : 1° et 2° la signification et la mention en marge de la transcription de la saisie (Art. 716); 3° la transcription (Art. 750). La signification n'est faite ni au poursuivant qui ne peut ignorer le jugement qu'il a requis et dont le jour a été fixé sur sa demande, ni aux créanciers sommés confor-

infrà, § **736**). Une autre conséquence du principe posé au texte, c'est que le jugement d'adjudication ne peut jamais être considéré comme rendu par défaut (Voy. *infrà*, § **705**, note 5).

[14] Voy., sur l'effet déclaratif des jugements, t. III, § **460**.

[15] C'est-à-dire que la règle « Voies de nullité n'ont lieu contre les jugements » reprend son empire (Voy., sur cette règle, *infrà*, § **891**).

[16] Voy., sur cette hypothèse, *infrà*, §§ **736** et suiv.

[17] Voy., sur cet article, *infrà*, § **925**.

[18] Voy., sur cet article, le § suivant.

mément à l'article 692[1] et trop étroitement liés à la poursuite pour qu'il soit nécessaire de leur en notifier l'issue[2]. Elle n'est faite qu'à la personne ou au domicile[3] du saisi auquel le jugement ordonne de délaisser la possession de l'immeuble[4], et des créanciers inscrits ou dispensés d'inscription auxquels n'ont pas été faites les sommations prescrites par l'article 692[5]. La mention du jugement d'adjudication en marge de la transcription de la saisie servait, avant la loi du 23 mars 1855, à informer les tiers : 1° de la solution qu'avaient reçue les poursuites; 2° du transport de propriété qui vient de s'opérer et dont il sera parlé aux §§ **698** et suivants[6]. Cette formalité n'est plus guère utile aujourd'hui que le jugement d'adjudication doit être transcrit au bureau des hypothèques de la situation de l'immeuble par application de l'article 1er de la loi du 23 mars 1855 : « Sont transcrits au bureau des « hypothèques de la situation des biens... 3° tout jugement « d'adjudication, autre que celui rendu sur licitation au profit « d'un cohéritier ou d'un copartageant[7], » et de l'article 750 inséré au Code de procédure en vertu de la loi du 21 mai 1858. C'est à l'adjudicataire de requérir cette transcription[8] :

§ **696.** [1] Voy. *suprà*, § **671**.

[2] Voy., sur la situation de ces créanciers, *suprà, ib*.

[3] Voy., sur ce mode de signification, t. II, § **227**. Je rappelle qu'on ne signifie pas ce jugement à l'avoué du saisi (Voy. le § précédent).

[4] Boitard, Colmet-Daage et Glasson, *op. cit.*, t. II, n° 1024. Voy., sur ce point, *infrà*, § **705**.

[5] Le jugement d'adjudication ne purge pas leurs hypothèques; il faut donc accomplir vis-à-vis d'eux les formalités de la purge, et, d'abord, leur signifier le jugement d'adjudication (Voy., sur ce point, *infrà*, § **711**).

[6] Pascalis, *Premier rapport à la Chambre des députés* (D. A. *v° et loc. cit.*).

[7] Voy., sur la transcription des jugements d'adjudication sur licitation rendus au profit d'un étranger, le tome V de ce Traité.

[8] Le projet du Gouvernement chargeait de ce soin, concurremment avec l'adjudicataire, le poursuivant intéressé comme lui à la prompte ouverture de l'ordre qui ne peut s'ouvrir qu'après cette formalité (Voy. l'*Exposé des motifs*, n° 13, dans D. P. 58. 4. 46, et, sur le lien qui existe entre cette transcription et l'ouverture de l'ordre, *infrà*, même § et § **784**. Le défaut de transcription entraînant la revente sur folle enchère (ce qui n'existait pas dans le projet du Gouvernement), l'adjudicataire se sentira suffisamment menacé pour qu'on soit sûr qu'il ne manquera pas de faire transcrire son titre; il n'y a donc pas d'inconvénient à le charger seul de cette formalité (Pont, sur Seligmann, *op. cit.*, n° 122, n° 1). D'ailleurs, il va de soi que le poursuivant peut requérir lui-même la transcription au lieu de poursuivre la revente sur folle enchère (Chauveau, sur Carré, *op. cit.*, t. VI, quest. 2548 *ter*). Quant à l'adjudicataire, toute personne munie de son mandat peut, aussi bien que lui, faire procéder à la transcription. Dans la pratique, son avoué se fait délivrer la grosse du jugement d'adjudication et la fait transcrire au bureau des hypothèques, mais cette formalité ne rentre

il doit le faire dans les quarante-cinq jours de la date du jugement s'il n'est pas frappé d'appel[9], de l'arrêt confirmatif s'il a été frappé d'appel[10], du jugement qui déclare l'adjudication valable si la nullité en a été demandée[11]. Cette transcription sert à deux fins. 1° Elle opère à l'égard des tiers, dans l'intérêt de l'adjudicataire, la mutation de propriété qui s'est accompli entre le saisi et lui en vertu du jugement même d'adjudication; elle arrête, par conséquent, le cours des inscriptions qui pourraient être prises contre l'adjudicataire par des créanciers hypothécaires du saisi, et clôt ainsi irrévocablement la liste des personnes qui auront le droit de figurer dans l'ordre[12]. 2° Elle fait courir, dans l'intérêt du poursuivant et des créanciers admis à l'ordre[13], le délai dans lequel il doit s'ouvrir comme on le verra au § **784**[14].

Pourquoi avoir fixé précisément à quarante-cinq jours le

pas dans les actes qu'il doit faire en sa qualité d'avoué et en vertu d'un mandat tacite de son client, et de l'accomplissement desquels il est responsable : l'article 713 qui prononce la folle enchère dans les cas expliqués *infrà*, § **749**, n'y ajoute pas la responsabilité de l'avoué (Voy., sur ce point et sur les réserves qu'il comporte, Seligmann, *op. cit.*, n° 122; aj., sur la sanction du défaut de transcription du jugement d'adjudication, *infrà*, même §.

[9] On a vu au § précédent que l'appel du jugement d'adjudication n'est pas toujours recevable, qu'en principe même il ne l'est pas, et qu'il faut pour qu'on puisse appeler de ce jugement qu'il statue en même temps sur un incident. *Quid*, si cet appel n'est pas recevable? Faut-il le tenir pour non avenu et faire courir le délai de quarante-cinq jours à partir du prononcé du jugement? S'il est non-recevable, ce n'est pas de plein droit mais seulement quand la cour l'a déclaré tel, et, comme il a produit l'effet suspensif attaché aux appels même non-recevables, l'adjudicataire a eu le droit de surseoir à la transcription et d'attendre l'arrêt de la cour : il a donc quarante-cinq jours pour faire transcrire à partir du jour où l'arrêt déclarera l'appel non-recevable et confirmera le jugement d'adjudication. Voy., sur ce point de départ, *infrà*, même §, et, sur l'effet des fins de non-recevoir opposées à l'appel, *infrà*, § **954**.

[10] Dans quels cas peut-on appeler du jugement d'adjudication? Voy., sur ce point et sur cette partie de l'article 750, le § précédent. Si le jugement d'adjudication est infirmé et que l'adjudication tombe, il n'y a plus d'adjudicataire et, partant, plus de transcription à faire jusqu'à ce qu'une nouvelle adjudication ait été prononcée. Cet arrêt infirmatif sur le chef du jugement d'adjudication qui a statué sur un incident fait-il nécessairement tomber l'adjudication et oblige-t-il, par conséquent, à la recommencer? Voy., sur ce point, *infrà*, § **764**.

[11] Ollivier et Mourlon, *op. cit.*, n° 265. Grosse et Rameau, *op. cit.*, n° 146. De même, en cas de surenchère, les quarante-cinq jours ne courent qu'à partir de l'adjudication prononcée sur la surenchère : « En un mot, il faut que l'adjudication constitue une transmission définitive pour obliger l'adjudicataire à faire la transcription « dans les quarante-cinq jours de sa date » (Seligmann, *op. cit.*, n° 117).

[12] Voy., sur les effets respectifs du jugement d'adjudication et de la transcription de ce jugement, *infrà*, §§ **697** et **708**. Voy. aussi *ib.*, sur la question de savoir quels sont les créanciers du saisi qui peuvent prendre inscription sur l'adjudicataire.

[13] Quels sont les créanciers? Voy. *infrà*, §§ **788** et suiv., et **811**.

[14] Voy. l'*Exposé des motifs* de la loi du 21 mai 1858, *loc. cit.*

délai dans lequel l'adjudicataire doit requérir la transcription? On serait tenté, en rapprochant ce délai des quarante-cinq jours dans lesquels le vendeur et le copartageant peuvent inscrire utilement leur privilège nonobstant toute transcription d'actes faits dans ce laps de temps (L. 23 mars 1855, art. 6), d'établir une corrélation entre ces deux délais et de croire que l'article 750 a fixé le terme de quarante-cinq jours pour réserver les droits du vendeur et du copartageant. On lit effectivement dans l'Exposé des motifs de la loi du 21 mai 1858 que « la loi de 1855 ayant accordé quarante-cinq jours à « certains créanciers qu'elle désigne[15], il convenait, en res- « pectant ce délai, de l'imposer rigoureusement pour opérer « la transcription[16], » et dans le rapport de la commission du Corps législatif, qu' « on devait prendre en considé- « ration le délai accordé par la loi de 1855 au vendeur et « au copartageant pour faire inscrire leurs privilèges dans « le cas de revente : ils ont quarante-cinq jours à dater « de la vente ou du partage, nonobstant toute transcription « antérieure; il était donc inutile de faire transcrire avant « les quarante-cinq jours de l'adjudication[17]. » Qu'est-ce à dire? Qu'en obligeant l'adjudicataire à faire transcrire le jugement d'adjudication avant quarante-cinq jours, on aurait risqué d'enlever au vendeur et au copartageant le droit qu'ils ont de s'inscrire eux-mêmes pendant ce délai, et qu'ils conserveront malgré la transcription de ce jugement le droit de s'inscrire pendant les quarante-cinq jours qui le suivent? Ces deux affirmations seraient également erronées. 1° Le délai de quarante-cinq jours que le vendeur et le copartageant ont pour s'inscrire court à compter de l'acte de vente ou de partage; or, la saisie, fût-elle faite dès le lendemain de cet acte, dure toujours au moins quatre-vingt-dix jours avant que le jugement d'adjudication puisse être rendu et transcrit[18]; le vendeur et le copartageant sont donc sûrs de n'être pas surpris avant quatre-vingt-dix jours par la trans-

[15] Le vendeur et le copartageant.

[16] *Loc. cit.*

[17] *Ib.*

[18] Voy., sur les longueurs nécessaires de cette saisie, *suprà*, § **650**, et, sur l'enchaînement des délais qui s'y succèdent, *suprà*, *passim*.

cription du jugement d'adjudication, et l'adjudicataire eût été obligé de faire transcrire immédiatement son titre que leur délai de quarante-cinq jours n'en fût pas moins demeuré intact. 2° Il est absolument certain que le vendeur et le copartageant sont forclos du droit de s'inscrire par la transcription du jugement d'adjudication; du moment qu'elle ne se produit pas — et on vient de voir qu'elle ne peut pas se produire — avant quarante-cinq jours à dater de l'acte de vente ou de partage, elle arrête instantanément le cours de leurs inscriptions[19]. La vérité — M. Riché, rapporteur de la loi du 21 mai 1858 à la Chambre des députés, l'a reconnu dans la discussion — c'est qu'il n'y a aucun rapport entre l'article 750 et l'article 6 de la loi du 23 mars 1855, que l'identité de durée est purement fortuite entre le délai dans lequel le vendeur et le copartageant doivent inscrire leurs privilèges et celui dans lequel le jugement d'adjudication doit être transcrit, et qu'on n'a fixé ce dernier délai à quarante-cinq jours que « dans la nécessité d'accorder à « l'adjudicataire le temps matériellement indispensable pour « être mis en possession d'une expédition de son jugement[20]. » Quoi qu'il en soit, il est certain que l'adjudicataire qui ne fait pas transcrire ce jugement dans les quarante-cinq jours de sa date s'expose à toutes les conséquences de la folle enchère dont il sera parlé aux §§ **749** et suivants (Art. 750)[21], mais

[19] Voy., sur la partie de l'article 6 de la loi du 23 mars 1855 qui concerne le vendeur et le copartageant, Aubry et Rau, *op. cit.*, t. III, p. 357 et suiv.; Colmet de Santerre, *op. cit.*, t. IX, nos 147 *bis*-XIX et suiv.; Pont, *Des privilèges et hypothèques*, t. II, nos 1124 et suiv.; Mourlon, *op. cit.*, t. II, nos 701 et suiv.

[20] Séance du 13 avril 1858 (*Moniteur* du 15, p. 470). Il a, pour payer les droits d'enregistrement, vingt jours avant l'expiration desquels le jugement ne peut être expédié (L. 22 frim. an VII, art. 20; voy. t. III, § **492**); il faut bien quinze ou vingt jours pour faire l'expédition lorsqu'elle est très volumineuse, et quelques jours ensuite pour faire transcrire le jugement. Voy., sur ce point, les observations de M. Émile Ollivier à la séance du 13 avril 1858 (*Moniteur* du 15, *loc. cit.*); Seligmann, *op. cit.*, n° 116; Pont, sur Seligmann, *op. et loc. cit.*, note 2; Ollivier et Mourlon, *op. cit.*, n° 264.

[21] L'adjudicataire n'est tenu que de déposer, dans les quarante-cinq jours et entre les mains du conservateur des hypothèques, l'expédition du jugement dont il requiert la transcription : si le conservateur tarde à faire cette transcription, l'adjudicataire n'en est pas responsable et n'encourt pas la folle enchère (Chauveau, sur Carré, *op. cit.*, t. VI, quest. 2547 *novies*). L'article 750 ne prescrit pas non plus à l'adjudicataire de notifier la transcription à l'avoué du poursuivant; cette précaution ne serait cependant pas inutile, car cet avoué doit requérir l'ouverture de l'ordre dans la huitaine qui suit cette transcription; comment fera-t-il s'il ignore cette formalité ou le jour où elle a été accomplie? Voy., sur cette difficulté, Chauveau, sur Carré, *op. cit.*,

que ce délai n'est pas de rigueur : l'adjudicataire, pressé d'en finir, peut requérir la transcription moins de quarante-cinq jours après le jugement[22], et peut le faire encore après l'expiration de ce délai quand même la folle enchère serait déjà poursuivie : il en arrête le cours en consignant le prix d'adjudication et le montant des frais déjà faits sur cette demande[23].

§ **697**. Le jugement d'adjudication produit sept effets : 1° il transporte à l'adjudicataire la propriété de l'immeuble saisi ; 2° il lui donne la plupart des droits d'un acheteur ; 3° il lui en impose toutes les obligations ; 4° il arrête le cours des inscriptions que peuvent prendre à ce moment les créanciers dont les privilèges et hypothèques ne sont pas purgés, et ceux qui, déchus du droit de suite, ont encore un droit de préférence sur le prix ; 5° il purge l'immeuble saisi des privilèges et hypothèques qui le grèvent, sous le bénéfice des distinctions qui seront faites aux §§ **709** et suivants et sous la réserve du droit de préférence sur le prix que ces créanciers conservent après l'extinction de leur droit de suite[1] ; 6° il purge non-seulement le privilège mais encore l'action résolutoire du vendeur non payé[2] ; 7° il détermine l'époque à laquelle les inscriptions de privilège ou d'hypothèque doivent être considérées comme ayant produit leur effet légal. On verra dans les §§ suivants quels sont, parmi

t. VI, quest. 2548 *bis*; Seligmann, *op. cit.*, n° 124, et *infrà*, § **784**. Voy., sur la procédure à suivre pour obtenir la revente sur folle enchère en cas de non-transcription dans les quarante-cinq jours, *infrà*, § **752**, et, sur la combinaison des articles 713 et 750, *infrà*, § **784**.

[22] Chauveau, sur Carré, *op. cit.*, t. VI, quest. 2548.

[23] Arg. art. 738 qui permet d'éviter ainsi la revente sur folle enchère en cas de non-paiement du prix d'adjudication (Voy. *infrà*, § **751**). Duvergier (*Collection des lois et décrets*, t. LVIII, p. 151, note 2) et Chauveau (Sur Carré, *op. cit.*, t. VI, quest. 2548 *ter*) semblent dire que l'adjudicataire n'aura, dans l'espèce, qu'à consigner le montant des frais déjà faits, mais Seligmann dit avec raison : « La consignation des frais ne serait suffisante, à nos yeux, qu'autant que l'adjudicataire « consignerait, en outre, le prix de l'adjudication. Ce ne sont pas les frais de « transcription qui sont cause de l'inaccomplissement de cette formalité : ils sont « trop peu considérables. L'adjudicataire n'a pas voulu transcrire dans le but de « retarder l'ordre ; aussi devra-t-il consigner le prix afin que l'ordre ne puisse plus « être entravé par sa mauvaise volonté » (*Op. cit.*, n° 120).

§ **697**. [1] Voy. déjà, sur ces créanciers, *suprà*, §§ **671** et **673**.

[2] Voy., sur ce vendeur, sur la manière de procéder à son égard, et sur ce qu'il doit faire pour conserver son droit, *suprà*, § **672**.

ces effets de l'adjudication, ceux qui résultent du jugement lui-même et ceux qui ne se produisent qu'en vertu et à partir de la transcription. D'autre part, l'adjudication sur saisie immobilière est une de ces ventes « qui, d'après la loi, ne peu« vent être faites que d'autorité de justice : » les formalités qui l'ont précédée, les précautions qui l'ont entourée, la publicité qu'elle a reçue font justement présumer que l'immeuble saisi a été vendu à sa véritable valeur; par conséquent, ni le saisi ni le poursuivant ni les autres créanciers ne peuvent l'attaquer et demander qu'on la recommence sous prétexte qu'ils seraient lésés de plus des sept douzièmes (C. civ., art. 1684)[3].

§ **698.** A. Le transport de propriété est le premier effet de l'adjudication sur saisie immobilière[1], car, si d'autres adjudications dont il sera parlé dans cette section ou dans le tome V de ce Traité — adjudication sur surenchère au profit du premier enchérisseur, adjudication sur licitation au profit d'un copartageant, etc. — sont confirmatives ou déclaratives d'une propriété préexistante[2], celle-ci transfère la propriété à l'adjudicataire[3], en supposant, bien entendu, que le saisi fût lui-même propriétaire de l'immeuble dont il vient d'être exproprié : « l'adjudication ne transfère à l'adjudicataire, dit « l'article 717, d'autres droits de propriété que ceux appar« tenant au saisi. » Une adjudication faite *super non domino* ne transfèrerait donc pas plus la propriété à l'adjudicataire que

[3] « Elle (l'action en rescision pour lésion de plus des sept douzièmes) n'a pas lieu « en toutes ventes qui, d'après la loi, ne peuvent être faites que d'autorité de jus« tice » (C. civ., art. 1684). Voy., sur les motifs et sur l'application de cet article, Pothier, *De la procédure civile*, n° 637; Portalis, *Exposé des motifs du titre* De la vente; Grenier, *Discours au Corps législatif; Observations du Tribunat* (dans Locré, *op. cit.*, t. XIV, p. 130, 180 et 254).

§ **698.** [1] Le transport de propriété ne peut résulter que d'un jugement dont la preuve est rapportée et, par conséquent, transcrit ou au moins enregistré (Req. 27 juill. 1874; D. P. 77. 5. 396).

[2] C'est la conséquence du principe posé *suprà*, § **695**, que le jugement d'adjudication sur saisie immobilière n'est pas déclaratif mais translatif de propriété, et c'est pour cela que la loi du 23 mars 1855 ne soumet pas à transcription (Art. 1-4°) les jugements d'adjudication rendus sur licitation au profit d'un des copartageants. Je reviendrai sur ce point dans le tome V de ce Traité.

[3] On a vu au § **668** que la transcription de la saisie ne dépouille pas le saisi de la propriété de son immeuble mais seulement du droit d'en disposer.

la vente amiable de la chose d'autrui ne la transfère à l'acheteur[4], et la transcription de ce jugement ne lui donnerait, sous ce rapport, ni plus de force ni plus d'autorité, car il est dit dans l'article 2182 du Code civil que la simple transcription ne purge pas le titre transcrit des vices qui peuvent l'affecter, et que l'acheteur n'acquiert pas, en faisant transcrire le sien, plus de droits que le vendeur n'en avait sur la chose vendue[5]. D'autre part, il résulte de cet article, combiné avec

[4] La vente de la chose d'autrui est nulle non-seulement vis-à-vis du propriétaire dont la propriété demeure intacte, mais encore entre les parties (C. civ., art. 1599; voy., sur cet article, Aubry et Rau, *op. cit.*, t. IV, p. 354 et suiv.; Colmet de Santerre, *op. cit.*, t. VII, nos 28 *bis*-I et suiv.). La saisie pratiquée *super non domino* est également nulle (Voy. t. III, § **543**) et l'adjudication qui la termine ne transfère pas non plus la propriété à l'adjudicataire (Persil, *Premier rapport à la Chambre des pairs*, D. A. *v° cit.*, p. 570, n° 52; Bioche, *op. et v° cit.*, n° 676; Chauveau, sur Carré, *op. cit.*, t. V, IIe part., quest. 2408 et 2419 *decies;* Boitard, Colmet-Daage et Glasson, *op. cit.*, t. II, n° 990; Rodière, *op. cit.*, t. II, p. 310; Paris, 9 mars 1811, D. A. *v° cit.*, n° 1148; Rennes, 12 févr. 1818, D. A. *v° cit.*, n° 50; Toulouse, 11 août 1823, D. A. *v° cit.*, n° 1148; req. 4 août 1851, D. P. 54. 1. 335; voy. aussi l'espèce sur laquelle la cour de cassation, chambre des requêtes, s'est prononcée le 9 mai 1887, D. P. 88. 1. 181). Il en est autrement en cas de saisie-exécution, mais seulement à cause de l'article 2279 du Code civil qui n'a pas d'analogue en matière immobilière (Voy. t. III, § **583**). L'adjudication d'un immeuble saisi *super non domino* produit-elle, à défaut du transport de propriété, quelques autres effets? Voy. *infrà*, § **703**. L'adjudication de la totalité d'un immeuble dont le saisi n'était que copropriétaire est valable pour la part dont il avait la propriété, et la licitation provoquée ultérieurement par l'autre copropriétaire ne porte que sur la part qui n'a pas été adjugée (Civ. rej. 27 août 1883; D. P. 84. 1. 303).

[5] « La simple transcription des titres translatifs de propriété sur le registre du « conservateur ne purge pas les hypothèques et privilèges établis sur l'immeuble. « Le vendeur ne transmet à l'acquéreur que la propriété et les droits qu'il avait lui-« même sur la chose vendue; il les transmet sous l'affectation des mêmes privilèges « et hypothèques dont il était chargé. » Je donne une traduction libre de cet article en l'appliquant à tous les droits réels dont l'immeuble aliéné pouvait être grevé entre les mains du précédent propriétaire, et au cas même où l'aliénateur n'en était pas réellement propriétaire; mais cette large interprétation de l'article 2182 du Code civil n'est pas contestable, car il est absolument certain que la transcription de la vente ne rend pas l'acheteur propriétaire d'un immeuble dont le vendeur n'avait pas la propriété. On pourrait, il est vrai, concevoir un système législatif dans lequel l'accomplissement des formalités prescrites en matière d'aliénation immobilière donnerait à cette aliénation une publicité suffisante pour que le propriétaire fût présumé instruit de l'aliénation de son immeuble consentie *a non domino,* et transférerait, par conséquent, à l'acquéreur une propriété incommutable même à l'égard de ce propriétaire — c'est le système allemand; voy. la communication de M. Gérardin à la Société de législation comparée (13 janv. 1870; *Bulletin de la société,* p. 30 et suiv.) — mais tel n'est pas celui des articles 939 et suivants, 1071 et suivants du Code civil et de la loi du 23 mars 1855: la transcription règle la question de priorité entre acquéreurs successifs du même immeuble et met l'acquéreur à l'abri de tous les droits soumis à transcription qui n'ont pas encore été publiés de cette manière à l'époque où lui-même a fait transcrire son titre (Voy. l'application de ce principe aux baux de plus de dix-huit ans et aux paiements ou cessions de plus de trois années de loyers ou fermages non échus, *suprà*, §§ **654** et **663**), mais elle ne rend pas l'acheteur *a non domino* propriétaire à l'égard du *verus dominus* (C. civ., art. 2182). Il

l'article 2125 du même Code [6], que l'acquéreur d'un immeuble ne le prend, même après avoir fait transcrire, qu'affecté des droits réels qui le grevaient aux mains du précédent propriétaire [7], et, par conséquent, trois questions se posent sur ce premier effet de l'adjudication : 1° comment et à quel moment la propriété passe-t-elle du saisi à l'adjudicataire? 2° dans quel état lui arrive-t-elle et à quelles actions est-il soumis de la part des tiers qui avaient des droits sur l'immeuble? 3° qu'arrivera-t-il si le saisi n'en était même pas propriétaire [8]?

§ **699**. *a*. Comment et à quel moment la propriété de l'immeuble adjugé sur saisie immobilière se transmet-elle du saisi à l'adjudicataire? Avant 1855, l'adjudication la transférait immédiatement *erga omnes* [1], mais il faut distinguer, depuis la loi du 23 mars 1855, les rapports des parties entre elles et ceux de l'adjudicataire avec les tiers. On entend ici par parties toutes les personnes qui ne sont pas des tiers au sens de la loi du 23 mars 1855, et le saisi y est compris bien que la qualité du vendeur puisse lui être contestée

en est de même de l'adjudication sur saisie immobilière d'un immeuble exproprié *super non domino* : je ferai seulement remarquer que cette adjudication produit un effet qui ne résulterait pas d'une vente conclue à l'amiable, car elle purge les privilèges et hypothèques inscrits ou dispensés d'inscription vis-à-vis desquels le poursuivant a eu soin d'accomplir les formalités prescrites par l'article 692 (Voy. *infrà*, §§ **709** et suiv.). D'autres adjudications auraient-elles le même effet? Voy. le tome V de ce Traité.

6 « Ceux qui n'ont sur l'immeuble qu'un droit suspendu par une condition, ou résoluble dans certains cas, ou sujet à rescision, ne peuvent consentir qu'une hypo« thèque soumise aux mêmes conditions ou à la même rescision. »

7 Sous la réserve, en ce qui concerne l'adjudication sur saisie immobilière, de l'observation faite *suprà*, note 5 *in fine*.

8 La cour de cassation a jugé que l'adjudication ne transfère pas la propriété et que l'adjudicataire ne peut exiger la délivrance des parcelles que le cahier des charges a formellement exclues de l'adjudication (Req. 18 avr. 1887; D. P. 87. 1. 263). Cette solution ne peut faire difficulté.

§ **699**. 1 *Nec obst.* art. 834 et 835, aux termes desquels les créanciers privilégiés et hypothécaires pouvaient prendre inscription du chef du précédent propriétaire jusqu'à ce que l'acquéreur eût fait transcrire son titre et même pendant la quinzaine qui suivait cette transcription. 1° Il ne résultait pas de ces articles, comme on le verra au tome V de ce Traité, que le transport de la propriété à l'égard des tiers fût subordonné à la transcription. 2° Ils concernaient uniquement les aliénations volontaires, et l'adjudication sur saisie immobilière était restée soumise à l'article 2166 du Code civil, de sorte qu'aucune inscription ne pouvait être utilement prise sur l'immeuble saisi dès que le jugement d'adjudication était rendu et alors même qu'il n'avait pas encore été transcrit (Aubry et Rau, *op. cit.*, t. III, p. 328).

comme on le verra au § **708**. On entend par tiers, suivant l'article 3 de ladite loi et sous la réserve des observations faites au § **701**, ceux qui ont acquis sur l'immeuble, du chef du saisi ou des propriétaires qui l'ont précédé, des droits qu'ils ont conservés en se conformant aux lois[2].

§ **700**. α. Les principes du Code civil ont conservé toute leur force entre les parties; la propriété se transfère entre elles par le seul consentement et, dans l'espèce, par le seul effet du jugement d'adjudication qui tient lieu de contrat, l'intervention de la justice remplaçant ici le consentement que le saisi n'a pas donné mais qu'il ne pouvait refuser (C. civ., art. 711, 938, 1138 et 1583)[1]. Le délai d'appel et l'appel lui-même, en admettant qu'il soit recevable[2], n'empêchent pas cet effet du jugement de se produire instantanément[3], car le délai d'appel n'étant pas suspensif et l'appel lui-même ne suspendant que l'exécution du jugement[4], le transport de la propriété ne s'opère pas à la date de l'arrêt confirmatif mais à la date du jugement confirmé[5]. Je dis *l'arrêt confirmatif* et *le jugement confirmé*, car il va de soi que l'infirmation du jugement d'adjudication remettrait les choses en l'état où elles étaient avant qu'il fût prononcé, et rétablirait le saisi dans

[2] L'article 26 de la loi du 11 brumaire an VII, origine de l'article 3 de la loi du 23 mars 1855, visait uniquement « les tiers qui avaient contracté avec le vendeur. » Cette formule trop étroite excluait : 1° les créanciers à hypothèque légale et judiciaire qui n'ont pas contracté avec le vendeur et ne tiennent que de la loi ou du jugement l'hypothèque qu'ils ont sur ses biens; 2° les tiers qui ont contracté avec les prédécesseurs du vendeur. Les rédacteurs de la loi du 23 mars 1855 ont pris à dessein, et avec raison, une formule plus large qui comprend tous les tiers qui ont acquis des droits du chef de l'un quelconque des précédents propriétaires et même en dehors de toute convention passée avec lui; mais l'article 3 de cette loi ne signifie pas autre chose et n'embrasse pas toutes les personnes qui ont, à un moment et pour une cause quelconques, acquis des droits sur l'immeuble : il ne s'applique pas au conflit des ayants-cause de l'acquéreur avec le vendeur ou entre eux (Voy., sur cette proposition et sur les applications dont elle est susceptible, Aubry et Rau, *op. cit.*, t. II, p. 307, 309 et 314).

§ 700. [1] Voy., sur l'application de ce principe en matière d'adjudication sur saisie immobilière, Chauveau, sur Carré, *op. cit.*, t. V, IIe part., quest. 2404 *bis*.

[2] C'est-à-dire qu'il statue sur un incident de la poursuite (Voy., sur ce point, *suprà*, § **695** et *infrà*, § **925**).

[3] Voy., sur ce point, *infrà*, § **954**.

[4] Voy., sur ces deux principes, *infrà*, §§ **948** et **954**.

[5] Bioche, *op. et v° cit.*, n° 529. Chauveau, sur Carré, *op. et loc. cit.* Req. 18 août 1808 (D. A. *v° cit.*, n° 1760).

son droit de propriété jusqu'à ce qu'il fût procédé à une nouvelle adjudication[6].

Je tire du principe posé en tête de ce § les conséquences suivantes. 1° L'adjudicataire peut immédiatement, et même avant d'avoir fait transcrire son titre, revendiquer l'immeuble qui lui a été adjugé contre les tiers qui s'en trouveraient possesseurs, et intenter l'action négatoire contre ceux qui s'y prétendraient titulaires d'un droit d'usufruit ou de servitude[7]. 2° A l'inverse, les tiers qui contestent que l'immeuble adjugé ait sur leurs fonds un droit de servitude peuvent intenter l'action négatoire contre l'adjudicataire qui n'a pas encore transcrit[8]. 3° Le saisi et ses héritiers[9] ne peuvent opposer le défaut de transcription à l'adjudicataire pour revendiquer contre lui[10]; ils ne le pourraient même pas en offrant de désintéresser tous les ayants-droit, c'est-à-dire de payer intégralement le saisissant et les créanciers inscrits[11]; il en est de

[6] Voy., sur les effets de l'infirmation en appel des jugements rendus en premier ressort, *infrà*, § **986**. Je suppose — c'est un point réservé (Voy. *infrà*, § **764**) — que l'infirmation des chefs du jugement d'adjudication qui statuent sur des incidents rend l'adjudication non avenue et oblige à la recommencer.

[7] Demolombe, *op. cit.*, t. XXIV, n° 460. Aubry et Rau, *op. cit.*, t. II, p. 319. Colmet de Santerre, *op. cit.*, t. V, n° 56 *bis*-V. Duverger, *op. cit.*, n°s 20 et suiv. Il peut de même intenter, avant d'avoir fait transcrire son titre, l'action confessoire à raison des servitudes qui compètent au fonds dont il est devenu propriétaire.

[8] Demolombe, *op. et loc. cit.* Aubry et Rau, *op. et loc. cit.* Grenier, *op. cit.*, t. II, n° 346.

[9] Les héritiers du donateur ont peut-être le droit d'opposer au donataire le défaut de transcription (Voy., sur cette question, Demolombe, *op. cit.*, t. XX, n°s 306 et suiv.; Aubry et Rau, *op. cit.*, t. VII, p. 393; Demante, *op. cit.*, t. IV, n° 82 *bis*-II; Marcadé, *op. cit.*, t. III, n° 665; Demangeat, sur Mourlon, *Répétitions écrites sur le Code civil*, t. II, n° 702, note 1), mais les héritiers du vendeur n'ont certainement pas ce droit vis-à-vis de l'acheteur, quand même ils auraient accepté sa succession sous bénéfice d'inventaire (Demolombe, *op. cit.*, t. XXIV, n° 454; Aubry et Rau, *op. cit.*, t. II, p. 310; Troplong, *De la transcription*, n°s 145 et 148; Mourlon, *De la transcription*, t. II, n°s 421, 435 et 436; Flandin, *op. cit.*, t. II, n°s 840 et 841). Les héritiers du saisi ne peuvent pas non plus opposer le défaut de transcription du jugement d'adjudication (Voy., sur l'assimilation du saisi au vendeur, *infrà*, § **706**, et les autorités citées à la note suivante).

[10] Demolombe, *op. cit.*, t. XXIV, n°s 450 et suiv. Aubry et Rau, *op. cit.*, t. II, p. 309. Larombière, *op. cit.*, t. I, sur l'art. 1138, n° 48. Troplong, *op. cit.*, n°s 48, 144, 164 et 165. Flandin, *op. cit.*, t. II, n° 839. Valette, *De l'effet de la transcription relativement au privilège du vendeur* (Dans la *Revue pratique de droit français*, t. XVI, 1863, p. 433 et suiv.). Duverger, *op. et loc. cit.*

[11] Voy., en ce sens, les mêmes autorités. On peut encore invoquer à l'appui de cette solution l'article 687, aux termes duquel l'aliénation consentie par le saisi après la transcription de la saisie immobilière peut sortir effet si l'acquéreur consigne, avant le jour fixé pour l'adjudication, les sommes dues au saisissant et aux créanciers inscrits; l'adjudication faite, cette consignation serait tardive et dépourvue d'effet (Voy., sur cet article, *suprà*, § **665**).

même des ayants-cause à titre particulier du saisi dont les droits ne sont pas soumis à la formalité de la transcription[12]. 4° Les créanciers chirographaires du saisi qui trouvent l'adjudication faite à trop bas prix ne peuvent opposer le défaut de transcription à l'adjudicataire[13] que dans le cas où, ce saisi étant un commerçant failli, ils ont pris sur ses immeubles l'inscription d'hypothèque légale que leur accordent les articles 490 et 517 du Code de commerce[14], et encore ne font-ils tomber ainsi que l'adjudication, la saisie et les droits qu'elle a conférés au saisissant demeurant intacts[15]; les autres créanciers chirographaires du saisi n'ont qu'un moyen de relever le prix d'adjudication, c'est d'y mettre une surenchère[16]. 5° L'immeuble adjugé est immédiatement aux risques de l'adjudicataire qui en doit le prix quand même il périrait en tout ou en partie avant de lui être livré (C. civ., art. 1138). Est-ce bien comme propriétaire qu'il en subit les

[12] Par exemple, un légataire ou un preneur dont le bail ne dépasse pas dix-huit ans (Demolombe, *op. cit.*, t. XXIV, n° 457; Aubry et Rau, *op. cit.*, t. II, p. 311; Mourlon, *op. cit.*, t. II, n°s 435 et 438). Voy., sur la situation particulière du preneur, *suprà*, § **654**.

[13] Ils ne le peuvent pas en principe, car l'article 3 de la loi du 23 mars 1855, qui n'accorde ce droit qu'aux tiers qui ont des droits sur l'immeuble, a été précisément rédigé ainsi de manière à les exclure (Voy. le rapport de M. Debelleyme, D. P. 55. 4. 31, n° 33; Demolombe, *op. cit.*, t. XXIV, n° 456; Aubry et Rau, *op. et loc. cit.*; Colmet de Santerre, *op. cit.*, t. V, n° 56 *bis*-V; Troplong, *op. cit.*, n° 146; Mourlon, *op. cit.*, t. II, n° 434; Flandin, *op. cit.*, t. II, n° 848). Cette solution doit être maintenue alors même que la succession serait vacante ou acceptée sous bénéfice d'inventaire (Aubry et Rau, *op. et loc. cit.*), ou que les créanciers chirographaires auraient pris sur les immeubles de cette succession l'inscription dont il est parlé en l'article 2111 du Code civil (Aubry et Rau, *op. et loc. cit.*; Mourlon, *op. cit.*, t. II, n° 489).

[14] Cette question est controversée parmi les auteurs. Les uns admettent les créanciers chirographaires du failli à opposer, par le seul fait du jugement déclaratif de faillite, le défaut de transcription des aliénations immobilières consenties par ce failli (Troplong, *op. cit.*, n°s 148 et 149; Demangeat, sur Bravard, *Droit commercial*, t. VI, p. 296 et suiv.). D'autres le leur interdisent d'une manière absolue, lors même qu'ils auraient pris l'inscription dont il est parlé au texte (Voy. notamment Mourlon, *op. cit.*, t. II, n° 488). L'opinion la plus commune le leur permet, mais seulement lorsqu'ils ont pris cette inscription (Aubry et Rau, *op. cit.*, t. II, p. 312; Flandin, *op. cit.*, t. II, n°s 854 et suiv.; Rivière et Huguet, *op. cit.*, n°s 189 et suiv.; Lesenne, *op. cit.*, n° 68). Voy. aussi, sur cette question, Boistel, *op. cit.*, n° 919; Lyon-Caen et Renault, *op. cit.*, t. II, n° 2718.

[15] Opposer le défaut de transcription de l'adjudication et demander la nullité de la saisie sont deux choses absolument différentes. Les créanciers chirographaires peuvent se trouver (comme dans l'espèce) dans des conditions exceptionnelles qui les feront considérer comme des tiers et leur permettront d'opposer le défaut de transcription de l'adjudication, mais ils ne pourront pas pour cela faire tomber une saisie pratiquée régulièrement au fond et en la forme.

[16] « Toute personne peut surenchérir » (Art. 708; voy. *infrà*, § **716**).

risques? Ne suffirait-il pas, pour justifier cette solution, de faire remarquer qu'il est créancier d'un corps certain et débiteur d'une somme d'argent, que sa créance s'éteint par la perte de la chose due, et que sa dette subsiste parce qu'elle a pour objet un genre et que les genres ne périssent pas? C'est la vieille querelle des partisans de la règle *Res perit domino*[17] et des défenseurs de la règle *Res perit creditori*[18]. Qu'il me suffise de dire : 1) qu'elle n'a d'intérêt, dans l'espèce, que dans le cas très peu vraisemblable où, le cahier des charges ayant remis à une date ultérieure le transport de la propriété de l'immeuble adjugé, cet immeuble périrait en tout ou en partie à l'époque où l'adjudicataire n'en est encore que créancier; 2) qu'il s'agirait surtout alors d'interpréter la volonté des parties, et de savoir si l'adjudicataire a voulu assumer les risques de l'immeuble avant d'en être propriétaire; or rien ne serait moins vraisemblable et j'en conclurais qu'il a le droit de ne pas payer le prix si cet immeuble a péri en totalité, et de le faire réduire à dire d'experts en cas de perte partielle ou de simple détérioration[19].

§ **701**. β. Depuis la loi du 23 mars 1855 (Art. 1-1° et 4° et art. 3) la propriété immobilière ne se transfère à l'égard des tiers que par la transcription[1]. L'adjudicataire n'est donc propriétaire à leur égard qu'après avoir fait transcrire son titre[2], et tous ceux qui, ayant acquis sur l'immeuble des droits sujets à inscription ou à transcription, auraient accompli avant lui ces formalités pourraient lui opposer leurs titres et exciper contre lui du défaut de transcription, si l'application de ce principe n'était restreinte, dans l'espèce, par

17 Voy. notamment, en ce sens, Larombière, *op. cit.*, t. I, sur l'art. 1138, n° 23.
18 Voy. notamment, en ce sens, Demolombe, *op. cit.*, t. XXIV, n° 424; Colmet de Santerre, *op. cit.*, t. V, n° 56 *bis*-V.
19 Il en est de même dans la vente conclue à l'amiable : la controverse que je viens de rapporter n'a d'intérêt qu'en supposant le transport de la propriété remis à une époque ultérieure en vertu d'une clause spéciale du contrat (Voy. les auteurs cités aux deux notes précédentes).

§ **701.** 1 Entre-vifs et à titre onéreux. Les legs portant sur la propriété immobilière ne sont pas soumis à transcription (Voy. Debelleyme, *op. cit.;* D. P. 55. 4. 30, n° 29), et les donations d'immeubles sont soumises, sous ce rapport, à des règles particulières (C. civ., art. 939 et suiv.).
2 Voy., sur cette formalité, *suprà*, § **696**.

une double circonstance[3]. 1° Les tiers auxquels le saisi n'a pu conférer de droits valables sont mal fondés, lors même qu'ils auraient transcrit avant l'adjudicataire, à lui opposer le défaut de transcription, puisqu'en vertu des principes posés au § **698** la transcription n'a point purgé le vice de leurs titres et rendu valables des actes qui étaient par eux-mêmes entachés de nullité. Le preneur dont le bail n'aura pas acquis date certaine avant le commandement ne pourra donc pas l'opposer à l'adjudicataire, ce bail eût-il été fait pour plus de dix-huit ans et transcrit avant la transcription du jugement d'adjudication[4]; l'acquéreur dont le titre n'aura pas acquis date certaine avant la transcription de la saisie ne pourra pas le faire valoir contre l'adjudicataire, eût-il transcrit avant lui[5]. 2° Les créanciers dont les privilèges et hypothèques sont purgés par le jugement d'adjudication ne peuvent pas non plus se prévaloir à l'encontre de l'adjudicataire de ce que leurs inscriptions sont antérieures à la transcription de ce jugement, car ils ont perdu tout droit de suite sur l'immeuble et n'ont conservé qu'un droit de préférence sur le prix[6].

Les seuls tiers qui puissent opposer à l'adjudicataire le défaut de transcription sont donc : 1° parmi les acquéreurs, ceux qui, ayant traité avec le saisi ou avec ses prédécesseurs avant la transcription de la saisie, ont fait transcrire leurs titres avant ou même après la transcription de ladite saisie[7]; 2° parmi les preneurs, ceux qui, ayant loué ou

[3] J'ai fait pressentir cette réserve au § **699**.

[4] Les baux qui n'ont pas acquis date certaine avant le commandement peuvent être annulés à la demande de l'adjudicataire, quand même, étant faits pour plus de dix-huit ans, ils auraient été transcrits après ce commandement (Voy. *suprà*, § **654**).

[5] Les aliénations postérieures à la transcription de la saisie sont frappées de nullité (Voy. *suprà*, § **664**). *Quid* des paiements anticipés et des cessions de plus de trois années de loyers ou de fermages non échus? Voy. *suprà*, § **662**.

[6] Voy., sur ce point, *infrà*, §§ **711** et **713**.

[7] La transcription de leurs titres a-t-elle précédé celle de la saisie, ils sont devenus propriétaires *erga omnes*. A-t-elle suivi la transcription de la saisie, elle l'emporte encore sur cette dernière, puisqu'après comme avant la transcription de la saisie les créanciers saisissants ne sont pas des tiers au sens de la loi du 23 mars 1855 (Voy. *suprà*, § **668**; comp. Seligmann, *op. cit.*, n° 58). Ajoutez que ces acquéreurs seront toujours préférés à l'adjudicataire dans le cas même où celui-ci aurait possédé pendant dix ou vingt ans l'immeuble qui lui a été adjugé, car, entre acquéreurs qui tiennent leurs droits du même propriétaire, la préférence ne se détermine depuis 1855 que par la date des transcriptions (Demolombe, *op. cit.*, t. XXIV, n° 463; Aubry et Rau, *op. cit.*, t. II, p. 321; Troplong, *op. cit.*, n°s 177 et suiv.; Mourlon, *op.*

affermé pour plus de dix-huit ans avant le commandement à fin de saisie immobilière, ont fait transcrire leur contrat avant cette même époque[8]; 3° parmi les créanciers hypothécaires ou privilégiés, ceux dont les privilèges et hypothèques ne sont pas purgés par le jugement d'adjudication[9]. On a pourtant soutenu qu'une quatrième catégorie de personnes, celles qui auraient acquis du saisi depuis le jugement d'adjudication et fait transcrire leur titre avant la transcription de ce jugement, peuvent opposer à l'adjudicataire le défaut de transcription[10]. D'après cette manière de voir, les effets de

cit., t. II, nos 505 et 510; Flandin, *op. cit.*, t. II, n° 909; Rivière et François, *op. cit.*, n° 54; Bressolles, *op. cit.*, n° 54; *contrà*, Humbert, *op. cit.*, n° 41). Ajoutez encore que, le registre des transcriptions étant, comme celui des inscriptions (Voy. *suprà*, § **671**), tenu par nom de propriétaire au lieu de l'être par nom d'immeuble, l'adjudicataire n'acquiert la propriété à l'égard des tiers qui tiennent des droits des prédécesseurs du saisi qu'en faisant transcrire, avec son propre titre, ceux de ces prédécesseurs qui n'auraient pas rempli cette formalité (Demolombe, *op. cit.*, t. XXIV, n° 465; Aubry et Rau, *op. cit.*, t. II, p. 315 et suiv.; Larombière, *op. cit.*, t. I, sur l'art. 1138, n° 47; Mourlon, *op. cit.*, t. II, nos 447 et suiv., 593 et suiv.; Lesenne, *op. cit.*, nos 63 et suiv.; Humbert, *op. cit.*, n° 40; Gide, *op. cit.* (dans la *Revue critique de législation et de jurisprudence*, t. XXVI, 1865, p. 372 et suiv.); *contrà*, Pont, *Des privilèges et hypothèques*, t. I, n° 265, t. II, n° 292; Flandin, *op. cit.*, t. II, nos 887 et 892; Rivière et Huguet, *op. cit.*, n° 212; Rivière et François, *op. cit.*, n° 52; Verdier, *Quels sont les effets de la transcription de la revente relativement aux ayants-cause du vendeur originaire?* (dans la *Revue pratique de droit français*, t. XX, 1865, p. 54 et suiv., t. XXII, 1866, p. 252 et suiv.); comp. *suprà*, § **671**).

[8] Et encore faut-il faire une distinction en ce qui les concerne, car il existe un cas où les preneurs ne pourront pas opposer le défaut de transcription à l'adjudicataire. On a vu au § **654** que les baux de plus de dix-huit ans ne sont pas opposables aux créanciers hypothécaires qui ont pris inscription avant que ces baux fussent transcrits, et que ces créanciers ont le droit de faire insérer un dire au cahier des charges, soit pour en faire rayer une clause qui obligerait l'adjudicataire à supporter ces baux, soit pour y faire insérer une clause expresse qui l'obligera à les supporter. Il s'ensuit que, si le poursuivant est un créancier hypothécaire inscrit avant la transcription de ces baux, ou s'il n'est que créancier chirographaire mais qu'il existe des créanciers hypothécaires et qu'ils aient formé un dire en temps utile pour que l'adjudicataire ne soit pas tenu de subir ces baux ou même pour qu'il en soit expressément dispensé, les preneurs ainsi visés ne pourront pas opposer à l'adjudicataire leurs baux même transcrits avant la transcription du jugement d'adjudication. Il faut donc, pour que ces preneurs puissent opposer leurs baux à l'adjudicataire qui n'a transcrit qu'après eux : 1° que le poursuivant soit un créancier chirographaire; 2° qu'il n'existe pas de créanciers hypothécaires inscrits avant la transcription des baux en question, ou que ces créanciers hypothécaires aient laissé insérer au cahier des charges une clause en vertu de laquelle l'adjudicataire sera tenu de les supporter. On sait, d'ailleurs, que toute les personnes intéressées sont admises à contester le cahier des charges : les preneurs dont je parle ici auront donc le droit de discuter les clauses qui leur seraient préjudiciables et d'en demander la suppression. Voy., sur le cahier des charges, sur les dires qui peuvent y être faits, et sur les contestations dont ces dires sont susceptibles, *suprà*, §§ **669, 675** et suiv.

[9] Quels sont ces créanciers? Voy. *infrà*, §§ **709** et suiv.

[10] Mourlon, *op. cit.*, t. I, n° 79. Ollivier et Mourlon, *op. cit.*, n° 199.

la saisie cesseraient de se produire après l'adjudication qui la clôt, le saisi recouvrerait à ce moment la faculté d'aliéner, et les aliénations par lui faites seraient valables à l'égard de l'adjudicataire pourvu qu'elles fûssent transcrites avant que lui-même fît transcrire son titre, en sorte que cette dernière transcription serait nécessaire pour le mettre à l'abri non-seulement des aliénations antérieures à la transcription de la saisie, mais encore des aliénations postérieures à l'adjudication. J'écarte cette opinion pour trois raisons : 1° il serait inexplicable que les droits dont le saisi a été dépouillé par la transcription de la saisie lui fûssent rendus par le jugement qui consomme son expropriation, et qu'incapable d'aliéner alors qu'il était seulement sous le coup des poursuites, il redevînt capable de le faire lorsqu'elles ont abouti; 2° le saisi auquel le commandement a pour toujours enlevé le droit de louer ou d'affermer son immeuble — la preuve qu'il l'a définitivement perdu, c'est que l'article 684 déclare nuls tous les baux postérieurs à ce commandement[11] — ne peut, à plus forte raison, recouvrer la faculté d'aliéner qu'il a perdue par la transcription de la saisie; 3° l'adjudicataire auquel la loi donne un délai de quarante-cinq jours pour faire transcrire son titre, et qui en a effectivement besoin pour lever le jugement, le faire enregistrer et en faire faire la transcription[12], ne serait jamais sûr d'être propriétaire s'il pouvait se voir opposer des aliénations consenties depuis l'adjudication et qui seront facilement transcrites avant que lui-même ait pu se mettre en règle : la loi aurait ainsi manqué son but qui est de donner à l'adjudicataire toute la sécurité possible et de le mettre à l'abri de toute cause d'éviction, excepté celles dont il sera parlé au § suivant[13].

§ **702**. *b*. On a vu au § **698** que la propriété de l'adjudicataire n'est ni absolue ni incommutable : elle est donc, sous la réserve des privilèges, des hypothèques et des droits du vendeur non payé qui font l'objet de règles spéciales[1], grevée entre

[11] Voy. *suprà*, § **654**.
[12] Voy. *suprà*, § **696**.
[13] Seligmann, *op. cit.*, n° 57. Rivière et Huguet, *op. cit.*, n° 124.

§ 702. [1] Voy. *suprà*, §§ **671** et suiv., et *infrà*, §§ **709** et suiv.

les mains de l'adjudicataire des mêmes charges et des mêmes causes de nullité, rescision ou résolution qui l'affectaient entre les mains du saisi.

α. L'adjudicataire doit supporter les baux consentis et les servitudes constituées sur l'immeuble par le saisi ou par les propriétaires qui l'ont précédé[2], à condition : 1° pour les baux, qu'ils aient acquis date certaine avant le commandement à fin de saisie immobilière et même, s'ils ont été faits pour plus de dix-huit ans, qu'ils aient été transcrits avant l'inscription des hypothèques qui grèvent l'immeuble saisi[3]; 2° pour les actes constitutifs de servitude, qu'ils aient été transcrits avant la transcription du jugement d'adjudication et même, au cas où l'immeuble saisi est grevé d'hypothèques, avant l'inscription de ces hypothèques : ces actes ne sont opposables aux créanciers hypothécaires que s'ils ont été transcrits avant que ces créanciers eûssent pris inscription; les créanciers hypothécaires antérieurement inscrits peuvent donc faire insérer au cahier des charges une clause portant que l'immeuble sera adjugé franc de servitudes[4].

β. L'adjudicataire doit également subir les actions en nullité, en rescision et en résolution qui existaient contre le saisi, car l'action résolutoire du vendeur et des personnes qui lui sont assimilées est la seule qui soit purgée par le jugement d'adjudication[5]. Survivent ainsi à l'adjudication, et peuvent être intentées contre l'adjudicataire quand se produisent les événements qui leur donnent naissance : 1° l'ac-

[2] M. Lherbette, *Séance de la Chambre des députés* du 14 janvier 1841 (*Moniteur* du 15, p. 106). Duvergier, *op. cit.*, t. XLI, p. 262, note 3. Chauveau, sur Carré, *op. cit.*, t. V, IIe part., quest. 2404 *quinquies*. Boitard, Colmet-Daâge et Glasson, *op. cit.*, t. II, nos 965 et 995. Rodière, *op. cit.*, t. II, p. 305. Seligmann, *op. cit.*, no 61. Il en est de même des droits d'antichrèse, d'usage et d'habitation. Voy., sur ce point et sur les baux à long terme (baux à rente, champarts, complants, etc.) qui grèveraient l'immeuble, Carré, sur Chauveau, *op. cit.*, t. V, IIe part., quest. 2404 *sexies*; aj., sur les baux en général, *suprà*, § **654**.

[3] Voy. *suprà*, § **654** et le § précédent, note 8.

[4] Voy., sur cette application des articles 2-1° et 3 de la loi du 23 mars 1855, Demolombe, *op. cit.*, t. XII, no 749; Aubry et Rau, *op. cit.*, t. II, p. 72; Troplong, *op. cit.*, nos 107 et suiv. Aj., sur les précautions à prendre en pareil cas pour éviter toute difficulté de la part du propriétaire du fonds dominant, et sur les moyens qui restent à celui-ci d'obtenir le maintien de la servitude qui lui appartient, Aubry et Rau, *op. et loc. cit.*, et, sur les dires insérés au cahier des charges à la requête des créanciers hypothécaires, *suprà*, § **675**.

[5] M. Lherbette, *Séance de la Chambre des députés* du 14 janvier 1841 (*Moniteur*, *loc. cit.*). Rodière, *op. et loc. cit.*

tion en nullité du contrat qui a rendu le saisi ou ses prédécesseurs propriétaires, spécialement l'action en nullité fondée sur la dotalité de l'immeuble saisi s'il a été précédemment aliéné hors des cas exceptionnels où l'aliénation en est permise[6]; 2° l'action en résolution du contrat qui a rendu le saisi ou ses prédécesseurs propriétaires, lorsque le maintien de ce contrat dépendait, de par la convention des parties, d'un événement futur et incertain qui s'est réalisé depuis l'adjudication[7]; 3° les actions en rescision fondées sur la lésion, et spécialement sur celle de plus du quart en cas de partage et de plus des sept douzièmes en cas de vente[8]; 4° l'action en

[6] Voy., sur ce cas particulier, Montpellier, 8 févr. 1869 (D. P. 74. 5. 441), sur l'inaliénabilité du fonds dotal, sur la nullité de cette aliénation, et sur les cas où elle est exceptionnellement permise, C. civ., art. 1554 et suiv. Un seul cas pourrait faire difficulté, celui de l'action en nullité fondée sur le dol. Partant de l'article 1116 du Code civil, aux termes duquel les contrats ne sont annulables pour cause de dol qu'autant que les manœuvres frauduleuses ont été pratiquées par l'un des contractants contre l'autre, on serait tenté de dire que l'action en nullité fondée sur le dol n'est, en réalité, qu'une demande en dommages-intérêts et ne peut réfléchir contre le sous-acquéreur qui n'a pas trempé dans les manœuvres frauduleuses. Cette manière de voir est repoussée avec raison par tous les auteurs : l'action en nullité pour cause de dol est *in personam scripta* (Voy. l'origine de cette règle dans la loi 15, § 3, au Digeste, *De dolo malo*, IV, 3) en ce sens qu'elle ne peut être intentée par une partie que les manœuvres d'un tiers ont induite à contracter; mais, quand ces manœuvres frauduleuses sont venues de l'autre partie, l'action intentée en vertu de l'article 1116 du Code civil est une véritable action en nullité qui réfléchit contre les tiers : « le dol n'est une cause de nullité... » dit formellement cet article (Toullier, *op. cit.*, t. VI, nos 92 et 94; Duranton, *op. cit.*, t. X, n° 180; Demolombe, *op. cit.*, t. XXIV, n° 190; Colmet de Santerre, *op. cit.*, t. V, n° 27 *bis*-III; Larombière, *op. cit.*, t. I, sur l'art. 1116, n° 12). Voy., sur le caractère des actions en nullité en général, t. I, § **126**.

[7] Arg. C. civ., art. 1183 : « La condition résolutoire remet les choses au même et « semblable état que si l'obligation n'avait pas existé. » Voy., sur l'exercice des actions en résolutoion contre les tiers, t. I, § **126**. Pourquoi celle du vendeur et des personnes qui lui sont assimilées est-elle la seule qui soit purgée par le jugement d'adjudication? La diversité des situations explique suffisamment cette particularité. Ou le prix de vente est exigible, ou ne l'étant pas encore, il le devient par le fait de la saisie, le débiteur étant en déconfiture et, par conséquent, privé du bénéfice du terme (Voy. t. III, § **561**) : le vendeur peut donc exercer immédiatement son action résolutoire et on peut le sommer de le faire à peine de déchéance. Tout autre est la situation des tiers investis d'actions en résolution dont l'exercice est subordonné à l'arrivée d'événements non encore accomplis et qui peuvent ne se produire qu'après l'adjudication : comment les mettre en demeure d'intenter des actions qui ne sont pas nées (Voy., sur la règle *Actioni non natæ non præscribitur*, Aubry et Rau, *op. cit.*, t. II, p. 327 et suiv.), et les déclarer déchus d'actions qu'ils n'ont pu intenter?

[8] C. civ., art. 887 et 1674. L'adjudicataire jouira seulement, dans le premier cas, du droit qu'avait le cohéritier sur lequel a été saisi l'immeuble à lui échu par partage, d'arrêter le cours de la demande en rescision « en fournissant au demandeur « le supplément de sa portion héréditaire soit en numéraire soit en nature » (C. civ., art. 891), et, dans le second cas, du droit qu'avait l'acheteur sur lequel l'immeuble a été saisi, d'éviter la rescision « en payant le supplément du juste prix sous

réduction des héritiers à réserve, quand le saisi ou les précédents propriétaires ont acquis l'immeuble saisi en vertu d'une donation qui excédait le chiffre de la quotité disponible [9]; 5° l'action révocatoire, pour survenance d'enfant ou pour inexécution des charges, de la donation en vertu de laquelle le saisi ou ses prédécesseurs sont devenus propriétaires. Ces deux causes de révocation peuvent, en effet, être invoquées non-seulement contre les donataires mais encore contre les tiers acquéreurs [10], et on remarquera, quant à la seconde, que bien qu'analogue à l'action résolutoire du vendeur non payé, l'article 717 ne lui est pas applicable, et pour trois raisons : 1) l'article 717 ne frappe de déchéance que le vendeur qui ne s'est pas conformé aux prescriptions de la loi, et les déchéances sont de droit étroit; 2) la purge de l'action résolutoire du vendeur est la conséquence de l'extinction de son privilège [11] ; or le donateur n'a pas de privilège, suivant l'opinion commune, pour l'exécution des conditions qu'il a mises à sa donation [12], et la purge de son action révocatoire ne peut se rattacher ni au texte de l'article 717 qui n'en fait pas mention, ni à l'extinction d'un privilège qui ne lui appartient pas; 3) à la différence du vendeur qui peut agir immédiatement en résolution pour défaut de paiement du prix, le donateur ne peut demander la révocation pour inexécution des charges qu'à l'expiration du délai dans lequel le donataire devait satisfaire à ses obligations [13].

« la déduction du prix total » (C. civ., art. 1681), sauf, dit le même article, sa garantie « contre son vendeur. » Contre qui exercera-t-il ce recours? Voy. *infrà*, § **706**.

[9] L'adjudicataire pourra invoquer aussi en pareil cas l'article 930 du Code civil qui, supposant l'action en réduction exercée contre des tiers acquéreurs, dit que ce sera « de la même manière et dans le même ordre que contre les donataires eux- « mêmes et discussion préalablement faite de leurs biens; cette action devra être « exercée suivant l'ordre des dates des aliénations, en commençant par la plus ré- « cente. »

[10] C. civ., art. 954 et 964. L'adjudicataire ne pourra même opposer à la demande en révocation pour survenance d'enfant que la prescription particulière établie par l'article 966 du Code civil : « une possession de trente années qui ne pourra com- « mencer à courir que du jour de la naissance du dernier enfant du donateur, même « posthume, et ce sans préjudice des interruptions telles que de droit. » Voy., sur cette prescription, Demolombe, *op. cit.*, t. XX, nos 808 et suiv.; Aubry et Rau, *op. cit.*, t. VII, p. 441 et 442; Colmet de Santerre, *op. cit.*, t. IV, n° 110 *bis*-I et suiv.

[11] Voy., sur ce point, *suprà*, § **678**, et *infrà*, § **712**.

[12] Voy., sur ce point, *suprà*, § **672**, note 23.

[13] Voy., sur cette considération, *suprà*, note 7; en faveur de l'opinion que je défends, trib. de Toulouse, 30 janv. 1852 (D. P. 53. 5. 412); Bordeaux, 26 juin 1852 (D. P. 53. 2. 212); trib. de Vervins, 11 févr. 1853 (D. P. 53. 2. 212, note 1);

γ. Quant aux actions révocatoires des donations entre-vifs[14] pour cause d'ingratitude et des actes à titre gratuit ou onéreux faits en fraude des droits des créanciers[15], les raisons précédemment données ne permettent pas de dire que le jugement d'adjudication les ait purgées, mais l'adjudicataire sera, quand même, à l'abri de la première si le donateur n'a pas eu la précaution de faire, avant le jugement d'adjudication, inscrire un extrait de sa demande en révocation en marge de la transcription de la donation[16], et il sera toujours garanti contre la seconde. Quelle est, en effet, la situation? Primus a vendu ou donné son immeuble à Secundus en fraude de ses propres créanciers; acheteur, Secundus était de mauvaise foi; donataire, peu importe qu'il fût de bonne ou de mauvaise foi; puis l'immeuble a été saisi sur lui et adjugé à Tertius qui s'en trouve ainsi sous-acquéreur. Pour qu'il fût soumis à l'action révocatoire, il faudrait qu'il fût également donataire ou acquéreur de mauvaise foi[17]; or il n'est pas donataire puisqu'il a payé ou va payer le prix d'adjudication, et, sût-il comment l'immeuble est sorti des mains de Primus, il ne serait pas de mauvaise foi, car une aliénation faite par auto-

Caen, 19 févr. 1856 (D. P. 57. 2. 44); et, en sens contraire, Chauveau, sur Carré, *op. cit.*, t. V, IIe part., quest. 2404 *octies;* Agen, 2 janv. 1852 (D. P. 52. 2. 205); Paris, 7 août 1885 (D. P. 86. 2. 188). Une autre question s'est élevée quant au donateur, en supposant que l'article 717 ne s'applique point à lui : dira-t-on qu'il a renoncé au droit d'agir en révocation, lorsqu'ayant mis à sa donation la condition que le donateur paierait ses dettes, saisi l'immeuble donné comme créancier de ce donataire, poursuivi l'adjudication et produit à l'ordre sans réserver son droit de demander la révocation de la donation, il n'a pas obtenu satisfaction parce que les fonds ont manqué sur lui? C'est alors surtout que la révocation lui devient nécessaire, puisque tous ses efforts pour obtenir par une autre voie l'exécution des charges imposées au donataire en sa faveur sont restés infructueux : il a cependant été jugé qu'il a perdu en pareil cas, par une sorte de renonciation tacite, le droit de demander cette révocation (Caen, 21 avr. 1841, D. A. vo *Dispositions entre-vifs et testamentaires*, no 1297; Grenoble, 28 juill. 1862, D. P. 62. 2. 204). Tout ce que je viens de dire de l'action en révocation des donations entre-vifs pour cause d'inexécution des charges convient également aux legs (C. civ., art. 1046).

[14] Ou des legs (C. civ., art. 1046).

[15] C'est l'action Paulienne. Voy., sur le caractère de cette action, t. I, § **126**.

[16] « La révocation pour cause d'ingratitude ne préjudiciera ni aux aliénations « faites par le donataire ni aux hypothèques et autres charges réelles qu'il aura pu « imposer sur l'objet de la donation, pourvu que le tout soit antérieur à l'inscription « qui aurait été faite de l'extrait de la demande en révocation en marge de la trans- « cription prescrite par l'article 939 » (C. civ., art. 958; voy., sur ce point, t. I, § **126**).

[17] Voy., sur les conditions de l'action Paulienne en ce qui concerne les sous-acquéreurs, ma Thèse pour le doctorat, no 114, et t. I, § **126**.

rité de justice n'est jamais entachée de fraude, et, lorsqu'un bien est mis aux enchères publiques, toute personne capable a le droit de s'en porter enchérisseur[18].

§ **703**. *c*. La saisie pratiquée *super non domino* n'est pas valable — on l'a vu au § **543** — et le véritable propriétaire peut revendiquer jusqu'à l'adjudication en formant la demande en distraction dont il sera parlé au § **736**. L'adjudication qui clôt cette saisie ne vaut pas mieux qu'elle, et le véritable propriétaire peut faire valoir contre l'adjudicataire son droit de propriété qui reste intact : qu'il ait ignoré la saisie ou qu'il l'ait connue trop tard pour demander à temps la distraction, il n'a pas perdu la propriété en laissant prononcer l'adjudication, car ce droit ne s'éteint point par le non-usage et ne se perd qu'indirectement — ce qui n'a pas lieu dans l'espèce — par l'acquisition d'un droit contraire[1]. Est-ce le cas de former tierce opposition au jugement d'adjudication? Je reviendrai sur ce point au tome V de ce Traité, mais le propriétaire a certainement le droit de revendiquer et même d'intenter la complainte à raison du trouble de droit que l'adjudication lui cause[2] : par la revendication, il se porte demandeur et doit prouver sa propriété[3]; par la complainte, il se fait maintenir en possession et attend, en qualité de défendeur, la revendication de l'adjudicataire[4]. Il a un an pour former la complainte à compter du jour où le jugement qui le trouble lui a été signifié[5]; il a pour revendiquer trente ans si l'adjudicataire est de mauvaise

[18] Voy., sur les personnes incapables d'enchérir, *suprà*, § **685**.

§ **703**. [1] Elle ne s'éteint pas par l'effet de la prescription extinctive, à la différence de l'usufruit, de l'usage et des servitudes qui s'éteignent par le non-usage (C. civ., art. 617, 625 et 706). Elle ne se perd par l'abandon que dans les cas prévus par les articles 656 et 699 du Code civil. Voy., sur ce point, Aubry et Rau, *op. cit.*, t. II, p. 179 et 399; t. VIII, p. 429.

[2] Bioche, *op. et v° cit.*, n°s 550 et suiv. Chauveau, sur Carré, *op. cit.*, t. V, IIe part., quest. 2408. Seligmann, *op. cit.*, n° 69. *Contrà*, Persil, *op. cit.*, n° 293. Voy., sur le trouble de droit en matière d'actions possessoires, t. I, § **131** *bis*.

[3] Voy., sur la règle *Onus probandi actori incumbit*, t. II, § **274**.

[4] Voy., sur cet effet des actions possessoires, t. I, § **131** *bis*.

[5] Voy., sur le délai de la complainte et sur le point de départ de ce délai, t. I, § **135**. Ce ne peut être, dans l'espèce, le jour où le jugement est rendu, mais seulement le jour où il est signifié : *paria sunt non esse et non significari* (Voy., sur cette règle, t. II, § **220**).

foi, c'est-à-dire s'il a su acheter la chose d'autrui[6], et dix ou vingt ans dans le cas contraire, car le jugement d'adjudication qui transfère la propriété quand le saisi est propriétaire sert de juste titre dans l'hypothèse inverse, et met l'adjudicataire à même de prescrire par dix ans entre présents et par vingt ans entre absents[7]. L'acheteur de bonne foi d'un immeuble vendu *a non domino* peut même invoquer cette prescription sans avoir fait préalablement transcrire son titre[8], et j'en conclus : 1° que l'adjudicataire prescrira par ce délai, quoique le jugement d'adjudication n'ait pas été transcrit; 2° que ce délai ne courra pas du jour de la transcription si elle a été faite, mais du jour où l'adjudicataire aura été mis en possession[9]. *A fortiori*, le jugement d'adjudication sert-il de titre à l'adjudicataire de bonne foi pour faire les fruits siens en vertu de l'article 550 du Code civil : « Le possesseur « est de bonne foi quand il possède comme propriétaire en « vertu d'un titre translatif de propriété dont il ignore les « vices[10]. »

[6] Arg. C. civ., art. 2262.

[7] Arg. C. civ., art. 2265. Aubry et Rau, *op. cit.*, t. II, p. 376. Boitard, Colmet-Daage et Glasson, *op. et loc. cit.* Il n'en est pas de même des jugements d'adjudication qui sont simplement déclaratifs ou confirmatifs (Voy. Aubry et Rau, *op. et loc. cit.*).

[8] C'est un point très controversé et l'opinion contraire paraît même plus généralement admise, mais ce qui me détermine surtout à la repousser et à considérer la transcription du titre comme inutile au point de vue de la prescription de dix à vingt ans, ce sont les deux considérations suivantes : 1° la loi du 23 mars 1855 ne soumet les actes d'aliénation à la transcription qu'autant qu'ils « peuvent et doivent « par eux-mêmes transférer la propriété » (Aubry et Rau, *op. cit.*, t. II, p. 319); elle ne s'applique donc pas à ceux qui ne sont invoqués, comme dans l'espèce, que pour colorer la possession et réduire à dix ou vingt ans le délai ordinaire de la prescription; 2° le véritable propriétaire de l'immeuble aliéné *a non domino* ou saisi *super non domino* n'est pas un tiers au sens de la loi du 23 mars 1855 qui ne vise dans son article 3 (Voy. *suprà*, § **699**, note 2) que les personnes qui tiennent leurs droits des précédents propriétaires. Voy., en ce sens, Aubry et Rau, *op. et loc. cit.*; Mourlon, *op. cit.*, t. II, n° 512; Rivière et François, *op. cit.*, n° 39; Rivière et Huguet, *op. cit.*, n°s 238 et suiv.; Lesenne, *op. cit.*, n° 40; et, en sens contraire, Demolombe, *op. cit.*, t. XXIV, n° 462; Colmet de Santerre, *op. cit.*, t. V, n° 56 *bis*-VI; Troplong, *op. cit.*, n°s 177 et suiv.; Flandin, *op. cit.*, t. II, n°s 905 et suiv.; Lyon, 17 févr. 1834 (D. A. v° *Prescription civile*, n° 900).

[9] La prescription acquisitive a presque toujours pour point de départ l'entrée en possession; par exception, la prescription de l'hypothèque par dix ou vingt ans au profit d'un tiers détenteur ne commence à courir qu'à compter de la transcription de son titre (C. civ., art. 2180-4°). Voy., sur cette règle générale et sur les motifs de l'exception qui y est faite par cet article, Aubry et Rau, *op. cit.*, t. II, p. 320, 330 et 334.

[10] Voy., sur le juste titre en cette matière, Duranton, *op. cit.*, t. IV, n° 352; Demolombe, *op. cit.*, t. IX, n° 608; Aubry et Rau, *op. cit.*, t. II, p. 269; Marcadé, *op.*

§ **704**. B. L'adjudicataire ne devient pas seulement propriétaire aux lieu et place du saisi, il n'a pas seulement un juste titre dans le cas où le saisi n'était pas propriétaire[1], il a presque tous les droits d'un acheteur : 1° il peut exiger la délivrance (C. civ., art. 1604 et suiv.); 2° la garantie lui est due dans la mesure indiquée au § **706** (C. civ., art. 1616 et suiv., 1626 et suiv., 2178). L'exercice de ces deux droits donne lieu, en ce qui le concerne, aux observations suivantes.

§ **705**. *a*. Dès que le jugement d'adjudication est rédigé et signé par le président et par le greffier[1], l'adjudicataire s'en fait délivrer une grosse aux conditions qui seront indiquées au § **707**[2], le signifie immédiatement après[3], et le fait exécuter au bout de vingt-quatre heures[4] par l'expulsion du saisi si celui-ci n'a pas déjà vidé les lieux[5]. L'article 712, aux termes duquel la partie saisie doit délaisser la possession « sous peine d'y être contrainte même par corps, » ne vise pas la contrainte par corps qui ne conduirait à rien dans l'espèce, mais l'expulsion du saisi par la force armée; il n'est

cit., t. II, n° 418; Douai, 7 mai 1819 (D. A. v° *Responsabilité*, n° 421); Toulouse, 6 juill. 1821 (D. A. v° *Propriété*, n° 329); Angers, 9 mars 1825 (D. A. v° *Prescription civile*, n° 900); Lyon, 29 nov. 1828 (D. A. v° *Dispositions entre-vifs et testamentaires*, n° 3114). Bien plus, suivant l'opinion très généralement admise que le titre putatif équivaut, sous ce rapport, à un titre véritable (Demolombe, *op. cit.*, t. IX, n°s 596 et 602; Aubry et Rau, *op. cit.*, t. II, p. 270; Ducaurroy, Bonnier et Roustain, *Commentaire théorique et pratique du Code civil*, t. II, n° 100; Angers, 9 mars 1825, D. A. v° *Prescription civile, loc. cit.*), l'adjudicataire acquiert les fruits des parcelles non expropriées qu'il a cru comprises dans l'adjudication et dont il ne devient cependant pas propriétaire (Aubry et Rau, *op. et loc. cit.*; req. 8 févr. 1837, D. A. v° *cit.*, n° 923; req. 4 août 1851, D. P. 54.1.335; comp. *suprà*, § **698**, note 8).

§ **704**. 1 Voy., sur cette distinction, les §§ précédents.

§ **705**. 1 Voy., sur la rédaction de ce jugement, *suprà*, § **695**, et, sur la signature des jugements en général, t. III, § **479**.

2 Voy., sur la grosse des jugements, t. III, § **487**.

3 A qui? Voy. *suprà*, § **696**, et, sur l'obligation de signifier les jugements avant de les mettre à exécution, t. III, § **490**.

4 Voy., sur le délai de vingt-quatre heures qui doit s'écouler entre la signification et l'exécution du jugement, t. III, §§ **490** et **525**.

5 Le jugement d'adjudication n'est pas contentieux, puisqu'il ne porte pas sur une contestation (Voy., sur le caractère de ce jugement, *suprà*, § **695**). J'en conclus qu'il n'est jamais rendu par défaut quand même la partie saisie n'aurait pas constitué d'avoué pour occuper en son nom dans la poursuite, et qu'en conséquence : 1° l'adjudi-

donc pas abrogé par la loi du 22 juillet 1867 qui a aboli la contrainte par corps en matière civile[6]. Si le saisi vidant les lieux de gré ou de force y a laissé des meubles, l'adjudicataire requiert du président du tribunal de première instance la permission de les faire transporter dans un local qui sera loué à cet effet[7] : les frais de transport et de location sont colloqués dans l'ordre[8] comme frais extraordinaires et, par conséquent, remboursés à l'adjudicataire par privilège sur le prix[9]. Le tribunal ne peut accorder au saisi un délai de grâce pour vider les lieux et enlever ses meubles, car la saisie immobilière ne comporte pas d'autre répit que celui dont j'ai parlé aux §§ **645** et **683**, et le tribunal ne peut surseoir, au préjudice de l'adjudicataire, à l'exécution du jugement qui a consommé l'expropriation[10]. L'adjudicataire a droit comme tout acheteur, en vertu de l'article 1615 du Code civil, aux accessoires de la chose et « à tout ce qui est destiné à son « usage perpétuel, » c'est-à-dire aux immeubles par destination détaillés ou non dans le procès-verbal de saisie[11]; on consultera cependant l'usage des lieux, et l'adjudicataire ne pourra réclamer que les immeubles par destination énumérés

cataire peut, dans ce cas même, l'exécuter vingt-quatre heures après la signification sans attendre l'expiration de la huitaine fixée par l'article 155 (Bordeaux, 27 déc. 1827; D. A vo *Vente publique d'immeubles*, no 1805); 2o que l'article 156, aux termes duquel les jugements par défaut faute de constituer avoué doivent être exécutés dans les six mois, à peine d'être réputés non avenus, ne s'applique pas au jugement d'adjudication, et que l'adjudicataire a, suivant le droit commun, trente ans pour le faire exécuter (Montpellier, 17 août 1818, D. A. *vo cit.*, no 1629; req. 13 févr. 1827, D. A. vo *Jugement par défaut*, no 373). Voy., sur les décisions susceptibles d'être rendues par défaut et sur les articles 155 et 156, le tome V de ce Traité.

[6] Boitard, Colmet-Daage et Glasson, *op. cit.*, t. II, no 961. Rodière, *op. cit.*, t. II, p. 290. Voy., sur la loi du 22 juillet 1867, *suprà*, § **564**, et *infrà*, §§ **872** et suiv.

[7] Chauveau, sur Carré, *op. cit.*, t. V, IIe part., quest. 2397 *bis*. Je ne crois pas qu'il puisse les faire mettre sur le carreau après commandement et surtout après simple sommation de les retirer à bref délai (Voy. cep. Bioche, *op. et vo cit.*, no 525; Persil, *op. cit.*, no 279). Ce procédé sommaire et violent me paraît d'autant moins admissible qu'il s'agit de meubles dont la plupart sont insaisissables (Voy. t. III, § **552**), et qu'en les mettant ainsi sur le carreau on exposerait le saisi à les voir enlevés par le premier venu sans pouvoir s'y opposer.

[8] Voy., sur cette collocation des frais dans l'ordre, *infrà*, § **817**.

[9] Voy., sur cette espèce de frais, *infrà*, §§ **707** et **729**.

[10] Grenoble, 26 août 1825 (D. A. vo *Vente publique d'immeubles*, no 1806).

[11] Bioche, *op. et vo cit.*, no 527. Riom, 30 août 1820 (D. A. *vo cit.*, no 64). Montpellier, 26 févr. 1839 (D. P. 56. 5. 413). Grenoble, 3 févr. 1851 (D. P. 53. 2. 32). Lyon, 7 avr. 1853 (D. P. 53. 5. 409). Bordeaux, 23 avr. 1875 (D. P. 76. 2. 180). *Contrà*, Limoges, 26 juill. 1847 (D. P. 48. 2. 32); Poitiers, 13 juill. 1854 (D. P. 55. 2. 120); Montpellier, 31 juill. 1855 (D. P. 56. 5. 413).

au procès-verbal dans les localités où l'usage est de ne délivrer à l'acheteur d'une maison ou d'un fonds de terre que les immeubles par destination spécifiés dans l'acte de vente[12]. D'autre part, l'immeuble lui est délivré en l'état où il se trouve au moment de l'adjudication, conformément à l'article 1614 du Code civil : 1° il n'a droit aux fruits qu'à dater de ce jour, les fruits antérieurement perçus ou échus ayant été immobilisés par la transcription de la saisie pour être distribués entre les créanciers par ordre d'hypothèque[13]; 2° il n'a qu'un recours contre le saisi probablement insolvable[14] s'il n'a pas connu les dégradations commises par ce dernier avant l'adjudication, et s'il a mis imprudemment l'enchère sur un immeuble qui était déjà en mauvais état[15]. Quant aux dégradations que le saisi a commises depuis cette époque, les créanciers n'en sont pas personnellement responsables[16] et l'adjudicataire ne peut exiger d'eux que la diminution du prix, ou la rési-

[12] Troplong, *De la vente*, t. I, n° 323. Angers, 5 janv. 1877 (D. P. 77. 2. 79).

[13] Voy. *suprà*, § **663**.

[14] Probablement, car le saisi peut être un tiers détenteur solvable qui aime mieux se laisser saisir que de payer les dettes auxquelles l'immeuble est hypothéqué. Voy., sur cette situation, *suprà*, § **690**.

[15] Rodière, *op. cit.*, t. II, p. 304. Paris, 2 janv. 1810 (D. A. *v° cit.*, n° 1811). Peut-on considérer le saisi comme un vendeur et fonder, par conséquent, sa responsabilité sur l'article 1136 du Code civil : « L'obligation de donner emporte celle de livrer « la chose et de la conserver jusqu'à la livraison, à peine de dommages-intérêts « envers le créancier? » Ce ne serait pas absolument exact, car le vendeur contracte non-seulement l'obligation de délivrance mais encore celle de garantie, et les personnes qui n'admettraient pas que le saisi soit tenu de garantir l'adjudicataire (Voy. le § suivant) ne pourraient, sans contradiction, l'astreindre envers lui à l'obligation de délivrance. Il est donc plus sûr de rattacher la responsabilité qui pèse assurément sur lui dans l'espèce au principe de l'article 1382 du Code civil : « Tout fait « quelconque de l'homme qui cause à autrui un dommage oblige celui par la faute « duquel il est arrivé à le réparer. » D'ailleurs, les conséquences de la faute contractuelle ne diffèrent pas assez de l'application de l'article 1382 pour que cette question soit très importante : dans l'un et l'autre cas, le débiteur n'est tenu que de réparer le préjudice qui est une suite directe et immédiate de son fait ou de sa négligence; la seule différence qu'il y ait entre ces deux hypothèses, c'est qu'on répond, dans le cas de l'article 1382, même du dommage qu'on n'a ni prévu ni pu prévoir, au lieu que le débiteur tenu en vertu d'un contrat ne répond (le cas de dol excepté) que du dommage qu'il a prévu ou dû prévoir (Voy., sur ce point, Demolombe, *op. cit.*, t. XXXI, n°s 685 et 686; Aubry et Rau, *op. cit.*, t. IV, p. 750; Laurent, *op. cit.*, t. XVI, n° 230, t. XX, n° 523; Larombière, *op. cit.*, t. VII, sur les art. 1382 et 1383, n° 36).

[16] Bruxelles, 12 déc. 1807 (D. A. *v° cit.*, n° 1814). Les cas de responsabilité du fait d'autrui sont prévus limitativement par l'article 1384 du Code civil et par les textes spéciaux qui le complètent (Voy., sur cette matière, Demolombe, *op. cit.*, t. XXXI, n° 561; Aubry et Rau, *op. cit.*, t. IV, p. 756 et suiv.; Colmet de Santerre, *op. cit.*, t. V, n° 365 *bis*-I et suiv.; Laurent, *op. cit.*, t. XX, n° 552; Larombière, *op. cit.*, t. VII, sur l'art. 1384, n°s 1 et suiv.).

liation de l'adjudication si les faits dont il se plaint avaient assez d'importance pour l'empêcher d'enchérir s'il eût pu les prévoir[17].

§ **706.** *b.* L'adjudicataire a droit à garantie, sous les exceptions qui seront indiquées ci-après, dans les mêmes cas et aux mêmes conditions que les autres acheteurs[1]. L'opinion contraire avait prévalu dans l'ancienne jurisprudence où l'on disait — et on l'a répété dans les travaux préparatoires du Code civil[2] — que ce n'est ni le poursuivant ni le saisi qui vendent dans les aliénations faites par autorité de justice, que la justice elle-même y joue le rôle de vendeur, et qu'elle

17 Bruxelles, 12 déc. 1807 (D. A. *v° et loc. cit.*). *Contrà*, req. 18 août 1808 (D. A. *v° cit.*, n° 1760). Cette action est naturellement dirigée contre les créanciers qui doivent profiter du prix. Peut-on la rattacher à l'obligation de garantie, en admettant — ce que je conteste, comme on le verra au § suivant — qu'ils en soient tenus envers l'adjudicataire? Non, car elle pourrait alors être intentée à raison même des dégradations commises par le saisi avant l'adjudication. Elle est plutôt fondée sur le principe que nul ne doit s'enrichir aux dépens d'autrui, principe qui serait violé dans l'espèce si les créanciers touchaient en entier le prix d'adjudication et ne livraient en échange à l'adjudicataire qu'un immeuble détérioré et dont ils eûssent dû prendre plus de soin. S'ils ne répondent pas des cas fortuits, c'est que l'immeuble est, depuis l'adjudication, aux risques de l'adjudicataire (Voy. *suprà*, § **698**); s'ils ne répondent pas non plus des dégradations commises par le saisi avant l'adjudication, c'est que l'adjudicataire les a connues ou dû connaître : dans le premier cas, il a accepté l'immeuble tel qu'il était; dans le second cas, il a commis une imprudence dont il doit subir les conséquences. Quant au droit qu'il a de demander non-seulement la diminution du prix, mais la résiliation même de l'adjudication quand les dégradations antérieurement commises par le saisi sont de telle importance qu'il eût renoncé, s'il les eût prévues, à se porter adjudicataire, ce droit résulte, par analogie, des articles 1636 et 1638 du Code civil : « Si l'acquéreur n'est évincé que d'une partie de « la chose et qu'elle soit de telle conséquence, relativement au tout, que l'acquéreur « n'eût point acheté sans la partie dont il a été évincé, il peut faire résilier la vente... « Si l'héritage vendu se trouve grevé, sans qu'il en ait été fait de déclaration, de « servitudes non apparentes et qu'elles soient de telle importance qu'il y ait lieu de « présumer que l'acquéreur n'aurait pas acheté s'il en avait été instruit, il peut « demander la résiliation du contrat, si mieux il n'aime se contenter d'une indem- « nité. » Voy., sur l'application de ces deux articles en matière d'adjudication, le § suivant.

§ **706.** 1 Voy., en ce sens, les autorités cités *infrà*, notes 38 et 39, et, en sens contraire, Delvincourt, *op. cit.*, t. III, p. 374; Troplong, *op. cit.*, t. I, n° 432; Bioche, *op. et v° cit.*, n° 550; Chauveau, sur Carré, *op. cit.*, t. V, IIe part., quest. 2409 Seligmann, *op. cit.*, n° 70.

2 Voy. les documents cités *suprà*, § **697**, note 3. On remarquera, d'ailleurs, que les auteurs du Code civil ne se sont exprimés ainsi qu'à propos de l'article 1684 du Code civil, et pour expliquer que les ventes judiciaires ne sont pas rescindables pour cause de lésion : leur observation n'a de valeur que *secundum subjectam materiam* et ne prouve rien contre l'obligation de garantie. Voy. encore, sur cet article 1684, *infrà*, note 10.

n'encourt de ce chef aucune responsabilité[3]. S'il en était ainsi, l'adjudication sur saisie immobilière se ferait assurément sans garantie, car on n'imagine pas que le tribunal qui la prononce soit soumis vis-à-vis de l'adjudicataire aux obligations d'un vendeur[4], mais il faut reconnaître qu'il n'y a là qu'une fiction, et que le rôle de vendeur se partage, dans une proportion et dans des limites qu'il reste à déterminer, entre le poursuivant et le saisi : l'un a mis l'immeuble en vente, dirigé la procédure et rédigé le cahier des charges qui devait lier le futur adjudicataire envers les créanciers[5]; l'autre a subi la vente, mais y a tacitement consenti en ne faisant pas au cahier des charges des objections qui auraient pu le faire modifier[6]. Il y a donc, dans l'espèce, un et même deux vendeurs que l'adjudicataire a, le cas échéant, le droit d'actionner en garantie : 1° il est véritablement acheteur, puisqu'il lui est interdit de se rendre adjudicataire des biens qu'il ne peut acheter à l'amiable[7]; 2° s'il est dans une situation privilégiée à certains égards, et notamment en ce qui concerne les droits purgés par le jugement d'adjudication[8], ce n'est pas une raison pour le mettre hors du droit commun; 3° quand la loi a voulu l'y soustraire, elle a su le dire expressément, témoin l'article 1684 du Code civil qui l'affranchit de la rescision pour lésion de plus des sept douzièmes[9]; 4° l'article 1649 du même Code lui refuse la garantie des défauts cachés[10] pour ne pas remettre trop souvent en ques-

3 Pothier, *De la procédure civile*, n° 636. Voet, *Commentarii ad Pandectas, De evictionibus*, n° 5 (Éd. Vienne, 1778, t. I, p. 749).

4 Les magistrats ne répondent pas, sauf les cas limitativement déterminés de prise à partie, des actes par eux commis dans l'exercice de leurs fonctions (Voy. t. I, **57**).

5 Voy., sur le caractère du cahier des charges, *suprà*, § **669**.

6 Voy., sur ce point, *suprà*, § **700**, et, sur les dires que le saisi a le droit de faire insérer au cahier des charges, *suprà*, §§ **675** et suiv.

7 C. civ., art. 1596 cbn. 450 : « Il (le tuteur) ne peut acheter les biens du mineur, etc. » Voy., sur l'application de l'article 1596 du Code civil en matière de saisie immobilière, *suprà*, § **686**.

8 Voy. *suprà*, § **678**, et *infrà*, § **712**.

9 Voy., sur ce point, *suprà*, § **697**. Peut-on tirer de cet article un argument contre la garantie due à l'adjudicataire, notamment en cas de défaut de contenance? Voy. *infrà*, note 14.

10 L'article dit « dans les ventes faites par autorité de justice, » mais il faut lire, comme dans l'article 1684 (Voy. *suprà*, § **697**), « les ventes qui ne peuvent se faire « que par autorité de justice : » il serait trop commode pour le vendeur d'échapper à l'obligation de garantie en faisant en justice une vente qu'il aurait pu faire à

tion les résultats de l'adjudication ou bien parce que l'adjudicataire a généralement payé l'immeuble au-dessous de sa valeur[11], mais, quel qu'en soit le motif, l'exception confirme la règle et l'adjudicataire conserve le droit d'agir en garantie[12] dans les limites déterminées ci-après : 1° pour défaut de contenance; 2° pour cause d'éviction; 3° à raison des servitudes qui existent sur l'immeuble.

1° Un immeuble est saisi et mis à prix; le cahier des charges en indique la contenance et le met à prix à raison de tant la mesure; par exemple, il annonce une contenance de 5 hectares et fixe la mise à prix à 100 francs l'are. Si l'immeuble est adjugé pour 50,000 francs et que l'adjudicataire n'y trouve que 4 hectares 90 ares, il peut, aux termes de l'article 1617 du Code civil[13], demander la diminution proportionnelle du prix et, par conséquent, le faire réduire à 49,000 francs[14]. Si le cahier des charges indiquait

l'amiable (Voy., sur ce point, Aubry et Rau, *op. cit.*, t. IV, p. 389; Colmet de Santerre, *op. cit.*, t. VII, n° 86 *bis;* Troplong, *op. cit.*, t. II, n° 856; Duvergier, *De la vente*, t. II, n° 81.

[11] Troplong, *op. cit.*, t. II, n° 583. Il en était de même en droit romain (Dig., L. 1, § 3, *De ædil. ed.*, XXI, I).

[12] Je pourrais ajouter que l'ancien article 729 (rédaction de 1806) impliquait le droit de l'adjudicataire évincé à la garantie en disant que « l'adjudicataire provisoire « peut, dans ce cas (le cas de demande en distraction d'une partie des objets saisis), « demander la décharge de son adjudication : » c'était l'application pure et simple de l'article 1636 du Code civil cité au § précédent, note 17. L'adjudication provisoire a été supprimée en 1841 (Voy., sur la loi du 2 juin 1841, *suprà*, § **638**); l'article 729 du Code de 1806 a disparu en même temps.

[13] « Si la vente d'un immeuble a été faite avec indication de sa contenance à raison « de tant la mesure, le vendeur est obligé de délivrer à l'acquéreur, s'il l'exige, la « quantité indiquée au contrat. Si la chose ne lui est pas possible ou si l'acquéreur « ne l'exige pas, le vendeur est obligé de souffrir une diminution proportionnelle du « prix. »

[14] Une fois le principe de la garantie admis en matière d'adjudication, cette application ne peut souffrir aucune difficulté : celui qui se porte acquéreur pour 50,000 francs, à raison de 1,000 francs l'hectare, d'un immeuble dont la contenance annoncée est de 5 hectares et qui contient 10 ares de moins, paierait ces 10 ares sans les recevoir s'il n'avait pas le droit de faire réduire le prix à 49,000 francs. Objectera-t-on l'article 1684 du Code civil, aux termes duquel la rescision par lésion de plus des sept douzièmes ne s'applique pas dans l'espèce (Voy. *suprà*, § **697**, et même §, note 10)? L'objection ne serait pas fondée, car il n'y a aucune analogie entre les deux situations : la rescision pour lésion n'a pas lieu au profit des créanciers et du saisi, parce qu'un immeuble vendu aux enchères publiques a nécessairement atteint son plus haut prix; la diminution du prix pour défaut de contenance a lieu au profit de l'adjudicataire, parce qu'une erreur probablement involontaire du cahier des charges l'a fait vendre à trop haut prix en lui prêtant une étendue qu'il n'avait réellement pas. Voy., en ce sens, Aubry et Rau, *op. cit.*, t. IV, p. 367; Duvergier, *op. cit.*, t. I, n° 300; Riom, 12 févr. 1818 (D. A. v° *cit.*, n° 1801); Toulouse, 14 juin

la contenance de l'immeuble, mais sans le mettre à prix à tant la mesure (exemple, un immeuble de 5 hectares mis à prix pour 50,000 francs), l'adjudicataire ne peut demander la réduction proportionnelle du prix, aux termes de l'article 1619 du Code civil[15], que dans le cas où la mesure réelle est inférieure d'un vingtième à celle qu'annonçait le cahier des charges : le prix ne sera donc pas réduit dès que la contenance réelle atteindra 4 hectares 75 ares ; il sera réduit si elle est moindre et tombera, par exemple, à 47,000 francs si elle n'est que de 4 hectares 70 ares[16]. Cette réduction sera demandée, à peine de déchéance, dans le délai d'un an à compter de l'adjudication (C. civ., art. 1622)[17], et cette demande sera naturellement formée contre ceux qui ont touché le prix ou qui devaient le toucher, à savoir les créanciers et subsidiairement le saisi dans le cas où, les créanciers payés, il lui reviendrait un reliquat[18]. La garantie

1845 (D. P. 47.2.49); Nîmes, 31 mars 1852 (D. P. 52.2.269); et, en sens contraire, Troplong, *op. cit.*, t. I, nº 345, note 2 ; Chauveau, sur Carré, *op. cit.*, t. IV, IIe part., quest. 2411.

15 « Dans tous les autres cas (c'est-à-dire dans tous les cas où l'immeuble n'a pas « été vendu à tant la mesure), l'expression de cette mesure ne donne lieu à aucune « diminution du prix pour moindre mesure qu'autant que la différence de la mesure « réelle à celle exprimée au contrat est d'un vingtième en moins, eu égard à la va- « leur de la totalité des objets vendus. »

16 Même raisonnement qu'à la note 14, avec cette particularité que, dans l'espèce, on ne tient compte de l'écart entre la contenance indiquée et la contenance réelle qu'autant qu'il est au moins d'un vingtième. Mêmes autorités pour et contre qu'à la note 14.

17 Voy., sur ce délai, Aubry et Rau, *op. cit.*, t. IV, p. 368; Troplong, *op. cit.*, t. I, nos 348 et suiv.; Duvergier, *op. cit.*, t. I, nos 301 et suiv.

18 « Le seul défaut de contenance de l'objet vendu, même excédant le vingtième, « n'est pas suffisant, dit Bioche, pour motiver une action en résolution; l'adjudica- « taire n'a qu'une action en indemnité contre le créancier poursuivant qui doit s'im- « puter de n'avoir pas indiqué exactement la contenance dans le cahier des charges » (*Op. et vº cit.*, nº 564). Bioche commet ici une erreur. Il est bien vrai que le seul défaut de contenance ne motive jamais une demande en résolution : cette demande ne peut être formée que dans le cas contraire, c'est-à-dire pour excès de contenance (Riom, 12 févr. 1818, D. A. *vº cit.*, nº 1801; voy. *infrà*, même note). Il est encore vrai que le poursuivant peut être rendu personnellement responsable du préjudice qui résulte des inexactitudes commises par le cahier des charges — on mettra, par exemple, à sa charge les frais occasionnés par la demande en diminution du prix — mais cette demande doit naturellement s'adresser à ceux qui seraient indûment payés s'ils recevaient le prix d'un immeuble d'une contenance moindre que celle qui avait été annoncée, c'est-à-dire aux créanciers et subsidiairement au saisi. Je reviendrai d'ailleurs sur ce point au même §, à propos du recours de l'adjudicataire évincé. J'ajoute que le saisi lui-même peut être déclaré personnellement responsable de l'erreur du cahier des charges lorsqu'il doit se l'imputer : par exemple, s'il a pris part à la rédaction de ce document, ou que, sommé d'y présenter des objections, il n'ait

pour défaut de contenance n'a pas lieu quand le cahier des charges contient une clause de non-garantie[19].

2° Quels sont, au juste, les droits de l'adjudicataire évincé pour défaut de droit en la personne du saisi[20], c'est-à-dire par le véritable propriétaire de l'immeuble en cas de saisie *super non domino*[21], ou par les créanciers dont les privilèges et hypothèques n'ont pas été purgés par le jugement d'adjudication[22]?

1) Il peut, d'abord, retenir le prix s'il ne l'a pas encore payé ou le répéter, dans le cas contraire, contre les créanciers qui l'ont touché[23] et subsidiairement contre le saisi dont il a ainsi

pas fait rectifier l'indication de contenance qu'il savait être exagérée (Voy. aussi *infrà*, même §, sur les cas où le saisi est personnellement garant de l'éviction subie par l'adjudicataire). Une hypothèse inverse peut se présenter, celle d'un excès de contenance : 1° un immeuble de 5 hectares mis à prix à raison de 10,000 francs l'hectare et adjugé pour 50,000 francs se trouve contenir 6 hectares; 2° un immeuble de 5 hectares, mis à prix et adjugé pour 50,000 francs, se trouve contenir un vingtième de plus que la contenance annoncée, soit 5 hectares 25 ares. Un acheteur ordinaire serait tenu de subir, en pareil cas, une augmentation proportionnelle du prix sur le pied de 10,000 francs par hectare, et devrait payer en sus 10,000 francs dans le premier cas et 2,500 francs dans le second; s'il ne lui convenait pas de payer ce supplément de prix, il aurait le droit de se désister du contrat (C. civ., art. 1618 et 1620). Je crois, par les raisons données ci-dessus, que l'adjudicataire est, sous ce rapport, dans la même situation, que l'action en supplément du prix peut être intentée contre lui par les créanciers s'ils ne sont pas intégralement payés et par le saisi après paiement de tous les créanciers, mais qu'au lieu de payer ce supplément l'adjudicataire peut demander la résolution de l'adjudication qui sera alors recommencée (Aubry et Rau, *op. et loc. cit.;* Duvergier, *op. cit.*, t. I, n° 300; Bioche, *op. et loc. cit.;* Besançon, 4 mars 1813, D. A. *v° et loc. cit.;* Toulouse, 14 juin 1845, D. P. 47. 2.49; Nîmes, 31 mars 1852, D. P. 52.2.269; Angers, 25 août 1852, D. P. 53.2.69; *contrà*, Troplong, *op. cit.*, t. II, n° 343, note 2; Chauveau, sur Carré, *op. et loc. cit.;* Agen, 22 mars 1811, D. A. *v° cit.*, n° 1802).

[19] Voy., sur la clause de non-garantie pour défaut de contenance dans les ventes amiables, Aubry et Rau, *op. cit.*, t. IV, p. 367; Duvergier, *op. cit.*, t. I, n° 299.

[20] Voy., sur la notion générale de l'éviction et sur les faits qui la constituent, Aubry et Rau, *op. cit.*, t. IV, p. 373 et suiv.; Colmet de Santerre, *op. cit.*, t. VII, n° 61 *bis*-I; Labbé, *De la garantie* (Paris, 1863), n°s 2 et suiv.

[21] Voy., sur cette saisie, t. III, § **543**, et, sur le droit qu'a le véritable propriétaire de revendiquer son immeuble indûment saisi sur un tiers, *suprà*, § **703**.

[22] Voy., sur ces créanciers et sur la manière dont ils font valoir leurs droits après l'adjudication, *infrà*, §§ **709** et suiv.

[23] On dit souvent qu'ils ont reçu ce qui leur était dû (*suum receperunt*) et que, par conséquent, ils n'ont pas à le restituer, mais cette objection qui peut faire écarter l'application de l'article 1376 du Code civil n'a aucune force contre celle de l'article 1377 du même Code (Voy. la suite de ce §). J'ajoute que le prix de l'immeuble est dû, tout d'abord, au saisi sur lequel il est vendu et qui en est propriétaire, et que les créanciers ne le reçoivent que comme ses cessionnaires : je ne dis pas comme ses mandataires, car, aux termes de l'article 2005 du Code civil, un mandant peut empêcher son mandataire de recevoir le paiement en révoquant le mandat avant que ce paiement soit fait, et le saisi n'a aucun moyen d'empêcher que l'adjudicataire paie ses créanciers. Ils n'ont donc pas plus de droits et sont sou-

payé la dette[24] : ces créanciers ont reçu ce qui leur était dû et il ne peut invoquer contre eux l'article 1376 du Code civil, aux termes duquel « celui qui reçoit par erreur ou sciemment « ce qui ne lui est pas dû s'oblige à le restituer à celui de « qui il l'a indûment reçu »; mais l'adjudicataire a payé ce qu'il ne devait pas puisque l'adjudication ne l'a pas rendu propriétaire, et peut opposer aux créanciers l'article 1377 du même Code : « Lorsqu'une personne qui, par erreur, se « croyait débitrice a acquitté une dette, elle a le droit de « répétition contre le créancier[25]. » Ce n'est pas un recours en garantie mais une simple *condictio indebiti*[26] que l'adju-

mis à la même répétition que lui (Voy., sur la situation du cessionnaire par rapport aux exceptions dont le cédant était passible, Aubry et Rau, *op. cit.*, t. IV, p. 439; Colmet de Santerre, *op. cit.*, t. VII, n° 138 *bis*-II). Le droit romain accordait l'action *ex empto* à l'acheteur évincé contre les créanciers hypothécaires auxquels il avait payé le prix : cette action était *bonæ fidei*, au lieu que la *condictio* était *stricti juris*, mais ne procurait, dans l'espèce, qu'un résultat identique à celui de la *condictio indebiti*, car elle n'était donnée que *de pretio usurisque ejus* (Dig., L. 74, § 1, *De evict.*, XXI, n). L'acheteur avait aussi, dans le même cas, l'action *pigneratitia contraria* qui compétait aux créanciers à raison du tort que le débiteur leur avait causé en leur hypothéquant la chose d'autrui, et qu'ils étaient tenus de céder à l'acheteur (Dig., L. 38, *eod. tit.*). Voy., sur ces deux points, Labbé, *op. cit.*, nos 31, 37 et suiv. L'ancien droit accordait la *condictio indebiti* à l'adjudicataire évincé (Guyot, *Répertoire de jurisprudence*, v° *Adjudicataire*, § IV, n° 8; Bourjon, *Droit commun de la France*, Ve part., tit. VIII, ch. VI, nos 131 et 132 (t. II, p. 729); Pothier, *op. et loc. cit.*), et l'opinion générale est qu'il l'a également aujourd'hui. Voy., en ce sens, Tarrible, dans le *Répertoire* de Merlin, v° *Saisie immobilière*, § VII, n° 2; Demolombe, *op. cit.*, t. XXXI, nos 298 et suiv.; Aubry et Rau, *op. cit.*, t. IV, p. 376; Colmet de Santerre, *op. cit.*, t. VII, n° 76 *bis*-VIII et X; Marcadé, *op. cit.*, t. VI, sur l'art. 1629, n° 3; Troplong, *op. cit.*, t. I, nos 432 et 498; Duvergier, *op. cit.*, t. I, n° 346; Larombière, *op. cit.*, t. VII, sur l'art. 1377, n° 12; Bioche, *op. et v° cit.*, n° 560; Carré, *op. cit.*, t. V, IIe part., quest. 2409; Chauveau, sur Carré, *op. et loc. cit.*; Boitard, Colmet-Daage et Glasson, *op. cit.*, t. II, n° 965; Seligmann, *op. et loc. cit.*; Pont, sur Seligmann, *op. et loc. cit.*, note 1; Ollivier et Mourlon, *op. cit.*, nos 202 et 203; Lyon, 2 juill. 1825 (D. A. v° *Vente*, n° 835); Colmar, 22 mars 1836 (D. A. *v° cit.*, n° 833); Lyon, 15 déc. 1841 (D. A. *v° cit.*, n° 835); et, en sens contraire, Delvincourt, *op. et loc. cit.*; Duranton, *op. cit.*, t. XIII, n° 686, t. XVI, n° 266; Rodière, *op. cit.*, t. II, p. 311; Bonnier, *Bulletin bibliographique* (dans le *Droit* du 9 décembre 1858, p. 1195); Lyon, 1er juill. 1823 (D. A. *v° cit.*, n° 836); Paris, 12 févr. 1844 (D. A. *v° cit.*, n° 1356).

[24] Colmet de Santerre, *op. cit.*, t. VII, n° 76 *bis*-V. Boitard, Colmet-Daage et Glasson, *op. et loc. cit.* Les auteurs qui n'admettent pas que les créanciers puissent être forcés de rendre le prix qu'ils ont touché considèrent naturellement le saisi comme le débiteur principal de cette restitution (Voy. notamment Rodière, *op. cit.*, t. II, p. 312).

[25] Voy., sur la différence qui existe entre les deux cas prévus par ces articles, Demolombe, *op. cit.*, t. XXXI, nos 284 et suiv.; Aubry et Rau, *op. cit.*, t. IV, p. 732; Colmet de Santerre, *op. cit.*, t. V, n° 357 *bis*-I; Marcadé, *op. cit.*, t. V, sur les art. 1376 et 1377, note 1; Larombière, *op. cit.*, t. VII, sur l'art. 1376, n° 2, et, sur l'art. 1377, n° 1.

[26] Ceci n'est point particulier à l'adjudication : la restitution du prix à l'acheteur évincé quand la chose vendue a diminué de valeur depuis l'éviction (C. civ., art.

dicataire exerce en pareil cas; j'en conclus : α) qu'il n'a droit qu'à la restitution du prix avec les intérêts dans le cas même où les créanciers qui l'ont touché sont de mauvaise foi, c'est-à-dire s'ils ont su que l'adjudicataire, étant sous le coup d'une éviction, payait ce qu'il ne devait pas[27]; β) qu'ils sont à l'abri de toute répétition, par application du même article[28], lorsqu'ils ont « supprimé leur titre, » c'est-à-dire consenti à la radiation de leurs inscriptions et perdu ainsi définitivement leur rang hypothécaire[29]. Si l'éviction n'est que partielle, l'adjudicataire peut demander la réduction du prix non encore payé[30], répéter une partie du prix déjà payé[31], et même faire résilier l'adjudication si la partie dont il a été

1630-1° et 1631), n'est pas le résultat d'un recours en garantie mais d'une *condictio indebiti* ou *sine causa* (Aubry et Rau, *op. cit.*, t. IV, p. 377; Colmet de Santerre, *op. cit.*, t. VII, n° 67 *bis*).

27 C. civ., art. 1378. Demolombe, *op. cit.*, t. XXXI, n°s 337 et suiv. Aubry et Rau, *op. cit.*, t. IV, p. 735 et 736. Marcadé, *op. cit.*, t. V, sur les art. 1378 à 1380, n° 1. Larombière, *op. cit.*, t. VII, sur les art. 1378 et 1379, n°s 8 et suiv.

28 Voy., sur l'application de cette partie de l'article 1377, Demolombe, *op. cit.*, t. XXXI, n°s 316 et suiv.; Aubry et Rau, *op. cit.*, t. IV, p. 733; Colmet de Santerre, *op. cit.*, t. V, n° 357 *bis*-II; Marcadé, *op. cit.*, t. V, sur les art. 1376 et 1377, n° 4; Larombière, *op. cit.*, t. VII, sur l'art. 1377, n°s 18 et 19.

29 Voy., en ce sens, les auteurs cités *suprà*, note 23; aj. Riom, 20 mai 1851 (D. P. 52. 2. 258) et 28 juin 1855 (D. P. 56. 2. 136). Voy., sur l'effet définitif des radiations d'inscriptions hypothécaires valablement opérées, *infrà*, § **948**.

30 Montpellier, 3 mai 1865 (D. P. 66. 2. 20). Chambéry, 14 déc. 1874 (D. P. 77. 2. 200).

31 L'application de l'article 1637 du Code civil à l'adjudication sur saisie immobilière présente une assez grande difficulté : « La valeur de la partie dont l'acquéreur est évincé lui est remboursée, dit-il, suivant l'estimation à l'époque de l'éviction et non proportionnellement au prix total de la vente, soit que la chose vendue ait augmenté ou diminué de valeur, » c'est-à-dire que l'acheteur évincé d'une partie de la chose vendue n'a pas droit à la restitution d'une partie proportionnelle du prix, mais seulement à une indemnité d'éviction calculée sur la valeur de la partie évincée au jour où l'éviction s'est produite. Cet article vise-t-il indifféremment toutes les évictions partielles? Il ne s'applique à l'adjudication que dans les cas exceptionnels où l'adjudicataire a droit à garantie (Voy., sur ces cas, la suite de ce §). Vise-t-il uniquement l'éviction d'un objet déterminé formant une partie divise de la chose vendue, est-il étranger à l'éviction d'une partie indivise comme le tiers ou le quart, et l'acheteur a-t-il droit, dans cette hypothèse, à la restitution d'une partie proportionnelle du prix? Alors l'adjudicataire évincé d'une partie divise de l'immeuble qui lui a été adjugé peut en réclamer la valeur au jour de l'éviction dans les cas exceptionnels où la garantie lui est due, et l'adjudicataire évincé d'une partie indivise de ce même immeuble a toujours droit à la restitution d'une partie proportionnelle du prix. Voy., sur l'interprétation de l'article 1637, Aubry et Rau, *op. cit.*, t. IV, p. 381; Colmet de Santerre, *op. cit.*, t. VII, n° 72 *bis*-II; Marcadé, *op. cit.*, t. VI, sur les art. 1636 et 1637, n° 1; Troplong, *op. cit.*, t. I, n°s 512 et suiv.; Duvergier, *op. cit.*, t. I, n°s 372 et suiv.; et, sur l'application de cet article à l'adjudication sur saisie immobilière, Troplong, *op. cit.*, t. I, n° 522; Duvergier, *op. cit.*, t. I, n° 377; Toulouse, 24 janv. 1826 (D. A. v° *Vente*, n° 1043).

évincé est de telle importance relativement au tout que, sans cette partie, il ne se fût pas porté adjudicataire (C. civ., art. 1636)[32].

2) Y a-t-il lieu, en cas de saisie, à la garantie proprement dite qui consiste à payer à l'acheteur les réparations ou améliorations qu'il a faites au fonds dont il est évincé, la valeur des fruits qu'il a dû rendre au propriétaire qui l'évince, les frais de son contrat, ceux de la revendication intentée contre lui[33], et des dommages-intérêts calculés sur la valeur de l'immeuble au jour de l'éviction, en supposant que cette valeur ait augmenté depuis la vente[34]? Cette obligation n'existe pas ici en principe, car elle ne pourrait incomber qu'au poursuivant ou au saisi, et il y a des raisons péremptoires pour qu'en règle générale ils en soient tous deux dispensés. Le poursuivant n'a pas vendu de son plein gré et par esprit de spéculation mais faute de pouvoir se faire payer autrement, et n'a cédé à l'adjudicataire que l'immeuble tel qu'il se comporte et les droits tels quels du saisi[35]. Le consentement tacite que ce dernier a donné à la vente a été moins libre

[32] Il est même à remarquer que les auteurs qui n'accordent aucun recours en garantie à l'adjudicataire évincé (Voy. *infrà,* même §) lui reconnaissent le droit d'invoquer l'article 1636 du Code civil (Voy. notamment Carré, *op. cit.*, t. V, IIe part., quest. 2410; Chauveau, sur Carré, *op. et loc. cit.;* Seligmann, *op. cit.*, no 71; voy. cep. Persil, *op. cit.*, p. 204).

[33] Voy., sur ces différents chefs de l'obligation de garantie, C. civ., art. 1630-2o, 3o et 4o, 1634 et 1635.

[34] Voy., sur cette obligation indépendante de la restitution du prix, C. civ., art. 1633.

[35] Delvincourt, *op. et loc. cit.* Duranton, *op. cit.*, t. XVI, no 265. Aubry et Rau, *op. cit.*, t. IV, p. 375. Colmet de Santerre, *op. cit.*, t. VII, no 76 *bis*-III. Troplong, *op. cit.*, t. I, no 432. Duvergier, *op. cit.*, t. I, no 346. Bioche, *op. et vo cit.*, no 559. Pigeau, *op. cit.*, t. II, p. 274. Carré, *op. cit.*, t. V, IIe part., quest. 2409. Chauveau, sur Carré, *op. et loc. cit.* Boitard, Colmet-Daage et Glasson, *op. et loc. cit.* Rodière, *op. cit.*, t. II, p. 310. Seligmann, *op. et loc. cit.* Pont, sur Seligmann, *op. et loc. cit.* Ollivier et Mourlon, *op. cit.*, no 204. Caen, 28 juin 1813 (D. A. vo *Vente*, no 1342). Req. 16 déc. 1828 (D. A. *vo cit.*, no 833). Req. 30 juill. 1834 (D. A. *vo cit.*, no 1347). Colmar, 22 mars 1836 (D. A. *vo cit.*, no 833). Caen, 13 avr. 1836 (D. A. vo *Servitude*, no 1238). Pau, 20 avr. 1836 (D. A. vo *Vente, loc. cit.*). Lyon, 15 déc. 1841 (D. A. *vo cit.*, no 835). Rouen, 25 juin 1849 (D. P. 50. 2. 146). Bordeaux, 10 juill. 1867 (D. P. 67. 5. 226). Alger, 30 oct. 1882 (D. P. 85. 1. 146). Le créancier hypothécaire n'était pas non plus garant, en droit romain, de l'éviction provenue d'un défaut de droit en la personne du débiteur saisi (Dig., L. 59, § 4, *Mand. vel contra*, XVII, I; Code, L. 1, *Cred. evict. pign. non deb.*, VIII, XLVI; Vernet, *Textes choisis sur la théorie des obligations* (Paris, 1865), p. 94; Labbé, *op. cit.*, nos 29 et suiv.). Il en était de même dans l'ancien droit (Pothier, *op. et loc. cit.*). Voy., en sens contraire, Persil, *op. cit.*, t. II, p. 291; Colmar, 16 janv. 1817 (D. A. vo *Tierce opposition*, no 200); Toulouse, 24 janv. 1826 (D. A. vo *Vente*, no 1043); Caen, 7 déc. 1827 (D. A. *vo cit.*, no 832); trib. de Montpellier, 26 mai 1882 (D. P. 83. 3. 87).

encore et n'a pu le soumettre à toutes les obligations d'un vendeur et spécialement à la garantie d'une éviction qui ne lui serait pas imputable[36]. Le poursuivant et le saisi ne répondent donc de l'éviction qu'en vertu de l'article 1382 du Code civil, lorsqu'elle vient de leur fait personnel ou du fait de l'avoué qui les représente[37] : le poursuivant, s'il en a connu la cause, s'il a mis en vente un immeuble que le saisi ne possédait pas et que rien n'autorisait à considérer comme lui appartenant[38], ou s'il a requis l'adjudication avant qu'il fût définitivement statué sur une demande en distraction ; le saisi, si, présent à la rédaction du cahier des charges ou sommé d'y assister, connaissant la cause d'éviction, et étant, d'ailleurs, capable de s'obliger, il a négligé de faire insérer dans ce cahier un dire qui aurait mis l'adjudicataire en garde en lui signalant le danger qui le menaçait[39]. D'autre part, il n'est

[36] Delvincourt, *op. et loc. cit.* Troplong, *op. et loc. cit.* Bioche, *op., v° et loc. cit.* Carré, *op. et loc. cit.* Chauveau, sur Carré, *op. et loc. cit.* Seligmann, *op. et loc. cit.* Voy., dans le même sens, dans l'ancien droit, Voet, *op. et loc. cit.*; Pothier, *op. et loc. cit.*; et, en sens contraire, Tarrible, dans le *Répertoire* de Merlin, *v° et loc. cit.*; Duranton, *op. et loc. cit.*; Aubry et Rau, *op. cit.*, t. IV, p. 375; Marcadé, *op. cit.*, t. VI, sur les art. 1626 à 1628, n° 3; Duvergier, *op. cit.*, t. I, n°s 345 et 347; Pigeau, *op. et loc. cit.*; Persil, *op. et loc. cit.*; Pont, sur Seligmann, *op. et loc. cit.*; Ollivier et Mourlon, *op. et loc. cit.*; civ. cass. 28 mai 1862 (D. P. 62. 1. 209); Lyon, 6 mars 1878 (D. P. 78. 2. 65).

[37] Les parties répondent des agissements de leurs avoués comme tout mandant répond de ceux de son mandataire, le droit de désaveu demeurant d'ailleurs réservé (Voy. t. I, § **93**; t. II, §§ **370** et suiv.).

[38] Aubry et Rau, *op. cit.*, t. IV, p. 376. Duvergier, *op. cit.*, t. I, n° 347. Lyon, 21 mars 1817 (D. A. v° *Vente publique d'immeubles*, n° 1549). Grenoble, 23 mars 1820 (D. A. *v° cit.*, n° 219). Dijon, 25 août 1827 (D. A. *v° cit.*, n° 1556). Metz, 30 mars 1833 (D. A. v° *Faillite*, n° 76). Amiens, 8 mars 1839 (D. A. v° *Vente*, n° 840). Req. 18 avr. 1855 (D. P. 55. 1. 203). Caen, 14 août 1868 (D. P. 70. 2. 95). Req. 7 avr. 1879 (D. P. 80. 1. 8). Je ne m'occupe ici que de la garantie d'éviction proprement dite, c'est-à-dire de celle qui provient d'un défaut de droit en la personne du saisi, mais il va sans dire que le poursuivant est responsable de toutes les causes de nullité de l'adjudication qui sont imputables à lui personnellement ou à son avoué : nullité de la mise en vente d'une part indivise, de l'immeuble d'un mineur dont les meubles n'ont pas été préalablement discutés, ou d'immeubles qui ne sont pas hypothéqués alors que le prix des immeubles hypothéqués eût suffi pour payer la dette; poursuites dirigées contre un incapable qui n'a pas été dûment représenté ou habilité (Voy., sur les causes de nullité qui peuvent être proposées après l'adjudication et, par conséquent, contre l'adjudicataire, *infrà*, § **763**).

[39] Colmet de Santerre, *op. cit.*, t. VII, n° 76 *bis*-VI et VII. Boitard et MM. Colmet-Daage et Glasson enseignent sur ce point une solution un peu différente. Ils distinguent suivant que le saisi est resté étranger ou qu'il a pris part à la rédaction du cahier des charges : dans le premier cas, il a gardé une attitude purement passive et n'encourt, par conséquent, aucune obligation de garantie; dans le second cas, il est responsable, car il a été lié à la poursuite et a laissé vendre sans mot dire un immeuble qui ne lui appartenait pas (*Op. et loc. cit.*). M. Colmet de Santerre (*Op. et loc.*

dû à ce dernier que la restitution du prix sans indemnité, si le cahier des charges contient une clause de non-garantie et si de plus l'adjudicataire a connu le danger de l'éviction ou acheté à ses risques et périls (C. civ., art. 1599 et 1629[40]); mais, si l'on admet les solutions qui précèdent, les clauses de non-garantie d'éviction que les poursuivants ont coutume de faire insérer, par prudence, au cahier des charges sont inutiles ou inefficaces en ce qui concerne l'indemnité de garantie. En effet, de deux choses l'une : ou l'éviction provient du fait personnel du poursuivant ou du saisi, et aucune clause du cahier des charges ne peut les soustraire à la responsabilité qu'ils ont encourue[41]; ou l'éviction provient d'une autre cause, et alors ni le poursuivant ni le saisi n'en répondent en sorte que la clause de non-garantie ne sert à rien[42].

3° Si l'immeuble saisi se trouve grevé, sans qu'il en ait

cit.) fait valoir contre cette opinion deux objections très fondées : 1° s'il suffit au saisi de rester étranger au cahier des charges pour échapper à toute obligation de garantie, il n'y prendra jamais part et il dépendra absolument de lui de n'être jamais garant; 2° s'il est garant toutes les fois qu'il a participé à cette rédaction, un incapable pourra se trouver obligé à garantie par le seul fait que ni lui ni son représentant n'auront, par un dire inséré au cahier des charges, signalé à l'adjudicataire les causes d'éviction qui le menacent. Il faut dire, au contraire : 1° que le saisi est responsable de son fait personnel non-seulement lorsqu'il a pris part à la rédaction du cahier des charges, mais encore lorsqu'il s'en est abstenu après avoir été régulièrement sommé d'y assister; mais 2° qu'il faut pour cela qu'il soit capable de s'obliger, et que, même présent à la rédaction du cahier des charges, le silence gardé par lui ou par son représentant sur les causes possibles d'éviction ne le soumet, s'il est incapable, à aucune obligation de garantie.

[40] Pour que l'acheteur évincé ne puisse réclamer ni une indemnité ni même la restitution du prix, il ne suffit pas qu'il ait connu le danger de l'éviction, il faut encore que le vendeur ait stipulé la non-garantie (C. civ., art. 1629). L'adjudicataire qui a connu le danger de l'éviction ne peut donc demander d'indemnité, mais il peut exiger la restitution du prix lorsque le cahier des charges ne contient aucune clause de non-garantie (Paris, 6 févr. 1836, D. A. v° *Cassation*, n° 2040; req. 9 févr. 1852, D. P. 52. 1. 72; Lyon, 6 mars 1878, D. P. 78. 2. 65). Ce que je viens de dire convient aussi, par identité de motifs, au cas où l'adjudicataire a acheté à ses risques et périls : si le cahier des charges ne stipule pas la non-garantie l'adjudicataire conserve le droit de répéter le prix mais sans indemnité (C. civ., art. 1629; voy., sur l'interprétation nécessairement restrictive de cette clause, civ. rej. 20 janv. 1830, D. A. v° *Vente*, n° 892, Montpellier, 3 mai 1865, D. P. 66. 2. 20).

[41] « Quoiqu'il soit dit que le vendeur ne sera soumis à aucune garantie, il demeure cependant tenu de celle qui résulte d'un fait qui lui est personnel; toute convention contraire est nulle » (C. civ., art. 1628). Dans quels cas peut-on dire que l'éviction de l'adjudicataire résulte d'un fait personnel au poursuivant ou au saisi? Voy., sur ce point, *infrà*, même §.

[42] Il en est différemment et la clause de non-garantie devient utile, au point de vue même de l'indemnité, si l'on admet que le saisi est garant envers l'adjudicataire de toutes les causes d'éviction, même de celles qui ne proviennent pas de son fait (Voy., en ce sens, civ. cass. 28 mai 1862, D. P. 62. 1. 209; Lyon, 6 mars 1878,

été fait mention au cahier des charges[43], de servitudes non apparentes qui soient opposables à l'adjudicataire[44], de deux choses l'une : ou elles sont tellement importantes que l'adjudicataire n'eût pas enchéri s'il les eût connues, et il peut alors demander la résiliation de l'adjudication en vertu de l'article 1638 du Code civil[45] ; ou elles n'ont pas cette importance, et, dans ce cas, le poursuivant et le saisi ne lui doivent qu'une indemnité en vertu du même article et pourvu que le préjudice dont il souffre provienne de leur fait personnel : le poursuivant, s'il a connu la servitude et n'en a pas fait mention au cahier des charges; le saisi, si, étant capable de s'obliger, il n'a pas révélé par un dire inséré au cahier des charges l'existence de la servitude qui était nécessairement connue de lui[46]. Les règles que je viens de poser en matière d'éviction s'appliquent donc entièrement dans cette hypothèse : les clauses de non-garantie n'ont pas plus de valeur dans un cas que dans l'autre, mais l'adjudicataire qui a connu, en fait, les servitudes établies sur l'immeuble ne peut pas plus invoquer l'article 1638 qu'il ne peut demander indemnité lorsqu'il a connu les chances d'éviction auxquelles il était exposé[47].

D. P. 78. 2. 65). Dans tous les cas, la clause de non-garantie, insérée au cahier des charges à la requête et dans l'intérêt du poursuivant seul, ne profiterait qu'à lui et serait *res inter alios acta* pour le saisi qui ne pourrait l'invoquer en sa faveur (Arg. C. civ., art. 1121; voy., en ce sens, les deux arrêts précités).

[43] Il se peut, au contraire, que le cahier des charges contienne la clause que l'immeuble est vendu franc de servitude, et, en ce cas, de deux choses l'une : ou bien il n'existe réellement pas de servitude opposable à l'adjudicataire, et alors il n'a rien à redouter ; ou bien il en existe, et alors son recours en garantie est assuré. Les créanciers hypothécaires inscrits antérieurement à la transcription des actes constitutifs de servitude ont le droit de faire insérer au cahier des charges la clause « franc de servitude, » car ces servitudes ne leur sont pas opposables (Voy. *suprà*, § **664**).

[44] Quand lui sont-elles opposables? Voy. *suprà*, § **668**, et la note précédente.

[45] Même observation que sur l'article 1636 du Code civil (Voy. *suprà*, note 32) : l'adjudicataire peut demander la résiliation de l'adjudication dans le cas même où ni le poursuivant ni le saisi ne seraient personnellement garants envers lui de l'existence de la servitude.

[46] Un arrêt de la chambre des requêtes, du 28 mars 1837 (D. A. vº *Servitudes*, nº 815), déclare, sans distinction, le saisi responsable de l'existence des servitudes non apparentes et non déclarées au cahier des charges. Cette solution est conforme à l'opinion qui veut que le saisi soit, dans tous les cas, garant de l'adjudicataire évincé.

[47] L'adjudicataire peut-il arguer de son ignorance depuis la loi du 23 mars 1855, aux termes de laquelle les servitudes ne sont opposables aux tiers qui ont des droits réels sur l'immeuble qu'autant que les actes qui constituent ces servitudes ont été transcrits (Art. 2-1º et 3)? La loi du 23 mars 1855 ne s'applique ni aux servitudes

§ **707**. C. Si l'adjudicataire a les droits d'un acheteur, il en contracte aussi les obligations. La première est de payer le prix[1] au moment et de la manière qui seront indiqués au § **849**[2]. Il en doit les intérêts dans trois cas : 1° s'il y est obligé par le cahier des charges[3] ; 2° si l'immeuble adjugé produit des fruits civils ou naturels[4] ; 3° s'il y a eu sommation de payer[5]. Les intérêts courent dans les deux premiers cas du jour de l'adjudication[6], dans le troisième du jour de la sommation (C. civ., art. 1650 et 1652)[7]. La seconde obligation de l'adjudicataire (Art. 713) est de payer les frais ordinaires de poursuite qui remplacent, en ce qui le concerne, les frais d'acte « et autres accessoires à la vente » dont l'article 1593 du Code civil met le paiement à la charge de l'acheteur. On entend par frais ordinaires de poursuite ceux qu'on a dû faire pour parvenir à l'adjudication depuis le commandement jusqu'au jugement même d'adjudication, en passant par le procès-verbal de saisie, les sommations faites au saisi et aux créanciers inscrits ou dispensés d'inscription et les insertions

constituées par testament, ni à celles dont la constitution est antérieure au 1er janvier 1856 : l'adjudicataire peut donc les ignorer. Quant à celles qui ont été constituées par actes entre-vifs depuis cette époque, l'adjudicataire est tenu de les subir par cela seul qu'elles ont été transcrites avant l'époque indiquée *suprà*, § **701**, et quand même il serait prouvé en fait qu'il les a ignorées ; mais, s'il est présumé les avoir connues dans ses rapports avec le propriétaire du fonds dominant, cette présomption n'a pas d'effet vis-à-vis du poursuivant et du saisi, et il est fondé à prouver contre eux qu'il n'a pas été instruit de ces servitudes et que c'est à eux qui les connaissaient à l'indemniser du préjudice qu'elles lui causent. Voy., sur ce point, Colmet de Santerre, *op. cit.*, t. VII, n° 73 *bis*-II.

§ **707**. [1] « La principale obligation de l'acheteur est de payer le prix au jour et « au lieu réglés par la vente » (C. civ., art. 1650).

[2] Des règles spéciales qu'on trouvera à ce § remplacent, en matière d'adjudication, l'article 1651 du Code civil : « S'il n'a rien été réglé à cet égard lors de la « vente, l'acheteur doit payer au lieu et dans le temps où doit se faire la délivrance. »

[3] Voy., sur les clauses et conditions les plus ordinaires du cahier des charges, *suprà*, § **669**.

[4] C. civ., art. 1652, al. 3. Voy., sur l'application de cette disposition en matière d'adjudication, Paris, 7 juill. 1813, req. 16 mars 1814 (D. A. v° *Vente publique d'immeubles*, n° 1758), et l'arrêt cité *infrà*, note 6.

[5] Les intérêts du prix de vente courent en vertu d'une simple sommation, par dérogation à l'article 1153 du Code civil (C. civ., art. 1652, al. 4).

[6] Quand même l'adjudicataire n'aurait été mis en possession que plus tard : il doit immédiatement les intérêts du prix s'il a droit, dès l'adjudication, aux fruits de l'immeuble (Civ. cass. 6 févr. 1833 ; D. A. v° *Enregistrement*, n° 2401).

[7] C. civ., art. 1652, al. 5. Je suppose naturellement que cette sommation lui a été faite après l'époque à laquelle on verra au § **849** qu'il est tenu de payer le prix.

et affiches même supplémentaires[8], sans préjudice, bien entendu, des droits d'enregistrement et de transcription à percevoir sur le jugement d'adjudication, dont l'article 713 ne fait pas mention parce qu'il ne vise que les frais avancés par le poursuivant et dont il a le droit d'exiger le remboursement[9]. La troisième obligation de l'adjudicataire est de se conformer à toutes les conditions qui lui sont légalement imposées par le cahier des charges[10], et notamment de payer en sus du prix d'adjudication, si le cahier des charges en contient la clause expresse, tous les frais dits extraordinaires, c'est-à-dire occasionnés par les incidents de la saisie, que le tribunal, jugeant ces incidents, ordonnera d'employer par privilège[11]. Cette clause éloignera peut-être les enchérisseurs qui craindront à juste titre d'avoir à payer des frais non encore liquidés et dont le chiffre est, par conséquent, inconnu; mais, pour être imprudente, elle n'en est pas moins valable, car elle n'est ni prohibée par la loi ni contraire à l'ordre public[12].

Les intérêts se paient avec le prix à l'époque qui sera déterminée au § **849**, et les frais ordinaires de poursuite avant l'expédition du jugement d'adjudication qui n'est délivré à l'adjudicataire qu'à charge par lui de rapporter quit-

[8] Ces frais sont supplémentaires parce qu'ils n'ont pas lieu dans toutes les saisies, mais ils sont ordinaires en ce sens qu'ils rentrent dans l'ordre des formalités prescrites pour parvenir à l'adjudication, et ne sont pas le résultat d'un incident de procédure (Chauveau, sur Carré, *op. cit.*, t. V, IIe part., quest. 2398; voy., sur les insertions et affiches supplémentaires, *suprà*, §§ **681** et **682**).

[9] Bioche, *op. et v° cit.*, n° 569. Chauveau, sur Carré, *op. et loc. cit.* Boitard, Colmet-Daage et Glasson, *op. cit.*, t. II, n° 962. Voy., sur le paiement par l'acheteur des frais d'enregistrement et de transcription, Aubry et Rau, *op. cit.*, t. IV, p. 360.

[10] Voy., sur les clauses permises ou défendues dans le cahier des charges, *suprà*, § **669**.

[11] L'adjudicataire ne paie pas ces frais en sus du montant de son enchère si le cahier des charges ne l'y oblige pas expressément, mais le tribunal, qui peut ordonner, en principe, qu'ils soient déduits du prix d'adjudication et payés par privilège sur ce prix (Voy. *infrà*, § **729**), n'en a pas le droit si le cahier des charges contient à cet égard une clause expresse.

[12] Chauveau, sur Carré, *op. cit.*, t. V, IIe part., quest. 2399 *quater*. Comp. Bioche, *op. et v° cit.*, n° 324. Par contre, il n'est pas permis d'insérer au cahier des charges une clause en vertu de laquelle le privilège des frais extraordinaires aura lieu de plein droit malgré le silence que garderaient, à cet égard, les jugements rendus sur les incidents : les privilèges sont de droit étroit (C. civ., art. 2093), et la loi n'admet ici que ceux qui sont établis par jugement (Chauveau, sur Carré, *op. et loc. cit.*). Serait également nulle, ainsi qu'on l'a vu au § **669**, la clause qui obligerait l'adjudicataire à payer, à titre de frais, une somme supérieure à celle qui est fixée par le tarif.

tance de ces frais au greffier : la quittance et les pièces justificatives sont annexées à la minute du jugement et copiées à la suite de l'adjudication. Il en est de même des conditions spéciales qui sont écrites dans le cahier des charges et qui doivent, aux termes de ce cahier, s'exécuter avant la délivrance du jugement d'adjudication; les autres s'exécutent à l'époque fixée par ce cahier et sans que la délivrance de ce jugement en soit retardée. Faute par l'adjudicataire : 1° de rapporter dans les vingt jours de l'adjudication la quittance des frais ordinaires de poursuite et la preuve de l'accomplissement des clauses du cahier des charges qui doivent être exécutées avant la délivrance du jugement d'adjudication, 2° de payer le prix, et les intérêts s'il y a lieu, suivant ce qui sera dit au § **849**, 3° de satisfaire dans le délai fixé par le cahier des charges aux clauses de ce cahier qui ne doivent s'exécuter qu'après la délivrance du jugement d'adjudication, « il y « sera contraint par la voie de la folle enchère sans préjudice « des autres voies de droit » (Art. 713). La procédure de revente sur folle enchère sera expliquée aux §§ **749** et suivants; les « autres voies de droit » sont la saisie des meubles et immeubles de l'adjudicataire [13] à laquelle il ne peut échapper en délaissant, car il a contracté en enchérissant l'obligation personnelle de rester acquéreur, si son enchère n'était pas couverte, aux conditions déterminées par la loi ou spécifiées par le cahier des charges [14].

§ **708**. D. La transcription du jugement d'adjudication arrête le cours des inscriptions qui peuvent être prises sur l'immeuble du chef du saisi ou de ceux de ses prédécesseurs dont les titres n'ont pas été transcrits [1] : jusqu'à la transcription de ce jugement, les créanciers privilégiés ou hypothé-

[13] Bioche, *op. cit.*, v° *Vente sur folle enchère*, n° 18. Pigeau, *op. cit.*, t. II, p. 157. Chauveau, sur Carré, *op. cit.*, t. V, II° part., quest. 2398 *ter* et 2426. Boitard, Colmet-Daage et Glasson, *op. et loc. cit.* Rodière, *op. cit.*, t. II, p. 335. Persil, *op. cit.*, n° 375. Riom, 23 juin 1821 (D. A. v° *cit.*, n° 1840).

[14] Paris, 17 janv. 1816 (D. A. v° *Privilèges et hypothèques*, n° 1855). *Contrà*, Thomine-Desmazures, *op. cit.*, t. II, p. 292; civ. cass. 20 juill. 1808 (D. A. *v° cit.*, n° 1841); Pau, 7 janv. 1837 (D. A. *v° cit.*, n° 1876). Voy., sur l'effet de l'enchère et sur les obligations de l'enchérisseur, *suprà*, § **694**.

§ **708.** [1] Les créanciers privilégiés ou hypothécaires des propriétaires qui ont

caires des précédents propriétaires peuvent utilement prendre inscription; après ce moment, ils ne le peuvent plus et cette transcription clôt ainsi irrévocablement la liste des créanciers inscrits qui auront le droit de figurer dans l'ordre [2]. C'est l'application pure et simple à la saisie immobilière de l'article 6 de la loi du 23 mars 1855 : « A partir de la transcription, les « créanciers privilégiés ou ayant hypothèque aux termes des « articles 2123, 2127 et 2129 du Code civil ne peuvent utile- « ment prendre inscription sur le précédent propriétaire [3]; » mais on verra au § suivant que les priviléges et hypothèques inscrits après le jugement d'adjudication et avant la transcription de ce jugement sont purgés aussi bien que les priviléges et hypothèques inscrits avant ce jugement, et je tire de cette observation essentielle les deux conséquences suivantes : 1° les créanciers qui s'inscrivent dans ce laps de temps ont définitivement perdu leur droit de suite et l'inscription par eux prise ne leur conserve que le droit de préférence; 2° l'adjudicataire qui a intérêt, à d'autres égards, à faire transcrire le jugement d'adjudication rendu à son profit [4] n'y a aucun intérêt sous ce rapport, puisqu'il est, quoi qu'il arrive, affranchi du droit de suite [5]. L'arrêt du cours des inscriptions est utile [6] seulement : 1° aux créanciers chirographaires du saisi, en ce qu'il exclut de l'ordre les créanciers hypothécaires ou privilégiés de ce même saisi ou de ses prédécesseurs qui ne s'inscriraient qu'après la transcription du jugement d'adjudication [7]; 2° aux créanciers hypothé-

précédé le saisi ont conservé le droit de s'inscrire sur ces derniers, tant qu'ils n'ont pas été dessaisis à l'égard des tiers par la transcription des actes en vertu desquels leurs débiteurs ont cessé d'être propriétaires (Voy. *suprà*, § **667**).

[2] Voy., sur l'ordre, sur les personnes qui ont le droit d'y figurer et sur la clôture de cette procédure, *infrà*, §§ **788**, **836** et suiv.

[3] L'alinéa 2 de cet article réserve au vendeur et au copartageant le droit de s'inscrire pendant quarante-cinq jours après l'acte de vente ou de partage, mais on a vu au § **696** que cette réserve n'a pas d'intérêt dans l'espèce. Aj., sur ces priviléges, *infrà*, § **710**.

[4] Voy. *suprà*, § **696**.

[5] Aubry et Rau, *op. cit.*, t. III, p. 498. Ollivier et Mourlon, *op. cit.*, nos 233 et 234.

[6] On a vu au § **696** qu'à la différence d'un acquéreur ordinaire qui peut, à ses risques et périls, retarder aussi longtemps qu'il veut le moment de la transcription, l'adjudicataire doit, à peine de folle enchère, faire transcrire le jugement rendu à son profit dans le délai déterminé par la loi : l'acquéreur a le droit d'être négligent tant qu'il ne s'agit que de son intérêt, mais il ne peut faire bon marché de l'intérêt d'autrui.

[7] Ollivier et Mourlon, *op. cit.*, n° 234.

caires qui s'inscriraient du chef de l'adjudicataire avant la transcription de ce jugement, en ce qu'il assure leur droit de préférence, en cas d'insolvabilité de l'adjudicataire, à l'encontre des créanciers hypothécaires du saisi ou des précédents propriétaires qui ne s'inscriraient qu'après la transcription du jugement d'adjudication [8].

§ **709**. E. « Le jugement d'adjudication dûment transcrit « purge toutes les hypothèques et les créanciers n'ont plus « d'action que sur le prix. Les créanciers à hypothèques « légales qui n'ont pas fait inscrire leur hypothèque avant la « transcription du jugement d'adjudication ne conservent de « droit de préférence sur le prix qu'à la condition de produire « avant l'expiration du délai fixé par l'article 754 dans le cas « où l'ordre se règle judiciairement [1], et de faire valoir leurs « droits avant la clôture si l'ordre se règle amiablement « conformément aux articles 751 et 752 » (Art. 717). Cela revient à dire que l'adjudicataire est dispensé de remplir vis-à-vis des créanciers inscrits ou dispensés d'inscription les formalités ordinaires de la purge — que ceux-ci perdent immédiatement leur droit de suite, c'est-à-dire le droit de surenché-

[8] Le jugement d'adjudication est rendu le 1er juin 1890 et transcrit le 1er juillet suivant; le 15 juin, un créancier hypothécaire de l'adjudicataire a pris inscription; le 20 juin, un créancier hypothécaire du saisi ou d'un précédent propriétaire s'inscrit à son tour. L'adjudicataire est devenu propriétaire par le seul effet du jugement à l'égard de toutes les personnes qui ne sont pas des tiers au sens de l'article 3 de la loi du 23 mars 1855, et, par conséquent, à l'égard de ses propres ayants-cause; son créancier hypothécaire a donc pu s'inscrire sur lui dès le 15 juin. D'autre part, le saisi est resté propriétaire jusqu'à la transcription du jugement d'adjudication à l'égard des personnes qualifiées « tiers » par l'article précité de la loi du 23 mars 1855 et, par conséquent, à l'égard de ses créanciers hypothécaires; son créancier a donc pu prendre inscription sur lui jusqu'au 1er juillet, et cette inscription primera dans l'ordre celle du créancier de l'adjudicataire, bien qu'elle lui soit postérieure : « Par « l'effet même de la vente et dès avant la transcription, l'acquéreur devient proprié- « taire de l'immeuble par lui acquis, avec la faculté d'en disposer ou de le grever « d'hypothèques; seulement, les aliénations ou les hypothèques par lui consenties ne « seront point opposables aux tiers qui, du chef de son auteur, auront acquis des « droits sur cet immeuble et les auront dûment conservés » (Aubry et Rau, *op. cit.*, t. II, p. 314; comp. Demolombe, *op. cit.*, t. XXIV, n° 459). Il en sera différemment si l'inscription du créancier hypothécaire du saisi ne date que du 2 juillet; à ce moment, le jugement d'adjudication a été transcrit, le saisi a cessé d'être propriétaire à l'égard de ses créanciers hypothécaires, et, par conséquent, ils n'ont pu désormais prendre utilement inscription sur lui (Voy. *suprà*, même §).

§ **709.** [1] Le droit de suite en cas d'aliénation volontaire se résume dans le droit de surenchérir du dixième (Voy. le tome V de ce Traité).

rir du dixième dans les quarante jours qui suivent les notifications qui leur seraient faites — qu'ils ne peuvent surenchérir que dans les conditions qui seront précisées au § **715**, c'est-à-dire du sixième et dans les huit jours qui suivent l'adjudication[2] — et que, faute d'avoir ainsi surenchéri, il ne leur reste qu'un droit de préférence sur le prix dont la conservation est subordonnée aux conditions dont il sera parlé aux §§ suivants. Cette règle importante est très ancienne; elle vient de l'ancienne jurisprudence où « décret forcé[3] nettoyait toutes les « hypothèques[4], » et remonte même au droit romain[5].

Quel est précisément l'acte qui purge de plein droit les hypothèques? Est-ce le jugement d'adjudication ou seulement la transcription de ce jugement? Si c'est le jugement, les créanciers ont immédiatement perdu le droit de surenchérir du dixième, et ne peuvent plus le faire que du sixième et dans les huit jours du jugement. Dans le cas contraire, la situation se complique. Les créanciers peuvent surenchérir du dixième jusqu'à la transcription en supposant qu'aucunes notifications ne leur ont été faites ou qu'elles ne remontent pas à plus de quarante jours[6] mais ne peuvent plus surenchérir, après la transcription, du dixième ni même du sixième : du dixième, parce que leurs hypothèques sont purgées; du sixième, parce que cette surenchère doit être faite dans les huit jours du jugement et qu'il est presque impossible que ces huit jours ne soient pas écoulés quand la transcription sera faite[7]. Cette dernière solution semble, à première vue, commandée par le texte de la loi et par les travaux préparatoires. 1° L'article 1-4° de la loi du 23 mars 1855 soumet les jugements d'adjudication à la transcription; l'article 3 de la même loi déclare qu'ils ne sont pas opposa-

[2] Voy., sur cette surenchère, *infrà*, §§ **715** et suiv.

[3] Voy., sur cet ancien nom de la saisie immobilière, *suprà*, § **638**.

[4] Loisel, *Institutes coutumières*, liv. VI, tit. v, n° 15 (T. II, p. 245). Pothier, *op. cit.*, n° 638. Basnage, *Des hypothèques*, Ire part., ch. XVII (Dans ses *Œuvres complètes*, Paris, 1778, p. 93). Loyseau, *Du déguerpissement*, liv. III, ch. VII, nos 6 et suiv. (P. 68 et suiv.).

[5] Arg. Code Just., L. 6, *De remiss. pign.* (VIII, XXV) : « *Si eo tempore quo « prædium distrahebatur programmate admoniti creditores, quum præsentes essent, « jus suum exsecuti non sunt, possunt videri obligationem pignoris amisisse.* »

[6] Voy., sur cette surenchère, le tome V de ce Traité.

[7] Voy., sur le délai dans lequel la transcription doit être faite et sur la presque impossibilité de la faire avant l'expiration de ce délai, *suprà*, § **696**.

bles avant d'avoir été transcrits aux tiers qui ont des droits sur l'immeuble, et les créanciers hypothécaires du saisi et des précédents propriétaires rentrent naturellement dans cette définition [8]. 2° L'article 717 porte que le jugement d'adjudication dûment transcrit purge les hypothèques, et subordonne ainsi cet effet du jugement à la formalité préalable de la transcription. 3° M. Riché, rapporteur de la loi du 21 mai 1858 au Corps législatif, s'est exprimé en ces termes : « Les « créanciers hypothécaires de toute espèce ayant été appelés « à la procédure de saisie, la transcription du jugement « d'adjudication affranchira l'immeuble de leurs hypothè- « ques [9]. » La solution contraire est cependant préférable par une raison qui me paraît décisive. La purge de plein droit consiste en ce que les créanciers hypothécaires qui voudraient surenchérir ne peuvent le faire du dixième comme en cas d'aliénation volontaire, et doivent, comme tous les amateurs d'immeubles adjugés sur saisie immobilière, porter leur surenchère au sixième; or, si cette purge ne résultait que de la transcription du jugement d'adjudication, les créanciers hypothécaires ne feraient presque jamais cette surenchère du sixième : ce ne serait ni avant la transcription, car ils se garderaient de porter au sixième une surenchère qu'ils peuvent encore limiter au dixième; ni après la transcription, car ils n'avaient que huit jours pour surenchérir du sixième, et ce délai serait presque toujours écoulé avant que la transcription pût être faite [10]. Il serait, d'ailleurs, contraire à l'esprit de la loi qu'il en fût ainsi : d'une part, il est invraisemblable, étant donné les motifs de l'article 717 tel qu'ils seront indiqués au § suivant, que le législateur ait voulu laisser l'adjudicataire exposé à la surenchère du dixième pendant les quarante-cinq jours qui lui sont presque indispensables pour faire transcrire le jugement d'adjudication; d'autre part, la transcription,

[8] Voy., sur le sens du mot *tiers* dans l'article 3 de la loi du 23 mars 1855, *suprà*, §§ **699** et **701**, et le § précédent, note 7.

[9] D. P. 58. 4. 51, n° 60. Voy., en ce sens, Bioche, *op. cit.*, v° *Saisie immobilière*, n° 519; Chauveau, sur Carré, *op. cit.*, t. V, II° part., quest. 2403; Boitard, Colmet-Daage et Glasson, *op. cit.*, t. II, n° 968; Mourlon, *op. cit.*, t. II, n° 591; Seligmann, *op. cit.*, n° 72. Voy. aussi la circulaire ministérielle du 2 mai 1859, n° 30 (D. P. 59. 3. 28).

[10] Voy. *suprà*, § **715**.

ordinairement exigée pour révéler aux tiers des mutations de propriété qu'ils sont présumés ignorer, n'apprend rien de nouveau aux créanciers après la publicité qu'a reçue la saisie et les sommations individuelles qui ont dû leur être faites [11]. Quant aux mots « dûment transcrit » de l'article 717 qui sont le principal argument de l'opinion que je combats, ils peuvent s'expliquer autrement : ils auront voulu dire que la transcription du jugement d'adjudication arrête seule le cours des inscriptions du chef du saisi et des précédents propriétaires, et que les créanciers inscrits entre le jugement d'adjudication et la transcription de ce jugement conservent, aussi bien que ceux qui sont inscrits antérieurement, leur droit de préférence sur le prix [12].

Cette partie de l'article 717 doit être étudiée séparément en ce qui concerne : 1° les créanciers inscrits; 2° les créanciers à hypothèque légale dispensés d'inscription et non inscrits.

§ **710**. *a*. La purge des hypothèques inscrites par le seul effet de l'adjudication n'a jamais fait difficulté [1] : elle existait dans l'ancien droit [2]; elle a été formellement reconnue dans les travaux préparatoires de la loi du 2 juin 1841 [3]; elle y eût même été expressément consacrée si les articles 697 et 712 du projet qui en contenaient le principe n'y avaient pas ajouté une disposition qui parut trop hardie sur la purge

[11] Aubry et Rau, *op. cit.*, t. III, p. 498. Pont, *Des privilèges et hypothèques*, t. II, nº 1280. Ollivier et Mourlon, *op. cit.*, nºs 233 et 234.

[12] Voy. le § précédent, et, sur la situation de ces créanciers au point de vue de la purge de leurs hypothèques, le § suivant. Aj. que, si le jugement d'adjudication purge les hypothèques par lui-même et indépendamment de la transcription, l'adjudicataire n'a, sous ce rapport, aucun intérêt à la faire faire (Comp. *suprà*, § **696**, et le § suivant, note 5).

§ **710**. [1] Tarrible, dans le *Répertoire* de Merlin, vº *Transcription*, § III, nº 7. Aubry et Rau, *op. et loc. cit.* Colmet de Santerre, *op. cit.*, t. IX, nº 169 *bis*-XVIII. Grenier, *op. cit.*, t. II, nº 493. Troplong, *Des privilèges et hypothèques*, t. IV, nº 905. Chauveau, sur Carré, *op. et loc. cit.* Labbé, *De la procédure de la purge*, nºs 2 et suiv. (Dans la *Revue critique de législation et de jurisprudence*, t. XIX, 1861, p. 277 et suiv.). Il n'y avait de doute que pour les créanciers qui n'avaient pas reçu la sommation prescrite par l'article 695 (Aujourd'hui 692; Tarrible, *op. et vº cit.*, § VI, art. 1, nº 15).

[2] Voy. le § précédent, note 4.

[3] Persil, *Premier rapport à la Chambre des pairs* (D. A. *vº cit.*, p. 565, nº 24; p. 569, nº 43). Pascalis, *Premier rapport à la Chambre des pairs* (D. A. *vº cit.*, p. 577, nº 128).

des hypothèques dispensées d'inscription et non inscrites[4]. La loi du 21 mai 1858 n'a donc pas innové en disant pour la première fois en termes exprès que l'adjudication sur saisie immobilière purgerait les hypothèques inscrites et transformerait le droit de suite qui en résulte en un droit de préférence sur le prix. Cette purge de plein droit se justifie par un triple motif. 1° On doit à l'adjudicataire, dont l'intérêt se confond ici avec un intérêt général et jusqu'à un certain point d'ordre public, une sécurité qui attire les enchérisseurs, fasse monter le prix de l'immeuble et assure une prompte expédition de l'ordre. 2° Il est inutile d'adresser de nouvelles notifications à des créanciers qui, déjà avertis par la transcription de la saisie, par les affiches, par les journaux et par les sommations que prescrit l'article 692[5], ont pu et dû surveiller la procédure, se substituer au poursuivant en cas de négligence de sa part[6], contester la rédaction du cahier des charges, critiquer la mise à prix, faire donner à l'adjudication une plus grande publicité, enchérir eux-mêmes au besoin, ne rien négliger, en un mot, pour que l'immeuble atteignît le plus haut prix possible. 3° Il leur reste le droit de surenchérir du sixième s'ils trouvent ce prix insuffisant, et ils peuvent d'autant mieux s'en contenter qu'un immeuble vendu avec une telle publicité a très probablement atteint le plus haut prix qu'on pût espérer[7]. Ils conservent, d'ailleurs, après la perte de

[4] « Elle (l'adjudication) purge les immeubles adjugés de tous privilèges et de « toutes hypothèques, même des hypothèques légales, qu'il ait été pris ou non des « inscriptions pour la conservation des unes et des autres » (Voy. le texte complet de cet article dans Carré, *op. cit.*, t. V, Ire part., p. 256; et, sur le rejet de cette disposition en 1841, le § suivant). Une disposition analogue fut néanmoins insérée dans la loi du 3 mai 1841 sur l'expropriation pour cause d'utilité publique : « Dans « la quinzaine de la transcription (du jugement d'expropriation), les privilèges et les « hypothèques conventionnelles, judiciaires et légales seront inscrits ; à défaut « d'inscription dans ce délai, l'immeuble exproprié sera affranchi de tous privilèges « et hypothèques, de quelque nature qu'ils soient... Les créanciers inscrits n'auront, « dans aucun cas, la faculté de surenchérir, mais ils pourront exiger que l'indemnité « d'expropriation soit fixée conformément au titre IV (de la présente loi) » (Art. 17; voy. le surplus de cet article au § suivant, note 9, et, sur ce délai de quinzaine, Aubry et Rau, *op. cit.*, t. II, p. 297; Troplong, *De la transcription*, n° 103; Flandin, *op. cit.*, t. I, n°s 599 et suiv.; Mourlon, *Examen critique du Commentaire de M. Troplong sur les privilèges et hypothèques*, n° 335, et *De la transcription*, t. I, n° 88, t. II, n°s 581 et 585).

[5] Voy., sur ces sommations, *suprà*, § **671**.

[6] En se faisant subroger à la poursuite (Voy. *infrà*, §§ **732** et suiv.).

[7] Persil, *op. cit.* (D. A. *v° et loc. cit.*). Pascalis, *op. cit.* (D. A. *v° et loc. cit.*).

leur droit de suite, un droit de préférence sur le prix dont l'exercice n'est soumis qu'aux conditions déterminées par l'article 717 : le dernier alinéa de cet article[8], qui ne vise textuellement que les créanciers dispensés d'inscription et non inscrits, mais qui doit s'appliquer *mutatis mutandis*[9] à tous les créanciers dont le droit de préférence survit au droit de suite[10], leur prescrit « de produire avant l'expiration du délai fixé par « l'article 754 dans le cas où l'ordre se règle judiciairement, « et de faire valoir leurs droits avant la clôture si l'ordre se « règle amiablement conformément aux articles 751 et 752[11]. » Je dirai, en expliquant la procédure d'ordre, comment cette double condition doit être entendue et en quoi les créanciers inscrits diffèrent, sous ce rapport, des créanciers dispensés d'inscription et non inscrits[12].

Trois conditions sont nécessaires pour que cette purge s'accomplisse. 1° Il faut que l'immeuble grevé d'hypothèques ait été saisi *super domino*[13] : l'adjudication, ne transmettant à l'adjudicataire que les droits du saisi[14], reste sans effet s'il n'était pas propriétaire ; elle ne purge donc pas les hypo-

[8] La loi a dû, dans l'intérêt de la stabilité de l'ordre (Voy. *infrà*, §§ **794** et **815**), soumettre la conservation du droit de préférence à des conditions à peu près identiques pour tous les ayants-droit, édicter contre eux tous la même déchéance en cas de négligence, et empêcher par-là qu'un créancier quelconque, inscrit ou non, ne vienne, par une intervention tardive, bouleverser le règlement établi par le juge-commissaire ; les déchéances édictées par l'article 717 ne font donc qu'appliquer à l'espèce les principes généraux établis en matière d'ordre.

[9] Voy. *infrà*, *ib.*

[10] Aubry et Rau, *op. cit.*, t. III, p. 406.

[11] Cette disposition est plus précise que les articles 2198 du Code civil et 17 de la loi du 3 mai 1841 qui subordonnent simplement la survie du droit de préférence au droit de suite, dans les hypothèses par eux prévues, à la condition que les créanciers le fassent valoir, dans le premier cas avant que l'ordre ait été homologué, dans le second cas avant qu'il ait été définitivement réglé entre les créanciers. La formule nouvelle de l'article 717 s'applique-t-elle seulement au cas de saisie immobilière, ou convient-elle à tous les cas où le droit de préférence survit au droit de suite? Voy., dans ce dernier sens, Aubry et Rau, *op. et loc. cit.* Cette survie est, d'ailleurs, exceptionnelle : « l'efficacité du droit de préférence à l'égard des autres créanciers « étant, en général, subordonnée, comme celle du droit de suite à l'encontre des « tiers détenteurs, à la condition commune d'une inscription prise et renouvelée en « temps utile, il en résulte que la perte du dernier de ces droits, par suite de l'ex- « piration du délai dans lequel l'inscription peut être utilement requise, entraîne « aussi, en général, la perte du premier » (Aubry et Rau, *op. cit.*, t. III, p. 405 ; voy., sur les exceptions que ce principe comporte, *ib.*, t. III, p. 405 et suiv.).

[12] Voy. notamment les §§ **793** et **815**.

[13] Voy., sur la nullité de la saisie immobilière faite *super non domino*, *suprà*, § **703**.

[14] Voy. *suprà*, § **702**.

thèques inscrites sur les parcelles qui n'appartenaient pas au saisi et qui ont été distraites après coup de la saisie dans laquelle on les avait indûment comprises[15]. 2° Il faut que le poursuivant ait signifié les sommations prescrites par l'article 692 à tous les créanciers portés sur l'état délivré par le conservateur des hypothèques[16]; les droits de ceux qu'il a omis de sommer ne sont pas purgés et ne doivent pas l'être, car une des trois raisons qui justifient cette purge, c'est qu'il est inutile de sommer à nouveau des créanciers auxquels on a déjà fait des notifications individuelles, et cette raison n'a plus de valeur vis-à-vis de ceux auxquels ces notifications n'ont pas été faites : l'adjudicataire devra donc procéder, quant à eux, aux formalités ordinaires de la purge, sauf son recours contre le poursuivant pour les frais qu'il aura faits et pour les dommages-intérêts s'il y a lieu[17]. 3° L'article 2186 du Code civil, aux termes duquel les hypothèques ne sont purgées, en cas d'aliénation volontaire, que si le créancier a payé ou tout au moins consigné son prix[18], s'applique en matière d'adjudication : si l'adjudicataire revend à un tiers au lieu de payer ou de consigner son prix, les hypothèques ne sont pas purgées de plein droit et le sous-acquéreur doit les purger comme en cas d'aliénation volontaire[19]. Les créanciers dont les hypothèques ne sont pas éteintes dans l'un des trois cas que je viens d'énumérer peuvent surenchérir du dixième pendant les qua-

[15] Req. 2 déc. 1878 (D. P. 79. 1. 259). L'arrêt relève aussi cette circonstance que les créanciers hypothécaires n'avaient pas reçu, dans l'espèce, la sommation prescrite par l'article 692, et l'on pourrait croire, en lisant l'arrêt, que la solution eût été différente si la sommation destinée à ce créancier lui fût parvenue (Voy., sur la situation des créanciers qui n'ont pas été sommés au point de vue de la purge de leurs hypothèques, *infrà*, même §). Cette circonstance est cependant indifférente : la sommation fût-elle arrivée à son adresse, elle n'aurait pas lié efficacement à la saisie un créancier qui y est complètement étranger, puisque son hypothèque porte sur un immeuble qui n'aurait pas dû être saisi.

[16] *Quid*, s'ils n'ont pas reçu la notification qui leur a été adressée ou si le conservateur les a omis sur l'état par lui délivré? Voy., sur ces deux cas, *infrà*, même §.

[17] Duvergier, *Collection des lois et décrets*, t. LVIII, p. 142, note 3. Chauveau, sur Carré, *op. et loc. cit.* Boitard, Colmet-Daage et Glasson, *op. et loc. cit.* Ollivier et Mourlon, *op. cit.*, n° 246. Caen, 28 avr. 1825 (D. A. v° *Faillite*, n° 1173).

[18] Voy., sur cette condition de la purge ordinaire, le tome V de ce Traité.

[19] Chauveau, sur Carré, *op. et loc. cit.* Seligmann, *op. cit.*, n° 78. Paris, 6 avr. 1812 (D. A. v° *Surenchère*, n° 26). Req. 5 mai 1835 (D. A. v° *Privilèges et hypothèques*, n° 1742). Civ. cass. 4 juin 1850 (D. P. 50. 1. 214).

rante jours qui suivent les notifications qui doivent leur être faites[20].

Le jugement d'adjudication purge, moyennant ces trois conditions, toutes les hypothèques qui sont inscrites sur l'immeuble. Il purge, d'abord et sans difficulté, celles des créanciers touchés par les sommations signifiées conformément à l'article 692[21]; peu importe que ces hypothèques soient légales, judiciaires ou conventionnelles[22]; peu importe même qu'elles soient dispensées d'inscription, car, si le jugement d'adjudication les purge dans le cas même où elles ne sont pas inscrites, il les purge, à plus forte raison, lorsqu'elles le sont[23]. Le jugement d'adjudication purge aussi les hypothèques des créanciers qui n'ont pas reçu les sommations prescrites par l'article 692, dès que le poursuivant est à l'abri de tout reproche et n'a rien négligé pour que ces créanciers fussent touchés, car autant il serait étrange que ce jugement purgeât les droits des créanciers vis-à-vis desquels on n'a pas rempli les formalités prescrites[24], autant on comprend qu'il purge, dans l'intérêt de l'adjudicataire et de la stabilité des ventes faites en justice, les droits des créanciers qu'il était matériellement impossible de sommer ou que les sommations n'ont pas touchés. Cette solution rigoureuse paraîtra, d'ailleurs, moins dure si l'on considère que la saisie immobilière a reçu trop de publicité pour que ces créanciers aient pu raisonnablement l'ignorer, et que l'accomplissement des formes ordinaires de la purge ne ferait très probablement pas mon-

[20] Chauveau, sur Carré, *op. cit.*, t. V, IIe part., quest. 2394 *bis*. Paris, 19 mars 1836 (D. A. v° *Surenchère*, n° 418).

[21] Voy., sur ces sommations, *suprà*, **§ 671**.

[22] Boitard, Colmet-Daage et Glasson, *op. cit.*, t. II, n° 967. Toutefois, le tribunal de Pontoise a jugé, par application de la loi du 21 ventôse an VII (Art. 8), que l'adjudication sur saisie ne purge pas de plein droit l'inscription qui grève les immeubles des conservateurs des hypothèques, que l'adjudicataire ne peut même procéder aux formalités de la purge que dix ans après que ces fonctionnaires ont cessé leurs fonctions, et que le ministère public peut faire insérer au cahier des charges une clause spéciale qui interdise à l'adjudicataire de purger avant l'expiration de ce délai (27 juin 1882; D. P. 85. 3. 111, et la note). Voy., sur l'inscription qui grève les immeubles des conservateurs d'hypothèques, Aubry et Rau, *op. cit.*, t. III, p. 298; et, sur l'action d'office du ministère public en dehors d'une instance, t. I, **§ 79**.

[23] Boitard, Colmet-Daage et Glasson, *op. et loc. cit.*

[24] C'est pour cela que le jugement d'adjudication ne purge pas les hypothèques des créanciers auxquels le poursuivant n'a pas fait les notifications prescrites.

ter plus haut le prix de l'immeuble[25]. Le jugement d'adjudication purge donc : 1° les hypothèques des créanciers qui n'ont pas été sommés faute d'avoir élu domicile dans leurs inscriptions[26], et pour qui la perte du droit de suite est le résultat de leur négligence[27]; 2° les hypothèques des créanciers omis dans l'état des inscriptions[28], sauf leur recours, en vertu de l'article 2198 du Code civil, contre le conservateur par la faute duquel ils sont déchus du droit de suite[29]; 3° les hypothèques inscrites avant le jugement d'adjudication mais après les sommations prescrites par l'article 692[30] : les créanciers auxquels ces hypothèques appartiennent n'ont pu être compris dans ces sommations, car leur existence même était inconnue au moment où elles ont été faites, mais les termes de l'article 717 sont absolus; pourquoi, d'ailleurs, s'être inscrits si tard s'ils sont antérieurs à la transcription de la saisie, et, dans le cas contraire, n'ont-ils pas connu la saisie et dû prévoir les conséquences de l'adjudication[31]? 4° les hypothèques inscrites entre le jugement d'adjudication et la transcription de ce jugement; la solution précédente une fois admise, celle-ci s'impose par un argument *à fortiori*[32]; 5° les hypothèques légales[33] et judiciaires nées dans le même intervalle, c'est-à-dire entre le jugement d'adjudication et la transcription de ce jugement, et les hypothèques conventionnelles constituées

[25] Voy., sur les considérations qui justifient la purge de plein droit par le jugement d'adjudication, *suprà*, même §.

[26] Voy., sur cette hypothèse, *suprà*, § **671**.

[27] Chauveau, sur Carré, *op. cit.*, t. V, IIe part., quest. 2403. Boitard, Colmet-Daage et Glasson, *op. et loc. cit.*

[28] Voy., sur cette hypothèse, *suprà*, § **673**.

[29] Chauveau, sur Carré, *op. et loc. cit.* Boitard, Colmet-Daage et Glasson, *op. et loc. cit.* Voy., sur cette application de l'article 2198 du Code civil, *suprà*, § **671**.

[30] Voy., sur ces sommations, *suprà*, *ib.*

[31] Chauveau, sur Carré, *op. et loc. cit.* Douai, 6 févr. 1855 (D. P. 55. 2. 189).

[32] Aubry et Rau, *op. cit.*, t. III, p. 498. Chauveau, sur Carré, *op. et loc. cit.* Boitard, Colmet-Daage et Glasson, *op. et loc. cit.* Mourlon, *op. cit.*, t. II, nos 587 et suiv. Ollivier et Mourlon, *op. cit.*, nos 233 et 234. *Contrà*, Pont, *op. cit.*, t. II, no 1280, note 2. Cette solution est indépendante de celle d'après laquelle le jugement d'adjudication ne purge les hypothèques qu'après avoir été transcrit (Voy. *suprà*, § **709**). Si la purge ne résulte que de la transcription du jugement d'adjudication, cette transcription purgera naturellement toutes les hypothèques antérieurement inscrites, et notamment celles dont l'inscription s'est produite entre le jugement et la transcription du jugement. Si cet effet résulte du jugement lui-même, celui-ci purgera les hypothèques inscrites auparavant et, à plus forte raison, celles qui ne seront inscrites qu'après.

[33] Soumises à inscription; voy., quant aux autres, le § suivant.

dans le même laps de temps par le saisi [34]; les créanciers qui les ont obtenues ont ignoré l'adjudication, car leur droit est né avant le jour où elle est devenue publique, mais ils ont forcément connu — c'était assez pour les mettre en garde — l'existence même de la saisie rendue publique par la transcription du procès-verbal, les affiches et l'insertion dans les journaux, d'ailleurs l'article 717 ne distingue pas [35]; 6° les hypothèques inscrites du chef des précédents propriétaires dont les actes d'aliénation n'ont pas été transcrits : Primus a hypothéqué à Secundus puis vendu à Tertius, et cette vente n'a pas été transcrite; l'immeuble est saisi sur Tertius et adjugé; l'adjudication purge l'hypothèque de Secundus. Dira-t-on qu'il est de règle, en matière de transcription, qu'un débiteur reste propriétaire à l'égard de ses créanciers hypothécaires jusqu'à ce qu'il ait été dessaisi par une transcription faite à son nom sur le registre du conservateur des hypothèques; que, la vente consentie par Primus à Tertius n'ayant pas été transcrite, Primus est toujours propriétaire à l'égard de Secundus; que la saisie faite sur Tertius est, par conséquent, non avenue quant à Secundus, et qu'il faudrait rigoureusement, pour que l'hypothèque de ce dernier fût purgée, que le poursuivant ou l'adjudicataire eûssent pris soin de faire préalablement transcrire la vente consentie par Primus à Tertius [36]? Cette application stricte de la loi du 23 mars 1855 ne serait conforme ni au texte de l'article 717, ni à son esprit, ni à la nature même des choses : 1) cet article dispose que le jugement d'adjudication purge toutes les hypothèques; 2) la saisie immobilière reçoit une trop grande publicité pour que Secundus n'apprenne pas du même coup que l'immeuble a cessé d'appartenir à Primus et qu'il a été saisi sur Tertius; 3) Secundus n'a pu être sommé, car le poursuivant et l'adjudicataire n'ont, dans l'espèce, aucun moyen de connaître

[34] Le saisi conserve, malgré la transcription de la saisie et jusqu'à celle du jugement d'adjudication, le droit de constituer des hypothèques (Voy. *suprà*, § **668**).

[35] Mourlon, *op. cit.*, t. II, n° 590.

[36] Arg. L. 23 mars 1855, art. 3 : « Jusqu'à la transcription, les droits résultant « des actes et jugements énoncés aux articles précédents (spécialement les droits ré- « sultant des actes translatifs de propriété) ne peuvent être opposés aux tiers qui « ont des droits sur l'immeuble et qui les ont conservés en se conformant aux lois » (spécialement aux créanciers hypothécaires qui ont pris régulièrement inscription ; voy., sur ce point, *suprà*, § **701**).

l'existence de Primus et de l'hypothèque par lui conférée à Secundus, et c'est le cas d'appliquer la règle précédemment posée que le jugement d'adjudication purge les hypothèques de tous les créanciers qu'il a été matériellement impossible de sommer[37].

L'article 717 ne s'applique pas seulement aux hypothèques; le jugement d'adjudication purge également les privilèges et transforme en un simple droit de préférence le droit de suite qui y est attaché. Cela va sans difficulté pour les privilèges sujets, au point de vue de l'inscription, aux mêmes règles que les hypothèques[38], et pour les privilèges généraux qui portent à la fois sur les meubles et sur les immeubles et qui, dispensés de l'inscription quant au droit de préférence, y restent soumis quant au droit de suite[39]. Pas de difficulté non plus pour le vendeur et le copartageant. L'article 6 de la loi du 23 mars 1855 leur accorde, par faveur spéciale, le droit de s'inscrire utilement pendant quarante-cinq jours à dater de l'acte de vente ou de partage, quand même l'immeuble qui en est grevé serait l'objet, de la part de l'acheteur ou du copartageant qui l'a eu dans son lot ou l'a acquis sur licitation, d'une aliénation faite et transcrite pendant ce délai[40], mais on a vu au § **696** qu'il s'écoule au moins quatre-vingt-dix jours entre le début de la saisie immobilière et la transcription du jugement d'adjudication qui la clôt, en sorte qu'à la date de ce jugement le droit de suite du vendeur et du copartageant sera perdu ou conservé : perdu si l'inscription n'a pas été prise, et, par conséquent, la question d'application de l'article 717 ne se posera même pas; conservé dans le cas contraire, mais transformé en droit de préférence en vertu de cet article[41]. Reste le privilège improprement

[37] Seligmann, *op. cit.*, n° 81. *Contrà*, Grosse et Rameau, *op. cit.*, t. I, n° 91.

[38] Notamment ceux du Trésor public (Aubry et Rau, *op. cit.*, t. III, p. 299).

[39] Troplong, *De la transcription*, n° 283. Pont, *op. cit.*, t. I, n° 313; t. II, n° 1122. Seligmann, *op. cit.*, n° 76. La survie du droit de préférence au droit de suite a d'autant moins d'inconvénients, en ce qui les concerne, que les créances par eux garanties ont généralement un chiffre peu élevé. Voy., sur la nécessité d'inscrire ces privilèges pour conserver le droit de suite, *suprà*, § **671**.

[40] Voy., sur cette partie de l'article 6 de la loi du 23 mars 1855, *suprà*, § **696**.

[41] On remarquera seulement, quant au copartageant, qu'il faut supposer la saisie pratiquée après le partage par un créancier du copartageant qui a eu l'immeuble dans son lot ou s'en est porté adjudicataire sur licitation : si la saisie avait eu lieu pendant l'indivision, ou bien elle frapperait la totalité de l'immeuble, et les autres copar-

dit[42] de séparation des patrimoines, dont l'inscription rétroagit au jour de l'ouverture de la succession lorsqu'elle est prise dans le délai de six mois à compter de cette date (C. civ., art. 2111); ce privilège sera-t-il purgé — en admettant qu'il confère un droit de suite[43] — si l'immeuble qui en est grevé est saisi et adjugé à la requête d'un créancier de l'héritier dans les six mois qui suivent l'ouverture de la succession? Oui assurément, si l'inscription de ce privilège est antérieure au jugement d'adjudication, car ce jugement le purge comme il purge les hypothèques déjà inscrites et par la même raison[44]; oui encore, si l'inscription n'est prise qu'après ce jugement, fût-ce dans les six mois qui suivent l'ouverture de la succession. Les partisans du droit de suite en matière de séparation des patrimoines enseignent, il est vrai, que l'inscription conserve toujours ce droit de suite lorsqu'elle est prise dans le délai de six mois[45], mais, cette opinion fût-elle exacte en cas d'aliénation volontaire[46], le droit de suite des créanciers de la succession est certainement éteint en cas d'adjudication sur saisie immobilière, car il n'est pas admissible que cet acte purge les droits de créanciers dispensés d'inscription — je l'ai déjà dit au même § et j'y reviendrai au § suivant — et qu'il laisse intacts ceux de créanciers auxquels la loi n'accorde

tageants pourraient la faire annuler comme ayant porté en partie sur un immeuble dont le saisi n'était pas propriétaire; ou bien elle n'aurait frappé que la part indivise du saisi, et elle serait nulle en vertu de l'article 2205 du Code civil (Seligmann, *op. cit.*, n° 73; voy., sur cet article, t. III, § **562**).

[42] Improprement dit, parce qu'il n'établit de droit de préférence ni entre créanciers ni entre légataires, et n'en crée que de masse à masse, c'est-à-dire au profit des créanciers de la succession et des légataires contre les créanciers de l'héritier (Demolombe, *op. cit.*, t. XVII, n° 222).

[43] La question ne se pose même pas dans le cas contraire; on peut seulement se demander si les créanciers qui n'ont pas de droit de suite peuvent exercer un droit de préférence sur le prix. Voy., sur cette question, *suprà*, même §, et, sur celle de savoir si l'inscription prise en vertu de l'article 2111 du Code civil confère un droit de suite, Demolombe, *op. cit.*, t. XVII, n°s 208 et suiv.

[44] Si l'inscription n'est prise qu'après les six mois, elle n'a plus d'effet rétroactif; dans le cas contraire, elle rétroagit, mais qu'importe ici la rétroactivité? Cette inscription prise le jour même de l'ouverture de la succession ne vaudrait pas mieux, au point de vue des effets du jugement d'adjudication, qu'une inscription d'hypothèque prise à la même époque.

[45] Je ne dis rien du cas où l'inscription ne serait prise qu'après l'expiration des six mois et la transcription du jugement d'adjudication: en admettant — cela n'est même pas certain — que les créanciers aient pu conserver jusque-là le droit de s'inscrire, cette transcription le supprimerait nécessairement (Arg. L. 23 mars 1855, art. 6).

[46] Voy., sur ce point, *suprà*, même §.

pour toute faveur que le droit de prendre une inscription rétroactive. D'ailleurs, avertis de la saisie par la publicité qui l'accompagne, ils auraient dû s'inscrire plus tôt et ne pas attendre pour le faire la transcription du jugement d'adjudication [47]. Tout ce que je viens de dire des créanciers privilégiés suppose, bien entendu, qu'ils ont été sommés quand ils pouvaient l'être aux termes de l'article 692 : les créanciers privilégiés portés sur l'état délivré par le conservateur des hypothèques ont dû être sommés, et leurs droits ne sont purgés que si cette formalité a été remplie à leur égard [48].

§ **711**. *b*. C'était une question très controversée avant la loi du 21 mai 1858 que de savoir si le jugement d'adjudication sur saisie immobilière purge les hypothèques légales dispensées d'inscription et non inscrites, et si, dans le cas de l'affirmative, le droit de préférence survit du moins au droit de suite en faveur des créanciers auxquels ces hypothèques appartiennent. La jurisprudence avait d'abord admis que le jugement d'adjudication purge aussi bien ces hypothèques que celles qui sont soumises à la nécessité de l'inscription [1], mais un arrêt de la cour de cassation rendu, toutes chambres réunies, le 22 juin 1833 inaugura une jurisprudence contraire, et décida que les femmes et les mineurs dont les droits sont garantis par ces hypothèques les conserveraient jusqu'à ce que l'adjudicataire eût accompli à leur égard les formalités de la purge légale, telles qu'elles sont réglées par les articles 2194 et 2195 du Code civil [2]. La loi du 2 juin 1841 confirma implicitement cette jurisprudence, car les articles 697 et 712 du projet déclaraient l'immeuble purgé des hypothèques légales dispensées d'inscription et non ins-

[47] Seligmann, *op. cit.*, n° 75.

[48] Seligmann, *op. et loc. cit.*

§ **711.** [1] Voy. les arrêts rapportés D. A. v° *Privilèges et hypothèques*, n° 2200; et, dans le même sens, Tarrible, dans le *Répertoire* de Merlin, v° *Saisie immobilière*, § VII, n° 3; Grenier, *op. cit.*, t. II, n° 490; Troplong, *Des privilèges et hypothèques*, t. IV, n° 996; Carré, *op. et loc. cit.*; et, en sens contraire, Duvergier, *op. cit.*, t. XLI, p. 248; Duranton, *op. cit.*, t. XX, n° 358; Chauveau, sur Carré, *op. et loc. cit.*

[2] D. A. *v° cit.*, n° 2201. Aj. les arrêts postérieurs à cette date qui sont rapportés *ib.*

crites[3], et la Chambre des pairs rejeta ces deux articles, attendu : 1° que, touchant au fond du droit et compromettant les principes du Code civil, ils ne devaient pas être insérés dans une loi de procédure ; 2° que l'innovation proposée était dangereuse en soi et offrait moins de garanties que la purge légale[4]. Cette question résolue, une autre resta ouverte : à savoir si la femme, le mineur et l'interdit, vis-à-vis desquels les formalités prescrites par l'article 2194 du Code civil auraient été observées[5], et qui seraient déchus de leur droit de suite faute d'avoir pris inscription dans le délai de deux mois conformément à l'article 2195 du même Code[6], conserveraient au moins leur droit de préférence : les cours d'appel tenaient depuis longtemps pour l'affirmative, la cour de cassation pour la négative[7], quand celle-ci fit cesser toute

[3] Voy. le texte de ces articles dans Carré, *op. cit.*, t. V, Ire part., p. 210 et 256, et le premier rapport de M. Persil à la Chambre des pairs (D. A. v° *Vente publique d'immeubles*, p. 569, n° 48). Comp., sur ces mêmes articles, le § précédent.

[4] On peut résumer ainsi les arguments développés par MM. Laplagne-Barris, Barthe et Séguier dans la séance du 23 avril 1840 (*Moniteur* du 24, p. 785). La commission de la Chambre des députés se rangea à l'avis de la Chambre haute (Pascalis, *Premier rapport à la Chambre des députés;* D. A. v° *cit.*, p. 575, n° 114). La loi du 3 mai 1841, rendue la même année, décida, au contraire, que le jugement d'expropriation pour cause d'utilité publique purgerait les hypothèques non inscrites des femmes, des mineurs et des interdits (Art. 17; comp. le § précédent, note 4).

[5] « A cet effet, ils déposeront copie dûment collationnée du contrat translatif de « propriété au greffe du tribunal civil du lieu de la situation des biens, et ils certifie- « ront, par acte signifié tant à la femme ou au subrogé tuteur qu'au procureur de « la République près le tribunal, le dépôt qu'ils auront fait. Extrait de ce contrat « contenant sa date, les noms, prénoms, professions et domiciles des contractants, « la désignation de la nature et de la situation des biens, le prix et les autres charges « de la vente, sera et restera affiché pendant deux mois dans l'auditoire du tribunal; « pendant lequel temps les femmes, les maris, tuteurs, subrogés tuteurs, mineurs, « interdits, parents ou amis et le procureur de la République seront reçus à requérir, « s'il y a lieu, et à faire faire au bureau du conservateur des hypothèques des ins- « criptions sur l'immeuble aliéné, qui auront le même effet que si elles avaient été prises « le jour du contrat de mariage ou le jour de l'entrée en gestion du tuteur, sans pré- « judice des poursuites qui pourraient avoir lieu contre les maris et les tuteurs, ainsi « qu'il a été dit ci-dessus, pour hypothèques par eux consenties au profit de tierces « personnes sans leur avoir déclaré que les immeubles étaient déjà grevés d'hypo- « thèques en raison du mariage ou de la tutelle. »

[6] « Si, dans le cours des deux mois de l'exposition du contrat, il n'a pas été fait « d'inscription du chef des femmes, mineurs ou interdits sur les immeubles vendus, « ils passent à l'acquéreur sans aucune charge à raison des dot, reprises et con- « ventions matrimoniales de la femme ou de la gestion du tuteur, et sauf le recours, « s'il y a lieu, contre le mari et le tuteur. »

[7] Voy. les arrêts pour et contre D. A. v° *Privilèges et hypothèques*, nos 2203 et suiv. Aj., pour l'affirmative, Delvincourt, *op. cit.*, t. III, p. 178; Troplong, *op. cit.*, t. IV, nos 983 et suiv.; Persil, *Régime hypothécaire*, sur l'art. 2194, n° 3; pour la négative, Duranton, *op. cit.*, t. XX, nos 358 et 421; Grenier, *op. et loc. cit.*

hésitation par l'arrêt du 23 février 1852 qui confirma, toutes chambres réunies, sa jurisprudence antérieure[8]. La loi du 21 mai 1858 donna, au contraire, raison aux cours d'appel en ajoutant à l'article 717 une disposition d'après laquelle le jugement d'adjudication purge de plein droit les hypothèques même non inscrites des femmes, des mineurs et des interdits, mais ces créanciers, ainsi déchus de leur droit de suite, conservent leur droit de préférence sur le prix aux conditions indiquées au § précédent[9]. M. Riché, rapporteur de cette loi au Corps législatif, explique ainsi qu'il suit pourquoi le droit de suite est perdu dans l'espèce et pourquoi le droit de préférence n'est pas indéfiniment conservé : « Le crédit « est évidemment intéressé à ce que la prompte distribution « du prix de la vente et sa disponibilité, ainsi que la circula- « tion des créances inscrites, ne soient pas longtemps entra- « vées. Quoi! après avoir refusé ou négligé de se manifester « malgré un appel dispendieux, l'hypothèque légale se perpé- « tuera à l'état latent, pourra pendant trente ans sortir des té- « nèbres pour venir troubler et rendre plus coûteux un ordre « qui se fait ou remettre en question un ordre réglé, pourra, « en tenant leur rang hypothécaire en question, empêcher les « créanciers de céder leurs créances! Et, s'il n'y a pas d'ordre, « tant que le prix ne sera point payé par l'acquéreur, l'hypo- « thèque légale pourra venir le disputer! Il faudra, pour af- « franchir ce prix, que le vendeur le transporte et se des- « saisisse d'un bon placement, si toutefois il est certain que le « transport ferait échapper à cette hypothèque un prix non « payé! Ou bien il faudra provoquer un ordre d'ailleurs inu- « tile! Ces inconvénients ne sont-ils pas considérables, surtout « dans les pays où le régime dotal empêche les femmes de cé- « der leur hypothèque légale[10]? »

La purge des hypothèques par le jugement d'adjudication

[8] D. P. 52. 1. 40.

[9] Voy. le texte de cet article, *suprà*, § **709**, et *infrà*, §§ **793** et **815**. Comp. L. 3 mai 1841 sur l'expropriation pour cause d'utilité publique : « ... Sans préju- « dice des droits des femmes, mineurs et interdits sur le montant de l'indemnité, « tant qu'elle n'a pas été payée ou que l'ordre n'a pas été réglé définitivement entre « les créanciers » (Art. 17), et voy., sur la différence qui existe entre cet article et l'article 717, le § précédent, note 11.

[10] D. P. 58. 4. 51, n° 60. Aj. l'*Exposé des motifs* (D. P. 58. 4. 46, n° 9).

exige, d'ailleurs, les mêmes conditions que celle des hypothèques inscrites : 1° une saisie pratiquée *super domino* [11]; 2° des sommations faites, conformément à l'article 692, à tous les créanciers porteurs d'hypothèques dispensées d'inscription et non inscrites dont le poursuivant a connu l'existence et qu'il a, par conséquent, pu sommer [12]; 3° le paiement ou, tout au moins, la consignation du prix d'adjudication [13]. D'autre part, la survie du droit de préférence au droit de suite, pendant le temps et aux conditions fixées par l'article 717, suppose que le prix d'adjudication est encore dû au saisi : elle n'a plus lieu quand le prix a été payé à ce dernier, cédé par lui à un tiers, ou délégué par lui à d'autres créanciers; ceux dont il s'agit ne conservent, en pareil cas, leur droit de préférence qu'en prévenant, par une saisie-arrêt pratiquée entre les mains de l'adjudicataire, le paiement, la délégation, la signification ou l'acceptation de ce transport [14]. Cette hypothèse ne peut, d'ailleurs, se présenter dans le cas où l'adjudication doit être suivie de l'ouverture d'un ordre [15], car le prix ne peut alors être payé qu'aux créanciers inscrits et dans l'ordre déterminé par le juge conformément à la loi [16].

§ **712**. F. Si le prix de l'immeuble saisi est encore dû

[11] Le jugement d'adjudication ne purge donc pas, en cas de saisie pratiquée *super non domino,* l'hypothèque de la femme du véritable propriétaire et celle des mineurs ou interdits dont il a exercé la tutelle (Voy. le § précédent).

[12] Boitard, Colmet-Daage et Glasson, *op. cit.,* t. II, n° 968. Le jugement d'adjudication ne purge pas les hypothèques des créanciers que le poursuivant est en faute de n'avoir pas sommés (Voy. le § précédent) : il en serait autrement si la sommation ne leur était pas parvenue, ou s'il n'avait eu aucun moyen de les connaître d'après son titre (Voy. *suprà,* §§ **671** et **673**).

[13] Comp. le § précédent.

[14] Arg. C. civ., art. 2198 : les créanciers qui ont perdu leur droit de suite par la faute du conservateur des hypothèques qui les a omis sur l'état des inscriptions, ne conservent leur droit de préférence que « tant que le prix n'a pas été payé par l'ac« quéreur ; » et L. 3 mai 1841, art. 17 : les créanciers à hypothèques légales dispensées d'inscription et non inscrites ne conservent leur droit de préférence sur l'indemnité, en cas d'expropriation pour cause d'utilité publique, que « tant qu'elle n'a pas été « payée » (Voy. *suprà,* note 9). Aubry et Rau, *op. cit.,* t. III, p. 405. Troplong, *op. cit.,* t. IV, n°s 984 et suiv. Seligmann, *op. cit.,* n°s 100 et 105. Je ne parle pas d'acceptation ou de signification de la délégation, parce que je ne considère pas l'article 1690 du Code civil comme applicable à cette hypothèse (Voy. t. III, § **538,** note 3).

[15] Quand n'y a-t-il pas matière à ordre? Voy. *infrà,* § **779.**

[16] Voy. *infrà,* §§ **848** et **850.**

en tout ou en partie au dernier vendeur de l'immeuble ou à ceux qui l'ont précédé, ils sont armés non-seulement d'un privilège, mais encore d'une action résolutoire fondée sur l'article 1654 du Code civil et qui, en cas d'aliénation volontaire, suit l'immeuble pendant trente ans[1] entre les mains des tiers acquéreurs[2]. Je n'ai plus à parler du privilège : on a vu au § **710** comment l'adjudication le purge au point de vue du droit de suite, et à quelles conditions il y survit à l'état de droit de préférence. Quant à l'action résolutoire, le décret forcé la « nettoyait » autrefois en même temps que le privilège[3], mais, dans le silence du Code de procédure, l'adjudicataire resta, jusqu'en 1841, soumis pendant trente ans à cette menace d'éviction qui arrêtait l'élan des enchérisseurs et faisait vendre l'immeuble à plus bas prix : menace d'autant plus sérieuse que l'adjudicataire ne se trouve pas dans les conditions, favorables à certains égards, d'un acheteur amiable. Celui-ci peut exiger, en achetant, la preuve que son vendeur est libéré envers le précédent propriétaire, et, s'il n'a pas pris cette précaution au moment de traiter, suspendre le paiement de son prix, en vertu de l'article 1653 du Code civil[4], jusqu'à ce que le vendeur lui rapporte la preuve de sa libération. Celui-là doit se contenter des renseignements que le poursuivant lui a fournis, et qui se réduisent à peu de chose si, comme il arrive souvent, le saisi se cache ou ne veut rien dire; quant à suspendre le paiement du prix, l'adjudicataire n'y peut songer, car il paie forcément dans les délais qui seront déterminés au § **848**, et, si l'action résolutoire est ensuite exercée contre lui, il ne lui reste qu'un recours illusoire

§ **712.** 1 Suivant le droit commun (C. civ., art. 2262).

2 Voy., sur ce point, *suprà*, §§ **672** et **678**, et, sur le caractère de cette action lorsqu'elle s'exerce contre un tiers acquéreur, t. I, § **126**.

3 Pothier, *De l'hypothèque*, nos 131 et suiv. Voy., sur la purge des privilèges et hypothèques par le décret forcé, *suprà*, § **709**.

4 « Si l'acheteur est troublé ou a juste sujet de craindre d'être troublé par une « action soit hypothécaire soit en revendication, il peut suspendre le paiement du « prix jusqu'à ce que le vendeur ait fait cesser le trouble... » Cet article s'applique évidemment au cas où l'acheteur a juste sujet de craindre que son vendeur n'ait pas encore payé son propre auteur, car il est alors menacé lui-même par une action hypothécaire (celle qui résulte du privilège du vendeur non payé) et par une autre encore plus inquiétante, l'action résolutoire de ce même vendeur (Voy., sur cet article, Aubry et Rau, *op. cit.*, t. IV, p. 397; Colmet de Santerre, *op. cit.*, t. VII, n° 98 *bis*).

contre le saisi presque toujours insolvable[5]. Ces considérations ont décidé le législateur à introduire dans la loi du 2 juin 1841 les dispositions analysées aux §§ **672** et **678** et qui n'étaient, d'ailleurs, pas sans précédents, car, si les principes rigoureux du droit veulent qu'en vertu de la règle *Resoluto jure dantis resolvitur jus accipientis* un acquéreur subisse le contre-coup des événements qui viennent résoudre le titre de son auteur[6], le législateur s'est plusieurs fois préoccupé des dangers auxquels l'application de ce principe expose les acquéreurs qui n'ont pu connaître les causes d'éviction qui les menacent[7]. L'article 958 du Code civil a disposé, d'abord, que la révocation pour cause d'ingratitude des donations d'immeubles susceptibles d'hypothèque ne préjudicie pas aux aliénations antérieures à l'inscription que le donateur doit faire de sa demande en révocation en marge de la transcription de ces donations[8]. Plus tard, la loi du 7 juillet 1833 (Art. 8), confirmée sur ce point par celle du 3 mai 1841 (Art. 18), a décidé que les actions réelles ne pourraient arrêter l'expropriation pour cause d'utilité publique ni en empêcher l'effet, que les droits des réclamants seraient transportés sur le prix, et que l'immeuble exproprié en demeurerait affranchi[9]. La loi du 23 mars 1855 est entrée dans la même voie en décidant (Art. 7) que « l'action résolutoire « établie par l'article 1654 du Code civil ne peut être exercée « après l'extinction du privilège du vendeur, au préjudice « des tiers qui ont acquis des droits sur l'immeuble du chef

[5] Presque toujours, mais pas toujours : j'ai parlé au § **690** du cas où la saisie immobilière est pratiquée contre un tiers détenteur qui, pouvant payer, aime mieux se laisser exproprier. Ces considérations sont exposées, développées et discutées dans les documents parlementaires cités *suprà*, § **678,** note 24.

[6] Voy., sur ce point, t. I, § **126,** et *suprà*, § **702.**

[7] Dans le droit romain, le vendeur qui avait suivi la foi de l'acheteur n'avait pas la revendication; il ne pouvait exercer, en vertu de la *lex commissoria,* que l'action personnelle *venditi* ou *præscriptis verbis*. Que les jurisconsultes romains aient aperçu les conséquences de cette doctrine au point de vue de la stabilité des droits des tiers acquéreurs, on peut en douter, mais qu'il en retirât de grands avantages, cela est certain. Ulpien, qui donnait en pareil cas la revendication au vendeur, la lui accordait-il avec toutes ses conséquences et à l'encontre du sous-acquéreur? Cette opinion était-elle aussi isolée qu'on le croit communément? Voy., sur tous ces points, Bufnoir, *Théorie de la condition,* p. 477 et suiv.; Accarias, *Théorie des contrats innommés* (Paris, 1866), p. 105 et suiv.

[8] Comp. t. I, § **126,** et *suprà*, § **702.**

[9] Voy., sur cette loi, le § précédent, notes 9 et 14.

« de l'acquéreur et qui se sont conformés aux lois pour les « conserver[10]. » Enfin, la loi du 21 mai 1858 a ajouté une nouvelle précaution à celle que la loi du 2 juin 1841 avait déjà prise dans l'intérêt du vendeur : s'il n'a pas élu domicile dans l'inscription de son privilège, il est sommé à son domicile réel pourvu qu'il soit situé en France[11].

Le jugement d'adjudication purge donc aujourd'hui non-seulement le privilège mais encore l'action résolutoire du vendeur immédiat ou des précédents vendeurs non payés, sauf à eux à faire valoir leur droit de préférence sur le prix d'adjudication aux conditions et dans les délais déterminés au § **710**. Inscrits seulement après les sommations prescrites par l'article 692[12], ils n'ont pas été compris dans ces sommations, et l'inscription conserve leur droit de préférence pourvu qu'elle soit prise avant la transcription du jugement d'adjudication[13], mais leur action résolutoire est définitivement éteinte[14]. Inscrits avant ces sommations, ils ont été sommés individuellement au lieu et de la manière indiqués au § **672**, non-seulement de prendre communication du cahier des charges, d'y faire leurs dires et observations, et d'assister à la lecture qui en sera faite ainsi qu'à la fixation du jour de l'adjudication, mais encore de former leur demande en résolution et de la notifier au greffe avant l'adju-

[10] Chauveau (sur Carré, *op. cit.*, t. V, IIe part., quest. 2404 *septies*), Troplong (*De la transcription*, no 297), Ollivier et Mourlon (*Op. cit.*, nos 208 et suiv.), et M. Bressolles (*Explication de la loi du 21 mai 1858*, Toulouse, 1858, no 71) font une différence, sous ce rapport, entre l'aliénation volontaire et l'adjudication sur saisie immobilière : ils disent qu'en cas de revente, l'action résolutoire du vendeur non payé dure autant que son privilège qui ne s'éteint que par la transcription de la seconde vente intervenant plus de quarante-cinq jours après la première (Voy. *suprà*, § **696**), au lieu qu'en cas d'adjudication sur saisie immobilière, l'action résolutoire du vendeur non payé s'éteint par le jugement d'adjudication, et, par conséquent, avant son privilège qui n'est purgé que par la transcription de ce jugement. Je n'admets pas cette différence : 1o le privilège du vendeur est purgé, en cas d'adjudication sur saisie immobilière, par le jugement même et non par la transcription du jugement; 2o ce jugement intervient toujours plus de quarante-cinq jours après la vente faite au saisi (Voy., sur ces deux points, *suprà*, §§ **696** et **709**). Voy. aussi, sur l'article 7 de la loi du 23 mars 1855, sur la signification des mots « les tiers qui ont « acquis des droits sur l'immeuble, » et sur l'application de cet article en cas de faillite, Aubry et Rau, *op. cit.*, t. IV, p. 402; Boistel, *op. cit.*, no 918; Lyon-Caen et Renault, *op. cit.*, t. II, no 277; Mourlon, *op. cit.*, t. II, nos 812 et suiv.

[11] Voy. *suprà*, § **672**.

[12] Voy. *suprà*, *ib*.

[13] Voy. *suprà*, § **678**.

[14] Seligmann, *op. cit.*, no 18.

dication, à peine d'en être déchus définitivement à l'égard de l'adjudicataire. S'ils l'ont formée et notifiée en temps utile, le tribunal fixe et, au besoin, proroge après coup le délai dans lequel elle devra se terminer; il est sursis pendant ce temps à l'adjudication, mais, ce délai passé sans que la demande ait été définitivement jugée, l'adjudication peut avoir lieu et, les vendeurs n'ayant plus de droits que sur le prix, l'adjudicataire se trouve à l'abri de toute éviction [15]. La résolution n'est cependant pas sans objet [16], car l'article 717 dit seulement qu'elle ne peut « troubler » l'adjudicataire, et l'article 692, que le vendeur est déchu du droit de la faire prononcer « à l'égard de l'adjudicataire. » J'en conclus : 1° que le saisi ne pourra faire valoir l'extinction de l'action résolutoire si l'adjudication n'aboutit pas [17]; 2° que les créanciers du saisi ne le pourront pas davantage si l'adjudicataire ne juge pas à propos de l'invoquer [18]; 3° que cette action n'est pas éteinte si l'adjudication est annulée pour cause d'incapacité de l'adjudicataire [19] ou que le jugement d'adjudication vienne à être infirmé [20]. Je rappelle, enfin : 1° que cette

[15] Voy., pour plus de détails, *suprà*, § **678.**

[16] Voy., sur ce point, Seligmann, *op. cit.*, n° 67.

[17] Req. 7 mars 1854 (D. P. 54. 1. 243). Civ. rej. 6 juin 1860 (D. P. 60. 1. 268).

[18] Civ. rej. 6 juin 1860 (D. P. 60. 1. 268). Toutefois, l'action résolutoire qui survit, en ce cas, au jugement d'adjudication ne survivra pas à la transcription de ce jugement. Cette transcription faite, le vendeur ne pourra plus s'inscrire (Voy. *suprà*, § **708**), et son action résolutoire sera éteinte en même temps que son privilège par application de l'article 7 précité de la loi du 23 mars 1855; les créanciers inscrits pourront donc lui opposer la déchéance.

[19] Voy., sur cette incapacité, *suprà*, §§ **685** et suiv.

[20] Je ne dirai pas, avec Chauveau (Sur Carré, *op. cit.*, t. V, IIe part., quest. 2406 *ter*), que l'action résolutoire peut revivre, en cas de surenchère, au détriment de l'adjudicataire : on verra au § **722** que la surenchère n'annule pas la première adjudication; que, dans le cas même où un nouvel enchérisseur devient adjudicataire, la première adjudication conserve ses effets jusqu'à la seconde, et que, par suite, elle a définitivement purgé l'action résolutoire. Je ne dirai pas non plus, avec le même auteur (*Op. et loc. cit.*), que l'action résolutoire peut revivre au préjudice de l'adjudicataire si elle a été rejetée par le tribunal, que l'adjudication ait ensuite été prononcée, et qu'enfin le jugement qui a rejeté l'action résolutoire ait été cassé : cette cassation ne produit d'effet qu'entre les parties et n'est pas opposable à l'adjudicataire qui n'a pas figuré dans l'instance en résolution et a acquis des droits incommutables (Voy. le tome V de ce Traité). Comp., sur ces deux questions, Seligmann, *op. et loc. cit. Quid*, enfin, en cas de revente sur folle enchère? L'inexécution des engagements de l'adjudicataire ne peut priver les créanciers des droits qu'ils tiennent les uns contre les autres du jugement d'adjudication; elle ne fait donc pas revivre l'action résolutoire éteinte, et l'article 779 fournit, en ce sens, un argument sur lequel je reviendrai au § **857.**

déchéance atteint tous les vendeurs, même incapables; 2° qu'elle a lieu non-seulement dans le cas où le prix est immédiatement payable, mais encore dans le cas où il n'est pas encore exigible; 3° que l'article 717 s'applique aux personnes subrogées au privilège du vendeur et au coéchangiste créancier d'une soulte[21]; mais 4° que l'action résolutoire n'est pas purgée si elle a été formée et jugée avant l'adjudication même à l'insu de l'adjudicataire[22], ou si le vendeur n'a pas reçu par la faute du poursuivant la sommation prescrite par l'article 692[23] : il conserve alors non-seulement son privilège mais encore son action résolutoire, sauf le recours de l'adjudicataire contre le poursuivant par la négligence duquel il se trouve évincé[24].

§ **713.** G. L'enchérisseur a contracté l'obligation de payer le montant de son enchère si l'adjudication était prononcée à son profit[1]; le jugement d'adjudication a rendu cet engagement définitif, et formé entre l'adjudicataire et les créanciers inscrits un contrat judiciaire en vertu duquel il est devenu leur débiteur direct et personnel[2]. L'immeuble saisi s'est trouvé ainsi converti en une somme d'argent; cette somme d'argent a pris sa place dans le patrimoine du saisi qui n'aura même pas le droit de la toucher, car elle sera distribuée par la voie de l'ordre entre ses créanciers[3]; le droit réel que ceux-ci avaient sur l'immeuble s'est ainsi transformé en un droit sur le prix, et les inscriptions hypothécaires ont produit dès ce moment tout l'effet dont elles sont susceptibles[4]. On verra dans la suite de ce § que la loi du 23 mars 1855 n'a

21 Voy., sur ces trois points, *suprà*, § **678.**

22 Voy. *suprà*, *ib.*

23 Il en sera autrement : 1° si le vendeur dûment inscrit a été omis par le conservateur dans son état des inscriptions; 2° si les sommations à lui faites ne lui sont pas parvenues (Voy. *suprà*, § **710**).

24 Même situation et même raison de décider qu'en ce qui concerne le privilège (Voy. *suprà*, *ib.*).

§ **713.** 1 Voy. *suprà*, § **694.**

2 Voy., sur le contrat judiciaire, t. II, § **253.**

3 Voy. *infrà*, §§ **783** et suiv.

4 Aubry et Rau, *op. cit.*, t. III, p. 374 et 376. Colmet de Santerre, *op. cit.*, t. IX, n° 134 *bis*-XVII.

apporté aucun changement à ces principes[5]. Il en résulte deux conséquences.

a. A partir du jugement d'adjudication, les inscriptions soumises à la nécessité du renouvellement décennal[6] ne risquent plus de tomber en péremption faute d'avoir été renouvelées. Ainsi une inscription du 1er août 1880 qui n'a pas été renouvelée le 1er août 1890 ne sera pas périmée, à quelque époque que l'ordre soit ouvert et le créancier payé, si, l'immeuble hypothéqué ayant été saisi, le jugement d'adjudication est intervenu avant le 1er août 1890[7]. Avant la loi du 23 mars 1855, alors que ce jugement arrêtait par lui-même le cours des inscriptions du chef du saisi[8], on justifiait cette solution en disant : 1° que les inscriptions déjà prises ont produit leur effet légal en vertu et à la date de ce jugement, et que les créanciers inscrits n'ont plus besoin de renouveler leurs inscriptions pour conserver un droit irrévocablement acquis; 2° que tout se fixe à cette époque et que la liste des créanciers admis à se partager le prix par rang d'hypothèque est définitivement close, puisqu'aucune inscription ne peut désormais être prise

[5] La surenchère et la revente sur folle enchère ne détruisent pas cet effet de l'adjudication, par les raisons données au § précédent, note 20, et sur lesquelles je reviendrai aux §§ **722** et **753**. Il en est autrement, et cet effet disparaît, si l'adjudication est déclarée nulle ou le jugement d'adjudication infirmé sur l'appel (Voy. le § précédent).

[6] C. civ., art. 2154 : « Les inscriptions conservent l'hypothèque et le privilège « pendant dix années à compter du jour de leur date; leur effet cesse si ces inscrip-« tions n'ont été renouvelées avant l'expiration de ce délai » (Voy., sur les motifs de cet article, *infrà,* note 13). S'applique-t-il à tous les privilèges et hypothèques, et spécialement au privilège du vendeur? Voy. Aubry et Rau, *op. cit.*, t. III, p. 373; Colmet de Santerre, *op. cit.*, t. IX, n° 134 *bis*-VI et suiv.; Pont, *op. cit.*, t. II, n° 274; Mourlon, *op. cit.*, t. II, nos 694 et 695. Le Crédit foncier n'est pas tenu de renouveler ses inscriptions (D. 28 févr. 1852, art. 47; Josseau, *op. cit.*, t. 1, nos 521 et suiv.).

[7] En principe, le défaut de renouvellement d'une inscription n'entraîne que la perte du rang auquel l'hypothèque avait droit en vertu de l'inscription périmée; ce rang seul étant perdu, le créancier peut prendre une seconde inscription qui aura effet à sa date. Il en est différemment, et le droit hypothécaire lui-même est perdu s'il est survenu dans l'intervalle un événement qui mette obstacle à l'inscription, à savoir la faillite du débiteur ou sa mort suivie d'acceptation de sa succession sous bénéfice d'inventaire (C. civ., art. 2146; C. comm., art. 448; voy., sur l'application de ce principe, Aubry et Rau, *op. cit.*, t. III, p. 384 et 385; Colmet de Santerre, *op. cit.*, t. IX, n° 134 *bis*-III et suiv.).

[8] Voy. *suprà*, § **708**. Il arrêtait aussi le cours des inscriptions prises du chef des propriétaires antérieurs au saisi, lorsque les actes d'aliénation par eux passés n'avaient pas été transcrits; dans le cas contraire, la transcription de ces actes avait arrêté le cours des inscriptions à prendre du chef de ces propriétaires (Voy. *suprà*, *ib.*).

du chef du saisi et des précédents propriétaires[9]. Ce dernier argument fait défaut depuis que le cours de ces inscriptions n'est plus arrêté que par la transcription du jugement d'adjudication[10], et des auteurs en ont conclu que la nécessité du renouvellement dure aujourd'hui jusqu'à ce que cette transcription soit opérée, « la publicité devant être complète jusqu'au « moment où des inscriptions ne peuvent plus être prises[11]. » Cette solution n'est pas exacte : la possibilité pour certains créanciers de s'inscrire encore après le jugement d'adjudication et jusqu'à la transcription de ce jugement ne remet pas en question le droit de ceux qui sont déjà inscrits à ce moment[12], et ne les oblige pas à renouveler des inscriptions qui ont produit tout leur effet[13].

b. Tout créancier inscrit pour un capital productif d'intérêts ou d'arrérages a le droit d'être colloqué au même rang

9 Duranton, *op. cit.*, t. XX, nº 163. Grenier, *op. cit.*, t. I, nº 108. Troplong, *Des privilèges et hypothèques*, t. III, nº 717. Civ. cass. 31 janv. 1821; req. 9 août 1821 (D. A. vº *Privilèges et hypothèques*, nº 1677). Toulouse, 20 mai 1828 (D. A. vº *Degrés de juridiction*, nº 330). Req. 14 juin 1831 (D. A. vº *Privilèges et hypothèques*, nº 1679). Civ. rej. 20 déc. 1831 (D. A. *vº cit.*, nº 667).

10 Et de celles des précédents propriétaires dont les actes d'aliénation n'ont pas été transcrits (Voy. *suprà*, § **701**, et même §, note 8).

11 Troplong, *De la transcription*, nº 272. Ollivier et Mourlon, *op. cit.*, nº 235. Seligmann, *op. cit.*, nº 82. Voy., dans le même sens, req. 22 janv. 1877 (D. P. 77. 2. 249). D'après cette opinion, l'inscription serait périmée dans le cas indiqué au texte; il faudrait, pour qu'elle ne le fût pas, que le jugement d'adjudication eût été non-seulement rendu mais encore transcrit avant le 1er août 1888.

12 On a vu, en effet, que ces hypothèques sont purgées au point de vue du droit de suite et qu'elles n'existent plus qu'à l'état de droit de préférence : les créanciers auxquels elles appartiennent exerceront ce droit à leur rang et, par conséquent, après les inscriptions antérieures qui auront été renouvelées en temps utile (Voy. *suprà*, § **710**).

13 Aubry et Rau, *op. cit.*, t. III, p. 376. Colmet de Santerre, *op. cit.*, t. IX, nº 134 *bis*-XVII et XVIII. Pont, *op. cit.*, t. II, nº 1056. Caen, 9 mai 1871 (D. P. 76. 2. 102). Aix, 19 juin 1884 (D. P. 86. 2. 172). Nîmes, 11 juill. 1884 (D. P. 85. 2. 159). On sait, d'ailleurs, que l'article 2154 du Code civil a soumis les hypothèques à la nécessité du renouvellement décennal : 1º pour affranchir les conservateurs de la trop lourde responsabilité qui pèserait sur eux s'ils étaient obligés, pour délivrer des extraits hypothécaires, de compulser des registres remontant à plus de dix ans; dans ces conditions, les recherches seraient trop difficiles, les erreurs trop fréquentes et la responsabilité trop lourde; 2º « dans l'intérêt même du crédit hypothécaire, et « pour qu'il ne souffre pas de l'incertitude qui règnerait, par la force des choses, sur « la valeur des certificats constatant l'état des inscriptions existant sur un immeu- « ble » (Colmet de Santerre, *op. cit.*, t. IX, nº 134 *bis*-I). Or, quelles sont les personnes intéressées, dans l'espèce, à connaître exactement l'état des inscriptions? Ce sont : 1º les créanciers qui viendraient prendre inscription du chef du saisi ou de ses prédécesseurs dans le laps de temps qui s'écoule entre le jugement d'adjudication et la transcription de ce jugement; or, par les raisons données au texte, les créanciers antérieurement inscrits ont vis-à-vis d'eux un droit acquis, et ils sont, d'ail-

d'hypothèque que pour son capital : 1° pour tous les intérêts et arrérages échus au moment de son inscription et compris dans cette inscription ; 2° pour deux années d'intérêts ou d'arrérages postérieurs à l'inscription et pour celle qui court au moment de l'adjudication ; 3° pour tous les intérêts et arrérages qui courront depuis l'expiration de cette année et jusqu'à la clôture de l'ordre. La première de ces trois solutions se justifie par le principe en vertu duquel l'inscription hypothécaire garantit toutes les sommes échues au moment où elle est prise, pourvu qu'elles y soient expressément comprises[14]. La seconde est l'application pure et simple de l'article 2151 du Code civil : « Le créancier inscrit pour un capital produi« sant intérêts ou arrérages a droit d'être colloqué pour deux « années seulement et pour l'année courante au même rang « d'hypothèque que pour son capital[15]. » La troisième se fonde :

leurs, bien négligents d'avoir attendu jusque-là pour s'inscrire (Comp. *suprà*, § **710**); 3° les ayants-cause (tiers acquéreurs et créanciers hypothécaires) de l'adjudicataire; or, un acquéreur n'a rien à craindre des créanciers inscrits du chef du saisi et des précédents propriétaires, leurs hypothèques étant purgées et leur droit de suite éteint vis-à-vis de l'adjudicataire et, par conséquent, de ses ayants-cause; et, quant aux créanciers hypothécaires de l'adjudicataire, ils connaissent nécessairement la saisie immobilière et savent que le prix de l'immeuble appartient exclusivement aux créanciers hypothécaires du saisi. Je rejette, à plus forte raison, une troisième opinion, d'après laquelle le renouvellement des inscriptions serait obligatoire jusqu'au jour où les créanciers recevront leur paiement en vertu des bordereaux de collocation qui leur auront été délivrés (Voy. D. A. *v° cit.*, n° 1678, le texte de cette proposition faite par la commission de l'Assemblée législative en 1849, au cours des travaux préparatoires de la réforme hypothécaire), et même une quatrième opinion qui consisterait à exiger le renouvellement jusqu'à la clôture de l'ordre (Merlin, *op. cit.*, v° *Inscription hypothécaire*, § VIII *bis*, n° 5; Caen, 6 avr. 1824, D. A. *v° cit.*, n° 1680; Bordeaux, 3 juin 1829, D. A. v° *Ordre*, n° 1322; civ. cass. 30 nov. 1829, D. A. v° *Privilèges et hypothèques*, n° 1680; Bordeaux, 4 juin 1835, D. A. *v° cit.*, n° 2291). Je rejette également une cinquième solution, diamétralement opposée, d'après laquelle les inscriptions hypothécaires auraient produit tout leur effet dès les sommations faites en vertu de l'article 692 (Voy. *suprà*, § **671**), et cesseraient dès ce moment d'être soumises au renouvellement (Bruxelles, 20 févr. 1811, Toulouse, 13 déc. 1814, Rouen, 29 mars 1818; D. A. *v° cit.*, n° 1676).

[14] Arg. C. civ., art. 2148 : « Les bordereaux d'inscription contiennent : ... 4° le « montant du capital des créances exprimées dans le titre.... comme aussi le mon« tant des accessoires de ces capitaux. » Aubry et Rau, *op. cit.*, t. III, p. 419 et 423. *Nec obst.* C. civ., art. 2151 (Voy. *infrà*, même §, et la note suivante) : ce qu'il dit des intérêts de deux années et de l'année courante doit s'entendre seulement d'intérêts à échoir au moment de l'inscription (Duranton, *op. cit.*, t. XX, n° 148; Aubry et Rau, *op. et loc. cit.*).

[15] Deux années quelconques, et non pas exclusivement celles qui suivent immédiatement l'inscription ou qui précèdent immédiatement l'année courante (Merlin, *op. et v° cit.*, § II *bis;* Duranton, *op. cit.*, t. XX, n° 149; Aubry et Rau, *op. cit.*, t. III, p. 423; Colmet de Santerre, *op. cit.*, t. IX, n° 131 *bis*-VII et VIII; Grenier, *op. cit.*, t. I, n° 100; Troplong, *op. cit.*, t. III, n° 698; Pont, *op. cit.*, t. II, n° 1016). Il faut

1° sur le principe que l'inscription d'hypothèque a produit son effet légal à la date du jugement d'adjudication, et conféré ainsi au créancier le droit irrévocable d'être colloqué au rang de son hypothèque pour tous les intérêts et arrérages qui courront jusqu'à la clôture de l'ordre; 2° sur le caractère de cet ordre qui n'attribue pas de droits nouveaux aux créanciers et déclare seulement leurs droits préexistants. Il résulte de ce principe sur lequel je reviendrai au § **824**, que l'effet de l'ordre se reporte à l'époque où le droit des créanciers sur l'immeuble hypothéqué a été converti en un droit sur le prix, et que chacun d'eux doit être traité à tous égards comme si l'ordre avait été clos à ce moment même[16].

§ **714**. VII. L'avoué qui s'est porté dernier et plus fort enchérisseur n'est pas tenu de déclarer séance tenante le nom de son client[1]; il a trois jours pour le faire à compter de l'ad-

seulement que ces deux années ne soient pas prescrites, et elles se prescrivent par cinq ans en vertu de l'article 2277 du Code civil. L'article 2151 ajoute : « Sans préju- « dice des inscriptions particulières à prendre, portant hypothèque à compter de leur « date, pour les arrérages autres que ceux conservés par la première inscription. » Voy., sur les créances et hypothèques visées par cet article et sur la question de savoir s'il s'applique aussi au privilège du vendeur, Duranton, *op. cit.*, t. XX, nos 152 et suiv.; Aubry et Rau, *op. cit.*, t. III, p. 421 et suiv.; Troplong, *op. cit.*, t. I, no 219; Pont, *op. cit.*, t. I, no 192.

16 Merlin, *op.*, *vo et loc. cit.* Aubry et Rau, *op. cit.*, t. III, p. 423 et suiv. Grenier, *op. cit.*, t. I, no 102; t. II, no 494. Civ. cass. 21 nov. 1809; Rouen, 28 juin 1810 (D. A. *vo cit.*, no 2426). Bourges, 26 août 1814; Metz, 19 mars 1823 (D. A. vo *Ordre*, no 1164). Bordeaux, 19 déc. 1826 (D. A. vo *Privilèges et hypothèques, loc. cit.*). Paris, 15 nov. 1828 (D. A. *vo cit.*, no 1439). Bourges, 23 mai 1829 (D. A *vo cit.*, no 423). Req. 2 avr. 1833 (D. A. vo *Prêt à intérêt*, no 59). Civ. cass. 7 avr. 1880 (D. P. 80. 1. 209). *Contrà*, Colmet de Santerre, *op. cit.*, t. IX, no 131 *bis*-IV et suiv.; Pont, *op. cit.*, t. II, no 1019; Blondeau, *Quels sont les intérêts pour lesquels le créancier hypothécaire a le droit d'être colloqué au même rang que pour le capital qui le produit* (dans la *Revue de législation*, t. II, 1835, p. 178 et suiv.; t. III, 1836, p. 342 et suiv.). Ces auteurs décident que l'année courante est celle de la demande en collocation, et que l'inscription ne garantit de plein droit, à sa date, que les intérêts à échoir postérieurement à cette demande. J'admets seulement, avec M. Colmet de Santerre (*Op. cit.*, t. IX, no 131 *bis*-V), que, dans le cas où cette dernière solution serait admise, le créancier pourrait prendre, pour les intérêts et arrérages échus postérieurement à l'adjudication, des inscriptions particulières qui produiraient effet à la date où elles seraient prises. Il existe, enfin, sur cette question une troisième opinion, d'après laquelle l'année courante dont parle l'article 2151 du Code civil serait, dans l'espèce, l'année qui court au moment de la transcription de la saisie, en sorte que l'inscription originaire du créancier garantirait tous les intérêts et arrérages à échoir à dater de cette transcription (Troplong, *op. cit.*, t. III, nos 698 et suiv.; req. 5 juill. 1827, D. A. vo *Privilèges et hypothèques*, no 2427; Angers, 25 nov. 1846, D. P. 47. 2. 53). Voy. la réfutation de cette opinion dans Aubry et Rau, *op. cit.*, t. III, p. 424.

§ **714.** 1 Il en a le droit (Req. 11 mars 1823; D. A. vo *Vente publique d'immeubles*, no 1712).

judication. A l'expiration de ce délai qui n'est pas franc[2], mais qui est prorogé au lendemain quand il expire un jour férié[3], il doit non-seulement déclarer l'adjudicataire, mais encore fournir son acceptation ou représenter le pouvoir qu'il a reçu de lui. L'acceptation peut être faite par acte séparé[4] et après les trois jours[5]; elle est signée du client et de l'avoué, ou bien il est fait mention de la cause qui empêche le client de signer[6]. Le pouvoir, s'il en existe un, est annexé à la minute de la déclaration. L'avoué qui n'a pas rempli ces formalités en temps utile est déclaré adjudicataire en son nom propre, sans préjudice de l'application de l'article 711 (nullité de l'adjudication, dommages-intérêts et peines disciplinaires) si, étant l'avoué du poursuivant, il s'est porté adjudicataire en son nom propre contrairement à cet article[7]. Ces règles ne s'appliquent pas au cas où le saisissant prend l'immeuble pour la mise à prix[8] : c'est la loi même qui le proclame adjudicataire; et son avoué n'a rien à déclarer à ce sujet (Art. 707)[9].

On sait que le mandataire — le mandat a ici pour objet l'achat d'un immeuble — peut procéder de trois manières : 1° agir au nom de son mandant; 2° agir en son nom propre; 3° déclarer qu'il agit pour lui ou pour un mandant qu'il se réserve de déclarer ultérieurement. On dit alors qu'il est commandé, que son mandant est un command, et que lui-même élit ou déclare command en le désignant. Dans le premier cas, le mandataire demeure personnellement étranger aux effets

[2] Il ne rentre pas dans la définition des délais francs (Bioche, *op. et v° cit.*, n° 474; Chauveau, sur Carré, *op. cit.*, t. V, II° part., quest. 2384; voy., sur la franchise des délais de procédure, t. II, § **205**).

[3] Par application de l'article 1033 (Voy. t. II, § **206**).

[4] Bioche, *op. et v° cit.*, n° 475. Chauveau, sur Carré, *op. cit.*, t. V, II° part., quest. 2384 *bis*. Boitard, Colmet-Daage et Glasson, *op. cit.*, t. II, n° 960. Persil, *op. cit.*, n° 247.

[5] Alger, 14 mars 1849 (D. P.49. 2. 217). *Contrà*, Chauveau, sur Carré, *op. et loc. cit.*

[6] Chauveau, sur Carré, *op. et loc. cit.*

[7] Chauveau, sur Carré, *op. cit.*, t. V, II° part., quest. 2385. Voy., sur cette partie de l'article 711, *suprà*, § **691**. Les parties intéressées à faire déclarer adjudicataire en son nom propre l'avoué qui fait tardivement sa déclaration — c'est-à-dire le poursuivant et les créanciers inscrits — ne peuvent plus élever cette prétention après avoir accepté comme adjudicataire et poursuivi en folle enchère comme insolvable la personne que l'avoué a tardivement nommée (Req. 14 janv. 1878; D. P. 78. 1. 321).

[8] Voy. *suprà*, § **694**.

[9] Bioche, *op. et v° cit.*, n° 481. Chauveau, sur Carré, *op. cit.*, t. V, II° part., quest. 2384 *quinquies*.

de l'acte; la propriété passe directement du vendeur au mandant; il n'est dû qu'un droit de mutation. Dans le second cas, le mandataire assume toutes les conséquences de l'acte, sauf à compter avec son mandant; la propriété passe du vendeur au mandataire et du mandataire au mandant; deux droits de mutation sont exigibles. Dans le troisième cas, le vendeur cesse immédiatement d'être propriétaire, le command qui est inconnu ne le devient pas encore, et, comme l'immeuble ne peut rester un seul moment sans maître, l'acheteur commandé en acquiert immédiatement la propriété sous condition résolutoire, c'est-à-dire sauf résolution au profit du command lorsqu'il sera déclaré; il n'est dû qu'un droit de mutation et la déclaration de command ne donne lieu qu'au droit fixe de 1 franc 50 centimes (L. 28 févr. 1872, art. 4)[10]. Une fraude est cependant possible qui consisterait à déguiser une véritable revente sous les apparences d'un achat avec déclaration de command, et à éviter ainsi l'un des deux droits de mutation auxquels deux ventes successives doivent donner lieu; aussi la loi fiscale prend-elle deux précautions. 1° La non-exigibilité du second droit de mutation est subordonnée à trois conditions, réserve dans le contrat la faculté de déclarer command, déclaration par acte public, notification de cette déclaration dans les vingt-quatre heures du contrat (L. 22 frim. an VII, art. 69, § 7-3°; L. 28 avr. 1816, art. 44-3°)[11]. 2° Le command ne peut déclarer command à son tour, car l'acheteur commandé peut seul se réserver cette faculté dans le contrat; toute nouvelle déclaration serait considérée comme une revente et donnerait ouverture à un second droit de mutation[12]. Par contre, rien n'empêche l'acheteur commandé de déclarer, tant que le délai de vingt-quatre heures n'est pas expiré, un second, un troisième, un quatrième command; ces déclarations successives ne donneront jamais lieu, quel qu'en soit le nombre, à la perception de nouveaux droits de mutation[13].

10 Voy., sur cette théorie, Gabriel Demante, *op. cit.*, t. I, nos 212 et suiv.

11 Voy., sur ces trois conditions, Gabriel Demante, *op. cit.*, t. I, n° 222.

12 Gabriel Demante, *op. cit.*, t. I, n° 229. Civ. cass. 22 août 1809 (Sirey, *Recueil général des lois et arrêts*, t. X, Ire part., p. 287).

13 Gabriel Demante, *op. cit.*, t. I, n° 227.

Lequel de ces trois rôles joue l'avoué qui se porte enchérisseur dans une adjudication? Il n'agit pas au nom de son mandant qu'il ne désigne pas et que personne ne connaît excepté lui. Il n'agit pas en son nom propre, car telle n'est pas son intention et il n'enchérit qu'en exécution du mandat qu'il a reçu, mandat forcé des deux parts que l'enchérisseur ne pouvait se dispenser de lui donner et que lui-même ne pouvait se dispenser de remplir[14]. Il n'est donc et ne peut être qu'un acheteur commandé[15], et de là deux conséquences : la première qui est certaine, c'est que sa déclaration ne donne lieu qu'à un droit fixe[16]; la seconde qui pourrait être contestée, c'est qu'il peut désigner successivement plusieurs commands sans donner ouverture à plusieurs droits proportionnels de mutation. Objectera-t-on qu'il n'a pu recevoir mandat d'enchérir pour plusieurs personnes, qu'un second command ne sera pas un mandataire mais un tiers choisi après coup, que cette nouvelle désignation sera nécessairement une revente, et qu'un second droit de mutation sera exigible? Cette argumentation ne serait pas fondée : 1° il est inexact qu'un avoué ne puisse se porter enchérisseur pour plusieurs personnes, car il le peut dans les sièges qui n'ont pas un nombre d'avoués suffisant[17], il le peut encore si plusieurs personnes se font adjuger un immeuble en bloc pour le partager[18], il le peut, enfin, si Primus lui donne pouvoir de pousser l'immeuble jusqu'à 50,000 francs, Secundus jusqu'à 60,000, Tertius jusqu'à 70,000[19]; 2° rien ne s'oppose à ce qu'ayant enchéri pour un mandant unique auquel il a eu le tort de se

[14] Voy., sur la nécessité pour l'avoué d'accepter le mandat qui lui est donné, t. I, § **92**, et, pour les parties qui veulent enchérir de le faire par le ministère d'un avoué, *suprà*, § **692**.

[15] Gabriel Demante, *op. cit.*, t. I, n° 239. *Contrà*, Merlin, *op. cit.*, v° *Déclaration au profit d'un tiers*, n° 7; Toullier, *op. cit.*, t. VIII, n° 170; Troplong, *De la vente*, t. I, n° 76; Bioche, *op. et v° cit.*, n° 479; Championnière et Rigaud, *op. cit.*, t. III, n° 1993; civ. rej. 3 sept. 1810 (et sur cet arrêt, Gabriel Demante, *op. cit.*, t. I, n° 231), 9 avr. et 14 août 1811 (D. A. v° *Enregistrement*, n° 2608).

[16] Tous les auteurs et arrêts cités à la note précédente sont d'accord sur ce point : seulement les uns partent de l'idée de mandat, les autres de l'idée d'adjudication commandée.

[17] Voy. *suprà*, § **692**.

[18] Voy. *suprà*, *ib*.

[19] Voy. *suprà*, *ib*.

fier et qui refuse maintenant de prendre l'immeuble pour le prix d'adjudication, il cherche, pour ne pas rester lui-même adjudicataire, une autre personne qui veuille bien le dégager. D'une part, la loi ne l'oblige pas à aller aux enchères avec un pouvoir écrit[20], mais seulement à fournir après l'adjudication l'acceptation d'une personne qui consente à prendre l'immeuble à son compte; d'autre part, il peut, s'il n'est pas l'avoué du poursuivant, s'obliger personnellement par son enchère et notamment se porter fort qu'une personne solvable prendra l'adjudication pour elle : il remplit cet engagement en rapportant — peu importe qu'il l'ait obtenue après coup — l'acceptation qu'il s'était fait fort de procurer[21].

Il y a, toutefois, cinq différences entre la déclaration de command ordinaire et la déclaration d'adjudicataire prévue par l'article 707. 1° L'avoué a plus de vingt-quatre heures pour déclarer l'adjudicataire sans payer un nouveau droit de mutation : l'article 707 lui donne trois jours pour le faire. 2° La faculté de déclarer command résulte de la nature même de ses fonctions, et il n'est pas tenu de la réserver dans son enchère. 3° Sa déclaration acquiert date certaine par la signature du greffier qui l'a reçue; il est inutile de la notifier à la régie de l'enregistrement. 4° L'adjudicataire déclaré par l'avoué peut, à son tour, élire command dans les vingt-quatre heures qui suivent, car tout contrat comporte une élection de command dans les conditions prévues par la loi fiscale[22]. 5° La déclaration de l'avoué n'est qu'un acte judiciaire sou-

20 Puisqu'il doit, dans les trois jours de l'adjudication, produire ce pouvoir ou fournir l'acceptation d'un tiers (Voy. *suprà*, même §).

21 Championnière et Rigaud, *op. et loc. cit.* Gabriel Demante, *op. cit.*, t. I, n° 232. Voy., sur l'acte de se porter fort et sur la différence qui existe entre cette hypothèse et celle du cautionnement, C. civ., art. 1120 : « On peut se porter fort pour « un tiers en promettant le fait de celui-ci, sauf l'indemnité contre celui qui s'est « porté fort ou qui a promis de faire ratifier si le tiers refuse de tenir l'engage« ment; » Demolombe, *op. cit.*, t. XXIV, n°s 213 et suiv.; Colmet de Santerre, *op. cit.*, t. V, n° 31 *bis*-I; sur l'incapacité des personnes insolvables en matière d'adjudication, et sur la situation de l'avoué qui enchérit pour un insolvable, *suprà*, §§ **685** et suiv., et **691**.

22 Bioche, *op. et v° cit.*, n° 480. Chauveau, sur Carré, *op. cit.*, t. V, II° part., quest. 2384 *quater*. Boitard, Colmet-Daage et Glasson, *op. et loc. cit.* Rodière, *op. cit.*, t. II, p. 290. Championnière et Rigaud, *op. cit.*, t. III, n° 2002. Gabriel Demante, *op. cit.*, t. I, n° 229. Req. 24 avr. 1811 (D. A. v° *Enregistrement*, n° 2574). Civ. cass. 1er févr. 1854 (D. P. 54. 1. 72).

mis au droit fixe de 1 franc 50 centimes[23] (L. 22 frim. an VII, art. 68, § 1-24°; L. 28 févr. 1872, art. 2)[24].

§ **715**. VIII. La loi du 2 juin 1841 a supprimé l'adjudication provisoire qui précédait autrefois l'adjudication définitive[1], mais elle a laissé subsister la faculté de surenchérir dans un délai déterminé sur le prix auquel l'immeuble a été adjugé[2], et de remettre ainsi en question le résultat de la première adjudication qui ne deviendra définitive qu'après l'expiration de ce délai[3]. « La surenchère elle-même a été critiquée, dit M. Persil dans son rapport à la Chambre des pairs. « On a dit que c'était détruire d'avance la foi de l'adjudication et écarter les acquéreurs qui, ne trouvant pas dans cet « acte toute la stabilité d'un contrat sérieux, ne seraient pas « portés à en courir les chances : contre l'esprit et le gré du « projet[4] on changerait ainsi l'adjudication définitive en une « simple adjudication préparatoire. Ces objections ont été ju« gées par l'expérience. Aucune difficulté sérieuse n'a été « reconnue par la pratique, et, au contraire, tout le monde « s'est convaincu qu'une sorte de délicatesse et de susceptibi« lité éloignant beaucoup de personnes d'une adjudication sur « saisie immobilière, et le prix se trouvant ainsi inférieur à la « valeur réelle, la surenchère était un expédient indispen-

[23] Voy., sur les actes judiciaires, t. II, § **220**.

[24] Voy., sur ces différences entre la déclaration ordinaire de command et la déclaration de l'adjudicataire, Merlin, *op., v° et loc. cit.;* Toullier, *op. et loc. cit.;* Troplong, *op. et loc. cit.;* Bioche, *op. et v° cit.*, n° 479; Gabriel Demante, *op. et loc. cit.*

§ **715.** [1] Voy. sur la réforme de 1841, § **638**.

[2] La surenchère ne se rencontre pas dans toutes les saisies immobilières, car, dans beaucoup d'entre elles, l'adjudication n'est pas suivie de surenchère; je ne la range cependant pas parmi les incidents; car ce n'est, à proprement parler, qu'un moyen normal de remettre l'adjudication en question pour obtenir un plus haut prix de l'immeuble saisi. Toutes les saisies ne comportent pas toutes les formalités qui viennent d'être expliquées; il n'y a pas toujours un vendeur non payé qu'il faille sommer de prendre connaissance du cahier des charges, etc...; et pourtant, quand ce vendeur existe et qu'on le somme, cela ne passe pas pour un incident de la saisie.

[3] Bioche, *op. cit.*, v° *Surenchère*, n° 1. L'enchère et la surenchère ont beaucoup de règles communes, comme on le verra par la suite, mais on appelle enchère l'offre faite dans une même séance d'une somme supérieure à la mise à prix ou aux offres déjà faites, et l'on donne à cette offre le nom de surenchère lorsqu'elle se produit à une autre audience dans le délai déterminé par la loi.

[4] Du projet qui est devenu la loi du 2 juin 1841.

« sable pour rétablir l'équilibre[5]. » La surenchère qui n'existe pas dans les saisies mobilières[6] empêche, en effet, les immeubles saisis de se vendre à vil prix, et profite ainsi au débiteur autant qu'aux créanciers : elle donne à ceux-ci plus de chances d'être payés[7]; elle procure à celui-là le moyen d'éteindre une plus grande partie de son passif[8]. On ne doit cependant rouvrir les enchères et remettre en question les droits de l'adjudicataire que si la surenchère en vaut la peine et se produit à bref délai : la crainte de rester trop longtemps dans l'incertitude ou de voir rouvrir les enchères sur une offre insignifiante serait de nature à écarter les amateurs et à desservir les intérêts mêmes dont la loi s'est justement préoccupée. La surenchère doit donc être au moins du sixième et se manifester dans la huitaine (Art. 708).

1° Elle ne peut être inférieure au sixième « du prix principal de la vente[9]. » On ne tient compte ni des intérêts que

[5] D. A. v° *Vente publique d'immeubles*, p. 567, n° 34.

[6] Bioche, *op., v° et loc. cit.* On ne l'a rencontrée dans aucune des saisies mobilières expliquées t. III, §§ **565** et suivants; elle n'existe pas non plus dans la saisie des rentes dont il sera parlé aux §§ **772** et suivants. Par contre, elle n'est pas spéciale à la saisie immobilière et se rencontre, quelquefois abaissée au dixième (Voy. *infrà*, note 9), dans toutes les aliénations faites par autorité de justice et en cas de purge après aliénation volontaire.

[7] S'il y a des créanciers inscrits, ils sont payés suivant leur rang d'inscription (C. civ., art. 2134), sauf les exceptions indiquées à l'article 2135 du Code civil et sauf aussi le cas où plusieurs créanciers sont inscrits à la même date (C. civ., art. 2147): plus le prix de l'immeuble sera élevé, plus grand sera le nombre des créanciers payés. S'il n'y a pas de créanciers inscrits ou qu'il y ait un reliquat après le paiement de tous les créanciers inscrits, le prix ou le reliquat du prix est distribué au marc le franc entre les créanciers chirographaires (C. civ., art. 2093): plus il sera élevé, plus fort sera le dividende attribué à chacun d'eux.

[8] Bioche, *op., v° et loc. cit.*

[9] Le taux de la surenchère est du sixième dans toutes les ventes faites par autorité de justice (saisie immobilière, art. 708; vente de biens de mineurs, art. 965; vente de biens indivis après décès, art. 973; vente des biens d'une succession bénéficiaire ou d'un débiteur qui a fait cession de biens, art. 988; vente d'immeubles dotaux, art. 997; adjudication sur délaissement, C. civ., art. 2174; par exception, le taux de la surenchère n'est que du dixième dans les ventes d'immeubles après faillite, C. comm., art. 573; voy., sur ces différents cas, la saisie immobilière exceptée, le tome V de ce Traité). En cas de purge après aliénation volontaire, le minimum de la surenchère est abaissé au dixième (C. civ., art. 2185-2°; voy. le tome V de ce Traité). Le projet de réforme hypothécaire de 1829 abaissait au dixième le taux de la surenchère dans les ventes faites par autorité de justice (Carré, *op. cit.*, t. V, II° part., n° CCCCXCVIII), mais le projet de 1841 l'a maintenu au sixième : « Fallait-il n'exiger qu'une surenchère du dixième comme en vente volontaire?... Une « offre aussi peu importante suffira dans les ventes à l'amiable, parce qu'elles se font « sans le concours du public et même en l'absence des parties intéressées : il était « donc juste de leur donner un moyen facile d'élever l'immeuble qui leur est affecté « jusqu'à la valeur qui a dû déterminer le prêt hypothécaire. Dans une vente publi-

devra l'adjudicataire jusqu'au paiement du prix si le cahier des charges l'y oblige ou que l'immeuble produise des fruits[10], ni des sommes qui restent nécessairement à sa charge et ne viennent jamais en diminution du prix (frais ordinaires de poursuite, frais d'adjudication et droits de mutation)[11], en sorte qu'il ne fait, en les payant, que sa propre affaire et non pas celle du saisi et des créanciers. Ainsi, dans une adjudication faite pour un prix de 60,000 francs payable dans trois mois avec intérêts à 5 pour 100 jusqu'à cette date, la surenchère ne sera pas du sixième de 60,750 francs, mais du sixième de 60,000 francs, et, par conséquent, de 10,000 francs; et dans une adjudication faite pour un prix de 66,000 francs, plus 8,000 francs de frais à payer par l'adjudicataire, la surenchère ne sera pas du sixième de 74,000 francs, mais du sixième de 66,000 francs et, par conséquent, de 11,000 francs[12]. Il en sera de même, quoiqu'on l'ait contesté[13], des frais que doit payer l'adjudicataire, mais dont le paiement profite au saisi et aux créanciers en ce sens que, si l'adjudicataire ne les payait pas, ils viendraient en diminution du prix, à savoir les frais extraordinaires de poursuite dont le cahier des charges impose le paiement à l'adjudicataire[14]. On verra, il est vrai, dans le tome V de ce Traité que la surenchère sur aliénation volontaire a pour base, aux termes des articles 2183 et 2185 du Code civil, toutes les charges qui font partie du prix, c'est-à-dire toutes les sommes que l'acheteur doit acquitter en sus

« que les simulations de prix sont impossibles : la concurrence a pu s'établir; les « créanciers ont été appelés; ils ont eu la faculté d'enchérir : il ne convenait donc pas « d'abaisser en vente forcée la surenchère jusqu'au niveau de ce droit quand il « s'exerce en vente volontaire » (Pascalis, *Premier rapport à la Chambre des députés;* D. A. p. 576, n° 122). Par contre, le chiffre du quart fixé par l'article 716 du Code de 1806 a paru trop élevé (Voy. Pascalis, *op. et loc. cit.*). Aj., sur le mode de surenchère établi par la loi du 11 brumaire an VII (Art. 14 et 17), et abandonné par le Code de procédure, Grenier, *Discours au Corps législatif* (dans Locré, *op. cit.*, t. XXII, p. 649), et, sur les diverses propositions faites à ce sujet par les cours d'appel en 1841, Carré, *op. et loc. cit.*

[10] Voy., sur les cas où l'adjudicataire doit les intérêts du prix d'adjudication, *suprà*, § **707**.

[11] Voy., sur ce point, *suprà*, *ib*.

[12] Chauveau résume cela en disant que la surenchère doit porter sur le prix à raison duquel se perçoivent les droits de mutation (Sur Carré, *op. cit.*, t. V, II° part., quest. 2388).

[13] Merlin, *op. cit.*, v° *Surenchère*, n° 3. Duranton, *op. cit.*, t. XX, n° 396. Troplong, *op. cit.*, t. IV, n° 935. Pigeau. *op. cit.*, t. II, p. 271.

[14] Voy., sur ce point, *suprà*, § **707**.

du prix et dont le paiement profite directement ou indirectement au vendeur, en ce sens que l'acheteur les lui paiera en mains propres ou les paiera à ses créanciers à sa décharge[15]; mais cette solution ne doit pas être transportée en matière de saisie immobilière : 1) parce que les mots *prix principal* dont se sert l'article 708 excluent naturellement tous les accessoires du prix, quels qu'ils soient; 2) parce que l'article 710 présente avec les articles 2183 et 2185 du Code civil une différence de rédaction qui doit être intentionnelle[16]. Par contre, lorsqu'une adjudication est faite en bloc et pour un prix unique au profit d'un seul adjudicataire lequel déclare ensuite command au nom de plusieurs personnes qui doivent se partager l'immeuble par lots[17], quiconque désire acquérir un de ces lots doit surenchérir du sixième du prix total de l'immeuble, car il n'existe à l'égard du poursuivant et des créanciers inscrits qu'un seul immeuble, une seule vente et un seul prix : le partage qui doit se faire ensuite est pour eux *res inter alios acta*[18], et la surenchère partielle, qui morcellerait un immeuble que leur intérêt a fait vendre en un seul lot, ne pourrait être admise qu'en vertu d'un texte qui n'existe pas ici. Elle existe, il est vrai, en matière d'aliénation volontaire où l'article 2192 du Code civil, supposant la vente simultanée de plusieurs immeubles, les uns hypothéqués les autres non grevés d'hypothèque, dit que « le créancier surenchérisseur[19] ne pourra, en aucun cas, être contraint d'étendre sa soumission sur d'autres immeubles que « ceux qui sont hypothéqués à sa créance et situés dans le « même arrondissement[20]; » mais le cas n'est pas le même. 1) La valeur de chaque lot est inconnue en cas de saisie im-

[15] Arg. C. civ., art. 2183-1° : l'acquéreur doit notifier aux créanciers un extrait de son titre contenant « le prix et les charges faisant partie du prix de la vente. » L'article 2185-2° du même Code doit entendre le mot *prix* dans le même sens, lorsqu'il dit que le surenchérisseur devra faire soumission de porter ou faire porter le prix à un dixième en sus de celui qui a été stipulé dans le contrat ou déclaré par l'acquéreur. Voy., en ce sens, Aubry et Rau, *op. cit.*, t. III, p. 515 et 527; Troplong, *op. et loc. cit.*

[16] Chauveau, sur Carré, *op. et loc. cit.* Boitard, Colmet-Daage et Glasson, *op. cit.*, t. II, n° 971. Req. 26 mars 1844 (D. A. v° *Surenchère*, n° 324).

[17] Voy., sur cette hypothèse, le § précédent.

[18] Voy. *suprà, ib.*

[19] Il n'y a que les créanciers hypothécaires qui puissent surenchérir en cas d'aliénation volontaire (Voy. la suite de ce § et le tome V de ce Traité).

[20] Voy., pour plus de détails, *ib.*

mobilière, puisque l'immeuble a été adjugé en bloc et pour un seul prix; le prix de chacun des immeubles vendus volontairement ensemble est connu, puisqu'il doit être déclaré dans les notifications à fin de purge « par ventilation, s'il y a lieu, « du prix total exprimé dans le titre[21]. » 2) Les créanciers hypothécaires ont seuls le droit de surenchérir en cas d'aliénation volontaire, et ils peuvent ne le faire que sur le bien qui leur est hypothéqué, tandis qu'en matière de saisie où toute personne est admise à surenchérir[22] il est très légitime — et le silence de la loi doit s'interpréter ainsi — d'exclure la surenchère partielle, et de mettre les amateurs dans l'alternative de s'abstenir complètement ou de surenchérir sur le prix de tout l'immeuble[23].

2° La surenchère doit être formée « dans les huit jours qui « suivront l'adjudication, » et ces huit jours ne sont pas francs, puisqu'il n'y a de franchise que pour les délais dans lesquels une personne est tenue d'obtempérer à une signification qui lui est faite[24] : la surenchère doit donc être formée au plus tard le huitième jour qui suit l'adjudication, le 9 du mois si l'adjudication a eu lieu le 1er[25]. Si ce huitième jour est férié, on a le choix entre deux partis : 1) faire la surenchère ce jour-là avec la permission du président, ou même sans sa permission si le greffe où elle doit être faite se trouve ouvert[26]; 2) attendre au lendemain. D'une part, le président, qui peut permettre aux huissiers, en cas de péril en la demeure, de faire un jour de fête légale des actes de signification ou d'exécution, peut, à plus forte raison, autoriser et même obliger le greffier à recevoir le même jour une surenchère[28]. D'autre part, le greffe est presque toujours fermé le diman-

[21] C. civ., art. 2192. Même renvoi.

[22] Voy. le § suivant.

[23] Chauveau, sur Carré, *op. cit.*, t. V, IIe part., quest. 2387 *bis*. Boitard, Colmet-Daage et Glasson, *op. et loc. cit.* Toulouse, 26 janv. 1848; Pau, 5 mai 1857 (D. P. 57. 2. 103).

[24] Voy. t. II, § **205**.

[25] Pigeau, *op. cit.*, t. II, p. 269. Chauveau, sur Carré, *op. cit.*, t. II, quest. 2387 Boitard, Colmet-Daage et Glasson, *op. et loc. cit.* Rodière, *op. cit.*, t. II, p. 332.

[26] Voy. *infrà*, § **717**.

[27] Voy. t. II, § **269**.

[28] Rouen, 14 janv. 1823; civ. cass. 23 févr. 1825; Douai, 3 juill. 1840 (D. A. v° *Exploit*, n° 359).

che[29], mais, s'il est ouvert et que le greffier s'y trouve, il a le droit et le devoir de recevoir la surenchère[30], car l'article 1037 n'interdit de faire un jour férié et sans la permission du juge que les actes de signification ou d'exécution[31], et la déclaration de surenchère n'est ni l'un ni l'autre[32]. Enfin, l'article 1033 dispose que les délais des ajournements, citations, sommations et autres actes faits à personne ou à domicile sont prorogés au lendemain quand le dernier jour est férié[33], et il est naturel et raisonnable d'étendre cette règle à tous les délais de procédure et spécialement à celui-ci[34].

§ **716**. Toute personne capable d'enchérir[1], créancière

29 Voy. t. II, § **269**.
30 Voy. *ib.*
31 Où et comment doit être faite la surenchère? Comment peut-on forcer le greffier à la recevoir? Voy. le § suivant.
32 Lyon, 19 août 1865 (D. P. 66. 2. 37).
33 Voy. t. II, § **207**.
34 Chauveau, sur Carré, *op. et loc. cit.* Rodière, *op. cit.*, t. 1, p. 154. Trib. de Mirecourt, 12 avr. 1867 (D. P. 67. 3. 80). Trib. du Hâvre, 16 mai 1872 (D. P. 72. 3. 80). Besançon, 30 janv. 1873 (D. P. 74. 5. 470).

§ **716**. 1 L'ancien article 713 énumérait seulement les personnes incapables d'enchérir, et l'on aurait pu se demander, à la rigueur, si les mêmes incapacités s'appliquaient à la surenchère. Nul doute aujourd'hui en présence de l'article 711 (rédaction du 2 juin 1841) : « Les avoués ne pourront enchérir pour les membres du tribunal « devant lequel se poursuit la vente, à peine de nullité de l'adjudication ou de la « surenchère... L'avoué poursuivant ne pourra se rendre personnellement adjudica-« taire ni surenchérisseur, à peine de nullité de l'adjudication ou de la surenchère... » (Voy., sur ce point, Chauveau, sur Carré, *op. cit.*, t. V, IIe part., quest. 2395 *bis*). Les mêmes incapacités conviennent donc aux deux hypothèses, et spécialement : 1° celle des membres du tribunal où la saisie se poursuit (Chauveau, sur Carré, *op. et loc. cit.*); 2° celle du saisi (Bordeaux, 6 avr. 1838, D. A. v° *Vente publique d'immeubles*, n° 1375; req. 30 déc. 1850, D. P. 51. 1. 94; Lyon, 22 janv. 1851, D. P. 53. 2. 147); 3° celle des personnes notoirement insolvables. La cour de Montpellier et les tribunaux de Boulogne et de Dunkerque auraient voulu en 1841 qu'on allât plus loin sur ce dernier point, et qu'à l'instar de la surenchère sur aliénation volontaire (C. civ., art. 2185-5°; voy. le tome V de ce Traité) le surenchérisseur fût tenu de donner caution; la commission du Gouvernement rejeta cette demande dans la crainte que le surenchérisseur ne pût trouver une caution solvable dans le délai si court de huitaine, et que ce surcroît de précaution ne tournât au préjudice du saisi et des créanciers (Voy., sur ce point, Chauveau, sur Carré, *op. cit.*, t. V, IIe part., quest. 2386 *bis*). Les mêmes règles conviennent donc à l'enchère et à la surenchère quant à l'admission des personnes supposées insolvables, aux garanties qu'on peut exiger d'elles, etc. (Voy., sur ces divers points, et plus généralement sur les incapacités en matière d'enchère, *suprà*, §§ **685** et suiv.). L'article 710 dit que le surenchérisseur sera tenu par corps, en cas de folle enchère, de la différence entre son prix et celui de la revente : fallait-il en conclure que les personnes contraignables par corps eussent seules le droit de surenchérir? Cette question est sans intérêt depuis la loi du 22 juillet 1867 qui a supprimé la contrainte par corps en matière civile (Art. 1; voy. t. III, § **564**, et *infrà*, §§ **872** et suiv.).

ou non[2], peut mettre une surenchère. Plusieurs personnes peuvent surenchérir ensemble : 1° conjointement et en vue de se partager l'immeuble si elles en restent adjudicataires[3]; 2° séparément en mettant, chacune dans son intérêt particulier, une enchère identique ou différente[4]. Le poursuivant lui-même peut surenchérir : 1° aucun texte ne l'en déclare incapable, et l'article 709, qui prescrit de dénoncer la surenchère à son avoué[5], n'empêche pas ce dernier de surenchérir lui-même au nom de son client; 2° le poursuivant a le droit, si l'immeuble le tente, d'y mettre le prix et d'en rester adjudicataire si aucune enchère ne couvre la sienne; 3° c'est aussi son droit d'évincer l'adjudicataire en surenchérissant, car vendre et poursuivre la vente sont deux choses différentes[6], et la règle *Quem de evictione tenet actio eumdem agentem repellit exceptio*[7] ne peut lui être opposée (Art. 708 et 711)[8].

§ **717**. Une surenchère se compose de deux actes (Art. 709) : 1° déclaration, avec constitution d'avoué, au greffe du tribunal qui a prononcé l'adjudication; 2° dénonciation par un simple acte aux avoués de l'adjudicataire, du poursuivant et du saisi, avec avenir pour l'audience qui suivra l'expiration de la quinzaine. On verra dans la suite de ce § si toutes ces formalités sont requises à peine de nullité, et quelles conséquences cette nullité entraîne lorsqu'elle est encourue et prononcée.

A. Le cahier des charges et la minute du jugement d'adjudication se trouvent au greffe du tribunal qui a prononcé

[2] Les créanciers inscrits peuvent seuls surenchérir en cas d'aliénation volontaire (Voy. le § précédent, note 19, et le tome V de ce Traité).

[3] L'obligation de payer le montant de la surenchère se divise-t-elle alors, ou est-elle indivisible? Voy. Chauveau, sur Carré, *op. cit.*, t. V, Ire part., quest. 2384 *septies*.

[4] Voy., sur cette hypothèse, Bioche, *op. et v° cit.*, nos 268 et 298; Pigeau, *op. cit.*, t. II, p. 272; Chauveau, sur Carré, *op. cit.*, t. V, IIe part., quest. 2387 *bis* et *ter*; Boitard, Colmet-Daage et Glasson, *op. cit.*, t. II, n° 972; Rodière, *op. cit.*, t. II, p. 332.

[5] Voy. le § suivant.

[6] Si quelqu'un peut être considéré comme vendeur en cas de saisie immobilière, c'est le saisi et non pas le poursuivant : dans quelle mesure le saisi peut-il l'être? Voy. *suprà*, § **704**.

[7] Voy., sur cette règle, t. II, § **389**, note 2.

[8] Bioche, *op. et v° cit.*, n° 265. Chauveau, sur Carré, *op. cit.*, t. V, IIe part., quest. 2386.

ce jugement, et tous les avoués qui ont occupé dans la saisie sont attachés à ce tribunal : il est donc naturel que la surenchère soit faite à ce greffe. En l'absence du greffier ou s'il refuse de la recevoir, on lui fait au même endroit, en la personne d'un de ses commis et sous sa responsabilité, une sommation contenant déclaration de surenchère et constitution d'avoué. Cette sommation vaut surenchère[1], mais la déclaration qu'il recevrait ailleurs qu'au greffe, par exemple en l'étude d'un avoué, serait nulle par deux raisons : d'une part, la conservation ou la perte d'un droit aussi important ne peut dépendre d'une complaisance que le greffier s'est peut-être fait payer ou qu'il n'aurait pas eue pour un autre surenchérisseur ; d'autre part, la déclaration de surenchère doit être inscrite sur un registre spécial ou à la suite de la minute du jugement d'adjudication, registre et minute qui ne doivent sortir du greffe. D'ailleurs, aucun doute ne peut subsister en présence de l'article 709 (al. 1) qui prescrit de faire la surenchère au greffe, et de l'article 715 aux termes duquel l'article 709 (al. 1) doit être observé à peine de nullité[2]. La surenchère doit, comme l'enchère, être faite par le ministère d'un avoué et avec constitution de cet avoué pour la suite de la procédure ; le surenchérisseur peut y assister en personne ou par fondé de pouvoir, mais sa présence n'est pas nécessaire au lieu que l'assistance et la constitution d'un avoué sont requises à peine de nullité : cela résulte encore de la combinaison des articles 709 (al. 1) et 715[3]. La nullité de la surenchère qui n'est pas faite au greffe, présentée par un avoué et accompagnée de sa constitution pour la procédure ultérieure, est absolue et peut être demandée : 1° par l'adjudicataire que la surenchère menace dans sa sécurité ; 2° par le saisi, le poursuivant et les créanciers inscrits dans le cas où, le surenchérisseur leur paraissant insolvable[4], ils auraient juste sujet de craindre que sa surenchère ne retardât le paie-

§ **717.** [1] Bioche, *op. et v° cit.*, n° 283.

[2] Chauveau, sur Carré, *op. cit.*, t. V, IIe part., quest. 2390. Rodière, *op. cit.*, t. II, p. 333. Douai, 3 juill. 1840 (D. A. v° *Exploit*, n° 359). Civ. cass. 7 avr. 1873 (D. P. 73. 1. 232). *Contrà*, Montpellier, 4 mars 1872 (D. P. 72. 2. 183).

[3] Chauveau, sur Carré, *op. et loc. cit.*

[4] La surenchère n'est nulle, pour cause d'insolvabilité du surenchérisseur, que dans le cas où cette insolvabilité est notoire (Voy. le § précédent).

ment du prix ou n'amenât quelqu'incident coûteux[5]. Le greffier annexe au cahier des charges le procès-verbal de la déclaration de surenchère et le signe, ainsi que l'avoué et le surenchérisseur ou son fondé de pouvoir s'ils sont présents et s'ils peuvent et veulent signer ; au cas contraire, le procès-verbal mentionne qu'ils n'ont pu ou voulu signer[6].

B. La surenchère n'est pas dénoncée aux créanciers inscrits[7] : avertis dès le début de la procédure par les sommations qu'ils ont reçues, ils ont dû prévoir cet événement et suivre jusqu'au bout toutes les phases de la saisie[8]. L'article 709 prescrit, au contraire, de dénoncer la surenchère par acte d'avoué à avoué[9] à l'adjudicataire, au poursuivant et au saisi qui a constitué avoué; l'article n'exige point, par économie, que cette dénonciation soit faite à personne, et, si le saisi n'a pas d'avoué, aucune dénonciation ne lui est faite[10]. Elle contient avenir pour se présenter, sans autre procédure, à la première audience de la chambre des saisies immobilières[11] qui suivra l'expiration de la quinzaine, à l'effet de voir statuer sur la validité de la surenchère, fixer le jour de l'adjudication, peut-être même y procéder séance tenante : je reviendrai sur ce dernier point au § **719**. Elle doit avoir lieu dans les trois jours qui suivent la déclaration de surenchère[12];

[5] Arg. art. 715 : « Les nullités proposées par le présent article pourront être pro-« posées par tous ceux qui y auront intérêt. » Chauveau, sur Carré, *op. cit.*, t. V, IIe part., quest. 2391.

[6] Pigeau, *op. cit.*, t. II, p. 271. Chauveau, sur Carré, *op. cit.*, t. V, IIe part., quest. 2390.

[7] S'il y a plusieurs surenchérisseurs (Voy., sur ce cas, le § précédent), la loi n'exige pas non plus qu'ils se signifient respectivement leurs surenchères : cependant Pigeau les y oblige d'une manière absolue (*Op. cit.*, t. II, p. 272), et Chauveau les y astreint vis-à-vis des surenchérisseurs dont la surenchère est inférieure à la leur (Sur Carré, *op. cit.*, t. V, IIe part., quest. 2390 *quater*). Cette dénonciation ne serait pas inutile, mais je crois, avec Bioche (*Op. et v° cit.*, n° 300), qu'on ne peut, dans le silence de la loi, l'exiger à peine de nullité.

[8] Voy., sur ces sommations, *suprà*, § **671**. Cette situation n'est cependant pas sans inconvénients pour les créanciers inscrits (Voy. la suite de ce §).

[9] « Par un simple acte » dit l'article 709. Voy., sur cette expression, t. II, § **220**.

[10] « On ne veut pas que le saisi puisse entraver la surenchère en se cachant et en « dissimulant le lieu de son domicile » (Boitard, Colmet-Daage et Glasson, *op. cit.*, t. II, n° 973).

[11] Voy., sur cette chambre, *suprà*, §§ **680** et **684**.

[12] Et non pas l'expiration du délai de huitaine dans lequel la surenchère doit être faite (Bioche, *op. et v° cit.*, n° 294; Chauveau, sur Carré, *op. cit.*, t. V, IIe part., quest. 2390 *ter*; voy., sur ce délai, *suprà*, § **715**).

ce délai n'est pas franc et expire, par conséquent, le 4 du mois si la surenchère a été faite le 1er [13]; s'il expire un jour férié, on peut attendre au lendemain par application de l'article 1033 [14], ou faire la dénonciation le jour même avec la permission du président par application de l'article 1037 [15]. La dénonciation qui n'est pas accompagnée d'un avenir, ou qui contient avenir pour une audience trop éloignée, est valable, sauf aux parties intéressées à compléter, dans le premier cas, la dénonciation par un avenir, et à donner, dans le second cas, aux frais du surenchérisseur un autre avenir pour le jour déterminé par la loi [16]; quant à la dénonciation même dans le délai de trois jours, elle est requise à peine de nullité [17]. Qui peut opposer cette nullité et comment se couvre-t-elle?

a. La nullité de la surenchère qui n'a pas été dénoncée dans les trois jours est absolue en ce sens qu'elle peut être opposée : 1° par l'adjudicataire, le poursuivant et le saisi représenté par un avoué, auxquels la dénonciation n'a pas été faite dans le délai prescrit; 2° par les créanciers inscrits et le saisi non représenté par un avoué, auxquels la dénonciation ne devait pas être faite [18]. Cette nullité peut-elle être opposée :

[13] Bioche, *op. et v° cit.*, n° 296. Boitard, Colmet-Daage et Glasson, *op. cit.*, t. II, n° 974. Les seuls délais francs sont ceux auxquels on a droit pour obtempérer à une signification; ceux qu'on a pour la faire ne sont pas francs (Voy. t. II, § **205**).

[14] L'article 1033 ne vise pas précisément cette hypothèse, car il ne proroge, à raison de ce qu'ils expirent un jour férié, que les délais qui courent en vertu d'une signification faite à personne ou à domicile; mais on peut tout au moins invoquer, dans l'espèce, un argument d'analogie tiré de cet article, et, si le délai de la surenchère est prorogé jusqu'au lendemain lorsqu'il expire un jour férié (Voy. *suprà*, § **715**), il n'en peut être autrement du délai de la dénonciation (Voy. cep. Bioche, *op. et v° cit.*, n° 295).

[15] Mais seulement avec cette permission. On peut s'en passer pour faire la déclaration de surenchère (Voy. *suprà*, même §), attendu que cette déclaration ne constitue ni une signification proprement dite ni un acte d'exécution, mais un acte d'avoué à avoué rentre certainement dans le texte de l'article 1037 puisqu'il est signifié par un huissier audiencier (Voy. t. I, § **95**); il ne peut donc être fait un jour de fête légale qu'en vertu de la permission du président (Voy. cep. Bioche, *op. et v° cit.*, n° 295; civ. rej. 7 avr. 1819, D. A. v° *et loc. cit.*; aj., sur l'article 1037, t. II, § **219**).

[16] Cette formalité n'est prescrite que par le 2e alinéa de l'article 709, et l'article 715 n'exige, à peine de nullité, que l'observation littérale des alinéas 1 et 3 de l'article 709 (Bioche, *op. et v° cit.*, n° 305; *contrà*, Rodière, *op. et loc. cit.*).

[17] Cette nullité résulte à la fois de l'article 709 (al. 1) et de l'article 715 (Voy. *infrà*, même §).

[18] Arg. art. 715. Voy. *suprà*, note 5, et *infrà*, même §. Chauveau, sur Carré, *op. cit.*, t. V, IIe part., quest. 2391.

1° par le surenchérisseur ; 2° par les personnes vis-à-vis desquelles les formalités légales ont été observées et qui, ayant elles-mêmes reçu la dénonciation en temps utile, se prévaudraient de ce que les autres parties ne l'ont pas reçue ou ne l'ont reçue que tardivement ? Je réponds affirmativement sur ces deux points, vu les termes impératifs des articles 709 : « Si le surenchérisseur ne dénonce pas la surenchère dans « le délai ci-dessus fixé... la surenchère sera nulle de droit « et sans qu'il soit besoin de faire prononcer la nullité[19], » et 715 : « Les nullités proposées par le présent article peuvent « être proposées par tous ceux qui y ont intérêt[20]. » Objectera-t-on à l'enchérisseur que l'article 709 lui interdit de rétracter sa surenchère[21], et qu'en fait il la rétracte en s'abstenant de la dénoncer et en la faisant ensuite annuler pour défaut de dénonciation ? Il répondra qu'il n'est définitivement lié que par une surenchère valable, et qu'au surplus les parties intéressées lui ont tacitement permis de se rétracter en n'usant pas à temps, comme on va le voir, du droit qu'elles avaient de l'en empêcher[22].

b. L'enchérisseur est-il notoirement solvable, le poursuivant, le saisi et les créanciers inscrits — ces derniers surtout, on verra bientôt pourquoi — ont intérêt au maintien d'une surenchère qui porte le prix de l'immeuble au sixième en sus et même plus haut si la surenchère est couverte[23]; la solvabilité du surenchérisseur est-elle suspecte, ils ont intérêt — je l'ai déjà dit[24] — à ce que la surenchère soit déclarée nulle. L'adjudicataire désire généralement voir annuler un acte qui le met dans l'alternative de renoncer à l'immeuble ou de couvrir la surenchère pour le conserver, mais il peut en souhaiter le maintien si, regrettant d'avoir acheté, il voit d'un

[19] Voy., sur ces expressions, le § suivant.

[20] L'article 715 vise, entre autres, la nullité prononcée par l'article 709 (al. 1), c'est-à-dire pour défaut de dénonciation (Voy. *suprà*, note 16).

[21] Voy. le § suivant.

[22] Rodière, *op. cit.*, t. II, p. 334. Voy., dans le même sens, quant à l'adjudicataire, Chauveau, sur Carré, *op. et loc. cit.*; et, en sens contraire, Duvergier, *Collection des lois et décrets*, t. XLI, p. 259, note 5; Rodière, *op. cit.*, t. II, p. 333; Montpellier, 27 avr. 1850 (D. P. 50. 2. 140).

[23] Voy., sur les conséquences de la surenchère et sur la nouvelle adjudication qui s'ensuit, *infrà*, §§ **720** et suiv.

[24] Voy. *suprà*, même §.

bon œil cette nouvelle offre qui le dégage. Enfin, le surenchérisseur lui-même peut se repentir et chercher un moyen indirect de se rétracter. Or, la surenchère qui n'est pas dénoncée dans les trois jours est non avenue, en ce sens : 1° qu'adjudicataire, poursuivant, créanciers inscrits et saisi peuvent en faire valoir la nullité s'ils y ont intérêt; 2° que le surenchérisseur lui-même n'est pas lié par elle et peut s'en dégager indirectement en ne la dénonçant pas, quelqu'intérêt que l'adjudicataire, le poursuivant, les créanciers inscrits et le saisi aient à la voir maintenir. Avant la loi du 2 juin 1841, ces personnes ne pouvaient empêcher la rétractation de la surenchère, et telle est aujourd'hui encore la situation de l'adjudicataire dont l'engagement est définitif et qui ne peut, même indirectement, s'en dégager, mais le nouvel article 709 fournit au poursuivant, aux créanciers inscrits et au saisi le moyen de rendre la surenchère irrévocable : c'est de la dénoncer eux-mêmes dans les trois jours qui suivent l'expiration du délai dans lequel le surenchérisseur devait remplir cette formalité[25]. Le poursuivant ne fera, bien entendu, la dénonciation qu'à l'adjudicataire et au saisi représenté par un avoué; ce dernier ne la fera qu'au poursuivant et à l'adjudicataire; les créanciers inscrits la feront au poursuivant, à l'adjudicataire et au saisi représenté par un avoué, mais, à la différence du poursuivant et du saisi qui, n'ayant pas reçu la dénonciation de la surenchère, n'auront qu'à consulter le cahier des charges pour savoir qu'elle remonte à plus de trois jours, qu'elle est nulle faute de leur avoir été dénoncée, et qu'ils doivent se hâter de la dénoncer eux-mêmes pour en couvrir la nullité, les créanciers inscrits auxquels cette dénonciation n'est pas due[26] sauront seulement par le cahier des charges quel jour la surenchère a été formée et ignoreront presque toujours qu'elle n'a pas été dénoncée dans les trois jours au poursuivant, à l'adjudicataire et au saisi. Qui le leur dirait? Ce n'est pas le poursuivant qui a ordinairement peu d'intérêt au maintien de la surenchère, étant, en général, le premier des créanciers inscrits et, par

[25] Voy., sur les motifs du nouvel article 709, Persil, *Premier rapport à la Chambre des pairs* (D. A. v° *Vente publique d'immeubles*, p. 567, n° 38).
[26] Voy. *suprà*, même §.

conséquent, le plus sûr de tous d'être payé; ce n'est pas l'adjudicataire qui a plus souvent intérêt à l'annulation qu'à la validité de la surenchère; ce n'est pas le saisi qui s'en désintéresse presque toujours, car les créances inscrites absorbent généralement le prix de son immeuble et il est à peu près sûr de n'en rien toucher. Les créanciers inscrits[27] feront donc bien de dénoncer à tout hasard la surenchère qu'ils ont intérêt à voir valider; cet acte se trouvera inutile si le surenchérisseur l'a déjà fait de son côté, mais ils n'en regretteront pas les frais si, le prix de la première adjudication étant inférieur au montant de leurs créances, ils ont assuré par-là le maintien d'une surenchère qui était leur seule chance d'être intégralement payés[28]. Quoi qu'il en soit, de deux choses l'une : ou les personnes admises à dénoncer la surenchère à défaut du surenchérisseur l'auront fait dans le délai fixé par la loi, ou elles auront omis de le faire : dans le premier cas, la surenchère sera valable et le surenchérisseur irrévocablement lié[29]; dans le second cas, la surenchère sera non avenue, le prix auquel l'immeuble a été adjugé deviendra définitif, l'adjudicataire n'aura rien à craindre s'il est satisfait de son acquisition et rien à espérer dans le cas contraire[30].

§ **718.** La surenchère se résout, juridiquement parlant, en un engagement unilatéral d'acheter sous la condition qu'elle ne sera pas couverte au jour fixé pour la nouvelle adjudication : n'est-elle pas couverte, la condition se réalise et le surenchérisseur devient propriétaire; est-elle couverte, la condition fait défaut et le surenchérisseur n'est et n'a jamais été propriétaire[1]. Il va sans dire que la condition se réalise

[27] Surtout le dernier sur qui les fonds risquent le plus de manquer.

[28] Voy., sur tous ces points, Boitard, Colmet-Daage et Glasson, *op. cit.*, t. II, nº 975.

[29] Boitard, Colmet-Daage et Glasson, *op. et loc. cit.*

[30] C'est le surenchérisseur qui sera alors adjudicataire, et non pas le poursuivant ou les créanciers inscrits qui ont fait la dénonciation à sa place, car la surenchère est ainsi validée d'une manière définitive et à la différence d'une surenchère nulle (Voy. *suprà*, même §), lie celui qui l'a faite sans qu'il puisse la rétracter (Bioche, *op. et vº cit.*, nº 286; Chauveau, sur Carré, *op. cit.*, t. V, IIe part., quest. 2393). Quant au saisi, il est plus évident encore que la dénonciation par lui faite ne le rend pas adjudicataire, car il ne peut ni enchérir ni surenchérir (Voy. *suprà*, §§ **690** et **716**).

§ **718.** [1] Pothier, *Du contrat de vente*, nº 489. Voy., sur les promesses unilatérales d'acheter, Aubry et Rau, *op. cit.*, t. IV, p. 333; Colmet de Santerre, *op. cit.*, t. VII, nº 10 *bis*-VII; Marcadé, *op. cit.*, t. VI, sur l'art. 1589, nº 4.

aussi et que le surenchérisseur devient propriétaire lorsque, sa surenchère étant couverte, il a de nouveau surenchéri et est resté adjudicataire[2]. Je tire de ce principe les deux conséquences suivantes.

1° La surenchère n'est pas une offre ou une pollicitation que le surenchérisseur puisse révoquer *ad nutum*[3]; c'est une véritable promesse immédiatement acceptée par le poursuivant et les créanciers inscrits, qui oblige instantanément le surenchérisseur et qu'il ne peut retirer sans leur consentement (Art. 709) : on a vu au § précédent comment elles peuvent l'empêcher de se rétracter indirectement en ne dénonçant pas la surenchère en temps utile, et j'ajoute que, si l'adjudicataire, généralement désireux de voir maintenir l'adjudication[4], s'avisait d'acheter à prix d'argent le retrait de la surenchère, non-seulement cette rétractation serait non avenue et ce pacte nul comme ayant une cause illicite (C. civ., art. 1133), mais encore l'adjudicataire serait passible de poursuites correctionnelles pour délit d'entrave à la liberté des enchères[5]. D'ailleurs, la surenchère valable oblige seule celui qui l'a faite : nulle, elle ne vaut ni comme promesse ni même comme pollicitation, car, à la différence du pollicitant qui est lié définitivement s'il ne retire pas son offre avant qu'elle soit acceptée[6], l'auteur d'une surenchère nulle n'a pas besoin de la rétracter ; l'adjudication prononcée sur cette surenchère est nulle de plein droit et le surenchérisseur peut refuser de payer le prix pour lequel elle a été faite. « La « surenchère sera nulle de droit et sans qu'il soit besoin de « faire prononcer cette nullité » dit l'article 709 de celle qui n'a pas été dénoncée en temps utile, et cela est également vrai de tous les cas où elle est nulle[7].

[2] Voy., sur l'adjudication après surenchère, le § suivant.

[3] Les articles 932 et 1121 du Code civil donnent des exemples de pollicitation : 1° la donation entre-vifs n'engage le donateur qu'après que le donataire l'a acceptée expressément ; 2° la stipulation pour autrui peut être révoquée tant que le tiers pour qui elle est faite n'a pas déclaré vouloir en profiter. Voy., sur la pollicitation, Demolombe, *op. cit.*, t. XXIV, nos 62 et suiv.; Aubry et Rau, *op. cit.*, t. IV, p. 291 et suiv.

[4] Voy. également le § précédent.

[5] Chauveau, sur Carré, *op. cit.*, t. V, IIe part., quest. 2391 *ter*. Persil, *op. cit.*, no 256. Voy., sur ce délit, *suprà*, § 685.

[6] Voy. *suprà*, note 3.

[7] Voy., sur cet article, le § précédent.

2° Le surenchérisseur n'achète que sous condition et, par conséquent, les risques de l'immeuble saisi ne sont pas à sa charge. Pour qui sont-ils? on le verra au § **721**. « Lorsque « l'obligation a été contractée sous une condition suspensive, « la chose qui fait la matière de la convention demeure aux « risques du débiteur qui ne s'est obligé de la livrer que dans « le cas de l'événement de la condition. Si la chose est en- « tièrement périe sans la faute du débiteur, l'obligation est « éteinte; si la chose s'est détériorée sans la faute du débi- « teur, le créancier a le choix ou de résoudre l'obligation « ou d'exiger la chose dans l'état où elle se trouve sans dimi- « nution du prix » (C. civ., art. 1182)[8]. La perte totale de l'immeuble saisi dégage donc le surenchérisseur de son obligation, et la perte partielle a le même effet, à moins qu'il ne propose et que les créanciers n'acceptent, moyennant expertise, la réduction du montant de sa surenchère. Un auteur conteste, il est vrai, l'application de la dernière partie de l'article 1182 aux promesses unilatérales d'acheter et fait subir au promettant les conséquences de la perte partielle, attendu qu'il a dû la prévoir et en tenir compte dans la fixation du prix pour lequel il a promis d'acheter[9], mais cette opinion, fût-elle exacte, n'aurait pas d'application dans l'espèce, car ce n'est pas librement mais pour obéir à la loi que le surenchérisseur a porté sa surenchère au sixième du prix de la première adjudication[10]. Si c'est l'adjudicataire surenchéri qui a détérioré l'immeuble, le surenchérisseur peut retirer sa surenchère ou la maintenir en réservant son recours contre cet adjudicataire[11]. Qu'arrivera-il, enfin, si l'adjudica-

[8] Voy., sur cet article qui met le *periculum interitus* et le *periculum deteriorationis* à la charge du débiteur sous condition suspensive, Colmet de Santerre, *op. cit.*, t. V, n° 101 *bis*-II et III. Il en était autrement dans le droit romain et le *periculum interitus* y incombait seul au débiteur (Digeste, L. 8, *De peric. et comm. rei vend.* (XVIII, VI); Bufnoir, *op. cit.*, p. 246 et suiv.).

[9] Colmet de Santerre, *op. cit.*, t. VII, n° 10 *bis*-VIII.

[10] D'ailleurs, cette opinion n'est généralement pas admise; on enseignait dans l'ancien droit (Mornac, *Observationes in XXIV priores libros Digestorum*, *ad* L. 58, Dig., *De contr. empt.* (éd. Paris, 1721, t. I, p. 1037); Pothier, *op. cit.*, n° 493), et on enseigne encore aujourd'hui (Merlin, *op. cit.*, v° *Enchère*, § I, n° 3; Grenier, *op. cit.*, t. II, n° 465; Troplong, *Des privilèges et hypothèques*, t. IV, n° 949; Pont, *op. cit.*, t. II, n° 1386), que, dans la promesse unilatérale d'acheter en général et dans la surenchère en particulier, le *periculum deteriorationis* n'est pas pour le surenchérisseur. Pour qui est-il? C'est un point réservé (Voy. *infrà*, même §).

[11] Arg. C. civ., art. 1182 : « Si la chose s'est détériorée par la faute du débiteur,

taire surenchéri a fait entre les deux adjudications des dépenses nécessaires ou utiles pour la conservation de l'immeuble surenchéri ? Je reviendrai sur ce cas aux §§ **722** et **723** en expliquant les effets de la surenchère et de l'adjudication sur surenchère au point de vue de la translation de la propriété.

§ **719**. On a vu au § **717** que la dénonciation de la surenchère contient avenir pour l'audience qui suivra l'expiration de la quinzaine afin d'y voir statuer sur la validité de la surenchère, mais que cette formalité n'est pas prescrite à peine de nullité [1]. Le surenchérisseur pourra donc donner cet avenir par acte séparé, mais à ses frais [2]; il pourra aussi indiquer un jour plus éloigné, sauf à la plus diligente des parties intéressées à demander au tribunal la fixation d'un jour plus rapproché s'il lui paraît que le surenchérisseur retarde outre mesure et sans motif légitime la déclaration de validité de la surenchère et l'adjudication qui doit s'ensuivre [3]; mais la fixation d'un délai inférieur à quinze jours entraînerait la nullité de l'adjudication, car les parties intéressées auraient le droit de prétendre que ce délai trop bref ne leur a pas permis de produire à l'audience leurs moyens pour ou contre la validité de cet acte [4]. Pendant ce temps, et à peine de nullité [5], l'avoué du poursuivant annoncera la nouvelle adjudication dans la forme prescrite par les articles 696 et 699, c'est-à-dire au moyen d'affiches et d'insertions aux lieux et dans les journaux déterminés par ces articles (Art. 709) [6].

« le créancier a le choix ou de résoudre l'obligation, ou d'exiger la chose dans l'état « où elle se trouve avec des dommages-intérêts. » Voy., sur cette partie de l'article 1182, Demolombe, *op. cit.*, t. XXV, nos 433 et suiv.; Aubry et Rau, *op. cit.*, t. IV, p. 77; Colmet de Santerre, *op. cit.*, t. V, no 101 *bis*-III; Larombière, *op. cit.*, t. II, sur l'art. 1182, nos 7 et suiv.

§ **719**. 1 Le jugement qui donne acte d'une surenchère non contestée et fixe les jour et heure de la nouvelle adjudication ne donne pas lieu à un droit de jugement au profit de l'avoué qui l'obtient (Req. 20 juill. 1885; D. P. 87. 1. 301).

2 Ces frais seront frustratoires et devront, par conséquent, rester à sa charge (Voy., sur les frais frustratoires, t. II, § **200**).

3 Rodière, *op. cit.*, t. II, p. 333.

4 Rodière, *op. et loc. cit.*

5 Voy. *infrà*, même §.

6 Les insertions devront être faites dans les journaux qui ont annoncé la saisie

Quant au jour même de cette adjudication, deux hypothèses sont possibles. 1° Le surenchérisseur a pu donner avenir, non-seulement pour voir statuer sur la validité de la surenchère mais encore pour voir prononcer l'adjudication. Cette procédure simple et économique est licite, bien qu'on l'ait contesté [7], car l'article 710, qui prescrit d'ouvrir de nouvelles enchères au jour indiqué, n'aurait pas de sens si l'avenir ne pouvait pas fixer le jour de la nouvelle adjudication [8]. Si les publications requises n'ont pas été faites ou si elles remontent à moins de huit jours, le tribunal remettra l'adjudication à une autre audience, à peine de nullité [9] : les articles 704 et 715 prescrivent d'observer ce délai dans toutes les adjudications qui sont retardées pour une cause quelconque [10], et le 3° alinéa de l'article 709 est compris par l'article 715 dans l'énumération de ceux qui doivent être observés à peine de nullité [11]. Si les publications ont eu lieu en temps utile, le tribunal pourra prononcer l'adjudication, soit que la validité de la surenchère n'ait pas été contestée soit qu'après l'avoir déclarée valable il ait le temps de procéder le jour même aux nouvelles enchères; dans le cas contraire, il remettra l'adjudication à un autre jour qu'il fixera séance

(Bioche, *op. et v° cit.*, n° 313). Faudra-t-il également observer les délais fixés par les articles 696 et 699 entre les publications et l'adjudication? Voy. *infrà*, même § et spécialement note 8.

[7] Dijon, 7 août 1843 ((D. A. v° *Surenchère*, n° 376). Dijon, 18 avr. 1855 (D. P. 56. 2. 61).

[8] Voy., en ce sens, les autorités citées *infrà*, note 12. Aj. : 1° que cette solution ne faisait pas difficulté sous le Code de procédure de 1806 qui s'exprimait à peu près dans les mêmes termes que la loi du 2 juin 1841 (Art. 712); 2° qu'aux termes formels du projet de 1829 l'avenir en question devait porter « sommation de pa- « raître à la première audience pour une nouvelle adjudication » (Carré, *op. cit.*, t. V, Ire part., p. 249). *Nec obst.* art. 696, 699 et 709, al. 3, combinés, d'où il semblerait résulter que la nouvelle adjudication ne peut avoir lieu quinze jours après la surenchère, mais seulement vingt jours au plus tôt après les publications requises par la loi : l'article 709 ne renvoie pas aux articles 696 et 699 pour le délai mais seulement pour la forme des publications; aussi dit-il « de la manière prescrite, » au lieu que les articles 715 et 739 parlent des « formalités et délais » (Voy., en ce sens, Boitard, Colmet-Daage et Glasson, *op. cit.*, t. II, n° 976; trib. de Metz, 16 janv. 1845, D. P. 45. 3. 175; trib. de Bourg, 29 juin 1846, D. P. 46. 4. 468; req. 20 nov. 1854, D. P. 54. 1. 425). Quel délai faut-il observer entre la nouvelle adjudication et les publications qui doivent la précéder? Voy. *infrà*, même §.

[9] Boitard, Colmet-Daage et Glasson, *op. et loc. cit.* Trib. de Melun, 4 juin 1845 (D. P. 45. 4. 493.

[10] Voy., sur ces articles, *suprà*, § **683**, et *infrà*, § **758**.

[11] Voy. *suprà*, même §.

tenante; il fera de même s'il juge que les affiches posées et les insertions faites n'ont pas été suffisantes et qu'il y a lieu de donner à l'adjudication une plus grande publicité [12]. 2° Si l'avenir donné pour voir statuer sur la validité de la surenchère n'a pas indiqué le jour de l'adjudication, le tribunal le fixe à la demande de la partie la plus diligente et en même temps qu'il statue sur les nullités proposées contre la surenchère ou donne acte de ce qu'il n'en a pas été proposé; il peut même condamner le surenchérisseur à supporter, comme frustratoires, les frais qu'il eût évités en fixant lui-même le jour de l'adjudication [13]. A Paris, on concilie toutes les difficultés qui se sont élevées sur ce point [14] en fixant, par l'acte même qui dénonce la surenchère, un jour pour plaider en cas de contestation et un autre pour voir prononcer l'adjudication : le premier jour, les avoués proposent leurs objections ou déclarent par un simple acte s'en rapporter à justice; le second jour, on procède à l'adjudication, à moins qu'on ne doive la remettre des contestations s'étant produites et n'ayant pu encore être jugées [15].

On appliquera à l'adjudication sur surenchère tout ce que j'ai dit aux §§ **694** et suivants de la forme et des effets des enchères, du caractère du jugement d'adjudication, de l'exécution de ce jugement, et des droits et devoirs de l'adjudicataire. Les effets particuliers du jugement d'adjudication sur surenchère feront l'objet des §§ suivants. On remarquera seulement dans l'article 710 que toute personne est admise à

[12] Bioche, *op. et v° cit.*, n° 308. Carré, *op. cit.*, t. V, II° part., quest. 2392. Chauveau, sur Carré, *op. et loc. cit.* et quest. 2394 *ter.* Boitard, Colmet-Daage et Glasson, *op. et loc. cit.* Rodière, *op. et loc. cit.* Douai, 1er mars 1843 (D. A. *v° cit.*, n° 405). Limoges, 17 mars 1843 (D. A. *v° cit.*, n° 375). Caen, 9 juin 1843; Riom, 13 juill. 1843 (D. A. *v° cit.*, n° 374). Trib. de Metz, 16 janv. 1845 (D. P. 45. 3. 175). Trib. de Melun, 4 juin 1845 (D. P. 45. 4. 493). Trib. de Bourg, 29 juin 1846 (D. P. 46. 4. 468). Bordeaux, 30 avr. 1850 (D. P. 54. 5. 732). Req. 20 nov. 1854 (D. P. 54. 1. 423).

[13] Voy., en ce sens, les autorités citées à la note précédente et, en sens contraire, Grenoble, 27 mars 1876 (D. P. 78. 2. 228).

[14] Voy. les auteurs et arrêts cités en divers sens, *suprà*, notes 5, 10 et 11.

[15] Bioche, *op. cit.*, v° *Surenchère*, n° 308. La surenchère formée par un mineur non assisté de son tuteur et non autorisé par le conseil de famille est nulle, mais sujette à ratification (Toulouse, 26 mai 1883; D. P. 84. 2. 65) : on remarquera seulement sur cet arrêt que le mineur n'a pas qualité pour surenchérir en personne, et qu'il est, pour cet acte comme pour tous les autres, représenté par son tuteur (C. civ., art. 450).

concourir aux nouvelles enchères[16], et que le surenchérisseur est déclaré adjudicataire quand son enchère n'est pas couverte. Ces deux règles, qui ne font qu'étendre à la seconde adjudication les principes déjà posés pour la première[17], n'existaient pas dans le Code de procédure de 1806[18]. Quant au délai de quarante-cinq jours pour faire transcrire, il ne court naturellement, en cas de surenchère, que du jour de la nouvelle adjudication[19].

§ **720.** Quels sont, pour le transport de la propriété et pour la solution des questions qui en dépendent, les effets de la surenchère et de l'adjudication sur surenchère? Un premier point qui ne souffre pas de difficulté, c'est que la surenchère n'efface pas les conséquences de la saisie. Quel qu'en soit le résultat, qu'elle soit valable ou nulle, maintenue ou abandonnée, couverte ou non couverte, que l'immeuble reste en définitive au surenchéri, au surenchérisseur ou à un tiers, la saisie n'en subsiste pas moins, chacun des actes[1] dont elle se compose a produit les effets qui lui sont propres, le saisi a perdu depuis le commandement la faculté de louer son immeuble et depuis la transcription celle d'en jouir et d'en disposer[2]. Les créanciers et l'adjudicataire surenchéri[3] peuvent

[16] Je ne parle, bien entendu, que des personnes capables (Voy. *suprà,* § **716**).

[17] Voy., sur le principe que la capacité d'enchérir est la règle, *suprà*, § **685**; sur l'adjudication de l'immeuble au poursuivant pour la mise à prix lorsqu'elle n'est pas couverte, *suprà,* § **694,** et sur la responsabilité du surenchérisseur en cas de folle enchère, *infrà,* § **754.**

[18] Il ne prévoyait pas le cas où la surenchère ne serait pas couverte, et n'admettait à concourir aux nouvelles enchères que le premier adjudicataire et les personnes qui avaient formé leur surenchère au greffe en temps utile. L'innovation que la loi du 2 juin 1841 apporte, sur ce point, au Code de 1806 augmente les chances qu'ont les créanciers de vendre l'immeuble le plus cher possible (Voy. Persil, *Premier rapport à la Chambre des pairs*, D. A. v° *Vente publique d'immeubles,* p. 567, n° 37; Pascalis, *Premier rapport à la Chambre des députés*, D. A. v° *cit.*, p. 576, n° 123).

[19] Voy., sur ce délai, *suprà*, § **696,** et, sur la transcription du jugement d'adjudication sur surenchère, les §§ suivants.

§ **720.** [1] Petiet, *op. cit.*, n°s 289 et 293.

[2] Voy. *suprà,* §§ **654** et **664.**

[3] Les créanciers le peuvent sans aucun doute; l'adjudicataire surenchéri le peut aussi, car on verra au § suivant qu'il reste propriétaire malgré la surenchère et jusqu'à l'adjudication sur surenchère. Je rappelle que les créanciers et l'adjudicataire ont qualité, les uns comme les autres, pour se prévaloir des effets du commandement et de la transcription de la saisie (Voy. *suprà, ib.*).

donc demander : 1° la nullité des baux qui n'ont pas acquis date certaine avant le commandement, et même celle des baux de plus de dix-huit ans qui n'ont pas été transcrits avant cette époque[4]; 2° la vente des fruits naturels et industriels et la consignation du prix de cette vente ainsi que du montant des loyers et fermages[5]; 3° la nullité des aliénations postérieures à la transcription de la saisie, sauf à l'acquéreur à éviter cette nullité, s'il le peut encore — je reviendrai au § **722** — en consignant le montant des sommes dues au poursuivant et aux créanciers inscrits[6]. Cela dit, je distingue suivant que l'adjudication sur surenchère est prononcée : 1° au profit du surenchérisseur ou d'un tiers qui a couvert sa surenchère; 2° au profit de l'adjudicataire surenchéri qui a couvert la surenchère mise sur lui. Qu'elle soit prononcée au profit du surenchérisseur ou d'un tiers, la situation est identique et je supposerai pour simplifier — c'est, d'ailleurs, le cas le plus fréquent — que c'est le surenchérisseur qui est resté adjudicataire.

§ **721**. A. *Première hypothèse : l'adjudication sur surenchère est prononcée au profit du surenchérisseur.* — Tant que le délai de la surenchère n'est pas expiré l'adjudicataire n'a pas la certitude de conserver l'immeuble ; il est sous le coup d'une menace, et son droit est soumis à une condition. Est-ce une condition suspensive, et ne devient-il propriétaire que si aucune surenchère ne s'est produite dans le délai fixé par la loi? C'est plutôt une condition résolutoire[1], car l'immeuble ne peut rester un seul moment sans maître, et, la propriété perdue par le saisi que l'adjudication a définitivement

4 Voy., pour plus de détails, *suprà,* § **654**.
5 Voy., pour plus de détails, *suprà,* § **663**.
6 Petiet, *op. cit.,* n° 289. Voy., sur cette consignation, *suprà,* § **665**.

§ **721**. 1 Les Romains auraient dit plus nettement, en pareil cas, qu'il n'y a qu'une condition, mais qu'elle porte tantôt sur le contrat lui-même tantôt sur la convention accessoire de résolution : « *Si fundus commissoria lege venierit, magis est ut* « *sub conditione resolvi emptio quam sub conditione contrahi videatur* » (Dig., L. 1, *De lege comm.* (XVIII, IV); Accarias, *Précis de droit romain,* t. II, n° 613; Bufnoir, *op. cit.,* p. 451 et suiv.; Gabriel Demante, *op. cit.,* t. I, n° 41). Je réserve la question de savoir si c'est la surenchère elle-même ou seulement l'adjudication sur surenchère qui résout le droit du premier adjudicataire (Voy. *infrà,* même §). Tout ce que je veux dire ici, c'est qu'il est certainement résolu par l'une ou par l'autre.

exproprié appartient, par la force des choses, à l'adjudicataire jusqu'à ce qu'une surenchère formée dans le délai légal la lui enlève avec effet rétroactif[2]. Quelque parti qu'on prenne sur cette question, l'adjudicataire surenchéri ne sera pas tenu de payer le prix ou le répètera, s'il l'a déjà payé, avec les frais de la première adjudication[3]; les droits réels par lui constitués tomberont en vertu de l'article 2125 du Code civil[4]; ceux qu'il avait déjà et que l'adjudication a éteints par consolidation renaîtront[5], et ce n'est pas lui mais le saisi qui touchera, s'il y a lieu, l'excédant du prix d'adjudication sur le montant des créances inscrites[6]; mais l'application des principes de la condition résolutoire, de préférence à ceux de la condition suspensive, entraîne une conséquence importante. Les risques de l'immeuble sont à la charge de l'adjudicataire à partir de l'adjudication prononcée à son profit et jusqu'au jour où la surenchère est formée, en vertu du principe que le créancier sous condition résolutoire, débiteur sous condition suspensive, hors d'état de restituer l'objet péri entre ses mains par cas fortuit et, par conséquent, de remettre les choses *in statu quo*, ne peut se dire libéré de sa propre obligation et refuser de payer le prix ou se le faire rendre s'il l'a déjà payé[7]. Si donc l'immeuble a péri entre ses mains

[2] Bioche, *op. cit.*, n° 323. Grenier, *op. cit.*, t. II, n° 488. Pigeau, *op. cit.*, t. II, p. 270. Persil, *op. cit.*, n° 265. Gabriel Demante, *op. cit.*, t. II, n° 199. Petiet, *op. cit.*, n°s 204 et 283. C'est une question très controversée que de savoir si la surenchère sur aliénation volontaire opère aussi rétroactivement la résolution du droit de l'acquéreur, ou si elle ne produit pas simplement une espèce d'éviction opérant, comme on dit, *non ex tunc sed ex nunc?* Voy., sur ce point, le tome V de ce Traité.

[3] Gabriel Demante, *op. cit.*, t. I, n° 201. Petiet, *op. cit.*, n° 286.

[4] Petiet, *op. et loc. cit.* Cet article s'applique aussi bien aux droits réels constitués par un propriétaire sous condition suspensive qu'à ceux qui l'ont été par un propriétaire sous condition résolutoire. L'article 2177 du Code civil, applicable à la surenchère sur aliénation volontaire, contient une disposition différente : « Les créanciers personnels (du tiers détenteur), après tous ceux qui sont inscrits sur les précédents propriétaires, exercent leur hypothèque à leur rang sur le bien délaissé ou adjugé (ou surenchéri). » Voy., sur cette décision qui se rattache évidemment à l'idée que le droit de l'acquéreur surenchéri n'est pas résolu rétroactivement, le tome V de ce Traité.

[5] C. civ., art. 617 et 705. Petiet, *op. et loc. cit.* Même solution dans l'article 2177 précité du Code civil (Voy. le tome V de ce Traité).

[6] Petiet, *op. et loc. cit.*

[7] Toullier, *op. cit.*, t. VI, n° 538. Demolombe, *op. cit.*, t. XXV, n°s 455 et suiv. Aubry et Rau, *op. cit.*, t. IV, p. 80. Marcadé, *op. cit.*, t. IV, n° 564. Colmet de Santerre, *op. cit.*, t. V, n° 102 *bis*-I. Massé, *Droit commercial*, t. III, n° 1808. *Contrà*, Duranton, *op. cit.*, t. XI, n° 9; Larombière, *op. cit.*, t. III, sur l'art. 1183, n° 63.

par incendie ou autrement, il a droit à l'indemnité due par la compagnie à laquelle l'immeuble est assuré, mais demeure débiteur du prix d'adjudication s'il ne l'a pas encore payé, et ne peut le répéter dans le cas contraire[8]. Il en serait autrement si la condition était suspensive : la perte ne serait pas pour lui mais pour les créanciers qui lui devraient l'immeuble sous condition suspensive, en vertu de l'article 1182 du Code civil, cité au § **718**, qui, en cas de condition suspensive, met les risques à la charge du débiteur[9]. 2° Un acheteur sous condition suspensive ne doit les droits de mutation qu'à l'arrivée de la condition, et les délais qu'il a pour les payer[10] ne courent qu'à dater de ce moment[11]; un acheteur sous condition résolutoire doit les payer immédiatement, et les mêmes délais courent contre lui à partir de l'aliénation résoluble qui lui a été consentie[12]. Quant à recourir en garantie[13] à raison de la surenchère formée contre lui, l'adjudicataire surenchéri ne le peut certainement pas, car il a prévu ou dû prévoir cette éviction *sui generis* et l'incertitude qu'elle faisait peser sur son droit[14]. Ces principes posés, il reste à se demander : 1° quel est l'événement qui résout rétroactivement le droit du premier adjudicataire, si c'est la surenchère elle-même ou seulement l'adjudication sur surenchère; 2° à qui l'immeuble a appartenu entre les deux adjudications, si le saisi en a recouvré la propriété ou si le second adjudicataire ne l'a pas rétroactive-

8 Petiet, *op. cit.*, n° 285.

9 Les créanciers pourraient-ils, du moins, réclamer l'ouverture d'un ordre sur l'indemnité payée par la compagnie d'assurances? Oui, sans doute, si ce droit leur était conféré par une clause spéciale de l'acte constitutif d'hypothèque. Non, dans le cas contraire, car cette indemnité n'est pas le prix de l'immeuble mais la contrepartie des primes payées par l'assuré, et les créanciers hypothécaires n'ont sur elle aucun droit de préférence (Duranton, *op. cit.*, t. XX, n° 328; Aubry et Rau, *op. cit.*, t. III, p. 407; Troplong, *op. cit.*, t. IV, n° 890; Petiet, *op. cit.*, p. 170, note 1).

10 Gabriel Demante, *op. cit.*, t. I, n° 33. Voy., sur les exceptions que comporte cette règle et sur l'application dont elle est susceptible en ce qui concerne les droits fixes, Gabriel Demante, *op. cit.*, t. I, n°s 34 et suiv.

11 Voy., sur ces délais, Naquet, *Des droits d'enregistrement*, t. III, n°s 1164 et suiv.

12 Voy., sur cette règle et sur les différentes applications qu'elle comporte, Gabriel Demante, *op. cit.*, t. I, n°s 42 et suiv.

13 Contre qui? Voy. *suprà*, § **706**.

14 Gabriel Demante, *op. cit.*, t. I, n° 201. Petiet, *op. cit.*, n° 285.

ment acquise à compter du jour de la première adjudication [15].

§ **722.** *a.* D'après la jurisprudence de la cour de cassation, la survenance d'une surenchère résout immédiatement la première adjudication. Qui est désormais propriétaire? on le verra au § suivant; ce qui est certain, c'est que l'adjudicataire surenchéri ne l'est plus [1]. La cour invoque à l'appui de sa jurisprudence l'article 709 aux termes duquel la surenchère ne peut être rétractée [2], et l'article 710 d'après lequel le surenchérisseur est déclaré adjudicataire si, au jour indiqué pour la nouvelle adjudication, aucune nouvelle enchère ne vient couvrir la sienne [3]. On s'accorde très généralement, et avec raison, à dire que cette interprétation des articles 709 et 710 est forcée et que la cour en tire des conséquences qu'ils ne contiennent pas : la surenchère lie celui qui l'a faite et l'oblige à prendre l'immeuble au prix qu'il a offert, à moins qu'une plus forte enchère ne le dégage [4]; mais la preuve qu'elle ne consomme pas l'expropriation immédiate de l'adjudicataire surenchéri, c'est qu'il reste à ce dernier trois chances de conserver l'immeuble : 1° la nullité de la surenchère mise sur lui [5]; 2° une plus forte surenchère par lui déposée et non couverte [6]; 3° le désistement du surenchérisseur accepté par le poursuivant et les créanciers inscrits [7]. La vérité, c'est que la

[15] Il est bien entendu que l'immeuble appartient au saisi *inter partes* jusqu'au jugement d'adjudication, et à l'égard des tiers jusqu'à la transcription de ce jugement (Voy. *suprà*, §§ **698** et suiv.).

§ **722.** [1] Civ. cass. 7 mai 1860 (D. P. 60. 1. 234). Civ. rej. 7 déc. 1868 (D. P. 69. 1. 31). Req. 6 déc. 1870 (D. P. 72. 1. 438).

[2] Voy., sur ce point, *suprà*, § **719**.

[3] Voy., sur ce point, *suprà*, *ib.*

[4] Voy., sur ce principe, *suprà*, *ib.*

[5] La cour de Pau, poussant à l'extrême le principe sur lequel repose la jurisprudence de la cour de cassation, a jugé que la nullité de la surenchère n'empêche pas la propriété du premier adjudicataire d'être irrévocablement résolue (2 août 1844; dans Sirey, *op. cit.*, t. XLV, IIe part., p. 476). Cette solution n'est pas admissible.

[6] Voy., sur le cas où l'adjudication sur surenchère est faite au profit de l'adjudicataire surenchéri, *infrà*, § **725**.

[7] Le surenchérisseur a pris vis-à-vis des parties intéressées un engagement qui le lie mais au bénéfice duquel elles peuvent renoncer : il peut donc le rétracter avec leur adhésion, de même qu'un demandeur peut se désister de sa demande si le défendeur y consent (Voy. le tome V de ce Traité).

surenchère est seulement une menace que la seconde adjudication réalise : le premier adjudicataire a acheté sous la condition que le prix de l'immeuble ne dépasserait pas celui qu'il a offert et pour lequel il a été déclaré acquéreur ; cette condition ne se réalise qu'au moment de la seconde adjudication, car alors seulement il est certain que son prix est dépassé et son éviction définitive [8]. J'en conclus : 1° que les risques restent à sa charge non-seulement jusqu'à la surenchère [9] mais encore jusqu'à la seconde adjudication [10] ; 2° que la surenchère ne rend pas au saisi le droit d'aliéner définitivement perdu pour lui en vertu de la première adjudication, et que le tiers au profit duquel il a aliéné, soit entre cette adjudication et la surenchère qui l'a suivie [11], soit entre cette surenchère et la seconde adjudication, ne peut conserver l'immeuble en usant de la faculté, offerte par l'article 687 aux acquéreurs postérieurs à la transcription de la saisie mais antérieurs à la première adjudication [12], de payer le montant des sommes dues au poursuivant et aux créanciers inscrits [13]. La régie de l'enregistrement aurait le droit de tirer une troisième conséquence de ce principe et d'exiger les droits de mutation de l'adjudicataire surenchéri et resté propriétaire malgré la surenchère formée sur lui, mais cette perception serait abusive et vexatoire, et l'administration n'exige qu'un

[8] Favard de Langlade, *op. cit.*, v° *Saisie immobilière,* § II, art. 731, n° 3. Grenier, *op. cit.*, t. II, n° 488. Bioche, *op. et v° cit.*, n°s 320 et 321. Pigeau, *op. et loc. cit.* Chauveau, sur Carré, *op. cit.*, t. V, IIe part., quest. 2404 *ter.* Persil, *op. cit.*, n°s 263 et 264. Gabriel Demante, *op. cit.*, t. I, n° 200. Petiet, *op. cit.*, n° 285. Montpellier, 30 nov. 1864 (D. P. 65. 2. 216). On peut aussi invoquer en ce sens l'autorité de Pothier (*Op. et loc. cit.*). La même doctrine est généralement admise en cas de surenchère du dixième après aliénation volontaire, mais on verra dans le tome V de ce Traité qu'elle n'y prête pas aux mêmes objections, et que la jurisprudence de la cour de cassation en matière de surenchère du sixième ne pourrait certainement pas s'appliquer à celle du dixième.

[9] Voy. le § précédent.

[10] Gabriel Demante, *op. et loc. cit.* Petiet, *op. cit.*, n° 285.

[11] Aucun doute dans ce premier cas, puisqu'à ce moment le saisi n'est certainement plus propriétaire.

[12] Voy. *suprà*, § **665**.

[13] Petiet, *op. et loc. cit.* Si l'acquéreur pouvait invoquer en ce cas l'article 687, ce ne serait qu'à la condition de désintéresser les créanciers inscrits, car les sommations prescrites par l'article 692 (Voy. *suprà*, § **671**) ont été mentionnées en marge de la transcription de la saisie, et dès ce moment, l'acquéreur postérieur à cette transcription ne peut conserver l'immeuble qu'en désintéressant non-seulement le poursuivant, mais encore les créanciers inscrits (Voy. *suprà*, § **674**).

droit fixe quand le premier adjudicataire présente à l'enregistrement dans les délais fixés par la loi [14] son adjudication déjà frappée de surenchère [15].

§ **723.** *b.* Le saisi est resté propriétaire jusqu'à la première adjudication [1] ; l'adjudicataire surenchéri l'a été dans l'intervalle de la première à la seconde adjudication [2] ; le surenchérisseur l'est devenu à partir de la seconde adjudication [3] : le tout sauf les questions de transcription qui seront posées et résolues dans la suite de ce §. Les droits de l'adjudicataire surenchéri étant résolus rétroactivement par la seconde adjudication, à qui la propriété a-t-elle appartenu dans l'intervalle de la première à la seconde? Le saisi l'a-t-il recouvrée rétroactivement, ou bien est-ce le second adjudicataire qui a été rétroactivement propriétaire dans ce laps de temps [4]? L'intérêt de cette question est considérable [5] et se présente dans les circonstances suivantes : 1° l'adjudicataire sur surenchère a-t-il droit aux fruits produits par l'immeuble entre les deux adjudications, en supposant que le cahier des charges ne contienne aucune clause à ce sujet [6] et que les créanciers ne se prévalent pas de la fiction qui a immobilisé ces fruits

[14] Voy. t. III, § **492**.

[15] Gabriel Demante, *op. cit.*, t. I, n° 205.

§ **723.** [1] Ni la saisie ni la transcription de la saisie ne lui ont enlevé cette propriété : il l'a gardée jusqu'à l'adjudication (Voy. *suprà*, §§ **668** et **698**).

[2] La surenchère ne l'a pas exproprié et il est resté propriétaire jusqu'à l'adjudication sur surenchère (Voy. le § précédent).

[3] Et même avant d'après une opinion que je vais essayer de réfuter, mais certainement à partir de ce moment.

[4] La question se poserait de même si le droit du premier adjudicataire était résolu par le fait même de la survenance d'une surenchère (Voy., sur ce point, le § précédent), car, quel que soit l'événement qui opère la résolution, ses effets remontent certainement au jour de la première adjudication, et c'est à partir de ce jour que le premier adjudicataire a rétroactivement cessé d'être propriétaire.

[5] Elle n'en a pas pour les tiers au profit desquels le saisi aurait aliéné dans l'intervalle des deux adjudications, car, le droit du premier adjudicataire n'étant résolu que par la seconde adjudication, le saisi n'était pas propriétaire à ce moment : il a donc vendu la chose d'autrui, et l'acquéreur ne peut invoquer, pour conserver l'immeuble, l'article 687 qui n'est pas fait pour cette hypothèse et ne vise que celle où le saisi, étant encore propriétaire, aliène au mépris de l'article 686 (Voy. *suprà*, § **665**, et le § précédent).

[6] Il règle généralement l'époque à laquelle le second adjudicataire entrera en jouissance (Petiet, *op. cit.*, n° 292).

à partir de la transcription de la saisie [7]? 2° ce même adjudicataire est-il tenu de rembourser à l'adjudicataire surenchéri les dépenses par lui faites pour conserver l'immeuble pendant qu'il en était propriétaire, c'est-à-dire jusqu'à la seconde adjudication [8]? 3° les inscriptions hypothécaires qui ont produit leur effet légal à partir de la première adjudication, et qui ont cessé depuis ce moment d'être sujettes au renouvellement [9], ont-elles conservé le bénéfice de cette situation favorable et sont-elles restées à l'abri de la péremption décennale, bien qu'elles n'aient pas été renouvelées depuis la première adjudication? 4° le tiers qui a acquis l'immeuble après la transcription de la saisie, et perdu depuis la première adjudication le droit de le conserver en désintéressant le poursuivant et les créanciers inscrits [10], est-il toujours dans la même situation et la nullité de son titre est-elle, malgré la surenchère, restée irrévocable? 5° les hypothèques constituées par le saisi depuis la première adjudication sont-elles nulles, et le droit de faire inscrire celles qu'il a consenties auparavant [11] ou de faire transcrire les actes d'aliénation qu'il a passés avant la transcription de la saisie est-il, malgré la surenchère et la question de transcription réservée, irrévocablement perdu [12]?

[7] Ils s'en prévaudront presque toujours et, par conséquent, l'intérêt de cette question n'est pas de nature à se présenter souvent (Voy., sur l'immobilisation des fruits par la transcription de la saisie et même après l'adjudication frappée de surenchère, *suprà*, §§ **663** et **720**).

[8] Si le second adjudicataire n'est pas tenu de rembourser les dépenses faites par le premier, celui-ci s'adressera aux créanciers qui devront les lui rendre par application de l'article 1673 du Code civil, aux termes duquel l'acheteur à réméré se fait rembourser, en cas d'exercice de la faculté de rachat, « les réparations nécessaires « et celles qui ont augmenté la valeur du fonds jusqu'à concurrence de cette amélio- « ration, » et de l'article 2175 du même Code, d'après lequel le tiers détenteur exproprié « peut répéter ses impenses et améliorations jusqu'à concurrence de la plus- « value résultant de l'amélioration » (Voy., sur ces deux articles, Aubry et Rau, *op. cit.*, t. III, p. 451, t. IV, p. 409; Colmet de Santerre, *op. cit.*, t. IX, n°s 156 *bis*-I et suiv.; Pont, *op. cit.*, t. II, n°s 1205 et suiv.).

[9] Voy. *suprà*, § **713**.

[10] Voy. *suprà*, § **665**.

[11] Il a conservé jusque-là, et malgré la transcription de la saisie, la faculté d'hypothéquer (Voy. *suprà*, § **664**).

[12] La transcription de la saisie n'a pas enlevé au saisi la propriété de son immeuble, et les actes constitutifs de droits réels passés par lui ou par les précédents propriétaires avant la transcription de la saisie peuvent encore être transcrits jusqu'à la transcription du jugement d'adjudication (Voy. *suprà*, § **668**). Les créanciers hypothécaires antérieurs (et même postérieurs, on va le voir, au jugement d'adjudication) conservent le droit de prendre inscription jusqu'à la transcription de ce jugement (Voy. *suprà*, § **708**).

Ces questions seront résolues affirmativement si l'adjudication sur surenchère rétroagit, négativement dans le cas contraire.

Au premier abord, la théorie d'après laquelle le saisi redevient propriétaire dans l'intervalle des deux adjudications est la mieux fondée et la plus facile à défendre. On dit, d'abord, que la condition résolutoire remet les choses en l'état où elles étaient avant que l'acte résolu fût accompli, que la seconde adjudication, résolvant la première, replace les parties dans la situation où elles se trouvaient lors de celle-ci, et que le saisi qui était encore propriétaire à ce moment [13] le redevient comme s'il n'avait jamais cessé de l'être. On ajoute qu'une adjudication ne peut être que déclarative d'un titre préexistant [14], confirmative d'une acquisition antérieure [15] ou translative d'un droit nouveau [16] : or, l'adjudication sur surenchère prononcée au profit d'un nouvel adjudicataire n'est ni déclarative puisqu'il n'était pas encore propriétaire, ni confirmative puisqu'il acquiert pour la première fois ; elle est donc forcément translative et n'exproprie le saisi qu'à sa date [17]. Qu'oppose l'opinion adverse à ces déductions ? Une fiction de mandat ou de subrogation, en vertu de laquelle : 1° le premier adjudicataire serait le mandataire tacite du second, ayant pris en quelque sorte l'engagement de payer le montant de la surenchère ou de conserver l'immeuble pour le rendre au surenchérisseur ; 2° le second adjudicataire entrerait dans les droits tels quels du premier et à partir du jour même où ils sont nés. A quoi les partisans de la non-rétroactivité de l'adjudication sur surenchère n'ont pas de peine à répondre que ce mandat et cette subrogation sont une pure imagination ; qu'il n'y a trace de mandat ni dans la loi ni

[13] Voy. *suprà*, note 1.

[14] Comme celle qui est faite sur licitation au profit d'un copartageant (C. civ., art. 883 ; L. 23 mars 1855, art. 1-4°).

[15] Par exemple, l'adjudication sur surenchère au profit de l'acquéreur en cas d'aliénation volontaire (C. civ., art. 2189) et du premier adjudicataire en cas d'aliénation forcée et particulièrement en cas de saisie immobilière (Voy. *infrà*, § **725**).

[16] Comme celle qui est faite sur licitation au profit d'un tiers (C. civ., art. 883 ; L. 23 mars 1855, art. 1-4°). Voy., sur cette distinction, Mourlon, *op. cit.*, t. I, n° 78.

[17] Aj., sur la non-rétroactivité des promesses unilatérales d'acheter, Colmet de Santerre, *op. cit.*, t. VII, n° 10 *bis*-VII. La surenchère est une promesse unilatérale d'acheter (Voy. *suprà*, § **718**).

dans l'intention des parties, le premier adjudicataire ayant certainement voulu faire sa propre affaire et non pas celle du surenchérisseur inconnu qui viendra le déposséder ; que la subrogation du second enchérisseur au premier ne peut se concevoir, car le premier n'a pu transmettre au second des droits résolus et, par suite, inexistants [18].

Si je n'admets pas cette opinion, si je décide, au contraire, que l'adjudicataire sur surenchère est rétroactivement propriétaire à dater de la première adjudication, c'est par d'autres considérations tirées de la nature des choses, des intentions du législateur, et de la bizarrerie qu'il y aurait à rendre au saisi, dans l'intervalle des deux adjudications, la propriété dont la première l'avait dépouillé. La surenchère se définit mieux par son but que par des considérations abstraites. La loi n'a pas voulu, en l'autorisant, remettre en question les résultats de la saisie et toucher aux droits acquis d'ores et déjà aux créanciers; si elle a permis que le premier adjudicataire fût évincé et son droit résolu, ce n'est pas pour rendre au saisi une propriété qu'il a et qu'il doit avoir irrévocablement perdue, mais pour donner aux créanciers une chance de plus de voir porter l'immeuble à son plus haut prix; on n'imagine pas que cette situation créée en leur faveur puisse avoir pour eux des conséquences fâcheuses, que le saisi et ses ayants-cause rentrent, à leur détriment, dans les droits que la première adjudication leur a enlevés, ni même que la position respective des parties, telle qu'elle était à ce moment, soit modifiée par la surenchère. Je décide donc, pour m'en tenir aux conséquences les plus notables de cette idée : 1° que, dès la première adjudication et malgré la surenchère, les inscriptions hypothécaires ont produit leur effet légal et ont cessé d'être sujettes au renouvellement; 2° que le saisi n'a pas recouvré la faculté d'hypothéquer, et ses créanciers hypothécaires antérieurs à l'adjudication celle de s'inscrire au détriment des créanciers chirographaires; 3° que les tiers

[18] Voy., en ce sens, Troplong, *op. cit.*, t. III, n° 720; Pont, *op. cit.*, t. II, n° 1057; Chauveau, sur Carré, *op. cit.*, t. V, IIe part., quest. 2304; Rodière, *op. cit.*, t. II, p. 304, note 1; Gabriel Demante, *op. cit.*, t. II, n° 201; Petiet, *op. cit.*, nos 287, 289, 291, 292 et 299; Bordeaux, 24 avr. 1845 (D. P. 46. 2. 50); Besançon, 13 juin 1848 (D. P. 51. 2. 42); civ. cass. 6 déc. 1870 (D. P. 72. 1. 438); civ. cass. 15 janv. 1873 (D. P. 73. 1. 249).

qui avaient valablement acquis de lui des droits réels sujets à transcription n'ont pas recouvré le droit de faire transcrire les actes d'où ces droits résultent[19].

Toutefois — ici se pose la question de transcription réservée au commencement de ce § — le saisi conserve la faculté d'hypothéquer, et ses ayants-cause celle de requérir l'inscription ou la transcription des actes par lui passés à leur profit, jusqu'à ce qu'il ait cessé d'être propriétaire à leur égard par la transcription du jugement d'adjudication [20]. Tant qu'elle n'a pas eu lieu, les hypothèques constituées, les inscriptions prises et les transcriptions effectuées depuis ce jugement sont valables et efficaces vis-à-vis de qui de droit; les hypothèques que la transcription du jugement d'adjudication sur surenchère purgera quant au droit de suite [21] confèrent un droit de préférence aux créanciers qui les ont reçues; la transcription des actes sujets à cette formalité est opposable à l'adjudicataire sur surenchère qui se trouve avoir acquis *a non domino* si l'acte transcrit a déjà transféré la propriété et n'avoir qu'une propriété incomplète si cet acte est constitutif d'usufruit ou de servitude [22]. Le seul moyen que l'adjudicataire sur surenchère ait d'échapper à ce péril, c'est de transcrire au plus tôt son propre titre, et ainsi de deux choses l'une : ou la première adjudication a été transcrite et le saisi a immédiatement perdu la propriété, même à l'égard des tiers : ou la première adjudication n'a pas été transcrite et le saisi est resté propriétaire à l'égard des tiers. Dans le premier cas, la transcription du jugement d'adjudication sur surenchère est inutile, et l'avoué de l'adjudicataire sur surenchère doit seulement, à peine de 100 francs d'amende [23], faire mentionner

[19] Aubry et Rau, *op. cit.*, t. II, p. 295; t. III, p. 376. Mourlon, *op. cit.*, t. II, nº 541; comp. t. I, nº 86. Ollivier et Mourlon, *op. cit.*, nºs 231, 237 et 616. Montpellier, 30 nov. 1864 (D. P. 65. 2. 216).

[20] Voy. *suprà*, §§ **707** et **708**.

[21] Par application de la règle « Surenchère sur surenchère ne vaut » (Voy. *infrà*, § **726**).

[22] Aubry et Rau, *op. et loc. cit.* Mourlon, *op. et loc. cit.*

[23] L'article 4 de la loi du 23 mars 1855 prescrit, sous cette sanction, de faire mentionner en marge de la transcription, dans le mois qui suit le jour où ils ont acquis l'autorité de la chose jugée, les jugements qui portent résolution, nullité ou rescision d'un acte transcrit (Voy., sur cette formalité, Aubry et Rau, *op. cit.*, t. II, p. 305; Mourlon, *op. cit.*, t. II, nºs 549 et suiv.).

en marge de cette transcription le jugement qui résout la propriété de l'adjudicataire surenchéri en adjugeant l'immeuble à son client ; dans le second cas, la transcription de ce jugement est indispensable pour que le saisi cesse d'être propriétaire et pour que l'adjudicataire sur surenchère le devienne à l'égard des tiers[24]. A Paris, et très généralement en province, les avoués ne font pas transcrire les jugements d'adjudication sujets à surenchère, et attendent pour remplir cette formalité que l'expiration des délais ait écarté tout danger de surenchère : il s'ensuit que les saisis demeurent propriétaires, avec toutes les conséquences qui viennent d'être indiquées, jusqu'à ce que l'adjudication sur surenchère ait été transcrite[25].

§ **724**. La controverse qui fait l'objet des §§ précédents est indifférente au vendeur non payé. Si la surenchère effaçait la première adjudication, le droit du vendeur revivrait tout entier et son action résolutoire lui serait rendue quand même il n'aurait pas pris, pour la conserver, avant la première adjudication les précautions indiquées au § **678**[1] ; mais, si la première adjudication n'est résolue que par la seconde, le droit du vendeur demeure éteint à moins que ces mêmes précautions n'aient été prises. Peu importe alors que la seconde adjudication ait ou n'ait pas d'effet rétroactif et qu'elle subroge ou non le second adjudicataire aux droits du premier, car le second adjudicataire opposera toujours au vendeur la première adjudication ou la seconde, et de toute façon l'action résolutoire se trouvera nécessairement éteinte[2].

§ **725**. B. *Seconde hypothèse : l'adjudication sur surenchère est prononcée au profit du premier adjudicataire.* — Si la surenchère ne résout pas par elle-même l'adjudication,

[24] Aubry et Rau, *op. et loc. cit.* Mourlon, *op. et loc. cit.*
[25] Petiet, *op. cit.*, n° 288.

§ **724**. [1] Bioche, *op. cit.*, v° *Saisie immobilière*, n° 547. Chauveau, sur Carré, *op. cit.*, t. V, II° part., quest. 2406 *ter*. Lyon, 9 mars 1858 (D. P. 60. 1. 268).
[2] Boitard, Colmet-Daage et Glasson, *op. cit.*, t. II, n° 979. Seligmann, *op. cit.*, n° 67. Ollivier et Mourlon, *op. cit.*, n° 231. Petiet, *op. cit.*, n° 290. Bordeaux, 19 févr. 1850 (D. P. 50. 2. 153). Nîmes, 26 déc. 1860 (D. P. 61. 2. 92).

comme je l'ai dit au § **722**, et si le droit de l'adjudicataire surenchéri n'est résolu qu'au moment où il renonce à conserver l'immeuble en ne couvrant pas la surenchère, à l'inverse, il fait défaillir, en la couvrant la condition résolutoire à laquelle la première adjudication était soumise, et se trouve ainsi propriétaire à compter du jour même où elle a été prononcée [1]. La seconde adjudication, faite comme la première à son profit, ne fait donc que confirmer un droit préexistant [2], et de cette déduction, confirmée par l'article 2189 du Code civil aux termes duquel « l'acquéreur ou le donataire, qui « conserve l'immeuble mis aux enchères en se portant der- « nier enchérisseur (en cas de purge après aliénation volon- « taire), n'est pas tenu de faire transcrire le jugement d'ad- « judication [3], » résultent les conséquences suivantes : 1° la perte de l'immeuble survenue entre les deux adjudications n'est pas pour le saisi mais pour l'adjudicataire surenchéri qui, malgré cet événement qu'il ignore, se porte adjudicataire sur la surenchère [4]; 2° le saisi n'a aucun droit aux fruits produits par cet immeuble entre les deux adjudications, et l'adjudicataire les fait siens [5] si les créanciers ne les réclament pas en vertu de la transcription de la saisie qui les a immobilisés

§ **725.** [1] Bioche, *op. cit.*, v° *Surenchère*, n° 322. Chauveau, sur Carré, *op. cit.*, t. V, IIe part., quest. 2404 *ter*. Seligmann, *op. cit.*, n° 54. Petiet, *op. cit.*, n° 205.

[2] Voy., sur les adjudications confirmatives, *suprà*, § **723**.

[3] Voy., sur cet article, Aubry et Rau, *op. cit.*, t. II, p. 296; Colmet de Santerre, *op. cit.*, t. IX, n° 178 *bis*-II; Vernet, *Essai d'une théorie sur les effets de l'adjudication d'un immeuble hypothéqué après surenchère sur aliénation volontaire* (dans la *Revue pratique de droit français*, t. XX, 1865, p. 164 et suiv.), et le tome V de ce Traité.

[4] On arriverait au même résultat en considérant l'adjudicataire surenchéri comme propriétaire sous la condition suspensive qu'il couvrira la surenchère, condition qu'il réalise en la couvrant effectivement (Petiet, *op. cit.*, p. 110, note 1).

[5] Petiet, *op. cit.*, n° 206. L'*in diem addictio* produisait, en droit romain, une conséquence toute différente, et les fruits de la chose étaient pour le vendeur, à moins que la volonté des parties ne parût devoir s'interpréter différemment, quand l'acheteur conservait cette chose en apportant à son tour des conditions encore meilleures que celles qu'un tiers était venu offrir à ce même vendeur : « *Si quis exstiterit qui melio-* « *rem conditionem adferat, deinde prior emptor adversus eum licitatus est et penes eum* « *emptorem manserit, dubitari poterit utrum fructus ipse habeat quasi nulla meliore* « *conditione adlata, an vero venditoris sint licet eadem sit persona quæ meliorem con-* « *ditionem adtulit. Quod ratio facere videtur; intererit tamen quid acti sit, et ita Pom-* « *ponius scribit* » (Dig., L. 6, § 1, *De in diem addict.*, XVIII, II). La vente se trouvait résolue par la seule survenance d'offres meilleures, au lieu que l'adjudication menacée de surenchère n'est aujourd'hui résolue que par l'adjudication à laquelle cette surenchère a donné lieu (Petiet, *op. et loc. cit.*). Le modèle de cahier des charges

à leur profit[6]; 3° le saisi a perdu dès la transcription de la première adjudication le droit d'hypothéquer l'immeuble saisi[7]; 4° les tiers qui ont acquis sur cet immeuble des hypothèques ou des droits réels sujets à transcription ne peuvent plus, dès ce même moment, les conserver par l'inscription ou par la transcription[8]; 5° le tiers auquel le saisi a vendu l'immeuble depuis que la saisie a été transcrite ne peut la faire tomber dans l'intervalle des deux adjudications, en consignant les sommes dues au poursuivant et aux créanciers inscrits[9]. Toutefois, il est à remarquer que les avoués ayant, comme on l'a vu au § **723**, l'habitude de ne faire transcrire les jugements d'adjudication qu'après l'expiration des délais de la surenchère, le saisi reste propriétaire à l'égard des tiers jusqu'à la transcription du jugement d'adjudication sur surenchère, et qu'il en résulte, à l'égard des tiers, des conséquences diamétralement opposées à celles que je viens d'indiquer[10]. Quant aux droits d'enregistrement, ils ne sont dus que sur le montant de la première adjudication augmenté de la différence qui existe entre ce montant et celui de la seconde, et l'adjudicataire qui les a déjà payés sur le montant de la première ne doit plus que cette différence[11].

L'adjudicataire qui vient de faire un nouveau sacrifice pour conserver l'immeuble ne peut s'en faire indemniser par le saisi, quand même, le montant de l'adjudication définitive excédant le chiffre des créances inscrites, il y aurait un reliquat pour ce saisi[12] : l'article 2191 du Code civil admet cette réclamation en cas de surenchère sur aliénation volontaire[13], mais les deux situations sont essentiellement différentes.

rédigé à Paris par la chambre des avoués coupe court à toute difficulté : « Dans le cas « où l'adjudication sur surenchère serait tranchée au profit de l'adjudicataire primitif, « l'entrée en jouissance et le point de départ resteront fixés au jour indiqué par la « première adjudication » (Petiet, *op. cit.*, n° 205).

6 Voy., sur ce point, *suprà*, § **698**.

7 Il l'a conservé jusque-là (Voy. *suprà*, § **664**).

8 Ils l'ont pu jusqu'à ce moment (Voy. *suprà*, § **708**).

9 Voy. *suprà*, § **665**.

10 Petiet, *op. cit.*, n° 207.

11 Gabriel Demante, *op. cit.*, t. I, n° 210.

12 Petiet, *op. cit.*, n°s 208 et 209. C'est encore une conséquence de ce que la surenchère ne donne ouverture à aucune obligation de garantie au profit de l'adjudicataire surenchéri (Voy. *suprà*, § **721**).

13 Voy., sur cet article, le tome V de ce Traité.

« En cas de surenchère du dixième, l'acquéreur avait fait « avec le débiteur un contrat que les parties pouvaient, jus- « qu'à un certain point, regarder comme définitif; celui-là « pouvait légitimement compter que celui-ci paierait à temps « les créanciers et qu'il pourrait conserver la chose pour le « prix convenu. Lorsqu'il enchérit et reste adjudicataire, il « n'entend faire qu'une avance à son vendeur, tandis que « l'adjudication (sur saisie immobilière) lie le premier adju- « dicataire moins envers le saisi qu'envers les créanciers hy- « pothécaires; dès le principe le prix n'est pas irrévocable « mais provisoire et susceptible de monter à la suite d'un « événement ultérieur, la surenchère, événement que le saisi « n'avait pris l'engagement ni exprès ni tacite d'empêcher[14]. »

§ **726.** « Lorsqu'une seconde adjudication aura eu lieu « après la surenchère ci-dessus, aucune autre surenchère « des mêmes biens ne pourra être reçue » (Art. 710). C'est la règle bien connue « Surenchère sur surenchère ne vaut » que le Code de procédure posait déjà pour toutes les ventes judiciaires, la saisie immobilière exceptée[1], et que la loi du 2 juin 1841 a étendue, par identité de motifs, à cette dernière. Le rapport de M. Persil justifie cette innovation en ces termes : « La nécessité d'en finir, de fixer la propriété et, « par cette perspective, d'encourager l'adjudicataire, l'avan- « tage de mettre un terme à cette masse ruineuse de frais qui « se prélève sur le gage commun, expliquent clairement la « sage prévoyance du projet; mais cette disposition n'a pas « été étendue à la surenchère dont parle l'article 708, relative « à l'adjudication sur saisie immobilière. Ne conviendrait-il « pas de dire qu'après la nouvelle adjudication aucune suren- « chère ne pourra être reçue? Si la loi gardait le silence, on « serait autorisé à conserver aux créanciers, surtout à ceux « qui ont des hypothèques légales que l'adjudication ne purge

[14] Petiet, *op. cit.*, n° 208. Les cahiers des charges contiennent, à Paris, une clause qui prévient toute contestation de ce genre : « L'adjudicataire prendra les biens dans « l'état où ils seront au jour de l'adjudication, sans pouvoir prétendre à aucune dimi- « nution de prix ni à aucune garantie et indemnité contre les vendeurs pour suren- « chères... » (Petiet, *op. et loc. cit.*).

§ **726.** [1] Art. 965, 973, 988 et 995 (Voy. le tome V de ce Traité).

« pas et auxquels des notifications devront toujours être faites, « le droit de surenchère du dixième autorisé par l'article « 2185 du Code civil. Comme telle ne peut pas être votre « intention et que la commission l'a positivement repoussé, « nous vous proposons en son nom de placer après l'article « 710 une disposition textuelle semblable à celle qui termine « le nouvel article 965. ... On saura par-là que le droit de « dépouiller l'adjudicataire à la suite de la seconde adjudi- « cation est épuisé, et qu'à partir de cet acte son droit est « incommutable [2]. » La règle « Surenchère sur surenchère ne « vaut » exclut non-seulement toute nouvelle surenchère du sixième [3], mais encore celle du dixième : 1° par les créanciers inscrits; M. Persil le disait dès 1841 dans le rapport que je viens de citer; 2° par les créanciers dispensés d'inscription et non inscrits; rattachés à la saisie depuis la loi du 21 mai 1858, leurs hypothèques sont purgées comme si elles étaient inscrites et, par conséquent, toute surenchère leur est désormais interdite [4]. Les hypothèques inscrites entre la première adjudication non transcrite et la transcription de la seconde [5] sont également purgées en vertu de la même règle, et les créanciers qui ont pris cette inscription ne peuvent surenchérir ni du dixième ni même du sixième sur le nouvel adjudicataire [6].

[2] *Second rapport à la Chambre des pairs* (D. A. v° *cit.*, p. 583, n° 183). Aj. Pascalis, *Premier rapport à la Chambre des députés* (D. A. v° *cit.*, p. 576, n° 123) et *Second rapport* (D. A. v° *cit.*, p. 583, n° 190).

[3] Chauveau, sur Carré, *op. cit.*, t. V, II° part., quest. 2394.

[4] Duvergier, *op. cit.*, t. XLI, p. 285, note 5. Chauveau, sur Carré, *op. et loc. cit.* Rodière, *op. cit.*, t. II, p. 335. Voy., sur la purge de ces hypothèques, *suprà*, §§ **709** et suiv.

[5] Voy., sur cette hypothèse, *suprà*, § **723**.

[6] Petiet, *op. cit.*, n°s 167 et suiv.

§ III.

Incidents de la saisie immobilière.

SOMMAIRE. — § **727**. Division. Les incidents de saisie immobilière sont de véritables instances. — § **728**. Procédure de ces incidents. — § **729**. Paiement des frais auxquels ils donnent lieu. — § **730**. Quelles contestations ont le caractère d'incidents de saisie immobilière? — § **731**. I. Concours de deux ou plusieurs saisies. — § **732**. II. Subrogation dans les poursuites. — § **733**. Suite. Qu peut la demander? — § **734**. Suite. Contre qui et dans quelle forme? Effets de cette subrogation. — § **735**. III. Radiation de la saisie. — § **736**. IV. Distraction. Qui peut la demander? — § **737**. Suite. Procédure et effets de cette demande. — § **738**. Suite. De la demande en distraction à fin de charges. — § **739**. V. Conversion de la saisie en vente volontaire. Avantages de cette conversion. — § **740**. Suite. Quand et comment peut-elle être demandée? — § **741**. Suite. Des personnes dont le consentement est nécessaire pour qu'elle puisse s'opérer. — § **742**. Suite. Effets de cette conversion. — § **743**. Suite. Formes de la saisie convertie en vente volontaire. — § **744**. Suite. De l'adjudication sur conversion. — § **745**. Suite. Quelles conséquences entraîne l'omission des formes de cette saisie et de cette adjudication? — § **746**. Suite. Effets de l'adjudication sur conversion. — § **747**. Suite. De la surenchère après adjudication sur conversion. — § **748**. VI. Péremption de la saisie immobilière; loi du 2 juin 1881. — § **749**. VII. Folle enchère. Dans quel cas l'adjudicataire est fol enchérisseur. — § **750**. Suite. Par quels moyens on peut obtenir l'exécution de ses engagements. — § **751**. Suite. Par qui, à quel moment et pendant combien de temps la revente sur folle enchère peut être poursuivie; comment le fol enchérisseur peut l'éviter. — § **752**. Suite. Formes de cette demande et de la revente. — § **753**. Suite. Effets de la folle enchère et de l'adjudication sur folle enchère. — § **754**. Suite. 1° Résolution de la première adjudication. — § **755**. Suite. 2° L'adjudicataire sur folle enchère est propriétaire à partir de la première adjudication. — § **756**. Suite. 3° Quelles restitutions le fol enchérisseur peut-il exiger? — § **757**. Suite. L'adjudication sur folle enchère peut-elle être suivie de surenchère? — § **758**. VIII. Nullité de la saisie immobilière. — § **759**. Suite. Qui peut la demander. — § **760**. Suite. Dans quel délai. — § **761**. Suite. *a*) Nullités antérieures à la publication du cahier des charges. — § **762**. Suite. *b*) Nullités postérieures à cette publication. — § **763**. Suite. *c*) Nullités qui ne sont ni antérieures ni postérieures à cette publication. — § **764**. Suite. Effets de la demande en nullité admise ou rejetée. — § **765**. Suite. Nullité de la surenchère.

§ **727**. Le Code de procédure prévoit huit incidents en matière de saisie immobilière : 1° le concours de deux saisissants (Art. 719 et 720); 2° la subrogation dans les poursuites (Art. 721 à 723) ; 3° la radiation d'une première saisie (Art. 724); 4° la distraction de tout ou partie des objets saisis (Art. 725 à 727); 5° la conversion de la saisie en vente volontaire (Art. 743 à 748); 6° la péremption (Art. 693, al. 3,

4) ; 7° la folle enchère (Art. 733 à 740) ; 8° la nullité totale ou partielle de la saisie (Art. 728 et 729)[1]. Les six premiers incidents sont antérieurs à l'adjudication ; le septième est postérieur[2] ; le huitième peut se produire avant ou après. Beaucoup d'autres difficultés peuvent traverser une saisie immobilière, en suspendre ou même en arrêter le cours, et l'on verra au § suivant dans quels cas elles doivent être regardées comme des incidents et jugées conformément à l'article 718[3], mais il importe de se fixer, tout d'abord, sur le caractère des incidents de la saisie immobilière et d'y reconnaître de véritables instances qui n'aboutissent pas, comme la saisie même, à un simple procès-verbal[4], s'instruisent sommairement, sont communiquées au ministère public[5] et se terminent par une décision contentieuse[6]. Trois conséquences résultent de ce principe : 1° cette décision se rédige dans la forme ordinaire des jugements[7], à moins que ce ne soit une solution de pure forme, un simple donné acte qui, s'exécutant sans signification préalable et n'étant pas susceptible d'appel[8], ne se rédige en forme que lorsqu'on veut la signifier pour faire courir le délai du pourvoi en cassation[9] ; 2° les incidents de la saisie

§ **727.** [1] La péremption n'existe, en matière de saisie immobilière — les incidents réservés (Voy. *infrà,* même §) — que depuis la loi du 2 juin 1881. M. Persil compte huit incidents (*Premier rapport à la Chambre des pairs;* D. A. v° *cit.,* p. 569, n° 49), en y comprenant la clause qui permet aux créanciers de vendre sans formalités de justice (Art. 742) : je m'en suis expliqué t. III, § **533,** et n'ai pas à y revenir. Je rappelle, en outre, que la surenchère expliquée aux §§ **715** et suivants n'est pas, à proprement parler, un incident de saisie (Voy. *suprà,* § **715**). Je réserve, enfin, pour les §§ **925** et **945** l'explication des articles 730 à 732 sur l'appel des jugements rendus en matière de saisie immobilière.

[2] Des demandes postérieures à l'adjudication peuvent être considérées comme des incidents de saisie, parce qu'elles font tomber l'adjudication et recommencer la saisie (Boitard, Colmet-Daage et Glasson, *op. cit.,* t. II, n° 1001).

[3] Voy., sur cet article, le § suivant.

[4] Le jugement d'adjudication n'est pas autre chose, à moins qu'il ne statue en même temps sur un incident (Voy. *infrà,* § **695**).

[5] Voy., sur ces deux points, le § suivant.

[6] Bioche, *op. cit.,* v° *Saisie immobilière,* n° 592. Chauveau, sur Carré, *op. cit.,* t. V, IIe part., quest. 2412 *sexies.* Boitard, Colmet-Daage et Glasson, *op. cit.,* t. II, n° 1018.

[7] Bioche, *op.,* v° *et loc. cit.* Chauveau, sur Carré, *op. et loc. cit.* Boitard, Colmet-Daage et Glasson, *op. et loc. cit.* Riom, 5 avr. 1824 (D. A. v° *cit.,* n° 1021).

[8] Tel est, par exemple, le jugement qui ordonne la jonction de deux saisies, lorsqu'elle n'est pas contestée (Voy. *infrà,* § **731 ;** aj., sur la non-recevabilité de l'appel dans les cas semblables, *infrà,* § **925**).

[9] Chauveau, sur Carré, *op. et loc. cit.* Voy., sur la recevabilité du pourvoi en cassation en matière de saisie immobilière, lors même que le jugement n'est pas susceptible d'appel, le tome V de ce Traité.

immobilière sont sujets à reprise dans les cas déterminés au § **361**[10]; 3° les instances auxquelles ils donnent lieu se périment par trois ans, comme on le verra au tome V de ce Traité[11].

§ **728**. Quelles que soient les parties en cause et en quelque lieu qu'elles aient leur domicile ou leur résidence, le tribunal compétent dans l'espèce est celui qui connaît de la saisie, qui y intervient chaque fois qu'elle appelle l'action de la justice, et qui prononce l'adjudication[1]. La demande est dispensée du préliminaire de conciliation, puisqu'elle n'introduit pas une nouvelle instance et se rattache, au contraire, à une procédure déjà pendante[2]. Sauf la demande en distraction où l'on doit appeler le premier des créanciers inscrits[3], et la conversion de la saisie en vente volontaire qui exige le concours de tous les intéressés[4], le demandeur, le poursuivant et le saisi sont seuls en cause : on comprendrait, en théorie, que tous les créanciers sommés en vertu de l'article 692[5] dûssent être assignés en déclaration de jugement commun, mais cette façon de procéder serait par trop coûteuse, et ces créanciers trouveront, d'ailleurs, dans l'intervention[6] ou dans la tierce opposition[7] un moyen suffisant de faire valoir leurs intérêts[8]. La demande dirigée contre une

[10] Chauveau, sur Carré, *op. cit.*, t. V, IIe part., quest. 2412 *decies*.

[11] Boitard, Colmet-Daage et Glasson, *op. cit.*, t. II, n° 564. La saisie elle-même ne se périme que par dix ans (Voy. *infrà*, § **748**).

§ **728**. [1] Voy., sur ce tribunal, *suprà*, § **650**.

[2] Voy., sur les demandes qui échappent au préliminaire de conciliation, attendu qu'elles ne sont pas introductives d'instance, t. II, § **238**. L'article 49-7° exempte, d'ailleurs, de ce préliminaire les demandes sur les saisies en général (Voy. t. II, § **239**), et, si l'article 718 a cru devoir spécifier que les incidents de saisie immobilière seraient portés devant le tribunal « sans préliminaire de conciliation, » c'est que, la saisie elle-même n'étant pas à proprement parler une instance (Voy. *suprà*, § **650**), on aurait peut-être été tenté d'assimiler les incidents de cette saisie à des demandes principales (Boitard, Colmet-Daage et Glasson, *op. cit.*, t. II, n° 1018).

[3] Voy. *infrà*, § **737**.

[4] Quelles personnes doit-on considérer ici comme intéressées? Voy. *infrà*, § **741**.

[5] Voy. *suprà*, §§ **671** et suiv.

[6] Voy., sur l'intervention en général, t. II, §§ **383** et suiv., et, dans l'espèce, la suite de ce §.

[7] Voy. *infrà*, § **892**.

[8] Bioche, *op. et v° cit.*, n° 582. Chauveau, sur Carré, *op. cit.*, t. V, II° part., quest. 2412 *ter*. Aj. que certains incidents, par leur nature même, mettent nécessairement

partie pourvue d'un avoué se forme par un acte d'avoué à avoué contenant, à peine de nullité, les moyens et conclusions pour que le défendeur puisse y répondre [9] : un ajournement serait valable [10], mais les frais qu'il comporte n'entreraient pas en taxe [11] et le défendeur aurait le droit de suivre l'instance sans attendre l'expiration du délai de comparution [12]. La demande dirigée contre une partie qui n'a pas d'avoué [13] se forme par exploit d'ajournement : le défendeur, qui n'a pu ignorer une saisie entourée d'une telle publicité, doit se tenir sur ses gardes et prévoir les incidents qui peuvent le toucher ; aussi n'a-t-il, excepté en matière de distraction [14], que huit jours pour comparaître sans augmentation de distance [15].

L'affaire est instruite sommairement [16], mais ne peut être plaidée par les avoués dans les tribunaux où il existe des avocats en nombre suffisant, car les avoués ne peuvent plaider dans ces tribunaux que « les incidents de procédure de « nature à être jugés sommairement [17], » et l'article 718 a employé avec intention une formule différente : « Ces demandes « seront instruites et jugées comme affaires sommaires [18]. »

en cause une autre personne directement et spécialement intéressée : ainsi le créancier en l'absence duquel la saisie a été rayée demande nécessairement la nullité de cette radiation, non-seulement contre le poursuivant et le saisi, mais encore contre le créancier qui a profité de cette radiation (Chauveau, sur Carré, *op. et loc. cit.*).

9 Rodière, *op. et loc. cit.* Voy., sur les formalités substantielles et sur la nullité qui résulte de l'omission de ces formalités, t. II, § **198**.

10 Les nullités ne se suppléent pas (Art. 1030; voy. t. II, § **197**). Bioche, *op. et v° cit.*, n° 581. Chauveau, sur Carré, *op. cit.*, t. V, IIe part., quest. 2412. *Contrà*, Rodière, *op. cit.*, t. II, p. 314.

11 Bioche, *op., v° et loc. cit.* Chauveau, sur Carré, *op. et loc. cit.* Les frais frustratoires n'entrent jamais en taxe (Voy. t. II, § **200**).

12 Bioche, *op., v° et loc. cit.* Chauveau, sur Carré, *op. et loc. cit.* Le défendeur assigné par voie d'ajournement ne peut comparaître utilement et suivre l'instance avant l'expiration du délai de l'ajournement (Voy. t. II, § **261**).

13 Ce ne peut être le poursuivant qui a nécessairement constitué avoué (Voy. *suprà*, § **659**).

14 Voy. *infrà*, § **737**. L'article 718 renvoie par erreur à l'article 726 : c'est l'article 725 qu'il fallait viser (Voy. *infrà, ib.*).

15 Voy., sur les motifs de cette exception à l'article 1033 (T. II, § **206**), Pascalis, *Premier rapport à la Chambre des députés* (D. A. *v° cit.*, p. 577, n° 131).

16 Chauveau ajoute qu'elle ne comporte pas d'instruction par écrit (Sur Carré, *op. cit.*, t. V, IIe part., quest. 2412 *octies*), mais cette règle est commune à toutes les matières sommaires (Voy. t. II, § **401**).

17 Voy., sur ce point, t. I, § **93**, et mon *Précis de procédure civile* (Paris, 1885), n° 105.

18 Voy., en ce sens, le projet de réforme de la saisie immobilière préparé par Pascalis en 1838 (Dans Chauveau, sur Carré, *op. cit.*, t. V, IIe part., quest. 2412

Elles sont exemptes du rôle[19] et, n'étant pas portées sur la feuille d'audience, échappent à l'application de l'article 70 du décret du 30 mars 1808[20]. L'ordonnance du 10 octobre 1841, portant tarif en matière de saisie immobilière, ne permet pas de répondre par écrit aux moyens et conclusions du demandeur; le défendeur ne peut le faire que verbalement et à l'audience; les frais d'une réponse écrite restent à sa charge[21]. Peuvent intervenir, suivant le droit commun[22], toutes personnes intéressées[23] et notamment tous les créanciers inscrits, car, ayant le droit d'intervenir dans la saisie elle-même pour en surveiller la marche[24], ils peuvent le faire aussi dans les incidents qui pourraient être jugés au préjudice et même en fraude de leurs droits[25]. La communication au ministère

novies; Boitard, Colmet-Daage et Glasson, *op. et loc. cit.;* Rodière, *op. et loc. cit.;* et, en sens contraire, Bioche, *op. et v° cit.*, n° 593. Les avoués ne peuvent plaider les affaires sommaires que dans les tribunaux où il n'existe pas un nombre suffisant d'avocats (Voy. t. I, § **93,** et mon *Précis de procédure civile, loc. cit.*).

19 Bioche, *op. et v° cit.*, n° 585.

20 Paris, 29 août 1815 (D. A. *v° cit.*, n° 341). Voy., sur cet article, t. II, § **263.**

21 Rodière, *op. et loc. cit.*

22 Voy. t. II, § **384.**

23 C'est ainsi qu'on a admis l'intervention : 1° du poursuivant dans l'instance en validité de la surenchère (Lyon, 19 juin 1840; D. A. v° *Surenchère*, n° 387); 2° de l'adjudicataire dans la demande en nullité d'un bail pour fraude aux droits des créanciers (Amiens, 16 août 1837, D. A. v° *Vente publique d'immeubles*, n° 1451; voy., sur cette hypothèse, *suprà*, § **654**); 3° d'un acheteur sur conversion de saisie dans la revendication formée par un tiers auquel le saisi a vendu l'immeuble et qui, ayant consigné la somme due au saisissant et aux créanciers inscrits, se prétend propriétaire (Civ. rej. 22 juill. 1872, D. P. 72. 1. 337; voy., sur cette hypothèse, *suprà*, § **665**). La demande en résolution de la vente de l'immeuble saisi par le vendeur non payé n'est pas un incident de saisie (Voy. *infrà*, § **730**), mais le poursuivant peut y intervenir (Voy. *suprà*, § **678**). Les personnes intéressées à intervenir dans les incidents de la saisie immobilière le peuvent-elles en appel comme en première instance? C'est un point réservé (Voy. *infrà*, § **974**).

24 Voy. *infrà*, §§ **671** et suiv.

25 On l'a contesté, attendu : 1° qu'ils sont déjà parties à l'incident, y étant représentés par le poursuivant qui est leur mandataire légal; 2° qu'ils peuvent, au besoin, se faire subroger dans les poursuites (Metz, 6 févr. 1818, Toulouse, 7 mai 1818, civ. cass. 19 juill. 1824, Caen, 3 août 1824, req. 7 nov. 1826; D. A. *v° cit.*, n° 1447). Je réponds à cela : 1° que leur intérêt n'est pas contestable et que toute personne intéressée a le droit d'intervenir en première instance; 2° que des créanciers qui sont inscrits et, par conséquent, doivent être payés les uns après les autres n'ont pas un intérêt identique, et ne se représentent pas les uns les autres, et qu'à plus forte raison, les créanciers inscrits ne sont pas représentés par le poursuivant qui peut n'être pas un créancier hypothécaire (Voy. t. III, § **534**); la preuve, c'est que la demande en distraction doit être formée non-seulement contre le poursuivant mais encore contre le premier des créanciers inscrits (Voy. *infrà*, § **737**; cela supprime-t-il, pour les autres, le droit d'intervenir? voy. *infrà*, *ib.*); 3° que les créanciers inscrits ne peuvent se faire subroger dans les poursuites qu'en prouvant la collusion, la fraude ou la négligence du poursuivant (Voy. *infrà*, § **732**),

public est obligatoire, à peine de nullité [26], à cause des femmes, des mineurs et des interdits dont l'adjudication doit purger les hypothèques même non inscrites [27], et aussi parce que « la « matière des saisies immobilières touche à trop d'intérêts « pour que les conclusions du ministère public ne soient pas « toujours nécessaires [28]. »

Le jugement est rendu et rédigé suivant les formes ordinaires [29]; il n'est exécutoire qu'après avoir été signifié à avoué et même à partie s'il contient une condamnation [30]. Le saisissant a pu continuer ses poursuites au risque de voir mettre les frais à sa charge si la saisie venait à tomber par suite du jugement rendu sur l'incident [31], mais l'adjudication a été nécessairement retardée jusqu'à ce que cet incident fût vidé. Si la demande est rejetée, les poursuites reprennent leur cours en supposant qu'il y ait été sursis, et il est procédé à l'adjudication sur nouvelles publications et affiches [32]; si la demande est admise, la saisie reprend purement et simplement son cours, tombe entièrement, ou est recommencée à partir d'un certain acte. La subrogation a-t-elle été demandée et accordée, le créancier qui l'a obtenue continue les poursuites sur leurs derniers errements [33]; le propriétaire de l'immeuble indûment saisi *super non domino* a-t-il demandé et obtenu la distraction, la saisie tombe [34]; la nullité d'un acte unique a-t-elle été requise et prononcée, la procédure

et que l'intervention leur est très utile lorsqu'ils ne peuvent pas faire cette preuve (Merlin, *op. cit.*, v° *Intervention*, § I, n° VI; Chauveau, sur Carré, *op. cit.*, t. III, quest. 1270 *ter;* Montpellier, 30 déc. 1816, req. 26 déc. 1820, D. A. *v° cit.*, n° 1448; req. 25 avr. 1832, D. A. *v° cit.*, n° 1393). Les créanciers inscrits peuvent-ils également intervenir en cause d'appel? Voy. *infrà*, § **974**.

26 Voy., sur cette sanction, t. I, § **87**, et *infrà*, § **891**.

27 Voy. *suprà*, § **711**.

28 Pascalis, *Premier rapport à la Chambre des députés* (D. A. *v° cit.*, p. 577, n° 131). Aj. Bioche, *op. et v° cit.*, n°s 588 et 589; Chauveau, sur Carré, *op. cit.*, t. V, IIe part., quest. 2412 *septies*.

29 Voy. le § précédent.

30 Rodière, *op. cit.*, t. II, p. 316. Faut-il attendre, pour l'exécuter, l'expiration du délai fixé par l'article 450? Voy. *infrà*, § **945**.

31 Rodière, *op. cit.*, t. II, p. 293. Poitiers, 29 juill. 1851 (D. P. 51. 2. 210). Voy., sur l'application de cette règle en matière de nullité de la saisie immobilière, *infrà*, § **764**.

32 Voy., sur cette nouvelle publicité, Chauveau, sur Carré, *op. cit.*, t. V, IIe part., quest. 2412 *decies*.

33 Voy. *infrà*, § **734**.

34 Voy. *infrà*, § **737**.

est reprise à partir du dernier acte valable[35]. On verra avec plus de détails au § **737** quelle est exactement l'étendue du sursis apporté à la saisie par l'effet de la demande en distraction, et au § **764** quelles sont, sous ce rapport, les conséquences du jugement rendu sur une demande en nullité; on appliquera à toutes les demandes incidentes les règles posées à cet égard dans ce dernier §[36]; on verra, enfin, aux §§ **925** et **945** que, pour hâter la conclusion de la saisie, la loi a singulièrement restreint en cette matière le délai de l'appel et le droit même de l'interjeter (Art. 718 et 741; O. 10 oct. 1841, art. 2)[37].

§ **729**. Les frais faits sur les incidents de la saisie immobilière sont dits extraordinaires par rapport à ceux qu'entraîne la marche ordinaire de cette procédure[1]. Si l'incident ne s'est produit qu'entre un tiers et un créancier agissant dans son intérêt personnel[2], les frais sont payés par celui des deux qui succombe[3]. Si l'incident a mis en présence d'une part un tiers ou un créancier agissant dans son intérêt per-

[35] Voy. *infrà*, § **764**. On verra *ib.* que ceci ne s'applique littéralement qu'aux nullités antérieures à la publication du cahier des charges, et que, dans le cas contraire, on recommence toute la procédure à partir du jugement de publication.

[36] Req. 23 juill. 1811 (D. A. *v° cit.*, n° 1018).

[37] « ... Les autres incidents des ventes judiciaires ne pourront donner lieu à d'au- « tres et plus forts droits que ceux établis pour les matières sommaires. » Voy., sur le tarif en matière sommaire, t. II, § **397**.

§ **729**. [1] Bioche, *op. et v° cit.*, n° 569. Carré, *op. cit.*, t. V, II° part., quest. 2398. Chauveau, sur Carré, *op. et loc. cit.* Boitard, Colmet-Daage et Glasson, *op. cit.*, t. II, n° 963. Rodière, *op. cit.*, t. II, p. 315. Voy. aussi, sur la distinction des frais ordinaires et extraordinaires, *suprà*, § **707**.

[2] Exemple : le saisi a signé un bail de plus de dix-huit ans qui n'a pas encore été transcrit à l'époque où l'un des créanciers a pris inscription, et ce créancier en demande la nullité; il agit dans son intérêt personnel si, les autres créanciers n'ayant pris inscription qu'après la transcription de ce bail, il est le seul qui puisse en demander la nullité. Voy., sur cette hypothèse, *suprà*, § **654**.

[3] Conformément à l'article 130 (Voy. t. III, § **451**). Boitard et MM. Colmet-Daage et Glasson disent que, si ce créancier triomphe, « il sera seulement autorisé à em- « ployer ces frais comme accessoire de sa créance » (*Op. et loc. cit.*). Ces auteurs supposent évidemment que la partie adverse, étant insolvable, n'a pu les lui rembourser, ou que, tout en gagnant son procès, il a vu mettre à sa charge une partie des frais; en effet, ces deux cas exceptés, il n'a pas à les payer et, par conséquent, à les réclamer dans l'ordre; mais, même dans ces deux cas, je ne vois pas pourquoi il aurait le droit de les réclamer : il les a faits dans son intérêt personnel et doit, par conséquent, les supporter personnellement. Dans quels cas une personne qui gagne son procès peut-elle être tenue de payer tout ou partie des frais? Voy. t. III, §§ **452** et suiv.

sonnel, d'autre part le poursuivant ou un autre créancier agissant dans l'intérêt commun[4], de deux choses l'une : ou ce procès est perdu par le tiers ou par le créancier qui agissait dans son intérêt personnel, auquel cas il en supporte les frais[5]; ou il est perdu par le poursuivant ou par le créancier qui agissait dans l'intérêt commun, auquel cas les frais par lui faits sont employés par lui comme accessoire de sa créance et payés par la masse, c'est-à-dire prélevés sur le prix d'adjudication[6]. Si l'incident s'est passé entre le saisi et un tiers ou un créancier agissant dans son intérêt personnel[7], les frais sont payés par ce tiers ou par ce créancier s'il succombe[8]; ils sont payés par la masse et, par conséquent, sur le montant du prix d'adjudication si c'est le saisi qui succombe, car il est insolvable et hors d'état de les payer personnellement[9]. Si l'incident a eu lieu entre le saisi et un créancier agissant dans l'intérêt de tous[10], les frais de cette contestation sont également payés, quelle qu'en soit l'issue, par tous les créanciers et sur le montant du prix d'adjudication, car le créancier qui succombe les a faits dans l'intérêt commun[11], et celui qui triomphe ne peut se les faire rembourser par le saisi qui est insolvable[12]. Enfin, on peut sup-

4 Premier exemple : la demande en distraction est formée par un tiers contre le saisissant et le premier créancier inscrit (Voy. *infrà*, § **737**). Second exemple : le poursuivant ou un autre créancier agissant dans l'intérêt commun résiste à la demande en nullité de la saisie formée par un créancier qui prétend n'avoir pas été régulièrement sommé d'assister à la publication du cahier des charges (Voy. *infrà*, § **671**).

5 Art. 130 (Voy. t. III, § **451**).

6 Quiconque fait une dépense dans un intérêt qui lui est commun avec d'autres personnes peut les contraindre à en payer leur part (C. civ., art. 1370 et 1852; voy., sur l'application de cette règle entre associés et copropriétaires, Aubry et Rau, *op. cit.*, t. II, p. 406, t. IV, p. 558).

7 Premier exemple : le saisi a contesté le dire d'un tiers qui demandait qu'il fût fait mention au cahier des charges d'une servitude qu'il prétendait lui appartenir (Voy. *suprà*, § **675**). Second exemple : le saisi a contesté à l'un des créanciers, attendu qu'il n'était pas inscrit, le droit de demander la remise de l'adjudication à un autre jour (Voy. *suprà*, § **683**).

8 Art. 130 (Voy. t. III, § **451**).

9 Néanmoins, il en serait autrement si le saisi était un tiers détenteur solvable qui a mieux aimé se laisser saisir que de payer la dette hypothécaire (Voy., sur ce cas, *suprà*, § **647**).

10 Exemple : une contestation sur le délai de grâce demandé par le saisi conformément à l'article 2112 du Code civil (Voy. *suprà*, § **645**).

11 Voy., pour la justification de cette proposition, *suprà*, note 6. L'article 723 en fait une application particulière sur laquelle je reviendrai au § **734**.

12 Sous la réserve exprimée *suprà*, note 9.

poser que le créancier qui a plaidé avec succès dans l'intérêt de tous a néanmoins encouru une partie des frais dans l'un des cas prévus aux §§ **452** et suivants : il a le droit de les employer comme accessoire de sa créance et de les faire payer par tous les créanciers sur le montant du prix d'adjudication, à moins qu'ayant encouru cette condamnation à raison de son fait personnel, il ne doive la supporter seul[13].

Les frais mis à la charge de tous les créanciers et remboursés à celui qui les a faits[14] sur le montant du prix d'adjudication ne sont pas de plein droit privilégiés ; ils ne le sont que si la demande en a été faite et si le tribunal l'a ordonné en statuant sur l'incident. Il peut le faire par application des articles 2102-3° et 2105 du Code civil qui déclarent privilégiés les frais exposés par un créancier pour la conservation du gage commun[15], mais l'article 714 exige, à cet effet, pour ne pas encourager l'esprit de chicane, une déclaration expresse[16] que le tribunal doit faire par le jugement même qui statue sur l'incident[17], et qu'il ne pourrait faire d'office sans statuer *ultra petita*[18] : l'avoué du créancier qui a exposé ces frais ne doit donc pas manquer de conclure expressément à ce qu'ils soient remboursés par privilège[19]. Les créanciers peuvent-ils, en prévision de ce jugement, faire insérer au cahier des charges une clause qui obligerait l'adjudicataire à payer les frais extraordinaires en sus du montant de son enchère? Cette clause est licite, car elle n'est ni prohibée par

13 Voy., sur cette hypothèse, t. III, §§ **452** et suiv.

14 Conformément à ce qui est dit *suprà*, note 6.

15 Voy., sur ce privilège, Aubry et Rau, *op. cit.*, t. III, p. 151 et 152; Colmet de Santerre, *op. cit.*, t. IX, n° 30 *bis*-I et II; Troplong, *op. cit.*, t. I, n°s 174 et suiv.; Pont, *op. cit.*, t. I, n°s 138 et suiv., et 241.

16 Chauveau décide (Sur Carré, *op. cit.*, t. V, IIe part., quest. 2399 *ter*) et la cour de Riom a jugé (3 août 1826; D. A. v° *cit.*, n° 777) qu'il n'est pas absolument nécessaire que le tribunal déclare ces frais privilégiés, qu'il lui suffit de dire qu'ils seront considérés ou employés comme frais extraordinaires de poursuite, et qu'en s'exprimant ainsi il a assez clairement exprimé sa volonté qu'ils fussent payés par privilège. En effet, il est de droit que ces frais soient payés sur le prix d'adjudication sans que le tribunal ait besoin de le dire; on doit donc supposer, pour donner un sens utile à son jugement, qu'il a voulu conférer au créancier qui a exposé ces frais le droit de se les faire rembourser par privilège.

17 Duvergier, *Collection des lois et décrets*, t. XLI, p. 261, note 3. Carré, *op. cit.*, t. V, IIe part., quest. 2399 *bis*. Chauveau, sur Carré, *op. et loc. cit.* Persil, *op. cit.*, n° 285. *Contrà*, Toulouse, 16 mai 1831 (D. A. v° *cit.*, n° 1726). Voy., sur le dessaisissement qui résulte du jugement dès qu'il est rendu, t. III, § **461**.

18 Et sans s'exposer, par suite, à la requête civile (Voy. le tome V de ce Traité).

19 Chauveau, sur Carré, *op. et loc. cit.*

la loi ni contraire à l'ordre public, mais il n'en résulte pas de privilège, et le cahier des charges ne pourrait même pas, sans empiéter sur la liberté d'appréciation du tribunal, stipuler que les frais extraordinaires seront payés non-seulement en sus du montant de l'enchère mais encore par privilège[20].

§ **730**. Quelles sont, en dehors des huit cas prévus par le Code[1], les contestations susceptibles d'être considérées comme des incidents de la saisie immobilière et, comme telles, dispensées du préliminaire de conciliation, introduites par acte d'avoué à avoué contre les parties en cause, portées au tribunal devant lequel la saisie se poursuit, instruites sommairement et nécessairement communiquées au ministère public[2]? D'une part, c'est le vœu de la loi que les contestations relatives à la saisie soient centralisées au siège du tribunal où elle se poursuit, et jugées le plus rapidement et avec le moins de frais qu'il se pourra[3]; d'autre part, il résulte des travaux préparatoires du Code de procédure et de la loi du 2 juin 1841 que le législateur a entendu que les difficultés soulevées au cours d'une saisie immobilière fussent, sauf les exceptions ci-après, soumises aux règles de procédure que je viens de rappeler : « Les incidents prévus « par le projet sont au nombre de huit[4]; s'il s'en présentait « d'autres, ils devraient être instruits et jugés d'après la règle « générale de l'article 718 et suivant l'esprit des principes « que nous allons développer[5]... Dans aucun cas la justice « ne saurait souffrir du mode proposé : pour être jugées sans « écritures préalables, les causes dont la décision requiert « célérité n'en seront pas moins bien instruites, la plaidoirie

20 Voy., sur ces deux points, Bioche, *op. et v° cit.*, n° 324; Chauveau, sur Carré, *op. cit.*, t. V, II° part., quest. 2399 *quater*; Riom, 3 août 1826 (D. A. *v° et loc. cit.*). Comp. *suprà*, § **669**, note 19.

§ **730**. 1 Voy. *suprà*, § **727**.

2 Voy., sur ces diverses faces de la question, *suprà*, § **728**, et, sur l'intérêt qu'elle présente encore au point de vue de la recevabilité et des règles de l'appel, *infrà*, §§ **925** et **945**.

3 Voy. t. I, § **174**.

4 Voy., sur ce passage du rapport de M. Persil à la Chambre des pairs, *suprà*, § **727**, note 1.

5 Persil, *Premier rapport à la Chambre des pairs* (D. A. *v° cit.*, p. 569, n° 50).

« d'audience suffit pour mettre le tribunal en état de pro-« noncer en parfaite connaissance [6]. » La procédure tracée au § **728** convient donc, en principe, à toutes les contestations, relatives aux formes de la procédure ou tirées du fond même du droit [7], qui tendent à arrêter ou à suspendre de quelque façon que ce soit le cours de la saisie [8].

Cette règle n'est pas absolue : d'une part, les dires dont les parties intéressées peuvent réclamer l'insertion au cahier des charges sont soumis à des formes particulières [9]; d'autre part, l'article 17 de l'ordonnance du 10 octobre 1841 suppose des contestations « qui n'aient pas le caractère d'incidents et qui « doivent être considérées comme matières ordinaires [10]. » Telles sont effectivement : 1° les demandes antérieures à la saisie qui ne peuvent être regardées comme incidentes à une

[6] Pascalis, *Projet de réforme hypothécaire de 1838* (Dans Carré, *op. cit.*, t. V, IIe part., quest. 2412 *bis*). Aj. l'*Exposé des motifs* du titre *De la saisie immobilière* au Code de procédure : il en résulte que la loi ne prévoit que les incidents qui se présentent le plus souvent, et n'exclut pas l'application des règles tracées dans ce titre à des incidents moins communs (Dans Locré, *op. cit.*, t. XXII, p. 593).

[7] Par contre, les incidents prévus par le Code de procédure doivent garder leur caractère d'incidents, avec toutes les conséquences qu'il comporte, dans le cas même où ils touchent au fond du droit : telle est, par exemple, la demande de subrogation dans les poursuites, lorsqu'elle est combattue par le saisi qui conteste au demandeur la validité de son titre (Chauveau, sur Carré, *op. cit.*, t. V, IIe part., quest. 2412 *octies*; civ. cass. 5 juill. 1859, D. P. 59. 1. 312; *contrà*, civ. rej. 22 avr. 1863, D. P. 63. 1. 191; voy., sur cette demande, *infrà*, §§ **732** et suiv.).

[8] Bioche, *op. et v° cit.*, n° 577. Carré, *op. et loc. cit.* Chauveau, sur Carré, *op. et loc. cit.* Boitard, Colmet-Daage et Glasson, *op. cit.*, t. II, n° 1017. Rodière, *op. cit.*, t. II, p. 315. Persil, *Commentaire de la loi du 2 juin 1841*, n° 298. Civ. rej. 13 févr. 1889 (D. P. 89. 1. 251). Je citerai entre autres : 1° la demande en résolution d'une transaction que le saisi a obtenue de ses créanciers et qu'il n'a pas exécutée (Req. 27 juin 1827; D. A. v° *Conciliation*, n° 224); 2° la demande de surseoir à la publication du cahier des charges (Agen, 28 janv. 1867, D. P. 67. 2. 245; Toulouse, 16 nov. 1867, D. P. 67. 2. 224); 3° l'opposition du saisi à la conversion de la saisie en vente volontaire (Bourges, 31 mars 1852, D. P. 52. 2. 286; voy., sur cette conversion, *infrà*, §§ **739** et suiv.); 4° la demande en délaissement formée par le tiers détenteur avec lequel le jugement de conversion a été déclaré commun (Paris, 17 févr. 1853, D. P. 53. 2. 230; voy. *infrà*, § **741**, et, sur l'assignation en déclaration de jugement commun, t. III, § **394**); 5° l'opposition de l'adjudicataire à la sommation d'avoir à exécuter les conditions de l'adjudication (Civ. rej. 28 mars 1854; D. P. 54. 1. 182). Voy. une plus complète énumération des incidents de la saisie immobilière dans Chauveau, sur Carré, *op. cit.*, t. V, IIe part., quest. 2424; aj. *ib.*, quest. 2412 *bis* et 2453 *bis*. Par contre, la demande en nullité du bail de l'immeuble saisi et en suppression de la clause du cahier des charges qui oblige l'adjudicataire à le supporter n'influe pas directement sur la marche de la saisie, et échappe, par conséquent, aux règles qui régissent les incidents de saisie immobilière (Civ. cass. 13 févr. 1889; D. P. 89. 1. 251).

[9] Voy. *suprà*, § **675**.

[10] Voy., sur la différence entre le tarif ordinaire et le tarif sommaire, t. II, § **397**.

procédure non encore ouverte [11] — je l'ai déjà dit pour l'opposition au commandement [12] — 2° celles qui ne sont pas particulières à la saisie immobilière, comme l'inscription de faux [13], l'instance en validité d'offres réelles [14] et la demande en péremption [15]; 3° les demandes formées par ou contre un tiers. Il serait injuste de retirer le bénéfice du droit commun aux tiers dont les intérêts se trouvent par hasard mêlés à la saisie ; il serait surtout dangereux de les soumettre aux restrictions dont on verra aux §§ **925** et **945** que le droit d'appel est entouré en pareil cas, et qui ne seraient pas suffisamment compensées par l'obligation imposée au ministère public de donner ses conclusions [16]. L'action résolutoire du vendeur non payé [17], la demande d'expulsion formée contre un tiers qui occupe l'immeuble saisi [18], l'action en partage de cet immeuble lorsqu'il est indivis entre le saisi et d'autres pro-

[11] Chauveau, sur Carré, *op. cit.*, t. V, II° part., quest. 2412 *bis*. Boitard, Colmet-Daage et Glasson, *op. et loc. cit.* On peut invoquer en ce sens une déclaration faite dans la commission du Gouvernement qui préparait la loi du 2 juin 1841 (Séance du 28 juin 1838, dans Carré, *op. et loc. cit.*).

[12] Voy. *suprà*, § **654**.

[13] Nîmes, 16 mars 1869 (D. P. 74. 5. 442).

[14] Orléans, 20 janv. 1819 (D. A. v° *Appel civil*, n° 818). Req. 17 juill. 1867 (D. P. 67. 1. 390).

[15] Metz, 12 avr. 1826 (D. A. v° *Péremption*, n° 172). Civ. rej. 13 juill. 1868 (D. P. 68. 1. 321). Ces arrêts sont antérieurs à la loi du 2 juin 1881 qui a mis fin à la question jusque-là controversée de savoir si cette procédure est sujette à péremption (Voy. *infrà*, § **748**). Pourrait-on soutenir aujourd'hui que, cette péremption s'opérant par dix ans à la différence de la péremption ordinaire qui a lieu au bout de trois ans (Voy. le tome V de ce Traité), la matière est spéciale et rentre, par conséquent, dans les incidents de saisie? Je ne le crois pas, car la question de délai est secondaire, et, du moment que la péremption n'est pas une cause d'extinction particulière à la saisie immobilière mais commune à toutes les instances, la demande qui tend à la faire prononcer ne doit pas figurer parmi les incidents spéciaux de cette saisie. Cette question est, d'ailleurs, controversée. Voy., en sens contraire, pour l'inscription de faux, Aix, 15 juin 1826 (D. A. v° *Vente publique d'immeubles*, n° 1502); pour la demande en validité d'offres réelles, Chauveau, sur Carré, *op. et loc. cit.*, req. 4 juin 1850 (D. P. 50. 1. 181); pour la demande en désaveu, req. 25 mars 1834 (D. A. *v° cit.*, n° 1501); pour la demande en reprise d'instance, en admettant qu'elle ait lieu en matière de saisie immobilière, Bourges, 13 avr. 1822 (D. A. *v° cit.*, n° 1507; voy. *suprà*, § **650**).

[16] Bioche, *op. et v° cit.*, n° 578. Chauveau, sur Carré, *op. et loc. cit.* Boitard, Colmet-Daage et Glasson, *op. et loc. cit.* Voy. aussi un passage du travail préparé par M. Pascalis en 1838 (Dans Carré, *op. et loc. cit.*), et un arrêt de la cour de Nîmes rendu le 24 août 1810 sur une question de tierce opposition (D. A. *v° cit.*, n° 1607; voy., sur la tierce opposition, le tome V de ce Traité).

[17] Civ. cass. 21 août 1840; Riom, 5 mai 1841 (D. A. *v° cit.*, n° 669). Ces arrêts ont été aussi rendus sur une question de tierce opposition.

[18] Chauveau, sur Carré, *op. et loc. cit.* Boitard, Colmet-Daage et Glasson, *op. et loc. cit.*

priétaires[19], la demande en nullité de l'aliénation de ce même immeuble[20] ne sont donc pas traitées comme des incidents de la saisie immobilière[21]. S'il en est autrement de la demande en distraction que les articles 725 et suivants mettent expressément au nombre des incidents de saisie[22], c'est qu'on a remarqué qu'elle est souvent frauduleuse et concertée entre le saisi et un tiers pour arrêter les poursuites[23]. Reste l'intervention que tous les intéressés[24], y compris les créanciers inscrits[25], peuvent former suivant le droit commun[26], non-seulement au cours d'un incident de la saisie[27], mais encore toutes les fois qu'elle est conduite de manière à compromettre leurs intérêts[28] : cette demande est naturellement portée devant le tribunal qui connaît de la saisie[29], formée comme toujours par acte d'avoué à avoué[30] sans préliminaire de conciliation[31], et sujette à communication au ministère public lorsqu'il y a parmi les créanciers des mineurs, des interdits, des femmes mariées autorisées seulement par justice, ou des femmes do-

[19] Civ. rej. 22 août 1837 (D. A. *v° cit.*, n° 1515). Voy., sur la saisie de l'immeuble indivis, t. III, § **562**.

[20] Colmar, 26 déc. 1821 (D. A. *v° cit.*, n° 1002). Limoges, 30 août 1818 (D. A. *v° cit.*, n° 1513).

[21] Voy., en sens contraire, un arrêt de la cour de cassation d'après lequel la demande en validité de la consignation et en radiation de la saisie, intentée contre le poursuivant par l'acheteur de l'immeuble saisi dans le cas et par application des articles 687 et 693, doit être considérée comme un incident (Civ. rej. 22 juill. 1872, D. P. 72. 1. 337; voy., sur les articles 687 et 693, *suprà*, §§ **665** et **666**).

[22] Voy. *infrà*, §§ **736** et **737**.

[23] Voy. *infrà*, § **737**, note 20.

[24] Le vendeur d'un immeuble, avec stipulation qu'une partie du prix serait versée entre les mains d'un créancier hypothécaire, a été admis à intervenir dans la saisie pratiquée par ce dernier contre l'acheteur (Req. 30 août 1825; D. A. v° *Intervention*, n° 53).

[25] Les créanciers inscrits peuvent notamment intervenir dans le cas d'aliénation d'un immeuble saisi postérieurement à la transcription de la saisie, afin d'empêcher que le saisissant désintéressé par l'acheteur ne profite de ce que les sommations prescrites par l'article 692 n'ont pas été mentionnées en marge de la transcription de la saisie pour donner mainlevée de cette saisie au préjudice desdits créanciers inscrits. Les créanciers chirographaires ne seraient pas admis à intervenir à cette fin, ou du moins leur intervention n'aurait pas le même effet; il faudrait, pour empêcher la mainlevée, qu'ils se fissent subroger dans la poursuite. Voy., sur ces deux points, *suprà*, § **666**.

[26] Voy. t. II, § **384**.

[27] Voy. *suprà*, § **727**.

[28] Voy. *suprà*, § **650**.

[29] Voy. t. II, § **383**.

[30] Voy. t. II, *ib.*

[31] Voy. t. II, § **237**.

tales autorisées de leurs maris et dont les intérêts dotaux sont en jeu [32]. Est-elle toujours communicable? s'instruit-elle sommairement? est-elle soumise, au point de vue de l'appel, au régime spécial des incidents de saisie? Je ne le crois pas, car, si les demandes dans lesquelles un tiers est partie restent sous l'empire du droit commun, il n'y a pas de raison pour en exempter l'intervention [33].

§ **731**. I. Le concours de deux[1] saisies peut se présenter dans trois cas : 1° les deux saisies sont identiques (Art. 679 et 680); 2° la seconde est plus ample que la première (Art. 720); 3° elles ne portent pas sur les mêmes biens (Art. 719)[2].

A. Pourquoi saisir à nouveau lorsqu'une première saisie identique à la seconde a déjà mis l'immeuble sous main de justice[3]? Le second saisissant a pu ignorer la première saisie; il a pu aussi, n'étant que créancier chirographaire, agir : 1° pour pouvoir, le cas échéant, se faire subroger à la poursuite avant que les sommations prescrites par l'article 692 aient été mentionnées en marge de la transcription de la saisie[4]; on verra au § suivant qu'il n'y a qu'un second saisissant qui puisse obtenir la subrogation à ce moment de la procédure; 2° en vue d'une aliénation que le saisi pourrait faire après la transcription de la saisie, et pour être compris, quoique créancier chirographaire, parmi ceux que l'acquéreur doit désintéresser s'il veut que son acquisition soit maintenue[5]. Quoi qu'il en soit, la règle « Saisie sur saisie ne vaut »

[32] Voy. t. I, § **87**.

[33] Voy. cep. en sens contraire, Limoges, 30 déc. 1859 (D. P. 60. 2. 12).

§ **731**. [1] Ou plusieurs. J'en supposerai deux seulement pour ne pas compliquer inutilement.

[2] L'explication de l'article 720 doit précéder logiquement celle de l'article 719.

[3] Voy., sur les effets de la mise de l'immeuble sous main de justice, t. III, § **563**, et *suprà*, § **659**.

[4] Voy., sur ces sommations, *suprà*, § **671**, et, sur cette mention, *suprà*, § **674**.

[5] L'article 687 impose à l'acquéreur qui veut obtenir ce résultat la condition de consigner une somme suffisante pour désintéresser le saisissant et les créanciers inscrits (Voy. *suprà*, § **665**) : il résulte des travaux préparatoires que le législateur a voulu, d'ailleurs avec raison, que, dans le cas où plusieurs saisies auraient été formées, l'acquéreur désintéressât tous les saisissants, et c'est par inadvertance que l'article 687 emploie le singulier « le saisissant » au lieu du pluriel « les saisissants » (Voy., les observations de M. Pascalis à la Chambre des députés, séance du 7 janvier 1841, *Moniteur* du 8, p. 55; voy. aussi en ce sens, Carré, *op. cit.*, t. V, Ire part., quest. 2303; Rodière, *op. cit.*, t. II, p. 301).

s'oppose à ce que ces deux saisies soient poursuivies ensemble[6], et le conservateur des hypothèques n'en peut transcrire qu'une qui est naturellement la première, de sorte qu'il faut, en fin de compte, distinguer trois cas. 1° Une saisie se présente et aucune autre n'a encore été transcrite : si le conservateur n'a pas le temps matériellement nécessaire pour faire immédiatement la transcription, il retient l'original du procès-verbal qui lui est présenté[7], y mentionne les heure, jour, mois et an de la présentation, et assure ainsi à cette saisie la priorité sur celles qui pourraient survenir avant qu'elle fût transcrite[8]. Quant à ces dernières, il doit refuser de les transcrire. S'il a, par inadvertance ou autrement, transcrit la seconde au lieu de la première, il n'est procédé que sur la seconde, mais le conservateur est responsable envers le premier saisissant du préjudice qu'il lui a ainsi causé[9]. 2° Une première saisie a été transcrite et une seconde est présentée à la transcription : le conservateur doit refuser de la transcrire et elle est nulle si par erreur il l'a transcrite[10], mais il doit constater son refus en marge de l'original et y énoncer en même temps la date de la première saisie, les noms et demeure du créancier qui l'a formée, de son avoué et du saisi, le tribunal où elle a été portée, et la date de la transcription : la mention du refus de transcrire la seconde saisie atteste qu'elle a été présentée et assure au second saisissant les avantages indiqués ci-dessus; le rapprochement de cette mention et de celles qui viennent d'être énumérées met le second saisissant à même de comparer sa propre saisie à celle qui l'a précédée, et de voir si la sienne ne serait pas plus ample ou ne porterait pas sur d'autres biens que la première, auquel

[6] Voy., sur ce principe, t. III, § **555**, et, sur l'application qu'il comporte en matière de saisie-exécution, t. III, § **581**.

[7] Voy., sur ce procès-verbal, *suprà*, § **661**.

[8] La mention de l'heure a de l'importance en pareil cas. Il en est autrement en matière d'inscription hypothécaire : « tous les créanciers inscrits le même jour exer« cent en concurrence une hypothèque de la même date, sans distinction entre l'ins« cription du matin et celle du soir, quand cette différence serait marquée par le « conservateur » (C. civ., art. 2147).

[9] Bioche, *op. et v° cit.*, n° 245. Chauveau, sur Carré, *op. cit.*, t. V, Ire part., quest. 2264 et 2265. Douai, 28 févr. 1889 (D. P. 90. 2. 155).

[10] L'article 680 dit « s'il y a eu précédente saisie, » mais le conservateur doit n'avoir égard qu'à celle qui lui a été présentée, et ne tenir aucun compte de celles dont il aurait eu autrement connaissance (Bioche, *op. et v° cit.*, n° 244; Carré, *op. cit.*, t. V, Ire part., quest. 2267; Chauveau, sur Carré, *op. et loc. cit.*).

cas il y aurait lieu de procéder comme il sera dit ci-après. 3° Deux saisies sont présentées ensemble à la transcription : on applique alors l'article 719 qui donne, comme on va le voir, la préférence à l'avoué porteur du titre le plus ancien et à l'avoué le plus ancien si les deux titres ont la même date[11]; ou, mieux encore, on va en référé devant le président du tribunal qui décide de la préférence[12] (Art. 679 et 680).

B. Quand la seconde saisie porte sur les mêmes biens que la première et aussi sur un ou plusieurs autres, on dit que la seconde est plus ample. Cette hypothèse comprend, en réalité, trois cas. 1° Les immeubles saisis deux fois sont situés dans des arrondissements différents et ne font pas partie de la même exploitation; dans ce cas, de deux choses l'une : ou la valeur totale de ces immeubles est égale ou supérieure au total des sommes dues au saisissant et aux créanciers inscrits, et alors ils ne peuvent être saisis que successivement en vertu de l'article 2210 du Code civil[13]; ou leur valeur est inférieure à ce chiffre, et alors ils sont saisis simultanément et chaque saisie est portée devant le tribunal de la situation conformément à la loi du 14 novembre 1808 (Art. 4)[14]. 2° Les deux saisies portent sur des biens situés dans le même arrondissement; dans ce cas, la seconde est transcrite pour les biens non compris dans la première; et le second saisissant est tenu de la dénoncer [15] au premier qui poursuit sur les deux si elles sont au même état; si elles n'y sont pas, il surseoit à la sienne, poursuit sur l'autre et l'amène au même point, après quoi elles sont, par mesure d'économie, réunies en une seule. Cette jonction est de droit, en ce sens que le premier saisissant doit procéder ainsi sans qu'elle ait été demandée ni ordonnée [16], mais le saisi a le droit de

11 Voy., sur cet article, le § suivant, et, en ce sens, Chauveau, sur Carré, *op. cit.*, t. V, Ire part., quest. 2266.

12 Bioche, *op. et v° cit.*, n° 240. Persil, *op. cit.*, n° 133.

13 Voy. *suprà*, § 644.

14 Voy. *suprà, ib.*

15 Par exploit à personne ou à domicile, ou par acte d'avoué à avoué : la loi n'a pas prescrit cette dernière forme, et, par conséquent, l'emploi de la première n'est pas frustratoire (Bioche, *op. et v° cit.*, n° 606; Chauveau, sur Carré, *op. cit.*, t. V, IIe part., quest. 2414 *quinquies*).

16 Arg. art. 720 : le premier saisissant « poursuivra seul les deux saisies » si elles sont au même état; sinon, il « surseoira à la première et suivra sur la deuxième »

s'y opposer s'il craint que le retard qui peut en résulter n'empêche l'immeuble de se bien vendre[17], et, comme cette forme de procéder n'est ni substantielle ni prescrite à peine de nullité, le défaut de jonction n'engage que la responsabilité des parties[18] : 1) le second saisissant ne s'expose, en ne dénonçant pas sa saisie au premier saisissant, qu'à voir mettre à sa charge, comme frustratoires, les frais inutiles qui en résulteront[19]; 2) si le premier saisissant auquel la seconde saisie a été dénoncée n'en tient pas compte et ne suit que sur la sienne, il ne reste au second que le droit de réclamer au premier des dommages-intérêts et de se faire subroger à lui ainsi qu'il sera dit au § suivant[20]. Enfin, la jonction des deux saisies n'a lieu que dans le cas où le cahier des charges de la première n'a pas encore été déposé; dans le cas contraire, presque tous les frais de cette saisie sont déjà faits, ceux de la seconde ne peuvent être évités, et, la jonction n'ayant alors aucun avantage, les deux saisissants peuvent procéder isolément sans encourir aucune responsabilité[21]. 3° Les deux saisies portent sur des biens situés dans différents arrondissements, mais qui font partie de la même exploitation : on procède alors comme dans le second cas, avec cette particu-

(Bioche, *op. et v° cit.*, n° 610; Chauveau, sur Carré, *op. cit.*, t. V, IIe part., quest. 2414 *ter*; Rodière, *op. cit.*, t. II, n° 318; Orléans, 7 juill. 1826, D. A. *v° cit.*, n° 248).

17 Bioche, *op. et v° cit.*, n° 607. On doit donc le mettre en cause si l'on demande au tribunal d'ordonner la jonction (Bioche, *op., v° et loc. cit.*), mais il ne peut s'y opposer en demandant un sursis à la seconde saisie sous prétexte que le prix des biens compris dans la première doit suffire à acquitter toutes les causes des deux saisies (Bioche, *op. et v° cit.*, n° 616; Chauveau, sur Carré, *op. cit.*, t. V, IIe part., quest. 2414 *octies*; Rodière, *op. et loc. cit.*) : les débiteurs en butte à la saisie immobilière ne peuvent obtenir un sursis que dans le cas et aux conditions prévus par l'article 2212 du Code civil (Voy. *suprà*, § **645**).

18 L'article 1030 ne permet pas de suppléer les nullités de procédure, à moins qu'il ne s'agisse de formalités substantielles (Voy. t. II, § **198**).

19 Bioche, *op. et v° cit.*, n° 609. Chauveau, sur Carré, *op. cit.*, t. V, IIe part., quest. 2414 *sexies*. Persil, *op. cit.*, n° 308. Il n'y a pas non plus de délai fixe pour cette dénonciation, mais le second saisissant qui tarde à la faire et laisse ainsi les frais s'accumuler les supporte comme frustratoires (Bioche, *op. et v° cit.*, n° 608; Chauveau, sur Carré, *op. et loc. cit.*; voy., sur les frais frustratoires, t. II, § **200**).

20 Chauveau, sur Carré, *op. cit.*, t. V, IIe part., quest. 2414 *ter*.

21 L'article 719 dit que la jonction ne pourra être demandée, dans le cas qu'il prévoit, après le dépôt du cahier des charges (Voy. *infrà*, même §). L'article 720 ne fait pas la même réserve, mais les motifs sont les mêmes dans les deux cas, et la solution doit être identique (Chauveau, sur Carré, *op. cit.*, t. V, IIe part., quest. 2414 *quater*; Persil, *op. cit.*, n° 306; *contrà*, Rodière, *op. et loc. cit.*).

larité que les deux saisies sont poursuivies conjointement, conformément à l'article 2210 du Code civil, devant le tribunal de l'arrondissement où se trouve le chef-lieu de l'exploitation[22]. Qu'arrivera-t-il, enfin, dans ces trois cas, si le saisi a aliéné depuis la transcription de la saisie un des immeubles qui y sont compris? Si cet immeuble est compris dans les deux saisies, l'acquéreur ne le conservera qu'en consignant la somme nécessaire pour désintéresser les deux saisissants. S'il n'est compris que dans la seconde saisie, il suffira de désintéresser le second saisissant pour que l'immeuble soit distrait de la poursuite et pour que la saisie en soit rayée (Art. 720)[23].

C. Si les deux saisies portent sur des biens différents, de deux choses l'une. Si ces biens sont situés dans divers arrondissements, les deux saisies se poursuivent ensemble ou successivement comme dans la précédente hypothèse, mais sans jonction possible, devant les tribunaux respectifs de la situation des immeubles saisis[24]. Si ces biens sont situés dans le même arrondissement, la jonction est ordonnée[25] à la requête de la partie la plus diligente[26], et les deux saisies sont conti-

[22] Voy. *suprà*, § **644**. Il résulte des explications qui viennent d'être données que la dernière phrase de l'article 720 : les deux saisies seront réunies en une seule poursuite « qui sera portée devant le tribunal de la première saisie, » n'a aucun sens. Elle se trouvait déjà dans l'ancien article 719 où elle était critiquée (Voy. le travail de M. Pascalis cité par Carré, *op. cit.*, t. V, IIe part., quest. 2414 *bis*), et elle n'aurait pas dû passer dans la loi du 2 juin 1841. L'article 720 prévoit, en effet, trois cas : dans le premier, les deux procédures sont suivies simultanément ou successivement mais sans jonction, puisque les biens saisis n'appartiennent pas au même arrondissement; dans le second, les deux saisies sont jointes mais devant le même tribunal, puisque tous les biens saisis sont situés dans le même arrondissement; dans le troisième, il y a encore jonction mais devant le tribunal du chef-lieu de l'exploitation. La jonction n'a donc jamais lieu devant le tribunal de la première saisie. Voy., sur ce point, Duvergier, *op. cit.*, t. XLI, p. 266, note 3; Bioche, *op. et v° cit.*, n° 612; Chauveau, sur Carré, *op. et loc. cit.*; Boitard, Colmet-Daage et Glasson, *op. cit.*, t. II, n° 984.

[23] Chauveau, sur Carré, *op. cit.*, t. V, Ire part., quest. 2303. Voy., sur l'article 687, *suprà*, § **665**.

[24] Voy., sur cette distinction, *suprà*, même §.

[25] Elle n'est pas de droit comme dans le cas de l'article 720 (Voy. *suprà*, même §), et l'article 719 suppose qu'elle est ordonnée (Chauveau, sur Carré, *op. cit.*, t. V, IIe part., quest. 2413; Persil, *op. cit.*, n° 301).

[26] Ce peut être l'un des deux poursuivants, le saisi, un créancier inscrit, ou même un créancier chirographaire : ils ont tous intérêt à ce que les frais ne montent pas trop haut (Bioche, *op. et v° cit.*, n° 597; Chauveau, sur Carré, *op. cit.*, t. V, IIe part., quest. 2413 *bis*; Boitard, Colmet-Daage et Glasson, *op. cit.*, t. II, n° 983; Rodière, *op. cit.*, t. II, p. 317). La jonction ne peut être ordonnée d'office : 1° le

nuées ensemble par le premier saisissant quand même le bien auquel il s'est attaqué vaudrait moins que celui qui fait l'objet de la seconde saisie[27]; si les deux saisies ont été formées à la même date, la poursuite appartient à l'avoué porteur du plus ancien titre et à l'avoué le plus ancien si les deux titres ont la même date[28]. Le saisissant auquel la poursuite appartient mène de front les deux procédures si elles sont au même état; dans le cas contraire, il surseoit à la moins avancée et conduit les deux ensemble dès qu'elles sont au même point. Le saisi peut s'opposer à ce retard s'il craint qu'on ne manque une occasion favorable; aussi faut-il le mettre en cause sur la demande à fin de jonction[29]. D'autre part, lorsque le cahier des charges d'une des deux saisies a été déjà déposé, la jonction ne peut plus être ordonnée que contre le créancier qui n'a pas encore déposé le cahier des charges de la sienne; l'autre a un droit acquis, continuer ses poursuites[30]. Enfin, le tiers qui a acquis les deux immeubles postérieurement à la transcription de la saisie devra, pour les conserver, consigner les sommes dues aux deux saisissants, mais celui qui n'a acquis que l'un de

tribunal de la Seine avait demandé qu'elle pût l'être dans les travaux préparatoires de la loi du 2 juin 1841, et la commission du Gouvernement ne l'a pas admis (Voy., sur ce point, Carré, *op. cit.*, t. V, Ire part., quest. 2303); 2° le tribunal n'a connaissance de la seconde saisie que par le dépôt du cahier des charges, et l'on verra au même § qu'à ce moment la jonction ne peut plus être demandée (Bioche, *op. et v° cit.*, n° 607; Chauveau, sur Carré, *op. et loc. cit.*; Boitard, Colmet-Daage et Glasson, *op. et loc. cit.*; Rodière *op. et loc. cit.*; Persil, *op. et loc. cit.*).

[27] « Encore que l'une des saisies soit plus ample que l'autre » dit l'article 719. Cette locution, qui signifie dans l'article 720 une saisie embrassant plus d'immeubles que l'autre (Voy. *suprà*, même §), veut dire dans l'article 719 une seconde saisie portant sur des biens plus importants que ceux qui ont été saisis la première fois (Boitard, Colmet-Daage et Glasson, *op. et loc. cit.*). Il avait été convenu dans les travaux préparatoires de la loi du 2 juin 1841 de supprimer cette incise de l'article 719; elle y a été conservée par inadvertance (Voy., sur ce point, Carré, *op. cit.*, t. V, Ire part., p. 298).

[28] Arg. *à pari* art. 720 (Voy. *suprà*, même §). Bioche, *op. et v° cit.*, n° 604. Pigeau, *op. cit.*, t. II, p. 163. Chauveau, sur Carré, *op. cit.*, t. V, IIe part., quest. 2413 *quinquies*.

[29] Bioche, *op. et v° cit.*, n° 598. Chauveau, sur Carré, *op. cit.*, t. V, IIe part. quest. 2413 *bis*. Je rappelle ici l'observation faite *suprà*, note 17 *in fine*; elle convient aussi bien au cas de l'article 719 qu'à celui de l'article 720.

[30] On est d'accord pour interpréter ainsi la formule peu claire de l'article 720 : la jonction « ne pourra, en aucun cas, être demandée après le dépôt du cahier des « charges. » Le projet portait : « après le dépôt de l'un des cahiers des charges. » Voy., sur ce point, Bioche, *op. et v° cit.*, n° 599; Chauveau, sur Carré, *op. cit.*, t. V, IIe part., quest. 2413 *quater*; Rodière, *op. et loc. cit.*

ces deux immeubles ne consignera, pour le conserver, que la somme due au créancier qui l'a saisi : il obtiendra ainsi la disjonction des deux saisies et la radiation de celle qui porte sur l'immeuble par lui acquis[31].

§ **732**. II. La subrogation ou substitution d'un créancier à un autre dans les poursuites commencées par ce dernier sert de correctif, comme en cas de saisie-exécution[1], aux abus qui pourraient résulter de la règle « Saisie sur saisie ne vaut[2] » si le saisissant était le maître absolu de la poursuite : l'indication des cas où cette subrogation peut être demandée[3] montrera suffisamment à quel danger les créanciers seraient exposés sans cela, et quel tort le saisissant serait à même de leur causer soit par ses agissements soit par son inaction. Que pourraient-ils faire? Intervenir? Ils le surveilleraient de plus près mais sans sortir d'une attitude passive[4]. Saisir à leur tour? Il faudrait d'abord faire rayer la première saisie[5], rendre ainsi au saisi le droit d'aliéner jusqu'à ce que la seconde fût transcrite[6], recommencer des frais déjà faits et payer, par conséquent, deux fois l'expropriation du débiteur[7]. La subrogation a, au contraire, le double avantage d'enlever au saisissant la direction d'une procédure mollement, maladroitement ou même frauduleusement conduite, et de la prendre au point où elle se trouve sans supprimer aucun des actes déjà faits ni recommencer les frais déjà exposés. Un second saisissant pourrait-il préférer la première de ces deux

31 Chauveau dit que « si, dans le cas prévu par l'article 719, la jonction a été « ordonnée, l'acquéreur devra désintéresser les poursuivants dont la procédure aura « été jointe » (Sur Carré, *op. cit.*, t. V, Ire part., quest. 2303). Pourquoi en serait-il autrement dans le cas de l'article 720, et pourquoi un créancier aurait-il le droit de s'opposer à l'aliénation d'un immeuble qu'il n'a pas saisi et sur lequel je suppose, en outre, qu'il n'a pas pris inscription? Voy., sur l'application de l'article 687 au cas prévu par l'article 720, *suprà*, même §.

§ **732**. 1 Voy. t. III, § **582**.

2 Voy., sur cette règle, t. III, § **555**, et le § précédent.

3 Voy. *infrà*, même §.

4 Voy. *suprà*, § **727**.

5 Voy. *infrà*, § **735**.

6 Voy., sur l'incapacité d'aliéner qui résulte de la transcription de la saisie, *suprà*, § **664**.

7 Voy., sur les frais ordinaires de poursuite en matière de saisie immobilière, *suprà*, § **707**.

voies à la seconde, demander la radiation de la première saisie au lieu de s'y faire subroger, et suivre exclusivement sur la sienne? Un créancier l'a prétendu : mécontent du lotissement opéré et de la mise à prix fixée par le premier saisissant[8], il voulait recommencer la saisie sur un nouveau cahier des charges, mais l'arrêt qui lui a donné gain de cause[9] a été justement critiqué. D'une part, ce créancier aurait dû attaquer le cahier des charges en temps utile[10]; d'autre part, ce n'est pas lui mais le premier saisissant qui risquait de rester adjudicataire pour la mise à prix[11] : à aucun point de vue sa prétention ne devait être admise[12].

On ne peut se faire subroger qu'à une saisie valable : une poursuite irrégulière ne deviendrait pas meilleure en passant dans d'autres mains, et la subrogation serait nécessairement refusée si la procédure avait été nulle à l'origine et pour quelque cause que ce fût[13]. On peut se faire subroger dans trois cas à une saisie valable. 1° En vertu de l'article 722 : *a*) pour cause de fraude, lors, par exemple, qu'un créancier fictif a saisi pour paralyser l'action des créanciers véritables[14]; *b*) pour

[8] Voy., sur le lotissement et la mise à prix, *suprà*, § **669**.

[9] Paris, 3 janv. 1875 (D. P. 76. 2. 30).

[10] Voy., sur les dires qui peuvent être produits contre le cahier des charges et sur les délais fixés à cet effet, *infrà*, §§ **675** et suiv.

[11] Voy., sur le danger que court le saisissant lorsqu'il a fixé une mise à prix trop élevée, *suprà*, § **694**, et, sur l'application de cette règle dans l'espèce, *suprà*, § **734**.

[12] Note dans D. P. 76. 2. 30. Voy., dans le même sens, Chauveau, sur Carré, *op. cit.*, t. V, IIe part., quest. 2415 *sexies*, 2416 *ter* et 2418 *quinquies*.

[13] Bioche, *op. et v° cit.*, n° 619. Chauveau, sur Carré, *op. cit.*, t. V, IIe part., quest. 2416 *decies*. Req. 28 mai 1812; Amiens, 9 juill. 1822; Nancy, 19 mars 1827 (D. A. *v° cit.*, n° 1079). Le seul fait que la nullité de la saisie est déjà demandée suffirait même, d'après Chauveau (Sur Carré, *op. et loc. cit.*), pour que la subrogation ne fût plus possible, attendu que, si la nullité vient à être prononcée, ce sera avec effet rétroactif (Voy., sur la rétroactivité des jugements, t. III, § **460**) : la saisie n'aura donc jamais été valable et nul n'aura pu s'y faire subroger. Je crois, au contraire, qu'un créancier peut se faire subroger à une saisie dont la nullité est pendante, en vue du cas où cette nullité ne serait pas prononcée : est-elle prononcée, la demande à fin de subrogation et la subrogation même, si elle a été accordée, sont non avenues; au contraire, la saisie est-elle validée, le demandeur s'y trouve immédiatement subrogé (Bioche, *op. et v° cit.*, n° 619; Lyon, 21 mars 1817 et 1er mars 1831, D. A. *v° cit.*, n° 1078). Aj. *infrà*, même §. En tout cas, l'avoué qui, abandonnant la poursuite après que son client a été payé, laisse un autre saisissant s'y faire subroger sans l'avertir que la saisie est non avenue et doit être recommencée, et l'avoué qui, faute de s'être suffisamment informé, subroge son client à une saisie nulle ou éteinte, sont responsables envers qui de droit du préjudice causé par leur négligence (Req. 24 nov. 1885; D. P. 85. 1. 34).

[14] Chauveau, sur Carré, *op. cit.*, t. V, IIe part., quest. 2416 *bis*.

cause de collusion, quand le saisissant s'est entendu avec le saisi pour arrêter la procédure ou pour y introduire une cause de nullité[15]; c) pour cause de négligence, lorsqu'il a laissé passer un délai qui n'était pas prescrit à peine de nullité[16]. Ces faits échappent à l'appréciation de la cour de cassation[17], mais les juges du fond n'ont de pouvoir discrétionnaire que pour en constater l'existence, et ne peuvent, après l'avoir reconnue, refuser la subrogation demandée[18], car le saisissant devenu suspect ne peut ni éviter sa déchéance ni se soustraire à la réparation du préjudice qu'il a pu causer aux autres intéressés[19]. 2° En vertu de l'article 721, lorsqu'une seconde saisie, plus ample que la première, ayant été transcrite pour les biens non compris dans celle-ci et dénoncée au premier saisissant, celui-ci n'a pas poursuivi sur elle en même temps que sur la sienne[20]; dans ce cas encore le tribunal constate souverainement l'existence des faits allégués à l'appui de la demande[21], mais, ces faits constatés, il est tenu de prononcer la subrogation[22]. 3° En dehors des articles 721 et 722[23],

15 Chauveau, sur Carré, *op. et loc. cit.*

16 La nullité de toute la saisie rend la subrogation impossible (Voy. *suprà,* même §), mais on verra au § **764** que l'omission d'une formalité ou l'oubli d'un délai n'entraînent souvent qu'une nullité partielle; dans ces conditions, il peut être utile de demander la subrogation, et il n'y a pas lieu de la refuser. On a donc bien fait de ne pas tenir compte, dans les travaux préparatoires de la loi du 2 juin 1841, de l'objection présentée par M. Pascalis (*Premier rapport à la Chambre des députés;* D. A. v° *cit.,* p. 571, n° 133) contre cette phrase du projet de l'article 722 (Voy., en ce sens, Bioche, *op. et v° cit.,* n° 619; Chauveau, sur Carré, *op. cit.,* t. V, IIe part., quest. 2416 *decies;* Boitard, Colmet-Daage et Glasson, *op. cit.,* t. II, n° 985).

17 Bioche, *op. et v° cit.,* n° 622. Chauveau, sur Carré, *op. cit.,* t. V, IIe part., quest. 2415 *ter.* Boitard, Colmet-Daage et Glasson, *op. et loc. cit.* Req. 23 janv. 1833 (D. A. *v° cit.,* n° 1075).

18 Rodière, *op. cit.,* t. II, p. 320.

19 Bourges, 18 août 1826 (D. A. *v° et loc. cit.*).

20 Voy., sur cette obligation du premier saisissant, le § précédent. L'article 722 ne le déclare passible de dommages-intérêts qu'en cas de fraude ou de collusion, mais il peut encore y être condamné pour simple négligence en vertu de l'article 1383 du Code civil : « Chacun est responsable du dommage qu'il a causé, non-seulement par son « fait, mais encore par sa négligence ou par son imprudence » (Voy., sur ce principe, Dalloz et Vergé, *op. cit.,* art. 1383, nos 1 et suiv.).

21 Voy., sur ces divers points, le § suivant.

22 *Nec obst.* art. 721 : « Le second saisissant pourra demander la subrogation. » Cela veut dire qu'elle pourra n'être pas demandée et non pas qu'elle pourra être refusée. L'article 722 emploie d'ailleurs la même formule, et il est très généralement admis qu'il ne laisse pas aux juges la faculté de refuser la subrogation demandée (Voy., en ce sens, Rodière, *op. et loc. cit.;* et en sens contraire, Bioche, *op., v° et loc. cit.;* Chauveau, sur Carré, *op. et loc. cit.*).

23 Voy., en ce sens, les autorités citées aux trois notes suivantes.

quand le poursuivant a pour un motif quelconque abandonné la saisie[24], ou qu'une contestation élevée sur sa créance est venue, contre son gré, entraver ses poursuites[25]. Dans la première hypothèse, l'article 721 peut être invoqué *à fortiori*, car la subrogation admise en cas d'omission d'une seule formalité doit l'être, à plus forte raison, en cas de complet abandon des poursuites; dans la seconde hypothèse, les autres créanciers, dont je suppose que la créance n'est pas contestée, ne doivent pas souffrir de la contestation élevée contre l'un d'eux[26]. Je réserve pour le § suivant l'hypothèse où le poursuivant, non content d'abandonner la saisie, en aurait donné mainlevée.

§ **733**. Tous les créanciers peuvent demander la subrogation. La suite de ce § montrera que le second et les subséquents saisissants jouissent à cet égard d'une condition privilégiée, mais le droit de demander la subrogation ne leur appartient pas exclusivement : il compète à tous les créanciers inscrits et même aux créanciers chirographaires qui n'ont pas fait de seconde ou subséquente saisie[1]. En cas de concurrence la subrogation est accordée au plus diligent, et, à conditions égales, au créancier dont le titre est le plus ancien ou, si leurs titres sont égaux en date, à celui dont l'avoué est le plus ancien[2]. Il n'est même pas nécessaire que leurs créances

[24] Bourges, 18 août 1826 (D. A. v° *et loc. cit.*). Nancy, 1er avr. 1876 (D. P. 78. 2. 171). Aj., pour le cas où le saisissant a accordé un délai au saisi, et dans le même sens, Montpellier, 23 nov. 1827 (D. A. v° *cit.*, n° 1080). La cour de Paris a même jugé, le 9 janvier 1875, qu'après mainlevée donnée par un premier saisissant d'une saisie qu'il n'a cependant pas fait rayer, un second saisissant peut, sans s'y faire subroger, la faire rayer et faire transcrire en même temps sa propre saisie (D. P. 76. 2. 30). Voy., sur la différence qui existe entre la mainlevée et la radiation de la saisie, *infrà*, § **735**.

[25] Lyon, 21 mars 1817 et 1er mars 1831 (D. A. v° *cit.*, n° 1078).

[26] Bioche, *op. et* v° *cit.*, n°s 451, 621 et 622. Chauveau, sur Carré, *op. cit.*, t. V Ire part., n° 2377 *bis*. Voy. notamment ce dernier auteur (Sur Carré, *op. et loc. cit.*) sur le cas où personne ne se présenterait pour demander l'adjudication au jour fixé pour y procéder.

§ **733.** [1] Et à leurs créanciers en vertu de l'article 1166 du Code civil (Bioche, *op. et* v° *cit.*, n° 628; Chauveau, sur Carré, *op. cit.*, t. V, IIe part., quest. 2416 *ter*; Rodière, *op. cit.*, t. II, p. 319). Voy., sur l'article 1166 du Code civil, t. I, § **120**, et, sur le cas où des saisies successives peuvent être pratiquées, *suprà*, § **731**.

[2] Arg. *à pari* art. 719 (Voy. *suprà*, § **731**). Bioche, *op. et* v° *cit.*, n° 629.

soient échues, puisque le débiteur déjà saisi a perdu le bénéfice du terme[3], et tout ce qu'on peut exiger en pareil cas, c'est qu'ils aient eu le droit de pratiquer la saisie-immobilière et de commencer eux-mêmes, si ce n'était déjà fait, les poursuites dans lesquelles ils veulent se faire subroger : les créanciers chirographaires doivent donc prendre, au préalable, un jugement[4], et les créanciers privilégiés et hypothécaires ne peuvent se faire subroger aux poursuites dirigées contre un tiers détenteur que trente jours après lui avoir fait sommation de payer ou de délaisser[5]. Je ne dis pas que l'article 721 soit absolument conforme à la prétention des créanciers chirographaires ni même à celle des créanciers privilégiés et hypothécaires; on pourrait même, en s'attachant à la lettre de cet article « le second saisissant pourra... demander la subrogation, » dire qu'il n'accorde qu'au second saisissant[6] le droit de la requérir; mais l'article 119 du décret du 16 février 1807, portant tarif en matière civile, donne à ce texte une portée plus large. Il suppose la demande admise « soit faute par le premier saisissant de s'être mis en état « sur la plus ample saisie, soit en cas de collusion, faute ou « négligence de la part du poursuivant, » et montre par-là qu'il y a deux cas de subrogation, l'un réservé au second saisissant[7], l'autre établi au profit de tous les créanciers quels qu'ils soient. D'ailleurs, une considération décisive prime ici toute interprétation littérale : il n'est pas admissible que le saisissant soit le maître absolu de la poursuite — que tous les autres subissent, sans pouvoir se défendre, les conséquences

[3] Bioche, *op. et v° cit.*, n° 627. Req. 14 janv. 1874 (D. P. 74. 1. 57). Voy., sur la déchéance du bénéfice du terme en cas de faillite et de déconfiture, et spécialement sur la déchéance du délai de grâce quand les biens du débiteur « sont vendus à la « requête d'autres créanciers, » t. III, § **561**.

[4] Bioche, *op. et v° cit.*, n° 627. Chauveau, sur Carré, *op. et loc. cit.* Boitard, Colmet-Daage et Glasson, *op. cit.*, t. II, n° 986. Rodière, *op. et loc. cit.* Req. 12 août 1844 (D. A. *v° cit.*, n° 1083). Voy., sur la nécessité pour les créanciers chirographaires de se procurer un titre exécutoire avant de former la saisie immobilière, t. III, § **541**.

[5] Paris, 13 juill. 1850 (D. P. 54. 5. 679). Voy., sur cette sommation et sur le délai qui doit s'écouler entre elle et la saisie, *suprà*, §§ **656** et **657**. Ayant hypothèque, ces créanciers possèdent nécessairement un titre exécutoire et n'ont pas besoin de prendre un jugement (Voy. t. III, § **564**).

[6] Ou subséquent : je ne suppose que deux saisies pour ne rien compliquer. Comp. *suprà*, § **731**, note 1.

[7] Voy., sur la portée de cette réserve, la fin de ce §.

de sa mauvaise foi, de son caprice ou de sa négligence — et que le saisi puisse, par exemple, faire saisir ses biens par un prête-nom qui conduirait la poursuite au mieux de ses intérêts, sans que les créanciers sérieux eûssent le moyen de s'y opposer même en saisissant à leur tour. On sait, en effet, qu'une seconde saisie n'est admise à transcription que lorsqu'elle est plus ample ou lorsqu'elle porte sur d'autres biens que la première[8], de sorte que le saisissant pourrait toujours éviter la subrogation et s'assurer ainsi le monopole de la poursuite en y comprenant tous les immeubles qui appartiennent au débiteur[9]. Toutefois, l'article 721 admet le second saisissant, en cas de saisies successives dont la seconde est plus ample que la première, à se faire subroger au premier quand celui-ci, ayant reçu dénonciation de la seconde saisie, néglige de la suivre en même temps que la sienne : le second saisissant a donc un droit de priorité à l'encontre des autres créanciers, et ceux-ci ne peuvent demander la subrogation qu'après l'avoir mis inutilement en demeure de la requérir à son profit[10]. Qu'arrivera-t-il, enfin, si le saisissant a donné mainlevée? La subrogation pourra-t-elle encore être demandée? Il faut distinguer, à cet égard, suivant que les sommations faites aux créanciers n'ont pas encore été mentionnées en marge de la transcription de la saisie, ou que cette mention a déjà été faite[11].

[8] Voy. *suprà*, § **731**.

[9] Bioche, *op. et v° cit.*, n° 624. Pigeau, *op. cit.*, t. II, p. 166. Boitard, Colmet-Daage et Glasson, *op. et loc. cit*, Orléans, 19 août 1842; rej. 12 août 1844 (D. A. *v° et loc. cit.*). *Contrà*, Merlin, *op. cit.*, v° *Subrogation de personnes*, sect. I, n° 7; Orléans, 19 janv. 1811 (D. A. *v° et loc. cit.*). Persil n'admet les créanciers non-saisissants à se faire subroger que dans le cas de l'article 722 (*Questions sur les privilèges et hypothèques*, t. II, p. 312; voy., sur la part qu'il convient de faire à cette opinion, *infrà*, même §). D'autres auteurs et quelques arrêts n'accordent ce droit aux créanciers inscrits que dans le cas où les notifications à eux faites ont été mentionnées en marge de la transcription de la saisie (Chauveau, sur Carré, *op. et loc. cit.*; Rodière, *op. et loc. cit.*; Aix, 7 avril 1808, Toulouse, 2 août 1827, Caen, 12 mai 1828, D. A. *v° et loc. cit.*; Caen, 29 août 1873, D. P. 75. 2. 126; voy., sur cette formalité, *suprà*, § **674**; sur l'appui que cette opinion peut trouver dans l'ancienne jurisprudence, Pothier, *De la procédure civile*, n° 597, Héricourt, *op. cit.*, ch. VI, n° 24 (P. 99); et, sur la différence qui existe au point de vue de la subrogation entre le cas où cette formalité est déjà accomplie et le cas où elle ne l'est pas encore, la suite de ce §).

[10] Chauveau, sur Carré, *op. et loc. cit.* Boitard, Colmet-Daage et Glasson, *op. et loc. cit.*

[11] Voy., sur cette formalité, *suprà*, § **674**.

A. Il faut sous-distinguer, dans le premier cas, entre le second saisissant et les créanciers privilégiés, hypothécaires et chirographaires qui ne sont pas saisissants.

a. Le second saisissant peut, en intervenant dans la première saisie, empêcher le créancier qui l'a formée d'en donner mainlevée à son préjudice[12]; il peut aussi obtenir la subrogation en dépit de la mainlevée, s'il en a formé la demande avant que cette mainlevée fût donnée[13]; il peut, enfin, demander la subrogation malgré la mainlevée déjà donnée et quand même, en exécution de cette mainlevée, la première saisie aurait été rayée au bureau des hypothèques[14]. Cette solution se justifie par les considérations suivantes. 1° Le premier saisissant a le droit exclusif de poursuivre l'expropriation du débiteur, car une seconde saisie identique à la sienne ne serait même pas transcrite et, dans le cas d'une seconde saisie différente de la sienne, il serait chargé de poursuivre sur les deux[15]; mais il n'a ce monopole que comme mandataire des autres saisissants pour mener la poursuite à bonne fin et non pas pour l'abandonner : il n'a donc pas le droit d'en donner mainlevée à leur préjudice, et ils peuvent, s'il l'a fait, n'en tenir aucun compte et se faire subroger quand même à cette poursuite dont l'abandon est, quant à eux, non avenu. 2° L'aliénation postérieure à la transcription de la saisie n'a d'effet qu'autant que l'acquéreur consigne les sommes nécessaires pour désintéresser non-seulement le premier saisissant mais encore les saisissants postérieurs[16] : nouvelle preuve que le premier n'est pas le maître absolu de sa saisie, et ne peut la faire tomber en consentant, après qu'elle a été transcrite, à l'aliénation de l'immeuble qui en est l'objet. 3° Les articles 611 et 612 disent qu'en cas de saisie-exécution tout créancier opposant qui possède un titre exécutoire

[12] Req. 14 mai 1835 (D. A. *v° cit.*, n° 844). Voy., sur cette intervention, *suprà*, § **728**.

[13] Le second saisissant qui a demandé la subrogation avant qu'il fût donné mainlevée a désormais un droit acquis à l'obtenir (Toulouse, 8 juin 1861, D. P. 61. 2. 168; Douai, 28 févr. 1889, D. P. 90. 2. 155).

[14] La radiation n'est que l'exécution matérielle de la mainlevée, et ne saurait donner à celle-ci une efficacité qu'elle n'aurait point par elle-même (Voy. *suprà*, §§ **665** et **674**, et *infrà*, § **735**).

[15] Voy. *suprà*, § **731**.

[16] Voy. *suprà*, *ib.*

peut, dès que le procès-verbal de récolement a été dressé, faire procéder à la vente que le premier saisissant néglige de poursuivre[17]; celui-ci ne dispose donc pas du droit des autres, et il n'y a pas de raison pour qu'il en soit autrement en cas de saisie immobilière[18]. On objecte qu'aux termes de l'article 724 le second saisissant ne peut procéder que sur sa propre saisie dans le cas où la saisie antérieure a été rayée[19]. Je réponds que cet article ne vise pas la saisie rayée par la volonté du premier saisissant, mais seulement la radiation ordonnée par jugement dans les circonstances indiquées au § **735**. On objecte encore que le premier saisissant n'a pas à s'inquiéter de saisies postérieures dont il n'a pas connaissance, et qu'il les ignore nécessairement puisqu'il est défendu de les transcrire et qu'il n'est même pas prescrit de les mentionner en marge de la première. Je réponds que l'argument ne porte pas dans le cas des articles 720 et 721 où la loi défend de suivre sur la seconde saisie mais non pas de la transcrire[20], et qu'il ne porte pas davantage dans le cas de l'article 680, car, le second saisissant a pu, malgré la défense de transcrire sa saisie[21], la signifier au premier saisissant et au conservateur des hypothèques avec défense au premier de donner mainlevée, au second d'opérer la radiation sans l'avoir appelé et mis à même de s'y opposer[22]. La loi ne prévoit pas cette défense et ne donne pas au conservateur l'ordre d'y obtempérer, mais il n'osera certainement point passer outre et engager ainsi sa responsabilité[23].

b. Les créanciers qui ne sont pas saisissants n'ont qu'un moyen d'empêcher la mainlevée, c'est d'intervenir dans la

[17] Voy. t. III, § **582**.

[18] Duvergier, *op. cit.*, t. XLI, p. 251. Bioche, *op. et v° cit.*, n° 258. Chauveau, sur Carré, *op. cit.*, t. V, Ire part., quest. 2294 et 2335; IIe part., quest. 2416 *ter* et *septies*. Req. 14 mai 1835 (D. A. *v° et loc. cit.*). Req. 26 juill. 1858 (D. P. 58. 1. 454). *Contrà*, Grenoble, 1er juill. 1868 (D. P. 68. 2. 142).

[19] Voy. *infrà*, § **735**.

[20] Voy. *suprà*, § **731**. Le second saisissant pourra donc se faire subroger dès que sa saisie aura été transcrite, et devra s'en prendre à lui-même si, faute de l'avoir fait transcrire, il se trouve dans l'impossibilité de se faire subroger (Req. 26 juill. 1858; D. P. 58. 1. 454).

[21] Voy. *suprà*, § **731**.

[22] Bioche, *op.*, *v° et loc. cit.* Chauveau, sur Carré, *op. cit.*, t. V, Ire part., quest. 2294. Req. 14 mai 1835 (D. A. *v° et loc. cit.*).

[23] Voy., sur cette responsabilité, *suprà*, § **731**.

poursuite pour s'opposer à tout ce qui serait fait en fraude ou en préjudice de leurs droits[24]. S'ils n'ont pas pris cette précaution, le saisissant resté maître de la saisie peut en donner mainlevée, cette mainlevée suivie ou non de radiation[25] éteint la poursuite, et les autres créanciers ne peuvent plus s'y faire subroger[26]; on a vu au § **665** que le saisi peut éluder ainsi la disposition de l'article 687 et aliéner l'immeuble saisi, malgré la transcription de la saisie, sans que l'acquéreur ait besoin de désintéresser d'autres créanciers que le saisissant. La seule ressource qui leur reste, c'est de former de leur propre chef une saisie nouvelle — on a vu au § précédent en quoi cette voie est moins sûre que celle de la subrogation — et de faire mettre à la charge du saisi qui n'a pas fait opérer la radiation les frais de la demande en subrogation qu'ils ont formée croyant que la première saisie existait toujours[27]. Cette demande constitue un droit acquis dès qu'elle est formée, et les créanciers qui l'ont faite doivent être subrogés dans la poursuite quand même le saisissant en donnerait mainlevée pendant l'instance[28].

B. Dès que les sommations faites aux créanciers privilégiés ou hypothécaires ont été mentionnées en marge de la transcription de la saisie[29], la situation change sinon pour les créanciers chirographaires auxquels cette formalité est étrangère[30], du moins pour les créanciers privilégiés ou hypothécaires : la radiation ne peut plus être faite que de leur consentement ou en vertu de jugements rendus contre eux[31] ; tant qu'ils n'y ont pas consenti ou qu'ils n'ont pas été condamnés à la subir, ils conservent le droit de se faire subroger dans la poursuite[32]. Quant au second saisissant, l'application littérale de l'article 693

24 Voy. *suprà*, § **728**.

25 La radiation n'est que l'exécution matérielle de la mainlevée (Voy. *suprà*, même §).

26 Chauveau, sur Carré, *op. cit.*, t. V, Ire part., quest. 2335; IIe part., quest. 2416 *ter* et *septies*.

27 Chauveau, sur Carré, *op. cit.*, IIe part., quest. 2416 *ter* et *septies*.

28 Comp. *suprà*, note 13.

29 Voy., sur cette formalité, *suprà*, § **674**.

30 Chauveau, sur Carré, *op. cit.*, t. V, IIe part., quest. 2416 *ter*.

31 Voy. *suprà*, § **674**.

32 Chauveau, sur Carré, *op. cit.*, t. V, Ire part., quest. 2335. Persil, *Commentaire de la loi du 2 juin 1841*, no 184.

conduirait à dire que la saisie peut être rayée à son préjudice, et sans qu'il puisse désormais s'y faire subroger, du consentement des créanciers privilégiés ou hypothécaires ou en vertu de jugements rendus contre eux; mais cette interprétation de l'article 693 serait abusive et inexacte. D'abord, les créanciers privilégiés ou hypothécaires ne peuvent disposer des droits d'un tiers, et leur consentement à la radiation ou le jugement qui l'ordonne sont pour le second saisissant *res inter alios acta vel judicata;* ensuite, on ne peut admettre que les droits du second saisissant diminuent à mesure que la première saisie s'avance, et que la radiation postérieure à la mention des sommations prescrites par l'article 692 en marge de la transcription de la saisie lui soit opposable, alors que la radiation antérieure à l'accomplissement de cette formalité ne l'était pas[33].

§ **734**. La subrogation est demandée contre le poursuivant[1] en présence du saisi qui doit y être appelé : la loi ne le dit pas et cette question, agitée dans les travaux préparatoires de la loi du 2 juin 1841, n'a pas reçu de solution[2], mais l'intérêt du saisi et du demandeur lui-même commande de la résoudre affirmativement : le saisi a intérêt à contester une demande qui peut être mal fondée et à ne pas se laisser accuser de collusion avec le poursuivant; le demandeur a intérêt à mettre en cause le saisi qui pourra l'avertir des nullités commises par le premier saisissant, et lui éviter un mécompte en l'empêchant de se faire subroger à des poursuites irrégulières et qui ne peuvent aboutir[3]. Si le demandeur n'a pas d'avoué, il en constitue un suivant le droit commun[4]; s'il en

[33] Chauveau, sur Carré, *op. cit.*, t. V, IIe part., quest. 2415 *sexies* et 2416 *septies*. Cette solution résulte aussi implicitement d'un arrêt de la cour de Bordeaux, du 28 janvier 1840 (D. A. v° *cit.*, n° 838).

§ **734**. [1] Chauveau, sur Carré, *op. cit.*, t. V, IIe part., quest. 2416 *quater*. Civ. rej. 22 avril 1863 (D. P. 63. 1. 191).

[2] Voy. les documents cités dans Carré, *op. et loc. cit.*

[3] Bioche, *op. et v° cit.*, n° 633. Chauveau, sur Carré, *op. et loc. cit.* Rodière, *op. cit.*, t. II, p. 320. Caen, 13 févr. 1828 (D. A. v° *cit.*, n° 1102). Rej. 19 janv. 1853 (D. P. 53. 1. 12). Bastia, 2 déc. 1859 (D. P. 62. 2. 145). *Contrà*, Boitard, Colmet-Daage et Glasson, *op. et loc. cit.;* Dijon, 24 mars 1828 (D. A. v° *cit.*, n° 1103).

[4] Voy. t. I, § **92**. Les saisissants seuls ont forcément un avoué; les créanciers liés à la saisie et, à plus forte raison, les créanciers chirographaires peuvent n'en pas avoir (Voy. *suprà*, § **728**).

a un, cet avoué forme la demande sans nouveau pouvoir[5]. L'incident est conduit et jugé suivant les règles posées au § **728**. A partir de la signification du jugement qui le subroge, le nouveau saisissant a seul qualité pour poursuivre; il a même le devoir, dans le cas des articles 720 et 721, de poursuivre sur la première saisie en même temps que sur la sienne[6] : le premier saisissant lui remet les pièces contre récépissé et à peine de dommages-intérêts fixés par le tribunal à tant par chaque jour de retard[7]; il n'est remboursé de ses frais qu'après l'adjudication[8]. Ce n'est pas une nouvelle saisie qui commence, c'est la première qui se poursuit entre les mains du subrogé; ce n'est pas en son nom propre, c'est au nom du premier saisissant que le subrogé la continue; elle conserve donc dans le passé les effets qu'elle a déjà produits, et produira dans l'avenir les mêmes effets que si le premier saisissant en avait conservé la direction[9]. Ainsi le veulent : 1° les articles 1249 et 1250 du Code civil, aux termes desquels le subrogé entre dans les droits, actions et obligations du subrogeant[10]; 2° l'article 1166 du même Code, en vertu duquel les créanciers subrogés à leur débiteur exercent ses droits et actions et sont soumis aux mêmes exceptions que lui[11]; 3° les fins de cette subrogation spéciale qui a justement pour but de faire profiter les cocréanciers du saisissant de la saisie par lui faite et de les dispenser d'en former une autre[12]. De là résultent, tant contre le subrogé qu'à son profit, les conséquences suivantes. 1° Les actes déjà faits par le premier

[5] Chauveau, sur Carré, *op. cit.*, t. V, IIe part., quest. 2416. Civ. rej. 5 mars 1838 (D. A. v° *cit.*, n° 1121). Voy., sur l'étendue du mandat de l'avoué, t. II, §§ **370** et **371**.

[6] Voy. *suprà*, § **731**.

[7] Cette prescription de l'article 721 resterait lettre morte sans cette sanction (Bioche, *op. et v° cit.*, n° 639; Chauveau, sur Carré, *op. cit.*, t. V, IIe part., quest. 2417 *ter*; Rodière. *op. et loc. cit.*). Voy., sur cette manière de condamner à des dommages-intérêts, t. III, §§ **528** et **529**.

[8] « Soit sur le prix soit par l'adjudicataire » (Art. 723). Voy., sur cette distinction, *suprà*, § **707**.

[9] Voy., en ce sens, les autorités citées *infrà*, notes 13, 14 et 18.

[10] Voy., sur ce point, Demolombe, *op. cit.*, t. XXVII, nos 300 et suiv.; Aubry et Rau, *op. cit.*, t. IV, p. 168 et suiv.; Colmet de Santerre, *op. cit.*, t. V, n° 89 *bis*-II et suiv.; Larombière, *op. cit.*, t. IV, sur l'art. 1250, nos 19 et suiv.; Mourlon, *Des subrogations personnelles*, p. 2 et suiv.

[11] Voy. t. I, § **120**.

[12] Voy. *suprà*, § **732**.

saisissant demeurent valables, les effets légaux qui y étaient attachés continuent à se produire, et le subrogé n'a pas besoin de les recommencer[13]. 2° Le subrogé doit observer les délais imposés au premier saisissant et accomplir les actes qui lui restent à faire dans le temps fixé par la loi; ce temps court, en ce qui le concerne, à partir du jour où le jugement qui le subroge est devenu définitif[14]. 3° Les moyens de défense opposables au premier saisissant peuvent également servir contre le subrogé, la nullité des actes faits par le premier saisissant peut être invoquée contre lui, et il ne peut plus, si elle est prononcée, que former sur de nouveaux errements une nouvelle saisie[15]. 4° L'adjudication est prononcée au profit du premier saisissant si la mise à prix n'est pas couverte[16] : l'article 833, aux termes duquel la subrogation a lieu « aux « risques et périls du surenchérisseur » en cas d'aliénation volontaire[17], doit s'appliquer au poursuivant en cas de saisie immobilière, car on ne comprendrait pas que sa collusion, sa fraude ou sa négligence le déchargeât de l'obligation qu'il a assumée de rester adjudicataire pour la mise à prix par lui fixée, et imposât cette même obligation au subrogé qui n'est pour rien dans la mise à prix[18].

§ **735**. III. J'ai peu de chose à dire de la radiation qui forme, d'après l'article 724, le second incident de la saisie immobilière. Il résulte, en effet, des explications qui précèdent : 1° que cette radiation n'est que l'exécution matérielle de la mainlevée que le poursuivant a donnée volontairement ou en vertu d'un jugement rendu contre lui[1]; 2° que ce poursuivant est libre de faire rayer sa saisie tant que les sommations prescrites par l'article 692[2] n'ont pas été men-

[13] Rouen, 16 germ. an XI; civ. rej. 5 mars 1838 (D. A. v° *cit.*, n° 1121).

[14] Besançon, 22 juill. 1874 (D. P. 77. 2. 128).

[15] J'ai déjà dit que la subrogation n'est pas possible si la première saisie n'est pas valable (Voy. *suprà*, § **732**).

[16] Voy., sur cette obligation du poursuivant, *suprà*, § **694**.

[17] Voy. le tome V de ce Traité.

[18] Boitard, Colmet-Daage et Glasson, *op. cit.*, t. II, n° 987. Nancy, 16 janv. 1850 (D. P. 51. 2. 22). Comp. *suprà*, § **694**.

§ **735**. [1] Voy. *suprà*, § **674**.

[2] Voy., sur ces sommations, *suprà*, § **671**.

tionnées en marge de la transcription, mais que, la mainlevée postérieure à l'accomplissement de cette formalité n'étant pas opposable aux créanciers liés à la saisie, la radiation ne peut s'opérer, en exécution de cette mainlevée, qu'avec leur consentement ou en vertu de jugements rendus contre eux[3]; 3° que, s'il y a plusieurs saisissants, la mainlevée donnée par le premier d'entre eux ne peut être suivie de radiation au préjudice des saisissants postérieurs qui peuvent — que leur propre saisie ait été ou non transcrite[4] — se faire subroger dans les poursuites abandonnées par le premier d'entre eux[5]. L'article 724 ajoute, dans ce dernier cas, que « le plus diligent des saisissants postérieurs pourra poursuivre « sur sa saisie, encore qu'il ne se soit pas présenté le premier « à la transcription, » c'est-à-dire : 1) que, s'il a été formé trois saisies identiques et successives dont la première a pu seule être transcrite, le troisième saisissant pourra s'y faire subroger de préférence au second, bien qu'il ne se soit présenté à la transcription qu'après lui[6]; 2) que, s'il a été formé trois saisies, toutes trois transcrites vu qu'elles portaient sur des biens différents ou que la seconde était plus ample que la première et la troisième plus ample que la seconde, le troisième saisissant pourra se faire subroger de préférence au second, bien que sa saisie n'ait été transcrite qu'après la seconde[7].

§ **736**. IV. Au fond, la demande en distraction n'est qu'une revendication : elle se produit, comme en cas de saisie-exécution[1], lorsque, le poursuivant ayant exproprié un immeuble dont le saisi n'est pas propriétaire ou ayant compris dans sa saisie plusieurs immeubles qui n'appartiennent pas tous au saisi, le propriétaire demande que cette saisie soit, quant à lui, non avenue, et qu'elle soit supprimée dans

[3] Voy. *suprà,* § **674**.
[4] Quand l'a-t-elle été? Quand n'a-t-elle pu l'être? Voy. *suprà,* § **731**.
[5] Et cela, avant comme après la mention des sommations prescrites par l'article 692 en marge de la transcription de la première saisie (Voy. *suprà,* § **674**).
[6] C'est le cas de l'article 680 (Voy. *suprà,* § **731**).
[7] C'est le cas des articles 720 et 721 (Voy. *suprà, ib.*).

§ **736**. [1] Voy. t. II, § **543**.

le premier cas et restreinte dans le second aux immeubles dont le saisi est propriétaire (Art. 725)[2] : c'est dans cette seconde hypothèse que le nom de distraction est le mieux justifié[3]. Le propriétaire a tout avantage à procéder ainsi et à faire valoir ses droits avant que la saisie s'accomplisse, car il ne lui restera après l'adjudication qu'une action principale en revendication[4], et il aura ainsi perdu le bénéfice d'une procédure un peu plus longue et compliquée que la procédure ordinaire des incidents de saisie immobilière, mais relativement expéditive et peu coûteuse : je reviendrai sur ce point au § suivant.

Tous les propriétaires peuvent demander la distraction, mais personne, en dehors d'eux, ne peut le faire. Le copropriétaire a ce droit lorsqu'un immeuble indivis entre le débiteur et lui a été saisi contrairement à l'article 2205 du Code civil[5]; le vendeur non payé a le même droit après le jugement qui a prononcé en sa faveur la résolution de la vente[6]; mais un simple possesseur ne peut que se pourvoir au possessoire devant le juge de paix, et son action n'empêche ni l'adjudication d'être prononcée ni même la saisie de se poursuivre[7]. Ne peuvent pas non plus demander la distraction : 1° le tiers qui, plaidant sur la propriété de l'immeuble saisi, n'a pas encore obtenu de jugement qui l'en déclare propriétaire[8]; 2° le vendeur en instance pour obtenir la résolution de la vente pour défaut de paiement du prix[9] ou la rescision de cette même vente pour lésion de plus des sept douzièmes[10]; 3° les personnes qui sont

[2] C'est sous cette forme que se produit dans la pratique la nullité de la saisie pratiquée *super non domino*. Voy., sur ce point, *suprà*, § **583**.

[3] J'ai déjà fait cette observation en matière de saisie-exécution (Voy. t. III, § **583**).

[4] L'adjudication ne purge pas la revendication du véritable propriétaire (Voy. *suprà*, § **703**).

[5] Bordeaux, 29 nov. 1833 (D. A. v° *cit.*, n° 105). Voy., sur l'article 2205, t. III, § **562**.

[6] Bordeaux, 7 août 1872 (D. P. 73. 2. 210). Voy., sur cette hypothèse, *suprà*, § **678**.

[7] Chauveau, sur Carré, *op. cit.*, t. V, IIe part., quest. 2419 *quater*. Voy., sur l'action possessoire, t. I, §§ **130** et suiv.

[8] Paris, 18 vent. an XII (D. A. *v° cit.*, n° 1145).

[9] Il ne peut que faire surseoir à l'adjudication (Voy. *suprà*, § **678**).

[10] Bioche, *op. et v° cit.*, n° 652. Chauveau, sur Carré, *op. cit.*, t. V, IIe part., quest. 2419 *septies*. Voy., sur cette action et sur le droit qu'a le vendeur de la former après comme avant l'adjudication, attendu que l'adjudication ne l'a pas purgée, *suprà*, § **702**.

parties à la saisie[11], à savoir : 1) le débiteur qui soutient que le bien saisi sur lui n'était pas saisissable[12], et spécialement la femme dotale qui excipe de la dotalité de l'immeuble saisi[13]; 2) le tiers détenteur qui nie que l'immeuble saisi entre ses mains soit hypothéqué à la dette[14]; 3) le créancier lié à la sai-

[11] Bioche, *op. et v° cit.*, n° 652. Carré, *op. cit.*, t. V, II° part., quest. 2419. Chauveau, sur Carré, *op. et loc. cit.*

[12] Boitard, Colmet-Daage et Glasson, *op. cit.*, t. II, n° 996. *Contrà*, Chauveau, sur Carré, *op. cit.*, t. V, II° part., quest. 2422 *undecies;* Dijon, 10 févr. 1857 (D. P. 57. 2. 222).

[13] Cette question est une des plus controversées de la matière, mais elle ne devrait faire aucune difficulté au point de vue des principes, une fois admis que l'insaisissabilité de l'immeuble saisi n'autorise pas à demander la distraction mais seulement la nullité de la saisie. L'application de ce principe à la saisie de l'immeuble dotal ne laisse pas que d'être assez rigoureuse pour la femme, mais on verra à la fin de cette note le correctif qu'elle comporte et qui en atténue sensiblement le danger. Quoi qu'il en soit, la jurisprudence est aujourd'hui fixée en ce sens que la femme ne peut demander, dans l'espèce, que la nullité de la saisie (Req. 20 août 1822, civ. cass. 20 août 1823, D. A. *v° cit.*, n° 1220; Agen, 22 août 1834, D. A. *v° cit.*, n° 1222; Bordeaux, 12 juin 1841, D. A. v° *Contrat de mariage*, n° 3826; req. 5 mai 1846, D. P. 46. 4. 450; Amiens, 6 mars 1847, Caen, 14 mai 1849, D. P. 50. 2. 83; req. 30 avr. 1850, D. P. 50. 1. 273; Caen, 9 déc. 1850, D. P. 51. 2. 87; Toulouse, 14 août 1852, D. P. 53. 2. 91; Riom, 14 déc. 1852, D. P. 53. 2. 197; Limoges, 29 juin 1853, D. P. 53. 2. 198; Grenoble, 3 janv. 1854, D. P. 55. 5. 403; civ. rej. 20 août 1861, D. P. 61. 1. 380; Agen, 27 nov. 1861, D. P. 62. 2. 36; req. 13 janv. 1862, D. P. 62. 1. 129; Nîmes, 4 janv. 1867, D. P. 67. 5. 386). Voy., dans le même sens, Boitard, Colmet-Daage et Glasson, *op. et loc. cit.;* Demolombe, *Examen doctrinal de jurisprudence civile* (dans la *Revue critique de législation et de jurisprudence,* t. I; 1851, p. 148); et, en sens contraire, Chauveau, sur Carré, *op. et loc. cit.;* Rodière, *op. cit.*, t. II, n° 324; Rouen, 26 juin 1824, civ. rej. 11 juin 1828 (D. A. v° *Vente publique d'immeubles,* n° 1221); Pau, 5 mars 1833 (D. A. v° *Contrat de mariage,* n° 3830); Pau, 16 juin 1849 (D. P. 50. 2. 81); Agen, 15 déc. 1851 (D. P. 52. 2. 88); Poitiers, 20 juill. 1852 (D. P. 53. 2. 21); Agen, 8 févr. 1861 (D. P. 61. 2. 37). On remarquera, d'ailleurs, que cette jurisprudence apporte une notable exception au principe d'après lequel la femme dont l'immeuble dotal a été aliéné hors les cas d'exception prévus par la loi a, pour demander la nullité de cette aliénation, un délai de dix ans qui ne court qu'à partir de la dissolution du mariage (C. civ., art. 1560 cbn. 1304; Aubry et Rau, *op. cit.*, t. V, p. 567; Colmet de Santerre, *op. cit.*, t. V, n°s 232 *bis*-XXV et suiv.; civ. rej. 31 mars 1841, D. A. v° *Contrat de mariage,* n° 3930). Le correctif annoncé *suprà*, même note, consiste dans le droit qu'a certainement la femme, après l'extinction de son action en nullité, de demander dans l'ordre que le prix d'adjudication lui soit attribué pour lui tenir lieu de son immeuble dotal indûment saisi et adjugé : on verra, en effet, au **§ 761** qu'en enfermant l'action en nullité dans un si court délai, la loi s'est surtout proposé de procurer plus de sécurité à l'adjudicataire en le mettant à l'abri des évictions qui proviendraient des irrégularités de la saisie : l'action en nullité écartée, la sécurité de l'adjudicataire est complète et rien n'empêche la dotalité de reprendre son empire (Req. 30 avr. 1850, D. P. 50. 1. 273; Grenoble, 3 janv. 1854, D. P. 55. 5. 403). Toutefois, la femme ne pourra exiger l'attribution du prix qu'en justifiant d'un emploi convenable ou en donnant caution de la faire à la première occasion (Voy., sur ce point, l'arrêt précité de la cour de Grenoble). J'ai toujours supposé que le fonds dotal était insaisissable; dans quelle mesure l'est-il? dans quels cas peut-il, au contraire, être saisi? Voy. t. III, § **545**. Aj., sur un cas particulier de nullité de la saisie de cet immeuble, *infrà*, même §.

[14] Par exemple, un tiers détenteur qui conteste la validité d'une saisie dans la-

sie qui prétend qu'un immeuble à lui appartenant y a été indûment compris[15]. Ces personnes n'agissent pas en distraction mais en nullité de la saisie[16], et doivent, par conséquent, se conformer aux dispositions restrictives de l'article 728 qui n'a pas d'analogue en matière de distraction[17]. Quant au pouvoir et à la capacité nécessaires pour former cette demande, ils dépendent du caractère qu'on lui attribue. Est-ce une action purement conservatoire, un tuteur peut la mettre en mouvement sans l'autorisation du conseil de famille, un mineur émancipé sans l'assistance de son curateur, une femme dotale même non séparée de biens sans l'autorisation de son mari ou de justice[18]. Est-ce une véritable action immobilière, ces personnes ne peuvent l'intenter que dûment autorisées ou assistées[19], et cette solution me paraît certaine, car on ne peut appeler conservatoire et traiter comme telle une instance qui engage le fond du droit et d'où dépend la propriété[20]. Une question plus délicate est celle de savoir si le mari d'une femme dotale ou cette femme elle-même séparée de biens agissent en nullité ou en distraction dans le cas où l'immeuble dotal a été indûment compris dans la saisie des biens du mari[21]. Si le mari avait volontairement aliéné cet immeuble, on verrait comment il a procédé, s'il a aliéné l'im-

quelle ses biens personnels ont été compris avec ceux qui sont hypothéqués à la dette (Lyon, 30 août 1850; D. P. 51. 2. 175); un successible dont les biens personnels ont été saisis pour les dettes du défunt, bien qu'il ait renoncé à la succession (Bastia, 18 janv. 1843, D. A. v° *Vente publique d'immeubles*, n° 1142; *contrà*, Rennes, 12 févr. 1818, D. A. *v° cit.*, n° 50); un héritier bénéficiaire qui demande, en vertu de l'article 802 du Code civil, la nullité de la saisie de ses biens personnels que les créanciers du défunt ont pratiquée sans avoir égard au bénéfice d'inventaire (Civ. rej. 18 mai 1841; D. A. *v° cit.*, n° 1215).

[15] Civ. cass. 29 août 1855 (D. P. 55. 1. 406).

[16] Voy., sur la nullité de la saisie immobilière, *infrà*, §§ **758** et suiv.

[17] Voy., sur cet article, *infrà*, § **761**. Il en est différemment lorsqu'une femme dotale ayant échangé son immeuble dotal contre un autre qui est saisi, demande la nullité de l'échange et revendique son bien dotal : il ne s'agit pas alors de faire annuler la saisie, et l'article 728 est, par conséquent, inapplicable (Civ. cass. 3 avr. 1883; D. P. 84. 1. 23).

[18] Voy., sur le droit qu'ont ces personnes de prendre des mesures conservatoires, Aubry et Rau, *op. cit.*, t. I, p. 464 et 551; t. V, p. 557.

[19] Voy., sur les conditions dans lesquelles ces personnes peuvent intenter les actions qui compètent à elles-mêmes ou à ceux qu'elles représentent, t. I, § **122**.

[20] Chauveau, sur Carré, *op. cit.*, t. V, IIe part., quest. 2419. Bordeaux, 29 juill. 1857 (D. P. 57. 2. 216). *Contrà*, Metz, 12 juill. 1822 (D. A. *v° cit.*, n° 106).

[21] Dans quels cas peut-on dire qu'il y a été indûment compris? Voy. t. III, § **545**.

meuble comme lui appartenant ou comme bien dotal de sa femme : dans le premier cas, on donnerait à celle-ci une action en revendication qui durerait dix, vingt ou trente ans suivant que l'acquéreur est de bonne ou de mauvaise foi ; dans le second cas, on ne lui reconnaîtrait, conformément à l'article 1560 du Code civil, qu'une action en nullité sujette à la prescription de dix ans[22]. Appliquera-t-on ici la même règle, et distinguera-t-on suivant que le saisissant a cru le mari propriétaire ou que, sachant l'immeuble dotal, il a cru pouvoir quand même le saisir sur le mari? Il serait, je crois, peu raisonnable de scruter à ce point les intentions du poursuivant qui n'y a probablement pas regardé de si près et a saisi en masse tous les biens dont le mari avait la jouissance et l'administration[23] : on dira donc simplement qu'il a saisi par erreur sur le mari le bien de la femme, et que celle-ci peut agir en distraction comme tous les propriétaires de biens saisis *super non domino*[24].

§ **737**. La demande en distraction sort, par sa gravité, du cadre ordinaire des incidents, car elle met en jeu, d'une part le droit de propriété sur lequel il va être statué[1], d'autre part le sort de la saisie qui sera annulée s'il est jugé que l'immeuble litigieux n'appartient pas au saisi[2]; aussi, à la différence des autres incidents où le poursuivant et le saisi sont seuls mis en cause, les créanciers inscrits sont-ils spécialement représentés dans cette instance[3]. La demande est

[22] Voy., en ce sens, Delvincourt, *op. cit.*, t. III, p. 341 ; Aubry et Rau, *op. cit.*, t. V, p. 567 et 569; Troplong, *Du contrat de mariage* (Paris, 1850), t. IV, nº 3533; et, en sens contraire, c'est-à-dire pour l'application pure et simple de la prescription de trente ans dans ces deux hypothèses, Toullier, *op. cit.*, t. XIV, nº 232; Duranton, *op. cit.*, t. XV, nº 121; Colmet de Santerre, *op. cit.*, t. VI, nº 232 *bis*-VIII et suiv.; Rodière et Pont, *Contrat de mariage*, t. III, nº 1894.

[23] « Le mari a seul l'administration des biens dotaux pendant le mariage; il a seul « le droit d'en poursuivre les débiteurs et détenteurs, d'en percevoir les fruits et « les intérêts, et de recevoir le remboursement des capitaux » (C. civ., art. 1549).

[24] Bordeaux, 29 juill. 1857 (D. P. 57. 2. 216). Grenoble, 23 juill. 1859 (D. P. 60. 5. 127). Voy., sur cette question, Chauveau, sur Carré, *op. et loc. cit.*

§ **737**. [1] La loi attache toujours une grande importance aux procès qui intéressent la propriété immobilière (Voy. notamment t. I, §§ **154**, **164** et **184**).

[2] Voy., sur ce point, ce qui sera dit au même § des effets de la demande en distraction quand le demandeur a gain de cause.

[3] Voy. déjà, sur ce point, *suprà*, § **728**.

signifiée au premier d'entre eux; si le poursuivant est en même temps le premier créancier inscrit, deux significations sont faites, une à lui une autre au second créancier inscrit[4]. Cette façon de procéder n'est cependant pas requise à peine de nullité[5] : le jugement sera *res inter alios acta* pour celle des trois parties qui devait y être appelée et ne l'a pas été[6], mais on dépasserait le but de la loi en regardant leur mise en cause comme une formalité substantielle et irritante, et en permettant à celle des trois qui a été liée à cette instance d'attaquer le jugement sous prétexte que les deux autres ne l'ont pas été[7].

Cette demande est principale puisqu'elle émane d'une personne qui n'est pas encore en cause[8], mais elle n'est pas introductive d'instance, et cela suffit pour qu'elle soit dispensée du préliminaire de conciliation[9]. Elle est formée par acte d'avoué à avoué contre les parties qui ont un avoué[10], par assignation contre celles qui n'en ont pas[11]; si c'est le premier créancier inscrit, elle lui est signifiée au domicile élu par lui dans son inscription[12]. Dans tous les cas, l'exploit par lequel elle est formée est accompagné du dépôt au greffe des titres sur lesquels la demande est fondée[13], et contient, outre

[4] Bioche, *op. et v° cit.*, n° 655. Chauveau, sur Carré, *op. cit.*, t. V, IIe part., quest. 2419 *quinquies*. Boitard, Colmet-Daage et Glasson, *op. cit.*, t. II, n° 991. Rodière, *op. cit.*, t. II, p. 321. Colmar, 22 août 1835 (D. A. v° *cit.*, n° 1157).

[5] La loi n'édicte pas cette nullité, et on ne pourrait la suppléer qu'autant que cette formalité serait substantielle (Voy. t. II, § **198**); or on va voir qu'elle ne l'est pas.

[6] Comment s'y prendront-ils? Auront-ils besoin de former tierce-opposition? Je réserve cette question pour le tome V de ce Traité.

[7] Bioche, *op. et v° cit.*, n° 654. Persil, *op. cit.*, n° 340. Req. 19 déc. 1816 (D. A. v° *cit.*, n° 854). Besançon, 24 déc. 1850 (D. P. 54. 5. 674). Caen, 19 mai 1853 (D. P. 55. 2. 347). *Contrà*, Chauveau, sur Carré, *op. cit.*, t. V, IIe part., quest. 2419 *octies*. Pau, 7 juill. 1813; Colmar, 13 févr. 1838 (D. A. v° *cit.*, n° 1164). Voy. aussi, sur cette question, Rodière, *op. et loc. cit.*

[8] Limoges, 30 avr. 1888 (D. P. 90. 2. 167).

[9] Chauveau, sur Carré, *op. cit.*, t. V, IIe part., quest. 2419 *duodecies*. Voy., sur les demandes dispensées du préliminaire de conciliation parce qu'elles ne sont pas introductives d'instance, t. II, § **237**, et aj. que toutes les demandes sur les saisies en général en sont exemptées (Voy. t. II, § **238**, et *suprà*, § **728**).

[10] Arg. art. 718 (*Suprà*, § **728**). Bioche, *op. et v° cit.*, n° 657. Boitard, Colmet-Daage et Glasson, *op. cit.*, t. II, n° 992.

[11] Le poursuivant en a forcément un; le saisi et le premier créancier inscrit peuvent n'en pas avoir (Voy. *suprà*, § **728**).

[12] Voy., sur ce mode d'assignation et sur le cas où l'inscription de ce créancier ne contiendrait pas d'élection de domicile, *suprà*, *ib.*

[13] La loi ne le dit pas formellement, mais cela résulte implicitement de ce qu'elle exige (Voy. la suite de ce §) que l'acte par lequel la demande en distraction est formée contienne copie de l'acte de dépôt.

les énonciations communes à tous les exploits [14], la désignation de l'immeuble ou des immeubles revendiqués [15] et la copie de l'acte de dépôt. Ce dépôt et, à plus forte raison, cette copie ne sont pas requis à peine de nullité, et il suffit que les parties intéressées aient connaissance des titres invoqués par le demandeur, et soient mis à même d'apprécier le mérite de sa demande par les significations faites au cours de l'instance ou par les communications échangées entre les avoués [16]. Le demandeur n'aura même pas de titre à produire s'il n'a acquis la propriété que par prescription [17], mais, s'il se trouve actuellement dans les conditions voulues pour agir avec succès au possessoire, il fera mieux de s'y pourvoir que de revendiquer sous forme de demande en distraction [18]. Quant aux énonciations de l'exploit, les omissions ou inexactitudes qui s'y rencontrent n'entraînent la nullité de cet acte qu'autant qu'il s'agit d'indications substantielles, ainsi qu'il est dit au § **198**. Le délai ordinaire de la comparution [19] est augmenté, pour le saisi qui n'a pas d'avoué, « d'un jour par cinq myriamètres « de distance entre son domicile et le lieu où siège le tribu- « nal [20], sans que ce délai puisse être augmenté à l'égard de « la partie qui serait domiciliée hors du territoire continental « de la République [21]. » L'augmentation n'a pas lieu pour le poursuivant qui a nécessairement constitué avoué [22], mais

14 Voy., sur ces énonciations, t. II, § **224**.

15 Arg. art. 64 (Voy. t. II, § **249**). Bioche, *op. et v° cit.*, n° 660. Chauveau, sur Carré, *op. cit.*, t. V, II° part., quest. 2420 *bis*.

16 Bioche, *op. et v° cit.*, n° 661. Rodière, *op. et loc. cit.* Persil, *op. cit.*, n°s 340 et 341. Voy. cep. Chauveau, sur Carré, *op. cit.*, t. V, II° part., quest. 2419 *octies*.

17 Carré, *op. cit.* t. V, II° part., quest. 2420. Chauveau, sur Carré, *op. et loc. cit.*

18 Carré, *op. et loc. cit.* Chauveau, sur Carré, *op. et loc. cit.* Boitard, Colmet-Daage et Glasson, *op. cit.*, t. II, n° 993. Rodière, *op. et loc. cit.* Voy., sur les avantages de l'action possessoire sur la voie pétitoire, t. I, § **139**. C'est pour cela que les mots dont M. Pascalis avait demandé et obtenu l'insertion dans l'article 726 : « ... ou celle du fait sur lequel cette demande est fondée s'il n'y a pas titre, » ne se retrouvent pas dans la rédaction définitive (Voy., sur cet incident des travaux préparatoires de la loi du 2 juin 1841, Carré, *op. et loc. cit.*).

19 Huit jours en principe, trois jours avec la permission du président du tribunal (Voy. t. II, § **260**).

20 Voy., sur cette augmentation conforme au droit commun, t. II, § **206**.

21 « Cette augmentation prolongerait au-delà de toute mesure un incident qui peut « n'être élevé que par collusion avec le débiteur. D'ailleurs, déjà le saisi connaît « qu'il est menacé d'expropriation et qu'une poursuite commencée dans cet objet « réclame sa surveillance » (Pascalis, *Premier rapport à la Chambre des députés;* D. A. *v° cit.*, p. 578, n° 136). Voy., sur les augmentations extraordinaires des délais de distance, t. II, § **206**.

22 Voy. *suprà*, § **659**.

je crois équitable de l'accorder, malgré le silence de la loi, au premier créancier inscrit[23] qui n'a pas constitué d'avoué[24]. La demande en distraction n'est pas renfermée, comme la demande en nullité, dans les délais très brefs dont il sera parlé aux §§ **759** et suivants[25] et qui ne sauraient être opposés sans injustice à la revendication du droit de propriété; elle peut être formée jusqu'à l'adjudication sous la forme incidente qui suppose une saisie encore pendante[26], et même après la revendication comme demande principale soumise au préliminaire de conciliation et dirigée contre l'adjudicataire qui pourra appeler en garantie le poursuivant et le saisi[27]. Je ferai même observer : 1° que, la surenchère rouvrant la saisie et remettant en question les droits de l'adjudicataire, la distraction peut et doit être demandée par voie incidente jusqu'à l'adjudication sur surenchère[28]; 2° qu'il en est de même en cas de folle enchère, comme on le verra au § **752** (Art. 725 et 726).

L'article 727 n'indique pas clairement les effets de la demande en distraction : « Si la distraction demandée n'est « que d'une partie des objets saisis, il sera passé outre, no- « nobstant cette demande, à l'adjudication du surplus des « objets saisis. Pourront néanmoins les juges, sur la demande « des parties intéressées, ordonner le sursis pour le tout. Si « la distraction partielle est ordonnée, le poursuivant sera « admis à changer la mise à prix portée au cahier des char- « ges. » Il faut, en réalité, distinguer trois cas. 1° La distraction n'est encore que demandée. Les poursuites conti-

[23] Et au second, dans le cas où le poursuivant est en même temps le premier des créanciers inscrits (Voy., sur cette hypothèse, *suprà*, même §).

[24] Chauveau, sur Carré, *op. cit.*, t. V, IIe part., quest. 2419 *septies*. *Contrà*, Bioche, *op. et vo cit.*, no 659.

[25] C'est l'intérêt qu'il y a — je l'ai déjà dit au § précédent — à distinguer les cas où il y a lieu d'agir en nullité de ceux où il est permis d'agir en distraction.

[26] Bioche, *op. et vo cit.*, no 653. Chauveau, sur Carré, *op. cit.*, t. V, IIe part., quest. 2419 *bis* et 2422 *undecies*. Rodière, *op. cit.*, t. II, p. 322. Rennes, 12 févr. 1818 (D. A. *vo cit.*, no 50). Metz, 12 juill. 1822 (D. A. *vo cit.*, no 106). *Contrà*, Caen, 26 mai 1886 (D. P. 87. 2. 81).

[27] Je rappelle encore que l'action en revendication n'est pas purgée par l'adjudication et peut être intentée contre l'adjudicataire (Voy. *suprà*, § **703**; aj., sur l'appel du garant en cause, t. II, §§ **387** et suiv., et, sur le droit qu'a l'adjudicataire d'y appeler le poursuivant et le saisi, *suprà*, § **706**).

[28] Boitard, Colmet-Daage et Glasson, *op. cit.*, t. II, no 990. Besançon, 24 déc. 1850 (D. P. 50. 5. 674). Chambéry, 12 mai 1865 (D. P. 65. 2. 155).

nuent, car l'article 727 ne suppose pas qu'elles soient suspendues[29], mais on surseoit à l'adjudication en distinguant selon que la demande en distraction porte sur la totalité ou seulement sur une partie de l'immeuble saisi[30]. La demande tend-elle à la distraction totale, le sursis ne peut être refusé et doit même être ordonné d'office : l'article 727 ne parle, il est vrai, de sursis qu'à propos de la distraction partielle, ne prescrit pas de l'ordonner d'office, et n'oblige même pas le tribunal à l'accorder lorsqu'il est demandé, mais ce sursis s'impose plus que jamais quand la distraction totale est demandée, car il serait absurde de passer outre à l'adjudication en présence de la revendication qui vient de se produire, et de mettre en vente un bien que personne ne voudrait acheter sur le coup d'une pareille menace[31]. La demande ne tend-elle qu'à la distraction partielle, le sursis est de droit, par la même raison, pour la portion de l'immeuble dont la distraction est demandée; quant au reste, le tribunal apprécie s'il y a lieu de passer outre à l'adjudication ou de la remettre. C'est dans ce cas que le sursis ne peut être ordonné d'office, car la loi suppose qu'il est demandé[32], mais il peut être accordé à la demande d'une seule partie[33] et refusé dans le cas même où toutes le demanderaient[34] : on l'accordera si la portion non revendiquée n'est ni sujette à dépérissement ni assez importante pour qu'il vaille la peine de la mettre immédiatement en vente; on refusera le sursis[35] dans le cas contraire, en laissant naturellement au poursuivant la faculté de changer la mise à prix sans même s'adresser au tribunal ni recom-

[29] Chauveau, sur Carré, *op. cit.*, t. V, IIe part., quest. 2419 *novies*.

[30] Je suppose, pour simplifier, que la saisie ne comprend qu'un seul immeuble; les solutions seraient les mêmes si plusieurs immeubles étaient saisis et que la demande en distraction s'appliquât à tous les immeubles ou seulement à quelques-uns d'entre eux.

[31] Carré, *op. cit.*, t. V, IIe part., quest. 2421. Chauveau, sur Carré, *op. et loc. cit.* et quest. 2421 *quater*. Boitard, Colmet-Daage et Glasson, *op. cit.*, t. II, n° 994. Rodière, *op. cit.*, t. II, p. 322. Voy. cep. Bioche, *op. et v° cit.*, n° 668.

[32] Bioche, *op., v° et loc. cit.* Chauveau, sur Carré, *op. cit.*, t. V, IIe part., quest. 2421 *ter*. Rodière, *op. et loc. cit.* Persil, *op. cit.*, p. 346.

[33] Chauveau, sur Carré, *op. cit.*, t. V, IIe part., quest. 2421 *bis*. Rodière, *op. et loc. cit.*

[34] Bioche, *op. et v° cit.*, n° 669. Persil, *op. et loc. cit.* *Contrà*, Chauveau, sur Carré, *op. et loc. cit.*

[35] Chauveau, sur Carré, *op. cit.*, t. V, IIe part., quest. 2421 *quinquies*.

mencer les publications[36]. 2° La demande en distraction est admise par un jugement qui a acquis force de chose jugée[37] : la saisie tombe et l'adjudication devient impossible s'il s'agit d'une distraction totale; si elle n'est que partielle, l'adjudication est prononcée après fixation d'une nouvelle mise à prix pour la portion de l'immeuble dont la distraction n'a pas été demandée[38]. 3° La demande en distraction est rejetée par un jugement qui a acquis force de chose jugée[39] : rien ne s'oppose plus alors à l'adjudication[40].

§ **738.** On appelait autrefois demandes à fin de charges les réclamations formées au cours de la saisie immobilière par les tiers qui prétendaient avoir sur l'immeuble saisi des droits réels de servitude ou d'usufruit[1]. Le projet du Code de 1806 traçait pour cette hypothèse une procédure qui n'a point passé dans la rédaction définitive[2], et l'Exposé des motifs du titre *Des incidents de la saisie immobilière* laisse à entendre que ces réclamations doivent être assimilées aux demandes « à fin de distraire[3]. » C'était aussi la pensée des auteurs de la loi du 2 juin 1841, car la commission du Gouvernement proposait de rédiger ainsi l'article 725 : « La demande en « distraction de tout ou partie des objets saisis ou la récla-

36 Chauveau, sur Carré, *op. et loc. cit.*

37 S'il ne l'a pas acquise, c'est-à-dire s'il est encore susceptible d'appel ou d'opposition, on peut en appeler ou y former opposition : jusqu'à ce qu'il soit réformé, l'adjudication reste impossible; s'il est réformé, il est passé outre à l'adjudication (Voy., pour plus de détails, le tome V de ce Traité).

38 Boitard, Colmet-Daage et Glasson, *op. et loc. cit.*

39 S'il ne l'a pas encore acquise, l'adjudication peut être faite pendant les délais d'appel et d'opposition qui ne sont pas suspensifs (sauf ce qui sera dit du jugement par défaut faute de conclure); elle ne peut être faite lorsque l'appel et l'opposition ont été formés et ne sont pas encore jugés, car ils sont suspensifs (Voy., pour plus de détails, le tome V de ce Traité).

40 Voy., sur cette hypothèse, Bioche, *op. et v° cit.*, n° 671; Chauveau, sur Carré, *op. cit.*, t. V, IIe part., quest. 2421 *quater*; Boitard, Colmet-Daage et Glasson, *op. et loc. cit.*

§ **738.** 1 Duparc-Poullain, *op. cit.*, liv. V, ch. XXIV, nos 21 et suiv. (T. X, p. 639 et suiv.). Héricourt, *op. cit.*, ch. IX, nos 1 et suiv. (P. 143 et suiv.).

2 Le réclamant devait faire inscrire sa demande au bureau des hypothèques avant le jour fixé par l'adjudication; le poursuivant et le saisi pouvaient en demander la mainlevée; faute par eux de la demander ou si le tribunal la refusait, la réclamation était insérée au cahier des charges (Art. 747 et suiv.; dans Locré, *op. cit.*, t. XXII, p. 287 et 320).

3 Locré, *op. cit.*, t. XXII, p. 594.

« mation d'un droit réel ou d'un droit de jouissance sur les « biens saisis[4]... » En somme, il faut distinguer suivant l'époque à laquelle ces demandes se produisent : jusqu'à la publication du cahier des charges, il suffit d'y faire insérer un dire et toute autre façon de procéder doit être regardée comme frustratoire; après cette publication, l'action est intentée comme une demande en distraction dans les formes tracées au § précédent[5].

§ **739**. V. La conversion de la saisie en vente volontaire, ou substitution de l'adjudication sur vente volontaire à l'adjudication sur saisie immobilière[1], servait surtout avant 1841 à éviter les frais alors très élevés de cette saisie[2] : « Peu « d'avantages, dit le rapporteur de la loi du 2 juin 1841, « résultent aujourd'hui, sous le rapport de l'économie dans « les frais, du consentement à ces conversions, parce que les « formes des ventes judiciaires volontaires ne sont pas moins « dispendieuses que celles des ventes forcées; à l'avenir, la « diminution respective des formalités établira à peu près « le même niveau. La faculté que le projet maintient et « dont il explique les conditions n'en a pas moins son utilité. « D'une part, le débiteur cesse d'être exproprié : désormais « il concourt lui-même à la vente; ce n'est plus sa dépos- « session forcée qui s'opère, c'est une liquidation à laquelle « il se prête. D'autre part, tout se faisant de plein gré, il

[4] M. Pascalis disait aussi dans le travail qu'il avait préparé en 1838 : « Les récla- « mations d'un droit réel seraient de nature à influer sur la valeur d'un bien mis en « vente; ce sont donc là de vraies demandes en distraction, et il y a intérêt à pro- « voquer leur manifestation avant l'adjudication » (Voy., sur ces incidents des travaux préparatoires de la loi du 2 juin 1841, Carré, *op. cit.*, t. V, IIe part., p. 301).

[5] Voy., sur ce point, en sens divers, Bioche, *op. et v° cit.*, n° 672; Chauveau, sur Carré, *op. cit.*, t. V, IIe part., quest. 2419 *sexies;* Boitard, Colmet-Daage et Glasson, *op. cit.*, t. II, n° 995; req. 9 déc. 1835 (D. A. *v° cit.*, n° 1131).

§ **739.** [1] Le 2e alinéa de l'article 743 présente cet incident de la saisie immobilière comme une exception au principe posé dans l'alinéa 1er du même article : « Les immeubles appartenant à des majeurs maîtres de leurs droits « ne pourront, à peine « de nullité, être mis aux enchères lorsqu'il ne s'agira que de ventes volontaires. » Je renvoie l'explication de ce principe au tome V de ce Traité. L'article 743 (al. 2) se sert de l'ancienne expression *saisie réelle* qui est synonyme de *saisie immobilière* (Voy. *suprà*, § **638**).

[2] Voy., sur l'utilité que la conversion de la saisie en vente volontaire présentait, sous ce rapport, avant la loi du 2 juin 1841, Pigeau, *op. cit.*, t. II, p. 279; et, sur la réduction apportée par cette loi aux frais de la saisie immobilière, *suprà*, § **638**.

« devient facile de régler les conditions de l'adjudication d'a-« près les titres de propriété, de rassurer ainsi complète-« ment les enchérisseurs et d'obtenir de meilleures condi-« tions[3], » c'est-à-dire que la propriété est plus sûrement établie quand le saisi fournit lui-même les titres nécessaires à cet effet, et que, les chances d'éviction étant plus rares, les enchérisseurs sont plus disposés à élever leurs offres[4]. On verra, en outre, au § **744** que l'adjudication sur conversion peut avoir lieu devant un notaire du canton où l'immeuble est situé, ou devant un notaire du chef-lieu du département alors que l'immeuble est situé dans un autre arrondissement; or les parties peuvent espérer que la vente se fera mieux devant l'un de ces notaires que devant le tribunal de l'arrondissement de la situation de l'immeuble[5]. On verra, par contre, au § **746** que les adjudications faites sur conversion de saisie offrent, à certains égards, moins de sécurité que les autres et que, par cette raison, les conversions sont assez rares.

§ **740**. Il n'y a qu'une saisie transcrite qui puisse être convertie en vente volontaire, M. Debelleyme l'a fait remarquer dans la discussion de la loi du 2 juin 1841[1] : la conversion antérieure à la transcription n'aboutirait qu'à une impasse, car, après que le saisissant y aurait consenti, un autre pourrait survenir auquel elle ne serait pas opposable[2], et deux procédures se suivraient alors simultanément pour arriver à l'adjudication du même immeuble. Une fois la saisie transcrite, on n'a rien de pareil à craindre, car, si un nouveau saisissant se présentait alors à la transcription, le conservateur des hypothèques refuserait de l'y admettre[3]. A dater

[3] Pascalis, *Premier rapport à la Chambre des députés* (D. A. *v° cit.*, p. 579, n° 645).

[4] Bioche, *op. et v° cit.*, n° 768. Voy., sur les dangers que présente, à cet égard, l'adjudication sur saisie immobilière, *suprà*, § **703**.

[5] Voy., sur ce point, Bordeaux, 6 avr. 1838 (D. A. *v° cit.*, n° 1375).

§ **740.** [1] Voy. la séance de la Chambre des députés du 18 janvier 1841 (*Moniteur* du 9, p. 146). Aj. Boitard, Colmet-Daage et Glasson, *op. cit.*, t. II, n° 1009.

[2] La conversion de la saisie en vente volontaire exige le consentement de tous les intéressés, et n'est pas opposable à ceux d'entre eux qui n'y auraient pas consenti (Voy., sur ce point, la suite de ce §).

[3] Voy., sur ce point, *suprà*, § **731**. Je ferai cependant remarquer que ce raisonnement ne convient exactement qu'au cas où deux saisies identiques seraient formées

de ce moment, la conversion peut être demandée en tout état de cause, même à la veille de l'adjudication, car la loi n'a prescrit, à cet égard, aucun délai, et, bien que tous les frais de la saisie aient été déjà faits, la conversion conserve encore à ce moment les avantages signalés au § précédent (Art. 743)[4].

La demande à fin de conversion se porte, comme tous les incidents de la saisie, devant le tribunal du lieu de la poursuite[5] : tout autre serait incompétent *ratione materiæ*[6]. Elle se forme par une requête qui n'est ni grossoyée ni signifiée, mais signée des avoués de toutes les parties dont on va voir que le consentement est nécessaire : chacun d'eux peut la signer sans procuration spéciale de son client et en vertu du mandat général qu'il a reçu d'occuper dans la saisie[7]. Cette requête contient une mise à prix qui sert d'estimation, et remplace, par conséquent, la prisée par experts qui a lieu dans les ventes de biens de mineurs quand le tribunal ne considère pas la délibération du conseil de famille, les titres de propriété ou les baux qui existent sur l'immeuble comme des bases suffisantes pour fixer la mise à prix[8]. Le tribunal auquel la requête est présentée commet un juge pour faire

successivement : on a vu au § **731** qu'une seconde saisie peut être transcrite lorsqu'elle est plus ample que la première ou qu'elle ne porte pas tout à fait sur les mêmes biens, et cela n'empêche pas de demander la conversion de la première. Je reviendrai sur ce point au § **743.** La conversion antérieure à la transcription produirait seulement l'effet de la convention prévue par l'article 743, al. 1 (Carré, *op. cit.*, t. V, IIe part., quest. 2435; Chauveau, sur Carré, *op. et loc. cit.*; voy., sur l'article 743 (al. 1), le § précédent, note 1, et, sur l'effet que peut produire cette convention malgré l'article 743 qui la déclare nulle, le tome V de ce Traité).

[4] Bioche, *op. et v° cit.*, n° 772. Chauveau, sur Carré, *op. cit.*, t. V, IIe part., quest. 2450 *quater*. Boitard, Colmet-Daage et Glasson, *op. et loc. cit.* Bordeaux, 6 avr. 1838 (D. A. *v° et loc. cit.*).

[5] Voy., sur ce tribunal et sur sa compétence, spécialement en matière d'incidents, *suprà*, §§ **650** et **727.**

[6] Bioche, *op. et v° cit.*, n° 783. Chauveau, sur Carré, *op. cit.*, t. V, IIe part., quest. 2459 *sexies*. Rodière, *op. cit.*, t. II, n° 343. Paris, 29 avr. 1829 (D. A. v° *Compétence civile des tribunaux d'arrondissement*, n° 190). Paris, 30 avr. 1834 (D. A. v° *Vente publique d'immeubles*, n° 1393). Paris, 18 mars 1837 (D. A. v° *Compétence civile des tribunaux d'arrondissement, loc. cit.*). Req. 24 avr. 1832; Bordeaux, 6 avr. 1838 (D. A. v° *Vente publique d'immeubles*, *loc. cit.*). *Contrà*, Paris, 26 déc. 1835 et 17 août 1836 (D. A. v° *Compétence civile des tribunaux d'arrondissement, loc. cit.*). Voy., sur les conséquences de l'incompétence *ratione materiæ*, t. I, § **150.**

[7] C'est-à-dire que l'avoué peut signer cette requête et s'associer ainsi à la demande en conversion sans s'exposer au désaveu (T. II, § **371**). Voy., en ce sens, Bioche, *op. et v° cit.*, n° 787; Carré, *op. cit.*, t. V, IIe part., quest. 2450; Chauveau, sur Carré, *op. et loc. cit.*; Rennes, 8 août 1839 (D. A. v° *Vente publique d'immeubles*, n° 1396); req. 7 avr. 1852 (D. P. 52. 1. 111).

[8] Art. 955 (Voy. le tome V de ce Traité).

son rapport, ordonne la communication au ministère public, et statue le rapporteur et le procureur de la République entendus. S'il rejette la demande, la procédure ordinaire suit son cours; s'il l'admet, il fixe en même temps le jour et l'heure de l'adjudication, et commet pour y procéder un de ses membres, un juge d'un autre tribunal ou un notaire : il désigne souvent le magistrat ou le notaire indiqué par les parties, mais il n'est pas tenu de déférer à leur choix, et, pouvant refuser la conversion demandée, il peut refuser, à plus forte raison, de commettre le notaire ou le magistrat qu'on lui indique[9]. S'il désigne un juge d'un autre tribunal ou un notaire d'un autre arrondissement[10], l'adjudication ne se fera pas dans l'arrondissement de la situation de l'immeuble — une grande exploitation agricole de Seine-et-Oise ou de Seine-et-Marne aura quelquefois plus de chances de se bien vendre à Paris qu'à Versailles ou à Melun — mais ce cas est assez rare et le tribunal commet le plus souvent un de ses membres ou un notaire de son ressort[11]. S'il désigne un notaire d'un autre arrondissement, il retient néanmoins par-devers lui la connaissance des incidents qui pourront se produire, car aucune considération de fait ou de droit ne s'y oppose[12]; mais, s'il commet un juge d'un autre tribunal, il se dessaisit virtuellement en faveur de ce dernier du droit de statuer sur les incidents, car, si l'adjudication devait être prononcée par un tribunal et les incidents jugés par un autre, on perdrait en allées et venues un temps et un argent qu'il importe d'économiser[13]. Le jugement qui statue sur la demande en conversion, même pour la refuser, n'est susceptible ni d'appel ni d'opposition[14]; on ne doit même le signifier que pour faire

[9] Chauveau, sur Carré, *op. cit.*, t. V, IIe part., quest. 2450 *quinquies*. Boitard, Colmet-Daage et Glasson, *op. cit.*, t. II, n° 1012.

[10] Il en a le droit (Voy. la réponse de M. Pascalis à M. Gaillard de Kerbertin à la Chambre des députés, Séance du 18 janvier 1841; *Moniteur* du 19, *loc. cit.*).

[11] Bioche, *op. et v° cit.*, n° 794. Chauveau, sur Carré, *op. cit.*, t. V, IIe part., quest. 2450 *quinquies* et 2452.

[12] Bioche, *op. cit.*, v° *Vente sur folle enchère*, n° 36. Cela ressort, au surplus, de la discussion qui s'est élevée dans les travaux préparatoires de la loi du 2 juin 1841, au sujet du tribunal devant lequel serait portée la demande de revente sur folle enchère dans les ventes judiciaires volontaires (Voy. Bioche, *op.*, *v° et loc. cit.*, et le tome V de ce Traité).

[13] Bioche, *op. cit.*, v° *Contrat judiciaire*, n° 35. Chauveau, sur Carré, *op. cit.*, t. V, IIe part., quest. 2503 *quinquies*.

[14] Voy., sur ce point, *infrà*, § **925**, et le tome V de ce Traité.

courir le délai du pourvoi en cassation[15], mais il faut le lever pour pouvoir en présenter une expédition au juge ou au notaire chargé de procéder à l'adjudication et aux enchérisseurs qui seraient disposés à y prendre part (Art. 745 et 746; O. 10 oct. 1841, art. 7, § 10)[16].

§ **741**. Le consentement unanime des parties intéressées[1] est la condition essentielle de la conversion; le refus d'une seule d'entre elles la rend impossible : l'article 743 dit « qu'il « sera libre aux intéressés » de le demander, et l'article 745 que cette demande « sera signée de toutes les parties[2]. » Les administrateurs légaux (syndics de faillite, curateurs à succession vacante, héritiers bénéficiaires, maris des femmes dotales, administrateurs d'établissements publics) peuvent consentir à la conversion[3]; les femmes mariées et les individus pourvus d'un conseil judiciaire le peuvent, les unes avec l'autorisation de leur mari ou de justice, les autres avec l'assistance de leur conseil[4]; mais la loi, considérant qu'il s'agit ici de renoncer à des formalités protectrices[5], est parti-

[15] Bioche, *op. cit.*, v° *Saisie immobilière*, n° 796. Chauveau, sur Carré, *op. cit.*, t. V, II° part., quest. 2453. Paris, 27 juin 1872 (D. P. 73. 5. 412). Ce jugement reste susceptible du pourvoi en cassation (Voy. le tome V de ce Traité).

[16] Bioche, *op.*, *v° et loc. cit.* Chauveau, sur Carré, *op. et loc. cit.*

§ **741.** [1] « Majeures et maîtresses de leurs droits » dit l'article 743. On trouvera dans la suite du texte le commentaire de cette formule.

[2] Cet article, qui n'existait pas dans le Code de 1806, a précisément pour but d'exprimer que « le concours de tous les intéressés est nécessaire pour la demande « en conversion » (Rapport de M. Isambert à la commission de 1838, dans Carré, *op. cit.*, t. V, II° part., quest. 2450 *bis*). L'opinion d'après laquelle le consentement de la majorité suffit et lie la minorité, comme en matière de concordat (Persil, *op. cit.*, n° 397; Paris, 16 janv. 1815, D. A. *v° cit.*, n° 1379; comp. C. comm., art. 507), est restée isolée (Bioche, *op. et v° cit.*, n° 774; Carré, *op. et loc. cit.;* Chauveau, *op. et loc. cit.;* Boitard, Colmet-Daage et Glasson, *op. cit.*, t. II, n° 1009; Rodière, *op. et loc. cit.;* Paris, 5 mess. an X, D. A. *v° cit.*, n° 1378; Paris, 20 sept. 1809 et 26 sept. 1810, D. A. *v° cit.*, n° 1380; Bourges, 4 mai 1819, D. A. *v° cit.*, n° 1378; Grenoble, 22 juin 1831, D. A. *v° cit.*, n° 1417; Bourges, 5 déc. 1836, D. A. *v° cit.*, n° 1378; Bordeaux, 6 avr. 1838, D. A. *v° cit.*, n° 1375; civ. cass. 11 nov. 1862, D. P. 62. 1. 504).

[3] Voy., sur l'application de cette règle, Rodière, *op. et loc. cit.;* et, sur le pouvoir qu'ont ces personnes de former la saisie immobilière, t. III, § **537**.

[4] Ils ne peuvent saisir qu'à cette condition (Voy. t. II, § **539**), et elle est également nécessaire pour qu'ils puissent consentir à la conversion de leur saisie en vente volontaire (Bioche, *op. et v° cit.*, n° 781; Carré, *op. cit.*, t. V, II° part., quest. 2449; Chauveau, sur Carré, *op. et loc. cit.; contrà,* Boitard, Colmet-Daage et Glasson, *op. cit.*, t. II, n° 1010).

[5] Voy., sur la procédure après conversion, *infrà*, § **743**.

culièrement exigeante en fait de pouvoir et de capacité : 1° le tuteur qui peut saisir sans l'autorisation du conseil de famille [6] ne peut, sans cette autorisation, conclure ou adhérer à la conversion de la saisie en vente volontaire [7]; 2° il en est de même du mineur émancipé qui peut saisir [8] mais ne peut consentir à la conversion sans l'assistance de son curateur (Art. 744) [9]. Reste à préciser le sens du mot *intéressés* dans l'article 743 et à déterminer ces intéressés sans le consentement desquels la conversion n'est pas possible : l'article 743 distingue, à cet égard, suivant que la demande est formée avant ou après les sommations prescrites par l'article 692 [10].

A. Dans le premier cas, la loi ne reconnaît d'intérêt légitime qu'au poursuivant et au saisi : ces personnes sont les seules dont le consentement soit nécessaire; elles peuvent, avec l'autorisation du tribunal, convertir d'un commun accord la saisie en vente volontaire sans que les créanciers privilégiés ou hypothécaires puissent s'y opposer [11], car, à ce moment, le poursuivant est encore maître de la situation. Il peut consentir malgré les autres créanciers à la radiation de sa saisie [12]; il peut aussi en opérer la conversion quoique ce soit plus grave, car ils conservent après la radiation le droit de saisir à leur tour, au lieu que la conversion ne leur laisse même pas cette ressource [13]. Tout ce qu'ils peuvent faire,

[6] Voy. t. III, § **537**.

[7] La délibération du conseil de famille, que l'article 744 appelle un « avis de parents » (Voy., sur cette expression, le tome V de ce Traité), doit être favorable (Bioche, *op. et v° cit.*, n° 778; Carré, *op. cit.*, t. V, II° part., quest. 2447; Chauveau, sur Carré, *op. et loc. cit.;* Boitard, Colmet-Daage et Glasson, *op. et loc. cit.*); mais la loi n'exige pas l'homologation du tribunal, d'autant moins nécessaire ici que la conversion ne peut se faire qu'en vertu d'un jugement et peut toujours être refusée (Bioche, *op. et v° cit.*, n° 779; Carré, *op. cit.*, t. V, II° part., quest. 2448; Chauveau, sur Carré, *op. et loc. cit.;* Boitard, Colmet-Daage et Glasson, *op. et loc. cit.;* voy., sur le droit qu'a le tribunal de refuser la conversion demandée, le § précédent).

[8] Voy. t. III, § **539**.

[9] *Quid* du mari qui peut saisir sans le concours de sa femme sous tout autre régime que le régime dotal (Voy. t. III, § **537**)? Je crois qu'il peut, comme les autres administrateurs légaux, consentir à la conversion de la saisie en vente volontaire : les dispositions relatives au tuteur et au mineur émancipés sont exceptionnelles.

[10] Voy., sur ces sommations, *suprà*, § **671**.

[11] Le consentement du saisi est, d'ailleurs, indispensable, et le poursuivant ne pourrait opérer à lui seul la conversion de la saisie (Req. 26 janv. 1875; D. P. 76. 1. 124).

[12] Voy. *suprà*, §§ **674** et **735**.

[13] Carré, *op. cit.*, t. V, II° part., quest. 2444. Chauveau, sur Carré, *op. et loc. cit.*

c'est d'attaquer le jugement de conversion s'il n'a pas été régulièrement rendu, de faire annuler la procédure qui s'en est suivie si les formalités voulues n'ont pas été observées, ou de s'y faire subroger si elle est frauduleusement ou négligemment conduite[14]. L'existence d'une seconde saisie, transcrite comme plus ample ou comme portant sur d'autres biens que la première[15], n'empêche pas non plus le poursuivant de convertir sa saisie en vente volontaire et de transformer du même coup la seconde saisie qui a été jointe à la sienne et placée sous sa direction en vertu des articles 719 et 720[16] : le second saisissant ne peut, comme les créanciers privilégiés et hypothécaires, qu'attaquer le jugement de conversion, faire annuler la procédure qui l'a suivi, ou s'y faire subroger[17].

B. La signification des sommations prescrites par l'article 692 ne change rien, sous ce rapport, à la situation du second saisissant, et, pas plus qu'avant, son consentement n'est requis pour que la conversion s'exécute[18]; mais il en est autrement des créanciers inscrits. Liés à la saisie par les sommations qu'ils ont reçues[19], leur consentement est aussi nécessaire pour la conversion que pour la radiation de la saisie, et il est même à remarquer que ce consentement, qui n'est pas requis en cas de radiation tant que ces sommations n'ont pas été mentionnées en marge de la transcription de la saisie[20], devient nécessaire en cas de conversion dès qu'elles ont été signifiées[21] : je reviendrai plus loin sur cette anomalie[22]. Il suffit même, pour cela, que la conversion ne soit pas devenue

14 Carré, *op. cit.*, t. V, IIe part., quest. 2446. Chauveau, sur Carré, *op. et loc. cit.* Civ. rej. 23 janv. 1878 (D. P. 78. 1. 134).

15 Voy. *suprà*, § **731**.

16 Voy. *ib.*

17 Carré, *op. et loc. cit.* Chauveau, sur Carré, *op. et loc. cit.* Rouen, 24 juin 1853 (D. P. 53. 2. 214).

18 Carré, *op. et loc. cit.* Chauveau, sur Carré, *op. et loc. cit.*

19 Voy. *suprà*, § **671**.

20 Voy. *suprà*, §§ **674** et **735**.

21 Civ. cass. 11 nov. 1862 (D. P. 62. 1. 504).

22 « Ce n'est point une antinomie, dit un auteur que Carré cite sans le nommer (*Op. cit.*, t. V, IIe part., quest. 2444) : la raison de différence réside dans celle des « positions et des parties intéressées. Au cas qui nous occupe, tout se passe entre les « parties de l'instance, tandis que, dans la prévision de l'article 693, il peut y avoir « des tiers dont l'attention ne peut être éveillée que par la mention faite sur le regis- « tre de la conservation des hypothèques. » Je reproduis cette observation sans me l'approprier, tant elle me paraît peu claire.

définitive avant cette époque : si le jugement qui refuse la conversion a été rendu avant ces sommations et frappé d'appel, que cet appel ait été par erreur déclaré recevable [23], et que l'arrêt ne soit pas encore rendu au moment où elles sont signifiées, la conversion exige néanmoins le consentement des créanciers inscrits [24].

§ **742.** La conversion de la saisie en vente volontaire supprime quelques formalités et change le mode d'adjudication [1], mais ne fait cesser les effets de cette saisie ni dans le passé ni dans l'avenir, et laisse les parties dans la situation respective où elles se trouvaient avant la conversion [2]. Je tire de ce principe les conséquences suivantes. 1° Le saisi n'aggrave sa position ni en consentant à la conversion ni même en la demandant; il peut quand même arrêter la poursuite en signifiant au saisissant des offres réelles suivies de consignation [3], il ne contracte envers lui aucune obligation nouvelle, et garde, s'il est tiers détenteur, la faculté de délaisser [4]. 2° La transcription de la saisie conserve ses effets : une nouvelle saisie identique à la première ne peut être transcrite [5], les fruits naturels et civils de l'immeuble saisi demeurent immobilisés [6], et le saisi ne recouvre pas le

[23] Voy., sur ce point, *suprà*, même §.
[24] Civ. cass. 11 nov. 1862 (D. P. 62. 1. 304).

§ **742.** [1] Voy., à cet égard, les deux §§ suivants.
[2] Bioche, *op. et v° cit.*, n° 798. Carré, *op. cit.*, t. V, IIe part., quest. 2436. Chauveau, sur Carré, *op. et loc. cit.* Rodière, *op. cit.*, t. II, p. 344. Persil, *op. cit.*, nos 394 et 401. Angers, 4 janv. 1833 (D. A. v° *Priviléges et hypothèques*, n° 1679). Civ. rej. 23 juill. 1872 (D. P. 72. 1. 337).
[3] Paris, 28 août 1850 (D. P. 54. 5. 672). Voy., sur la procédure d'offres réelles et de consignation, le tome V de ce Traité, et, sur le moyen d'arrêter les poursuites à fin de saisie immobilière, *suprà*, § **665.**
[4] Carré, *op. et loc. cit.* Chauveau, sur Carré, *op. et loc. cit.* Voy., sur la faculté de délaisser, *suprà*, § **647.** Je ne parle pas du bénéfice de discussion, parce qu'il doit être opposé dès les premières poursuites (Voy. *suprà*, *ib.*) et que ce moment est passé lors de la conversion de la saisie qui ne peut avoir lieu qu'après la transcription (Voy. *suprà*, § **740**).
[5] J'ajoute qu'une première transcription rend par elle-même impossible toute transcription ultérieure d'une saisie identique : il n'est pas besoin, pour cela, que le jugement de conversion ait été mentionné, comme le prescrit l'article 748, en marge de la transcription de la saisie (Voy., sur cette formalité, le § suivant; sur la défense qui est faite au conservateur des hypothèques d'admettre à transcription des saisies successives et identiques, *suprà*, § **731**; et, sur ces différents points, Bioche, *op. et v° cit.*, n° 798).
[6] Art. 748. Voy., sur cet effet de la transcription de la saisie, *suprà*, § **662.** « Sans préjudice du droit qui appartient au poursuivant de se conformer, pour les

droit d'aliéner qu'il a perdu [7]. D'ailleurs, rien n'empêche les parties intéressées au sens de l'article 743 [8] de renoncer au bénéfice de ces deux dernières dispositions, et le saisi peut, avec leur consentement, toucher ses loyers ou ses fermages et même vendre son immeuble à l'amiable : leurs arrangements sont valables puisqu'aucun texte de loi ne les annule [9], et il peut être utile aux créanciers d'acheter, par cette concession, le concours du débiteur à la saisie et un meilleur établissement de la propriété [10]. On remarquera seulement une conséquence singulière de l'anomalie signalée au § précédent : la saisie suit-elle son cours ordinaire, le saisi peut aliéner, avec le consentement du poursuivant et malgré la résistance des créanciers inscrits, jusqu'à ce que les sommations prescrites par l'article 692 [11] aient été mentionnées en marge de la transcription de la saisie [12]; est-elle convertie en vente volontaire, le saisi a besoin pour aliéner, après que ces sommations sont signifiées, non-seulement du consentement du poursuivant mais encore de celui des créanciers inscrits [13], en sorte que, dans l'intervalle qui s'écoule entre ces sommations et la mention qui en sera faite en marge de la transcription de la saisie, les créanciers inscrits ne peuvent empêcher l'aliénation si la saisie suit son cours normal, et peuvent s'y opposer si elle est convertie en vente volontaire. La combinaison des articles 687, 693, 743 et 748 conduit forcément à cette anomalie que la loi n'a peut-être

« loyers et fermages, à l'article 685 » (Art. 748), c'est-à-dire que le poursuivant pourra faire entre les mains des locataires ou fermiers un simple acte d'opposition valant saisie-arrêt et en vertu duquel ils ne pourront plus se libérer qu'entre les mains des porteurs de mandements de collocation ou du préposé à la Caisse des dépôts et consignations (Voy. *suprà*, § **662**). Si c'est le saisi qui est chargé de poursuivre la vente, comme il arrive souvent en cas de conversion (Voy. le § suivant), c'est à lui qu'il appartient de faire opposition entre les mains de ses propres locataires ou fermiers ; il ne le fera pas sans répugnance (Chauveau, sur Carré, *op. cit.*, t. V, IIe part., quest. 2455).

7 Art. 748. Voy., sur cet effet de la transcription de la saisie, *suprà*, §§ **664** et suiv.

8 Voy. le § précédent.

9 C. civ., art. 1134.

10 Boitard, Colmet-Daage et Glasson, *op. cit.*, t. II, nº 1015. Voy., sur cet avantage de la conversion de la saisie en vente volontaire, *suprà*, § **739**.

11 Voy. *suprà*, § **671**.

12 Voy. *suprà*, § **665**.

13 Voy. le § précédent.

pas prévue[14], mais je rappelle que l'intervention fournira aux créanciers inscrits le moyen d'éviter que le saisi n'aliène sans leur consentement, quelle que soit la forme de la saisie et à quelque phase de son cours qu'elle soit arrivée[15]. 3° Les parties intéressées, non plus au sens de l'article 743 mais dans la plus large acception de ce mot, c'est-à-dire tous les créanciers privilégiés, hypothécaires ou simplement chirographaires, peuvent, malgré la conversion, se faire subroger dans les poursuites en cas de négligence du poursuivant[16]; le projet de loi présenté par le Gouvernement en 1838 en faisait la réserve expresse qui a disparu, comme inutile, de la rédaction définitive de la loi du 2 juin 1841[17]. 4° Le privilège des frais de poursuite[18] subsiste de plein droit, quand même il n'en serait pas fait mention dans le nouveau cahier des charges dont il sera parlé au § suivant[19]. 5° La conversion n'apporte aucune modification au règlement des incidents, au système des nullités, aux délais et aux effets de l'adjudication et de la surenchère : la saisie convertie en vente volontaire reste soumise, sur ces divers points, aux règles qui lui sont propres, et n'emprunte rien à la procédure des ventes volontaires qui se font en justice. Je reviendrai sur cette observation au § **746**.

§ **743**. Les parties qui ont adhéré à la conversion de la saisie[1] ont, tout d'abord, à désigner la personne qui sera chargée de faire procéder à la vente. On peut compter sur l'activité du poursuivant; on peut espérer que le saisi se prêtera de meilleure grâce à l'établissement de la propriété[2] : les intéressés choisiront entre eux et verront lequel des deux

[14] Voy. cep. Chauveau, sur Carré, *op. cit.*, t. V, IIe part., quest. 2455 *bis*.
[15] Chauveau, sur Carré, *op. et loc. cit.* Aj., sur cette intervention des créanciers inscrits, *infrà*, § **728**.
[16] Voy., sur ce droit, *suprà*, § **731**.
[17] Voy., sur ce point, les documents rapportés par Carré, *op. cit.*, t. V, IIe part., quest. 2454 *bis*. Aj. Bioche, *op. et vo cit.*, no 810; Chauveau, sur Carré, *op. et loc. cit.*; Boitard, Colmet-Daage et Glasson, *op. cit.*, t. II, no 1014.
[18] Voy., sur ce privilège et sur la distinction des frais ordinaires et extraordinaires de poursuite, *infrà*, § **707**.
[19] Chauveau, sur Carré, *op. cit.*, t. V, IIe part., quest. 2437.

§ **743**. [1] Quelles doivent être ces personnes? Voy. *suprà*, § **741**.
[2] Voy., sur cet avantage de la conversion, *suprà*, § **739**.

mérite le plus de confiance. Le jugement de conversion fera mention de leur accord. Faute d'autre désignation, le poursuivant originaire demeurera chargé de la direction de la saisie[3]. Quel que soit le nouveau poursuivant[4], son premier soin doit être de présenter le jugement de conversion au conservateur des hypothèques pour qu'il en fasse une mention sommaire en marge de la transcription de la saisie : il doit remplir cette formalité dans la huitaine, et il est passible de dommages-intérêts, en cas d'omission ou de simple retard, envers les personnes dans l'intérêt desquelles elle est prescrite[5], à savoir : 1° les créanciers inscrits qui n'ont pas encore été sommés au moment de la conversion et à l'insu desquels elle s'est peut-être faite[6]; la mention du jugement en marge de la transcription de la saisie leur apprendra cet événement s'il l'ignorent, attirera dans tous les cas leur attention, et les mettra à même, s'ils sont prudents, de surveiller la procédure, d'y intervenir et d'en demander au besoin la nullité[7]; 2° le second saisissant dont le consentement n'est jamais nécessaire; cette mention l'avertira de veiller à ses intérêts, et de demander, le cas échéant, la subrogation d'autant plus utile après la conversion que la saisie est détournée de sa marche ordinaire, et qu'on peut craindre le concert frauduleux du poursuivant et du saisi (Art.748) [8].

La conversion de la saisie en vente volontaire la simplifie à deux points de vue. 1° Si les sommations prescrites par l'article 692 n'ont pas encore eu lieu, il est inutile de les faire; on verra d'ailleurs au § **746** que les hypothèques des créanciers qui n'ont pas été sommés ne sont pas purgées par le jugement d'adjudication. 2° La saisie convertie suppose un cahier des charges sur lequel je vais revenir, mais la publica-

[3] Bioche, *op. et v° cit.*, n° 803. Carré, *op. cit.*, t. V, II° part., quest. 2443. Chauveau, sur Carré, *op. et loc. cit.* Rodière, *op. et loc. cit.*

[4] « A la diligence du poursuivant » (Art. 748). Cette expression désigne-t-elle toute personne chargée de la direction de la saisie convertie, ou seulement, comme le croit Rodière (*Op. et loc. cit.*), l'ancien poursuivant maintenu dans cette fonction? Cette question n'a pas d'intérêt après ce qui vient d'être dit : quel que soit désormais le poursuivant, c'est à lui qu'incombe l'accomplissement de cette formalité.

[5] Rodière, *op. et loc. cit.*

[6] Voy., sur ce point, le § précédent.

[7] Voy., sur ce point, *suprà*, § **741**.

[8] Voy., sur ce point, Rodière, *op. et loc. cit.*, et, sur cette subrogation, le § précédent.

tion de ce cahier n'y existe pas, et les délais établis aux §§ **680** et **683** entre le dépôt, la publication et l'adjudication se trouvent, par conséquent, supprimés. L'article 743 n'exige, en effet, en cas de conversion que les formalités prescrites pour la vente des biens de mineurs par les articles 958 et 962 [9], formalités qui seront plus amplement exposées au tome V de ce Traité et qui se réduisent : 1° à la rédaction de placards énonçant le jugement de conversion, les noms, professions et domiciles du saisi et de ses tuteur et subrogé tuteur s'il est mineur, la désignation des biens telle qu'elle résulte du cahier des charges, la mise à prix, l'indication des lieu, jour et heure de l'adjudication, et celle de la personne devant laquelle elle sera faite [10]; 2° à l'apposition de ces placards, quinze jours au moins et trente jours au plus avant l'adjudication [11], aux lieux désignés en l'article 699 [12] et, si un notaire a été commis pour procéder à l'adjudication, à la porte de son étude [13]; 3° à l'insertion de ces placards, avant l'expiration du même délai, dans un journal désigné conformément à l'article 696 [14], et, si la vente a lieu dans un autre arrondissement que celui

[9] L'article 743 renvoie encore aux articles 964 et 965, mais l'article 964 est relatif aux formes et conditions de l'adjudication et l'article 965 à la surenchère : je réserve ces deux points pour les §§ **746** et **747**.

[10] La rédaction de ces placards n'appartient jamais au notaire devant lequel l'adjudication peut être faite : 1° l'article 958, auquel renvoie l'article 743, ne reproduit pas la distinction faite dans l'article 957 pour la rédaction du cahier des charges (Voy. *infrà*, même §, et le tome V de ce Traité); 2° l'ordonnance du 10 octobre 1841 spécifie qu'en cas de conversion de la saisie en vente volontaire « les avoués restent « chargés de l'accomplissement des autres actes de la procédure » (Art. 14; *autres*, c'est-à-dire autres que la rédaction du cahier des charges, la réception des enchères et l'adjudication; voy., sur la rédaction d'un cahier des charges en cas de conversion de la saisie en vente volontaire, *infrà*, même §). La rédaction des placards appartient donc toujours à un avoué : à l'avoué qui occupe pour le poursuivant devant le tribunal où la saisie se poursuit, et, en cas de renvoi de l'adjudication devant un autre tribunal, à un avoué spécialement commis à cet effet parmi ceux qui exercent près ce tribunal (Bioche, *op. cit.*, v° *Vente judiciaire d'immeubles*, n°s 58 et 68; Chauveau, sur Carré, *op. cit.*, t. V, IIe part., quest. 2502 *bis*; Boitard, Colmet-Daage et Glasson, *op. cit.*, t. II, n° 1849; civ. cass. 18 nov. 1844, D. P. 45. 1. 12).

[11] Est-ce un délai franc? La cour de Douai a jugé affirmativement le 21 juin 1849 (D. P. 50. 2. 138); mais Chauveau (Sur Carré, *op. cit.*, t. V, IIe part., quest. 2502 *quater*) enseigne avec raison la négative, conformément au principe posé t. II, § **205**, que les seuls délais francs sont ceux dans lesquels une personne est tenue d'obtempérer à un acte fait à sa personne ou à son domicile.

[12] Voy. *suprà*, § **682**.

[13] Il est justifié de l'accomplissement de cette formalité suivant le mode indiqué par l'article 699 (Voy. *suprà*, *ib.*).

[14] Voy. *suprà*, § **681**.

de la situation de l'immeuble[15], dans le journal de cet arrondissement qui est désigné pour recevoir les annonces judiciaires[16]; 4° à la publicité supplémentaire que le tribunal ordonnera s'il le juge nécessaire[17]; 5° à la notification adressée au subrogé tuteur du saisi, s'il est mineur, avec indication du lieu, du jour et de l'heure de l'adjudication et avertissement qu'il y sera procédé malgré son absence[18]. Ces formalités appellent trois observations importantes.

1° L'énumération qu'en donne l'article 743 doit être complétée par l'article 957, aux termes duquel les ventes volontaires qui se font en justice sont précédées de la rédaction d'un cahier des charges contenant, outre les indications prescrites au § **669**[19], « celle des titres qui établissent la pro« priété[20]. » L'omission de cet article dans la liste de ceux auxquels renvoie l'article 743 est le résultat d'un accident sans conséquence : l'article 744 du projet de 1838 (aujourd'hui 743) renvoyait aux articles 958 et suivants, et l'article 957 actuel qui portait alors le n° 958 se trouvait ainsi compris dans ce renvoi[21]; il ne l'est plus aujourd'hui qu'il a changé de numéro, mais les auteurs du projet voulaient certainement y renvoyer, et comment ne l'auraient-ils pas voulu? L'établissement de la propriété n'est-il pas le but principal de la conversion[22], et peut-on la concevoir sans un cahier des charges qui fasse connaître à l'adjudicataire les titres qui le mettront à l'abri de toute éviction? Il suit de là : 1) que, si la conversion est antérieure à la rédaction du cahier des charges, ce cahier sera rédigé suivant les prescriptions de l'article 957 et contiendra, par conséquent, l'établissement de la propriété; 2) que, si la conversion est postérieure à cette rédaction, le premier cahier, qui ne contient pas l'établissement de la propriété puisqu'il a été rédigé sans la parti-

15 Voy., sur cette hypothèse, *suprà*, § **650**.

16 Il en est justifié conformément à l'article 699 (Voy. *suprà*, § **681**).

17 Conformément aux articles 697 et 700 (Voy. *suprà*, §§ **681** et **682**).

18 Voy., sur cette formalité, Carré, *op. cit.*, IIe part., quest. 2441 ; Chauveau, sur Carré, *op. et loc. cit.*

19 Y compris la mise à prix qui servira d'estimation (Voy. *suprà*, § **669**).

20 Voy., pour plus de détails, le tome V de ce Traité.

21 Voy., sur ce point, Chauveau, sur Carré, *op. cit.*, t. V, IIe part., n° DIV *ter*.

22 Voy. *suprà*, § **739**.

cipation du saisi [23], sera remplacé par un second plus conforme aux exigences de l'article 957 et contenant l'indication des titres qui justifient de la propriété [24]. Cette rédaction appartiendra tantôt à un avoué tantôt à un notaire : 1) à un avoué si la vente se fait devant un juge; à l'avoué du poursuivant si ce juge est membre du tribunal où la saisie se poursuit; dans le cas contraire, à un avoué commis spécialement à cet effet parmi ceux du tribunal où se fera l'adjudication; 2) à un notaire si la vente doit se faire devant lui : l'article 957 fait cette distinction pour toutes les ventes qui se font par-devant notaire [25], et l'article 14 de l'ordonnance du 10 octobre 1841 fixe l'allocation à laquelle il a droit pour ce travail [26].

2° Les parties capables ou dûment représentées peuvent non-seulement convertir la saisie en vente volontaire, mais encore supprimer d'un commun accord celles des formalités prescrites au présent § qui leur paraîtraient superflues. L'unanimité des parties intéressées au sens de l'article 743 [27] est aussi nécessaire en pareil cas que pour opérer la conversion, mais ces formalités, édictées pour la protection d'intérêts privés, n'ont pas un caractère d'ordre public et il n'est pas interdit de les restreindre [28]. On invoque, en sens contraire, le premier alinéa de l'article 743 qui défend, dans l'intérêt des notaires, de faire en justice des ventes volontaires [29]; on ajoute que le privilège de ces officiers ministériels sera trop facilement éludé si l'on peut faire en justice, en simplifiant les formalités légales, des ventes aussi peu coûteuses que celles qui se font par-devant notaire, et on conclut de là que la réduction des formalités prescrites en matière de conversion n'est permise que dans le cas où l'adjudication doit se faire par-

[23] Voy. *suprà*, § **669**.
[24] Chauveau, sur Carré, *op. et loc. cit.*, et quest. 2442.
[25] Comp. *suprà*, note 10.
[26] Voy., sur cette difficulté, Pascalis, *Premier rapport à la Chambre des députés* (D. A. v° *Vente publique d'immeubles*, p. 579, n° 157); Bioche, *op. cit.*, v° *Saisie immobilière*, n° 802; Chauveau, sur Carré, *op. cit.*, t. V, II° part., quest. 2442. La question ne se poserait pas si, avant la demande à fin de conversion, le cahier des charges avait été rédigé de concert avec le saisi et avec établissement de la propriété. Le coût de cet acte appartiendrait alors sans conteste à l'avoué qui l'aurait rédigé.
[27] Voy., sur ce point, *suprà*, § **741**.
[28] Arg. C. civ., art. 1134.
[29] Voy. *suprà*, § **739**, note 1, et le tome V de ce Traité.

devant notaire. Cette argumentation n'est pas exacte : d'une part, l'article 743 n'a rien à faire ici, car il défend de procéder en justice à des ventes volontaires et cette prohibition n'existe pas dans l'espèce, puisque le tribunal qui autorise la conversion peut renvoyer à son choix devant un notaire ou devant un juge; d'autre part, cette latitude laissée au tribunal est la preuve que, dans ce cas particulier, la loi ne s'est pas préoccupée outre mesure de l'intérêt des notaires [30].

3° Les saisies converties en ventes volontaires comportent les mêmes incidents que celles qui sont abandonnées à leur cours ordinaire. Le tribunal auquel appartient le juge chargé de procéder à l'adjudication connaîtra naturellement de ces incidents, mais le notaire et même le juge commis à cet effet n'auront pas qualité pour y statuer, et les renverront, pour être jugés dans les formes indiquées au § **728**, devant le tribunal auquel la loi attribue juridiction en matière de saisie [31]. La procédure sur conversion est notamment sujette à l'interruption et à la reprise d'instance qui ne s'appliquent à la saisie même qu'autant qu'elle est considérée comme une instance [32]. « Si après le jugement, dit l'article 747, il sur-« vient un changement dans l'état des parties, soit par décès « ou faillite soit autrement, ou si les parties sont représentées « par des mineurs, des héritiers bénéficiaires ou autres inca-« pables, le jugement continuera à recevoir sa pleine et en-« tière exécution; » si donc, *à contrario,* ces événements surviennent entre la demande et le jugement de conversion, la demande est à regarder comme non avenue, de nouveaux consentements doivent être demandés aux parties en cause, et le refus d'une seule d'entre elles rend la conversion impossible [33]. Cette interruption a, d'ailleurs, un caractère particulier et diffère, à deux points de vue, de celle dont il est

30 Voy., en sens divers, sur cette question, Bioche, *op. et v° cit.,* n° 806; Carré, *op. cit.,* t. II, quest. 2440; Pigeau, *op. cit.,* t. II, p. 282; Chauveau, sur Carré, *op. et loc. cit.*

31 Carré, *op. cit.,* t. V, IIe part., quest. 2436. Chauveau, sur Carré, *op. et loc. cit.,* et quest. 2453 *ter.* Boitard, Colmet-Daage et Glasson, *op. cit.,* t. II, n° 1014. Paris, 22 juin 1850 (D. P. 52. 2. 56). Bourges, 31 mars 1852 (D. P. 52. 2. 286). Paris, 17 févr. 1853 (D. P. 53. 2. 231). Civ. rej. 22 juill. 1872 (D. P. 73. 1. 337).

32 Voy., sur ce point, *suprà,* § **727**.

33 Voy., sur l'unanimité nécessaire pour opérer la conversion de la saisie en vente volontaire, *suprà,* § **741**.

parlé aux §§ **361** et suivants : 1) les changements survenus dans l'état des parties n'entraînent généralement pas l'interruption des instances, et ils interrompent la procédure sur conversion jusqu'à ce que les parties dont l'état vient de changer ou leurs représentants, consultés à nouveau, aient consenti derechef à la conversion; 2) la cessation des fonctions de l'avoué qui entraîne, en général, l'interruption de l'instance ne produit, dans l'espèce, aucun effet, car, la partie dont l'avoué n'est plus en fonctions existant toujours et n'ayant pas changé d'état, son consentement subsiste et n'a pas besoin d'être renouvelé [34].

§ **744**. On arrive ainsi à l'adjudication pour laquelle l'article 743 prescrit d'observer l'article 964 qui renvoie lui-même aux articles 701, 705, 706, 707 (sauf l'exception apportée à cet article par l'article 964, 2e alinéa), 711, 712, 713 et 741 [1].

1° Le montant de la taxe est annoncé publiquement avant l'ouverture des enchères, et il en est fait mention dans le jugement d'adjudication [2]; les enchères sont portées par un avoué lorsqu'elles ont lieu devant un juge, par la partie elle-même ou par son fondé de pouvoir [3] lorsqu'elles ont lieu devant un notaire; le mode d'adjudication, la forme des enchères

[34] Voy., sur l'article 747, Bioche, *op. et v° cit.*, n° 797; Chauveau, sur Carré, *op. cit.*, t. V, quest. 2454.

§ **744**. [1] L'article 964 renvoie encore, mais sans grande utilité, à l'article 742 aux termes duquel « toute convention, portant qu'à défaut d'exécution des engagements « pris envers lui le créancier aura le droit de faire vendre les immeubles de son « débiteur sans remplir les formalités prescrites pour la saisie immobilière, est nulle « et non avenue » (Voy., sur cet article, t. III, § **533**). La procédure sur conversion est déjà par elle-même une dérogation à cet article, puisqu'elle permet de commencer l'expropriation du débiteur sans accomplir toutes les formalités de la saisie immobilière; on a même vu *suprà*, § **743**, qu'on peut la simplifier en supprimant une ou plusieurs formalités de la conversion. Que peut, dès lors, signifier l'application de l'article 742 en matière de conversion? Seulement ceci, qu'un créancier ne peut valablement saisir et faire vendre les immeubles de son débiteur sans l'intervention de la justice qui peut seule prononcer l'adjudication ou autoriser la conversion de la saisie.

[2] Le premier alinéa de l'article 701 est également applicable : « Les frais de la « poursuite seront taxés par le juge, et il ne pourra rien être exigé au-delà du mon- « tant de la taxe : toute stipulation contraire, quelle qu'en soit la forme, sera nulle « de droit » (Voy. *suprà*, § **669**).

[3] Qui peut être un avoué. Voy., sur la différence qui existe entre l'avoué occupant comme tel et celui qui agit comme un mandataire ordinaire, t. I, § **93**.

et du jugement, et les conditions auxquelles l'adjudicataire doit satisfaire pour en obtenir la délivrance sont réglés ainsi qu'il est dit aux §§ **692** et suivants (Art. 701, 705, 706, 712, 713, 741 et 964, al. 2). Quatre questions se sont élevées sur ces articles. 1) L'article 964 ne renvoie pas à l'article 702, aux termes duquel les créanciers inscrits peuvent requérir l'adjudication au lieu et place du poursuivant[4] : faut-il en conclure que ce droit leur est refusé en cas de conversion? Non quand la conversion n'a lieu qu'avec leur consentement, c'est-à-dire après les sommations prescrites par l'article 692[5]; oui dans le cas contraire, car ils ne peuvent poursuivre alors l'adjudication que s'ils sont déjà intervenus dans la procédure ou s'ils se font subroger au poursuivant[6]. 2) L'article 964 ne renvoie pas non plus à l'article 703 qui autorise le tribunal à remettre l'adjudication par un jugement qui ne sera susceptible d'aucun recours[7] : l'adjudication sur conversion peut certainement être remise, mais le jugement qui la remet est-il susceptible de recours? On pourrait le soutenir en prenant l'article 964 au pied de la lettre, mais cette anomalie ne s'expliquerait pas et l'on doit considérer l'omission de l'article 703 comme fortuite[8]. 3) Faut-il conclure, au contraire, du renvoi que l'article 964 fait à l'article 706 que toutes les prescriptions de ce dernier s'appliquent à la conversion, et que le poursuivant doit être déclaré adjudicataire pour la mise à prix lorsqu'elle n'est pas couverte[9]? Cette solution, qui aurait l'inconvénient de faire toujours baisser la mise à prix, n'est généralement pas admise, et l'on décide communément que le poursuivant ne doit rester adjudicataire pour la mise à prix que s'il le requiert, car, ne l'ayant fixée que d'accord avec les autres intéressés[10], il ne saurait encourir sans injustice la

[4] Voy. *suprà*, § **683**.

[5] Voy., sur cette hypothèse, *suprà*, § **741**.

[6] Sinon le poursuivant reste maître de la poursuite (Voy. *suprà*, § **743**), et l'adjudication ne peut avoir lieu qu'à sa requête (Chauveau, sur Carré, *op. cit.*, t. V, IIe part., quest. 2453 *quater*).

[7] Voy., sur cet article, *suprà*, § **683**.

[8] Paris, 10 juill. 1875 (D. P. 77. 5. 395). *Contrà*, Orléans, 10 janv. 1843 (D. A. *vº cit.*, nº 1433).

[9] Conformément à l'article 706, al. 2 (Voy. *suprà*, § **694**).

[10] Au sens de l'article 743 (Voy. *suprà*, § **741**).

même responsabilité que dans la procédure ordinaire où il a pris seul cette détermination [11]. 4) Qui ordonnera la baisse de mise à prix dans le cas où elle sera jugée nécessaire, et qui fixera la nouvelle mise à prix? L'article 963, auquel l'article 743 ne renvoie pas et qui confie ce soin au tribunal dans les ventes de biens de mineurs [12], est-il applicable en cas de conversion de saisie? Les parties intéressées [13] peuvent certainement demander d'un commun accord au tribunal l'autorisation de baisser la mise à prix [14], mais cette unanimité est-elle indispensable et le tribunal ne peut-il pas prendre cette mesure à la demande d'une partie et malgré la résistance des autres? On dit dans un sens, et le rapporteur de la loi du 2 juin 1841 a dit lui-même à la Chambre des députés [15], que la conversion n'aurait pas eu lieu si toutes les parties intéressées n'y avaient consenti, qu'elles ne l'ont peut-être fait qu'en vue d'une certaine mise à prix, et qu'on n'a pas le droit de la changer malgré elles [16]. On répond en sens contraire, et très justement, qu'il ne peut dépendre d'une seule partie de compromettre par son obstination les résultats d'une conversion opérée d'un commun accord, qu'elle agit par pur esprit de chicane en s'opposant à la baisse d'une mise à prix trop élevée puisqu'elle n'a pas été couverte, et que les autres parties et le tribunal lui-même ne doivent pas être arrêtés par une résistance aussi peu justifiée [17].

[11] Carré, *op. cit.*, t. V, IIe part., quest. 2442. Orléans, 10 janv. 1843 (D. A. *v° et loc. cit.*). Bordeaux, 8 août 1843 (D. A. *v° cit.*, n° 1440). Paris, 28 avr. 1851 (D. P. 52. 2. 213). *Contrà*, Rodière, *op. cit.*, t. II, p. 343.

[12] Il statuera sur ce point sur simple requête et en chambre du conseil. Voy., sur l'article 963 et sur cette manière de procéder en général, le tome V de ce Traité.

[13] Toujours au sens de l'article 743 (Voy. *suprà*, § **741**).

[14] Elles ont pu, d'un commun accord, convertir la saisie en vente volontaire : elles peuvent modifier de même les conditions qu'elles avaient d'abord mises à cette conversion; mais, de même qu'elle n'a pu se faire sans l'autorisation du tribunal, de même les conditions arrêtées de prime abord ne peuvent être changées sans nouvelle autorisation (Angers, 9 juin 1847, D. P. 47. 2. 144; Nancy, 16 août 1850, D. P. 51. 2. 240).

[15] Séance du 17 janv. 1841 (*Moniteur* du 18, p. 138).

[16] Bordeaux, 8 août 1843 (D. A. *v° et loc. cit.*). Orléans, 15 mai 1858 (D. P. 61. 5. 435).

[17] Carré, *op. cit.*, t. V, IIe part., quest. 2442. Chauveau, sur Carré, *op. et loc. cit.* Paris, 26 nov. 1827 (D. A. *v° cit.*, n° 1437). Civ. rej. 18 avr. 1842 (D. A. *v° cit.*, n° 1436). Nancy, 16 août 1850 (D. P. 51. 5. 476). Paris, 28 avr. 1851 (D. P. 52. 2. 213). Paris, 10 juill. 1875 (D. P. 77. 5. 395).

2° Quiconque est incapable d'enchérir en cas de saisie immobilière en est également incapable après la conversion de cette saisie en vente volontaire[18] : les membres du tribunal dont un juge a été commis pour procéder à l'adjudication ne peuvent donc s'y porter enchérisseurs[19]; ceux du tribunal qui connaît de la saisie ne le peuvent pas non plus, soit que l'adjudication ait lieu devant l'un d'entre eux soit qu'elle ait lieu par-devant notaire. Les motifs de cette incapacité[20] ont assurément moins de force dans le second cas que dans le premier, mais les articles 711 et 964 combinés défendent, sans distinguer, aux magistrats de prendre part à l'adjudication des biens dont la vente se poursuit au siège du tribunal dont ils font partie[21], et, si la Chambre des pairs a renvoyé au garde des sceaux, le 4 mars 1846[22], une pétition tendant à faire déclarer[23] que la loi du 2 juin 1841 n'avait pas eu l'intention d'appliquer l'article 711 aux ventes faites par-devant notaire[24], la Chambre des députés a rejeté la même pétition le 8 mars 1847[25] : les choses sont ainsi restées en l'état[26]. Quant aux personnes notoirement insolvables, le notaire qui les a admises à se porter adjudicataires par-devant lui encourt une responsabilité analogue, quoique moins bien définie, à celle de l'avoué qui enchérit pour elles devant un

18 Voy., sur cette incapacité, *suprà*, §§ **685** et suiv.

19 Ce tribunal ne connaît pas de la saisie, mais « la vente se poursuit devant lui, » suivant les expressions de l'article 711, quand le tribunal qui connaît de la saisie a commis l'un de ses membres pour procéder à l'adjudication.

20 Voy. *suprà*, § **687**.

21 Bioche, *op. cit.*, v° *Vente judiciaire d'immeubles*, n° 97. Carré, *op. cit.*, t. V, II° part., quest. 2503. Chauveau, sur Carré, *op. et loc. cit.* Boitard, Colmet-Daage et Glasson, *op. cit.*, t. II, n° 1152.

22 D. P. 46. 3. 58.

23 Voy., sur l'interprétation des lois par voie législative, Aubry et Rau, *op. cit.*, t. I, p. 10 et 125.

24 Le pétitionnaire argumentait : 1° de la séance de la Chambre des députés, du 14 janvier 1841, où le rapporteur a dit qu'on n'avait pas l'intention d'appliquer l'incapacité des magistrats à la vente des biens de mineurs (*Moniteur* du 15, p. 109); 2° de ce que les articles 838, 964 et 988, tels qu'ils ont été votés par la Chambre des députés, déclaraient applicable aux ventes volontaires le 2° alinéa de l'article 711 (incapacité du saisi et des personnes notoirement insolvables) mais non le 1er alinéa du même article (incapacité des magistrats).

25 D. P. 47. 3. 109.

26 Il serait, d'ailleurs, résulté de cette interprétation, si elle eût prévalu, que le 1er alinéa de l'article 711 ne s'applique jamais aux ventes volontaires, même à celles qui se font devant le tribunal, ce qui eût été absolument contraire à la lettre même de l'article 711.

juge[27] : il ne doit admettre aux actes par lui reçus que des parties dont le nom, l'état et la demeure soient connus de lui ou attestés par deux citoyens connus de lui et capables de figurer dans ces actes comme témoins instrumentaires[28], et il est responsable de la solvabilité de ces parties s'il n'a pris à cet égard toutes les précautions usitées dans la pratique notariale[29].

3° L'avoué qui enchérit dans une vente sur conversion de saisie doit, dans les trois jours et sous les peines portées par l'article 707, déclarer le nom de l'adjudicataire et rapporter son pouvoir ou son acceptation[30]; la déclaration faite dans ce délai n'est pas considérée comme une revente et ne donne pas ouverture à un second droit proportionnel. Peu importe, à cet égard, que la vente ait eu lieu devant un juge ou devant un notaire; l'article 964 renvoie sans distinguer à l'article 707, et l'avoué a droit, dans les deux cas, au même traitement et aux mêmes délais[31]. Quant à l'adjudicataire qui aurait enchéri en personne dans une vente sur conversion par-devant notaire[32], soit pour lui-même soit pour un tiers qu'il se réserve de déclarer, il n'aurait, suivant le droit commun, que vingt-quatre heures pour déclarer command, et la déclaration par lui faite après ce délai donnerait ouverture, comme une revente, à un second droit de mutation[33]. On observera, d'ailleurs, entre l'enchère portée par un simple mandataire et celle qui est portée par un avoué, toutes les différences signalées au § **714** entre la déclaration de command propre-

[27] L'avoué, responsable, en cas d'adjudication sur saisie, de la solvabilité de l'enchérisseur pour lequel il se présente devant le tribunal, est également responsable, en cas d'adjudication sur conversion de saisie, de la solvabilité de l'enchérisseur pour lequel il se présente devant le juge chargé de procéder à cette adjudication (Voy., sur l'étendue de cette responsabilité, *suprà*, § **691**). Quant à l'avoué, simple mandataire d'une personne qui enchérit devant un notaire, il n'est aucunement responsable de la solvabilité de cette personne.

[28] L. 25 vent. an XI, art. 11. Voy., sur les conditions requises pour figurer dans un acte notarié comme témoin instrumentaire, les articles 9 et 10 de la même loi.

[29] Rodière, *op. cit.*, t. II, p. 477. Paris, 30 nov. 1863 (D. P. 64. 2. 67). Voy., sur la responsabilité des notaires, Dalloz et Vergé, *op. cit.*, articles 1383, n°s 391 et suiv.

[30] Voy., sur l'article 707, *suprà*, § **714**.

[31] Chauveau, sur Carré, *op. cit.*, t. V, II° part., quest. 2503 *bis*. *Contrà*, civ. rej. 13 mars 1838 (D. A. v° *cit.*, n° 2107).

[32] Voy., sur cette hypothèse, *suprà*, § **743**.

[33] Voy. *suprà*, § **714**.

ment dite et la déclaration d'adjudicataire faite par un avoué conformément à l'article 707 [34].

§ **745**. L'article 715, qui édicte pour la saisie ordinaire des nullités opposables par toutes les parties qui y ont intérêt [1], n'a pas d'analogue en matière de conversion. Que faut-il en conclure? Que toutes les formes prescrites par la loi en cette matière sont requises à peine de nullité, ou qu'aucune de ces formes n'est irritante? La vérité se trouve entre ces deux solutions : la vente sur conversion ne peut être annulée que pour omission des formalités substantielles; c'est le droit commun en matière de procédure pour tous les cas où la loi n'a pas expressément prononcé la nullité [2], et il n'y a pas lieu de s'en écarter ici [3]. Quelles formalités sont substantielles? Les tribunaux apprécieront, mais la publicité et la présence du juge ou du notaire commis sont certainement substantielles, l'indication dans la requête de la profession d'une partie parfaitement connue ne l'est certainement pas [4].

§ **746**. L'adjudication sur conversion produit tantôt les effets d'une vente judiciaire ou forcée, tantôt ceux d'une vente volontaire. C'est une vente judiciaire et forcée : 1° dans les rapports de l'adjudicataire et du saisi qui, ayant pris part à la saisie et consenti à la conversion, contracte dans toute son étendue l'obligation de garantie en cas d'éviction [1]; 2° à

34 Voy. *suprà*, *ib*.

§ **745**. 1 Voy. *suprà*, § **758**.
2 Voy. t. II, § **197**.
3 Carré, *op. cit.*, t. V, II° part., quest. 2441. Chauveau, sur Carré, *op. et loc. cit.* Voy., en sens contraire, un arrêt de la cour de Douai, du 21 juin 1849 (D. P. 50. 2. 138), qui a annulé une vente sur conversion où le délai entre la publication et l'adjudication n'avait été que de quatorze jours au lieu de quinze : cette violation de la loi était insignifiante, l'exacte observation du délai de quinzaine (Voy. *suprà*, § **743**) ne pouvant passer pour substantielle.
4 Carré, *op. et loc. cit.* Chauveau, sur Carré, *op. et loc. cit.*

§ **746**. 1 Colmet de Santerre, *op. cit.*, t. VII, n° 76 *bis*-VI. Carré, *op. cit.*, t. V, II° part., quest. 2436. Chauveau, sur Carré, *op. et loc. cit.* Paris, 23 févr. 1850 (D. P. 50. 2. 154). Req. 26 janv. 1875 (D. P. 75. 1. 124). Peu importe, à cet égard, que la poursuite lui ait été confiée ou laissée au saisissant (Req. 26 janv. 1875, D. P. 76. 1. 124; voy., sur cette distinction, *suprà*, § **743**). Comp., sur la question de savoir si le saisi contracte quelque obligation à cet égard en cas d'adjudication

l'égard des créanciers qui y ont consenti. Ce n'est qu'une aliénation volontaire à l'égard des créanciers qui n'y ont pas consenti, et pour lesquels elle ne peut être que *res inter alios acta*[2]. De ce principe résultent les deux conséquences suivantes.

1° L'adjudication sur conversion ne purge que les privilèges et hypothèques des créanciers qui y ont consenti[3], et, comme elle ne peut se faire sans le consentement unanime des créanciers sommés conformément à l'article 692[4], il faut distinguer, sous ce rapport, entre la conversion antérieure et la conversion postérieure à ces sommations. Avant les sommations, l'adjudication sur conversion ne purge pas, et l'adjudicataire reste exposé à la surenchère du dixième[5] tant qu'il n'a pas accompli les formalités de la purge et que les délais de cette surenchère ne sont pas expirés[6]. Après ces sommations, la même adjudication purge tous les privilèges et hypothèques, moins par sa propre vertu que parce que tous les créanciers inscrits ont adhéré à la conversion — ils y ont adhéré puisqu'elle s'est faite et ne pouvait se faire qu'à cette condition — et implicitement consenti par-là à ce que leurs privilèges et hypothèques fûssent purgés[7] : tous les créanciers sommés sont dans le même cas, même ceux qui étaient dispensés de s'inscrire et qui, en fait, n'avaient pas pris d'ins-

sur saisie non convertie, *suprà*, § **706**. Je ne parle ici que de la garantie d'éviction : les motifs pour lesquels la garantie des vices cachés n'a pas lieu au profit de l'adjudicataire ont la même valeur, que la saisie ait suivi son cours ou qu'elle ait été convertie en vente volontaire (Voy. *suprà*, *ib.*). L'article 1684 du Code civil, sur la rescision pour lésion de plus des sept douzièmes (Voy. *suprà*, § **697**), s'applique également dans les deux cas, attendu qu'au point de vue où se place cet article il n'y a aucune raison de distinguer.

[2] C. civ., art. 1165.

[3] Voy. Rodière, *op. cit.*, t. II, p. 345.

[4] Voy., sur ces sommations, *suprà*, § **671**, et, sur la nécessité du consentement des créanciers inscrits pour que la conversion puisse s'opérer, *infrà*, § **741**.

[5] Voy. le § suivant.

[6] Voy., sur la situation de l'adjudicataire vis-à-vis des créanciers dont les privilèges et hypothèques ne sont pas purgés par le jugement d'adjudication, *suprà*, §§ **710** et **711**.

[7] Voy., sur cette distinction et dans le même sens, Pascalis, *Premier rapport à la Chambre des députés* (D. A. v° *cit.*, p. 580, n°s 159); Aubry et Rau, *op. cit.*, t. III, p. 503; Troplong, *op. cit.*, t. IV, n° 909; Bioche, *op. cit.*, v° *Saisie immobilière*, n° 799; Carré, *op. et loc. cit.*; Chauveau, sur Carré, *op. et loc. cit.*; Boitard, Colmet-Daage et Glasson, *op. cit.*, t. II, n° 1016; Rodière, *op. et loc. cit.*; Seligmann, *op. cit.*, n°s 729 et suiv.; Ollivier et Mourlon, *op. cit.*, n° 460; Dijon, 24 mars 1847, Amiens, 17 mai 1851 (D. P. 54. 2. 60); Caen, 17 juin 1874 (D. P. 77. 5. 397).

cription[8]. La même distinction doit être faite pour l'application des articles 2151 et 2154 du Code civil[9] : les inscriptions n'ont produit leur effet légal, au moment et en vertu de l'adjudication sur conversion, que vis-à-vis des créanciers qui y ont consenti[10]; l'effet légal ne se produit, quant aux autres, qu'au moment où les notifications à fin de purge ont été faites, en sorte que l'inscription garantit de plein droit et à sa date tous les intérêts et arrérages qui courront depuis ce moment jusqu'à la clôture de l'ordre[11], et qu'alors seulement cesse l'obligation de renouveler les inscriptions tous les dix ans pour en éviter la péremption[12]. On voit maintenant pourquoi les conversions de saisie sont relativement rares : avant les sommations prescrites par l'article 692, elles n'offrent qu'une sécurité insuffisante à l'adjudicataire, exposé qu'il est à la surenchère du dixième et obligé de procéder aux formalités de la purge; après ces sommations, elles exigent le consentement de tous les créanciers inscrits, et plus il y a de consentements à obtenir moins il y a de chances pour réaliser l'unanimité nécessaire[13].

2° Le vendeur non payé ne diffère pas, à cet égard, des autres créanciers inscrits. La conversion antérieure à la sommation qui doit lui être faite[14] ne lui est pas opposable puisqu'il n'y a pas consenti[15], et laisse, par conséquent, intacts non-seulement son privilège mais encore son action résolutoire[16]. La conversion postérieure à cette même somma-

[8] Carré, *op. et loc. cit.* Chauveau, sur Carré, *op. et loc. cit. Contrà*, Rodière, *op. et loc. cit.* Voy., sur l'effet de l'adjudication à l'égard de ces créanciers, *suprà*, §§ **710** et **711**.

[9] Voy., sur l'application de ces articles en matière de saisie immobilière, *suprà*, § **713**.

[10] Voy. *suprà*, *ib.*

[11] Voy., en ce sens, pour le cas d'aliénation volontaire, Merlin, *op. cit.*, v° *Inscription hypothécaire*, § II; Aubry et Rau, *op. cit.*, t. III, p. 424. Cette solution est, d'ailleurs, controversée (Voy., sur ce point, Aubry et Rau, *op. et loc. cit.*).

[12] Voy., en ce sens, pour le cas d'aliénation volontaire, Duranton, *op. cit.*, t. XX, n° 167; Aubry et Rau, *op. cit.*, t. III, p. 379; Grenier, *op. cit.*, t. I, n° 112. Cette solution est également controversée (Voy., sur ce point, Aubry et Rau, *op. et loc. cit.*).

[13] Comp. *suprà*, § **741**.

[14] Voy. *suprà*, § **672**.

[15] Voy. *suprà*, § **741**.

[16] Duvergier, *op. cit.*, t. XLI, p. 276, note 2. Aubry et Rau, *op. cit.*, t. IV, p. 404. Bioche, *op. et v° cit.*, n° 800. Carré, *op. cit.*, t. V, II° part., quest. 2441. Chauveau, sur Carré, *op. et loc. cit.* Boitard, Colmet-Daage et Glasson, *op. et loc. cit.* Rodière, *op. cit.*, t. II, p. 344. Seligmann, *op. cit.*, n° 731. Caen, 9 févr. 1850; Paris, 4 août 1851 (D. P. 52. 2. 250).

tion n'a pu se faire qu'avec son consentement[17], et elle entraîne la purge de son privilège comme de tous les autres[18]. La seule question qui puisse s'élever alors est de savoir si l'action résolutoire périt avec le privilège ou lui survit, si, en d'autres termes, le consentement du vendeur à la conversion emporte abandon de son action résolutoire. *A priori*, je ne vois aucune raison d'en douter. D'une part, il est de principe, en matière de saisie immobilière, que l'action résolutoire du vendeur s'éteint avec son privilège lorsqu'il n'a pas fait les diligences nécessaires pour la conserver; or, bien loin de les faire, il a donné à la conversion un consentement qui n'aurait pas de sens s'il s'était réservé mentalement le droit d'évincer l'adjudicataire en intentant contre lui son action résolutoire. D'autre part, les dispositions de l'article 717 sur la purge des privilèges et hypothèques s'appliquent sans nul doute à l'adjudication sur conversion, quoiqu'elles ne soient pas comprises dans le renvoi de l'article 964; pourquoi la partie de cet article qui vise l'action résolutoire du vendeur non payé ne s'appliquerait-elle pas aussi à cette même adjudication[19]? Il faut cependant reconnaître que les auteurs de la loi du 2 juin 1841 n'ont pas entendu appliquer, dans l'espèce, les dispositions de l'article 717. M. Pascalis disait dans son rapport à la Chambre des députés, à propos des ventes de biens de mineurs dont la vente sur conversion emprunte généralement les formes : « L'adjudicataire a pu se « mettre en rapport avec les précédents propriétaires qui « vendent eux-mêmes ou par ceux qui les représentent; il a « eu le moyen de consulter les titres et de s'enquérir si les « transmissions antérieures de propriété étaient soldées; la « règle générale est que le droit du vendeur ne périt point « par l'aliénation de son gage ; il n'y est dérogé qu'en vente « forcée. Le silence de la loi suffit pour que ce droit demeure « entier[20]. » Ces observations ne convenaient pas exactement à la vente sur conversion qui, à la différence des ventes des

17 Voy. *suprà*, § **741**.
18 Voy. *suprà*, même §.
19 Voy., en ce sens, Duvergier, *op. et loc. cit.;* Rodière, *op. et loc. cit.;* et, sur cette partie de l'article 717, *suprà*, § **712**.
20 D. A. *v° cit.*, p. 579, n° 158.

biens de mineurs, exige le consentement des parties intéressées parmi lesquelles figure ici le vendeur[21], mais, M. Martin (de l'Isère) ayant soulevé cette question à la Chambre des députés, et le ministre des travaux publics ayant répondu « qu' « il est de la dernière évidence que la disposition « de l'article 717 est générale et s'applique aussi bien à la « saisie immobilière parvenue à son terme judiciaire qu'à « la saisie immobilière qui se termine par l'adjudication sur « conversion, » M. Martin (de l'Isère) insista du moins en faveur du vendeur qui n'a pas été sommé conformément à l'article 692, et M. Pascalis expliqua que, par les raisons déjà données dans son rapport, les dispositions de l'article 717 étaient inapplicables à la vente sur conversion. Sur quoi « M. Martin (de l'Isère) prit acte de ce que les observations « de M. le Ministre des travaux publics demeurent comme « non avenues, » et M. Sauzet qui présidait ferma la discussion en ces termes : « L'article 717 n'est déclaré applicable « par aucune disposition du projet[22]. » D'ailleurs, l'intérêt de cette question est aujourd'hui restreint, car, si l'action résolutoire n'est pas purgée par la vente sur conversion en vertu de la loi du 2 juin 1841, elle l'est par la transcription de cette vente en vertu de la loi du 23 mars 1855, aux termes de laquelle cette action ne peut être exercée après l'extinction du privilège « au préjudice de ceux qui ont acquis des « droits sur l'immeuble du chef de l'acquéreur, et qui se sont « conformés aux lois pour les conserver » (Art. 7) : l'adjudicataire sur conversion qui fait trancrire le jugement rendu à son profit rentre naturellement dans cette formule, et l'action résolutoire ne peut plus être intentée contre lui[23].

§ **747**. L'adjudication sur conversion peut être frappée de surenchère de la manière et dans les délais déterminés aux §§ **715** et **717**. Cette surenchère est du sixième si la con-

[21] Voy., sur l'application de l'article 717 aux ventes de biens de mineurs, le tome V de ce Traité.

[22] Séance du 18 janvier 1841 (*Moniteur* du 19, *loc. cit.*). Voy., dans le même sens, Aubry et Rau, *op. et loc. cit.;* Carré, *op. et loc. cit.;* Chauveau, sur Carré, *op. et loc. cit.;* Boitard, Colmet-Daage et Glasson, *op. et loc. cit.;* Seligmann, *op. et loc. cit.*

[23] Voy., sur l'article 7 de la loi du 23 mars 1855, *suprà*, § **712**.

version est postérieure aux sommations prescrites par l'article 692[1], car les créanciers dont les privilèges et hypothèques sont purgés ne peuvent plus surenchérir que dans les termes de l'article 708[2]; la surenchère n'est que du dixième si la conversion est antérieure à ces sommations, car les privilèges et hypothèques ne sont pas purgés et les créanciers vis-à-vis desquels l'adjudicataire est tenu de remplir les formalités de la purge ont le droit de surenchérir dans les termes de l'article 2185 du Code civil[3].

§ **748.** VI. « La saisie immobilière transcrite cesse de « plein droit de produire son effet si, dans les dix ans de la « transcription, il n'est pas intervenu une adjudication men- « tionnée en marge de cette transcription. » Cette disposition, insérée dans l'article 693 en exécution de la loi du 2 juin 1881, a eu pour but de remédier, en soumettant les saisies immobilières à une péremption décennale, à ce qu'avait d'excessif l'application pure et simple de l'article 686. Jusqu'à cette époque les effets d'une saisie transcrite n'étaient pas limités dans le temps, le saisi demeurait indéfiniment privé du droit d'aliéner s'il n'obtenait la radiation de la saisie, et cette radiation, relativement facile à obtenir jusqu'aux sommations prescrites par l'article 692 — il suffisait alors de désintéresser le poursuivant[1] — ne pouvait résulter après ces sommations que d'un jugement ou du consentement de tous les créanciers inscrits[2]. « Dans ces conditions, a dit le rapporteur de la loi « devant le Sénat, il est le plus souvent impossible au débi- « teur saisi d'obtenir la radiation désirée : il faudrait recou- « rir à un procès long, difficile, ruineux, quelques-uns des « créanciers sont décédés, d'autres ont disparu, d'autres enfin « sont à l'état de faillite ou de déconfiture. Avant même d'in- « tenter l'action, il y aurait des successions à déclarer vacantes, « des tuteurs et des curateurs à nommer. Les dépenses seraient

§ **747.** [1] Voy. *suprà*, § **671.**
[2] Voy., sur ce point, *suprà*, §§ **711** et **712.**
[3] Orléans, 5 août 1853 (D. P. 54. 2. 231). Comp. *suprà*, §§ **711** et **712.**

§ **748.** [1] Voy. *suprà*, § **735.**
[2] Voy. *suprà*, §§ **674** et **735.**

« si considérables qu'en désespoir de cause le débiteur re-« nonce à tout et ne peut pas vendre, à moins de recourir à « un acquéreur hasardeux qui achète à vil prix parce qu'il le « fait à ses périls et risques[3]. » La nouvelle disposition restreint la durée de ces inconvénients : la transcription de la saisie cesse de produire ses effets au bout de dix ans, si le jugement d'adjudication n'a pas été, dans ce délai et par la faute du saisissant[4], rendu et mentionné en marge de cette transcription ; le saisi recouvre ainsi de plein droit la capacité de disposer de son immeuble, et l'application de la loi du 2 juin 1881 diffère en cela de la péremption d'instance qui n'a d'effet que lorsqu'elle a été demandée et prononcée[5]. La procédure de saisie immobilière non transcrite reste-t-elle soumise à la péremption ordinaire des instances? Je réserve cette question pour le tome V de ce Traité.

§ **749**. VII. On appelle fol enchérisseur : 1° celui qui, s'étant engagé par son enchère à payer le prix d'une adjudication, ne peut ou ne veut remplir son engagement; 2° par extension et sous la réserve qui va être faite, celui qui n'exécute pas toutes les conditions que le cahier des charges lui impose. On appelle revente sur folle enchère, et plus brièvement folle enchère, la procédure qui tend à obtenir la résolution de cette adjudication et la revente de l'immeuble aux risques et périls de l'adjudicataire. Cette procédure s'applique aussi au cas prévu par l'article 750. Elle est commune à l'adjudication sur saisie proprement dite et à l'adjudication sur conversion[1].

A. « Faute par l'adjudicataire d'exécuter les clauses de « l'adjudication, l'immeuble sera revendu à sa folle enchère » (Art. 733). Cette formule très large comprend, sous le terme

[3] *Journal officiel* du 1er juillet 1880 (Annexe n° 357). Voy., sur cette loi, Tesloud, *Revue des travaux législatifs* (Dans la *Revue critique de législation et de jurisprudence*, nouv. sér., t. X, 1881, p. 572 et suiv.).

[4] La péremption n'a pas lieu si le défaut d'adjudication est la conséquence d'incidents occasionnés par la mauvaise foi du saisi (Toulouse, 28 mai 1888 ; D. P. 89. 2. 199).

[5] Voy. le tome V de ce Traité. Elle en diffère aussi par le délai qui n'est pas de trois, mais de dix ans.

§ **749**. [1] Req. 23 mai 1822 ; Paris, 23 mars 1835 (D. A. v° *cit.*, n° 1445).

de folle enchère : 1° le non-paiement, dans les vingt jours de l'adjudication, des frais ordinaires de poursuite qui doivent être payés avant la délivrance du jugement d'adjudication, et l'inexécution dans le même délai de toutes les clauses du cahier des charges qui doivent, aux termes de ce cahier, s'exécuter avant la délivrance dudit jugement[2]; 2° le défaut de paiement du prix qui ne se paie que beaucoup plus tard, à l'époque qui sera précisée au §§ **849** et **850**[3]; 3° le non-paiement des frais extraordinaires de poursuite, quand le cahier des charges les met, en sus du prix, à la charge de l'adjudicataire[4]; 4° l'inexécution des obligations imposées à l'adjudicataire comme garantie du paiement du prix, fournir caution, assurer les bâtiments, ne pas les démolir tant que ce prix n'est pas payé, etc.[5]. Quant aux autres clauses du cahier des charges, l'inexécution des obligations qui en résultent ne peut donner lieu à la folle enchère : l'adjudicataire ne s'y expose pas en contestant, par exemple, les servitudes mentionnées au cahier des charges, car cette clause, qui lui

[2] Voy., sur les frais ordinaires, sur les clauses du cahier des charges qui doivent être exécutées avant la délivrance du jugement d'adjudication, et sur la délivrance de ce jugement, *suprà*, § **707**.

[3] L'ancien article 737 était conçu dans les mêmes termes que le nouvel article 733 : « faute par l'adjudicataire d'exécuter les clauses de l'adjudication, » mais on avait prétendu, sous l'empire de l'ancien texte, que la folle enchère ne s'appliquait pas au cas de non-paiement du prix, parce que cette procédure commençait, aux termes de l'article 734, par la délivrance d'un certificat de greffier constatant que l'adjudicataire n'avait pas justifié de l'acquit des conditions exigibles de l'adjudication. Cette formalité ne pouvant s'appliquer au paiement du prix qui ne se fait que beaucoup plus tard (Voy. *infrà*, §§ **849** et **850**), on en avait conclu que le non-paiement de ce prix ne donnait pas lieu à folle enchère. Cette opinion, qu'avaient condamnée les auteurs et la jurisprudence (Bioche, *op. cit.*, v° *Vente sur folle enchère*, n° 12; Carré, *op. cit.*, t. V, IIe part., quest. 2426; Chauveau, sur Carré, *op. et loc. cit.*, et t. V, IIe part., quest. 2426 *quater;* arrêts rapportés D. A. v° *cit.*, n° 1830; civ. cass. 6 mai 1844, D. A. v° *cit.*, n° 1834), n'était pas sérieusement soutenable, car il n'était pas croyable que la procédure de folle enchère ne sanctionnât pas l'accomplissement de la première et principale condition de toute adjudication. Aucune difficulté ne s'élève aujourd'hui sur ce point en présence du nouvel article 735, aux termes duquel la revente sur folle enchère peut être poursuivie après la délivrance du jugement d'adjudication et la signification des bordereaux de collocation dont il sera parlé au § **848** (Bioche, *op. et loc. cit.;* Chauveau, sur Carré, *op. et loc. cit.*). Un créancier qui poursuivrait la revente sur folle enchère après avoir été complètement payé commettrait une faute, et s'exposerait à l'application de l'article 1382 du Code civil (Req. 17 avr. 1883; D. P. 84. 1. 301).

[4] Bioche, *op.*, v° *et loc. cit.* Voy., sur ces frais extraordinaires et sur le cas où l'adjudicataire est tenu de les payer en sus du prix, *suprà*, § **707**.

[5] Chauveau, sur Carré, *op. cit.*, t. V, IIe part., quest. 2426 *quater*. Grenoble, 22 août 1832 (D. A. v° *cit.*, n° 779).

retire le droit de recourir de ce chef en garantie [6], ne l'oblige pas à subir des servitudes irrégulièrement constituées ou déjà éteintes, et lui laisse la faculté de les contester à ses risques et périls [7].

B. L'article 750 oblige l'adjudicataire à faire transcrire le jugement d'adjudication, sous peine de folle enchère, dans les délais indiqués au § **701**. On n'est pas fol enchérisseur pour avoir commis une négligence qui ne suppose ni insolvabilité ni mauvaise volonté, mais la loi a voulu assurer, par une sanction énergique, la prompte exécution d'une formalité très importante au point de vue de l'établissement de la propriété [8]. Du reste, il va de soi que les créanciers qui trouvent leur intérêt au maintien de l'adjudication ne sont pas forcés de poursuivre la revente, et qu'ils peuvent, en faisant eux-mêmes transcrire au nom de l'adjudicataire, s'assurer tous les avantages qui sont attachés à l'accomplissement de cette formalité [9].

§ **750**. La folle enchère a pour but de faire résoudre l'adjudication prononcée au profit d'un adjudicataire qui n'exécute pas ses engagements : c'est l'application aux ventes faites par autorité de justice [1] de l'article 1184 du Code civil, aux termes duquel la condition résolutoire « est toujours « sous-entendue dans les contrats synallagmatiques pour le « cas où l'une des parties ne satisfera pas à son engage-

6 Voy. *suprà*, § **706**.

7 Le projet de réforme de la saisie immobilière qui fut préparé en 1829 disait : « faute par l'adjudicataire de remplir les clauses et conditions de l'adjudication, » et le nouvel article 733 a conservé cette formule en supprimant seulement le mot *conditions*. Ce changement de rédaction est insignifiant, mais M. Pascalis disait dans son travail de 1838 que la formule employée en 1829 était trop large : « Elle auto- « riserait à penser qu'une difficulté élevée par l'adjudicataire sur une charge réelle, « par exemple, sur un droit de servitude, pourrait autoriser la folle enchère. » Cette observation vient à l'appui de l'opinion énoncée au texte, car l'article 733 actuel prêterait à la même critique s'il recevait une aussi large interprétation et s'appliquait, notamment, dans l'espèce proposée. Voy., sur cet incident des travaux législatifs qui ont précédé la réforme de 1841, Chauveau, sur Carré, *op. et loc. cit.*

8 Voy., sur cette formalité, *suprà*, § **696**.

9 Chauveau, sur Carré, *op. cit.*, t. VI, Ire part., quest. 2548 *ter*. Voy., sur les effets de la transcription du jugement d'adjudication, *suprà*, §§ **708** et suiv.

§ **750**. 1 La folle enchère a lieu dans toutes les ventes judiciaires (Voy. le tome V de ce Traité).

« ment[2], » et plus spécialement de l'article 1654 du même Code : « Si l'acheteur ne paie pas le prix, le vendeur peut « obtenir la résolution de la vente[3]. » Ces articles n'excluent pas l'emploi des autres moyens d'action que la loi fournit aux vendeurs : 1° saisie des biens mobiliers et immobiliers de l'acheteur[4], et spécialement de l'immeuble vendu sur le prix duquel le vendeur est privilégié (C. civ., art. 1650, 1651, 2092 et 2103-1°) ; 2° exécution, avec autorisation de justice, et aux frais de l'acheteur, des obligations qu'il n'a pas accomplies et dont l'exécution n'exige pas son fait personnel (C. civ., art. 1144)[5]. Le poursuivant qui a, dans l'espèce, tous les droits d'un vendeur[6] peut donc : 1° poursuivre « par toutes les voies de droit, » conformément à l'article 712, le paiement du prix d'adjudication et des frais dus par l'adjudicataire en sus de ce prix, et aussi l'exécution de toutes les clauses du cahier des charges qui lui sont imposées[7]; 2° sommer l'adjudicataire de faire faire la transcription ou de remettre la grosse du jugement d'adjudication au requérant, avec avertissement que, faute par lui de le faire dans tel délai, une seconde expédition dudit jugement sera levée et transcrite à ses frais[8]. Le poursuivant peut même négliger la voie de la folle enchère et s'en tenir au droit commun[9], c'est-à-dire exercer au lieu et place du saisi son débiteur l'action résolutoire établie par l'article 1654 du

[2] Voy., sur cet article, t. I, § **126**.

[3] Voy., sur la nature de cette action, t. I, *ib.*

[4] Ce droit appartient sans nul doute à l'acheteur; il n'est contesté qu'à l'auteur d'une donation soumise à des charges que le donataire n'a pas exécutées : ce donateur qui a le droit d'agir en révocation de sa donation (C. civ., art. 953) peut-il poursuivre, de préférence, l'exécution des charges qu'il a imposées à son donataire? Voy. Demolombe, *op. cit.*, t. XX, n°s 571 et suiv.

[5] Voy., sur ce point, t. III, § **528**.

[6] Dans quelle mesure le rôle de vendeur peut-il lui être attribué? Voy. *suprà*, § **706**.

[7] Voy., sur l'article 712, *suprà*, § **695**. Parmi ces voies de droit figure la saisie de l'immeuble même qui a été adjugé et que le poursuivant peut exproprier sur l'adjudicataire considéré comme tiers détenteur : cette procédure est frustratoire, en ce sens qu'elle fait recommencer inutilement et sur nouveaux frais les poursuites qui ont abouti à l'adjudication, mais rien n'empêche le poursuivant d'y recourir s'il ne craint pas de faire cette dépense (Chauveau, sur Carré, *op. cit.*, t. V, IIe part., quest. 2426). Cette observation est, d'ailleurs, purement théorique, car il n'est jamais venu à l'idée d'un créancier de procéder ainsi.

[8] Chauveau, sur Carré, *op. cit.*, t. V, IIe part., quest. 2548 *ter*.

[9] En vertu de l'article 1166 du Code civil (Voy. t. I, § **120**).

Code civil[10]; mais il n'a aucun avantage à procéder ainsi, car l'action résolutoire remet simplement les choses en l'état où elles étaient avant l'adjudication, et oblige le poursuivant à exproprier de nouveau le saisi redevenu propriétaire, au lieu que la revente sur folle enchère procure — on le verra au § **752** et c'est justement pour cela qu'elle est faite — un moyen expéditif de réaliser le gage des créanciers en substituant un autre et meilleur adjudicataire à celui sur lequel on a eu le tort de faire fond[11]. On verra, d'ailleurs, au § **754** que l'action résolutoire et la revente sur folle enchère sont des voies sensiblement différentes et ne produisent pas le même effet.

§ **751**. Par qui, contre qui, à quel moment et pendant combien de temps la revente sur folle enchère peut-elle être poursuivie? Comment le fol enchérisseur peut-il l'éviter?

1° Toute personne peut poursuivre la folle enchère, car l'article 734 parle, sans distinguer, de « celui qui la pour« suivra[1], » mais seulement une personne intéressée, car l'intérêt est la mesure des actions[2]. Ce droit appartient donc, tout d'abord, au poursuivant s'il a intérêt a en user, à savoir : 1) pour inexécution des engagements qui doivent

10 Larombière, *op. cit.*, t. III, sur l'art. 1184, n° 16. *Contrà*, Lyon, 8 avr. 1840 (D. A. v° *Privilèges et hypothèques*, n° 1689).

11 Voy., sur les avantages de la procédure de folle enchère, Persil, *Premier rapport à la Chambre des pairs* (D. A. v° *Vente publique d'immeubles*, p. 570, n° 58). Les créanciers qui veulent exercer l'action résolutoire doivent la conserver, et, par conséquent, conserver tout d'abord le privilège du vendeur au sort duquel le sort de cette action est associé (Voy. *suprà*, § **712**); mais il ne servirait à rien de leur en opposer la déchéance lorsqu'ils l'intentent contre l'adjudicataire qui n'a pas payé son prix, car, cette action écartée, il leur resterait le droit de poursuivre la folle enchère (Larombière, *op. cit.*, t. III, sur l'art. 1184, n° 66). Je reviendrai sur ce point au § suivant, en supposant la folle enchère poursuivie contre le sous-acquéreur auquel le fol enchérisseur a transmis l'immeuble.

§ **751**. 1 Une autre preuve que ce droit n'appartient pas au poursuivant seul résulte encore du même article : le demandeur en folle enchère doit obtenir du greffier, avant toute poursuite, un certificat comme quoi l'adjudicataire n'a pas exécuté les conditions exigibles de l'adjudication; pourquoi astreindre à cette formalité le poursuivant qui sait par son avoué si l'adjudicataire a payé les frais qu'il doit à ce dernier? Voy., en ce sens, Bioche, *op. et v° cit.*, n°s 20 et suiv.; Pigeau, *op. cit.*, t. II, p. 157; Chauveau, sur Carré, *op. cit.*, t. V, II° part., quest. 2426 *bis*, et les travaux préparatoires de la loi du 2 juin 1841 analysés *ib.*; Boitard, Colmet-Daage et Glasson, *op. cit.*, t. II, n° 1003; Rodière, *op. cit.*, t. II, p. 336.

2 Voy., en ce sens, les autorités citées à la note précédente, et, sur le principe que l'intérêt est la mesure des actions, t. I, § **118**.

être remplis avant la délivrance du jugement d'adjudication ; 2) pour défaut de paiement du prix, s'il est porteur d'un bordereau de collocation[3]; dans le cas contraire, il ne vient pas en ordre utile et peu lui importe que l'adjudicataire paie ou ne paie pas un prix sur lequel il n'a lui-même aucun droit[4]. Même distinction pour les autres créanciers privilégiés, hypothécaires ou chirographaires[5], en observant : 1) pour le vendeur non payé qu'on lui opposerait en vain l'extinction de son privilège et de son action résolutoire par le jugement d'adjudication, car il est toujours créancier chirographaire et peut, en cette qualité, poursuivre la folle enchère[6]; 2) pour les créanciers dont les inscriptions sont soumises au renouvellement, qu'ils ont le même droit si ces inscriptions ne sont pas antérieures de plus de dix ans à l'adjudication, quand même, étant antérieures de plus de dix ans à la demande de folle enchère, elles n'auraient pu être renouvelées[7]; 3) pour tous les créanciers : *a*) que la novation ne se présume pas[8], et que le droit de poursuivre la folle enchère subsiste à leur profit, eûssent-ils produit à l'ordre[9] ou accepté le fol enchérisseur pour débiteur personnel en poursuivant contre lui le paiement de leurs bordereaux de collocation[10], en saisissant ses biens personnels[11], en recevant de lui le paiement des intérêts ou même d'une partie du capital de

[3] Voy., sur la délivrance des bordereaux de collocation, *infrà*, § **848**.

[4] Chauveau, sur Carré, *op. et loc. cit.*

[5] Les créanciers privilégiés et hypothécaires peuvent certainement poursuivre la folle enchère lorsqu'ils y ont intérêt, mais ce droit appartient aussi aux créanciers chirographaires lorsqu'ils sont intéressés à l'exercer (Chauveau, sur Carré, *op. et loc. cit.*).

[6] Chauveau, sur Carré, *op. et loc. cit.*

[7] C'est la conséquence du principe posé au § **713**, que les inscriptions ont produit leur effet légal et sont, par conséquent, dispensées du renouvellement à partir du jugement d'adjudication. La folle enchère n'efface pas cet effet de l'adjudication, et ne fait pas que ces inscriptions redeviennent sujettes à la péremption dont il les a affranchies (Voy. *infrà*, même §).

[8] C. civ., art. 1273. Comp. C. civ., art. 879 : les créanciers du défunt ne peuvent plus demander la séparation des patrimoines « lorsqu'il y a novation dans la créance « contre le défunt par l'acceptation de l'héritier pour débiteur. » Voy., sur cette expression, Demolombe, *op. cit.*, t. XVII, n° 157; Aubry et Rau, *op. cit.*, t. VII, p. 472.

[9] Bordeaux, 15 mars 1833 (D. A. *v° cit.*, n° 2184). Voy., sur cette production, *infrà*, §§ **811** et suiv.

[10] Grenoble, 29 janv. 1825 (D. A. *v° cit.*, n° 1847). Voy., sur ce bordereau, *infrà*, § **848**.

[11] Bourges, 18 nov. 1814 (D. A. *v° et loc. cit.*). Voy., sur le droit qu'ils ont de pratiquer cette saisie, le § précédent.

leurs créances[12], ou en lui accordant un délai[13]; *b*) qu'ils doivent attendre pour agir l'exigibilité de ces créances et ne peuvent, par conséquent, poursuivre la folle enchère avant l'arrivée du terme de droit ou de grâce auquel elles sont soumises. Le droit de la poursuivre appartient[14], enfin, à l'avoué du poursuivant personnellement créancier des frais de poursuite si le cahier des charges oblige l'adjudicataire à les payer au-delà de son prix[15], et au saisi qui a également intérêt à former cette demande, car, sans compter le reliquat qui aurait pu lui revenir, le paiement du prix d'adjudication l'aurait libéré jusqu'à due concurrence de sa dette principale et des frais de poursuite qu'il est tenu de rembourser au saisissant[16]. Si plusieurs parties intéressées poursuivent simultanément la folle enchère, on applique par analogie l'article 719[17] et l'on confie la poursuite à l'avoué porteur du titre le plus ancien et, si les titres ont la même date, à l'avoué le plus ancien[18].

2° La folle enchère se poursuit contre les mêmes personnes que l'action résolutoire du vendeur non payé[19], et d'abord contre le fol enchérisseur ou contre ses héritiers s'ils sont encore propriétaires[20], le saisi étant préalablement mis en cause[21]. Peu importe, à cet égard, que le fol enchérisseur soit un adjudicataire sur surenchère. Un arrêt très ancien décide, il est vrai, que la première adjudication survit si le surenchérisseur ne remplit pas les conditions de la seconde,

12 Toulouse, 20 déc. 1827 (D. A. *v° cit.*, n° 1846). S'ils avaient reçu le montant intégral de ce qui leur est dû, ils n'auraient plus d'intérêt à poursuivre la folle enchère.

13 Paris, 20 sept. 1806 (D. A. *v° cit.*, n° 1847). Il faut seulement que ce délai soit expiré (Voy. *infrà*, même §).

14 Bioche, *op. et v° cit.*, n° 15. Paris, 2 janv. 1816 (D. A. *v° cit.*, n° 2187).

15 Bioche, *op. et v° cit.*, n° 26. Voy., sur cette hypothèse, *suprà*, § **669**.

16 Chauveau, sur Carré, *op. et loc. cit.*

17 Voy. *suprà*, § **731**.

18 Bioche, *op.*, *v° et loc. cit.* Chauveau, sur Carré, *op. cit.*, t. V, II° part., quest. 2426 *ter*.

19 Ces deux actions sont de même nature. Voy., à ce sujet, le § précédent.

20 C'est alors une action mixte (Voy. t. 1, § **126**), mais cette observation n'a pas d'intérêt dans l'espèce, car les actions mixtes ne diffèrent des autres que par la compétence établie pour elles par l'article 59, al. 4 (Voy. t. I, § **176**), et la poursuite en folle enchère a nécessairement lieu devant le tribunal qui a prononcé l'adjudication (Voy. le § suivant).

21 Art. 736 (Voy. le § suivant).

et que le premier adjudicataire demeure alors propriétaire sauf au second à payer la différence entre le prix de la première et celui de la seconde[22]; mais l'article 710 ne suppose rien de semblable[23] et dit simplement qu' « en cas de « folle enchère, » c'est-à-dire de revente sur folle enchère, le surenchérisseur devra payer la différence entre le montant de sa surenchère et le prix pour lequel l'immeuble est définitivement adjugé[24]. La poursuite de folle enchère peut aussi être dirigée, comme action réelle[25], contre un tiers détenteur, c'est-à-dire contre l'acheteur ou le donataire auquel le fol enchérisseur a transmis l'immeuble, ou contre l'adjudicataire qui l'a acquis sur la saisie pratiquée contre le fol enchérisseur par ses propres créanciers. Ces tiers détenteurs sont passibles de la folle enchère comme le fol enchérisseur lui-même, par application de la règle *Resoluto jure dantis resolvitur jus accipientis*[26], lors même qu'ils auraient pris, l'acquéreur par son contrat, l'adjudicataire par le cahier des charges, l'engagement de désintéresser les personnes qui ont le droit de poursuivre la folle enchère : cette clause est *res inter alios acta* pour ces dernières et ne peut leur être opposée[27]. Deux questions se posent dans cette hypothèse : 1° comment doit procéder le demandeur en folle enchère? 2° le tiers détenteur peut-il lui opposer une fin de non-recevoir tirée de l'article 717, des articles 6 et 7 de la loi du 23 mars 1855, ou de l'article 2154 du Code civil?

a. Quiconque poursuit la folle enchère contre un tiers détenteur a le choix entre trois partis : 1) procéder contre le fol enchérisseur sans mettre le tiers détenteur en cause, faire déclarer par jugement ce fol enchérisseur déchu du bénéfice de l'adjudication prononcée à son profit, revendiquer ensuite

[22] Turin, 13 juin 1812 (D. A. v° *Surenchère*, n° 411).

[23] Voy. *suprà*, § **721**.

[24] Pigeau, *op. cit.*, t. II, p. 278.

[25] Voy., sur la nature de l'action résolutoire intentée contre un tiers acquéreur, t. I, § **126**.

[26] Voy. t. I, *ib.*

[27] Chauveau, sur Carré, *op. cit.*, t. V, II° part., quest. 2426 *quinquies*. Paris, 5 juin 1806 (D. A. *v° cit.*, n° 1834). Paris, 27 juill. 1809 (D. A. *v° cit.*, n° 1835). Toulouse, 18 juin 1830 (D. A. v° *Privilèges et hypothèques*, n° 1742). Req. 9 janv. 1833; civ. cass. 6 mai 1844 (D. A. v° *Vente publique d'immeubles*, n° 1834). Paris, 5 juill. 1851 (D. P. 53. 2. 51). Aj. les autorités citées *infrà*, note 37.

contre le tiers détenteur du chef du saisi redevenu ainsi propriétaire, et faire vendre de nouveau l'immeuble dans les formes qui seront indiquées au § suivant, sauf à ce tiers détenteur à se porter lui-même adjudicataire s'il désire conserver l'immeuble [28]; 2) remettre purement et simplement l'immeuble en vente ainsi qu'il sera dit au § suivant, et laisser à la personne qui s'en portera adjudicataire le soin de revendiquer elle-même contre le tiers détenteur [29]; 3) procéder contre le tiers détenteur en mettant le fol enchérisseur en cause pour faire prononcer contre lui la résolution de l'adjudication [30]. Dans ce dernier cas, c'est le tiers détenteur qui est saisi : il n'a donc pas le droit d'enchérir dans la nouvelle adjudication, et ne peut conserver l'immeuble qu'en payant avant cette adjudication le prix dû par le fol enchérisseur et non payé par lui [31]. Le second de ces trois partis est le moins sûr, car il oblige le nouvel adjudicataire à revendiquer à ses risques et périls, et cette perspective est de nature à éloigner les amateurs de la nouvelle adjudication; la troisième manière de procéder est la plus prompte et sera généralement préférée [32].

b. L'immeuble de Primus a été saisi; Secundus s'en est porté adjudicataire, et, avant que le jugement d'adjudication rendu à son profit fût transcrit [33], a revendu l'immeuble à Tertius qui a fait transcrire son contrat de vente; le jugement d'adjudication remontant à plus de quarante-cinq jours

[28] Bioche, *op. et v° cit.*, n° 31.

[29] Les inconvénients de cette façon de procéder (Voy. *infrà*, même §) ne l'empêchent pas d'être parfaitement régulière.

[30] Toulouse, 4 mars 1864 (D. P. 64. 2. 72).

[31] Voy., sur la défense faite au saisi de se porter adjudicataire, *suprà*, § **690**.

[32] L'arrêt de la cour de Toulouse cité *suprà*, note 30, paraît dire que le poursuivant doit se conformer, dans ce cas, à l'article 2169 du Code civil, c'est-à-dire faire sommation au sous-acquéreur comme tiers détenteur, puis attendre trente jours avant de poursuivre la folle enchère. Il est inutile d'observer ici l'article 2169, car il ne s'agit pas de saisir immobilièrement le tiers détenteur, mais d'exercer contre lui une action résolutoire à laquelle il est soumis en vertu de la règle *Resoluto jure dantis resolvitur jus accipientis*. Dans tous les cas, le poursuivant doit choisir entre les trois partis qui viennent d'être indiqués : il ne pourrait poursuivre valablement le fol enchérisseur seul, car le jugement rendu contre ce dernier en l'absence du tiers détenteur ne serait pas opposable à celui-ci (à moins cependant que son titre ne fût postérieur à ce jugement; voy. t. III, § **466**); il ne pourrait pas non plus poursuivre le tiers détenteur seul, car ce dernier ne sera tenu de restituer l'immeuble que par un jugement de résolution qui ne peut être rendu que contre l'acheteur (Voy. t. I, § **126**, note 31).

[33] Voy., sur cette formalité, *suprà*, § **696**.

et Secundus n'ayant pas payé le prix d'adjudication, les parties intéressées poursuivent la revente sur folle enchère[34]; Tertius peut-il leur opposer les articles 6 et 7 de la loi du 23 mars 1855, aux termes desquels le privilège et l'action résolutoire de Primus ne pourraient s'exercer contre lui si Primus, au lieu d'être saisi, avait vendu volontairement[35]? Non, car on verra au § **754** qu'autre chose est l'action résolutoire autre chose la folle enchère, et ces articles de la loi du 23 mars 1855 édictent des déchéances qui ne doivent pas être étendues d'un cas à un autre[36]. — L'immeuble de Primus a été saisi; Secundus s'en est rendu adjudicataire mais n'a pas exécuté les conditions de l'adjudication, et, d'autre part, son créancier personnel Tertius a saisi sur lui cet immeuble et l'a fait adjuger à Quartus; les créanciers de Primus poursuivant la folle enchère contre Quartus, peut-il leur opposer l'article 717 aux termes duquel l'action résolutoire est purgée par l'adjudication sur saisie immobilière[37]? Non, car cet article ne peut, pas plus que les articles 6 et 7 de la loi du 23 mars 1855, être étendu de l'action résolutoire à la folle enchère, et cette extension serait d'autant moins justifiée que l'article 717 a pour but de protéger l'adjudicataire qui tient ses droits de la justice contre un vendeur non payé qui ne tient les siens que de la convention des parties, et que l'exclusion de la folle enchère priverait, dans l'espèce, les créanciers de Primus d'un droit qui résulte pour eux de l'adjudication et qu'ils tiennent, par conséquent, de la justice[38]. — L'immeuble de Primus a été saisi par son créancier Secundus dont l'inscription remonte au 10 septembre 1888; il a été adjugé à Tertius le 1er septembre 1890;

[34] Je raisonne sur la cause la plus fréquente de revente sur folle enchère, mais je pourrais également la supposer poursuivie pour inexécution d'une clause quelconque du cahier des charges ou pour défaut de transcription du jugement d'adjudication dans le délai indiqué *suprà*, § **701**.

[35] Voy., sur cet article, *suprà*, § **712**.

[36] Larombière, *op. et loc. cit.* Ollivier et Mourlon, *op. cit.*, nos 231, 237 et 616. Mourlon, *op. cit.*, t. II, no 830. Besançon, 16 déc. 1857 (D. P. 59. 2. 148). Besançon, 30 juill. 1859 (D. P. 60. 2. 29). Bordeaux, 2 août 1860 (D. P. 61. 2. 66). Chambéry, 12 mai 1869 (D. P. 69. 2. 164).

[37] Voy. *suprà*, § **712**.

[38] Larombière, *op. cit.*, t. III, sur l'art. 1184, nos 16 et 64. Seligmann, *op. cit.*, no 722. *Contrà*, Chauveau, sur Carré, *op. cit.*, t. V, IIe part., quest. 2404 *novies*, 2426 *bis* et *quinquies*.

Tertius l'a revendu à Quartus avant d'avoir exécuté les conditions de l'adjudication, ou bien ses créanciers l'ont saisi sur lui et fait adjuger à Quartus, et, le 1er décembre 1890, Secundus a poursuivi la folle enchère : Quartus peut-il lui opposer la péremption décennale? Non : l'inscription avait produit son effet légal le 1er septembre, moins de dix ans après la date à laquelle elle avait été prise; elle était donc dès ce moment à l'abri de toute péremption [39], et peu importerait, d'ailleurs, qu'elle y fût encore soumise, car, Secundus eût-il perdu son droit de suite [40], sa créance chirographaire n'aurait pas cessé d'exister et sa poursuite de folle enchère ne serait pas moins régulière [41].

3° La folle enchère ne peut être poursuivie que vingt jours après le jugement d'adjudication pour inexécution des conditions qui doivent être remplies avant la délivrance de ce jugement [42]. « Faute par l'adjudicataire de faire cette justifi- « cation (celle de l'accomplissement desdites conditions) [43] « dans les vingt jours de l'adjudication, il y sera con- « traint par la voie de la folle enchère » dit l'article 713 [44] que n'abroge pas, quoiqu'on l'ait soutenu [45], l'article 734 : ce dernier se borne à indiquer la procédure à suivre en pareil cas, et n'innove rien quant au délai dans lequel la demande peut être formée [46]. La folle enchère pour défaut de paiement du prix ne peut être poursuivie que trois jours après la signification, avec commandement, du bordereau de collo-

39 Voy. *suprà*, § **713**.

40 La péremption décennale ne fait perdre au créancier hypothécaire que son rang, mais cela suffit pour entraîner la déchéance du droit de suite quand le moment où une première inscription peut être prise est passé (Aubry et Rau, *op. cit.*, t. IV, p. 384) : c'est ce qui arrivera dans l'espèce si l'acquéreur a fait transcrire son contrat ou l'adjudicataire le jugement d'adjudication; cette transcription arrête immédiatement le cours des inscriptions du chef des précédents propriétaires (L. 23 mars 1855, art. 6; voy. *suprà*, § **708**).

41 Larombière, *op. et loc. cit.* Chambéry, 12 mai 1869 (D. P. 69. 2. 164). Cette seconde raison suffit pour justifier la proposition énoncée au texte; cette proposition devrait donc être maintenue dans le cas même où l'on admettrait, contre l'opinion émise au § **708**, note 13, que la nécessité de renouveler les inscriptions hypothécaires ne cesse que lors de la délivrance des bordereaux de collocation.

42 Voy. *suprà*, § **707**.

43 Voy. *suprà*, *ib*.

44 Voy., sur l'article 713, *suprà*, *ib*.

45 Boitard, Colmet-Daage et Glasson, *op. et loc. cit.*

46 Rodière, *op. cit.*, t. II, p. 335.

cation[47]. Ces délais, qui ne sont pas précisément des délais de procédure mais plutôt une sorte de terme de grâce accordé au fol enchérisseur, sont généralement considérés comme francs : cette solution n'est peut-être pas rigoureusement justifiée, mais un délai de faveur doit recevoir, dans le doute, l'interprétation la plus large[48]. Le droit de poursuivre la folle enchère ne se prescrit que par trente ans[49], et l'on vient de voir qu'il s'exerce nonobstant toute aliénation faite dans ce délai par le fol enchérisseur et toute saisie immobilière pratiquée sur lui et suivie d'adjudication dans le même laps de temps.

4° Le fol enchérisseur peut éviter la revente sur folle enchère en justifiant avant l'adjudication de l'accomplissement de toutes ses obligations : 1° en payant son prix ou en le consignant dans les conditions voulues pour que ce paiement ou cette consignation soient libératoires[50]; 2° en exécutant les autres conditions de l'adjudication[51]; 3° en faisant transcrire le

[47] Voy., sur la délivrance de ces bordereaux, *infrà*, § 848.

[48] Bioche, *op. et v° cit.*, n° 49. Voy., sur les délais francs, t. I, § 205.

[49] Bioche, *op. et v° cit.*, n° 19. Chauveau, sur Carré, *op. cit.*, t. V, IIe part., quest. 2426 *quinquies*. Paris, 20 sept. 1806 (D. A. *v° cit.*, n° 1847). Req. 12 mars 1833 (D. A. *v° cit.*, n° 1853).

[50] Chauveau, sur Carré, *op. cit.*, t. V, IIe part., quest. 2426 *bis*. Rennes, 9 déc. 1820 (D. A. *v° cit.*, n° 1834). Toulouse, 4 mars 1864 (D. P. 64. 2. 72). Req. 21 janv. 1867 (D. P. 67. 1. 209). Civ. cass. 16 nov. 1869 (D. P. 70. 1. 360). Voy., sur la procédure d'offres réelles et de consignation, le tome V de ce Traité.

[51] Une question délicate se pose ici : 1° dans le cas où le fol enchérisseur, s'étant mis hors d'état de remplir les conditions de l'adjudication, offrirait aux créanciers une satisfaction telle qu'ils n'auraient aucun intérêt à l'exproprier; 2° dans le cas où il aurait presque complètement exécuté les conditions qui lui étaient imposées au moment où l'immeuble va être revendu sur lui. Premier exemple : il a fait une coupe de bois contrairement au cahier des charges qui lui défendait d'en faire aucune avant d'avoir payé son prix, mais il offre et consigne une somme qui représente et au-delà la valeur de cette coupe, ou bien il donne bonne et valable caution. Second exemple : il devait 5,000 francs pour le prix d'adjudication et les frais mis à sa charge, et il a payé 4,900 francs. Dans ces conditions, le tribunal est-il vraiment obligé de procéder à la revente? La seconde hypothèse est la plus embarrassante, car il s'agit alors de surseoir à la revente et de donner un délai au fol enchérisseur pour qu'il achève de s'exécuter; or, aux termes de l'article 737, l'adjudication sur folle enchère ne peut être remise qu'à la demande du poursuivant (Voy. le § suivant). Toutefois, les lois, même les plus rigoureuses, doivent être interprétées raisonnablement, et l'on ne trouvera pas de tribunal pour refuser, en pareil cas, un sursis de quelques jours. Il y a moins de difficulté dans la première hypothèse : 1° il ne s'agit pas de surseoir à la revente, mais de dire qu'il n'y sera procédé ni maintenant ni plus tard attendu que le fol enchérisseur justifie de l'acquit des conditions qui lui étaient imposées; 2° l'article 737 ne peut faire objection puisqu'il ne vise que le sursis; 3° le tribunal n'est pas tellement lié par l'article 738 qu'il ne puisse déclarer accomplies par équivalent des conditions qui ne sont pas littéralement

jugement d'adjudication rendu à son profit[52]. Ses créanciers pourront le faire à sa place et obtenir le même résultat en vertu de l'article 1166 du Code civil[53]. On verra même au § suivant que l'adjudicataire, poursuivi comme fol enchérisseur pour inexécution des conditions qu'il devait remplir avant la délivrance du jugement d'adjudication, peut éviter la revente en donnant un motif légitime de son retard, et je crois qu'il peut y faire aussi surseoir en usant du droit que l'article 1653 du Code civil reconnaît à l'acheteur de suspendre le paiement du prix « s'il a juste sujet de craindre d'être troublé « par une action soit hypothécaire soit en revendication[55]. » Par contre, il ne peut éviter la revente en délaissant, car son enchère l'oblige personnellement et non pas seulement *propter rem*[56] — en revendant avec obligation pour l'acheteur de satisfaire le poursuivant et les créanciers inscrits, car on a vu que cette convention est pour eux *res inter alios acta*[57] — ou en opposant au poursuivant l'article 717, les articles 6 et 7 de la loi du 23 mars 1855 ou la péremption de son inscription hypothécaire : je me suis suffisamment expliqué sur ces trois points. Enfin, le fol enchérisseur ne peut éviter la revente qu'en consignant avec son prix d'adjudication « une « somme réglée par le président du tribunal pour les frais » de folle enchère : » cette ordonnance est rendue sans appel[58], à la différence de celle dont il est parlé en l'article 734 et qui est rendue « en état de référé[59], » mais elle

exécutées. Voy., sur cette question et en sens divers, Chauveau, sur Carré, *op. cit.*, t. V, IIe part., quest. 2430 *ter;* Boitard, Colmet-Daage et Glasson, *op. et loc. cit.*; Persil, *op. cit.*, n° 378.

[52] Chauveau, sur Carré, *op. cit.*, t. V, IIe part., quest. 2548 *ter*.

[53] Voy. t. I, § **120**.

[54] Voy. *suprà*, § **704**.

[55] Nouvelle exception à l'article 737 cité *suprà*, note 52. L'adjudication ne purge pas les droits du *verus dominus* et ne purge pas sans exception les privilèges et hypothèques nés du chef des précédents propriétaires (Voy. *suprà*, §§ **709** et suiv.) : l'adjudicataire peut donc être exposé à une revendication et même à une poursuite hypothécaire. Bioche (*Op. et v° cit.*, n° 17) n'admet cependant pas, à cause de l'article 737, qu'il puisse échapper à la folle enchère en suspendant le paiement du prix (Voy., dans le même sens, Liège, 27 avr. 1809; D. A. *v° cit.*, n° 1843).

[56] Voy. *suprà*, § **694**.

[57] Voy. *suprà*, même §.

[58] Bioche, *op. et v° cit.*, n° 73. Chauveau, sur Carré, *op. cit.*, t. V, IIe part., quest. 2430 *quater*. Boitard, Colmet-Daage et Glasson, *op. et loc. cit. Contrà*, Rodière, *op. cit.*, t. II, n° 338.

[59] Voy. le § suivant.

n'est pas définitive en ce sens qu'elle ne fixe que d'une manière approximative les frais de poursuite, dont le montant sera définitivement arrêté par le juge taxateur dans les formes prescrites au § **500** et sous la réserve du droit d'opposition (Art. 738)[60].

§ **752**. La procédure de la folle enchère est des plus simples[1] : la loi a voulu que les créanciers pûssent réaliser leur gage de la façon la plus prompte et la moins coûteuse, et la marche ordinaire de l'action résolutoire lui a paru trop lente[2]. La demande se forme devant le tribunal qui a déclaré le fol enchérisseur adjudicataire[3]; les articles 734 et 735 distinguent suivant qu'elle est formée avant la délivrance du jugement d'adjudication ou après l'ouverture de l'ordre.

1° La folle enchère ne peut être poursuivie avant la délivrance du jugement d'adjudication que vingt jours après ce jugement[4] et pour inexécution des conditions qui devaient être remplies avant qu'il fût délivré[5]. Le poursuivant se fait, d'abord, délivrer par le greffier un certificat constatant que l'adjudicataire n'a pas exécuté les conditions actuellement exigibles de l'adjudication[6]; il peut ensuite, mais la loi ne l'y oblige pas, lui faire sommation d'avoir à s'exécuter[7]. Averti

[60] Voy., sur l'opposition à la taxe des dépens, t. III, § **500**.

§ **752**. [1] Si l'immeuble a été adjugé à plusieurs personnes après une enchère collective, on n'est pas tenu de provoquer préalablement le partage : l'article 2205 du Code civil, qui défend de saisir une part indivise (Voy. t. III, § **562**), ne s'applique pas à la folle enchère (Grenoble, 15 mars 1855; D. P. 55. 2. 301).

[2] Voy. *suprà*, § **750**.

[3] Duvergier, *op. cit.*, t. XLI, p. 270, note 3. Bioche, *op. et v° cit.*, n° 35. Chauveau, sur Carré, *op. cit.*, t. V, IIe part., quest. 2426 *sexies*. Persil, *op. cit.*, n° 377. Req. 12 mars 1833 (D. A. *v° cit.*, n° 1853). Req. 9 janv. 1834 (D. A. *v° cit.*, n° 1834).

[4] Voy., sur ce délai, le § précédent.

[5] Voy., sur ce point, *suprà*, § **749**.

[6] Chauveau, sur Carré, *op. cit.*, t. V, IIe part., quest. 2428 *bis*. Rodière, *op. cit.*, t. II, p. 336.

[7] Il pourrait lever et signifier le jugement d'adjudication, car l'adjudicataire ne peut en obtenir la délivrance avant d'avoir rempli certaines conditions de ce jugement, mais rien n'empêche le poursuivant de se le faire délivrer s'il y a intérêt (Voy., sur ce point, Pigeau, *op. cit.*, t. II, p. 157 et 158). Il ne pourrait faire un commandement qu'après s'être fait délivrer une grosse de ce jugement, car sans cela il n'aurait pas de titre exécutoire (Voy., sur ce point, Chauveau, sur Carré, *op. et loc. cit.*, et, sur le principe qu'un commandement ne peut être fait qu'en vertu d'un titre exécutoire, t. II, § **221**). Quant à la sommation qui n'exige pas un pareil titre (Voy. t. II, *ib.*), rien n'empêche de la signifier à l'adjudicataire, et rien de plus

par cette sommation ou autrement, l'adjudicataire peut s'opposer à la délivrance du certificat par acte d'avoué à avoué, exploit d'huissier[8] ou déclaration au greffe[9]; les parties se retirent sur assignation, ou sur un acte d'avoué à avoué signifié par la plus diligente d'entre elles[10], devant le président qui statue en « état de référé[11], » c'est-à-dire à charge d'appel[12] : c'est le droit commun en matière de référé[13], et l'on voit dans les travaux préparatoires de la loi du 2 juin 1841 que c'est pour en réserver l'application que le garde des sceaux a proposé de rédiger ainsi l'article 734[14]. Sur ce certificat, sans autre procédure que celle qui vient d'être exposée[15] et, par conséquent sans demande ni jugement de résolution[16], la nouvelle adjudication est poursuivie sur l'ancien cahier des charges. Il n'est permis ni d'en modifier les clauses sans le consentement de toutes les parties intéressées ni surtout d'en rédiger un autre, car il faudrait alors recommencer les sommations prescrites par l'article 692[17] et se livrer, par suite, à

naturel que de l'inviter ainsi à s'exécuter avant de poursuivre son expropriation, et de l'avertir de la prochaine délivrance d'un certificat auquel on va voir qu'il a le droit de faire opposition.

8 Chauveau, sur Carré, *op. et loc. cit.* Rodière, *op. et loc. cit.*

9 Le poursuivant a nécessairement un avoué, l'adjudicataire en a également un qui a enchéri pour lui (Voy. *suprà*, § **692**) et qui reste de plein droit constitué pendant un an pour l'exécution du jugement d'adjudication (Art. 1038; voy. t. I, § **93**). L'adjudicataire peut donc faire signifier son opposition par acte d'avoué à avoué, mais rien ne l'y force puisque les parties peuvent (Voy. le tome V de ce Traité) se présenter en personne devant le juge du référé. Voy., sur la manière de signifier l'opposition dans l'espèce, Bioche, *op. et v° cit.*, n°s 41 et 45.

10 Voy., sur ce point, Bioche, *op. et v° cit.*, n° 44; Carré, *op. cit.*, t. V, IIe part., quest. 2427; Chauveau, sur Carré, *op. et loc. cit.;* Rodière, *op. et loc. cit.*

11 Voy., sur cette procédure, le tome V de ce Traité.

12 Mais non d'opposition (Art. 809; voy. *ib.*).

13 Art. 809 (Voy. *ib.*).

14 Voy., en ce sens et sur cet incident des travaux préparatoires de la loi du 2 juin 1841, Bioche, *op. et v° cit.*, n° 47; Chauveau, sur Carré, t. V, IIe part., quest. 2426 *bis;* Boitard, Colmet-Daage et Glasson, *op. et loc. cit.;* Rodière, *op. et loc. cit.*

15 La formule de l'article 735 « sans autre procédure ni jugement » est trop large (Chauveau, sur Carré, *op. cit.*, t. V, IIe part. quest. 2428 *bis;* Boitard, Colmet-Daage et Glasson, *op. et loc. cit.*).

16 Par dérogation à l'article 1184 du Code civil, aux termes duquel la résolution ne peut avoir lieu de plein droit et sans jugement qu'en vertu d'une convention expresse (Voy., sur ce principe, Demolombe, *op. cit.*, t. XXV, n°s 550 et suiv.; Aubry et Rau, *op. cit.*, t. IV, p. 84; Colmet de Santerre, *op. cit.*, t. V, n° 105 *bis*-II; Larombière, *op. cit.*, t. III, sur l'art. 1184, n° 44; et, sur la dérogation qui y est apportée dans l'espèce, Chauveau, sur Carré, *op. et loc. cit.*, et *suprà*, § **750**).

17 Sommation de prendre connaissance du cahier des charges, d'y demander des modifications et d'assister à la publication qui en sera faite (Voy. *suprà*, § **671**).

des frais que le législateur a voulu éviter en créant une procédure spéciale et très rapide[18]. Le poursuivant ne peut faire, de son autorité privée, que deux changements à l'ancien cahier des charges : 1) baisser la mise à prix si l'immeuble a perdu de sa valeur, ou si la folle enchère donne lieu de croire que le fol enchérisseur n'a pas voulu payer et n'a pu revendre parce qu'il avait acheté trop cher[19]; 2) ajouter cette clause, presque de style, que le nouvel adjudicataire paiera les intérêts de son prix à partir de la première adjudication[20]. Les formalités qui conduisent à la nouvelle adjudication se réduisent donc à deux. 1) Nouvelles publications qui peuvent suivre immédiatement la délivrance du certificat du greffier[21], et qui consistent en des placards apposés aux mêmes endroits[22]

[18] La cour de Paris avait demandé, dans les travaux préparatoires de la loi du 2 juin 1841, que le cahier des charges pût être modifié, mais la commission du Gouvernement n'a pas accueilli cette proposition (Bioche, *op. et v° cit.*, n° 52; Chauveau, sur Carré, *op. cit.*, t. V, IIe part., quest. 2428 *sexies*). M. Persil n'a donc voulu parler que de la baisse de la mise à prix (Voy. *infrà*, même §) lorsqu'il a dit à la Chambre des pairs que le poursuivant « est maître de la rédaction » (Séance du 27 avril 1840; *Moniteur* du 28, p. 831). Il n'y a pas lieu non plus de faire à l'audience une nouvelle publication du cahier des charges (Chauveau, sur Carré, *op. cit.*, t. V, IIe part., quest. 2429 *quinquies*).

[19] Chauveau, sur Carré, *op. cit.*, t. V, IIe part., n° DIII *ter* et quest. 2428 *sexies*.

[20] Chauveau, sur Carré, *op. et loc. cit.* Req. 12 nov. 1838 et 18 janv. 1842 (D. A. *v° cit.*, n° 1936). Paris, 13 janv. 1853 (D. P. 54. 5. 733). Civ. rej. 17 août 1853 (D. P. 54. 1. 382). Bourges, 25 mars 1872 (D. P. 73. 2. 151).

[21] Chauveau discute la question de savoir à quel moment ces publications doivent être faites en cas d'opposition à la délivrance du certificat (Sur Carré, *op. cit.*, t. V, IIe part., quest. 2428 *quinquies*). Cette discussion est oiseuse : d'une part, l'opposition précède la délivrance du certificat et les publications ne peuvent avoir lieu qu'après cette délivrance; d'autre part, aucun délai minimum ou maximum n'est fixé par la loi, et le poursuivant peut faire les publications immédiatement après la délivrance du certificat, ou les remettre à une date ultérieure sauf aux parties intéressées à se faire subroger à lui en cas de négligence (Voy. *infrà*, même §).

[22] A quelle porte? A celle du saisi ou à celle du fol enchérisseur? L'article 735 renvoie seulement aux formes ci-dessus prescrites, c'est-à-dire à l'article 699 qui prescrit d'apposer les placards à la porte du saisi (Voy. *suprà*, § **682**). Faut-il en conclure qu'en cas de folle enchère il faut, à peine de nullité, mettre un placard à la porte du saisi, et qu'on n'est pas tenu sous la même peine d'en mettre un à la porte du fol enchérisseur? Voy., en ce sens, Chauveau, sur Carré, *op. cit.*, t. V, IIe part., quest. 2428 *quater*. Faut-il dire, au contraire, que tout est fini pour le débiteur exproprié, que désormais c'est le fol enchérisseur qui est le saisi, qu'il faut, par conséquent, poser une affiche à sa porte à peine de nullité, mais qu'il est inutile d'en faire autant à la porte du débiteur saisi? Voy., en ce sens, Bioche, *op. et v° cit.*, n° 41. J'incline à croire que ces auteurs ont en partie raison l'un et l'autre, et qu'il faut, à peine de nullité, poser une affiche à la porte du fol enchérisseur qui est véritablement saisi, puisque la revente se poursuit sur lui (*Contrà*, req. 2 janv. 1884; D. P. 84. 1. 315), et une autre affiche à la porte du débiteur saisi qui n'est pas complètement étranger à cette procédure, puisque l'article 736 prescrit de lui signifier les jour et heure de l'adjudication.

et en insertions faites dans les mêmes journaux que lors de la première adjudication; on y ajoute seulement les indications nouvelles qui sont indispensables, nom et demeure du fol enchérisseur, montant de l'adjudication prononcée à son profit, mise à prix[23], date de la nouvelle adjudication. 2) Signification des jour et heure de l'adjudication à l'avoué du fol enchérisseur, et à la partie saisie au domicile de son avoué ou, si elle n'a pas d'avoué, à son domicile personnel[24]; il n'est fait, par économie, aucune signification aux créanciers inscrits[25]. L'adjudication a lieu au jour fixé, mais pas moins de quinze jours et pas plus de trente après les nouvelles publications et pas moins de quinze après les significations ci-dessus : ces délais sont généralement considérés comme francs[26]. L'adjudication n'a pas lieu, comme on l'a vu au § précédent, si le fol enchérisseur justifie : 1) de l'acquit des conditions de l'adjudication; 2) de la consignation, pour les frais de la folle enchère, d'une somme fixée par le président du tribunal[27]. Il y est sursis si le tribunal croit devoir l'ordonner à la requête du poursuivant et des créanciers inscrits; ni le saisi ni le fol enchérisseur ne peuvent le demander[28]. L'adjudication se fait suivant le mode prescrit par les articles

[23] Voy. *suprà*, même §.

[24] Réel ou élu : le mot *réel*, qui se trouvait dans le premier projet de la loi du 2 juin 1841, a été retranché sur la demande de la cour de cassation (Chauveau, sur Carré, *op. cit.*, t. V, IIe part., quest. 2429 *ter*).

[25] Le projet primitif qui l'exigeait a été abandonné. M. Vavin en a demandé sans succès le rétablissement à la Chambre des députés (Séance du 14 janvier 1841; *Moniteur* du 15, p. 111). Voy., sur ce point, Bioche, *op. et v° cit.*, n° 67; Chauveau, sur Carré, *op. cit.*, t. V, IIe part., quest. 2429 *bis*; Boitard, Colmet-Daage et Glasson, *op. et loc. cit.*; Rodière, *op. cit.*, t. II, p. 337.

[26] Bioche, *op. et v° cit.*, n° 60. Chauveau, sur Carré, *op. cit.*, t. V, IIe part., quest. 2428 *quinquies* et 2429. Cette opinion n'est pas conforme à celle que j'ai émise t. II, § **205**, sur les délais auxquels s'applique la franchise.

[27] Art. 738. Voy., pour les détails et pour la conciliation de cet article avec l'article 737, le § précédent, texte et note 51.

[28] « Seulement sur la demande du poursuivant » (Art. 737; voy., sur cet article, *suprà, ib.*). La requête du saisi et celle du fol enchérisseur ne seraient certainement pas écoutées, quelqu'intérêt qu'ils puissent avoir, le premier à retarder son expropriation définitive, le second à se donner du temps pour remplir les conditions de l'adjudication : leur demande n'est peut-être qu'un calcul pour retarder la solution définitive des poursuites et la réalisation du gage des créanciers; sur ce seul soupçon, la loi prescrit de n'en pas tenir compte. En est-il de même de celle des créanciers inscrits? Non, car leur demande n'est aucunement suspecte, et, s'ils sollicitent un sursis à l'adjudication, ce ne peut être sans motif légitime : ils craignent probablement que le poursuivant n'ait mal choisi le moment de l'adjudication, et qu'elle ne puisse se faire à la date indiquée dans des conditions avantageuses. Ont-

705 et 706[29], les personnes désignées par l'article 711 ne peuvent y prendre part[30], l'avoué dernier enchérisseur doit se conformer à l'article 707 pour la déclaration du nom de l'adjudicataire[31]. Les articles 734 à 737, sur la manière d'entamer les poursuites, les formes et délais des publications, la signification du jour de l'adjudication et le sursis qui peut y être apporté, doivent être observés à peine de nullité[32]; il en est de même des articles 707 et 711 et aussi, bien que la loi ne le dise pas, des articles 705 et 706, car, si les formes de la première adjudication sont irritantes[33], celles de l'adjudication sur folle enchère ne peuvent pas être indifférentes[34]. Les parties intéressées peuvent se faire subroger au poursuivant dans les cas prévus par l'article 722[35]. On verra au § **945** comment et pendant combien de temps les jugements intervenus en cette matière peuvent être attaqués : ils sont soumis, sous ce rapport, aux mêmes règles que les autres jugements rendus au cours d'une saisie immobilière (Art. 734 à 739).

2° La folle enchère poursuivie après l'ouverture de l'ordre ne diffère de la précédente que par la manière de l'introduire. Le poursuivant signifie les bordereaux de collocation[36] au fol enchérisseur, avec commandement[37] d'y obtem-

ils tort ou raison? Le tribunal appréciera, mais il n'y a aucun motif pour écarter leur requête *à priori* (Rodière, *op. et loc. cit.; contrà*, Chauveau, sur Carré, *op. cit.*, t. V, IIe part., quest. 2428 *sexies*).

[29] Voy. *suprà*, § **694**.

[30] Voy. *suprà*, §§ **685** et suiv. Le fol enchérisseur est assimilé au saisi et ne peut se porter adjudicataire sur sa propre folle enchère; les tribunaux ont même un pouvoir discrétionnaire à l'effet d'apprécier si le nouvel adjudicataire n'est pas son prête-nom (Voy. sur ces deux points, req. 6 août 1883; D. P. 84. 1. 328).

[31] Voy. *suprà*, § **714**.

[32] Cette nullité doit être entendue comme celle de l'article 715 : elle ne sera prononcée que si l'omission d'une formalité ou l'oubli d'un délai sont assez graves pour entraîner cette sanction : le tribunal appréciera (Voy. *suprà*, §§ **680** et suiv.; aj., sur cette nullité, Chauveau, sur Carré, *op. cit.*, t. V, IIe part., quest. 2427).

[33] Et elles le sont (Art. 715; voy. *suprà*, §§ **684** et suiv.).

[34] Bioche, *op. et v° cit.*, n° 88. Rodière, *op. cit.*, t. II, p. 339. *Contrà*, Chauveau, sur Carré, *op. cit.*, part., t. V, IIe quest. 2434 *quater*.

[35] S'il y a collusion, fraude ou négligence (Voy. *suprà*, § **732**, et, sur l'application de cet article à la procédure de folle enchère, req. 8 juill. 1828, Pau, 17 janv. 1835, D. A. *v° cit.*, n° 1876). Le cas des articles 720 et 721 (seconde saisie plus ample que la première ou portant sur d'autres objets; voy. *suprà*, § **731**) ne peut se présenter en matière de folle enchère.

[36] Voy., sur ces bordereaux, *infrà*, § **848**.

[37] Un commandement, car ces bordereaux forment titre exécutoire (Voy. *infrà*,

pérer dans les trois jours en payant ou en consignant le prix d'adjudication. Il n'a pas à signifier le jugement[38] et cette signification serait frustratoire[39], car les bordereaux de collocation constituent un titre exécutoire[40] et la signification qui en est faite avec commandement met suffisamment le fol enchérisseur en demeure de s'exécuter, mais cette signification est indispensable et ne serait valablement remplacée ni par celle des titres justificatifs de la créance du poursuivant et des créanciers inscrits[41], ni par un certificat du greffier comme quoi l'adjudicataire n'a pas exécuté les obligations auxquelles il devait satisfaire après la délivrance du jugement d'adjudication[42]. Après ces trois jours qui sont francs[43], le poursuivant peut faire apposer les affiches et insérer dans les journaux les annonces relatives à la nouvelle adjudication : je dis qu'il le peut, et non pas qu'il le doit, quoique l'article 735 se serve à cet égard d'une formule impérative, car il lui faut matériellement plus de trois jours pour rédiger les placards, les faire imprimer et envoyer les annonces aux journaux, et on ne peut pas exiger de lui qu'il fasse ces préparatifs avant de savoir si l'adjudicataire ne va pas s'exécuter; enfin, rien ne dit que le rédacteur du journal où l'annonce doit paraître puisse l'insérer dans le numéro du quatrième jour qui suit la signification des bordereaux. Le poursuivant prendra donc le temps qui lui est nécessaire pour remplir les formalités préparatoires de l'adjudication[44], sauf aux parties intéressées à se faire subroger à lui si elles trouvent qu'il y met trop de lenteur[45]. Les mêmes règles doivent être appliquées *mutatis mutandis* aux

même §, et, sur les titres en vertu desquels un commandement peut être fait, t. III, § **532**).

[38] Pigeau, *op. cit.*, t. II, p. 158. Req. 2 janv. 1884 (D. P. 84. 1. 315).

[39] Et resterait, par suite, à la charge du poursuivant (Voy. t. II, § **200**).

[40] Voy. *infrà*, § **848**.

[41] *Contrà*, Orléans, 13 mai 1851 (D. P. 52. 2. 176).

[42] Req. 17 juin 1863 (D. P. 63. 1. 457). Voy. *suprà*, même §, sur le certificat du greffier qui constate l'inexécution des conditions de l'adjudication à remplir avant la délivrance du jugement.

[43] Voy. *suprà*, note 26.

[44] Persil, *Premier rapport à la Chambre des pairs* (D. A. *v° cit.*, p. 570, n° 59). Chauveau, sur Carré, *op. cit.*, t. V, II° part., quest. 2428 *quinquies*. Rodière, *op. cit.*, t. II, p. 336.

[45] Voy. *suprà*, note 35.

cas que la loi n'a pas prévus. 1) Demande de folle enchère : *a*) après la délivrance du jugement d'adjudication, mais avant l'ouverture de l'ordre et, par conséquent, avant la délivrance des bordereaux de collocation[46]; *b*) pour inexécution des conditions dont l'inaccomplissement ne donne pas lieu à la délivrance de bordereaux (défense de faire aucune coupe avant d'avoir payé le prix d'adjudication, obligation de faire assurer l'immeuble jusqu'au paiement de ce prix[47]); *c*) lorsqu'il y a moins de quatre créanciers inscrits et que, par suite, il n'y a pas lieu d'ouvrir un ordre[48]. Dans ces trois cas, le poursuivant signifie au fol enchérisseur, avec commandement, le jugement qui lui sert de titre exécutoire[49]. 2° Demande de folle enchère contre un adjudicataire qui n'a pas fait transcrire son titre dans les délais prescrits par la loi[50] : le titre du poursuivant consiste alors dans le certificat du conservateur des hypothèques qui constate que le jugement n'a pas été transcrit; le poursuivant le signifie à l'adjudicataire sans commandement, car ce certificat n'est pas un titre exécutoire[51], mais avec sommation de faire faire la transcription dans le délai de....., à peine de voir l'immeuble revendu à sa folle enchère[52].

§ **753.** Quels sont les effets de la folle enchère et de l'adjudication sur folle enchère[1], et, d'abord, quelle est la

[46] Voy., sur le moment précis de cette délivrance, *infrà*, § **848.**

[47] Voy., sur ces conditions, *infrà*, § **749.**

[48] Voy., sur ce point, *infrà*, § **854.**

[49] Voy., sur ce point, Chauveau, sur Carré, *op. cit.*, t. V, IIe part., quest. 2428 *bis*; req. 13 janv. 1840 (D. A. v° *cit.*, n° 1859); civ. rej. 31 déc. 1883 (D. P. 84. 1. 250).

[50] Voy., sur ces délais, *suprà*, § **696.**

[51] On ne fait pas de commandement sans un titre exécutoire (Voy. t. II, § **221**).

[52] Chauveau, sur Carré, *op. cit.*, t. V, IIe part., quest. 2428 et 2428 *bis*.

§ **753.** [1] Comp. les questions analogues qui s'élèvent en cas de surenchère (Voy. *suprà*, §§ **720** et suiv.). Je ferai cependant remarquer : 1° qu'on aurait tort d'argumenter rigoureusement d'un cas à l'autre, car l'adjudication sur surenchère libère entièrement l'adjudicataire surenchéri, au lieu que l'adjudication sur folle enchère laisse subsister toutes les obligations du fol enchérisseur qui sont relatives au paiement du prix et des accessoires du prix (Voy. le § suivant); 2° que l'hypothèse d'une nouvelle adjudication prononcée au profit de l'adjudicataire primitif (Voy. *suprà*, § **725**) ne peut se présenter en cas de folle enchère, car le fol enchérisseur ne se porte jamais adjudicataire : si la folle enchère est poursuivie pour d'autres causes que le

situation de l'adjudicataire qui n'a pas encore payé son prix[2]? 1° Il est propriétaire, car l'adjudication est parfaite par elle-même, comme la vente volontaire, « quoique la chose n'ait « pas encore été livrée ni le prix payé[3]. » 2° Sa propriété date, à l'égard du saisi, du jour où le jugement d'adjudication est rendu, et à l'égard des tiers, c'est-à-dire des ayants-cause du saisi et du précédent propriétaire, du jour où ce jugement est transcrit[4]; les droits de mutation sont immédiatement exigibles, et le délai pour les acquitter ne court pas à partir de l'époque à laquelle le cahier des charges l'oblige à payer son prix, mais du prononcé du jugement même d'adjudication[5]. 3° Sa propriété est résoluble, comme celle de l'acheteur à l'amiable qui n'a pas encore payé son prix et contre lequel la résolution de la vente peut être demandée[6]; étant propriétaire sous condition résolutoire et non pas sous la condition suspensive que le prix sera payé en temps utile[7], les risques sont à sa charge et il doit payer le prix en cas de perte de l'immeuble par cas fortuit[8], sans pouvoir exiger, en cas d'incendie, le paiement de la somme

non-paiement du prix d'adjudication, il peut éviter la revente en satisfaisant à ses obligations, et on n'imagine pas qu'il laisse revendre l'immeuble pour l'acheter de nouveau aux mêmes conditions; si la folle enchère est poursuivie pour défaut de paiement du prix, le fol enchérisseur est insolvable et, comme tel, exclu de la nouvelle adjudication (Voy. le § précédent).

[2] La revente sur folle enchère n'est pas toujours poursuivie pour défaut de paiement du prix d'adjudication (Voy., à cet égard, *suprà*, § **749**), mais c'est le cas le plus fréquent et le plus important : aussi raisonnerai-je seulement sur celui-là, me bornant à ajouter que, quelle qu'en soit la cause, la folle enchère et la revente sur folle enchère produisent toujours les mêmes effets.

[3] C. civ., art. 1582. Il en était autrement en droit romain : la tradition de la chose vendue ne transférait la propriété que si l'acheteur avait payé le prix ou si le vendeur avait suivi la foi de l'acheteur (Inst. Just., liv. II, tit. I, § 41).

[4] Voy., sur la transcription du jugement d'adjudication et sur les effets de cette transcription, *suprà*, §§ **696**, **708** et suiv.

[5] Comme en cas de surenchère (Voy. *suprà*, § **721**).

[6] C. civ., art. 1184 et 1654.

[7] Civ. rej. 20 janv. 1880 (D. P. 80. 1. 65, et la note). On n'a jamais dit qu'un acheteur ne fût propriétaire en droit français que sous la condition suspensive de paiement du prix : s'il en était ainsi, les risques ne seraient jamais à sa charge, et il est certain qu'ils y sont (C. civ., art. 1138). Même question et même solution en cas de surenchère (Voy. *suprà*, § **723**).

[8] Duvergier, *De la vente*, t. I, n° 79. Larombière, *op. cit.*, t. III, sur l'art. 1184, n° 16. Bioche, *op. et v° cit.*, n° 118. Chauveau, sur Carré, *op. cit.*, t. V, II° part., quest. 2432 *quinquies*. Civ. cass. 25 nov. 1807 (D. A. *v° cit.*, n° 1918). Civ. cass. 16 janv. 1827 (D. A. *v° cit.*, n° 1915). Civ. cass. 6 févr. 1833 (D. A. v° *Enregistrement*, n° 2401). Civ. rej. 5 févr. 1856 (D. P. 56. 1. 344). Voy., dans l'ancien droit, Valin, *Com-*

pour laquelle il était assuré[9]. La poursuite de folle enchère rouvre simplement la procédure, et les demandes en distraction ou à fin de charges, qui n'étaient plus recevables depuis l'adjudication[10], peuvent de nouveau être formées par les tiers qui se disent propriétaires ou titulaires de droits réels[11], mais le titre du fol enchérisseur n'est résolu que par le jugement d'adjudication sur folle enchère[12]. Quels effets produit cette résolution, et à partir de quel jour le nouvel adjudicataire est-il propriétaire?

§ **754**. A. Cette condition résolutoire a ceci de particulier qu'elle n'opère pas d'une manière absolue et ne remet pas complètement les choses en l'état où elles étaient avant l'adjudication résolue[1]; il faut, pour en apprécier l'effet, distinguer deux points de vue : *a*) la propriété du fol enchérisseur; *b*) les droits et obligations qui résultent de l'adjudication faite à son profit.

a. Quant à la propriété du fol enchérisseur, le principe posé par l'article 1183 du Code civil s'applique sans restriction : le fol enchérisseur n'a jamais été propriétaire, les droits réels qui pouvaient exister entre le fonds adjugé et un autre immeuble à lui appartenant ne se sont pas éteints par consolidation[2], et les actes de disposition par lui faits sur le fonds adjugé tombent par application de l'article 2125 du Code civil[3], à moins que le nouvel adjudicataire n'ait

mentaire de la coutume de La Rochelle, tit. I, art. 19, n° 96 (T. I, p. 462); Henrys, *Questions*, liv. III, quest. LIV (éd. Paris, 1771, t. II, p. 30 et suiv.); Boucheul, *Commentaire de la coutume de Poitou*, art. 214, n° 55 (éd. Poitiers, 1721, p. 63). *Contrà*, req. 24 juin 1846 (D. P. 46. 1. 257); Alger, 4 nov. 1852 (D. P. 56. 2. 18).

9 Civ. rej. 5 févr. 1856 (D. P. 56. 1. 344).

10 Voy. *suprà*, §§ **736** et suiv.

11 Comme en cas de surenchère (Voy. *suprà*, § **721**; et, en sens contraire, Colmar, 17 juin 1807, D. A. v° *Vente publique d'immeubles*, n° 1151).

12 Comme en cas de surenchère (Voy. *suprà*, § **722**). La résolution résulte de ce jugement même et non pas de la signification qui en est faite. Les risques sont donc immédiatement pour le nouvel adjudicataire, et c'est à lui que l'indemnité d'assurance doit être payée en cas d'incendie (Civ. rej. 5 févr. 1856; D. P. 56. 1. 344).

§ **754**. 1 Voy. le § précédent, note 1.

2 Boitard, Colmet-Daage et Glasson, *op. cit.*, t. II, n° 1005. Gabriel Demante, *op. cit.*, t. II, n°s 194 et 195. Req. 24 juin 1846 (D. P. 46. 1. 257). Alger, 4 nov. 1856 (D. P. 56. 2. 18).

3 Bioche, *op. et v° cit.*, n° 99. Boitard, Colmet-Daage et Glasson, *op. et loc. cit.*

pris, par le cahier des charges ou autrement, l'engagement d'en supporter les conséquences[4]. Une solution aussi rigoureuse ne convient cependant pas aux actes d'administration et particulièrement aux baux : le maintien de ces contrats est commandé par l'intérêt des fermiers, des locataires et même des créanciers, car un adjudicataire qui ne pourrait consentir que des baux résolubles trouverait difficilement à louer et l'immeuble risquerait de rester improductif[5]. Aussi s'accorde-t-on à appliquer dans l'espèce soit les articles 1429, 1430 et 1718 du Code civil, qui autorisent le tuteur et le mari de la femme commune en biens à passer des baux de neuf ans ou d'une durée inférieure[6], soit l'article 1673 du même Code, aux termes duquel les baux passés par l'acheteur à réméré doivent être maintenus, quelle qu'en soit la durée, lorsqu'ils ont été passés sans fraude[7]. Cette dernière opinion est préférable, car le fol enchérisseur ressemble moins au tuteur et au mari qu'à l'acheteur à réméré propriétaire comme lui sous condition résolutoire[8]. A part cela, la résolution du titre du fol enchérisseur est absolue, et la loi fiscale en tire cette conséquence qu'en cas de décès du fol enchérisseur ses héritiers ne sont tenus d'aucun droit de mutation par décès sur le fonds fol-enchéri dont leur auteur est censé n'avoir jamais été propriétaire, pourvu que la revente ait lieu dans les six mois qui suivent le décès[9]

Paris, 5 juin 1806 (D. A. v° *cit.*, n° 1939). Paris, 29 mars 1822 (D. A. v° *Privilèges et hypothèques*, n° 2924). Req. 24 juin 1846 (D. P. 46. 1. 277). Alger, 4 nov. 1852 (D. P. 56. 2. 18). Civ. rej. 18 août 1854 (D. P. 54. 1. 270).

4 Req. 6 nov. 1871 (D. P. 71. 1. 336).

5 Voy., sur ce point, mon *Histoire des locations perpétuelles et des baux à longue durée*, p. 553 et suiv.

6 Troplong, *Du louage*, t. I, n° 100. Duvergier, *Du louage*, t. I, n° 84. Bioche, *op. et v° cit.*, n° 104. Chauveau, sur Carré, *op. cit.*, t. V, II° part., quest. 2432 *septies*. Boitard, Colmet-Daage et Glasson, *op. et loc. cit.* Paris, 25 janv. 1835 (D. A. v° *cit.*, n° 1915).

7 Pau, 25 juin 1814 (D. A. v° *cit.*, n° 1915). Req. 11 avr. 1821; civ. cass. 16 janv. 1827 (D. A. v° *cit.*, n° 1916). Paris, 22 mai 1847 (D. P. 48. 2. 9).

8 « Lorsque le vendeur rentre dans son héritage par l'effet du pacte de rachat, il « le reprend exempt de toutes les charges et hypothèques dont l'acquéreur l'avait « grevé » (C. civ., art. 1673).

9 Si la revente n'a pas lieu dans les six mois, ils peuvent être poursuivis et doivent payer; ayant payé, ils ne peuvent répéter suivant le principe général de l'article 60 de la loi du 22 frimaire an VII, mais, s'ils n'ont pas encore payé au moment de la revente, ils doivent être tenus pour quittes du droit de mutation. Voy., sur ce dernier point qui est controversé, Gabriel Demante, *op. cit.*, t. I, n°s 43, 44 et 194;

et après lesquels les droits de mutation deviennent exigibles (L. 22 frim. an VII, art. 24)[10].

b. Quant aux droits et obligations nés de l'adjudication, l'article 740 porte que « le fol enchérisseur est tenu[11] de la « différence entre son prix et celui de la revente sur folle en« chère, sans pouvoir réclamer l'excédant s'il y en a, » et l'on conclut généralement de cet article que l'adjudication sur folle enchère est à la fois une résolution et une revente, qu'elle résout les droits du fol enchérisseur, et qu'elle laisse subsister ses obligations[12]. La première partie de cette proposition ne souffre aucune difficulté. Il est certain, d'après le texte même de l'article 740, qu'à la différence d'un vendeur qui, revendant pour un prix plus élevé l'immeuble par lui acheté et non payé, profite de la différence en plus entre le prix qu'il doit et celui qu'il touche, le fol enchérisseur ne bénéficie pas de la différence en plus entre le prix de l'adjudication faite à son profit et celui de l'adjudication faite à sa folle enchère[13]. Il est également certain qu'il n'a pas droit aux fruits perçus ou échus dans l'intervalle des deux adjudications, qu'ils sont représentés par les intérêts de son prix[14], et qu'il ne les conserve qu'à condition de payer ces intérêts aux créanciers inscrits ou au nouvel adjudicataire si le cahier des charges oblige ce dernier à les servir lui-même à compter de la première adjudication[15]. La seconde partie de la propo-

et, sur l'article 60 de la loi du 22 frimaire an VII, Gabriel Demante, *op. cit.*, t. I, n°s 12, 42 et suiv.; Naquet, *op. cit.*, t. I, n°s 92 et suiv.

[10] Voy., sur ce délai, Naquet, *op. cit.*, t. III, n°s 1176 et suiv.

[11] « Par corps » dit l'article 740 abrogé sur ce point par la loi du 22 juillet 1867 (Art. 1; voy. t. III, § **564**, et *infrà*, § **873**). Il en est de même de l'article 710 qui édicte spécialement la contrainte par corps contre le surenchérisseur qui a follement enchéri (Voy., sur cet article, *suprà*, § **719**).

[12] Boitard, Colmet-Daage et Glasson, *op. et loc. cit.* Gabriel Demante, *op. cit.*, t. I, n°s 191 et 193. Rodière, *op. cit.*, t. II, p. 340. Civ. cass. 25 févr. 1835 (D. A. v[o] *Contrainte par corps*, n° 361).

[13] A qui cette différence doit-elle être attribuée? Voy. *infrà*, même §.

[14] La preuve, c'est que l'acheteur ne les doit, s'il n'y a convention expresse ou sommation, que dans le cas où la chose vendue est frugifère (C. civ., art. 1652; voy. *suprà*, § **707**).

[15] Duvergier, *Collection des lois et décrets*, t. XLI, p. 271, note 3. Bioche, *op. et v[o] cit.*, n° 119. Chauveau, sur Carré, *op. cit.*, t. V, IIe part., quest. 2432 *sexies*. Paris, 26 mars 1825 et 11 juill. 1829; Riom, 12 juill. 1838 (D. A. v[o] *Vente publique d'immeubles*, n° 1930). Req. 24 juin 1846 (D. P. 46. 1. 257). Bourges, 25 mars 1872 (D. P. 73. 2. 151). *Contrà*, Persil, *op. cit.*, n° 381. Voy., sur cette clause du cahier des charges, *suprà*, § **669**.

sition ci-dessus est plus douteuse, car, s'il est certain que le fol enchérisseur doit payer aux créanciers, en vertu de l'article 740, la différence en moins qui existe entre les prix des deux adjudications, on se demande à quel titre il doit le faire, et l'intérêt de cette question est considérable. Reste-t-il soumis à toutes les conséquences de son enchère et, par conséquent, tenu de payer aux créanciers le prix pour lequel il a été déclaré adjudicataire[16]? On en conclura : 1° que la différence en plus ou en moins entre les deux prix revient exclusivement aux créanciers inscrits, et ne peut être attribuée qu'à leur défaut au saisi et à ses créanciers chirographaires[17]; 2° que la femme dotale qui a follement enchéri ne peut être poursuivie en paiement de cette différence sur ses immeubles dotaux sur lesquels elle n'a pas la capacité de s'obliger[18]; 3° que, si le prix de la seconde adjudication est supérieur au prix de la première, le fol enchérisseur est tenu de payer la totalité de son prix si l'adjudicataire sur folle enchère ne paie pas le sien[19]. Faut-il dire, au contraire, que l'adjudication sur folle enchère dégage le fol enchérisseur des obligations qui résultent de la première adjudication, et que le paiement de la différence en moins entre les deux prix n'est que la réparation du quasi-délit qu'il a commis en se portant adjudicataire, au préjudice des créanciers, d'un immeuble qu'il ne voulait ou ne pouvait payer[20]? On en conclura : 1° que les créanciers inscrits n'ont aucun droit de préférence sur le montant de cette différence, et qu'elle doit être répartie au marc le franc, comme tous autres dommages-intérêts, entre tous les créan-

16 Voy., en ce sens, les autorités citées *suprà*, note 13, et aux trois notes suivantes.

17 Bioche, *op. et v° cit.*, n° 121. Boitard, Colmet-Daage et Glasson, *op. et loc. cit.* Req. 22 juin 1837 (D. A. v° *Privilèges et hypothèques*, n° 461). Civ. rej. 24 févr. 1846 (D. P. 46. 1. 181). Grenoble, 2 mai 1851 (D. P. 52. 2. 253). Toulouse, 1er avr. 1859 (D. P. 61. 1. 123). Nîmes, 30 janv. 1861 (D. P. 61. 5. 239). Req. 12 août 1862 (D. P. 63. 1. 25). Paris, 17 juill. 1872 (D. P. 73. 2. 133). L'article 740 n'est pas formel sur ce point : il se borne à dire que « cet excédant sera payé aux créanciers ou, si les « créanciers sont désintéressés, à la partie saisie. »

18 Aubry et Rau, *op. cit.*, t. V, p. 612. Req. 21 août 1848 (D. P. 48. 1. 211). Civ. cass. 15 juin 1864 (D. P. 64. 1. 379).

19 Duvergier, *op. et loc. cit.* Larombière, *op. et loc. cit.* Boitard, Colmet-Daage et Glasson, *op. et loc. cit.* Rodière, *op. et loc. cit.* Civ. cass. 14 févr. 1835 (D. A. v° *Contrainte par corps, loc. cit.*). Paris, 6 déc. 1877 (D. P. 78. 2. 81).

20 Voy., en ce sens, Chauveau, sur Carré, *op. cit.*, t. V, IIe part., quest. 2432 *quinquies*; req. 24 juin 1846 (D. P. 46. 1. 257); Bourges, 25 mars 1872 (D. P. 73. 2. 151).

ciers de la partie saisie[21]; 2° que la femme dotale en est tenue sur ses immeubles dotaux[22], attendu que la dotalité ne fait aucun obstacle à l'exécution des obligations nées d'un délit ou d'un quasi-délit[23]; 3° que le fol enchérisseur est dégagé de toute obligation quand l'adjudication sur folle enchère est faite pour un prix plus élevé que le nouvel adjudicataire ne paie pas[24]. La première opinion est la plus conforme aux principes : « Si la position d'un fol enchérisseur ne doit pas « être aggravée par la témérité d'un second, dit la cour de « cassation dans cette dernière hypothèse, le fait de celui-ci « ne saurait améliorer la position du premier jusqu'au point « de l'exonérer complètement des suites de sa propre témé- « rité : ce qui, dans le cas d'insolvabilité du second acqué- « reur, priverait les créanciers des droits que déjà, et par le « seul fait du premier adjudicataire, ils avaient acquis contre « lui[25]. » La jurisprudence fiscale décide, par application de ce principe, que le fol enchérisseur demeure tenu envers le fisc du montant des droits encourus sur sa propre adjudication, que la régie de l'enregistrement peut les exiger de lui en cas d'insolvabilité du second adjudicataire, et que, faute de les avoir acquittés dans le délai fixé par l'article 20 de la loi du 22 frimaire an VII, il encourt le droit en sus sur la totalité de son prix[26]. On verra au § **756** quel recours il a contre le second adjudicataire lorsqu'il a acquitté les droits en temps utile.

§ **755**. B. La propriété du nouvel adjudicataire ne date-t-elle que du jour de l'adjudication sur folle enchère, et le

[21] Chauveau, sur Carré, *op. cit.*, t. V, IIe part., quest. 2432 *novies*.

[22] Chauveau, sur Carré, *op. cit.*, t. V, IIe part., quest. 2432 *octies*. Un arrêt de la cour d'Agen admet cette solution, mais seulement dans le cas où la femme a agi de mauvaise foi en se portant adjudicataire d'un immeuble qu'elle se savait d'avance hors d'état de payer (6 févr. 1865; D. P. 65. 2. 95). Cette distinction est difficile à admettre, car, si la femme est responsable en pareil cas en vertu de l'article 1382 du Code civil, elle l'est tout aussi bien en vertu de l'article 1383 du même Code, lorsqu'elle a commis l'imprudence d'acheter un immeuble qu'elle croyait à tort pouvoir payer (Voy., sur l'application de l'article 1383 du Code civil, Dalloz et Vergé, *op. cit.*, art. 1383, nos 1 et suiv.).

[23] Voy., sur ce point, t. III, § **545**.

[24] Chauveau, sur Carré, *op. cit.*, t. V, IIe part., quest. 2432 *quinquies*.

[25] Civ. cass. 25 févr. 1835 (D. A. vo *Contrainte par corps*, *loc. cit.*).

[26] Gabriel Demante, *op. cit.*, t. I, no 193.

saisi est-il redevenu propriétaire à partir de la première adjudication comme si elle n'avait jamais eu lieu? La propriété du nouvel adjudicataire remonte-t-elle, au contraire, au jour de la première adjudication, en sorte que le second adjudicataire soit réputé avoir succédé au premier sans interruption et sans que le saisi ait recouvré un seul moment la propriété? On retrouve ici la même controverse, le même intérêt et les mêmes arguments que pour l'adjudication sur surenchère au profit d'un nouvel enchérisseur[1], mais les partisans de l'opinion qui considère le nouvel adjudicataire comme substitué au fol enchérisseur s'appuient, en outre, sur l'article 779 qui, tranchant une question controversée jusqu'en 1858, dispose que « l'adjudication sur folle enchère, « intervenant dans le cours de l'ordre et même après le rè- « glement définitif et la délivrance des bordereaux, ne donne « pas lieu à une nouvelle procédure : le juge modifie l'état « de collocation suivant les résultats de l'adjudication et rend « les bordereaux exécutoires contre le nouvel adjudicataire[2]. » Cet argument ne me paraît pas plus solide que celui qui consiste à voir dans la réadjudication après surenchère ou folle enchère une subrogation tacite du second adjudicataire au premier[3], et je ne considère le second comme propriétaire à dater de la première adjudication que par un argument déjà donné à propos de la surenchère et qui convient, *à fortiori*, à la folle enchère : c'est qu'une procédure qui a pour but de procurer aux créanciers la réalisation de leur gage ne doit ni modifier leur situation respective en rendant de nouveau sujettes à la péremption des inscriptions qui n'y étaient plus soumises, ni surtout rendre au saisi, à ses ayants-cause et à ceux des précédents propriétaires les droits que la première adjudication leur avait enlevés[4]. Je dirai donc, comme en

§ **755.** [1] Voy. *suprà*, §§ **722** et **723**.

[2] Voy., sur cet article, *infrà*, § **857**.

[3] Voy. *suprà*, §§ **723** et **755**.

[4] Voy., en ce sens, Aubry et Rau, *op. cit.*, t. II, p. 296, t. III, p. 376; Larombière, *op. et loc. cit.*; Mourlon, *op. cit.*, t. I, nº 86, t. II, nº 540; Seligmann, *op. cit.*, nºs 694, 704 et 705; Ollivier et Mourlon, *op. cit.*, nº 618; et, en sens contraire, Troplong, *Des privilèges et hypothèques*, t. III, nºs 721 et 722, Pont, *op. et loc. cit.*, Chauveau, sur Carré, *op. cit.*, t. V, IIe part., quest. 2420, Rodière, *op. cit.*, t. II, p. 301, note 1, Flandin, *op. cit.*, t. I, nº 582, Bressolles, *Exposé des règles de droit civil résultant de la loi du 21 mai 1858*, nº 33.

cas de surenchère : 1° que, si la première adjudication a été transcrite, la seconde n'aura pas besoin de l'être, le saisi se trouvant définitivement exproprié, et que l'adjudicataire sur folle enchère pourra se contenter de faire mentionner en marge de cette transcription le jugement d'adjudication rendu à son profit; 2° que, dans le cas contraire, il devra faire transcrire sa propre adjudication et demeurera exposé jusque-là aux inscriptions et transcriptions qui pourront se produire du chef du saisi ou des précédents propriétaires[5].

J'ajoute que, s'il en est ainsi, la loi fiscale est très logique en ne soumettant l'adjudication sur folle enchère au droit de mutation que « sur ce qui excède le prix de la précédente « adjudication » (L. 22 frim. an VII, art. 68, § 1-8°; L. 28 avr. 1816, art. 52), car une mutation unique ne peut donner ouverture qu'à un seul droit : si le prix de la première adjudication est supérieur à celui de la seconde, le fol enchérisseur, tenu de cette différence envers les créanciers, doit, par la même raison, payer au fisc le droit de mutation sur cette différence; si, au contraire, le prix de la seconde adjudication est inférieur à celui de la première, le nouvel adjudicataire ne doit le droit de mutation que sur son prix. Le fol enchérisseur l'a-t-il payé sur la première adjudication? Le fisc ne lui rend pas, en vertu de l'article 60 de la loi du 22 frimaire an VII[6], la différence entre le droit de mutation déjà perçu et le droit auquel l'adjudication sur folle enchère aurait donné lieu s'il n'avait été déjà payé; le second adjudicataire comptera avec le fol enchérisseur, ainsi qu'il sera dit au § suivant, mais ne sera pas redevable envers le fisc. Le fol enchérisseur n'a-t-il pas payé le droit de mutation sur la première adjudication, l'adjudicataire sur folle enchère le paie sur la totalité de son prix[7].

Quelque parti qu'on prenne sur cette controverse, les droits

[5] Aubry et Rau, *op. cit.*, t. II, p. 296. Mourlon, *op. et loc. cit.* Ollivier et Mourlon, *op. et loc. cit. Contrà*, Chauveau, sur Carré, *op. et loc. cit.*; Troplong, *De la transcription*, n° 221; Flandin, *op. et loc. cit.*; Bressolles, *op. et loc. cit.*

[6] Voy., sur cet article, le § précédent, note 9.

[7] M. Gabriel Demante considère, au contraire, ces décisions comme des décisions de faveur. La loi de frimaire incline, dit-il, dans le sens « le moins rigoureux » (*Op. cit.*, t. I, n° 92).

du vendeur non payé de l'immeuble saisi demeureront toujours éteints malgré la folle enchère, si le vendeur ne s'est pas conformé à l'article 717 pour le conserver : je renvoie, à cet égard, à ce que j'ai dit de la surenchère au § **724**[8].

§ **756**. Quelles conséquences faut-il tirer de ces principes quant aux restitutions que le fol enchérisseur a le droit d'exiger du nouvel adjudicataire? On ne lui rend ni les frais de revente auxquels il a donné lieu par sa faute[1], ni ceux de déclaration d'adjudicataire[2] et d'expédition du jugement qui ont suivi la première adjudication, car ils n'ont en rien profité au second adjudicataire[3]. Au contraire, les dépenses utiles que le fol enchérisseur a faites pour conserver l'immeuble pendant qu'il l'avait en sa possession lui sont remboursées, pourvu que l'amélioration qui en est résultée dure encore au moment de la seconde adjudication : elles ont donné à l'immeuble une plus-value que le second adjudicataire ne saurait s'approprier sans s'enrichir aux dépens d'autrui[4]. Le fol enchérisseur rentrera, à plus forte raison, dans la partie de son prix qu'il a déjà payée[5] et dans les frais de poursuite, à moins que le cahier des charges ne les mette à sa charge à raison du tort qu'il a fait aux créanciers en rendant nécessaire une revente dont le prix est souvent inférieur à celui de la première adjudication[6]. Enfin, les droits de mutation qu'il a déjà payés lui seront rendus[7], déduction faite

[8] Voy., sur ce point, Chauveau, sur Carré, *op. cit.*, t. V, IIe part., quest. 2406 *ter*.

§ **756.** [1] Paris, 1er mai 1810 (D. A. v° *cit.*, n° 1944).

[2] Voy., sur cette déclaration, *suprà*, § **714**.

[3] Bioche, *op. et* v° *cit.*, n° 1114. Amiens, 3 juin 1823 (D. A. v° *cit.*, n° 1942).

[4] Chauveau, sur Carré, *op. cit.*, t. V, IIe part., quest. 2432 *quater*. Req. 26 juin 1851 (D. P. 51. 2. 215). Req. 14 avr. 1852 (D. P. 52. 1. 165). Paris, 4 mars 1858 (D. P. 61. 5. 240).

[5] Bioche, *op. et* v° *cit.*, n° 113. Chauveau, sur Carré, *op. et loc. cit.* Paris, 25 juin 1843 (D. A. v° *cit.*, n° 1938). Trib. de la Seine, 10 déc. 1824 (D. A. v° *cit.*, n° 1946). Riom, 12 juill. 1838 (D. A. v° *cit.*, n° 1930).

[6] Cette clause est valable (Bioche, *op.*, v° *et loc. cit.*; Amiens, 3 juin 1823, D. A. v° *cit.*, n° 1842).

[7] C'est la conséquence du principe posé au § précédent, qu'il n'y a qu'une seule mutation dans l'espèce (Bioche, *op. et* v° *cit.*, n° 116; Chauveau, sur Carré, *op. et loc. cit.*; Persil, *op. cit.*, nos 388 et 389; Gabriel Demante, *op. et loc. cit.*; req. 6 juin 1811, D. A. v° *Enregistrement*, n° 2396; Caen, 3 févr. 1840, D. A. v° *Vente publique d'immeubles*, n° 1939).

de ceux qui ont été perçus sur la différence en moins entre le prix de la première adjudication et celui de la seconde : si l'article 740 laisse à sa charge la différence entre ces deux prix[8], il doit supporter par la même raison le droit de mutation qui est dû sur cette différence ; la première adjudication s'étant faite pour 15,000 francs et la seconde pour 14,000, il a payé le droit de mutation sur 15,000 et il ne lui sera rendu que sur 14,000[9].

§ **757**. L'adjudication sur folle enchère peut-elle être suivie de surenchère[1] ? La jurisprudence est fixée en ce sens que la surenchère n'est recevable ni dans le cas où la première adjudication a été elle-même suivie de surenchère ni même dans le cas contraire. On invoque, en ce sens, dans le premier cas, la règle « Surenchère sur surenchère ne vaut » qui ne permet pas à deux surenchères successives de se produire dans une même procédure[2]; dans le second cas, l'article 739 qui renvoie aux articles 705, 706, 707 et 711 et ne renvoie pas à l'article 708[3]. On ajoute que la surenchère offrirait tous les inconvénients qu'on s'est proposé d'éviter en défendant de mettre surenchère sur surenchère[4], et qu'il y a, d'ailleurs, toutes les chances possibles pour qu'un immeuble adjugé déjà deux fois ait atteint le plus haut prix auquel les créanciers pouvaient prétendre[5]. La majorité des auteurs combat avec raison cette jurisprudence. Où mène la défense de surenchérir dans le cas où la première adjudication n'a pas été suivie de surenchère? A procurer au nouvel adjudicataire

[8] Voy. *suprà*, § **755**.

[9] Bioche, *op. et v° cit.*, n° 1117. Gabriel Demante, *op. et loc. cit.* Paris, 1er mai 1810 (D. A. *v° cit.*, n° 1944). Riom, 12 juill. 1838 (D. A. *v° cit.*, n° 1930).

§ **757**. [1] Je parle, bien entendu, de la surenchère du sixième (Voy. *suprà*, § **726**). On verra au tome V de ce Traité que c'est question de savoir, en cas d'aliénation volontaire, si l'adjudication sur folle enchère peut être frappée de surenchère du dixième.

[2] Voy., sur cette règle, *suprà*, § **726**.

[3] Voy., sur cet article, *suprà*, *ib.*

[4] Voy., sur ce point, *suprà*, *ib.*

[5] Toulouse, 21 févr. 1835 (D. A. v° *Surenchère*, n° 287). Civ. cass. 24 déc. 1845 (D. P. 46. 1. 38). Orléans, 5 déc. 1846 (D. P. 47. 2. 90). Req. 30 juin 1847 (D. P. 47. 1. 203). Bordeaux, 24 juin et 20 déc. 1848 (D. P. 50. 2. 51). Bordeaux, 29

un bénéfice plus ou moins considérable au détriment des créanciers : le prix des adjudications sur folle enchère étant dans la plupart des cas inférieur à celui des adjudications fol-enchéries, il aura acheté à trop bon compte un immeuble dont la surenchère serait venue presque sûrement relever le prix, car celle qui ne s'est pas manifestée après la première adjudication dont le prix paraissait trop élevé se produirait vraisemblablement après la seconde. Et pourquoi l'écarter? Aucun principe de droit ne s'y oppose puisqu'elle n'a pas encore eu lieu; aucun texte ne l'interdit, car l'article 739 ne règle que la forme de l'adjudication sur folle enchère et ne s'occupe pas de ce qui la suit[6]. Et, quand même la première adjudication aurait été frappée de surenchère, serait-ce une raison pour que la seconde ne pût pas, elle aussi, être surenchérie? Non : 1° parce que, la première adjudication et la surenchère qui l'a suivie étant effacées[7], on ne peut pas dire qu'il y ait surenchère sur surenchère; 2° parce que les motifs donnés en faveur de la surenchère dans le cas précédent se présentent dans celui-ci et même avec plus de force. Si l'adjudication sur folle enchère a eu lieu pour un prix inférieur à celui de la première adjudication, ce prix ne représente probablement pas la valeur de l'immeuble, et on n'a pas le droit d'ôter aux créanciers la dernière chance qui leur reste de le voir monter plus haut : cet immeuble adjugé à Primus pour 60,000 francs, surenchéri par Secundus qui l'a eu pour 70,000 qu'il n'a pas payés, et revendu à sa folle enchère pour 54,000, il vaut probablement davantage puisqu'il s'est tout récemment vendu pour 70,000; il serait in-

déc. 1848 (D. P. 50. 4. 431). Req. 24 mars 1851 (D. P. 51. 1. 119). Civ. cass. 4 août 1851 (D. P. 51. 1. 231). Civ. cass. 11 mars 1863 (D. P. 63. 1. 98). Bourges, 8 avr. 1873 (D. P. 74. 2. 144). Civ. cass. 24 juill. 1882 (D. P. 83. 1. 256). Req. 31 mars 1884 (D. P. 84. 1. 404). Voy., dans le même sens, Aubry et Rau, *op. cit.* t. III, p. 501; Bioche, *op. et v° cit.*, n°s 101 et 102; Persil, *op. cit.*, n° 390; Pont, *Revue critique de la jurisprudence en matière civile* (dans la *Revue de législation*, t. XIX, 1844, p. 605), et *Examen doctrinal de jurisprudence civile* (dans la *Revue critique de législation et de jurisprudence*, t. I, 1851, p. 580 et suiv.).

6 Chauveau, sur Carré, *op. cit.*, t. V, II° part., quest. 2431 *quinquies*. Boitard, Colmet-Daage et Glasson, *op. cit.*, t. II, n° 1004. Rodière, *op. cit.*, t. II, p. 339. Trib. de Limoges, 12 janv. 1847 (D. P. 47. 3. 112). Trib. de Bourbon-Vendée, 17 sept. 1847 (D. P. 47. 3. 191). Besançon, 28 déc. 1848 (D. P. 50. 2. 52). Trib. de Fort-de-France, 4 févr. 1853 (D. P. 53. 3. 31).

7 Voy. *suprà*, § 754.

juste de repousser une surenchère du sixième qui pourra faire remonter le prix à 63,000 francs[8].

§ **758.** VIII. Les conditions, formalités et délais de la saisie immobilière ne sont pas tous prescrits à peine de nullité : on a vu chemin faisant, pour chacun d'eux, dans quels cas la loi y attache cette sanction, dans quels cas, au contraire, elle ne les considère pas comme irritants. La demande en nul-nullité oblige à surseoir tant qu'il n'y est pas statué ; le jugement qui la prononce oblige à recommencer les poursuites en tout ou en partie. Les articles 715, 728 et 729 déterminent : 1° les personnes qui ont le droit de la demander ; 2° l'époque où elles peuvent et doivent le faire ; 3° les conséquences du jugement qui admet cette demande ou qui la repousse.

§ **759.** A. On avait quelque peine, sous le Code de 1806, à déterminer les personnes qui avaient le droit de demander la nullité[1] : la commission du Gouvernement proposait, en 1841, de distinguer entre le saisi qui pourrait opposer toutes les nullités, et les créanciers qui ne pourraient le faire que pour défaut de sommation ou de mention des sommations en marge de la transcription de la saisie[2] ; la commission de la Chambre des pairs proposa un amendement qui fut admis et qui devint le 2e alinéa de l'article 715 : « Les nullités pro« noncées par le présent article pourront être proposées par « tous ceux qui y auront intérêt. » « Votre commission n'a « pas pensé, dit M. Persil dans son rapport à la Chambre des « pairs, qu'il fût raisonnable ni juste de restreindre ainsi les « droits des créanciers..... C'est à la justice qu'il appartient « d'apprécier les motifs de ceux qui se plaignent de l'inob« servation des formes, et voilà pourquoi votre commission « propose de décider, sans aucune distinction entre le saisi et « les créanciers, que les nullités peuvent être proposées par

[8] Voy., en ce sens, les auteurs cités *suprà*, note 6, et Toulouse, 4 juill. 1842 (D. A. v° *Surenchère*, n° 286).

§ **758.**....

§ **759.** [1] Voy., sur ce point, les autorités pour et contre citées D. A. *v° cit.*, nos 1274 et 1275.

[2] Carré, *op. cit.*, t. V, Ire part., p. 255.

« tous ceux qui y auront intérêt. L'intérêt réel, véritable, tel « est le mobile qui doit seul faire admettre la nullité attachée « à la prescription de la loi. Ce n'est pas une vaine exigence, « une subtilité de procédure tracassière et chicanière qui doit « diriger les tribunaux. L'intérêt des parties, voilà leur règle « et le motif qui a déterminé la commission[3]. » On rectifiera seulement sur deux points la formule trop large de l'article 715. D'une part, on n'admettra à demander la nullité, pour omission d'une formalité ou d'un délai, que les parties dans l'intérêt desquelles cette formalité ou ce délai sont édictés : l'adjudicataire qui craint d'avoir fait une mauvaise affaire ne pourra donc pas demander la nullité de l'adjudication prononcée à son profit, car ce n'est pas en sa faveur que les formes de la saisie immobilière ont été minutieusement réglementées ; il le pourra d'autant moins qu'il est en faute de n'avoir pas vérifié avant l'adjudication la régularité des poursuites[4]. On n'admettra pas non plus une partie à demander une nullité dont elle est l'auteur : le saisi ne pourra pas faire annuler un procès-verbal qui ne désignerait pas suffisamment l'immeuble saisi, quand c'est lui qui a refusé au saisissant les indications nécessaires[5].

Sous ces réserves, toute partie intéressée peut demander la nullité des poursuites, non-seulement le saisi qui a toujours intérêt à les faire échouer, mais encore les créanciers qui peuvent espérer qu'une saisie mieux conduite portera l'immeuble à un plus haut prix. On admettra donc : 1° le saisi à demander la nullité de la saisie dans laquelle un créancier n'a pas été sommé ou ne l'a pas été valablement, encore que cette sommation ne fût pas prescrite en sa faveur mais dans l'intérêt de ce créancier[6] ; 2° un créancier inscrit dûment sommé à se prévaloir, s'il y a intérêt, de ce qu'un autre créancier a été omis dans les sommations ou sommé irrégulièrement[7] ;

[3] D. A. v° *cit.*, p. 568, n° 42.

[4] Chauveau, sur Carré, *op. cit.*, t. V, IIe part., quest. 2401. Req. 2 mars 1868 (D. P. 68. 1. 485).

[5] Rennes, 1er mai 1819 (D. A. v° *cit.*, n° 530).

[6] Chauveau, sur Carré, *op. cit.*, t. V, Ire part., quest. 2325; IIe part., quest. 2401. Rodière, *op. cit.*, t. II, p. 293. Seligmann, *op. cit.*, n° 15. Ollivier et Mourlon, *op. cit.*, n° 183. Nîmes, 7 févr. 1849 (D. P. 49. 2. 156). Voy., sur ces sommations, *suprà*, §§ **671** et suiv.

[7] Chauveau, sur Carré, *op. et loc. cit.*. Rodière, *op. et loc. cit.* Seligmann, *op.*

3° les créanciers chirographaires qui ne sont pas liés à la poursuite à en demander cependant la nullité, intéressés qu'ils sont à voir monter le plus haut possible le prix de l'immeuble dont le reliquat leur sera remis après le paiement des créances garanties par un privilège ou par une hypothèque[8]. Quant au tribunal, il ne peut prononcer d'office la nullité de la saisie qui n'est jamais d'ordre public, et le ministère public ne peut pas non plus la proposer[9], quand même des mineurs, des interdits ou des femmes mariées seraient intéressés dans les poursuites, car il n'est que partie jointe en cette matière et ne peut rien ajouter aux conclusions des parties[10].

§ **760**. B. Les articles 733 et 735 du Code de 1806, qui fixaient le délai dans lequel les demandes en nullité doivent être présentées[1], ont été complètement remaniés par la loi du 2 juin 1841 ; ils faisaient entre les nullités antérieures et les nullités postérieures à l'adjudication préparatoire une distinction qui n'a plus de raison d'être aujourd'hui que cette adjudication n'existe plus[2]; ils laissaient indécise la question très controversée de savoir si la déchéance édictée par eux s'appliquait aux nullités tirées du fond du droit[3]. « Un des « plus grands embarras de la procédure actuelle, dit M. Per- « sil dans son rapport à la Chambre des pairs, résulte des « délais et des lenteurs considérables qu'entraînent les diverses « demandes en nullité... Ce n'est qu'en simplifiant la marche « de la saisie qu'on a pu conserver l'espoir de réduire sensi- « blement les embarras attachés aux incidents. Suivant la « proposition qui vous est faite, tout ce qui regarde la pro- « cédure antérieure à la publication est irrévocablement jugé « avant cette publication... Pour les procédures postérieures,

et loc. cit. Rouen, 30 mai 1842 (D. A. *v° cit.*, n° 834). Voy., sur ces sommations, *suprà*, *ib*.

[8] Chauveau, sur Carré, *op. et loc. cit.*

[9] Bioche, *op. cit.*, v° *Saisie immobilière*, n° 682. Chauveau, sur Carré, *op. cit.*, t. V, II° part., quest. 2422 *octies*.

[10] Voy. t. I, § **87**. Voy. cep. Bioche, *op.*, *v° et loc. cit.*; Chauveau, sur Carré, *op. et loc. cit.*

§ **760.** [1] Ils étaient complétés par le décret du 2 février 1811 (Art. 2 et 3).

[2] Voy. *suprà*, § **638.**

[3] La jurisprudence était cependant à peu près fixée dans le sens de l'affirmative (Voy. les arrêts rapportés D. A. *v° cit.*, n° 1216).

« ce sera encore plus expéditif et néanmoins aussi rassu- « rant[1]. » Les articles 728 et 729 distinguent donc entre les nullités antérieures et les nullités postérieures à la publication du cahier des charges, mais on verra au § 763 que cette distinction n'embrasse pas toutes les nullités qui peuvent se commettre dans une saisie immobilière, et que certaines d'entre elles, postérieures par leur date à la publication du cahier des charges, échappent cependant à l'application de l'article 729.

§ **761**. *a*. « Les moyens de nullité, tant en la forme qu'au « fond, contre la procédure postérieure à la publication du « cahier des charges devront être dénoncés, à peine de dé- « chéance, trois jours au moins avant cette publication » (Art. 728). Quelles nullités vise cet article et comment s'y applique-t-il?

1° Il vise, d'abord, les nullités de forme qui ont été commises avant la publication du cahier des charges dans le commandement[1], le procès-verbal de saisie[2] ou les dires formulés contre le cahier des charges[3]. Il tarit ensuite une source abondante de contestations[4] en soumettant à la même règle toutes les nullités tirées du fond : 1) défaut de titre en la personne du saisissant ou insuffisance de son titre[5]; 2) in-

[1] D. A. *v° cit.*, p. 570, n° 54. Aj. Pascalis, *Premier rapport à la Chambre des députés* (D. A. *v° cit.*, p. 578, n° 137). M. Pascalis avait fait en 1838 une autre proposition : c'était de donner aux parties intéressées un délai de quinze ou vingt jours après la publication dn cahier des charges pour faire valoir les nullités antérieures à cette publication; cette disposition devait se combiner avec une autre qui prescrivait aux parties intéressées de produire conjointement tous leurs moyens de nullité contre cette partie de la procédure (Voy., sur ce point, les documents rapportés par Carré, *op. cit.*, t. V, II° part., quest. 2422 *quinquies*).

§ **761.** [1] Chauveau, sur Carré, *op. cit.*, t. V, II° part., quest. 2422 *bis*. Req. 27 nov. 1839 (D. A. *v° cit.*, n° 1234). L'opposition au commandement n'est pas un incident de saisie et doit être traitée comme une action principale (Voy. *suprà*, § **654**), mais cela n'empêche pas la nullité de ce commandement de rentrer dans le texte de l'article 728; d'ailleurs, comment pourrait-il y échapper quand les nullités de fond elles-mêmes y sont soumises? Voy. cep. req. 1er févr. 1830 (D. A. *v° et loc. cit.*) et, sur ce dernier point, la suite de ce §.

[2] Req. 6 avr. 1819 (D. A. *v° cit.*, n° 1242). Pau, 3 déc. 1856 (D. P. 57. 2. 58). Req. 11 nov. 1873 (D. P. 75. 1. 71).

[3] Req. 8 juin 1857 (D. P. 57. 1. 361).

[4] Voy. le § précédent.

[5] Boitard, Colmet-Daage et Glasson, *op. cit.*, n° 996. Rodière, *op. cit.*, t. II,

saisissabilité et spécialement la dotalité de l'immeuble saisi[6]; 3) saisie sur un tiers détenteur d'un bien qui n'était pas hypothéqué à la dette[7] ou sur le débiteur du bien d'un des créanciers liés à la poursuite[8]; 4) violation des articles 2205, 2206, 2209, 2210, 2212, 2213 et 2214 du Code civil[9]; 5) incapacité du saisi qui ne peut défendre valablement à la poursuite[10]. Enfin, l'application de l'article 728 souffre quatre exceptions. 1) La nullité provenant de ce qu'un immeuble a été saisi *super non domino* se demande par voie de distraction et ne tombe pas sous le coup de cet article[11]. 2) La déchéance édictée par lui n'est pas opposable aux parties qu'une force majeure a empêchées d'agir en nullité dans le délai fixé par la loi; les héritiers du saisi qui ont ignoré son décès ne sont donc pas déchus pour n'avoir pas fait valoir trois jours avant la publication du cahier des charges la nullité tirée de ce que la saisie a été pratiquée contre leur auteur déjà décédé[12]. 3) Cette déchéance n'atteint pas non plus les créanciers qui n'ont pas été sommés comme ils devaient l'être conformément à l'article 692[13] : ils ont légalement ignoré la saisie et, par consé-

p. 323. Agen, 25 août 1868 (D. P. 69. 2. 101). Aj., dans le même sens, pour le cas où sa créance est nulle, req. 9 avr. 1857 (D. P. 58. 1. 77), et, pour le cas où elle est déjà éteinte, req. 2 avr. 1850 (D. P. 50. 1. 148).

[6] Voy. *suprà*, § **736**.

[7] Voy. *suprà*, *ib.*

[8] Voy. *suprà*, *ib.*

[9] Voy., en ce sens, Bioche, *op. et v° cit.*, n° 688; Chauveau, sur Carré, *op. cit.*, t. V, IIe part., quest. 2422 *undecies;* Boitard, Colmet-Daage et Glasson, *op. et loc. cit.*; civ. rej. 3 janv. 1872 (D. P. 73. 1. 21); req. 18 mai 1881 (D. P. 82. 1. 263); et, sur ces articles, t. III, § **562**, et *suprà*, §§ **643** et suiv. On remarquera seulement : 1° que la violation de l'article 2205 donne lieu tantôt à une demande en distraction tantôt à une simple demande en nullité : à une demande en distraction, lorsqu'on a saisi sur un débiteur la totalité d'un immeuble dont il n'était que copropriétaire; à une demande en nullité, lorsqu'on a saisi sur un débiteur, avant le partage ou la licitation, sa part indivise de la propriété d'un immeuble (Voy. t. III, § **562**); 2° que l'article 2215 ne figure pas dans l'énumération ci-dessus : la violation de cet article entraîne la nullité du jugement même d'adjudication, et, par conséquent, n'est pas de celles qu'on doive proposer avant la publication du cahier des charges (Voy. *infrà*, § **763**).

[10] Chauveau, sur Carré, *op. et loc. cit. Contrà*, Riom, 14 févr. 1842 (D. A. v° *cit.*, n° 1238).

[11] J'ai déjà dit au § **737** que les demandes en distraction diffèrent des demandes en nullité en ce qu'elles peuvent être proposées en tout état de cause jusqu'à l'adjudication et même après, non plus sous la forme de demandes incidentes en distraction, mais comme demandes principales en revendication.

[12] Req. 24 déc. 1856 (D. P. 57. 1. 206).

[13] Voy., sur ces sommations, *suprà*, §§ **671** et suiv.

quent, n'en ont pas connu les vices; ils peuvent donc en demander la nullité avant ou après l'adjudication, dans le premier cas par un incident [14], dans le second cas par action principale [15]. 4° Le saisi peut proposer après la publication du cahier des charges, et même après l'adjudication, la nullité qui provient de ce que le poursuivant qui est resté adjudicataire n'avait pas de titre ou n'avait qu'un titre insuffisant : l'article 728 protège contre l'action en nullité l'adjudicataire étranger qui a dû croire qu'il achetait en vertu d'un titre régulier, mais la même protection n'est pas due au poursuivant qui ne devait pas saisir sans titre ou en vertu d'un titre nul, et qui a peut-être usé de dol envers le saisi pour le réduire à l'inaction ou lui extorquer son consentement aux poursuites dirigées contre lui. Il est, d'ailleurs, responsable, en vertu de l'article 1382 du Code civil, des conséquences d'une saisie commencée sans que le débiteur ait pu en invoquer la nullité [16], et la restitution de l'immeuble qui lui a été adjugé est la meilleure réparation qu'il puisse faire du préjudice dont il est l'auteur [17].

2° L'ancien article 733 ne disait pas si les nullités antérieures à la publication du cahier des charges pourraient être proposées successivement au fur et à mesure qu'elles se produiraient, ou bien si les parties intéressées seraient tenues d'attendre que la procédure antérieure à cette publication fût terminée et de proposer conjointement toutes les nullités qui

[14] C'est-à-dire en la forme prescrite au § 728.

[15] Bioche, *op. et v° cit.*, n° 696. Chauveau, sur Carré, *op. cit.*, t. V, IIe part., quest. 2422 *novies*. Rodière, *op. et loc. cit.* Persil, *op. cit.*, n° 351. Seulement le poursuivant peut, malgré cette action en nullité, continuer sa procédure jusqu'à la publication du cahier des charges (Rodière, *op. et loc. cit.*).

[16] Voy. *infrà*, § 764.

[17] Bordeaux, 26 avr. 1839 (D. A. *v° cit.*, n° 1464). Civ. cass. 18 mai 1841 (D. A. *v° cit.*, n° 1215). Req. 9 nov. 1857 (D. P. 58. 1. 77). *Contrà*, Persil, *op. cit.*, n° 357; civ. rej. 3 avr. 1837 (D. A. *v° cit.*, n° 220); Nîmes, 25 févr. 1839 (D. A. *v° cit.*, n° 1232); Riom, 12 mars 1855 (D. P. 55. 5. 399); civ. rej. 19 août 1856 (D. P. 56. 1. 329). Chauveau propose, sur ce point, une troisième solution qui consiste à distinguer suivant que le poursuivant adjudicataire a, ou non, des créanciers auxquels la nullité de l'adjudication pourrait porter préjudice (Sur Carré, *op. et loc. cit.*). Cette distinction n'est pas justifiée : si l'adjudicataire est tenu, par les raisons données au texte, de subir la nullité de l'adjudication et de restituer l'immeuble qui lui a été adjugé, ses créanciers n'ont pas plus de droits que lui (C. civ., art. 1166) : même ses créanciers privilégiés ou hypothécaires, car leurs privilèges et hypothèques sont, quant à cet immeuble, sujets à la même résolution que la propriété même de l'adjudicataire (C. civ., art. 2125).

auraient pu y être commises[18]. Cette dernière solution a été proposée dans les travaux préparatoires de la loi du 2 juin 1841[19] : « L'avantage de ce mode consisterait, disait-on, « à mettre un terme aux tergiversations, à ne pas permettre « que, dans le seul but de gagner du temps, le saisi fasse « succéder un moyen de nullité à un autre et multiplie ainsi « les incidents; il en résultera aussi une diminution dans les « frais que ces incidents peuvent entraîner[20]. » Ce système fut combattu et finalement repoussé par la commission du Gouvernement : « Une objection grave s'élève, fut-il dit, contre « cette proposition. Si une nullité est commise contre le pre- « mier acte de la saisie, si même cette nullité est basée sur le « vice du titre, faudrait-il donc attendre pour la proposer « que la procédure touche presque à son terme? Pourquoi « laisser ainsi s'accomplir des actes qui constituent des frais « frustratoires[21] ? » Les parties intéressées peuvent donc proposer les nullités dès qu'elles se produisent, et le tribunal y statue dès qu'elles sont proposées[22], mais rien ne force les parties à procéder ainsi, et elles peuvent — j'y reviendrai au § suivant — ne faire valoir leurs moyens de nullité que le troisième jour avant la publication du cahier des charges. La franchise de ce délai est très généralement admise[23], contrairement au principe posé au § **205**[24]. Il expire le jour même de la publication du cahier des charges, lorsqu'elle a

[18] La question était controversée (Voy. Chauveau, sur Carré, *op. cit.*, t. V, IIe part., quest. 2422 *quinquies*, et les arrêts rapportés D. A. *v° cit.*, nos 1252 et 1253.

[19] Par M. Pascalis (Voy. le § précédent, note 4).

[20] Pascalis, *op. cit.* (Dans Chauveau, sur Carré, *op. et loc. cit.*).

[21] Voy. Chauveau, sur Carré, *op. et loc. cit.*

[22] Chauveau, sur Carré, *op. et loc. cit.* Boitard, Colmet-Daage et Glasson, *op. cit.*, t. II, n° 998. Rodière, *op. et loc. cit.* Dans ce cas, le poursuivant peut surseoir à toutes poursuites ultérieures, mais il peut aussi, sans avoir égard à la nullité demandée et à ses risques et périls, continuer la procédure jusqu'à la publication du cahier des charges exclusivement (Rodière, *op. et loc. cit.*). Je dis *à ses risques et périls*, car les frais des actes postérieurs aux actes annulés pourront être laissés à sa charge comme frustratoires (Voy., sur les frais frustratoires, t. II, § **200**, et, sur les conséquences qu'entraîne la nullité d'un acte de la saisie immobilière quan à la suite de cette procédure, *infrà*, § **764**).

[23] Le principe en vertu duquel les seuls délais francs sont ceux dans lesquels une personne doit obtempérer à un acte qui lui est signifié à personne ou à domicile.

[24] Carré, *op. cit.*, t. V, IIe part., quest. 2422. Chauveau, sur Carré, *op. et loc. cit.* Boitard, Colmet-Daage et Glasson, *op. et loc. cit.*, t. II, n° 998. Rodière, *op. et loc. cit.*, t. II, p. 323. Douai, 4 oct. 1841; Bordeaux, 2 mai 1843 (D. A. *v° cit.*, n° 1241). Bordeaux, 4 févr. 1846 (D. P. 46. 4. 450). Douai, 28 août 1850 (D. P. 53. 2. 136). *Contrà*, Bioche, *op. et v° cit.*, n° 693.

lieu à la date précise qui avait été fixée pour y procéder[25]. Il en est de même lorsqu'elle est retardée par le fait du saisissant qui ne la requiert pas au jour indiqué, ou par un jugement qui ordonne d'y surseoir à la demande du saisi : la publication devait avoir lieu le 15, elle a été remise au 25; les nullités pourront être proposées jusqu'au 21 inclusivement[26]. Mais, si elles n'ont pas été proposées trois jours avant celui où la publication devait être faite, et qu'au lieu d'opposer immédiatement la déchéance, le poursuivant ait demandé le renvoi à une audience ultérieure pour voir statuer sur la nullité proposée et procéder en cas de rejet à la publication du cahier des charges, la déchéance n'est pas couverte et peut être prononcée, bien que la nullité se trouve avoir été proposée plus de trois jours avant que la publication fût faite : la publication devait avoir lieu le 15, la nullité n'a été proposée que le 14, et la publication a été remise au 20; la déchéance pourra quand même être prononcée[27]. Il faut, pour l'éviter, former la demande en nullité dans le délai prescrit par la loi et dans les formes tracées au § **728**, mais il n'est pas nécessaire que les pièces justificatives à l'appui de la demande soient produites ni que le jugement soit rendu dans ce délai. L'article 728 n'oblige les parties intéressées qu'à « proposer leurs moyens de nullité » dans le délai par lui fixé, et ne reproduit pas l'ancien article 733 qui voulait que les moyens de nullité contre la procédure antérieure à l'adjudication préparatoire fûssent non-seulement présentés mais encore jugés avant cette adjudication[28] : le tribunal peut donc passer outre à la publication en remettant à un autre jour la production des moyens à l'appui de la demande et, à plus forte raison, le jugement de cette demande[29]. Si le demandeur a plusieurs nullités à faire valoir, il peut les pro-

[25] Voy., sur la fixation de cette date, *suprà*, § **670**.

[26] Bioche, *op. et v° cit.*, n° 694. Toulouse, 1er mai 1851 (D. P. 52. 2. 264). Req. 18 févr. 1852 (D. P. 52. 1. 241). Voy. aussi Lyon, 23 août 1850 (D. P. 53. 2. 87).

[27] Douai, 28 août 1850 (D. P. 53. 2. 136). Nancy, 11 janv. 1868 (D. P. 68. 2. 56).

[28] Voy., sur l'ancien article 733, *suprà*, même §.

[29] Bioche, *op. et v° cit.*, n° 696. Chauveau, sur Carré, *op. cit.*, t. V, IIe part., quest. 2422 *septies*. La cour de Bordeaux a jugé, le 4 septembre 1827, que le demandeur en nullité doit, en même temps qu'il forme sa demande, produire à peine de déchéance les moyens à l'appui (D. A. *v° cit.*, n° 1247), mais cet arrêt, rendu sous l'empire de l'ancien article 733, ne doit pas être suivi aujourd'hui.

poser successivement sans que la présentation de l'une d'elles élève une fin de non-recevoir contre les autres et que le jugement qui la rejette ait, quant aux autres, l'autorité de la chose jugée : j'applique ici le principe posé au § **468**, qu'il est permis de faire valoir successivement contre un acte toutes les nullités qui peuvent l'affecter[30]. Si quelques-unes de ces nullités tiennent au fond et d'autres à la forme, l'article 173 qui prescrit d'opposer ces dernières *in limine litis*[31] n'est pas applicable, et le demandeur n'est pas tenu de les présenter, à peine de déchéance, avant les autres : 1° parce que l'article 728 ne distingue pas entre elles et n'oblige le demandeur qu'à les faire toutes valoir trois jours au moins avant la publication du cahier des charges; 2° parce qu'il est naturel, quand on résiste à la saisie, de plaider en premier lieu qu'elle n'est pas fondée, et subsidiairement qu'elle n'est pas régulièrement formée[32]. La nullité, quelle qu'elle soit, n'est couverte que par des actes qui font présumer que le saisi y a renoncé, comme des offres réelles ou une demande de sursis[33]; il peut, même après l'expiration du délai fixé par la loi et encore que l'adjudication ait été prononcée, faire valoir par action principale que le saisissant

[30] Voy., en sens contraire, Paris, 3 juill. 1877 (D. P. 78. 2. 89), et, sur cette question, Bioche, *op. et v° cit.*, n° 680; Chauveau, sur Carré, *op. et loc. cit.*; Boitard, Colmet-Daage et Glasson, *op. et loc. cit.*; Rodière, *op. et loc. cit.*; Riom, 21 mars 1816 (D. A. *v° cit.*, n° 1253); Bourges, 26 nov. 1824 (D. A. *v° cit.*, n° 1252); Bordeaux, 29 nov. 1833 (D. A. *v° cit.*, n° 105); civ. rej. 4 août 1838 (D. A. v° *Chose jugée*, n° 341); req. 8 déc. 1851 (D. P. 52. 1. 148); Metz, 20 mai 1863 (D. P. 64. 2. 86). Je suppose que le saisi ou les autres personnes intéressées à faire tomber la saisie attendent, pour en demander la nullité, que tous les actes antérieurs à la publication du cahier des charges aient été faits. J'ai dit au même § qu'elles peuvent s'y prendre autrement et, dès qu'un acte a été fait, en demander la nullité; si, dans ce cas, un acte est affecté de plusieurs vices et donne, par conséquent, lieu à plusieurs nullités, on appliquera la solution donnée au texte, c'est-à-dire que le demandeur pourra faire valoir ces nullités l'une après l'autre.

[31] Voy. t. II, § **378**.

[32] Bioche, *op. v° et loc. cit.* Chauveau, sur Carré, *op., v° et loc. cit.* Boitard, Colmet-Daage et Glasson, *op. et loc. cit.* Paris, 23 oct. 1811 (D. A. *v° cit.*, n° 336). Req. 18 févr. 1852 (D. P. 52. 1. 241). Montpellier, 20 juin 1867 (D. P. 67. 2. 112). Nancy, 11 janv. 1868 (D. P. 68. 2. 56). *Contrà*, Rodière, *op. et loc. cit.*; req. 3 avr. 1827 (D. A. v° *Exceptions*, n° 343); civ. rej. 14 août 1838 (D. A. v° *Chose jugée, loc. cit.*); Bourges, 17 avr. 1839 (D. A. v° *Exceptions, loc. cit.*); Bourges, 23 mars 1841 (D. A. v° *Jugement*, n° 526); req. 8 déc. 1851 (D. P. 52. 1. 148).

[33] Besançon, 13 avr. 1810 (D. A. v° *Exceptions, loc. cit.*). Riom, 21 janv. 1832 (D. A. v° *Vente publique d'immeubles*, n° 1268). Bordeaux, 22 juin 1840 (D. A. *v° cit.*, n° 289).

n'avait pas de titre ou que son titre était nul[34] : Le succès de cette action entraînera-t-il la nullité de la saisie et de l'adjudication qui s'en est suivie? Je reviendrai sur ce point au § **764**.

§ **762**. *b*. Les nullités postérieures à la publication du cahier des charges ne sont jamais que des nullités de forme. Celles qui tiennent à l'irrégularité du jugement qui a donné acte de la publication et fixé le jour de l'adjudication[1] ne donnent pas lieu à l'action en nullité, car « voies de nullité « n'ont lieu contre les jugements[2], » mais seulement au pourvoi en cassation dans les cas et suivant les distinctions qui seront indiqués au tome V de ce Traité. Celles qui tiennent à l'omission des formes et délais des publications[3] peuvent être proposées dès qu'elles se sont produites[4]; elles peuvent l'être aussi et successivement[5] quand toutes les formalités ont été accomplies, mais trois jours au plus tard avant l'adjudication à peine de déchéance (Art. 729). Si le délai de l'article 728 est franc[6], celui-ci l'est également[7]; il ne concerne pas les moyens à l'appui de la demande, et le demandeur peut les présenter moins de trois jours avant l'adjudication[8]. Le tribunal statue au jour fixé pour l'adjudication et immédiatement avant l'ouverture des enchères (Art. 729).

§ **763**. *c*. Certaines nullités ne sont ni antérieures ni postérieures à la publication du cahier des charges, et ne rentrent,

[34] Bioche, *op. et v°. cit.*, n° 691. Boitard, Colmet-Daage et Glasson, *op. cit.*, t. II, n° 997. Rodière, *op. cit.*, t. II, p. 324.

§ **762**. [1] Défaut de *quorum*, vices de rédaction, publicité insuffisante, etc. (Voy. t. I, § **24**; t. III, §§ **437** et suiv.).

[2] Voy. *infrà*, § **891**.

[3] Dans quels cas ces formes et délais sont-ils édictés à peine de nullité? Voy. *suprà*, §§ **681** et suiv. *Quid* de la fixation même du jour de l'adjudication? L'irrégularité commise à ce sujet est-elle une nullité postérieure à la publication? Voy. le § suivant.

[4] Comme les nullités antérieures à la publication, et par la même raison (Voy. le § précédent).

[5] Même observation et même renvoi.

[6] Voy., sur ce point, le § précédent.

[7] Voy., sur cette franchise, Bioche, *op. et v° cit.*, n° 693.

[8] Même observation et même renvoi qu'aux notes 3 et 4.

par conséquent, ni dans l'article 728 ni dans l'article 729. Ce sont : 1° celles qui affectent la publication même du cahier des charges; 2° celles qui ont été commises dans les trois jours qui précèdent l'adjudication; 3° celles qui se trouvent dans le jugement même d'adjudication. Dans le premier cas, la nullité doit être invoquée dans les trois jours qui précèdent l'adjudication, car, si l'article 728 prescrit de proposer dans ce délai les nullités postérieures à la publication, il doit en être de même, à plus forte raison, des nullités plus anciennes qui ont été commises dans la publication même : on devra donc demander dans ces trois jours au plus tard la nullité d'une publication qui n'a pas été faite au jour qui avait été fixé à cet effet[1]. Dans le second cas, la nullité peut évidemment être proposée jusqu'à l'adjudication, car on ne peut être tenu de l'invoquer avant qu'elle se soit produite : telle sera la nullité d'un dire inséré au cahier des charges dans les trois jours qui auront précédé l'adjudication[2]. Dans le troisième cas, il n'y aura lieu qu'au pourvoi en cassation[3] dans les cas et suivant les distinctions qui seront indiqués au tome V de ce Traité. Reste une dernière hypothèse, celle d'une adjudication dont on a fixé l'époque à une date prématurée, sans tenir compte des délais indiqués au § **683** ou du délai de grâce obtenu par le saisi conformément au § **645** : on se demande de quelle nullité il s'agit alors, si elle est concomitante ou postérieure à la publication du cahier des charges, et à quelle époque elle peut être proposée. Je réponds que, s'il s'agissait d'une véritable action en nullité, la question n'aurait pas d'intérêt, les nullités concomitantes ou postérieures à la publication devant être demandées, suivant moi, dans le même temps[4]; mais que le saisi n'aura pas, dans l'espèce, à provoquer la nullité : il demandera simplement un sursis à

§ **763.** [1] Voy., sur ce point, Chauveau, sur Carré, *op. cit.*, t. V, IIe part., quest. 2422 *decies;* Bordeaux, 11 janv. 1839 (D. A. *v° cit.*, n° 1261); req. 17 juin 1861 (D. P. 62. 1. 82), et, sur cette cause de nullité de la saisie, *suprà*, § **680.**

[2] Voy., sur ce point, req. 13 déc. 1831 (D. A. *v° cit.*, n° 1263), et, sur cette irrégularité, *suprà*, § **675.**

[3] Et non pas à l'action en nullité (Voy. le § précédent, note 3).

[4] Voy. *suprà*, même §.

l'adjudication, et pourra le faire à l'audience même où il va y être procédé[5].

§ **764**. C. L'influence de la demande en nullité sur la suite de la procédure doit être examinée dans deux hypothèses, suivant que la demande est admise ou qu'elle est repoussée.

a. Les nouveaux articles 728 et 729 apportent un notable changement au Code de 1806 quant à l'effet des nullités commises dans la saisie immobilière. Jusqu'en 1841 la moindre nullité faisait crouler toute la procédure et forçait le poursuivant à la reprendre *ab initio*[1]; aujourd'hui l'acte irrégulier est seul annulé, et la procédure est reprise à compter du dernier acte valable. L'ancien système avait l'inconvénient: 1° de ralentir considérablement la saisie en obligeant le poursuivant à recommencer tous les actes déjà faits; 2° de fournir au saisi le moyen de retarder indéfiniment son expropriation en faisant annuler l'un après l'autre tous les actes irréguliers, et en obligeant chaque fois le poursuivant à recommencer tous ceux, même valables, qu'il avait déjà faits; 3° d'augmenter les frais de justice en faisant payer deux fois le coût des actes valables qu'il fallait recommencer : la première fois c'était le poursuivant qui payait, car il était responsable de l'irrégularité de la saisie; la seconde fois c'était l'adjudicataire ainsi qu'il est dit au § **707**. Le nouveau système supprime ces inconvénients, et, si l'on peut craindre que le saisissant, conservant le bénéfice des actes qui ont précédé l'acte nul, ne tarde à reprendre les poursuites et ne les laisse indéfiniment pendantes au grand dommage du saisi et des autres créanciers, le remède se trouve pour le saisi dans le droit qu'il a de demander la péremption, pour les créanciers dans le droit qu'ils ont de se faire subroger dans les poursuites[2]. D'ailleurs, deux cas doivent être distingués pour

[5] Voy., sur ce point, civ. cass. 22 déc. 1838 (D. A. v° *cit.*, n° 1353); req. 27 nov. 1839 (D. A. v° *cit.*, n° 1234); req. 3 avr. 1850 (D. P. 50. 1. 153).

§ **764.** [1] Les anciens articles 733 et 735 ne contenaient pas, sur ce point, de disposition analogue à celle des nouveaux articles 728 et 729 : il en résultait que la nullité d'un seul acte entraînait celle de toute la saisie (Carré, *op. cit.*, t. V, II° part., n° DII *quater;* Chauveau, sur Carré, *op. cit.*, t. V, II° part., quest. 2422 *quater*).

[2] Voy., sur le parallèle et les avantages respectifs des deux systèmes, Carré, *op.*

l'application des articles 728 et 729. 1° La nullité est antérieure à la publication du cahier des charges. Si les parties intéressées l'ont fait valoir dès qu'elle s'est produite, le jugement qui la prononce n'annule que l'acte irrégulier, ceux qui l'ont précédé demeurent valables, et le poursuivant ne recommence que l'acte annulé : l'annulation de l'exploit de dénonciation n'entraîne donc ni la nullité du commandement ni celle du procès-verbal, et le poursuivant n'a qu'à dénoncer de nouveau la saisie pour la régulariser. Si les parties intéressées ont attendu, pour faire valoir la nullité, que toute la procédure antérieure au cahier des charges fût terminée, le poursuivant ne recommence pas les actes qui ont précédé l'acte annulé, mais il refait tous ceux, même réguliers, qui le suivent, car, à partir de ce moment, la procédure a été faussée et doit être recommencée : la nullité de l'exploit de dénonciation, prononcée quand la procédure antérieure à la publication du cahier des charges est déjà finie, n'oblige donc à refaire ni le commandement ni le procès-verbal, mais le poursuivant doit requérir une nouvelle transcription et sommer de nouveau les créanciers inscrits ou dispensés d'inscription[3]. 2° La nullité est postérieure à la publication du cahier des charges. Peu importe alors quelle formalité a été omise ou mal remplie et qu'on ait violé l'article 696, les articles 698 et 699, ou l'article 704[4] : l'article 729 dispose que toute la procédure postérieure à la publication du cahier des charges sera nulle, que le tribunal ordonnera la reprise des poursuites à partir du jugement de publication, et qu'il fixera de nouveau le jour de l'adjudica-

et loc. cit.; Chauveau, sur Carré, *op. et loc. cit.* L'article 715 (al. 2) part de la même idée : « La nullité prononcée pour défaut de désignation de l'un ou de plu- « sieurs des immeubles compris dans la saisie n'entraînera pas nécessairement la « nullité de la poursuite en ce qui concerne les autres immeubles. »

[3] L'article 728 dit que la procédure sera recommencée à partir du dernier acte valable : il entend évidemment par-là le dernier acte valable qui a précédé l'acte annulé, car, dans l'espèce prévue au texte, tous les actes qui ont suivi l'acte nul étant valables, il n'en faudrait recommencer aucun. Si le tribunal estime que le demandeur en nullité est dans son tort en formant si tard sa demande et en mettant le poursuivant dans la nécessité de refaire des actes valables, il pourra en mettre les frais à sa charge personnelle. Cela ne servira guère si le demandeur en nullité est le débiteur saisi qui est insolvable, mais ce sera utile si la demande en nullité a été formée par un créancier inscrit ou par un débiteur solvable qui aime mieux se laisser exproprier que de payer la dette.

[4] Voy., sur ces articles, *suprà,* §§ **681** et suiv.

tion[5]. On peut prévoir, en outre, deux complications. 1° Comment fera le poursuivant s'il s'aperçoit de lui-même qu'il a fait un acte nul ou laissé passer un délai prescrit à peine de nullité, et que cette nullité ne soit pas demandée? Il pourra recommencer spontanément la procédure à partir du dernier acte valable ou la continuer au risque de la voir annuler[6]; il pourra aussi, et plus sûrement, sommer le saisi par un simple acte de venir voir régulariser la procédure à l'audience[7]. 2° Quel est précisément le point de départ des délais dans lesquels les actes qui suivent l'acte annulé devront être faits? Si la nullité est prononcée en dernier ressort, ce ne sera pas le jour même du jugement comme le dit inexactement l'article 728, mais le jour de la signification conformément au principe général *Paria sunt non esse et non significari*[8]. Même solution si la nullité n'est prononcée qu'à charge d'appel et que le délai d'appel ne soit pas encore expiré : c'est l'application du principe que ce délai n'est pas suspensif[9], mais l'appel même est suspensif[10] et arrête immédiatement le cours des délais dont il s'agit[11] : il ne reprendra qu'après la signification de l'arrêt confirmatif[12]. Cette complication ne peut pas se présenter pour les nullités postérieures à la publication du cahier des charges : le jugement qui les prononce n'est ni susceptible d'appel[13] ni même sujet à signification, puisqu'il ordonne immédiatement la reprise des poursuites et fixe séance tenante un nouveau jour pour l'adjudication[14]; les dé-

5 Boitard, Colmet-Daage et Glasson, *op. cit.*, t. II, n° 1000.

6 Voy., sur les risques auxquels il s'expose dans ce dernier cas, *infrà*, § **764**.

7 Chauveau, sur Carré, *op. et loc. cit.* Rodière, *op. cit.*, t. II, p. 325.

8 Bioche, *op. et v° cit.*, n° 700. Chauveau, sur Carré, *op. cit.*, t. V, IIe part., quest. 2422 *tredecies*.

9 Voy. *infrà*, § **948**.

10 Voy. *infrà*, § **954**.

11 Le cours de ces délais n'est pas seulement suspendu; il est interrompu, c'est-à-dire que ce qui a pu en courir avant l'appel interjeté est non avenu (Voy., sur la différence qui existe entre la suspension et l'interruption d'un délai, notamment en matière de prescription, Aubry et Rau, *op. cit.*, t. II, p. 334 et 346).

12 C'est ainsi qu'il faut traduire la formule de l'article 728 « à dater du jugement « ou arrêt qui aura définitivement prononcé sur la nullité » (Chauveau, sur Carré, *op. et loc. cit.*). Dans quels cas le jugement de nullité est-il ou n'est-il pas susceptible d'appel? Voy. *infrà*, § **925**. Est-il également susceptible d'opposition? Voy. le tome V de ce Traité. *Quid* en cas de pourvoi en cassation? Voy. aussi *ib.*

13 Voy. *infrà*, § **925**.

14 Sans recours, conformément à l'article 703 (Voy. *suprà*, § **683**). Chauveau, sur Carré, *op. et loc. cit.*

lais dans lesquels la procédure devra être reprise courent donc uniformément à partir du jour même où il a été rendu[15].

b. « Si les moyens de nullité sont rejetés, dit l'article 728 « en cas de nullité antérieure à la publication du cahier « des charges, il sera donné acte par le même jugement de la « lecture et publication du cahier des charges. » « S'ils sont « rejetés, dit l'article 729 en cas de nullité postérieure à cette « publication, il sera passé outre aux enchères et à l'adjudi- « cation. » Pas de difficulté sur l'application de l'article 729 qui suppose un jugement en dernier ressort[16], mais comment faire dans le cas de l'article 728 où le jugement peut être susceptible d'appel[17]? Le tribunal peut, quand même, ordonner immédiatement la publication du cahier des charges, simple formalité qui ne peut faire tort à personne; il le peut d'autant mieux que le délai d'appel n'est pas suspensif. Par la même raison, les poursuites reprennent immédiatement leur cours, et les délais pour faire les actes qui suivent celui dont la nullité n'a pas été prononcée courent à partir de la signification du jugement; mais l'appel interjeté suspend la procédure et les délais en question ne courent plus qu'à partir de la signification de l'arrêt confirmatif[18]. D'ailleurs, il va de soi qu'on ne donne acte de la publication du cahier des charges par le jugement même qui rejette la demande en nullité, que dans le cas où celle-ci est formée après l'accomplissement de tous les actes qui précèdent cette publication[19]; dans le cas contraire, il faudrait attendre que tous ces actes fûssent faits, et la publication n'aurait lieu qu'après l'expiration des délais fixés par l'article 694[20].

Une dernière hypothèse reste à prévoir : le poursuivant n'avait qu'un titre nul, et le saisi n'a pas demandé la nullité de la saisie avant la publication du cahier des charges; il a laissé la procédure se poursuivre, puis demandé par action prin-

[15] Chauveau, sur Carré, *op. et loc. cit.*

[16] Voy. *suprà*, même §.

[17] Voy. *infrà*, § **925**.

[18] Voy., sur l'effet suspensif de l'appel, *infrà*, § **954**.

[19] Voy., sur l'époque à laquelle les nullités postérieures à la publication du cahier des charges peuvent être proposées, le § précédent.

[20] Boitard, Colmet-Daage et Glasson, *op. cit.*, t. II, nº 999. Voy., sur ces délais, *suprà*, § **680**.

cipale et fait prononcer la nullité du titre[21]. Ce jugement a-t-il quelque effet sur la saisie? Oui si personne n'a intérêt à ce qu'elle soit maintenue; non dans le cas contraire, car l'article 728, qui prescrit d'opposer les nullités, même tirées du fond, trois jours au plus tard avant la publication du cahier des charges[22], entraîne forcément cette conséquence que les nullités proposées à une autre époque n'influent ni sur le cours ni sur les résultats de la saisie. Or les personnes intéressées au maintien de cette procédure sont, en dehors du poursuivant : 1° les saisissants postérieurs; 2° les créanciers qui y ont été liés comme créanciers inscrits ou dispensés d'inscription; 3° l'adjudicataire. La nullité n'entraînera donc pas, dans l'espèce, celle de la saisie s'il y a plusieurs saisissants, s'il existe des créanciers inscrits ou dispensés d'inscription, ou si l'adjudication est déjà faite : dans ces trois cas le saisi ne pourra que demander des dommages-intérêts au poursuivant qui l'a saisi sans titre [23].

§ **765**. La surenchère rouvre la saisie, la nullité de cette surenchère est donc un incident de cette procédure : elle se demande, comme les nullités postérieures à la publication du cahier des charges[1], trois jours au plus tard après la seconde adjudication[2] et toujours par un acte d'avoué à avoué, car le surenchérisseur qui y défend a nécessairement un avoué par le ministère duquel il a surenchéri[3]. Cette nullité fait tomber la surenchère : prononcée avant l'adjudication sur surenchère, elle fait défaillir la condition résolutoire sous laquelle la première adjudication avait été faite[4]; prononcée après l'adjudication sur surenchère, elle fait revivre la première adjudication[5]. Ainsi dispose, en cas de surenchère sur aliénation volontaire, l'article 832 qu'il n'y a aucune raison de

[21] Voy., sur cette action, *suprà*, § **761**.
[22] Voy., sur cette partie de l'article 728, *suprà*, *ib*.
[23] Bioche, *op. et v° cit.*, n° 692. Boitard, Colmet-Daage et Glasson, *op. cit.*, t. II, n° 997. Rodière, *op. et loc. cit.*

§ **765**. [1] Voy. *suprà*, § **762**.
[2] Carré, *op. cit.*, t. V, Ire part., quest. 2391. Chauveau, sur Carré, *op. et loc. cit.* Rodière, *op. cit.*, t. II, p. 334. Bordeaux, 30 avr. 1850 (D. P. 54. 5. 733).
[3] Voy. *suprà*, § **692**.
[4] Voy. *suprà*, § **723**.
[5] Voy. *suprà*, *ib*.

ne pas appliquer ici[6] : l'article 705, aux termes duquel une surenchère nulle, dégage quand même le premier enchérisseur[7], ne vise que la surenchère antérieure à l'adjudication : le jugement qui prononce une adjudication frappée après coup de surenchère est un acte solennel et définitif qui ne disparaît que devant une nouvelle adjudication, laquelle ne peut elle-même résulter que d'une surenchère valable[8].

§ IV.

Formes particulières de la saisie immobilière.

SOMMAIRE. — § **766**. Division. — § **767**. I. Saisie pratiquée par le Crédit foncier. — § **768**. II. Saisie des immeubles dont la mise à prix ou le prix d'adjudication sont inférieurs à 1,000 ou à 2,000 francs, explication de la loi du 23 octobre 1884. — § **769**. III. Vente des immeubles du failli; renvoi.

§ **766**. La saisie immobilière affecte dans trois cas des formes particulières : 1° lorsqu'elle est pratiquée par le Crédit foncier; 2° quand la mise à prix ou le prix d'adjudication sont inférieurs à 1,000 ou 2,000 francs; 3° quand la saisie intervient à la suite d'un jugement déclaratif de faillite.

§ **767**. I. J'ai dit au § **639** pour quels motifs la législation spéciale qui régit les sociétés de crédit foncier a simplifié les formalités et abrégé les délais ordinaires de la saisie immobilière. A cet effet, le décret du 28 février 1852, modifié par la loi du 10 juin 1853, supprime le procès-verbal de saisie, la dénonciation de ce procès-verbal, la transcription de ces deux actes[1] et la lecture du cahier des charges[2], rapproche le jour où il peut être procédé à l'adjudication[3], et

[6] Voy., sur cet article, le tome V de ce Traité.
[7] Voy. *infrà*, § **719**.
[8] Chauveau, sur Carré, *op. cit.*, t. V, Ire part., quest. 2391 *bis*.

§ **766**....

§ **767**. [1] Voy., sur ces formalités, *suprà*, §§ **659**, **660** et **661**.
[2] Voy., sur cette lecture, *suprà*, § **680**.
[3] Voy., sur les délais qui doivent ordinairement s'écouler depuis le commencement de la saisie jusqu'à l'adjudication, *suprà*, § **683**.

déclare en dernier ressort des jugements qui, dans la procédure ordinaire, ne sont rendus qu'à charge d'appel[4]. Cette procédure se réduit aux actes suivants : 1° commandement; 2° transcription de ce commandement; 3° dépôt du cahier des charges; 4° fixation du jour de l'adjudication; 5° insertion dans les journaux et première apposition de placards; 6° dénonciation de cette apposition au débiteur et aux créanciers inscrits, avec sommation de prendre communication du cahier des charges; 7° seconde apposition de placards; 8° dires et contestations; 9° adjudication. L'immeuble peut être vendu en six semaines et le prix payé dans les deux mois, puisque le Crédit foncier n'est pas soumis aux formalités de l'ordre : je reviendrai sur ce point au § **784**[5]. D'ailleurs, le décret du 28 février 1852 et la loi du 10 juin 1853 ne sont pas un Code complet de saisie immobilière à son usage; ils ne dérogent que sur certains points au droit commun, et se réfèrent, pour le surplus, au Code de procédure qui demeure applicable en tout ce qui n'est pas contraire à leur texte ou à leur esprit[6]. Je me bornerai donc aux observations suivantes.

1° Le commandement devient, grâce à la suppression du procès-verbal, le premier acte de la poursuite; qu'il reste en dehors de la saisie immobilière ordinaire ou qu'il y soit compris[7], il fait certainement partie intégrante de la saisie pratiquée par le Crédit foncier[8] : j'ai dit au § **654** — et je n'y reviens pas — quelles conséquences il en faut tirer[9]. L'huissier du Crédit peut cependant le faire sans pouvoir spécial[10], car cette exigence, qui se conçoit quand l'huissier doit pénétrer dans l'immeuble saisi pour le décrire, est superflue pour

[4] Je réserve ce point pour le § **925**.

[5] Voy., sur les privilèges du Crédit foncier en général, *suprà*, § **639**.

[6] Josseau, *op. cit.*, t. I, n° 433.

[7] Voy. *suprà*, § **654**.

[8] Josseau, *op. cit.*, t. I, n° 447. Bordeaux, 1er mai 1888 (D. P. 89. 1. 199).

[9] Voy., notamment, sur la compétence en matière d'opposition au commandement, l'arrêt cité à la note précédente.

[10] Il en est de même en matière ordinaire (Voy. *suprà*, § **654**), mais seulement si l'on admet que le commandement reste en dehors des poursuites proprement dites : on pourrait donc soutenir sans contradiction que le pouvoir spécial, inutile pour signifier le commandement à la requête d'un créancier ordinaire, devient indispensable quand cet acte est signifié à la requête du Crédit foncier. Voy., sur ce pouvoir spécial, t. III, § **536**.

un exploit qu'il s'agit seulement de signifier à personne ou à domicile [11]. Il se rédige dans la forme prescrite par l'article 673 [12], et le décret du 28 février 1852 (Art. 33) ne prescrit pas d'y ajouter les énonciations requises par l'article 675 pour la rédaction du procès-verbal de saisie [13]; mais, tenant lieu de procès-verbal, il doit être transcrit au bureau des hypothèques de la situation de l'immeuble (D. 28 févr. 1852, art. 33) [14], et cette formalité produit les mêmes effets que dans la procédure ordinaire, notamment l'immobilisation des fruits et les restrictions apportées aux droits d'usage, de jouissance et de disposition qui ont appartenu jusqu'alors au débiteur (D. 28 févr. 1852, art. 34) [15]. L'effet de ce commandement ne dure que quatre-vingt-dix jours par application de l'article 684 [16]; et la transcription doit, par conséquent, intervenir dans ce délai [17], mais rien n'empêche de le faire transcrire immédiatement, et cette formalité, remplie le lendemain ou le jour même de la signification, produira instantanément tous les effets qui lui sont attribués par la loi [18]. L'article 679 est également applicable, et le conservateur des hypothèques qui ne peut transcrire immédiatement sur ses registres l'ori-

[11] Josseau, *op. cit.*, t. I, n° 445.

[12] Voy., sur ce point, *suprà*, § **653**.

[13] Josseau, *op. et loc. cit. Contrà*, Duvergier, *Collection des lois et décrets*, t. LII, p. 293, note 8. Voy., sur l'article 675, *suprà*, § **659**.

[14] Voy., sur la transcription dans la saisie immobilière ordinaire, *suprà*, §§ **661** et suiv.

[15] Voy., sur les effets de la transcription du procès-verbal de saisie, les articles 685 et suivants (*Suprà*, §§ **662** et suivants), et, sur l'application de ces articles à la transcription du commandement signifié par le Crédit foncier, Josseau, *op. cit.*, t. I, nos 449 et suiv. Je ferai seulement, sur ce point, deux observations. 1° L'article 34 du décret du 28 février 1852 dit qu'à partir de la transcription du commandement le débiteur ne peut plus aliéner au préjudice du Crédit, mais on ne doit pas voir dans cet article une dérogation à l'article 687, et l'aliénation faite par le débiteur dans ces circonstances ne peut, par suite, être validée que par la consignation des sommes dues non-seulement au Crédit mais encore à tous les autres créanciers inscrits (Josseau, *op. cit.*, t. I, n° 450; voy., sur l'article 687, *suprà*, § **665**). 2° Les baux qui n'ont pas acquis date certaine avant le commandement peuvent être annulés par application de l'article 684 (Voy., sur cet article, *suprà*, § **654**), encore qu'ils aient acquis date certaine avant la transcription dudit commandement, car le décret du 28 février 1852 (Art. 33 et 34) ne déroge pas à l'article 684, et on ne doit pas supposer qu'il ait entendu retirer au Crédit le droit qu'il concède à tous les créanciers d'attaquer les baux qui n'ont pas acquis date certaine avant le commandement. Tout ce que j'ai dit au § **654** de l'application de l'article 684 aux baux de plus de dix-huit ans s'applique également dans l'espèce.

[16] Josseau, *op. cit.*, t. I, n° 446. Voy., sur cet article, *suprà*, § **657**.

[17] Josseau, *op. cit.*, n° 447.

[18] Josseau, *op. et loc. cit. Contrà*, Duvergier, *op. cit.*, t. III, p. 293, note 9.

ginal du commandement qui lui est présenté doit mentionner sur cet original les jour, mois et heure où il lui a été remis, pour que le Crédit puisse invoquer, le cas échéant, l'article 37 du décret du 28 février 1852 dont il sera parlé ci-après [19].

2° Le débiteur auquel le commandement est signifié a quinze jours pour s'exécuter à partir de la transcription ; ce délai passé — en pratique, vingt jours après la transcription — le Crédit dépose le cahier des charges au greffe du tribunal, et, six semaines après la transcription [20], fait faire trois [21] insertions à dix jours d'intervalle [22] dans l'un des journaux désignés pour recevoir les annonces judiciaires [23], et apposer deux affiches à quinze jours d'intervalle dans l'auditoire du tribunal où la vente doit avoir lieu, à la porte de la mairie du lieu où l'immeuble est situé et à celle de cet immeuble même s'il est bâti [24]. La première affiche est dénoncée dans la huitaine au débiteur et aux créanciers inscrits [25] ou dispensés d'inscription [26], avec sommation de prendre communication du cahier des charges (D. 28 févr. 1852, art. 33 ; L. 10 juin 1853, art. 6) [27]. Les insertions et affiches supplémentaires

[19] Josseau, *op. cit.*, t. I, n° 449. Voy., sur l'article 679, *suprà*, §§ **661** et **731**.

[20] L'article 33 du décret n'est pas clairement rédigé, mais il résulte de la combinaison des alinéas 2 et 7 de cet article que le dépôt du cahier des charges ne peut être fait que quinze jours au plus tôt après la transcription de ce commandement, et qu'il doit l'être avant la dénonciation de la première apposition d'affiches (Josseau, *op. cit.*, t. I, n° 452).

[21] Le décret du 28 février 1852 en exigeait six (Art. 33); la loi du 10 juin 1853 les a réduites à trois (Art. 6).

[22] La loi du 10 juin 1853 a complété, sur ce point de détail, le décret du 28 février 1852.

[23] L'article dit « l'un des journaux indiqués par l'article 42 du Code de commerce. » Voy., sur le régime actuel des annonces judiciaires, *suprà*, § **681**.

[24] Les prescriptions de l'article 699, dans la procédure ordinaire, sont plus minutieuses (Voy. *suprà*, § **682**, et, sur la rédaction des affiches, Josseau, *op. cit.*, t. I, n° 462). Aj. D. 28 févr. 1852, art. 34 : « Le commandement, les exemplaires du « journal contenant les insertions, les procès-verbaux d'apposition des affiches, la « sommation de prendre communication du cahier des charges et d'assister à la vente « sont annexés au procès-verbal d'adjudication. »

[25] Y compris le vendeur vis-à-vis duquel il y a lieu d'observer l'article 692 (Josseau, *op. cit.*, t. I, n° 466; voy., sur cet article, *suprà*, § **672**).

[26] « Cette notification sera rarement nécessaire à cause des précautions que le « Crédit foncier est obligé de prendre, ne pouvant prêter que sur première hypo« thèque; néanmoins, elle devra toujours être faite. En effet, la procédure d'expro« priation suivie à la requête de la Société est dirigée non-seulement dans son intérêt « mais aussi dans celui des autres créanciers et de l'adjudicataire; il est donc du « devoir de la Société de remplir toutes les formalités prescrites dans l'intérêt com« mun (Josseau, *op. et loc. cit.*).

[27] Josseau, *op. cit.*, t. I, n°s 374 et suiv.

sont permises comme dans la procédure ordinaire et par application des articles 697 et 700 [28]. Les trois insertions sont généralement identiques, mais il suffirait, à la rigueur, que la première fût conforme aux prescriptions de l'article 696 [29] et que les deux suivantes se bornassent aux mentions indispensables [30]. Un point important dans l'article 33 du décret du 28 février 1852, c'est la suppression implicite de la lecture du cahier des charges en audience publique, formalité qui allonge la procédure sans profit pour le débiteur, pour le saisissant et pour les tiers [31] : ce cahier doit être conforme aux prescriptions de l'article 690 [32], sauf qu'il n'emprunte rien au procès-verbal de saisie supprimé dans l'espèce [33]; le droit de le rédiger appartient à l'avoué poursuivant, à moins que le Crédit n'ait l'intention de demander le renvoi de la vente devant un notaire ou à la barre d'un autre tribunal [34], auquel cas la rédaction de cette pièce sera naturellement réservée à ce notaire ou à l'avoué qui poursuivra la vente devant ce tribunal [35]. L'article 693, qui prescrit de mentionner en marge de la transcription de la saisie les sommations faites aux créanciers [36], est-il applicable et cette mention doit-elle être faite en marge de la transcription du commandement? La question est controversée, et l'on dit, pour la négative [37], que les poursuites appartiennent exclusivement au Crédit, qu'il peut laisser rayer sa saisie ou s'en désister sans que les autres créanciers puissent l'en empêcher ou se faire subroger à lui, et qu'il est, par conséquent, inutile de constater authentiquement qu'une mise en demeure leur a été adressée de prendre communication du cahier des charges, d'y fournir leurs dires et observations, et d'assister

[28] Josseau, *op. cit.*, t. I, n°s 460 et 464. Comp., sur ces articles, *suprà*, §§ **681** et **682**. On appliquera également l'article 698 sur la manière de justifier des insertions (Josseau, *op. cit.*, t. I, n° 460; voy., sur l'article 698, *suprà*, § **681**).

[29] Voy., sur cet article, *suprà*, § **681**.

[30] Josseau, *op. cit.*, t. I, n° 459.

[31] Josseau, *op. cit.*, t. I, n° 454. Voy., sur cette formalité dans la procédure ordinaire, *suprà*, § **680**.

[32] Josseau, *op. cit.*, t. I, n° 454. Voy., sur cet article, *suprà*, § **669**.

[33] Voy. *suprà*, même §.

[34] Voy., sur cette hypothèse, *infrà*, même §.

[35] Josseau, *op. cit.*, t. I, n° 455. Comp. *suprà*, § **669**.

[36] Voy., sur l'article 693, *suprà*, § **674**.

[37] Duvergier, *op. cit.*, t. LII, p. 293, note 6.

à la fixation du jour de l'adjudication[38]. Les prémisses sur lesquelles cette conclusion repose ne me paraissent pas exactes : il n'est dit nulle part que le Crédit qui a préféré la saisie au séquestre soit affranchi des obligations imposées aux autres saisissants, et la loi qui l'a dispensé de formalités qui ne sont pas absolument nécessaires n'a cependant pas voulu le rendre absolument maître de la saisie et des droits des autres intéressés : il ne peut la rayer ou s'en désister sans le consentement des autres créanciers inscrits ou s'opposer à leur demande de subrogation ; ils peuvent, en cas de nullité, reprendre ses poursuites à partir du dernier acte valable : l'article 693 est donc applicable aux saisies pratiquées à sa requête[39].

3° Le commandement fait et transcrit, le cahier des charges déposé, les sommations signifiées aux créanciers inscrits ou dispensés d'inscription, le moment est venu pour eux de proposer leurs dires et observations au cahier des charges et de faire valoir leurs moyens de nullité contre la procédure qui vient de se dérouler. L'article 36 du décret du 28 février 1852 déroge, sous ce rapport, aux articles 728 et 729 qui distinguent les moyens de nullité contre la procédure qui précède la publication du cahier des charges — ils doivent être proposés trois jours au plus tard avant la lecture du cahier à l'audience — et les moyens de nullité contre la procédure qui suit cette publication — ils doivent être proposés trois jours au plus tard avant l'adjudication[40]. Cette distinction qui suppose la lecture du cahier des charges est remplacée, dans l'espèce, par l'obligation de consigner les dires et observations sur le cahier des charges huit jours au moins avant l'adjudication, avec constitution d'un avoué chez lequel domicile est élu de droit à peine de nullité; le tribunal du lieu de la saisie y statue sommairement et sans que l'adjudication en souffre aucun retard[41]. Cette règle s'applique même aux demandes en nullité tirées du fond, et notamment au cas où

[38] Voy., sur l'utilité de la formalité prescrite par l'article 693, *suprà*, § **674**.
[39] Josseau, *op. cit.*, t. I, n° 465. Comp. *suprà*, note 26.
[40] Voy., sur cette distinction, *suprà*, §§ **761** et **762**.
[41] Comp., sur la manière de présenter et de juger les dires en matière ordinaire, *suprà*, §§ **675** et suiv.

le débiteur prétend n'avoir pas manqué à ses engagements envers le Crédit ou discute sur l'interprétation de son contrat[42]. L'article 32 du décret, qui attribue le jugement de ces contestations au tribunal du lieu statuant sommairement[43], ne dit pas pendant combien de temps elles sont recevables, et on a soutenu qu'elles le sont jusqu'à l'adjudication, quelque retard qu'il puisse en résulter pour celle-ci[44]; mais je crois, malgré le silence du texte, qu'elles doivent être soulevées huit jours au moins avant l'adjudication par argument *à fortiori* de l'article 36 du décret, car, s'il circonscrit dans ce délai celles qui ne peuvent se produire qu'au cours de la saisie, il doit en être de même, à plus forte raison, de celles qui pouvaient être élevées dès le début par action principale ou par opposition au commandement[45].

4° L'adjudication ainsi préparée, il ne reste plus qu'à y procéder. Ce ne peut être, aux termes de l'article 33 du décret, que quinze jours après l'accomplissement des dernières formalités, mais le décret ne dit pas comment le jour en sera fixé, et une difficulté s'est élevée sur ce point : est-ce au tribunal à fixer ce jour en présence du débiteur et des créanciers inscrits[46]? est-ce au Crédit lui-même à l'indiquer dans le cahier des charges rédigé par son avoué[47]? Cette dernière solution a prévalu en pratique et à juste titre : 1) le saisissant qui a plein pouvoir en matière ordinaire pour fixer le jour de la lecture du cahier des charges[48], doit également l'avoir ici pour fixer le jour de l'adjudication qui remplace cette lecture ; 2) donner au tribunal le droit de fixer ce jour, appeler les créanciers à cette fixation, les provoquer à la contester et introduire ainsi, sur ce point, une véritable instance, ce serait rétablir, en réalité, la lecture que l'article 33 a voulu supprimer[49]. Toutes les règles posées aux §§ **683** et suivants sur les formes de l'adjudication,

[42] Josseau, *op. cit.*, t. I, n° 468.
[43] Voy., sur cette manière de juger, t. II, § **396**.
[44] Duvergier, *op. cit.*, t. LII, p. 293, note 7.
[45] Josseau, *op. cit.*, t. I, n° 440.
[46] M. Josseau enseignait cette opinion dans sa 1re édition (T. I, n° 409).
[47] Voy., sur les officiers ministériels auxquels appartient la rédaction du cahier des charges, *suprà*, même §.
[48] Voy. *suprà*, §§ **669** et **680**.
[49] Josseau, *op. cit.*, t. I, n° 457.

les personnes qui peuvent enchérir, les effets de l'adjudication et la surenchère qui peut la suivre doivent s'appliquer ici[50]; l'article 33 autorise seulement le tribunal du lieu à ordonner, si le Crédit en fait la demande avant la première insertion, que l'adjudication aura lieu devant un autre tribunal ou devant un notaire de l'arrondissement où l'immeuble est situé. Ce renvoi n'est pas une conversion de saisie et n'exige, par conséquent, pas l'accomplissement des formalités prescrites pour les ventes de biens de mineurs, mais il ne dispense pas le notaire désigné d'observer toutes les formalités prescrites pour les adjudications faites à la barre du tribunal[51]. Le décret ne dit pas que le débiteur doive être appelé au jugement de cette demande, mais il montre, en prescrivant de lui signifier ce jugement et en lui donnant le droit d'y faire opposition[52], qu'il ne l'y considère pas comme étranger, et j'en conclus que ce débiteur doit être, d'une manière quelconque, averti de la demande et mis à même de la contester[53].

5° La saisie pratiquée par le Crédit foncier peut donner lieu aux mêmes incidents que les autres[54]. Je ferai seulement remarquer : 1° que les demandes en distraction ne sont pas soumises à la déchéance édictée par l'article 33 du décret et peuvent être formées, suivant le droit commun, jusqu'à l'adjudication[55]; 2° que le concours de deux saisies est régi par des dispositions particulières. Si, lors de la transcription du commandement signifié par le Crédit, une autre saisie a déjà été pratiquée par un autre créancier, le Crédit peut, jusqu'au dépôt du cahier des charges et après un simple acte signifié à l'avoué poursuivant, faire procéder à l'adjudication suivant les formes tracées par le décret. « Il pourrait

[50] Josseau, *op. cit.*, t. I, nos 470 et suiv., et 485.

[51] Josseau, *op. cit.*, t. I, no 475. Comp., sur l'adjudication après conversion de saisie, *suprà*, §§ **739** et suiv.

[52] Voy., sur ce point, le tome V de ce Traité.

[53] Josseau, *op. cit.*, t. I, no 473.

[54] Voy., sur ces incidents, *suprà*, § **727** et suiv. Cette saisie peut notamment être convertie en vente volontaire conformément à l'article 743 (Josseau, *op. cit.*, t. I, no 475 *bis*; voy., sur cet incident, *suprà*, §§ **739** et suiv., et, sur la différence qui existe entre la conversion et le renvoi dont il vient d'être parlé, Josseau, *op. cit.*, t. I, no 475).

[55] Josseau, *op. cit.*, t. I, no 469. Voy., sur le moment jusqu'auquel les demandes en distraction peuvent se produire, *suprà*, § **736**.

« être trop préjudiciable pour la Société d'attendre l'accomplissement des formalités et l'expiration des délais prescrits par le droit commun, et le créancier saisissant ne « se plaindra certainement pas d'un mode de procéder qui « doit amener plus promptement la réalisation de son gage[56]. » Si le cahier des charges de la première saisie est déjà déposé quand le Crédit fait transcrire le commandement par lui signifié, comme toutes les formalités préparatoires de l'adjudication sont déjà remplies et que le Crédit lui-même n'obtiendrait pas, en prenant la direction des poursuites, une solution plus prompte ou plus économique, il ne peut que se faire subroger au premier saisissant dans les cas prévus par les articles 721 et 722[57] (D. 28 févr. 1852, art. 37)[58].

§ **768**. II. Le législateur a cherché, depuis 1876, les moyens de diminuer les frais excessifs qu'entraînait alors la vente judiciaire des immeubles de peu d'importance. « Elles « donnent lieu, dit l'Exposé des motifs d'un projet de loi déposé par le Gouvernement en 1881[1], à des formalités qui « entraînent des frais relativement peu considérables pour les « immeubles d'une certaine valeur mais écrasants pour les « petites propriétés. Il résulte des statistiques publiées annuellement par le ministère de la justice que, lorsque le prix « d'adjudication est inférieur à 500 francs, les frais s'élèvent « à 125 pour 100 de ce prix; si le montant de l'adjudication « est supérieur à 500 francs et n'excède pas 1,000 francs, la « proportion des frais relativement au prix est de 55 pour « 100; au-dessus de 1,000 francs et jusqu'à 2,000 francs « cette proportion est encore de 25 pour 100[2]. La situation « que révèlent ces statistiques appelle un remède immédiat;

[56] Josseau, *op. cit.*, t. I, n° 492.

[57] L'article 37 du décret du 28 février 1852 ne renvoie qu'à l'article 722, mais le Crédit foncier pourrait aussi demander la subrogation dans le cas prévu par l'article 721 (Voy., sur ce texte, *suprà*, § **731** et suiv.).

[58] Voy., sur l'application de cet article, Josseau, *op. cit.*, t. I, nos 493 et suiv.

§ **768**. [1] Le premier projet remonte au 17 mai 1876 (*Journal officiel* du 18, n° 3375).

[2] Voy., pour plus de détails, le compte-rendu de l'administration de la justice civile et commerciale de 1826 à 1880 (*Journal officiel* du 18 août 1882, p. 4593 et suiv.); Yvernès, *L'administration de la justice civile et commerciale en Europe* (Paris, 1876), p. 374 et suiv.

« dans un pays comme le nôtre où la propriété est très divi- « sée, l'intérêt public, aussi bien que la justice, exige que « les petits patrimoines soient protégés contre une exagération « de frais judiciaires qui équivaut pour eux à une véritable « ruine[3]. » La loi du 23 octobre 1884 a répondu à cette préoccupation par quelques dispositions, qui, sans toucher aux principes essentiels du Code[4] : 1° dégrèvent les ventes judiciaires les moins importantes, en imposant au Trésor la restitution des droits qu'il a perçus et aux agents de la loi le sacrifice d'une partie de leurs émoluments; 2° modifient les articles 696 et suivants en réduisant les publications ordinaires[5] et qui sont non-seulement trop dispendieuses mais encore inutiles lorsqu'il s'agit d'immeubles peu importants dont les acquéreurs habitent presque toujours sur les lieux[6]; 3° simplifient, dans la même vue d'économie, les prescriptions de l'article 712 relatives à la rédaction du jugement d'adjudication[7].

D'une part, les articles 1, 2 § 1, 3, et 4 §§ 1 et 2 de cette loi disposent que, dans toutes ventes sur saisie[8] d'un immeuble dont le prix principal d'adjudication ne dépassera pas 2,000 francs[9], le Trésor restituera, par les mains du receveur de l'enregistrement auquel le jugement d'adjudication sera présenté, tous les droits de timbre, d'enregistrement, de

[3] D. P. 84. 4. 9, note 3.

[4] « On a proposé de simplifier, pour les ventes judiciaires de peu d'importance, les « formalités prescrites par les lois sur la procédure, mais cette proposition se heurte « à une objection pratique à peu près insurmontable : en effet, pour appliquer une « procédure spéciale à la vente de certains immeubles au-dessus d'une valeur déter- « minée, il faudrait que cette valeur pût être connue dès le début de la procédure. « Or, en dehors du prix fixé par l'adjudication, tout moyen d'appréciation de la va- « leur d'un immeuble, par exemple le montant de l'impôt foncier, est nécessairement « défectueux : il y aurait de graves inconvénients à faire dépendre d'un critérium aussi « imparfait l'application de tel système de procédure plus compliqué et plus coûteux « ou de tel autre système plus dégagé de formalités et plus économique » (*Exposé des motifs;* D. P. *loc. cit.*).

[5] Voy. *suprà*, §§ **681** et suiv.

[6] Voy., sur ce point, Marcel Barthe, *Rapport au Sénat* (D. P. *loc. cit.*).

[7] Voy. *suprà*, § **695**.

[8] La loi s'applique à toutes les ventes judiciaires dans lesquelles la mise à prix ou le prix d'adjudication restent inférieurs au taux déterminé ci-après, mais je n'en prends que ce qui concerne l'adjudication sur saisie immobilière, renvoyant pour le surplus au tome V de ce Traité.

[9] Voy., sur la manière de déterminer exactement la valeur vénale de l'immeuble saisi, le § 2 de l'article 1er de la loi et les explications de M. Legrand (*Commentaire de la loi du 23 octobre 1884 sur les ventes judiciaires d'immeubles* (Paris, 1885), n°s 2 et suiv.).

greffe et d'hypothèque par lui perçus sur les actes faits en exécution de la loi pour parvenir à l'adjudication[10], y compris les incidents de subrogation, de surenchère et de folle enchère[11], et que, dans le cas où le prix principal d'adjudication ne dépassera pas 1,000 francs, les agents de la loi qui ont concouru à la saisie[12] subiront une réduction du quart sur les émoluments qui leur sont dus en vertu de l'ordonnance du 10 octobre 1841[13]. D'autre part, l'article 5 de la même loi porte que le tribunal devant lequel se poursuit la saisie d'un immeuble dont la mise à prix est inférieure à 2,000 francs[14], pourra[15], par le jugement qui fixe le jour et les conditions de l'adjudication[16], ordonner que les placards et insertions ne contiendront qu'une désignation très sommaire de cet immeuble[17], que le prix des insertions sera réduit à la moitié de ce qu'elles coûtent dans les saisies plus importantes[18], et que les placards seront manuscrits[19] et apposés sans procès-verbal d'huissier aux lieux indiqués par le tribunal[20]. Enfin,

[10] Y compris le commandement qui, quelqu'opinion qu'on ait sur le point de savoir s'il fait partie de la saisie (Voy., sur cette question, *suprà*, § **654**), est certainement un acte nécessaire pour parvenir à l'adjudication (Legrand, *op. cit.*, n° 13).

[11] Voy., sur l'application de l'article 2, § 1, de la loi du 23 octobre 1884 en cas de surenchère et de folle enchère, Legrand, *op. cit.*, n°s 14 et 15. Ces deux incidents et celui de subrogation profitent seuls du dégrèvement : le législateur aura pensé que les autres (demandes de sursis, contestations sur le cahier des charges, etc.) sont des procès ordinaires qui doivent être soumis au droit commun (Legrand, *op. cit.*, n° 16).

[12] Conservateurs des hypothèques, avoués, greffiers et huissiers (Legrand, *op. cit.*, n° 29).

[13] Voy., sur cette ordonnance, *suprà*, § **638**, et, sur l'application de l'article 3, § 2, de la loi du 23 octobre 1884, Legrand, *op. cit.*, n°s 26 et suiv.

[14] Il s'agit ici de formalités antérieures à l'adjudication : aussi l'application de la loi ne dépend-elle plus du prix d'adjudication mais de la mise à prix (Legrand, *op. cit.*, n° 50).

[15] Il a un pouvoir discrétionnaire pour appliquer en entier cette disposition, pour ne pas l'appliquer du tout, ou pour ne l'appliquer qu'en partie. Sa décision n'est sujette à aucun recours (Legrand, *op. cit.*, n°s 52, 55 et 59).

[16] « Ou par le jugement qui autorisera la vente : » ceci ne concerne que les ventes judiciaires qui ne se font pas sur saisie. D'autre part, « un incident spécial ne serait « pas recevable et serait, par les frais qu'il entraînerait, en désaccord avec la pen- « sée d'économie qui a inspiré l'article » (Legrand, *op. cit.*, n° 53).

[17] Voy., sur la rédaction de ces placards, Legrand, *op. cit.*, n° 54.

[18] Cette disposition, à la différence de celle qui précède, est impérative (Legrand, *op. cit.*, n° 56). Elle ne s'applique pas à l'impression des affiches (Legrand, *op. cit.*, n° 57), mais elle s'impose aux directeurs de journaux qui peuvent refuser ces insertions mais non pas en discuter le prix (Legrand, *op. cit.*, n° 58).

[19] Ou lithographiés ou encore autographiés (Legrand, *op. cit.*, n° 54).

[20] La preuve de l'affichage pourra résulter uniquement de la quittance de l'afficheur ou même de la simple affirmation du poursuivant qui a lui-même posé les affiches (Legrand, *op. et loc. cit.*). Comp., sur tous ces points, les prescriptions minutieuses des articles 696 et suivants, *suprà*, § **682**.

aux termes de l'article 4 § 3 de ladite loi[21], le greffier du tribunal devant lequel un immeuble saisi aura été adjugé pour un prix principal inférieur à 2,000 francs[22], ne remettra à l'adjudicataire qu'un extrait du jugement strictement suffisant pour la transcription[23], et ne délivrera de grosse au poursuivant qu'en extrait et dans le seul cas de non-paiement du prix ou d'inexécution des autres conditions de l'adjudication[24].

Ces dispositions bien conçues, mais peu ou mal appliquées dans la pratique, n'ont malheureusement donné que des résultats insignifiants : les statistiques en font foi[25], ainsi qu'une circulaire du garde des sceaux, du 10 mars 1890, qui invite les tribunaux et les officiers ministériels à observer plus exactement la loi du 23 octobre 1884[26].

21 M. Legrand fait remarquer avec raison que ce §, étranger à la restitution des droits fiscaux dont il est question aux §§ 1 et 2 du même article, aurait dû former un article séparé (*Op. cit.*, n° 48).

22 Le prix d'adjudication redevient ici le critérium de l'application de la loi, parce qu'il s'agit de formalités postérieures à l'adjudication.

23 Cet extrait devra contenir au moins les noms du poursuivant et de l'adjudicataire, la désignation de l'immeuble et l'indication du prix d'adjudication. La délivrance d'une expédition plus complète à l'adjudicataire qui la requiert est simplement frustratoire; il en paie les frais, mais il n'en résulte pas de nullité (Legrand, *op. et loc. cit.;* voy., sur les frais frustratoires, t. II, § **200**, et, sur la rédaction du jugement d'adjudication dans les saisies ordinaires, *suprà*, § **695**).

24 Comme dans le cas précédent, le poursuivant est libre de requérir une expédition intégrale, quand même rien n'indiquerait encore que l'adjudicataire ne tiendra pas ses engagements; mais il en supportera les frais s'il apparaît qu'il ait requis une expédition dont il n'avait pas besoin ou plus détaillée qu'il n'était nécessaire (Legrand, *op. cit.*, n° 49). Comp., sur la grosse du jugement d'adjudication en vertu de laquelle le poursuivant provoque la revente sur folle enchère, *suprà*, § **752**.

25 Voy., sur ce point, les renseignements contenus dans la circulaire dont je vais parler.

26 « L'insuffisance de ces résultats tient en partie, j'ai le regret de le dire, aux « conditions dans lesquelles cette loi a été appliquée. Il résulte, en effet, d'une en« quête faite dans divers ressorts qu'il y a des arrondissements en trop grand nom« bre où certains articles de la loi sont restés lettre morte. Il en est notamment où « jamais les avoués n'ont employé la voie économique de la requête dans le cas prévu « par l'article 2; d'autres où le tribunal néglige de limiter les frais d'insertion et « d'affichage. Ces constatations autorisent à penser que, même sur d'autres points, « la sollicitude et le désintéressement de ceux qui sont chargés d'assurer ou de sur« veiller l'exécution de la loi ont pu se trouver en défaut. Le Gouvernement était « cependant en droit d'espérer que les officiers publics et ministériels et les tribunaux « eux-mêmes sauraient s'inspirer des considérations toutes de justice et d'humanité « qui avaient guidé le législateur. A la vérité, l'un des écueils de la loi de 1884 est « de mettre aux prises, dans la conduite des procédures, les officiers ministériels avec « leurs intérêts personnels. Elle autorise pour les majeurs en concours avec les mi« neurs, lorsqu'il y a accord entre eux, la substitution de la voie de la requête à « celle de l'assignation : ce mode de procéder est moins avantageux pour les avoués, « mais il rend aux vendeurs, au double point de vue de l'économie des frais et de la

§ **769**. III. Les formes ordinaires de la saisie sont trop longues et trop coûteuses pour convenir à la faillite. D'autre part, l'absence de formes et même une excessive simplicité compromettraient l'intérêt des créanciers et du failli; une publicité insuffisante pourrait faire vendre les immeubles à vil prix, et diminuer le dividende sur lequel les créanciers peuvent raisonnablement compter et les chances qu'a le failli de se libérer envers eux. Aussi les articles 571 à 573 du Code de commerce prescrivent-ils de recourir pour la vente des immeubles du failli aux formes tracées pour celle des biens de mineurs[1] : on en trouvera l'explication au tome V de mon *Traité de procédure*.

« célérité, d'incontestables services : comment, dès lors, sauf des cas exceptionnels, « prévoir la résistance des parties à user de cette faculté, si cette résistance n'a pour « cause l'ignorance dans laquelle elles demeurent tenues de la faveur qui leur est « ouverte? Ce serait aux avoués à les renseigner, mais ces officiers ministériels sont « intéressés à suivre la voie de l'instance contradictoire qui leur procure des émolu- « ments plus considérables, et trop souvent ils ne font rien pour dissiper l'ignorance « de leurs clients; ils peuvent même inciter les parties à suivre une procédure qui « devient manifestement frustratoire si elle est faite en contradiction avec leurs inté- « rêts. Les magistrats ne peuvent, en l'état actuel de notre législation, substituer « leurs diligences à celles des avoués et convertir en une obligation ce qui doit res- « ter une faculté. Il n'en est pas moins vrai qu'ils sont autorisés à réclamer des offi- « ciers ministériels les explications indispensables, lorsque, les intérêts des parties en « cause étant les mêmes, ils se trouvent saisis de simulacres de procès dans lesquels, « d'un commun accord, les avoués se partagent les rôles et quelquefois multiplient « les incidents. Ils doivent s'assurer si les modestes vendeurs que la loi a voulu pro- « téger ne sont pas victimes de conseils intéressés, et, lorsque cette preuve leur est « faite, ne négliger aucune occasion de rappeler des officiers ministériels peu scru- « puleux à une plus juste appréciation de leurs devoirs. Ils pourront souvent comp- « ter sur le concours et l'influence des présidents des chambres de discipline. Appelés « enfin à vérifier les états de frais qui leur seront présentés, ils sauront en déduire « les émoluments qui n'auraient pas une base strictement légale, et leur attention « sera d'autant plus éveillée qu'ils auront pu reconnaître plus souvent, de la part des « mêmes officiers ministériels, une abusive direction des intérêts de leurs clients » (Voy. le texte entier de la circulaire dans le *Journal officiel* du 12 avril 1890, p. 1900).

§ **769.** [1] Les articles 564 et 565 du Code de commerce de 1807 posaient déjà cette règle; les articles 571 à 573 de la nouvelle rédaction du titre *Des faillites et des banqueroutes* (L. 28 mai 1838) la reproduisent et la développent. Ces articles sont en corrélation avec la loi du 2 juin 1841, sur la vente des biens de mineurs (Voy. t. II, § **210**, et le tome V de ce Traité) qui était en préparation quand la loi du 28 mai 1838 a été votée.

SECTION IV.

DE LA PROCÉDURE D'ORDRE.

---

§ I.

Principes généraux de la procédure d'ordre.

SOMMAIRE. — § **777.** But et caractère de la procédure d'ordre. — § **778.** L'ordre avant le Code de procédure et la loi du 21 mai 1858. — § **779.** Dans quels cas il y a lieu à l'ordre judiciaire. De l'ordre consensuel. — § **780.** Quels règlements se font par voie d'ordre ou par voie de contribution; application des articles 552 à 555 du Code de commerce aux ordres et contributions ouverts autrement qu'au cas de faillite. — § **781.** L'ordre est une instance; devant quel tribunal doit-il s'ouvrir? — § **782.** Du juge-commissaire; ses pouvoirs et ceux du tribunal auquel il est attaché.

§ **777.** La saisie immobilière est arrivée à son terme, l'immeuble saisi a été vendu, l'adjudicataire a payé son prix ou se tient prêt à le consigner. Il reste maintenant à le répartir entre les créanciers, et à délivrer sur l'adjudicataire des bordereaux ou mandements de collocation dont le paiement sera le dernier mot de l'exécution forcée[1]. C'est le but de la procédure d'ordre ainsi nommée parce qu'elle a pour but de déterminer le rang dans lequel les créanciers privilégiés et hypothécaires doivent être payés[2]. Elle a une très grande importance, et le législateur qui l'organise doit, comme en matière de saisie[3], éviter un double écueil : 1° les complications qui retarderaient le paiement des créanciers et pourraient même le compromettre en augmentant la somme des frais qui seront payés par privilège sur l'actif à distri-

§ **777.** [1] Voy. sur la délivrance et le paiement de ces bordereaux, *infrà*, §§ **846** et suiv.

[2] Carré, *op. cit.*, t. IV, p. 835. En Normandie l'ordre s'appelait « état. »

[3] Voy., t. II, § **566** et *suprà*, § **650**.

buer[4]; 2° la précipitation qui exposerait le magistrat chargé de la distribution à exclure les créanciers retardataires, à moins qu'on ne leur permît — autre extrémité presque aussi fâcheuse — de remettre en question tout ce qui s'est fait en leur absence. Ces considérations sont d'autant plus pressantes que cette procédure soulève à chaque pas des questions de droit hypothécaire, roule sur des sommes généralement considérables et intéresse la solidité même du crédit hypothécaire, la certitude d'un sûr et prompt remboursement étant le principal avantage et le plus vif attrait du prêt sur hypothèque[5]. Héricourt disait dans l'ancienne jurisprudence, et cela n'a pas cessé d'être vrai : « On doit avoir deux choses principalement en vue : la première, d'éviter le plus qu'il est « possible la longueur et la multiplicité de procédures dont « les frais absorberont une partie des biens décrétés[6] et causeront la ruine des derniers créanciers et de la partie saisie; « la seconde, que les procédures soient si publiques que « toutes les parties intéressées puissent former tierce opposition au décret et faire trouver des acquéreurs lorsqu'on « procèdera à l'adjudication[7]. »

§ **778**. Cette procédure, d'origine coutumière[1], fut confiée de très bonne heure à la direction d'unmagistrat[2]. On

[4] Voy., sur ce point, le § suivant.

[5] Pé de Arros, *Étude sur l'ordre amiable* (Dans la *Revue pratique de droit francais*, t. XLVII, 1880, p. 310 et suiv.).

[6] Voy., sur le sens de cette expression, *suprà*, § **638**.

[7] *De la vente des immeubles par décret*, ch. XIII, n° 4 (P. 346). Héricourt raisonne au point de vue de l'ancienne jurisprudence où l'ordre précédait quelquefois l'adjudication (Voy. le § suivant), ce qui n'a plus lieu aujourd'hui. A part cela, les considérations qu'il présente n'ont rien perdu de leur force.

§ **778**. [1] On sait que la procédure d'ordre n'existait pas dans le droit romain où, d'ailleurs, les meubles étaient susceptibles d'hypothèque. Les poursuites étaient individuelles, et l'*antiquior creditor*, ou celui qui lui était subrogé en vertu de la *successio in locum* ou du *jus offerendæ pecuniæ*, aliénait lui-même, à l'échéance, l'objet qui lui était hypothéqué, et se payait avec le prix jusqu'à due concurrence sans s'inquiéter autrement du sort de ceux qui le suivaient : libre à eux, s'ils n'avaient pas confiance en lui, de le désintéresser et de prendre sa place et usant à leur tour du même *jus offerendæ pecuniæ* (Voy. notamment, sur cette situation, Jourdan, *Études de droit romain : l'hypothèque* (Paris, 1876), p. 356 et suiv.; Pé de Arros, *op. cit.*, dans la *Revue pratique de droit français*, t. XLVII, 1880, p. 6).

[2] A Paris, c'étaient des officiers spéciaux investis aussi de quelques autres attributions, qu'on appelait les commissaires au Châtelet (Tambour, *Des voies d'exécution*, t. II, p. 311).

ne la faisait généralement qu'après l'adjudication pour ne pas retarder la dépossession du débiteur et pour déjouer ses ruses qui n'avaient souvent d'autre objet que de gagner du temps[3] — telles étaient la coutume de Paris et la jurisprudence du Châtelet[4] — mais le même jugement arrêtait l'ordre et prononçait l'adjudication dans le ressort du parlement de Bordeaux[5], et, dans d'autres provinces, on arrêtait l'ordre avant l'adjudication afin, disait-on, de ne pas mettre en vente plus de biens qu'il n'est nécessaire pour payer intégralement tous les créanciers[6] : on procédait ainsi au parlement de Paris en vertu d'un arrêt de règlement contraire au texte de la coutume[7]. Toutes ces procédures se ressemblaient par leur extrême longueur : on s'en plaignait déjà aux États de Blois de 1588[8]; l'ordonnance d'avril 1667 n'avait rien fait pour y remédier, et un auteur anonyme pouvait écrire en 1701 : « C'est dans la direction des créanciers « et dans la poursuite des biens saisis que triomphe l'avarice « des procureurs : ils font durer ces poursuites et ces directions le plus longtemps qu'ils peuvent. Après vingt-cinq « ou trente années on sait à peine finir un décret ou un « ordre, et, pendant ce temps, le procureur s'engraisse de « la ruine tant des créanciers que du saisi, les plus clairs « deniers étant employés à le payer de ses frais privilégiés. « Tout le monde voit ce désordre : il n'y a personne qui ne « s'en plaigne, car qui, dans ce temps-ci, ne se trouve engagé « dans quelque malheureuse affaire de cette nature[9] ? » La loi du 9 messidor an III, allant à l'extrême comme en matière de saisie[10], instituait une procédure soi-disant expéditive qui ne

[3] Héricourt, *op. et loc. cit.*

[4] Coutume de Paris, art. 361 et 362 (Bordot de Richebourg, *op. cit.*, t. III, p. 55). O. nov. 1529 *pour le style du Châtelet, relativement aux exécutions immobilières, oppositions aux criées, ventes d'immeubles*, art. 5 et suiv. (Isambert, *op. cit.*, t. XII, p. 335 et 336).

[5] Despeisses, *Des contrats*, IIIe part., tit. II, sect. VI, note 5 (Dans ses *Œuvres complètes*, t. I, p. 750).

[6] Voy. les édits de 1614 pour la Bourgogne et de 1666 pour la Normandie, et l'ordonnance du duc Léopold pour la Lorraine en 1707 (Tambour, *op. cit.*, t. II, p. 312).

[7] 23 nov. 1598 (Héricourt, *op. cit.*, ch. XI, no 2; p. 200).

[8] Héricourt, *op. cit.*, ch. XIV, no 1 (P. 345).

[9] *Essais sur l'idée du parfait notaire*, cités par M. Preschez : *De l'ordre amiable dans le droit français*, Thèse pour le doctorat, p. 4.

[10] Voy. *suprà*, § **638**.

pouvait même pas marcher[11] et qui, du reste, ne fut pas mise en vigueur[12]. Après elle vinrent la loi du 11 brumaire an VII, déjà mieux pondérée mais encore inquiétante par son excessive simplicité[13]; le Code qui, réagissant avec excès, rétablit en partie la procédure beaucoup trop compliquée du Châtelet de Paris[14]; enfin, la loi du 21 mai 1858 qui l'améliora considérablement en organisant l'ordre amiable, en prononçant la déchéance des créanciers retardataires, en désignant l'agent qui sera chargé de poursuivre l'audience en cas de contestations, en faisant payer les frais de ces contestations par les parties qui succombent, en simplifiant la procédure de consignation, et en réglant la question jusque-là très obscure des recours dont l'ordonnance de clôture serait susceptible[15]. On verra au § **858** quelles réformes de détail, d'ailleurs très légères, pourraient encore être apportées à la loi du 21 mai 1858[16].

§ **779**. On procède à l'ordre, sauf ce qui sera dit au § suivant, toutes les fois que le prix d'un immeuble doit être attribué suivant un certain rang à des créanciers qui ne sont pas d'accord sur les bases de cette attribution[1]. On n'a pas

[11] Voy. l'analyse de cette partie de la loi dans M. Preschez, *op. cit.*, p. 5.

[12] Voy. *suprà*, § **638**.

[13] Voy. l'analyse qu'en fait M. Preschez, *op. cit.*, p. 6 et suiv.

[14] Preschez, *op. cit.*, p. 8 et 9.

[15] *Exposé des motifs* (D. P. 58. 4. 44, nos 1 et suiv.). Riché, *Rapport au Corps législatif* (D. P. 58. 4. 49, nos 51 et suiv.). Circ. minist. 2 mai 1859 (D. P. 59. 3. 26, nos 2 et suiv.). Lavielle, *Etudes sur la procédure civile*, p. 426 et suiv. Preschez, *op. cit.*, p. 10 et suiv. L'Assemblée législative avait déjà proposé quelques innovations en 1851 dans son projet de réforme hypothécaire (Voy., sur les différences qui existent entre ses vu et la loi du 21 mai 1858, Riché, *op. cit.;* D. P. 58. 4. 53, no 65).

[16] La loi du 26 septembre 1819, pour le canton de Genève, joint ensemble les procédures de saisie et d'ordre qui sont menées de front (Art. 632; Bellot, *Exposé des motifs*, p. 568). Les lois particulières allemandes qui sont restées en vigueur malgré la promulgation du Code général de procédure (Voy. *suprà*, § **638**) placent, au contraire, comme la loi française, la procédure d'ordre après celle de saisie (Brunswick, 10 juill. 1879, Hambourg, 14 juill. 1879, Würtemberg, 18 août 1879, Alsace, 3 avr. 1880, Bade, 29 mars 1883, Prusse, 13 juill. 1883, Saxe, 12 août 1884; *Annuaire de législation étrangère*, IX, p. 219 et 247, t. X, p. 232, t. XIII, p. 207 et suiv., t. XIV, p. 222; Glasson, Lederlin et Dareste, *Le Code de procédure civile pour l'Empire d'Allemagne*, p. LXXIV et 301). Il en est de même en Italie (*Codice di procedura civile del regno d'Italia*, art. 709 et suiv.; p. 218 et suiv.).

§ **779**. [1] Quand même un créancier se rendrait adjudicataire pour se payer par confusion ou compensation : « la confusion ou compensation ne peut s'opérer qu'au-

besoin de mettre préalablement le débiteur en faillite ou de constater sa déconfiture, et, par conséquent, de rechercher si les autres biens du débiteur ne suffiraient pas à désintéresser ses créanciers [2]. Peu importe aussi que le prix de l'immeuble saisi soit inférieur au montant de la créance du saisissant, car, comme tel, il n'a pas de privilège [3] et il n'y a que l'ordre qui puisse régler valablement les droits des autres créanciers [4]. L'origine des sommes à répartir est également indifférente, et l'on verra par la suite que le prix des immeubles qui n'ont pas été l'objet d'une expropriation forcée mais d'une aliénation volontaire, et celui des immeubles compris dans les successions vacantes ou acceptées sous bénéfice d'inventaire [5] doivent être distribués dans la même forme. Mais *quid* : 1° s'il n'y a qu'un créancier connu; 2° si le prix de l'immeuble saisi est supérieur au montant des créances connues; 3° si les créanciers sont d'accord pour procéder à la distribution sans formalités de justice ?

1° On verra aux §§ **853** et suivants que, selon qu'il existe un nombre de créanciers inscrits supérieur, égal ou inférieur à quatre, il y a deux procédures différentes : dans les deux premiers cas, l'ordre judiciaire proprement dit qui est réglé par un juge-commissaire; dans le troisième cas, la procédure d'attribution prévue par l'article 773 qui consiste à faire régler l'ordre à l'audience par le tribunal tout entier [6]. Cette dernière procédure est-elle de mise quand il n'existe qu'un seul créancier, ou bien faut-il dire que la matière même de l'ordre fasse alors défaut, et que le juge-commissaire et le tribunal lui-même doivent : 1° se déclarer incompétents dès que l'état des inscriptions dont il sera parlé

« tant qu'il est acquis que l'adjudicataire est bien le premier créancier inscrit, « qu'aucun privilège, qu'aucune hypothèque légale ne le prime ; or cette assurance « ne peut résulter que de l'observation générale de toutes les formalités prescrites « par la loi » (Chauveau, sur Carré, *op. cit.*, t. VI, Ire part., quest. 2615 *bis*).

[2] Carré, *op. cit.*, t. IV, quest. 2157. Chauveau, sur Carré, *op. et loc. cit.* Voy., sur les conséquences d'une déclaration de faillite qui interviendrait au cours de cette procédure, le § suivant.

[3] Voy. t. III, § **563**.

[4] Bruxelles, 11 déc. 1806 (D. A. v° *Distribution par contribution*, n° 10).

[5] Rodière, *op. cit.*, t. II, p. 252. Trib. d'Issoudun, 25 mai 1824; req. 8 déc. 1825 (D. A. v° *cit.*, n° 13). Voy., sur ces ventes, le tome V de ce Traité.

[6] Voy., sur la détermination des cas où il y a lieu d'employer l'une ou l'autre de ces deux procédures, *infrà*, § **854**.

au § **788** révèle l'existence d'un créancier unique; 2° se dessaisir dès que les créanciers inscrits, entre lesquels l'ordre a été ouvert sous l'une de ses deux formes, se trouvent réduits à un seul par la renonciation des autres à leurs droits ou par la satisfaction qui leur a été donnée[7]? La jurisprudence est fixée en ce dernier sens[8] : elle tient qu'un créancier unique n'a pas à prendre de jugement contre l'adjudicataire et de bordereau de collocation à obtenir contre lui dans la forme indiquée au § **848**; que cette façon de procéder est frustratoire et doit être rejetée comme telle, et d'office, par le juge-commissaire ou par le tribunal; qu'il suffit, en pareil cas, de faire commandement à l'adjudicataire et de poursuivre le paiement du prix par les voies ordinaires et au besoin par la folle enchère[9]. Il convient, pour ne pas exagérer la portée de cette solution, de faire remarquer qu'il ne peut être question, en présence d'un créancier unique, d'observer les règles compliquées de l'ordre judiciaire proprement dit, et que la jurisprudence n'exclut, dans l'espèce, que les formes très simples et très rapides de la procédure d'attribution; mais, toutes simples et rapides qu'elles sont, elles présentent des garanties dont je n'admets pas qu'on ait le droit de priver les parties intéressées. On raisonne comme si l'unique créancier inscrit était seul en cause, et sans penser aux créanciers à hypothèque légale dispensés d'inscription et non inscrits qui ont intérêt à ce que le prix auquel ils ont droit à leur rang ne soit pas distribué en leur absence, et au saisi qui a le droit de contester le titre de l'unique créancier inscrit pour

[7] L'article 773 s'appliquera certainement dans le cas contraire, c'est-à-dire si, le créancier qui paraissait être seul ayant commencé par agir comme il va être dit, de nouveaux créanciers se sont fait connaître (Voy. *infrà*, § **854**). Le créancier unique qui s'est fait subroger aux droits de tous ceux qui paraissent devoir venir en ordre utile peut-il demander par action principale la radiation des inscriptions postérieures, ou bien faut-il procéder à la discussion des titres à l'audience conformément à l'article 773? Cette dernière solution doit être préférée par les personnes qui pensent, comme moi, qu'il y a lieu d'agir par voie d'ordre dans le cas même où il n'existe qu'un seul créancier; voy., en ce sens, Nancy, 23 juin 1840 (D. A. v° *Ordre*, n° 1276).

[8] Limoges, 24 février 1826 (D. A. v° *cit.*, n° 1275). Req. 13 janvier 1840 (D. A. v° *Vente publique d'immeubles*, n° 1859). Req. 25 nov. 1874 (D. A. 75. 1. 358). Civ. rej. 28 déc. 1885 (D. P. 86. 1. 339). Voy., dans le même sens, Seligmann, *op. cit.*, n° 574; Grosse et Rameau, *op. cit.*, t. II, p. 488.

[9] Voy., sur les voies d'exécution qui peuvent être pratiquées contre l'adjudicataire, *suprà*, § **707**, et, sur la folle enchère, *suprà*, §§ **749** et suiv.

l'empêcher d'obtenir un paiement qui ne lui serait pas dû. Si l'on suit les formes tracées par l'article 773, on fera d'abord un essai d'ordre amiable[10]; on observera ensuite, en cas d'insuccès, les délais d'assignation et de mise au rôle jusqu'à l'expiration desquels les créanciers à hypothèque légale dispensés d'inscription et non inscrits pourront faire valoir leur droit de préférence sur le prix[11]; enfin, on ne paiera pas sans appeler préalablement la partie saisie[12]. Si l'on procède sans jugement, tout se passera à l'insu des intéressés qui n'auront plus d'autre ressource que de faire opposition aux mains de l'adjudicataire, s'il en est temps encore, pour l'empêcher de payer à leur détriment. J'attache peu d'importance, en présence de telles conséquences, à l'argument purement littéral qui consiste à dire qu'il faut au moins deux créanciers pour établir un ordre, et, m'appuyant d'ailleurs sur l'article 773 qui prescrit de régler l'ordre à l'audience toutes les fois qu'il y a moins de quatre créanciers inscrits, je décide qu'il y a lieu de procéder ainsi dans le cas même où l'immeuble saisi n'est grevé que d'une seule inscription[13].

2° J'applique la même solution, par des raisons analogues, au cas où, d'après l'état des inscriptions prises sur l'immeuble saisi, le prix à distribuer par voie d'ordre dépasse le montant des créances[14]. Si tous les ayants-droit se trouvent d'accord, ils procèdent à l'ordre consensuel dont il sera parlé ci-après; dans le cas contraire, ils recourent aux formes de l'ordre judiciaire[15]. L'ordre consensuel ne lie que les personnes qui y

10 Voy., sur point, *infrà*, § **853**.

11 Voy. *infrà*, §§ **830** et suiv., et, sur le moment jusqu'auquel les créanciers à hypothèque légale dispensés d'inscription et non inscrits peuvent faire valoir leur droit de préférence sur le prix en cas d'ordre judiciaire, *suprà*, § **711**.

12 Voy. *infrà*, § **831**.

13 Chauveau, sur Carré, *op. cit.*, t. VI, Ire part., quest. 2625 *ter*. Ollivier et Mourlon, *op. cit.*, nos 486 et suiv. Ulry, *Code des règlements d'ordre*, t. I, no 225. Bauby, *Ordre, tentative de règlement amiable, créancier unique* (Dans la *Revue pratique de droit français*, t. XIII, 1862, p. 301 et suiv.).

14 On le saura par l'état des inscriptions délivrées par le conservateur des hypothèques (Voy. *infrà*, § **788**). Pigeau (*op. cit.*, t. II, p. 179), se préoccupe de la difficulté qui se produira s'il a doute sur le point de savoir si le montant des créances est inférieur ou supérieur au prix à distribuer : cette difficulté n'existe pas si l'on admet avec moi qu'il y a lieu, dans tous les cas, à procéder par voie d'ordre.

15 Chauveau, sur Carré, *op. cit.*, t. VI, Ire part., quest. 2547 *octies*. Ce qui n'exclut pas bien entendu, l'ordre amiable qui fait d'ailleurs partie de l'ordre judiciaire (Voy. *infrà*, § **792**).

ont été parties [16] et n'exclut, par conséquent, ni les créanciers à hypothèque légale dispensés d'inscription et non inscrits, ni les créanciers omis dans l'état délivré par le conservateur des hypothèques, ni ceux qui pourront former par la suite opposition; mais il n'est possible qu'entre parties consentantes, et la résistance d'une seule de celles qui paraissaient d'abord disposées à s'y prêter oblige les autres à recourir aux voies judiciaires [17]. L'adjudicataire est à peu près indifférent à cet échec du règlement consensuel : il provoque, s'il y a moins de quatre créanciers inscrits, le règlement à l'audience qui s'accomplit sans retard [18], et se libère, au cas contraire, en consignant son prix suivant les formes simples et expéditives qui sont tracées par l'article 777 [19].

3° La juridiction contentieuse [20] n'a pour mission que de donner aux parties la solution des difficultés qui les divisent; rien ne les empêche, seules si elles sont capables, dûment autorisées ou assistées si elles ne le sont pas, de résoudre amiablement leurs différends et de régler d'un commun accord, si elles sont créancières d'un même débiteur, la distribution des deniers qui leur reviennent : tel est le but de l'ordre consensuel distinct, comme on le verra au § **792**, de l'ordre amiable qui est, en un sens, une procédure judiciaire. Les créanciers peuvent d'abord, ressuscitant un ancien usage [21], arrêter avant l'adjudication les bases sur lesquelles le prix à distribuer sera réparti et dresser, à cet effet, un ordre que le cahier des charges obligera l'adjudicataire à observer, sauf à exiger caution pour le cas où, par suite de contestations, les paiements par lui faits viendraient à être annulés [22]. Les créanciers peuvent aussi — c'est l'ordre consensuel proprement dit — arrêter, d'un commun accord, après l'adjudication la liste des créanciers qui auront droit au prix, l'ordre dans

[16] Voy. *infrà*, même §.

[17] Voy. *infrà*, *ib.*

[18] Chauveau, sur Carré, *op. cit.*, t. VI, IIe part., quest. 2547 *octies*. Voy. *infrà*, § **855**.

[19] Chauveau, sur Carré, *op. et loc. cit.* Voy. *infrà*, §§ **853** et suiv.

[20] La juridiction gracieuse a, comme on le sait, un but et un caractère bien différents (Voy. t. I, § **25**).

[21] Voy., sur ce point, le § précédent.

[22] Chauveau, sur Carré, *op. cit.*, t. VI, Ire part., quest. 2547.

lequel ils seront payés s'ils ont privilège ou hypothèque, le dividende qui reviendra à chacun d'eux s'ils sont simplement chirographaires[23]. La validité de cette convention fut expressément reconnue, en matière d'ordre, dans la discussion de la loi du 21 mai 1858 au Corps législatif. M. Josseau demanda si les créanciers dont l'adjudication aurait purgé le droit de suite conserveraient leur droit de préférence sur le prix après la clôture de l'ordre consensuel[24], et exprima la pensée qu'il devait en être ainsi : « Il n'y a, en effet, dit-il, aucune raison « pour décider autrement dans ce cas que dans les autres, et « pour faire survivre le droit de préférence à la clôture de « l'ordre consensuellement réglé entre les parties; si tel est « l'avis du conseil d'État, il est utile que cet avis soit formel- « lement exprimé[25]. » M. de Parieu répondit, au nom du Gouvernement, qu'il n'y avait pas lieu de régler l'ordre consensuel par un texte précis : « Ce n'est, dit-il, qu'un contrat « ordinaire, et non plus un ordre de distribution de prix fait « sous la direction de la justice et rentrant dans le cadre de « l'ancienne loi ni de la nouvelle. Les principes posés pour « l'ordre judiciaire se reflètent naturellement sur l'ordre réglé « devant notaire; la jurisprudence devra, par analogie, les « appliquer et avoir égard à la pensée d'une prompte dé- « chéance du droit de préférence séparé du droit de suite. « Cela résulte des principes posés par le projet de loi qui or- « ganisent cette déchéance dans des termes réciproquement « analogues, sinon identiques, pour les deux espèces d'ordre « objet de la prévision du législateur[26]. » Cette convention est

[23] Circ. minist. 2 mai 1859, n° 42 (D. P. 59. 3. 30). Duvergier, *op. cit.*, t. LVIII, p. 151, note 4. Chauveau, sur Carré, *op. cit.*, t. VI, 1re part., quest. 2156 *bis;* t. VI, 1re part., quest. 2547 *bis*. Seligmann, *op. cit.*, nos 147 et 148. Caen, 6 août 1866 (D. P. 68. 2. 17). Le prix d'adjudication d'un immeuble n'est pas réparti par la voie de l'ordre mais par celle de la contribution quand les créanciers entre lesquels il doit être distribué sont simplement chirographaires (Voy. le § suivant). Comp. à ce règlement consensuel : 1° la convention par laquelle les créanciers d'un commerçant failli confient au syndic le soin de distribuer entre eux les deniers provenant de la vente des biens (Chauveau, sur Carré, *op. cit.*, t. IV, quest. 2156 *bis*); 2° le droit qu'a le tribunal de faire régler par le greffier une contribution qui ne présente pas de difficulté (Req. 19 nov. 1823; D. A. v° *Distribution par contribution*, n° 44).

[24] Voy., sur la purge du droit de suite par le jugement d'adjudication et sur la survie du droit de préférence jusqu'à la clôture de l'ordre amiable, *suprà*, §§ **710** et **711**.

[25] Séance du 13 avril 1858 (*Moniteur* du 15, p. 458).

[26] *Ib.*

obligatoire entre les parties en vertu de l'article 1134 du Code civil[27], et exécutoire, ainsi qu'il va être dit, contre les adjudicataires ou dépositaires de deniers provenant de l'adjudication; elle peut être constatée par un acte sous seing privé[28] et n'est pas soumise à l'homologation du tribunal[29], mais la femme mariée, le mineur même émancipé et l'individu pourvu d'un conseil judiciaire ne peuvent la souscrire, l'une sans l'autorisation de son mari ou de la justice[30], les autres sans observer les conditions prescrites pour transiger (autorisation du conseil de famille, homologation du tribunal et avis de trois jurisconsultes)[31]. Il reste à déterminer : 1) les personnes dont le consentement est nécessaire; 2) le caractère de la distribution ainsi réglée; 3) la manière d'en obtenir l'exécution.

a. L'ordre consensuel n'est pas un acte judiciaire mais un simple contrat, comme on l'a dit dans les travaux préparatoires de la loi du 21 mai 1858[32]. J'en conclus : 1) qu'il exige le consentement de toutes les parties en cause; je reviendrai bientôt sur ce point; 2) que ce consentement n'est valable que s'il n'est entaché d'aucun vice, et que l'ordre consensuel est annulable, suivant le droit commun, pour cause de dol, d'erreur, de violence ou d'incapacité[33]; 3) que la nullité ne se demande point par la voie et dans les délais de l'appel, mais par une action principale fondée sur l'article 1304 du Code civil et qui ne se prescrit que par dix ans[34];

[27] Voy., sur cet article, Dalloz et Vergé, *Code civil annoté*, art. 1134, nos 1 et suiv.

[28] Bioche, *op. cit.*, v° *Ordre*, n° 20. Chauveau, sur Carré, *op. cit.*, t. VI, Ire part., quest. 2547 *bis*. Un acte notarié n'est nécessaire que pour consacrer le consentement des créanciers à la radiation de leurs inscriptions hypothécaires (C. civ., art. 2158); or cet acte peut être rédigé isolément et en dehors du règlement consensuel (Bioche, *op.*, *v° et loc. cit.;* Chauveau, sur Carré, *op. cit.*, t. VI, Ire part., quest. 2547 *bis*).

[29] Bioche, *op. et v° cit.*, n° 21. L'homologation serait nécessaire si l'ordre consensuel n'exigeait pas le consentement unanime des créanciers entre lesquels il doit s'établir; elle remplacerait le consentement des créanciers qui refusent d'adhérer, et rendrait le règlement exécutoire contre eux malgré ce refus. Voy. *infrà*, même §, la réfutation de cette opinion.

[30] C. civ., art. 217.

[31] C. civ., art. 467, 484, 499, 509 et 513.

[32] Voy. *suprà*, même §.

[33] C. civ., art. 1109 et suiv., 1123 et suiv.

[34] Bioche, *op. et v° cit.*, nos 23 et 24. Le point de départ de cette prescription variera suivant que la nullité sera fondée sur le dol, l'erreur, la violence ou l'incapa-

4) que les parties non consentantes ne demandent pas non plus cette nullité par voie d'opposition comme s'il s'agissait d'une décision rendue par défaut, mais par une action principale en nullité qui ne se prescrit que par trente ans suivant l'article 2262 du Code civil[35]; 5) que le jugement qui prononce sur la validité d'un règlement consensuel n'est pas soumis aux règles spéciales de l'article 762, et demeure régi, au point de vue de l'appel, par les prescriptions du droit commun[36].

b. L'ordre consensuel suppose et exige, comme son nom l'indique, la présence et le consentement verbal ou écrit de toutes les parties intéressées[37]. Le tribunal auquel un projet d'ordre serait soumis par les parties consentantes, et qui, en l'homologuant, le déclarerait exécutoire à l'égard de tous les intéressés même non consentants[38], apporterait une dérogation que rien ne justifie au principe que les conventions ne lient que les parties qui les ont formées[39], et transporterait arbitrairement en matière civile le principe en vertu duquel la décision de la majorité des créanciers s'impose, en fait de

cité (Voy., à cet égard, l'article 1304 du Code civil); si elle est fondée sur d'autres causes, la prescription courra uniformément du jour où l'acte aura été passé (Demolombe, *op. cit.*, t. XXIX, n° 142; Aubry et Rau, *op. cit.*, t. IV, p. 278; Colmet de Santerre, *op. cit.*, t. IX, n° 265 *bis*-I; Larombière, *op. cit.*, t. V, sur l'art. 1304, n° 19).

[35] Les actions en nullité ne tombent sous l'application de l'article 1304 du Code civil que dans le cas où elles sont intentées par les parties elles-mêmes contre les actes passés par elles; les actions en nullité intentées par les tiers ne se prescrivent que par trente ans (Demolombe, *op. cit.*, t. XXIX, n° 118; Aubry et Rau, *op. cit.*, t. IV, p. 275; Larombière, *op. cit.*, t. V, sur l'art. 1304, n° 52). D'ailleurs, les tiers ne sont pas forcés d'intenter une action en règle pour faire tomber le règlement consensuel; ils peuvent de toute manière, et notamment par voie d'exception, en empêcher l'exécution; les créanciers chirographaires peuvent donc saisir-arrêter, comme si aucun règlement n'était intervenu, les deniers dont la distribution a été convenue en leur absence (Chauveau, sur Carré, *op. cit.*, t. VI, Ire part., quest. 2547 *sexies*).

[36] Bioche, *op. et v° cit.*, n° 24. Metz, 12 août 1874 (D. A. v° *Ordre*, n° 396). Grenoble, 30 août 1837 (D. A. *v° cit.*, n° 68). Aj., sur l'article 762, mon *Traité de procédure*, t. IV, § **905**; et, sur l'ordre consensuel considéré au point de vue de l'application des lois fiscales, Chauveau, sur Carré, *op. cit.*, t. VI, Ire part., quest. 2547 *bis*; Naquet, *op. cit.*, t. II, n° 558.

[37] Bioche, *op. et v° cit.*, n° 22. Paris, 5 mars 1835 (D. A. v° *Référé*, n° 198). La cour de Lyon a jugé, le 26 avril 1826, que le créancier qui a donné son adhésion au règlement consensuel ne peut prendre l'initiative d'une demande d'ouverture d'ordre judiciaire fondée sur la résistance d'un ou plusieurs autres (D. A. v° *Arbitrage*, n° 717).

[38] Bioche, *op. cit.*, v° *Distribution par contribution*, n° 4. Chauveau, sur Carré, *op. cit.*, t. IV, quest. 2156 *bis*.

[39] C. civ., art. 1165.

concordat, à la minorité[40]. Je tire de ce principe les conséquences suivantes. 1) Quiconque prend l'initiative d'un ordre consensuel doit y convoquer tous les créanciers qui ont des droits sur le prix à distribuer, à savoir tous ceux qui ont privilège ou hypothèque sur l'immeuble saisi, même les créanciers omis par le conservateur des hypothèques dans l'état dont il sera parlé au § **788**[41], même les créanciers non inscrits s'ils sont dispensés d'inscription[42]. 2° Tout créancier peut rendre l'ordre consensuel impossible par son absence ou par son refus d'y consentir; ceux qui n'ont pas produit leurs titres avant la conclusion d'un ordre consensuel n'encourent donc pas la déchéance édictée par l'article 755[43], ceux qui ont été omis sur l'état délivré par le conservateur des hypothèques, ou qui sont dispensés d'inscription et non inscrits, conservent leur droit de préférence intact après la conclusion d'un ordre consensuel auquel ils n'ont point participé[44]. On ne peut même pas leur opposer les déchéances édictées contre les créanciers qui n'ont pas fait valoir leurs droits avant la clôture de l'ordre amiable[45], car il n'y a pas ici de formalités qui portent la procédure à la connaissance des parties intéressées et qui leur donnent le temps de s'y présenter[46] : il serait même inutile d'insister sur ce point si l'assertion contraire que je considère comme une pure inadvertance n'avait pas été émise à deux reprises dans la discussion de la loi du 21 mai 1858[47]. 3) Le saisi est également intéressé à l'ordre consensuel où les créanciers discutent et arrêtent la répartition de ses deniers; il lui importe qu'aucun

[40] Voy., sur ce principe, Boistel, *op. cit.*, n° 1033; Lyon-Caen et Renault, *op. cit.*, t. II, n°s 2886 et suiv.

[41] Chauveau, sur Carré, *op. cit.*, t. VI, Ire part., quest. 2547 *septies*. Voy., sur la nécessité de les convoquer à l'ordre amiable, *infrà*, § **788**.

[42] Chauveau, sur Carré, *op. et loc. cit.* Voy., sur la nécessité de les convoquer à l'ordre amiable, *infrà*, § **788**.

[43] Chauveau, sur Carré, *op. cit.*, t. VI, Ire part., quest. 2547 *sexies*. Les créanciers convoqués à l'ordre amiable n'encourent, en ne comparaissant pas, qu'une amende de 25 francs pour avoir empêché la conclusion de cet ordre qui n'a pu se régler en leur absence (Voy. *infrà*, § **801**); ceux qui, dûment convoqués, ne se présentent pas à l'ordre consensuel ne sont passibles d'aucune peine.

[44] Chauveau, sur Carré, *op. cit.*, t. VI, Ire part., quest. 2547 *ter*.

[45] Voy., sur cette déchéance, *suprà*, § **712**.

[46] Voy. *infrà*, §§ **785** et suiv.

[47] Chauveau, sur Carré, *op. et loc. cit.*

d'eux n'y soit admis sans droit ou pour une somme plus forte que celle qui lui est due; ils doivent donc l'y convoquer, et il peut, suivant les cas, refuser son consentement à la distribution qu'ils proposent en sa présence ou attaquer celle qu'ils ont arrêtée en son absence[48]. 4) On ne convoque pas à l'ordre consensuel, car on ne les connaît même pas, les créanciers chirographaires qui n'ont fait ni saisie-arrêt ni opposition, mais ils ont le même intérêt que le débiteur à ce que nul ne figure indûment dans la répartition, et peuvent, par conséquent, la contester de son chef en vertu de l'article 1166 du Code civil[49]. 5) L'adjudicataire est, à ce point de vue, dans la même situation que le saisi : on ne peut ni le déclarer débiteur d'une somme supérieure à celle qu'il doit réellement, ni arrêter en son absence un règlement qui l'exposerait à mal payer; il doit donc être convoqué à l'ordre consensuel, et peut, selon qu'il est fait en sa présence ou en son absence, refuser d'y consentir ou en demander la nullité[50].

c. Cet ordre une fois arrêté, les créanciers colloqués en poursuivent l'exécution contre l'adjudicataire s'il est débiteur du prix à distribuer, en lui signifiant le procès-verbal dressé par eux avec offre de lui donner quittance et mainlevée, s'il y a lieu, des inscriptions qui existent sur l'immeuble à lui adjugé[51]. A-t-il assisté et consenti à l'ordre consensuel, il n'en peut refuser l'exécution qu'en en demandant la nullité ou en s'exposant à des dommages-intérêts[52]. Y a-t-il assisté sans y consentir ou bien le règlement a-t-il été fait en son absence, il a le droit absolu d'en refuser l'exécution ou de ne la faire qu'en exigeant caution pour le cas

[48] Chauveau, sur Carré, *op. cit.*, t. VI, Ire part., quest. 2547 *quater*. Comp., sur la présence du saisi à la tentative d'ordre amiable, *infrà*, § **791**. Le saisi qui aurait adhéré à l'ordre consensuel, et en entraverait ensuite l'exécution sans en demander la nullité, serait passible de dommages-intérêts (Bioche, *op. cit.*, v° *Distribution par contribution*, n° 1).

[49] Chauveau, sur Carré, *op. cit.*, t. VI, Ire part, quest. 2547 *ter*. Voy., sur l'article 1166 du Code civil, t. I, § **120**.

[50] Bordeaux, 28 mars 1828 (D. A. v° *Ordre*, n° 63). *Contrà*, civ. rej. 9 nov. 1812 (D. A. *v° cit.*, n° 72).

[51] Bioche, *op. cit.*, v° *Ordre*, nos 27 et suiv. Chauveau, sur Carré, *op. cit.*, t. VI, 1re part., quest. 2547 *quinquies*.

[52] Chauveau, sur Carré, *op. cit.*, t. IV, quest. 2156 *bis*. Orléans, 5 mars 1851 (D. P. 52. 5. 204).

où d'autres créanciers contesteraient la validité des paiements par lui faits[53]. Il en est de même de la Caisse des dépôts et consignations à laquelle le prix d'adjudication a été versé, avec cette différence que ces personnes n'ont pas été convoquées au règlement consensuel et qu'il a presque toujours été arrêté en leur absence[54].

§ **780**. Deux conditions sont nécessaires pour que des sommes soient distribuées par voie d'ordre ; il faut : 1° qu'elles proviennent de la vente de biens immobiliers[1]; 2° qu'elles soient affectées au paiement de créanciers privilégiés ou hypothécaires suivant le rang de leurs privilèges ou la date de leurs inscriptions. Toutes les autres sommes doivent être réparties par voie de contribution[2]. On distribuera donc par la voie de l'ordre entre les créanciers privilégiés et hypothécaires : 1° le prix de l'immeuble saisi[3]; 2° les intérêts de ce prix ; 3° les accessoires qui l'augmentent, comme le capital de la rente que l'adjudicataire doit servir aux termes du cahier des charges[4] et les fruits immobilisés par la transcription de la saisie immobilière[5]. On soumettra, au contraire, à la contribution : 1° les deniers saisis-arrêtés ou provenant de la vente des meubles[6], les dommages-intérêts alloués pour atteinte portée à la liberté des enchères[7], et l'indemnité payée en cas de sinistre par une compagnie

[53] Turin, 22 janv. 1812 (D. A. *v° cit.*, n° 71). Civ. rej. 9 nov. 1812 (D. A. *v° cit.*, n° 72). L'adjudicataire qui a mal payé a-t-il recours contre les créanciers qu'il a payés indûment lorsqu'ils ont supprimé leurs titres? Peuvent-ils, au contraire, écarter sa *condictio indebiti* en se fondant sur l'article 1377, al. 2, du Code civil? Voy. civ. rej. 9 nov. 1812 et 31 janv. 1815 (D. A. *v° cit.*, n° 72), et, sur cet article, *suprà*, § **706**.

[54] Voy., sur cette hypothèse, Turin, 22 janv. 1812 (D. A. *v° cit.*, n° 71); civ. rej. 9 nov. 1812 (D. A. *v° cit.*, n° 72).

§ **780.** [1] Voy., sur la saisie des navires et sur l'ordre qui la suit, mon *Traité de procédure*, t. IV, §§ **771** et **859**.

[2] Bioche, *op. cit.*, v° *Ordre*, n° 70. Ulry, *op. cit.*, t. I, n° 89.

[3] Aubry et Rau, *op. cit.*, t. III, p. 521. Bioche, *op. et v° cit.*, n°s 76 et 77. Ulry, *op. cit.*, t. I, n° 96.

[4] Bioche, *op. et v° cit.*, n° 71.

[5] Bioche, *op. cit.*, v^is^ *Distribution par contribution*, n° 94, et *Ordre*, n° 78. Voy., sur cet effet de la transcription de la saisie, *suprà*, § **663**.

[6] Bioche, *op. cit.*, v° *Distribution par contribution*, n°s 12 et 14.

[7] Aubry et Rau, *op. cit.*, t. III, p. 407. Ulry, *op. cit.*, t. I, n° 89. *Contrà*, Bioche, *op. cit.*, v° *Ordre*, n° 73.

d'assurances [8]; 2° le prix des immeubles sur lesquels il n'y a ni privilège ni hypothèque [9], la partie de ce prix qui revient au saisi après le paiement des créanciers privilégiés et hypothécaires [10], le montant de la collocation d'un créancier privilégié ou hypothécaire à répartir entre les créanciers qui ont pris inscription de son chef ou fait opposition sur lui [11], le montant des collocations attribuées collectivement aux créanciers privilégiés qui ont le même rang ou aux créanciers hypothécaires qui se sont inscrits le même jour [12], et les deniers qui proviennent de la saisie d'une rente par application de l'article 530 aux termes duquel toutes les rentes forment aujourd'hui des meubles par la détermination de la loi [13]. Par exception, le prix des rentes établies et hypothéquées antérieurement à la loi du 11 brumaire an VII qui les a rangées parmi les biens non susceptibles d'hypothèque [14]

8. Duranton, *op. cit.*, t. XX, n° 329. Aubry et Rau, *op. cit.*, t. III, p. 407 et 490. Troplong, *Des privilèges et hypothèques*, t. IV, n° 890. Pont, *Des privilèges et hypothèques*, t. I, n° 698. Aj., sur le caractère mobilier de cette indemnité, *suprà*, § **641**.

9 Bioche, *op. et v° cit.*, n° 16. Carré, *op. cit.*, t. IV, quest. 2157. Chauveau, sur Carré, *op. et loc. cit.* Boitard, Colmet-Daage et Glasson, *op. cit.*, t. II, n°s 887 et 1023. Rodière, *op. cit.*, t. II, p. 249. Bonnier, *op. cit.*, n° 1401.

10 Bioche, *op. cit.*, v° *Ordre*, n° 415. Carré, *op. et loc. cit.* Chauveau, sur Carré, *op. et loc. cit.* Boitard, Colmet-Daage et Glasson, *op. et loc. cit.* Rodière, *op. et loc. cit.* Bonnier, *op. et loc. cit.*

11 « Le montant de la collocation du débiteur est distribué comme chose mobilière « entre tous les créanciers inscrits ou opposants avant la clôture de l'ordre » (Art. 775). Voy., sur cette disposition qui abolit le sous-ordre et sur l'exception qu'y apporte l'article 9 de la loi du 23 mars 1855, *infrà*, § **822**; aj. Chauveau, sur Carré, *op. cit.*, t. IV, quest. 2169 *bis*; Boitard, Colmet-Daage et Glasson, *op. cit.*, t. II, n° 887; Rodière, *op. et loc. cit.*

12 « Les créanciers privilégiés qui viennent dans le même rang sont payés par « concurrence » (C. civ., art. 2097). « Tous les créanciers inscrits le même jour « exercent en concurrence une hypothèque de la même date sans distinction entre « l'inscription du matin et celle du soir » (C. civ., art. 2147). Voy., sur l'application de ces deux articles à la distinction de l'ordre et de la contribution, Bioche, *op. cit.*, v° *Distribution par contribution*, n° 18; Carré, *op. et loc. cit.*; Chauveau, sur Carré, *op. et loc. cit.*; Boitard, Colmet-Daage et Glasson, *op. et loc. cit.*; Rodière, *op. et loc. cit.*). J'ajoute que la procédure de contribution n'a jamais lieu qu'entre créanciers et qu'une personne qui se dit propriétaire ne peut y être renvoyée : voy., sur l'application de cette distinction entre le droit réel et le droit de créance à la femme qui, renonçant à la communauté, se prétend propriétaire de ses reprises, Rouen, 12 juill. 1854 (D. P. 54. 2. 212); et, sur la question qui se présente ici incidemment de savoir si la femme qui renonce à la communauté exerce ses reprises comme propriétaire ou seulement comme créancière, Aubry et Rau, *op. cit.*, t. V, p. 357; Colmet de Santerre, *op. cit.*, t. VI, n°s 132 *bis*-IV et suiv.; Guillouard, *Du contrat de mariage*, t. II, n°s 918 et suiv.

13 Voy. *suprà*, § **772**.

14 Voy., sur cette loi, Demolombe, *op. cit.*, t. IX, n° 424; Aubry et Rau, *op. cit.*, t. II, p. 157.

— en existe-t-il encore? — serait distribué par voie d'ordre entre les créanciers hypothécaires inscrits avant cette date : ces créanciers une fois payés, le surplus serait réparti par voie de contribution (Art. 654)[15].

Lorsqu'un ordre et une contribution sont ouverts en même temps, le créancier qui produit ses titres dans l'une de ces deux procédures apporte dans l'autre une copie collationnée[16]. Lorsqu'un immeuble grevé de privilège ou d'hypothèque est saisi sur un débiteur tombé en faillite ou en déconfiture[17], les rapports qui doivent nécessairement exister entre l'ordre ouvert sur le prix de cet immeuble et la contribution ouverte sur le prix des meubles du même débiteur s'établissent ainsi qu'il suit. L'ordre est-il clos avant la contribution ou en même temps qu'elle, les créanciers privilégiés ou hypothécaires qui ne touchent pas sur le prix de l'immeuble tout ce qui leur est dû concourent pour le surplus avec les créanciers chirographaires sur les deniers saisis-arrêtés et sur le prix des meubles saisis et vendus. La contribution est-elle close avant l'ordre, les créanciers privilégiés et hypothécaires y prennent part pour la totalité de leur créance, et ceux d'entre eux qui ne sont pas entièrement payés figurent également dans l'ordre pour le même chiffre : s'ils y sont colloqués pour leur créance entière, le montant de leur collocation ne leur est remis que déduction faite des sommes par eux perçues dans la masse chirographaire, lesquelles sommes reviennent à ladite masse; s'ils ne sont colloqués que pour une partie de leur créance, leurs droits dans la masse chirographaire sont calculés d'après la somme qui leur reste due et le dividende attribué à tous les créanciers chirographaires, et ce qu'ils ont reçu en trop dans la masse chirographaire leur est retenu sur le montant de leur collocation immobilière et reversé dans ladite masse. Ainsi le veulent les articles 552 à 555 du Code de commerce en cas de faillite[18], et il convient, quoi-

[15] Voy., sur cet article, Bioche, *op. et v° cit.*, n° 15; Carré, *op. cit.*, t. IV, quest. 2154 et suiv.; Chauveau, sur Carré, *op. et loc. cit.*; Boitard, Colmet-Daage et Glasson, *op. cit.*, t. II, n° 886; Bonnier, *op. cit.*, n° 1511.

[16] Bioche, *op. cit.*, v° *Ordre*, n° 326.

[17] Il pourrait être ouvert sur un tiers détenteur (Voy., sur la saisie immobilière pratiquée sur un tiers détenteur, *suprà*, § 647, et, sur les rapports entre l'ordre et la contribution dans cette hypothèse, *infrà*, note 21).

[18] Sont-ils applicables en cas de concordat? Voy., sur cette question qui est con-

qu'on l'ait contesté[19], d'opérer de même en cas de déconfiture[20]; on évite ainsi : 1° que le sort des créanciers ne dépende — ce qui serait à la fois injuste et illogique — de la date à laquelle s'ouvrent respectivement l'ordre et la contribution[21];

troversée, Bravard et Demangeat, *op. cit.*, t. V, p. 558, note 1; Lyon-Caen et Renault, *op. cit.*, t. II, n° 2960; req. 1er mars 1848 (D. P. 48. 1. 124); Rouen, 25 janv. 1855 (D. P. 55. 2. 94); trib. de commerce de la Seine, 23 juin 1885 (La *Loi* du 14 juillet, p. 662).

19 Rennes, 26 déc. 1857 (D. P. 58. 2. 142). Bigot de Préameneu a même dit expressément au conseil d'État que les articles 552 à 555 du Code de commerce sont exceptionnels et ne doivent s'appliquer qu'à la faillite (Séance du 23 avril 1807; dans Locré, *op. cit.*, t. XIX, p. 291 et suiv.).

20 Demolombe, *op. cit.*, t. XV, n° 353. Aubry et Rau, *op. cit.*, t. VI, p. 461. Bioche, *op. et v° cit.*, n° 25, et v° *Ordre*, n° 416. Boitard, Colmet-Daage et Glasson, *op. cit.*, t. II, n° 887. Lyon-Caen et Renault, *op. cit.*, t. II, n° 2961. Trib. de Dunkerque, 15 mai 1884 (D. P. 85. 3. 40). Aj. Poitiers, 24 mars 1830 (D. A. v° *Distribution par contribution*, n° 155). Ces articles ne s'appliquent cependant pas aux créanciers munis d'un privilège général, lesquels restent soumis à l'article 2105 du Code civil : quand le prix des meubles n'a pas suffi à les payer, ils figurent pour tout ce qui leur reste dû dans l'ordre ouvert sur le prix des immeubles, et n'ont rien à reverser de ce chef dans la masse chirographaire (Bravard et Demangeat, *op. cit.*, t. V, p. 552, note 3; Lyon-Caen et Renault, *op. cit.*, t. II, n° 2962). Les articles en question ne s'appliquent pas non plus au cas où un creancier a privilège ou hypothèque sur des biens qui n'appartiennent pas au débiteur mais à un tiers qui les a engagés ou hypothéqués pour lui (Bravard et Demangeat, *op. cit.*, t. V, p. 574, note 3; Lyon-Caen et Renault, *op. cit.*, t. II, n° 2964; civ. cass. 24 juin 1851, D. P. 54. 5. 368).

21 C'est ce qui arriverait nécessairement si les articles 552 et 555 du Code de commerce n'étaient pas appliqués. Exemple : le débiteur possède un actif mobilier dont la réalisation produit une somme de 100,000 francs, et un immeuble qui est adjugé pour un prix de 120,000 francs; trois créanciers, Primus, Secundus et Tertius, ont hypothèque spéciale ou privilège chacun pour 50,000 francs sur cet immeuble; les créances chirographaires s'élèvent à 470,000 francs. Si l'ordre précède la contribution ou se fait en même temps qu'elle, aucune difficulté. Primus et Secundus prennent chacun 50,000 francs sur le prix de l'immeuble, les 20,000 francs qui restent sont attribués à Tertius, lequel se présente à la contribution pour les 30,000 francs qui lui restent dus; la masse chirographaire s'élevant ainsi à 500,000 francs, les 100,000 francs d'actif mobilier sont répartis au marc le franc entre tous les créanciers chirographaires y compris Tertius, et, chacun touchant 5 pour 100 de ce qui lui est dû, Tertius reçoit 6,000 francs qui, ajoutés aux 20,000 francs par lui touchés dans l'ordre, font un total de 26,000 francs; il reste 94,000 francs aux créanciers chirographaires. Je suppose, au contraire, que la contribution précède l'ordre et que les créanciers inscrits sur l'immeuble figurent à la contribution pour la totalité de leurs créances, puis à l'ordre pour la totalité de ce qui leur restera dû : l'actif mobilier s'élevant à 100,000 francs, les créances chirographaires à 470,000 et les trois créances hypothécaires à 150,000, soit un passif total de 620,000 francs, chacun touchera 16 francs par 100 francs : soit 8,000 francs pour Primus, autant pour Secundus, autant pour Tertius, et 76,000 pour les créanciers chirographaires. Après quoi Primus, Secundus et Tertius prendront dans l'ordre, Primus et Secundus 42,000 francs chacun, et Tertius le reste du prix de l'immeuble ou 36,000 francs qui, ajoutés aux 8,000 francs par lui touchés dans la masse chirographaire, feront un total de 44,000 : il aura ainsi gagné et les créanciers chirographaires auront perdu à ce que la contribution ait précédé l'ordre. Les articles 552 à 555 du Code de commerce prescrivent, pour éviter ce résultat, de procéder de la manière suivante. Primus, Secundus et Tertius colloqués pour 50,000 francs chacun dans la contribu-

2° qu'un créancier n'ait intérêt à retarder l'ouverture de l'ordre afin d'être traité plus favorablement [22].

§ **781**. L'ordre est une véritable instance : le ministère des avoués y est indispensable [1]; l'acte introductif, c'est-à-dire la demande en collocation, produit, comme la demande en justice, les intérêts moratoires et l'interruption de prescription [2]; les parties intéressées peuvent intervenir [3]; la discontinuation des poursuites entraîne la péremption dans les termes du droit commun [4], sans préjudice de la déchéance encourue par l'avoué poursuivant en cas de négligence [5]; les créances contestées sont litigieuses au sens des articles 1699 et 1700 du Code civil, et le débiteur peut, par suite, en exercer le retrait lorsqu'elles ont été cédées en dehors des trois cas prévus par l'article 1701 du même Code [6]. Cette instance requiert, d'ailleurs, célérité : elle se continue donc pen-

tion y touchent chacun 8,000 francs, total 24,000 francs; il reste ainsi 76,000 francs aux créanciers chirographaires; Primus, Secundus et Tertius figurent ensuite dans l'ordre pour la totalité de leurs créances, à charge de reverser à la masse chirographaire ce qui dépasse le montant de ce qui doit leur revenir. Primus et Secundus colloqués chacun pour 50,000 francs reversent l'un et l'autre les 8,000 francs qu'ils ont reçus dans la masse chirographaire : Tertius colloqué pour 20,000 francs reste par conséquent créancier de 30,000 francs et, ayant le droit de prendre dans la masse chirographaire 5 pour 100 de ces 30,000 francs soit 6,000 francs, n'y reverse que la différence entre ces 6,000 francs et les 8,000 francs qu'il a touchés, soit 2,000 francs. Il touche ainsi, en définitive, 26,000 francs; et les créanciers chirographaires auxquels ont été reversés 8,000 + 8,000 + 2,000 = 18,000 francs les ajoutent aux 76,000 francs qui leur ont été précédemment attribués, total 94,000 francs qu'ils ont à se partager. Le résultat se trouve être ainsi le même que si l'ordre avait précédé la contribution.

[22] La cour de Rennes tire, au contraire, une conséquence très logique de son système dans l'arrêt cité *suprà*, note 15; elle déclare que les créanciers inscrits peuvent, lorsqu'ils y ont intérêt, exiger que l'ordre ne s'ouvre qu'après la clôture de la contribution.

§ **783.** [1] Même dans l'ordre amiable (Voy. *infrà*, § **790**).

[2] Voy., sur cet effet de la demande en justice, t. II, § **255**, et, sur l'application de ce principe en matière d'ordre, *infrà*, § **812.**

[3] Voy., sur cette intervention, *infrà*, § **831.**

[4] Voy., sur la péremption, le tome V de mon *Traité de procédure.*

[5] Voy., sur ce point, *infrà*, § **852.**

[6] Chauveau (Sur Carré, *op. cit.*, t. VI, Ire part., quest. 2549 *bis*) et M. Pé de Arros (*Op. cit.*, dans la *Revue pratique de droit français*, t. XLVII, 1880, p. 280) enseignent le contraire en s'appuyant sur l'article 1700 du Code civil, aux termes duquel la chose n'est censée litigieuse que lorsqu'il y a « procès et contestation sur le fond « du droit : » une créance dont le rang seul est mis en question n'est pas, disent-ils, contestée au fond. Cette opinion ne me paraît pas soutenable : d'abord l'existence même de la créance est très souvent contestée, et puis les contestations qui ne portent que sur le rang (rang des privilèges, date et validité des inscriptions, rang des

dant les vacations ainsi que les délais qui doivent y être observés à peine de déchéance[7], et les actes qu'elles comportent peuvent être accomplis valablement un jour de fête légale[8].

Cette procédure est purement civile par sa nature comme toutes les procédures d'exécution[9]; c'est, de plus, une action réelle immobilière en ce sens qu'elle a pour objet la distribution d'un prix qui représente un immeuble entre les créanciers qui ont sur cet immeuble un droit réel de privilège ou d'hypothèque[10]; elle relève donc exclusivement des tribunaux de droit commun : le juge-commissaire qui la dirige fait partie du tribunal de première instance[11] qui statue en premier ressort sur les contestations qu'elle peut soulever[12]; l'appel des jugements rendus sur ces contestations est porté devant la cour[13]. Les tribunaux d'exception ne sont jamais compétents en matière d'ordre[14], même en cas de faillite[15]; les tribunaux administratifs ne le sont pas non plus,

créances conditionnelles, etc...) sont de véritables contestations sur le fond du droit. Voy., sur le retrait litigieux et, en particulier, sur l'application de l'article 1700 du Code civil, Aubry et Rau, *op. cit.*, t. IV, p. 456; Colmet de Santerre, *op. cit.*, t. VII, n° 147 *bis*-I; Duvergier, *De la vente*, t. II, n°s 359 et suiv.; Albert Desjardins, *op. cit.*, n°s 72 et suiv.

7 Voy., sur ce point, *infrà*, § **814**, et, sur la suspension des procédures pendant vacations, t. I, § **11**.

8 Chauveau, sur Carré, *op. cit.*, t. VI, 1re part., quest. 2549. Voy., sur les jours fériés et les conséquences des fêtes légales, t. II, § **207**.

9 Voy. t. I, § **166**.

10 La loi du 14 novembre 1808 le reconnaît d'ailleurs expressément (Voy. *infrà*, même §, et, sur le caractère des actions réelles immobilières, t. I, §§ **124** *bis*, **128** et **129**).

11 Voy., sur ce juge-commissaire, le § suivant.

12 Et même en premier et dernier ressort, dans le cas où ces contestations sont jugées sans appel.

13 Voy., sur cet appel, *infrà*, § **905**.

14 Un créancier hypothécaire ne serait pas admis à décliner la compétence du tribunal civil en alléguant que sa créance a un caractère commercial (Voy., sur la distinction des créances civiles et commerciales, t. I, § **160**) : on lui répondrait avec raison qu'il n'est pas seul en cause et que d'autres créanciers, probablement civils, sont également intéressés; qu'au surplus, il s'est soumis en prenant hypothèque à la compétence des tribunaux civils seuls juges en matière réelle et, par conséquent, en matière hypothécaire (Bioche, *op. cit.*, v^is^ *Faillite*, n° 1250, et *Ordre*, n° 174; Seligmann, *op. cit.*, n° 143; Preschez, *op. cit.*, p. 36).

15 La compétence spéciale du tribunal du lieu où la faillite a été déclarée ne déroge pas, en matière réelle immobilière, à celle du tribunal de la situation de l'immeuble (Voy. t. I, § **173**, et *infrà*, même §); elle déroge encore moins aux principes de la compétence *ratione materiæ* (Voy., sur l'incompétence du tribunal de commerce qui a déclaré la faillite à l'effet de connaître de l'ordre ouvert sur les immeubles du failli, Bioche, *op.*, v^is^ *et locc. citt.*; req. 6 janv. 1830, D. A. v° *Compétence civile des tribunaux d'arrondissement*, n° 93; et, en sens contraire, req. 30 juin 1824, D. A. *v° cit.*, n° 144).

même lorsqu'il s'agit de reconnaître la créance et de déterminer le rang du Trésor public[16]. On ne peut déroger par convention privée à ces règles de compétence *ratione materiæ*[17], et les tribunaux de droit commun demeurent, par conséquent, compétents dans le cas même où les parties seraient convenues de s'en remettre à des arbitres[18]; mais elles peuvent seulement déroger aux règles de la compétence *ratione personæ*[19] et désigner d'un commun accord le tribunal de première instance au siège duquel l'ordre sera réglé[20]. Faute de convention contraire « les procédures relatives tant à l'ex« propriation forcée qu'à la distribution du prix des im« meubles seront portées devant les tribunaux respectifs de « la situation des biens » (L. 14 nov. 1808, art. 4) : cette compétence est justifiée non-seulement par le caractère réel immobilier de l'action mais encore par l'intérêt bien entendu des parties, car c'est là que les créanciers ont pris inscription et élu domicile, que la saisie immobilière et l'adjudication ont été transcrites, et que sera délivré l'état des inscriptions dont il sera parlé au § **788**[21]. Toute distinction serait, d'ailleurs, arbitraire en présence des termes absolus de la loi du 14 novembre 1808, et la compétence fixée par cette loi doit être observée dans tous les cas, en quelque lieu que l'adjudication ait été prononcée[22], quelles que

16 Preschez, *op. et loc. cit.* Cons. d'Ét. 11 août 1808 (D. A. v° *Impôts directs*, n° 649); 2 avr. 1815 et 1er mai 1816 (D. A. v° *cit.*, n° 658); 19 mars 1820 (D. A. v° *cit.*, n° 649); 30 juin 1824 (D. A. v° *cit.*, n° 573) ; 26 août 1824 et 22 août 1838 (D. A. v° *cit.*, n° 649).

17 Voy., sur ce principe, t. I, § **150.**

18 Bioche, *op. cit.*, v° *Ordre*, n° 175. Chauveau, sur Carré, *op. cit.*, t. VI, Ire part., quest. 2548 *novies*. Seligmann, *op. et loc. cit.* Paris, 22 févr. 1831 (D. A. v° *Ordre*, n° 320).

19 Voy., sur ce principe, t. I, § **150.**

20 Cette convention peut être faite avant ou après l'adjudication : dans le premier cas, elle peut être consignée au cahier des charges (Voy., sur la validité de cet accord, Bioche, *op. et v° cit.*, n° 185, Rodière, *op. cit.*, t. II, p. 347, Preschez, *op. cit.*, p. 42; et, en sens contraire, Seligmann, *op. cit.*, n° 143, Paris, 31 mai 1826, D. A. v° *Règlement de juges*, n° 103). La demande d'un créancier, à fin d'obtenir ou de faire constater qu'il a obtenu la subrogation aux droits d'un autre, est distincte de l'ordre et se porte au tribunal du domicile du défendeur (Bioche, *op. et v° cit.*, nos 189 et suiv.; Angers, 29 août 1814, D. A. v° *Ordre*, n° 301).

21 L'article 5 de la loi du 14 novembre 1808 ajoute que « toutes dispositions con« traires à la présente loi sont abrogées. » La loi du 11 brumaire an VII donnait compétence en matière d'ordre au tribunal qui avait prononcé l'adjudication (Art. 31), et on a vu au § **740** que ce tribunal n'est pas toujours celui de la situation.

22 Voy., en ce sens, l'avis du conseil d'État du 16 février 1807 (D. A. v° *cit.*, n°

soient les contestations élevées sur l'existence et la quotité des créances et sur la validité des hypothèques à raison desquelles il est demandé collocation[23], et quand même l'immeuble dont le prix est à distribuer appartiendrait à un commerçant failli[24] ou dépendrait d'une succession non encore liquidée[25]. Il résulterait même de ces principes que des ordres ouverts simultanément dans des arrondissements différents ne peuvent jamais être joints[26], quelque utilité que cela puisse avoir notamment au point de vue du concours des hypothèques générales et spéciales[27]; mais la jurisprudence

293); Tarrible, dans le *Répertoire* de Merlin, v° *Saisie immobilière*, § VIII, n° 4; Bioche, *op. et v° cit.*, n°s 176, 177 et 181; Chauveau, sur Carré, *op. et loc. cit.*; Boitard, Colmet-Daage et Glasson, *op. cit.*, t. II, n° 1024; Seligmann, *op. cit.*, n°s 142 et 143; Ollivier et Mourlon, *op. cit.*, n° 259; Grosse et Rameau, *op. cit.*, t. II, n° 295; Houyvet, *op. cit.*, n°s 98 et 99; Preschez, *op. cit*, p. 40; req. 13 janv. 1809, Bourges, 10 août 1812, Rouen, 31 janv. 1844 (D. A. *v° cit.*, n° 294); sur les cas où l'adjudication n'est pas prononcée au lieu de la situation de l'immeuble, *suprà*, § **740**; et, sur la disposition contraire de la loi du 11 brumaire an VII, la note précédente. Il importe encore moins que le prix à distribuer ait été déposé ailleurs qu'au lieu de la situation de l'immeuble; cette circonstance ne peut exercer aucune influence sur la compétence du tribunal devant lequel l'ordre sera poursuivi (Bioche, *op. et v° cit.*, n° 178).

23 Ces contestations seraient portées, si elles étaient principales, devant le tribunal du domicile du défendeur (Voy., sur la règle *Actor sequitur forum rei* qui est le principe général en matière de compétence *ratione personæ*, t. I, § **167**). Soulevées incidemment, elles ne modifient pas la compétence du tribunal saisi de la demande principale qui tend à la distribution du prix par voie d'ordre : tout au contraire, par application de la règle *Accessorium sequitur principale* ou mieux encore en vertu du principe que le juge de l'action est juge de l'exception (Voy. t. I, § **181**), ce sont elles qui suivent, dans l'espèce, la compétence établie en matière d'ordre (Bioche, *op. et v° cit.*, n°s 192 et 193; Preschez, *op. cit.*, p. 37).

24 Non-seulement la loi du 24 novembre 1808 ne distingue pas, mais encore il est de principe que la compétence attribuée en cas de faillite au tribunal du lieu où cette faillite a été déclarée ne déroge pas à la compétence spéciale qu'a le tribunal de la situation pour connaître des actions réelles immobilières (T. I, § **173**). Voy., en ce sens, Bioche, *op. et v° cit.*, n° 174; Ollivier et Mourlon, *op. cit.*, n° 260; Grosse et Rameau, *op. cit.*, t. II, n° 296; req. 6 janv. 1830 (D. A. v° *Compétence civile des tribunaux d'arrondissement*, n° 93); et, en sens contraire, req. 30 juin 1824 (D. A. *v° cit.*, n° 144).

25 La compétence spéciale établie en matière de succession ne déroge pas non plus à celle du tribunal de la situation en matière réelle immobilière (T. I, § **172**; voy., en ce sens, Bioche, *op. et v° cit.*, n° 180; Chauveau, sur Carré, *op. cit.*, t. VI, Ire part., quest. 2548 *decies*; Rodière, *op. et loc. cit.*; Seligmann, *op. cit.*, n° 144; Preschez, *op. cit.*, p. 40; req. 29 oct. 1807, 18 avr. 1809 et 3 sept. 1812, Paris, 26 juin 1813, req. 6 janv. 1830, Toulouse, 8 févr. 1840 (D. A. *v° cit.*, n° 93); req. 28 févr. 1842 (D. A. v° *Ordre entre créanciers*, n° 300); et, en sens contraire, Houyvet, *De l'ordre entre créanciers* (Caen et Paris, 1859), n°s 100 et suiv., Paris, 23 mai 1810, req. 21 juill. 1821, Rouen, 27 févr. 1822 (D. A. v° *Compétence des tribunaux d'arrondissement*, n° 94).

26 Voy. *infrà*, note 29.

27 Voy., sur les difficultés que soulève ce concours, *infrà*, § **817**. La commission nommée par le Corps législatif pour examiner le projet de loi relatif à la procédure

admet cette jonction [28] quand toutes les parties sont d'accord pour la demander, ou que les biens sur lesquels deux ou plusieurs ordres sont simultanément ouverts font partie d'une seule et même exploitation [29]. Cette jurisprudence n'a pas seulement des avantages incontestables au point de vue pratique; elle est encore parfaitement fondée en droit [30], car l'obligation de procéder à autant d'ordres différents qu'il y a d'immeubles situés dans des arrondissements différents est une règle de compétence *ratione personæ* à laquelle il est permis de déroger par convention contraire [31], et l'article 2210

d'ordre avait pensé avec raison que la jonction serait en pareil cas « chose « utile et économique; » elle avait proposé en ce sens un article additionnel que le conseil d'État n'a pas admis (Riché, *op. cit.;* D. P. 58. 4. 55, n° 79).

[28] La jonction peut être demandée expressément, mais un créancier y a consenti tacitement, et ne peut plus, dès lors, s'y opposer, lorsqu'il a produit dans un ordre ouvert ailleurs qu'au lieu de la situation de l'immeuble sur lequel il est inscrit. Quant au tribunal saisi simultanément de deux ordres dont l'un est ouvert sur un immeuble situé dans un autre arrondissement, il peut prononcer la disjonction d'office, mais il n'y est pas obligé : c'est l'application pure et simple du principe qu'un tribunal incompétent *ratione personæ* n'est pas tenu de se dessaisir d'office mais a toujours le droit de le faire (T. I, § **150**).

[29] Voy., en ce sens, sur le premier cas, Bioche, *op. et v° cit.*, n°s 184 et suiv.; req. 8 mess. an XII (D. A. v° *Ordre*, n° 305); crim. cass. 1er oct. 1825 (D. A. v° *Règlement de juges*, n° 9); Nancy, 21 nov. 1844, trib. de la Seine, 31 août 1855 (D. A. v° *Ordre, loc. cit.*); Caen, 23 janv. 1860 (D. P. 60. 2. 173); sur le second cas, Bioche, *op. et v° cit.*, n° 188, Chauveau, sur Carré, *op. cit.*, t. VI, Ire part., quest. 2549 *quater*, Ollivier et Mourlon, *op. cit.*, n° 262, Houyvet, *op. cit.*, n°s 104 et 106, Preschez, *op. cit.*, p. 41, Bordeaux, 9 juill. 1835 (D. A. *v° cit.*, n° 309). Ce sont les seuls cas où deux ordres ouverts dans deux arrondissements puissent être joints l'un à l'autre : on ne pourrait même pas invoquer l'article 171 à l'appui d'une demande de jonction qui serait formée contre une partie non consentante au sujet de deux ordres ouverts sur des biens situés dans deux arrondissements différents et ne faisant pas partie de la même exploitation. L'article 171 permet effectivement de joindre devant le même tribunal deux ou plusieurs demandes connexes qui ont été portées séparément devant deux ou plusieurs tribunaux (Voy. t. I, § **294**), mais il faut pour cela qu'il y ait entre elles une véritable connexité, et cela n'existe pas entre deux ordres qui peuvent être menés séparément, car la solution de l'un n'influe pas nécessairement sur celle de l'autre : cela est vrai surtout quand tous les créanciers n'ont pas inscription sur les deux immeubles dont le prix est en distribution (Bioche, *op. et v° cit.*, n° 183; Chauveau, sur Carré, *op. et loc. cit.;* Boitard, Colmet-Daage et Glasson, *op. et loc. cit.;* Seligmann, *op. cit.*, n°s 145 et 146; Ollivier et Mourlon, *op. cit.*, n° 260; Grosse et Rameau, *op. cit.*, t. II, n° 297; Preschez, *op. cit.*, p. 40; req. 1er mess. an XI et 11 pluv. an XII, D. A. *v° cit.*, n° 303; civ. cass. 11 fruct. an XII, D. A. *v° cit.*, n° 304). La jurisprudence du parlement admettait la jonction des ordres plus largement qu'elle n'est admise aujourd'hui (Chauveau, sur Carré, *op. et loc. cit.;* Preschez, *op. cit.*, p. 41).

[30] Voy., sur le premier cas, Chauveau, sur Carré, *op. cit.*, t. VI, Ire part., quest. 2548 *decies* et 2549 *quater;* Seligmann, *op. cit.*, n°s 142 et suiv.; Ollivier et Mourlon, *op. et loc. cit.;* Grosse et Rameau, *op. cit.*, t. II, n° 296; Paris, 3 mai 1826 (D. A. *v° cit.*, n° 294); sur le second cas, Boitard, Colmet-Daage et Glasson, *op. et loc. cit.;* Grosse et Rameau, *op. cit.*, t. II, n° 297.

[31] Voy., t. II, § **149**, et *suprà*, même §.

du Code civil permet de comprendre dans une même saisie et, par conséquent, dans une même procédure d'ordre[32] les immeubles qui, situés dans des arrondissements différents, font cependant partie d'une seule et même exploitation[33]. Quant aux ordres ouverts séparément sur le prix d'immeubles situés dans le même arrondissement, leur jonction ne peut faire difficulté et le tribunal peut la prononcer[34] malgré la résistance d'une ou plusieurs parties s'il y a connexité[35], c'est-à-dire que ces immeubles, même hypothéqués à des créanciers différents, aient été vendus pour un seul et même prix[36]. La jonction de deux ordres ouverts dans le même arrondissement et confiés au même juge-commissaire se demande par un dire inséré à l'un des deux procès-verbaux[37]. Le juge la prononce lui-même si elle n'est pas contestée, et, dans le cas contraire, renvoie la demande au tribunal que le demandeur en saisit au moyen d'un contredit[38]. Si les deux ordres ont été confiés à deux juges[39], aucun d'eux n'a juridiction

[32] La loi du 14 novembre 1808 rattache la procédure d'ordre à celle de saisie, puisque celle-là doit être portée au tribunal de la situation de l'immeuble où celle-ci s'est naturellement passée.

[33] Voy. *suprà*, § **650**.

[34] Rien ne l'y force et il peut ne pas le faire s'il y voit quelque inconvénient, comme dans le cas où l'un des immeubles dont il s'agit ne serait grevé que de deux ou trois inscriptions : les créanciers auxquels ces inscriptions appartiennent ont le droit de faire régler l'ordre à l'audience au moyen d'une procédure expéditive et économique (Voy. *infrà*, §§ **853** et suiv.), et on ne doit pas les lier malgré eux à un autre ordre qui doit, vu le nombre des créanciers inscrits, subir les lenteurs et les frais de la procédure ordinaire.

[35] Il n'y a pas nécessairement connexité entre deux ou plusieurs ordres simultanément ouverts sur les biens d'un même débiteur (Voy., à cet égard, *suprà*, note 29).

[36] Rodière, *op. et loc. cit.* Ollivier et Mourlon, *op. cit.*, n° 1262. Grosse et Rameau, *op. cit.*, t. II, n° 298. Houyvet, *op. cit.*, n° 105. Trib. de Napoléon-Vendée, 26 déc. 1849 (D. A. *v° cit.*, n° 316). Trib. de Cognac, 8 juill. 1850 (D. A. *v° cit.*, n° 313). *Contrà*, Tarrible, *op.*, *v° et loc. cit.*; Preschez, *op. cit.*, p. 41. Comp. Chauveau, sur Carré, *op. cit.*, t. VI, Ire part., quest. 2549 *quinquies*.

[37] Voy., sur les dires insérés au procès-verbal en matière d'ordre, *infrà*, § **829**.

[38] Chauveau, sur Carré, *op. cit.*, t. VI, 1re part., quest. 2549 *quater*. Ollivier et Mourlon, *op. et loc. cit.* Le tribunal de Cognac a jugé, au contraire, qu'il faut saisir le tribunal *omisso medio* et sans s'adresser d'abord au juge (8 juill. 1850, D. A. *v° et loc. cit.*; voy., sur les contredits en matière d'ordre, *infrà*, §§ **826** et suiv. On procède de même si le juge refuse de prononcer la jonction quoiqu'elle ne soit pas contestée : son ordonnance est déférée au tribunal par voie d'opposition conformément à l'article 767 (Voy., en ce sens, Chauveau, sur Carré, *op. et loc. cit.*, et, sur l'article 767, *infrà*, §§ **836** et suiv.). La jonction de deux ordres ne doit pas retarder la conclusion de celui des deux qui est déjà ouvert, mais la circonstance qu'un ordre est en état et que l'autre n'y est pas encore n'est pas une raison suffisante pour refuser la jonction (Trib. de Napoléon-Vendée, 26 déc. 1849; D. A. *v° cit.*, n° 316).

[39] Deux ou plusieurs juges peuvent être chargés de régler les ordres dans le ressort du même tribunal (Voy. le § suivant).

sur l'autre et l'on s'adresse d'emblée au tribunal[40]. Si les deux ordres sont ouverts dans deux arrondissements différents, la partie qui demande la jonction invite à se dessaisir, au moyen d'un dire, le juge sur lequel le choix des parties ne s'est pas porté ou qui ne siège pas au chef-lieu de l'exploitation; il statue lui-même si la demande n'est pas contestée et renvoie au tribunal dans le cas contraire; ce juge une fois dessaisi, le demandeur requiert celui qu'ont choisi les parties ou qui siège au chef-lieu de l'exploitation, et, à son refus, le tribunal dont il est membre, de joindre l'ordre en question à celui dont il est déjà saisi. S'il est fait droit à cette requête, on procède, au besoin, à la ventilation dont il sera parlé au § **819**; en cas de refus, on se pourvoit en règlement de juges comme en cas de conflit négatif[41].

§ **782**. Si l'ordre est une instance, cela ne veut pas dire qu'il se règle à l'audience et par les soins du tribunal tout entier; cela ne se fait que par exception lorsqu'il y a moins de quatre créanciers inscrits[1]. L'usage était établi depuis longtemps au tribunal de la Seine et dans la plupart des grands sièges de confier régulièrement le travail des ordres à un ou deux juges titulaires que le tribunal en chargeait pour une année au moins, et qu'il pouvait même, avec leur consentement, continuer pendant plusieurs années dans la même fonction[2]. Cet usage n'avait produit que de bons résultats : « La confection des ordres exige, de la part du magis- « trat qui en est chargé, une aptitude particulière, une expé- « rience consommée des affaires, de l'activité personnelle et « la fermeté envers les officiers ministériels; or toutes ces « qualités peuvent ne pas se rencontrer au même degré chez « tous les magistrats titulaires ou suppléants d'un même « siège entre lesquels le travail des ordres est, en général, « également réparti, tandis que quelques-uns d'entre eux « peuvent avoir l'heureux privilège d'en être particulière-

[40] Chauveau, sur Carré, *op. et loc. cit.* Trib. de Napoléon-Vendée, 26 déc. 1849 (D. A. *v° et loc. cit.*).
[41] Voy., sur le règlement de juges en cas de conflit négatif, t. II, § **289**.

§ 782. [1] Voy. *infrà*, §§ **853** et suiv.
[2] Circ. minist. 2 mai 1859 (D. P. 59. 4. 29, n° 31).

« ment doués, en sorte qu'en les chargeant seuls de ce « travail difficile on assure le bien présent et l'on augmente « par une pratique habituelle le trésor d'expériences qui « garantit le mieux à venir[3]. » Un décret du 19 mars 1852 avait confirmé et élargi cet usage : 1° en autorisant les tribunaux à confier cette mission aux juges suppléants, excepté ceux qui sont en même temps officiers ministériels et que leurs rapports confraternels et même leur intérêt personnel pourraient mettre dans une situation délicate[4] ; 2° en autorisant ces juges suppléants à rapporter à l'audience les affaires pour lesquelles ils ont été commis, et à prendre part au jugement de ces mêmes affaires avec voix délibérative[5]. La loi du 21 mai 1858 généralisa la pratique antérieure : le nouvel article 749 porte que « dans les tribunaux où les be- « soins du service l'exigent, il est désigné par décret du « président de la République un ou plusieurs juges spécia- « lement chargés du règlement des ordres; ils peuvent être « choisis parmi les juges suppléants, et sont désignés pour « une année au moins et trois années au plus[6]. » L'institution des juges-commissaires permanents leur donne le moyen d'acquérir une grande expérience et une juste autorité sur les officiers ministériels, et d'imprimer à ce service important une direction régulière et uniforme[7] : ils trouvent dans un avancement plus rapide la récompense de leur zèle. Nommés seulement pour un temps[8], révocables comme les juges d'instruction[9], et tenus chaque fois qu'ils en sont requis de rendre compte au président du tribunal, au pro-

[3] Bressolles, *op. cit.*, n° 5.

[4] Chauveau, sur Carré, *op. cit.*, t. VI, Ire part., quest. 2540. Bressolles, *op. et loc. cit.*

[5] Voy., sur le rôle des juges suppléants à l'audience civile, en général, t. I, § 24; t. III, §§ **436** et **437**.

[6] Ces juges sont également chargés de régler les contributions. On verra au § 786 que la proposition fut faite dans les travaux préparatoires de cette loi de confier aux notaires la direction des tentatives d'ordre amiable, mais qu'elle ne fut pas admise : le même juge préside à ces essais d'arrangement et au règlement judiciaire quand sa mission conciliatrice a échoué.

[7] Voy., sur ce point, Riché, *op. cit.* (D. P. 58. 4. 53, n° 67), et la circulaire ministérielle du 2 mai 1859, n° 35 (D. P. 59. 3. 29).

[8] Ils sont, bien entendu, renouvelables (Circ. minist. 2 mai 1859, *ib.*; Bioche, *op. cit.*, v° *Ordre*, n° 199; Pont, sur Seligmann, *op. cit.*, n° 114, note 1-3°).

[9] Seligmann, *op. cit.*, nos 109 et 110. Pont, sur Seligmann, *op. cit.*, n° 111, note 1-3°. Voy., sur la révocation des juges d'instruction, Faustin Hélie, *Théorie de l'instruction criminelle*, t. IV, n° 1575.

cureur de la République, au premier président de la cour d'appel et au procureur général de l'état des affaires dont ils sont chargés [10], leur responsabilité est un sûr garant que ces affaires ne resteront pas en souffrance [11]. Sont toujours en vigueur les deux dispositions du décret du 19 mars 1852 dont l'une défend de confier le règlement des ordres aux juges suppléants qui sont en même temps officiers ministériels [12], et dont l'autre leur donne voix délibérative quand les affaires dont ils sont chargés viennent à l'audience [13] : ils l'ont même

[10] Le projet du Gouvernement ne reconnaissait ce droit de contrôle qu'au premier président : la commission du Corps législatif a proposé de l'étendre au procureur général, et le conseil d'État y a consenti (Riché, *op. cit.;* D. P. 58. 4. 53, nº 67, note 1). Le contrôle du tribunal ne peut s'exercer que par l'intermédiaire du président et du procureur de la République : « Nous ne croyons pas, dit avec raison « M. Pont, qu'en plaçant le service des ordres sous le contrôle des tribunaux la loi « ait entendu mettre le juge spécial sous la surveillance de ses collègues et l'obliger « à venir rendre compte de l'état des ordres devant le tribunal tout entier. Nous « pensons que le droit de contrôle, dans la pensée de la loi, appartient au prési- « dent et au procureur de la République, lesquels, en ce point, représentent le tri- « bunal comme le premier président et le procureur général représentent la cour » (Sur Seligmann, *op. cit.*, nº 111, note 1-6º; voy., dans le même sens, Chauveau, sur Carré, *op. cit.*, t. VI, Ire part., quest. 2546 ; et, sur le pouvoir de surveillance et de discipline des chefs du tribunal et de la cour à l'égard de tous les magistrats de leur ressort, t. I, § **61**. « Vos substituts, dit la circulaire ministérielle du 2 mai 1859 « aux procureurs généraux, en vérifiant chaque mois les minutes du greffe, se feront « représenter le registre (dont il va être parlé) et lui consacreront une mention dans « leur procès-verbal. Ils vous transmettront ensuite dans les dix premiers jours de « chaque trimestre un extrait de ce registre certifié par le greffier, contenant tous « les ordres pendants et constatant la situation de chacun d'eux. Enfin, à la première « audience civile des mois de janvier, avril, juillet et octobre, le président du tri- « bunal fera publiquement l'appel de tous les ordres non terminés » (Nº 37 ; D. P. 59. 3. 59).

[11] Leur responsabilité se borne là, sans préjudice, bien entendu, de la prise à partie (Voy. t. I, § **57**). Je veux dire que le juge commis aux ordres n'est passible ni de dommages-intérêts ni de condamnation aux frais à raison des règlements qu'il a négligés ou mal faits (Bioche, *op. et vº cit.*, nº 270), et qu'on ne peut, faute de texte spécial, lui appliquer l'article 292 aux termes duquel l'enquête annulée par la faute du juge-commissaire est recommencée à ses frais (Voy., sur cet article, t. II, § **339**).

[12] Les raisons données ci-dessus à l'appui de cette incompatibilité sont permanentes, et on ne doit pas supposer que la loi du 21 mai 1858 ait voulu abroger en cela le décret du 19 mars 1852 (Bioche, *op. et vº cit.*, nº 198 ; Chauveau, sur Carré, *op. cit.*, t. VI, Ire part., quest. 2540 ; Boitard, Colmet-Daage et Glasson, *op. cit.*, t. II, nº 1023 ; Pont, sur Seligmann, *op. cit.*, nº 111, note 1-4º; Preschez, *op. cit.*, p. 46).

[13] Bioche, *op. et vº cit.*, nº 198. Chauveau, sur Carré, *op. et loc. cit.* Boitard, Colmet-Daage et Glasson, *op. et loc. cit.* Preschez, *op. et loc. cit.* La circulaire ministérielle du 2 mai 1859 spécifie qu'il n'est pas dispensé des autres travaux de l'audience (Nº 31 ; D. P. 59. 3. 29) : cette prescription est purement réglementaire et l'application en est subordonnée au bon vouloir du président et des autres membres du tribunal, au zèle du juge-commissaire, et à l'importance des ordres dont il est chargé et qui peuvent ne lui laisser aucun loisir (Voy., sur ce point, Bioche, *op. et vº cit.*, nº 200).

dans le cas où le tribunal n'aurait pas besoin d'eux pour se compléter[14], et leur présence au jugement est indispensable à moins qu'ils ne soient dûment empêchés, attendu que les affaires dont ils sont chargés ne peuvent se juger que sur leur rapport[15]. Le juge-commissaire est remplacé, en cas d'absence ou d'empêchement, par un autre juge que le président désigne par une ordonnance inscrite sur un registre spécial tenu au greffe[16]; ce remplacement a lieu d'office quand le juge-commissaire est en congé régulier[17], et je crois même que, dans le cas où il n'est empêché qu'accidentellement, le président peut le remplacer sans attendre la réquisition des parties, car la loi n'a pas voulu[18] que la conclusion de cette procédure dépendît de leur bon plaisir ou de celui de leurs avoués[19]. Si le décret rendu en exécution de l'article 749 charge plusieurs juges du règlement des ordres qui pourront s'ouvrir dans un même ressort, c'est au président qu'il appartient d'en faire la distribution[20], c'est-à-dire de désigner pour chaque règlement le juge qui en sera chargé[21]. D'ailleurs, ces décrets n'interviennent que pour les tribunaux où les besoins du service l'exigent; dans les autres, le président désigne chaque fois le juge qui sera chargé de procéder à l'ordre : il peut désigner toujours le même, et cette façon de procéder ne présente, on l'a vu, que des avantages[22], mais il ne peut, à peine d'excès de pouvoir, décider d'avance et pour toute l'année judiciaire que tel juge sera chargé du règle-

14 Seligmann, *op. cit.*, n° 111. Pont, sur Seligmann, *op. et loc. cit.*, note 1-4°.

15 Voy. *infrà*, § **831**.

16 Comme en matière d'enquête et d'instruction par écrit (Voy. t. II, §§ **331** et **401**). Ce n'est pas le tribunal mais le président seul qui procède au remplacement du juge empêché (Chauveau, sur Carré, *op. cit.*, t. VI, Ire part., quest. 2542).

17 Seligmann, *op. cit.*, n° 114.

18 Voy., sur l'esprit de loi en cette matière, *infrà*, § **785**.

19 Pont, sur Seligmann, *op. cit.*, n° 211, note 1-5°. Preschez, *op. cit.*, p. 48. *Contrà*, Seligmann, *op. cit.*, n° 112. Le juge qui arrive à l'expiration du temps pour lequel il a été nommé peut achever les ordres par lui commencés, à moins qu'il ne soit pris contre lui quelque mesure disciplinaire (Chauveau, sur Carré, *op. cit.*, t. VI, Ire part., quest. 2543). Le juge commis pour remplacer un collègue empêché peut-il, quand ce dernier reprend ses fonctions, terminer les ordres par lui commencés? Voy., pour l'affirmative, Chauveau, sur Carré, *op. cit.*, t. VI, Ire part., quest. 2544; Rodière, *op. cit.*, t. II, p. 348; pour la négative, Grosse et Rameau, *op. cit.*, t. II, n° 142; Preschez, *op. et loc. cit.*

20 C'est aussi le président qui distribue les causes entre les différentes chambres du tribunal (Voy. t. II, § **259**).

21 Seligmann, *op. cit.*, n° 113.

22 Voy., sur ces avantages, *suprà*, même §.

ment des ordres qui s'ouvriront pendant ce temps[23] : de telles ordonnances seraient passibles du recours en cassation[24]. Celles qui refusent de commettre un juge ou de remplacer un juge empêché sont sujettes à appel devant la cour[25], et le président qui néglige ou refuse de rendre sur ce point aucune ordonnance est sujet à prise à partie comme tout magistrat qui ne répond pas aux requêtes qui lui sont adressées[26].

Tout juge chargé de la confection d'un ordre a qualité pour ordonner, en cas de contestation, les moyens de preuve les plus propres à l'éclairer, tels qu'un compte, une expertise ou une enquête[27]. Il connaît aussi, en vertu du principe que le juge de l'action est juge de l'exception[28], de tous les moyens de défense qui ne sortent pas de sa compétence *ratione materiæ*[29] comme le ferait, par exemple, une plainte en faux criminel[30], et on ne peut alléguer, pour l'empêcher de statuer sur le mérite des créances produites devant lui, un compromis par lequel le débiteur et un ou plusieurs de ses créanciers seraient convenus de s'en remettre sur ce point à des arbitres : cette convention est *res inter alios acta* par rapport aux autres intéressés, et, par conséquent, ne soustrait pas à

[23] Chauveau, sur Carré, *op. cit.*, t. VI, IIe part., quest. 2545. Pont, sur Seligmann, *op. cit.*, no 111, note 1-2o et 5o. Preschez, *op. et loc. cit.*

[24] Voy., sur le pourvoi en cassation pour excès de pouvoir, le tome V de ce Traité.

[25] Pont, sur Seligmann, *op. cit.*, no 114, note 1-5o.

[26] Voy. t. I, § **57**.

[27] Une difficulté peut s'élever au sujet de l'enquête; aura-t-elle lieu devant lui ou à l'audience? On pourrait dire, en ce dernier sens, que les ordres et contributions requérant célérité (Voy., à cet égard, le § précédent) sont des affaires sommaires (Voy., sur ce point, t. II, § **399**), et que, dans ces affaires, les enquêtes ont lieu à l'audience devant le tribunal tout entier (Voy., t. II, § **398**). Cette argumentation ne serait pas fondée, car elle irait, en définitive, contre le vœu de la loi et contre l'intérêt même d'une bonne justice. D'une part, les articles 407 et suivants prescrivent de faire l'enquête sommaire à l'audience pour qu'elle soit plus rapide et moins chère, et elle serait assurément plus lente et plus coûteuse si le juge qui l'a ordonnée devait la renvoyer au tribunal au lieu d'y procéder lui-même. D'autre part, les meilleures enquêtes sont celles qui se font devant le juge même de la contestation et par ses soins, et il serait fâcheux que le juge commis pour procéder à l'ordre ou à la contribution n'entendît pas lui-même les témoins dont la déposition doit l'éclairer sur les droits des parties en instance devant lui (Voy., sur les avantages que l'enquête sommaire présente sur l'enquête ordinaire, t. II, § **342**).

[28] Voy., sur ce principe, t. I, § **181**.

[29] Req. 6 mai 1812 (D. A. vo *Privilèges et hypothèques*, no 2793). Pau, 8 avr. 1824; req. 22 juin 1825 (D. A. vo *Ordre*, no 321). Req. 30 mai 1848; Orléans, 16 juin 1854 (D. A. *vo cit.*, no 322). Poitiers, 13 juill. 1854 (D. P. 55. 2. 120). *Contrà*, Limoges, 15 avr. 1817 (D. A. *vo cit.*, no 323); req. 5 juin 1848 (D. P. 48. 1. 136).

[30] Cette plainte relève exclusivement de la juridiction criminelle (T. I, § **322**).

la compétence du juge-commissaire la créance ou les créances sur lesquelles elle est intervenue[31].

Le tribunal du lieu dans lequel l'ordre est ouvert est le juge naturel de tous les contredits élevés contre les décisions du juge-commissaire; cette compétence ne fait difficulté que dans le cas où la contestation dont une créance est l'objet est déjà pendante devant un autre tribunal. Le contredit élevé dans ces conditions doit-il être renvoyé devant ce dernier tribunal pour cause de litispendance[32]? Le tribunal du lieu de l'ouverture de l'ordre peut-il, au contraire, refuser de s'en dessaisir en se déclarant seul compétent pour confirmer ou réformer les décisions du juge-commissaire? Un arrêt s'est prononcé en ce dernier sens dans une espèce où la contestation engagée devant le premier tribunal avait visiblement pour but de retarder la solution de l'ordre[33]; mais le renvoi à ce tribunal me paraît s'imposer en général, car l'exception de litispendance a pour but d'éviter une contrariété de jugements qui risque — et c'est ici le cas — de se produire quand les deux tribunaux en conflit restent simultanément saisis de la même contestation[34].

§ II.

Règlement de l'ordre.

SOMMAIRE. — § **783.** Division. — § **784.** I. ORDRE JUDICIAIRE PROPREMENT DIT. Poursuite d'ordre; à qui elle appartient. Privilège du Crédit foncier. — § **785.** A. Convocation des créanciers pour se régler amiablement sur le prix; but et avantage de cette tentative d'arrangement. — § **786.** Suite. A qui il appartient d'y procéder. — § **787.** Suite. Comment les convocations sont faites. — § **788.** Suite. Quels créanciers sont convoqués; convocation de l'adjudicataire et du saisi. — § **789.** Suite. Où faut-il adresser les lettres de convocation? — § **790.** Suite. Comment et dans quel délai les créanciers doivent comparaître; le ministère des avoués est-il obligatoire? — § **791.** Suite. Formes de la réunion des créanciers;

[31] Paris, 22 févr. 1831 (D. A. *v° cit.*, n° 320). Comp., sur ce point, le § précédent, et voy., sur l'application en matière d'arbitrage de l'article 1165 du Code civil, aux termes duquel les conventions n'ont d'effet qu'entre les parties et n'en produisent pas à l'égard des tiers, le tome V de ce Traité.

[32] Voy., sur l'exception de litispendance, t. II, § **292**.

[33] Req. 24 févr. 1852 (D. P. 52. 1. 43).

[34] Voy., sur le but de l'exception de litispendance, t. II, § **292**.

Suite. 3) Les intérêts et arrérages des créances colloquées cessent de courir à l'égard de la partie saisie. — § **842**. Suite. Dénonciation de l'ordonnance de clôture. — § **843**. Suite. Recours contre cette ordonnance. — § **844**. Suite. 1) Opposition. — § **845**. Suite. 2) Action principale en nullité et tierce opposition. — § **846**. 6° *Exécution de l'ordonnance de clôture; délivrance des bordereaux contre l'adjudicataire ou contre la Caisse des dépôts et consignations; paiement de ces bordereaux; radiation des inscriptions.* 1) Délivrance d'un extrait de l'ordonnance de clôture. — § **847**. Suite. 2) Radiation des inscriptions des créanciers non colloqués en ordre utile. — § **848**. Suite. 3) Délivrance des bordereaux. — § **849**. Suite. *a*) Contre l'adjudicataire. Quand et comment il doit payer. — § **850**. Suite. *b*) Contre la Caisse des dépôts et consignations. Quand l'adjudicataire peut consigner; formes et effets de la consignation; procédure en validité; paiement des bordereaux par la Caisse des dépôts et consignations. — § **851**. Suite. 4) Radiation des inscriptions des créanciers colloqués en ordre utile. — § **852**. 7° *Responsabilité et déchéance des avoués en matière d'ordre judiciaire.* — § **853**. II. Règlement de l'ordre a l'audience. A qui appartient la poursuite; essai de règlement amiable. — § **854**. Suite. Dans quels cas il y a lieu de procéder ainsi. — § **855**. Suite. Comment l'ordre est réglé par le tribunal. — § **856**. III. Poursuite de folle enchère au cours de l'ordre. Comment on procède en pareil cas. — § **857**. Suite. Il n'y a pas lieu de faire un nouvel ordre; conséquences. — § **858**. IV. Réformes et améliorations dont la procédure d'ordre est susceptible.

§ **783**. Le Code de procédure, modifié par la loi du 21 mai 1858 [1], a organisé pour la distribution du prix des immeubles deux procédures : 1° l'ordre judiciaire proprement dit, pour le cas où il y a quatre ou plus de quatre créanciers inscrits sur l'immeuble dont le prix est en distribution (Art. 750 à 771, 775, 776, 777, al. 1 à 4, et 778) ; 2° l'instance en attribution ou règlement à l'audience par voie d'instance, pour le cas où les créanciers sont moins de quatre (Art. 773) [2]. Les articles 772, 774 et 777, al. 5, supposent l'ordre ouvert après une aliénation volontaire : j'en renvoie le commentaire au tome V de ce Traité. Je réserve également pour les §§ **905**, **945** et **968** les articles 763 et 764 et les dispositions des articles 762, 765 et 767 qui ont trait à l'appel des jugements rendus en matière d'ordre. Je terminerai cette matière par l'explication de l'article 779 qui suppose qu'une revente sur folle enchère se produit au cours ou à la suite de la clôture de l'ordre.

§ **784**. C'est à l'avoué du saisissant qu'il appartient de

§ **783**. [1] Quelle différence y a-t-il, sous ce rapport, entre le Code de procédure et la loi du 21 mai 1858? Voy., sur ce point, *infrà*, § **785**.

[2] Dans quels cas, au juste, y a-t-il lieu d'employer l'une ou l'autre de ces deux procédures? Voy. *infrà*, § **854**.

poursuivre l'ordre (Art. 750)[1]. A cet effet, et dans la huitaine[2] qui suit la transcription du jugement d'adjudication[3], il requiert du conservateur des hypothèques de la situation de l'immeuble l'état dit « sur transcription » des inscriptions qui existent sur cet immeuble[4], et se présente, muni de cet état, au greffe du tribunal compétent pour procéder à l'ordre[5]. 1° Il y requiert l'ouverture d'un procès-verbal d'ordre et fait inscrire sa réquisition sur le registre des adjudications[6] ou sur un registre spécial dans les tribunaux qui en ont un[7]. 2° Il dépose l'état « sur transcription » dont il garde une copie par-devers lui pour faciliter la rédaction des sommations de produire dont il sera parlé aux §§ **806** et suivants[8], et fait mentionner ce dépôt à la suite de sa réquisition ; un acte spécial de dépôt est inutile, car cette mention constitue le greffier dépositaire de l'état et engage suffisamment sa responsabilité[9].

§ **784.** [1] J'ai expliqué aux §§ **696** et **749** la première partie de cet article relative à la transcription du jugement d'adjudication et à la revente sur folle enchère à défaut de transcription dans le délai fixé par la loi.

[2] Bioche dit qu'elle n'est pas franche et n'expire, par conséquent, que le 9 si la transcription a eu lieu le 1er (*Op. et v° cit.*, n° 132) : cette opinion est conforme au principe posé t. II, § **205,** à savoir que les seuls délais francs sont ceux qui ont pour point de départ une signification faite à personne ou à domicile. On verra, d'ailleurs, au même § que l'intérêt de la question se réduit à savoir quel jour précisément l'avoué du saisissant perdra le privilège de la poursuite et se trouvera exposé à la concurrence des autres avoués en cause.

[3] Et non pas dans la huitaine qui suit l'expiration du délai dans lequel l'adjudicataire est tenu de faire transcrire le jugement d'adjudication. L'avoué du saisissant doit donc agir dans la huitaine qui suit la transcription, fût-elle faite avant l'expiration du délai de quarante-cinq jours fixé par l'article 750 : si le jugement est du 1er avril, le délai pour le faire transcrire expire le 16 mai ; mais, si l'adjudicataire a rempli cette formalité le 1er mai, l'avoué du saisissant doit requérir le 9 au plus tard l'ouverture de l'ordre (Chauveau, sur Carré, *op. cit.*, t. VI, Ire part., quest. 2548 ; Grosse et Rameau, *op. cit.*, n° 155 ; voy., sur le délai de quarante-cinq jours dans lequel le jugement d'adjudication doit être transcrit, *suprà*, § **696,** et, sur le calcul du délai dans lequel l'ouverture du procès-verbal d'ordre doit être requise, la note précédente). La signification du jugement d'adjudication, qui doit précéder l'expulsion du saisi (Voy. *suprà, ib.*), est sans intérêt au point de vue de l'ouverture de l'ordre : il peut s'ouvrir avant que le jugement soit signifié, et cette signification ne fera pas courir le délai dans lequel l'avoué du saisissant doit requérir l'ouverture de l'ordre (Chauveau, sur Carré, *op. cit.*, t. VI, Ire part., quest. 2547 *decies* ; Boitard, Colmet-Daage et Glasson, *op. cit.*, t. II, n° 1024 ; voy. cep. Bioche, *op. et v° cit.*, n° 133).

[4] Voy., sur la rédaction de cet état, le § suivant.

[5] Voy., sur ce tribunal, *suprà*, § **781.**

[6] Voy., sur ce registre, *suprà*, § **696.**

[7] Comme à Paris (Preschez, *op. cit.*, p. 50).

[8] Riché, *op. cit.* (D. P. 58. 4. 54, n° 71).

[9] Seligmann, *op. cit.*, n° 130. Le greffier aura soin de ne pas laisser mettre cette mention sur le registre avant de s'être assuré personnellement du dépôt dont il devient responsable (Seligmann, *op. cit.*, n° 129).

3° Le poursuivant requiert en même temps le président de nommer un juge-commissaire « s'il y a lieu, » c'est-à-dire s'il n'y a pas de juge spécial ou s'il y en a plusieurs[10], car, s'il en existe un et qu'il soit seul, il est saisi par le seul fait de la réquisition du poursuivant[11]. Dans ce cas le registre lui est communiqué directement, il y prend connaissance de la réquisition qui le concerne, et agit d'office ainsi qu'il sera dit au § **786**; dans le cas contraire le registre est soumis au président qui commet un juge; son ordonnance est inscrite à la suite de la réquisition et exécutoire sans autre formalité[12]; ni l'une ni l'autre ne sont sujettes de l'enregistrement[13]. L'article 750 ne fixe aucun délai au président pour commettre un juge, mais il doit le faire sans retard et ne pas attendre pour cela que l'avoué du saisissant ait fait taxer les frais qui lui sont dus et qui seront prélevés sur la somme à distribuer, car cette difficulté ne peut être résolue avant la nomination du juge-commissaire qui est seul compétent pour en connaître[14]. L'ordonnance par laquelle le président refuse de commettre un juge n'est pas sujette à opposition devant le tribunal comme les autres ordonnances rendues en matière d'ordre[15]; elle doit être déférée par voie d'appel au premier président de la cour[16], car le président n'est pas, comme le juge-commissaire, le délégué du tribunal, ne tient ses pouvoirs que de la loi, et ne relève dans l'exercice de ses fonctions que du contrôle de la juridiction supérieure[17]. D'autre part, la réquisition du poursuivant emporte : 1° son acquiescement au jugement d'adjudication et, par conséquent, sa renonciation au droit d'en interjeter appel[18]; 2° ou-

[10] Voy., sur l'institution de juges spéciaux pour la direction des ordres et sur les tribunaux où ces juges spéciaux n'existent pas, *suprà*, § **782**.

[11] Chauveau, sur Carré, *op. cit.*, t. VI, Ire part., quest. 2549 *sexies*. Seligmann, *op. cit.*, n° 124. Grosse et Rameau, *op. cit.*, t. I, n° 159.

[12] Preschez, *op. et loc. cit.*

[13] Instruction de la régie de l'enregistrement, 5 févr. 1844 (D. P. 45. 3. 33).

[14] Seligmann, *op. cit.*, n° 126. Bordeaux, 14 août 1845 (D. A. v° *cit.*, n° 111).

[15] Voy. *infrà*, § **844**. Il en est ainsi, notamment, de l'ordonnance du juge aux ordres, ou spécialement commis pour régler un ordre, qui refuse de l'ouvrir sous prétexte d'insuffisance de l'état des inscriptions produit par le requérant (Angers, 19 août 1875; D. P. 76. 2. 185).

[16] Et non pas à la cour elle-même (Voy. cep. Ulry, *op. cit.*, t. I, n° 85, et, sur les voies de recours contre les ordonnances du président, le tome V de ce Traité).

[17] Seligmann, *op. cit.*, n° 127. Ulry, *op. et loc. cit.* Chauveau, sur Carré, *op. cit.*, t. VI, Ire part., quest. 2549 *ter*.

[18] L'arrêt rendu en sens contraire par la cour de cassation, le 23 décembre 1806

verture de l'ordre au sens de l'article 2154 du Code civil, si l'on admet que les inscriptions hypothécaires cessent à ce moment d'être soumises au renouvellement décennal[19]. Avant la loi du 21 mai 1858, alors que les créanciers se réglaient amiablement entre eux sans l'intervention du juge[20], on a pu soutenir que la réquisition du poursuivant n'entraînait pas encore l'ouverture de l'ordre, mais aujourd'hui que l'essai de règlement amiable est le premier acte de cette procédure[21], elle doit être tenue pour commencée quand le poursuivant a requis, conformément à l'article 750, l'ouverture du procès-verbal qui ne peut lui être refusée. Qu'on n'objecte pas l'article 752, aux termes duquel le juge « déclare l'ordre ouvert « à défaut d'ordre amiable dans le délai d'un mois[22] » : c'est du règlement judiciaire que cet article veut parler, et la procédure d'ordre en son ensemble, tant amiable que judiciaire, est déjà ouverte par la réquisition signifiée en vertu de l'article 750[23].

L'avoué du saisissant a le privilège de la poursuite pendant les huit jours qui suivent la transcription du jugement d'ad-

(D. A. vº *Vente publique d'immeubles*, nº 2149), n'est qu'une décision d'espèce : le cahier des charges avait dispensé l'adjudicataire de payer les intérêts de son prix, mais l'adjudication avait été suivie de surenchère, les affiches apposées en vue de la nouvelle adjudication ne contenaient aucune indication relative à la dispense de payer les intérêts du prix de cette nouvelle adjudication, et le procès-verbal d'ouverture de l'ordre mentionnait même expressément que l'ordre devrait porter non-seulement sur le prix d'adjudication mais encore sur les intérêts de ce prix. Dans ces conditions, la cour de cassation a pu juger : 1º que le jugement d'adjudication sur surenchère avait dispensé à tort l'adjudicataire sur surenchère de payer les intérêts de son prix ; 2º qu'en requérant l'ouverture de l'ordre, le créancier saisissant n'avait pas acquiescé à ce jugement. Voy., sur ce point, Bioche, *op. et vº cit.*, nº 173 ; et, sur l'acquiescement, le tome V de ce Traité.

[19] On a vu au § **713** que cette opinion n'est pas la mienne, et que je fais cesser dès le jugement d'adjudication l'obligation de renouveler les inscriptions hypothécaires. La question de savoir quand l'ordre peut être regardé comme ouvert n'a pas d'intérêt au point de vue de l'application de l'article 2151 du Code civil, car les auteurs qui n'entendent pas par l' « année courante » de cet article celle qui court au moment où le jugement d'adjudication est prononcé, ne la font courir qu'à partir de la demande en collocation formée par le créancier intéressé (Voy. *suprà, ib.*).

[20] Voy. les arrêts pour et contre D. A. vº *Ordre*, nºs 332 et 333, et, sur l'ordre amiable avant la loi du 21 mai 1858, *infrà*, § **786**.

[21] Voy. *infrà*, *ib.*

[22] Voy., sur cet article, *infrà*, § **864**.

[23] Cette opinion, qu'enseigne l'auteur anonyme de l'article *Ordre judiciaire* (D. A. vº *cit.*, nº 334), n'est cependant pas généralement admise. Voy., en sens contraire, Chauveau, sur Carré (*Op. cit.*, t. VI, 1re part., quest. 2352), et Grosse et Rameau (*Op. cit.*, t. I, nº 352) qui ne considèrent l'ordre ouvert, au sens dont il s'agit, que lorsque le juge a déclaré l'ordre judiciaire ouvert à défaut d'ordre amiable (Voy., dans le même sens, Riom, 13 juill. 1859 ; D. A. vº *cit.*, nº 1390).

judication[24], à moins qu'un autre avoué n'ait déjà poursuivi la revente sur folle enchère contre l'adjudicataire qui n'aurait pas transcrit dans les quarante-cinq jours : la poursuite de l'ordre continuerait à appartenir à cet avoué dans le cas même où l'adjudicataire préviendrait la revente en transcrivant et en consignant une somme suffisante pour couvrir les frais déjà faits contre lui[25]. La huitaine passée, toutes les parties intéressées peuvent requérir l'ouverture du procès-verbal, les créanciers pour obtenir une prompte distribution du prix[26], l'adjudicataire et le saisi pour liquider au plus tôt leur situation[27]. L'article 750 accorde ce droit au créancier hypothécaire ou chirographaire « le plus diligent, » et je n'exclus pas de cette formule, quoiqu'on l'ait proposé[28], celui qui n'aurait pas de titre exécutoire : il est vrai qu'il n'aurait pu saisir l'immeuble[29], mais autre chose est pratiquer la saisie immobilière, autre chose poursuivre la distribution du prix auquel peuvent participer, à leur rang, tous les créanciers[30]. Ce même droit appartient, à plus forte raison, aux créanciers dont l'hypothèque porte sur un autre immeuble

24 Voy., sur le calcul de ce délai, *suprà*, notes 1 et 2.

25 Chauveau, sur Carré, *op. cit.*, t. VI, Ire part., quest. 2548 *quater*. Grosse et Rameau, *op. cit.*, n° 156. Voy., sur la poursuite de folle enchère contre l'adjudicataire qui n'a pas transcrit en temps utile, *suprà*, § **749**.

26 Le créancier qui aurait requis l'ouverture de l'ordre sans y avoir intérêt (par exemple, un créancier déjà payé ou dont la créance est éteinte par prescription ou autrement) devrait être condamné aux frais de la procédure (Orléans, 17 juill. 1818; D. A. v° *Ordre*, n° 108).

27 L'article 750 du Code de procédure ne donnait pas au saisi le droit de requérir l'ouverture de l'ordre; la loi du 21 mai 1858 a comblé cette lacune. La poursuite d'ordre exercée par un adjudicataire surenchéri est-elle valable? La cour de Toulouse a jugé l'affirmative le 3 juillet 1840 (D. A. *v° et loc. cit.*), mais dans une espèce où les créanciers qui demandaient la nullité s'étaient approprié la poursuite en produisant à l'ordre et où l'un d'eux s'y était même fait subroger. En règle générale, l'adjudicataire surenchéri n'a pas qualité, faute d'intérêt, pour requérir l'ouverture du procès-verbal d'ordre (Voy. cep. Bioche, *op. et v° cit.*, n° 169), et, loin de poursuivre l'ouverture de l'ordre, l'adjudicataire même non surenchéri a quelquefois intérêt à la retarder pour ne payer son prix que le plus tard possible. Voy., sur le paiement et la consignation du prix d'adjudication, *infrà*, § **850**.

28 Grosse et Rameau, *op. cit.*, n° 284.

29 Voy. t. III, § **541**.

30 Bioche, *op. et v° cit.*, n°s 131 et 171. Chauveau, sur Carré, *op. cit.*, t. VI, Ire part., quest. 2548 *quinquies*. Seligmann, *op. cit.*, n° 132. Pont, sur Seligmann, *op. et loc. cit.*, note 1. Besançon, 16 juill. 1808 (D. A. *v° cit.*, n° 99). Il arrive quelquefois que, par esprit de confraternité, les avoués répugnent à faire déchoir de son privilège celui du saisissant qui n'a pas requis l'ouverture de l'ordre dans les huit jours qui suivent la transcription : M. Dayras voudrait que, dans la prochaine réforme du Code de procédure, on ajoutât à l'article 750 une disposition semblable à

que celui dont le prix est mis en distribution[31], à ceux qui descendent au rang de créanciers chirographaires en vertu d'un jugement qui annule leur inscription[32], et au créancier chirographaire muni d'un titre exécutoire qui, ayant formé les premiers la saisie immobilière, mais l'ayant négligemment conduite, s'y est vu subroger un autre créancier[33]. Si plusieurs avoués se trouvent en concurrence, le conflit est réglé de la manière suivante par le président statuant sans opposition ni appel[34], et à Paris par la chambre des avoués[35]; sont préférés les uns à défaut des autres : 1° le créancier qui a le premier requis la délivrance de l'état des inscriptions et, si plusieurs l'ont requis le même jour, celui d'entre eux qui est le porteur du titre le plus ancien ou le plus important; 2° les créanciers privilégiés et, en cas de concurrence, celui d'entre eux dont le privilège prime les autres; 3° le créancier hypothécaire, et, s'ils sont plusieurs, le plus ancien d'entre eux; 4° le créancier chirographaire qui possède un titre exécutoire; 5° le créancier chirographaire qui n'a qu'un titre sous seing privé; 6° le saisi; 7° l'adjudicataire[36].

L'article 750 a omis de régler deux points de détail qui ont leur importance pour l'avoué du saisissant qui veut conserver son privilège : 1° comment saura-t-il que le jugement d'adjudication a été transcrit, et qu'ainsi le délai à l'expiration

l'article 776 (Voy. *infrà*, § **852**), en vertu de laquelle l'avoué du saisissant serait déchu de plein droit de son privilège faute d'avoir poursuivi l'ouverture de l'ordre en temps utile (*Observations pratiques sur les articles 750 et 751*, dans la *Revue pratique de droit français*, t. XXXI, 1871, p. 467 et suiv.).

[31] Bioche, *op. et v° cit.*, n° 167. Chauveau, sur Carré, *op. et loc. cit.*

[32] Bioche, *op. et v° cit.*, n° 168. Chauveau, sur Carré, *op. cit.*, t. VI, Ire part., quest. 2548 *sexies*. Paris, 15 avr. 1809 (D. A. *v° cit.*, n° 108).

[33] Chauveau, sur Carré, *op. et loc. cit.* Voy., sur la subrogation aux poursuites de saisie immobilière, *suprà*, §§ **732** et suiv.

[34] Seligmann, *op. cit.*, n° 133.

[35] Bioche, *op. et v° cit.*, n° 172. Voy., sur les attributions de cette chambre, t. I, § **94**. Un registre « de concurrence » est ouvert au greffe : les avoués qui, ayant reçu de leurs clients le mandat de poursuivre l'ordre ne peuvent le faire encore, soit que les délais ne soient pas encore expirés soit qu'ils n'aient pas les pièces nécessaires, viennent s'y faire inscrire; la huitaine expirée, la chambre prononce entre eux suivant les règles qui vont être posées (Preschez, *op. cit.*, p. 23).

[36] Bioche, *op. et loc. cit.* Chauveau, sur Carré, *op. cit.*, t. VI, Ire part., quest. 2548 *quater* et *octies*. Seligmann, *op. et loc. cit.* Caen, 4 avr. 1807; req. 1er janv. 1809 (D. A. v° *Privilèges et hypothèques*, n° 1737). Bordeaux, 2 févr. 1848 (D. A. v° *Ordre*, n° 101). Le tribunal de la Roche-sur-Yon a cru devoir donner la préférence entre créanciers hypothécaires à celui qui, ayant une hypothèque générale, « représentait l'intérêt le plus général » (26 déc. 1849; D. A. *v° cit.*, n° 100).

duquel il sera déchu a commencé à courir? 2° comment fera-t-il pour requérir l'ouverture de l'ordre à l'expiration de ce délai, si le conservateur des hypothèques tarde à lui délivrer l'état des inscriptions qui doit être déposé en même temps que sa réquisition? Si l'avoué de l'adjudicataire faisait connaître à celui du saisissant, par acte d'avoué à avoué, le jour où il a présenté le jugement au bureau du conservateur des hypothèques, l'avoué du saisissant devrait requérir l'ouverture de l'ordre dans la huitaine suivante, faute de quoi il perdrait son privilège si quelqu'autre, informé de la transcription, l'avait devancé [37], mais, à défaut de cette formalité que l'avoué de l'adjudicataire n'est pas tenu de remplir, celui du saisissant doit conserver équitablement son privilège pendant huitaine à compter du quarante-cinquième jour qui a suivi le jugement d'adjudication [38], à moins qu'un autre plus diligent ne l'ait devancé en poursuivant la revente sur folle enchère à l'expiration de ces quarante-cinq jours [39]. Quant au délai de huitaine dans lequel le conservateur des hypothèques doit délivrer l'état des inscriptions, il est, à la rigueur, suffisant, car le conservateur, qui a déjà délivré cet état en vue des sommations de prendre communication du cahier des charges [40], n'aura qu'à s'y référer en y ajoutant les inscriptions prises ou les changements de domicile effectués depuis cette époque, ou en attestant par un certificat négatif qu'il n'a pas été pris d'inscriptions nouvelles et qu'aucun créancier n'a changé de domicile [41]. Il peut cependant arriver que le conservateur laisse passer un si bref délai sans avoir fourni l'état demandé : l'avoué du saisissant conserve alors son privilège en justifiant qu'il a mis en temps utile le conservateur en demeure, et ce dernier

[37] C'est ce qui se fait à Paris, où le cahier des charges (Voy. *suprà*, § **669**) oblige l'avoué de l'adjudicataire à notifier, dans les trois jours, « aux parties présentes à « la vente » le dépôt du jugement d'adjudication au bureau des hypothèques (Preschez, *op. cit.*, p. 22, note 1).

[38] Chauveau, sur Carré, *op. cit.*, t. V, Ire part., quest. 2548 *bis*. Seligmann, *op. cit.*, n° 124. Grosse et Rameau, *op. cit.*, t. I, n° 155.

[39] Voy., sur cette hypothèse, *suprà*, § **749**, et même §.

[40] Voy. *suprà*, §§ **670** et suiv.

[41] Preschez, *op. cit.*, p. 49. Voy., sur les inscriptions prises depuis la délivrance de l'état qui a servi aux sommations, et sur le cas où les créanciers inscrits changent de domicile, *suprà*, §§ **671** et **710**.

est responsable envers les parties intéressées du retard que l'ouverture de l'ordre a subi par sa faute [42].

L'article 38 du décret du 28 février 1852 déroge, en faveur du Crédit foncier, aux règles qui font l'objet du présent §. Les adjudicataires des biens vendus à la requête du Crédit doivent, à titre de provision, verser à sa caisse, dans la huitaine de l'adjudication, les annuités dues par le saisi; ils doivent, en outre, après les délais de la surenchère, verser à ladite caisse le surplus du prix d'adjudication nonobstant toutes oppositions, contestations et inscriptions des autres créanciers du saisi [43], mais sauf leur action en répétition si le Crédit a été payé indûment à leur préjudice [44]. Il échappe ainsi aux lenteurs de l'ordre et rentre, à bref délai, dans ses fonds [45].

§ **785.** Quel que soit le nombre des créanciers inscrits [1], le juge-commissaire ou le juge spécial les convoque, l'un dans les huit jours de sa nomination, l'autre dans les trois jours de sa réquisition, « afin de se régler amiablement sur la distri- « bution du prix » (Art. 751). La loi place ainsi au seuil de l'ordre judiciaire un essai d'arrangement qu'on appelle l'ordre amiable et dont je préciserai le caractère au § **792**. Il y a, suivant le but qu'on lui assigne et le parti qu'on espère en tirer, deux manières de le concevoir. Se propose-t-on seulement d'accélérer la procédure et de restreindre les frais quand les créanciers sont assez peu nombreux et leur situation respective assez claire pour rendre inutiles les formalités compliquées et coûteuses de l'ordre judiciaire? On placera l'ordre amiable aussitôt après la transcription du jugement d'adjudication et avant qu'aucuns frais n'aient été faits. Veut-on,

[42] Chauveau, sur Carré, *op. cit.*, t. V, Ire part., quest. 2547 *novies*.

[43] Le prix d'adjudication dû au Crédit foncier jouit donc de la même insaisissabilité que les annuités mêmes qui lui sont dues (Comp. t. III, § **561**, et *suprà*, § **767**).

[44] Voy., sur cette répétition des sommes payées indûment dans une procédure d'ordre, *infrà*, §§ **839** et suiv.

[45] Voy., sur les motifs de ce privilège, *suprà*, § **767**; et, sur l'application de l'article 38 du décret du 28 mars 1852, Josseau, *op. cit.*, t. I, nos 482 et 483.

§ **785.** [1] Fussent-ils plus de deux, auquel cas il n'y aurait pas lieu au préliminaire de conciliation (Voy. t. II, § **238**), ou moins de quatre, auquel cas il n'y a pas lieu de procéder à l'ordre judiciaire proprement dit (Art. 773; voy. *infrà*, § **854**).

au contraire, éviter les contestations qui retardent la conclusion et aggravent les frais de l'ordre judiciaire? On attendra pour procéder à l'ordre amiable que l'ordre judiciaire soit ouvert, les productions faites et les prétentions respectives bien établies, parce qu'alors seulement le juge sera en mesure de les concilier ou du moins de renvoyer à l'audience un débat nettement circonscrit sur lequel le tribunal pourra se prononcer sans retard. La loi du 29 septembre 1819 pour le canton de Genève [2] et le Code de procédure civile italien de 1865 [3] se sont arrêtés à ce dernier parti [4] qui a « le triple « avantage de n'appeler l'intervention du juge comme mé« diateur qu'au moment où la situation des choses lui est « parfaitement connue, d'arrêter au passage bien des conflits, « de tracer nettement le champ clos des débats sérieux [5]; » mais le Code de 1806 [6], la loi belge du 15 août 1854 [7] et la loi du 21 mai 1858 [8] ont préféré le premier système avec lequel on évite, si l'accord peut s'établir, tous les frais de l'ordre judiciaire : « Nous n'avons pas, a dit M. Riché dans « son rapport au Corps législatif, entouré d'espérances exagé« rées le berceau de cette innovation, surtout pour le cas où « de grands intérêts seront engagés, mais, n'y eût-il qu'un « ordre amiable sur dix tentatives, ce préliminaire très peu « dispendieux serait justifié, et il est permis d'attendre un « succès plus grand, surtout dans les petits ordres, puisque « la statistique nous révèle qu'il n'y a de contestations que « dans un ordre sur quatre [9], et qu'ainsi il suffirait seulement

[2] « A l'expiration du délai pour contester, s'il ne s'est élevé aucune contestation, « le juge-commissaire le déclarera dans son état de collocation. En cas de contesta« tion, le juge-commissaire cherchera à concilier les parties; à défaut de conciliation, « il les renverra à l'audience » (Art. 642 et 643; Bellot, *op. cit.*, p. 559).

[3] Art. 708 et suiv. (P. 218 et suiv.).

[4] Je rappelle que la loi génevoise rattache toute la procédure d'ordre au jugement d'adjudication, de manière qu'elle précède ce jugement au lieu de le suivre comme en droit français (Voy. *suprà*, § **778**, note 16). Seligmann (*Quelles sont les réformes dont notre procédure civile est susceptible* (Paris, 1855), p. 348) préconise également le système qui consiste à placer l'ordre amiable après l'ouverture de l'ordre judiciaire.

[5] D. P. 58. 4. 53, n° 68.

[6] Art. 749 : « Dans le mois de la signification du jugement d'adjudication..... les « créanciers et la partie saisie sont tenus de se régler entre eux sur la distribution « du prix. »

[7] Art. 102 et suiv. (*Pasinomie*, 1854, p. 301 et suiv.). Voy., sur cette partie de la loi belge, Preschez, *op. cit.*, p. 13 et suiv.

[8] C'est ce qui résulte de l'article 751 rapporté au commencement de ce §.

[9] Voy. les renseignements statistiques que donne M. Riché, *op. cit.* (D. P. 58. 4. 53, n° 68, note 3).

« d'un agent indiqué et d'une réunion obligatoire pour faire « terminer à bon marché cet ordre qui doit être aujourd'hui « réglé à grands frais, sans qu'il y ait même lieu à débat [10]. » La loi du 21 mai 1858 a effectivement complété et amélioré l'article 749 du Code de 1806, qui obligeait simplement les créanciers et le saisi « à se régler entre eux sur la distribu- « tion du prix [11] » « en créant ce qui manquait, c'est-à-dire « le centre commun, l'agent désigné de la conciliation, le « rendez-vous obligatoire auprès de cet agent [12]. » On verra au § **858** les résultats qu'a donnés la loi nouvelle et les perfectionnements dont elle est susceptible, mais la procédure actuelle a déjà l'avantage d'être peu coûteuse. Elle comporte pour tous frais : 1° les droits de greffe [13], de timbre et d'enregistrement du procès-verbal [14]; 2° la somme avancée par le poursuivant pour l'affranchissement et le chargement des lettres de convocation adressées aux créanciers inscrits [15]; 3° les 20 centimes alloués au greffier par chaque lettre [16]; 4° le droit de présence de l'avoué poursuivant, dont l'assistance, sinon indispensable du moins très utile pour la préparation de l'ordre amiable, doit être à la charge de tous les créanciers [17]; 5° le coût des procurations données par les créanciers non admis en ordre utile qui consentent à la radiation de leurs inscriptions, et facilitent ainsi sans profit personnel l'accord des autres créanciers [18]; 6° le droit proportionnel de 62 centimes et demi par 100 francs, décimes compris [19], perçu sur le montant de chaque collocation en vertu de l'article 5-1° de la

[10] *Op. cit.* (D. P. 58. 4. 53, n° 68).
[11] Voy., sur l'ancien article 749, Riché, *op. et loc. cit.*
[12] Riché, *op. et loc. cit.*
[13] Le greffier n'a droit à aucune vacation (Pé de Arros, *op. cit.*, dans la *Revue pratique de droit français*, t. XLVII, 1880, p. 235). Voy., sur les droits de greffe, t. I, § **90**.
[14] Voy., sur ce procès-verbal, *infrà*, § **793**.
[15] Voy., sur ces frais, Seligmann, *Explication théorique et pratique de la loi du 21 mai 1858*, n° 190.
[16] Voy., sur ce point, le § suivant.
[17] Seligmann, *op. et loc. cit.* Voy., sur le rôle du poursuivant dans la préparation de l'ordre amiable, le § suivant.
[18] Seligmann, *op. et loc. cit.* Voy., sur ces procurations et sur l'utilité du consentement donné par ces créanciers à la radiation de leurs inscriptions, *infrà*, § **793**.
[19] « D'après les tarifs en vigueur » (L. 28 févr. 1872, art. 5-1°; cbn. L. 22 frim. an VII, art. 69, § 2-9°).

loi du 28 février 1872[20]. Les frais de déplacement des créanciers colloqués et les honoraires des avoués qui les assistent sont à leur charge personnelle[21], et les lettres par lesquelles les créanciers convoqués par erreur font connaître qu'ils sont étrangers à l'ordre ne sont pas sujettes, bien qu'annexées au procès-verbal, aux droits de greffe, de timbre et d'enregistrement[22].

§ **786**. « L'agent désigné de la conciliation, » c'est le juge-commissaire désigné ainsi qu'il est dit au § **782**; le « centre « commun, » c'est son cabinet[1]. La loi belge du 15 août 1854 confie cette mission au président du tribunal[2], mais ce magistrat, qui a tant d'autres soins, ne pourrait probablement pas examiner à fond la situation hypothécaire, et aurait, par conséquent, moins de chances qu'un juge spécial de concilier les prétentions opposées[3]. Le Corps législatif a également écarté, en 1858, un amendement de MM. Millet et Duclos, appuyé par les délégués des notaires des départements, qui remettait la direction des ordres amiables aux notaires désignés au besoin par les jugements d'adjudication[4]. Pourquoi hésiter à le faire? disaient les auteurs de la proposition; les notaires ne sont-ils pas chargés des liquidations[5]? Craint-on qu'ayant conseillé les placements hypothécaires dont le sort dépend des résultats de l'ordre, leur responsabilité ne nuise à leur impartialité? Il sera facile aux tribunaux d'exclure de leur choix tous les notaires qui ont servi d'intermédiaires aux créanciers entre lesquels l'ordre est ouvert. D'ailleurs, l'ob-

20 Voy., sur l'application de cet article, Gabriel Demante, *op. cit.*, t. II, n° 549; Naquet, *op. cit.*, t. II, n° 731; civ. cass. 1er juill. 1878 (D. P. 78. 1. 425).

21 Voy., sur ces frais de déplacement, Pé de Arros, *op. cit.* (Dans la *Revue pratique de droit français*, t. XLVII, 1880, p. 43). Les frais de voyage sont à la charge des parties (Voy. t. III, § **496**). Aj., sur les honoraires, circ. minist. 2 mai 1859, n° 47 (D. P. 59. 5. 30), et, sur la représentation des créanciers dans l'ordre amiable, *infrà*, § **790**.

22 Déc. min. fin. et just. 29 et 30 juill. 1859 (Sirey, *op. cit.*, t. LIX, IIe part., p. 576).

§ **786**. 1 La tentative d'ordre amiable n a pas lieu en audience publique (Voy. *infrà*, § **791**).

2 Art. 103 (*Pasinomie*, 1854, p. 301).

3 Seligmann, *op. cit.*, n° 139.

4 Bioche, *op.*, v° *et loc. cit.*

5 Voy. le tome V de ce Traité.

jection ne tendrait à rien moins qu'à retirer aux notaires les liquidations dans lesquelles ils sont mandataires des parties en cause[6]. Deux raisons plus décisives ont entraîné le Corps législatif : la première, c'est que le juge prêtera, dans l'espèce, un concours gratuit qu'on ne pourrait pas exiger d'un notaire; la seconde, c'est qu'un magistrat qui se trouve par sa situation au-dessus des créanciers et de leurs avoués, qu'aucun soupçon d'arrière-pensée personnelle ne peut atteindre, et qui est, d'ailleurs, responsable à peine de prise à partie[7], aura plus d'influence qu'un notaire, se fera mieux écouter et obtiendra plus facilement des concessions[8].

Ce magistrat n'appartient pas au tribunal du domicile de l'une quelconque des parties mais à celui de la situation de l'immeuble, car la compétence est la même pour l'ordre amiable et pour l'ordre judiciaire[9]. Toutefois, il ne s'agit ici que de compétence *ratione personæ*[10], et les parties intéressées qui se sont présentées d'un commun accord devant un juge qui n'appartient pas au tribunal de la situation, n'ont plus le droit d'exciper de son incompétence[11] et d'attaquer pour cette cause l'arrangement auquel elles ont consenti[12]. Le règlement fait dans ces conditions a-t-il la valeur d'un acte authentique ou seulement d'un acte sous seing privé[13]? Sa validité, même comme acte sous seing privé, n'exige-t-elle pas qu'il soit signé de toutes les parties conformément à l'article 1318 du Code civil[14]? Les créanciers qui ne comparaissent pas sur la convocation d'un juge incompétent *ratione*

[6] Voy., à l'appui de cet amendement, les observations de M. Pont (Sur Seligmann, *op. cit.*, n° 140, note 1).

[7] Chauveau, sur Carré, *op. cit.*, t. VI, Ire part., quest. 2551 *undecies*. Il n'encourt la prise à partie que dans les cas déterminés t. I, § **57**; dans tout autre cas ses ordonnances ne peuvent être attaquées que par opposition.

[8] Riché, *op. et loc. cit.*

[9] Seligmann, *op. cit.*, n° 142.

[10] Voy., sur les caractères de cette incompétence, t. I, § **149.**

[11] J'ajoute que leur consentement ne suffira pas pour qu'il en soit ainsi et que celui du juge sera également nécessaire. Les tribunaux incompétents *ratione personæ* ont le droit mais non pas l'obligation de statuer sur les conventions que les parties leur soumettent d'un commun accord (Voy. t. I, § **150**), et la situation est la même pour le juge commis aux ordres : que deviendraient les deux juges chargés à Paris du règlement des ordres si l'on venait leur soumettre les ordres ouverts sur tous les immeubles de France?

[12] Seligmann, *op. cit.*, n° 148.

[13] Voy., sur les conditions de l'authenticité des actes, t. II, § **277.**

[14] Voy., sur cet article, t. II, *ib.*

personæ encourent-elles l'amende dont il sera parlé au § **801**? A ces questions qui sont délicates, mais qui ne paraissent pas s'être présentées dans la pratique, je réponds : 1° que l'article 1318 du Code civil ne vise que les actes reçus par des officiers publics et ne concerne pas ceux qui sont du ministère du juge ; qu'on n'a jamais soutenu qu'un jugement rendu par un tribunal incompétent fût un acte sous seing privé ni surtout qu'il eût besoin, pour valoir comme tel, d'être signé de toutes les parties; qu'il en est de même du procès-verbal d'ordre amiable qui a tous les caractères d'un acte judiciaire; qu'il est, par conséquent, obligatoire pour toutes les parties qui y ont consenti, lors même qu'elles ne l'auraient pas signé, et que le conservateur des hypothèques ne peut refuser la radiation des inscriptions ordonnées par le juge en vertu de cet accord, sous prétexte que l'article 2157 du Code civil exige pour cette radiation un jugement passé en force de chose jugée ou un acte authentique[15] — ces déductions deviendront plus claires quand on aura vu au § **792** que le procès-verbal d'ordre amiable est un acte judiciaire, et que la signature des parties n'y est aucunement nécessaire[16] — mais 2° que les créanciers n'encourent pas l'amende en refusant de comparaître devant un juge incompétent *ratione personæ,* car il n'a qualité pour procéder à l'ordre que du consentement de toutes les parties, et celles qui ne répondent pas à sa convocation montrent par-là — c'est leur droit — qu'elles ne veulent pas être réglées par lui[17].

§ **787**. Les créanciers, la partie saisie et l'adjudicataire sont convoqués par le juge : les lettres de convocation sont rédigées par lui ou par le greffier[1], expédiées du greffe sur papier non timbré et sous bande simple avec le sceau du tribunal, affranchies et chargées à la poste[2]. Elles doivent partir

[15] Voy., sur cet article, Dalloz et Vergé, *op. cit.,* art. 2157, nos 84 et suiv.

[16] Je pourrais ajouter que le conservateur des hypothèques n'est pas juge de la validité de l'ordonnance en vertu de laquelle il est sommé de rayer les inscriptions portées sur son registre (Voy. *infrà,* § **847**). Voy., en ce sens, Seligmann, *op. et loc. cit.*

[17] Seligmann, *op. cit.,* n° 149.

§ **787.** [1] Seligmann, *op. cit.,* n° 151.

[2] Circ. minist. 2 mai 1859, n° 43 (D. P. 59. 3. 30). Ce mode de convocation res-

dans le délai fixé au § **785** : le juge commis par le président, étant moins expérimenté qu'un juge spécial, assistant plus régulièrement aux audiences, prenant une part plus active aux travaux ordinaires du tribunal et ayant pu ne pas connaître immédiatement sa nomination [3], l'article 751 lui donne cinq jours de plus pour remplir cette formalité [4]. Les lettres de convocation indiquent, avec le nom du créancier convoqué, l'immeuble sur lequel l'ordre est ouvert, la somme à distribuer, le nom du saisi et de l'adjudicataire, le jour, l'heure, le lieu et l'objet de la réunion ; elles invitent le créancier à se présenter muni de ses titres, l'avertissent de l'amende qu'il encourt en ne comparaissant pas, et peuvent aussi — ce n'est pas l'usage dans tous les sièges — le prévenir qu'il peut se faire représenter et de quelle manière [5]. Le greffier joint au paquet un état sur papier libre qui porte en tête le numéro de l'ordre, indique l'objet des lettres, reproduit la suscription de chacune d'elles et énonce la somme perçue pour l'affranchissement [6]. Cet état est signé par le receveur du bureau de poste, tient lieu pour le greffier de bulletin de chargement, et prouve que tous les créanciers dont il porte les noms ont été convoqués en temps utile : il est annexé aux pièces justificatives [7]. Aucun droit d'enregistrement ou de greffe n'est perçu pour l'annexe de ce bulletin au procès-verbal [8], mais, « bien que l'article 751 ne s'explique « pas sur la rétribution due aux greffiers pour la prépara- « tion des lettres de convocation, je ne vois pas d'incon-

semble aux billets d'avertissement à fin de comparaître en justice de paix (Voy. t. II, § **244**) et aux convocations adressées aux créanciers en cas de faillite (C. comm., art. 504). Voy., sur ce point, Riché, *op. et loc. cit.;* Seligmann, *op. et loc. cit.*

[3] Le juge spécial les convoque dans les trois jours de sa réquisition; comment la connaît-il? Voy. *suprà*, § **784**.

[4] Boitard, Colmet-Daage et Glasson, *op. cit.*, t. II, n° 1025. Seligmann, *op. cit.*, n° 150. Preschez, *op. cit.*, n° 50. *Quid*, s'il y a plusieurs juges spéciaux (Voy., sur cette hypothèse, *suprà*, § **782**)? Je crois que cette dernière considération doit l'emporter, et que celui d'entre eux qui est désigné pour régler un ordre, ayant besoin de quelques jours de plus pour connaître sa nomination, peut ne convoquer les créanciers que huit jours après (Seligmann, *op. et loc. cit.*).

[5] Circ. minist. 2 mai 1859, n° 43 (D. P. 59. 3. 30). Voy. la formule dont on se sert au tribunal de la Seine (Bioche, *op. et v° cit.*, § XII, form. 2e; Preschez, *op. cit.*, p. 51, et les indications que M. Pé de Arros conseille d'y ajouter (*Op. cit.*, dans la *Revue pratique de droit français*, t. XLVII, 1880, p. 23).

[6] Circ. minist. 2 mai 1859, *loc. cit.* Preschez, *op. cit.*, p. 52.

[7] Circ. minist. 2 mai 1859, *loc. cit.* Seligmann, *op. cit.*, n° 155.

[8] Circ. minist. 2 mai 1859, *loc. cit.*

« vénients, dit le garde des sceaux dans sa circulaire du « 2 mai 1859 aux procureurs généraux, à ce qu'il leur soit « alloué 20 centimes par lettre, par analogie des dispositions « de l'ordonnance du 9 octobre 1825 (Art. 1-17°)[9] et du « décret[10] du 24 mai 1854[11]. » Ces frais et ceux de l'affranchissement des lettres sont avancés par le poursuivant (Art. 751).

§ **788**. L'article 751 prescrit de convoquer :

A. « Les créanciers inscrits[1]. » Il résulte de cette formule : 1° que tous les créanciers inscrits doivent être appelés à l'ordre amiable ; 2° que les créanciers inscrits ne doivent pas l'être ou du moins que le juge n'est pas tenu de les y appeler ; mais qu'adviendra-t-il des créanciers inscrits qui n'auraient pas été appelés, et certains créanciers non inscrits ne doivent-ils pas, par exception, être convoqués[2] ?

[9] « Indépendamment des droits et remises qui sont accordés aux greffiers des tri- « bunaux de commerce par la loi du 11 mars 1799 et par le décret du 12 juillet 1809, « ces officiers percevront, à leur profit... pour la rédaction, l'impression et l'envoi « des lettres individuelles de convocation aux créanciers d'une faillite, dans le cas « prévu par l'article 476 du Code de commerce, par chaque lettre, 20 centimes. »

[10] Il alloue aux greffiers divers émoluments pour le détail desquels je renvoie aux articles.

[11] *Loc. cit.* Bioche (*Op. et v° cit.*, n° 217) et Seligmann (*Op. cit.*, n° 157) trouvent cette rétribution insuffisante. M. Pé de Arros refuse, au contraire, de l'approuver (*Op. cit.*, dans la *Revue pratique de droit français*, t. XLVII, 1880, p. 279 et suiv.).

§ **788**. [1] Il est bon, dit M. Pé de Arros, que le poursuivant remette au greffier la liste des créanciers à convoquer : le greffier la collationnera sur l'état des inscriptions (*Op. cit.*, dans la *Revue pratique de droit français*, t. XLVII, 1880, p. 20). Chacun des créanciers qui figurent sur une inscription collective doit être sommé individuellement, notamment le mari et sa femme si cette dernière a un intérêt spécial ; mais on n'adresse qu'une seule lettre de convocation au tuteur qui est chargé de gérer la tutelle de plusieurs pupilles (Bioche, *op. et v° cit.*, n° 224).

[2] Deux autres difficultés ont été soulevées : l'une au sujet des créanciers d'un créancier qui demandent à être colloqués sur le montant de sa collocation — je reviendrai sur cette hypothèse au § **796**, note 5 — l'autre au sujet des créanciers inscrits mais déjà payés, et dont le paiement est constaté par un acte authentique. Doivent-ils être convoqués et comment agir à leur égard, soit qu'ils répondent à la convocation soit qu'ils négligent de comparaître ? Le juge ne les convoquera pas, dit M. Bauby, et ordonnera immédiatement la radiation de leurs inscriptions si la quittance en contient mainlevée ; dans le cas contraire, il les convoquera pour obtenir leur mainlevée. 1° S'ils comparaissent et refusent de la consentir, c'est qu'ils y mettront de la mauvaise volonté ou qu'ils prétendront être encore créanciers (la quittance n'est pas intégrale et une partie de la dette est encore impayée ; ou la quittance est fausse et le créancier s'inscrit en faux). Dans le premier cas, la radiation sera opérée malgré leur refus et en vertu d'une ordonnance du juge qui tiendra lieu du jugement passé en force de chose jugée qu'exige l'article 2157 du Code civil (Voy. *infrà*, § **793**), et que le créancier pourra d'ailleurs attaquer ainsi qu'il est dit au

a. L'omission d'un créancier peut venir de quatre causes différentes : 1° de la circonstance qu'il est inscrit sur un précédent propriétaire dont les registres du conservateur ne font pas mention parce que son titre n'a pas été transcrit[3]; 2° de la faute de l'avoué qui, connaissant les noms des précédents propriétaires, n'a pas requis la délivrance de l'état des inscriptions prises sur eux; 3° de la faute du conservateur qui a omis dans son état un créancier inscrit sur l'un des propriétaires dont l'avoué lui a indiqué les noms; 4° de la faute du greffier qui a oublié de convoquer l'un des créanciers compris dans l'état qui lui a été fourni[4].

α) Dans les deux premiers cas, l'omission n'est le fait d'aucune des personnes auxquelles appartiennent la poursuite et la direction de l'ordre amiable[5], et cet ordre est valablement réglé puisqu'on y a convoqué tous les créanciers portés sur l'état des inscriptions. J'en conclus que les créanciers omis peuvent se présenter spontanément jusqu'à la clôture, c'est-à-dire jusqu'à la signature de l'ordre amiable[6], mais qu'à dater de ce moment leur droit de préférence est irrévocablement perdu, qu'ils ne peuvent, par conséquent, ni attaquer l'ordre amiable ni même exercer contre le dernier créancier colloqué une action en rapport qui serait, sous une autre forme, une protestation contre le fait accompli. Cette solution, entièrement conforme à l'esprit de la loi qui veut que la clôture de l'ordre amiable fixe d'une manière définitive les droits de

§ **794.** Dans le second cas, le juge ne pourra passer outre et devra procéder à l'ordre judiciaire, ainsi qu'il arrive toutes les fois que la tentative d'ordre amiable soulève des difficultés qui en rendent la conclusion impossible (Voy. *infrà*, § **795**). 2° Si les créanciers ne comparaissent pas, il sera dangereux d'opérer, sans l'avoir entendu, une radiation à laquelle il peut avoir de justes raisons de s'opposer, et le juge fera mieux de mettre fin à l'ordre amiable et d'ouvrir l'ordre judiciaire, à moins que les autres créanciers ne lui rapportent, conformément à l'article 2157 du Code civil, un acte authentique portant consentement du créancier à cette radiation ou un jugement passé en force de chose jugée qui l'ordonne (*Questions pratiques sur l'ordre amiable*, dans la *Revue pratique de droit français*, t. XVII, 1864, p. 282 et suiv.). Je ne puis qu'approuver cette manière de procéder.

[3] L'application de l'article 717, aux termes duquel les hypothèques inscrites sur l'immeuble saisi sont purgées par le jugement d'adjudication, donne lieu à une difficulté analogue : c'est la conséquence de la manière dont les registres hypothécaires sont tenus (Voy. *suprà*, § **710**). Il se peut, d'ailleurs, que la généalogie de la propriété soit connue par des renseignements pris en dehors du bureau des hypothèques, et notamment par la matrice cadastrale (Voy. Seligmann, *op. cit.*, n° 163).

[4] Voy. la note précédente.

[5] Voy. *suprà*, note 3.

[6] Voy., sur le moment précis où l'ordre amiable devient définitif, *infrà*, § **794.**

toutes les parties en cause — on en verra la preuve au même § dans la disposition de l'article 717 relative aux créanciers à hypothèque légale dispensés d'inscription et non inscrits — se justifie, en outre, quant aux créanciers omis par le conservateur sur l'état qui lui a été demandé, par l'article 2198 du Code civil : « L'immeuble à l'égard duquel le conservateur aurait « omis dans ses certificats une ou plusieurs des charges ins- « crites en demeure... affranchi... sans préjudice néanmoins « du droit des créanciers de se faire colloquer suivant l'ordre « qui leur appartient... tant que l'ordre fait entre les créanciers « n'a pas été homologué [7]. » La clôture de l'ordre amiable a remplacé depuis la loi du 21 mai 1858 l'homologation prescrite par la loi du 11 brumaire an VII (Art. 35) [8]. La seule différence qui existe entre les deux premiers cas, c'est que le créancier omis aura, dans le second cas, contre le conservateur le recours qui lui est réservé par l'article 2198 du Code civil [9], au lieu qu'il souffrira, dans le premier cas, d'une situation qui n'est la faute de personne et dont personne ne sera, par conséquent, responsable envers lui [10].

β) Il en sera tout différemment dans la quatrième hypothèse, celle où le créancier porté sur l'état des inscriptions aura été oublié dans les convocations envoyées par le greffier. Ce dernier n'a agi que sous la direction et la surveillance du juge qui n'a guère pu clore l'ordre amiable sans s'apercevoir de l'omission, et sa responsabilité [11] ne sera engagée que s'il résulte des circonstances que toute la faute lui est imputable [12], mais la question de responsabilité est secondaire, car l'ordre

[7] Voy., sur cette disposition, Dalloz et Vergé, *op. cit.*, art. 2198, n°s 1 et suiv.

[8] Voy., sur les différences qui existent entre la loi du 21 mai 1858 et celle du 11 brumaire an VII, *suprà*, § **778**.

[9] Voy., sur cette responsabilité, Dalloz et Vergé, *op. cit.*, art. 2198, n°s 1 et suiv.; Aubry et Rau, *op. cit.*, t. III, p. 293 et suiv.; Pont, *Des privilèges et hypothèques*, t. II, n°s 1443 et suiv.; Angers, 27 mars 1878 (D. P. 78. 2. 164).

[10] Seligmann, *op. cit.*, n°s 162 et suiv. Preschez, *op. cit.*, p. 896 et suiv. Angers, 27 mars 1878 (D. P. 78. 2. 164). *Contrà*, Chauveau, sur Carré, *op. cit.*, t. VI, 1re part., quest. 2549 *sexies;* Toulouse, 15 déc. 1871 (D. P. 71. 2. 255); Aix, 21 juill. 1874 (D. P. 76. 2. 10). Ces arrêts ont été rendus au profit de créanciers qui n'avaient pas produit à l'ordre judiciaire faute d'avoir été compris dans l'état des inscriptions, mais la situation est absolument la même qu'en matière d'ordre amiable (Voy. *infrà*, § **815**), et les créanciers omis sur l'état des inscriptions et, par suite, non convoqués à l'ordre amiable pourraient également les invoquer.

[11] Voy., sur la responsabilité des greffiers en général, Dalloz et Vergé, *op. cit.*, art. 1382, n°s 254 et suiv.

[12] Preschez, *op. cit.*, p. 90.

réglé dans ces conditions ne sera pas valable : il est, en effet, inadmissible qu'on dispose du droit d'un créancier dont l'existence était connue sans l'avoir invité à faire valoir ses titres, et que l'ordre soit définitivement réglé alors que le juge qui dirige les opérations et le greffier qui l'assiste ont commis une telle irrégularité [13]. Le créancier omis est donc recevable en pareil cas : 1) à former tierce opposition au règlement amiable tant qu'il n'a pas été exécuté par le paiement des bordereaux, et à provoquer ensuite la confection d'un nouvel ordre où il fera valoir son droit de préférence resté intact [14] ; 2) à exercer, après le paiement des bordereaux et contre le dernier créancier colloqué indûment à son préjudice, une action en rapport ou *condictio indebiti* dans laquelle il n'aura plus de droit de préférence et subira le concours des autres créanciers du défendeur [15].

γ) Reste le troisième cas, pour moi le plus délicat, celui du créancier omis par la faute de l'avoué poursuivant dont la réquisition d'état a été incomplète. On peut dire contre lui que le juge avait le droit de ne pas le convoquer puisqu'il n'était pas compris dans l'état des inscriptions; mais il a le droit de répondre : 1) que l'article 751 prescrit de convoquer tous les créanciers « inscrits; » 2) qu'il ne doit pas souffrir d'une faute commise par l'officier ministériel à qui la poursuite de l'ordre appartenait. Ces deux arguments me paraissent décisifs, et j'admets, par conséquent, ce créancier à former tierce opposition avant le paiement des bordereaux et à agir après ce paiement en rapport contre le dernier créancier colloqué [16].

δ) J'ajoute qu'en aucun cas le juge et l'adjudicataire ne sont responsables des conséquences de l'omission d'un créancier non convoqué à l'ordre amiable. Le juge ne répond de ses

[13] C'est par la même raison que, malgré la disposition générale et au premier abord absolue de l'article 717, les créanciers que l'avoué poursuivant a négligé de sommer de prendre communication du cahier des charges ne voient pas leurs hypothèques purgées par le jugement d'adjudication (Voy. *suprà*, § **710**).

[14] Preschez, *op. et loc. cit.* Cet auteur ouvre à ce créancier une action en nullité de l'ordre, le règlement de l'ordre amiable ayant le caractère d'un ordre judiciaire (Voy. *infrà*, § **792**). J'aime mieux dire que ce créancier formera tierce opposition ou, si l'on veut, qu'il demandera la nullité de l'ordre par la voie de la tierce opposition (Voy., sur la manière d'attaquer un règlement d'ordre amiable, *infrà*, § **794**).

[15] Preschez, *op. cit.*, p. 91.

[16] Preschez, *op. et loc. cit.*

erreurs qu'autant qu'elles constitueraient à sa charge un cas de prise à partie[17]. L'adjudicataire qui a payé les bordereaux délivrés contre lui est couvert contre toute réclamation par l'article 1240 du Code civil : « Le paiement fait de bonne foi « à celui qui est en possession de la créance est valable, « encore que le possesseur en soit par la suite évincé[18]. »

b. Faut-il convoquer : 1° les créanciers dispensés d'inscription et non inscrits[19]; 2° les créanciers chirographaires et, en particulier, le saisissant; 3° les ayants-cause des créanciers inscrits? Doit-on, au contraire, leur laisser le soin d'intervenir spontanément dans l'ordre pour y surveiller leurs intérêts?

α) On n'est certainement pas tenu de sommer les créanciers munis d'hypothèques légales dispensées d'inscription et non inscrites, lorsqu'ils n'ont pas fait connaître leur existence au greffier ou ne se sont révélés qu'après l'envoi des lettres de convocation aux créanciers inscrits[20] : dans le premier cas, on n'a pas à s'occuper de personnes qu'on ne connaît même pas; dans le second cas, il faudrait convoquer à nouveau les créanciers auxquels des lettres ont déjà été envoyées et proroger, par conséquent, les délais de la comparution : complication dont la loi ne paraît pas vouloir, car elle ne l'a même pas prévue[21]. La situation serait plus délicate si ces créanciers avaient fait connaître leur existence avant l'envoi des lettres de convocation, mais, dans ce cas même, je ne crois pas que le juge soit tenu de les convoquer : d'une part, ils ne sont pas inscrits et l'article 751 ne prescrit de convoquer que ceux qui le sont; d'autre part, il

[17] Voy., sur la responsabilité du juge chargé d'un règlement d'ordre, *suprà*, § **782**, et, sur la prise à partie, t. I, § **57**.

[18] Seligmann, *op. cit.*, n° 165. Preschez, *op. et loc. cit.* Voy., sur l'article 1240 du Code civil, Demolombe, *op. cit.*, t. XXVII, n°s 175 et suiv.; Aubry et Rau, *op. cit.*, t. IV, p. 154 et 155; Colmet de Santerre, *op. cit.*, t. V, n° 179 *bis*-I et suiv.

[19] Ce sont, d'abord, les femmes et les mineurs dont l'hypothèque légale est dispensée d'inscription et dont le droit de préférence a survécu à leur droit de suite éteint par le jugement d'adjudication (Voy. *suprà*, § **710**). Ce sont aussi les créanciers pourvus d'un privilège général qui ne sont dispensés d'inscription qu'au point de vue du droit de suite (Voy. *suprà*, § **711**); enfin, le vendeur, le copartageant et les créanciers de la succession qui n'ont pas encore pris inscription, mais qui peuvent encore le faire ainsi qu'il est dit au § **710**.

[20] Il n'est pas nécessaire qu'ils aient pris inscription pour pouvoir figurer à l'ordre amiable : il suffit qu'ils se fassent connaître (Voy. *infrà*, § **793**) par une mention au procès-verbal ou par une opposition entre les mains du greffier ou de l'adjudicataire (Preschez, *op. cit.*, p. 74).

[21] Preschez, *op. cit.*, p. 74 et suiv.

est impossible d'expliquer autrement l'article 717 aux termes duquel ces créanciers ne conservent leur droit de préférence qu'à la condition de « faire valoir leurs droits avant la clô- « ture si l'ordre se règle amiablement. » Quand perdent-ils leur droit de préférence faute d'avoir observé cette condition? Ce n'est pas dans le cas où, dûment convoqués, ils n'ont pas comparu, car leur absence a empêché de conclure l'ordre amiable [22]; ce n'est pas non plus dans le cas où l'on a réglé l'ordre amiable en leur absence et sans les avoir convoqués, car ils ont le droit de l'attaquer par la tierce opposition [23]; c'est donc seulement dans le cas où, n'étant pas convoqués et n'ayant pas dû l'être, ils ont négligé d'intervenir spontanément avant la clôture de l'ordre : ils doivent en supporter les conséquences et ne peuvent y former tierce opposition [24].

β) Les créanciers chirographaires qui n'ont pas qualité pour figurer dans l'ordre amiable [25] ont cependant intérêt à le surveiller, pour empêcher, le cas échéant, qu'un créancier indûment colloqué ne prenne, à leur détriment, le reliquat qui doit leur revenir après le paiement des créanciers privilégiés et hypothécaires. On peut les convoquer lorsqu'on les connaît, et notamment s'ils ont fait une saisie-arrêt sur le prix d'adjudication et que le greffier ait reçu d'eux ou de l'adjudicataire notification de cette saisie [26]; mais rien n'oblige à les convoquer puisqu'ils ne sont pas inscrits [27], et je ne fais même

[22] Voy. *infrà*, § **801**.

[23] Voy., sur l'application de la tierce opposition en cas d'ordre amiable, *infrà*, § **794**.

[24] Bioche, *op. et v° cit.*, n° 258. Boitard, Colmet-Daage et Glasson, *op. cit.*, t. II, n° 1025. J'ajoute que les créanciers inscrits auraient pu se régler entre eux par un ordre purement consensuel que les créanciers non inscrits n'auraient nullement le droit de critiquer (Voy. *suprà*, § **779**) : rien d'étonnant, après cela, à ce que l'ordre amiable leur soit également opposable. M. Preschez se demande s'ils pourraient, en ce cas, réclamer des dommages-intérêts contre le greffier qui aurait négligé de les convoquer : ce point lui paraît « au moins très douteux » (*Op. cit.*, p. 75). L'intervention est, en pareil cas, une mesure conservatoire et, de plus, urgente : le mineur a donc le droit d'intervenir en personne, et la femme aussi même non autorisée de son mari ou de justice; s'il fallait qu'elle se fît autoriser, elle pourrait arriver trop tard et après la clôture de l'ordre (Bioche, *op., v° et loc. cit.*).

[25] Voy. *suprà*, § **788**.

[26] Voy., sur cette façon de procéder, Seligmann, *op. cit.*, n° 167. L'adjudicataire dont la présence est inutile pour le règlement de l'ordre amiable n'est pas tenu de notifier la saisie-arrêt faite entre ses mains; rien ne l'oblige à veiller sur les intérêts des créanciers chirographaires (Seligmann, *op. et loc. cit.*).

[27] Bioche, *op. et v° cit.*, n° 257. Chauveau, sur Carré, *op. cit.*, t. VI, Ire part., quest. 2551 *ter*. Seligmann, *op. et loc. cit.* Grosse et Rameau, *op. cit.*, n° 284. Preschez, *op. cit.*, n° 76.

pas d'exception pour le saisissant[28]. On peut s'étonner de voir l'ordre se régler en son absence, mais il a montré une singulière négligence en n'intervenant pas spontanément dans une procédure dont il ne pouvait ignorer l'existence, et on n'est pas tenu de prendre plus soin de ses intérêts qu'il n'en a pris lui-même[29].

γ) Restent les ayants-cause des créanciers inscrits, c'est-à-dire leurs créanciers chirographaires et les tiers qu'ils ont subrogés à leurs hypothèques[30]. Leurs créanciers chirographaires n'ont le droit de figurer à l'ordre qu'en vertu de l'article 1166 du Code civil, c'est-à-dire au nom de leur débiteur et pour faire ouvrir sur sa collocation un sous-ordre où ils seront eux-mêmes colloqués au marc le franc[31]; l'ordre amiable peut donc se régler sans leur concours, et le greffier n'est pas tenu de les convoquer[32]. Il en est à peu près de même du tiers subrogé à l'hypothèque d'un créancier, lorsqu'il n'a pas fait mentionner en marge de l'inscription la subrogation consentie à son profit[33] : ne le connaissant pas ou le tenant à bon droit pour inconnu, on ne convoque d'abord que le créancier inscrit; s'il ne dit rien devant le juge de la subrogation par lui consentie, l'ordre se règle en l'absence du subrogé vis-à-vis duquel le créancier inscrit devient responsable et dont le droit d'intervention est, d'ailleurs, réservé; si le créancier inscrit déclare la subrogation devant le juge, la convocation du subrogé devient indispensable, et il peut former tierce opposition dans le cas où le règlement s'est fait en son absence[34]. Quant au subrogé qui s'est fait connaître

[28] Je rappelle que les créanciers chirographaires peuvent pratiquer la saisie immobilière lorsqu'ils ont un titre exécutoire (Voy. t. III, § **534**).

[29] J'ajoute qu'il est encore plus négligent s'il n'a pas usé du droit qu'il a de requérir l'ouverture de l'ordre préférablement à tous autres créanciers (Voy. *suprà*, § **784**).

[30] Je prends le mot « subrogation à l'hypothèque » dans son sens le plus large, en y comprenant toutes les combinaisons connues sous ce nom dans la pratique : cessions de l'hypothèque ou de la créance hypothécaire, cessions d'antériorité, renonciations *in favorem*, etc... (Voy. les autorités citées *suprà*, § **639**, note 14).

[31] Voy., sur le sous-ordre en général et spécialement en cas d'ordre amiable, *infrà*, §§ **788, 795, 820** et suiv.

[32] Preschez, *op. cit.*, p. 77.

[33] Voy., sur cette mention, *suprà*, § **639**.

[34] Seligmann, *op. cit.*, n° 161. Si le créancier inscrit ou son subrogé par lui averti ne comparaissent pas, il peut s'élever, au point de vue de l'amende portée par l'article 751 contre les non-comparants (Voy. *infrà*, §§ **801** et suiv.), des difficultés que j'examinerai *infrà, ib.*

par une mention faite au bureau des hypothèques en marge de l'inscription, il est nécessairement convoqué[35], et cette solution doit être étendue aux créanciers subrogés à l'hypothèque légale non inscrite de la femme mariée ou du mineur, lorsqu'ils ont, aux termes de l'article 9 de la loi du 23 mars 1855, pris inscription de cette hypothèque avec mention de la subrogation opérée en leur faveur[36].

B. « La partie saisie et l'adjudicataire. » Ces deux personnes n'ont pas au règlement de l'ordre le même intérêt que les créanciers : elles sont cependant intéressées à y assister, l'une pour donner des éclaircissements sur la situation respective de ses créanciers et pour empêcher, au besoin, qu'on ne colloque un créancier dont elle contesterait la créance ou l'hypothèque; l'autre pour savoir quels créanciers il devra payer et si l'on observe dans le règlement de l'ordre amiable toutes les clauses du cahier des charges[37]. L'article 751 ne distingue même pas entre le cas où l'ouverture de l'ordre a été requise par un créancier, et le cas où la réquisition est venue de l'adjudicataire ou du saisi : c'est peut-être un grand luxe de convoquer à l'ordre des personnes qui, l'ayant fait ouvrir, en connaissent forcément l'existence, mais le législateur aura pensé qu'elles peuvent ignorer la date précise de la convocation et qu'il est bon de les en instruire[38]. On verra, d'ailleurs, au § **791** que leur présence est loin d'avoir la même importance que celle des créanciers inscrits.

§ **789**. Tous les créanciers sont convoqués aux domiciles élus par eux dans leurs inscriptions[1]; s'ils en ont changé en renouvelant ces inscriptions, ils sont convoqués aux domiciles élus par les derniers renouvellements qui précèdent la levée de l'état « sur transcription[2]. » Ceux qui sont domiciliés en

[35] Seligmann, *op. et loc. cit.*
[36] Voy., sur cet article, *suprà*, § **639**.
[37] Voy., sur l'intérêt qu'ont le saisi et l'adjudicataire à être appelés à l'ordre amiable, Seligmann, *op. cit.*, n° 168.
[38] Chauveau, sur Carré, *op. et loc. cit.*

§ **789.** [1] Voy., sur cette élection de domicile, C. civ., art. 2148-1°, et, sur le cas où l'inscription n'en contiendrait pas, *infrà*, même §.
[2] Seligmann, *op. cit.*, n° 259.

France, en Corse et en Algérie[3] reçoivent une seconde convocation à leur domicile réel tel qu'il est indiqué dans l'inscription[4]; s'ils en ont changé depuis l'inscription et que le greffier en ait connaissance, il les convoque à leur domicile actuel[5]. Si la régie de l'enregistrement figure parmi les créanciers inscrits, la convocation n'est pas adressée au directeur général, mais au directeur du département où l'ordre est ouvert[6]. Les créanciers dont l'inscription ne contient pas d'élection de domicile ne sont convoqués qu'à leur domicile réel, et ne reçoivent aucune convocation si ce domicile est situé à l'étranger ou aux colonies : l'ordre amiable se règle donc en leur absence, mais ils sont dans leur tort puisque leur inscription n'est pas régulière, et ne peuvent arguer de leur faute pour empêcher la conclusion d'un règlement amiable auquel la loi attache avec raison une grande importance[7]. Le saisi et l'adjudicataire sont également convoqués à leur domicile élu et, en outre, à leur domicile réel lorsqu'il se trouve en France, en Corse ou en

[3] On n'aurait pas le temps de convoquer et de faire venir dans le délai d'un mois (Voy., sur ce délai, *infrà*, § **804**) les créanciers domiciliés hors de la France continentale (Boitard, Colmet-Daage et Glasson, *op. et loc. cit.*; voy. une décision analogue dans l'article 692-1° en ce qui concerne la sommation faite au vendeur de l'immeuble saisi d'avoir à prendre communication du cahier des charges, *suprà*, § **672**), mais la Corse et l'Algérie doivent être assimilées à la France continentale : 1° par analogie de l'article 69-9° (Voy. t. II, § **227**) modifié par la loi du 8 mars 1882 (Voy., sur cette loi, D. P. 82. 4. 57); 2° parce qu'en l'état actuel des communications maritimes, les créanciers domiciliés en Corse et en Algérie peuvent non-seulement être convoqués mais encore comparaître dans le délai d'un mois (Bioche, *op. et v° cit.*, n°s 220 et 221; Chauveau, sur Carré, *op. cit.*, t. VI, Ire part., quest. 2550 *quater; contrà*, Grosse et Rameau, *op. cit.*, t. I, n° 185).

[4] Seligmann, *op. cit.*, n° 158. Les créanciers domiciliés hors de la France continentale sont convoqués aux domiciles élus dans leurs inscriptions : cela ne doit faire aucun doute, car il ne peut venir à l'esprit de personne qu'on ait le droit de régler l'ordre sans les y avoir appelés (Chauveau, sur Carré, *op. cit.*, t. VI, Ire part., quest. 2550 *sexies*).

[5] Seligmann, *op. et loc. cit.*

[6] Voy., sur ce point, les décisions des ministres de la justice et des finances des 28 mai et 10 juin 1859, et l'instruction de la régie de l'enregistrement du 30 juillet 1859 rapportées par Pont, sur Seligmann, *op. cit.*, n° 158, note 2.

[7] La plupart des auteurs enseignent que les inscriptions hypothécaires qui ne contiennent pas d'élection de domicile sont valables quand même, et que cette omission n'a d'autre conséquence que de rendre plus difficiles (et même impossibles si le domicile réel est inconnu) les notifications que le créancier aurait intérêt à recevoir (Aubry et Rau, *op. cit.*, t. III, p. 350; Pont, *Des privilèges et hypothèques*, t. II, n° 970). D'autres auteurs considèrent l'élection de domicile comme substantielle et l'inscription qui ne la contient pas comme frappée de nullité (Voy. notamment Colmet de Santerre, *op. cit.*, t. IX, n° 130 *bis*-VI), et la jurisprudence de la cour de cassation est fixée en ce sens (Voy., sur ce point, Dalloz et Vergé, *op. cit.*, art. 2148, n°s 383 et suiv.).

Algérie[8]. Les lettres de convocation doivent, comme toutes les lettres chargées, être remises en mains propres aux destinataires qui en donnent décharge au facteur[9]; s'ils ont élu domicile chez un officier ministériel, elles doivent être remises à cet officier lui-même ou à son successeur[10]; si le facteur ne trouve pas le destinataire, il rapporte la lettre au bureau de poste qui la retourne au juge, lequel décide s'il y a lieu d'en envoyer une autre[11]. Le juge peut aussi s'adresser au maire de la commune où l'on sait que le créancier est domicilié, et le prier officieusement d'avertir ce créancier qu'on le cherche et qu'il risque, en ne faisant pas diligence, de laisser conclure l'ordre en son absence[12].

§ **790**. L'ordre ne peut être réglé amiablement qu'avec l'assentiment unanime des créanciers qu'on est tenu d'y convoquer[1], et eûssent-ils — ce qui est douteux — le droit absolu d'en rendre la conclusion impossible en refusant d'y adhérer[2], ils ne peuvent pas, dès l'abord, la rendre impraticable en ne répondant pas à la convocation qui leur a été adressée : ils s'exposent donc, en ne comparaissant pas devant le juge à la date par lui indiquée, à l'amende dont il sera parlé au § **801**. Le délai pour comparaître est au moins[3] de dix jours francs[4] entre celui de la convocation tel qu'il résulte du récépissé délivré au bureau de poste[5], et celui de la réunion tel qu'il est fixé par le juge. Ce délai ne s'augmente pas de plein droit à raison de la distance[6], mais le juge a le

[8] Chauveau, sur Carré, *op. cit.*, t. VI, Ire part., quest. 2550 *quater*. Rodière, *op. et loc. cit. Contrà*, Montpellier, 23 juill. 1869 (D. P. 74. 5. 362).
[9] Seligmann, *op. cit.*, n° 156.
[10] Riché, *op. et loc. cit.*
[11] Ulry, *op. cit.*, t. I, n° 29.
[12] Pé de Arros, *op. cit.* (Dans la *Revue pratique de droit français*, t. XLVII, 1880, p. 28).

§ **790.** [1] Voy., sur ce point, *infrà*, § **801.**
[2] Encourent-ils par ce seul fait l'application de l'article 1382 du Code civil? Voy. *infrà*, § **795.**
[3] Ce n'est qu'un minimum (Voy. *infrà*, § **790**).
[4] Comme tous les délais qui courent en vertu d'une notification faite à personne ou à domicile (Voy. t. II, § **205**, et, sur ce cas particulier, Bioche, *op. et v° cit.*, n° 228; Seligmann, *op. cit.*, n° 170).
[5] Voy., sur ce récépissé, *suprà*, § **787.**
[6] Il ne s'agit pas précisément d'un délai de procédure auquel on doive appliquer l'article 1033 (Bioche, *op. et v° cit.*, n° 229; Montpellier, 23 juill. 1869, D. P. 74. 5. 362; *contrà*, Rodière, *op. et loc. cit.*).

droit d'indiquer lui-même un délai plus long, à raison de l'éloignement d'un créancier ou de la difficulté de rassembler en dix jours des titres qui peuvent être dispersés[7]. Le délai de la comparution ne peut cependant pas dépasser un mois si l'on admet que le temps dans lequel l'ordre amiable doit intervenir a pour point de départ le jour de la première convocation : je reviendrai sur ce point au § **804**[8]. La loi désire que les créanciers comparaissent en personne[9], mais ne leur défend pas de se faire représenter[10], et une question depuis longtemps controversée divise, à cet égard, les auteurs et les tribunaux. Les créanciers doivent-ils être assistés d'avoués lorsqu'ils comparaissent en personne, et se faire représenter par des avoués dans le cas contraire? En d'autres termes, le ministère des avoués est-il obligatoire dans l'ordre amiable, comme dans toutes les procédures qui ont lieu devant les tribunaux de première instance[11] et notamment dans l'ordre judiciaire[12]? Il l'est, sans nul doute, avant l'ordre amiable pour requérir l'ouverture du procès-verbal[13], et à la fin de cet ordre pour requérir la délivrance des bordereaux[14]; mais l'est-il aussi pour la réunion même qui aura lieu devant le juge et dans laquelle on discutera les conditions d'un arrangement amiable? A ne considérer que les résultats pratiques, il y a, même au point de vue des frais, tout avantage à recourir au ministère des avoués[15] : 1° ils ne se présentent jamais que munis de pièces en règle et de renseignements

[7] Bioche, *op. v° et loc. cit.* Seligmann, *op. et loc. cit.*

[8] Voy. Seligmann, *op. et loc. cit.*

[9] Boitard, Colmet-Daage et Glasson, *op. et loc. cit.*

[10] Les parties ont toujours le droit de se faire représenter en justice, même en conciliation devant le juge de paix (Voy. t. II, § **247**). La comparution personnelle ordonnée par le tribunal fait seule exception à ce principe (Voy. t. II, § **311**). Si l'administration de l'enregistrement figure parmi les créanciers, le receveur auquel la convocation a été adressée fait savoir à son directeur départemental si la créance du Trésor existe effectivement et s'il y a lieu de répondre à la convocation. Si oui, le directeur enjoint au receveur établi au siège du tribunal de comparaître à la réunion des créanciers et lui donne à cette fin les instructions nécessaires; si non, il avise lui-même le juge chargé de l'ordre amiable que l'administration se désintéresse de cet ordre, lequel se poursuit alors en son absence (Instr. 30 juill. 1859 rapportée par Pont, sur Seligmann, *op. cit.*, n° 237, note 1).

[11] Voy., sur le caractère obligatoire du ministère des avoués, t. I, § **92**.

[12] Voy. *infrà*, §§ **811** et suiv.

[13] Voy. *suprà*, § **784**.

[14] Voy. *infrà*, § **793**.

[15] Voy., sur ce point, Bioche, *op. et v° cit.*, n° 234.

qui rendent la tâche du juge plus simple et la conciliation plus facile; 2° mieux vaut leur payer une ou même plusieurs vacations que de s'adresser à eux pour les réquisitions d'ouverture de l'ordre et de délivrance des bordereaux à raison desquelles leur ministère est indispensable [16], et de faire ensuite les frais de procuration et de déplacement qu'exige l'emploi d'autres mandataires dans le cas très fréquent où les créanciers ne peuvent se présenter eux-mêmes devant le juge ou ne se sentent pas en état d'y discuter eux-mêmes leurs intérêts [17].

Il faut cependant reconnaître qu'aucun texte ne déclare le ministère des avoués obligatoire en l'espèce, et qu'il est plus conforme à l'esprit de la loi de déclarer qu'il ne l'est pas. 1° Le silence de l'article 751 à cet égard est significatif, lorsqu'on le rapproche des articles 754 et 755 aux termes desquels l'intervention des avoués est indispensable dans l'ordre judiciaire [18]. 2° Il n'y a rien de commun entre la réquisition d'ouverture de l'ordre [19] qui ne fait pas partie de l'ordre amiable, et cet ordre même où l'initiative des convocations n'appartient qu'au juge agissant d'office par l'intermédiaire du greffier [20]. 3° On voit, par l'article 53, que toutes les fois que la loi désire voir les parties s'arranger amiablement, elle exclut l'intervention des officiers de justice [21]. 4° Si les intentions du législateur à cet égard ne ressortent pas clairement, dans l'espèce, des travaux préparatoires de la loi du 21 mai 1858 [22], on lit dans un document

[16] Voy. *infrà*, § **793**.

[17] C'est ce qui arrivera notamment si les créanciers se font représenter par les notaires. Voy., sur la forme de la procuration dans le cas où elle n'est pas donnée à un avoué, *infrà*, § **790**; et, sur les avantages qu'il y a à recourir au ministère des avoués en cas d'ordre amiable, Seligmann, *op. cit.*, n° 173, Preschez, *op. cit.*, p. 64.

[18] Voy. *infrà*, § **813**.

[19] Voy. *suprà*, § **784**, et même §.

[20] Voy. *suprà*, § **758**.

[21] Voy. t. II, § **241**.

[22] M. Guyard-Delalain a paru supposer, dans ses observations sur le projet de l'article 751, que le ministère des avoués serait obligatoire en matière d'ordre amiable. Répondant, au Corps législatif, à la proposition de confier le règlement de cet ordre aux notaires (Voy. *suprà*, § **786**), il a dit : « On a objecté que devant le « juge les parties seraient obligées de se faire représenter par des avoués » (Séance du 13 avril 1858; *Moniteur* du 15, p. 470). M. Riché a dit, au contraire, dans son rapport : « Il nous a paru inutile de dire que les parties peuvent être représentées « par des fondés de procuration ou assistées de conseils » (*Loc. cit.*). Quelle est, exactement, la portée de cette phrase? Voy. Preschez, *op. cit.*, p. 63.

officiel qui doit naturellement refléter sa pensée, la circulaire ministérielle du 2 mai 1859 aux procureurs généraux, que « les considérations qui ont déterminé le législateur à tenter « l'ordre amiable ne permettent pas de penser que les créan- « ciers soient astreints à recourir au ministère des avoués[23]. » On objecte : 1° que l'ordre amiable a un caractère judiciaire et que les avoués ont le monopole de la postulation dans les affaires de la compétence des tribunaux de première instance[24]; 2° qu'en matière d'expropriation pour cause d'utilité publique où l'intervention des avoués n'est généralement pas nécessaire[25], l'article 13 de la loi du 3 mai 1841 l'exige, par exception, lorsqu'il s'agit de présenter à la chambre du conseil une requête à fin d'autoriser les incapables à consentir amiablement à l'aliénation des parcelles expropriées[26]. Je réponds : 1° que, l'ordre amiable eût-il à tous égards un caractère judiciaire — ce qui n'est pas absolument certain, comme on le verra au § **792** — il n'en résulterait pas nécessairement que le ministère des avoués y fût obligatoire; qu'il ne s'agit pas, dans l'espèce, de plaider et, par conséquent, de postuler mais seulement de concilier les prétentions des parties; que cet ordre ferait double emploi s'il était identique à l'ordre judiciaire, et qu'il se caractérise principalement par la suppression de la plupart des formes de ce dernier; qu'étant donné l'esprit de la loi qui l'institue, la présence obligatoire des avoués ne s'y comprendrait pas mieux que dans la comparution personnelle des parties où elle n'est pas admise[27]; 2° que l'argument tiré de l'article 13 de la loi du 3 mai 1841 ne porte pas, puisqu'il ne s'agit pas dans cet article de signer un arrangement amiable, mais d'obtenir du tribunal l'autorisation nécessaire pour qu'un incapable puisse y souscrire[28]. Je conclus de là non-seulement que les créanciers ont le droit de se présenter seuls devant le juge ou de

[23] N° 49 (D. P. 59. 3. 30).

[24] Voy. t. I, § **93**.

[25] Voy. t. I, *ib.*

[26] Voy., sur cette matière, Ducrocq, *Cours de droit administratif*, t. II, n°s 818 et suiv.

[27] Voy. t. II, § **311**.

[28] Bioche, *op. et v° cit.*, n°s 235 et suiv. Boitard, Colmet-Daage et Glasson, *op. et loc. cit.* Seligmann, *op. cit.*, n° 172. Pont, sur Seligmann, *op. et loc. cit.*, note 1. Lavielle, *op. cit.*, p. 439 et suiv. Tambour, *Du ministère forcé des avoués en matière*

choisir pour mandataire qui bon leur semble [29], mais encore que les avoués ne peuvent figurer à l'ordre amiable que comme simples mandataires et avec une procuration spéciale [30], que les outrages et voies de fait dont ils sont l'objet devant le juge ne tombent pas sous le coup de l'article 224 du Code pénal [31], et qu'enfin leurs honoraires ne sont pas colloqués dans l'ordre comme frais de justice et restent à la charge des créanciers qui les ont commis [32]. Il est même un cas où ces solutions ne semblent pas contestables : je veux

d'ordre amiable (Dans la *Revue pratique de droit français*, t. IX, 1860, p. 31 et suiv.). Dramard, *De l'ordre amiable et des améliorations qu'il peut comporter* (Dans la même *Revue*, t. XLI, 1876, p. 118 et suiv.). Pé de Arros, *op. cit.* (Dans la même *Revue*, t. XLVII, 1880, p. 51). Trib. de Caen, 7 févr. 1859 (D. P. 59. 3. 22). Caen, 29 mars 1859 (D. P. 59. 2. 140). Req. 16 nov. 1859 (D. P. 60. 1. 5 et 8). *Contrà*, Chauveau, sur Carré, *op. cit.*, t. VI, Ire part., quest. 2550 *septies;* Grosse et Rameau, *op. cit.*, t. I, n°s 207 et suiv., et 294 *bis;* Preschez, *op. cit.*, p. 61 et suiv. A Paris, on ne considère pas le ministère des avoués comme obligatoire, mais on les admet à figurer à l'ordre amiable en qualité d'avoués, d'où les conséquences indiquées *infrà*, texte et note 32.

29 Moyennant procuration authentique ou sous seing privé enregistrée (Bioche, *op. et v° cit.*, n° 236; Chauveau, sur Carré, *op. cit.*, t. VI, Ire part., quest. 2550 *novies;* Aix, 13 mars 1860, D. P. 60. 2. 165).

30 Seligmann, *op. cit.*, n° 175. Req. 16 nov. 1859 (D. P. 60. 1. 5 et 8). Si l'on considère le ministère des avoués comme obligatoire et si, par conséquent, on les admet à se présenter à l'ordre amiable en leur qualité d'avoués, est-ce une raison pour les dispenser de représenter un pouvoir spécial, et faut-il dire qu'ils justifient suffisamment du mandat qui leur a été donné en produisant les lettres de convocation adressées à leurs clients et les pièces justificatives des droits de ces derniers? La difficulté vient de l'article 352, aux termes duquel les offres, aveux et consentements ne peuvent être faits, donnés ou acceptés par un avoué sans pouvoir spécial à peine de désaveu (Voy. t. II, § **370**); il semble en résulter que l'avoué ne peut, sans pouvoir spécial, consentir à un sacrifice quelconque des droits de son client. Je crois qu'il faut distinguer. L'avoué n'a besoin d'une procuration spéciale ni pour se présenter devant le juge, ni pour exposer les droits de son client et discuter ceux des adversaires, ni pour ratifier un règlement amiable dans lequel son client obtient pleine satisfaction, ni même pour adhérer à un ordre amiable dans lequel il est certain que son client ne pourrait jamais être utilement colloqué, tous les créanciers contestés fussent-ils écartés. Si, au contraire, les droits des créanciers antérieurs sont contestables et que la collocation du créancier postérieur dépende de l'issue que ces contestations pourraient avoir, l'avoué de ce créancier ne pourra consentir à l'ordre amiable qu'en vertu d'une procuration spéciale. Voy., sur cette question, Chauveau, sur Carré, *op. cit.*, t. VI, Ire part., quest. 2550 *octies;* Rodière, *op. et loc. cit.;* Grosse et Rameau, *op. cit.*, t. I, n° 214; Ulry, *op. cit.*, t. I, n° 37; Preschez, *op. cit.*, p. 65.

31 Boitard, Colmet-Daage et Glasson, *op. et loc. cit.* Crim. cass. 28 mars 1879 (D. P. 79. 1. 275). Dijon, 14 mai 1879 (D. P. 79. 5. 330). Voy., sur l'article 221 du Code pénal, Chauveau-Adolphe et Faustin-Hélie, *op. cit.*, t. III, n°s 846 et suiv.

32 Circ. minist. 2 mai 1859, *loc. cit.* Seligmann, *op. cit.*, n° 190. Rien n'empêche cependant un créancier disposé à consentir à l'ordre amiable d'y mettre pour condition que les frais par lui dus à son avoué seront colloqués avec sa créance et au même rang (Bioche, *op. et v° cit.*, n° 241; Chauveau, sur Carré, *op. cit.*, t. VI, Ire part., quest. 2550 *decies;* Grosse et Rameau, *op. cit.*, t. I, n°s 209 et 210). Quels sont ces frais? A Paris, on applique à l'ordre amiable les dispositions du tarif rela-

parler des créanciers qui reconnaissent n'avoir rien à réclamer. On doit faciliter et encourager par tous les moyens cette démarche sans laquelle la conclusion de l'ordre amiable serait impossible; il est donc tout naturel qu'ils puissent venir faire eux-mêmes et sans frais cette déclaration, mais aussi qu'ils paient, s'ils ont cru devoir les exposer, les frais de la constitution inutile d'un avoué [33].

§ **791**. Au jour et à l'heure indiqués par les lettres de convocation, le juge, le greffier dont la présence est indispensable dans toutes les opérations du ministère du juge [1], les créanciers, le saisi et l'adjudicataire se réunissent au palais de justice, en la chambre du conseil ou dans tout autre local désigné par le juge [2]. Qu'il porte ou non sa robe, il est dans l'exercice de ses fonctions et, par conséquent, les injures et voies de fait qui seraient commises contre lui tombent sous l'application des articles 88 du Code de procédure et 222 du Code pénal [3]. Les créanciers convoqués, le saisi et l'adjudicataire se présentent seuls, se font assister d'un avoué, ou envoient à leur place un mandataire ainsi qu'il est dit au § précédent; ceux qui ont le droit d'intervenir [4] se présentent spontanément dans les mêmes conditions [5]; le public n'est

tives à la rémunération des avoués dans l'ordre judiciaire (Voy. D. 16 févr. 1807, art. 130 et suiv.). Ailleurs, notamment dans le ressort de la cour de Toulouse, on leur alloue 30 francs ou 22 francs 50 cent. d'honoraires suivant la classe à laquelle appartient le tribunal près duquel l'ordre amiable est ouvert (Arg. D. 6 févr. 1807, art. 133 et 134; Pé de Arros, *op. cit.*, dans la *Revue pratique de droit français*, t. XLVII, 1880, p. 277).

[33] Preschez, *op. cit.*, p. 64. Ces créanciers peuvent même se contenter d'écrire au juge qu'ils ratifient l'ordre amiable tel qu'il sera arrêté par ce juge et par les autres créanciers (Voy. *infrà*, § **802**).

§ **791**. [1] Ulry, *op. cit.*, t. I, nº 31. Pé de Arros, *op. cit.* (Dans la *Revue pratique de droit français*, t. XLVII, 1880, p. 31). Voy., sur la présence obligatoire du greffier dans toutes les opérations de justice, t. I, § **89**.

[2] Arg., art. 1040 (Voy. t. I, § **11**). Bioche, *op. et vº cit.*, nº 232. Chauveau, sur Carré, *op. cit.*, t. VI, Ire part., quest. 2551 *quater*.

[3] Pé de Arros, *op. et loc. cit.*

[4] Voy. *suprà*, § **788**.

[5] Seligmann, *op. cit.*, nºs 198 et 201. Faut-il qu'ils prennent préalablement inscription? Seligmann répond affirmativement (*Op. et loc. cit.*), mais il faut distinguer suivant qu'ils prétendent exercer encore un droit de préférence ou qu'ils se présentent simplement comme créanciers chirographaires. Dans le premier cas, ils doivent commencer par s'inscrire, en supposant d'ailleurs que leur droit de préférence ne soit pas éteint et que cette inscription puisse le conserver (Voy., sur ce point, *suprà*, § **710**). Dans le second cas, ils n'ont pas d'inscription à prendre.

pas admis et la présence d'un huissier audiencier est, par conséquent, superflue[6]. Le greffier, d'ordre du juge, fait l'appel des créanciers, du saisi et de l'adjudicataire ; chacun d'eux répond à l'appel de son nom ; leur identité est constatée ou les mandats par eux donnés sont vérifiés[7]; il est donné lecture, s'il y en a, des lettres d'excuse dont il sera parlé au § **802**. Si le saisi ou l'adjudicataire ne répondent pas à l'appel, on passe outre, car on n'a besoin ni de leur consentement[8] ni même de leur présence pour conclure l'ordre amiable, sans préjudice du droit qui leur est nécessairement réservé d'attaquer par les voies indiquées au § **794** le règlement amiable qui colloquerait indûment un créancier ou dans lequel les collocations formeraient un total supérieur au prix d'adjudication. Le droit de procéder en leur absence résulte : 1° de l'article 751 qui dit dans deux alinéas distincts que le juge convoque les créanciers « afin de se régler amia- « blement » et que « la partie saisie et l'adjudicataire sont « également convoqués, » et montre par-là que la seule présence indispensable est celle des créanciers; 2° de ce fait que le saisi et l'adjudicataire n'encourent en ne comparaissant pas aucune amende, ce qui serait inexplicable si leur absence devait empêcher l'ordre d'être amiablement réglé[9]; 3° du rapport de M. Riché au Corps législatif, où il est dit que « l'adjudicataire et le saisi sont également convoqués sans « que leur coopération soit nécessaire pour arriver à l'arran- « gement devant le juge[10]. » La présence des créanciers ins-

[6] Pé de Arros, *op. et loc. cit.*

[7] Bioche, *op. et v° cit.*, n° 234. Pé de Arros, *op. et loc. cit.*

[8] Voy., sur le cas où ils sont présents mais refusent de consentir, *infrà*, § **795**.

[9] Preschez, *op. cit.*, p. 119 et suiv. Voy., sur le principe de cette amende, *suprà*, § **801**, et, sur l'application de ce principe, *infrà*, §§ **802** et **803**.

[10] On peut ajouter, quant à l'adjudicataire, que la fixation du prix est la seule chose qui l'intéresse, et qu'il ne peut élever aucune contestation sur ce point après un jugement d'adjudication qui fixe ce prix d'une manière définitive (Voy. *suprà*, § **795**). On objecte, quant au saisi, que le règlement d'un ordre entraîne délégation du prix au profit de ses créanciers hypothécaires et exige, par conséquent, la présence et même le concours effectif du délégué, c'est-à-dire du saisi (C. civ., art. 1275; voy., sur cette délégation, Troplong, *op. cit.*, t. IV, n° 929; Pé de Arros, *op. cit.*, dans la *Revue pratique de droit français*, t. XLVII, 1880, p. 47). Je réponds à cette objection purement théorique : 1° que le consentement du saisi à la délégation peut être tacite, et qu'il résulte suffisamment de ce seul fait qu'il n'a pas opposé de résistance; 2° que la délégation est déjà faite au moment où l'ordre amiable est conclu, car elle résulte du jugement d'adjudication qui contient délégation indéterminée du

crits est, au contraire, indispensable à moins que, leurs droits n'étant contestés par personne, le règlement amiable ne leur donne une complète satisfaction[11]; il faut donc, ce cas excepté, prévoir deux hypothèses : 1° tous les créanciers inscrits comparaissent; 2° un ou plusieurs d'entre eux ne comparaissent pas[12].

§ **792**. *Première hypothèse: tous les créanciers inscrits comparaissent.* — Rien n'empêche alors, je ne dis pas de conclure l'ordre amiable — il faut pour cela le consentement unanime des créanciers présents et il n'est pas certain qu'on l'obtienne — mais d'ouvrir la discussion d'où la conciliation pourra sortir. Le juge qui a généralement, quelquefois avec l'aide de l'avoué poursuivant, étudié d'avance la situation hypothécaire, fait le calcul de la somme à distribuer et liquidé les frais de poursuite[1], appelle les créanciers dans l'ordre présumé de préférence, et se fait remettre par chacun d'eux un bordereau sur papier libre qui contient son nom, l'indication de la nature de sa créance et de son titre, la date de son inscription et le montant de la somme qu'il réclame : le juge ou le greffier aident, s'il y a lieu, à rédiger ces bordereaux les créanciers ignorants ou inexpérimentés qui ne sont pas assistés d'un avoué[2]. Cela fait, l'avoué poursuivant

prix au profit des créanciers, quels qu'ils soient, qui seront utilement colloqués; à Paris les cahiers des charges contiennent expressément cette délégation. Voy., en ce sens, Bioche, *op. et v° cit.*, n° 225; Boitard, Colmet-Daage et Glasson, *op. et loc. cit.;* Seligmann, *op. cit.*, n° 168; Grosse et Rameau, *op. cit.*, t. I, n° 188; Pé de Arros, *op. et loc. cit.;* Preschez, *op. cit.*, p. 69 et suiv.; Montpellier, 23 juill. 1869 (D. P. 74. 5. 362); en sens contraire, Duvergier, *op. cit.*, t. LVIII, p. 152, note 3; Chauveau, sur Carré, *op. cit.*, t. VI, Ire part., quest. 2551 *ter* et *quater*. Le projet de réforme de 1865 tranchait formellement cette question en ce sens que l'ordre amiable pouvait se conclure en l'absence de l'adjudicataire et du saisi (Art. 608; Greffier, *op. cit.*, p. 130).

11 Preschez, *op. cit.*, p. 69. Req. 16 nov. 1859 (D. P. 60. 1. 8).

12 Si aucun créancier ne répondait à la convocation, l'arrangement amiable serait évidemment impossible, et le juge procèderait à l'égard de tous les créanciers ainsi qu'il sera dit au § **801** pour ceux qui ont fait défaut alors que d'autres comparaissaient.

§ **792**. 1 Pé de Arros, *op. cit.* (Dans la *Revue pratique de droit français*, t. XLVII, 1880, p. 35 et suiv.).

2 Pé de Arros, *op. cit.* (Dans la *Revue pratique de droit français*, t. XLVII, 1880, p. 37). En produisant ainsi à l'ordre amiable, les créanciers acquiescent au jugement d'adjudication et ne sont plus recevables à l'attaquer (Chauveau, sur Carré, *op. cit.*, t. VI, Ire part., quest. 2549 *ter;* voy. cep. Bioche, *op. et v° cit.*, n° 173).

expose la situation et précise l'objet de la réunion ; le juge ouvre et conduit la discussion, donne la parole à qui la demande, élimine du débat les points sur lesquels on est d'accord, et, la discussion ainsi restreinte aux questions litigieuses, tente de concilier les parties si leurs dissentiments ne sont pas irréductibles. Il aurait assurément tort d'apporter un projet d'ordre tout prêt qu'il s'efforcerait de faire accepter[3]; mais jusqu'à quel point doit-il insister? a-t-il le droit de peser sur les parties et d'user sur elles de l'influence que lui donne sa situation de magistrat? fait-il bien de les effrayer par la perspective des risques, des lenteurs et des frais auxquels elles s'exposent en provoquant l'ouverture d'un ordre judiciaire? Il n'y a pas là-dessus de règle fixe : c'est affaire de tact, de mesure et de discrétion[4], mais le juge excèderait certainement ses pouvoirs en prêtant son ministère à des aliénations ou à des transactions étrangères à l'objet de l'ordre[5], en ordonnant sans leur consentement la radiation des inscriptions des créanciers non colloqués en ordre utile[6], ou en étendant sa juridiction sur des immeubles dont le prix n'est pas en distribution. Il n'aurait donc pas qualité, une partie en fît-elle la condition de son consentement à l'ordre amiable, pour ordonner la radiation des inscriptions que des créanciers colloqués ou non en ordre utile et même consentant à cette radiation pourraient avoir sur des immeubles sur le prix desquels l'ordre n'est pas actuellement ouvert[7], il devrait, en présence du refus par une partie de consentir à l'ordre amiable si cette radiation n'est pas ordonnée, tenir cette partie pour non-consentante et ordonner l'ouverture d'un ordre judiciaire ainsi qu'il est dit au § **801**.

La première question qui se pose ici est de savoir quel

[3] Pé de Arros, *op. cit.* (Dans la *Revue pratique de droit français*, t. XLVII, 1880, p. 30).

[4] Voy. les conseils que donnent au juge qui préside à un ordre amiable MM. Ulry (*Op. cit.*, t. I, n° 38) et Pé de Arros, *op. cit.* (dans la *Revue pratique de droit français*, t. XLVII, 1880, p. 35 et suiv.).

[5] Preschez, *op. cit.*, p. 112.

[6] Voy., sur ce point, Preschez, *op. cit.*, p. 111 et 112.

[7] Boitard, Colmet-Daage et Glasson, *op. et loc. cit.* Ulry, *op. cit.*, t. II, n° 395. Preschez, *op. et loc. cit.* Aix, 8 nov. 1862 (D. P. 63. 2. 176). *Contrà*, Bioche, *op. et v° cit.*, n° 260. Le projet de 1865 contenait une disposition formelle pour défendre au juge d'ordonner la radiation des inscriptions existantes sur des immeubles dont le prix n'est pas actuellement en distribution (Art. 608 ; Greffier, *op. cit.*, p. 131).

est précisément le caractère de l'ordre amiable. L'obligation de convoquer les parties intéressées, la présence d'un magistrat et l'amende de non-comparution sont autant de points communs entre cet ordre et le préliminaire de conciliation[8], mais le premier diffère du second sous deux rapports[9] : 1° il ne suppose pas toujours une contestation[10] et ne consiste qu'à faire régler par un magistrat les droits de même nature qui coexistent sur un ou plusieurs immeubles situés dans le même arrondissement ; 2° ni le nombre ni l'incapacité des ayants-droit n'empêchent d'y procéder[11]. Le concordat, par lequel les créanciers d'un failli, renonçant à user rigoureusement de tous leurs droits, remettent leur débiteur à la tête de ses affaires moyennant le paiement d'un dividende[12], n'est pas non plus sans analogie avec l'ordre amiable; mais, sans compter les différences qui résultent de la diversité des situations — le concordat ne se donne qu'aux commerçants, suppose non-seulement leur insolvabilité mais encore leur faillite déclarée, s'octroie et s'exécute sous le contrôle de la juridiction commerciale[13] — l'ordre amiable et le concordat se distinguent essentiellement l'un de l'autre : 1° en ce que le créancier qui renonce à une partie de ses prétentions pour faciliter la conclusion d'un ordre amiable fait ce sacrifice à ses co-créanciers, au lieu que les créanciers qui votent un concordat en se contentant d'un dividende font à ce débiteur lui-même le sacrifice du surplus de leurs créances; 2° en ce que l'ordre amiable exige le consentement unanime des

[8] Voy, sur la citation en conciliation, sur la compétence *ratione personæ* du magistrat conciliateur, et sur l'amende encourue par les non-comparants, t. II, §§ **239**, **240** et **242**.

[9] Sans préjudice des conséquences qui résultent du caractère judiciaire de cet ordre, ainsi qu'il sera démontré *infrà*, même §. Voy., sur ce parallèle entre l'ordre amiable et le préliminaire de conciliation, Preschez, *op. cit.*, p. 55.

[10] Le préliminaire de conciliation ne fait pas partie de l'instance (Voy. t. II, § **236**), mais il suppose une contestation qui aboutira certainement à une instance si la conciliation ne se fait pas.

[11] Le préliminaire de conciliation n'a lieu ni dans le cas où il y a des incapables parmi les parties (Voy. t. II, § **237**), ni lorsqu'il existe plus de deux défendeurs (Voy. t. II, § **238**). Voy., sur la conclusion de l'ordre amiable lorsqu'il y a des créanciers incapables, *infrà*, § **797**.

[12] Voy., sur le concordat, Boistel, *op. cit.*, nos 1030 et suiv.; Lyon-Caen et Renault, *op. cit.*, t. II, nos 2882 et suiv.

[13] Voy , sur ces trois points, Boistel, *op. et loc. cit.*; Lyon-Caen et Renault, *op. et loc. cit.*

créanciers inscrits, au lieu que le concordat est voté à la majorité des créanciers représentant les trois quarts des créances vérifiées et affirmées ou admises par provision [14]. Cela posé, l'ordre amiable est-il un ordre judiciaire dans lequel les formes ordinaires sont abrégées et simplifiées dans un intérêt d'économie, ou seulement un ordre consensuel perfectionné dans lequel le juge se borne à constater l'accord des parties à l'instar d'un notaire ou d'un juge de paix siégeant en conciliation? La question n'a pas d'importance pour les avoués, car on a vu au § **790** que le caractère judiciaire de l'ordre amiable n'implique pas nécessairement leur présence obligatoire; mais il s'agit de savoir : 1° s'il faut et s'il suffit que les créanciers qui concourent à l'ordre amiable aient la capacité d'ester en justice s'ils y figurent en leur nom, et le pouvoir de le faire s'ils y figurent au nom d'autrui [15]; 2° si l'instance en exécution de l'ordre amiable est soumise, au point de vue de la forme et du taux du dernier ressort, à l'application de l'article 762 [16]; 3° si le procès-verbal d'ordre amiable est signé seulement par le juge et par le greffier, ou s'il doit, comme le procès-verbal de conciliation [17], porter la signature des parties ou la mention qu'elles n'ont pu ou su signer [18]; 4° si le règlement amiable doit être traité comme un jugement ou comme une convention au point de vue des voies de recours dont il est susceptible; s'il doit, en conséquence, être attaqué par appel, opposition ou requête civile dans les formes et dans les délais qui seront indiqués aux §§ **843** et suivants, ou par une action en nullité ou en rescision qui suivra les formes du droit commun et ne se prescrira que par dix ans conformément à l'article 1304 du Code civil [19]; 5° si le juge qui préside à l'ordre amiable a le droit d'ordon-

[14] C. comm., art. 507. Voy., sur l'application de cet article, Boistel, *op. cit.*, n°s 1033 et 1034; Lyon-Caen et Renault, *op. cit.*, t. II, n°s 2895 et suiv.; et, sur ce parallèle entre l'ordre amiable et le concordat, Pé de Arros, *op. cit.* (dans la *Revue pratique de droit français*, t. XLVII, 1880, p. 11 et suiv.).

[15] Voy., sur ce pouvoir et cette capacité, t. II, § **241**, et, sur la conclusion de l'ordre amiable lorsqu'il y a des incapables parmi les créanciers, *infrà*, § **797**.

[16] Voy., sur cet article, *infrà*, § **905**.

[17] Voy., sur cette question, *infrà*, § **792**.

[18] Voy., sur ce point, *infrà*, § **905**.

[19] En supposant qu'il soit attaqué par les créanciers qui y ont participé. Voy., quant aux autres, *suprà*, § **788**, et *infrà*, § **794**.

ner la radiation de l'hypothèque légale d'une femme dotale[20], ou si le conservateur des hypothèques a le droit de se refuser à cette radiation[21], attendu que cette femme n'a pu y consentir même avec l'autorisation de son mari, soit que l'hypothèque lui garantît la restitution de ses immeubles dotaux — auquel cas l'article 1554 du Code civil lui défend d'y renoncer même avec l'autorisation de son mari[22] — soit que l'hypothèque lui garantît la restitution de sa dot mobilière — auquel cas la jurisprudence qui déclare la dot mobilière inaliénable *hoc sensu*[23] ne lui permet pas non plus de renoncer à cette hypothèque[24]. Le texte et les travaux préparatoires de la loi du 21 mai 1858 ne sont d'aucun secours pour la solution de la question : l'article 751 est muet sur le caractère de l'ordre amiable; l'article 773 qui l'appelle « préliminaire de règlement amiable » n'est pas beaucoup plus significatif; M. Riché dans son rapport, et MM. de Parieu et Duclos au Corps législatif l'ont qualifié d' « arrangement, » d' « ordre de concilia« tion » et de « tentative de conciliation[25]; » mais M. Guyard-Delalain a constamment parlé dans la même discussion de « juridiction » et de « prérogative du juge[26]. »

[20] Le juge qui préside à l'ordre judiciaire a ce droit (Voy. *infrà*, § **847**).

[21] Voy., sur le droit qu'a le conservateur des hypothèques de refuser une radiation, d'inscription ordonnée par le juge à la suite et en exécution d'un ordre amiable, *infrà*, § **793**; aj., pour ce cas particulier, *infrà*, § **797**.

[22] Voy., sur cette application de l'article 1554 du Code civil, Aubry et Rau, *op. cit.*, t. III, p. 462.

[23] On sait que la jurisprudence, qui n'admet pas la femme dotale à renoncer, même autorisée de son mari, à l'hypothèque légale qui lui garantit la restitution de sa dot mobilière (Voy. la note suivante), permet néanmoins au mari d'aliéner cette dot (Voy. Dalloz et Vergé, *op. cit.*, art. 1554, n°s 135 et suiv.).

[24] Voy., sur cette jurisprudence, Dalloz et Vergé, *op. cit.*, art. 1554, n°s 128 et suiv. Un autre intérêt de cette question a été indiqué : l'ordre peut-il être considéré comme ouvert, pour l'application de l'article 2151 du Code civil, alors que les parties ne sont encore qu'en instance d'ordre amiable? L'année courante dont parle cet article doit-elle s'entendre de l'année qui court à ce moment, en sorte que le créancier hypothécaire puisse se faire colloquer à la date de son inscription pour deux années d'intérêts et l'année dans laquelle il est procédé à l'ordre amiable, et, en outre, pour tous les intérêts qui courront jusqu'à la clôture de l'ordre amiable ou judiciaire? Voy., sur ce point, Riom, 13 juill. 1859 (D. A. v° *Ordre*, n° 1390). Cette question n'a pas d'intérêt, si l'on admet avec moi (Voy. *suprà*, § **713**) que l'année courante dont il est parlé dans l'article 2151 est celle qui court à l'époque du jugement d'adjudication, et que le créancier peut se faire colloquer à la date de son inscription : 1° pour deux années d'intérêts et cette année-là; 2° pour tous les intérêts qui courent jusqu'à la conclusion de l'ordre amiable ou judiciaire.

[25] Voy. le rapport de M. Riché au Corps législatif, *loc. cit.*, et la séance du Corps législatif du 13 avril 1858 (*Moniteur* du 15, p. 469 et suiv.).

[26] *Ib.*

On peut distinguer, dans l'ordre amiable deux parties : l'une dans laquelle le juge éclaire les créanciers sur leurs droits et sur leurs intérêts, leur indique un terrain de transaction, les exhorte à s'y placer et s'efforce de les y amener par la persuasion; l'autre dans laquelle il dresse un règlement conforme à leur accord, lui donne force exécutoire, délivre les bordereaux aux créanciers colloqués, ordonne la radiation des inscriptions des autres, ou, tout au contraire, refuse de ratifier l'arrangement intervenu dans les cas prévus au § **800**. Qu'il n'y ait dans la première partie de ce travail qu'un ordre consensuel perfectionné et un essai de conciliation semblable à celui qui se fait en justice de paix, on peut l'admettre et cela n'offre aucun intérêt pratique; mais que la seconde partie de cet ordre ait un caractère judiciaire, cela n'est pas contestable, car le juge y fait acte de juridiction, exerce des pouvoirs qui dépassent ceux d'un magistrat conciliateur, et y encourt la même responsabilité que dans l'ordre judiciaire proprement dit[27]. Il s'agit donc, en définitive, comme on l'a très bien dit, d'un ordre judiciaire amiable : « amiable, parce que les parties ont consenti à employer une procédure amiable pour le règlement « du prix en distribution; judiciaire, parce qu'elles se trouvent devant la justice en présence d'un magistrat qui « exerce une juridiction dont il est investi par la loi[28]. » La circulaire ministérielle du 2 mai 1859, qui peut être considérée comme une interprétation officielle de la loi, ne l'entend pas autrement : « Entre l'ordre consensuel et l'ordre

[27] Seligmann objecte que l'essai d'ordre amiable s'applique (Art. 773) dans le cas même où il n'y a pas lieu de procéder à l'ordre judiciaire parce qu'il existe moins de quatre créanciers inscrits (*Op. cit.*, n° 172; voy., sur ce point, *infrà*, § **854**). L'objection ne porte pas : la procédure prescrite dans ce cas par l'article 773 n'est pas la procédure ordinaire de l'ordre, mais c'est quand même une façon de régler l'ordre judiciairement, et la circonstance qu'un essai d'ordre amiable la précède ne change rien au caractère judiciaire de cette opération. Voy., sur l'article 773, *infrà*, §§ **853** et suiv.

[28] Preschez, *op. cit.*, p. 54 et suiv. Voy., dans le même sens, Boitard, Colmet-Daage et Glasson, *op. et loc. cit.;* Grosse et Rameau, *op. cit.*, t. I, n°s 196 et suiv.; Dramard, *op. cit.* (dans la *Revue pratique de droit français*, t. XLI, 1876, p. 118 et suiv.); Pé de Arros, *op. cit.* (dans la *Revue pratique de droit français*, t. XLVII, 1880, p. 9 et suiv., et 43); et, en sens contraire, Chauveau, sur Carré, *op. cit.*, t. VI, Ire part., quest. 2551; Seligmann, *op. et loc. cit.;* Pont, sur Seligmann, *op. et loc. cit.*, note 1. On verra par les arrêts cités *infrà*, § **794**, notes 15 et 16, que la jurisprudence est très hésitante, mais qu'elle penche plutôt vers cette dernière opinion.

« judiciaire, dans un double but d'économie et de rapidité, « le législateur a placé l'ordre amiable qui n'est autre chose « qu'un règlement fait en justice sans les formalités ordi- « naires..... Le juge, dans l'ordre amiable organisé par l'ar- « ticle 751, n'est pas seulement chargé de constater l'accord « des parties et de donner l'authenticité à leurs conventions; « bien qu'investi d'une mission de conciliation, il n'en con- « serve pas moins son caractère propre. Les créanciers sont « convoqués devant lui pour se régler amiablement entre « eux, c'est-à-dire pour établir et contester contradictoire- « ment et sans formalités de procédure la réalité de leurs « droits et le rang qui appartient à chacun d'eux; mais c'est « le juge seul qui procède à l'ordre, et il ne donne sa sanc- « tion à l'arrangement des créanciers qu'autant qu'il le « trouve conforme aux règles de la justice [29]. »

Quelque parti qu'on prenne sur cette question, on peut prévoir, quant à l'issue de l'ordre amiable, trois hypothèses : 1° les créanciers consentent à se régler; 2° ils ne parviennent pas à se mettre d'accord; 3° des complications se présentent; *a*) un ou plusieurs créanciers sont incapables; *b*) une ou plusieurs créances sont indéterminées ou conditionnelles; *c*) l'accord ne s'établit que sur certains points; *d*) un ou plusieurs créanciers ne donnent qu'un consentement conditionnel; *e*) le juge ne croit pas devoir sanctionner l'arrangement convenu entre les parties.

§ **793**. A. Si les créanciers sont tombés d'accord, le juge ratifie leur consentement, en dresse procès-verbal, délivre les bordereaux de collocation et ordonne la radiation des inscriptions des créanciers non admis en ordre utile : le tout malgré la résistance de la partie saisie et de l'adjudicataire, car l'ordre amiable peut se régler non-seulement en leur absence mais encore à leur refus, sauf à eux à l'attaquer dans les cas prévus et par les voies indiquées au § suivant [1]. A partir de

29 Nos 42 et 56 (D. P. 59. 3. 30). Un autre passage de la même circulaire pourrait être invoqué en sens contraire : « Le règlement a lieu sous la médiation du juge, « mais il s'accomplit amiablement, c'est-à-dire sans procédure » (No 49; D. P. 59. 3. 30).

§ **793.** 1 Preschez, *op. cit.*, p. 118 et suiv. Seligmann suppose cependant que le

ce moment les intérêts et arrérages des créances utilement colloquées cessent de courir à l'égard de la partie saisie, conformément à l'article 765 dont je donnerai l'explication au § **841**[2]; et, ce règlement ayant un caractère judiciaire[3], les instances auxquelles il peut donner lieu — notamment l'opposition de l'adjudicataire à la délivrance des bordereaux destinés aux créanciers qui n'ont pas encore donné mainlevée de leurs inscriptions — sont soumises, au point de vue de la recevabilité, de la forme et du délai de l'appel, aux dispositions de l'article 762[4].

1° Les conventions librement formées ne lient pas seulement les parties (C. civ., art. 1134); elles font loi pour la justice elle-même qui est tenue de les ratifier — c'est le cas des jugements d'expédient[5] — et d'en ordonner l'exécution[6]. Le juge qui préside à l'ordre amiable n'a donc, en principe et sauf les exceptions prévues au § **801**, qu'à constater l'accord des parties, et le procès-verbal qui en est dressé, écrit par le greffier sous sa surveillance ou même sous sa dictée[7], est non-seulement un acte authentique[8] mais encore un

saisi, présent à l'ordre, fait valoir des objections sérieuses contre un créancier, et décide que le juge fera bien, sans toutefois surseoir au-delà du temps dans lequel il doit régler l'ordre amiable (Voy. *infrà*, § **804**), d'exiger caution de ce créancier pour garantir la restitution, le cas échéant, du montant de la collocation qu'il aura touchée, ou de ne colloquer ce créancier que provisoirement en fixant un délai pour faire juger la contestation soulevée contre lui (*Op. cit.*, n° 168). On verra au § **795** qu'il en est autrement, et qu'il y a lieu d'ouvrir l'ordre judiciaire, si la contestation ne provient pas de l'adjudicataire ou du saisi mais d'un créancier. D'ailleurs, cette façon de procéder n'est pas admise à Paris, et, à moins que les créanciers tous capables ne consentent formellement à surseoir, on ouvre immédiatement l'ordre judiciaire (Bioche, *op. et v° cit.*, n° 245).

2 Voy., sur l'application de cet article à l'ordre amiable, Preschez, *op. cit.*, p. 122 et suiv.

3 Voy. le § précédent.

4 *Contrà*, Bordeaux, 22 juill. 1886 (D. P. 88. 2. 237). Cet arrêt sur lequel je reviendrai au § suivant, note 7, est conforme à la jurisprudence qui refuse au règlement de l'ordre amiable le caractère d'une décision judiciaire (Voy. le § précédent), mais il tombe dans une véritable contradiction lorsqu'il applique à ce règlement les dispositions de l'article 762 sur le taux du dernier ressort, et refuse d'y appliquer les dispositions du même article sur le délai et les formes de l'appel (Voy., sur cet article, *infrà*, §§ **905**, **925** et **943**).

5 Voy. le tome V de ce Traité.

6 Voy., sur cette conséquence de l'article 1134, Demolombe, *op. cit.*, t. XXIV, n° 389.

7 Seligmann, *op. cit.*, n° 17. La présence du greffier est indispensable (Voy. *suprà*, § **791**).

8 Bioche, *op. et v° cit.*, n° 264. Preschez, *op. cit.*, p. 114 et suiv. Voy., sur les caractères de l'authenticité des actes, t. II, p. 277. Le procès-verbal de conciliation est aussi un acte authentique (Voy. t. II, § **241**).

titre exécutoire [9]. On le dresse dès que les parties sont tombées d'accord, de manière à ne pas leur laisser le temps de se dédire [10], et la signature du juge et du greffier lui donne l'authenticité [11], mais ni celle des créanciers s'ils sont présents et de leurs avoués dans le cas contraire, ni la mention qu'ils ne savent ou ne peuvent signer ne sont nécessaires [12], et les créanciers qui prétendraient n'avoir pas consenti au règlement amiable, alors que le procès-verbal affirme le contraire, ne pourraient que s'inscrire en faux [13]. C'est une des conséquences annoncées au § précédent du principe que l'ordre amiable est judiciaire [14], et cette solution est aussi favorable à la conclusion de l'ordre que bien fondée en droit, car la nécessité de faire signer les parties est un écueil sur lequel les efforts du magistrat conciliateur peuvent venir échouer. Si la situation hypothécaire est trop compliquée pour que le procès-verbal puisse être signé séance tenante, on fait signer immédiatement les créanciers non colloqués qui se trouvent désormais hors de cause, puis on dresse l'ordre convenu entre les autres et on les convoque à nouveau pour obtenir leur signature [15]; mais ils peuvent

[9] Bioche, *op.*, *v° et loc. cit.* Preschez, *op. et loc. cit.* Une disposition spéciale, mais qui n'a pas ici d'analogue, refuse la force exécutoire au procès-verbal de conciliation (Voy. t. II, § **241**).

[10] Pé de Arros, *op. cit.* (Dans la *Revue pratique de droit français*, t. XLVII, 1880, p. 42).

[11] Seligmann, *op. cit.*, n° 180.

[12] Ulry, *op. cit.*, t. I, n° 43. Preschez, *op. cit.*, p. 113. Dayras, *Observations pratiques sur les articles 750 et 751* (Dans la *Revue pratique de droit français*, t. XXXI, 1871, p. 472 et suiv.). Pé de Arros, *op. cit.* (Dans la *Revue pratique de droit français*, t. XLVI, 1880, p. 43). Pau, 21 févr. 1887 (D. P. 87. 2. 249). A Paris on ne fait signer ni les parties ni les avoués (Bioche, *op. et v° cit.*, n° 263). *Contrà*, Chauveau, sur Carré, *op. cit.*, t. VI, Ire part., quest. 2551 *quater;* Seligmann, *op. cit.*, n° 179; Caen, 25 mai 1863 (D. P. 64. 2. 35).

[13] Preschez, *op. cit.*, p. 115. Le greffier atteste *de visu et de auditu* que tous les créanciers ont consenti à l'ordre amiable : c'est donc le cas de s'inscrire en faux si l'on prétend que cette assertion est inexacte et qu'un ou plusieurs créanciers ont refusé leur adhésion (Voy. t. II, § **317**).

[14] On objecte que le préliminaire de conciliation doit porter, malgré le silence de l'article 54, la signature des parties qui se sont conciliées (Voy. t. II, § **241**), et qu'aux termes de l'article 509 du Code de commerce le concordat doit être signé séance tenante (Voy., sur cette formalité Boistel, *op. cit.*, n° 1037; Lyon-Caen et Renault, *op. cit.*, t. II, n° 2899). Ces deux objections ne portent pas : le préliminaire de conciliation et le concordat ne sont pas des actes judiciaires, mais de simples arrangements conclus en présence, sous la direction et tout au plus par les conseils d'un magistrat. Voy., sur le parallèle du préliminaire de conciliation et du concordat avec l'ordre amiable, le § précédent.

[15] Voy., sur cette manière de procéder, Seligmann, *op. cit.*, n°s 187 et suiv.

changer d'avis dans l'intervalle et la refuser ou ne pas répondre à cette nouvelle convocation, car ils ne sont pas tenus sous peine d'amende de se déranger plus d'une fois[16] : dans les deux cas tout espoir d'arrangement s'évanouit, et l'ordre judiciaire devient inévitable[17].

2° Les créanciers colloqués reçoivent les bordereaux de collocation qui leur sont délivrés conformément aux articles 769 et 770[18], avec cette différence que ces bordereaux ne peuvent être délivrés à la suite d'un ordre judiciaire qu'après l'expiration des délais qu'on a pour l'attaquer[19], au lieu qu'en cas d'ordre amiable ils peuvent être délivrés sans retard et sont immédiatement exécutoires contre l'adjudicataire ou contre la Caisse des dépôts et consignations. L'adjudicataire qui a déjà consigné son prix le déclare au procès-verbal, et cette déclaration vaut sommation aux créanciers présents de contredire s'il y a lieu ; si le saisi n'est pas présent, l'adjudicataire le somme par un exploit de prendre communication de ce procès-verbal et, au besoin, de contredire : on verra au § **795** quelle conduite le juge doit tenir en pareil cas, que la consignation soit ou non contestée[20]. Peut-on expliquer cette différence en disant que l'ordre judiciaire est l'œuvre du juge seul et qu' « on a dû accorder aux créanciers le temps de l'examiner avant de le rendre définitif, »

16 Voy *infrà*, § **802**.

17 Voy., sur ce point, Ulry, *op. et loc. cit.*.

18 Voy., sur ces articles qui règlent la forme de la délivrance des bordereaux en cas d'ordre judiciaire, *infrà*, § **848**.

19 Voy. *infrà*, *ib.*

20 Chauveau, sur Carré, *op. cit.*, t. VI, Ire part., quest. 2551 *septies*. Seligmann, *op. cit.*, nos 181 et 182. Grosse et Rameau, *op. cit.*, t. I, no 285. Pé de Arros, *op. cit.* (Dans la *Revue pratique de droit français*, t. XLVII, 1880, p. 263). L'adjudicataire qui veut obtenir au plus tôt la radiation des inscriptions a certainement le droit de consigner par application de l'article 777 (Voy. *infrà*, § **850**), bien que l'article 751 n'en fasse pas mention à propos du règlement amiable (Voy., sur ce point, Seligmann, *op. cit.*, no 656). Il doit suivre, à cet effet, une procédure analogue à celle qu'institue l'article 777 en matière d'ordre judiciaire, et ne pas sommer les créanciers saisis de contredire à la consignation, car ils sont présents — ou du moins je le suppose (Voy. *infrà*, § **850**), — et la déclaration par l'adjudicataire qu'il a consigné son prix les en informe suffisamment et les met à même et en demeure d'y contredire s'ils croient devoir le faire. Ils recevront, d'ailleurs, de l'adjudicataire convoqué en cette qualité (Voy. *suprà*, § **788**) tous les éclaircissements nécessaires. Il en est autrement du saisi qui n'a pas d'avoué : la sommation de prendre communication et de contredire est, quant à lui, de toute nécessité ; elle est faite par exploit à personne ou à domicile avec augmentation de distance, mais il n'en doit résulter aucun retard pour les opérations de l'ordre (Seligmann, *op. cit.*, nos 656 et 657 ; voy., sur cette procédure, *infrà*, § **825**).

au lieu que « la clôture du règlement amiable ne peut être « attaquée par les créanciers qui ont signé cet arrangement[21]? » Rien n'est plus juste en ce qui concerne l'ordre judiciaire : il n'acquiert certainement force de chose jugée qu'à l'expiration des délais qu'on a pour l'attaquer, et c'est pour cela qu'on retarde jusque-là la délivrance des bordereaux[22]; mais il n'est pas exact de dire que les créanciers ne peuvent jamais attaquer le règlement amiable. J'ai dit au même § qu'ils peuvent s'inscrire en faux contre le procès-verbal qui affirme l'existence d'un consentement qu'ils n'ont pas donné, et l'on verra au § suivant qu'ils peuvent former dans certains cas la requête civile contre le règlement amiable auquel ils ont adhéré. La véritable raison qui permet de délivrer sur-le-champ les bordereaux, c'est que l'inscription de faux et la requête civile ne sont pas suspensives et ne font, par conséquent, pas obstacle à l'exécution immédiate de l'ordre amiable[23].

3° En même temps que le juge constate par le procès-verbal l'entente des créanciers, il ordonne la radiation des inscriptions de ceux, colloqués ou non en ordre utile, qui y consentent. Elles sont rayées, dit l'article 751, « sur la « présentation d'un extrait délivré par le greffier de l'or- « donnance du juge, » c'est-à-dire que le conservateur ne peut exiger pour les rayer ni un jugement[24] ni un certificat de non-appel et de non-opposition[25] — on verra au § suivant que le règlement amiable n'est pas susceptible de ces voies de recours et n'est même pas signifié aux parties absentes[26] — ni une procuration notariée constatant que le mandataire du

[21] Seligmann, *op. cit.*, n° 182.

[22] Voy., sur l'autorité de chose jugée qui résulte d'un règlement d'ordre judiciaire et sur le moment où il devient exécutoire, *infrà*, §§ **843** et **846**.

[23] Voy., sur ce point, en ce qui concerne l'inscription de faux, t. II, § **318**, et la requête civile, le tome V de ce Traité. Le projet de réforme de 1865 disait expressément que le greffier peut délivrer les bordereaux de collocation immédiatement après que l'ordre amiable a été conclu (Art. 608; Greffier, *op. cit.*, p. 131).

[24] Bioche, *op. et v° cit.*, n° 272.

[25] Voy., sur le droit qu'a le conservateur d'exiger ce certificat pour exécuter un jugement contradictoire ou par défaut encore susceptible d'appel ou d'opposition, t. III, § **565**.

[26] Seligmann, *op. cit.*, n°s 183 et 184. Preschez, *op. cit.*, p. 121. L'usage de prendre ce certificat s'est introduit au tribunal de la Seine, mais l'article 548, aux termes duquel il est délivré après l'expiration des délais de l'appel ou de l'opposition et contient la date de la signification qui a fait courir ces délais (Voy. t. III, § **565**), ne s'applique pas dans l'espèce, puisqu'il n'y a ni signification ni appel ni opposition (Preschez, *op. et loc. cit.*, note 2).

créancier avait le pouvoir de consentir pour lui à la radiation[27]. Je rappelle que le juge peut même ordonner et le conservateur exécuter la radiation de l'inscription de l'hypothèque légale d'une femme dotale[28], mais que le juge commettrait un excès de pouvoir en ordonnant la radiation des inscriptions de créanciers qui n'y consentiraient pas ou même de celles qu'auraient des créanciers consentants à cette radiation sur des immeubles dont le prix n'est pas actuellement en distribution[29]. Le conservateur, responsable des radiations qu'il opère indûment[30], peut et doit s'y refuser dans ces deux cas[31]; il le peut également si l'ordre amiable a été réglé par un juge incompétent *ratione materiæ,* comme un juge de paix ou un membre d'un tribunal de commerce[32]; mais le conservateur n'a pas le droit de résister à l'ordonnance : 1° sous pré-

[27] *Nec obst.* C. civ., art. 2157. Cet article n'autorise à rayer les inscriptions qu'en vertu d'un jugement passé en force de chose jugée ou d'un consentement donné par acte authentique (Dalloz et Vergé, *op. cit.,* art. 2157, n°s 84 et suiv.); mais, d'une part, l'ordre amiable est un ordre judiciaire et l'ordonnance du juge vaut jugement passé en force de chose jugée; d'autre part, l'article 751 est formel, et, quand même le caractère judiciaire de l'ordre amiable serait contesté (Voy. le § précédent), il resterait toujours, aux termes de l'article 751, l'obligation pour le conservateur de rayer les inscriptions sur la seule présentation de ladite ordonnance (Seligmann, *op. cit.*, n° 185).

[28] Voy. *suprà*, même §.

[29] Voy. le § précédent. Si l'inscription que le créancier consent à laisser rayer est l'inscription d'office prise par le conservateur dans le cas de l'article 2108 du Code civil, le juge doit s'assurer, avant d'en ordonner la radiation, que ce créancier (c'est-à-dire le vendeur) renonce également à son action résolutoire et à son privilège : dans le cas contraire, la radiation laisserait subsister l'action résolutoire dont le sort n'est associé à celui du privilège que dans le cas de l'article 7 de la loi du 23 mars 1855 (Voy. *suprà,* § **712**), et, le créancier n'ayant pas réellement renoncé à tous ses droits, l'ordre ne serait pas réglé amiablement et l'inscription du privilège ne pourrait être rayée (Ulry, *op. cit.*, t. II, n° 395 *ter*). S'il existe en marge de l'inscription rayée une mention de subrogation (Voy., sur cette hypothèse, *suprà,* § **788**), le juge doit, dit le même auteur, énoncer dans son ordonnance si la radiation doit avoir lieu au regard du subrogé, car le subrogeant ne peut, en y consentant seul, disposer des droits du subrogé (*Op. et loc. cit.*). Je ne comprends pas très bien cette solution, car ce subrogé a dû être convoqué à l'ordre amiable, et l'on n'a pu, sans son consentement, régler cet ordre et opérer la radiation de l'inscription à laquelle il est subrogé (Voy. *suprà, ib.*). Le juge n'a pas le droit d'ordonner la radiation de la transcription de la saisie (Voy. le rapport de M. Gazagne à la commission du Sénat à l'occasion de la loi du 2 juin 1881, *Journal officiel* du 2 juillet, p. 7350; voy., sur cette loi, *suprà,* § **748**, et, sur cette transcription, *suprà*, §§ **661** et suiv.). Il paraît que la pratique contraire est établie dans beaucoup de tribunaux, et que les conservateurs ne font généralement pas de difficulté pour opérer cette radiation (Ulry, *op. et loc. cit.*).

[30] Voy., sur cette responsabilité, Dalloz et Vergé, *op. cit.,* art. 2198, n°s 26 et suiv.

[31] Preschez, *op. cit.,* p. 121.

[32] Preschez, *op. et loc. cit.* Voy., sur cette incompétence, *suprà*, § **781**.

texte que des créanciers qui ont participé à l'ordre amiable ont été mal colloqués ou étaient incapables d'y consentir, car il n'a pas, sauf le cas d'excès de pouvoir, le droit de réformer au fond la décision du juge [33]; 2° sous prétexte que le juge était incompétent *ratione personæ* [34], car les parties ont couvert cette incompétence en ne l'opposant pas devant lui *in limine litis* [35].

§ **794**. A *bis*. Le règlement amiable peut être attaqué : 1° par les créanciers qui n'y ont pas été appelés; j'ai prévu cette hypothèse au § **788**; 2° par les créanciers qui n'y ont pas adhéré bien que le procès-verbal mentionne leur consentement; j'ai dit au § précédent qu'ils peuvent et doivent s'inscrire en faux contre cet acte; 3° par les créanciers qui y ont consenti dans les cas indiqués ci-après; 4° par l'adjudicataire et par le saisi en l'absence ou sans le consentement desquels l'ordre amiable a été conclu [1]. Ils ne sont pas tenus d'y former opposition comme pour l'ordre judiciaire [2], car il ne leur est pas signifié comme l'ordonnance qui clôt cet ordre [3], et

[33] Preschez, *op. cit.*, p. 122. Aix, 13 mars 1860 (D. P. 60. 2. 165). Rouen, 17 juin 1863 (D. P. 64. 2. 34). M. Preschez cite dans le même sens un arrêt de la cour de Dijon, du 5 janvier 1863, où il est dit : « L'ériger (le conservateur des hypothè- « ques) en tribunal d'appel de l'œuvre du juge, ce serait non-seulement consacrer « le renversement de toute juridiction et de tous les principes sur la matière, mais « encore frapper d'une impuissance radicale la loi sur les ordres amiables. »

[34] Voy., sur la compétence *ratione personæ* en matière d'ordre amiable, *suprà*, § **781**.

[35] Preschez, *op. cit.*, p. 121. Voy., sur ce principe, t. I, § **150**. La cour de Caen a jugé, le 25 mai 1863 (D. P. 64. 2. 35), contrairement aux principes qui viennent d'être posés, qu'un conservateur d'hypothèques a le droit de se refuser à la radiation, attendu : 1° que le juge a réglé partiellement l'ordre amiable et qu'il n'avait pas le droit de le faire (Voy., sur ce point, *infrà*, § **799**); 2° que les créanciers n'ont pas signé le procès-verbal (Voy., sur ce point, *suprà*, § **792**).

§ **794**. [1] S'ils y avaient consenti, ils se trouveraient dans le même cas que les créanciers qui ont adhéré à l'ordre amiable et ne seraient recevables à l'attaquer que dans les cas exceptionnels, mais on va voir que ces créanciers eux-mêmes ont le droit de le contester (Paris, 8 déc. 1874, D. P. 76. 2. 219; Bordeaux, 22 juill. 1886, D. P. 88. 2. 237; voy., sur cet arrêt, le § précédent, note 4, et *infrà*, note 7).

[2] Voy. *infrà*, § **844**.

[3] L'article 767, qui prescrit de signifier l'ordonnance de clôture dans les trois jours (Voy. *infrà*, § **842**), ne s'applique pas au règlement amiable : on n'est tenu de le signifier ni aux créanciers inscrits qui y ont été nécessairement présents, ni même à l'adjudicataire et au saisi. L'adjudicataire qui peut refuser le paiement des bordereaux en connaîtra la délivrance par la signification qui doit lui en être faite (Voy. *infrà*, § **849**); le saisi qui peut former tierce opposition à ce paiement prendra ses précautions et s'informera de son mieux. C'est peut-être une lacune du Code, mais on ne pourrait sans arbitraire transporter de l'ordre judiciaire à l'ordre amiable l'application de l'article 767 (Voy., en ce sens, Preschez, *op. cit.*, p. 118, et un arrêt

l'on ne pourrait appliquer sans arbitraire au règlement amiable le très court délai dans lequel il est permis de faire opposition à cette ordonnance[4]. L'adjudicataire peut donc refuser le paiement des bordereaux et le saisi y former tierce opposition[5]; et, si l'ordre amiable a déjà été exécuté, ils peuvent tous deux agir en répétition de l'indû contre les créanciers indûment colloqués ou dont la collocation dépasserait le montant du prix d'adjudication[6]. Est-ce à dire qu'ils ne puissent pas attaquer le règlement amiable par une simple opposition, s'il leur a été signifié ou s'il est parvenu d'une manière quelconque à leur connaissance? Je crois, tout au contraire, que cette opposition est recevable, parce qu'elle est conforme : 1° au principe posé au § **792** sur le caractère judiciaire de l'ordre amiable; 2° à l'esprit de la loi qui, voulant accélérer le règlement des ordres et voyant surtout dans l'ordre amiable un moyen d'obtenir plus promptement ce résultat, n'a pu avoir la pensée d'exclure en cette matière les voies d'action les plus simples et les plus rapides. Je reviendrai bientôt sur cette considération[7].

La situation des créanciers qui ont consenti à l'ordre amiable est plus délicate. De quoi peuvent-ils se plaindre et comment? Ils peuvent attaquer cet ordre : 1° pour cause d'incompétence *ratione materiæ*, incompétence qu'ils n'ont pas couverte en participant à l'ordre puisqu'elle est d'ordre public[8]; 2° pour excès de pouvoir, si le juge a ordonné la radiation d'inscriptions autres que celles qui portent sur les biens

de la cour d'Alger, du 3 juin 1871 (D. P. 74. 5. 361), qui a résolu implicitement cette question en refusant d'appliquer l'article 767 aux règlements qui participent à la fois de l'ordre amiable et de l'ordre judiciaire : il s'appliquerait encore moins à ceux qui seraient purement et simplement amiables.

[4] Voy., sur ce délai, *infrà*, § **844**.

[5] Cette voie de recours, que M. Preschez qualifie simplement d'opposition (*Op. et loc. cit.*), est, au fond, une tierce opposition.

[6] Preschez, *op. cit.*, p. 119 et suiv.

[7] Grenoble, 20 mars 1867 (D. P. 68. 2. 153). *Contrà*, Bordeaux, 22 juill. 1886 (D. P. 88. 2. 37). Cet arrêt, dont j'ai déjà parlé au § précédent, note 4, et dont je n'admets pas les motifs en tant qu'ils déclarent en tout cas non-recevable l'opposition formée par un adjudicataire à l'ordre amiable, a cependant bien jugé dans l'espèce qui lui était soumise, car l'adjudicataire avait été partie à l'ordre et la voie d'opposition lui était fermée parce qu'elle n'est ouverte qu'aux défaillants (Voy. le tome V de ce Traité).

[8] Voy., sur l'incompétence *ratione materiæ* en matière d'ordre amiable, *suprà*, § **781**, et, sur le caractère de l'incompétence *ratione materiæ* en général, t. I, § **149**.

dont le prix est en distribution [9]; 3° pour défaut de consentement, s'ils prétendent que leur adhésion n'a pas été libre, qu'elle a été donnée sous l'empire d'une erreur exclusive du consentement, qu'elle a été déterminée par le dol [10], que l'ordre a été amiablement réglé entre des parties qui n'avaient pas toutes la capacité ou le pouvoir d'y consentir [11], ou que le juge a mal compris les intentions des créanciers et arrêté l'ordre autrement qu'il n'a été convenu [12]. Ils peuvent certainement renoncer d'un commun accord à exécuter l'ordre qu'ils prétendent mal réglé, et, suivant les cas, provoquer l'ouverture d'un nouvel ordre devant le juge compétent *ratione materiæ,* procéder à un ordre judiciaire, refaire l'ordre amiable en régularisant au préalable la situation des créanciers incapables ou des mandataires qui ne sont pas munis de pouvoirs suffisants, ou inviter le juge, qui ne s'y refusera sans doute pas, à rectifier l'ordre arrêté par lui et à le régler à nouveau sur les bases convenues entre les créanciers [13]; mais *quid,* si les créanciers ne peuvent s'entendre, ou si le juge refuse de régler l'ordre à nouveau attendu que les objections élevées contre lui ne sont pas fondées? Les auteurs et la jurisprudence, pour lesquels l'ordre amiable n'est qu'un ordre consensuel perfectionné [14], accordent alors aux créanciers une action en nullité fondée sur l'article 1304 du Code civil, aux termes duquel les parties peuvent attaquer pendant dix ans les conventions qu'elles ont souscrites [15]; mais, partant de ce principe que l'ordre en question est surtout un ordre judiciaire, j'arrive nécessairement à une conclusion différente. Le règlement amiable a, à mes yeux, l'autorité de la chose jugée dans la même mesure et aux mêmes conditions

[9] Voy., sur cette hypothèse, *suprà,* § **792,** et le § précédent.

[10] Comp., sur ce point, Preschez, *op. cit.,* p. 115; trib. de la Seine, 4 juin 1889 (*Droit* du 7 juillet, p. 639).

[11] Voy., sur la capacité voulue et sur le pouvoir nécessaire pour consentir à l'ordre amiable en son nom ou au nom d'autrui, *infrà,* § **797.**

[12] Trib. de la Seine, 16 févr. 1861 (D. P. 61. 3. 87). Alger, 9 mars 1870 (D. P. 70. 2. 176). Voy., sur la portée exacte de ce dernier arrêt, la note *ib.*

[13] Preschez, *op. et loc. cit.* Douai, 12 août 1869 (D. P. 70. 2. 31). Req. 12 nov. 1871 (D. P. 73. 1. 472).

[14] Voy., sur ce point de vue, *suprà,* § **792.**

[15] Voy. notamment Bioche, *op. et v° cit.,* n° 266; Amiens, 17 juill. 1868 (D. P. 69. 2. 21); Bordeaux, 22 juill. 1886 (D. P. 88. 2. 137); trib. de la Seine, 4 juin 1889 (*Droit* du 7 juillet, p. 639).

que le règlement judiciaire ; il est donc attaquable, je ne dis pas par l'appel — car on verra au § **843** que l'article 767 exclut cette voie de recours en ce qui concerne l'ordonnance de clôture d'un ordre judiciaire — mais par l'opposition qui sera intentée suivant les formes très simples et dans les délais très brefs qui sont fixés par cet article [16]. Cette solution a l'avantage d'éviter l'application de l'article 1304 du Code civil, aux termes duquel l'action en nullité de l'ordre amiable durerait dix ans et ne se prescrirait même, en cas d'erreur, de dol, de violence ou d'incapacité, qu'à partir du jour où l'erreur ou le dol auraient été reconnus ou du jour où la violence ou l'incapacité auraient cessé [17]. J'ajoute, pour n'y pas revenir, que la même solution s'appliquerait au cas, d'ailleurs invraisemblable, où le juge aurait violé la loi en refusant de procéder à l'ordre amiable et en déclarant l'ordre judiciaire ouvert alors que tous les créanciers étaient présents et consentaient à être amiablement réglés : c'est par la voie d'opposition qu'ils attaqueraient son ordonnance [18].

§ **795**. B. L'ordre ne peut être amiablement réglé que du consentement unanime des créanciers [1]. On verra au § **799** si le juge peut faire un règlement partiel dans le cas où certaines créances seulement sont contestées, ou surseoir au règlement amiable jusqu'à ce que les contestants aient fait juger leurs contestations par le tribunal [2], mais il ne peut certainement pas faire un règlement conditionnel en prévision du cas où ils finiraient par y adhérer [3], et encore moins un règlement pur et simple en leur réservant le droit de l'atta-

[16] Voy., en ce sens, Preschez, *op. cit.*, p. 115 et suiv.; un jugement inédit du tribunal de Montélimart (25 janv. 1882), confirmé par adoption de motifs par la cour de Grenoble (17 août 1882); sur les conditions et les effets de l'autorité de la chose jugée en général, t. III, §§ **465** et suiv., et, en matière d'ordre, *infrà*, § **839**; et, sur les formes et délais fixés par l'article 767, *infrà*, § **844**.

[17] Voy., sur le délai fixé par l'article 1304 du Code civil et sur le point de départ de ce délai, les autorités citées *suprà*, § **779**, note 39.

[18] Voy., sur l'impossibilité de régler l'ordre amiablement quand tous les créanciers ne sont pas présents ou qu'un d'entre eux refuse son consentement, le § suivant et *infrà*, § **801**.

§ **795.** [1] Rodière, *op. cit.*, t. II, p. 351.

[2] Bordeaux, 13 mai 1863 (D. P. 64. 2. 36).

[3] Bioche, *op. et v° cit.*, n° 243. Preschez, *op. cit.*, p. 105.

quer devant le tribunal[4]. Il aurait cependant tort de renoncer trop vite à tout espoir d'arrangement, de s'avouer vaincu au premier signe de résistance que donne un créancier, et de clore prématurément le préliminaire d'ordre amiable : il peut et doit même, sans dépasser le délai qui sera indiqué au § **804**, convoquer les créanciers à une ou plusieurs réunions nouvelles[5], et prendre, en attendant, la précaution de constater au procès-verbal le consentement des créanciers qui adhèrent dès à présent à l'ordre amiable, et de leur faire signer ce procès-verbal si toutefois ils y consentent. Cette précaution est utile, car elle lie jusqu'à un certain point les créanciers et les empêche de revenir sans motifs sur le consentement qu'ils ont donné. Elle est légitime, car, si la signature des créanciers n'est pas requise en matière d'ordre amiable[6], rien n'interdit cependant de la leur demander. Cela fait, de deux choses l'une : ou les créanciers qui se sont montrés d'abord récalcitrants donnent leur adhésion dans une séance ultérieure, auquel cas ceux qui ont consenti et signé dès le principe ne peuvent revenir sur leur consentement; ou les créanciers récalcitrants persistent dans leur résistance, auquel cas les autres sont dégagés, leur adhésion n'ayant plus d'objet du moment que tout espoir d'ordre amiable est décidément évanoui[7]. Si l'entente ne parvient décidément pas à s'établir,

[4] Chauveau, sur Carré, *op. cit.*, t. VI, Ire part., quest. 2551 *quinquies*. *Contrà*, Grosse et Rameau, *op. cit.*, t. I, n° 227.

[5] Bioche, *op. et v° cit.*, n° 244. Preschez, *op. et loc. cit.* Il en est de même, à plus forte raison, lorsqu'un ou plusieurs créanciers ne refusent pas positivement de consentir à l'ordre amiable, mais demandent des éclaircissements avant de donner un consentement définitif. Dans ce cas, dit Seligmann, il convient de faire signer immédiatement les créanciers qui consentent dès maintenant à l'ordre amiable et qui pourraient être tentés, s'ils n'avaient pas signé, de revenir sur leurs bonnes dispositions; mais, si les créanciers qui ont réservé leur adhésion finissent par la refuser, le consentement des premiers est non avenu et il ne reste plus qu'à ouvrir l'ordre judiciaire. En effet, d'une part, ces créanciers n'ont consenti qu'à condition que les autres consentissent aussi, et, du moment que cette condition fait défaut, chacun reprend sa liberté; d'autre part, le règlement amiable suppose et exige le consentement unanime des créanciers, et le refus d'un seul d'entre eux rend l'ouverture de l'ordre judiciaire inévitable (*Op. cit.*, n° 194). Cette solution est parfaitement exacte, mais elle suppose que le procès-verbal d'ordre amiable est signé par les parties ; dans le cas contraire, aucun consentement n'est définitif tant que tous les créanciers n'ont pas adhéré à l'ordre amiable, tout reste en suspens jusqu'à la dernière séance, et si, ce jour-là, l'un d'entre eux refuse d'y consentir, le juge dresse le procès-verbal ainsi qu'il va être dit.

[6] Voy. *suprà*, § **792**.

[7] Seligmann, *op. et loc. cit.*

le juge en dresse procès-verbal et ouvre l'ordre judiciaire ainsi qu'il sera dit au § **801** (Art. 752)[8]. Que met-il dans ce procès-verbal? Y constate-t-il seulement le désaccord des parties, ou fait-il aussi mention de leurs dires, des explications qu'elles ont échangées, et des points sur lesquels elles ont paru disposées à s'entendre? Ces indications ne seraient pas inutiles et éclaireraient le tribunal lorsqu'il sera saisi d'une opposition à l'ordonnance de clôture de l'ordre judiciaire[9], mais on risque, en entrant dans ces détails, de consigner au procès-verbal des déclarations arrachées à l'inexpérience ou à l'imprudence des parties, ou de les voir se renfermer, pour ne pas fournir d'armes contre elles, dans une réserve qui rendra tout accord impossible[10]. Le juge fera bien de s'inspirer des conseils qu'on donne en pareil cas au juge de paix qui n'a pas réussi à concilier les parties[11]; il évitera surtout de donner acte ou même de faire mention d'aucun arrangement, convention ou transaction, car ce procès-verbal n'est destiné qu'à constater l'échec du préliminaire d'ordre amiable et à préparer l'ouverture de l'ordre judiciaire[12]. Il ne pourra pas non plus condamner à des dommages-intérêts en vertu de l'article 1382 du Code civil[13], ou même aux frais de l'ordre par application de l'article 130 du Code de procédure[14], les créanciers dont la résistance au règlement amiable va nécessiter la confection d'un ordre judiciaire, car il ne peut faire acte de juridiction que

[8] A peine de nullité, si, au lieu d'ouvrir l'ordre judiciaire et de dresser l'état provisoire de collocation dont il sera parlé aux §§ **815** et suivants, il a renvoyé les parties devant le tribunal dans un cas où l'ordre ne doit pas se régler à l'audience conformément au § **854** (Req. 31 oct. 1888; D. P. 90. 1. 68). D'ailleurs, cette nullité est d'intérêt purement privé, et se couvre par les conclusions au fond prises par toutes les parties devant le tribunal (Même arrêt).

[9] Voy., sur cette opposition, *infrà*, § **844.**

[10] Boitard, Colmet-Daage et Glasson, *op. et loc. cit.*

[11] Boitard, Colmet-Daage et Glasson, *op. et loc. cit.* Comp. t. II, § **241.**

[12] Bioche, *op. et v° cit.*, n° 261. Si telle est la règle en cas d'ordre amiable (Voy. *suprà*, § **792**), il en est de même, à plus forte raison, quand l'accord n'a pu s'établir.

[13] Voy., sur les conditions d'application de cet article, Dalloz et Vergé, *op. cit.*, art. 1382, n°s 1 et suiv.

[14] De quel ordre? Les partisans de ce système (Voy. *infrà*, note 17) hésitent : les uns proposent de condamner le créancier récalcitrant aux frais de l'ordre amiable qu'il a empêché d'aboutir; les autres voudraient qu'il fût condamné aux frais de l'ordre judiciaire qu'il a rendu nécessaire. Voy., sur l'article 130, t. III, §§ **449** et suiv.

dans la mesure indiquée aux §§ **793** et **796** ou pour condamner les créanciers non-comparants à l'amende dont il sera parlé au § **802**[15]; mais c'est une question très controversée que de savoir si le tribunal a le droit d'appliquer les textes précités aux créanciers récalcitrants qui n'obtiennent pas plus dans l'ordre judiciaire qu'on ne proposait de leur attribuer dans l'ordre amiable, de même qu'il condamne les plaideurs aux dépens des procès qu'ils ont perdus[16] ou les créanciers qui ont refusé le paiement aux frais des offres réelles qui leur ont été faites[17]. On dit, pour l'affirmative, qu'un créancier abuse de son droit en exigeant ou, ce qui revient au même, en rendant nécessaire l'ouverture d'un ordre judiciaire, alors que les droits de tous eûssent pu être réglés amiablement; qu'il va contre l'esprit de la loi en refusant son concours au mode de règlement le plus rapide et le moins coûteux; que, si l'abstention matérielle est un fait illicite comme le prouve l'amende prononcée contre les créanciers non-comparants, il en est de même de l'abstention morale ou refus de concours dont le résultat est identique, et que cette pénalité exceptionnelle n'exclut pas l'application du droit commun en vertu duquel tout fait dommageable entraîne l'obligation d'en réparer les conséquences et toute prétention injuste l'obligation d'en supporter les frais[18]. J'approuverais cette condamnation en cas de fraude ou de dol, et notamment contre un créancier qui, sachant n'avoir rien à réclamer, mettrait pour condition à son consentement qu'une partie de sa créance lui fût payée[19]; mais, étant

15 Voy., en ce sens, les autorités citées *infrà*, notes 17 et 18.

16 Voy., sur le principe de la condamnation aux dépens prononcée contre la partie qui succombe, t. III, § **449**.

17 Voy., sur ce point, le tome V de ce Traité.

18 Rodière, *op. et loc. cit.* Pont, sur Seligmann, *op. cit.*, n° 180, note 1. Audier, *Procédure d'ordre* (Dans la *Revue pratique de droit français*, t. XXV, 1868, p. 168 et suiv.). Pé de Arros, *op. cit.* (Dans la *Revue pratique de droit français*, t. XLVII, 1880, p. 57 et suiv.).

19 Boitard, *op. et loc. cit.* Preschez, *op. cit.*, p. 98, note 1. Glasson, note dans D. P. 84. 3. 16. Grenoble, 10 avr. 1869 (D. P. 74. 5. 362). Trib. de Louhans, 1er déc. 1871 (D. P. 73. 3. 36). Trib. d'Abbeville, 4 juin 1883 (D. P. 84. 3. 16). Cette application de l'article 130 au créancier de mauvaise foi n'empêche pas son avoué de demander et d'obtenir à son profit, aux conditions de l'article 133 (Voy. t. III, § **506**), la distraction des dépens : les frais indispensables pour arriver à la délivrance des bordereaux contre l'adjudicataire seront donc adjugés à cet avoué, et ceux que le créancier de mauvaise foi a occasionnés par sa faute seront mis à sa charge personnelle (Trib. de Louhans, 1er déc. 1871; D. P. 73. 3. 36).

donné le bref délai dans lequel l'ordre amiable doit être conclu[20] et l'examen très sommaire qui y est fait par le juge des titres et de l'état des inscriptions[21], je crois qu'un créancier peut avoir de bonnes raisons de ne pas se prêter à l'ordre amiable, je ne vois pour lui dans l'article 751 d'autre obligation que celle de répondre à la convocation qu'il a reçue, d'assister aux explications des autres parties et d'écouter les exhortations du juge, et je trouve l'application des articles 1382 du Code civil et 130 du Code de procédure d'autant moins acceptable en l'espèce qu'un créancier qui conteste à tort le règlement provisoire de l'ordre judiciaire ne paie que les frais de sa contestation; comment celui qui refuse, même à tort, de consentir à l'ordre amiable serait-il condamné à tous les frais qu'il a occasionnés ou à tous ceux qu'entraînera l'ordre judiciaire[22]?

§ **796**. C. Le juge commis pour procéder à l'ordre n'a pas seulement qualité pour constater purement et simplement l'accord ou le désaccord des parties; il a aussi, en principe et sauf ce qui sera dit aux §§ suivants, le droit de prendre les mesures qu'exige la conclusion de l'ordre amiable entre parties consentantes. Il ne peut statuer sur leurs contestations[1], mais il peut : 1° joindre deux ou plusieurs ordres pendants devant le même tribunal[2]; 2° ordonner une ventilation dans le cas prévu par l'article 757[3]; 3° prononcer la validité de la consignation si elle n'est pas contestée, et, dans le cas contraire, renvoyer les parties au tribunal compétent pour la valider, sans qu'il puisse en résulter aucun retard pour l'exécution de l'ordre amiable[4]; 4° procéder à un sous-

[20] Voy. *infrà*, § **804.**

[21] Voy. *suprà*, § **792.**

[22] Boitard, Colmet-Daage et Glasson, *op. et loc. cit.* Preschez, *op. cit.*, p. 96 et suiv. Trib. de Pont-l'Evêque, 30 mars 1865 (D. P. 66. 3. 61). Voy. aussi, sur cette question, Chauveau, sur Carré, *op. cit.*, t. VI, Ire part., quest. 2551 *octies;* Grosse et Rameau, *op. cit.*, t. I, n° 287.

§ **796.** [1] Voy., sur ce point, *suprà*, § **792.**

[2] Preschez, *op. cit.*, p. 108.

[3] Preschez, *op. et loc. cit.* Voy., sur cette opération, *infrà*, § **819.**

[4] Seligmann, *op. cit.*, nos 656 et 657. C'est l'application pure et simple des articles 777 et 778 (Voy. *infrà*, § **850,** et *suprà*, § **793**).

ordre dans le cas et en vertu de l'article 775 [5]; 5° régler les difficultés qui font l'objet des §§ suivants.

§ **797**. *a*. Les incapables ou les mandataires qui les représentent peuvent-ils consentir à un ordre amiable, dans quelle mesure, et dans quelles conditions? Ils le peuvent absolument s'ils reçoivent pleine satisfaction, étant colloqués pour la totalité de leurs créances [1], mais *quid* dans le cas contraire? La commission du Corps législatif avait fait, en 1858, une proposition radicale que le conseil d'État n'a pas admise : « Votre commission, dit M. Riché dans son rapport, avait « considéré le consentement au règlement amiable beaucoup « moins comme une transaction que comme un acte d'admi- « nistration : le tuteur peut, sous sa responsabilité, aliéner « les valeurs mobilières, ne pas produire à un ordre pour « une créance qui lui semble perdue; il peut de même con- « sentir à un règlement amiable pour épargner les frais et « lenteurs d'un ordre judiciaire qui empêcheraient, rédui- « raient ou retarderaient la collocation de la créance. Le « conseil d'État ayant éliminé cette partie de notre article, « l'ordre amiable devant le juge sera sans doute considéré « comme l'est aujourd'hui l'ordre devant notaire [2]. » Des auteurs ont tiré de ce rejet une induction contraire : il n'implique pas, d'après eux, improbation de la doctrine de la commission, et, par conséquent, toute personne incapable peut, par elle-même ou par son représentant, consentir à l'ordre amiable sous la seule autorité du juge qui constitue, dans l'espèce, une garantie suffisante [3]. Cette manière de voir, qui aurait l'avantage de favoriser la conclusion de l'ordre amiable [4], est

[5] Seligmann, *op. cit.*, n° 230. Preschez, *op. et loc. cit.* Pé de Arros, *op. cit.* (Dans la *Revue pratique de droit français*, t. XLVII, 1880, p. 235 et suiv.). Voy., sur le sous-ordre, *infrà*, §§ **820** et suiv.; et spécialement, sur le règlement de ce sous-ordre en cas d'ordre amiable, *suprà*, § **788.**

§ **797.** [1] Duvergier, *op. cit.*, t. LVIII, p. 152, note 3. Boitard, Colmet-Daage et Glasson, *op. et loc. cit.* Seligmann, *op. cit.*, n°s 209 et suiv.

[2] *Loc. cit.* Voy., sur l'ordre consensuel par-devant notaire, *suprà*, § **779.**

[3] Preschez, *op. cit.*, p. 81 et suiv. Vanier, *Étude pratique sur l'ordre amiable* (Paris, 1864), n°s 40 et suiv. Pé de Arros, *op. cit.* (Dans la *Revue pratique de droit français*, t. XLVII, 1880, p. 223 et suiv.). Rodière, *op. cit.*, t. II, p. 352.

[4] La loi belge du 15 août 1854 n'a pas prévu la question (Riché, *op. et loc. cit.*), mais le projet de réforme du Code de procédure de 1865 la tranchait en ce sens : il

partagée par le garde des sceaux dans sa circulaire du 2 mai 1859 : « Le représentant de l'incapable, qui n'a qualité que « pour les actes d'administration, peut-il accepter le règle- « ment amiable sans recourir aux formalités prescrites pour « les transactions? C'est une question que la jurisprudence « aura à résoudre. Constatons seulement que la commission « du Corps législatif a paru considérer le consentement au « règlement amiable beaucoup moins comme une transaction « que comme un acte d'administration ; en se bornant à re- « connaître l'exactitude d'un fait dont le magistrat est seul « appelé à tirer les conséquences, le tuteur n'abandonne ni « ne compromet les intérêts dont la gestion lui est confiée[5]. » La loi eût pu consacrer cette solution, mais, dans son silence, elle me paraît inadmissible : l'adhésion à un ordre amiable dans lequel on ne vient pas en ordre utile, ou dans lequel on n'est que partiellement colloqué, ne peut être qu'un acquiescement si les créances antérieures ne sont pas contestables, une transaction dans le cas contraire; elle ne peut donc émaner valablement que de créanciers capables d'acquiescer[6] ou transiger par eux-mêmes ou par leurs représentants, et aux conditions où ils peuvent le faire[7]. Qu'on n'objecte pas le caractère judiciaire de l'ordre amiable[8], car c'est justement

admettait les incapables et leurs représentants à consentir à l'ordre amiable sans formalités particulières et sous le seul contrôle du juge (Art. 608; Greffier, *op. cit.*, p. 131).

[5] No 55 (D. P. 59. 3. 30).

[6] M. Preschez conteste (*Op. cit.*, p. 83) ce point de vue qui est celui de M. Vanier (*Op. et loc. cit.*). « L'acquiescement suppose, dit-il, un différend dans l'opinion la « plus large et la plus favorable; ici rien de semblable : nous sommes en justice, « mais il n'y a pas de procès engagé, aucun différend ne s'est élevé; il s'agit pour « ceux qui viennent en ordre utile d'exercer successivement leur droit de préférence » (Voy., sur le caractère de l'acquiescement, le tome V de ce Traité). M. Preschez conclut de là que, si l'on veut faire rentrer l'adhésion à l'ordre amiable dans un cadre quelconque, il faut plutôt l'assimiler aux conclusions par lesquelles on déclare s'en rapporter à justice (*Op. et loc. cit.*). Cette idée ne me paraît pas juste : on s'en rapporte à justice devant un tribunal qui doit statuer sur une contestation, et ce n'est pas le cas dans l'ordre amiable où le juge ne fait d'abord que provoquer et constater le consentement des parties, et ne fait acte de juridiction qu'ensuite en délivrant les bordereaux et en ordonnant la radiation des inscriptions des créanciers non colloqués (Voy. *suprà*, § **793**). Dans ces conditions, il y a réellement acquiescement de la part du créancier qui ne croit pas devoir contester ceux qui lui sont préférables, et renonce à toute collocation ou se contente d'une collocation incomplète.

[7] Bioche, *op. et vo cit.*, no 259. Duvergier, *op. et loc. cit.* Chauveau, sur Carré, *op. cit.*, t. VI, 1re part., quest. 2551. Boitard, Colmet-Daage et Glasson, *op. et loc. cit.* Seligmann, *op. et loc. cit.*

[8] Voy., sur ce point, *suprà*, § **792**.

sur les actions judiciaires et sur les droits litigieux que les parties ne peuvent acquiescer ou transiger que dans les conditions de capacité déterminées par les lois[9]. Je tire de ce principe les conséquences suivantes[10].

[9] Voy., sur ces conditions, le tome V de ce Traité.

[10] On sera peut-être tenté de raisonner différemment, et, attendu que le consentement à l'ordre amiable (comme, d'ailleurs, le règlement de l'ordre judiciaire) n'entraîne pas l'abandon de la créance mais seulement la mainlevée de l'hypothèque (Voy. *suprà*, § **793**; et *infrà*, § **851**), de dire que le pouvoir ou la capacité nécessaires pour consentir à l'ordre amiable ne sont autres que le pouvoir ou la capacité nécessaires pour donner mainlevée d'une hypothèque. Cette manière de voir me paraît moins conforme au caractère judiciaire de l'ordre amiable que celle qui consiste à voir dans les créances soumises à l'ordre des droits litigieux, dans les demandes en collocation qui s'y produisent des actions mobilières, et dans l'adhésion donnée à ces demandes par ceux qui pourraient les contester un acquiescement ou une transaction. Quels seront, d'ailleurs, ce pouvoir ou cette capacité requis pour consentir à la mainlevée? Sera-ce, suivant l'opinion commune (Aubry et Rau, *op. cit.*, t. III, p. 387 et suiv.; Colmet de Santerre, *op. cit.*, t. IX, n° 138 *bis*-IV et V; Pont, *Des priviléges et hypothèques*, t. II, n°s 1075 et suiv.), le pouvoir ou la capacité requis pour disposer de la créance? On n'arrivera pas à des conséquences très différentes de celles qui résultent du principe auquel je crois devoir m'attacher. Je considère, en effet, le consentement donné à l'ordre amiable comme une transaction quand les créances par lesquelles on consent à se laisser primer sont contestables, or le pouvoir ou la capacité de transiger ne sont autres que le pouvoir ou la capacité d'aliéner, sauf cependant pour le tuteur et le mineur émancipé. 1° Le tuteur peut disposer des valeurs mobilières jusqu'à 1,500 francs avec l'autorisation du conseil de famille et au-dessus de 1,500 francs avec l'autorisation du conseil de famille et l'homologation du tribunal (L. 27 févr. 1880, art. 1 et 2), au lieu qu'il ne peut faire aucune transaction sans l'homologation du tribunal et l'avis favorable de trois jurisconsultes (C. civ., art. 467). 2° Il en est de même du mineur émancipé qui, ne pouvant faire aucun acte autre que ceux de pure administration sans remplir les formalités prescrites au tuteur (C. civ., art. 484), ne peut aliéner ses valeurs mobilières sans se conformer à la loi du 27 février 1880 et transiger sans observer l'article 467 du Code civil. A part cela, la principale conséquence du système qui exige pour consentir à l'ordre amiable le même pouvoir et la même capacité que pour disposer de la créance, c'est qu'il faudrait plus de pouvoir ou plus de capacité pour passer condamnation sur les demandes en collocation qui ne sont pas contestables qu'il n'en faut pour acquiescer en général aux demandes mobilières (Comp., pour le tuteur, la loi précitée du 27 février 1880 et l'article 464 du Code civil qui lui donne le pouvoir d'acquiescer seul aux demandes mobilières; et, pour le mari sous le régime de communauté, le 2° alinéa de l'article 1428 du Code civil aux termes duquel le mari exerce seul les actions mobilières de sa femme, et le 3° alinéa du même article, interprété par la jurisprudence, aux termes duquel il ne peut disposer de ses immeubles et même de son mobilier sans son consentement). Or on ne voit pas l'intérêt qu'il peut y avoir à rendre l'ordre amiable plus difficile dans le cas où les incapables ou ceux qui les représentent adhèrent à des demandes de collocation incontestables et ne compromettent, par conséquent, aucun droit. Dira-t-on, au contraire, avec Laurent (*Op. cit.*, t. XXXI, n° 373), que le consentement du créancier hypothécaire à la radiation de son hypothèque est l'aliénation d'un droit immobilier et exige le même pouvoir ou la même capacité que l'aliénation d'un immeuble? Cela n'aura pas grande conséquence dans le cas où l'incapable est primé par des créances contestables, puisque j'exige en pareil cas plus que le pouvoir ou la capacité d'aliéner les immeubles, le pouvoir ou la capacité de transiger (Comp. C. civ., art. 464, 467 et 484), mais cela rendra plus difficile encore, et sans profit véritable, la conclusion de l'ordre amiable où l'incapable est primé par des créances incontestables : il faudra, pour le tuteur et le mineur émancipé, l'autorisation du conseil de

1° S'il y a parmi les créanciers un mineur non émancipé ou un interdit[11], son tuteur est convoqué ; s'il ne comparaît pas, l'incapable qu'il représente n'encourt point de déchéance mais la conclusion de l'ordre amiable est impossible[12] ; s'il comparaît et refuse d'y consentir, il en est de même : il y a lieu, dans les deux cas, d'ouvrir l'ordre judiciaire[13]. S'il adhère au règlement amiable dans lequel le mineur ou l'interdit qu'il représente sont intégralement colloqués, son consentement est valable, car le donner en pareil cas c'est faire acte d'administration, et le tuteur auquel il appartient de recevoir le paiement des sommes dues à son pupille a également pouvoir pour accepter une collocation en vertu de laquelle ce pupille sera intégralement payé[14]. Il en est de même si le mineur ou l'interdit n'est pas colloqué ou ne l'est qu'en partie mais que les créances préférées à la sienne soient incontestables, car le consentement du tuteur constitue alors un acquiescement, et l'article 464 du Code civil lui permet d'acquiescer sans l'homologation du tribunal et même sans l'autorisation du conseil de famille aux demandes mobilières formées contre son pupille[15]. Il en est différemment si les créances préférées

famille et l'homologation du tribunal (C. civ., art. 464 et 484), et pour le mari, sous le régime de communauté, le consentement de sa femme (C. civ., art. 1428). D'ailleurs, je ne puis admettre sur ce point l'opinion de Laurent : si l'hypothèque est un droit immobilier, ce qui n'est pas contestable, elle est surtout un droit accessoire, et il m'est impossible de comprendre comment une personne qui peut disposer de sa créance à titre onéreux ou même gratuit ou y renoncer purement et simplement ne pourrait pas la conserver en renonçant seulement à l'hypothèque qui la garantit. Je reviendrai sur ce point *infrà*, même §, à propos du concours de la femme dotale à l'ordre amiable.

[11] La situation de l'interdit est identique, sous ce rapport, à celle du mineur non émancipé (Arg. C. civ., art. 509; Seligmann, *op. cit.*, n° 219).

[12] Preschez, *op. cit.*, p. 81. L'ordre amiable exige le consentement et, à plus forte raison, la présence de tous les créanciers (Voy. *suprà*, § **795**, et *infrà*, § **807**). Le tuteur qui ne comparaît pas encourt-il l'amende? Voy. *infrà*, § **802.**

[13] Preschez, *op. et loc. cit.*

[14] Boitard, Colmet-Daage et Glasson, *op. et loc. cit.* Preschez, *op. et loc. cit.*

[15] Bioche, *op.*, *v° et loc. cit.* Vanier, *op. et loc. cit.* Voy., sur l'article 464 du Code civil, le tome V de ce Traité. M. Preschez n'est pas de cet avis : « Il nous semble, « dit-il, impossible de reconnaître en cette matière au tuteur seul le pouvoir d'ac« quiescer : il s'agit, en effet, pour le mineur d'un droit immobilier, et, s'il est vrai « que l'hypothèque est l'accessoire de la créance, dans l'ordre c'est l'hypothèque « seule qui est en question. Le droit de créance est complètement en dehors des « opérations de l'ordre : qu'une déchéance vienne à se produire, qu'un consente« ment à l'ordre amiable soit donné, la conséquence en sera non la perte de la créance, « mais seulement la perte de l'hypothèque » (*Op. cit.*, p. 83). Ces objections ne sont pas fondées : 1° la demande en collocation d'une créance même hypothécaire est purement mobilière; le tuteur pourrait la former seul; il peut, par la même raison,

à celle du mineur et de l'interdit sont contestables : le tuteur qui consent nonobstant à l'ordre amiable transige en réalité sur les droits de son pupille, et ne peut le faire, conformément à l'article 467 du Code civil, qu'avec l'avis favorable de trois jurisconsultes, l'autorisation du conseil de famille et l'homologation du tribunal [16] : cette solution est d'autant plus certaine aujourd'hui que la loi du 27 février 1880 lui a retiré la libre disposition que le Code civil lui avait laissée des valeurs mobilières qui appartiennent au mineur et à l'interdit [17]. Il résulte de là : 1° que le juge devra refuser d'arrêter l'ordre amiable et ouvrir l'ordre judiciaire, toutes les fois que la demande de collocation à laquelle le tuteur a acquiescé en dehors des conditions requises par l'article 467 du Code civil lui paraîtra sérieusement contestable [18] ; 2° que la juridiction devant laquelle l'ordre amiable sera attaqué pour défaut de pouvoir du tuteur qui y a participé devra l'annuler si les créances préférées à celle du mineur étaient sérieusement contestables, et le valider dans le cas contraire [19]. Quant au conservateur des hypothèques, on a vu au § **793** qu'il n'est pas juge de la validité de l'ordre amiable ; il ne peut donc refuser les radiations ordonnées par le juge, sous prétexte que le tuteur n'avait pas de pouvoirs suffisants pour consentir à ce règlement [20].

y acquiescer seul (Comp. t. I, § **122**); 2° l'hypothèque n'étant, on le reconnaît, que l'accessoire de la créance, il n'est pas admissible que le tuteur puisse (ce qui n'est pas douteux) faire seul un acquiescement qui entraînerait l'extinction de la créance et accessoirement de l'hypothèque, et qu'il ne puisse pas faire seul un acquiescement qui, en laissant la créance intacte, entraîne seulement l'extinction de l'hypothèque qui y est attachée; 3° cet acquiescement n'offre aucun danger et est, pour ainsi dire, de pure forme, puisqu'il est entendu qu'il s'agit uniquement du cas où le tuteur consent à laisser passer avant la créance de son pupille une autre créance qui n'est pas contestable.

[16] Chauveau, sur Carré, *op. et loc. cit.* Boitard, Colmet-Daage et Glasson, *op. et loc. cit.* Seligmann, *op. cit.*, n° 217. L'article 467 du Code civil ne distingue pas entre les transactions qui portent sur les droits mobiliers et celles qui ont pour objet la propriété ou les droits réels immobiliers : le tuteur ne peut transiger, dans les deux cas, qu'aux conditions exigées par cet article (Demolombe, *op. cit.*, t. VII, n° 747; Aubry et Rau, *op. cit.*, t. I, p. 453).

[17] Voy., sur cette loi, Bressolles, *Explication de la loi du 27 février 1880 relative à l'aliénation des valeurs mobilières appartenant aux mineurs* (Toulouse, 1880), p. 31 et suiv.).

[18] Seligmann, *op. cit.*, n°s 221 et suiv.

[19] Seligmann, *op. et loc. cit.* Quelle est cette juridiction et comment la saisit-on? Voy. *infrà*, même §.

[20] Seligmann, *op. et loc. cit.*

2° Si le créancier mineur est émancipé, des distinctions analogues doivent être faites. Est-il intégralement colloqué, il peut adhérer seul à l'ordre amiable, car il ne compromet aucun de ses droits et son consentement est un acte de pure administration [21]. N'est-il pas colloqué ou ne l'est-il qu'en partie, il faut sous-distinguer, car l'article 482 du Code civil ne lui laisse que la libre disposition de ses revenus et ne lui permet pas de recevoir un capital mobilier et d'en donner décharge sans l'assistance de son curateur. S'il ne s'agit que de ses revenus, il peut acquiescer et transiger; s'il s'agit de ses capitaux, il n'a le droit de faire ni l'un ni l'autre [22], et ne peut, par conséquent, adhérer à l'ordre amiable qui l'exclut en tout ou en partie que s'il a demandé collocation pour ses revenus, par exemple, pour des loyers qui lui sont dus. Il y a même cette différence entre le tuteur et lui qu'il ne faut pas distinguer, en ce qui le concerne, suivant que les créances qui l'excluent sont ou ne sont pas contestables : il peut, en effet, transiger sur ses revenus et, par suite, consentir à l'ordre amiable où une créance contestable est préférée à sa créance de loyers, mais il ne peut acquiescer seul à une demande mobilière qui intéresse ses capitaux et, par suite consentir seul à l'ordre amiable où une créance de cette nature est primée par une autre créance incontestable [23]. Quant au prodigue et au faible d'esprit pourvus d'un conseil judiciaire qui ne peuvent plaider sans l'assistance de ce conseil, ils ne peuvent, vu le caractère judiciaire de l'ordre amiable, y figurer sans son assistance [24], et, ne pouvant sans cette même assistance recevoir leurs capitaux mobiliers et en donner

[21] L'assistance du curateur ne lui est nécessaire que pour toucher le montant de sa collocation et dans le cas seulement où cette somme est le capital d'une créance (C. civ., art. 482).

[22] Voy., sur le premier point, Bigot de Préameneu, *Exposé des motifs du titre* Des transactions (dans Locré, *op. cit.*, t. XV, p. 417); Duranton, *op. cit.*, t. III, n° 688; Demolombe, *op. cit.*, t. VIII, n° 282; Aubry et Rau, *op. cit.*, t. I, p. 549; sur le second, Duranton, *op. cit.*, t. XXI, n° 34; Demolombe, *op. cit.*, t. VIII, p. 285; Aubry et Rau, *op. cit.*, t. 1, p. 551 et 552; sur la capacité du mineur émancipé en matière d'actions judiciaires, t. I, § **122**; et, sur sa capacité au point de vue de l'acquiescement, le tome V de ce Traité.

[23] Voy., sur ce point, Boitard, Colmet-Daage et Glasson, *op. et loc. cit.*; Seligmann, *op. cit.*, n° 219; Preschez, *op. cit.*, p. 85.

[24] Seligmann, *op. cit.*, n° 220. Preschez, *op. et loc. cit.* Voy., sur son incapacité d'ester en justice sans l'assistance de son conseil, t. I, § **122**.

décharge[25], ils ne peuvent adhérer qu'à cette condition[26] à l'ordre amiable dans lequel ils figurent pour une créance de capital et ne sont pas colloqués utilement pour la totalité de cette créance[27].

3° Le mari commun en biens, qui peut aliéner seul à titre onéreux les biens meubles et immeubles qui font partie de la communauté[28], figure seul à l'ordre où se règle amiablement le sort d'une créance commune[29]. Quant aux créances propres à la femme, les conditions dans lesquelles sera réglé l'ordre amiable qui les concerne dépendent du régime sous lequel cette femme est mariée. Elle n'y peut jamais figurer sans autorisation de son mari ou de justice, car il est judiciaire[30] et elle ne peut ester en justice sans cette autorisation[31]; mais son mari peut-il l'y représenter sans procuration spéciale, quand peut-elle y figurer en personne, et a-t-elle alors le droit d'y adhérer sans une autorisation spéciale? Il faut distinguer. 1) Sous le régime de communauté, le mari peut exercer seul toutes les actions mobilières qui appartiennent à sa femme[32], mais c'est question de savoir s'il peut disposer sans son consentement des créances qui lui sont propres[33]; il peut donc figurer seul dans l'ordre amiable et y consentir si elle est colloquée pour l'intégralité de sa créance

25 Voy., sur ce point, Aubry et Rau, *op. cit.*, t. I, p. 572.

26 Voy., sur la forme et le caractère spécial de l'assistance du conseil judiciaire aux actes énumérés par les articles 499 et 513 du Code civil, Demolombe, *op. cit.*, t. IX, nos 752 et suiv.

27 Il en serait autrement s'il ne s'agissait que des revenus du faible d'esprit ou du prodigue : il peut seul les recevoir et en donner décharge (Arg. *à contrario* C. civ., art. 499 et 513; Aubry et Rau, *op. et loc. cit.*).

28 Le cas de fraude est naturellement réservé (Aubry et Rau, *op. cit.*, t. V, p. 326; Troplong, *Du contrat de mariage*, t. II, nos 572 et suiv.; Rodière et Pont, *op. cit.*, t. II, no 876).

29 J'ajoute que ce droit de disposition entraîne, *à fortiori*, pour ce mari le droit d'intenter seul les actions mobilières et immobilières relatives aux biens communs et d'y défendre (Aubry et Rau, *op. cit.*, t. V, p. 334).

30 Voy. *suprà*, § **792**.

31 Voy. t. I, § **122**. L'exception que l'article 215 du Code civil apporte à ce principe, pour le cas où la femme est défenderesse en matière criminelle, correctionnelle ou de police, n'a rien à voir ici.

32 C. civ., art. 1428. Voy., sur l'application de cette règle et sur les conséquences, quant à la femme, de la chose jugée dans ces actions contre le mari, t. I, § **122**.

33 Voy., sur cette question, Toullier, *op. cit.*, t. XIII, no 326; Aubry et Rau, *op. cit.*, t. V, p. 458; Marcadé, *op. cit.*, t. V, sur l'art. 1428, no 2, et sur l'art. 1499, no 4; Colmet de Santerre, *op. cit.*, t. V, no 79 *bis*-IX; Rodière et Pont, *op. cit.*, t. II, no 1279; et *infrà*, note 36).

ou primée par d'autres créances incontestables [34]; dans le cas contraire, il n'y peut adhérer sans son consentement [35] si l'on admet, avec la jurisprudence qui y tend de plus en plus, qu'il ne peut disposer seul des créances qui appartiennent à sa femme [36]. Quant à elle, rien ne l'empêche de figurer à l'ordre avec l'autorisation de son mari ou de justice, et d'y adhérer si elle est intégralement colloquée ou primée par des créances incontestables; mais elle transige et l'autorisation lui devient nécessaire si elle laisse colloquer avant elle des créances qu'elle aurait pu contester [37]. 2) Mêmes règles sous le régime exclusif de communauté, car bien que le mari y ait l'exercice des actions mobilières de sa femme [38], les auteurs mêmes qui lui donnent le droit de disposer des créances de celle-ci lorsqu'il est commun en biens avec elle, le lui refusent lorsqu'ils sont mariés « sans communauté [39]. » 3) Le mari de la femme séparée de biens judiciairement ou par contrat de mariage peut, avec son pouvoir spécial, la représenter dans l'ordre et y consentir quelles qu'en soient les conséquences [40]. Elle peut aussi, avec son autorisation ou avec celle du tribunal, non-seulement y figurer en personne mais encore y consentir si elle obtient complète satisfaction ou si

[34] L'action qui tend à la collocation ou au paiement d'une créance mobilière est elle-même mobilière, quand même cette créance serait hypothécaire (Voy. t. I, § **128**, et *suprà*, note 10).

[35] Voy., sur ce point, Aubry et Rau, *op. et loc. cit.*

[36] Voy., sur cette jurisprudence, Dalloz et Vergé, *op. cit.*, art. 1500, nos 51 et suiv.; et, sur ces divers points, Seligmann, *op. cit.*, no 209. Les solutions de cet auteur ne sont pas entièrement conformes à celles que je propose.

[37] Voy., sur ce point, Boitard, Colmet-Daage et Glasson, *op. et loc. cit.;* Seligmann, *op. cit.*, no 208. Quand le prix à distribuer provient d'un immeuble du mari, la femme dûment autorisée de lui ou de justice peut donner mainlevée de son inscription, sans qu'il y ait lieu d'exiger l'autorisation du conseil de famille dont il est parlé à l'article 2144 du Code civil (Voy., sur cet article, Aubry et Rau, *op. cit.*, t. III, p. 400; Colmet de Santerre, *op. cit.*, t. IX, no 115 *bis*-I; Pont, *op. cit.*, t. I, nos 541 et suiv.; Dalloz et Vergé, *op. cit.*, art. 2144, nos 34 et suiv.). Cet article ne vise, en effet, que la femme qui consent à donner mainlevée de son hypothèque légale dans l'intérêt de son mari seulement (Voy., sur ce point, Aubry et Rau, *op. cit.*, t. III, p. 246 et 402, et les autorités qui y sont citées); elle le fait ici en contractant avec des tiers et pour éviter, autant dans son intérêt que dans le leur, les inconvénients d'un ordre judiciaire (Seligmann, *op. cit.*, no 209).

[38] Aubry et Rau, *op. cit.*, t. V, p. 514.

[39] Voy. notamment Aubry et Rau, *op. et loc. cit.;* et, dans le même sens, Duranton, *op. cit.*, t. XV, nos 286 et suiv.; Troplong, *op. cit.*, t. III, no 2262; et, en sens contraire, Toullier, *op. cit.*, t. XIV, nos 104 et suiv.

[40] Seligmann, *op. cit.*, no 213.

elle n'est primée que par des créances incontestables[41]; dans le cas contraire, il lui faut une autorisation spéciale, à moins qu'on ne la déclare capable de disposer de ses créances[42] ou qu'il ne s'agisse d'un ordre ouvert sur les immeubles de son mari en vertu du jugement de séparation de biens : le jugement qui la met à même d'exercer ses reprises l'autorise, en effet, par-là même à prendre part et même à consentir à l'ordre où elles seront réglées à l'amiable[43]. 4) La femme dotale qui figure pour ses créances dotales dans un ordre amiable y est représentée par son mari qui a, sous ce régime et aux termes de l'article 1549 du Code civil, l'exercice de toutes les actions qui lui appartiennent[44]; ayant, en outre, l'administration de ses biens, il peut adhérer pour elle au règlement si elle est colloquée pour toute sa créance ou primée par des créances incontestables[45], mais il ne peut, ni seul ni avec son consentement ni même avec l'autorisation de justice, consentir à l'ordre amiable où des créanciers contestables sont colloqués au préjudice de sa femme, car il faudrait pour cela donner mainlevée de l'hypothèque qui garantit la créance dotale, et la jurisprudence dite « de l'inaliénabilité de la dot mobilière[46] » s'y oppose absolument[47]. C'en est donc fait de l'ordre amiable, et l'ouverture d'un ordre judiciaire est inévitable toutes les fois qu'il y a parmi les créanciers une femme dotale qui n'obtient pas une com-

41 Boitard, Colmet-Daage et Glasson, *op. et loc. cit.*

42 Voy., pour l'affirmative, Duranton, *op. cit.*, t. XIV, nº 426; Aubry et Rau, *op. cit.*, t. V, p. 403; Rodière et Pont, *op. cit.*, t. III, nº 2190; Colmet de Santerre, *op. cit.*, t. VI, nº 201 *bis*-III; pour la négative, Demolombe, *op. cit.*, t. IV, nº 155; Marcadé, *op. cit.*, t. V, sur l'art. 1449, nº 3; Troplong, *op. cit.*, t. II, nºs 1417 et suiv.; et, sur l'application de ces solutions divergentes au règlement de l'ordre amiable, Boitard, Colmet-Daage et Glasson, *op. et loc. cit.*; Seligmann, *op. cit.*, nº 212.

43 Seligmann, *op. cit.*, nº 211.

44 Voy., sur l'article 1549 du Code civil considéré au point de vue de l'exercice des actions qui compètent à la femme, t. I, § **122**.

45 Dans ce dernier cas il acquiesce, et le droit d'exercer une action emporte celui d'y acquiescer (Voy. le tome V de ce Traité). Voy., sur cette hypothèse, Aubry et Rau, *op. cit.*, t. V, p. 601. Si le contrat de mariage contient une clause d'emploi, l'adjudicataire devra, sous sa responsabilité, s'assurer, en payant, qu'il est fait emploi du montant de la collocation conformément au contrat de mariage (Seligmann, *op. cit.*, nº 215; voy., sur la clause d'emploi sous le régime dotal, Aubry et Rau, *op. cit.*, t. V, p. 576 et suiv.).

46 Voy., sur cette jurisprudence, Dalloz et Vergé, *op. cit.*, art. 1554, nºs 128 et suiv.

47 Voy., sur cette conséquence de l'inaliénabilité de la dot mobilière, Aubry et Rau, *op. et loc. cit.*; Boitard, Colmet-Daage et Glasson, *op. et loc. cit.*; Seligmann,

plète satisfaction[48] — peu importe même qu'elle soit séparée de biens, puisque le jugement de séparation de biens ne fait pas cesser l'inaliénabilité dotale[49] — mais ces règles ne s'appliqueraient évidemment pas aux créances paraphernales, et la capacité de consentir à l'ordre amiable où figure une créance de cette nature serait régie par les règles précédemment posées pour la femme séparée de biens[50].

§ **798**. *b*. S'il y a parmi les créanciers des personnes dont les créances soient certaines dans leur existence et indéterminées dans leur quotité, ou, à l'inverse, fixées dans leur quotité et incertaines dans leur existence, le juge peut prendre, du consentement unanime des créanciers[1], les mesures qu'il a le droit d'ordonner en pareil cas lorsqu'il règle provisoirement l'ordre judiciaire : on en trouvera le détail au § **818**. C'est ainsi qu'il procède : 1° en présence des créances garanties par l'hypothèque légale des mineurs et des femmes mariées, quand le montant de ces créances, certaines quant à leur existence, ne sera connu qu'après le compte de tutelle, la liquidation de la communauté ou le règlement d'une succession échue au mineur ou à la femme; 2° quand l'existence d'une ou plusieurs créances soumises à l'ordre amiable est suspendue jusqu'à l'arrivée d'une condition suspensive ou résolutoire[2].

op. cit., n° 215. Voy. cep. Pont, sur Seligmann, *op. cit.*, n° 20, note 4. Si le mari a aliéné le fonds dotal hors les cas prévus par les articles 1556 et 1558 du Code civil, la femme peut-elle, au lieu d'agir en nullité de cette aliénation, produire, pour obtenir le prix de son immeuble, à l'ordre amiable ouvert sur les biens de son mari, et ne renonce-t-elle pas, en y consentant, à l'action en nullité qui lui compète? Voy., sur ce point, Aubry et Rau, *op. cit.*, t. V, p. 563 et 564; Seligmann, *op. cit.*, n° 215.

[48] La présence d'une femme dotale n'empêche pas l'ordre judiciaire d'être valablement réglé, quand même cette femme n'y serait pas colloquée.

[49] C. civ., art. 1554 et 1561. Aubry et Rau, *op. cit.*, t. V, p. 619. Le seul changement que la séparation de biens apporte en pareil cas à l'état de choses antérieur, c'est que la femme, reprenant l'exercice de ses actions (C. civ., art. 1561), aurait qualité pour figurer en personne à l'ordre amiable (Seligmann, *op. et loc. cit.*). Voy., sur l'ordre amiable lorsqu'il y a parmi les créanciers une personne séparée de biens, *suprà*, même §.

[50] Seligmann, *op. cit.*, n° 214. Même observation qu'à la note précédente quant au droit pour la femme de figurer elle-même à l'ordre amiable en ce qui touche ses créances paraphernales.

§ **798.** [1] Voy., sur ce point, *suprà*, § **792.**

[2] Seligmann, *op. cit.*, n° 202. Preschez, *op. cit.*, p. 88.

§ **799**. *c*. Les créanciers peuvent s'entendre seulement sur certains points. 1° Ils peuvent contester une collocation et s'accorder sur celles qui la précèdent : le juge peut-il faire alors un règlement partiel qui comprendra seulement les collocations non contestées, délivrer des bordereaux de collocation en exécution de cet ordre, et renvoyer les créanciers à l'audience pour faire statuer sur le point qui les divise? 2° Ils peuvent, à l'inverse, contester une collocation et s'accorder sur celles qui la suivent : le juge peut-il régler l'ordre quant à ces dernières en réservant, pour le cas où la créance contestée serait admise, une somme qui reviendra dans le cas contraire aux créanciers postérieurs qui n'ont pas été intégralement colloqués, à leur défaut aux créanciers chirographaires, à leur défaut au saisi lui-même? On a contesté au juge le droit de procéder ainsi, attendu qu'aux termes de l'article 752, « à défaut de règlement amiable dans le délai d'un « mois, » le juge constate que les créanciers n'ont pu s'entendre et déclare l'ordre judiciaire ouvert. Il n'y a pas de milieu, dit-on, entre l'ordre amiable et l'ordre judiciaire, et, comme il n'y a pas d'ordre amiable sans l'accord de tous les créanciers sur tous les points, le fait qu'une seule créance est contestée donne forcément ouverture à l'ordre judiciaire[1]. L'opinion contraire a justement prévalu contre cette argumentation trop littérale : non-seulement elle a l'avantage de procurer un remboursement immédiat et sans frais aux créanciers dont les droits sont d'ores et déjà établis[2], mais encore elle est conforme à l'esprit de la loi sans être contraire à son texte. D'une part, elle désire « hâter, par tous les « moyens légitimes, le moment où tous les créanciers rece- « vront leur paiement[3], » et le règlement partiel est le seul moyen d'y arriver en cas d'accord incomplet, puisque le sursis et le règlement provisoire ou conditionnel excèdent les pouvoirs du juge qui préside à l'ordre amiable[4]. D'autre part,

§ **799**. [1] Chauveau, sur Carré, *op. cit.*, t. VI, Ire part., quest. 2551 *quinquies*. Seligmann, *op. cit.*, n° 224. Caen, 25 mai 1863 (D. P. 64. 2. 35).

[2] Voy., sur ce point, la circulaire ministérielle du 2 mai 1859, n° 53 (D. P. 59. 3. 30).

[3] *Ib.*

[4] Voy., sur ce point, *suprà*, § **792**. Il n'y a pas contradiction à refuser ces pouvoirs au juge et à lui permettre de régler l'ordre partiellement, car ce règlement n'a

l'article 752 n'a pour but que d'indiquer au juge la marche à suivre en cas d'échec, et ne l'empêche pas de régler amiablement les créances non contestées et d'ouvrir un ordre judiciaire pour celles qui font l'objet d'une contestation; il revient à dire qu' « à défaut de règlement amiable de toutes les créan« ces, le juge déclare l'ordre judiciaire ouvert pour celles « qui sont contestées[5], » et c'est ainsi qu'il est interprété par la circulaire du garde des sceaux du 2 mai 1859[6]. La question la plus délicate qui puisse s'élever ici est de savoir si le règlement partiel vaut clôture de l'ordre amiable au sens de l'article 717, et si les créanciers à hypothèque légale, dispensés d'inscription et non inscrits, sont, par conséquent, déchus de leur droit de préférence faute d'avoir fait valoir leurs droits avant que le règlement fût arrêté[7]. Je n'en crois

rien de provisoire ni de conditionnel et est définitif quant aux créances non contestées. Les créances postérieures qui sont contestées seront colloquées à la suite si elles sont admises, et, quant aux créances antérieures, de deux choses l'une : ou bien elles seront admises, auquel cas on les colloquera sur la somme réservée sans que les collocations postérieures soient aucunement modifiées; ou bien elles seront rejetées, auquel cas les collocations suivantes demeureront intactes et seront seulement augmentées, s'il y a lieu, de la somme réservée qui se trouvera désormais disponible.

[5] M. Preschez fait une autre réponse à l'argument de texte qu'on tire en sens contraire de l'article 752 : « L'argument de texte que l'on nous oppose ne nous touche « que médiocrement. L'article 752 ne prévoit pas notre hypothèse; il édicte une dis« position qui ne contredit en rien notre opinion; il ne statue que sur le cas le plus « habituel, et la meilleure preuve en est que cet article ajoute : « Le juge déclare « l'ordre ouvert. » Or il y a des cas où, conformément à l'article 773, l'ordre ne « doit pas être ouvert, et où les intéressés doivent se pourvoir devant le tribunal en « attribution du prix. Si l'on voulait être conséquent, il faudrait décider que, toutes « les fois qu'il n'y a pas lieu à un règlement amiable, le juge doit déclarer l'ordre « ouvert » (*Op. cit.*, p. 106). Cette argumentation n'est pas probante. L'article 752 veut simplement dire qu'à défaut d'ordre amiable il y a lieu de régler l'ordre judiciairement, ce qui comprend l'ordre judiciaire proprement dit et la procédure d'attribution; cette manière de raisonner ne résout donc pas la vraie question qui est de savoir si, en présence d'un accord incomplet, le juge peut régler l'ordre amiablement ou doit nécessairement renvoyer les parties à se régler suivant l'une des deux procédures judiciaires établies par la loi à défaut d'ordre amiable. Je réserve, d'ailleurs, pour le § **854** la question de savoir si, le règlement partiel ayant réduit les créanciers à moins de quatre, il y a lieu à l'ordre judiciaire proprement dit ou à la procédure d'attribution.

[6] *Loc. cit.* Voy., dans le même sens, Bioche, *op. et v° cit.*, n° 262; Rodière, *op. cit.*, t. II, n° 353; Grosse et Rameau, *op. cit.*, t. I, n°s 227 et suiv.; Ulry, *op. cit.*, t. I, n° 211; Preschez, *op. cit.*, p. 105 et suiv.; Pé de Arros, *op. cit.* (dans la *Revue pratique de droit français*, t. XLVII, 1880, p. 251); civ. rej. 27 janv. 1864 (D. A. v° *Ordre*, n° 231). M. Ulry subordonne la validité du règlement partiel à la condition que tous les créanciers qui y consentent soient majeurs et capables (*Op. et loc. cit.*) : cette condition n'est pas particulière au règlement partiel, car aucun règlement amiable ne peut avoir lieu sinon entre parties majeures et capables (Voy. *suprà*, § **797**).

[7] Voy., sur cette partie de l'article 717, *suprà*, § **711**.

rien, car toutes les déchéances sont de droit étroit et celle-ci n'est encourue qu'en cas de clôture de l'ordre amiable : or on ne peut pas dire qu'il soit clos s'il n'est réglé qu'en partie et si le sort d'une des créances qui y figuraient reste en suspens : ces créanciers pourront donc produire jusqu'à l'expiration du délai fixé par l'article 754[8], remettre en question tout ce qui aura été fait, et même exiger le rapport des créanciers colloqués à leur détriment[9]; ou bien le juge, pour qui le règlement partiel n'est jamais qu'une faculté, s'en abstiendra toutes les fois que, le saisi ou les précédents propriétaires ayant été mariés ou ayant exercé une tutelle, on pourra craindre de voir apparaître de leur chef des hypothèques légales qui n'auront pas encore été inscrites[10].

§ **800**. *d.* La conclusion d'un ordre amiable n'exige pas seulement le consentement unanime des créanciers; j'ai dit aux §§ **792** et **797** qu'il y faut aussi la sanction du juge et qu'il doit la refuser : 1° si des consentements ont été donnés par des personnes incapables ou par des mandataires munis de pouvoirs insuffisants; 2° si l'accord intervenu entre les créanciers ne lui paraît pas « conforme aux règles de la « justice[1]. » Il y a là pour lui un très large pouvoir d'appréciation dont il est difficile d'indiquer la mesure avec précision, mais il est certain que le juge, qui ne doit pas peser sur les parties pour obtenir d'elles des concessions exagérées, ne doit pas non plus ratifier un ordre où elles auraient renoncé légèrement aux droits les mieux établis, et qu'il doit, par exemple, refuser sa sanction si les créanciers, abusant de l'inexpérience de l'un d'eux, de sa timidité ou de l'appréhension que les procès lui inspirent, lui ont fait accepter un rang inférieur à celui qu'il aurait certainement obtenu dans un ordre judiciaire ou donner mainlevée d'une hypothèque qui l'eût sûrement fait placer en ordre utile. Les

8 Voy., sur ce point, *infrà*, § **814**.

9 Voy., sur l'action en rapport des créanciers qui auraient dû être colloqués contre ceux qui l'ont été à leur détriment, *suprà*, § **788**.

10 C'est le conseil que donne M. Ulry (*Op. et loc. cit.*).

§ **800.** 1 Circ. minist. 2 mai 1859, n° 56 (D. P. 59. 3. 30). Voy., en ce sens, Ollivier et Mourlon, *op. cit.*, n° 330; Grosse et Rameau, *op. cit.*, t. I, n°s 228 et suiv.; Preschez, *op. cit.*, p. 109 et suiv.

créanciers qui ne sont pas assistés ou représentés par des avoués sont surtout exposés à ce danger et ont un plus grand besoin que les autres de la protection du juge[2]. Comment doit-il procéder s'il refuse de sanctionner les conventions intervenues entre les parties? Doit-il simplement les renvoyer à l'audience en commettant un avoué pour la suivre[3], et faire ainsi juger par le tribunal la difficulté dont il n'a pas ratifié la solution? C'est ainsi qu'on procède en matière d'ordre judiciaire comme on le verra au § **830**, et alors de deux choses l'une : ou le tribunal, adoptant l'opinion du juge, refuserait de sanctionner l'ordre amiable, auquel cas il y aurait lieu d'ouvrir l'ordre judiciaire ou de renvoyer les parties à se pourvoir en attribution du prix[4]; ou le tribunal sanctionnerait l'arrangement que le juge a refusé d'approuver, auquel cas les parties seraient liées par leur accord et l'ordre définitivement réglé à l'amiable[5]. Je n'admets pas cette manière de procéder, bien qu'elle semble au premier abord justifiée par l'article 752 aux termes duquel il n'y a lieu d'ouvrir l'ordre judiciaire qu' « à défaut de règlement amia« ble, » c'est-à-dire quand les créanciers « n'ont pu se régler « entre eux. » Si l'ordre amiable ne vaut que par le consentement de tous les créanciers et par la ratification du juge, le refus de sanction l'empêche d'exister, peu importe que les créanciers n'aient pu s'accorder ou que le juge ait refusé d'approuver leur accord, il n'a qu'à ouvrir immédiatement l'ordre judiciaire ou à renvoyer les parties à se pourvoir en attribution du prix, et on ne peut leur opposer, ni dans un cas ni dans l'autre, les conventions par eux souscrites dans l'ordre amiable lequel est réputé non avenu[6].

§ **801**. *Seconde hypothèse : tous les créanciers inscrits ne comparaissent pas.* — L'ordre amiable exige le consentement et, par conséquent, la présence de tous les créanciers inscrits,

[2] Voy., sur la question de savoir si les créanciers peuvent se présenter à l'ordre amiable sans être assistés par des avoués, *suprà*, § **790**.

[3] Voy., sur la manière de renvoyer les parties à l'audience en cas d'ordre judiciaire, *infrà*, § **830**.

[4] Voy., sur la distinction à faire entre ces deux procédures, *infrà*, § **853**.

[5] Voy., en ce sens, Grosse et Rameau, *op. et loc. cit.*

[6] Voy., en ce sens, Ollivier et Mourlon, *op. et loc. cit.*; Preschez, *op. et loc. cit.*

mais on aurait tort d'en conclure que le seul fait par l'un d'entre eux de ne pas répondre à la convocation qu'il a reçue entraîne forcément l'échec de cette tentative d'arrangement. D'abord, peu importe l'absence des créanciers dont la collocation intégrale en ordre utile n'est contestée par personne[1], et de ceux qui, étant déjà payés quoiqu'encore inscrits ou renonçant à leurs droits, en ont informé par lettre le juge-commissaire[2]; l'insertion de cette lettre au procès-verbal tient lieu de leur présence effective et exprime leur consentement à l'ordre amiable[3]. Ensuite, rien n'oblige le juge à constater dès la première réunion que l'accord n'a pu s'établir et qu'il y a lieu d'ouvrir l'ordre judiciaire : de même qu'il peut réunir

§ **801.** 1 Preschez, *op. cit.*, p. 93.

2 Voy., sur les précautions qu'ils doivent prendre pour faire parvenir cette lettre, le § suivant. *Quid*, s'ils ont gardé le silence ou expédié la lettre sans prendre des précautions suffisantes? Voy. *infrà*, *ib*.

3 Seligmann, *op. cit.*, n° 239. Preschez, *op. cit.*, p. 68. Seligmann examine, à ce sujet (*Op. et loc. cit.*), une question délicate : le juge-commissaire peut-il, au seul vu d'une lettre, ordonner d'office que l'inscription d'un créancier sera rayée, et, s'il l'a ordonné, le conservateur des hypothèques doit-il en opérer la radiation? L'auteur répond négativement sur ces deux points. Le pouvoir du juge est circonscrit dans l'ordre amiable et ne s'étend que sur les droits des créanciers qui y figurent; il peut ordonner la radiation des inscriptions des créanciers qui y ont pris part, quoiqu'ils n'y soient pas colloqués en ordre utile, mais il ne peut faire rayer celles des créanciers qui y sont restés étrangers. Celles-là ne peuvent être rayées que conformément à l'article 2157 du Code civil (Voy. *suprà*, § **793**), c'est-à-dire en vertu d'un jugement passé en force de chose jugée qui n'existe pas dans l'espèce, ou d'un consentement donné par acte authentique qui n'existe pas non plus puisque la lettre du créancier n'est qu'un acte sous seing privé; et, si le juge ne peut ordonner cette radiation, le conservateur des hypothèques a le droit et le devoir de ne pas tenir compte de cette ordonnance entachée d'une sorte d'excès de pouvoir (Voy., sur le rôle du conservateur en présence d'une ordonnance qu'il juge irrégulière, *suprà*, § **793**). Je pourrais, d'abord, faire remarquer combien il est regrettable que le juge soit arrêté par cette difficulté de pure forme et ne puisse mettre fin d'un seul coup à toutes les difficultés que le règlement de cet ordre peut présenter; mais l'argumentation de Seligmann me paraît subtile à l'excès. Pourquoi le juge ne pourrait-il pas opérer la radiation dont il s'agit? Parce que le créancier qu'elle concerne n'y a pas consenti par acte authentique? Mais le créancier qui vient en personne ou par son représentant déclarer devant le juge qu'il n'a plus rien à prétendre ou qu'il renonce à exiger ce qui lui est dû, ne donne pas non plus un consentement authentique à la radiation, ou plutôt l'authenticité de son consentement ne réside ici que dans le procès-verbal qui fait foi jusqu'à inscription de faux de la déclaration qu'il relate, et nul ne conteste cependant au juge le droit d'ordonner dans ces circonstances que l'inscription sera rayée. Il en est de même dans l'espèce : le procès-verbal constate authentiquement et jusqu'à inscription de faux que le juge a reçu une lettre contenant, de la part du créancier qui l'a écrite, reconnaissance qu'il est déjà payé ou renonciation à exiger son paiement. Objectera-t-on que ce créancier n'a pas pris part à l'ordre amiable? Il y a aussi bien figuré que s'il y était venu en personne ou par mandataire, car la lettre qu'il a écrite équivaut à sa présence et à sa déclaration verbale, et la preuve qu'il a pris part à l'ordre, c'est qu'il échappe, en écrivant cette lettre, à l'amende portée contre les créanciers non-comparants (Voy. le § suivant).

plusieurs fois les créanciers présents[4], il peut convoquer de nouveau les absents et, si les créanciers présents consentent dès maintenant à se régler à l'amiable, en prendre acte et leur faire signer le procès-verbal *ne varietur ;* cette signature, s'ils consentent à la donner, les lie immédiatement sous la condition que les absents répondront à la nouvelle convocation et adhéreront à leur tour à l'arrangement qui leur est proposé[5]. Ces cas exceptés, le juge ne peut que constater l'impossibilité de régler l'ordre amiablement et déclarer l'ordre judiciaire ouvert. Il n'a aucun moyen de coercition contre les créanciers qui refusent de comparaître, et ne peut même les condamner ni aux frais de l'ordre amiable qui échoue peut-être par leur faute, ni à ceux de l'ordre judiciaire dont leur absence rend l'ouverture inévitable, ni à la réparation du dommage que leur refus de comparaître cause aux autres créanciers[6]. La seule peine à laquelle ils s'exposent est l'a-

[4] Voy. *suprà*, § **804**.

[5] Bioche, *op. et v° cit.*, n° 246. Il en est de même lorsqu'à la première réunion certains créanciers consentent et que d'autres refusent leur consentement : en signant le procès-verbal qui constate leur adhésion, les premiers ne se lient que sous la condition que les autres adhéreront à leur tour (Voy. *suprà*, § **792**). Seligmann n'admet pas que ces deux situations soient identiques : « On ne pourra pas dire « (dans l'hypothèse actuelle) que les créanciers présents n'ont fait cet accord que « sous la condition qu'il serait accepté par les absents dont ils ne connaissent nulle- « ment les dispositions : pareille condition ne se présume pas. A moins d'une réso- « lution formelle, ils ne peuvent être censés avoir subordonné leur consentement à « la future adhésion d'un créancier absent » (*Op. cit.*, n° 196). Je ne vois pas clairement la raison de distinguer entre les deux cas.

[6] Il en est de même en cas de comparution suivie de refus de consentir à l'ordre amiable (Voy., en ce sens, les arguments donnés et les autorités citées au § **795**, et spécialement la note 21 de ce §). M. Duclos, député au Corps législatif, a exprimé dans la discussion de la loi du 21 mai 1858, le regret que le projet n'autorisât pas le tribunal à condamner le créancier non-comparant aux frais de l'ordre judiciaire, et la pensée que cette condamnation pourrait être prononcée en l'absence d'un texte spécial en vertu de l'article 1382 du Code civil. M. Guyard-Delalain a répondu, au nom de la commission, qu'elle en avait eu la pensée, mais que les commissaires du Gouvernement n'avaient pas cru que les tribunaux se décidâssent facilement à prononcer une telle peine; qu'au surplus, le cas de dol ou de fraude est réservé, et que le créancier qui en serait convaincu peut toujours être condamné à des dommages-intérêts (*Moniteur* du 15 avril 1858, *loc. cit.*). On taxe de dol ou de fraude la conduite du créancier qui comparaît à l'ordre amiable et refuse sans motifs légitimes d'y consentir (Voy. *suprà*, § **795**), et aussi celle du créancier non-comparant qui était sûr de n'être pas colloqué en ordre utile et dont l'absence ne peut, par conséquent, s'expliquer que par un parti-pris de faire échouer l'ordre amiable; quant à celui qui était sûr d'être colloqué en ordre utile, son absence ne l'exposerait pas à l'application de l'article 1382 du Code civil, car on a vu *suprà*, même §, que le juge aurait le droit de passer outre et de régler l'ordre amiable en son absence. Encourra-t-il du moins l'amende dont il va être parlé? Voy., sur ce point, le § suivant.

mende de 25 francs édictée par l'article 751 [7], et l'adjudicataire et le saisi ne l'encourent même pas, puisque leur absence n'empêche pas la conclusion de l'ordre amiable [8]. Par quels créanciers et dans quels cas est-elle encourue? Comment est-elle prononcée et comment se recouvre-t-elle [9] ?

§ **802**. A. Les créanciers ont le droit de ne pas consentir à l'ordre amiable, mais ils ne doivent pas le rendre impossible en refusant absolument d'y prendre part; aussi l'amende est-elle encourue par tous ceux qui n'y ont pas comparu.

a. Tous les créanciers doivent faire acte d'obéissance à la loi en répondant à la convocation qui leur a été adressée; aucun d'eux ne peut se faire juge des conséquences de son refus et justifier son absence en prétextant que sa présence n'eût servi de rien. L'amende est donc encourue non-seulement par ceux qui affirment que, même présents, ils n'auraient jamais et à aucun prix souscrit à un arrangement amiable, mais encore : 1° par ceux qui allèguent que, venant en ordre utile et n'étant contestés par personne, leur présence était inutile, que l'ordre pouvait être amiablement réglé en leur absence et qu'il l'a été effectivement [1]; 2° par ceux qui prétendent que leur comparution et leur consentement n'auraient pas empêché l'échec de l'ordre amiable,

[7] La commission de réforme de 1865 l'a trouvée insuffisante et l'a portée à 100 francs (Art. 608; Greffier, *op. cit.*, p. 130).

[8] Boitard, Colmet-Daage et Glasson, *op. et loc. cit.* Rodière, *op. cit.*, t. II, p. 351. Montpellier, 23 juill. 1869 (D. P. 74. 5. 362). Voy., sur l'absence de l'adjudicataire et du saisi à la réunion des créanciers, *suprà*, § **791**.

[9] Chauveau (Sur Carré, *op. cit.*, t. VI, 1re part., quest. 2551 *octies*) fait remarquer que l'article 751 est mal rédigé : on croirait, à le lire, que l'amende est prononcée après la délivrance des bordereaux, au lieu qu'elle n'est encourue qu'en cas de non-comparution d'un ou plusieurs créanciers, auquel cas il n'y a lieu ni au règlement amiable ni, par conséquent, à la délivrance des bordereaux (Voy. *suprà*, même §). On verra au § suivant que l'observation de Chauveau n'est pas complètement exacte, et que l'amende peut quelquefois être prononcée bien que la tentative d'ordre amiable ait réussi.

§ **802.** [1] Preschez, *op. cit.*, p. 93. Pé de Arros, *op. cit.* (Dans la *Revue pratique de droit français*, t. XLVII, 1880, p. 54). Req. 16 nov. 1859 (D. P. 60. 1. 8). On voit que l'article 752 est mal rédigé, lorsqu'il dit : « A défaut de règlement amiable dans « le délai d'un mois, le juge constate sur le procès-verbal que les créanciers n'ont « pu se régler entre eux et prononce l'amende contre ceux qui n'ont pas comparu : » l'amende de non-comparution peut et doit être prononcée, même en cas d'ordre amiable, contre les créanciers dont l'absence n'a pas empêché cet ordre d'être conclu (Voy. le § précédent, note 6).

tant les difficultés étaient grandes et la résistance des autres créanciers absolue[2]; 3° et surtout par ceux qui sont encore inscrits quoique déjà payés ou qui renoncent à faire valoir leurs droits[3]. Lorsqu'une créance inscrite a été cédée et que le cessionnaire a mentionné en marge de l'inscription la cession consentie à son profit, c'est lui qui est convoqué ainsi qu'il est dit au § **788**, et qui encourt, par conséquent, l'amende en cas de non-comparution. Dans le cas contraire, il est inconnu du juge et n'est ni convoqué ni passible d'amende[4], c'est au cédant qu'il incombe de l'avertir, et alors de trois choses l'une: ou le cédant ne l'avertit pas et comparaît seul, auquel cas il n'encourt aucune amende; ou le cessionnaire averti par le cédant comparaît, auquel cas il n'est prononcé d'amende ni contre le cédant qui a fait son devoir ni contre le cessionnaire qui a comparu; ou aucun d'eux ne comparaît, et alors l'amende n'est pas prononcée contre le cessionnaire inconnu, mais contre le cédant qui devait l'avertir, s'assurer qu'il comparaîtrait et, au besoin, comparaître à sa place[5]. Je prends le mot *cessionnaire* dans son sens le plus large en y comprenant le subrogé[6], mais je fais observer qu'il ne s'agit ici que d'appliquer l'amende et non pas de savoir si le cédant peut consentir au lieu et place du cessionnaire à un règlement amiable qu'on puisse opposer à ce dernier; je renvoie, sur ce point, au § **788**. Les créanciers non-comparants n'échappent à l'amende que dans deux cas : 1° si la convocation ne les a pas touchés[7]; 2° si, convoqués par erreur à un ordre amiable auquel ils sont étrangers[8], déjà payés mais encore inscrits, ou renonçant à faire valoir leurs droits[9], ils en ont informé par écrit le juge-commissaire[10], et fait les diligences nécessaires pour que leur lettres parvînssent en temps utile à des-

[2] Preschez, *op. et loc. cit.*

[3] Seligmann, *op. cit.*, n° 238. Voy., sur cette radiation, *suprà*, § **793**.

[4] Voy., sur cette hypothèse, *suprà*, § **788**.

[5] Bioche, *op. et v° cit.*, n° 249. Seligmann, *op. cit.*, n° 240.

[6] Voy. *suprà*, § **788**.

[7] Rodière, *op. cit.*, t. II, p. 350.

[8] Circ. minist. 2 mai 1859, n° 47 (D. P. 59. 3. 30). Bioche, *op. et v° cit.*, n° 248. Seligmann, *op. cit.*, n° 238.

[9] Circ. minist. 2 mai 1859, *ib.* Bioche, *op., v° et loc. cit.* Seligmann, *op. cit.*, n° 237.

[10] « La lettre qui reste annexée au procès-verbal doit être conçue avec clarté et « précision et ne contenir aucune réserve » (Circ. minist. 2 mai 1859, *ib.*).

tination. Sinon ils encourent l'amende, car l'essai d'ordre amiable eût peut-être abouti si l'on eût su que, ne pouvant ou ne voulant figurer dans l'ordre, leur présence était inutile et leur absence indifférente[11].

b. Ces trois cas exceptés, on n'évite l'amende qu'en comparaissant en personne ou par fondé de pouvoir[12], car il ne suffit pas de faire connaître par écrit au juge les prétentions qu'on a et les concessions auxquelles on est disposé[13]; mais quelle est, au juste, l'étendue des obligations des créanciers convoqués à l'ordre amiable quand, l'entente n'ayant pu s'établir dès l'abord, le juge les a renvoyés à un autre jour? Doivent-ils, pour échapper à l'amende, assister aux deux réunions[14]? Je ne le crois pas. Le créancier qui assiste à la première et fait défaut à la seconde refuse son concours à l'ordre amiable et l'empêche ainsi de se conclure, mais il n'était tenu ni d'y consentir ni même de s'y présenter plus d'une fois, car l'article 751 ne suppose qu'une seule séance et ne prononce l'amende que contre le créancier qui ne s'y rend pas[15]. Le créancier qui a manqué à la première réunion et assisté à la seconde n'encourt pas non plus l'amende, car,

[11] Circ. minist. 2 mai 1859, *ib.* Bioche, *op.*, v° *et loc. cit.* Seligmann, *op. et loc. cit.*

[12] La question de savoir si le ministère des avoués est obligatoire est controversée (Voy. *suprà*, § **790**), mais il est certain qu'on peut se faire représenter dans l'ordre amiable par un avoué si l'on résout cette question par l'affirmative, et dans le cas ontraire par un mandataire quelconque (Circ. minist. 2 mai 1859, n° 49; D. P. 59. 3. 30). Suffit-il d'envoyer un mandataire? Faut-il lui donner un pouvoir spécial de consentir à l'ordre amiable, et dans quelle forme faut-il que ce pouvoir lui soit donné? Ces questions ont été résolues au § **790** au point de vue de la validité du mandat et de l'étendue du pouvoir du mandataire : j'ajoute seulement, au point de vue de l'amende, qu'un créancier comparaît et n'encourt, par conséquent, aucune amende lorsqu'il remet les pièces à l'avoué qui le représente — cette remise vaut pouvoir pour l'avoué de consentir à l'ordre amiable — mais qu'il en est autrement du créancier qui, se faisant représenter par un mandataire ordinaire, ne lui donne pas une procuration spéciale et authentique. J'applique cette solution au mari lui-même qui, se présentant pour sa femme à un ordre amiable auquel il n'a pas le droit de consentir seul, n'a pas obtenu d'elle le pouvoir d'y consentir en son nom (Seligmann, *op. cit.*, n° 241; Pont, sur Seligmann, *op. et loc. cit.*, note 1). L'administration de l'enregistrement n'encourt pas l'amende, bien qu'elle ne comparaisse pas, lorsqu'elle a procédé ainsi qu'il est dit *suprà*, § **790,** note 10.

[13] Circ. minist. 2 mai 1859, n° 46 (D. P. 59. 3. 30).

[14] Je n'en suppose que deux pour simplifier, mais la question serait la même si le juge avait cru devoir prononcer plusieurs renvois successifs dans les limites indiquées *infrà*, § **804.**

[15] Bioche, *op. et v° cit.*, n° 250. Rodière, *op. cit.*, t. II, p. 353. Preschez, *op. cit.*, p. 92. *Contrà*, Duvergier, *op. cit.*, t. LVIII, p. 152, note 6; Chauveau, sur Carré, *op. cit.*, t. VI, Ire part., quest. 2551 *octies;* Seligmann, *op. cit.*, n° 235; Pé de Arros, *op. cit.* (dans la *Revue pratique de droit français*, t. XLVII, 1880, p. 54).

si la seconde n'a pas abouti, ce n'est point sa faute — peut-être a-t-il adhéré pour sa part à l'ordre amiable et, en tout cas, il était libre de ne pas le faire — et, si l'accord s'est fait, il serait singulier qu'ayant consenti à l'ordre amiable il subît l'amende portée par la loi contre ceux qui n'ont même pas voulu y concourir[16].

§ **803**. B. Cette amende n'a pas de caractère pénal : c'est une peine ou un moyen de contrainte purement civil[1]. Elle est prononcée par le juge qui constate la non-comparution du créancier, et recouvrée par voie de contrainte[2] par le receveur de l'enregistrement que le greffier a préalablement avisé en lui envoyant l'extrait du procès-verbal qui contient la condamnation[3] : n'étant point pénale, elle ne se prescrit pas par cinq ans comme les peines correctionnelles[4], mais par trente ans comme les condamnations civiles (C. civ., art. 2262)[5]. Le juge n'en doit exempter que le créancier qui justifie séance tenante d'une impossibilité absolue de se présenter, par exemple, celui qui prouve que la convocation ne lui est parvenue qu'au dernier moment, qu'il n'est pas en état de discuter avec les autres créanciers, et que le temps lui a manqué pour commettre un mandataire et pour lui remettre les pièces nécessaires[6]; mais la condamnation n'est pas irrévocable, et

[16] Bioche, *op. et v° cit.*, n° 251. Seligmann, *op. cit.*, n° 236. Preschez, *op. cit.*, p. 93. Pé de Arros, *op. et loc. cit.* Seligmann argumente en ce sens de l'article 752, aux termes duquel l'amende n'est, dit-il, prononcée qu'en vertu du procès-verbal qui constate que les créanciers ne se sont pas accordés. L'argument ne porte pas, car on a vu au même § que l'amende est également prononcée contre les créanciers convoqués par erreur, déjà payés ou renonçant à leurs droits. Voy., sur la convocation nouvelle adressée aux créanciers qui n'ont pas répondu à la première, *suprà*, § **801**.

§ **803**. [1] Preschez, *op. cit.*, p. 94.

[2] Voy., sur ce mode de poursuite, t. III, § **541**.

[3] Bioche, *op. et v° cit.*, n° 255. Chauveau, sur Carré, *op. cit.*, t. VI, Ire part., quest. 2551 *decies*. Preschez, *op. et loc. cit.*

[4] Seligmann suppose qu'elle se prescrirait par deux ans si elle était pénale (*Op. cit.*, n° 244), mais les peines de simple police sont les seules qui se prescrivent par deux ans (C. instr. crim., art. 639), et l'amende est une peine correctionnelle dès qu'elle s'élève à plus de 15 francs (C. pén., art. 466). Une amende pénale de 25 francs ne se prescrit donc que par cinq ans (C. instr. crim., art. 636), et, si l'amende en question avait ce caractère, c'est à cette prescription qu'elle serait soumise.

[5] Seligmann, *op. et loc. cit.*

[6] Seligmann, *op. cit.*, n° 242. « La condamnation à l'amende est rarement appliquée par les juges-commissaires; on peut même dire qu'à Paris elle ne l'est

le créancier peut s'en faire décharger après coup en justifiant : 1° d'une impossibilité absolue ou seulement d'un empêchement légitime; 2° de l'illégalité de cette condamnation dans le cas, par exemple, où le juge l'a traité comme non-comparant, alors qu'il avait remis à un avoué les pièces nécessaires pour se faire représenter [7]. Par quelle voie, à quelle autorité et jusqu'à quel moment un créancier peut-il demander décharge de l'amende prononcée contre lui? Peut-il former opposition, en comparaissant, à l'ordonnance qui l'a condamné pour n'avoir pas comparu? Cette opposition doit-elle être portée devant le juge lui-même invité de la sorte à « rabattre » l'amende [8]? Cette opposition doit-elle, au contraire, être soumise au tribunal dont le juge fait partie et par délégation duquel il agit? L'ordonnance qui prononce l'amende est-elle susceptible d'appel et peut-elle être déférée à la cour de cassation? Peut-on l'attaquer encore après avoir payé l'amende [9]? L'appel n'est pas recevable, car l'affaire n'est pas correctionnelle [10], et il ne peut être interjeté en matière civile que pour un intérêt supérieur à 1,500 francs [11]. Le pourvoi en cassation n'est pas non plus recevable, car le juge a un pouvoir discrétionnaire pour apprécier les excuses invoquées par les créanciers non-comparants [12]. Reste l'oppo-

« jamais. Il faut attribuer ce résultat à la longanimité des juges-commissaires qui « temporisent, convoquent à nouveau, et, enfin, après avoir renvoyé à l'ordre judi-« ciaire ne mentionnent pas l'absence des créanciers, mais constatent seulement qu'il « n'a pas été possible d'arriver à un arrangement » (Preschez, *op. cit.*, p. 95).

[7] Bioche, *op. et v° cit.*, n° 237. Lavielle, *op. cit.*, p. 463. Seligmann, *op. cit.*, n° 243. Pont, sur Seligmann, *op. et loc. cit.* Preschez, *op. cit.*, p. 95. Pé de Arros, *op. cit.* (Dans la *Revue pratique de droit français*, t. XLVII, 1880, p. 55).

[8] C'est ainsi qu'on « rabat » le défaut (Voy. le tome V de ce Traité).

[9] Le projet de réforme de 1865 tranchait ces difficultés : l'ordonnance devait être signifiée au créancier condamné à la requête du ministère public; le créancier pouvait y faire opposition devant le juge lui-même, pendant huit jours, par un dire inséré au procès-verbal d'ordre judiciaire ou par lettre chargée à l'adresse du juge; aucun recours n'était admis contre sa seconde ordonnance (Art. 608; Greffier, *op. cit.*, p. 131).

[10] Les jugements correctionnels sont toujours susceptibles d'appel (C. instr. crim., art. 199).

[11] Bioche, *op. et v° cit.*, n° 254. Lavielle, *op. cit.*, p. 464. Pont, sur Seligmann, *op. cit.*, n° 243, note 1. Preschez, *op. cit.*, p. 95. Caen, 29 mars 1859 (D. P. 59. 2. 140). Voy., sur le taux du dernier ressort en matière civile, *infrà*, §§ **804** et suiv.

[12] Lavielle, *op. et loc. cit.* Pont, sur Seligmann, *op. et loc. cit.* Req. 16 nov. 1859 (D. P. 60. 1. 8). Voy., sur le pouvoir discrétionnaire d'appréciation du juge du fond dont le contrôle échappe à la cour de cassation, t. I, § **40**, et le tome V de ce Traité.

sition[13] qui peut être formée jusqu'à l'exécution de l'ordonnance, c'est-à-dire jusqu'au paiement de l'amende[14] : elle est portée devant le juge, soit qu'il n'ait pas encore clos l'ordre amiable[15] soit qu'il ait ordonné l'ouverture de l'ordre judiciaire[16]. On a soutenu, dans ce dernier cas, qu'il est dessaisi et que le tribunal est seul compétent pour rabattre l'amende[17]; mais cette solution n'est pas exacte : le juge est si peu dessaisi qu'il va procéder à l'ordre judiciaire, et le tribunal n'est pas compétent parce qu'il n'a généralement pas de juridiction sur les actes des juges-commissaires[18]. D'ailleurs, je ne parle ici que de l'ordonnance qui a statué en fait et frappé d'amende un créancier qui se prétend excusable : celle qui statue en droit, attendu qu'un créancier n'a pas été suffisamment représenté[19] ou n'a pas assisté à toutes les séances qui ont été tenues[20], est susceptible d'appel[21]; il y a même

[13] Bioche, *op.*, *v°* *et loc. cit.* Lavielle, *op. et loc. cit.* Seligmann, *op. et loc. cit.* Pont, sur Seligmann, *op. et loc. cit.* Preschez, *op. et loc. cit.* Pé de Arros, *op. cit.* (Dans la *Revue pratique de droit français*, t. XLVII, 1880, p. 55). Trib. de Caen, 17 févr. 1859 (D. P. 59. 3. 22). Caen, 29 mars 1859 (D. P. 59. 2. 140). Aix, 13 mars 1860 (D. P. 60. 2. 165). *Contrà*, trib. de Valognes, 4 oct. 1858 (D. P. 59. 3. 46).

[14] Rodière, *op. et loc. cit.* Arg. *à pari* art. 158 : l'opposition aux jugements par défaut faute de comparaître est recevable jusqu'à l'exécution. Il s'agit ici d'un défaut faute de comparaître, puisqu'une amende est prononcée contre un créancier qui, convoqué par le juge, ne s'est ni présenté ni fait représenter devant lui (Voy., sur le défaut faute de comparaître et sur l'article 158 en particulier, le tome V de ce Traité).

[15] Bioche, *op. et v° cit.*, n° 237. Lavielle, *op. et loc. cit.* Seligmann, *op. et loc. cit.* Pont, sur Seligmann, *op. et loc. cit.* Preschez, *op. et loc. cit.* Pé de Arros, *op. et loc. cit.* Aix, 13 mars 1860 (D. P. 60. 2. 165). Voy. cep., en sens contraire, le jugement du tribunal de Caen et l'arrêt de la cour de Caen, cités *suprà*, note 13.

[16] Je suppose ici le cas le plus ordinaire, celui où la non-comparution d'un seul créancier entraîne l'échec de toute tentative d'arrangement et l'ouverture forcée de l'ordre judiciaire; mais je rappelle qu'il peut arriver que le juge condamne à l'amende, tout en réglant l'ordre amiablement, le créancier qui n'a pas comparu alors que tous les autres s'accordaient à le colloquer utilement. Faut-il dire alors que le règlement amiable dessaisit le juge et que l'opposition formée contre son ordonnance doit être portée devant le tribunal? Le tribunal n'a généralement pas de juridiction sur lui (Voy. le tome V de ce Traité), et il n'est pas dessaisi tant qu'il reste à statuer sur un point qui rentre dans ses attributions et que l'ordonnance par lui rendue est susceptible d'opposition (Voy. Preschez, *op. et loc. cit.*).

[17] Seligmann, *op. et loc. cit.* Pont, sur Seligmann, *op. et loc. cit.*

[18] Preschez, *op. et loc. cit.* Voy., sur la situation du juge-commissaire par rapport au tribunal dont il fait partie, le tome V de ce Traité.

[19] Quand peut-on dire qu'un créancier n'est pas suffisamment représenté? Voy. *suprà*, § **797**.

[20] Voy., sur cette hypothèse, le § précédent.

[21] Preschez, *op. et loc. cit.* Voy. cep. trib. de Caen, 7 févr. 1859 (D. P. 59. 3. 22); Caen, 29 mars 1859 (D. P. 59. 2. 140) : suivant ces deux décisions, il n'y a pas lieu à l'appel, mais au renvoi devant le tribunal. Voy., sur l'appel en matière d'ordre amiable, le § suivant.

excès de pouvoir et, par conséquent, ouverture à cassation si le créancier frappé d'amende a effectivement comparu ou informé le juge, par une lettre parvenue à destination, qu'il n'avait rien à prétendre ou qu'il renonçait à faire valoir ses droits[22].

§ **804**. Telle est la procédure et telles sont les issues possibles de l'essai d'ordre amiable; mais pendant combien de temps peut-il se prolonger, et dans quel délai, s'il n'aboutit pas, le juge doit-il ouvrir l'ordre judiciaire? L'article 752 répond à cette question que le procès-verbal d'ordre amiable doit être clos et l'ordre judiciaire ouvert à défaut d'accord « dans le délai d'un mois[1], » et le juge ne pourrait dépasser ce délai que pour des raisons graves dont il devrait rendre compte à qui de droit[2]; mais l'article 752 a oublié d'en fixer le point de départ, et l'on s'est demandé s'il court à compter du jour où les convocations ont été lancées ou seulement du jour où les créanciers se sont pour la première fois réunis. Au premier abord, cette dernière opinion serait la mieux fondée, car, outre qu'elle est plus favorable et qu'elle laisse aux parties plus de temps pour se concilier, elle paraît conforme à l'article 752 qui leur donne un mois pour le faire : un mois, c'est-à-dire un mois utile, un mois à partir du jour où ils ont pu se concilier, un mois à partir du jour où ils se sont pour la première fois trouvés face à face. Et puis, si l'on fait courir ce mois à partir du jour où les lettres

[22] Pont, sur Seligmann, *op. et loc. cit.*

§ **804.** [1] Le projet ne donnait que quinze jours aux créanciers pour se régler amiablement (Art. 750). A-t-on aujourd'hui un mois plein ou seulement trente jours? Un mois plein, par argument de l'article 132 du Code de commerce relatif aux échéances des effets de commerce : « Les mois sont tels qu'ils sont fixés par le calendrier « grégorien » (Voy., sur cette manière de calculer les mois par opposition aux usances, Boistel, *op. cit.*, n° 723; Lyon-Caen et Renault, *op. cit.*, t. I, n° 1179). Le délai de l'ordre amiable n'expirera donc que le 15 février au soir s'il a commencé à courir le 15 janvier, ce qui fera, en réalité, trente-et-un jours (Costard, *A partir de quel moment court le délai d'un mois accordé pour faire l'ordre amiable?* dans la *Revue pratique de droit français*, 1859, t. VIII, p. 92 et suiv.). L'article 767, qui prescrit de dénoncer la clôture de l'ordre judiciaire (Voy. *infrà*, § **842**), ne s'applique ni à l'ordre amiable ni à l'ordre mixte, c'est-à-dire à la fois amiable et judiciaire (Voy. *infrà*, *ib.*, note 3).

[2] Chauveau, sur Carré, *op. cit.*, t. VI, Ire part., quest. 2551 *quinquies*. Seligmann, *op. cit.*, n° 193. Pé de Arros, *op. cit.* (Dans la *Revue pratique de droit français*, t. XLVII, 1880, p. 40).

de convocation sont parties et qu'on en déduise le temps nécessaire pour que les créanciers les plus éloignés aient le temps d'arriver, le délai pour procéder à l'ordre amiable pourra se réduire à très peu de jours, et le juge n'aura plus, moralement et même matériellement, le temps nécessaire pour amener les parties à s'accorder[3]. Malgré tout, il est plus sûr de prendre pour point de départ le jour où les créanciers ont été convoqués, car l'article 751 n'a fixé que le temps minimum — dix jours — qui doit s'écouler entre celui de la convocation et celui où les créanciers doivent se présenter[4], et le juge qui, en l'absence d'un délai maximum, fixerait pour la première réunion un jour très éloigné prolongerait à l'excès le temps réservé à l'ordre amiable et retarderait ainsi, au préjudice de créanciers résolus peut-être à ne pas s'accorder, l'ouverture de l'ordre judiciaire qui pourra seul les régler. On voit, d'ailleurs, dans le rapport de M. Riché au Corps législatif que les auteurs de la loi du 21 mai 1858 ont voulu que l'essai d'ordre amiable ne retardât pas au-delà d'un mois l'ouverture de l'ordre amiable. « Notre Code de procédure (ancien article 749) « ajournait l'ordre judiciaire pendant un mois après la signi- « fication de l'adjudication, en invitant tous les créanciers à « s'entendre durant cet intervalle[5]; le projet du Gouverne- « ment contient la même disposition en réduisant le délai[6], « mais l'Exposé des motifs exprime peu d'espoir d'obtenir la « conciliation plus que par le passé[7] : votre commission a « voulu tirer de ce délai un parti plus fécond en créant ce « qui manquait, c'est-à-dire le centre commun...[8]. » La loi du 21 mai 1858 n'a donc rien innové quant au délai, l'ouverture de l'ordre judiciaire ne doit pas tarder plus d'un mois, et ce passage du rapport est confirmé par un autre où il est dit que le juge pourra ordonner plusieurs réunions,

[3] Bioche, *op. et v° cit.*, n° 274. Rodière, *op. cit.*, t. II, p. 353. Ulry, *op. cit.*, t. I, n° 47. Preschez, *op. cit.*, p. 102.
[4] Voy., sur ce délai, *suprà*, § **790**.
[5] « Dans le mois de la signification du jugement d'adjudication..., les créanciers « et la partie saisie sont tenus de se régler entre eux sur la distribution du prix. » Voy., sur cet article, *suprà*, § **785**.
[6] Voy. *suprà*, note 1.
[7] Voy. *suprà*, § **785**.
[8] *Loc. cit.* Comp. *suprà*, § **785**.

mais toujours « dans le délai d'un mois[9], » c'est-à-dire au plus tard dans le mois qui suit la première convocation[10]. Ce mois expiré, le juge peut et doit ouvrir l'ordre judiciaire, mais personne ne peut se plaindre de ce qu'un règlement amiable serait intervenu plus d'un mois après la première convocation : s'il l'est, c'est que tous les créanciers y ont consenti, et, s'ils y ont consenti, ils n'ont pas le droit de l'attaquer[11].

Ce délai d'un mois, qui est un maximum, est-il aussi un minimum, et le juge est-il toujours obligé d'en attendre l'expiration pour ouvrir l'ordre judiciaire? Assurément oui, s'il n'obtient pas le consentement de tous les créanciers qui avaient le droit de participer à l'ordre amiable; ceux qui ont été régulièrement convoqués, et ceux même qui ne l'ont pas été mais qui auraient dû l'être, ont le droit de demander la nullité de l'ordre judiciaire prématurément ouvert sans leur consentement[12]. Assurément non, si tous les créanciers qui avaient le droit de figurer à l'ordre amiable ont consenti à ce qu'il fût clos avant l'expiration du mois, et produit en temps utile à l'ordre judiciaire[13] : le délai prescrit par l'article 752 n'est pas d'ordre public, et aucun tribunal ne peut annuler d'office l'ordre judiciaire ouvert avant l'expiration de ce délai; à plus forte raison, le conservateur des hypothèques ne peut-il pas refuser de l'exécuter en ce qui le concerne en ne procédant pas aux radiations d'inscriptions ordonnées par le juge[14]. Mais où la question devient délicate, c'est lorsqu'un créancier a consenti à la clôture de l'ordre amiable, et vient ensuite, n'ayant pas produit en temps voulu à l'ordre judiciaire[15], en contester la validité sous prétexte

[9] *Loc. cit.*

[10] Chauveau, sur Carré, *op. cit.*, t. VI, Ire part., quest. 2550 *bis*. Seligmann, *op. cit.*, n° 192. Pé de Arros, *op. cit.* (Dans la *Revue pratique de droit français*, t. XLVII, 1880, p. 255 et suiv.). Costard, *op. cit.* (Dans la *Revue pratique de droit français*, t. VIII, 1859, p. 92 et suiv.).

[11] Bioche, *op. et v° cit.*, n° 275.

[12] Bioche, *op. et v° cit.*, n° 274. Chauveau, sur Carré, *op. cit.*, t. VI, Ire part., quest. 2551 *quinquies*. Boitard, Colmet-Daage et Glasson, *op. cit.*, t. II, n° 1026. Grosse et Rameau, *op. cit.*, t. I, n° 294. Ollivier et Mourlon, *op. cit.*, n° 325. Ulry, *op. et loc. cit.* Preschez, *op. cit.*, p. 503. Nîmes, 9 mai 1860 (D. P. 61. 1. 216).

[13] Voy., sur le délai pour produire à l'ordre judiciaire, *infrà*, § **814**.

[14] Voy., sur le rôle passif du conservateur en pareille matière, *suprà*, § **793**, et *infrà*, §§ **847** et **851**.

[15] Voy. *infrà*, § **815**.

qu'il a été ouvert avant l'expiration du délai fixé par l'article 752. Cette prétention ne me paraît pas fondée : ce créancier a donné à la clôture de l'ordre amiable un consentement sur lequel il ne pourrait revenir que si l'obligation de laisser l'ordre amiable ouvert pendant un mois avait un caractère d'ordre public — ce qui n'est pas — et il serait mal venu à se soustraire aux conséquences de sa négligence actuelle en revenant sur un consentement qu'il a librement donné [16].

§ **805**. L'échec de l'ordre amiable entraîne nécessairement l'ouverture de l'ordre judiciaire qui se divise en six parties : 1° ouverture de l'ordre, sommations de produire et dénonciation de l'ouverture de l'ordre judiciaire [1] à l'avoué de l'adjudicataire (Art. 752 et 753); 2° productions (Art. 754 et 755); 3° confection et dénonciation de l'état provisoire de collocation (Art. 755); 4° contredits et jugement des contredits (Art. 755, 756, 758, al. 1, 760 à 762, 766 et 768); 5° ordonnance de clôture, dénonciation de cette ordonnance à qui de droit, effets qu'elle produit et recours dont elle est susceptible (Art. 758, al. 2, 759, 765, 767 et 768); 6° exécution de l'ordonnance de clôture, délivrance des bordereaux contre l'adjudicataire ou contre la Caisse des dépôts et consignations, paiement des bordereaux et radiation des inscriptions (Art. 769, 770, 771, 777, al. 1 à 4, et 778). L'article 776 est relatif à la responsabilité de l'avoué poursuivant et aux déchéances qui peuvent être prononcées contre lui en cas de négligence de sa part.

§ **806**. 1° *Ouverture de l'ordre judiciaire, sommations de produire, dénonciation de l'ouverture de l'ordre à l'avoué de l'adjudicataire* (Art. 752 et 753). — L'ordre judiciaire n'était ouvert, avant la loi du 21 mai 1858, que lorsqu'à l'expiration

[16] Bioche, *op.*, v° *et loc. cit.* Preschez, *op. et loc. cit.* Nîmes, 9 mai 1860 (D. P. 61. 2. 16). *Contrà*, Chauveau, sur Carré, *op. et loc. cit.*; Grosse et Rameau, *op. et loc. cit.*; Ollivier et Mourlon, *op. et loc. cit.*

§ **805.** [1] L'ordre doit être regardé comme ouvert, au point de vue de l'article 2151 du Code civil et en admettant que cela ait quelqu'intérêt pour l'application de cet article, dès que le poursuivant a requis l'ouverture d'un procès-verbal d'ordre et, par conséquent, avant l'essai d'arrangement amiable qui doit précéder l'ordre judiciaire (Voy. *suprà*, § **792**, note 24).

du mois dans lequel les créanciers devaient essayer de se régler amiablement, le poursuivant avait présenté requête au juge pour se faire autoriser à sommer les créanciers inscrits de produire leurs titres; aucun délai n'étant fixé, il était toujours temps pour le poursuivant de prendre cette ordonnance, et il dépendait de lui de retarder à son gré l'ouverture de l'ordre[1]. Cet inconvénient ne peut plus se produire: à l'expiration du mois fixé ainsi qu'il est dit au § **804**, le juge constate, sous sa responsabilité[2], au procès-verbal que les créanciers n'ont pu se régler amiablement[3], déclare d'office que l'ordre judiciaire est ouvert[4], et commet un ou plusieurs huissiers pour signifier aux créanciers les sommations de produire[5]. Ces sommations devant être faites aux domiciles élus dans les inscriptions[6], et chaque inscription devant contenir élection de domicile dans une des communes de l'arrondissement où elle est prise[7], il y a lieu de commettre un huissier dans chaque canton où domicile a été élu[8]; si cependant l'arrondissement est assez peu étendu pour qu'un huissier du chef-lieu puisse se transporter en un jour (aller et retour) sur un point quelconque de cette circonscription, on peut le charger de toutes les sommations à faire dans ledit

§ **806.** [1] Seligmann, *op. cit.*, n° 251. Ce n'était pas le seul inconvénient de l'ancien article 751 : « Au bas de cette requête le juge mettait son ordonnance en « vertu de laquelle le juge préparait les sommations prescrites par la loi; copie de « cette requête ainsi que de l'ordonnance du juge était donnée par l'avoué poursui- « vant en tête des sommations. On comprend que l'émolument des copies de pièces « était plus fort si la requête elle-même était plus longue; aussi l'avoué poursui- « vant, après avoir exposé que toutes les formalités préalables étaient remplies, que « le mois pour le règlement amiable entre les créanciers était expiré et que la déli- « vrance de l'état des inscriptions pour ordre avait eu lieu, y ajoutait encore un « extrait presque complet de cet état pour faire connaître au juge les noms et de- « meure de chaque créancier ainsi que leurs domiciles élus..... Après avoir rendu « cette ordonnance, le juge-commissaire dressait, de son côté, procès-verbal de « l'ouverture de l'ordre auquel on annexait l'extrait des inscriptions pour ordre dé- « livré par le conservateur » (Seligmann, *op. cit.*, n°s 249 et 250).

[2] Voy , sur cette responsabilité, *suprà*, § **792.** Le juge ne peut refuser d'ouvrir l'ordre judiciaire sous prétexte que les frais déjà faits n'ont pas encore été taxés (Paris, 28 févr. 1834; D. A. v° *cit.*, n° 335).

[3] Voy., sur ce point, *suprà*, § **795.** En même temps le juge prononce contre les non-comparants l'amende édictée par l'article 751 (Voy. *suprà*, §§ **801** et suiv.).

[4] Voy., sur cette formule de l'article 752, *suprà*, § **804.**

[5] Voy., sur les sommations, §§ **806** et suiv.

[6] Voy. *infrà*, § **808.**

[7] C. civ., art. 2148-1° (Voy. *suprà*, § **671**).

[8] Ulry, *op. cit.*, t. I, n° 48.

arrondissement[9], même aux créanciers à hypothèque légale qui n'ont pas encore pris inscription mais qui pourront le faire après l'ouverture de l'ordre judiciaire[10]. Si le vendeur non payé de qui le saisi tient l'immeuble n'a ni constitué avoué ni élu domicile dans l'arrondissement[11], on le fait sommer par un huissier de son domicile réel[12]. On observe, enfin, le privilège qu'ont les huissiers audienciers de signifier seuls les actes d'avoué à avoué[13] : l'un d'eux est chargé de sommer le vendeur et les créanciers qui ont constitué avoué[14], et de dénoncer l'ouverture de l'ordre à l'avoué de l'adjudicataire[15]. Le juge doit régler immédiatement tous ces détails de manière à éviter aux parties les frais d'une nouvelle réquisition[16], et c'est aussi par économie que l'article 752 défend d'expédier et de signifier cette partie du procès-verbal[17]. La commission de la Chambre des députés avait demandé que le greffier fût obligé de faire connaître immédiatement et sans frais au poursuivant le jour où l'ordre judiciaire est ouvert et les noms des huissiers commis par le juge, mais le conseil d'État a rejeté cet amendement[18], et c'est au poursuivant : 1) à s'informer lui-même au greffe de l'ouverture de l'ordre et des noms des huissiers commis[19] ; 2) à avertir ces huissiers qui ignorent encore le mandat qui leur est donné[20] ; 3) à préparer l'original des sommations de produire, et à le leur remettre pour qu'ils le signifient à qui de droit[21].

§ **807**. L'avoué n'a que huit jours pour rédiger et faire

9 Voy., sur le droit pour les huissiers d'instrumenter dans tout l'arrondissement où ils sont établis, mais à condition que les parties n'aient pas à payer plus d'une journée de déplacement, t. II, § **222**.

10 Bioche, *op. et v° cit.*, n° 278.

11 Voy., sur la nécessité de le sommer, le § suivant.

12 Chauveau, sur Carré, *op. cit.*, t. VI, Ire part., quest. 2552 *quater*.

13 Chauveau, sur Carré, *op. et loc. cit.* Voy., sur ce privilège, t. I, § **95**.

14 Voy., sur la constitution d'avoué par les créanciers qui sont liés à la saisie immobilière, *suprà*, § **675**.

15 Voy., sur cette dénonciation, *infrà*, § **809**.

16 Voy. Bioche, *op. et v° cit.*, n° 279; Rodière, *op. cit.*, t. II, p. 356.

17 Voy., sur les abus qui se produisaient autrefois en pareil cas, *suprà*, note 1.

18 Riché, *op. cit.*, n° 73 (D. P. 58. 4. 54).

19 Seligmann, *op. cit.*, n° 252. Chauveau critique vivement la décision du conseil d'État (*Op. cit.*, t. VI, Ire part., quest. 2552 *ter*).

20 Boitard, Colmet-Daage et Glasson, *op. et loc. cit.*

21 Seligmann trouve qu'il serait juste de leur accorder pour cela une rémunération spéciale (*Op. cit.*, n° 255).

signifier les sommations de produire; ce délai court à partir de l'ouverture même de l'ordre qu'il doit épier pour n'être pas surpris. Ce n'est même pas un délai franc et il expire, par exemple, le 9 s'il a commencé le 1er [1]; il ne s'augmente à raison de la distance qu'à l'égard du vendeur, comme on le verra au § suivant [2]; mais il n'est pas prescrit à peine de nullité [3], et l'avoué qui a négligé de l'observer n'encourt que la déchéance dont il sera parlé au § **852** [4], sauf son recours en dommages-intérêts contre les huissiers commis qui, ayant reçu l'original des sommations en temps utile, l'auraient signifié tardivement [5]. Chaque sommation est faite dans la forme des ajournements ou des actes d'avoué à avoué, suivant qu'elle est signifiée à personne ou à domicile ou seulement à avoué [6]; elle invite le créancier qu'elle concerne à produire ses titres [7], l'avertit que faute de le faire dans les quarante jours il sera déchu [8], et indique exactement l'immeuble sur le prix duquel l'ordre est ouvert, pour que les créanciers n'aient pas besoin de rechercher au greffe si la réquisition d'ordre qui le désigne concorde exactement avec la teneur de leurs inscriptions [9]. L'invitation de produire les titres est substantielle [10], mais

§ **807.** [1] Les seuls délais francs sont ceux qui courent en vertu d'une signification à personne ou à domicile (Voy. t. II, § **205**). On ne compte cependant pas le *dies a quo :* c'est le droit commun (Voy. t. II, *ib.;* et, en ce sens, Chauveau, sur Carré, *op. cit.*, t. VI, Ire part., quest. 2553, Pont, sur Seligmann, *op. cit.*, n° 258, note 1.

[2] Seligmann, *op. et loc. cit.* Voy., sur l'augmentation de distance et sur les cas où elle a lieu, t. II, § **205.**

[3] Arg. art. 1030 (Voy. t. II, § **197**). Bioche, *op. et v° cit.*, n° 307. Chauveau, sur Carré, *op. et loc. cit.* Boitard, Colmet-Daage et Glasson, *op. et loc. cit.* Seligmann, *op. et loc. cit.* Grosse et Rameau, *op. cit.*, t. II, n° 317.

[4] Seligmann, *op. et loc. cit.*

[5] Voy., sur la responsabilité des huissiers, t. I, § **95**; Dalloz et Vergé, *op. cit.*, art. 1383, nos 366 et suiv.

[6] Voy. cep. Montpellier, 4 déc. 1832 (D. A. *v° cit.*, n° 386). Aj., pour plus de détails, Chauveau, sur Carré, *op. cit.*, t. VI, Ire part., quest. 2554 *bis;* sur les formes de l'acte d'avoué à avoué comparées à celles de l'ajournement, t. II, § **232**; et, sur le nombre de copies qu'il faut faire de chaque sommation de produire, *infrà*, même §. On peut, sans inconvénient, employer la forme de l'ajournement pour sommer les créanciers en l'étude des avoués qu'ils ont constitués (Limoges, 1er août 1845; D. A. *v° cit.*, n° 348).

[7] C'est l'objet même de la sommation, mais il est inutile d'indiquer au créancier quels titres il doit produire; c'est à lui de rassembler et d'apporter toutes les pièces nécessaires pour appuyer sa demande en collocation.

[8] Voy., sur cette déchéance, *infrà*, § **815.**

[9] Riché, *op. cit.*, n° 74 (D. P. 58. 4. 54). Chauveau, sur Carré, *op. et loc. cit.*

[10] *Nec obst.* art. 1030. Voy., sur les énonciations substantielles qui échappent à la règle posée par cet article, t. II, § **198.**

c'est la seule partie de la sommation qui soit exigée à peine de nullité : le créancier qui ne doit pas ignorer la loi trouvera dans l'article 754 l'indication du délai passé lequel il sera forclos, et n'aura qu'à demander au greffe, s'il le désire, de plus amples renseignements sur l'immeuble sur le prix duquel l'ordre est ouvert[11]. Chaque créancier inscrit doit être sommé individuellement; si cependant une seule inscription appartient en commun aux héritiers du créancier originaire, il est conforme à l'esprit de la loi, qui a voulu réduire l'ordre aux formalités et aux frais indispensables, de ne rédiger qu'une seule copie qui sera remise au dernier domicile du défunt[12]; on fera de même pour le créancier hypothécaire et pour son subrogé qui ne représentent à eux deux qu'une seule inscription[13], et, à plus forte raison, pour le créancier unique qui est titulaire de deux ou plusieurs inscriptions[14]. On ne fera également pour un créancier mineur qu'une seule copie qui sera remise à son tuteur[15]; s'il est émancipé, on en fera deux, l'une pour lui l'autre pour son curateur[16]. S'il y a parmi les créanciers une femme mariée, on ne fera qu'une copie dans le cas où elle peut produire sans autorisation[17]; dans le cas contraire, on sommera par deux copies séparées la femme et le mari, l'une aux fins de produire l'autre aux fins d'autoriser[18].

[11] Bioche, *op. et v° cit.*, n° 308. Seligmann, *op. cit.*, n° 268. *Contrà*, Chauveau, sur Carré, *op. cit.*, t. VI, Ire part., quest. 2554 *quater;* Rodière, *op. cit.*, t. II, n° 355; Ulry, *op. cit.*, t. I, n° 50.

[12] On signifie cependant, en cas d'ajournement, autant de copies qu'il y a d'héritiers (Voy. t. II, § **227**). *Quid* dans les actes d'avoué à avoué? Voy. t. II, § **232**. Voy., en ce sens, Bioche, *op. et v° cit.*, nos 291, 298 et 300; Rodière, *op. et loc. cit.;* Montpellier, 4 déc. 1832 (D. A. *v° cit.*, n° 386); comp. Chauveau, sur Carré, *op. cit.*, t. VI, Ire part., quest. 2554 *ter*.

[13] Je suppose que la subrogation est connue du poursuivant; dans le cas contraire, il n'a pas à s'inquiéter du subrogé. Voy., sur ce point, Chauveau, sur Carré, *op. et loc. cit.*, et *infrà*, même §.

[14] Alger, 20 avr. 1854 (D. A. *v° cit.*, n° 394). *Contrà*, trib. de Saint-Dié, 17 août 1864 (D. A. *v° cit.*, n° 393). Comp. Chauveau, sur Carré, *op. et loc. cit.*

[15] Bioche, *op. et v° cit.*, nos 313 et 315.

[16] Bioche, *op., v° et loc. cit.* Arg. C. civ., art. 482 : le mineur émancipé ne peut, sans l'assistance de son curateur, recevoir un capital mobilier et en donner décharge. Je crois qu'on pourrait ne pas remettre de copie au curateur si le mineur émancipé ne devait produire à l'ordre que pour ses revenus (Arg. *à contrario* même art. 482; comp., sur la capacité du mineur émancipé à l'effet de figurer dans un ordre amiable, *suprà*, § **797**, et dans un ordre judiciaire, le § suivant).

[17] Bioche, *op. et v° cit.*, n° 312. Dans quel cas? Voy. *infrà*, § **811**.

[18] Bioche, *op. et v° cit.*, nos 311 et 320. Dans quel cas? Le poursuivant n'a-t-il

C'est à l'avoué du poursuivant qu'il appartient en principe de dresser la liste des créanciers qui doivent être sommés, et qu'incombe la responsabilité des omissions qui peuvent se trouver dans cette liste[19]; mais le juge-commissaire a le droit de la dresser à sa place et de le dégager ainsi de toute responsabilité[20]. L'article 753 prescrit de sommer tous les créanciers inscrits, y compris le vendeur[21], qu'ils soient inscrits sur le saisi ou sur les précédents propriétaires[22] et qu'ils aient consenti ou non dans l'essai d'ordre amiable à la radiation de leurs inscriptions : ils n'y avaient probablement consenti que pour faciliter la conclusion de cet ordre et éviter les lenteurs et les frais du règlement judiciaire où ils n'espéraient pas être utilement colloqués; aujourd'hui qu'il est ouvert, ils ont le droit d'y produire pour profiter, le cas échéant, des chances de collocation que peut leur offrir la déchéance des créanciers qui leur sont préférables[23]. Quant aux créanciers à hypothèque légale dispensés d'inscription et non inscrits et aux créanciers chirographaires, il est plus sûr de les sommer s'ils ont participé à l'ordre amiable, ou s'ils ont formé une opposition aux mains de l'adjudicataire et l'ont notifiée au poursuivant[24], mais, ces deux cas exceptés, le poursuivant n'a pas à s'occuper d'eux — il est même présumé ignorer leur existence — et c'est à eux de produire ou d'intervenir spontanément dans l'ordre judiciaire[25] : on verra au § suivant quelle déchéance encourent faute de production spontanée

qu'à sommer les incapables comme il vient d'être dit, ou bien a-t-il encore quelque autre formalité à remplir? Voy., sur ces deux points, *infrà*, même §.

19 C'est la même responsabilité qu'en cas d'ordre amiable lorsque des créanciers qui avaient le droit d'y figurer n'y ont pas été convoqués (Voy. *suprà*, § **788**).

20 Bioche, *op. et v° cit.*, n° 282.

21 Faut-il, pour qu'il y ait lieu de le convoquer, qu'il ait fait au greffe avant l'adjudication la notification prescrite par l'article 717? Voy. le § suivant, et, sur cette notification, *suprà*, § **678**.

22 Seligmann, *op. cit.*, n° 265. Riom, 8 juin 1811 (D. A. *v° cit.*, n° 119).

23 Seligmann, *op. cit.*, n°s 256 et 257. Cet auteur ajoute cependant qu'il serait inutile de les sommer s'il était absolument certain qu'ils ont donné un consentement pur et simple et définitif à la radiation de leurs inscriptions.

24 Voy., sur ce point, Bioche, *op. et v° cit.*, n°s 283 et 284; Chauveau, sur Carré, *op. cit.*, t. VI, Ire part., quest. 2553 *ter* et *quater*; Boitard, Colmet-Daage et Glasson, *op. et loc. cit.*; Rodière, *op. et loc. cit.*; Seligmann, *op. cit.*, n° 264; Bourges, 21 juin 1839 (D. A. *v° cit.*, n° 338). Voy., sur cette opposition des créanciers inscrits entre les mains de l'adjudicataire et sur leur participation à l'ordre amiable, *suprà*, § **788**.

25 Bioche, *op. et v° cit.*, n°s 283 et 285.

les créanciers à hypothèque légale dispensés d'inscription et non inscrits. L'ordre judiciaire présente au surplus les mêmes difficultés que l'ordre amiable : *quid* des créanciers omis dans l'état délivré par le conservateur des hypothèques, des créanciers inscrits mais inconnus parce que le titre du précédent propriétaire sur lequel ils ont pris inscription n'a pas été transcrit, et de ceux que le poursuivant a négligé de sommer? *quid* encore des cessionnaires d'une créance inscrite et des personnes qui y sont subrogées? Je renvoie sur ces points aux explications données au § **788** : elles conviennent aussi bien à l'ordre judiciaire qu'à l'ordre amiable[26].

§ **808.** Quant au mode de sommation, il faut distinguer entre les créanciers en général et le vendeur en particulier.

1) On peut sommer les créanciers inscrits[1] au domicile élu par eux dans leurs inscriptions[2] ou en l'étude de leurs avoués s'ils en ont constitué[3]. Il s'agit ici du dernier domicile élu[4] avant la délivrance de l'état des inscriptions dont il est parlé en l'article 750 : le poursuivant n'est tenu d'avoir égard aux changements postérieurs que s'ils lui ont été notifiés[5]. Il n'a pas non plus à tenir compte des changements de situation auxquels ne correspond aucun changement de domicile, et la sommation faite au domicile élu par un créancier est va-

[26] Seligmann, *op. cit.*, nos 263 et 266. Colmar, 13 mars 1817 (D. A. *vo cit.*, no 378). Rouen, 27 août 1829; req. 2 juin 1831 (D. A. vo *Privilèges et hypothèques*, no 1532). Douai, 23 déc. 1876 (D. P. 79. 2. 169).

§ **808.** [1] On a le choix entre ces deux procédés (Bioche, *op. et vo cit.*, no 297; Chauveau, sur Carré, *op. cit.*, t. VI, Ire part., quest. 2553 *sexies;* Rodière, *op. cit.*, t. II, p. 354), mais il faut employer l'un des deux à peine de nullité (Riom, 7 déc. 1814; D. A. vo *Ordre*, no 387). Tout créancier irrégulièrement sommé peut attaquer le règlement d'ordre par les voies indiquées *infrà*, §§ **843** et suiv. (Bioche, *op. et vo cit.*, no 292).

[2] Le domicile élu dans un autre acte est un simple renseignement dont le poursuivant n'a pas à tenir compte (Paris, 2 avr. 1869; D. P. 71. 2. 183).

[3] Voy., sur cette constitution d'avoué, *suprà*, § **790.**

[4] Req. 2 juin 1831 (D. A. vo *Privilèges et hypothèques*, *loc. cit.*). Paris, 21 mai 1835 (D. A. vo *Ordre*, no 381). Si le renouvellement décennal contient une nouvelle élection de domicile, c'est de celle-là seulement qu'il faut tenir compte (Seligmann, *op. cit.*, no 261).

[5] Bioche, *op. et vo cit.*, no 293. Si le créancier déclare, à l'ouverture de l'ordre, un autre domicile élu que celui qui résulte de son inscription, c'est là qu'il faut le sommer (Bioche, *op. et vo cit.*, no 291).

lable quand même la personne à laquelle cette sommation est laissée déclarerait à l'huissier que ce créancier est décédé : c'est aux parties à veiller à la conservation de leurs droits, et le poursuivant n'a pas à s'inquiéter des changements d'état qu'elles peuvent subir [6]. La personne chez laquelle il est élu domicile contracte, en y consentant [7], l'obligation de transmettre la sommation au créancier, faute de quoi elle est responsable envers lui [8] de la déchéance qu'il encourra pour n'avoir pas produit en temps utile [9] : elle justifie de l'accomplissement de son mandat en lui remettant la copie de la main à la main contre récépissé ou en lui envoyant par la poste une lettre chargée dont elle conserve le bulletin de chargement [10]. S'il a été élu domicile chez un avoué qui a

[6] Seligmann, *op. cit.*, n° 262. Bruxelles, 6 févr. 1810 (D. A. v° *cit.*, n° 375). Lyon, 1er févr. 1823 (D. A. v° *cit.*, n° 41). Paris, 15 mars 1838; civ. rej. 14 févr. 1843 (D. A. v° *Privilèges et hypothèques*, n° 2762).

[7] Quand y a-t-il consenti? C'est une question de fait : un officier ministériel y consent tacitement en rédigeant lui-même l'acte qui la contient ou en prenant lui-même inscription pour les créanciers qui l'ont faite en son étude; on pourra même induire son consentement des rapports habituels qui existent entre lui et son client, et de l'usage où est ce dernier d'élire domicile chez lui chaque fois qu'il en a besoin (Seligmann, *op. cit.*, n° 262 *bis*).

[8] Pas envers ses héritiers, à moins qu'il ne les connaisse personnellement (Seligmann, *op. et loc. cit.*). Il n'est pas non plus responsable envers l'adjudicataire qui, s'étant personnellement obligé à payer un créancier qui ne serait pas colloqué utilement sur le prix d'adjudication, se plaindrait de ce que, la sommation de produire n'étant pas parvenue à ce créancier par la faute de la personne chez qui il avait élu domicile, il s'est trouvé, lui adjudicataire, dans la nécessité de payer au-delà de son prix d'adjudication. Il a été jugé que le préjudice dont argue l'adjudicataire ne résulte pas avec certitude de ce que la sommation de produire n'est pas arrivée à son adresse, car le créancier en question se fût peut-être dispensé de produire, sachant que, colloqué ou non, il était toujours sûr d'être payé (Req. 5 févr. 1884, D. P. 84. 1. 367; voy., sur le principe que les dommages-intérêts ne sont dus, en vertu de l'article 1150 du Code civil ou même de l'article 1382 du même Code, que dans le cas où le dommage éprouvé est la conséquence immédiate et directe de la faute, Demolombe, *op. cit.*, t. XXXI, n° 686).

[9] Voy., sur cette responsabilité, Chauveau, sur Carré, *op. cit.*, t. VI, Ire part., quest. 2554 *quinquies;* Seligmann, *op. et loc. cit.;* Paris, 15 juin 1850 (D. P. 51. 2. 41); req. 18 févr. 1851 (D. P. 51. 1. 299); Nancy, 22 déc. 1853 (D. A. v° *cit.*, n° 350); et, en particulier, sur celle des notaires en l'étude desquels leurs clients ont élu domicile dans leurs inscriptions, et qui ne leur ont pas transmis à temps les sommations de produire dont copie a été laissée en leur étude, Angers, 9 mars 1879 (D. P. 82. 1. 100); req. 1er mars 1886 (D. P. 86. 1. 457). L'original de la sommation prouve suffisamment qu'elle a été remise au domicile élu : c'est donc à la personne à qui elle a été remise, et qui devait la transmettre au créancier intéressé, à prouver qu'elle n'y a pas manqué (Req. 18 févr. 1851 ; D. P. 51. 1. 299). Une simple dénégation du créancier, affirmant n'avoir pas reçu la copie qu'on prétend lui avoir transmise, ne suffirait cependant pas pour détruire l'affirmation contraire (Paris, 18 juin 1835; D. A. v° *cit.*, n° 352).

[10] Seligmann, *op., et loc. cit.*

depuis cessé ses fonctions, cette obligation demeure à sa charge ou se transmet à son successeur suivant qu'il résulte des circonstances du fait qu'en élisant domicile chez lui on a visé sa personne ou sa fonction [11]. Cette difficulté ne se présente pas pour l'avoué constitué par un créancier : ce n'est pas à son domicile personnel mais en son étude qu'a eu lieu cette élection, et les obligations qui en résultent passent de plein droit à son successeur [12]. Il peut, d'ailleurs, occuper pour plusieurs créanciers même ayant des intérêts contraires ou pour le saisi et pour un ou plusieurs créanciers, car l'ordre pourrait devenir impossible, surtout dans les petits tribunaux, s'il fallait que chaque partie fût représentée par un avoué différent [13] : dans ce cas, l'avoué qui représente à la fois le poursuivant et un ou plusieurs autres créanciers somme ces derniers en sa propre étude et les avertit sous sa responsabilité de la sommation qui les concerne [14]. Il en est de même de l'huissier chez qui un créancier a élu domicile et qui est commis pour le sommer [15]. Si le procureur de la République a pris d'office inscription pour un incapable [16], la sommation n'est faite au parquet que si le magistrat y a élu domicile pour cet incapable [17]. Les créanciers chirographaires [18] sont sommés au domicile élu par eux dans leur opposition [19] ou à leur domicile réel [20].

2) Le vendeur est sommé, dit l'article 753, « à son domi« cile réel situé en France, à défaut de domicile élu par lui « ou de constitution d'avoué. » Il s'agit ici du précédent propriétaire non payé qui a vendu l'immeuble au saisi [21], et

[11] Seligmann, *op. cit.*, n° 262. Grenoble, 9 mars 1853 (D. A. *v° cit.*, n° 349).

[12] Voy., sur la constitution d'avoué et sur les effets qui en résultent quand l'avoué constitué vient à sortir de charge, t. I, § **93**.

[13] Bioche, *op. et v° cit.*, n° 302. Chauveau, sur Carré, *op. cit.*, t. VI, Ire part., quest. 2554 *ter*.

[14] Bioche, *op. et v° cit.*, nos 303 et 304.

[15] Bioche, *op. et v° cit.*, n° 305.

[16] Voy., sur ce point, *suprà*, § **692**.

[17] Toulouse, 17 déc. 1838 (D. A. *v° cit.*, n° 376). Aix, 28 janv. 1871 (D. P. 72. 2. 30).

[18] Voy., sur cette hypothèse, *suprà*, même §.

[19] Arg. art. 559 (T. III, § **604**).

[20] Bioche, *op. et v° cit.*, n° 289. Voy., sur le droit qu'on a de choisir entre le domicile élu et le domicile réel du défendeur toutes les fois qu'il n'y a pas dans la loi de disposition impérative à cet égard, t. I, § **227**.

[21] On ne somme que le vendeur immédiat du saisi et non pas celui auquel ce ven-

pour lequel la loi prend des précautions toutes spéciales, comme dans l'article 692 [22], en prescrivant de le sommer dans un cas où les autres créanciers ne recevraient aucune sommation. Il faut distinguer, quant à lui, trois hypothèses. *a*) S'il a élu domicile dans son inscription ou constitué avoué, il est sommé, comme les autres créanciers, au domicile qu'il a élu ou en l'étude de l'avoué qu'il a constitué [23]. *b*) S'il a pris inscription sans élire domicile [24] ni constituer avoué, il est sommé à son domicile réel, pourvu que ce domicile soit situé en France et que, par conséquent, la nécessité de l'y sommer ne cause pas un trop grand retard [25] : il diffère en cela des autres créanciers qui ne sont sommés que s'ils ont élu domicile ou constitué avoué [26], et il faut assimiler au vendeur qui n'a pas élu domicile dans son inscription celui pour qui le conservateur des hypothèques a élu domicile en prenant pour lui l'inscription d'office [27] ; cette élection que le conservateur n'avait pas le droit de faire ne compte pas, et, par conséquent, le vendeur n'est pas valablement sommé au domicile ainsi déterminé [28]. *c*) Si le vendeur n'est pas inscrit, il est également sommé à son domicile réel situé en France, mais dans le cas seulement où il a fait au greffe la notification prescrite par l'article 717 [29], car, dans le cas contraire, on doit

deur a succédé (Trib. de Saint-Dié, 7 août 1864; D. A. v° *cit.*, n° 368). M. Ulry croit même que la partie de l'article 753 qui est relative au vendeur ne s'applique pas en cas de saisie, et qu'il ne s'agit, par conséquent, pas du vendeur du saisi mais du vendeur amiable (*Op. cit.*, t. I, n° 50). Cette partie de l'article 753 ne concernerait donc que l'ordre ouvert après aliénation volontaire, mais cette interprétation est peu vraisemblable : il est bien plus probable que l'article 753 est conçu dans le même ordre d'idées que l'article 717, et qu'il s'agit, dans l'un comme dans l'autre, du vendeur non payé de l'immeuble saisi sur l'acheteur (Voy., sur l'article 717, *suprà*, §§ **678** et **712**).

22 Voy. *suprà*, § **672**.

23 Seligmann, *op. cit.*, n° 258.

24 Je suppose, bien entendu, que l'inscription qui ne contient pas constitution d'avoué n'est pas nulle (Voy., sur cette question, *suprà*, § **671**).

25 Comp. art. 692-1° (*Suprà*, § **672**) : les motifs de la loi sont les mêmes dans les deux cas.

26 Seligmann, *op. et loc. cit.*

27 Voy., sur cette hypothèse, *suprà*, § **672**.

28 Riché, *op. et loc. cit.* Bioche, *op. et v° cit.*, n° 295. Chauveau, sur Carré, *op. cit.*, t. VI, Ire part., quest. 2553 *bis* et 2554. Seligmann, *op. et loc. cit.* Grosse et Rameau, *op. cit.*, t. II, p. 320. La cour de Paris a jugé qu'il en serait autrement, et que cette sommation au domicile élu par le conservateur serait régulière, si l'élection de domicile stipulée dans l'acte de vente était reproduite dans la transcription faite à la requête de l'acheteur (13 mars 1868; D. P. 68. 5. 306). L'article 692 a fait naître la même question (Voy. *suprà*, § **672**).

29 Voy., sur cette notification, *suprà*, § **678**.

présumer qu'il est payé[30]; il en est de même, *à fortiori*, du vendeur dont on sait pertinemment la créance éteinte, et c'est ainsi qu'en cas de subrogation au privilège du vendeur on ne somme plus le vendeur, mais le tiers qu'il a subrogé à ses droits[31]. Le délai qu'on a pour sommer le vendeur à son domicile réel s'augmente à raison de la distance, par exception au principe posé au § précédent[32], et, si le vendeur n'est pas trouvé au domicile réel qu'on lui suppose, on doit faire un acte de perquisition et ne remettre la sommation au parquet que si toutes les recherches ont été infructueuses[33]. C'est au parquet qu'on somme le vendeur qui n'a pas son domicile réel en France.

§ **809**. L'adjudicataire est sommé de produire lorsqu'il figure parmi les créanciers inscrits[1]; dans le cas contraire, on se borne à dénoncer l'ouverture de l'ordre à son avoué qui : 1) l'avertira de l'époque probable à laquelle les bordereaux de collocation seront délivrés contre lui, s'il n'a pas déjà consigné[2]; 2) veillera à ce que le règlement ne modifie pas à son préjudice les conditions normales de paiement, ne colloque pas une créance éteinte, et observe toutes les clauses favorables à l'adjudicataire qui peuvent se trouver dans le cahier des charges; 3) préparera le mémoire des frais privilégiés que cet adjudicataire a le droit de retenir sur le montant du prix d'adjudication[3]. Cette dénon-

[30] Rodière, *op. cit.*, t. II, p. 355.

[31] Boitard, Colmet-Daage et Glasson, *op. et loc. cit.* Douai, 23 déc. 1876 (D. P. 79. 2. 169). Voy., sur cette subrogation, *suprà*, § **672**.

[32] Seligmann, *op. cit.*, n° 259. *Contrà*, Chauveau, sur Carré, *op. cit.*, t. VI, Ire part., quest. 2553 *bis*. Voy., sur ce délai, t. II, § **206**.

[33] Seligmann, *op. cit.*, n° 260. Voy., sur ce mode de signification, t. II, § **227**.

§ **809**. [1] Chauveau, sur Carré, *op. cit.*, t. VI, Ire part., quest. 2553 *ter*. Grosse et Rameau, *op. cit.*, t. II, n° 326.

[2] Voy., sur la consignation, *infrà*, § **850**.

[3] Il est inutile qu'il produise pour ces frais, puisqu'il a le droit de les retenir : cette production augmenterait sans raison les frais de l'ordre et serait, par conséquent, frustratoire (Chauveau, sur Carré, *op. et loc. cit.*; *contrà*, trib. de Saint-Dié, 27 avr. 1864, D. A. v° *cit.*, n° 435; voy., sur les frais frustratoires, t. II, § **200**) mais il a le droit d'élever un contredit dans la forme indiquée *infrà*, § **829**, si, dans la fixation de la somme à distribuer, on n'a pas tenu compte de la retenue qu'il a le droit de faire pour ses frais privilégiés (Chauveau, sur Carré, *op. et loc. cit.*). Rien ne l'empêche cependant de produire, pourvu que les frais de cette production res-

ciation est faite par l'huissier ou par l'un des huissiers commis[4] à l'avoué qui a occupé dans l'adjudication, et à l'adjudicataire lui-même si cet avoué n'est plus en fonctions[5]; elle n'a lieu qu'une fois, par raison d'économie, lorsqu'un avoué a occupé pour plusieurs adjudicataires[6]. On s'est demandé si cette dénonciation est prescrite à peine de nullité, et les défenseurs de l'affirmative[7] ont invoqué à l'appui de leur opinion : 1) l'intérêt qu'a l'adjudicataire à être tenu au courant des péripéties du règlement provisoire; 2) l'avantage de le rattacher à la procédure, au lieu de l'y laisser étranger et de s'exposer à le voir former tierce opposition au règlement provisoire; 3) l'article 776 qui, en prononçant la déchéance contre l'avoué qui a omis d'accomplir en temps utile toutes les formalités prescrites par l'article 753[8], montre qu'il attache à toutes la même importance et que toutes les infractions à l'article 753 entraînent les mêmes conséquences[9]. La question est mal posée dans ces termes et n'a pas l'importance qu'on pourrait croire. Il n'y a pas précisément de nullité en matière d'ordre judiciaire; les créanciers qui se croient lésés, et spécialement ceux qui n'ont pas été sommés de produire ou qui ne l'ont pas été régulièrement, attaquent l'ordonnance de clôture par les voies indiquées au § **845**, et,

tent à sa charge, et l'on peut, par conséquent, sans commettre aucune nullité, remplacer par une sommation à son domicile élu la dénonciation que la loi prescrit de faire à son avoué (Chauveau, sur Carré, *op. cit.*, t. VI, Ire part., quest. 2554 *septies*).

[4] L'article 753 ne le dit pas, mais on peut le conclure de la manière dont il est rédigé, car il ne paraît faire, sous ce rapport, aucune différence entre la sommation de produire et la dénonciation de l'ouverture de l'ordre à l'avoué de l'adjudicataire (Chauveau, sur Carré, *op. cit.*, t. VI, Ire part., quest. 2554 *sexies; contrà*, Grosse et Rameau, *op. cit.*, t. I, n° 324). D'ailleurs, la question n'a pas un grand intérêt, car il n'est prescrit à peine de nullité ni de faire cette dénonciation (Voy. *infrà*, même §) ni surtout de la faire signifier par un huissier à ce commis par le tribunal (Voy., sur la nullité des significations faites par un huissier choisi par le demandeur alors qu'elles devaient être faites par un huissier commis, t. II, § **222**).

[5] Voy., sur la constitution d'avoué par l'adjudicataire, *suprà*, § **791**.

[6] Il a peut-être rompu, depuis l'adjudication, toutes relations avec l'étude et, par conséquent, avec le successeur de l'avoué qu'il avait constitué (Seligmann, *op. cit.*, n° 271).

[7] Voy., sur ce point, le rapport de M. Riché, n° 76 (D. P. 58. 4. 54).

[8] Voy., sur l'article 776, *infrà*, § **852**.

[9] Coulon, *De la dénonciation de l'ouverture de l'ordre à l'adjudicataire* (Dans la *Revue pratique de droit français*, t. XLIV, 1877, p. 353 et suiv.). *Contrà*, Benoît, *De la dénonciation de l'ouverture de l'ordre à l'adjudicataire* (Dans la *Revue critique de législation et de jurisprudence*, nouv. sér., t. VII, 1878, p. 1 et suiv.).

quant à l'adjudicataire auquel l'ouverture de l'ordre n'a pas été dénoncée, de deux choses l'une : ou il attend que le règlement provisoire soit achevé et l'attaque au moyen de la tierce opposition[10], ou il prend les devants et prend acte par des conclusions de ce que l'ouverture de l'ordre ne lui a pas été dénoncée, mais il reconnaît par-là qu'elle est arrivée à sa connaissance et se rend ainsi non-recevable à prétendre plus tard que l'ordre a été clos à son insu. L'intérêt de la question se réduit donc à savoir si le délai dans lequel les créanciers sommés doivent produire leurs titres à peine de forclusion[11] a toujours pour point de départ le jour où les sommations de produire leur ont été signifiées, ou si la notification de l'ouverture de l'ordre à l'avoué de l'adjudicataire a assez d'importance pour que le délai en question ne coure en cas de notification tardive que du jour où elle a été faite, et ne coure pas du tout dans le cas où cette notification aurait été complètement omise. On verra au § **814** que cette question doit être résolue dans le premier sens.

L'article 659, qui prescrit de sommer le saisi en cas de distribution par contribution, pour qu'il prenne connaissance des pièces produites et y contredise au besoin[12], n'a pas d'analogue en matière d'ordre : aucune sommation n'est faite au saisi qui, d'ailleurs, n'a rien à contester encore et peut intervenir spontanément, averti qu'il est dès le début par la dénonciation du procès-verbal de saisie immobilière[13] : l'état de collocation provisoire lui sera ultérieurement dénoncé[14], mais on peut le laisser, pour le moment, étranger à la procédure[15]. Le projet du Gouvernement, qui est devenu la loi du 21 mai 1858, voulait que le poursuivant sommât de produire la femme du saisi, celles des précédents propriétaires, et les subrogés-tuteurs ou mineurs devenus ma-

[10] Voy. *infrà*, § **845**.
[11] Voy. *infrà*, § **815**.
[12] Voy. *infrà*, § **827**.
[13] Voy. *suprà*, § **660**.
[14] Voy. *infrà*, § **825**.
[15] Chauveau, sur Carré, *op. cit.*, t. VI, Ire part., quest. 2553 *quinquies*. Rodière, *op. et loc. cit.* Seligmann, *op. cit.*, no 273. Grosse et Rameau, *op. cit.*, t. II, no 320. Rouen, 3 févr. 1835 (D. A. *vo cit.*, no 384). Paris, 13 mars 1868 (D. P. 68. 5. 306). Le projet de la commission de 1865 le disait expressément (Art. 610; Greffier, *op. cit.*, p. 132).

jeurs, et remît copie de ces sommations au procureur de la République; mais la commission a supprimé cette formalité coûteuse et même inutile vis-à-vis de personnes déjà sommées de prendre communication du cahier des charges et, au besoin, d'y contredire[16] : le conseil d'État n'a pas insisté pour en obtenir le rétablissement[17].

§ **810**. « Dans les huit jours de la sommation par lui faite « aux créanciers inscrits, le poursuivant en remet l'original « au juge qui en fait mention sur le procès-verbal » (Art. 753). La remise de l'original des sommations au juge lui fait connaître la date à laquelle elles ont été faites, et le met à même de prononcer la déchéance des créanciers qui n'ont pas produit en temps utile[1]; elle lui fait voir également si l'huissier commis a sommé tous les créanciers portés sur l'état des inscriptions[2], et si l'avoué poursuivant a rempli, de manière à éviter la déchéance, toutes les obligations que lui impose l'article 753[3]. La loi n'exige cependant pas que l'original de ces sommations soit annexé au procès-verbal[4]; elle n'oblige pas non plus à remettre au juge l'original de la dénonciation faite à l'adjudicataire[5], et, s'il forme plus tard tierce opposition sous prétexte que l'ouverture de l'ordre ne lui a pas été dénoncée, on prouvera le contraire en apportant l'original de l'exploit qui lui a été signifié[6]. La mention que l'original des sommations a été remis au juge est requise, comme moyen de contrôle, dans l'intérêt de l'avoué poursuivant : cette mention, datée et signée du juge,

16 Voy. *suprà*, § **873**.
17 Riché, *op. et loc. cit.*

§ **810**. 1 Voy., sur cette déchéance, *infrà*, § **815**.
2 Voy., sur les créanciers qui doivent être sommés, *suprà*, § **788**. Si plusieurs huissiers ont été commis (Voy., sur ce point, *suprà*, § **806**), chacun d'eux communique l'original des sommations par lui faites (Rodière, *op. cit.*, t. II, p. 356).
3 Voy., sur ces obligations, le § précédent, et, sur l'utilité de cette partie de l'article 753, Chauveau, sur Carré, *op. cit.*, t. VI, Ire part., quest. 2554 *novies*.
4 Chauveau, sur Carré, *op. et loc. cit.* Pont, sur Seligmann, *op. cit.*, n° 277, note 1-3°.
5 Chauveau, sur Carré, *op. cit.*, t. VI, Ire part., quest. 2554 *sexies*. Pont, sur Seligmann, *op. et loc. cit.*
6 Pont, sur Seligmann, *op. et loc. cit.* Voy., sur cette tierce opposition, *infrà*, § **845**.

donne la certitude que la sommation a été faite en temps utile et que les créanciers menacés de forclusion ne pourront pas nier l'avoir reçue [7]. Ces deux formalités ne sont que des mesures d'ordre sans influence sur l'effet des sommations; le délai pour produire [8] court à partir du jour où elles ont été signifiées, quand même la remise des originaux n'aurait pas eu lieu dans la huitaine ou n'aurait pas été mentionnée au procès-verbal [9]; la déchéance établie contre l'avoué qui n'a pas rempli les formalités que l'article 753 lui impose [10] n'est pas encourue par celui qui n'a pas remis ou qui n'a remis que tardivement au juge l'original des sommations signifiées à sa requête [11].

§ **811**. 2° *Productions* (Art. 754 et 755). — Produire à l'ordre, c'est faire acte de postulation sur l'ordre d'un créancier ayant à la fois qualité et capacité ou pouvoir à cet effet. Je tire de cette formule les quatre conséquences suivantes.

1) Les créanciers ne peuvent produire que par le ministère des avoués qui ont le monopole de la postulation (Art. 754) [1]. Cette règle s'applique même à la régie de l'enregistrement, car le droit qu'elle a, de procéder en justice par simples mémoires remis directement au tribunal en chambre du conseil [2], ne s'étend pas aux saisies qui exigent l'intervention d'un avoué [3] : la régie y est soumise au droit commun, et l'application de cette règle à l'ordre, qui n'est que la suite et le complément de la saisie immobilière, est d'autant mieux indiquée que les contredits élevés contre le règlement provisoire se règlent à l'audience [4], et qu'on s'expliquerait difficilement que

[7] Pont, sur Seligmann, *op. et loc. cit.*
[8] Voy., sur ce délai, *infrà*, § **815**.
[9] Voy. : 1° pour le défaut de remise ou pour la remise tardive des originaux, en ce sens, Chauveau, sur Carré, *op. cit.*, t. VI, Ire part., quest. 2554 *octies;* en sens contraire, Grosse et Rameau, *op. cit.*, t. II, n° 330; 2° pour le défaut de mention au procès-verbal, en ce sens, Bioche, *op. et v° cit.*, n° 317; Seligmann, *op. et loc. cit.;* Pont, sur Seligmann, *op. et loc. cit.*
[10] Voy., sur ce point, *infrà*, § **852**.
[11] Seligmann, *op. et loc. cit.* Pont, sur Seligmann, *op. et loc. cit.*

§ **811**. [1] Voy. t. I, § **93**.
[2] Voy. t. I, § **92**.
[3] Voy., sur ces saisies, t. III, § **537**.
[4] Voy. *infrà*, §§ **830** et **831**.

ceux qui sont formés par la régie se jugeâssent seuls, séparément des autres et en chambre du conseil[5].

2) Un avoué ne peut produire que sur l'ordre de son client, mais un pouvoir spécial est inutile, et l'avoué dépositaire des titres d'un créancier ou son mandataire général à l'effet de poursuivre le remboursement de ses créances ont le droit et le devoir de produire en son nom[6]. Ils en ont le droit et l'avoué est cru jusqu'à désaveu lorsqu'il déclare avoir produit sur l'ordre de son client[7]. Ils en ont le devoir et sont, par conséquent, responsables de la forclusion encourue pour production tardive ou pour défaut de production[8].

3) Exprès ou tacite, l'ordre de produire peut être donné : *a*) par le créancier hypothécaire, ou même chirographaire[9], capable de poursuivre le recouvrement d'un capital mobilier; *b*) par son mandataire légal ou conventionnel ; *c*) par ses créanciers agissant en vertu de l'article 1166 du Code civil[10]. La femme mariée, qui ne peut, même séparée de biens, ester en jugement qu'avec l'autorisation de son mari ou de justice[11], ne peut produire sans cette autorisation[12] que

[5] Seligmann, *op. cit.*, n° 279. Bruxelles, 11 janv. 1810 (D. A. v° *cit.*, n° 467). Bruxelles, 11 avr. 1810; Rennes, 24 janv. 1820 (D. A. v° *Enregistrement*, n° 5737).

[6] Rennes, 23 févr. 1863 (D. A. v° *Ordre*, n° 468). Req. 5 août 1879 (D. P. 81. 1. 268).

[7] Voy., sur le désaveu, et spécialement sur les actes à l'égard desquels il y a lieu d'employer cette forme de procéder, t. II, § **371.** Par contre, la cour de Rennes a jugé par l'arrêt cité à la note précédente que, si l'existence de ce mandat tacite est contestée, le créancier qui prétend l'avoir donné ne peut le prouver que par écrit ou avec un commencement de preuve par écrit si la matière est de plus de 150 francs (Voy., sur le commencement de preuve par écrit nécessaire pour pouvoir prouver par témoins au-dessus de 150 francs, t. II, § **325**).

[8] Req. 5 août 1879 (D. P. 81. 1. 268). L'avoué qui n'est chargé que de produire n'est pas responsable de la péremption résultant du défaut de renouvellement de l'inscription (Civ. cass. 17 févr. 1885, D. P. 85. 1. 352; voy., sur cette péremption, *suprà*, § **713**). Aj., sur la responsabilité de l'avoué à raison des productions qu'il doit faire dans un ordre judiciaire, req. 10 juill. 1884 (D. P. 85. 1. 236); req. 8 déc. 1884 (D. P. 85. 1. 463); Pau, 16 nov. 1885 (D. P. 86. 2. 248).

[9] Civ. cass. 28 janv. 1889 (D. P. 90. 1. 69).

[10] Bordeaux, 3 juin 1829 (D. A. v° *cit.*, n° 807). Gand, 11 mars 1834 (D. A. v° *cit.*, n° 722). Voy., sur l'article 1166 du Code civil, t. I, § **120.** Un prête-nom peut également produire au lieu et place d'un créancier, mais les autres créanciers peuvent lui opposer les mêmes exceptions qu'au véritable intéressé (Douai, 21 déc. 1853; D. P. 54. 2. 164) : je prends ici le mot *exceptions* dans son sens le plus large (Voy., sur ce point, t. I, § **142,** note 2).

[11] Voy. t. I, § **122.**

[12] Chauveau, sur Carré, *op. cit.*, t. VI, Ire part., quest. 2555 *novies*. Ulry, *op. et loc. cit.*

dans l'ordre ouvert sur les biens de son mari contre lequel le jugement de séparation de biens vient d'être prononcé, car ce jugement la relève de son incapacité pour tout ce qui regarde l'exercice de ses reprises[13], et l'autorise, par suite, virtuellement à se faire colloquer dans cet ordre sans nouvelle autorisation[14]. Le tuteur, qui peut intenter les actions mobilières sans l'autorisation du conseil de famille, n'en a pas besoin pour produire à l'ordre au nom de son pupille[15]; le mineur émancipé qui a le droit d'intenter seul ces mêmes actions peut produire sans l'assistance de son curateur, sauf à ne toucher le montant de sa collocation, s'il constitue un capital, qu'avec l'assistance de ce curateur qui en surveillera l'emploi[16]; le prodigue pourvu d'un conseil judiciaire ne peut plaider et, par conséquent, produire sans l'assistance de ce conseil[17]. Ces solutions sont certaines[18], et la seule difficulté qui s'élève ici est de savoir comment le poursuivant doit se comporter à l'égard d'un mineur qui n'a pas de tuteur ou d'une femme qui n'est pas autorisée. *a*) Doit-il faire nommer un tuteur qui recevra la sommation de produire[19], et le juge doit-il, sur la demande des autres créanciers ou même d'office, surseoir au règlement provisoire tant que cette formalité n'est pas remplie? Ou bien peut-on passer outre et régler l'ordre sans sommer le mineur, sauf à lui à attaquer le règlement par les voies ouvertes aux créanciers qui n'ont pas été régulièrement sommés ainsi qu'il sera dit au § **845**? Rien n'est plus fâcheux, et mieux vaudrait assurément que le mineur fût pourvu, dès le début de l'ordre, du représentant légal qui aura seul qualité pour y figurer en son nom, mais

[13] Ulry, *op. cit.*, t. I, n° 253. Req. 8 juill. 1878 (D. P. 79. 1. 55). Voy., sur les effets que le jugement de séparation de biens produit à ce point de vue, t. I, § **122**, et le tome V de ce Traité. Aj., sur le droit qu'a la femme de demander sa collocation dans un ordre ouvert sur les biens de son mari, même avant d'avoir fait prononcer la séparation de biens, Ulry, *op. cit.*, t. I, n° 252; civ. cass. 19 nov. 1872 (D. P. 73. 1. 38).

[14] Voy. t. I, § **122**, et le tome V de ce Traité.

[15] Voy. t. I, *ib*.

[16] Voy. t. I, *ib*. Il peut toucher seul le montant de sa collocation s'il n'a produit que pour ses revenus (Arg. C. civ., art. 481).

[17] Voy. t. I, § **122**.

[18] Si l'un des créanciers sommés est absent, c'est au ministère public à lui faire nommer d'office un curateur spécial (Colmar, 14 juill. 1837; D. A. v° *Absent*, n° 342).

[19] Voy. *suprà*, § **673**.

je ne vois dans la loi rien qui impose au poursuivant la charge d'en provoquer la nomination, et je crois que le juge peut passer outre ou informer de cette situation le procureur de la République qui, défenseur-né des mineurs et des incapables, fera les diligences nécessaires pour qu'un tuteur soit nommé [20]. *b*) Le poursuivant peut-il se borner à sommer conjointement la femme et le mari comme on l'a vu au § **788**, l'une aux fins de produire l'autre aux fins d'autoriser, ou bien doit-il, à peine de nullité, provoquer l'autorisation maritale [21]? Cette question a moins d'intérêt qu'on ne pourrait croire, car de deux choses l'une : ou la procédure est valable et la femme qui n'a pas valablement produit peut attaquer le règlement provisoire par les voies de droit indiquées aux §§ **843** et suivants, ou la procédure est nulle et la femme peut seule en demander la nullité aux termes de l'article 1125 du Code civil [22]. Il s'agit donc seulement de savoir si le poursuivant est tenu de prendre l'initiative d'une demande tendant à ce que la femme obtienne et rapporte l'autorisation de produire, et si le juge doit, à la demande des créanciers ou d'office, surseoir jusque-là au règlement provisoire. Si la solution que j'ai donnée dans le cas d'un mineur non pourvu de tuteur est exacte, elle convient, à plus forte raison, à l'hypothèse actuelle où l'incapacité est, pour ainsi dire, moins absolue, car, en fait, la femme peut produire sans y être autorisée, tandis qu'aucune production ne peut avoir lieu, ni en fait ni en droit, pour un mineur qui n'a pas de tuteur [23]. Rien n'empêche, d'ailleurs, les créanciers de demander qu'il soit sursis à l'ordre jusqu'à ce que la femme ait fait régulariser sa situation [24].

4) Doivent produire pour conserver leurs droits non-seule-

20 Comme pour l'absent (Voy. *suprà*, note 18). Voy., en ce sens, Bioche, *op. et* v° *cit.*, n° 314; et, en sens contraire, Ulry, *op. cit.*, t. I, n° 50, civ. cass. 8 nov. 1844 (D. A. v° *Privilèges et hypothèques*, n° 2252).

21 Voy., en ce sens, Toulouse, 19 mars 1833 (D. A. v° *Ordre*, n° 357); Aix, 28 janv. 1871 (D. P. 72. 2. 31).

22 Req. 6 mars 1878 (D. P. 78. 1. 316). Voy., sur l'application de l'article 1125 du Code civil aux instances, t. I, § **144**.

23 Ulry, *op. et loc. cit.* Lyon, 16 juin 1843 (D. A. v° *Mariage*, n° 935).

24 Req. 6 mars 1878 (D. P. 78. 1. 316). Il en est ainsi toutes les fois qu'une femme mariée introduit une demande ou y défend sans être valablement autorisée (Voy. t. I, § **144**).

ment les créanciers sommés, mais encore les mineurs et les femmes mariées dont les hypothèques légales sont dispensées d'inscription et purgées par la transcription du jugement d'adjudication, mais dont le droit de préférence survit au droit de suite s'ils ont soin de produire à l'ordre judiciaire avant l'expiration du délai fixé au § **814** (Art. 717)[25]. Les créanciers qui devaient être sommés et ne l'ont pas été [26] peuvent produire spontanément, ou laisser l'ordre se conclure et l'attaquer ensuite, comme ayant été réglé en leur absence, par les voies indiquées aux §§ **843** et suivants [27].

§ **812**. Tout créancier qui produit à l'ordre demande à y être colloqué[1]; sa production a donc tous les caractères et produit tous les effets de la demande en justice tels qu'ils sont indiqués aux §§ **253** et suivants, notamment l'interruption de la prescription et le cours des intérêts moratoires auxquels le créancier a spécialement conclu dans son acte de produit. S'il ne les a demandés que par un acte postérieur, ils ne courent qu'à dater de ce dernier; s'il ne les réclame qu'après la confection de l'état provisoire de collocation, sa demande est tardive, car ce moment fixe, comme on le verra au § **824**, les droits des créanciers entre eux et vis-à-vis du débiteur[2]. Toutefois, cette fixation ne devient définitive que lorsqu'elle a été confirmée par un jugement passé en force de chose jugée, et le droit de demander les intérêts moratoires renaît dès que l'état provisoire de collocation est contesté, jus-

[25] Voy., sur cette partie de l'article 717, *suprà*, § **711**. Comment ces créanciers conservent-ils leur droit de préférence en cas d'ordre amiable et de procédure en attribution du prix? Voy. *suprà*, § **711**, et *infrà*, § **855**.

[26] Quels sont ces créanciers? Voy. *suprà*, § **788**.

[27] Bioche, *op. et v° cit.*, n° 340.

§ **812**. [1] Chauveau, sur Carré, *op. cit.*, t. VI, Ire part., quest. 2556 *ter*. Seligmann, *op. cit.*, n° 279. Le créancier compris dans un ordre consensuel, puis sommé de produire dans un ordre judiciaire ouvert après la revente de l'immeuble, peut-il, en y produisant, invoquer comme moyen de contredit contre le règlement provisoire la circonstance qu'un ordre consensuel a déjà réglé les droits des créanciers? Voy. Bioche, *op. et v° cit.*, n° 339.

[2] Voy., sur le principe que la demande en justice ne fait pas courir les intérêts moratoires si le créancier n'y a pas formellement conclu, t. II, § **255**; dans le sens de l'application de ce principe en matière d'ordre, Bruxelles, 1er juin 1842 (D. A. v° *cit.*, n° 470); et, en sens contraire, Paris, 17 nov. 1815 (D. A. v° *Prêt à intérêt*, n° 58), req. 14 avr. 1836 (D. A. *v° cit.*, n° 59). Voy., sur l'effet de ce règlement provisoire, *infrà*, § **824**.

qu'à ce qu'un jugement passé en force de chose jugée soit intervenu pour le confirmer [3].

§ **813**. L'acte de produit ou requête de production n'est soumis à aucune forme particulière [1]; il est seulement présenté et signé par un avoué (Art. 754) [2] et communiqué au greffe [3]. Il désigne clairement le créancier au nom duquel il est présenté [4], et indique séparément le capital, les intérêts [5] et les frais pour lesquels il demande à être colloqué [6]; mais il est inutile d'y énoncer : 1) la constitution d'avoué qui résulte implicitement de ce fait qu'un avoué a déposé la requête [7]; 2) les moyens à l'appui de la demande en collocation qui résulteront des pièces dont il va être parlé [8]; 3) les immeubles sur le prix desquels le créancier qui produit demande à être colloqué. Cette indication ne serait pas inutile en vue de la ventilation [9] dans le cas où, l'ordre portant sur le prix de plusieurs immeubles ou parcelles d'immeubles, le poursuivant n'aurait pris inscription que sur l'un de ces immeubles ou sur l'une de ces parcelles, mais le conseil d'État n'a pas cru devoir astreindre à tant de précision l'avoué auquel le créancier ne remet quelquefois ses titres [10] qu'à la dernière extrémité, c'est-à-dire à la veille de l'expiration du délai pour pro-

[3] Bruxelles, 1er juin 1842 (D. A. v° *Ordre, loc. cit.*). Voy., sur le moment précis où le règlement provisoire devient définitif, *infrà*, § **836**.

§ **813**. [1] Les pièces justificatives peuvent être insuffisantes et l'on en verra les conséquences dans la suite de ce §, mais aucune énonciation n'est requise à peine de nullité dans l'acte même de produit (Bioche, *op. et v° cit.*, n° 334).

[2] Voy. *suprà*, § **811**.

[3] C'est-à-dire qu'il n'est signifié ni à la personne ni au domicile ni même aux avoués des autres créanciers (D. 16 févr. 1807, art. 133; Chauveau, sur Carré, *op. cit.*, t. VI, Ire part., quest. 2555 *sexies*). Cette signification ne serait pas nulle, mais les frais en seraient frustratoires et n'entreraient pas en taxe (Voy., sur les frais frustratoires, t. II, § **200**).

[4] Il n'est pas absolument nécessaire de le désigner par ses prénoms (Caen, 31 août 1863; D. P. 64. 2. 138). Cette précision ne deviendrait nécessaire que si, plusieurs créanciers portant le même nom, on risquait de se tromper sur l'identité du produisant (Voy., sur la désignation du demandeur par ses prénoms dans les exploits, t. II, § **224**).

[5] Voy., sur ce point, le § précédent.

[6] Voy. Chauveau, sur Carré, *op. cit.*, t. VI, Ire part., quest. 2555 *quater*.

[7] Voy. cep. Bioche, *op. et v° cit.*, n° 335.

[8] Bioche, *op. et v° cit.*, n° 334.

[9] Voy. *infrà*, § **819**.

[10] Voy., sur ces titres, *infrà*, même §.

duire[11], et, malgré l'insistance de la commission du Corps législatif[12], il n'a voulu ni obliger l'avoué à désigner exactement l'immeuble sur le prix duquel un créancier demande collocation, ni même mettre à sa charge les frais que cette désignation aurait économisés en supposant qu'il eût pu la faire[13]. L'avoué qui rédige l'acte de produit peut y mettre aussi des réserves en vue de productions ultérieures que son client pourra faire mais dont les frais resteront à sa charge[14]. Chaque créancier, même un créancier à hypothèque générale dispensée d'inscription[15], doit joindre à sa requête (Art. 754) les titres sur lesquels elle se fonde et d'où résulte la justification complète de la collocation demandée[16]; il ne lui suffit pas de se référer à la production qu'il a déjà faite dans l'ordre amiable[17]. La nature des titres qu'il doit produire varie, d'ailleurs, avec les circonstances[18] : les créanciers hypothécaires dont les créances sont constatées par acte authentique ne peuvent se contenter de produire leurs bordereaux d'inscription qui ne prouveraient ni que sa créance existe ni qu'elle soit valable[19], et doivent déposer sinon la grosse du moins une expédition de leur titre[20];

[11] Voy., sur ce délai, le § suivant.

[12] Voy., sur ce point, le rapport de M. Riché (D. P. 55. 4. 54, n° 77).

[13] Bioche, *op. et v° cit.*, n° 336. Seligmann, *op. cit.*, n° 280.

[14] Le droit de faire des productions complémentaires est formellement reconnu par l'article 761 (Voy. *infrà*, Chauveau, sur Carré, *op. cit.*, t. VI, Ire part., quest. 2555 *quinquies*, et *infrà*, § **831**).

[15] Chauveau, sur Carré, *op. cit.*, t. VI, Ire part., quest. 2555 *octies*. Voy., sur ces créanciers, *suprà*, § **811**.

[16] Bioche, *op. et v° cit.*, n° 325. Bourges, 26 mai 1827 et 12 nov. 1863 (D. A. *v° cit.*, n° 485). Il ne suffit pas de produire une pièce qui ne peut servir que de commencement de preuve par écrit (Bioche, *op.*, *v° et loc. cit.*). Faut-il produire les documents qui viennent à l'appui du titre produit? Bioche, *op.*, *v° et loc. cit.*

[17] Chauveau, sur Carré, *op. et loc. cit.*

[18] *Quid*, si les titres du créancier doivent être produits dans un ordre et dans une contribution ouverts simultanément? Voy. *suprà*, § **780**.

[19] Bioche, *op.*, *v° et loc. cit.*

[20] Pourrait-on l'astreindre à produire la grosse et déclarer la production d'une expédition insuffisante, attendu que les grosses portent quelquefois quittance et que, par suite, le créancier ne justifie de l'existence actuelle de sa créance qu'en produisant une grosse qui ne contient pas quittance? Cette exigence serait excessive : la remise de la grosse du titre authentique par le créancier au débiteur fait présumer la libération de ce dernier (C. civ., art. 1283; voy., sur cet article, Demolombe, *op. cit.*, t. XXVIII, nos 426 et suiv.; Aubry et Rau, *op. cit.*, t. IV, p. 206; Colmet de Santerre, *op. cit.*, t. V, n° 232 *bis*-I et suiv.; Larombière, *op. cit.*, t. V, sur l'art. 1283, nos 1 et suiv.); mais, tant que le débiteur ne produit pas cette grosse, on ne présume pas qu'il soit libéré et le créancier prouve suffisamment l'existence de sa créance

les fournisseurs et vendeurs de meubles déposent à l'appui de leur demande à fin de privilège leurs factures ou relevés de factures[21]; les médecins et les officiers ministériels qui produisent aux mêmes fins déposent simplement la note de leurs honoraires[22]. Le créancier dont la production incomplète n'est pas forclos[23]; on condamne seulement son avoué personnellement aux frais de la production supplémentaire, sauf son recours contre sa partie s'il justifie qu'elle ne l'a pas mis à même de faire dès l'abord une production suffisante[24]. Par contre, les frais d'une production même complète ne passent en taxe que si le produisant est colloqué en ordre utile[25].

§ **814**. Le Code de procédure ne donnait qu'un mois pour produire, mais l'expiration de ce délai n'entraînait pas la forclusion[1]; aujourd'hui qu'il l'entraîne il est de quarante jours (Art. 754)[2], mais il n'est ni suspendu pendant les vacations[3] ni susceptible d'augmentation à raison de la distance, car la loi du 21 mai 1858 l'a suffisamment allongé pour qu'il suf-

en produisant une expédition de son titre (Bioche, *op. et v° cit.*, n° 326; req. 13 mars 1828, D. A. v° *Effets de commerce*, n° 550). Toutefois, il ne s'agit ici que de la production à fin d'être colloqué; lorsqu'arrivera pour le créancier le moment d'être payé, il devra justifier complètement que sa créance existe encore et, par conséquent, rapporter la grosse même de son titre authentique (Bioche, *op. et v° cit.*, n° 28).

21 Bioche, *op. et v° cit.*, n° 329.

22 Bioche, *op.*, *v° et loc. cit.* Chauveau, sur Carré, *op. cit.*, t. VI, Ire part., quest. 2555 *septies*. Paris, 30 juill. 1828 (D. A. v° *Distribution par contribution*, n° 92).

23 Voy. *infrà*, § **815**.

24 Arg. art. 766, al. 4 : « Le contestant ou le contesté qui a mis de la négligence « dans la production des pièces peut être condamné aux dépens, même en obtenant « gain de cause » (Voy., sur cet article, *infrà*, § **832**). Rodière, *op. et loc. cit.* Seligmann, *op. cit.*, n° 284. Ulry, *op. cit.*, t. I, n° 55. Req. 11 nov. 1878 (D. P. 80. 1. 323). Si la production tardive a pour cause une rédaction vicieuse ou incomplète de la sommation qui n'a pas indiqué assez clairement au créancier l'ordre dans lequel il devait produire, le poursuivant en paie les frais (Rennes, 5 août 1832; D. A. *v° cit.* n° 447).

25 Art. 759 (Voy. *infrà*, § **832**). C'est l'application de l'article 130, aux termes duquel la partie qui succombe est condamnée aux dépens (Voy. t. II, § **449**, et, sur ce point, Chauveau, sur Carré, *op. cit.*, t. VI, Ire part., quest. 2555 *decies*).

§ **814.** 1 Voy., sur ce point, le § suivant.

2 Le projet du Gouvernement le fixait à trente jours; c'est la commission du Corps législatif qui a demandé et obtenu qu'il fût porté à quarante (Riché, *op. et loc. cit.*). La forclusion qu'il entraîne aujourd'hui (Voy. le § suivant) explique cette prolongation de délai qui n'est pas dans les habitudes de la loi du 21 mai 1858 (Voy., sur l'esprit général de cette loi et sur la tendance à abréger la durée des ordres, *suprà*, § **778**).

3 Bioche, *op. et v° cit.*, n° 322. Caen, 23 janv. 1860 (D. P. 60. 2. 173).

fise aux créanciers les plus éloignés[4]. Tous les créanciers y sont soumis, même : 1° les créanciers à hypothèque légale dispensée d'inscription et non inscrite, qui ne peuvent conserver leur droit de préférence qu'en produisant « avant l'expiration du « délai fixé par l'article 754[5]; » 2° les créanciers non sommés qui sont néanmoins liés à l'ordre et ne peuvent, par conséquent, y former tierce opposition[6], à savoir ceux qui jouissent d'un privilège général dispensé d'inscription[7] et ceux qui n'étaient pas encore inscrits quand le conservateur des hypothèques a délivré l'état des inscriptions[8]. Quant aux créanciers qui n'ont pas été sommés alors qu'ils devaient l'être, ils ne sont pas tenus de produire et peuvent intervenir spontanément jusqu'à la clôture de l'ordre[9] ou y former tierce opposition lorsqu'il est clos : j'y reviendrai au § **845**.

Ce délai court contre tous les créanciers sommés à la même date à compter de la sommation qui leur a été faite, contre les créanciers sommés à des dates différentes à compter de la dernière sommation, et contre les créanciers non sommés dont il vient d'être parlé à compter de la dernière sommation faite aux créanciers inscrits[10]. Ces deux dernières solutions pourraient être contestées, mais elles ne sont pas moins conformes au texte qu'à l'esprit de la loi : à son texte, car l'article 754 ne dit pas que chaque créancier soit tenu de produire dans les quarante jours de la sommation par lui reçue, mais seulement que tous les créanciers sont tenus de produire dans les quarante jours « de la sommation ; » à son esprit, car à quoi bon des rigueurs inutiles, et une forclusion sans objet puisqu'il faudra forcément attendre, pour dresser l'état provisoire de collocation, l'expiration du délai imparti au dernier créancier sommé[11]? La dénon-

[4] Bioche, *op. et v° cit.*, n° 321. Chauveau, sur Carré, *op. cit.*, t. VI, Ire part., quest. 2555. Seligmann, *op. cit.*, n° 282. Aix, 28 janv. 1871 (D. P. 72. 2. 31).

[5] Voy., sur ce point, *suprà*, § **673**.

[6] Seligmann, *op. cit.*, n° 283.

[7] Voy., sur ces créanciers, *suprà*, § **788**.

[8] Voy., sur cette hypothèse, *suprà*, *ib.*

[9] Voy. *infrà*, § **831**.

[10] Boitard, Colmet-Daage et Glasson, *op. et loc. cit.* Pont, sur Seligmann, *op. cit.*, n° 281, note 2.

[11] Je veux dire par-là que, Primus ayant été sommé le 1er avril et Secundus le 15, Secundus peut produire jusqu'au 24 mai inclusivement (Voy., à cet égard, la suite de ce §), et que le juge ne peut, par conséquent, dresser plus tôt l'état provisoire de

ciation de l'ouverture de l'ordre à l'adjudicataire n'intéresse que lui, comme je l'ai dit au § **809**, et n'est pas requise à peine de nullité : elle est donc sans influence sur le délai pour produire qui court quand même, en cas de dénonciation tardive, à partir de la dernière sommation faite aux créanciers inscrits[12]. Ce délai n'est pas franc[13] et expire à l'heure légale de la clôture du greffe[14], car il y aurait trop d'inconvénients à le faire durer jusqu'à la dernière minute du dernier jour : les avoués devraient se présenter au domicile personnel du greffier, l'un pourrait être reçu l'autre trouver porte close, et le droit des créanciers se trouverait ainsi à la merci de l'incident le plus vulgaire ou même de la partialité du greffier. Il a donc le droit de ne recevoir aucune production après l'heure légale de la clôture du greffe[15], mais il engage, bien entendu, sa responsabilité personnelle s'il a deux poids et deux mesures et refuse de recevoir une production après cette heure alors qu'il en a accepté d'autres[16]. Pour prévenir toute contestation sur le point de savoir si la production a été faite ou non en temps utile, l'article 754 prescrit de la mentionner immédiatement au procès-verbal d'ordre, mais cette formalité n'est pas requise à peine de nullité[17] et ne doit être remplie séance tenante que si la production a lieu le dernier jour du délai; dans le cas contraire, on peut attendre sans inconvénient jusqu'au

collocation dont il sera parlé aux §§ suivants. A quoi servirait, dès lors, de déclarer Primus forclos quarante jours après la sommation à lui faite, c'est-à-dire le 10 mai, et quel inconvénient y a-t-il à ne pas lui donner jusqu'au 24 pour faire son acte de produit? Voy., en ce sens, Bioche, *op. et v° cit.*, n° 321; Chauveau, sur Carré, *op. cit.*, t. VI, Ire part., quest. 2555 *ter;* Rodière, *op. et loc. cit.;* Pont, sur Seligmann, *op. et loc. cit.;* Caen, 31 août 1863 (D. P. 64. 2. 138).

12 Benoît, *op. cit.* (Dans la *Revue critique de législation et de jurisprudence*, nouv. sér., t. VII, 1878, p. 1 et suiv.). Douai, 23 déc. 1876; Nîmes, 11 avr. 1877 (D. P. 79. 1. 169). *Contrà*, Coulon, *op. cit.* (Dans la *Revue pratique de droit français*, t. XLIV, 1878, p. 353 et suiv.).

13 Arg. art. 751 : « dans les quarante jours, » c'est-à-dire avant l'expiration des quarante jours, et au plus tard le quarantième jour (Bioche, *op. et v° cit.*, n° 320; Chauveau, sur Carré, *op. cit.*, t. VI, Ire part., quest. 2553; Seligmann, *op. et loc. cit.;* comp. Paris, 30 déc. 1837, D. A. v° *Distribution par contribution*, n° 87).

14 Voy., sur cette heure, t. II, § **219**.

15 Bioche, *op. et v° cit.*, n° 320. Ollivier et Mourlon, *op. cit.*, n° 344. *Contrà*, Seligmann, *op. cit.*, n° 288.

16 Bioche, *op., v° et loc. cit.* Ollivier et Mourlon, *op. et loc. cit.* Grosse et Rameau, *op. cit.*, t. I, n°s 338 et 339.

17 Bioche, *op. et v° cit.*, n° 337.

lendemain [18]. Avant la loi du 21 mai 1858, quand les productions tardives n'entraînaient pas forclusion [19], la mention pouvait être faite et signée par le greffier; aujourd'hui qu'elle a plus d'importance et que le greffier pourrait être soupçonné de complaisance envers un avoué, elle doit, aux termes de l'article 754, être faite et signée par le juge chargé de l'ordre ou, s'il est empêché, par un de ses collègues commis immédiatement à cet effet [20].

L'obligation de produire dans les quarante jours de la sommation ne s'applique-t-elle qu'à l'acte même de produit? Faut-il, au contraire et à peine de forclusion, produire dans le même délai les titres sur lesquels cette demande est fondée? L'article 754 est formel en ce sens : « Dans les quarante jours « de cette sommation, tout créancier est tenu de produire « ses titres avec acte de produit signé de son avoué et conte- « nant demande en collocation [21]. » La jurisprudence est cependant fixée en sens contraire, et, pour ne pas exagérer cette forclusion qu'elle trouve probablement rigoureuse [22], elle prescrit au juge de dresser l'état provisoire de collocation sur les pièces produites avant l'expiration des quarante jours, et de rejeter, par conséquent, sans plus attendre les demandes qui ne sont accompagnées d'aucunes pièces justificatives; mais elle autorise les créanciers à produire leurs titres, après l'expiration de ce délai [23] et la rédaction de l'état provisoire de collocation, jusqu'au dernier jour du délai dans lequel ils ont le droit de contredire à l'ordre [24], à fonder, par conséquent, leurs contredits sur ces productions tardives, et à obtenir ainsi la réformation de l'état provisoire de collocation [25], sauf à supporter personnellement, eussent-ils gain de cause,

[18] Seligmann, *op. cit.*, n° 291.

[19] Voy., sur ce point, le § suivant.

[20] Seligmann, *op. et loc. cit.*

[21] Voy., en ce sens, Bioche, *op. et v° cit.*, n° 330; Houyvet, *op. cit.*, n°s 157 et suiv.; Paris, 7 juin 1834 (D. A. *v° cit.*, n° 479); trib. de Villefranche, 31 août 1859 (D. A. *v° cit.*, n° 480); Bourges, 21 nov. 1863 (D. A. *v° cit.*, n° 485).

[22] Voy., sur ce point, le § suivant.

[23] Voy., sur ce point, le § précédent.

[24] Voy., sur ce délai, *infrà*, § **828.**

[25] Bordeaux, 1er avr. 1828 (D. A. *v° cit.*, n° 483). Civ. cass. 5 avr. 1831 (D. A. v° *Chose jugée*, n° 202). Orléans, 27 août 1834; req. 30 mai 1837 (D. A. *v° cit.*, n° 478). Nancy, 19 nov. 1838 (D. A. *v° cit.*, n° 483). Paris, 3 oct. 1839 (D. A. *v° cit.*, n° 489). Orléans, 16 mars 1849 (D. P. 49. 2. 156). Civ. rej. 25 juill. 1860 (D. P. 60. 1. 330). Req. 19 août 1863 (D. P. 64. 1. 132). Civ. rej. 14 déc. 1863 (D. P. 64. 1.

les frais de contredit qu'ils auraient évités en produisant leurs titres avant la confection de cet état[26]. Ce principe admis, il en résultera nécessairement qu'un créancier colloqué au second rang d'après les titres qu'il a produits ne pourra pas, en en produisant d'autres, obliger le juge à refaire son état provisoire de collocation, mais qu'il pourra fonder un contredit sur ces nouveaux titres et obtenir ainsi un jugement qui, réformant l'état provisoire, le fera passer au premier rang[27].

§ **815**. « L'expiration du délai de quarante jours ci-dessus « fixé emporte de plein droit déchéance contre les créan- « ciers non produisants; le juge la constate immédiatement et « d'office sur le procès-verbal » (Art. 755). Pareille disposition n'existait pas dans le Code de procédure, aux termes duquel les créanciers pouvaient produire utilement jusqu'à la clôture de l'ordre[1] : de là très souvent des règlements supplémentaires, et des contestations soulevées par des créanciers négligents alors que les créanciers qui avaient produit en temps utile ne pouvaient attaquer le règlement provisoire[2]. La loi du 21 mai 1858 pare à ces inconvénients en mettant tous les créanciers sur un pied d'égalité et en prononçant la forclusion de ceux qui n'ont pas produit dans les quarante jours de la sommation[3]. Comment et par qui cette déchéance est-elle encourue, et quels en sont les effets?

111). Civ. cass. 3 juin 1867 (D. P. 67. 1. 198). Civ. rej. 26 avr. 1869 (D. P. 69. 1. 239). Besançon, 11 avr. 1870 (D. P. 70. 2. 98). Agen, 23 mars 1870 (D. P. 70. 2. 148). Limoges, 3 juin 1871 (D. P. 72. 2. 88).

[26] Bordeaux, 1er avr. 1828; Nancy, 19 nov. 1838 (D. A. *v° cit.*, n° 483). Limoges, 3 juin 1871 (D. P. 72. 2. 88).

[27] *Contrà*, Bioche (*Op. et v° cit.*, nos 332 et 333) qui ne peut admettre cette solution, puisqu'il considère le délai de l'article 754 et la forclusion comme applicables non-seulement au créancier qui ne dépose pas sa requête, mais encore à celui qui ne produit pas ses titres avant l'expiration des quarante jours (Voy. *suprà*, même §, note 21.)

§ **815.** [1] A quel moment pouvait-on dire et peut-on dire maintenant que l'ordre soit clos? Voy. *infrà*, § **836**.

[2] Riché, *op. et loc. cit.*

[3] J'ai dit au § précédent que cette rigueur est légèrement atténuée par la disposition qui allonge de dix jours le délai que les créanciers avaient autrefois pour produire. Telle qu'elle est, la sévérité de la loi a été parfois critiquée (Voy. notamment Lavielle, *op. cit.*, p. 464 et suiv.), et j'ai montré au § précédent que la jurisprudence refuse, en dépit d'un texte formel, d'appliquer la forclusion aux créanciers qui, ayant formé leur requête de production dans les quarante jours, n'ont pas produit leurs titres dans le même délai.

1° Les termes de l'article 755 sont remarquables : la forclusion existe « de plein droit; » le juge ne la prononce pas, il la constate immédiatement « et d'office. » De cette formule résultent les trois conséquences suivantes. 1) Les parties désignées dans la suite de ce § peuvent requérir la forclusion en tout état de cause, soit devant le juge commis à l'ordre jusqu'à ce qu'il ait dressé l'état provisoire de collocation [4], soit à la barre du tribunal ou de la cour devant lesquels cet état provisoire est contesté jusqu'à ce que ce tribunal ou cette cour ait prononcé sur cette contestation [5] : peu importe que le juge n'ait dressé cet état qu'après les vingt jours dont il sera parlé au § suivant [6], et qu'il y ait compris les créanciers forclos [7]. 2) Dans le silence des parties intéressées, le juge doit constater la forclusion d'office et retrancher de son état provisoire de collocation les créanciers qui n'ont pas produit en temps utile [8]. 3) Si le juge a compris dans son état provisoire les créanciers qu'il devait en exclure, le tribunal ou la cour saisis des contredits élevés contre cet état peuvent, d'office et en tout état de cause, retrancher de l'ordre les créanciers que le juge aurait dû déclarer forclos [9]. Reste, d'ailleurs, à ces créanciers le droit de protester en alléguant qu'ils ont, quoi qu'on en dise, produit en temps utile [10] ou qu'ils se trouvent dans l'un des cas exceptionnels où l'on va voir que la forclusion n'a pas lieu. Si c'est le juge qui l'a constatée, ils peuvent faire insérer sur-le-

[4] Chauveau, sur Carré, *op. cit.*, t. VI, Ire part., quest. 2559 *ter*. Grosse et Rameau, *op. cit.*, t. II, n° 349.

[5] Caen, 13 janv. 1860 (D. P. 60. 2. 173).

[6] Metz, 6 avr. 1865 (D. P. 65. 2. 156).

[7] Bioche, *op. et v° cit.*, n° 323. Caen, 23 janv. 1860 (D. P. 60. 2. 173).

[8] Boitard, Colmet-Daage et Glasson, *op. cit.*, t. II, n° 1027. Seligmann, *op. cit.*, n°s 286 et 292. Caen, 23 janv. 1860 (D. P. 60. 2. 173). Metz, 6 avr. 1865 (D. P. 65. 2. 156).

[9] Boitard, Colmet-Daage et Glasson, *op. et loc. cit.* Seligmann, *op. cit.*, n° 293.

[10] Peuvent-ils le prouver par témoins? Bioche répond négativement à cette question (*Op. et v° cit.*, n° 349), mais il faut distinguer. La mention prescrite par l'article 754 (Voy. le § précédent) a-t-elle eu lieu, elle fait foi jusqu'à inscription de faux (Voy., sur les actes ou déclarations qui doivent être attaqués par l'inscription de faux, t. II, § **317**) ; cette mention n'a-t-elle pas été faite (je rappelle qu'elle n'est pas requise à peine de nullité, voy., à cet égard, le § précédent), les créanciers peuvent prouver par témoins la date de leur production et on peut de même la prouver contre eux, en vertu de l'article 1348 du Code civil qui autorise la preuve testimoniale de tous les faits dont on n'a pu se procurer une preuve écrite (Voy., sur ce principe, t. II, § **325**).

champ au procès-verbal un dire à vue duquel le juge les renverra immédiatement à l'audience où il sera statué au plus tôt sur son rapport, ou laisser aller les choses et, quand l'état provisoire de collocation sera dressé, l'attaquer devant le tribunal par voie de contredit ainsi qu'il sera expliqué aux §§ **826** et suivants. Si la forclusion est constatée par le tribunal ou par la cour, les réclamants prennent, en sens contraire et dans la forme ordinaire, des conclusions sur lesquelles il est statué suivant le droit commun [11].

2) La forclusion prononcée par l'article 755 atteint, en principe, tous les créanciers qui n'ont pas produit à temps : *a*) ceux qui ont été sommés [12]; *b*) ceux que le poursuivant n'était pas tenu de sommer et qui devaient produire spontanément, à savoir les créanciers à hypothèque légale dispensés d'inscription et non inscrits qui ne conservent leur droit de préférence qu'en produisant « avant l'expiration du délai « fixé par l'article 754 » (Art. 717) [13]; *c*) le poursuivant qui n'est pas tenu de se sommer lui-même mais qui n'échappe pas à l'obligation de produire en temps utile [14]; *d*) le créancier dont l'avoué est mort avant d'avoir produit et qui devait le remplacer immédiatement [15]; *e*) les héritiers du créancier originaire qui ont été valablement sommés au domicile par lui élu [16] ou en l'étude de l'avoué par lui constitué [17]. Echappent, au contraire, à la forclusion : *a*) les créanciers omis

[11] Voy., sur ce point, Bioche, *op. et v° cit.*, n° 348; Chauveau, sur Carré, *op. cit.*, t. VI, Ire part., quest. 2560 *quater;* Seligmann, *op. cit.*, n° 295.

[12] Aucune difficulté pour ceux-là, sauf les exceptions qui vont être indiquées (Seligmann, *op. cit.*, nos 286 et 296).

[13] Bioche, *op. et v° cit.*, n° 343. Chauveau, sur Carré, *op. cit.*, t. VI, Ire part., quest. 2560 *bis*. Rodière, *op. cit.*, t. II, p. 357. Seligmann, *op. cit.*, n° 286. Req. 18 juill. 1870 (D. P. 71. 1. 312). Voy., sur la situation de ces créanciers et sur cette partie de l'article 717, *suprà*, § **711**.

[14] Riom, 21 août 1863 (D. P. 63. 2. 161). Nîmes, 6 nov. 1869 (D. P. 71. 2. 37). Req. 26 juin 1872 (D. P. 73. 1. 120). Voy., sur les cas exceptionnels où le poursuivant doit se sommer lui-même, *suprà*, § **806**.

[15] Seligmann, *op. cit.*, n° 301.

[16] Les effets de l'élection de domicile se continuent entre les héritiers des deux parties entre lesquelles elle a été convenue (Voy. t. I, § **176**, note 13).

[17] Seligmann, *op. cit.*, n° 300. *Quid* des héritiers du vendeur à qui sommation a été faite après son décès, non pas à son domicile élu (en ce cas aucune difficulté; voy. la note précédente), mais à son domicile réel suivant ce qui est dit au § **672**? Si la personne désignée au *parlant à* a déclaré à l'huissier le décès du vendeur, de deux choses l'une : ou les héritiers ont été sommés collectivement, auquel cas ils sont forclos conformément au principe général auquel il n'y a nulle raison de déroger en leur faveur; ou ces héritiers n'ont pas été sommés collectivement, auquel

sur l'état dressé par le conservateur des hypothèques et, par conséquent, non compris dans les sommations; ils ne sont pas en faute, et l'article 755 ne déroge pas à l'article 2198 du Code civil qui leur permet de faire valoir leur droit de préférence en se présentant jusqu'à la clôture de l'ordre[18]; *b*) les créanciers portés audit état mais que le poursuivant a omis de sommer; le cas est rare, car le juge a dû comparer à cet état l'original des sommations, et voir si le poursuivant n'oublie personne[19]; *c*) les créanciers irrégulièrement sommés et dont la sommation est à considérer comme non avenue[20]; *d*) les créanciers qui n'ont pas déposé leurs titres dans le délai fixé par l'article 754; la forclusion n'atteint que ceux qui n'ont pas fait dans le délai leur acte de produit[21]; *e*) l'adjudicataire qui n'a pas produit pour ses frais; il n'avait pas à produire et devait seulement retenir le montant de sa créance sur le prix qu'il est tenu de payer aux créanciers au vu de leurs bordereaux de collocation[22]. Il n'y a pas non plus de forclusion : *a*) pour les créanciers qui n'ont pas produit à temps, vu que leurs créances dépendent d'un compte non encore liquidé ou du jugement d'une contestation encore pendante : c'est aux autres créanciers de hâter la liquidation du compte ou le jugement de la contestation; si l'ordre est clos et les bordereaux délivrés

cas ils ne sont pas forclos, la sommation à eux faite n'ayant pas été régulière (Seligmann, *op. et loc. cit.;* voy., sur les créanciers mal sommés et, par conséquent, non forclos, *infrà*, même §). Il en sera de même si la personne à laquelle l'huissier a parlé en remettant la copie de la sommation n'a pas déclaré le décès du vendeur : la sommation a été mal faite en ce sens qu'elle n'a pas touché les héritiers, et, par conséquent, ceux-ci ne sont pas forclos (Voy., sur la nullité des exploits signifiés à une personne décédée, t. II, § **226**).

[18] Chauveau, sur Carré, *op. cit.*, t. VI, Ire part., quest. 2549 *septies* et 2560 *bis*. Seligmann, *op. cit.*, n° 297. Voy., sur la situation de ces créanciers dans l'ordre amiable, *suprà*, § **797**, et, sur l'article 2198 du Code civil, Dalloz et Vergé, *op. cit.*, n°s 1 et suiv.

[19] Chauveau, sur Carré, *op. cit.*, t. VI, Ire part., quest. 2549 *septies*. Seligmann, *op. cit.*, n° 298. Paris, 20 juill. 1811 (D. A. *v° cit.*, n° 446). Poitiers, 26 avr. 1825 (D. A. *v° cit.*, n° 721). Montpellier, 27 mai 1872 (D. P. 73. 2. 18). Voy., sur la situation de ces créanciers dans l'ordre amiable, *suprà*, § **788**, et, sur la collation par le juge de l'état sur transcription avec l'original des sommations, *suprà*, *ib*.

[20] Boitard, Colmet-Daage et Glasson, *op. et loc. cit.* Seligmann, *op. cit.*, n° 299. Paris, 20 juill. 1811 (D. A. *v° cit.*, n° 446). Poitiers, 26 avr. 1825 (D. A. *v° cit.*, n° 721). Voy., sur la forme de ces sommations, *suprà*, §§ **807** et **808**, et, sur le principe que les actes nuls ne produisent pas d'effet, t. II, § **196**.

[21] Voy. le § précédent.

[22] Voy. *suprà*, § **811**.

avant cette époque, ils ne sont payés qu'en fournissant caution de restituer au cas où les créanciers dont les droits sont encore en suspens leur seraient reconnus préférables [23]; *b*) pour les créanciers incapables; l'ordre peut se régler en leur absence, mais, s'ils l'attaquent, la forclusion ne peut leur être opposée que s'ils ont négligé de produire dans les quarante jours qui suivent celui où leur incapacité a pris fin, soit par l'autorisation maritale ou de justice, soit par la nomination d'un tuteur ou d'un conseil judiciaire [24]; *c*) pour les héritiers du créancier prédécédé qui, se trouvant encore dans les délais pour faire inventaire et délibérer, ne sont pas tenus de produire avant l'expiration de ces délais; ils ne sont forclos que faute de le faire dans les quarante jours qui suivent [25]; *d*) pour les créanciers qui ont produit leurs titres puis obtenu du juge l'autorisation de les retirer; n'étant pas tenus de les déposer avant le jugement des contredits élevés contre l'état provisoire de collocation, à plus forte raison peuvent-ils les retirer avec la permission du juge, à la seule condition de les réintégrer avant cette époque [26].

3) La forclusion est rigoureuse et frappe de plein droit, et même d'office [27], sauf les exceptions et tempéraments que je viens d'indiquer, tous les créanciers qui n'ont pas produit

[23] Paris, 6 janv. 1810; Metz, 15 nov. 1827 (D. A. *v° cit.*, n° 482). Voy., sur la situation des créanciers conditionnels ou dont la créance est indéterminée, soit dans l'ordre amiable soit dans l'ordre judiciaire, *suprà*, § **798**, et *infrà*, § **818**.

[24] Civ. cass. 25 août 1870 (D. P. 70. 1. 353). Voy. cep. Bioche, *op. et v° cit.*, n°s 344, 346 et 347. Voy. aussi, sur le règlement d'ordre amiable ou judiciaire dans lequel des créanciers incapables sont appelés à figurer, *suprà*, § **737**, et *infrà*, § **818**. Je rappelle que le poursuivant n'est pas chargé de faire nommer un tuteur au créancier mineur qui n'en a pas (Voy. *suprà*, § **797**), et j'ajoute que la femme séparée de biens, qui doit produire pour ses reprises à l'ordre ouvert sur les immeubles de son mari, y est virtuellement autorisée par le jugement de séparation et encourt, par conséquent, la forclusion faute d'avoir produit en temps utile (Req. 8 juill. 1878; D. P. 79. 1. 55).

[25] Bioche, *op. et v° cit.*, n° 345. Seligmann croit, au contraire, qu'ils peuvent et doivent à peine de forclusion, mais sans prendre parti, produire par l'intermédiaire d'un administrateur provisoire (*Op. cit.*, n° 300; voy., sur les délais pour faire inventaire et délibérer et sur la situation de l'héritier pendant ces délais, t. II, § **303**). Aj., sur la femme commune en biens qui a droit aux mêmes délais et se trouve, durant leur cours, dans une situation non pas identique mais analogue à celle de l'héritier, t. II, § **306**.

[26] Bioche, *op. et v° cit.*, n° 324. Civ. rej. 15 mars 1815 (D. A. *v° cit.*, n° 488). Bourges, 20 juill. 1831 (D. A. *v° cit.*, n° 1156). Paris, 25 mars 1835 (D. A. v° *Reprise d'instance*, n° 51). Voy., sur la non-forclusion du créancier qui a formé sa requête de production mais n'a pas déposé ses titres dans les quarante jours, le § précédent.

[27] Voy. *suprà*, même §.

dans un délai relativement court[28], mais ne leur enlève que le droit d'être colloqués dans l'ordre ouvert sur le prix et de contester, par conséquent, les droits des créanciers que leur négligence a fait colloquer à leur place[29]. Ils conservent, au contraire : *a*) leur action personnelle et même hypothécaire sur le reliquat qui peut exister après le paiement de tous les créanciers colloqués, c'est-à-dire qu'ils ont droit à ce reliquat à leur rang d'hypothèque et préférablement aux créanciers chirographaires et aux créanciers hypothécaires postérieurs[30]; *b*) le droit de figurer dans un autre ordre ouvert sur le prix d'un autre immeuble qui leur est également hypothéqué[31], ou dans un second ordre ouvert sur le prix du même immeuble après l'annulation du premier[32]; *c*) le droit de contester, dans l'ordre d'où leur forclusion les écarte, la collocation des créanciers indûment colloqués à raison de créances ou d'hypothèques inexistantes, nulles ou déjà éteintes[33]; *d*) le droit de se faire colloquer en sous-ordre sur le montant de la collocation d'un autre créancier qui a produit en temps utile et dont ils sont eux-mêmes créanciers[34]; *e*) le droit

[28] Allongé cependant en 1858 (Voy. le § précédent).

[29] La tierce opposition dont il sera parlé au § **845** leur est interdite (Req. 2 mai 1881; D. P. 82. 1. 255). Le vendeur et le créancier qui lui est subrogé perdent à la fois leur privilège et leur action résolutoire, par application de l'article 7 de la loi du 23 mars 1855 (Req. 10 juin 1879, D. P. 80. 1. 409; voy., sur cet article, *suprà*, § **712**).

[30] Chauveau, sur Carré, *op. cit.*, t. VI, Ire part., quest. 2560 *bis*. Boitard, Colmet-Daage et Glasson, *op. et loc. cit.* Paris, 23 avr. 1836; req. 30 juin 1838 (D. A. v° *Privilèges et hypothèques*, n° 2288). Bordeaux, 31 mars 1852 (D. A. v° *Ordre*, n° 1159). Grenoble, 16 juill. 1860 (D. A. v° *cit.*, n° 439). Peu importe que les créanciers chirographaires aient fait opposition (Voy., en ce sens, les mêmes arrêts, et, sur cette opposition des créanciers chirographaires, *infrà*, § **844**). *Contrà*, Bourges, 13 févr. 1824 (D. A. v° *cit.*, n° 440); Pau, 26 janv. 1833 (D. A. v° *cit.*, n° 1380).

[31] Metz, 20 nov. 1811 (D. A. v° *cit.*, n° 410).

[32] Bourges, 12 janv. 1876 (D. P. 76. 2. 26).

[33] Chauveau, sur Carré, *op. cit.*, t. VI, Ire part., quest. 2558. Nîmes, 6 nov. 1869 (D. P. 71. 2. 37). Orléans, 11 mai 1882 (D. P. 83. 5. 336). Req. 14 mai 1889 (D. P. 90. 1. 479). Ces arrêts ne sont pas en contradiction avec l'arrêt cité *suprà*, note 29, qui a refusé la tierce opposition (Voy. *infrà*, § **845**) à des créanciers non-produisants qui avaient perdu par leur négligence le droit d'être colloqués avant des créanciers postérieurs à eux en hypothèque, mais n'a nullement entendu refuser le droit d'attaquer l'ordre aux créanciers non-produisants qui se plaignent que d'autres créanciers, colloqués sans droit, aient ainsi absorbé des sommes qui eûssent dû rester disponibles et former un reliquat auquel les non-produisants eux-mêmes auraient eu droit (Voy., sur ce dernier point, *suprà*, même §; voy. cep. Rennes, 5 mai 1809, Bruxelles, 28 janv. et 12 août 1835, D. A. v° *cit.*, n° 668).

[34] Rodière, *op. et loc. cit.* Le créancier qui produit en sous-ordre relève son propre créancier, dans la mesure où il requiert lui-même collocation, de la déchéance que

d'intenter toutes les demandes en distraction, résolution, révocation, etc., qui ne tendent pas à faire colloquer celui qui les forme, mais à faire tomber la saisie et l'ordre qui en est la conséquence [35]. Enfin, la forclusion, dans les limites restreintes où l'on voit qu'elle existe, ne peut être invoquée que par les créanciers hypothécaires qui ont eux-mêmes produit en temps utile : un créancier chirographaire et un créancier hypothécaire aussi négligent que celui qu'il prétend faire exclure n'auraient pas le droit de la demander [36].

§ **816**. 3° *Confection et dénonciation de l'état provisoire de collocation* (Art. 755). — A l'expiration du délai que les derniers créanciers sommés ont pour produire [1], et même

ce dernier a encourue en ne produisant pas à temps. Exemple : Primus, créancier de 10,000 francs, n'a pas produit en temps utile; Secundus, à qui il doit 5,000 francs, produit en sous-ordre sur lui; il le relève jusqu'à concurrence de 5,000 francs de la forclusion qu'il a encourue et le fait, par conséquent, colloquer pour 5,000 francs. C'est l'application pure et simple de ce principe, que les créanciers qui exercent les droits et actions de leur débiteur en vertu de l'article 1166 du Code civil agissent en leur nom propre et dans leur seul intérêt : ils ne compromettent pas ses droits et la chose jugée contre eux ne l'est pas contre lui, mais ils ne conservent ces mêmes droits que dans la mesure de leur propre intérêt. Cette situation est analogue à celle que prévoit l'article 788 du Code civil, lorsqu'il décide que les créanciers d'un héritier, faisant révoquer la renonciation frauduleuse de leur débiteur à la succession qui lui est échue, ne la font annuler qu'en leur faveur et jusqu'à concurrence du montant de leurs créances, en sorte qu'eux payés, le reliquat n'est pas pour l'héritier renonçant mais pour ses cohéritiers ou pour les héritiers du degré subséquent. Voy., sur l'effet quant au débiteur de l'exercice de ses droits et actions par ses créanciers, t. I, § **120**, et spécialement les notes 6 et 16; sur la question de chose jugée à laquelle je viens de faire allusion, *ib.* et t. III, § **466**; sur l'effet de la révocation d'une renonciation frauduleuse à succession prononcée à la demande des créanciers, Demolombe, *op. cit.*, t. XV, n° 88; et, sur l'application de ces principes en matière d'ordre, Bioche, *op. et v° cit.*, n° 332.

[35] Rouen, 23 mai 1817 (D. A. *v° cit.*, n° 444). Civ. cass. 31 juin 1867 (D. P. 67. 1. 198). Je suppose que ces actions ne sont pas purgées par l'adjudication (Voy., sur ce point, *suprà*, § **702**).

[36] Boitard, Colmet-Daage et Glasson, *op. et loc. cit.* Civ. rej. 10 juin 1828 (D. A. *v° cit.*, n° 438). Civ. cass. 15 févr. 1837 (D. A. v° *Priviléges et hypothèques, loc. cit.*). Paris, 8 févr. 1836 (D A. *v° cit.*, n° 2111). La cour de Paris a jugé, le 24 avril 1861 (D. A. v° *Ordre*, n° 442), qu'un syndic de faillite a pu demander, au nom de la masse des créanciers, la forclusion d'un créancier hypothécaire qui n'avait pas produit à temps dans un ordre; cette solution n'est exacte que : 1° si l'on suppose que ce syndic a pris au bureau des hypothèques l'inscription prévue par les articles 490 et 517 du Code de commerce; 2° si l'on admet que la masse, au nom de laquelle elle est prise, devient par-là un véritable créancier hypothécaire (Voy., sur cette inscription et particulièrement sur le point controversé auquel je fais allusion, Boistel, *op. cit.*, n°s 914 et 915; Lyon-Caen et Renault, *op. cit.*, t. II, n°s 2705 et suiv.

§ **836.** [1] Voy., sur ce point, *suprà*, § **814**.

auparavant s'ils ont tous produit[2], le juge dresse, sur les pièces produites, l'état de collocation que l'article 757 qualifie de « provisoire, » attendu qu'il peut être attaqué devant le tribunal et modifié par lui comme on le verra au § **831**. Le Code de 1806 ne défendait pas au juge de confier ce travail au greffier ou même à l'avoué poursuivant[3] : il doit s'en acquitter aujourd'hui en personne et s'exposerait à des poursuites disciplinaires en s'en déchargeant sur autrui[4]. Il a pour cela un délai de vingt jours[5] qu'il n'est pas tenu d'épuiser[6], mais qu'il ne doit pas dépasser sans en rendre compte à qui de droit[7] : ce délai court pendant les vacations[8]. L'état de collocation peut aussi être dressé un jour férié[9], et le juge n'a pas le droit d'en retarder la confection par la seule raison que tous les créanciers n'auraient pas complètement produit leurs titres[10], car on sait que la forclusion ne s'applique pas à ceux qui ont formé leur requête de production en temps utile, et qu'ils peuvent, jusqu'au jugement des contredits et à leurs

[2] L'ancien article disait : « Le mois expiré et même auparavant, si tous les créan- « ciers ont produit. » Évidemment, il en est de même aujourd'hui.

[3] Voy., sur ce point, Seligmann, *Quelles sont les réformes dont notre procédure civile est susceptible, loc. cit.;* et *Explication théorique et pratique de la loi du 21 mai 1858*, n° 302, note 2.

[4] « Les pièces n'erreront pas dans les études d'avoué, le juge fera son travail lui- « même : s'il chargeait un autre de remplir son devoir, le juge devrait être averti « disciplinairement, comme compromettant la dignité de son caractère » (Riché, *op. cit.*, n° 47; D. P. 58. 4. 54). « La confection de l'état de collocation, qui doit être « le résultat de son travail personnel, exige de sa part autant d'attention que de « prudence... Il ne peut abandonner ce travail aux soins du greffier ou de l'avoué « poursuivant; si de semblables abus s'introduisaient dans quelques-uns des tribu- « naux de votre ressort, vous auriez à m'en rendre compte immédiatement » (Circ. minist. 2 mai 1859, n° 61; D. P. 59. 3. 31). Aj., sur la discipline des magistrats, t. I, §§ **60** et **61**.

[5] De trente jours dans le projet du Gouvernement (Seligmann, *Explication théorique et pratique de la loi du 21 mai 1858*, p. 292).

[6] « Cet état est dressé, dit l'article 755, au plus tard dans les vingt jours qui sui- « vent l'expiration du délai ci-dessus. »

[7] Ce n'est ni ne peut être un délai de rigueur, car il peut être insuffisant dans le cas, par exemple, où il y a lieu (Voy. *infrà*, § **819**) de procéder à une ventilation. Voy., en ce sens, Bioche, *op. et v° cit.*, n° 353; Boitard, Colmet-Daage et Glasson, *op. et loc. cit.;* et, sur les personnes auxquelles le juge commis aux ordres doit rendre compte, *suprà*, § **782**.

[8] Seligmann, *op. cit.*, n° 304. Aj. la note suivante. Dans tous les cas qui requièrent célérité, les délais de procédure courent pendant les vacations (Voy. t. I, § **11**).

[9] Seligmann, *op. et loc. cit.* Req. 10 janv. 1825 (D. A. v° *Exploit*, n° 359). Il en est ainsi dans tous les cas qui requièrent célérité (Voy. t. I, § **11**). Le délai pour contester l'état de collocation provisoire dressé pendant les vacations ou un jour férié court, par conséquent, du jour même où il a été dressé (Seligmann, *op. et loc. cit.*).

[10] Seligmann, *op. et loc. cit.* Il peut encore moins refuser de dresser l'état provi-

frais, produire pour la première fois leurs titres et, à plus forte raison, compléter la production qu'ils ont déjà faite[11].

L'état provisoire de collocation se divise en trois parties. 1) Il reproduit d'abord dans une sorte de préambule, si ce n'est déjà fait dans le procès-verbal d'ouverture de l'ordre[12], le jugement d'adjudication et la transcription de ce jugement au bureau des hypothèques[13]; il contient ensuite les pièces relatives à la consignation du prix lorsqu'elle est déjà faite[14], les originaux des sommations de produire, la mention de la remise qui en a été faite au juge[15], et la constatation des déchéances encourues par les créanciers qui n'ont pas produit en temps utile[16]. 2) Il fixe ensuite la somme à distribuer qui se compose : *a*) du prix encore dû ou déjà consigné par l'adjudicataire[17], tel qu'il est fixé par le jugement d'adjudication[18]; *b*) des intérêts de ce prix à 5 pour 100 qui courent à partir dudit jugement[19] et jusqu'à la clôture de l'ordre ainsi qu'il sera dit au § **841**, sauf stipulation contraire du cahier des charges[20] et sauf aussi ce qui est dit aux §§ **715** et **752** du cas où l'adjudication a été suivie de surenchère ou de revente sur folle enchère[21]; *c*) des fruits immobilisés à partir de la transcription de la saisie[22]. On déduit de la somme à distribuer — l'adjudicataire lui-même a pu faire cette déduction en consignant — *a*) les frais ordinaires de saisie si le cahier

soire, sous prétexte que des frais étrangers à la poursuite, mais qui doivent figurer dans cet état (Voy. *infrà*, § **832**), n'ont pas encore été taxés : il les colloquera seulement pour mémoire (Bioche, *op. et v° cit.*, n° 356).

11 Voy. *suprà*, § **815**.

12 Voy., sur ce procès-verbal, *suprà*, § **806**.

13 Voy., sur cette formalité, *suprà*, § **701**.

14 Voy., sur ce point, *infrà*, § **850**.

15 Voy., sur cette mention, *suprà*, § **810**.

16 Voy., sur le caractère de cette contestation, *suprà*, § **815**, et, sur cette partie du travail du juge, Bioche, *op. et v° cit.*, n° 354.

17 Voy., sur cette consignation, *infrà*, § **850**.

18 Voy. *suprà*, § **694**.

19 Ulry, *op. cit.*, t. I, n°s 97 et 103. L'adjudicataire peut-il opposer la prescription quinquennale établie en matière d'intérêts par l'article 2277 du Code civil? Non, car cette prescription est suspendue toutes les fois et aussi longtemps qu'un obstacle légal met les créanciers qui ont droit aux intérêts dans l'impossibilité de les exiger (Aubry et Rau, *op. cit.*, t. VIII, p. 439; Troplong, *De la prescription*, t. II, n° 1010) : c'est ici le cas, puisqu'à partir de l'adjudication les intérêts ne peuvent être exigés qu'avec le prix et par la voie de l'ordre (Ulry, *op. cit.*, t. I, n°s 104 et 106).

20 Voy., sur ce point, *suprà*, § **669**.

21 Ulry, *op. cit.*, t. I, n°s 104 et 105.

22 Ulry, *op. cit.*, t. I, n° 110. Aj., sur cette immobilisation, *suprà*, § **663**.

des charges stipule qu'ils viendront en diminution du prix [23]; ces frais sont annoncés publiquement avant le jugement d'adjudication et relatés dans ce jugement [24]; on y ajoute la remise proportionnelle due à l'avoué de l'adjudicataire [25]; *b*) les frais de consignation qui ne doivent pas rester à la charge de ce dernier, puisque les créanciers inscrits les ont rendus nécessaires en refusant de donner mainlevée de leurs inscriptions [26]; *c*) la somme que l'adjudicataire a payée à raison d'impôts arriérés dus par le saisi au moment de l'adjudication [27]; *d*) les intérêts de ces diverses sommes depuis le jour où elles ont été déboursées jusqu'à la clôture de l'ordre [28]. Le coût de la radiation de l'inscription prise d'office pour le vendeur par le conservateur des hypothèques, et le droit proportionnel d'enregistrement sur la somme consignée restent à la charge de l'adjudicataire, comme frais inhérents à sa libération, et en vertu de l'article 1248 du Code civil aux termes duquel les frais du paiement « sont à la charge du débiteur [29]. « 3) L'état provisoire contient, enfin, la collocation de tous les créanciers qui ont produit, dût le total de leur collocation dépasser le montant du prix à distribuer, car il se peut qu'à la suite des contredits élevés contre l'état provisoire un ou plusieurs créanciers colloqués soient finalement écartés de l'ordre et que ceux qui le suivaient arrivent ainsi en ordre utile [30]; si le juge a cru devoir procéder autrement et ne colloquer que les créanciers qui lui semblaient *à priori* devoir venir en ordre

[23] Sans cela, ils restent à la charge de l'adjudicataire. Voy., sur ce point et sur la distinction des frais ordinaires et extraordinaires, *suprà*, § **707.** Aj. Paris, 28 févr. 1834 (D. A. *v° cit.*, n° 506), et, sur les stipulations permises dans les cahiers des charges, *suprà*, § **669.**

[24] Voy. *suprà*, § **695.**

[25] Voy., sur ce point, Ulry, *op. cit.*, t. I, n° 95, et, sur cette remise, *suprà*, §§ **695** et **707.**

[26] Ulry, *op. cit*, t. I, n° 132. Voy., sur le détail de ces frais, Ulry, *op. cit.*, t. I, n° 130, et *infrà*, § **850.**

[27] Ulry, *op. cit.*, t. 1, n° 123.

[28] Ulry, *op. cit.*, t I, nos 123, 129 et 131. Aj., sur toutes ces déductions, Bioche, *op. et v° cit.*, nos 371 et suiv.; Seligmann, *op. cit.*, n° 595; Ulry, *op. cit.*, t. 1, n° 95; Paris, 14 mess. an XII et 6 févr. 1810 (D. A. *v° cit.*, n° 624).

[29] Ulry, *op. cit.*, t. I, n° 132. Voy., sur l'article 1248 du Code civil, Demolombe, *op. cit.*, t. XXVII, nos 288 et suiv.; Aubry et Rau, *op. cit.*, t. IV, p. 163; Colmet de Santerre, *op. cit.*, t. V, n° 187 *bis;* Larombière, *op. cit.*, t. IV, sur l'art. 1248, nos 1 et suiv.

[30] Bioche, *op. et v° cit.*, n° 359. Seligmann, *op. cit.*, n° 303. Ulry, *op. cit.*, t. I, n° 58.

utile, et que, par la suite, un état supplémentaire soit devenu nécessaire, le délai pour contredire ne courra qu'à partir de la dénonciation de ce dernier état[31]. Ce travail a naturellement pour base les collocations demandées par les créanciers dans leurs requêtes de production et justifiées par les titres déposés à l'appui[32], mais le juge a, en fait et en droit, le pouvoir absolu d'apprécier la légitimité des demandes et la valeur des titres produits, et peut rejeter purement et simplement les demandes qu'il ne trouve pas suffisamment justifiées ou exiger de nouvelles justifications en faisant fournir par les créanciers postérieurs caution de rendre le montant de leurs collocations si le créancier qui les précède fournit les justifications demandées[33]. Reste aux créanciers le droit d'attaquer l'état provisoire s'ils se croient sacrifiés, et au tribunal le droit de le réformer s'il estime que le juge s'est trompé : la question de savoir dans quel ordre ce juge-commissaire doit colloquer les créanciers qui ont produit en temps utile revient donc à celle-ci : comment peut-il mettre son travail à l'abri de tout reproche? le tribunal auquel ce travail est déféré doit-il le maintenir ou le réformer[34]?

§ **817**. Sous le bénéfice de cette observation, les créanciers doivent être colloqués dans l'ordre suivant. 1) L'adjudicataire pour toutes les sommes qu'il a le droit de retenir ainsi qu'il est dit au § précédent. Il a pu les déduire en consignant; il peut, s'il n'a pas consigné, les déduire au mo-

[31] Bioche, *op., v° et loc. cit.* Riom, 8 août 1828 (D. A. v° *Ordre*, n° 635).

[32] Le créancier qui demande purement et simplement à être colloqué, sans dire à quel rang, demande implicitement collocation au rang déterminé par la loi (Bioche, *op. et v° cit.*, n° 358); mais, s'il précise le rang auquel il prétend être colloqué, le juge ne peut, sans statuer *ultra petita*, lui en assigner un plus élevé (Bioche, *op., v° et loc. cit.;* voy., sur le vice d'*ultra petita*, le tome V de ce Traité). Le tribunal devra donc, à la demande des autres créanciers, rectifier sur ce point l'état provisoire, et sa décision, s'il la maintient, sera susceptible de requête civile (Voy. *infrà, ib*). Lorsqu'un créancier se désiste de la demande de collocation qu'il a formée, le juge lui en donne acte et n'a pas besoin de le renvoyer devant le tribunal pour faire statuer sur la validité de ce désistement (Bioche, *op. et v° cit.*, n° 360). Ce désistement est du nombre des actes que l'avoué qui a déposé la requête de collocation ne peut faire sans un pouvoir spécial donné par sa partie (Bioche, *op. et v° cit.*, n° 361 ; voy., sur les actes de cette nature et sur le cas où l'avoué les a faits sans pouvoir spécial, t. II, § **370**).

[33] Ulry, *op. et loc. cit.* Civ. rej. 5 janv. 1857 (D. A. v° *cit.*, n° 634).

[34] Voy., sur ce point, Bioche, *op. et v° cit.*, n° 357.

ment de payer ou produire de ce chef à l'ordre[1], car il a fait ces frais dans l'intérêt de tous les créanciers et a, par conséquent, le droit d'en être remboursé par privilège en vertu des articles 2101-1° et 2105-1° du Code civil, aux termes duquel le privilège des frais de justice passe avant toutes les créances dans l'intérêt desquelles ces frais ont été faits[2]. On peut seulement reprocher à l'adjudicataire qui procède ainsi d'avoir fait des frais frustratoires en produisant pour des sommes qu'il lui suffisait de déduire, lui refuser, par conséquent, collocation pour le coût de sa production, et laisser ce coût à sa charge[3]. Son avoué est, d'ailleurs, colloqué à sa place pour les frais qui lui sont dus et dont il demande distraction[4]. 2) Les avoués pour les frais extraordinaires que le tribunal a ordonné d'employer par privilège sur le prix, à savoir les frais faits sur les incidents de saisie immobilière[5], ceux que le saisi a exposés pour appeler du jugement d'adjudication[6], et ceux que les divers créanciers pourront faire sur les contredits par eux élevés contre le règlement provisoire[7]. Ceux de ces frais qui n'ont pas encore été taxés ne sont

§ **817.** [1] Bioche, *op. et v° cit.*, n°s 367 et suiv. Seligmann, *op. cit.*, n° 390. Ulry, *op. cit.*, t. I, n° 133.

[2] On verra au même § une autre application, et même plus complète, de ce principe qui est d'ailleurs constant. L'article 2101-1° du Code civil complété par l'article 2105-1° du même Code, qui place au premier rang le privilège des frais de justice, ne veut pas dire que ce privilège prime absolument et sans distinction toutes les créances : « Il prime d'une manière absolue les privilèges du vendeur et du créan« cier pour frais de conservation; il prime pareillement les privilèges fondés sur le « nantissement, mais avec cette restriction que le créancier nanti, n'étant pas tenu « de supporter la partie des frais de justice dont il n'a pas profité, est préféré, quant « à ces frais, à ceux auxquels ils sont dus » (Aubry et Rau, *op. cit.*, t. III, p. 482). Les articles 661 et 662 contiennent une importante application de ce principe (Voy. *infrà*, § **869**).

[3] Voy., sur cette déduction, le § précédent, et, sur les frais frustratoires, t. II, § **200**.

[4] Bioche, *op. et v° cit.*, n° 371. Toulouse, 16 mars 1850 (D. P. 51. 2. 205). Voy., sur la distraction des dépens, t. III, §§ **458, 502** et suiv. L'huissier ne peut l'obtenir et n'a qu'une action personnelle contre son client (Voy. t. III, § **458**, note 3, et, sur l'application de cette règle en matière d'ordre, Colmar, 12 fruct. an XIII et 8 févr. 1806, D. A. *v° cit.*, n° 1155). Le conservateur des hypothèques n'a pas de privilège pour les frais de l'inscription que le procureur de la République a prise à raison de l'hypothèque légale de la femme ou du mineur (Voy., sur cette inscription, *suprà*, § **673**) : les frais de cette inscription sont colloqués comme accessoire de la créance de cette femme et de ce mineur et colloqués au même rang qu'elle (Bioche, *op. et v° cit.*, n° 377).

[5] Voy. *suprà*, § **707**.

[6] Bioche, *op. et v° cit.*, n° 381. Les frais de folle enchère restent, au contraire, à la charge du fol enchérisseur (Bioche, *op. et v° cit.*, n° 382; voy. *suprà*, § **753**).

[7] Ulry, *op. cit.*, n° 115. Voy., sur ces contredits, *infrà*, §§ **826** et suiv.

portés dans ce règlement que pour mémoire et sous réserve de la taxe qui en sera faite ultérieurement[8]. 3) L'avoué poursuivant pour les frais dont il a déjà fait ou dont il fera l'avance jusqu'à la clôture de l'ordre, à savoir : *a*) les frais de poursuite d'ordre[9]; *b*) les frais de timbre et d'enregistrement du procès-verbal d'ordre, le coût de l'expédition de l'ordonnance de radiation des inscriptions, le coût des bordereaux, et, en général, toutes les sommes dont il est redevable au greffier[10]; *c*) les frais de radiation des inscriptions des créanciers qui n'ont pas produit à l'ordre ou qui ne peuvent être colloqués utilement[11]. Ces divers frais n'étant pas encore taxés ne figurent également à l'état provisoire que pour mémoire[12]. 4) Les autres créanciers ayant privilège général aux termes des articles 2101 et 2105 du Code civil[13]. 5) Les créanciers munis de privilèges spéciaux sur les immeubles qui ne viennent, suivant l'article 2105-2° du Code civil, qu'a-

[8] Ulry, *op. cit.*, n° 116. Doit-on ajouter aux frais les intérêts de ces frais à 5 pour 100? Oui pour les frais déjà taxés, par analogie des autres créances qui figurent dans l'état de collocation non-seulement pour le capital qu'elles représentent mais encore pour les intérêts (Voy. *infrà*, même §). Non pour les frais non encore taxés, car ils ne peuvent porter intérêts qu'après avoir été liquidés. Voy. *infrà*, note 12, une solution analogue pour les intérêts des frais de poursuite d'ordre.

[9] Voy., sur le détail de ces frais, Ulry, *op. cit.*, t. II, n° 426.

[10] Ulry, *op. cit.*, t. I, n° 115; t. II, n°s 388, 392 et 427.

[11] Ulry, *op. cit.*, t. II, n° 428. « A quoi il y a quelquefois lieu d'ajouter... une « somme de... pour vacations dues à M^es..., avoués, comme ayant assisté des créan- « ciers, leurs clients, qui ne doivent pas venir en rang utile dans le présent règle- « ment, à charge par ledit avoué poursuivant de leur en tenir compte. Dans certains « tribunaux, on alloue, en effet, dans les ordres amiables une vacation aux avoués « qui représentent ou même qui assistent les parties, lorsque celles-ci ne doivent pas « être colloquées utilement : c'est une mesure juste qui, suivant nous, devrait être « officiellement adoptée et généralisée » (Ulry, *op. cit.*, t. I, n° 115).

[12] Ulry, *op. cit.*, t. I, n° 116. « Les frais de poursuite d'ordre ne peuvent être « classés avant les frais de consignation, car l'adjudicataire doit être désintéressé « par préférence aux créanciers qui seuls ont donné lieu à ces frais par le refus de « donner mainlevée de leurs inscriptions, refus qui peut être légitime de la part des « créanciers mais qui ne peut toucher le consignant » (Ulry, *op. cit.*, t. I, n° 133). Faut-il ajouter au principal de ces différentes sommes les intérêts à 5 pour 100? « Nous « ne le faisons pas, dit M. Ulry, parce que ces frais ne peuvent être définitivement « liquidés et taxés qu'au moment de la clôture de l'ordre (Comp. *suprà*, note 8); « mais il peut se présenter tel cas où il serait de toute équité de les allouer. Par « exemple, l'acquéreur peut être peu pressé d'ouvrir l'ordre et un créancier se voit « obligé d'agir en son lieu et place, mais son avoué, prévoyant des difficultés qui « feront traîner l'ordre en longueur, exige une provision : nous pensons que le créan- « cier serait au moins fondé à réclamer dans l'ordre les intérêts de cette provision, « puisqu'il en aurait fait l'avance » (Ulry, *op. cit.*, t. I, n° 129).

[13] Je dis « les autres créanciers, » car le premier des privilèges généraux est celui des frais de justice (C. civ., art. 2101-1°), et il est déjà colloqué sous les n°s 1) 2) et 3).

près les privilèges généraux établis par l'article 2101 du même Code [14]. 6) Les créanciers hypothécaires suivant la date de leurs inscriptions ou, s'ils sont dispensés d'inscription, au rang qui leur est assigné par l'article 2135 du Code civil [15]. Les hypothèques inscrites le même jour viennent toutes par concurrence et au même rang, sans qu'on puisse établir entre elles aucune préférence à raison de l'heure de leurs inscriptions [16]. L'hypothèque passe même avant le privilège lorsqu'elle affectait déjà l'immeuble saisi lors de la naissance du privilège : le privilège du vendeur est primé par les hypothèques qu'il a antérieurement constituées, et celui du copartageant par les hypothèques nées du chef du *de cujus* [17]. Les créanciers sont colloqués à raison du principal de leur créance, des intérêts qu'elle porte [18], et des frais de poursuite [19], de production [20] et de bordereau [21] auxquels elles donnent lieu et qui ne sont portés que pour mémoire s'ils ne sont déjà liquidés [22], et avec eux doit figurer le Trésor public à raison des privilèges établis en sa faveur par les lois spéciales et aux divers rangs que ces lois lui assignent [23]. On

[14] En est-il de même en cas de contribution, et les privilèges spéciaux sur les meubles viennent-ils avant ou après les privilèges généraux? Voy. *infrà*, § **865**.

[15] Voy., sur la règle *Prior tempore potior jure* et sur les exceptions que l'article 2135 du Code civil y apporte dans l'intérêt de la femme mariée et du mineur, Aubry et Rau, *op. cit.*, t. III, p. 238 et suiv. et 485; Colmet de Santerre, *op. cit.*, t. IX, n°s 101 et suiv.; Pont, *Des privilèges et hypothèques*, t. II, n°s 723 et suiv., 737 et suiv.

[16] C. civ., art. 2147. Voy., sur cet article, Aubry et Rau, *op. cit.*, t. III, p. 486; Colmet de Santerre, *op. cit.*, t. IX, n° 121; Pont, *op. cit.*, t. II, n° 734.

[17] Duranton, *op. cit.*, t. XIX, n° 26. Pont, *op. cit.*, t. I, n° 26. Valette, *op. cit.*, n° 11. Mourlon, *Examen critique du commentaire de M. Troplong sur les privilèges et hypothèques*, t. I, n° 29.

[18] Voy., sur la collocation des intérêts, Bordeaux, 6 juill. 1841 (D. A. v° *Contrat de mariage*, n° 3443); Chambéry, 1er mai 1874 (D. P. 75. 1. 486); civ. rej. 28 juill. 1874 (D. P. 75. 1. 121). On aura soin d'appliquer l'article 2151 du Code civil, aux termes duquel le créancier n'est colloqué au rang de son capital que pour deux années d'intérêts seulement et l'année courante, et n'est colloqué pour le surplus des intérêts qu'en vertu des inscriptions particulières qu'il a dû prendre à cet effet. Voy., sur l'application de cet article en matière de saisie immobilière et sur le sens qu'il faut donner en pareil cas aux mots « l'année courante, » *suprà*, § **713**.

[19] Y compris les frais de saisie-arrêt faits à la requête du créancier hypothécaire (Civ. cass. 9 mars 1870; D. P. 70. 1. 298).

[20] Voy., sur les frais des avoués produisants, Ulry, *op. cit.*, t. II, n° 428 *bis*.

[21] Ulry, *op. cit.*, t. II, n° 394. Les frais de bordereau des créanciers sous-colloqués sont pris sur le montant de leur collocation, et n'augmentent pas le montant de la collocation du débiteur direct (Ulry, *op. cit.*, t. II, n° 326).

[22] Bioche, *op. et v° cit.*, n°s 363 et 364. Bordeaux, 7 mars 1853 (D. A. *v° cit.*, n° 623). Civ. cass. 9 mars 1870 (D. P. 70. 1. 298).

[23] Voy., sur ces privilèges, Aubry et Rau, *op. cit.*, t. III, p. 177 et suiv.; Pont, *op. cit.*, t. I, n°s 28 et suiv.; Henry Michel, *op. cit.*, p. 1 et suiv.

voit par ces seules indications que l'ordre le plus simple en apparence peut soulever les questions les plus ardues du régime hypothécaire : le créancier qui produit a-t-il droit au privilège qu'il invoque? l'hypothèque qu'il fait valoir est-elle régulièrement constituée? ce privilège ou cette hypothèque ont-ils été valablement inscrits et en temps utile? ne sont-ils pas éteints ou leur inscription périmée? comment appliquer la règle *Prior tempore potior jure* aux hypothèques qui garantissent des créances à terme, conditionnelles, incertaines ou indéterminées? quel est précisément le rang de la femme mariée pour les différentes créances qu'énumère l'article 2135 du Code civil? Ne pouvant ni ne voulant commenter ici tout le titre *Des privilèges et hypothèques*, je me borne aux observations suivantes qui n'ont pas trait à la question de savoir si un créancier doit être colloqué et à quel rang, mais de quelle manière il doit l'être[24].

1) Une créance peut être à terme, sous condition suspensive ou sous condition résolutoire. *a*) Tout créancier à terme doit être colloqué immédiatement, définitivement et à son rang. S'il est saisissant, c'est que le débiteur a perdu vis-à-vis de lui le bénéfice du terme; il se trouve, par consé-

[24] La commission du Corps législatif aurait voulu supprimer une partie de ces difficultés en posant dans la loi des règles auxquelles le juge serait tenu de se conformer. Le conseil d'État n'a point partagé cet avis, et les questions que la commission désirait trancher sont encore pendantes : « La présence dans un ordre de créances « dont la quotité est subordonnée à l'événement d'une liquidation de succession ou « de communauté, d'un compte de tutelle, etc., place les juges dans l'alternative du « sursis ou de mesures provisoires. Sans vouloir prohiber d'une manière absolue le « sursis, surtout s'il est consenti par tous les intéressés et si l'événement de la li- « quidation est prochain, reconnaissons que le sursis n'est nullement dans l'esprit « de la loi nouvelle. Il nous a donc paru sage de fixer le moyen de pourvoir aux « éventualités, comme les Codes génevois et sarde n'ont pas négligé de le faire. Le « juge évaluera la créance indéterminée et, selon les circonstances, attribuera la somme « au titulaire de cette créance à charge de rendre l'excédant de l'évaluation sur la « liquidation, ou aux créanciers postérieurs à charge de rendre l'excédant de la li- « quidation sur l'évaluation. S'il s'agit de créance subordonnée à une condition sus- « pensive, l'attribution sera faite aux créanciers qui suivent celui dont le droit n'est « pas encore réalisé; si la condition est résolutoire, l'attribution sera faite à celui « à qui appartient la créance menacée par cette condition. L'obligation de rendre « sera garantie par une caution ou par l'emploi de la somme laissée aux mains de « l'adjudicataire ou placée en rentes sur l'État. Le conseil d'État a rejeté cet amen- « dement, laissant ainsi à la pratique les avantages de la liberté et les inconvénients « de l'incertitude » (Riché, *op. cit.*, n° 79, D. P. 58. 4. 54; voy., sur les dispositions de la loi génevoise à laquelle M. Riché fait allusion, Bellot, *op. cit.*, p. 584; aj. les articles 708 et suivants du Code de procédure italien qui a remplacé la loi sarde visée par M. Riché, p. 218 et suiv.).

quent, dans la condition ordinaire des créanciers purs et simples[25]. Même solution s'il n'est pas saisissant, car de deux choses l'une : ou le débiteur jouissait d'un terme de droit, et il en a perdu le bénéfice par la faillite ou la déconfiture qu'implique la saisie ; ou bien il jouissait d'un terme de grâce, et il en est déchu par le seul fait que son immeuble a été saisi à la requête d'un autre créancier[26]. *b*) Le créancier sous condition résolutoire reçoit aussi une collocation immédiate en fournissant caution d'en restituer le montant aux créanciers qui le suivent[27]. *c*) Il en est autrement du créancier sous condition suspensive dont le droit n'existera qu'à l'événement de la condition[28] ; le juge a le choix, à son égard, entre les deux partis suivants : le colloquer éventuellement, en ordonnant que les fonds seront versés à la Caisse des dépôts et consignations pour les intérêts en être payés au fur et à mesure des échéances aux créanciers postérieurs[29] ; colloquer immédiate-

[25] En principe, la saisie immobilière ne peut être pratiquée qu'en vertu d'une créance exigible (Voy. t. III, § **542**). Cette règle souffre exception quand le créancier est déchu du bénéfice du terme (Voy. t. III, § **561**).

[26] Voy., sur les cas où le débiteur perd le bénéfice du terme de grâce, t. III, *ib*. J'ajoute que l'article 2184 du Code civil fournit, en ce sens, un argument *à fortiori*, car, si l'acquéreur qui purge en cas d'aliénation volontaire doit se déclarer prêt à payer toutes les charges hypothécaires « sans distinction des dettes exigibles ou non exigi« bles, » il en est de même, à plus forte raison, de l'adjudicataire sur expropriation forcée (Aubry et Rau, *op. cit.*, t. III, p. 418 ; voy., sur l'article 2184 du Code civil et sur la disposition contraire de la loi du 11 brumaire an VII (Art. 30) et de la loi belge du 16 décembre 1851 (Art. 113), la séance du conseil d'État du 12 ventôse an XII (dans Locré, *op. cit.*, t. XVI, p. 291) ; Laurent, *op. cit.*, t. XXXI, n° 470 ; Pont, *op. cit.*, t. II, n° 1316).

[27] Ulry, *op. cit.*, t. I, n° 236. C'est la conséquence des principes constants en matière de condition résolutoire : le créancier dont le droit est résoluble est immédiatement créancier et peut exercer tous les droits attachés à sa créance, sauf à restituer si la condition s'accomplit : « *Pura est emptio quæ sub conditione resolvitur* » (Dig., L. 2, pr., *De in diem addict.*, XVIII, II ; Demolombe, *op. cit.*, t. XXV, n° 447 ; Aubry et Rau, *op. cit.*, t. IV, p. 78 ; Colmet de Santerre, *op. cit.*, t. V, n° 102 *bis*-II ; Larombière, *op. cit.*, t. III, sur l'art. 1183, n°s 32 et suiv. ; aj., sur l'application de ce principe en matière d'ordre, Merlin, *op. cit.*, v° *Ordre de créanciers*, § IV ; Aubry et Rau, *op. cit.*, t. III, p. 418).

[28] Il n'y a pour lui qu'une *spes debitum iri* qui produit dès maintenant des effets juridiques et qui est, notamment, transmissible à ses créanciers, mais en vertu de laquelle il ne peut exiger le paiement (Voy., sur les effets de la condition suspensive, Demolombe, *op. cit.*, t. XXV, n°s 414 et suiv. ; Aubry et Rau, *op. cit.*, t. IV, p. 70 et suiv. ; Colmet de Santerre, *op. cit.*, t. V, n° 100 *bis*-I et suiv. ; Larombière, *op. cit.*, t. II, sur l'art. 1180, n°s 3 et 4 ; Bufnoir, *op. cit.*, p. 238 et suiv.).

[29] Aubry et Rau, *op. cit.*, t. III, p. 418. Ulry, *op. cit.*, t. I, n° 232. *Note* dans D. P. 70. 1. 353. Montpellier, 19 mai 1824 ; Grenoble, 6 janv. 1831 (D. A. v° *Privilèges et hypothèques*, n° 2330). Si le capital réservé n'est pas suffisant, on capitalise les intérêts qu'il doit produire jusqu'à l'arrivée de la condition, et on les y ajoute (Ulry, *op. cit.*, t. I, n° 233 ; aj. anal. civ. cass. 29 août 1870, D. P. 70. 1. 353).

ment ces derniers, en exigeant d'eux caution de restituer le montant de leur collocation au créancier conditionnel si la condition vient à s'accomplir [30].

2) Il en est à peu près de même lorsqu'un créancier demande collocation pour une créance incertaine ou indéterminée, c'est-à-dire dont l'existence ou le montant dépend d'un compte non encore apuré ou d'une liquidation non encore terminée [31]. Le juge peut faire abstraction de cette créance et colloquer les suivantes comme si elle n'existait pas, en exigeant des créanciers ainsi colloqués caution de rendre la somme nécessaire pour satisfaire le créancier provisoirement éliminé, quand l'achèvement du compte ou de la liquidation aura établi l'existence et la quotité de son droit [32]. Le juge peut aussi évaluer la créance s'il est certain qu'elle existe et qu'il y ait doute seulement sur le *quantum*, et attribuer le montant de cette évaluation au créancier en exigeant de lui ou de ceux qui le suivent caution qu'il leur rendra la différence si l'évaluation s'est trouvée trop forte ou qu'ils la lui paieront si l'évaluation s'est trouvée trop faible [33]. Le juge peut également surseoir à l'ordre jusqu'à la solution du compte ou de la liquidation lorsqu'elle est prochaine [34], ou faire un règlement partiel qui comprendra seulement les créances antérieures à la créance incertaine ou indéterminée, et renvoyer à une époque ultérieure la collocation de celles qui la suivent [35]. Ces façons de procéder, surtout la

[30] Aubry et Rau, *op. et loc. cit.* Ulry, *op. cit.*, t. I, nos 234 et 235. Caen, 9 avr. 1839 (D. A. vo *Responsabilité*, no 347).

[31] Ou même non encore commencée. Peut-on saisir en vertu d'une pareille créance? Voy., sur ce point, t. III, § **542**. Dans tous les cas, le créancier qui produit dans ces conditions ne peut obtenir une collocation immédiate pure et simple, comme l'obtiendrait un créancier dont les droits seraient d'ores et déjà certains et déterminés dans leur quotité (Req. 4 janv. 1821, D. A. vo *Privilèges et hypothèques*, no 2342; Agen, 3 janv. 1844, D. A. *vo cit.*, no 2316).

[32] Bioche, *op. et vo cit.*, nos 365 et 366. Aubry et Rau, *op. et loc. cit.* Ulry, *op. et loc. cit. Note* dans D. P. 70. 1. 353. Civ. cass. 4 avr. 1815 (D. A. *vo cit.*, no 2330). Req. 24 nov. 1824 (D. A. *vo cit.*, no 2343). Civ. cass. 9 janv. 1855 (D. P. 55. 1. 28). Civ. rej. 28 juill. 1874 (D. P. 75. 1. 121). Le juge peut même ordonner, en vue du cas où le capital réservé ne serait pas suffisant, la capitalisation des intérêts qu'il portera jusqu'au jour où le compte sera rendu ou la liquidation terminée (Ulry, *op. cit.*, t. I, no 237; civ. cass. 29 août 1870, D. P. 70. 1. 353).

[33] Bioche, *op., vo et loc. cit.* Ulry, *op. cit.*, t. I, nos 234 et suiv.

[34] Bioche, *op., vo et loc. cit.* Ulry, *op. et loc. cit.*

[35] Bioche, *op., vo et loc. cit.* Ulry, *op. et loc. cit.* Voy., sur l'application de l'article 2151 du Code civil à ces créances, Aubry et Rau, *op. cit.*, t. III, p. 422; Ulry, *op. cit.*, t. I, no 238.

première qui est la plus pratique toutes les fois que la solution du compte ou de la liquidation n'est pas très prochaine, conviennent particulièrement au cas où il y a parmi les créanciers une femme mariée dont les droits ne sont pas encore ouverts à l'époque du règlement provisoire [36] ou un mineur à qui le compte de tutelle n'a pas encore été rendu [37]. Quant au créancier d'une rente viagère garantie par une hypothèque venant en ordre utile [38], il a le droit d'exiger qu'un capital suffisant pour assurer le service de cette rente jusqu'à son extinction reste aux mains de l'adjudicataire ou soit consigné par lui, mais les créanciers postérieurs peuvent exiger que ce capital leur soit remis en s'engageant solidairement à servir les arrérages et en offrant, en outre, au crédi-rentier une nouvelle garantie hypothécaire aussi sûre que la première et d'une réalisation aussi facile [39].

3) S'il y a plusieurs immeubles grevés à la fois d'une hypothèque générale et d'hypothèques spéciales, le concours du créancier dont l'hypothèque est générale avec les créanciers postérieurs qui n'ont que des hypothèques spéciales se règle ainsi qu'il suit. *a*) Si l'ordre est ouvert sur un seul immeuble ou si le prix de chacun d'eux fait l'objet d'ordres ouverts séparément dans différents tribunaux, le créancier

[36] La femme mariée peut réclamer une collocation actuelle pour toutes celles de ses créances qui existent déjà, à savoir la restitution de sa dot, le prix de ses propres aliénés et l'indemnité des dettes qu'elle a contractées avec son mari et déjà payées; mais elle ne peut être colloquée que provisoirement pour ses gains de survie, pour le bénéfice de ses autres conventions matrimoniales subordonnées à une condition, et pour l'indemnité des dettes non encore payées qu'elle a contractées avec son mari : le tout sauf réserve des questions qui s'élèvent sur l'application de l'article 2135-2° du Code civil et que je crois devoir négliger. Voy., sur la collocation des femmes mariées dans un ordre, Aubry et Rau, *op. cit.*, t. III, p. 545 et suiv.; Dalloz et Vergé, *op. cit.*, art. 2195, nos 1 et suiv.; Ulry, *op. cit.*, t. I, nos 284 et suiv.

[37] L'hypothèque légale du mineur, à la différence de celle de la femme mariée, remonte, pour toutes ses créances, au jour où la responsabilité du tuteur a commencé (C. civ., art. 2135-1°), mais le montant de ces créances ne pourra être établi que par le compte qui sera rendu lors de la cessation de la tutelle. Voy., sur la collocation de ce mineur dans un ordre, Aubry et Rau, *op. cit.*, t. III, p. 544; Ulry, *op. cit.*, t. I, nos 320 et suiv.

[38] Il ne peut ni exiger ni être contraint de recevoir le remboursement d'une somme qui représenterait le capital de la rente (C. civ., art. 1978 et 1979; Aubry et Rau, *op. cit.*, t. III, p. 419).

[39] Voy., sur ces deux points, Aubry et Rau, *op. et loc. cit.*; Troplong, *Des privilèges et hypothèques*, t. IV, n° 359 *quater*; Pont, *Des petits contrats*, t. I, nos 758 et suiv.; Ulry, *op. cit.*, t. I, nos 240 et suiv.; civ. rej. 15 mars 1815 (D. A. v° *cit.*, n° 2304).

dont l'hypothèque est générale peut, à son choix, se prévaloir ou faire abstraction de l'indivisibilité de son hypothèque[40], et prendre, en conséquence, l'un des deux partis suivants: α) se faire colloquer intégralement sur le prix du seul immeuble sur lequel un ordre soit actuellement ouvert, ou, si plusieurs ordres sont dès maintenant ouverts sur le prix de différents immeubles, se faire intégralement colloquer dans l'un d'eux[41]; β) ne demander collocation que pour partie sur le prix de l'immeuble qui se trouve actuellement en distribution, puis produire pour le surplus de sa créance dans les autres ordres qui s'ouvriront par la suite; ou produire simultanément pour une partie de sa créance dans chacun des ordres qui sont actuellement ouverts[42]. *b*) Si la distribution du prix des différents immeubles hypothéqués se fait dans un seul et même ordre, et que le créancier auquel l'hypothèque générale appartient n'ait pas d'intérêt à se faire colloquer intégralement dans l'un d'eux[43], on procèdera

[40] L'article 2114 du Code civil, qui déclare l'hypothèque indivisible, n'est pas une disposition d'ordre public mais une simple interprétation de volonté; le créancier peut renoncer au bénéfice de cet article et consentir expressément ou tacitement à ce que son hypothèque soit divisée (Colmet de Santerre, *op. cit.*, t. IX, nº 75 *bis*-V). Il y consent tacitement lorsqu'il demande collocation pour des sommes distinctes sur chacun des immeubles dont le prix est en distribution.

[41] « Les créanciers postérieurs ne peuvent, disent Aubry et Rau, exiger que le « créancier divise son hypothèque et se contente, dans un premier ordre, d'une col- « location partielle, ce qui l'obligerait à poursuivre le recouvrement du solde de sa « créance sur les autres immeubles à lui affectés, alors que le rang de son hypo- « thèque lui donne le droit de faire attribuer la totalité du prix à distribuer » (*Op. cit.*, t. III, p. 414; voy., dans le même sens, Grenier, *op. cit.*, t. I, nº 179; Troplong, *op. cit.*, t. III, nºs 750 et suiv.; Pont, *Des privilèges et hypothèques*, t. I, nº 336; Chauveau, sur Carré, *op. cit.*, t. VI, Ire part., quest. 2561; Seligmann, *op. cit.*, nº 309; Paris, 14 nov. 1814, Toulouse, 18 juill. 1823, Bourges, 31 juill. 1829, req. 14 déc. 1831, D. A. vº *cit.*, nº 2346; civ. cass. 3 mars 1856, D. P. 56. 1. 321; Caen, 26 mars 1870, D. P. 73. 2. 81; voy., en sens contraire, Paris, 5 avr. 1811, D. A. vº *et loc. cit.*; Toulouse, 5 mars 1836, D. A. vº *cit.*, nº 2360). A plus forte raison, le créancier peut-il renoncer formellement au droit d'être colloqué sur l'un des immeubles soumis à son hypothèque générale (Req. 26 août 1847, D. P. 47. 1. 304; Bourges, 30 avr. 1853, D. P. 54. 2. 52; Bourges, 18 janv. 1854, D. P. 55. 2. 59); il y renonce même tacitement en acceptant sans protestation ni réserve une collocation restreinte au prix d'un seul immeuble et en acquiesçant à l'ordre qui le colloque ainsi (Aubry et Rau, *op. cit.*, t. III, p. 413). Les créanciers postérieurs qui perdent ainsi l'espoir de venir en ordre utile ne peuvent éviter ce danger qu'en désintéressant le créancier à hypothèque générale, de manière à être subrogés légalement à ses droits et actions en vertu de l'article 1251-1º du Code civil (Voy., sur ce point, Tarrible, dans le *Répertoire* de Merlin, vº *Transcription hypothécaire*, § VI, nº 5; Aubry et Rau, *op. cit.*, t. III, p. 414).

[42] Aubry et Rau, *op. cit.*, t. III, p. 413.

[43] Quel intérêt pourrait-il y avoir? Voy., sur ce point, Aubry et Rau, t. III, p. 415.

de manière à payer après lui le plus ancien créancier à hypothèque spéciale de préférence au plus récent[44]. α) Deux immeubles, A et B, et trois créanciers, Primus, Secundus et Tertius ayant hypothèque : Primus, pour 20,000 francs sur ces deux immeubles à la date du 2 janvier 1875; Secundus, pour 10,000 francs sur l'immeuble A à la date du 2 janvier 1880; Tertius, pour 10,000 francs sur l'immeuble B à la date du 2 janvier 1885. Ces deux immeubles sont saisis et adjugés chacun pour 20,000 francs et un seul ordre est ouvert sur les deux prix. Primus ne sera colloqué ni pour le tout sur l'immeuble A, car il ne resterait plus de quoi payer Secundus, ni pour le tout sur l'immeuble B, car il ne resterait plus de quoi payer Tertius. Il sera colloqué pour 10,000 francs sur l'immeuble A et pour 10,000 francs sur l'immeuble B; Secundus et Tertius viendront après lui, l'un pour 10,000 francs sur l'immeuble A, l'autre pour 10,000 francs sur l'immeuble B, et tous les trois seront ainsi satisfaits. β) Même situation hypothécaire avec cette différence que, Primus ayant produit pour 30,000 francs, il y a 50,000 francs de créances inscrites, et que, les deux immeubles n'ayant été adjugés que pour 40,000 francs, il n'y aura pas de quoi satisfaire les trois créanciers. Si, en pareil cas, Primus était colloqué pour 15,000 francs sur l'immeuble A et pour 15,000 francs sur l'immeu-

[44] Qu'on n'objecte à cette solution ni le principe de l'indivisibilité de l'hypothèque ni la règle (qui n'est, d'ailleurs, que l'application de ce principe) en vertu de laquelle l'hypothèque générale ne peut être réduite que dans les cas et suivant les formes prévus aux articles 2144 et 2161 du Code civil lorsqu'elle est légale (Voy., sur ces deux articles, Aubry et Rau, *op. cit.*, t. III, p. 397 et suiv.; Colmet de Santerre, *op. cit.*, t. IX, n°s 114, 115, 141 et 142; Troplong, *op. cit.*, t. II, n°s 639 et suiv., t. III, n°s 747 et suiv.; Pont, *op. cit.*, t. I, n°s 531 et suiv., 600 et suiv.), et avec le consentement du créancier lorsqu'elle est conventionnelle (C. civ., art. 2161; voy., sur ce point, la séance du conseil d'État du 10 ventôse au XII (dans Locré, *op. cit.*, t. XVI, p. 281); Merlin, *op. cit.*, v° *Radiation des hypothèques*, § XII; Aubry et Rau, *op. cit.*, t. III, p. 399; Colmet de Santerre, *op. cit.*, t. IX, n° 142 *bis*-I; Troplong, *op. cit.*, t. III, n°s 750 et 772; Pont, *op. cit.*, t. II, n° 687). D'une part, l'application de l'article 2114 du Code civil, sur l'indivisibilité de l'hypothèque, deviendrait abusive si un créancier pouvait s'en servir sans intérêt pour lui de manière à favoriser un de ses cocréanciers au détriment des autres et à modifier l'ordre dans lequel ils doivent légalement et équitablement être payés : c'est le cas d'appliquer la règle que l'intérêt est la mesure des actions (Voy. t. I, § **118**) et celle qui prescrit d'annuler tout ce qui est fait en fraude de la loi (C. civ., art. 1167; voy., sur l'application de ce principe en matière d'ordre, Paris, 10 mars 1809, D. A. *v° cit.*, n° 2347, req. 22 avr. 1856, D. P. 56. 1. 326. D'autre part, on ne peut pas dire que l'hypothèque conventionnelle soit réduite lorsqu'un créancier obtient collocation sur plusieurs immeubles pour la totalité de ce qui lui est dû (Chauveau, sur Carré, *op. et loc. cit.*; Seligmann, *op. cit.*, n°s 306 et 307).

ble B, Secundus dont l'hypothèque est du 2 janvier 1880 et Tertius dont l'hypothèque est du 2 janvier 1885 toucheraient chacun 5,000 francs, l'un sur l'immeuble A l'autre sur l'immeuble B, et cela contrairement au principe *Prior tempore potior jure*. Le juge colloquera donc Primus pour 10,000 francs sur l'immeuble A et pour 20,000 francs sur l'immeuble B, et Secundus pour 10,000 francs sur l'immeuble A; Tertius seul, dernier en date, ne viendra pas en ordre utile[45].

§ **818**. Deux autres complications peuvent se produire : 1° on a adjugé collectivement pour un seul prix, et sans faire la ventilation, plusieurs immeubles qui ne sont pas grevés des mêmes hypothèques ou un seul immeuble dont les différentes parties ont été hypothéquées séparément[1]; 2° un créancier colloqué a lui-même un ou plusieurs créanciers qui demandent que le montant de sa collocation leur soit attribué. Dans le premier cas, il y a lieu de procéder à la ventilation qui n'a pas été faite (Art. 757); le second cas est prévu, mais en partie seulement, par l'article 775 qu'il faut compléter ainsi qu'il sera dit aux §§ **820** et suivants. L'article 757 ne date que de la loi du 21 mai 1858[2]; la disposition de l'article 775 existait déjà dans le Code de procédure[3].

§ **819**. A. L'article 757 ne prévoit qu'un seul cas, celui de plusieurs immeubles hypothéqués séparément et adjugés collectivement pour un seul prix et sans ventilation : par exemple, les immeubles A et B hypothéqués l'un pour 25,000

[45] Voy., en ce sens, Limoges, 5 janv. 1839 (D. A. *v° cit.*, n° 2360); Lyon, 24 mai 1850 (D. P. 55. 2. 177), et, sur le droit qu'a le juge de repousser la prétention d'un créancier qui voudrait, sans intérêt pour lui-même, imposer un mode de collocation préjudiciable aux intérêts des autres créanciers, Bourges, 30 avr. 1853 (D. P. 54. 2. 52) et 18 janv. 1854 (D. P. 55. 2. 59). J'ajoute — et cela va de soi — que le juge devra se montrer très prudent et s'assurer, en faisant porter la collocation d'un créancier sur plusieurs immeubles, qu'il viendra sur chacun d'eux en ordre utile (Chauveau, sur Carré, *op. et loc. cit.;* Seligmann, *op. et loc. cit.*).

§ **818.** [1] On a pu le faire par l'adjudication même, aussi bien dans ce cas que dans celui de l'article 2211 du Code civil (Riché, *op. cit.*, n° 80, D. P. 58. 1. 55; voy., sur l'article 2211, *suprà*, § **644**).

[2] Il y a été inséré à la demande de la commission du Corps législatif. (Riché, *op. et loc. cit.*).

[3] Art. 778.

francs à Primus le 1er janvier 1880, l'autre pour 20,000 francs à Secundus le 1er janvier 1885, et adjugés ensemble pour un seul prix de 40,000 francs. Colloquer purement et simplement ces deux créanciers à leur date, c'est donner à Primus tout ce qui lui est dû et faire perdre 5,000 francs à Secundus; or il n'est pas juste que Primus qui n'a hypothèque que sur le fonds A prime Secundus sur le prix du fonds B qui lui est hypothéqué : la ventilation déterminera la partie du prix total de 40,000 francs qui représente la valeur respective des fonds A et B, et, s'il en résulte que chacun d'eux s'est vendu 20,000 francs, Secundus prendra le prix du fonds B et sera intégralement payé, Primus touchera intégralement le prix du fonds A et perdra, mais sans pouvoir se plaindre, 5,000 francs. Il résulte du rapport de M. Riché au Corps législatif qu'il faut procéder de même et, par la même raison, lorsqu'un seul domaine vendu en bloc est formé de parcelles grevées d'hypothèques distinctes[1], et l'on doit, s'inspirant de l'esprit de l'article 757, ajouter à ces deux cas celui d'un immeuble dont l'usufruit et la nue-propriété, grevés d'hypothèques distinctes, ont été adjugés pour un seul prix. Exemple : Primus a hypothèque sur la nue-propriété à la date du 1er janvier 1880 et Secundus sur l'usufruit à la date du 1er janvier 1885; Secundus qui a seul droit au prix de l'usufruit, quoiqu'il soit postérieur en date, peut demander la ventilation du prix total et se faire attribuer exclusivement la part de ce prix qui représente la valeur de l'usufruit[2]. Ce sont des créanciers à hypothèque spéciale qui requièrent la ventilation dans ces trois cas, mais elle peut encore être demandée : 1° par un créancier qui, ayant une hypothèque générale sur plusieurs immeubles vendus ensemble, veut la spécialiser sur l'un d'entre eux et faire déterminer, à cette fin, la partie du prix total qui représente la valeur de cet immeuble; 2° par un créancier qui, ayant à la fois hypothèque générale sur les immeubles vendus et hypothèque spéciale sur l'un d'entre eux, veut exercer son hypothèque générale sur les immeu-

§ **819.** [1] Riché, *op. et loc. cit.* Seligmann, *op. cit.*, n° 343.

[2] Seligmann, *op. cit.*, n° 347. La ventilation peut encore avoir lieu pour le prix d'immeubles non hypothéqués ou même de meubles (Voy. Seligmann, *op. cit.*, nos 345 et 349); mais ces hypothèses sont étrangères à l'ordre.

bles qui ne lui sont pas spécialement hypothéqués et faire déterminer le prix pour lequel ils ont été vendus. Il faut seulement que cette demande ne cache pas un concert frauduleux qui aurait pour but de favoriser certains créanciers aux dépens des autres [3].

La ventilation peut être ordonnée par le juge [4], d'office [5] ou sur la réquisition des parties intéressées [6], avant ou après l'ouverture de l'ordre [7], mais seulement jusqu'à la confection du règlement provisoire : on verra au § **839** qu'après ce moment la ventilation ne pourrait plus être demandée ni ordonnée d'office par le juge. Une ordonnance inscrite au procès-verbal nomme, s'il y a lieu [8] et seulement après l'expiration du délai pour produire — la ventilation sera sans objet si celui qui la demande produit seul ou si toutes les parties se trouvent d'accord [9] — un ou trois experts [10] qui prêtent serment au jour fixé par le juge et déposent leur rapport dans un délai qu'il détermine également. Le poursuivant lève au plus tôt cette ordonnance et la leur dénonce [11], somme en même temps les parties intéressées d'assister à la prestation de serment dont mention est faite

[3] Seligmann, *op. cit.*, nos 347 et 348. Comp., sur ce genre de fraude, *suprà*, § **817**.

[4] Avant la loi du 21 mai 1858, il fallait s'adresser au tribunal : la commission du Corps législatif a voulu que la ventilation se fît plus rapidement et à moins de frais en vertu d'une simple ordonnance du juge (Riché, *op. et loc. cit.*).

[5] Voy., sur cette hypothèse, req. 10 déc. 1806 (D. A. vo *Cassation*, no 1487).

[6] Quelles parties? Voy., sur ce point, les explications qui précèdent.

[7] L'article 757 tranche en ce sens une controverse antérieure à 1858 : on avait soutenu que la ventilation devait être demandée immédiatement après l'adjudication, mais la cour de cassation s'était prononcée en sens contraire (Voy., sur ce point, Seligmann, *op. cit.*, no 342).

[8] L'expertise ne peut être obligatoire malgré les termes absolus de l'article 757 : il serait absurde d'en faire les frais quand le juge a en main tous les éléments de solution; d'ailleurs, M. Riché a dit dans son rapport « qu'il est bon que la loi « détermine la manière de procéder à cette opération préliminaire à l'état provisoire, « et la détermine dans les conditions les plus simples et les plus économiques en la « confiant au juge-commissaire et en n'exigeant qu'un seul expert si les productions « et les pièces ne suffisent pas » (*Loc. cit.*; voy., en ce sens, Bioche, *op. et vo cit.*, no 86; Chauveau, sur Carré, *op. cit.*, t. VI, Ire part., quest. 2567 *quater;* Seligmann, *op. cit.*, no 351; Lyon, 7 juill. 1839, D. A. vo *Ordre*, no 6487). D'ailleurs, en principe, l'expertise n'est pas obligatoire; voy., sur cette règle et sur les exceptions qu'elle comporte, t. II, § **344**.

[9] Chauveau, sur Carré, *op. cit.*, t. VI, Ire part., quest. 2567.

[10] L'article 757 déroge à l'article 303 qui prescrit de nommer trois experts dans toute expertise où les parties ne sont pas convenues de n'en prendre qu'un (Voy. t. II, § **349**) : le juge peut ici, même sans leur consentement, ne désigner qu'un seul expert (Riché, *op. et loc. cit.*).

[11] Voy., sur ce point, Chauveau, sur Carré, *op. cit.*, t. VI, Ire part., quest. 2568;

au procès-verbal [12], et remet l'original de ces dénonciations et sommations au juge qui peut s'assurer ainsi de l'accomplissement de ces formalités [13]. Les experts qui refusent leur mission sont immédiatement remplacés par le juge [14]; et responsables des conséquences de leur refus s'ils ont tardé à le faire connaître, comme aussi de leur retard à déposer leur rapport [15]. Ils suivent dans leur travail les règles ordinaires de l'expertise [16], et se prononcent d'après l'examen des lieux, les titres produits [17] et les matrices cadastrales [18]; leur rapport, qui ne peut être ni levé ni signifié, est annexé au procès-verbal; le juge statue sur leurs conclusions en dressant l'état de collocation provisoire : on sait qu'il n'est jamais lié par elles [19]. D'ailleurs, quiconque peut contredire à l'ordre peut s'opposer à la ventilation ou en contester les bases [20], avant le règlement provisoire par un dire inséré au procès-verbal, ou après ce règlement par un contredit formé dans les délais et suivant les formes dont il sera parlé aux §§ **828** et **829** [21]. Dans tous les cas, la contestation est portée à l'audience où le tribunal peut ordonner une nouvelle expertise si la première a déjà eu lieu [22].

§ **820**. B. Les créanciers d'un créancier peuvent intervenir à tout moment, en vertu du principe posé au § **384** [1], dans

Seligmann, *op. cit.*, n° 352; Grosse et Rameau, *op. cit.*, t. II, n° 380. L'obligation de lever et de dénoncer l'ordonnance à bref délai est dépourvue de sanction : l'article 776 (Voy. *infrà*, § **852**) ne s'y applique pas.

[12] Voy., sur la présence des parties à la prestation de serment, t. II, § **350.**

[13] Seligmann, *op. et loc. cit.* Comp. *suprà*, note 11.

[14] Seligmann, *op. cit.*, n° 353. Voy., sur le remplacement des experts dans la procédure ordinaire, t. II, § **348.**

[15] Bioche, *op. et v° cit.*, n° 89. La responsabilité des experts est de droit commun (Voy. t. II, § **351**).

[16] Chauveau, sur Carré, *op. cit.*, t. VI, Ire part., quest. 2569. Rodière, *op. cit.*, t. II, p. 358.

[17] Le juge peut ordonner que ces titres leur seront confiés contre décharge par eux donnée au greffier (Seligmann, *op. cit.*, n° 354).

[18] Seligmann, *op. et loc. cit.*

[19] Voy. t. II, § **351,** et, sur l'application de ce principe en l'espèce, Bioche, *op. et v° cit.*, n° 90.

[20] Rodière, *op. et loc. cit.* Civ. cass. 25 août 1828 (D. A. *v° cit.*, n° 548).

[21] Duvergier, *op. cit.*, t. LVIII, p. 154, note 7. Chauveau, sur Carré, *op. cit.*, t. VI, Ire part., quest. 2570. Seligmann, *op. cit.*, n°s 355 et 356. Pont, sur Seligmann, *op. cit.*, n° 355, note 1.

[22] Rodière, *op. et loc. cit.*

§ **820.** [1] A savoir que toute personne peut intervenir dans une instance où elle peut prouver qu'elle est intéressée.

l'ordre où ses intérêts, qui sont aussi les leurs, se trouvent engagés. 1° Ils ont pu, dès le début de la saisie et même auparavant, prendre inscription pour leur débiteur afin de conserver dans leur plénitude les droits hypothécaires qui lui compètent[2]. 2° Ils ont pu, à toutes les phases de la saisie, faire valoir au nom de leur débiteur tous les droits, nullités et déchéances établis par la loi en faveur du poursuivant ou des créanciers inscrits[3]. Ils peuvent, une fois l'ordre ouvert, y produire en son nom, y contredire, attaquer les jugements rendus contre leur débiteur, et signifier ceux qui ont été rendus à son profit pour en obtenir l'exécution ou pour faire courir les délais à l'expiration desquels ils deviendront inattaquables[4]. 3° Ils peuvent demander à être colloqués sur le montant de sa collocation s'il vient en ordre utile, ou, ce qui revient au même, faire opposition à ce que le montant de cette collocation lui soit payé à leur préjudice. Cette demande se produit dans des conditions différentes, suivant que les créanciers qui la forment agissent en vertu du seul article 775, ou qu'ils sont expressément ou tacitement subrogés à l'hypothèque de leur débiteur. Je distingue, en outre, pour plus de clarté, deux hypothèses dont la seconde est de beaucoup la plus importante : 1) un seul créancier demande que la collocation de son débiteur lui soit attribuée; 2) cette demande est formée par plusieurs créanciers.

§ **821**. 1) Un seul créancier forme cette demande : s'il n'est pas subrogé aux droits de son débiteur, il invoque l'article 775; s'il l'est, il se présente en vertu de la convention expresse ou tacite qui le subroge.

a. « Tout créancier peut prendre inscription pour con« server les droits de son débiteur, mais le montant de la col« location du débiteur est distribué comme chose mobilière « entre tous les créanciers inscrits ou opposants avant la clô« ture de l'ordre » (Art. 775). Si l'on néglige dans cet article ce qui a trait au cas où plusieurs créanciers en réclament

[2] Voy., sur ce point, *suprà*, § **639**.
[3] C'est la conséquence de ce que la saisie immobilière est une véritable instance (Voy., sur ce point, *suprà*, § **650**).
[4] Bioche, *op. et v° cit.*, n° 770.

l'application à leur profit — je réserve ce cas pour le § suivant — il se résume en ceci que le créancier d'un créancier qui paraît devoir être utilement colloqué[1] peut se faire attribuer le montant de cette collocation et a deux moyens de l'obtenir : α) inscrire l'hypothèque de son débiteur si elle n'est déjà inscrite[2]; β) faire opposition, si elle est inscrite, à ce que le débiteur touche lui-même le montant de sa collocation[3]. Ces deux procédés diffèrent l'un de l'autre à quatre points de vue. α) Le premier est relativement nouveau, car, naturellement inconnu à l'époque où la constitution des droits réels était occulte, il n'est mentionné ni dans la loi du 9 messidor an III qui établit en France la publicité des hypothèques[4], ni dans celle du 11 brumaire an VII qui ne contient aucune disposition sur la matière[5] : le droit pour les créanciers de prendre inscription pour leur débiteur est écrit pour la première fois dans l'article 775[6]. Le second procédé est plus ancien, car tout créancier non poursuivant, qui voulait autrefois être payé à son rang d'hypothèque sur le prix d'un immeuble vendu par décret forcé, c'est-à-dire adjugé sur saisie immobilière[7], devait faire, avant que le décret fût « clos et scellé, » une opposition à fin de conserver faute de laquelle son hypothèque était purgée et son droit converti en une simple créance chirographaire[8] : son créancier avait le même droit et pouvait former comme lui une opposition en sous-ordre qui, faite avant le même moment, produisait le

§ **821.** [1] Je dis « qui paraît devoir être utilement colloqué, » parce que je suppose que la demande du sous-créancier se produit avant le règlement provisoire qui fera seul connaître — et encore sauf les contredits qui pourront survenir — si les créanciers sont colloqués en ordre utile. Voy., sur le cas où la demande du sous-créancier se produit entre le règlement provisoire et le règlement définitif, *infrà*, § **827**.

[2] Voy., sur cette inscription, *suprà*, § **639**.

[3] Ces deux procédés sont équivalents et produisent un résultat identique (Seligmann, *op. cit.*, n° 613), puisque l'article met sur le même rang les créanciers « inscrits ou opposants » (Voy. aussi, sur ce point, la suite de ce §).

[4] Cette loi n'indique (Art. 86 et suiv.) qu'un moyen de conserver le droit du sous créancier : l'opposition en sous-ordre dont il va être parlé (Voy., sur cette loi, *suprà*, § **638**).

[5] Voy., à cet égard, le § suivant.

[6] Ce droit résulte, d'ailleurs, de l'article 1180 du Code civil (Voy. *suprà*, § **639**), et le Code n'avait besoin de la consacrer formellement que pour en déterminer l'effet.

[7] Voy., sur le décret forcé dans l'ancienne jurisprudence, *suprà*, § **638**.

[8] Pothier, *De la procédure civile*, n° 586. Héricourt, *op. cit.*, ch. IX, n° 16 (P. 156).

même effet[9]. β) Un sous-créancier peut prendre inscription non-seulement au cours de l'ordre mais encore pendant la saisie et même avant qu'elle soit commencée, dès qu'il apprend que l'hypothèque de son débiteur n'est pas inscrite et qu'il y a péril à laisser cette situation se prolonger[10]; l'opposition ne peut se produire utilement et même se concevoir qu'après l'adjudication, puisqu'elle a pour but d'empêcher l'adjudicataire de payer son prix au préjudice du sous-créancier[11]. γ) L'opposition produit, justement parce qu'elle est plus voisine de l'époque du paiement, des effets plus étendus que l'inscription. Le créancier qui inscrit l'hypothèque de son débiteur ne rend ni la créance ni l'hypothèque de ce dernier indisponibles : le débiteur conserve le droit de recevoir le paiement, de céder sa créance, de donner mainlevée de son hypothèque ou d'en consentir la radiation[12], à moins que le créancier n'ait fait une saisie-arrêt entre les mains du saisi et ne l'ait dénoncée à son débiteur pour qu'il ne cède pas sa créance, à l'adjudicataire ou à la Caisse des dépôts et consignations pour qu'ils ne se dessaisissent pas du prix, et au conservateur des hypothèques pour qu'il n'opère pas la radiation si par hasard elle lui était demandée[13]. L'opposition procure, au contraire, tous ces avantages au sous-créancier : dénoncée aux personnes qui viennent d'être énumérées, elle rend l'hypothèque et la créance elle-même indisponibles[14].

9 Pothier, *op. et loc. cit.* Héricourt, *op. cit.*, ch. IX, nº 24 (P. 161). Aj. les autorités citées au § suivant, notes 16 et 18. Le décret « clos et scellé, » l'hypothèque était éteinte et la sous-opposition n'était plus considérée que comme une saisie-arrêt sur le montant de la collocation considéré comme valeur mobilière (Pothier, *op. et loc. cit.;* Héricourt, *op. cit.*, ch. IX, nºs 18 et 24, p. 158 et 161).

10 Voy. *suprà*, § **639**.

11 Voy., sur ce point, Seligmann, *op. cit.*, nºs 610 et suiv.

12 Voy. *suprà*, § **639**.

13 Voy., sur ces formalités complémentaires de l'inscription prise par un sous-créancier et sur les effets qu'elles produisent, Bioche, *op. et vº cit.*, nºs 746 et 747; Seligmann, *op. cit.*, nº 612. Ce dernier auteur estime que la dénonciation de la saisie-arrêt au débiteur pour lequel on a pris inscription n'est nécessaire que dans le cas où cette inscription et cette saisie-arrêt précèdent l'ouverture de l'ordre, et que, si elles la suivent, ce débiteur, suffisamment averti par la demande de collocation en sous-ordre, peut en contester la validité en sa seule qualité de créancier inscrit (*Contrà*, Bioche, *op. et vº cit.*, nº 747).

14 Qu'on n'objecte pas l'article 1166 du Code civil dont la mise en œuvre suppose, dans l'opinion générale, une mise en demeure préalable (T. I, § **120**) : d'abord cette mise en demeure n'est pas usitée dans la pratique (Voy. *ib.*, note 10); ensuite, il existe ici — ce qui n'a généralement pas lieu — des formalités qui la rendent inutile (Seligmann, *op. cit.*, nº 609; voy., sur ces formalités et sur les effets qu'elles produisent, Bioche, *op. et vº cit.*, nºs 749 et 759, Seligmann, *op. cit.*, nº 613).

δ) Enfin, et par une conséquence naturelle des mêmes principes, le sous-créancier peut prendre inscription au nom de son débiteur en vertu d'une créance à terme ou conditionnelle, et ne peut faire, en principe, avant l'échéance la saisie-arrêt dont je viens de parler ou l'opposition prévue par l'article 775. Dans le premier cas, il conserve simplement les droits hypothécaires de son débiteur, et l'article 1180 du Code civil autorise tous les créanciers, même conditionnels, à prendre des mesures conservatoires[15]; dans le second cas, il exécute le débiteur en l'expropriant de ses droits hypothécaires qu'il exerce à sa place en vertu de l'article 1166 du Code civil[16], et le droit de pratiquer l'exécution forcée n'appartient aux créanciers dont les créances ne sont pas exigibles[17] que dans les cas exceptionnels où le débiteur a perdu le bénéfice du terme[18]. J'ajoute que le droit de former opposition en vertu de l'article 775 compète même aux créanciers chirographaires[19] — que tout opposant doit, s'il y a lieu, produire les titres du débiteur avec les siens et demander en même temps sa collocation en sous-ordre[20], mais qu'il n'est soumis que pour les titres du débiteur à la forclusion édictée par l'article 755[21], et peut produire les siens jusqu'à la confection du règlement provisoire[22] — qu'il est partie à l'ordre et y a les mêmes

[15] Voy. t. II, § **117**, note 4.

[16] Voy., sur cet article, t. I, § **120**.

[17] Les créanciers ne peuvent exercer qu'à cette condition les droits et actions de leur débiteur (Voy. t. I, *ib.*).

[18] Voy., sur le droit de faire en ce cas saisie-arrêt, t. III, § **591**. Rien ne s'oppose évidemment, dans le même cas, à l'application de l'article 775.

[19] Bioche, *op. et v° cit.*, n° 738. Chauveau, sur Carré, *op. cit.*, t. VI, Ire part., quest. 2617. Seligmann, *op. cit.*, n° 604. Orléans, 14 déc. 1848 (D. P. 49. 2. 210). Req. 13 févr. 1865 (D. P. 65. 1. 412). *Contrà*, Lyon, 17 août 1841 (D. P. 49. 2. 210). Voy., sur l'opposition pratiquée par les créanciers d'une succession bénéficiaire, Bordeaux, 21 août 1857 (D. A. *v° cit.*, n° 1311); et, sur celle d'un syndic de faillite agissant au nom de la masse ou personnellement, Nîmes, 23 juill. 1858 (D. A. *v° et loc. cit.*); req. 13 avr. 1859 (D. P. 59. 1. 417).

[20] Bioche, *op. et v° cit.*, n°s 739 et 759. Chauveau, sur Carré, *op. cit.*, t. VI, Ire part., quest. 2617 *bis*. Seligmann, *op. cit.*, n° 614. Pont, sur Seligmann, *op. et loc. cit.*, note 1. Civ. cass. 8 déc. 1880 (D. P. 81. 1. 183).

[21] Riom, 5 août 1840 (D. A. *v° cit.*, n° 1320). Req. 13 avr. 1859 (D. P. 59. 1. 417). Civ. rej. 20 juill. 1869 (D. P. 69. 1. 497). Req. 13 mai 1872 (D. P. 73. 1. 32). *Contrà*, Grenoble, 24 déc. 1823 (D. A. v° *Contrat de mariage*, n° 3535); civ. rej. 2 juin 1835 (D. A. v° *Ordre*, n° 1322).

[22] L'article 775 ne distingue pas et permet, par conséquent, de former jusqu'au règlement provisoire et même après l'opposition prévue par l'article 775 (Voy., sur le cas où elle est formée après le règlement provisoire, *infrà*, § **827**). On ne peut

droits que les créanciers inscrits[23] — qu'il n'a pas plus de droits que son débiteur[24], est, par conséquent, soumis aux mêmes exceptions que lui[25], voit tomber son opposition si la créance de ce débiteur n'est pas justifiée[26], et ne peut empêcher, ne fût-il lui-même payé qu'en partie, qu'on raie l'inscription de ce débiteur utilement colloqué pour le montant intégral de sa propre créance[27] — que, par contre, l'opposition conserve toute la créance hypothécaire du débiteur même au-delà du montant de la créance du sous-créancier[28], qui ne peut, même personnellement satisfait, donner mainlevée avant que son débiteur ne soit intégralement payé[29] — enfin, que l'opposition n'est pas admise si la créance de ce débiteur est tellement attachée à sa personne que ses créanciers ne puissent l'exercer, s'il s'agit, par exemple, d'une créance dotale que la femme ne peut céder et que ses créanciers ne peuvent, par conséquent, saisir pour l'exercer à sa place[30].

b. Je n'ai pas à exposer ici la théorie des subrogations à

pas non plus, faute de texte, opposer au sous-créancier les déchéances édictées par l'article 762 (Chauveau, sur Carré, *op. et loc. cit.;* voy., sur l'article 762, *suprà,* §§ **831** et suiv., et *infrà,* § **905**).

23 Seligmann, *op. cit.*, n°s 616 et 618. Civ. cass. 8 févr. 1870 (D. P. 70. 1. 261). Paris, 10 févr. 1873 (D. P. 74. 2. 133).

24 Arg. C. civ., art. 1166 (Voy., sur la différence qui existe entre les créanciers qui agissent en vertu de cet article et ceux qui sont munis d'une action directe, t. I, § **120**).

25 Grenoble, 14 juin 1880 (D. P. 80. 2. 222). Aj., sur l'application de ce principe en cas de folle enchère, civ. cass. 23 juill. 1878 (D. P. 78. 1. 369).

26 Cette solution s'impose et peut, d'ailleurs, s'appuyer sur un argument d'analogie tiré de ce qui se passe en cas de subrogation : la subrogation est sans objet si la créance du subrogeant n'existe pas (Voy. *infrà,* même §).

27 Bioche, *op. et v^o^ cit.*, n° 764.

28 Même solution, et par les mêmes motifs, que dans le cas où le sous-créancier prend simplement inscription pour le compte de son débiteur (Voy. *suprà,* même §, Bioche, *op. et v^o^ cit.*, n° 762; voy. cep , sur le cas où le sous-créancier a expressément déclaré qu'il n'agissait que pour la conservation de ses propres droits, Bioche, *op. et v^o^ cit.*, n° 763).

29 Bioche, *op. et v^o^ cit.*, n° 750. Cette solution résulte nécessairement de celle qui précède, et peut se justifier aussi par cette considération que le sous-créancier n'est que le mandataire général de son débiteur (Voy., sur la qualité juridique des créanciers qui exercent les droits et actions de leur débiteur, t. I, § **120**), et que la mainlevée d'une inscription hypothécaire ne peut être donnée que par le créancier lui-même ou par son mandataire spécial (Aubry et Rau, *op. cit.*, t. III, p. 488). C'est ainsi qu'on verra aux §§ **847** et **851** que l'avoué d'un créancier inscrit n'a pas le droit de la donner pour son client.

30 Arg. C. civ., art. 1166 *in fine :* les créanciers ne peuvent exercer les droits et actions de leur débiteur qui sont « attachés exclusivement à sa personne » (T. I, § **120**). Voy., sur cette application du principe, req. 3 déc. 1883 (D. P. 84. 1. 334).

l'hypothèque et particulièrement à celle des femmes mariées. Qu'il me suffise de rappeler que les diverses combinaisons comprises sous ce nom [31] ont toujours été considérées comme valables entre les parties [32] — que la seule difficulté consistait à en déterminer les effets vis-à-vis des tiers, et que le décret du 28 février 1852 sur les sociétés de crédit foncier, la loi du 10 juin 1853 relative au même objet, et la loi du 23 mars 1855 sur la transcription en matière hypothécaire ont consacré, en ce qui concerne les subrogations à l'hypothèque légale des femmes mariées, la jurisprudence antérieurement établie qui en proclamait l'efficacité au regard des tiers [33] — que la même doctrine est admise aujourd'hui sans conteste, quels que soient les hypothèques et priviléges immobiliers auxquels un créancier est subrogé [34] — mais que les subrogations à l'hypothèque légale de la femme mariée ne sont opposables aux tiers que si elles ont été consenties par acte authentique ou si l'acte duquel elles résultent tacitement a été passé dans la même forme, et si, de plus, elles ont été rendues publiques par l'inscription de cette hypothèque prise au profit du subrogé ou par une mention faite en marge de l'inscription préexistante (L. 23 mars 1855, art. 9) [35]. Il résulte de là que le sous-créancier subrogé à l'hypothèque, à la différence de celui qui agit en vertu de l'article 775, n'a pas besoin de faire opposition pour exercer à son profit les droits hypothécaires du subrogeant — qu'il lui suffit, en cas de subrogation à l'hypothèque légale d'une femme mariée, de justifier de l'accomplissement des formalités sus-indiquées [36], et même, en cas de subrogation à une autre hypothèque ou à un privilége immobilier, de produire

[31] Voy. les autorités citées *suprà*, § **639**, note 14.

[32] Aubry et Rau, *op. cit.*, t. III, p. 465.

[33] D. 28 févr. 1852, art. 8 : « Nul prêt ne peut être réalisé qu'après l'accomplisse-« ment des formalités prescrites par le titre IV du présent décret pour purger : « 1° les hypothèques légales, sauf le cas de subrogation par la femme à cette hypo-« thèque..... » L. 10 juin 1853, art. 5 : « Les sociétés de crédit foncier peuvent user « contre l'emprunteur des droits et des voies d'exécution qui leur sont attribués par « le décret du 28 février 1852 et par la présente loi, même pour le recouvrement des « sommes qu'elles remboursent à un créancier inscrit afin d'être subrogé à son hy-« pothèque. » L. 23 mars 1855, art. 9 (Voy. *infrà*, même §).

[34] Aubry et Rau, *op. cit.*, t. III, p. 457.

[35] Voy., sur cet article, les autorités citées *suprà*, § **639**, note 14.

[36] Aubry et Rau, *op. cit.*, t. III, p. 473.

le titre ayant date certaine d'où cette subrogation résulte[37] — et qu'il doit seulement, dans ce dernier cas, faire mentionner sa subrogation en marge de l'inscription pour en donner connaissance au poursuivant et empêcher le subrogeant d'en donner mainlevée à son préjudice[38]. A ces seules conditions le subrogé acquiert et conserve le droit de demander que le montant de la collocation du subrogé lui soit attribué, devient partie à l'ordre où il a désormais les mêmes droits que le subrogé[39], et frappe d'indisponibilité l'hypothèque à laquelle il est subrogé et la créance même à laquelle cette hypothèque est attachée : l'une ne peut être cédée ni payée, l'inscription de l'autre ne peut être rayée ni réduite à son détriment[40]. J'ajoute seulement : 1° que cette subrogation devient sans objet s'il apparaît que le subrogeant n'est pas créancier, si, par exemple, la liquidation de la communauté entre la femme subrogeante et son mari constitue cette femme débitrice et non pas créancière de son mari[41]; 2° que cette subrogation ne peut être consentie que par une femme capable de céder son hypothèque légale ou d'y renoncer : une femme mariée sous le régime dotal, ne pouvant la céder ou y renoncer, ne peut pas non plus y subroger en tant qu'elle garantit ses droits dotaux[42]. Sous ces deux rapports, la subrogation d'un créancier à l'hypothèque ne produit pas plus d'effets que l'opposition par lui formée en vertu de l'article 775[43].

[37] Aubry et Rau, *op. cit.*, t. III, p. 460.
[38] Aubry et Rau, *op. et loc. cit.*
[39] Aubry et Rau, *op. cit.*, t. III, p. 474.
[40] Aubry et Rau, *op. cit.*, t. III, p. 473.
[41] Aubry et Rau, *op. cit.*, t. III, p. 472.
[42] Tel est le sens de cette phrase incidente de l'article 9 de la loi du 23 mars 1855 : « Dans le cas où les femmes peuvent céder leur hypothèque légale ou y re-« noncer. » Voy., sur ce point, Aubry et Rau, *op. cit.*, t. III, p. 462; Bertauld, *op. cit.*, n° 54.
[43] Voy. *suprà*, même §. J'ai toujours supposé dans ce § qu'un sous-créancier se présente au cours de l'ordre judiciaire pour réclamer que la collocation de son débiteur lui soit attribuée : *quid*, s'il élève cette prétention dans l'ordre amiable? J'ai déjà posé cette question au § **788.** Trois hypothèses doivent être distinguées. Première hypothèse : un créancier a pris inscription et se présente à l'ordre amiable; son propre créancier intervient pour demander l'attribution à son profit de la collocation éventuelle de son débiteur; il devient ainsi partie à l'ordre en vertu des principes qui viennent d'être posés, et l'ordre amiable ne peut plus être conclu sans son consentement. Seconde hypothèse : un créancier n'a pas pris inscription et son créancier la prend pour lui, avant ou après la délivrance de l'état sur transcription : si c'est

§ **822**. 2) Je suppose maintenant que deux ou plusieurs créanciers demandent que la collocation de leur débiteur leur soit attribuée. Cette demande se produit dans la forme indiquée au § précédent, mais quel en est alors l'effet et comment cette collocation est-elle attribuée aux créanciers? Est-ce au marc le franc, ou bien est-ce d'après la nature de leurs créances, par ordre d'inscription, d'opposition ou de subrogation? Il faut distinguer deux cas : 1° ils ont simplement pris inscription pour leur débiteur ou formé opposition à ce qu'il soit payé à leur détriment; 2° ils sont subrogés à son hypothèque.

a. Les différents créanciers qui ont pris inscription de l'hypothèque de leur débiteur ou fait opposition à son paiement ne viennent, en principe, qu'au marc le franc sur le montant de sa collocation lorsqu'elle est insuffisante à les payer tous intégralement, mais cette règle est-elle absolue? Ne souffre-t-elle pas exception dans le cas où l'un de ces créanciers peut invoquer contre les autres un privilège [1]? Doit-elle être maintenue lorsqu'ils ont pris inscription ou fait opposition à des dates différentes? Ne faut-il pas procéder, dans ces deux cas, à un sous-ordre [2], c'est-à-dire attribuer la collocation du débiteur à ses créanciers suivant un ordre déterminé tantôt par la nature des créances tantôt par la date de leurs titres [3]? Je réponds

avant, il est porté sur cet état et doit être convoqué avec tous les créanciers qui y figurent; si c'est après, il en fait faire mention au procès-verbal; dans tous les cas, sa présence et son consentement sont nécessaires pour la validité de l'ordre amiable. Troisième hypothèse : le créancier a subrogé un tiers à son hypothèque. S'agit-il de l'hypothèque légale d'une femme mariée, le subrogé a dû rendre sa subrogation publique conformément à l'article 9 de la loi du 23 mars 1855, et cette troisième hypothèse rentre dans la seconde, car on doit convoquer à l'ordre amiable le subrogé dont l'inscription ou la mention est antérieure à la délivrance de l'état sur transcription, et le subrogé inscrit ou mentionné après cette époque doit le déclarer au procès-verbal; sa présence et son consentement deviennent donc, dans tous les cas, nécessaires pour la conclusion de l'ordre amiable. S'agit-il d'une autre hypothèque ou d'un privilège immobilier, le subrogé n'a qu'à faire connaître son titre pour que sa convocation et, par suite, sa présence et son consentement deviennent indispensables (Voy., sur ces divers points, Seligmann, *op. cit.*, n°s 226 et suiv., et, sur les personnes dont la convocation, la présence et le consentement sont nécessaires pour la conclusion de l'ordre amiable, *suprà*, §§ **788** et **791**).

§ **822.** [1] « Le privilège est un droit que la qualité de la créance donne à un « créancier d'être préféré aux autres créanciers même hypothécaires » (C. civ., art. 2095).

[2] Voy. la définition de l'ordre, *suprà*, § **777**.

[3] J'entends par-là leur titre opposable aux tiers, c'est-à-dire leur inscription ou leur opposition, et non pas l'acte quelconque d'où leurs créances résultent.

affirmativement dans deux cas. 1° Seront colloqués par préférence ceux qui pourront faire valoir un privilège sur la créance colloquée[4], à savoir celui qui l'aura cédée[5], celui qui aura fait des frais pour la conserver en poursuivant le débiteur commun ou en interrompant la prescription qui courait à son profit[6], et celui qui aura, dans l'intérêt commun, pris l'inscription ou formé l'opposition en vertu de laquelle ils seront tous colloqués[7]. 2° Le sous-créancier qui aura pris inscription ou fait opposition avant la clôture de l'ordre sera également colloqué par préférence à ceux qui n'auront accompli ces formalités qu'après ce moment[8]. Faut-il ajouter un troisième cas? Est-ce au marc le franc ou à la date de leurs inscriptions ou oppositions que seront colloqués d'une part les créanciers inscrits ou opposants avant la clôture de l'ordre, d'autre part les créanciers inscrits ou opposants après cette époque? Il y a là plus qu'une question de procédure, car, au fond, il s'agit de savoir quels sont les droits des créanciers sur

[4] Pé de Arros, *op. cit.* (Dans la *Revue pratique de droit français*, t. XLVII, 1880, p. 239).

[5] Le créancier qui cède sa créance a droit au privilège du vendeur d'effets mobiliers (C. civ., art. 2102-4°; Merlin, *op. cit.*, v° *Privilège de créance*, sect. III, § II, n° 11; Duranton, *op. cit.*, t. XIX, n° 126; Aubry et Rau, *op. cit.*, t. III, p. 153; Colmet de Santerre, *op. cit.*, t. IX, n° 31 *bis*-II; Laurent, *op. cit.*, t. XXIX, n° 474; Troplong, *op. cit.*, t. I, n° 187; Valette, *op. cit.*, n° 86; Pont, *op. cit.*, t. I, n° 147).

[6] Voy., sur ce privilège, Duranton, *op. cit.*, t. XIX, n°s 106 et suiv.; Aubry et Rau, *op. cit.*, t. III, p. 151; Colmet de Santerre, *op. cit.*, t. IX, n° 30 *bis*-I et II; Laurent, *op. cit.*, t. XXIX, n°s 455 et suiv.; Troplong, *op. cit.*, t. I, n°s 174 et suiv.; Valette, *op. cit.*, n°s 80 et suiv.; Pont, *op. cit.*, t. I, n°s 138 et suiv.

[7] Arg. C. civ., art. 2101-3°. Pé de Arros, *op. et loc. cit.*

[8] L'existence de ce privilège ne peut être contestée sérieusement (Voy. cep. Bressolles, *Explication de la loi du 21 mai 1858*, n° 66). Pigeau, qui protestait contre la jurisprudence établie en faveur du sous-ordre et qui l'a fait condamner par l'article 778 du Code de procédure (Voy. *infrà*, même §), enseignait néanmoins que les créanciers inscrits ou opposants avant le décret forcé devaient être préférés aux autres, comme ayant empêché le débiteur commun de toucher ce qui lui était dû au préjudice de ses créanciers (*Procédure civile du Châtelet de Paris*, t. II, p. 737). Ce privilège a donc pour lui l'autorité des précédents. Il a également: 1° celle des principes, car ce n'est qu'une application particulière du privilège pour frais de conservation dont il est parlé ci-dessus; 2° celle du texte, car l'article 775 l'établit aussi clairement que possible en prescrivant de distribuer le montant de la collocation du débiteur entre les créanciers inscrits ou opposants « avant la clôture de l'ordre » et, par conséquent, à l'exclusion de ceux qui n'ont pris inscription ou fait opposition qu'après cette époque; 3° celle des travaux préparatoires de la loi du 21 mai 1858 : « Dans leurs « observations sur le projet de loi de 1858, MM. les avoués de Paris demandèrent « la suppression de notre article 775, comme établissant, contrairement au droit « commun, un privilège en faveur des créanciers opposants. La somme grevée d'op- « position, disaient-ils, doit devenir l'objet d'une contribution dans laquelle sont

les créances hypothécaires de leur débiteur, si le montant de ces créances doit se répartir entre eux par ordre d'hypothèque comme le prix d'un immeuble, et si elles peuvent, par conséquent, aussi bien que les immeubles, devenir pour lui un instrument de crédit [9]. La question, ainsi envisagée, n'est pas nouvelle, car, à Rome où les meubles eux-mêmes étaient susceptibles d'hypothèque [10], la pratique inventa l'hypothèque conventionnelle de la créance (*pignus nominis*) et de l'hypothèque elle-même (*pignus pignoris, subpignus*) [11]. En France, les pays de droit écrit suivirent absolument le droit romain, et non-seulement la jurisprudence admit l'hypothèque conventionnelle des meubles, et spécialement celle des créances hypothécaires et de l'hypothèque elle-même, mais encore elle établit au profit des créanciers à hypothèque générale, opposants ou non opposants, un droit de préférence sur tous les objets qui composaient le patrimoine du débiteur, y compris les créances : ils étaient payés par rang d'hypothèque et

« appelés tous ceux qui ont des droits à exercer. Jusqu'au règlement provisoire « de cette distribution nouvelle les créanciers peuvent produire : il ne serait pas « juste d'exclure ceux qui ne se sont pas fait connaître encore et de leur appliquer « une déchéance contraire au droit commun. Le conseil d'État et le Corps législatif « n'ont pas été touchés par ces observations : ils ont conservé l'ancien article 778 « qui forme l'article 775 de la loi de 1858 » (Seligmann, *op. cit.*, n° 601). Voy., en ce sens, Bioche, *op. et v° cit.*, n° 756 ; Chauveau, sur Carré, *op. cit.*, t. VI, Ire part., quest. 2617 *ter;* Boitard, Colmet-Daage et Glasson, *op. cit.*, t. II, n° 1038 ; Seligmann, *op. cit.*, n° 615 ; Pont, sur Seligmann, *op. et loc. cit.*, note 1 ; Beudant, *De la subrogation aux droits d'hypothèque et du sous-ordre*, nos 13 et suiv. (dans la *Revue critique de législation et de jurisprudence*, t. XXVIII, 1866, p. 38 et suiv.).

[9] Beudant, *op. cit.*, n° 9 (Dans la *Revue critique de jurisprudence*, t. XXVIII, 1866, p. 36).

[10] Dig., LL. 6, 8, 9 § 1, 13 pr., 15 pr., *De pign. et hyp.* (XX, I).

[11] Dig., LL. 18 pr., *De pign. act.* (XIII, VII), et 13, § 2, *De pign. et hyp.* (XX, I). Code, LL. 4, *Quæ res pign. obl. poss.* (VIII, XVII), et 1, *Si pign. hyp. dat. sit* (VIII, XXIV). Il est assez difficile de savoir très exactement en quoi ces deux conventions différaient l'une de l'autre : il est cependant très probable que le *pignus nominis* donnait une action personnelle au sous-créancier contre le débiteur de son débiteur à l'effet de se faire payer et de garder l'argent par-devers lui jusqu'à concurrence de son dû, et que le *pignus pignoris* ou *subpignus* emportait, en outre, cession de l'hypothèque et, par conséquent, droit pour le cessionnaire d'intenter l'action quasi-servienne, de se faire mettre en possession, d'aliéner la créance et de se payer sur le prix. Voy. Vangerow, *Lehrbuch der Pandekten*, t. I, p. 811 et suiv.; Jourdan, *op. cit.*, p. 275 et suiv.; Dernburg, *Das Pfandrecht nach den Grundsätzen der heutigen rœmischen Rechts*, § 60 (Leipzig, 1860, t. II, p. 461 et suiv.); Boitard, Colmet-Daage et Glasson, *op. et loc. cit.;* Accarias, *op. cit.*, t. I, n° 286 ; Labbé, Appendices aux *Dissertations* de Machelard (Paris, 1882), p. 202 et suiv.; Beudant, *op. cit.*, nos 10 et suiv. (dans la *Revue critique de législation et de jurisprudence*, t. XXVIII, 1866, p. 37 et suiv.).

par voie de sous-ordre sur toutes les sommes allouées dans un ordre à leur débiteur [12], et cette situation était d'autant plus fréquente que l'hypothèque générale résultait de plein droit, à cette époque, de tous les actes notariés et même de tous les actes sous seing privé reconnus en justice ou déposés chez un notaire [13]. Il en fut autrement dans les pays de coutume où l'hypothèque des meubles ne fut généralement pas admise [14] : on en conclut que les créances hypothécaires ne pouvaient être hypothéquées par convention [15] et que les sommes allouées dans un ordre au débiteur devaient se partager au marc le franc entre ses créanciers [16], mais une jurisprudence contraire s'introduisit, sur ce dernier point [17], au parlement de Paris : ces sommes furent réparties par rang d'hypothèque entre tous les créanciers qui avaient fait opposition avant que le décret forcé fût « clos et scellé [18]. » Comment concilier cette jurisprudence avec le principe que les meubles ne sont pas susceptibles d'hypothèque ? « On a « regardé, dit Héricourt, le créancier opposant au décret « des biens du débiteur comme étant lui-même saisi d'une « partie du fonds du débiteur jusqu'à la concurrence de ce « qui lui est dû, de manière que les créanciers de ce créan- « cier acquièrent un droit réel sur ce fonds qui était le gage,

[12] Basnage, *op. cit.*, ch. III, nº 4 (P. 6). Voy., sur cette jurisprudence, Boitard, Colmet-Daage et Glasson, *op. et loc. cit.*

[13] Pothier, *De l'hypothèque*, nº 30.

[14] Coutumes de Paris (Art. 170; Bordot de Richebourg, *op. cit.*, t. III, p. 43) et d'Orléans (Art. 464 et suiv.; Bordot de Richebourg, *op. cit.*, t. III, p. 806 et 807). Aj. Guénois, *Conférence des coutumes* (Paris, 1596), p. 509. Les coutumes d'Anjou (Art. 490), du Maine (Art. 494) et de Normandie (Art. 196) admettaient exceptionnellement l'hypothèque des meubles mais sans droit de suite (Bordot de Richebourg, *op. cit.*, t. IV, p. 517 et 580).

[15] Voy., sur ce point, Boitard, Colmet-Daage et Glasson, *op. et loc. cit.*; Beudant, *op. cit.*, nºˢ 13 et suiv. (dans la *Revue critique de législation et de jurisprudence*, t. XXVIII, 1866, p. 38 et suiv.).

[16] Pigeau, *op. cit.*, t. II, p. 822 et suiv. Thibault, *Des criées* (Ch. V, § III, nºˢ 30 et 31; éd. Dijon, 1746, t. I, p. 270). Aj. Héricourt, qui considère la jurisprudence contraire du parlement de Paris (Voy. *infrà*, même §) comme en contradiction avec les principes du droit (*Op. cit.*, ch. XI, sect. IV, nº 2; p. 289).

[17] Elle n'alla pas jusqu'à admettre l'hypothèque conventionnelle des créances hypothécaires (Voy., sur ce défaut de logique, Boitard, Colmet-Daage et Glasson, *op. et loc. cit.*; Beudant, *op. et loc. cit.*).

[18] Voy. notamment les arrêts des 22 août et 25 septembre 1691, non motivés suivant l'ancien usage (Voy. t. III, § **459**). Comp., sur ces arrêts, Ferrière, *Corps et compilation de tous les commentateurs de la coutume de Paris* (Paris, 1714), t. III, p. 1271; Pothier, *op. cit.*, nº 656; Prévost de la Jannès, *Principes de la jurisprudence fran-*

« que l'opposant en sous-ordre saisissait par son opposition, « et qu'il faisait vendre pour être payé de ce qui lui était dû. « On s'est porté d'autant plus aisément à introduire cette « fiction, quoiqu'elle ne fût autorisée par aucune loi expresse, « qu'en contractant avec une personne on peut faire presque « autant de fond, pour la sûreté de sa dette, sur les créances « hypothécaires que sur les immeubles dont le débiteur au- « rait la propriété[19]. » « On pourrait objecter, dit Pothier « encore plus précis, que, cette somme pour laquelle le créan- « cier est colloqué n'étant qu'une chose mobilière et, par « conséquent, non susceptible d'hypothèque, cette somme « devrait se distribuer entre les créanciers de ce créancier au « marc la livre de leurs créances et non point par ordre d'hy- « pothèque. La réponse est que, si les créanciers de ce créan- « cier ne s'étaient pourvus que depuis le décret par saisie et « arrêt de la somme pour laquelle il a été colloqué, cette « somme se distribuerait effectivement comme une chose « mobilière au marc la livre entre eux tous; mais, s'étant « opposés au décret de l'héritage pour venir en sous-ordre « de la somme pour laquelle leur débiteur commun serait « colloqué, c'est le droit d'hypothèque qu'avait leur débiteur « commun à l'héritage saisi qu'ils ont saisi, un droit dans

çaise (Paris, 1770), t. I, n°s 173 et 201; Héricourt, *op. cit.*, ch. XI, sect. IV, n° 1 (P. 288); Thibault, *op. et loc. cit.* L'édit de Colbert, de mars 1673, qui prescrivait l'enregistrement des hypothèques, confirmait cette jurisprudence par son article 35 : « L'ordre des enregistrements sera gardé entre les opposants en sous-ordre « comme il le serait entre les principaux opposants » (Isambert, *op. cit.*, t. XIX, p. 78); mais on sait qu'il rencontra une vive résistance et fut rapporté au mois d'avril 1674 (Isambert, *op. cit.*, t. XV, p. 113; Henri Martin, *Histoire de France*, 4e éd. (Paris), 1865, t. XII, p. 80). Le parlement de Paris admit même pendant longtemps la jonction complète à l'ordre qui intéressait tous les créanciers du sous-ordre qui n'intéressait que celui sur lequel des oppositions en sous-ordre étaient formées : « On observait autrefois au parlement de Paris de prendre sur les « oppositions en sous-ordre un appointement (Voy., sur cette expression, t. II, § **209**, « note 65) portant jonction à l'ordre, et les frais pour l'instruction et le jugement des « oppositions en sous-ordre étaient pris sur les revenus des biens vendus par décret « ou sur le prix de l'immeuble qu'il s'agissait de distribuer entre les créanciers » (Héricourt, *op. et loc. cit.*). Cette pratique, qui faisait juger aux frais des créanciers des contestations sans intérêt pour eux, fut abolie par les arrêts précités qui ordonnèrent de ne régler les oppositions en sous-ordre qu'après la clôture de l'ordre et de n'en prendre les frais que sur le montant de la collocation sur laquelle elles avaient été formées (Pothier, *op. et loc. cit.*; Héricourt, *op. et loc. cit.*). On remarquera, enfin, que la jurisprudence du parlement de Paris n'admettait au sous-ordre que les créanciers dont l'opposition avait été faite avant que le décret fût « clos et scellé » : j'en ai donné la raison au § précédent, note 12.

[19] *Op. cit.*, ch. XI, sect. IV, n° 2 (P. 289).

« l'héritage, un droit par conséquent immobilier : c'est par « cette raison qu'ils doivent venir par ordre d'hypothèque « suivant la règle *Pignus pignori dari potest*[20]. » Cette fiction qui revenait, en définitive, à considérer l'hypothèque elle-même comme un bien susceptible d'hypothèque et saisissable par voie de saisie immobilière ne fut jamais admise par Pigeau[21], et c'est probablement grâce à lui[22] que la loi du 9 messidor an III répudia la jurisprudence du parlement de Paris[23], que celle du 11 brumaire an VII confirma la précédente par son silence[24], et que l'article 778 du Code de procédure prescrivit de distribuer le montant de la collocation du débiteur comme chose mobilière entre tous les créanciers « inscrits ou opposants avant la clôture de l'ordre. » L'article 775 actuel en est la reproduction littérale. D'ailleurs, l'article 2118 du Code civil, promulgué dans l'intervalle, condamna implicitement la jurisprudence du parlement de Paris et la justification que Pothier et Héricourt avaient tenté d'en donner, en rayant les meubles et l'hypothèque de la liste des biens qui peuvent être hypothéqués[25].

b. Il en va tout différemment quand les personnes qui font valoir leurs droits sur le montant de la collocation de leur débiteur ne sont pas de simples opposants mais des créanciers subrogés à l'hypothèque. La pratique a trouvé depuis longtemps dans cette subrogation le moyen d'éluder l'ancien article 778 et le nouvel article 775, et de faire venir ces créanciers par ordre de préférence sur le montant de ladite collo-

20 *Op. cit.*, n° 657.

21 *Op. et loc. cit.*

22 Voy., sur cet auteur, t. II, § **210,** note 16.

23 « Dans le concours de plusieurs opposants en sous-ordre sur un même débiteur, « en cas d'insuffisance pour les solder, il n'y a lieu à aucune distinction, aucune « préférence ni ordre d'hypothèque sur les deniers qui lui appartiennent, lesquels « doivent être distribués entre eux au marc la livre » (Art. 90).

24 C'est ainsi qu'elle fut interprétée par la jurisprudence (Voy. l'arrêt de la cour de Paris du 10 août 1809, rendu après l'abrogation de cette loi par le Code civil mais dans un cas régi par elle, D. A. v° *cit.*, n° 1308; voy. cep. Paris, 15 frim. an XII, D. A. v° *cit.*, n° 1309).

25 Voy., sur le principe que l'hypothèque elle-même ne peut être hypothéquée, Duranton, *op. cit.*, t. XIX, n° 272; Aubry et Rau, *op. cit.*, t. III, p. 126; Colmet de Santerre, *op. cit.*, t. IX, n° 78 *bis*-VIII; Troplong, *op. cit.*, t. II, n° 407; Valette, *op. cit.*, n° 128; Pont, *op. cit.*, t. I, n° 394; et, sur l'article 2119 du Code civil qui déclare les meubles non susceptibles d'hypothèque au point de vue du droit de suite et peut-être aussi du droit de préférence, t. III, § **571,** note 7.

cation[26]. La loi du 23 mars 1855 a confirmé cette jurisprudence en ce qui touche l'hypothèque légale des femmes mariées, en disposant que « les dates des inscriptions ou « mentions déterminent l'ordre dans lequel ceux qui ont « obtenu des cessions ou renonciations[27] exercent les droits « hypothécaires de la femme » (Art. 9). La préférence entre subrogés se règle donc aujourd'hui d'après la date certaine de leurs titres[28], et, dans le cas de l'article 9 de la loi du 23 mars 1855, par la date des inscriptions ou mentions dont j'ai parlé aux §§ **639** et **788**[29]. Quel que soit le caractère juridique de ces subrogations[30], elles suppriment, dans le cas où elles ont été consenties, l'application de l'article 775[31], et font revivre le sous-ordre dans les termes où la jurisprudence du parlement de Paris l'avait admis, avec cette différence que le droit de se faire ainsi colloquer par ordre sur l'émolument des créances hypothécaires n'appartient plus légalement à tous les créanciers d'un même débiteur, mais seulement à ceux qui tiennent ce droit de sa volonté expresse[32]. J'ajoute que les créanciers subrogés à l'hypothèque légale de la femme mariée, qui n'ont pas rempli les formalités prescrites par l'ar-

[26] Voy., sur le développement historique de cette pratique, Beudant, *op. cit.*, nos 141 et suiv. (dans la *Revue critique de législation et de jurisprudence*, t. XXVIII, 1866, p. 56 et suiv., 210 et suiv.).

[27] Ce sont ces cessions ou renonciations qui sont comprises sous le nom générique de subrogation à l'hypothèque légale des femmes mariées (Voy. les autorités citées *suprà*, § **639**, note 14).

[28] Aubry et Rau, *op. cit.*, t. III, p. 460.

[29] Voy., sur le classement des créanciers subrogés à l'hypothèque à des dates différentes, les autorités citées *infrà*, note 31.

[30] Il est controversé (Voy., sur ce point, les autorités citées *suprà*, § **639**, note 14, et particulièrement le résumé de cette controverse dans Aubry et Rau, *op. cit.*, t. III, p. 455 et suiv.).

[31] Voy., sur ce point, Bioche, *op. et v° cit.*, nos 751 et 752; Chauveau, sur Carré, *op. cit.*, t. VI, Ire part., quest. 2617 *sexies;* Boitard, Colmet-Daage et Glasson, *op. et loc. cit.;* Rodière, *op. cit.*, t. II, p. 378; Pont, *Des privilèges et hypothèques*, t. II, nos 778, 787 et suiv.; Seligmann, *op. cit.*, nos 624 et 625; Houyvet, *op. cit.*, n° 364 Beudant, *op. cit.*, nos 42, 79 et suiv. (Dans la *Revue critique de législation et de jurisprudence*, t. XXVIII, 1866, p. 57, 246 et suiv.); de Milly, *Étude sur l'article 775 du Code de procédure* (Dans la *Revue pratique de droit français*, t. XL, 1875, p. 80 et suiv.); Pé de Arros, *op. cit.* (Dans la *Revue pratique de droit français*, t. XLVII, 1880, p. 242); Paris, 12 déc. 1817 (D. A. v° *Privilèges et hypothèques*, n° 952); req. 17 avr. 1827 (D. A. v° *Ordre*, n° 1337); Orléans, 24 mai 1848 (D. P. 48. 2. 185); civ. rej. 27 avr. 1852 (D. P. 52. 1. 162); trib. de Saint-Amand, 2 août 1854 (D. A. v° *et loc. cit.*); Caen, 31 août 1863 (D. P. 64. 2. 138). Aj. Lyon, 27 déc. 1882 (D. P. 83. 2. 243); req. 31 janv. 1883 (D. P. 83. 1. 316); Nancy, 13 juill. 1886 (D. P. 87. 2. 141).

[32] Beudant, *op. et loc. cit.*

ticle 9 de la loi du 23 mars 1855, peuvent se présenter à l'ordre en vertu de l'article 775, mais que, ne pouvant invoquer que cet article, le montant de la collocation de leur débiteur sera réparti entre eux au marc le franc [33].

§ **823**. Par quelque personne et dans quelque cas qu'elle soit demandée, la sous-collocation a toujours trait à la distribution du prix d'un immeuble [1] et se rattache, par conséquent, à la procédure d'ordre : il y a, d'ailleurs, au point de vue des frais et de la prompte expédition de l'ordre, tout avantage à ne pas l'en séparer [2]. C'est donc le juge commis à l'ordre qui statue en premier ressort sur cette demande, accorde ou refuse la sous-collocation demandée, la fait figurer dans le règlement provisoire ou l'en exclut [3] : dans le premier cas, un procès-verbal est inutile et la sous-collocation est inscrite au procès-verbal d'ordre à la suite de la collocation qui en est l'objet [4]. On sait, d'ailleurs, que le créancier qui la demande devient ainsi partie à l'ordre [5], et on verra plus loin les conséquences qui en résultent au point de

[33] Seligmann, *op. cit.*, n° 625.

§ **823.** [1] Le créancier sous-colloqué l'est-il pour tous les intérêts qui lui sont dus; ou seulement pour deux années et l'année courante conformément à l'article 2151 du Code civil (Voy. *suprà*, § **713**)? MM. Houyvet (*De l'ordre entre créanciers* (Caen et Paris, 1859), n° 357) et Ulry (*Op. cit.*, t. II, n° 326) proposent cette dernière solution : s'appuyant sur l'article 775 qui considère cette collocation comme purement mobilière, ils en concluent que les règles de l'ordre lui sont étrangères. L'article 2151 redeviendrait-il donc applicable au cas où le sous-créancier ne se prévaudrait pas de l'article 775 et se présenterait en qualité de subrogé? Mieux vaut dire que l'article 2151, ayant pour but d'empêcher qu'un créancier ne réduise à l'excès les droits des créanciers postérieurs en laissant volontairement accumuler une somme considérable d'intérêts (Aubry et Rau, *op. cit.*, t. III, p. 420), ne doit pas s'appliquer dans l'espèce, attendu que les sommes attribuées aux créanciers sous-colloqués doivent se prendre exclusivement pour le montant de la collocation de leur débiteur, et sans préjudicier en rien aux droits des créanciers colloqués à la suite de ce dernier.

[2] Seligmann, *op. cit.*, n° 618.

[3] Chauveau, sur Carré, *op. cit.*, t. VI, Ire part., quest. 2617 *septies*. Rodière, *op. cit.*, t. II, n° 378, note 1. Seligmann, *op. cit.*, n° 620. Orléans, 14 déc. 1848 (D. P. 49. 2. 210). Req. 13 févr. 1865 (D. P. 65. 1. 412). A son refus, le créancier intéressé s'adresse au tribunal et fait rendre un jugement qui oblige le juge-commissaire à procéder au sous-ordre (Chauveau, sur Carré, *op. et loc. cit.*; Rodière, *op. et loc. cit.*; Seligmann, *op. et loc. cit.*).

[4] Le garde des sceaux avait proposé en 1858 un article additionnel qu'a écarté le conseil d'État et qui disait : « Le montant de la collocation du débiteur fait l'objet « d'un procès-verbal qui est dressé séparément par le juge » (Seligmann, *op. et loc. cit.*; voy., en sens contraire, Bordeaux, 23 juin 1841, D. A. v° *cit.*, n° 1324).

[5] Voy. *suprà*, § **812**.

vue de la dénonciation du règlement provisoire et du délai qu'on a pour l'attaquer[6].

§ **824**. Les collocations arrêtées par le juge dans le règlement provisoire établissent l'existence de la créance, et donnent, par conséquent, ouverture à un droit proportionnel, dit de collocation, qui est de 50 centimes par 100 francs[1], mais elles ne constituent, quant au paiement, qu'une indication que les contredits[2] ou la revente sur folle enchère[3] peuvent remettre en question; la créance colloquée subsiste donc avec toutes ses garanties[4]. On verra au § **848** que la délivrance des bordereaux de collocation ne l'éteint même pas, et qu'elle subsiste jusqu'au moment où le créancier colloqué sera effectivement payé.

§ **825**. Quand l'état provisoire de collocation est achevé, le greffier en avertit généralement le poursuivant[1], mais rien ne l'y oblige[2] et l'avoué poursuivant doit veiller — « être à « l'affût » dit M. Riché dans son rapport au Corps législatif[3] — pour connaître au plus tôt l'existence de cet état : l'article 755 ne lui donne, en effet, que dix jours pour en notifier l'achèvement aux créanciers produisants et à la partie saisie[4], et l'article 776 le déclare déchu de la poursuite s'il n'accomplit pas cette formalité dans le délai qui lui est fixé par la loi[5]. Il n'est tenu d'avertir que les créanciers pro-

[6] Voy. *infrà*, §§ **842** et suiv.

§ **824**. [1] L. 22 frim. an VII, art. 69, § 2-9°. Voy., sur ce droit, Gabriel Demante, *op. cit.*, t. II, nos 555 et suiv.; Naquet, *op. cit.*, t. II, nos 729 et suiv.

[2] Voy. *infrà*, §§ **826** et suiv.

[3] Voy. *suprà*, §§ **749** et suiv.; et, sur les effets de la folle enchère relativement à l'ordre déjà ouvert, *infrà*, §§ **856** et **857**.

[4] Seligmann, *op. cit.*, n° 308.

§ **825**. [1] Seligmann, *op. cit.*, n° 314.

[2] « Un de nos amendements prescrivait cet avertissement sans frais : le conseil « d'État n'a pas souscrit à cet amendement » (Riché, *op. cit.*, n° 78; D. P. 58. 4. 55).

[3] *Ib.*

[4] Je vais revenir au même § sur la forme et sur le sens précis de cette communication.

[5] Chauveau, sur Carré, *op. cit.*, t. VI, Ire part., quest. 2563 *bis*. Boitard, Colmet-Daage et Glasson, *op. cit.*, t. II, n° 1027. Seligmann, *op. et loc. cit.*

duisants[6] qu'il n'est pas chargé de représenter : il ne doit aucun avertissement aux créanciers hypothécaires qui n'ont pas produit[7] et, à plus forte raison, aux créanciers chirographaires, fûssent-ils intervenus par un dire consigné au procès-verbal[8]; et, s'il représente d'autres créanciers produisants que celui au nom duquel il poursuit l'ordre, on va voir que le délai pour contredire court contre eux alors même que la confection de l'état provisoire de collocation n'aurait pas été porté à leur connaissance personnelle. Il faut entendre ici par partie saisie le débiteur personnel : c'est lui qu'il faut avertir, quand même la saisie serait pratiquée sur un tiers détenteur[9].

L'avertissement prescrit par l'article 755 consiste dans une dénonciation faite : 1° aux produisants, par acte d'avoué à avoué[10] et en autant de copies que l'avoué qui la reçoit représente de créanciers[11]; 2° à la partie saisie, en la même forme ou par exploit fait à personne ou à domicile dans le cas où elle n'a pas constitué d'avoué. On a soutenu, en s'attachant

[6] Y compris les créanciers sous-colloqués (Seligmann, *op. cit.*, n° 621). Voy., sur cette hypothèse, les §§ précédents.

[7] Arg. art. 755. Lyon, 14 mai 1845 (D. A. v° *Ordre*, n° 639). Ne faut-il pas avertir le vendeur, même non produisant, lorsqu'il a constitué avoué? Voy., pour l'affirmative, Bioche, *op. et v° cit.*, n° 429.

[8] Même arg. Bioche, *op. et v° cit.*, n° 420. Chauveau, sur Carré, *op. et loc. cit.* Rodière, *op. cit.*, t. II, p. 357. Seligmann, *op. cit.*, n° 318. Paris, 11 août 1812 (D. A. *v° cit.*, n° 640). Voy., sur l'intervention des créanciers chirographaires dans un ordre judiciaire, *infrà*, § **827**. Faut-il avertir les créanciers chirographaires qui ont produit au nom de leur débiteur pour être colloqués sur lui en sous-ordre? Voy., en ce sens, Bioche, *op. et v° cit.*, n° 421; Seligmann, *op. cit.*, n° 319; et, sur le sous-ordre, *suprà*, §§ **822** et **823**.

[9] Bioche, *op. et v° cit.*, n° 425. Seligmann, *op. cit.*, n° 315. Si le saisi est interdit judiciairement et a sa femme pour tutrice conformément à l'article 507 du Code civil, elle a qualité, quoiqu'en même temps créancière, pour recevoir l'avertissement dont il s'agit ici. *Nec obst.* C. civ., art. 420 qui prescrit de nommer un subrogé tuteur toutes les fois que le tuteur du mineur ou de l'interdit se trouve en opposition d'intérêts avec ce dernier : il n'y a pas précisément d'opposition d'intérêts entre le débiteur et les créanciers, d'ailleurs non saisissants, qui ne demandent qu'à être colloqués à son rang sur le prix de ses biens (Req. 6 déc. 1852; D. P. 52. 1. 319).

[10] L'article 755 est formel sur ce point, et il est inutile d'observer ici les formes ordinaires des exploits (Bioche, *op. et v° cit.*, n° 427; Seligmann, *op. cit.*, n° 312; Grenoble, 6 août 1822, req. 31 août 1825, D. A. *v° cit.*, n° 647; req. 30 mai 1837, D. A. *v° cit.*, n° 478; voy., au surplus, sur la différence qui existe entre un exploit et un acte d'avoué à avoué, t. II, § **232**). Le poursuivant qui emploierait la forme des exploits pour dénoncer l'état provisoire de collocation ne ferait pas un acte nul, mais un acte frustratoire dont les frais resteraient à sa charge (Voy., sur cette pénalité, t. II, § **200**).

[11] Chauveau, sur Carré, *op. cit.*, t. VI, 1re part., quest. 2562. La commission de 1865 proposait de le dire expressément (Greffier, *op. cit.*, p. 132).

à la lettre de l'article 755 et de l'article correspondant du tarif[12], que la dénonciation se fait toujours par acte d'avoué à avoué et n'est due, par conséquent, qu'au saisi qui a constitué avoué[13], mais l'opinion contraire est préférable, car il est de principe que tous les actes qu'on signifie à l'avoué d'une partie doivent être signifiés au domicile de cette partie lorsqu'elle n'a pas d'avoué[14], et l'article 756, qui déclare le saisi déchu « sans nouvelle sommation » du droit de contredire qu'il n'a pas exercé dans le délai fixé au § suivant[15], indique clairement par-là que l'état provisoire de collocation doit toujours lui être dénoncé sous une forme ou sous une autre. Quelques lenteurs pourront résulter de cette façon de procéder, mais on n'aura, du moins, rien négligé pour échapper aux inconvénients, aussi sensibles pour les créanciers eux-mêmes que pour le saisi, d'une distribution de ses deniers faite en son absence et sans qu'il ait pu donner aucun détail sur l'existence, le chiffre et les circonstances particulières des créances alléguées contre lui[16]. Cette dénonciation, quelle qu'en soit la forme, ne reproduit pas l'état de collocation dressé par le juge[17]; elle avertit seulement les créanciers poursuivants et le saisi que cet état est achevé et qu'ils doivent, dans le délai fixé au § suivant et à peine de déchéance, en prendre communication au greffe et, s'il y a lieu, le contredire[18]. Si l'un des créanciers est décédé après avoir produit et que son décès n'ait pas été notifié, la dénonciation est valablement faite à son avoué[19]; dans le cas

[12] D. 16 févr. 1807, art. 134.

[13] Grenoble, 18 août 1824 (D. A. *v° cit.*, n° 683).

[14] Voy. notamment, pour la sommation de produire adressée au vendeur, *suprà*, § **808**.

[15] Voy., sur ce point, le § suivant.

[16] Bioche, *op. et v° cit.*, n° 423. Chauveau, sur Carré, *op. cit.*, t. VI, Ire part., quest. 2562 *septies*. Rodière, *op. cit.*, t. II, p. 358. Seligmann, *op. cit.*, n° 314. Rennes, 11 janv. 1813 (D. A. *v° cit.*, n° 679).

[17] Arg. art. 755 : « Dans les dix jours de la confection de l'état de collocation, le « poursuivant *la* dénonce..., » et D. 16 févr. 1807, art. 134 : « Le procès-verbal ne « sera ni levé ni signifié » (Chauveau, sur Carré, *op. cit.*, t. VI, Ire part., quest. 2562 *quinquies*).

[18] Le créancier auquel le poursuivant dénonce la confection de l'état de collocation, sans y ajouter cet avertissement, n'est pas déchu du droit de contredire après l'expiration du délai indiqué au § suivant (Bordeaux, 4 févr. 1851; D. P. 52. 2. 275).

[19] Chauveau, sur Carré, *op. cit.*, t. VI, Ire part., quest. 2563 *ter*. Seligmann, *op.*

contraire, le poursuivant assigne ses héritiers en reprise d'instance[20] mais sans que la procédure d'ordre soit interrompue, car ces héritiers y sont représentés par l'avoué de leur auteur et peuvent contredire, par mesure conservatoire et sans prendre parti, pendant le délai pour faire inventaire et délibérer[21]. Si c'est l'avoué qui est décédé ou sorti de charge, la dénonciation est faite à la personne ou au domicile du créancier[22]; on l'assigne, en outre, en constitution de nouvel avoué, et il est sursis à l'ordre jusqu'à ce qu'il ait fait cette constitution : on procède ainsi toutes les fois qu'une partie cesse d'être représentée avant que la cause soit en état[23], et la procédure d'ordre n'est en état qu'après l'expiration du délai pour contredire[24]. D'ailleurs, on arriverait, sans cela, à des conséquences inadmissibles : le créancier et son nouvel avoué n'auraient que trente jours l'un pour faire sa constitution, l'autre pour prendre communication de l'état provisoire et le contredire; comment cet avoué qui ne connaît rien encore de l'affaire pourrait-il, dans un si bref délai, examiner à fond les intérêts respectifs de son client et des autres créanciers, et les droits qu'il est chargé de défendre ne seraient-ils pas en grand danger d'être compromis[25] ?

La dénonciation faite à chacune des personnes désignées par l'article 755 est *res inter alios acta* vis-à-vis des autres : elle

cit., n° 317. Grosse et Rameau, *op. cit.*, t. II, n° 366. Comp. l'article 344, aux termes duquel la mort d'une partie n'interrompt légalement l'instance que si l'adversaire en a reçu notification (Voy. t. II, § **364**).

[20] Voy., sur cette assignation, t. II, § **365**. La dénonciation faite en pareil cas au dernier domicile du créancier serait nulle, comme tout exploit signifié à une personne décédée (Paris, 25 mars 1835, D. A. v° *Reprise d'instance*, n° 51; voy., sur le principe que je viens de rappeler, t. II, § **226**).

[21] Les auteurs cités *suprà*, note 18, disent qu'ils feront nommer un administrateur provisoire de la succession qui élèvera pour eux les contredits qu'il jugera nécessaires (Comp. *suprà*, § **815**, note 25), mais cette formalité me paraît inutile, car le contredit élevé contre le travail du juge est un de ces actes conservatoires qu'un héritier peut faire pendant les délais pour faire inventaire et délibérer sans accepter aucunement la succession (Voy., sur ce point, t. II, § **303**).

[22] Chauveau, sur Carré, *op. cit.*, t. VI, Ire part., quest. 2563 *ter*. *Contrà*, Riom, 25 mai 1866 (D. P. 66. 2. 137).

[23] Voy. t. II, § **363**.

[24] Si l'on demande pourquoi je n'applique pas cette solution en cas de décès du créancier, je répondrai que, dans cette dernière hypothèse, l'interruption de l'instance d'ordre ne s'impose pas comme dans le cas présent, car les héritiers du créancier peuvent d'autant mieux contredire qu'ils ont un défenseur en a personne de l'avoué constitué par leur auteur.

[25] Bioche, *op. et v° cit.*, n° 431. Seligmann, *op. cit.*, n° 316.

fait donc courir le délai à l'effet de contredire contre ceux auxquels elle a été faite, mais ne le fait pas courir contre les autres[26]. Cette règle ne souffre exception que dans le cas où l'avoué poursuivant représente d'autres créanciers que celui au nom duquel il poursuit : la dénonciation qu'il fait aux créanciers qu'il ne représente pas fait courir le délai contre ceux-là même qu'il représente et auxquels il n'a rien dénoncé, car c'est sa faute s'ils n'ont pas reçu de dénonciation et cette faute ne doit pas prolonger, au détriment des autres, le délai dans lequel l'état provisoire peut être contredit. On a, d'ailleurs, le droit de supposer qu'à défaut d'une dénonciation en règle l'avoué les a avertis verbalement ou par lettre de la confection de cet état[27].

§ **826**. 4° *Contredits et jugement des contredits* (Art. 755, 756, 758 al. 1, 760 à 762, 766 et 768). — Pendant que le poursuivant dénonce la confection de l'état provisoire de collocation aux personnes qui viennent d'être désignées, cet état reste au greffe à la disposition des ayants-droit qui peuvent l'étudier et, après l'avoir étudié, le critiquer ou, suivant l'expression consacrée, le contredire (Art. 755). Tous les créanciers colloqués peuvent être ainsi contestés, même ceux qui ne l'ont pas été dans un ordre antérieur, car ils ont pu être colloqués à bon droit dans un ordre sans avoir le droit de l'être dans un autre, et, si le règlement définitif du premier a autorité de chose jugée quant aux collocations qui y ont été admi-

[26] Req. 31 août 1815 (D. A. v° *cit.*, n° 709). C'est le droit commun : les délais de procédure ne courent jamais qu'en vertu d'actes dûment signifiés à la personne, au domicile ou à l'avoué des parties qu'ils intéressent (T. II, § **220**), mais, quand plusieurs personnes doivent être assignées ou recevoir signification ensemble, les délais courent contre celles auxquelles l'exploit a été adressé sans qu'elles puissent se prévaloir de ce qu'il n'aurait pas été signifié à d'autres parties. Ces règles ne souffrent exception que dans les matières indivisibles, et ce n'est point le cas. On décide donc avec raison que le saisi, qui, n'ayant pas constitué d'avoué, doit être averti de la confection de l'état de collocation par exploit fait à sa personne ou à son domicile (Voy. *suprà,* même §), peut seul se prévaloir de ce que cette dénonciation ne lui a pas été faite : le délai pour contredire ne court donc pas contre lui, mais il court contre les créanciers auxquels il a été fait une dénonciation régulière (Bioche, *op. et v° cit.*, n° 424). D'autre part, il a été jugé, et bien jugé, que le poursuivant qui dénonce la confection dudit état aux créanciers ne renonce point par-là au droit de contester leurs titres (Req. 22 février 1881; D. P. 81. 1. 409).

[27] Chauveau, sur Carré, *op. cit.,* t. VI, Ire part., quest. 2562 *sexies*. Seligmann, *op. cit.*, n° 312. Grenoble, 6 août 1822 (D. A. v° *cit.*, n° 650). *Contrà*, Nîmes, 17 mars 1819 (D. A. v° *cit.*, n° 651).

ses[1], il n'en peut résulter aucun préjugé pour le second[2]: « l'autorité de chose chose jugée n'a lieu, dit l'art. 1351 du « Code civil, qu'à l'égard de ce qui a fait l'objet du juge-« ment[3]. » Qui peut contredire, dans quel délai et en quelle forme[4] ?

§ **827**. A. Il est de principe, ici comme ailleurs[1], que l'intérêt est la mesure des actions, et que nul n'est admis à contester en justice un acte qui ne lui fait aucun grief[2]; mais peuvent contredire, à cette condition, tous ceux à qui le travail du juge ne donne pas satisfaction, à savoir : 1) les créanciers produisants, colloqués ou non en ordre utile, et quand même la somme des créances incontestées qui les précèdent absorberait le prix d'adjudication; ils ont le droit de contredire, car l'article 755 ne distingue pas parmi les produisants; ils y ont intérêt, car, s'il survient une revente sur folle enchère et qu'il s'ouvre un nouvel ordre[3], ils s'exposeraient, en ne contredisant pas l'état provisoire, à voir interpréter leur silence comme un acquiescement à la situation qui leur est faite[4]; 2) les créanciers chirographaires qui contestent non pas le rang — ils n'y ont aucun intérêt — mais

§ **826**. [1] Voy. *infrà*, § **839**.
[2] Bioche, *op. et v° cit.*, n°s 456 et 457.
[3] Voy. t. III, §§ **467** et **468**.
[4] Rodière, *op. cit.*, t. II, p. 378.

§ **827**. [1] Voy. t. I, § **118**.
[2] Bruxelles, 30 juin 1814 (D. A. *v° cit.*, n° 1266). Req. 9 déc. 1824 (D. A. *v° cit.*, n° 416). Civ. rej. 15 janv. 1828 (D. A. v° *Privilèges et hypothèques*, n° 2406). Civ. rej. 30 mars 1870 (D. P. 70. 1. 217).
[3] Voy., sur la folle enchère qui se produit après l'ouverture d'un ordre et sur les conséquences qu'elle entraîne, *infrà*, §§ **856** et **857**.
[4] Bioche, *op. et v° cit.*, n° 483. Pau, 17 juill. 1837; Montpellier, 15 févr. 1849 (D. A. v° *Ordre*, n° 667). Les créanciers hypothécaires qui contredisent le règlement provisoire agissent, bien entendu, en leur nom propre et n'empruntent pas les droits du saisi; il en résulte qu'ils peuvent user, à l'appui de leurs contredits, de moyens de défense dont le saisi ne pourrait exciper, comme la nullité de l'hypothèque en vertu de laquelle un autre créancier a été colloqué (Nancy, 30 mai 1843; D. A. v° *Privilèges et hypothèques*, n° 1192). Cet arrêt a été rendu dans un cas où le débiteur n'aurait pas eu le droit de contester la validité de l'hypothèque par lui consentie, mais il n'a évidemment pas voulu dire que le débiteur n'ait jamais le droit de soulever une pareille contestation. De même, un débiteur ne peut opposer à son créancier hypothécaire le défaut d'inscription de l'hypothèque par lui consentie (Pont, *op. cit.*, t. II, n° 729), mais les autres créanciers peuvent le faire et, par conséquent, contredire la collocation d'un autre créancier qui n'aurait pas pris inscription en temps utile.

l'existence même des créances hypothécaires colloquées par le juge ; ils ne peuvent invoquer l'article 755 qui ne vise que les créanciers qui ont produit, c'est-à-dire les créanciers hypothécaires, mais ils ont évidemment qualité pour intervenir dans l'ordre[5] et pour contester, alors surtout qu'il n'est que provisoire, un état de collocation qui reconnaît, à leur détriment et au profit de prétendus créanciers hypothécaires, des droits de préférence, qui, en réalité, n'existent pas[6]; 3) les créanciers hypothécaires qui n'ont pas produit en temps utile, et qui, déchus par-là de leurs droits de suite et de préférence, ont du moins conservé tous les droits des créanciers chirographaires[7]; 4) la partie saisie[8] pour qui le rang des créanciers dûment colloqués n'a pas d'importance, mais qui peut contester le bien-fondé de leur collocation[9] et faire juger qu'ils ne sont pas créanciers et qu'ils n'ont, par conséquent, aucun droit au prix qui se trouve actuellement en distribution, ou qu'ils n'ont pas d'hy-

[5] Voy., sur l'intervention des créanciers chirographaires en général, t. III, § **384**.

[6] Boitard, Colmet-Daage et Glasson, *op. cit.*, t. II, n° 1030. Civ. cass. 10 avr. 1838; Limoges, 4 juin 1849; Colmar, 1er févr. 1855 (D. A. *v° cit.*, n° 665). Req. 13 août 1855 (D. P. 56. 1. 165). Bordeaux, 14 août 1872 (D. P. 73. 2. 209). Civ. cass. 28 janv. 1889 (D. P. 90. 1. 69). *Contrà*, Bioche, *op. et v° cit.*, n° 464. Les créanciers chirographaires sont aussi des tiers en cette matière (Voy., sur le cas où ces créanciers sont des ayants-cause et le cas où ils sont à considérer comme des tiers, t. I, § **120**, et t. II, § **277**), et peuvent opposer au créancier colloqué soit une cause de nullité de son hypothèque que le saisi ne pourrait invoquer (Voy. la note précédente), soit le défaut d'inscription de cette même hypothèque (Voy., sur la règle que l'hypothèque soumise à l'inscription n'existe que par cette formalité et que les créanciers chirographaires eux-mêmes peuvent en opposer l'inaccomplissement, t. III, § **534**).

[7] Orléans, 11 mai 1882 (D. P. 83. 5. 336). Req. 14 mai 1889 (D. P. 90. 1. 279). Comp. *suprà*, § **711**.

[8] J'ai dit au § **825**, à propos de la dénonciation de l'état provisoire de collocation, qu'il faut entendre ici par partie saisie le débiteur personnel et non pas le tiers détenteur; mais je crois, lorsqu'il s'agit de déterminer les personnes auxquelles il appartient de contredire, qu'il faut comprendre dans l'expression *la partie saisie* le tiers détenteur aussi bien que le débiteur personnel. Le tiers détenteur qui n'a pas payé, et se trouve ainsi tenu de la totalité des dettes hypothécaires (C. civ., art. 2167), a effectivement intérêt à faire retrancher de l'état définitif un créancier qui, n'ayant pas d'hypothèque, figure indûment à l'état provisoire. C'est ainsi que l'héritier bénéficiaire est admis à contredire l'état provisoire (Bioche, *op. et v° cit.*, n° 462).

[9] Bioche, *op.*, *v° et loc. cit.* Chauveau, sur Carré, *op. cit.*, t. VI, Ire part., quest. 2464 *ter*. Boitard, Colmet-Daage et Glasson, *op. et loc. cit.* Besançon, 15 juill. 1814; Rennes, 23 janv. 1815 (D. A. *v° cit.*, n° 663). Bourges, 17 déc. 1852 (D. P. 54. 2. 65). Voy., sur l'application de cette règle au saisi qui se trouve en même temps tuteur de mineurs compris, comme créanciers hypothécaires, dans l'état provisoire de collocation, Limoges, 29 mai 1850 (D. A. *v° cit.*, n° 664); Paris, 15 déc. 1853 (D. P. 54. 2. 11).

pothèques et ne doivent venir qu'au marc le franc sur ce qui restera après l'acquittement des dettes hypothécaires[10]; 5) l'adjudicataire, s'il est créancier du saisi, et même en sa seule qualité d'adjudicataire si le juge-commissaire a compris dans la somme à distribuer des intérêts qu'il ne doit pas, ou que le total des créances colloquées comme ne devant venir en ordre utile dépasse le montant du prix d'adjudication[11]. Toutes ces personnes peuvent contredire encore qu'elles aient dénoncé l'état provisoire sans protestation ni réserve, car cette signification ne peut passer pour un acquiescement tacite[12], mais elles n'auraient pas le droit de contredire un règlement qu'elles auraient approuvé dans son ensemble[13] ou de contester la collocation d'un créancier qu'elles auraient expressément consenti à laisser passer avant elles[14]. Le mandat de produire à l'ordre emporte celui d'y contredire, et l'avoué du produisant, peut, sans nouveau mandat, contester le travail provisoire du juge[15].

[10] Quel intérêt peut-il avoir, dans ce dernier cas, à contester leur collocation? Soit un actif de 30,000 francs représenté par le prix de l'immeuble sur lequel l'ordre actuel est ouvert, et un passif de 60,000 francs dans lequel le créancier Primus figure à lui seul pour 30,000. Si Primus est créancier chirographaire, il touche 50 pour 100 du montant de sa créance, soit 15,000 francs, les autres créanciers chirographaires se partagent le reste du prix, soit 15,000 francs, et le saisi reste débiteur de 30,000 francs. Si Primus est colloqué dans l'ordre comme créancier hypothécaire, il prend la totalité du prix, soit 30,000 francs, et il ne reste rien pour payer les autres créanciers auxquels le saisi continue à devoir 30,000 francs. Si la collocation de Primus est contestable, le saisi a-t-il intérêt à la contester? Il n'a pas précisément d'intérêt pécuniaire à le faire, puisqu'il reste, en tout cas, débiteur de 30,000 francs, mais il a une sorte d'intérêt moral à ne pas laisser absorber par un seul de ses créanciers tout l'actif dont il dispose et à offrir aux autres au moins un dividende. Il peut craindre aussi, s'il est commerçant, que ceux-ci, ne recevant rien, ne provoquent sa déclaration de faillite, ce qu'ils ne feraient peut-être pas s'il pouvait leur offrir 50 pour 100. D'ailleurs, ce qui restreint beaucoup l'intérêt de la question de savoir si le saisi peut élever alors un contredit, c'est que les autres créanciers ne manqueront pas de le faire pour peu qu'il ait quelques chances de succès.

[11] Grenoble, 2 janv. et 22 févr. 1827; Riom, 18 févr. 1850 (D. A. v° *cit.*, n° 671). L'adjudicataire peut avoir à formuler des réclamations d'un autre ordre : il peut demander, par exemple, pour cause d'éviction totale ou partielle le remboursement ou la réduction du prix d'adjudication; sera-ce un contredit soumis à l'application des règles spéciales édictées par la loi pour ce genre de contestation? Voy. *infrà*, § **834**.

[12] Caen, 14 août 1856 (D. A. v° *cit.*, n° 652). Il a été également jugé qu'un créancier est recevable à contredire le règlement provisoire après avoir retiré ses pièces avec l'autorisation du juge-commissaire (Paris, 25 mars 1835; D. A. v° *Reprise d'instance*, n° 51).

[13] Chauveau, sur Carré, *op. cit.*, t. VI, Ire part., quest. 2565.

[14] Req. 18 juill. 1887 (D. P. 87. 1. 475). Rien n'empêche le garanti de contredire la collocation de son garant (Req. 26 nov. 1839, D. A. v° *Obligations*, n° 1848; Douai, 21 déc. 1853, D. 54. 2. 164).

[15] Chauveau, sur Carré, *op. cit.*, t. VI, Ire part., quest. 2566. Liège, 13 déc. 1843 (D. A. v° *Faillite*, n° 20). Douai, 5 déc. 1846 (D. A. v° *Ordre*, n° 665).

§ **828**. Les créanciers auxquels l'état provisoire a été dénoncé[1] ont, pour le contredire, un délai de trente jours[2] à partir de la dénonciation et, dans le cas où le premier état est suivi d'un état supplémentaire, à partir de la dénonciation de ce dernier[3]. S'ils ont reçu la dénonciation à des dates différentes, le délai ne court pour eux tous qu'à partir de la dernière : j'ajoute aux arguments donnés en ce sens à propos du délai pour produire, où la même difficulté s'élève[4], que la conduite à tenir en pareil cas par chaque créancier dépend souvent du parti que prendront les autres, que tel d'entre eux qui aura accepté sa collocation à un rang inférieur à celui auquel il aurait pu prétendre, s'empressera naturellement de contredire si des contredits élevés par un ou plusieurs autres créanciers viennent menacer sa situation et remettre son rang en question, et que chaque créancier conserve, par conséquent, la faculté de contredire aussi longtemps que le règlement provisoire peut être attaqué par les autres[5]. Ce délai court pendant les vacations[6], mais il n'est franc ni

§ **828**. [1] Voy., quant aux autres, la suite de ce §.

[2] Et non pas d'un mois : il se compte donc par jours, quelle que soit la durée du mois; s'il commence, par exemple, le 1er février, il expire le 3 mars (Chauveau, sur Carré, *op. cit.*, t. VI, Ire part., quest. 2568 *bis*; Seligmann, *op. cit.*, n° 321). On n'y compte pas le *dies a quo* suivant le droit commun (Voy. t. II, § **204**), mais il n'est pas franc et on y compte, par conséquent, le *dies ad quem* (Voy. *infrà*, même §).

[3] Riom, 8 août 1828 (D. A. *v° cit.*, n° 635). Le délai court contre les créanciers sous-colloqués à partir de la dénonciation qui leur est faite personnellement, et non pas à partir de la dénonciation faite à leur débiteur (Trib. de Muret, 4 juin 1846 et 11 juill. 1849, Toulouse, 11 mai 1849; D. A. *v° cit.*, n° 1326).

[4] Voy. *suprà*, § **814**.

[5] Chauveau, sur Carré, *op. cit.*, t. VI, Ire part., quest. 2563 *quinquies*. Boitard, Colmet-Daage et Glasson, *op. cit.*, t. II, n° 1027. Seligmann, *op. cit.*, n° 324. Rouen, 25 janv. 1814 (D. A. *v° cit.*, n° 682). Bordeaux, 4 févr. 1851 (D. P. 52. 2. 278). Montpellier, 21 févr. 1852 (D. P. 53. 2. 246). Caen, 8 déc. 1863 (D. P. 64. 2. 137). Civ. cass. 14 mai 1875 (D. P. 75. 1. 417). *Contrà*, Bioche, *op. et v° cit.*, n° 436; Caen, 8 août 1826, 14 nov. 1832 et 3 août 1836 (D. A. *v° cit.*, n° 683); Toulouse, 11 mai 1849 (D. A. *v° cit.*, n° 1326); Poitiers, 11 juin 1850 (D. P. 52. 2. 127); Lyon, 21 janv. 1851 (D. P. 53. 5. 335); Besançon, 1er août 1873 (D. P. 75. 5. 317). En tout cas, si la dénonciation faite au saisi a précédé celle qui devait être faite aux créanciers, elle ne fait pas courir le délai contre ces derniers dont les intérêts sont absolument distincts de ceux du saisi (Grenoble, 18 août 1824, Caen, 8 août 1826; D. A. *v° cit.*, n° 683). Réciproquement, si la dénonciation faite au saisi s'est trouvée retardée par ce fait que le saisi n'ayant pas constitué d'avoué a dû la recevoir en personne ou à son domicile, cette circonstance sur laquelle les créanciers n'ont pas dû compter ne retarde pas pour eux le point de départ du délai qu'ils ont pour contredire : il court quand même à partir de la dernière dénonciation qui leur a été faite (Seligmann, *op. et loc. cit.*).

[6] Seligmann, *op. cit.*, n° 321. Paris, 26 avr. 1813 (D. A. *v° cit.*, n° 680). Req. 10

pour les créanciers auxquels la dénonciation a été faite par acte d'avoué à avoué, car les délais qui courent en vertu d'un acte de cette nature ne jouissent jamais de la franchise[7], ni même pour le saisi auquel, faute d'avoué par lui constitué, la dénonciation a été faite à personne ou à domicile[8], car la formule inclusive « dans les trente jours » implique la forclusion par le seul fait de l'expiration du trentième jour[9]. Ce dernier cas est le seul où le délai s'augmente à raison de la distance[10] : les créanciers qui ont reçu la dénonciation par acte d'avoué à avoué n'ont pas besoin de cette augmentation, car ils ont un avoué qui fera le nécessaire[11]; mais il faut au saisi qui n'a pas d'avoué un délai d'autant plus long qu'il est lui-même plus éloigné pour en constituer un, prendre ses conseils et lui donner, s'il y a lieu, mandat de contredire[12]. D'autre part, le droit de contredire dure jusqu'à la dernière limite du délai fixé par la loi : 1) le juge ne peut l'abréger, même avec le consentement des créanciers produisants et du saisi, et procéder au règlement provisoire avant l'expiration des trente jours fixés ainsi qu'il vient d'être dit; s'il l'a fait, les créanciers qui n'ont pas encore produit peuvent attaquer son ordonnance comme prématurément rendue par l'opposition dont il sera parlé au § **844**[13]; 2) le délai

janv. 1815 (D. A. v° *Exploit*, n° 359). Bourges, 17 déc. 1852 (D. P. 54. 2. 65). Voy., sur les délais qui courent pendant les vacations, t. I, § **11**, et spécialement sur le délai de production, *suprà*, § **814**.

7 Voy. t. II, § **205**.

8 Voy., sur cette hypothèse, *suprà*, § **825**.

9 Bioche, *op. et v° cit.*, n° 433. Chauveau, sur Carré, *op. cit.*, t. VI, Ire part., quest. 2563 *quater*. Seligmann, *op. cit.*, n° 322. Civ. cass. 27 févr. 1815; Caen, 28 déc. 1815; Bruxelles, 27 févr. 1830 (D. A. v° *Ordre*, n° 676). Poitiers, 11 juin 1850 (D. P. 52. 2. 128). *Contrà*, Riom, 7 déc. 1814 (D. A. *v° cit.*, n° 677).

10 Voy., sur cette augmentation, t. II, § **206**.

11 Le mandat de produire à l'ordre emporte virtuellement celui de contredire le règlement provisoire (Voy. le § suivant).

12 Seligmann, *op. cit.*, n° 320. L'opinion contraire est plus généralement suivie (Bioche, *op. et v° cit.*, n° 432; Chauveau, sur Carré, *op. cit.*, t. VI, Ire part., quest. 2563; Rodière, *op. cit.*, n° 357; Rennes, 11 janv. 1813, D. A. *v° cit.*, n° 679).

13 La confection prématurée du règlement provisoire, avec le consentement des créanciers produisants et du saisi qui ont déjà formé leurs contredits, ne serait pas opposable aux créanciers produisants qui, n'ayant pas encore contredit, seraient cependant à temps pour le faire : le consentement des uns serait *res inter alios acta* à l'égard des autres (Bioche, *op. et v° cit.*, n° 501; Chauveau, sur Carré, *op. cit.*, t. VI, Ire part., quest. 2575 *ter*; Ollivier et Mourlon, *op. cit.*, n° 370). La confection prématurée du règlement provisoire, avec le consentement de tous les créanciers produisants et du saisi, ne serait pas non plus opposable aux créanciers non produisants et aux

n'expire qu'à la dernière minute du trentième jour, et les ayants-droit peuvent produire jusqu'à ce moment, même après l'heure réglementaire de la clôture du greffe[14]. Enfin, ce délai est suspendu : 1) par la mort ou par la cessation des fonctions de l'avoué qui occupe pour l'un des produisants ou pour le saisi[15]; 2) jusqu'à la solution des questions préjudicielles que soulève la confection de l'ordre, comme une demande en nullité de la saisie ou de l'adjudication[16]; mais il n'est suspendu ni jusqu'à la nomination des syndics en cas de faillite d'une des personnes qui ont qualité pour produire[17], ni par la déclaration de l'adjudicataire qu'il se dispose à demander la résolution de l'adjudication[18].

« Faute par les créanciers produisants et la partie saisie « de prendre communication de l'état de collocation et de « contredire dans ledit délai, ils deviennent forclos sans nou- « velle sommation ni jugement; il n'est fait aucun dire s'il « n'y a contestation » (Art. 756). Cette nouvelle déchéance, fondée sur les mêmes motifs que celle des créanciers qui n'ont pas produit en temps utile[19], est cependant moins rigoureuse, car les créanciers qui ont produit ne sont pas condamnés

créanciers chirographaires. Il en était ainsi sous le Code de procédure (Aj. aux autorités qui viennent d'être citées req. 15 juin 1820, D. A. v° *Obligations*, n° 1907; Paris, 21 mai 1835, D. A. *v° cit.*, n° 381), attendu que la forclusion des créanciers qui n'avaient pas produit en temps utile n'existait pas, et que ces créanciers pouvaient produire encore après l'expiration du délai fixé par la loi (Voy. *suprà*, § **815**). Il n'en est plus de même aujourd'hui et ces créanciers ne peuvent plus produire (Voy. *suprà, ib.*), mais ils peuvent contredire le règlement provisoire pendant trente jours (Voy. le § précédent), et le juge ne peut les priver de ce droit en convertissant l'état provisoire en règlement définitif avant l'expiration de ce délai (Voy. cep. Seligmann, *op. cit.*, n° 326; Grosse et Rameau, *op. cit.*, t. II, n° 368; Ollivier et Mourlon, *op. et loc. cit.*). Les ayants-droit peuvent attaquer l'ordonnance de clôture prématurément rendue par l'opposition dont il sera parlé au § **844**.

[14] Bioche, *op. et v° cit.*, n° 432. *Contrà*, civ. cass. 27 févr. 1815, Caen, 28 déc. 1815 (D. A. *v° cit.*, n° 676). Comp. une question semblable au sujet du délai de production, *suprà*, § **814**. L'expiration du délai pour contredire se prouve par la représentation de l'original de l'acte de dénonciation d'où il appert que le contredit a été formulé plus de trente jours après : en cas de perte de cet original, l'expiration du délai se prouve de toute manière (Civ. rej. 13 déc. 1853, D. P. 54. 1. 23; voy., sur le droit de prouver par témoins ou par présomptions de l'homme tout fait dont on n'a pu se procurer ou dont on a perdu la preuve écrite, t. II, § **327**).

[15] Paris, 25 mars 1835 (D. A. v° *Reprise d'instance*, n° 51). Comp. t. II, § **363**, et, pour le délai de production, *suprà*, § **814**.

[16] Bordeaux, 13 mars 1833 (D. A. v° *Vente publique d'immeubles*, n° 121). Toulouse, 7 janv. 1846 (D. P. 54. 5. 532).

[17] Bioche, *op. et v° cit.*, n° 437.

[18] Bourges, 7 janv. 1852 (D. P. 54. 2. 65).

[19] Riché, *op. cit.*, n° 81 (D. P. 58. 4. 55). Comp. *suprà*, § **815**.

sans avoir été entendus[20]. La formule « sans sommation ni « jugement, il n'est fait aucun dire s'il n'y a contestation » implique une forclusion de plein droit : 1) prononcée d'office par le juge qui peut, sans renvoyer à l'audience[21], passer outre aux contredits tardivement formés et rendre l'ordonnance de clôture dont il sera parlé au § **837**[22]; 2) opposable par tous les intéressés[23] en tout état de cause[24], et même en appel[25] si, faute par le juge de la prononcer d'office, le con- contredit a été porté à l'audience[26]. Elle n'est pas opposable :

[20] Il faut, pour y échapper, contredire dans le délai fixé par la loi : il ne suffit pas de déclarer qu'on entend se réserver le droit de contredire ultérieurement (Bioche, *op. et v° cit.*, n° 465; Lyon, 8 juill. 1823, D. A. *v° cit.*, n° 692; civ. rej. 27 août 1849, D. P. 49. 1. 282; Grenoble, 22 mai 1863, D. P. 63. 2. 200; voy. cep. Lyon, 30 juill. 1823, D. A. *v° cit.*, n° 693).

[21] Bioche, *op. et v° cit.*, n° 445. Seligmann, *op. et loc. cit.*

[22] A la différence de l'article 755, aux termes duquel le juge constate d'office au procès-verbal la déchéance des créanciers qui n'ont pu produire en temps utile (Voy. *suprà*, § **815**), l'article 756 se borne à dire que les créanciers qui n'ont pas contredit dans le délai légal sont forclos sans sommation ni jugement; mais cette déchéance a lieu d'office comme la précédente et par les mêmes raisons : on l'entendait ainsi avant 1858 (Caen, 27 juill. 1813, D. A. *v° cit.*, n° 709; Orléans, 29 août 1821, D. A. *v° cit.*, n° 743), et il n'est pas croyable que la loi du 21 mai 1858 qui s'est proposé d'accélérer la procédure d'ordre ait voulu se départir ici de la rigueur du Code de procédure. Le contraire résulte même du rapport de M. Riché : « L'expiration « du délai entraîne déchéance de plein droit comme sous la loi préexistante » (N° 81; D. P. 58. 4. 55). Voy., en ce sens, Ollivier et Mourlon, *op. cit.*, n° 383; et, en sens contraire, Chauveau, sur Carré, *op. cit.*, t. VI, Ire part., quest. 2564 *quater*-II.

[23] Boitard, Colmet-Daage et Glasson, *op. et loc. cit.*

[24] Chauveau, sur Carré, *op. et loc. cit.* Caen, 27 juill. 1813 (D. A. *v° cit.*, n° 709). Limoges, 4 mai 1820 (D. A. *v° cit.*, n° 746) et 5 juin 1823 (D. A. *v° cit.*, n° 716). Limoges, 3 juill. 1824; Nîmes, 12 août 1829; Rouen, 20 nov. 1841 (D. A. *v° cit.*, n° 746). Riom, 20 juill. 1853 (D. P. 55. 2. 358). Civ. rej. 13 déc. 1853 (D. P. 54. 1. 23). Grenoble, 22 mai 1863 (D. P. 63. 2. 200). Grenoble, 24 nov. 1881 (D. P. 82. 2. 204).

[25] Bioche, *op. et v° cit.*, n° 443. Aj. aux arrêts cités à la note précédente Grenoble, 3 mars 1822 (D. A. *v° cit.*, n° 746), 18 août 1824 (D. A. *v° cit.*, n° 683) et 9 janv. 1827 (D. A. *v° cit.*, n° 746).

[26] De plus, elle est définitive et le créancier forclos ne peut s'en faire relever en payant les frais de son contredit formé tardivement (Bioche, *op. et v° cit.*, n° 442). Si la même créance appartient à deux créanciers, le contredit élevé par l'un d'eux en temps utile relève-t-il l'autre de la déchéance encourue par sa négligence? Oui si la créance est solidaire ou indivisible (Arg. C. civ., art. 1199 et 2249; voy., sur les conséquences de la solidarité et de l'indivisibilité entre créanciers au point de vue de l'interruption de la prescription, Demolombe, *op. cit.*, t. XXVI, n°s 167 et suiv., 623 et suiv.; Aubry et Rau, *op. cit.*, t. II, p. 359 et 360, t. IV, p. 16 et 52; Colmet de Santerre, *op. cit.*, t. V, n°s 131 *bis*-I et II, 161 *bis*-I et II). Non dans le cas contraire; la cour de Grenoble s'est prononcée en ce sens, par arrêt du 11 mai 1881 (D. P. 83. 2. 65), dans le cas d'une créance conjointe garantie par un gage : on sait, en effet, que l'indivisibilité du gage et de l'hypothèque ne se communique pas à la créance qu'ils garantissent, et qu'elle demeure nonobstant divisible avec toutes les conséquences qui sont attachées à ce caractère (C. civ., art. 1221-5°; Demolombe, *op. cit.*, t. XXVI, n°s 560 et 561; Colmet de Santerre, *op. cit.*, t. V, n° 157 *bis*-I).

1) aux créanciers hypothécaires vis-à-vis desquels le poursuivant n'a pas rempli toutes les formalités qui lui étaient imposées (sommation de produire[27] et dénonciation de l'état provisoire)[28]; 2) à l'adjudicataire qui, n'étant pas visé par l'article 756, conserve jusqu'à l'expiration du délai fixé par l'article 767 le droit de former opposition au règlement définitif[29]; mais, sauf ces deux exceptions, la déchéance est absolue et atteint toutes les personnes qui ont le droit de contredire : 1) le saisi aussi bien que les créanciers[30]; 2) les créanciers chirographaires aussi bien que les créanciers hypothécaires[31]; 3) les créanciers hypothécaires dispensés d'inscription et non inscrits aussi bien que les créanciers soumis à l'inscription et qui l'ont prise[32]. On doit même déclarer

[27] Spécialement, ceux qu'on n'a pas sommés de produire parce que le conservateur des hypothèques avait omis de les comprendre dans son état (Voy., sur ce cas, *suprà*, § **806**). Bioche, *op. et* v° *cit.*, n° 449. Chauveau, sur Carré, *op. cit.*, t. VI, Ire part., quest. 2564 *bis*. Poitiers, 26 avr. 1825 (D. A. v° *cit.*, n° 721). Gand, 11 mars 1834 (D. A. v° *cit.*, n° 722). Riom, 19 janv. 1853 (D. A. v° *cit.*, n° 721).

[28] Bordeaux, 10 juin 1851 (D. P. 53. 2. 161).

[29] Rodière, *op. cit.*, t. II, p. 358. Civ. cass. 9 août 1859 (D. P. 59. 1. 346). Voy., sur l'article 767, *infrà*, § **844**.

[30] *Nec obst.* l'ancien article : « Faute par les créanciers produisants... » Le nouveau texte est formel : « Faute par les créanciers produisants et la partie saisie... » Req. 7 mars 1870 (D. P. 72. 1. 27).

[31] L'article 756 ne vise que les créanciers produisants, mais c'est déjà beaucoup que d'accorder aux créanciers chirographaires le droit de contredire (Voy., sur ce point, le § précédent), et il est juste qu'ils le fassent dans le même temps et sous la même peine que les créanciers hypothécaires : s'ils ont formé opposition, ils ont dû recevoir dénonciation de l'état provisoire ou, dans tous les cas, s'en informer; s'ils n'ont pas formé opposition ou s'ils ne l'ont fait qu'après l'expiration du délai pour contredire, ils ont été négligents; dans tous les cas, ils n'ont pas le droit d'être mieux traités que les créanciers inscrits (Chauveau, sur Carré, *op. cit.*, t. VI, Ire part., quest. 2564; Ollivier et Mourlon, *op. cit.*, n° 374; Seligmann, *op. cit.*, n° 373; Paris, 25 avr. 1861, D. A. v° *cit.*, n° 725; *contrà*, Bioche, *op. et* v° *cit.*, n°s 441 et 452; Paris, 20 juill. 1811, Rennes, 22 mars 1821, D. A. v° *cit.*, n° 724; trib. de Castel-Sarrazin, 12 mars 1853, D. P. 54. 5. 534; req. 19 nov. 1872, D. P. 73. 1. 425). Aj., sur l'application de l'article 756 aux créanciers hypothécaires qui n'auraient pas produit en temps utile, l'arrêt de la chambre des requêtes, du 14 mai 1889, cité au § précédent, note 7.

[32] Arg. art. 717 (Voy. *suprà*, § **711**) : si leurs hypothèques sont purgées comme les autres, il n'y a pas de raison pour les mettre hors du droit commun, et leur droit de préférence ne survit à leur droit de suite qu'à la condition par eux de se conformer à toutes les obligations imposées aux créanciers qui veulent participer à la distribution du prix (Toulouse, 11 mai 1849, Limoges, 4 mars 1858; D. A. v° *cit.*, n° 733). La cour de cassation n'a jugé le contraire, le 21 avril 1828 (D. A. v° *Mariage*, n° 778), que parce qu'il s'agissait d'une femme mariée qui n'avait pas été régulièrement autorisée à figurer à l'ordre et vis-à-vis de laquelle cette procédure ne pouvait, par conséquent, entraîner aucune déchéance (Voy., sur le principe que la femme mariée ne peut figurer dans un ordre sans l'autorisation de son mari ou de justice, *suprà*,

forclos, quoique l'état provisoire ne leur ait pas été dénoncé, le poursuivant qui ne l'a pas ignoré puisqu'il le dénonçait et qui, dans tous les cas, devait le connaître[33], et les créanciers auxquels il n'a pas été dénoncé mais qui, en le contestant eux-mêmes sur un point, ont prouvé qu'ils en avaient connaissance[34]. De quel droit toutes ces personnes sont-elles forcloses et quelles contestations peuvent-elles soulever encore ? Je m'expliquerai sur ce point au § **834**.

§ **829**. C. Le contredit consiste, comme les dires formulés contre le cahier des charges[1], dans une déclaration inscrite au procès-verbal d'ordre[2], en présence ou en l'absence du juge et du greffier qui n'ont pas à la signer[3], mais motivée, signée à peine de nullité[4] par l'avoué du contestant[5] comme

§ **811**). Il n'y a pas non plus de différence à faire entre les créanciers inscrits qui produisent en personne et ceux qui, tombés en faillite, figurent à l'ordre par l'intermédiaire de leurs syndics : la forclusion est opposable aux syndics aussi bien qu'aux créanciers qu'ils représentent, et l'on ne s'explique même pas que le contraire ait pu être plaidé (Agen, 16 mai 1838, D. A. v° *Ordre*, n° 710 ; Grenoble, 22 mai 1863, D. P. 63. 2. 200 ; voy., sur le principe que la masse des créanciers représentée par les syndics n'a d'autres droits que le failli lui-même, Lyon-Caen et Renault, *op. cit.*, t. II, n° 2659 ; les restrictions que comporte ce principe et pour lesquelles je renvoie à ces auteurs n'ont rien à faire ici).

[33] Bioche, *op. et v° cit.*, n° 435. Le poursuivant qui n'a pas reçu la sommation de produire encourt néanmoins la forclusion (Voy. *suprà*, § **815**).

[34] Seligmann, *op. cit.*, n° 328. Il en est de même des créanciers qui ont produit spontanément sans en avoir été sommés (Bioche, *op. et v° cit.*, n° 449) et de ceux qui, en ne faisant pas opposition à l'ordonnance de clôture qui leur a été dénoncée (Voy. *infrà*, § **844**), sont censés adhérer au règlement provisoire pour lequel cette formalité n'a pas été remplie (Seligmann, *op. et loc. cit.*). Suffit-il qu'un créancier ait connu, en fait, le règlement provisoire pour que la forclusion lui devienne applicable ? Trois arrêts (Bruxelles, 4 juill. 1817, Gand, 11 mars 1834 et Bordeaux, 10 juin 1851, D. A. v° *cit.*, n° 722) se sont prononcés pour la négative, en s'inspirant de l'article 1071 du Code civil qu'on regarde généralement comme applicable à tous les cas où la loi prescrit de porter par un acte solennel à la connaissance d'une personne les faits dont elle a intérêt à être instruite (Voy. t. II, § **220**, note 22).

§ **829**. [1] Voy. *suprà*, § **675**.

[2] Et non signifiée aux adversaires du contestant (Rodière, *op. cit.*, t. II, p. 359).

[3] Bioche, *op. et v° cit.*, n° 470. Chauveau, sur Carré, *op. cit.*, t. VI, Ire part., quest. 2571. Seligmann, *op. cit.*, n° 358. Civ. cass. 27 févr. 1815 ; Caen, 28 déc. 1815 (D. A. v° *cit.*, n° 676).

[4] Bioche, *op. et v° cit.*, n° 471. Chauveau, sur Carré, *op. cit.*, t. VI, Ire part., quest. 2572. Dijon, 10 mars 1828 (D. A. v° *cit.*, n° 687). Voy. cep. civ. rej. 2 août 1826 (D. A. v° *cit.*, n° 688) : d'après cet arrêt, un contredit non signé par un avoué peut être valable si le greffier en atteste l'existence au procès-verbal et que le saisi qui n'a pas constitué d'avoué déclare se l'approprier.

[5] Si l'avoué est mort ou a cessé ses fonctions après avoir produit, il y a lieu d'en constituer préalablement un autre (Seligmann, *op. cit.*, n° 367).

tous les actes de postulation[6], datée sous la même peine de nullité pour prouver qu'elle n'est pas tardive[7], et accompagnée des pièces à l'appui (Art. 758). Les motifs éclairent le juge sur la valeur de la contestation et la partie adverse sur la nature des objections qui lui sont faites ; l'obligation d'en fournir est une garantie contre les contestations formées à la légère et sans griefs sérieux[8]. Sont-ils suffisants? C'est, comme toujours[9], une question de fait qui dépend de l'appréciation souveraine des juges du fond[10], mais l'obligation de motiver les contredits n'est pas édictée à peine de nullité, et le juge doit se borner à rejeter de la taxe l'acte par lequel l'avoué du contestant signifierait après coup les motifs qu'il eût dû fournir dès l'abord[11]. On a soutenu le contraire en s'appuyant sur l'article 761 qui prescrit de juger les contredits « sans autre procédure que des conclusions motivées de la part des contestés, » et semble interdire par-là au contestant de déposer des conclusions motivées à l'appui d'un contredit précédemment formé[12]; mais on voit par le rapport de M. Riché que les auteurs de la loi du 21 mai 1858 n'ont pas eu des intentions si rigoureuses :

6 Voy. t. I, § **92**.

7 Cette nullité se couvre par toute défense au fond (Bioche, *op. et v° cit.*, n° 472; Seligmann, *op. cit.*, n° 368; Limoges, 3 juill. 1824, D. A. *v° cit.*, n° 689).

8 Ces motifs remplacent avec avantage une formalité de l'ancien Code sarde, la confirmation motivée devant le juge du contredit formé par simple déclaration au procès-verbal d'ordre (Riché, *op. et loc. cit.;* comp. le nouveau Code italien, art. 713 et 714, p. 219 et 220).

9 Voy., sur les pouvoirs d'appréciation souveraine des juges du fond, t. I, § **40**, et le tome V de ce Traité.

10 Voy., sur ce point, Bioche, *op. et v° cit.*, n°s 474 et suiv.; Chauveau, sur Carré, *op. cit.*, t. VI, Ire part., quest. 2571; Grenoble, 27 mars 1811, Montpellier, 22 déc. 1837, Toulouse, 2 janv. 1841 (D. A. *v° cit.*, n° 696); civ. cass. 4 juin 1850 (D. P. 50. 1. 214); Caen, 7 juill. 1851 (D. A. *v° cit.*, n° 697); Colmar, 27 avr. 1853 (D. P. 55. 2. 238); Riom, 20 juill. 1853 (D. P. 55. 2. 358) et 17 déc. 1855 (D. A. *v° et loc. cit.*); Grenoble, 28 juill. 1862 (D. P. 62. 2. 204); Paris, 7 juill. 1874 (D. P. 76. 2. 65).

11 Chauveau, sur Carré, *op. et loc. cit.* Boitard, Colmet-Daage et Glasson, *op. et loc. cit.* Grosse et Rameau, *op. cit.*, t. II, n° 393. Seligmann, *op. cit.*, n° 362. Grenoble, 10 mars 1848 (D. P. 49. 2. 34). Besançon, 7 févr. 1863 (D. P. 63. 2. 130). Aix, 20 déc. 1871 (D. P. 73. 2. 96). Paris, 7 juill. 1874 (D. P. 76. 2. 65). Il en est autrement des contestations relatives à la consignation du prix : elles doivent être motivées à peine de nullité (Voy. *infrà*, § **850**).

12 Bordeaux, 6 août 1844; Caen, 14 août 1856 (D. A. *v° cit.*, n° 695). Deux autres arrêts admettent implicitement cette solution en ajoutant, ce qui paraît évident, que cette nullité se couvre par une défense au fond (Grenoble, 24 déc. 1857, D. A. *v° et loc. cit.;* Montpellier, 28 déc. 1880, D. P. 82. 1. 367). Voy., sur l'article 761, *infrà*, § **831**.

« L'obligation de motiver n'est pas, dit-il, imposée ici à « peine de nullité comme au cas de l'article 762 pour les « griefs d'appel; le juge taxateur pourrait ne pas accorder « l'émolument d'un contredit qui ne serait pas formulé « suivant les prescriptions de la loi[13]. » Et, de fait, rien n'est plus significatif que le rapprochement de l'article 758 : « Tout contestant doit motiver son dire, » et de l'article 762 : « Il (l'acte d'appel) contient l'énonciation des griefs à peine « de nullité[14]. » Quant au dépôt des pièces, il n'est certainement pas requis à peine de nullité[15], car l'article 761 suppose que le contestant produit de nouvelles pièces à l'appui d'un contredit déjà formé[16], et l'article 766 édicte, pour toute peine contre le contestant qui a mis de la négligence dans la production des pièces, la condamnation aux dépens qu'il peut encourir « même en obtenant gain de « cause[17]. » La remise des pièces n'est pas constatée par un acte de dépôt, mais seulement mentionnée par le greffier au procès-verbal[18]. Il va de soi que les contredits formés, en vertu de l'article 1167 du Code civil[19], à raison d'actes frauduleux déjà constants et souverainement constatés par les juges du fond ne comportent aucun dépôt de pièces[20], et que les contestants ne sont pas tenus à peine de nullité d'employer pour contredire ces formes simplifiées : ils peuvent aussi bien, mais à leurs frais et toujours dans le délai de trente jours ci-dessus fixé, assigner la partie dont ils contestent la collocation par acte d'avoué à avoué ou par exploit fait à personne ou à domicile[21].

§ **830**. Dès qu'il s'élève un contredit, le juge « renvoie les « contestants à l'audience qu'il désigne et commet en même

13 *Loc. cit.*

14 Voy., sur cette partie de l'article 762, *infrà*, § **951**.

15 Seligmann, *op. cit.*, n° 363.

16 Voy. *infrà*, § **831**.

17 Voy. *infrà*, § **832**.

18 Chauveau, sur Carré, *op. cit.*, t. VI, Ire part., quest. 2572 *ter*. Seligmann, *op. cit.*, n° 364. Pont, sur Seligmann, *op. et loc. cit.*, note 1. *Contrà*, Grosse et Rameau, *op. et loc. cit.*

19 Voy., sur cet article, t. I, § **125**.

20 Civ. rej. 26 févr. 1878 (D. P. 79. 1. 214).

21 Voy., sur ces formalités, t. II, § **205**, et, sur la règle que les frais frustratoires restent à la charge des parties qui les ont faits, t. II, § **200**.

« temps l'avoué chargé de suivre l'audience » (Art. 758). Cette ordonnance règle trois points.

1° Elle renvoie nécessairement les contestants à l'audience, car le juge ne peut ni faire droit au contredit et modifier ainsi son règlement provisoire qui constitue un droit acquis pour les parties jusqu'à ce que le tribunal l'ait réformé [1], ni rejeter ce même contredit et préjuger une décision qui n'appartient qu'au tribunal [2]; s'il rend, avant que celui-ci ait prononcé, l'ordonnance de clôture dont il sera parlé au § **837**, il s'expose à la voir attaquer par les voies de recours indiquées aux §§ **843** et suivants [3]. Le désistement du contestant, l'acquiescement du contesté, le compromis ou la transaction intervenus entre eux ne dispensent même pas le juge de les renvoyer à l'audience : d'une part, l'ordre est indivisible, comme on le verra au § **835**, et le contredit formé par un créancier appartient, par conséquent, aux autres pour qui le désistement, le compromis et la transaction sont *res inter alios acta* [4]; d'autre part, l'acquiescement du créancier contesté ne peut changer l'ordre des collocations au préjudice des autres, et il n'appartient qu'au tribunal d'en déterminer l'effet et de régler à nouveau la situation qui en résulte [5]. L'affaire est toujours renvoyée au tribunal devant lequel l'ordre est ouvert [6],

§ **830.** [1] Seligmann, *op. cit.*, n° 369. Riom, 7 juin 1817; Paris, 25 janv. 1835 (D. A. *v° cit.*, n° 766).

[2] Seligmann, *op. et loc. cit.*

[3] L'opposition d'après Seligmann (*Op. et loc. cit.*), l'appel suivant la cour de Riom (7 juin 1817; D. A. *v° et loc. cit.*). Je renvoie aux §§ **843** et suivants la solution de cette difficulté.

[4] Bioche, *op. et v° cit.*, n° 466. Nîmes, 22 avr. 1823 (D. A. *v° cit.*, n° 416). Grenoble, 9 août 1848 (D. P. 49. 2. 123).

[5] Premier exemple : Primus est colloqué pour 10,000 francs, Secundus pour 10,000, Tertius pour 15,000, et le prix à distribuer n'est que de 20,000; Tertius conteste la collocation de Primus et prétend venir à sa place; Primus acquiesce. Cet acquiescement ne peut nuire à Secundus qui se trouverait ainsi primé par une créance de 15,000 francs au lieu de l'être par une créance de 10,000 et, par suite, ne serait pas complètement payé. Second exemple : Primus, Secundus et Tertius sont colloqués chacun pour 10,000 francs, et le prix à distribuer n'est que de 10,000; Tertius conteste la collocation de Primus et prétend venir à sa place; Primus acquiesce. Cet acquiescement ne peut être opposé à Secundus qui a le droit de prendre lui-même la place que Primus a laissée vacante et de profiter, par conséquent, de cette unique chance d'être payé.

[6] Quand même la solution du contredit serait subordonnée aux résultats d'un partage ou d'une liquidation pendants devant un autre tribunal et non encore terminés : le tribunal saisi du contredit n'est même pas tenu d'attendre pour y statuer la conclusion du partage ou de la liquidation, car le rang des créanciers peut être immédiatement déterminé, sauf à n'avoir effet que pour les créances dont l'exis-

et portée, s'il a plusieurs chambres, à celle à laquelle le juge est attaché et qui ne peut, comme on va le voir, juger sans lui[7].

2° L'ordonnance indique le jour où l'affaire sera appelée à l'audience. La loi se défie de la lenteur des parties, et charge le juge de fixer ce jour pour que tous les délais de cette procédure s'enchaînent sans interruption[8]; si l'avoué chargé de suivre l'audience, ainsi qu'il va être dit, ne tient pas compte de cette fixation et ne poursuit pas l'audience au jour indiqué, il encourt la déchéance édictée par l'article 776[9]. D'ailleurs, le juge doit mettre, entre le jour où il prononce le renvoi à l'audience et celui qu'il fixe pour s'y présenter, un intervalle suffisant pour que l'avoué ait le temps de la suivre; on indique généralement aux contestants la première audience qui suivra l'expiration de la huitaine qui suit elle-même les trente jours pendant lesquels il est permis de contredire; on peut ainsi renvoyer à la même audience tous les contredits qui seront formés en temps utile, et l'avoué a le temps de préparer son avenir et de le signifier à qui de droit[10].

3° L'ordonnance désigne, enfin, l'avoué qui suivra l'au-

tence sera reconnue et les sommes qui seront mises en distribution (Req. 27 mai 1872, D. P. 73. 1. 160; Nancy, 21 déc. 1872, D. P. 73. 2. 154; civ. cass. 16 avr. 1886, D. P. 86. 1. 76).

[7] S'il change de chambre par l'effet du roulement avant que le contredit soit jugé, l'affaire le suit à la nouvelle chambre à laquelle il est attaché (Bordeaux, 3 juin 1829; D. A. *v° cit.*, n° 807). A Paris, toutes les contestations en matière d'ordre sont portées à la seconde chambre (Bioche, *op. et v° cit.*, n° 512).

[8] Voy., sur l'enchaînement des délais de l'ordre qui est l'un des principes essentiels de la loi du 21 mai 1858, *suprà*, § **778**.

[9] C'est-à-dire qu'il n'y aura pas nullité si l'audience n'est pas poursuivie au jour fixé (Bioche, *op. et v° cit.*, n° 509; Seligmann, *op. cit.*, n° 375).

[10] Bioche, *op. et v° cit.*, n° 479. Chauveau, sur Carré, *op. cit.*, t. VI, Ire part., quest. 2573 *quater*. Cette pratique est conforme à l'article 760, aux termes duquel les créanciers postérieurs aux collocations contestées doivent s'entendre entre eux sur le choix d'un avoué « dans la huitaine après les trente jours accordés pour contredire » (Voy., sur cet article et sur l'avenir au moyen duquel l'audience est poursuivie, le § suivant). *Quid*, si le juge fixe l'audience à un jour où le délai pour contredire ne sera pas encore expiré? Les créanciers qui n'ont pas encore contredit ne seront pas forclos et ne seront même pas tenus de se réunir à l'un des contredits déjà formés, car la fixation de l'audience à un jour prématuré ne peut les priver du droit qu'ils ont de contredire personnellement pendant trente jours (Bioche, *op. et v° cit.*, n° 501; *contrà*, Seligmann, *op. cit.*, n° 372); mais ce droit ne compète, bien entendu, qu'aux créanciers qui ont produit en temps utile, et les autres sont définitivement forclos du droit de contredire pour leur propre compte (Voy. *suprà*, § **815**; voy. cep., sur ce point particulier, Bioche, *op., v° et loc. cit.*).

dience. Le juge est libre de son choix, et, quelque avoué qu'il désigne, aucune nullité n'en peut résulter; il fera bien, néanmoins, de choisir de préférence celui de la partie qui a le plus grand intérêt dans la contestation, et celui du contestant si les deux parties ont un intérêt égal [11].

§ **831**. L'avoué désigné poursuit l'audience au moyen d'un avenir [1] qui ne reproduira pas le dire du contestant lorsqu'il émanera de l'avoué du contesté [2], mais qui sera signifié, à peine de nullité [3], aux avoués de toutes les parties qui doivent figurer au jugement : à savoir celle qui conteste la collocation ou dont la collocation est contestée [4], les créanciers qui ont adhéré au contredit [5], et les créanciers postérieurs à la collocation contestée auxquels avenir est donné en l'étude de l'avoué par eux choisi, s'ils ont déjà fait leur choix et l'ont notifié à l'avoué qui poursuit l'audience, sinon en l'étude de l'avoué du dernier colloqué [6]. Ne sont point appelés et restent libres d'intervenir s'ils le jugent à propos [7] : 1) l'adjudica-

[11] *Quid*, si le contestant ou le contesté est en même temps le poursuivant? Son avoué doit-il être choisi de préférence, alors même que les deux parties auraient un intérêt égal ou que la sienne aurait dans la contestation un moindre intérêt que l'autre? Voy., pour l'affirmative, Chauveau, sur Carré, *op. et loc. cit;* Ulry, *op. cit.*, t. I, nº 72; pour la négative, Grosse et Rameau, *op. cit.*, t. II, nº 503.

§ **831.** [1] Voy., sur ce genre d'acte, t. II, § **261**, et, sur le cas où l'affaire est appelée à une autre audience que celle indiquée par le juge, *infrà*, même §.

[2] Chauveau, sur Carré, *op. cit.*, t. VI, Ire part., quest. 2580. Grosse et Rameau, *op. cit.*, t. II, nº 403. Voy., sur le cas où l'avoué qui poursuit l'audience n'est pas celui du contestant, le § précédent.

[3] Chauveau, sur Carré, *op. cit.*, t. VI, Ire part., quest. 2580 *bis*. Paris, 20 nov. 1835 (D. A. vº *cit.*, nº 756).

[4] L'avoué qui poursuit l'audience ne se signifie, bien entendu, aucun avenir, mais l'avoué du contestant qui la poursuit donne avenir à celui du contesté, et l'avoué du contesté qui la poursuit donne avenir à celui du contestant.

[5] Voy., sur le droit d'adhérer à un contredit déjà formé, le § suivant.

[6] Rodière, *op. cit.*, t. II, p. 360. Grenoble, 16 août 1810 (D. A. vº *cit.*, nº 770). Voy., sur la représentation des créanciers postérieurs à la collocation contestée, *infrà*, même §. Ils ne sont pas appelés au jugement des contredits qui ne portent que sur une sous-collocation : cette question se juge uniquement entre le sous-colloqué, son débiteur direct et les autres créanciers de ce dernier (Colmar, 5 mai 1830, D. A. vº *cit.*, nº 1345; Nîmes, 19 avr. 1852, D. P. 55. 2. 270; civ. cass. 8 févr. 1870, D. P. 70. 1. 261).

[7] Ils peuvent faire tierce opposition au jugement qui sera rendu, mais en prouvant qu'il leur est préjudiciable (Voy., sur le principe de la tierce opposition et sur les conditions générales de recevabilité auxquelles elle est soumise, le tome V de ce Traité; aj., sur cette application spéciale de la tierce opposition, civ. rej. 9 nov. 1812, D. A. vº *cit.*, nº 72; Colmar, 9 août 1814, D. A. vº *Contrat de mariage*, nº 1796; civ. rej. 31 janv. 1815, D. A. vº *Ordre, loc. cit.*; Poitiers, 11 mars 1824, D.

taire[8]; 2) les créanciers chirographaires[9]; 3) le poursuivant que l'article 759 défend, par raison d'économie, d'appeler en cette seule qualité[10]; 4) le saisi lui-même, en supposant qu'il ait un intérêt dans la contestation, c'est-à-dire qu'elle porte sur l'existence même de la créance litigieuse[11] : il est forclos du droit de contredire qu'il n'a pas exercé en temps utile, et censé adhérer au règlement provisoire de collocation; l'article 761 garde même à son sujet un silence significatif lorsqu'on le compare aux articles 756 et 767 qui prescrivent de lui dénoncer le règlement provisoire et l'ordonnance de clôture[12]. Toutes les personnes appelées à la contestation ont déjà produit à l'ordre et ont, par conséquent, la capacité ou le pouvoir d'y figurer; elles n'ont donc pas besoin d'autorisations

A. v° *Privilèges et hypothèques*, n° 2292; Poitiers, 26 août 1825, D. A. v° *Ordre*, n° 453; Montpellier, 19 mars 1840, D. A. *v° cit.*, n° 456; Caen, 16 août 1842, D. A. *v° cit.*, n° 454; Aix, 21 juill. 1874, D. P. 76. 2. 101).

8 Angers, 19 févr. 1842 (D. A. *v° cit.*, n° 1496).

9 Bioche, *op. et v° cit.*, n° 489. Chauveau, sur Carré, *op. cit.*, t. VI, Ire part., quest. 2577 *ter*. Seligmann, *op. cit*, n° 405. Civ. cass. 10 avr. 1838 (D. A. *v° cit.*, n° 1206). Colmar, 1er févr. 1855 (D. P. 56. 2. 13). Civ. cass. 26 févr. 1889 (D. P. 90. 1. 69). *Quid* des créanciers hypothécaires forclos du droit de contredire? Trois hythèses sont possibles. 1° La contestation ne porte que sur une collocation postérieure à la leur : ils n'y ont pas d'intérêt et il est inutile de les y appeler. 2° La contestation ne porte que sur une collocation antérieure à la leur : ils ont intérêt dans la contestation, mais n'y sont pas individuellement appelés comme les autres créanciers forclos qui se trouvent dans la même situation, et l'on peut seulement se demander s'ils ont, malgré leur forclusion, le droit de prendre part au choix de l'avoué commun qui représentera tous les créanciers colloqués à cette place (Voy., sur ce point, *infrà*, même §). 3° La contestation porte sur tout le travail du juge : en pareil cas, les créanciers non forclos doivent être appelés, mais les créanciers forclos ne doivent pas l'être, ou, du moins, on peut se dispenser de les appeler sans commettre aucune nullité (Req. 26 juin 1854; D. P. 54. 1. 228).

10 « En cette seule qualité » veut dire : 1° que, s'il est contesté ou s'il adhère à un contredit déjà formé, il ne doit pas être appelé comme poursuivant mais comme contesté ou comme adhérent; 2° que, s'il n'est ni contesté ni adhérent mais postérieur à la collocation contestée, il figure au nombre des créanciers représentés comme il sera dit *infrà*, même §, et peut même, dans ce dernier cas, défendre au contredit individuellement mais à ses frais. S'il n'était appelé que comme poursuivant, les frais ainsi faits seraient frustratoires (Voy., sur ces divers points, Bioche, *op. v° cit.*, nos 491 et 492; Chauveau, sur Carré, *op. cit.*, t. VI, Ire part., quest. 2578 et 2579 *bis;* Boitard, Colmet-Daage et Glasson, *op. cit.*, t. II, n° 1030; Rodière, *op. cit.*, t. II, p. 359 et 360; Seligmann, *op. cit.*, nos 406 et 407; Rennes, 21 juill. 1858, D. P. 59. 2. 67).

11 Il n'a pas d'intérêt à la contestation lorsqu'elle porte seulement sur le rang d'un créancier (Voy. *suprà*, § 827) ou sur une collocation en sous-ordre (Seligmann, *op. cit.*, n° 612; Bourges, 6 juin 1839, D. A. *v° cit.*, n° 1321).

12 Chauveau, sur Carré, *op. cit.*, t. VI, Ire part., quest. 2573 *quinquies*. Seligmann, *op. cit.*, n° 412. Pont, sur Seligmann, *op. et loc. cit.*, note 2. *Contrà*, Bioche, *op. et v° cit.*, n° 485; Rodière, *op. cit.*, t. II, n° 361.

nouvelles pour défendre aux contestations qu'il soulève[13].

Les contestants, les parties qui ont adhéré au contredit ou qui croient devoir y défendre individuellement, et les créanciers chirographaires[14] sont naturellement représentés par leurs avoués; mais l'article 760 établit pour les créanciers postérieurs aux collocations contestées un mode de représentation plus économique : « Ils sont tenus, dans la huitaine après les « trente jours accordés pour contredire, de s'entendre entre « eux sur le choix d'un avoué; sinon ils sont représentés par « l'avoué du dernier colloqué[15] » qui a le principal intérêt dans la contestation, puisque c'est sur lui d'abord que les fonds manqueront au cas où le prix à distribuer ne suffirait pas pour éteindre toutes les dettes[16]. Si ces créanciers ou quelques-uns d'entre eux préfèrent contester individuellement par le ministère de leurs avoués, ils peuvent le faire à leurs frais sauf les exceptions déterminées ci-après[17]; mais ils ont tous, même ceux qui n'ont pas d'intérêt dans la contestation, le droit de participer au choix de l'avoué commun, car l'article 760 ne distingue pas entre eux[18] : si Primus, Secundus et Tertius sont colloqués, que Tertius le soit pour la même somme que Primus, et que Tertius demande à être colloqué à la place de Primus qui le sera à la sienne, Secundus à qui cette interversion est indifférente sera néanmoins appelé à concourir au choix de l'avoué commun[19]. L'article 760 souffre, d'ailleurs,

13 Voy. notamment, quant à la femme mariée, Paris, 27 juill. 1850 (D. P. 51. 2. 168), et, sur le pouvoir et la capacité nécessaires, en général, pour figurer dans un ordre, *suprà*, § **797**.

14 Ils ne sont pas représentés par l'avoué commun dont il va être parlé, et interviennent à leurs frais, c'est-à-dire qu'ils paient, quand même ils auraient gain de cause, ce que leur intervention aura coûté (Bioche, *op. et v° cit.*, n°s 489, 496 et suiv.; Chauveau, sur Carré, *op. cit.*, t. VI, Ire part., quest. 2578 *ter;* Seligmann, *op. cit.*, n° 405). Même solution pour les créanciers hypothécaires forclos du droit de contredire (Voy., sur ce cas, *suprà*, note 9).

15 Que ce dernier créancier soit ou non utilement colloqué (Civ. cass. 24 janv. 1844; D. A. v° *cit.*, n° 963). Cet avoué peut-il représenter en même temps des parties qui ont des intérêts contraires? Voy., pour la négative, Angers, 24 déc. 1852 (D. P. 55. 1. 156).

16 *Quid*, s'il n'a pas d'intérêt, étant sûr, quoi qu'il arrive, de n'être pas payé? Voy., sur cette hypothèse, *infrà*, note 20.

17 Chauveau, sur Carré, *op. et loc. cit.*

18 Il en est autrement des créanciers chirographaires : n'étant pas représentés par l'avoué commun (Voy. *suprà*, note 14), ils ne participent pas à son choix (Voy. les autorités citées *suprà*, *ib.*).

19 Bioche, *op. et v° cit.*, n° 487.

exception : 1) si la contestation n'intéresse que les deux derniers colloqués; 2) si le dernier colloqué est en même temps le contestant ou le contesté; 3) si le contredit est soulevé par un créancier non colloqué au règlement provisoire[20]. Dans le premier cas, l'article 760 est forcément inapplicable, et chacune des parties est représentée dans la contestation par un avoué[21]. Dans le second cas, les créanciers postérieurs aux collocations contestées ont le droit de n'être pas représentés par un autre qui occupe au nom d'une des parties engagées dans la contestation, et, faute par eux de s'entendre sur le choix d'un autre, c'est celui de l'avant-dernier colloqué qui les représente; et ainsi de suite en remontant dans le cas où cet avoué serait en même temps celui du contestant ou du contesté[22]. Dans le troisième cas, tous les créanciers sont personnellement contestés, car, si le contestant arrive au premier rang, il peut prendre à lui seul la totalité du prix à distribuer, et chacun d'eux a, par conséquent, le droit de figurer dans cette instance par le ministère de son avoué[23]. Enfin, il y a cette différence entre l'avoué choisi par les créanciers et l'avoué du dernier colloqué que l'un est un mandataire conventionnel, l'autre un mandataire imposé par la loi : le premier a peut-être le droit d'acquiescer sans pouvoir spécial — j'ai déjà réservé cette question pour le tome V de ce Traité[24] — mais ne profite de la distraction des dépens que s'il l'a demandée[25]; le second ne peut certainement acquiescer qu'en vertu d'un

[20] Il n'y a pas d'autre exception à l'article 760 : s'il est sûr que le dernier colloqué ne sera pas payé, les autres créanciers ne peuvent contredire individuellement qu'à leurs frais (Boitard, Colmet-Daage et Glasson, *op. cit.*, t. II, nº 1031; Seligmann, *op. cit.*, nº 404; Grenoble, 1er août 1823, D. A. *vº cit.*, nº 775).

[21] Chauveau, sur Carré, *op. cit.*, t. VI, Ire part., quest. 2579.

[22] Chauveau, sur Carré, *op. et loc. cit.* Rodière, *op. cit.*, t. II, p. 361. Toutefois, les créanciers qui n'ont pas choisi, dans ce cas, un autre avoué pour les représenter ne peuvent s'en prendre qu'à eux, et il n'y a pas nullité si l'avoué du dernier colloqué les a représentés en même temps que le contestant ou le contesté (Rodière, *op. et loc. cit.*).

[23] Civ. cass. 21 avr. 1868 (D. P. 68. 1. 300). Bordeaux, 1er août 1873 (D. P. 75. 5. 316). *Contrà*, civ. cass. 27 avr. 1852 (D. P. 52. 1. 162); Paris, 7 mai 1853 (D. P. 54. 5. 527).

[24] Voy. t. II, § **270**.

[25] Voy., sur ce point, t. III, § **506**.

pouvoir spécial[26], mais la distraction des dépens est de droit à son profit[27].

L'affaire ainsi engagée vient à l'audience, même pendant les vacations[28], au jour fixé comme il est dit au § précédent; mais elle n'est pas nécessairement jugée le même jour, et le tribunal peut la remettre à une autre audience, soit, comme on va le voir, pour laisser à l'une des parties le temps de produire de nouvelles pièces, soit pour se donner à lui-même le loisir de juger avec plus de soin[29]; en cas de renvoi à une autre audience, il n'est pas donné de nouvel avenir[30]. La cause s'instruit et se juge conformément aux articles 761 et 762. 1) Elle est jugée « comme sommaire » — on a vu le sens de cette expression au § **400** — sans autre procédure que des conclusions motivées de la part des contestés; les contestants ont motivé leurs contredits et n'ont plus rien à y ajouter[31]. 2) Les contestants ne peuvent, quand le délai pour contredire est expiré[32], ajouter de nouveaux contredits à ceux qu'ils ont déjà formés, mais seulement les soutenir, s'il y a lieu, par de nouveaux arguments[33]; les contestés peu-

[26] Civ. cass. 4 juin 1849 (D. P. 49. 1. 307).

[27] Chauveau, sur Carré, *op. cit.*, t. VI, Ire part., quest. 2598. Civ. rej. 6 déc. 1858 (D. P. 59. 1. 75).

[28] Crim. règl. de juges, 1er oct. 1825 (D. A. v° *Règlement de juges*, n° 9). Bourges, 17 déc. 1852 (D. P. 54. 2. 65). Caen, 23 janv. 1860 (D. P. 60. 2. 173). Voy., sur les affaires qui viennent à l'audience même pendant les vacances judiciaires, t. I, § **11**.

[29] Nîmes, 19 nov. 1819 (D. A. v° *Ordre*, n° 783). C'est le droit commun : le tribunal n'est jamais forcé de juger à l'audience même à laquelle la cause est appelée (Voy. t. II, § **267**). Il ne peut que statuer sur les contredits dont il est saisi : il ne peut modifier d'office une collocation ou écarter d'office un créancier non contesté (Bioche, *op. et v° cit.*, n° 520; Chauveau, sur Carré, *op. cit.*, t. VI, Ire part., quest. 2582 *quinquies;* Bordeaux, 24 janv. 1837, D. A. v° *cit.*, n° 712; Riom, 4 déc. 1843, D. A. v° *cit.*, n° 692). Peut-il allouer une provision? Voy. req. 25 août 1847 (D. P. 47. 1. 313).

[30] Arg. art. 1034 (Voy. t. III, § **266**). Bioche, *op. et v° cit.*, n° 503.

[31] L'article 761 est formel, et ce qui est encore plus décisif, c'est le rapprochement du texte définitif de l'article 762 : « Sans autre procédure que des conclusions « motivées de la part des contestés, » et du projet du Gouvernement qui disait seulement : « Sans autre procédure que des conclusions motivées. » L'ancien article 761 ne disait pas que la procédure des contredits fût sommaire, mais c'était généralement admis (Riché, *op. cit.*, n° 83, D. P. 58. 4. 55; Ollivier et Mourlon, *op. cit.*, n° 390), et l'opinion contraire de Bioche (*Op. et v° cit.*, n° 504) ne pouvait se soutenir. Voy., sur l'obligation de motiver les contredits, *suprà*, § **829**.

[32] Voy. *suprà*, § **828**.

[33] Comp. l'article 464 qui défend de former en appel des demandes nouvelles (*Infrà*, §§ **970** et suiv.). Bioche, *op. et v° cit.*, n°s 505 et 507. Chauveau, sur Carre, *op. cit.*, t. VI, Ire part., quest. 2571. Rodière, *op. cit.*, t. II, p. 362. Voy., sur les

vent, au contraire, malgré l'expiration du délai et sans encourir la forclusion, contredire la collocation des contestants[34]. 3) Le tribunal statue sur les pièces déjà produites[35] et sur celles que les deux parties croient devoir y ajouter : elles doivent être remises au greffe trois jours au moins avant l'audience[36]; il est inutile d'en constater le dépôt par un acte spécial, mais le procès-verbal d'ordre en fait mention[37]. L'article 761 ajoute, « pour mettre fin à l'abus des remises « sollicitées sous prétexte de recherche ou de production de « nouvelles pièces[38], » que le tribunal ne pourra en accorder que pour des causes graves et dûment justifiées, que le jugement qui prononce la remise fixera le jour de l'audience, et que celui qui refuse la remise ne sera ni levé ni signifié ni susceptible de recours[39]. Il ne sera donné de nouvel avenir que si le tribunal a omis de fixer le jour auquel l'audience est renvoyée[40]. 4) L'instance est en état, et ne risque plus d'être interrompue par les événements indiqués au § **363**[41], dès que le contesté a signifié ses conclusions motivées[42]. 5) Le

moyens nouveaux à l'appui de contredits déjà formés, Caen, 7 juill. 1851 (D. P. 52. 1. 243); Bourges, 20 avr. 1853 (D. P. 54. 2. 52); Colmar, 27 avr. 1853 (D. P. 55. 2. 338); civ. rej. 21 déc. 1853 (D. P. 54. 1. 5); Grenoble, 18 mars 1854 (D. P. 55. 2. 93); Caen, 14 mai 1855, Riom, 17 déc. 1855 et 26 janv. 1857, Montpellier, 12 mars 1858 (D. A. *v° cit.*, n° 697); Besançon, 7 févr. 1863 (D. P. 63. 2. 130); Alger, 7 mai 1870 (D. P. 71. 2. 1); Aix, 20 déc. 1871 (D. P. 73. 2. 96); req. 27 mai 1872 (D. P. 73. 2. 160); req. 23 mai 1882 (D. P. 82. 1. 367); Pau, 3 mai 1888 (D. P. 89. 2. 285); et, sur les contredits nouveaux, Nîmes, 24 août 1819 (D. A. *v° cit.*, n° 985); Aix, 30 nov. 1833, Rennes, 25 juill. 1840 (D. A. *v° cit.*, n° 789); Montpellier, 16 juill. 1853 (D. P. 54. 5. 532); Orléans, 27 avr. 1855 (D. P. 55. 2. 234). Aj. civ. cass. 5 avr. 1831 (D. A. v° *Chose jugée*, n° 202); Gand, 11 mars 1834 (D. A. v° *Ordre*, n° 722); Orléans, 16 mars 1849 (D. P. 49. 2. 156); Bourges, 30 avr. 1853 (D. P. 54. 2. 52).

[34] Voy. *suprà*, § **828**.

[35] Tout contestant doit produire les pièces à l'appui de son contredit au moment même où il le forme (Voy. *suprà*, § **829**).

[36] Simple mesure d'ordre dont l'inobservation n'entraîne pas nullité : le tribunal a, comme on va le voir, le droit de juger sans plus attendre sur les pièces produites à l'audience, et même de rejeter du débat celles qui auraient été produites à la dernière heure, mais il peut, à l'inverse, admettre toutes les pièces déposées à l'audience, fût-ce depuis moins de trois jours (Req. 10 juin 1879; D. P. 80. 1. 409).

[37] Un acte spécial de dépôt serait, par conséquent, frustratoire (Chauveau, sur Carré, *op. cit.*, t. VI, Ire part., quest. 2580 *quater*).

[38] Riché, *op. et loc. cit.*

[39] Seligmann induit même des termes de l'article 761 qu'il serait contraire à la loi d'accorder plus d'une remise (*Op. cit.*, n° 416).

[40] Arg. art. 1034 (Comp. *suprà*, note 30). Chauveau, sur Carré, *op. cit.*, t. VI, Ire part., quest. 2581 *bis*.

[41] Il n'y a, sous ce rapport, qu'à appliquer le droit commun (Seligmann, *op. cit.*, n° 367).

[42] Chauveau, sur Carré, *op. cit.*, t. VI, Ire part., quest. 2581 *ter*. Riom, 25 mai 1866

tribunal saisi de la contestation connaît également des demandes incidentes qui tendent à la compensation[43], à la résolution[44], à la diminution du prix d'adjudication[45], à la mise de l'immeuble adjugé sous le séquestre[46], ou encore à faire déclarer que le prix mis en distribution est inférieur au prix véritable[47]. 6) Le jugement n'est rendu, tant sur les incidents que sur le fond, qu'en présence et sur le rapport du juge-commissaire qui y a toujours voix délibérative, lors même qu'il n'est que suppléant et que le tribunal n'a pas besoin de lui pour se compléter[48]. Le rapport et même la mention qu'il a été fait[49] sont requis à peine de nullité[50], mais cette nullité, n'étant pas d'ordre public, ne peut être proposée pour la première fois devant la cour de cassation[51],

(D. P. 66. 2. 137). On décidait sous le Code de procédure que l'affaire est en état, dans l'espèce, dès que les contredits et les réponses ont été échangés ou que les délais pour le faire sont expirés (Bruxelles, 8 janv. 1829, D. A. v° *cit.*, n° 801; req. 2 août 1853, D. P. 54. 1. 353); car la réponse aux contredits était alors couchée au procès-verbal, comme les contredits eux-mêmes, et l'affaire portée à l'audience sans autre procédure pour y être jugée sur un simple rapport du juge. Aujourd'hui que la loi du 21 mai 1858 admet la partie contestée à déposer des conclusions motivées, l'affaire ne doit être en état, suivant le droit commun, que par le dépôt de ces conclusions (Chauveau, sur Carré, *op. et loc. cit.*).

43 Dans quel cas la compensation se demande-t-elle par voie d'action ou d'exception? Voy. t. I, § **147**.

44 Rouen, 4 juill. 1815 (D. A. v° *Vente*, n° 1314). Amiens, 24 mars 1821 (D. A. v° *Ordre*, n° 494). Pau, 8 avr. 1824 (D. A. v° *cit.*, n° 321). Req. 11 déc. 1855 (D. P. 56. 1. 256). Nancy, 21 déc. 1872 (D. P. 73. 2. 154). Req. 5 août 1875 (D. P. 76. 1. 83). *Contrà*, Metz, 24 avr. 1820 (D. A. v° *Privilèges et hypothèques*, n° 1503); Rouen, 21 janv. 1828 (D. A. v° *Vente*, n° 1360). Voy., sur la demande en résolution du vendeur non payé en cas de saisie immobilière, *suprà*, § **678**.

45 Dans quel cas y a-t-il lieu à diminution du prix d'adjudication? Voy. *suprà*, § **706**.

46 Req. 11 juill. 1821 (D. A. v° *Incident*, n° 25).

47 Civ. rej. 29 avr. 1839 (D. A. v° *Privilèges et hypothèques*, n° 2112). *Contrà*, Paris, 19 déc. 1872 (D. P. 74. 5. 360).

48 Riché, *op. cit.*, n° 81 (D. P. 58. 4. 55). Bioche, *op. et v° cit.*, n° 516. Boitard, Colmet-Daage et Glasson, *op. et loc. cit.* Preschez, *op. cit.*, p. 46.

49 Chauveau, sur Carré, *op. cit.*, t. VI, Ire part., quest. 2582 *bis*. Rodière, *op cit.*, t. II, p. 362. *Contrà*, Grenoble, 28 juill. 1823 (D. A. v° *Ordre*, n° 806). Il n'y a d'ailleurs, suivant le droit commun (Voy. t. III, § **483**), rien de sacramentel dans cette mention : elle peut précéder ou suivre l'énoncé des questions de fait et de droit à résoudre par le tribunal (Nîmes, 19 nov. 1819; D. A. v° *cit.*, n° 783).

50 Lyon, 12 mars 1852 (D. A. v° *cit.*, n° 806). Toulouse, 28 juin 1883 (D. P. 84. 2. 23). Poitiers, 13 avr. 1885 (D. P. 87. 2. 217). Un second rapport est inutile en cas de renvoi à une autre audience après que le rapport a été fait (Bourges, 16 août 1828, D. A. v° *cit.*, n° 807; voy., sur ce renvoi, *suprà*, même §); mais un rapport est toujours nécessaire, et le juge-commissaire décédé avant d'avoir pu le faire ou empêché doit être remplacé par un autre rapporteur (Bioche, *op. et v° cit.*, n°s 516 et 517; Seligmann, *op. cit.*, n° 421).

51 Boitard, Colmet-Daage et Glasson, *op. et loc. cit.*

et les parties, qui n'ont plus la parole après le rapport du juge dans l'instruction par écrit[52], conservent ici le droit de plaider jusqu'à ce que le ministère public ait été entendu[53], car rien n'indique que la loi veuille supprimer ou restreindre, dans l'espèce, la défense orale qui est de droit[54], et l'interdiction de plaider après le rapport du juge s'explique, dans l'instruction par écrit, par des échanges d'écritures dont il n'est pas question en matière d'ordre[55]. Les conclusions du ministère public sont aussi prescrites à peine de nullité, et le jugement rendu en son absence est susceptible de requête civile[56], mais on peut hésiter ici sur le caractère de la nullité. Ces conclusions ne sont-elles requises que dans l'intérêt des personnes civiles ou incapables (État, départements, communes, établissements publics, mineurs, interdits, femmes dotales non autorisées) auxquelles on ajoutera, suivant un auteur[57], la masse des créanciers postérieurs à la collocation contestée? Dans ce cas, la nullité sera relative et la requête civile ouverte seulement à ces parties et à cette masse[58]. Au contraire, cette précaution est-elle prise par mesure d'intérêt général et pour appeler le contrôle et la surveillance du ministère public sur la direction des ordres et sur l'exacte observation de toutes les règles qu'a posées, dans une vue d'économie et de célérité, la loi du 21 mai 1858[59]? Alors la nullité sera absolue, et toutes les parties intéressées, même pleinement capables, pourront former la requête civile[60]. Les deux solutions peuvent être défendues, mais la seconde paraît plus sûre, étant donné que l'article 762 ne distingue

[52] Voy., sur cette règle de l'instruction par écrit, t. II, § **402**.

[53] C'est la règle de la procédure orale (Voy. t. I, § **87**, t. II, § **266**).

[54] Voy. t. II, § **266**.

[55] Bioche, *op. et v° cit.*, n° 514. Chauveau, sur Carré, *op. cit.*, t. VI, Ire part., quest. 2582. Rodière, *op. et loc. cit.* Civ. cass. 22 avr. 1830 (D. A. v° *Instruction par écrit*, n° 420). Bordeaux, 25 juill. 1833; Orléans, 4 juill. 1843 (D. A. v° *Ordre*, n° 812). Rennes, 28 déc. 1849 (D. P. 53. 5. 335). *Contrà*, trois arrêts qui ne permettent aux parties que de faire passer au tribunal de simples notes après le rapport : Montpellier, 26 déc. 1810, Orléans, 27 févr. 1819, Nancy, 25 août 1821 (D. A. *v° cit.*, n° 811). Peut-on plaider avant ce rapport? Voy. Bioche, *op. et v° cit.*, n° 513.

[56] Voy. t. I, § **87**, et le tome V de ce Traité.

[57] Rodière, *op. cit.*, t. II, p. 363.

[58] Voy., sur ce point, t. I, § **87**, et le tome V de ce Traité.

[59] Voy., sur l'esprit général de cette loi et sur l'importance qu'elle attache à l'application rigoureuse de ses dispositions, *suprà*, § **778**.

[60] Voy., sur ce point, t. I, § **87**, et le tome V de ce Traité.

pas et que la nullité résultant de l'absence de rapport du juge est nécessairement absolue [61].

§ **832**. Les articles 761, 766 et 768 règlent la question des dépens ainsi qu'il suit.

1) Les dépens des contredits comprennent uniquement : *a*) les frais du contredit lui-même et des productions à l'appui [1]; *b*) l'avenir donné aux autres avoués par celui qui poursuit l'audience [2]; *c*) les conclusions motivées des contestés [3]; *d*) les productions nouvelles, s'il y a lieu [4]; *e*) le jugement du fond et, s'il y a lieu, celui qui a ordonné la remise; *f*) la rédaction des qualités [5]; *g*) la signification dont il sera parlé au § suivant [6]. Sauf cela, les avoués ne touchent, comme en matière sommaire [7], qu'une somme fixée calculée suivant l'importance de la demande et « peu rémunératoire dans le « cas où de grands intérêts sont en jeu et exigent un grand « travail [8]. »

2) Le jugement contient la liquidation des frais comme dans les autres matières sommaires [9], sans que l'omission de cette formalité puisse entraîner la nullité du jugement [10].

3) Les frais des contredits ne peuvent être prélevés sur le

[61] Voy., en ce sens, Bioche, *op. et v° cit.*, n° 515; et, en sens contraire, Rodière, *op. et loc. cit.*, et un arrêt antérieur à la loi du 21 mai 1858 (Paris, 9 août 1817; D. A. v° *Requête civile*, n° 130). La nullité du jugement rendu sans rapport est absolue, parce qu'il n'existe dans cette hypothèse aucune disposition semblable à celle de l'article 480-8° qui n'admet la requête civile, en cas de non-communication au ministère public, que dans le cas où le jugement a été rendu entre la partie en faveur de laquelle cette communication était ordonnée.

§ **832.** [1] Voy. *suprà*, § **829.**

[2] Voy. *suprà*, § **830.**

[3] Ces conclusions doivent être rétribuées puisqu'elles sont autorisées par la loi (Chauveau, sur Carré, *op. cit.*, t. VI, Ire part., quest. 2580 *ter;* Boitard, Colmet-Daage et Glasson, *op. et loc. cit.;* Rodière, *op. cit.*, t. II, p. 361; Seligmann, *op. cit.*, n° 414). Comp., sur la rétribution des conclusions motivées en matière sommaire, en général, t. II, § **397.**

[4] Voy. le § précédent.

[5] Bioche, *op. et v° cit.*, n° 541.

[6] Plus les frais d'appel (Voy. *infrà*, § **981**).

[7] Voy. t. III, § **496.**

[8] Riché, *op. cit.*, n° 83 (D. P. 58. 4. 55) : « Il y a là, ajoute M. Riché, une rai- « son de plus pour appeler de nos vœux un système de tarif qui, dans une certaine « mesure, proportionne l'émolument du travail à la somme en distribution ou à l'in- « térêt que le travail défend. « Ce nouveau tarif est encore à venir.

[9] Voy. t. III, § **501.**

[10] Bioche, *op. et v° cit.*, n° 536. Civ. rej. 26 févr. 1878 (D. P. 79. 1. 244). Il en est de même dans toutes les affaires sommaires (Voy. t. III, § **501**).

prix d'adjudication[11]. « En première instance, dit M. Riché, « l'usage à peu près général employait les dépens des con- « testations en frais d'ordre et encourageait ainsi les contre- « dits les plus téméraires[12]; une excellente réforme va rendre « les contredits plus circonspects, en rétablissant la règle « générale qui fait des dépens la peine des contestations mal « fondées et aussi de la crainte des dépens le frein des plai- « deurs. Quand même, dans certains cas, le contredit pro- « fiterait à la masse commune, le mobile de ce contredit « n'en était pas moins l'intérêt du contredisant[13]. » En vertu de cette règle applicable au saisi comme aux créanciers[14], mais dont le perdant ne peut, faute d'intérêt, relever l'inobservation[15], les dépens des contredits sont payés par lui suivant le droit commun[16] et par le gagnant s'il est insolvable[17], ou compensés entre eux s'ils succombent respectivement sur quelques chefs ou s'ils sont parents ou alliés au degré indiqué par l'article 131[18]. Le gagnant paie aussi les frais si le tribunal les a mis à sa charge pour le punir de sa négligence à produire ses pièces[19].

4) La partie qui obtient la condamnation aux frais les récupère en vertu d'une disposition spéciale du règlement d'ordre qui les prélève à son profit sur le montant de la collocation

[11] Voy., sur les frais qui se prélèvent sur ce prix, *suprà*, § **707**.

[12] Cet usage se fondait sur l'ancien article 766 qui, en ne mettant que les frais d'appel à la charge de la partie qui succombait, semblait vouloir dire que ceux de première instance seraient prélevés sur le prix à distribuer (Voy., sur ce point, Chauveau, sur Carré, *op. cit.*, t. VI, Ire part., no DXII *quinquies*).

[13] *Op. cit.*, no 92 (D. P. 58. 4. 55). Une autre conséquence de la même idée et qui va de soi, c'est que les frais occasionnés par le contredit relatif à une collocation en sous-ordre ne sont jamais payés que par les parties entre lesquelles ce contredit s'est agité, et ne peuvent être mis à la charge des autres créanciers (Voy., sur l'abus qui s'était produit, à une certaine époque, au parlement de Paris, *suprà*, § **822**, note 18).

[14] Amiens, 26 janv. 1865 (D. P. 65. 2. 140).

[15] Req. 13 mai 1872 (D. P. 73. 1. 32). Civ. rej. 26 févr. 1878 (D. P. 79. 1. 214). Voy., sur la règle que l'intérêt est la mesure des actions, t. I, § **118**.

[16] Voy. t. III, § **449**.

[17] Bioche, *op. et vo cit.*, nos 524 et 525. Seligmann, *op. cit.*, nos 496 et suiv. Amiens, 26 janv. 1865 (D. P. 66. 2. 140).

[18] Seligmann, *op. cit.*, nos 490 et 491. Voy., sur la compensation des dépens, t. III, § **455**.

[19] C'est encore l'application du droit commun qui permet de condamner la partie qui a gain de cause aux dépens du procès à titre de dommages-intérêts (Voy. t. III, § **453**). Voy., sur l'application de cette pénalité dans l'espèce, Riché, *op. et loc. cit.*; Chauveau, sur Carré, *op. cit.*, t. VI, Ire part., quest. 2598 *quinquies;* Grosse et Rameau, *op. cit.*, t. II, no 438; Seligmann, *op. cit.*, no 495.

de la partie qui y est condamnée [20] ; celle au profit de laquelle ce prélèvement a été ordonné a ainsi privilège sur le montant de la collocation de la partie condamnée, et se trouve, par exception au principe posé au § **822**, payée de ces frais par préférence aux autres créanciers de cette partie [21]. « Si elle « n'est pas colloquée et si elle est insolvable, où sera la ga- « rantie? a dit M. Riché dans son rapport au Corps législatif. « Votre commission l'avait cherchée dans la contrainte par « corps que le tribunal aurait eu la faculté de prononcer « contre un chicanier sans vergogne ou contre un prête-nom « sans consistance; le conseil d'État n'a pas cru qu'il fût « possible d'autoriser la contrainte par corps pour des dépens, « même à titre de dommages-intérêts [22]. » La contrainte par corps refusée par le conseil d'État en 1858 n'existe plus aujourd'hui en pareil cas [23], et la partie qui a obtenu la condamnation de son adversaire insolvable aux dépens d'un contredit se trouve dans la situation malheureuse mais ordinaire de tous les créanciers dont le débiteur est insolvable [24].

5) La règle qui défend de prélever les frais des contredits sur le prix de l'adjudication subit deux exceptions. *a*) Le créancier, dont la collocation, rejetée d'office par le juge-commissaire malgré une production suffisante, a été admise par le tribunal sans être contestée par aucun créancier individuellement, ne doit pas supporter les frais par lui faits puisqu'il a gain de cause ; d'autre part, ils ne lui sont remboursés ni par le juge-commissaire qui n'est pas personnellement responsable de son erreur sauf le cas de prise à partie [25], ni par l'avoué commun des créanciers postérieurs qui, intervenant au nom de la loi dans leur intérêt, ne doit supporter, sauf son recours contre eux, que les frais par eux faits; les frais faits par ce créancier sont donc employés par lui sur le prix au même

[20] Le juge ne doit pas faire ce prélèvement que lorsqu'il est demandé, car il se pourrait que les frais eûssent été payés directement par la partie condamnée à celle qui les a obtenus (Rodière, *op. cit.*, t. II, p. 369).

[21] Seligmann, *op. cit.*, n° 496, note 1.

[22] *Op. et loc. cit.*

[23] Voy. *infrà*, § **873**.

[24] Voy., sur ce point, Seligmann, *op. cit.*, n°s 496 et suiv.

[25] Voy., sur le principe de l'irresponsabilité des magistrats et sur la prise à partie qui y fait seule exception, t. I, §§ **56** et **57**.

rang que sa créance[26]. *b*) Les frais faits par cet avoué commun contre un contestant qui a obtenu gain de cause[27] sont aussi, et par la même raison, prélevés sur le prix[28], après le paiement des créanciers antérieurs aux collocations contestées auxquels ces frais n'ont en rien profité[29]; mais, quand ces créanciers ont eu gain de cause, le jugement qui autorise leur avoué à employer ses frais sur le prix subroge expressément la partie[30] sur laquelle ce prélèvement retombe — à savoir le créancier sur lequel les fonds manquent ou le saisi — contre la partie condamnée qui doit les supporter définitivement[31].

6) Les contredits retardent nécessairement la clôture de l'ordre et augmentent par-là même la somme des intérêts et arrérages auxquels les créanciers colloqués ont droit jusqu'au paiement effectif de leurs bordereaux[32], et que les intérêts dus jusqu'au même moment par l'adjudicataire ne couvrent pas toujours. Il se peut, en effet, que le cahier des charges le dispense de payer les intérêts de son prix ou les fixe à moins de 5 pour 100[33], que les créances dont le paiement est retardé soient des créances commerciales por-

26 Voy., sur l'application de ce prélèvement, Chauveau, sur Carré, *op. cit.*, t. VI, Ire part., quest. 2592 *ter;* Seligmann, *op. cit.*, nos 490 et 491.

27 S'il a succombé, il paie les dépens suivant le droit commun, et l'avoué commun, les recouvrant contre lui, n'a pas besoin de les prélever sur le prix (Chauveau, sur Carré, *op. cit.*, t. VI, Ire part., quest. 2597 *quater; contrà*, Grosse et Rameau, *op. cit.*, t. II, no 439). Il faudrait, pour qu'il en fût autrement, que ce contestant fût insolvable.

28 Ce prélèvement comprend-il les avances faites par cet avoué à l'huissier qui a instrumenté par son ordre? Voy., pour l'affirmative, Bioche, *op. et vo cit.*, no 535; Chauveau, sur Carré, *op. cit.*, t. VI, Ire part., quest. 2598 *bis;* Ollivier et Mourlon, *op. cit.*, no 418; pour la négative, Troplong, *Des privilèges et hypothèques*, t. I, no 128; Pont, *Des privilèges et hypothèques*, t. I, no 67; aj. Seligmann, *op. cit.*, no 492, note 1.

29 Voy., sur ce prélèvement, Seligmann, *op. cit.*, no 492.

30 L'article 766 dit que « l'exécutoire énoncera cette disposition et indiquera la « partie qui doit en profiter. » Le mot *exécutoire* ne convient pas dans l'espèce, puisque le jugement lui-même contient liquidation des frais en matière sommaire (Voy. t. III, § **501**, et, sur l'application de cette règle en matière d'ordre, *suprà*, même §). Ce terme, emprunté à l'ancien article 766 qui ne disait pas que la procédure d'ordre fût sommaire (Voy. le § précédent, note 31), aurait dû être remplacé dans le nouveau texte par ceux-ci : *l'extrait du dispositif du jugement* (Voy., sur ce point, Chauveau, sur Carré, *op. cit.*, t. VI, Ire part., quest. 2598 *quater;* Seligmann, *op. cit.*, no 494).

31 Voy., sur cette subrogation, Seligmann, *op. cit.*, nos 493 et 494; Pont, sur Seligmann, *op. cit.*, no 494, note 2.

32 Voy. *infrà*, § **841**.

33 Voy., sur les clauses du cahier des charges, *suprà*, § **669**.

tant intérêts à plus de 5 pour 100, ou qu'enfin l'adjudicataire ait consigné son prix, ce qui entraîne, comme on le verra au § **850**, un abaissement considérable du taux des intérêts[34]. Le créancier sur lequel les fonds manquent à raison de la différence d'intérêts qu'il a fallu payer dans ces divers cas aux créanciers colloqués, ou le saisi qui voit diminuer par contre-coup le reliquat sur lequel il comptait[35], a contre le contestant qui a succombé dans son contredit un recours fondé sur l'article 1382 du Code civil[36]; mais ce recours n'est pas privilégié comme celui du créancier qui a eu gain de cause dans un contredit contre celui qui y a succombé, car l'article 768 n'établit pas ce privilège et les privilèges sont toujours de droit étroit[37].

§ **833**. « Le jugement sur le fond est signifié dans les « trente jours de sa date et à avoué seulement » (Art. 762), et, comme cette signification fait courir, ainsi qu'on le verra au § **836**, le délai dans lequel le juge arrêtera le règlement définitif, l'avoué qui lève le jugement et s'apprête à le signifier doit en informer le juge par un dire inséré au procès-verbal ou par communication directe : le premier procédé

[34] Voy., sur le taux de l'intérêt en matière commerciale, L. 3 sept. 1807, art. 1; Colmet de Santerre, *op. cit.*, t. VIII, nº 115 *bis*-I et suiv.; Pont, *Des petits contrats*, t. II, nos 275 et suiv.

[35] Voy., sur la différence qui existe, sous ce rapport, entre le saisi et le créancier sur lequel les fonds manquent, Seligmann, *op. cit.*, nº 526; req. 24 juin 1857 (D. P. 58. 1. 420). Les créanciers chirographaires ont ici le même droit que le saisi par application de l'article 1166 du Code civil (Bioche, *op. et vº cit.*, nº 539; Chauveau, sur Carré, *op. cit.*, t. VI, Ire part., quest. 2605; Seligmann, *op. cit.*, nº 518).

[36] Cette disposition est empruntée à l'ancien article 768, mais elle s'appliquait plus souvent autrefois, car les ordres duraient plus longtemps, les déchéances étant moins rigoureuses qu'aujourd'hui (Duvergier, *op. cit.*, t. LVIII, p. 158, note 2; comp. *suprà*, § **778**). Ce recours n'a, d'ailleurs, rien d'exceptionnel, car on voit tous les jours des parties condamnées à des dommages-intérêts en sus des frais du procès (Voy. t. III, § **453**), et il s'applique, par identité de raison, aux contestations élevées contre le règlement provisoire comme à celles qui ont pour objet le règlement définitif (Seligmann, *op. cit.*, nº 515), mais il n'a lieu que si le préjudice causé au créancier sur lequel les fonds manquent ou au saisi résulte directement et inévitablement du contredit : pas de recours si l'adjudicataire est devenu insolvable pendant l'instance engagée sur le contredit (Bruxelles, 13 juin 1855, D. P. 56. 2. 222). C'est, d'ailleurs, le droit commun que les articles 1382 et 1383 du Code civil ne s'appliquent qu'au dommage qui est la conséquence directe et immédiate du délit ou du quasi-délit. Comp., sur ce point, Bioche, *op. et vº cit.*, nº 538; Boitard, Colmet-Daage et Glasson, *op. cit.*, t. II, nº 1032; Rodière, *op. cit.*, t. II, p. 370.

[37] Seligmann, *op. cit.*, nº 519. *Contrà*, Rodière, *op. et loc. cit.*

est plus correct[1]. Le droit de signifier compète à toutes les parties en la personne de leurs avoués[2], mais, la signification faisant seule courir le délai d'appel[3], le tribunal qui ne veut pas que le cours de ce délai soit indéfiniment suspendu peut désigner, par une disposition spéciale de son jugement, la partie dont l'avoué devra faire la signification[4]. Elle est faite par acte d'avoué à avoué[5] aux avoués de toutes les parties en cause[6] : il en est dressé, suivant le droit commun[7], autant

§ **833**. [1] Chauveau, sur Carré, *op. cit.*, t. VI, Ire part., quest. 2584 *bis*. Grosse et Rameau, *op. cit.*, t. II, n° 429.

[2] Bioche, *op. et v° cit.*, n° 542. Chauveau, sur Carré, *op. cit.*, t. VI, Ire part., quest. 2582 *sexies*. Même aux créanciers colloqués en sous-ordre (Riom, 18 mars 1825, D. A. *v° cit.*, n° 858; voy., sur ce mode de collocation, *suprà*, §§ **820** et suiv.).

[3] Voy. *infrà*, § **935**.

[4] Bioche, *op.*, *v° et loc. cit.* Chauveau, sur Carré, *op. et loc. cit.*

[5] Et non par exploit : j'entends par-là qu'il n'est pas nécessaire d'observer les formes ordinaires des exploits et que l'emploi de ce genre d'acte serait frustratoire. L'ancien article 762 disait déjà que la signification serait faite à avoué, et le nouvel article marque encore mieux la volonté de la loi en disant que cette signification sera faite à avoué « seulement » (Bioche, *op. et v° cit.*, n° 551; Seligmann, *op. cit.*, n° 429; Limoges, 15 nov. 1811, Bruxelles, 8 sept. 1815, Bordeaux, 10 mai 1823, Amiens, 31 janv. 1825, Poitiers, 11 mai 1826, D. A. *v° cit.*, n° 863; Montpellier, 24 nov. 1831, D. A. *v° cit.*, n° 864; civ. rej. 10 mai 1836, D. A. v° *Exploit*, n° 653; Amiens, 30 juill. 1838, Montpellier, 19 mai 1847, D. A. v° *Ordre*, n° 863; Rennes, 20 mai 1854, D. A. *v° cit.*, n° 865; *contrà*, Bordeaux, 23 janv. 1811, D. A. v° *Exploit*, n° 659; Besançon, 29 août 1811, D. A. v° *Ordre*, n° 862; Metz, 17 août 1815, D. A. v° *Appel*, n° 942; Metz, 18 juin 1823, D. A. v° *Exploit, loc. cit.*; Metz, 15 juin 1826, D. A. v° *Ordre, loc. cit.*; Orléans, 26 août 1848, D. P. 49. 2. 20; req. 25 juin 1857, D. A. *v° et loc. cit.*). On voit par la date de ces arrêts qu'ils sont tous antérieurs à la loi du 21 mai 1858, et que, depuis cette loi, la question ne se plaide plus. Voy., sur la différence qu'il y a entre un exploit proprement dit et un acte d'avoué à avoué, t. II, § **232**. Seligmann veut que l'acte d'avoué à avoué contienne, dans l'espèce, la date, le nom de la personne à qui la copie est laissée, et, si l'avoué qui reçoit la signification représente plusieurs parties, le nom de celle à qui la signification est destinée (*Op. et v° cit.*, nos 430 et 431); mais on verra, en se reportant t. II, § **232**, que cette exigence n'a rien de particulier et que tous les actes d'avoué à avoué sont soumis à la même règle. Peut-on signifier le jugement au domicile personnel de l'avoué au lieu de le faire en son étude, faut-il employer en ce cas les formes ordinaires des exploits, et cette signification fait-elle courir le délai d'appel? Voy. Colmar, 24 févr. 1813 (D. A. *v° cit.*, n° 865). D'autre part, il est certain que la signification à partie ne peut remplacer ici la signification à l'avoué qui, ayant la direction de la procédure, doit être personnellement averti d'un acte qui fait courir le délai d'appel (Boitard, Colmet-Daage et Glasson, *op. cit.*, t. II, n° 1031), et que la signification à partie qui viendrait s'ajouter à la signification à avoué serait frustratoire (Bioche, *op. et v° cit.*, n° 546). Enfin, l'article 762 ne distingue ni suivant la qualité des parties ni suivant la manière dont elles figurent dans l'instance : qu'il s'agisse de la femme du saisi ou des créanciers postérieurs à la collocation contestée, la signification est toujours faite, dans le premier cas à l'avoué de cette femme, dans le second cas à l'avoué du mari (Civ. cass. 26 févr. 1873; D. P. 73. 1. 55).

[6] Voy., sur les personnes auxquelles le jugement doit être signifié, Chauveau, sur Carré, *op. cit.*, t. VI, Ire part., quest. 2583; Seligmann, *op. cit.*, n° 434; Orléans, 16 juin 1821, D. A. *v° cit.*, n° 874).

[7] Voy. t. II, § **232**.

de copies qu'il y a de parties même représentées par un seul avoué[8], excepté pour les créanciers postérieurs aux collocations contestées qui ne forment qu'une seule masse représentée par l'avoué commun et n'ont droit à eux tous qu'à une seule copie qui sera remise à cet avoué[9]. Si l'une des parties est mineure, l'article 762 ne prescrit pas de signifier le jugement au subrogé-tuteur, et il suffit, par conséquent, de le signifier à l'avoué constitué par le tuteur[10]; si l'avoué d'une partie est décédé ou a cessé ses fonctions entre le jugement et la signification, il n'y a pas lieu d'assigner cette partie en constitution de nouvel avoué, car cette procédure n'a lieu ni quand la cause est en état ni surtout lorsqu'elle est déjà jugée[11], et la signification à personne ou à domicile remplace valablement celle à avoué qui n'est plus possible[12]. La signification des jugements rendus en matière de contredits emporte, en principe, acquiescement si elle n'est faite avec réserves, suivant le principe posé au § **950**[13]; par exception, l'avoué du dernier colloqué ne peut pas plus acquiescer que se désister sans mandat spécial de ses clients[14], et la signification par lui faite, même sans réserve, ne leur enlève pas, s'ils n'y ont expressément renoncé, le droit d'interjeter ap-

[8] Bioche, *op. et v° cit.*, n°s 548 et suiv. Chauveau, sur Carré, *op. cit.*, t. VI, Ire part., quest. 2583 *bis*. Seligmann, *op. cit.*, n°s 435 et 436. Nancy, 17 mars 1846; Montpellier, 26 avr. 1849; Bourges, 8 mai 1855; trib. du Puy, 4 mars 1863 (D. A. *v° cit.*, n° 880). Chambéry, 26 janv. 1865 (D. P. 65. 2. 139). *Contrà*, Toulouse, 4 mai 1824, Poitiers, 11 mai 1826, Aix, 22 nov. 1826, Riom, 14 janv. 1847 (D. A. *v° cit.*, n° 879). Aj., sur l'application de cette règle aux conjoints représentés par le même avoué, Seligmann, *op. cit.*, n° 437; civ. rej. 12 juill. 1843 (D. A. v° *Exploit*, n° 378); Orléans, 6 août 1848 (D. P. 49. 2. 20); Metz, 25 juin 1857 (D. A. *v° cit.*, n° 880).

[9] Chauveau, sur Carré, *op. et loc. cit.* Seligmann, *op. cit.*, n° 436.

[10] L'article 444, aux termes duquel le délai d'appel ne court contre le mineur qu'en vertu d'une signification faite au subrogé-tuteur, sans préjudice de la signification ordinaire au tuteur, ne s'applique pas ici (Seligmann, *op. cit.*, n° 438; Limoges, 18 janv. 1863, D. P. 63. 2. 92; req. 23 déc. 1884, D. P. 85. 1. 119; *contrà*, Chauveau, sur Carré, *op. cit.*, t. VI, Ire part., quest. 2584; Rennes, 29 août 1814, D. A. *v° cit.*, n° 886; Paris, 5 févr. 1852, D. P. 52. 2. 206).

[11] Voy. t. II, § **366**.

[12] Chauveau, sur Carré, *op. cit.*, t. VI, Ire part., quest. 2583 *ter*. Seligmann, *op. et v° cit.*, n° 439. Orléans, 10 avr. 1837 (D. A. *v° cit.*, n° 883).

[13] J'y reviendrai encore au tome V de ce Traité. Voy., en ce sens, Seligmann, *op. cit.*, n° 432; Bordeaux, 26 mai 1832 (D. A. *v° cit.*, n° 871); Montpellier, 31 janv. 1844 (D. P. 45. 2. 143); Chambéry, 26 déc. 1864 (D. P. 65. 2. 139); et, en sens contraire, Chauveau, sur Carré, *op. cit.*, t. VI, Ire part., quest. 2582 *decies;* Limoges, 25 févr. 1848 (D. A. *v° cit.*, n° 872); civ. cass. 4 juill. 1849 (D. P. 49. 1. 307); Toulouse, 29 déc. 1853 (D. P. 54. 2. 68).

[14] Voy., sur les droits et devoirs de cet avoué, Chauveau, sur Carré, *op. cit.*, t. V, IIe part., quest. 2576 *bis*.

pel[15]. Le délai de trente jours dans lequel le jugement doit être signifié est nouveau : c'est la loi du 21 mai 1858 qui l'a fixé, fidèle à sa pensée d'enchaîner tous les délais de l'ordre de manière que cette procédure ne reste pas un seul moment en suspens[16]; mais il est assez long pour que l'avoué qui va signifier ait le temps de se procurer l'expédition du jugement et d'en préparer, suivant les cas[17], une ou plusieurs copies. Les avoués des créanciers colloqués en ordre utile se hâteront de remplir cette formalité pour faire courir plus tôt le délai d'appel; le juge y tiendra également la main et rappellera le poursuivant à l'observation de la loi si ni lui ni ses confrères ne se mettent en mesure d'y satisfaire[18]; mais l'expiration du délai de trente jours n'entraînera ni la nullité du jugement ou de la signification, car la loi ne l'a pas prononcée[19], ni même la déchéance de l'avoué négligent, car l'article 776 ne comprend pas cette hypothèse parmi celles où l'avoué retardataire est privé du bénéfice de la poursuite[20]. D'autre part, l'obligation de signifier dans les trente jours les jugements rendus en matière de contredits s'applique non-seulement au jugement du fond mais encore à ceux qui interviennent sur les incidents, à moins qu'il ne s'agisse que d'une simple remise[21] : il n'est pas certain que le délai d'appel coure, en ce qui les concerne, à partir du jour où ils ont été signifiés[22], mais je ne vois aucune raison de les soustraire à l'application de l'article 762, et je suis persuadé qu'en visant uniquement le jugement du fond cet article n'a voulu exclure que les jugements de remise[23]. La question a, d'ailleurs peu d'intérêt, étant donné que le délai fixé par l'article 762 est dépourvu de toute sanction[24].

15 Voy., sur la règle générale d'après laquelle la signification du jugement prive celui qui l'a faite du droit d'appeler, *infrà*, § **950**.

16 Voy. *suprà*, § **778**.

17 Voy. *suprà*, même §.

18 Seligmann, *op. cit.*, n° 428.

19 Arg. art. 1030. Boitard, Colmet-Daage et Glasson, *op. et loc. cit.* Voy., sur l'article 1030, t. II, § **197**.

20 Chauveau, sur Carré, *op. cit.*, t. VI, Ire part., quest. 2582 *septies*. Voy., sur l'article 776, *infrà*, § **852**.

21 Bioche, *op. et v° cit.*, n° 541.

22 Voy., sur ce point, *infrà*, § **941**.

23 Chauveau, sur Carré, *op. cit.*, t. VI, Ire part., quest. 2582 *octies*. Seligmann, *op. cit.*, n° 426. Paris, 16 juill. 1811 (D. A. *v° cit.*, n° 867).

24 Voy. *suprà*, même §.

§ **834**. Toutes les contestations qui peuvent surgir à l'occasion du règlement provisoire sont-elles des contredits, et tombent-elles, par conséquent, sous l'empire des règles posées aux §§ précédents? L'intérêt de cette question se manifeste à quatre points de vue. 1) Toutes ces contestations peuvent-elles être formées par un simple dire inséré au procès-verbal, ou ne faut-il pas employer pour quelques-unes d'entre elles la forme ordinaire des assignations ou tout au moins des actes d'avoué à avoué? 2) Doivent-elles se produire, à peine de forclusion, dans les trente jours qui suivent la dénonciation de l'état provisoire, ou le peuvent-elles après ce délai et même après la confection de l'état définitif, tant que cet état est susceptible d'opposition? 3) Sont-elles instruites et jugées d'après le droit commun ou suivant les formes spéciales qui viennent d'être expliquées? 4) Rentrent-elles aussi dans le droit commun au point de vue des voies de recours dont le jugement est susceptible, ou sont-elles soumises aux dispositions spéciales de l'article 762 dont on trouvera l'explication aux §§ **905** et **945** et au tome V de ce Traité? Pour préciser, la voie de l'opposition est-elle toujours fermée en matière d'ordre, et le délai d'appel toujours restreint à dix jours? Ces questions difficiles, sur lesquelles ni les auteurs ni les arrêts ne sont d'accord, me paraissent devoir se résoudre par les deux propositions suivantes : 1) le nom de contredits ne convient exactement qu'aux critiques formulées par les créanciers contre le travail du juge, c'est-à-dire contre l'état provisoire de collocation qui leur est dénoncé avec sommation d'y contredire; 2) les règles de fond et de forme tracées par la loi en cette matière ne s'appliquent qu'aux contredits formés par voie principale, et tous les autres demeurent soumis aux principes généraux qui régissent les demandes incidentes et les défenses. Je tire de ces deux propositions, au point de vue de la forme des contredits, du délai dans lequel ils doivent être formés, et de la manière de les instruire et de les juger — la question des voies de recours demeurant réservée[1] — les conséquences suivantes.

1) Les articles 755 et suivants s'appliquent à toutes les de-

§ **834**. [1] Voy. *infrà*, §§ **843** et suiv.

mandes principales qui ont pour objet de contester la collocation, le rang ou l'exclusion d'un créancier. Quelque objection qu'on élève contre cette partie du travail du juge[2], du moment qu'il ne s'agit pas de se joindre ou de défendre à un contredit déjà formé mais d'en prendre soi-même l'initiative, on peut le faire par un simple dire inséré au procès-verbal[3], mais on doit le faire, à peine de forclusion, dans les trente jours qui suivent la dénonciation de l'état provisoire[4]. Deux cas seulement ont fait difficulté : le créancier qui s'est déclaré satisfait du rang qui lui a été donné, quoiqu'inférieur à celui qu'il prétendait, peut-il contredire après l'expiration du délai si le règlement provisoire qu'il acceptait se trouve modifié : *a*) par la production tardive d'un créancier qui, n'ayant pas été sommé de produire, n'est pas atteint par la forclusion qu'édicte l'article 756[5] ; *b*) par les contredits qu'ont soulevés un ou plusieurs créanciers? Je ne crois pas que ces événements relèvent ce créancier de sa déchéance vis-à-vis des contestants, car il aurait dû, comme on va le voir, intervenir dans l'instance engagée par eux, et surtout vis-à-vis des non-contestants, car, sachant le caractère purement provisoire de l'œuvre du juge, il devait prévoir le cas où d'autres ayants-droit la contesteraient et l'attaquer lui-même à tout événement, et il a commis, en ne le faisant pas,

[2] Voy. notamment, sur la demande d'un créancier qui, s'étant porté adjudicataire, prétend compenser les intérêts qu'il doit à ce titre avec ceux qui lui sont dus en qualité de créancier, civ. cass. 5 déc. 1854 (D. P. 55. 1. 69); Riom, 14 janv. 1857 (D. A. *v° cit.*, n° 731), et, sur les contestations élevées contre la collocation d'un créancier dont la créance n'est pas justifiée ou l'hypothèque valablement constituée, Aix, 21 avr. 1845 (D. A. *v° cit.*, n° 703); Nancy, 21 déc. 1872 (D. P. 73. 2. 154); civ. cass. 28 janv. 1889 (D. P. 90. 1. 69, et la note).

[3] La cour de Paris a décidé implicitement, le 19 décembre 1872, que les créanciers peuvent proposer, en forme de contredits, toutes les articulations qui portent sur la nature, le rang ou la sincérité des créances colloquées (D. P. 74. 5. 360). On verra dans la suite de ce § que cette formule est trop large et que ces articulations doivent quelquefois être formées par action principale.

[4] Bioche, *op. et v° cit.*, n°s 434 et 446. Chauveau, sur Carré, *op. cit.*, t. VI, 1re part., quest. 2564 *quater*-III. Seligmann, *op. cit.*, n°s 329 et 330. Aj. les arrêts cités *suprà*, note 2; req. 10 janv. 1815 (D. A. v° *Exploit*, n° 359); Poitiers, 11 juin 1850 (D. P. 52. 2. 127).

[5] Voy. *suprà*, § **815**. Cette question pouvait se poser autrefois par suite de la production tardive d'un créancier sommé de produire, puisque le défaut de production en temps utile n'entraînait pas déchéance (Voy. Grenoble, 7 mars 1848; D. P. 49. 2. 56). Aujourd'hui que le délai pour produire entraîne, en principe, la déchéance des non-produisants, il faut nécessairement supposer que la production tardive émane de créanciers auxquels, par exception, cette forclusion n'est pas opposable.

une négligence dont les non-contestants ont maintenant un droit acquis à se prévaloir[6].

2) Les articles 755 et suivants s'appliquent également à la prétention d'un créancier qui critique les bases sur lesquelles le juge a établi son état de collocation, et lui reproche de n'avoir pas procédé, dans le cas prévu par l'article 757, à la ventilation dont j'ai parlé au § **819**. J'en conclus : *a*) que cette ventilation peut être demandée après comme avant le règlement provisoire[7]; *b*) que cette demande n'est pas soumise au juge-commissaire dont les pouvoirs sont épuisés, mais au tribunal qui a désormais seul qualité pour modifier le règlement provisoire[8]; *c*) qu'elle doit être présentée dans les formes et délais prescrits pour les autres contredits[9]. A plus forte raison le juge commettrait-il un excès de pouvoir en ordonnant d'office à ce moment une ventilation qui ne lui serait pas demandée[10].

3) Échappent, au contraire, aux articles 755 et suivants les défenses qu'un créancier oppose au contredit soulevé par un autre, et qui ne tendent qu'à le faire maintenir au rang qui lui a été assigné par le juge. Primus qui n'a pas contesté la collocation de Secundus, mais dont la collocation est contestée par Secundus lui-même le dernier jour qui suit la dénonciation de l'état provisoire[11], peut contester, à seule fin de se défendre, la collocation de Secundus qu'il avait d'abord approuvée et qu'il ne pourrait plus contredire par voie principale, le délai de trente jours étant expiré[12]. Il le peut en vertu de ce prin-

[6] Paris, 20 nov. 1835 (D. A. v° *cit.*, n° 756). Paris, 27 avr. 1844 (D. A. v° *cit.*, n° 755). Aj. l'arrêt cité à la note précédente, et voy., en sens contraire, civ. cass. 20 mai 1843 (D. A. v° *Acquiescement*, n° 88).

[7] Boitard, Colmet-Daage et Glasson, *op. cit.*, n° 1028. Seligmann, *op. cit.*, n° 350.

[8] « L'article 757 ne s'applique pas au cas où la ventilation est requise après la « dénonciation du règlement provisoire et par voie de contredit consigné au procès- « verbal. Le juge-commissaire qui ne peut plus modifier l'état de collocation renvoie « les parties à l'audience, et la ventilation est ordonnée, s'il y a lieu, par le tribu- « nal » (Circ. minist. 2 mai 1859, n° 62; D. P. 59. 4. 31). Bioche, *op. et v° cit.*, n° 92. Seligmann, *op. et loc. cit.* Pont, sur Seligmann, *op. et loc. cit.*, note 1. Civ. cass. 25 août 1828 (D. A. v° *cit.*, n° 548).

[9] Boitard, Colmet-Daage et Glasson, *op. et loc. cit.* Seligmann, *op. et loc. cit.* C. cass. de Belgique, 28 avr. 1842 (D. A. v° *Obligations*, n° 5097).

[10] Seligmann, *op. et loc. cit.* On verra *infrà*, §§ **843** et suiv., les conséquences de cet excès de pouvoir.

[11] Je ne reviens pas sur le calcul de ce délai. (Voy. *suprà*, § **828**).

[12] Boitard, Colmet-Daage et Glasson, *op. cit.*, t. II, n° 1027. Seligmann, *op. cit.*, n° 333. Civ. rej. 18 déc. 1837 (D. A. v° *Exceptions*, n° 561). Paris, 27 juill. 1850

cipe qu'aussi longtemps on peut être attaqué aussi longtemps on conserve le droit de se défendre : « *Quæ temporalia sunt* « *ad agendum perpetua sunt ad excipiendum;* tant dure l'ac-« tion tant dure l'exception [13]. » Il le peut même en tout état de cause, puisqu'il s'agit d'une défense au fond [14], devant le tribunal à l'audience duquel la demande de Secundus est renvoyée [15]. Cette défense est formée jusqu'au renvoi du contredit à l'audience par un dire inséré au procès-verbal, et après ce renvoi par un acte d'avoué à avoué [16]. Dans les deux cas, elle est instruite et jugée comme la demande elle-même, car le principe que le juge de l'action est juge de l'exception [17] implique pour lui le pouvoir de juger l'une et l'autre dans la même forme [18]. Il faudrait, pour qu'il en fût autrement, que cette défense au contredit exigeât par son caractère exceptionnel l'emploi de formes particulières : telle serait, par exemple, une inscription de faux [19].

4) Même solution pour les créanciers qui, n'ayant pas contredit en temps utile, interviennent en vertu du principe posé au § **384** : *a*) s'ils sont créanciers chirographaires,

(D. P. 51. 2. 168). Bordeaux, 31 août 1854 (D. P. 55. 5. 304). Trib. de Lyon, 20 avr. 1862 (D. A. v° *Ordre*, n° 715). Civ. rej. 28 août 1878 (D. P. 79. 1. 62). Req. 6 juin 1887 (D. P. 87. 1. 327). *Contrà*, Bourges, 27 janv. 1845 (D. A. v° *et loc. cit.*).

[13] Voy., sur la règle « *Quæ temporalia sunt ad agendum perpetu asunt ad excipiendum* » en droit romain, Digeste, L. 5, § 6, *De doli mali et met. exc.* (XLIV, IV); Accarias, *op. cit.*, t. II, p. 1070, note 1; sur la règle « Tant dure l'action tant dure l'exception » dans l'ancien droit français, Dumoulin, *Commentaire de l'ordonnance d'août 1539*, art. 134 (Dans ses *Œuvres complètes*, t. II, p. 790); Henrys, *Recueil d'arrêts*, liv. IV, quest. CLXXVIII (Dans ses *Œuvres complètes*, Paris, 1771, t. II, p. 961 et suiv.); Bretonnier, sur Henrys, *op. et loc. cit.*; et, sur l'application du même principe dans le droit actuel, Merlin, *op. cit.*, v° *Prescription*, sect. II, § XXV; Toullier, *op. cit.*, t. VII, n°s 600 et suiv.; Delvincourt, *op. cit.*, t. II, p. 801; Demolombe, *op. cit.*, t. XXIX, n° 137; Aubry et Rau, *op. cit.*, t. IV, p. 278, t. VIII, p. 427; Larombière, *op. cit.*, t. V, sur l'art. 1304, n°s 34 et suiv. L'article 443 du Code de procédure qui permet de répondre en tout état de cause à l'appel principal par l'appel incident est l'application du même principe (Voy. *infrà*, §§ **976** et suiv.).

[14] Voy., sur le principe que les défenses au fond peuvent être proposées en tout état de cause, t. I, § **143**. Que faut-il entendre au juste par ces mots « en tout état « de cause? » Voy. t. I, *ib.*

[15] Voy., sur ce renvoi, *infrà*, § **830**.

[16] Voy., sur ce point, t. II, § **381**.

[17] Voy., sur ce principe, t. I, § **181**.

[18] La défense qui soulèverait incidemment une question d'état n'entraînerait pas pour cela, en appel, le renvoi à l'audience solennelle de la cour (Voy. t. I, § **35**, req. 14 déc. 1880, D. P. 81. 1. 310; et, sur les formes de l'appel et de l'instruction sur l'appel en matière de contredits, *infrà*, § **967**).

[19] Voy., sur les formes spéciales du faux incident civil, t. II, §§ **318** et suiv.

au jugement des contredits qui mettent en question l'existence ou la validité d'une ou plusieurs créances colloquées provisoirement par le juge[20]; *b*) s'ils sont créanciers hypothécaires, au jugement de toute espèce de contredits, même de ceux qui ne portent que sur le rang des créances colloquées[21]. Leur objectera-t-on qu'ils n'ont pas contredit en temps utile? Les créanciers hypothécaires répondront qu'aux termes de l'article 760 les créanciers postérieurs aux collocations contestées sont représentés au jugement des contredits par un avoué de leur choix et, faute par eux de s'entendre, par l'avoué du dernier colloqué, et que cette disposition ne peut viser que les créanciers qui n'ont pas contredit formellement, les autres étant nécessairement parties dans cette instance[22]. Les créanciers chirographaires répondront qu'ils sont, au point de vue des contredits qu'ils ont le droit de former[23], dans la même situation que les créanciers hypothécaires, qu'ils devaient comme eux et à peine de forclusion contredire dans le délai fixé par la loi, mais que la forclusion ne leur est plus opposable du moment qu'il est toujours temps pour eux d'intervenir au jugement d'un contredit déjà formé par d'autres ayants-droit[24]. Cette intervention peut, suivant le droit commun, se produire en tout état de cause[25] par une requête grossoyée ou par un simple acte d'avoué à avoué[26]; elle n'est pas conservatoire mais agressive,

[20] Il en est autrement des contredits qui ne portent que sur le rang des créances colloquées (Voy. *suprà*, § **827**).

[21] Voy., sur cette différence entre les créanciers hypothécaires et les créanciers simplement chirographaires, *suprà*, *ib.* Aj., sur l'intervention d'un cessionnaire de créance, Orléans, 5 mars 1853 (D. P. 55. 2. 341).

[22] Voy., sur l'article 760, *suprà*, § **831**.

[23] Voy., sur ce droit, *suprà*, § **827**.

[24] Voy., sur le délai dans lequel les créanciers chirographaires doivent contredire, *suprà*, § **828**.

[25] Bioche, *op. et* v° *cit.*, n°s 488, 493 et suiv. Chauveau, sur Carré, *op. cit.*, t. VI, Ire part., quest. 2564 *quater*-IV et 2577. Seligmann, *op. cit.*, n° 373. Ollivier et Mourlon, *op. cit.*, n° 385. Paris, 11 mars 1813 (D. A. v° *Privilèges et hypothèques*, n° 975). Req. 15 juin 1820 (D. A. v° *Obligations*, n° 1907). Toulouse, 9 juin 1824 (D. A. v° *Privilèges et hypothèques*, n° 448). Montpellier, 4 déc. 1838; Limoges, 29 mai 1850; Caen, 16 janv. 1854 (D. A. v° *Ordre*, n° 717). Req. 26 juin 1854 (D. P. 54. 1. 220). *Contrà*, Houyvet, *op. cit.*, n° 238; Metz, 15 févr. 1812, civ. rej. 12 déc. 1814, Limoges, 5 juin 1823, Bordeaux, 15 déc. 1826 et 24 févr. 1829, Paris, 7 juin 1834, Limoges, 18 mai 1840, Nîmes, 20 juin 1852 (D. A. *v° cit.*, n° 716). Voy., sur le principe que l'intervention peut être formée en tout état de cause, t. II, § **383**.

[26] Rennes, 30 déc. 1814 (D. A. *v° cit.*, n° 385). Chambéry, 28 juill. 1871 (D. P. 73. 2. 196). Voy., sur la forme de l'intervention, t. II, § **383**.

car les créanciers qui la forment agissent en vertu d'un droit propre ; elle est donc soumise aux règles posées au § **385**.

5) Ce n'est pas le juge qui fixe le prix à distribuer; il le prend tel quel dans le jugement d'adjudication à la suite duquel l'ordre est ouvert, et établit sur cette base la liste des créanciers qui seront colloqués en ordre utile : l'indication de ce prix au procès-verbal d'ordre est donc purement énonciative et laisse aux parties intéressées, non-seulement à l'adjudicataire[27] mais encore au saisi et aux créanciers, le droit d'en demander la rectification à toute époque et malgré l'expiration du délai fixé par l'article 756[28]. Ce n'est pas non plus critiquer le travail du juge que d'y relever une erreur purement matérielle démontrée jusqu'à l'évidence par les pièces produites à l'appui de la rectification demandée : le tribunal d'Auxerre a donc bien jugé, le 3 décembre 1859, en admettant après le délai fixé pour contredire la réclamation d'un créancier colloqué, par inadvertance du juge, pour une somme inférieure au montant de sa créance[29]. Il en est de même des créanciers d'un créancier qui demandent à être colloqués en sous-ordre sur le montant de la collocation de leur débiteur[30] : ils invitent seulement le juge à compléter son œuvre[31], et, si leur demande est nécessairement formée par un dire inséré au procès-verbal, elle n'est pas pour cela sujette à l'application des autres règles établies en matière de contredits[32]. On peut aussi, par la même raison, faire valoir, après le délai de trente jours, l'extinction totale ou partielle d'une ou plusieurs créances colloquées : d'une part, le juge a nécessairement colloqué les créanciers suivant les titres par

27 La forclusion édictée par l'article 756 ne lui est pas opposable (Voy. *suprà*, § **828**).

28 Pont, sur Seligmann, *op. cit.*, n° 325, note 1. Paris, 2 juill. 1836 (D. A. v° *cit.*, n° 729). Civ. cass. 3 avr. 1889 (D. P. 90. 1. 159). *Contrà*, Lyon, 1er déc. 1826 (D. A. v° *et loc. cit.*).

29 D. A. v° *cit.*, n° 711.

30 Voy., sur l'article 775, *suprà*, §§ **820** et suiv. Il faut, pour introduire valablement cette demande après la confection du règlement provisoire, n'avoir ni expressément ou tacitement renoncé au droit de la former (Bordeaux, 3 juin 1829, Bourges, 6 juill. 1829 ; D. A. v° *cit.*, n° 1322).

31 Voy., sur ce travail supplémentaire, Seligmann, *op. cit.*, n° 623. Le procès-verbal séparé, qui n'était pas nécessaire lors de la confection de l'état provisoire (Voy. *suprà*, § **816**), sera ici indispensable.

32 Voy., sur la manière de former cette demande, les arrêts cités *suprà*, note 2.

eux produits et sans se prononcer sur l'existence de leurs créances ; d'autre part, on ne critique pas le règlement provisoire en soutenant qu'une des créances qui y figurent est déjà éteinte en tout ou en partie [33]. On n'opposera donc pas la forclusion au contestant qui viendra dire qu'un créancier colloqué a déjà été payé en tout ou en partie, qu'il a formellement reconnu qu'il ne lui était rien dû [34], ou que sa créance est déjà éteinte par novation, remise, compensation [35] ou prescription [36] : la forclusion se comprendrait d'autant moins en pareil cas qu'un débiteur a toujours le droit de plaider qu'il a payé malgré le jugement passé en force de chose jugée qui l'y condamne [37], et qu'il est par conséquent impossible d'écarter par un simple délai de procédure la demande formée par un créancier en faveur duquel il n'y a pas encore chose jugée, pour l'empêcher de toucher le montant d'une créance qui n'existe plus. Si ces demandes échappent à la forclusion édictée en matière de contredits, elles doivent, par la même raison, être formées par exploit d'ajournement ou par acte d'avoué à avoué, et instruites et jugées suivant le droit commun [38].

6) Il en est de même : *a*) de l'action en nullité dirigée contre le règlement provisoire pour cause de fraude ou de dol de la part d'un créancier qui a obtenu sa collocation par

[33] Bioche, *op. et v° cit.*, n°s 439, 440 et 445. Chauveau, sur Carré, *op. cit.*, t. VI, Ire part., quest. 2564 *quater*-IV. Comp. Seligmann, *op. cit.*, n° 330.

[34] Bioche, *op. et v° cit.*, n° 439. Seligmann, *op. cit.*, n°s 329, 330 et 332. Civ. rej. 17 janv. 1827 (D. A. v° *Obligations*, n° 1886). Nîmes, 16 déc. 1830 (D. A. v° *Ordre*, n° 713). Bourges, 17 déc. 1852 (D. P. 54. 2. 65). Civ. cass. 24 avr. 1854 (D. P. 54. 1. 156). Civ. cass. 9 août 1859 (D. P. 59. 1. 346).

[35] Bioche, *op. et v° cit.*, n°s 441 et 455. Caen, 30 déc. 1820 (D. A. v° *Ordre*, n° 696). Paris, 13 févr. 1852 (D. P. 52. 5. 392). *Contrà*, Seligmann, *op. cit.*, n° 330. Comp. req. 6 févr. 1878 (D. P. 78. 1. 275).

[36] Arg. C. civ., art. 2224 : « La prescription peut être opposée en tout état de « cause. » *Contrà*, Seligmann, *op. cit.*, n° 331. Voy., sur l'article 2224 du Code civil, Aubry et Rau, *op. cit.*, t. VIII, p. 451 ; Marcadé, *op. cit.*, t. XII, n°s 47 et 48 ; Colmet de Santerre, *op. cit.*, t. IX, n° 331 *bis*-I et II ; Troplong, *De la prescription*, t. I, n°s 95 et suiv. Il s'agit ici d'une prescription déjà acquise au moment de la production à l'ordre, car cet acte a interrompu la prescription qui courait à ce moment (Voy. *suprà*, § **812**) et qui, dès lors, ne peut plus être opposée.

[37] Voy., sur la situation du débiteur qui se prétend libéré alors qu'un jugement passé en force de chose jugée le condamne à payer, t. III, § **468**.

[38] Voy., à cet égard, le commencement de ce § et, en sens contraire, un arrêt de la cour de cassation (Req. 5 août 1875 ; D. P. 76. 1. 83) d'après lequel le moyen tiré de la compensation peut être proposé par un simple dire inséré au procès-verbal. Voy., en sens contraire, la note sur cet arrêt.

des manœuvres illégitimes : le dol et la fraude font exception à toutes les règles, ils peuvent être invoqués contre le règlement définitif, ils peuvent donc l'être en tout état de cause contre le règlement provisoire[39]; b) des contestations qui n'ont rien de commun avec l'état de collocation, quoiqu'elles soient soulevées à cette occasion : telle est la demande formée par le syndic, en cas de faillite, pour faire ordonner qu'un créancier colloqué reversera les sommes qu'il a déjà touchées dans la masse chirographaire[40]; telle est aussi et surtout la récusation du juge-commissaire[41].

§ **835**. J'ai négligé avec intention dans cette procédure tout ce qui a trait au désistement, à la péremption, aux voies de recours contre le jugement et à la tierce opposition dont il est susceptible[1]; je n'ai donc plus à parler que de l'effet des contredits : 1) dans les rapports du contestant et du contesté — aucune difficulté sur ce point; les contestants auront, suivant le droit commun, l'un vis-à-vis de l'autre le rang qui leur sera assigné par le jugement[2] — 2) à l'égard des créanciers qui n'auront pas pris part à cette instance. Ici apparaît un principe important, contesté d'abord mais actuellement constant en jurisprudence, d'après lequel l'ordre est indivisible en ce sens que les jugements rendus sur un contredit profitent et nuisent à tous les créanciers dont la collocation dépend du succès ou de l'insuccès de ce contredit. Pour n'être pas écrit dans la loi, ce principe n'en résulte pas moins : 1) de l'article 760, aux termes duquel tous les créanciers intéressés, c'est-à-dire tous les créanciers postérieurs aux collo-

39 Grenoble, 24 nov. 1881 (D. P. 82. 2. 204), et la note. Voy., sur le cas où le règlement définitif est attaqué pour cause de fraude ou de dol, *infrà*, §§ **843** et suiv.

40 Bioche, *op. et v° cit.*, n° 438. Paris, 15 janv. 1823 (D. A. *v° cit.*, n° 732). Comp., sur les rapports à établir entre les deux procédures d'ordre et de distribution par contribution, *suprà*, § **780**, et, sur la vente des immeubles du failli, le tome V de ce Traité.

41 Bourges, 1er avr. 1878 (D. P. 79. 2. 45). Voy., sur les causes de récusation, t. I, § **298**.

§ **835**. 1 Voy., sur l'appel en matière d'ordre, *infrà*, §§ **905**, **945**, **965** et **967**; sur l'opposition et la tierce opposition dans la même matière, *infrà*, §§ **844** et **845**; sur le désistement et la péremption, le tome V de ce Traité.

2 En vertu de l'article 1351 du Code civil : « *Res judicata pro veritate habetur* » (Voy. t. III, § **465**).

cations contestées — peu importe aux créanciers antérieurs qu'on remette en question les droits de ceux qui les suivent — sont représentés dans l'instance par un avoué de leur choix ou, à défaut, par celui du dernier colloqué[3]; 2) de l'article 1351 du Code civil qui veut que la chose jugée soit opposable à quiconque a figuré au procès par lui-même ou par un représentant dûment qualifié[4]; 3) de la force même des choses, car, si la situation des créanciers non contestants doit dépendre de l'issue d'un contredit, il est impossible que le jugement s'exécute entre les contestants sans s'exécuter en même temps vis-à-vis des autres[5]. J'en conclus que les créanciers qui n'ont pas contredit peuvent toujours, fûssent-ils personnellement forclos, se joindre au contredit élevé par l'un d'eux et le reprendre quand ce dernier s'en est désisté[6]; j'en conclus encore que la chose jugée sur le contredit d'un créancier profite et nuit aux autres, pourvu qu'ils y aient été représentés comme la loi l'a prescrit, car il leur reste, dans le cas contraire, le droit de former tierce opposition comme on le verra au § **845**. Je suppose, pour l'application de cette dernière règle, que Primus, Secundus, Tertius et Quartus sont colloqués l'un après l'autre dans un ordre ouvert sur le prix de l'immeuble A. Trois cas sont possibles. 1) Contredit élevé sur le rang de Primus par Secundus qui prétend passer avant lui; si leurs créances sont égales, la contestation n'intéresse

[3] Voy., sur cette représentation, *suprà*, § **831.**

[4] Voy., sur ce principe, t. III, § **466.**

[5] Chauveau, sur Carré, *op. cit.*, t. VI, Ire part., quest. 2564 *quater*-IV. Rodière, *op. cit.*, t. II, p. 360. Bordeaux, 27 févr. 1852 (D. A. *v° cit.*, n° 752). Aj., dans le même sens, les arrêts cités *infrà*, notes 6 et 8; voy., en sens contraire, Paris, 27 avr. 1844, Nîmes, 8 août 1849 (D. A. *v° cit.*, n° 755). Seligmann n'admet aussi qu'avec beaucoup de réserves le principe de l'indivisibilité de l'ordre (Voy. *op. cit.*, nos 334 et 335). Aj., sur l'application de ce principe aux arrêts d'appel rendus en matière d'ordre, *infrà*, § **965.**

[6] Chauveau, sur Carré, *op. et loc. cit.* Boitard, Colmet-Daage et Glasson, *op. cit.*, t. II, n° 1027. Paris, 11 mars 1813 (D. A. v° *Privilèges et hypothèques, loc. cit.*). Req. 15 juin 1820 (D. A. v° *Obligations*, n° 1907). Toulouse, 9 juin 1824 (D. A. v° *Privilèges et hypothèques*, n° 448). Montpellier, 4 déc. 1838; Limoges, 29 mai 1850; Caen, 16 janv. 1854 (D. A. v° *Ordre*, n° 717). Chambéry, 18 juill. 1871 (D. P. 73. 2. 196). Paris, 7 juill. 1874 (D. P. 76. 2. 65). Riom, 4 août 1888 (D. P. 90. 2. 219). *Contrà*, Houyvet (*Op. cit.*, nos 239 et 246) et Ulry (*Op. cit.*, t. I, n° 71) qui n'accordent ce droit qu'aux créanciers qui ne sont pas personnellement forclos du droit de contredire. Aj. Bordeaux, 24 févr. 1829, Nîmes, 20 janv. 1852 (D. A. *v° cit.*, n° 716); Bordeaux, 12 janv. 1887 (D. P. 87. 2. 191). Comp., sur cette conséquence de l'indivisibilité de l'ordre, *suprà*, § **828**, où je l'ai annoncée.

pas Tertius et Quartus qui les suivent, et le jugement rendu entre Primus et Secundus ne profite ni ne nuit à Tertius et à Quartus [7]. 2) Contredit élevé sur le rang de Primus par Tertius qui prétend monter à sa place; le jugement rendu entre eux profite ou nuit à Secundus qui reste au second rang si Primus a gain de cause, mais descend au troisième si Tertius l'emporte [8]. 3) Contredit élevé contre Primus par Secundus, Tertius ou Quartus qui prétendent le faire complètement exclure ou le reléguer au dernier rang; le jugement rendu profite ou nuit aux deux créanciers qui n'ont pas contesté la collocation de Primus et qui, suivant l'issue du contredit, montent chacun d'un rang ou restent à celui que le règlement provisoire leur a assigné [9].

§ **836.** 5° *Ordonnance de clôture; dénonciation de cette ordonnance à qui de droit; effets qu'elle produit; recours dont elle est susceptible* (Art. 758 al. 2, 759, 765, 767 et 769). — L'état provisoire ne donne pas le dernier mot de l'ordre; il laisse les droits des créanciers, de l'adjudicataire et du saisi en suspens tant qu'il peut être attaqué, et, s'il l'a été, tant qu'un jugement passé en force de chose jugée n'est pas intervenu sur les contestations élevées contre lui [1]; mais un moment vient où cet état doit se convertir en un règlement définitif. C'est l'objet de l'ordonnance de clôture que le juge doit rendre dans les quinze jours qui suivent l'expiration du délai pour contredire, si le règlement provisoire n'a pas été contesté; dans les huit jours qui suivent l'expiration du délai de l'appel, si ce règlement a été contesté et que le jugement de ce contredit n'ait pas été frappé d'appel; dans les huit jours qui suivent la signification de l'arrêt, si l'appel a été interjeté. S'il y a contestation, le juge en est averti par le procès-verbal

7 Chauveau, sur Carré, *op. et loc. cit.*

8 Amiens, 24 juin 1823; req. 27 déc. 1825 (D. A. *v° cit.*, n° 751). Nîmes, 19 août 1847 (D. P. 48. 2. 79). Aj., sur un cas analogue, Douai, 4 janv. 1826 (D. A. *v° cit.*, n° 753).

9 Rien n'autorise à faire passer le contestant au rang du contesté et à l'y subroger, pour ainsi dire, à l'exclusion des deux autres (Chauveau, sur Carré, *op. et loc. cit.*, t. VI, Ire part., quest. 2565 *ter*).

§ **836.** 1 Voy., sur le délai pendant lequel il peut être attaqué et sur le jugement des contestations dont il est l'objet, les §§ précédents.

qui reste toujours ouvert[2] et sur lequel tous les contredits doivent être couchés[3]. Si cette contestation a déjà été jugée en premier ressort, le poursuivant informe de la signification du jugement le juge qui calcule d'après cela le délai après lequel l'appel n'est plus possible[4]. S'il y a appel, le poursuivant l'en informe également[5], et, l'arrêt rendu, l'avoué qui l'a obtenu fait connaître au poursuivant, qui à son tour en avertit le juge, l'existence de cet arrêt et la date à laquelle il a été signifié[6]. Quant au pourvoi en cassation et à la requête civile qui ne sont pas suspensifs, on n'attend ni l'expiration du délai pour les former ni, s'ils ont été formés, la solution qui y sera donnée[7]. Si le procès-verbal ne porte aucun contredit, le juge attend que les trente jours pour contredire soient expirés[8], et rend, dans la quinzaine suivante, l'ordonnance de clôture[9]. Que doit-il faire si le contredit n'est formé qu'après l'expiration de ces trente jours, mais avant que l'ordonnance de clôture ait été rendue? Doit-il surseoir alors jusqu'au jugement qui interviendra sur la validité de ce contredit, ou passer outre en constatant la forclusion sur le procès-verbal, comme l'article 755 lui prescrit de le

[2] Jusqu'à l'ordonnance de clôture.

[3] Voy., sur la forme des contredits, *suprà*, § **829**.

[4] Bioche, *op. et v° cit.*, n° 650. Chauveau, sur Carré, *op. cit.*, t. VI, Ire part., quest. 2596. Boitard, Colmet-Daage et Glasson, *op. cit.*, t. II, n° 1034. Seligmann pense que la date de la signification doit être mentionnée au procès-verbal, et que le juge saura ainsi, sans que le poursuivant ait à s'en occuper, si le délai d'appel court encore et à quelle date il expirera (*Op. cit.*, n° 479), mais aucun article n'impose à l'avoué qui a obtenu le jugement de première instance d'en mentionner la signification au procès-verbal. Quant au délai d'appel et au point de départ de ce délai, voy. *infrà*, § **945**.

[5] Bioche, *op.*, *v° et loc. cit.* Chauveau, sur Carré, *op. et loc. cit.* Boitard, Colmet-Daage et Glasson, *op. et loc. cit. Contrà*, Seligmann qui oblige l'avoué de l'appelant à mentionner l'appel au procès-verbal (*Op. et loc. cit.*) : cette solution, comme celle qui précède, ne s'appuie sur aucun texte (Voy. la note précédente).

[6] Seligmann, *op. cit.*, n° 480. « Votre commission, dit M. Riché dans son rapport « au Corps législatif, voulait charger le greffier de la cour de transmettre sur-le-« champ au juge copie sans frais du dispositif; le conseil d'État a rejeté l'amende-« ment, réservant sans doute cette prescription au pouvoir réglementaire ainsi que « l'obligation pour l'avoué près la cour d'avertir le juge de la signification » (N° 90; D. P. 58. 4. 55).

[7] Voy., sur ce délai, *suprà*, § **828**.

[8] Voy., sur le principe, que le pourvoi en cassation et la requête civile ne sont pas suspensifs, le tome V de ce Traité.

[9] Voy., sur la dérogation que l'article 765 apporte à l'article 472, le § suivant, note 4.

faire en présence de productions tardives[10]? Le premier parti est préférable : 1) parce que le juge a d'autant moins qualité pour décider seul de la validité d'un contredit tardif, que la déchéance édictée par l'article 756 n'est pas absolue et que certaines contestations sont valablement soulevées après l'expiration du délai de trente jours fixé par cet article[11]; 2) parce que l'article 759 n'autorise le juge à rendre l'ordonnance de clôture dans les quinze jours qui suivent l'expiration dudit délai que « s'il ne s'élève aucune contestation » : il n'ajoute pas « dans le délai fixé par l'article 756, » et oblige, par conséquent, le juge à surseoir en présence de toute contestation formée avant ou après l'expiration de ce délai[12]. Les distinctions qui précèdent n'ont, d'ailleurs, trait qu'aux contestations élevées contre l'ensemble du règlement provisoire ou contre une ou plusieurs collocations en premier ordre : je rappelle que les contestations élevées contre une ou plusieurs sous-collocations ne doivent jamais retarder l'ordonnance de clôture[13]. Le juge rend son ordonnance d'office sans qu'aucune réquisition lui ait été adressée[14], ou sur un dire que tous les intéressés peuvent valablement former[15], ou même avant l'expiration des délais ci-dessus si les intéressés sont unanimes à y consentir[16]. Ces délais ne sont pas de rigueur : l'ordonnance de clôture tardivement rendue n'en est pas moins valable, et les articles 759 et 765 n'ont d'autre sanction, sur ce point, que l'obligation pour le juge[17] de

[10] Voy., sur ce point, *supra*, § **815**.

[11] Voy., à cet égard, *suprà*, § **829**.

[12] Seligmann, *op. cit.*, n° 481. *Contrà*, Chauveau, sur Carré, *op. cit.*, t. VI, Ire part., quest. 2575; Grosse et Rameau, *op. cit.*, t. II, n° 386.

[13] Voy. *suprà*, § **836**.

[14] Rennes, 11 janv. 1813 (D. A. *v° cit.*, n° 679).

[15] Bordeaux, 13 août 1834 (D. A. *v° cit.*, n° 1020).

[16] C'est la conséquence de l'article 755 : du moment que le délai pour produire emporte forclusion (Voy. *suprà*, § **815**), on n'a pas à craindre de voir de nouveaux créanciers se révéler à ce moment de la procédure, et rien n'empêche les produisants qui sont sûrs d'être seuls colloqués, l'adjudicataire et le saisi de consentir valablement à ce que l'ordre soit clos avant l'expiration du temps fixé par la loi : le procès-verbal doit mentionner leur accord (Bioche, *op. et v° cit.*, n° 636; Chauveau, sur Carré, *op. cit.*, t. VI, Ire part., quest. 2575 *ter;* Seligmann, *op. cit.*, n° 382). Par contre, l'ordonnance de clôture serait certainement nulle si elle était rendue avant le jugement d'une contestation pendante, à moins que les parties ne s'en désistâssent et ne consentîssent à la clôture immédiate de l'ordre (Chauveau, sur Carré, *op. cit.*, t. VI, Ire part., quest. 2575 *bis*).

[17] Voy., sur la responsabilité du juge commis aux ordres, *suprà*, § **782**.

rendre compte de son retard [18]. L'ordonnance, datée à peine de nullité [19] et signée sous la même peine du juge et du greffier [20], n'est pas signifiée; le poursuivant qui a la charge de la faire exécuter, ainsi qu'il sera dit au § **846**, se tient en éveil et fait les diligences nécessaires pour en être informé sans retard [21].

§ **837**. L'ordonnance de clôture rappelle, d'abord, les événements qui se sont passés depuis le règlement provisoire (contredits, incidents qui y ont surgi, jugements, appels, etc...), ou mentionne qu'aucun fait nouveau ne s'est produit depuis cette époque [1]; elle indique ensuite le montant définitif du prix à distribuer avec les intérêts qui ont couru jusqu'à la clôture de l'ordre [2], énumère les créanciers colloqués dans l'ordre où ils doivent être payés, liquide les frais, et prescrit la délivrance de bordereaux aux créanciers utilement colloqués [3] et la radiation des inscriptions de ceux qui ne le sont pas (Art. 759). L'énumération des créanciers colloqués et la liquidation des frais donnent lieu aux observations suivantes.

1) La mission du juge n'est pas la même selon que les parties intéressées ont accepté ou contesté le règlement provisoire. L'ont-elles contesté et fait réformer sur un ou plusieurs

[18] Riché, *op. cit.*, n° 82 (D. P. 58. 4. 55). Chauveau, sur Carré, *op. cit.*, t. VI, Ire part., quest. 2575 *quater*. Boitard, Colmet-Daage et Glasson, *op. cit.*, t. II, n° 1029. Seligmann, *op. cit.*, n° 380. Aix, 23 janv. 1835 (D. A. v° *Successions*, n° 2092).

[19] Req. 10 janv. 1848 (D. P. 48. 1. 47).

[20] Arg. art. 1040 (Voy. t. I, § **90**). Bioche, *op. et v° cit.*, n° 659. Chauveau, sur Carré, *op. cit.*, t. VI, Ire part., quest. 2576. La cour de Toulouse a jugé, le 19 avril 1839, que l'ordonnance qui n'est pas signée du greffier est valable quand même s'il est constant que le greffier a assisté le juge au moment où il la rendait (D. A. *v° cit.*, n° 1023). S'il survenait une contestation entre le moment où l'ordonnance est rendue et celui où le greffier la signe, le juge devrait surseoir à la signature du greffier comme dans le cas où un contredit est formé avant que l'ordonnance soit rendue (Chauveau, sur Carré, *op. et loc. cit.*; Seligmann, *op. cit.*, n° 383).

[21] Chauveau, sur Carré, *op. cit.*, t. VI, Ire part., quest. 2575. Seligmann, *op. cit.*, n° 389.

§ **837**. [1] Bioche, *op. et v° cit.*, nos 637 et suiv. Chauveau, sur Carré, *op. cit.*, t. VI, Ire part., quest. 2576.

[2] Les intérêts des créances colloquées cessent, à ce moment, d'être dûs par le saisi, et c'est l'adjudicataire ou la Caisse des dépôts et consignations qui doit désormais les intérêts des sommes portées aux bordereaux de collocation (Voy. le § suivant). Ces intérêts ne font donc plus partie de la somme à distribuer, laquelle est définitivement fixée au jour de l'ordonnance de clôture (Seligmann, *op. cit.*, n° 392).

[3] M. Ulry conseille de rédiger pour chaque créancier une ordonnance spéciale de délivrance de bordereau : on voit mieux ainsi, dit-il, le nombre des bordereaux délivrés (*Op. cit.*, t. II, n° 392).

points, le juge est l'interprète et l'exécuteur des jugements et arrêts intervenus, et apporte à son travail provisoire tous les changements indiqués par le tribunal ou par la cour, et tous ceux qui en sont la conséquence ainsi qu'il est dit à la fin du § **835**[4]. Par contre, son travail provisoire devient de plein droit définitif en son entier s'il n'a pas été contesté, et, s'il l'a été, dans les parties auxquelles les jugements et arrêts n'ont touché ni directement ni indirectement : le juge commettrait, en le modifiant d'office sans le consentement unanime des parties intéressées, un excès de pouvoir dont on verra la conséquence au § **845**[5]. Il résulte notamment de ce principe absolu : *a*) qu'un créancier provisoirement colloqué, sauf à justifier de son titre, ne peut être retranché du règlement définitif sous prétexte qu'il n'a pas fourni les justifications demandées, alors que sa collocation provisoire n'a été contredite par aucun autre intéressé[6]; *b*) qu'il en est de même d'un créancier qui, ayant produit en vue du règlement provisoire et y ayant été colloqué, a retiré ses pièces, même sans l'autorisation du juge, avant le règlement définitif, attendu qu'aucune disposition semblable à celle de l'article 755[7] ne forclôt les créanciers qui, ayant produit en temps utile avant le règlement provisoire, ont cessé de produire avant

[4] On rencontre ici la dérogation, annoncée au § précédent, note 9, que l'article 765 apporte à l'article 472. L'article 472 veut que la cour d'appel procède elle-même à l'exécution de l'arrêt par lequel elle a infirmé un jugement de première instance (Voy. *infrà*, § **987**), et l'article 765 dit qu'après l'arrêt rendu sur les contestations élevées contre le règlement provisoire, « le juge arrête définitivement l'ordre des « créances contestées et des créances postérieures. » Cet article ne distinguant pas suivant que la cour a confirmé ou infirmé le jugement de première instance, il en résulte que le juge est chargé, dans tous les cas, de régler l'ordre conformément à l'arrêt rendu, et exécute, par conséquent, cet arrêt s'il est infirmatif (Rouen, 30 déc. 1814, Bourges, 22 nov. 1815; D. A. *v° cit.*, n° 1017). C'est un de ces cas, réservés d'ailleurs par l'article 472 lui-même, dans lesquels la loi attribue juridiction et déroge, par conséquent à cet article (Voy. *infrà*, § **987**). Il faut même en tirer cette autre conséquence que, si le règlement définitivement arrêté par le juge soulève des contestations, elles ne doivent pas être portées devant la cour dont on prétend que le juge a mal compris ou mal exécuté l'arrêt, mais par voie d'opposition devant le tribunal ainsi qu'il sera dit au § **845** (Bioche, *op. et v° cit.*, n°s 625 et 626; Seligmann, *op. cit.*, n° 481).

[5] Ulry, *op. cit.*, t. I, n° 63. Bordeaux, 20 janv. 1831 (D. A. *v° cit.*, n° 712). Bourges, 17 déc. 1852 (D. P. 54. 2. 65). Trib. de Lyon, 30 avr. 1862 (D. A. *v° cit.*, n° 1033).

[6] Colmar, 23 déc. 1850 (D. P. 53. 2. 160).

[7] Voy. *suprà*, § **815**.

le règlement définitif[8]; *c*) que les modifications apportées au règlement provisoire non contesté ne peuvent être maintenues sans le consentement unanime des créanciers intéressés, car, si l'un d'eux en demandait le maintien contre les autres, cette demande constituerait, en réalité, un contredit tardif et, par conséquent, non recevable (Art. 759 et 765)[9].

2) L'article 758 autorise le juge à ne régler que les créances antérieures aux créances contestées, ou à régler aussi les droits des créanciers postérieurs en réservant une somme suffisante pour désintéresser ceux qui sont contestés[10]; il peut, sous cette réserve, faire délivrer aux uns et aux autres des bordereaux de collocation[11]. C'est l'ordre partiel, pure faculté pour le juge qui a toujours le droit de procéder ainsi s'il le juge convenable[12], mais qui n'y est jamais forcé ni en ce qui concerne les créances postérieures aux collocations contestées — cela ne fait aucun doute — ni même en ce qui concerne les créances antérieures auxdites collocations[13]. L'article 758 dit, il est vrai, pour les premières qu'il arrête l'ordre, et pour les secondes qu'il peut l'arrêter, et la circulaire ministérielle du 2 mai 1859, appliquant littérale-

[8] Bioche, *op. et v° cit.*, n° 653. Bourges, 30 juill. 1831 (D. A. *v° cit.*, n° 1156).

[9] Civ. cass. 2 févr. 1864 (D. P. 64. 1. 112).

[10] Aj. O. 3 juill. 1816, art. 17 (*Infrà*, § **850**, note 5). En cas de contestation, disait l'ancien article 758, le juge-commissaire « arrêtera l'ordre pour les créances « antérieures à celles contestées, et ordonnera la délivrance des bordereaux de col- « location de ces créanciers qui ne seront tenus à aucun rapport à l'égard de ceux « qui produiraient postérieurement. » Le nouvel article diffère de l'ancien en deux points : 1° le juge peut régler aujourd'hui non-seulement les droits des créanciers antérieurs aux collocations contestées, mais encore ceux des créanciers postérieurs (Voy. la suite de ce §); 2° le nouvel article ne suppose pas que de nouveaux créanciers puissent produire après le règlement partiel, car l'article 755 édicte contre ceux qui n'ont pas produit dans les délais légaux une forclusion qui n'existait pas avant 1858 et qui ne leur permet pas de se présenter après l'expiration des délais de production (Voy. *suprà*, § **815**). Le règlement amiable peut-il, lui aussi, n'être arrêté que partiellement? Voy. *suprà*, § **799**.

[11] Ce règlement et cette délivrance de bordereaux produiront, à l'égard des créanciers réglés et porteurs de bordereaux, tous les effets que produisent le règlement total et la délivrance de bordereaux qui en est la conséquence (Voy. *infrà*, §§ **846** et suiv.).

[12] La Caisse des dépôts et consignations n'a donc jamais le droit de se refuser à l'exécution du règlement partiel : par exemple, elle ne peut refuser de payer le montant des bordereaux délivrés contre elle, sous prétexte que l'adjudicataire aurait stipulé que son prix ne serait payable qu'après la radiation de toutes les inscriptions (Trib. de Cahors, 22 juill. 1850, Caen, 30 mai 1857; D. A. *v° cit.*, n° 1029).

[13] Duvergier, *op. cit.*, t. LVIII, p. 155, note 2. Boitard, Colmet-Daage et Glasson, *op. cit.*, t. II, n° 1030. Seligmann, *op. cit.*, n° 377. Grosse et Rameau, *op. cit.*, t. II, n° 397. Ulry, *op. cit.*, t. I, n° 66. *Contrà*, Rodière, *op. cit.*, t. II, p. 359.

ment cet article, considère la confection d'un règlement définitif partiel comme obligatoire quant aux créances antérieures aux collocations contestées[14]; mais on voit par le rapport de M. Riché que la commission du Corps législatif a entendu que cette manière de procéder fût toujours facultative[15], et les notaires des départements ont indiqué, dans leurs observations sur le projet de loi de 1858, une hypothèse où l'on voit clairement le danger que peut présenter le règlement définitif partiel, même restreint aux créances antérieures aux collocations contestées. Un ordre est ouvert sur le prix de deux immeubles A et B saisis et adjugés ensemble, le premier pour 200 francs, le second pour 10,000 francs; pas de contestation sur le prix de l'immeuble A; contredit sur le prix de l'immeuble B qui met en question l'attribution de ce prix tout entier. Les frais absorberont les 200 francs qui forment le prix de l'immeuble A si le juge ne réserve pas la confection du règlement définitif jusqu'au jugement du contredit qui s'élève au sujet du prix de l'immeuble B, afin que les frais de ce règlement et de la délivrance des bordereaux de collocation ne grèvent pas exclusivement le prix de l'immeuble A et soient prélevés proportionnellement sur le prix des deux immeubles[16]. Toutes les fois que la confection d'un règlement définitif partiel offre de pareils inconvénients, le juge doit pouvoir s'en abstenir[17].

[14] « Le juge pourvoit à l'intérêt des créanciers dont les collocations ne sont point « attaquées, comme il le faisait déjà sous l'empire du Code de procédure : il arrête « l'ordre et ordonne la délivrance des bordereaux de collocation pour les créances « antérieures à celles contestées. Le nouvel article 758 l'autorise, en outre, à faire « un règlement définitif pour les créances postérieures en réservant une somme suf-« fisante pour désintéresser les créanciers contestés, mais c'est là une faculté dont « le juge-commissaire usera avec prudence et lorsque la mesure lui apparaîtra sans « inconvénient » (N° 63; D. P. 59. 3. 31).

[15] « A la faculté de régler l'ordre partiellement pour ceux dont le rang est anté-« rieur aux créances contestées le projet ajoute celle de colloquer les créances pos-« térieures si la mesure paraît sans danger. Dans le premier cas comme dans le « second, il n'y aura d'ordre partiel que si un intérêt raisonnable l'exige; néanmoins, « dans la crainte qu'on ne tirât une fausse conclusion du contraste des mots « il « peut arrêter l'ordre » employés dans le second cas et des mots « il arrête l'ordre » « empruntés à l'ancienne loi pour le premier cas, votre commission, avec l'honorable « M. Duclos, a proposé de se servir dans les deux cas des mêmes expressions facul-« tatives. Le conseil d'État s'en est tenu à l'ancien texte du Code » (N° 81; D. P. 58. 4. 55).

[16] Voy., sur ce point, Seligmann, *op. et loc. cit.*

[17] Chauveau (Sur Carré, *op. cit.*, t. VI, Ire part., quest. 2574) et Pont (Sur

3) Le règlement définitif liquide deux sortes de frais : ceux de poursuite d'ordre et de radiation des créanciers non utilement colloqués, et ceux de chacun des créanciers utilement colloqués. Ces derniers sont colloqués, pour leurs frais, au même rang que pour le capital et les intérêts de leurs créances [18], sauf que les frais de radiation de leurs inscriptions sont distraits en faveur de l'adjudicataire sur le montant de leurs bordereaux [19]. Quant aux frais généraux de poursuite d'ordre et de radiation des créanciers non utilement colloqués, la liquidation en est faite sur les états déposés au greffe par les avoués auxquels ils sont dus et qui peuvent en demander la distraction à leur profit [20] : c'est l'avoué poursuivant qui, s'étant préalablement informé du délai dans lequel l'ordonnance de clôture peut être rendue [21], en avertit ses confrères et les invite à remettre au plus tôt leurs états de frais au greffe [22]. La collocation privilégiée de ces frais généraux comprend non-seulement les frais déjà faits mais en-

Seligmann, *op. et loc. cit.*, note 1) proposent, sur ce point, une opinion intermédiaire qui, au fond, ne s'écarte guère de celle que j'exprime : « En principe, en « ce qui concerne les collocations antérieures à celles contestées, le juge-commis- « saire doit faire un règlement définitif, et, seulement dans les cas exceptionnels où, « comme dans l'espèce indiquée par les notaires des départements, la mesure pour- « rait présenter des dangers, des inconvénients ou des difficultés, le juge sera au- « torisé à s'abstenir et agira prudemment en s'abstenant » (Pont, *op. et loc. cit.*). D'une part, il n'y a là qu'un conseil donné au juge qui demeure toujours maître de régler ou de ne pas régler partiellement les créances antérieures aux collocations contestées; d'autre part, ces deux auteurs conviennent que l'hypothèse proposée par les notaires des départements n'est qu'un exemple, et que, dans tous les cas où le règlement partiel desdites créances aurait des inconvénients, le juge est autorisé à ne pas le faire.

[18] Voy., sur ce point, § **817**.

[19] L'article 759 s'exprime ainsi : « Il (le juge) liquide les frais de radiation et de « poursuite d'ordre qui sont colloqués par préférence à toutes autres créances... Il « est fait distraction en faveur de l'adjudicataire sur le montant de chaque bordereau « des frais de radiation de l'inscription. » Cette rédaction n'est pas très claire, mais il est certain que la première phrase a trait à la radiation des inscriptions des créanciers non colloqués en ordre utile, et la seconde à la radiation des créanciers utilement colloqués (Comp. Seligmann, *op. cit.*, nos 395 et suiv.).

[20] Bioche, *op. et vo cit.*, no 641. Cette distraction sera demandée et obtenue aux termes de l'article 133 et conformément au droit commun (Voy., sur l'utilité qu'elle présente pour l'avoué, t. III, § **504**). Si une nouvelle saisie est venue se superposer à la première, elle est frustratoire (Voy. t. III, § **555**), et les frais qu'elle a occasionnés ne sont pas compris dans la liquidation (Paris, 4 août 1807 ; D. A. *vo cit.*, no 1134).

[21] Et en ayant informé le juge (Voy. le § suivant).

[22] Seligmann, *op. cit.*, no 389. « Pour que le juge, voulant liquider les frais, ne « soit pas retardé par la lenteur des avoués à remettre leur état, votre commission « avait demandé la division du délai (de l'article 759) en deux : le premier imposé

core ceux qui restent à faire (droits de greffe pour extrait d'ordre, enregistrement du procès-verbal, coût des bordereaux et de l'expédition des ordonnances de radiation, frais de radiation des créanciers non utilement colloqués)[23]. L'ordonnance de clôture ne liquide naturellement que les frais déjà faits, et le juge a le choix, quant aux autres, entre les deux partis suivants : *a*) les porter seulement pour mémoire et en renvoyer la liquidation jusqu'à ce qu'ils soient faits[24] ; *b*) s'en faire remettre par le greffier un état approximatif, et les liquider, sauf à rectifier ultérieurement s'il y a lieu, à la somme portée en cet état (Art. 759)[25].

§ **838**. L'ordonnance de clôture produit trois effets : 1) elle règle définitivement la situation des créanciers utilement colloqués, non utilement colloqués ou complètement exclus, en sorte que l'ordre arrêté par le juge ne peut plus, sauf les exceptions indiquées aux § **843** et suivants, être contesté par eux, par l'adjudicataire ou par le saisi; 2) elle constitue, pour les créanciers colloqués en ordre utile, une simple indication de paiement qui laisse tous leurs droits intacts pour le cas où leur collocation n'aboutirait pas à un paiement effectif; 3) elle arrête, à l'égard de la partie saisie, le cours des intérêts et arrérages des créanciers utilement colloqués.

§ **839**. A. Le premier effet de cette ordonnance n'est pas contestable en principe : à quoi servirait d'avoir clos l'ordre si le droit de le critiquer restait ouvert à tout venant, et en quoi le règlement définitif diffèrerait-il de l'état provisoire s'ils pouvaient être attaqués aussi librement et aussi aisément l'un que l'autre? La difficulté commence — elle est moins grande aujourd'hui qu'avant la loi du 21 mai 1858 — lorsqu'il s'agit de préciser le caractère de l'ordonnance de clôture et l'autorité qui lui appartient. Est-ce, comme on le dit géné-

« aux avoués pour remettre leur état de frais; le second au juge pour faire son « travail. Le conseil d'État a rejeté son amendement » (Riché, *op. cit.*, n° 82; D. P. 58. 4. 55.

[23] Bioche, *op. et v° cit.*, n° 652. Seligmann, *op. cit.*, n° 391.

[24] Bioche, *op. et v° cit.*, n° 646. Ulry, *op. cit.*, t. II, n°s 383 et suiv.

[25] Seligmann, *op. et loc. cit.*

§ 838......

ralement, l'autorité de la chose jugée[1]? On hésitait à l'admettre sous l'empire du Code de procédure qui ne disait ni si cette ordonnance serait susceptible de recours, ni par quelle voie[2]. Aujourd'hui qu'elle est susceptible d'opposition[3], le caractère contentieux ne peut plus lui être refusé; mais a-t-elle réellement l'autorité de la chose jugée, et ne complique-t-on pas la question en faisant intervenir ici l'article 1351 du Code civil? Je le crois pour ma part. Je ne saurais voir un véritable jugement dans une décision qui statue si peu sur les contestations pendantes entre les parties que le juge doit immédiatement renvoyer ces contestations à l'audience[4]; le caractère définitif de cette ordonnance[5] se justifie, suivant moi, d'une manière à la fois plus simple et plus sûre. En somme, trois hypothèses sont possibles : 1° la partie qui conteste actuellement le règlement définitif y a d'abord adhéré; 2° elle a contesté ce règlement, et son contredit a été rejeté par un jugement passé en force de chose jugée; 3° elle a jusqu'ici gardé le silence et s'est également abstenue de contester le règlement définitif et de l'accepter[6]. Dans le premier cas, c'est l'acquiescement qui la rend maintenant non recevable, et cette fin de non-recevoir, admise sans difficulté sous le Code de procédure[7], n'est pas moins fondée sous l'empire de la loi du 21 mai 1858[8]. Dans le second cas, il y a véritablement chose jugée non point par l'ordonnance de clôture mais par le jugement ou l'arrêt intervenu sur le contredit[9] : cette solution ne

§ **839.** [1] Voy., sur cette manière de poser la question, Merlin, *op. cit.*, v^is^ *Chose jugée*, § XI *bis*, et *Ordre*, § VIII; Griolet, *De l'autorité de la chose jugée*, p. 86 et suiv., et les arrêts cités aux notes suivantes.

[2] Voy., à cet égard l'*Exposé des motifs de la loi du 21 mai 1858*, nº 35 (D. P. 58. 4. 48), et, sur les questions relatives à la nature du recours dont l'ordonnance de clôture est susceptible, *infrà*, § **843.**

[3] Voy. *infrà*, § **844.**

[4] Voy. *suprà*, § **830.**

[5] Sauf, bien entendu, les cas exceptionnels où elle peut être frappée d'opposition (Voy. *infrà*, § **844**).

[6] Je suppose que cette partie a accepté ou contesté ou s'est abstenue d'accepter ou de contester le règlement dans son entier. Même situation et mêmes solutions si une seule collocation est contestable et que les parties intéressées l'aient acceptée ou contestée ou se soient abstenues de l'accepter et de la contester.

[7] Paris, 29 mai 1812; Limoges, 15 avr. 1817 (D. A. vº *cit.*, nº 1113). Lyon, 25 août 1854 (D. P. 55. 2. 176). Comp. civ. cass. 29 mai 1843 (D. A. vº *Acquiescement*, nº 88).

[8] Voy., sur l'acquiescement, le tome V de ce Traité.

[9] Pourvu, bien entendu, que la nouvelle contestation soit identique à la première

faisait aucun doute avant la loi du 21 mai 1858[10]; elle n'en fait pas davantage aujourd'hui[11]. Dans le troisième cas, il n'y a proprement ni acquiescement ni chose jugée, et c'était un point très controversé avant 1858 que de savoir si les créanciers qui se croyaient lésés pouvaient remettre en question l'état définitif[12] : la jurisprudence inclinait visiblement vers la négative[13]. Elle se fondait avec raison sur l'ancien article 756, aux termes duquel les créanciers qui n'avaient pas pris communication de l'état provisoire dans le délai fixé par l'article 755 « demeuraient forclos sans nouvelle sommation du droit d'en « prendre communication et d'y contredire[14] : » cet article, disait-on, n'a pas de sens s'il est permis de fournir après le règlement définitif des contredits qui ne sont plus recevables trente jours après le règlement provisoire[15]. La même solution me paraît s'imposer aujourd'hui[16] : elle est commandée : 1) par le nouvel article 756 qui, encore plus précis que

au triple point de vue de l'objet, de la cause et des parties (Civ. cass. 5 avr. 1831, D. A. v° *Chose jugée*, n° 202; voy. encore *infrà*, même §, et sur ces trois identités, t. III, §§ **465** et suiv.).

[10] Merlin, *op. cit.*, v° *Chose jugée*, *loc. cit.* Req. 29 avr. 1813 (D. A. v° *Chose jugée*, n° 150). Bourges, 13 mars 1830 (D. A. *v° cit.*, n° 154). Voy. cep. req. 21 nov. 1811 (D. A. *v° cit.*, n° 215).

[11] Chambéry, 10 août 1872 (D. P. 73. 2. 232). Cela suppose nécessairement que le jugement ou l'arrêt passé en force de chose jugée a définitivement réglé la créance contestée : s'il ne l'a colloquée qu'en l'évaluant provisoirement, les collocations suivantes sont subordonnées au résultat de l'évaluation définitive (Req. 13 juill. 1864; D. P. 64. 1. 340).

[12] Toujours sous la réserve des cas indiqués *infrà*, § **844**, et dans lesquels l'admissibilité d'un recours n'a jamais été sérieusement contestée.

[13] Voy. les arrêts cités *infrà*, note 15.

[14] L'article 756 ne parlait que de la forclusion du droit de prendre communication du cahier des charges, mais, celle du droit de contredire y était nécessairement contenue et tous les arrêts cités à la note suivante le supposent (Voy., d'ailleurs, Tarrible, dans le *Répertoire* de Merlin, v° *Saisie immobilière*, § VIII, n° 4).

[15] Lyon, 4 août 1826 (D. A. v° *Vente publique d'immeubles*, n° 1766). Orléans, 8 juin 1838 (D. A. v° *Acquiescement*, n° 88). Bourges, 21 juin 1839 (D. A. v° *Ordre*, n° 338). Req. 25 août 1842 (D. A. *v° cit.*, n° 1115). Civ. rej. 9 déc. 1846 (D. P. 47. 1. 45). Req. 6 nov. 1848 (D. P. 48. 1. 242). Civ. rej. 27 août 1849 (D. 49. 1. 282). Req. 7 janv. 1851 (D. P. 51. 1. 293). Civ. rej. 15 juin 1852 (D. P. 54. 1. 338). Req. 11 juill. 1853 (D. P. 54. 1. 309). Orléans, 10 févr. 1855 (D. P. 55. 2. 236). Civ. rej. 20 avr. 1857 (D. P. 57. 1. 164). *Contrà*, civ. cass. 1er mai 1815 (D. A. v° *Privilèges et hypothèques*, n° 2297); req. 28 juin 1825 (D. A. *v° cit.*, n° 1692); civ. rej. 17 janv. 1827 (D. A. v° *Obligations*, n° 1886); Paris, 20 mai 1836 (D. A. v° *Notaire*, n° 471); req. 1er août 1839 (D. A. v° *Ordre*, n° 505); Orléans, 17 juin 1852 (D. A. *v° cit.*, n° 1119); Toulouse, 20 août 1852 (D. P. 53. 2. 162); civ. cass. 24 avr. 1854 (D. P. 54. 1. 156); req. 14 juin 1854 (D. P. 54. 1. 310); trib. de Bourgoin, 8 janv. 1861 (D. A. *v° cit.*, n° 1120).

[16] Civ. cass. 9 mars 1870 (D. P. 70. 1. 298). Voy. cep. Nîmes, 10 juin 1873 (D. P. 75. 1. 361).

l'ancien, déclare les créanciers[17] et même le saisi[18] forclos sans nouvelle sommation ni jugement « faute de prendre « communication de l'état de collocation et d'y contredire « dans ledit délai[19]; » 2) par la déclaration formelle de M. Riché dans son rapport au Corps législatif : « Il est évi« dent que les créanciers qui n'ont pas contredit l'état de « collocation provisoire ne pourront, sous prétexte d'attaquer « l'ordonnance de clôture, remettre en question, directe« ment ou indirectement, les bases de cet état, ses décisions « sur la somme à distribuer, l'existence, la quotité et le rang « des créances[20]. »

Une question plus délicate est de savoir si l'autorité de l'ordonnance de clôture, telle qu'elle vient d'être définie et justifiée, permet d'écarter les prétentions qui, rejetées dans un premier ordre, s'élèvent sur le même point, entre les mêmes parties et dans un autre ordre ouvert sur d'autres biens du même débiteur. Primus a été colloqué préférablement à Secundus dans l'ordre ouvert sur l'immeuble A qui appartient à Tertius; un autre ordre s'ouvre ensuite sur l'immeuble B qui appartient au même Tertius, et Primus y requiert également collocation de préférence à Secundus : Secundus et Tertius peuvent-ils contester sa demande[21]? De trois choses l'une — je reprends ici les trois cas que je distinguais tout-à-l'heure — 1) Secundus et Tertius ont-ils formellement

[17] Les créanciers produisants et, à plus forte raison, ceux qui n'ont pas produit et qui ne peuvent plus produire depuis l'expiration du délai fixé par l'article 754 (Voy. *suprà*, § **815**).

[18] Voy., sur l'application du nouvel article 756 à la partie saisie, *infrà*, § **828**. L'adjudicataire n'est pas compris parmi les personnes que cet article déclare forcloses : il peut former opposition à l'ordonnance de clôture en vertu de l'article 767 et pendant tout le délai fixé par cet article (Voy. *infrà*, § **844**).

[19] Voy., sur ce délai, *suprà*, § **828**.

[20] N° 94 (D. P. 58. 4. 56). Le caractère définitif de l'ordonnance de clôture et les conséquences qui en résultent sont opposables à la femme dotale comme aux autres créanciers (Req. 26 nov. 1822, D. A. v° *Chose jugée*, n° 316; Riom, 4 févr. 1813, Toulouse, 11 mai 1815, D. A. v° *Ordre*, n° 1116; req. 15 mai 1849, D. P. 49. 1. 131; civ. cass. 18 janv. 1853, D. P. 55. 1. 234; Limoges, 4 mars 1858, D. A. v° *et loc. cit.*; Chambéry, 10 août 1872, D. P. 73. 2. 232).

[21] Merlin (*Op. cit.*, v[is] *Chose jugée, loc. cit.*, et *Ordre, loc. cit.*) et Bioche (*Op. et v° cit.*, n°s 456 et 661) raisonnent comme si cette question devait être différemment résolue vis-à-vis de Secundus l'autre créancier ou de Tertius le saisi (Voy. aussi req. 25 mai 1836, D. A. v° *Chose jugée*, n° 37; Paris, 13 nov. 1852, D. P. 56. 2. 17); mais je ne vois aucun motif de distinguer, et, toutes choses égales d'ailleurs, il y a autant de raisons pour admettre ou pour repousser la contestation de Tertius que celle de Secundus.

acquiescé dans le premier ordre à la demande de Primus? Ils ne peuvent pas la contester dans le second[22]. 2) L'ont-ils contestée et leur prétention a-t-elle été repoussée par un jugement passé en force de chose jugée? L'article 1351 du Code civil les empêche de la reproduire. Objectera-t-on qu'il n'y a pas *eadem res,* attendu que Secundus demandait la première fois à être colloqué sur le prix de l'immeuble A et qu'il s'agit maintenant de distribuer le prix de l'immeuble B? Je réponds que c'est le cas d'appliquer le principe posé aux §§ **465** et **467**, à savoir que l'identité d'objet dans deux demandes successives peut être implicite et pour ainsi dire latente, et que l'identité d'objet et de cause en matière de chose jugée peut se résumer dans une seule idée : « La « seconde instance reproduit la première si l'on débat devant « le second juge ce qu'on a discuté devant le premier, de telle « sorte que les deux jugements peuvent se trouver en contra- « diction[23]. » L'objet principal du litige est de savoir si Primus est créancier ; sa demande en collocation n'en est que l'accessoire et la conséquence, et il y a réellement *eadèm quæstio* si l'on veut faire juger qu'il n'est pas créancier alors qu'un jugement passé en force de chose jugée a établi qu'il l'était[24], ou *vice versa.* 3) Secundus et Tertius n'ont-ils ni acquiescé ni contesté, et ont-ils laissé sans mot dire colloquer Primus sur le prix de l'immeuble A? Ils peuvent encore combattre sa demande de collocation sur le prix de l'immeuble B, car on ne pourrait leur opposer que la forclusion édictée par l'article 756, et l'on sait que les créanciers et le saisi qui n'ont pas contredit en temps utile la collocation demandée dans un ordre ne sont pas forclos du droit de la contester dans un autre[25]. Il faut seulement — cela va de soi — dans la première et dans la troisième hypothèse, que le terrain

[22] Orléans, 23 févr. 1847 (D. A. v° *Ordre*, n° 1128).

[23] T. III, § **465**, note 19.

[24] Paris, 27 mai 1838; civ. rej. 20 juill. 1842 (D. A. *v° cit.*, n° 1127). Req. 8 nov. 1858 (D. P. 59. 1. 212). Caen, 21 mars 1867 (D. P. 69. 1. 202). *Contrà*, Merlin, *op. cit.*, v° *Chose jugée*, *loc. cit.;* civ. rej. 4 juill. 1815 (D. A. v° *Privilèges et hypothèques*, n° 1434); Bourges, 4 juin 1825 (D. A. v° *Ordre*, n° 1125); civ. rej. 15 déc. 1829 (D. A. v° *Privilèges et hypothèques*, n° 1684); req. 27 avr. 1840 (D. A. v° *Obligations*, n° 692); civ. rej. 28 août 1849 (D. P. 50. 1. 52); civ. cass. 31 mars 1851 (D. P. 51. 1. 65).

[25] Voy. *suprà*, § **828**. Comp. Houyvet, *op. cit.*, n° 267.

du débat soit identiquement le même dans les deux contestations : or il y aura *eadem quæstio* si l'on a reconnu ou contesté et que l'on conteste encore l'existence et la validité de la créance ou de l'hypothèque générale de Primus, mais il y aura *alia quæstio : a)* si, Primus ayant deux hypothèques spéciales sur les immeubles A et B, on a reconnu ou contesté sans succès l'existence et la validité de la première, et que l'on conteste actuellement l'existence ou la validité de la seconde; *b)* si, Primus ayant une hypothèque générale sur ces deux immeubles, Secundus et Tertius contestent qu'elle existe au même rang sur l'un et sur l'autre et prétendent qu'elle est primée par celle de Secundus sur l'immeuble B, après qu'il a été reconnu par eux ou jugé contre eux qu'elle la prime sur l'immeuble A. En résumé, l'acquiescement donné à la chose jugée dans un ordre ne rend le contredit élevé dans un autre non recevable que si les créanciers ou la partie saisie soulèvent à nouveau dans le second la même difficulté sur laquelle ils ont passé condamnation ou qui a été résolue contre eux dans le premier [26].

§ **840**. B. La collocation d'un créancier en ordre utile lui donne de grandes chances mais non pas la certitude d'être payé; tous ses droits demeurent donc intacts pour le cas où il n'obtiendrait pas le paiement sur lequel il compte, par suite de l'annulation de l'ordre ou de l'insolvabilité de l'adjudicataire ou du trésorier-payeur général qui a reçu la consignation du prix [1] : 1) son hypothèque subsiste [2]; 2) les cautions qui lui ont été fournies restent tenues en prévision d'une vente sur folle enchère ou d'un recours qui ferait tomber l'ordonnance de clôture dans l'un des cas énumérés aux § **843** et suivants [3]; 3) il peut renoncer à sa collocation et poursuivre son paiement sur les autres biens du débiteur, pourvu qu'il ait un intérêt sérieux à agir ainsi et ne le fasse pas seulement

[26] Voy., sur les conditions de l'autorité de la chose jugée, t. III, § **465**, et sur les conditions et effets de l'acquiescement, le tome V de ce Traité.

§ **840.** [1] Seligmann, *op. cit.*, n° 385. Je ne suppose naturellement pas que la Caisse des dépôts et consignations puisse être insolvable.

[2] Seligmann, *op. et loc. cit.*

[3] Seligmann, *op. cit.*, n° 387. Voy., sur l'effet de la folle enchère survenant après l'ouverture d'un ordre, *infrà*, §§ **856** et **857**.

pour favoriser tel ou tel de ses cocréanciers au détriment des autres[4]; 4) si l'adjudicataire revend l'immeuble à l'amiable, les créanciers colloqués en ordre utile sont subrogés à tous les droits du saisi et notamment à son privilège de vendeur non payé, et jouissent, comme tels, d'un droit de préférence sur le prix dû à l'adjudicataire à l'encontre des créanciers de ce dernier[5].

§ **841**. C. L'article 765, supposant que le règlement provisoire a été contesté, dispose qu'à partir du jour où le juge a rendu l'ordonnance de clôture qui convertit ce règlement provisoire en règlement définitif, « les intérêts et arrérages « des créances utilement colloquées cessent à l'égard de la « partie saisie. » Il n'en peut être autrement dans l'hypothèse où le règlement provisoire n'a pas été contesté, et, par conséquent, l'ordonnance de clôture arrête toujours à l'égard du saisi le cours des intérêts et arrérages des créances colloquées en ordre utile[1]. La délivrance des bordereaux de collocation qui l'accompagne opère, en effet, une sorte de novation qui met les intérêts à la charge de l'adjudicataire (s'il n'y a pas de clause contraire au cahier des charges) ou de la Caisse des dépôts et consignations s'il a consigné son prix[2], et qui se produit immédiatement, quoique le greffier ait huit jours[3] pour délivrer les bordereaux de collocation, et quelque lenteur qu'il y mette[4]. A dater de ce moment, les créanciers

[4] Seligmann, *op. cit.*, nos 385 et 386. Comment la renonciation d'un créancier au bénéfice de sa collocation peut-elle avoir pour résultat de favoriser certains créanciers au détriment des autres? Voy. *suprà*, § **817**.
[5] Seligmann, *op. cit.*, n° 394.

§ **841**. [1] Rodière, *op. cit.*, t. II, p. 368. Seligmann, *op. cit.*, n° 392.
[2] Riché, *op. cit.*, n° 91 (D. P. 58. 4. 55). *Quid*, si l'ordonnance de clôture a été retardée par des contestations, et que, sans l'attendre, l'adjudicataire ait consigné son prix (Voy., sur cette hypothèse, *infrà*, § **850**)? La Caisse des dépôts et consignations ne paie l'intérêt qu'à 3 pour 100, et le saisi le devait à 5 et même à 6 pour 100 en matière commerciale : c'est le saisi qui doit supporter la différence puisque les intérêts couraient autrefois jusqu'à la délivrance de l'ordonnance de clôture; c'est donc sur lui que retombent les conséquences du retard apporté à cette ordonnance par les contestations bien ou mal fondées des créanciers (Req. 24 juin 1857; D. P. 58. 1. 420). Il en sera de même si ces contestations viennent de lui et à plus forte raison — dans ce cas aucune hésitation ne sera possible — s'il y a succombé.
[3] Voy., sur ce délai, *infrà*, § **848**.
[4] Seligmann, *op. cit.*, n° 484. Rodière enseigne, au contraire, que les intérêts courent contre le saisi jusqu'au jour de la délivrance des bordereaux, sauf recours contre le greffier (*Op. cit.*, t. II, p. 369).

n'ont plus droit qu'aux intérêts du prix dû par l'adjudicataire ou déposé à la Caisse des dépôts et consignations; celle-ci ne doit naturellement que les intérêts de la somme qui lui a été déposée, mais l'adjudicataire doit ceux de toute la somme à distribuer, c'est-à-dire du capital et des intérêts de son prix capitalisés à moins que le cahier des charges n'ait stipulé le contraire[5] : si la charge lui paraît lourde, qu'il s'en prenne à lui-même de n'avoir pas consigné[6]. Ces intérêts sont dus jusqu'au paiement effectif des bordereaux[7], sans nouveau règlement et au prorata du montant de chaque collocation[8], et je rappelle que, malgré la disposition restrictive de l'article 2151 du Code civil aux termes duquel les créanciers ne sont colloqués au rang de leur capital que pour deux années d'intérêts et l'année courante, ils doivent l'être à ce rang pour tous les intérêts qui ont couru depuis l'ouverture jusqu'à la clôture de l'ordre[9]. J'ai supposé jusqu'ici que l'ordonnance de clôture n'est pas attaquée; on verra au § **844** à partir de quel moment, en cas d'opposition, les intérêts cessent de courir à l'égard de la partie saisie.

§ **842**. L'ordonnance de clôture peut être exceptionnellement frappée d'opposition dans les délais et pour les causes qui seront expliqués au § **844**, mais il faut pour cela que les intéressés la connaissent : « Cet acte étant fait au greffe ou « dans le cabinet du juge, il faudra donc, dit M. Riché, que « le créancier qui peut ne pas soupçonner une irrégularité se « trouve sans cesse au greffe pour guetter l'opposition de l'or- « donnance? Votre commission a pensé que cette attitude « d'observation quotidienne ne pouvait guère être imposée « qu'au poursuivant, mais qu'il faudra que celui-ci dénonce « aux autres l'existence de l'ordonnance, le délai courant de

[5] Voy., sur cette clause du cahier des charges, *suprà*, § **669**.

[6] Seligmann, *op. cit.*, n° 483. Houyvet, *op. cit.*, n° 309. Ulry, *op. cit.*, t. II, n° 399.

[7] Bioche, *op. et v° cit.*, n° 657. Chauveau, sur Carré, *op. cit.*, t. VII, Ire part., quest. 2596 *bis*-III. Paris, 4 août 1810 (D. A. *v° Ordre*, n° 1038). Bordeaux, 27 août 1833 (D. A. *v° cit.*, n° 1037). Req. 22 janv. 1840 (D. A. *v° Privilèges et hypothèques*, n° 2432).

[8] Req. 14 avr. 1836 (D. A. *v° Distribution par contribution*, n° 192). Angers, 19 févr. 1842 (D. A. *v° Ordre*, n° 1040).

[9] Voy. *suprà*, § **713**.

« cette dénonciation[1]. » Cet amendement, adopté par le conseil d'Etat, est devenu l'article 767 : « Dans les trois jours « de l'ordonnance de clôture l'avoué poursuivant la dénonce « par acte d'avoué à avoué. » Ce délai ne s'augmente pas à raison de la distance[2], mais il est dépourvu de sanction, et l'avoué qui ne dénonce pas l'ordonnance dans les trois jours n'encourt même pas la déchéance prononcée dans d'autres cas par l'article 776[3]. La dénonciation doit être faite en la forme indiquée par l'article 767 : 1) aux créanciers colloqués ou non en ordre utile, pour faire connaître aux uns les termes du règlement qui fixe définitivement leur sort, et pour faire savoir aux autres que le règlement définitif est conforme au règlement provisoire ou aux jugements et arrêts rendus sur les contredits dont ce dernier a été l'objet[4]; 2) à l'adjudicataire, pour l'avertir qu'il doit se préparer à payer son prix s'il ne l'a déjà consigné[5]; 3) au saisi, pour lui faire connaître le règlement arrêté entre ses créanciers et, s'il y a lieu, l'existence et le montant du reliquat[6]. Si le saisi n'a pas d'avoué ou que ceux des créanciers ou de l'adjudicataire soient décédés ou sortis de charge et non encore remplacés, la dénonciation par acte d'avoué à avoué est remplacée par un exploit à personne ou à domicile. On l'a contesté[7] en alléguant la rareté des oppositions aux ordonnances de clôture d'ordre, les retards que cette forme de dénonciation peut entraîner, et le silence de l'article 767 qui prescrit dans

§ **842.** 1 N° 54 (D. P. 58. 4. 56).

2 Bioche, *op. et v° cit.*, n° 675. Voy., sur les délais qui ne s'augmentent pas à raison de la distance, t. II, § **206**.

3 L'article 776 ne vise pas l'article 767 parmi ceux dont l'inobservation entraîne cette déchéance. Voy., sur l'article 776, *infrà*, § **852**. D'autre part, cette formalité est étrangère à l'ordre mixte, c'est-à-dire à la fois amiable et judiciaire : il n'y a pas lieu de le dénoncer, surtout lorsqu'il appert que les parties intéressées en ont par ailleurs connu la clôture (Alger, 3 juin 1871 ; D. P. 74. 5. 361 ; comp. *suprà*, § **804**, note 1).

4 Houyvet, *op. cit.*, n° 316. Ulry, *op. cit.*, t. I, n° 65. *Contrà*, Seligmann, *op. cit.*, n° 503. Voy., sur l'opposition fondée sur la non-conformité du règlement définitif avec le règlement provisoire ou avec les jugements et arrêts qui l'ont réformé, le § suivant.

5 Voy., sur le paiement du prix d'adjudication et sur la consignation, *infrà*, § **850**. Si l'adjudicataire est décédé et que le poursuivant n'ait pas reçu notification de son décès, la dénonciation faite à son avoué n'en est pas moins valable (Bourges, 12 janv. 1876 ; D. P. 76. 2. 26).

6 Voy., sur l'intérêt qu'a le saisi à connaître les bases de l'ordre intervenu sur le prix de son immeuble, *suprà*, § **825**.

7 Seligmann, *op. cit.*, n° 504.

une autre hypothèse la signification d'un exploit à personne ou à domicile[8]. Ces raisons ne sont pas décisives, car ne procède-t-on pas toujours ainsi à l'égard des parties qui n'ont pas ou qui n'ont plus d'avoué[9], ne doit-on pas dénoncer le règlement définitif à toutes les personnes qui ont dû recevoir communication de l'état provisoire[10], et cette formalité ne s'impose-t-elle pas en présence de l'article 767, aux termes duquel l'opposition à l'ordonnance de clôture ne peut être formée que pendant les huit jours qui suivent la dénonciation[11] ? Si cette ordonnance n'était pas signifiée d'une façon quelconque à toutes les parties qui peuvent y faire opposition, cette voie resterait indéfiniment ouverte ou le délai courrait contre une ou plusieurs d'entre elles à leur insu : ces deux solutions sont également inadmissibles[12].

§ **843**. Quelle que soit l'autorité de l'ordonnance de clôture, on n'a jamais admis ni pu admettre qu'elle fût à l'abri de tout recours. Cette autorité ne peut venir, en effet, que d'un acquiescement forcé, de la chose jugée, ou de l'article 756 qui fixe le délai dans lequel on peut attaquer le règlement provisoire[1]; aussi n'existe-t-elle pas à l'égard des personnes qui n'ont ni adhéré au règlement provisoire, ni subi un jugement ou arrêt passé en force de chose jugée, ni laissé passer le temps fixé pour contredire. L'ordonnance de clôture peut donc être attaquée dans deux cas : 1) à raison d'une erreur ou d'une irrégularité qui ne se trouvait pas dans le règlement provisoire; 2) par les créanciers inscrits qui n'ont pas été appelés à l'ordre, par les parties qui n'ont pas été appelées au jugement des conredits élevés contre le règlement provisoire ou de l'opposition formée contre l'ordonnance[2] de

[8] L'opposition à l'ordonnance de clôture est signifiée par ajournement au saisi qui n'a pas d'avoué (Voy. le § suivant).
[9] D. A. vº *Exploit*, nº 644.
[10] Voy., sur la dénonciation du règlement provisoire, *suprà*, § **825**.
[11] Voy. *infrà*, § **844**.
[12] Chauveau, sur Carré, *op. cit.*, t. VI, Ire part., quest. 2599. Ulry, *op. et loc. cit.*

§ **843**. [1] Voy. *suprà*, § **820**.
[2] Voy., sur les personnes qui peuvent recourir contre l'ordonnance de clôture, et sur celles à l'égard desquelles cette ordonnance est définitive, Chauveau, sur Carré, *op. cit.*, t. VI, Ire part., quest. 2599.

clôture, et par les créanciers chirographaires qui attaquent l'ordre en vertu de l'article 1167 du Code civil.

§ **844.** A. Les créanciers, l'adjudicataire et le saisi n'ont pu relever dans le règlement provisoire que les vices qui s'y trouvaient; on ne peut donc leur opposer ni acquiescement ni chose jugée ni forclusion lorsque, rencontrant pour la première fois une erreur ou une irrégularité dans l'ordonnance de clôture, ils la défèrent à qui de droit pour en obtenir la réformation. L'article 767 y autorise les créanciers[1], et ce droit appartient également, par identité de motifs, à l'adjudicataire et au saisi[2]; mais pour quelles causes et par quelle voie peuvent-ils attaquer cette ordonnance?

a) Pour quelles causes? « Il peut se faire, dit M. Riché, « que cette ordonnance, par erreur ou par excès de pouvoir, « ne se trouve pas entièrement conforme à l'état provisoire « non contesté, applique ou interprète mal le jugement ou « arrêt qui statue sur les contredits. La possibilité de ces « erreurs est démontrée par les procès mêmes qui se sont éle- « vés au sujet de l'espèce de recours qui pouvait être ouvert. « Les motifs et les limites de ce droit de recours nous ont « paru tellement évidents que nous avons jugé inutile de les « déterminer dans le texte de la loi, malgré le vœu d'un amen- « dement de M. Millet[3]. » Il était, d'ailleurs, difficile de donner *à priori* une énumération limitative des cas où l'opposition sera recevable, et on ne peut guère donner que des exemples comme ceux-ci : 1) modification irrégulière du règlement provisoire[4]; 2) ordonnance de clôture prématurée[5]; 3) erreur matérielle[6] sur le montant de sommes récla-

§ **844.** [1] Cette disposition est nouvelle (Voy., sur ce point, la suite de ce §).

[2] Chauveau, sur Carré, *op. et loc. cit.* Aj., quant à l'adjudicataire, les arrêts cités *infrà*, note 8.

[3] *Op. cit.*, nº 94 (D. P. 58. 4. 56). Voy., sur les procès auxquels M. Riché fait allusion, la suite de ce §. Il y avait cependant controverse, avant 1858, sur le point même de savoir si l'ordonnance de clôture était susceptible d'un recours quelconque, et les arrêts rapportés D. A. vº *cit.*, nº 1049, avaient résolu cette question par la négative, conformément à l'opinion de Tarrible (Dans le *Répertoire* de Merlin, vº *Saisie immobilière, loc. cit.*).

[4] Bioche, *op. et* vº *cit.*, nº 666. Voy., sur la forme de cette dénonciation, *suprà*, § **825**.

[5] Bioche, *op. et* vº *cit.*, nº 667. Voy., sur l'époque à laquelle cette ordonnance peut être rendue, *suprà*, § **836**.

[6] Qui n'a pas été commise dans le règlement provisoire; dans le cas contraire, l'ac-

mées [7] ou du prix à distribuer [8]; 4) fausse interprétation des jugements et arrêts auxquels le règlement définitif devait se conformer [9]; 5) oubli du juge qui n'a pas ordonné, en arrêtant ce règlement, la radiation des inscriptions des créanciers non colloqués en ordre utile [10]; 6) non-conformité du règlement définitif avec le règlement provisoire non contesté, ou avec le dispositif des jugements ou arrêts passés en force de chose jugée qui l'ont modifié [11].

b) Par quelle voie? « Le silence du législateur de 1807 sur « le caractère de l'ordonnance de clôture, sur le droit de se « pourvoir contre elle et sur la voie de recours à prendre, a « donné lieu, dit l'Exposé de motifs de la loi du 21 mai 1858, « aux questions les plus controversées et aux décisions les « plus nombreuses et les plus contradictoires. Les uns ont « soutenu que l'ordonnance de clôture n'était qu'une simple « décision rendue par un seul juge et qui pouvait être atta- « quée par opposition devant le tribunal; les autres ont dit « qu'une décision qui était exécutoire et revêtue du mande- « ment souverain, prononçait la déchéance de créanciers, « ordonnait la radiation d'inscriptions, était un jugement en « dernier ressort qui ne pouvait être attaqué que par la voie « de l'appel; d'autres, enfin, ne rencontrant dans cette or-

quiescement, l'exception de chose jugée ou la forclusion rendront l'opposition non-recevable (Voy., sur ce point, *suprà*, § **839**, et le § précédent).

[7] Bioche, *op. et v° cit.*, n° 671.

[8] Req. 21 juill. 1857 (D. P. 57. 1. 446). Trib. de Bourgoin, 8 janv. 1861 (D. A. *v° cit.*, n° 1120). Trib. de Pau, 14 févr. 1862 (D. A. *v° cit.*, n° 1110). Poitiers, 12 août 1874 (D. P. 76. 2. 219).

[9] Chambéry, 18 févr. 1867 (D. P. 67. 2. 54). Voy., sur l'obligation pour le juge de se conformer à ces jugements lorsqu'il arrête le règlement définitif, *suprà*, § **839**.

[10] Chauveau, sur Carré, *op. et loc. cit.* Voy., sur cette partie de l'ordonnance de clôture, *suprà*, § **837**.

[11] Bioche, *op. et v° cit.*, n° 670. Aj. les arrêts cités *suprà*, § **837**, note 5, à propos de la défense, adressée au juge, de modifier d'office son règlement provisoire. Par application de ce principe, l'opposition a été admise dans les cas suivants : 1° admission au règlement définitif d'un nouveau créancier qui n'a pas été colloqué dans le règlement provisoire, et n'a pas obtenu, sur un contredit par lui formé, une décision passée en force de chose jugée qui reconnaisse son droit à être colloqué (Chauveau, sur Carré, *op. et loc. cit.*); 2° omission au règlement définitif d'un créancier colloqué dans le règlement provisoire et non contesté (Bordeaux, 21 août 1850; D. P. 54. 5. 531); 3° ventilation ordonnée dans le cas de l'article 757 (Voy. *suprà*, § **819**) mais postérieurement à la confection du règlement provisoire (Chauveau, sur Carré, *op. et loc. cit.*); 4° admission, au même moment, de la demande en résolution du vendeur non payé (Metz, 24 nov. 1820, D. A. v° *Privilèges et hypothèques*, n° 1503; req. 11 déc. 1855, D. P. 56. 1. 256; voy., sur le délai dans lequel cette demande devait être formée, *suprà*, § **678**).

« donnance aucune nature bien définie, ne lui ont reconnu « que le caractère d'un acte dont il fallait demander la ré- « forme par action principale... Plus de cinquante arrêts de « cours impériales ont été rendus[12]; la cour de cassation, « après avoir jugé par un premier arrêt, du 9 avril 1839[13], que « l'ordonnance de clôture devait être attaquée par l'appel, a « décidé, le 14 janvier 1850[14], qu'on ne pouvait l'attaquer que « par la voie de l'opposition[15]. » Il ne s'agit pas là de l'opposition proprement dite dont il sera parlé au tome V de ce Traité, car cette voie de recours n'est ouverte, en droit commun, qu'aux parties qui ont fait défaut[16], et s'ouvre ici au profit de celles qui ont été liées à l'ordre et n'ont pas cessé d'y figurer[17], mais, la loi du 21 mai 1858 l'ayant choisie comme la plus prompte et la moins dispendieuse[18], il en résulte : 1) que le droit d'attaquer l'ordonnance de clôture ne dépend pas de la valeur du litige[19], que l'opposition est toujours recevable dans les cas énumérés au présent § et dans les cas analogues qui pourront se présenter, quand même l'intérêt du procès serait inférieur à 1,500 francs[20], et que, même au-dessus de ce chiffre, c'est la seule voie de recours qui soit ouverte aux contestants[21]; 2) que le tribunal devant lequel l'ordre est ouvert est seul compétent pour statuer sur

[12] Voy. D. A. *v° cit.*, n°s 1049 et suiv.

[13] D. A. v° *Surenchère*, n° 92.

[14] D. P. 50. 1. 49.

[15] N° 35 (D. P. 58. 4. 48).

[16] Voy., pour plus de détails, le tome V de ce Traité.

[17] Les exemples donnés *suprà*, même §, ne supposent nullement que le droit de contester le règlement de l'ordre soit réservé aux parties qui n'ont pas figuré dans l'ordre; on verra, tout au contraire, au § suivant — et je l'ai déjà annoncé au § précédent — qu'il existe une voie de recours, plus largement et plus longtemps ouverte, pour les personnes qui auraient dû être appelées à l'ordre et ne l'ont pas été.

[18] *Exposé des motifs de la loi du 21 mai 1858, loc. cit.* (D. P. 58. 4. 48). Cette voie de recours convient aussi bien à l'ordre partiel (Voy., sur cet ordre, *suprà*, § **818**) qu'à celui qui règle définitivement les droits de tous les créanciers (Chauveau, sur Carré, *op. et loc. cit.*).

[19] Chauveau, sur Carré, *op. et loc. cit.* C'est le principe général en matière d'opposition (Voy. le tome V de ce Traité).

[20] Au contraire, les jugements des tribunaux de première instance sont rendus en dernier ressort et, par conséquent, sans appel jusqu'à 1,500 francs (Voy. *infrà*, §§ **894** et suiv.).

[21] C'est le seul cas où les parties qui ont figuré par elles-mêmes ou par leurs représentants dans un procès dont l'intérêt dépasse 1,500 francs aient le droit de former opposition : le droit commun ne leur ouvre d'autre voie de recours que l'appel (Voy. *infrà*, §§ **894** et suiv.).

cette opposition[22], dans le cas même où le juge-commissaire aurait fait acte de juridiction en tranchant une difficulté soulevée pour la première fois après le règlement provisoire[23] : l'affaire est portée, même pendant les vacations[24], à la chambre à laquelle ce juge est attaché[25]. L'opposition est formée, à peine de forclusion, dans la huitaine qui suit la dénonciation du règlement définitif[26] et par un dire qui peut n'être pas motivé[27]. Sur ce dire inséré au procès-verbal à la suite de l'ordonnance de clôture[28], le juge fixe, au plus tard à l'expiration de la huitaine qui suit l'opposition[29], le jour où l'affaire viendra à l'audience[30]; le contestant le fait con-

[22] Chambéry, 25 août 1864 (D. P. 64. 5. 265). Quel est ce tribunal? Voy. *suprà*, § **781**. Le juge n'a pas qualité — cela va de soi — pour statuer lui-même sur la validité de son ordonnance, et ne peut donner mainlevée de l'opposition dont elle a été l'objet (Bioche, *op. et v° cit.*, n° 679).

[23] Voy., sur ce point, l'arrêt de la cour de cassation du 14 janvier 1850, cité *suprà*, note 14.

[24] Elle est considérée comme urgente. Voy. t. I, § **11**; comp., en matière d'ordre, *suprà*, § **831**.

[25] C'est la règle générale en matière d'ordre toutes les fois qu'une ordonnance du juge est attaquée (Voy. *suprà, ib.*).

[26] Cette huitaine n'est pas franche, car elle ne court pas en vertu d'une signification faite à personne ou à domicile (Seligmann, *op. cit.*, n° 507; voy., sur les délais francs, t. II, § **205**). La forclusion qui résulte de l'expiration de ce délai n'est pas écrite en toutes lettres dans l'article 767, mais les mots « à peine de nullité » qu'il emploie portent tout à la fois sur le délai et sur la forme de l'opposition, et signifient qu'elle doit être formée à peine de forclusion dans le délai fixé par la loi et à peine de nullité dans les formes déterminées par elle. Il n'y a là, d'ailleurs, qu'une question de mots, la forclusion et la nullité devant entraîner ici les mêmes conséquences. Cette forclusion est opposable à toutes les parties, même au saisi qui voudrait attaquer à ce moment le jugement d'adjudication, et il ne suffit pas, pour l'éviter, d'annoncer, par exemple en demandant l'assistance judiciaire, l'intention de former opposition (Req. 7 août 1878; D. P. 78. 1. 263).

[27] Les contredits élevés contre le règlement provisoire doivent être motivés, mais cette prescription ne peut s'appliquer ici, car le dire dont il s'agit dans l'espèce sera notifié aux parties adverses par un acte d'avoué à avoué ou par un ajournement contenant les moyens et conclusions. Le dire d'opposition peut donc n'être pas motivé, et il suffit qu'il indique le nom de l'opposant et le but de l'opposition (Chauveau, sur Carré, *op. cit.*, t. VI, Ire part., quest. 2599 *ter; contrà*, Bioche, *op. et v° cit.*, n° 677). Voy., sur la forme de l'opposition dans l'espèce, la suite de ce §, et, sur l'obligation de motiver les contredits au règlement provisoire, *suprà*, § **829**.

[28] J'essaierai de justifier à la note 36 cette proposition controversée : je me contente d'ajouter ici que le mode d'opposition que j'indique doit être observé par toutes les parties opposantes, y compris le saisi : s'il n'a pas d'avoué, il en doit constituer un pour pouvoir signifier l'acte d'avoué à avoué dont il va être parlé (Chauveau, sur Carré, *op. cit.*, t. VI, Ire part., quest. 2599 *quater;* Pont, sur Seligmann, *op. cit.*, n° 506, note 1).

[29] Sans autre sanction que la responsabilité du juge, suivant ce qui est dit au § **782** : sa négligence ou sa lenteur ne peuvent entraîner la nullité de l'opposition au préjudice de parties qui n'ont aucun reproche à s'adresser.

[30] Arg. art. 767 cbn. 758 et 761 ; la cause est instruite (Art. 767) conformément

naître, à peine de nullité, par un acte d'avoué à avoué contenant les moyens et conclusions à toutes les parties auxquelles le règlement provisoire a été dénoncé [31]; l'affaire vient à l'audience sur ce seul acte et y est jugée, conformément aux articles 761 et 762, quinze jours au plus tard après que l'ordonnance de clôture a été rendue [32]. Ces délais et ces formes ne sont pas complètement applicables au cas où l'opposition est signifiée à une partie saisie qui n'a pas d'avoué : 1) on lui adresse, à peine de nullité, un ajournement qui contient toutes les indications requises par l'article 61 [33]; 2) cet ajournement se fait à personne ou à domicile, et le délai pour le faire s'augmente des délais ordinaires de distance entre le siège du tribunal où l'ordre se poursuit et le domicile du saisi [34]; 3) ce dernier a pour comparaître un nouveau délai de huitaine qui s'augmente aussi à raison de la distance qui existe entre son domicile et le siège du tribunal où l'ordre se poursuit et où la contestation sera portée [35]. Ce délai de dis-

à l'article 758 qui charge le juge de fixer le jour de l'audience, et à l'article 761 qui prescrit au contestant d'y appeler son adversaire par un avenir.

[31] On dénonce l'ordonnance de clôture aux créanciers qui ont figuré dans l'ordre, à l'adjudicataire et au saisi, pour qu'ils la connaissent et puissent y former opposition (Voy. *suprà*, § **842**); on leur dénonce l'opposition pour les mettre à même d'y défendre. Il y a complète analogie entre les deux situations, et, de plus, cette façon de procéder a l'avantage de rendre commun à toutes les parties le jugement qui interviendra et de le mettre, par suite, à l'abri de la tierce opposition (Bioche, *op. et v° cit.*, n° 678; Chauveau, sur Carré, *op. cit.*, t. VI, Ire part. quest. 2600). L'article 767 prescrit d'assigner le saisi par voie d'ajournement lorsqu'il n'a pas d'avoué, ce qui implique nécessairement, s'il en a un, l'obligation de l'appeler à l'audience par acte d'avoué à avoué (Bioche, *op., v° et loc. cit.; contrà*, Chauveau, sur Carré, *op. et loc. cit.*, qui veut qu'on ne lui dénonce l'opposition que s'il est démontré qu'il a un intérêt dans la cause). Les parties auxquelles l'opposition n'a pas été signifiée se pourvoient ainsi qu'il est dit au § suivant.

[32] Voy., sur l'application des articles 761 et 762 dans l'espèce, Chauveau, sur Carré, *op. cit.*, t. VI, Ire part., quest. 2602; Seligmann, *op. cit.*, n° 511. L'article 767 ne renvoie pas à l'article 760; la masse des créanciers n'est donc pas valablement représentée par un avoué choisi d'un commun accord ou par celui du dernier créancier colloqué (Voy., sur ce mode de représentation, *suprà*, § **831**) : « La raison de « cette différence avec les difficultés sur le règlement provisoire nous paraît être « qu'il s'agit ici d'un débat grave sur un ordre clos dont les résultats appartiennent « à toutes les parties; on n'a donc pas voulu qu'un seul avoué puisse défendre les « intérêts de tous dans des procès aussi exceptionnels » (Seligmann, *op. cit.*, n° 510).

[33] Chauveau, sur Carré, *op. cit.*, t. VI, Ire part., quest. 2501. Seligmann, *op. cit.*, n° 508. Voy., sur l'article 61, t. II, § **224**.

[34] Comp. art. 175 (T. III, § **388**). Chauveau, sur Carré, *op. et loc. cit.* Seligmann, *op. et v° cit.*, n° 507. *Contrà*, Rodière, *op. cit.*, t. II, p. 370. Voy., sur le tribunal compétent en matière d'ordre, *suprà*, § **781**.

[35] C'est le droit commun en matière d'ajournement (Voy. t. II, § **260**). Seligmann, *op. et loc. cit.*

tance pourra s'opposer à l'application de l'article 767 et faire reporter la date du jugement au-delà du délai de quinzaine dont il vient d'être parlé[36]. L'opposition à l'ordonnance de clôture est suspensive[37] aux termes de l'article 769, qui ne fait courir que du jour où cette ordonnance est devenue inattaquable le délai dans lequel le greffier doit délivrer l'extrait à vue duquel les inscriptions des créanciers non utilement colloqués

[36] J'ai négligé jusqu'ici la controverse, pourtant assez vive, qui existe sur la manière de former opposition à l'ordonnance de clôture. Deux opinions sont en présence. 1° Cette opposition consiste, en général, dans deux actes successifs d'avoué à avoué, le premier dans la huitaine pour faire connaître l'opposition, le second dans la huitaine suivante pour faire venir l'affaire à l'audience; vis-à-vis du saisi qui n'a pas d'avoué, elle consiste dans un acte d'avoué à avoué fait aux mêmes fins dans ladite huitaine, et suivi dans un second délai de huitaine d'un ajournement à personne ou à domicile. On argumente, en ce sens : 1) du texte de l'article 767 où les mots *par acte d'avoué à avoué* et *par exploit d'ajournement* sont, dit-on, le complément non-seulement du mot *portée* mais encore du mot *formée*, en sorte que l'opposition doit être et formée et portée à l'audience de cette manière; 2) de l'Exposé de motifs de la loi du 21 mai 1858 où il est dit que l'article 767 réglemente « les délais et les formes « de l'opposition » (N° 35; D. P. 58. 4. 48) : s'il en réglemente toutes les formes, il s'ensuit nécessairement que l'acte d'avoué à avoué et l'ajournement dont il est parlé dans cet article servent à la fois à former opposition et à faire venir la cause à l'audience. On ajoute, dans cette opinion, que, l'ordonnance en question ayant, comme son nom l'indique, clos le procès-verbal, aucune mention ne peut plus y être insérée (Seligmann, *op. cit.*, n° 505; Colmar, 2 mars 1835, D. A. *v° cit.*, n° 1071; Lyon, 21 juill. 1853, D. P. 53. 2. 233; Alger, 25 juill. 1860, D. A. *v° cit.*, n° 1070). 2° L'opposition se forme par un dire inséré au procès-verbal, et est ensuite portée à la connaissance de qui de droit par un acte d'avoué à avoué ou par un exploit d'ajournement. On fait d'abord remarquer, en ce sens, que le procès-verbal peut et doit rester ouvert jusqu'à ce que l'ordre soit définitivement clos, et il ne l'est pas quand l'ordonnance de clôture peut encore être frappée d'opposition. On ajoute : 1) que, s'il résulte du rapprochement des articles 758, 761 et 767 que le jour où l'affaire viendra à l'audience doit être fixé par le juge (ce qui n'est pas contestable; voy. *suprà*, note 27), il est de toute nécessité que ce juge ait connaissance de l'opposition, or il ne peut la connaître que par un dire inséré au procès-verbal; 2) que, dans le projet de la commission nommée par le Gouvernement, l'opposition devait être formée par un dire inséré à la suite de cette ordonnance (Chauveau, sur Carré, *op. cit.*, t. VI, Ire part., quest. 2599 *ter*), et que le texte définitif de l'article 767 n'est pas assez formel pour faire croire que le législateur ait renoncé à sa première idée; 3) qu'aux termes de la circulaire ministérielle du 2 mai 1859, interprète de la pensée de la loi (N° 69; D. P. 59. 4. 32), « bien que l'article 767 ne s'explique pas sur ce point, l'oppo- « sition est faite au greffe par un dire consigné au procès-verbal » (Chauveau, sur Carré, *op. et loc. cit.*; Rodière, *op. et loc. cit.*; Grosse et Rameau, *op. cit.*, t. II, n° 488; Caen, 14 déc. 1867, D. P. 68. 2. 216). La première opinion a cet avantage que les délais s'y enchaînent mieux, le contestant devant former son opposition à huitaine à partir de la dénonciation et donner avenir à l'audience pour la huitaine suivante, au lieu que, dans la seconde opinion, la fixation du jour d'audience est abandonnée au juge qui peut la retarder sous sa seule responsabilité; mais, dans l'état des textes, des travaux préparatoires et des documents officiels qui complètent la loi, la seconde opinion s'appuie, suivant moi, sur des arguments tout à fait décisifs.

[37] Seligmann, *op. cit.*, n° 512. Le juge attend donc qu'elle soit jugée pour modifier, s'il y a lieu, son règlement (Bioche, *op. et v° cit.*, n°s 680 et 681); c'est une nouvelle conséquence de la règle posée *suprà*, § **837**, à savoir que le juge ne peut le modifier d'office.

seront rayées[38]. Les intérêts des arrérages des créances colloquées, qui ne courent plus contre le saisi à partir de l'ordonnance de clôture lorsqu'elle n'est pas attaquée, courent, lorsqu'elle est frappée d'opposition, jusqu'au jugement qui règlera cette opposition : l'opposant qui a gain de cause garde pour lui ces intérêts et arrérages; l'opposant qui succombe est soumis, de ce chef, au recours du créancier sur lequel les fonds manquent et de la partie saisie (Art. 768)[39]. Les frais de l'opposition sont réglés conformément à l'article 766[40]. Ce jugement est susceptible d'appel et cet appel est également suspensif : je reviendrai sur ces deux points aux § **905** et **954**[41]. La nouvelle ordonnance, que le juge doit rendre en conformité du jugement ou de l'arrêt qui modifie le règlement définitif, peut être déférée à la cour de cassation pour excès de pouvoir lorsqu'elle ne correspond pas exactement au dispositif de ce jugement ou de cet arrêt[42]; mais c'est question de savoir si l'on peut faire pour deux griefs différents deux oppositions successives. Je crois, quelque inconvénient qu'il puisse en résulter dans la pratique, qu'on n'a pas le droit de suppléer ici une fin de non-recevoir qui n'est point écrite dans la loi, et que c'est le cas de dire, comme au § **468**, qu'on peut proposer successivement contre un acte toutes les nullités qui l'infectent[43]. Quelques auteurs ont cru trouver cette fin de non-recevoir dans l'article 165, aux termes duquel « opposition sur opposition ne vaut[44], » mais ils n'ont pas remarqué qu'il n'y a aucune parité contre les deux situations : 1) il n'y a pas ici de jugement par défaut et, par conséquent, d'opposition au sens de l'article 165; 2) cet article suppose qu'une

[38] Voy., sur ce point, *infrà*, § **851**.

[39] Voy., sur ce point, Bioche, *op. et vº cit.*, nº 658; Chauveau, sur Carré, *op. cit.*, t. VI, Irº part., quest. 2596 *bis*-III; Seligmann, *op. cit.*, nºs 512 et 514; req. 14 juin 1858 (D. P. 58. 1. 420); et, sur l'application de l'article 768 aux contredits élevés contre le règlement provisoire, *suprà*, § **841**.

[40] Chauveau, sur Carré, *op. cit.*, t. VI, Irº part., quest. 2603. Rodière, *op. cit.*, t. II, p. 371. Voy., sur l'article 766, *suprà*, § **832**.

[41] « Quelques membres de votre commission auraient même voulu refuser la faculté d'appel contre le jugement qui statue sur l'opposition » (Riché, *op. cit.*, nº 94; D. P. 58. 4. 56).

[42] Bioche, *op. et vº cit.*, nº 682. C'est encore une conséquence du principe rappelé *suprà*, note 35.

[43] Chauveau, sur Carré, *op. cit.*, t. VI, Irº part., quest. 2604 *ter*.

[44] Voy., en ce sens, Rodière, *op. et loc. cit.;* Grosse et Rameau, *op. cit.*, t. II, nº 459.

partie a fait deux fois défaut et lui défend de frapper d'opposition le second jugement rendu contre elle; or il s'agit ici d'une seule et unique décision qu'on peut attaquer par deux oppositions successives fondées sur des causes différentes[45].

§ **845.** B. L'opposition n'est pas le seul recours dont l'ordonnance de clôture soit susceptible; le droit de l'attaquer après l'expiration du délai fixé par l'article 767 appartient encore : 1) aux créanciers qui devaient être parties à l'ordre et n'y ont pas été appelés[1], et aux parties (créanciers inscrits, adjudicataire ou saisi) qui n'ont pas été appelées au jugement des contredits élevés contre le règlement provisoire ou de l'opposition formée contre l'ordonnance de clôture[2]; 2) aux créanciers chirographaires qui, alléguant que l'ordre a été réglé en fraude de leurs droits, l'attaquent en vertu de l'article 1167 du Code civil[3]. Il faut seulement : quant aux premiers, qu'ils n'aient pas été représentés dans l'ordre[4] et qu'ils

[45] Voy., sur la règle « Opposition sur opposition ne vaut, » le tome V de ce Traité.

§ **845.** [1] Spécialement, les créanciers omis par le conservateur des hypothèques dans l'état des inscriptions par lui délivré (Bioche, *op. et v° cit.*, n° 668; voy., sur ces créanciers, *suprà*, § **788**). L'adjudicataire qui est partie à l'ordre (Voy. *suprà, ib.*) ne peut cependant l'attaquer pour cette cause; il ne le peut que dans le cas qui va être indiqué, celui d'une contestation jugée en son absence.

[2] Riché, *op. cit.*, n° 94 (D. P. 58. 4. 56). Chauveau, sur Carré, *op. cit.*, t. VI, Ire part., quest. 2604 *ter*. Seligmann, *op. cit.*, n° 513. Montpellier, 3 juill. 1828 (D. A. *v° cit.*, n° 1096). Req. 18 avr. 1832 (D. A. v° *Privilèges et hypothèques*, n° 1687). Angers, 19 févr. 1842; Riom, 9 juill. 1852 (D. A. v° *Ordre, loc. cit.*). Voy. cep. Bioche, *op. et v° cit.*, n° 676.

[3] Seligmann, *op. et loc. cit.* Civ. cass. 1er août 1865 (D. P. 65. 1. 351). Voy., sur l'article 1167 du Code civil, t. I, § **125.** Les créanciers chirographaires qui ne peuvent arguer l'ordre de fraude sont en faute de ne s'être pas présentés plus tôt (*Suprà*, § **795**), et ne peuvent attaquer le règlement définitif par l'action dont il s'agit ici (Req. 29 janv. 1835, D. A. *v° cit.*, n° 1100; Bourges, 21 juin 1839, D. A. *v° cit.*, n° 338).

[4] Ne peuvent donc former le recours dont il s'agit ici : 1° le cessionnaire d'une créance soumise au règlement d'ordre, lorsqu'il y a été valablement représenté par son cédant (Paris, 21 mai 1835, D. A. *v° cit.*, n° 381; comp., sur cette hypothèse, *suprà*, § **788**); 2° le créancier subrogé à cette créance, lorsqu'il a été valablement représenté par celui auquel il est subrogé (Montpellier, 9 juin 1825; D. A. *v° cit.*, n° 1104); 3° l'héritier d'un créancier partie à l'ordre (Caen, 8 mai 1823; D. A. v° *Tierce opposition*, n° 51); 4° l'interdit qui y a été représenté par son tuteur (Req. 6 déc. 1852; D. P. 52. 1. 319); 5° les créanciers postérieurs aux collocations contestées qui ont assisté par le ministère de l'avoué commun au jugement des contredits élevés contre le règlement provisoire (Caen, 16 avr. 1845, D. P. 45. 2. 84; voy., sur cette hypothèse, *suprà*, § **831**) : il en serait autrement en cas de contestation contre le règlement définitif; n'y étant pas représentés par l'avoué commun, comme on l'a vu au § précédent, ils ont le droit d'attaquer le jugement qui y a été rendu).

n'aient pas encouru la forclusion du droit de produire ou de contredire [5]; quant aux seconds, qu'ils prouvent le concert frauduleux de toutes les parties, car les créanciers colloqués dans un ordre ne sont pas des acquéreurs à titre gratuit et l'action paulienne ne les atteint que s'ils sont *conscii fraudis* [6] : il faudrait, pour qu'il en fût autrement, que la collocation des créanciers de mauvaise foi ne pût être révoquée — ce qui n'est pas — sans entraîner la réformation de l'ordre tout entier [7]. Le recours ouvert aux personnes que je viens d'indiquer n'est ni l'appel ni le pourvoi en cassation : j'en ai déduit les raisons au § précédent [8]. Ce n'est pas non plus l'opposition, car cette voie de droit n'est admise en matière d'ordre que dans les délais fixés par l'article 767. C'est une action principale en nullité ou une tierce opposition, intentée par assignation [9] devant le tribunal où l'ordre se poursuit [10] et contre tous les créanciers colloqués [11]; elle peut être formée pendant trente ans [12] à partir du jour où l'opposition n'est plus recevable dans les termes de l'article 767 [13], mais elle ne peut

[5] Req. 20 juin 1838; Limoges, 1er août 1845 (D. A. v° *cit.*, n° 1102). Voy. cep. req. 1er août 1839 (D. A. v° *cit.*, n° 505).

[6] Voy., sur ce principe, t. I, § **125**.

[7] Voy., sur l'indivisibilité de l'ordre et sur la mesure dans laquelle cette idée est exacte, *suprà*, § **835**.

[8] Chauveau, sur Carré, *op. et loc. cit.*

[9] Riché, *op. et loc. cit.* Chauveau, sur Carré, *op. et loc. cit.* Seligmann, *op. et loc. cit.* Est-ce véritablement une action en nullité ou une tierce opposition? La question n'a pas d'intérêt, étant donné que les délais sont les mêmes pour l'une et pour l'autre action (Voy. *infrà*, note 12), et que, d'après la jurisprudence actuelle, la tierce opposition est une voie de recours facultative dont il n'est pas certain qu'on soit jamais forcé d'user, mais dont on peut se servir dans le cas même où elle ne serait pas indispensable et par cela seul qu'on y a intérêt (Voy. le tome V de ce Traité). On ne peut évidemment faire tomber ainsi les résultats d'un autre ordre qu'on n'a pas contesté en temps utile (Req. 30 mai 1837; D. A. v° *cit.*, n° 478).

[10] Quel est ce tribunal? Voy. *suprà*, § **781**.

[11] Et non pas contre le dernier seulement (Toulouse, 21 janv. 1843, D. A. v° *cit.*, n° 1096; req. 30 janv. 1848, D. P. 48. 1. 47).

[12] La tierce opposition est recevable pendant trente ans (Voy. le tome V de ce Traité); il en est de même de l'action paulienne (Demolombe, *op. cit.*, t. XXV, n° 242; Aubry et Rau, *op. cit.*, t. IV, p. 144; Colmet de Santerre, *op. cit.*, t. V, n° 82 *bis*-XVII; Laurent, *op. cit.*, t. XVI, n° 467; Larombière, *op. cit.*, t. II, sur l'art. 1167, n° 54; ma *Thèse pour le doctoral*, n° 126); et la prescription décennale de l'article 1304 du Code civil contre l'action en nullité des conventions n'est pas applicable dans l'espèce puisqu'il ne s'agit que d'un acte judiciaire (Voy., sur les actes auxquels s'applique l'article 1304, Demolombe, *op. cit.*, t. XXIX, n° 48; Aubry et Rau, *op. cit.*, t. IV, p. 275; Colmet de Santerre, *op. cit.*, t. V, n° 165 *bis*-IX).

[13] Il y a seulement cette différence entre les créanciers inscrits, l'adjudicataire et le saisi d'une part, et les créanciers chirographaires de l'autre, que ceux-là ont pu

aboutir, en ce qui concerne les créanciers omis, qu'à la confection d'un état supplémentaire entre eux et les créanciers colloqués à leur préjudice, les jugements acquis conservant leur plein et entier effet et les forclusions prononcées demeurant irrévocables[14].

§ **846**. 6° *Exécution de l'ordonnance de clôture; délivrance des bordereaux contre l'adjudicataire ou contre la Caisse des dépôts et consignations; paiement de ces bordereaux; radiation des inscriptions* (Art. 770, 771, 777 al. 1 à 4, et 778). — L'exécution de l'ordonnance de clôture consiste : 1° dans la radiation des inscriptions des créanciers qui ne sont pas utilement colloqués (Art. 769); 2° dans la délivrance aux créanciers utilement colloqués de bordereaux de collocation exécutoires contre l'adjudicataire, ou contre la Caisse des dépôts et consignations s'il a déjà consigné son prix, et dans le paiement des sommes portées dans ces bordereaux (Art. 770, 777 al. 1 à 4, et 778)[1]; 3° dans la radiation des inscriptions des créanciers non utilement colloqués (Art. 771). Les inscriptions des créanciers non utilement colloqués sont rayées sur la présentation d'un extrait de l'ordonnance de clôture, et le montant des collocations est payé sur la présentation des bordereaux délivrés aux créanciers colloqués en ordre utile. L'exécution de l'ordonnance de clôture est suspendue tant que l'ordonnance est susceptible d'opposition[2], mais, dès qu'elle ne l'est plus, le greffier du juge qui a réglé l'ordre, informé par une mention au procès-verbal[3] du jour où l'ordonnance a été

former opposition aux termes et dans les délais de l'article 767, au lieu que ceux-ci, n'ayant pas reçu dénonciation du règlement définitif, ne peuvent l'attaquer que par l'action dont il s'agit ici, c'est-à-dire en vertu de l'article 1167 du Code civil.

[14] Montpellier, 19 mars 1840 (D. A. *v° cit.*, n° 456).

§ **846.** [1] Le dernier alinéa de cet article est relatif à l'ordre ouvert après aliénation volontaire (Voy. le tome V de ce Traité).

[2] L'article 769 ne le dit pas en propres termes, mais cela résulte nécessairement de son contexte : si le greffier ne procède à l'exécution de l'ordonnance que dans les dix jours qui suivent celui où l'opposition n'est plus recevable, c'est que ladite exécution est suspendue tant que l'opposition peut être formée. Aussi verra-t-on aux §§ suivants que l'adjudicataire, la Caisse des dépôts et consignations et le conservateur des hypothèques peuvent refuser de se prêter, en ce qui les concerne, à l'exécution de l'ordonnance de clôture, s'il ne leur est justifié qu'il n'y a pas d'opposition pendante et qu'en outre le délai d'opposition est expiré.

[3] Chauveau, sur Carré, *op. cit.*, t. VI, Ire part., quest. 2604.

dénoncée et où le délai d'opposition a, par conséquent, commencé à courir[4], doit, soit dans les dix jours qui suivent l'expiration de ce délai[5], soit avant[6], soit même après — mais il peut alors être déclaré responsable du préjudice que son retard a causé aux parties intéressées[7] — délivrer l'extrait et les bordereaux dont il vient d'être parlé (Art. 769 et 770)[8]. Si l'ordonnance de clôture a été l'objet d'une opposition, le greffier remplit ces formalités dans les dix jours qui suivent le jugement ou l'arrêt définitif rendu sur cette opposition et porté à sa connaissance par une nouvelle mention au procès-verbal d'ordre[9]. Peu importe quel a été le sort de cette opposition, car je repousse l'opinion des auteurs qui n'appliquent l'article 769 que dans trois cas : — 1) si l'ordonnance n'a pas été frappée d'opposition; 2) si cette opposition a été réglée par un jugement en dernier ressort ou dont il n'y a pas eu d'appel; 3) si l'opposition est venue en appel mais que la cour ait purement et simplement confirmé le règlement définitif[10] —

[4] Voy., sur cette dénonciation et sur le délai dont elle est le point de départ, *suprà*, § **809**.

[5] Ce délai n'est pas franc, car il n'a pas pour point de départ une signification à personne ou à domicile (Voy. t. II, § **205**), mais cela ne tire pas à conséquence puisque le greffier n'engage par son retard que sa responsabilité personnelle (Voy. *infrà*, même §).

[6] Seligmann, *op. cit.*, n° 526.

[7] Bioche, *op. et v° cit.*, n° 695. Chauveau, sur Carré, *op. cit.*, t. VI, Ire part., quest. 2607 *bis* et 2608 *novies*. Rodière, *op. et loc. cit.*

[8] L'ancien article 770 faisait courir ce délai à compter du jour même de l'ordonnance, parce qu'alors le recours contre cette dernière n'était pas organisé (Voy. *suprà*, § **843**).

[9] Chauveau, sur Carré, *op. cit.*, t. VI, Ire part., quest. 2604.

[10] Si l'on prenait ces auteurs à la lettre, le seul fait que l'ordonnance de clôture est frappée d'opposition dispenserait le greffier du juge-commissaire de remplir les formalités dont il s'agit, et, dès ce moment, ce soin n'incomberait plus jamais qu'au greffier du tribunal ou de la cour suivant que l'opposition a été jugée en dernier ressort où portée devant la cour. Ces auteurs sont évidemment victimes d'une double illusion : 1° si le règlement définitif est confirmé sur l'opposition, il n'y a nul motif pour que le greffier du juge qui l'a fait n'en prépare pas l'exécution; 2° si ce règlement est modifié par le tribunal, le greffier du tribunal et celui du juge ne font qu'un, puisque l'opposition sera nécessairement portée au tribunal auquel appartient le juge qui a procédé à l'ordre (Voy. *suprà*, § **844**). Veut-on dire que l'extrait de l'ordonnance et les bordereaux ne seront pas délivrés par le commis-greffier attaché au juge, mais par le greffier en chef ou par le commis-greffier qui aura tenu la plume à l'audience? Je ne puis le croire, car les commis-greffiers, même assermentés, n'ont pas de pouvoir propre et n'agissent jamais qu'au nom et sous l'autorité du greffier en chef seul responsable de toutes les opérations du greffe, et puis cette distinction ne serait applicable qu'au cas où deux commis-greffiers différents sont attachés à l'audience et au cabinet du juge aux ordres, et n'aurait aucun sens dans les tribunaux où le greffier n'a pas de commis assermentés. Si bien qu'en résumé la solution que j'expose ici et que je

et qui voudraient que, dans le cas où la cour a modifié ce règlement, l'exécution de son propre arrêt lui appartînt et que l'extrait et les bordereaux fûssent, par conséquent, délivrés par son greffier[11]. Ces auteurs s'appuient sur l'article 472, aux termes duquel l'exécution des arrêts infirmatifs appartient aux cours qui les ont rendus[12], mais ils oublient, en invoquant cet article, que l'article 765 y déroge et que, malgré l'infirmation des jugements rendus sur les contredits élevés contre le règlement provisoire, c'est au juge qui l'a arrêté qu'appartient aussi la confection du règlement définitif[13]. Cet effet suspensif est particulier à l'opposition et au délai dans lequel on peut la former, et n'appartient ni à l'action en nullité ni à la tierce opposition[14] : le délai de trente ans qu'on a pour les former[15] ne suspend pas l'exécution de l'ordonnance de clôture, et fûssent-elles intentées avant que cette ordonnance eût été rendue, il n'appartiendrait qu'aux juges qui en sont saisis d'ordonner que la radiation des inscriptions des créanciers non utilement colloqués et la délivrance des bordereaux aux autres créanciers seront suspendues jusqu'au jugement[16]. Quant au troisième acte d'exécution de l'ordonnance de clôture — la radiation des inscriptions des créanciers utilement colloqués — elle accompagne, comme on le verra au § **851**, le paiement des bordereaux délivrés à ces créanciers.

§ **847**. 1) Ne sont pas colloqués en ordre utile les créanciers sur lesquels les fonds manquent, les créanciers forclos faute d'avoir produit en temps utile[1], et les créanciers dont les

combats ne conviendrait qu'à un seul cas, celui d'une ordonnance de clôture frappée d'une opposition portée en appel devant la cour et aboutissant à une modification apportée par l'arrêt de cette cour au règlement définitif.

[11] Seligmann, *op. cit.*, n°s 523 et suiv., 532. Pont, sur Seligmann, *op. cit.*, n° 525, note 1. Aj. Ulry, *op. cit.*, t. I, n° 86.

[12] Voy. *infrà*, §§ **986** et **987**.

[13] Voy. *suprà*, § **836**, et, en ce sens, Chauveau, sur Carré, *op. cit.*, t. VI, Ire part., quest. 2607; Boitard, Colmet-Daage et Glasson, *op. cit.*, t. II, n° 1034; Grosse et Rameau, *op. cit.*, t. II, n° 454; Orléans, 15 avr. 1845 (D. P. 45. 4. 382).

[14] Voy., sur ces actions, le § précédent.

[15] Voy. *suprà*, *ib.*

[16] Chauveau, sur Carré, *op. cit.*, t. VI, Ire part., quest. 2604 *bis*. Voy., sur les conditions auxquelles la tierce opposition peut être suspensive, le tome V de ce Traité.

§ **847**. [1] Voy., sur cette forclusion, *suprà*, § **815**.

hypothèques sont éteintes ou déclarées nulles[2] : leurs inscriptions sont rayées par le conservateur des hypothèques sur la présentation par l'avoué poursuivant de l'extrait dont il est parlé au § précédent, et dans lequel il serait inutile et frustratoire de reproduire intégralement les diverses parties du règlement définitif et surtout les collocations en ordre utile[3]. Il n'est signé que du greffier[4] et contient seulement : *a*) les noms du juge qui a réglé l'ordre, du saisi, de l'adjudicataire et du créancier dont l'inscription est à rayer; *b*) la désignation précise de cette inscription par la date, le volume et le numéro d'ordre; *c*) la date de l'adjudication et de l'ouverture de l'ordre; *d*) la formule exécutoire[5]. Le conservateur n'est pas juge du bien-fondé de l'ordonnance[6], et jugement peut être pris contre lui s'il refuse de procéder à la radiation qui lui est demandée en bonne forme[7]; mais il peut exiger, avant de l'opérer, en vertu des articles 163 et 548 relatifs à l'exécution des jugements contre les tiers[8], un certificat de non-opposition et de non-appel qui indiquera, en outre, la date de la dénonciation de l'ordonnance de clôture et permettra, par suite, au conservateur de s'assurer par un simple rapprochement de dates que l'ordonnance n'est plus susceptible d'opposition et que la radiation ne présente aucun danger[9]. Il n'y a de délai fixe ni pour la poursuivre ni pour l'opérer[10], mais l'avoué poursuivant ne reçoit qu'après l'avoir obtenue le bordereau des frais qui lui sont dus[11], et le conservateur

[2] Seligmann, *op. cit.*, n° 531 (Voy. cep. *ib.*, n° 400). Civ. rej. 6 avr. 1875 (D. P. 75. 1. 247).

[3] Seligmann, *op. cit.*, n° 529.

[4] Et non pas du juge ou du président, en admettant, contre mon opinion (Voy. le § précédent), que l'extrait soit quelquefois délivré par le greffier de la cour d'appel (Seligmann, *op. cit.*, n° 528; Ulry, *op. cit.*, t. II, quest. 395 *quater*).

[5] Chauveau, sur Carré, *op. cit.*, t. VI, Ire part., quest. 2607 *bis*. Seligmann, *op. cit.*, nos 528 et 529. Ulry, *op. et loc. cit.*

[6] Bioche, *op. et v° cit.*, n° 701. Chauveau, sur Carré, *op. cit.*, t. VI, Ire part., quest. 2607 *ter*.

[7] Chauveau, sur Carré, *op. et loc. cit.*

[8] Voy., sur ces articles, t. III, § **565**.

[9] Seligmann, *op. cit.*, n° 530. Pont, sur Seligmann, *op. et loc. cit. Contrà*, Bioche, *op. et v° cit.*, n° 702; Chauveau, sur Carré, *op. et loc. cit.*

[10] « Il ne faut pas que le conservateur fasse attendre cette radiation sous le seul « prétexte de la multiplicité de ses travaux auxquels il peut toujours attacher le plus « grand nombre d'auxiliaires. Votre commission avait proposé d'imposer au con- « servateur un délai à partir du dépôt de l'extrait pour opérer cette radiation : l'a- « mendement n'a pas été accepté » (Riché, *op. cit.*, n° 95; D. P. 58. 4. 56).

[11] Voy., à cet égard, le § suivant.

négligent est responsable, en vertu de l'article 1382 du Code civil, du préjudice qui peut en résulter pour l'avoué poursuivant et pour l'adjudicataire qui voient ainsi retarder, l'un le paiement de ses frais l'autre la libération de son immeuble[12]. D'autre part, les créanciers ainsi rayés pour manque de fonds[13] ne sont exclus que du règlement qui vient d'être fait, et conservent leurs droits intacts à l'encontre du saisi[14], des créanciers chirographaires[15] et même des créanciers inscrits non-produisants[16] : *a*) sur la somme qui se trouve disponible par suite de l'annulation d'une collocation en ordre utile[17]; *b*) sur la différence en plus qui peut exister, en cas de folle enchère, entre le prix de la première et celui de la seconde adjudication[18].

§ **848**. 2) Les bordereaux de collocation sont aussi des extraits du procès-verbal d'ordre, signés du greffier seul[1], et contenant, avec la formule exécutoire[2], toutes les énonciations nécessaires pour que l'adjudicataire ou la Caisse des dépôts et consignations qui devront en payer le montant[3] connaissent

[12] C'est là sanction nécessaire de l'observation de M. Riché rapportée *suprà*, note 10. Voy., au surplus, sur la responsabilité des conservateurs, Dalloz et Vergé, *op. cit.*, art. 2197, nos 1 et suiv.

[13] *Quid*, des créanciers écartés de l'ordre pour cause de forclusion? Conservent-ils des droits sur le reliquat s'il s'en trouve un? Voy. *suprà*, § **815**.

[14] Qui ne peut disposer à leur préjudice des sommes dont il va être parlé (Voy., en ce sens, les arrêts cités *infrà*, note 17).

[15] Seligmann a tort de justifier cette proposition en disant que les hypothèques rayées conservent toute leur valeur contre les créanciers chirographaires, à l'instar des hypothèques qui n'ont jamais été inscrites (*Op. cit.*, n° 396). On a vu, au contraire, t. III, § **534**, que l'hypothèque n'existe que par l'inscription et qu'une hypothèque non inscrite n'existe pas, même au regard des créanciers chirographaires.

[16] Ils ne peuvent, vu leur forclusion, contester la prétention des créanciers non colloqués en ordre utile.

[17] Chauveau, sur Carré, *op. cit.*, t. VI, Ire part., quest. 2576 *quater*. Seligmann, *op. cit.*, nos 396 et suiv. Rouen, 13 août 1813 (D. A. v° *Ordre*, n° 416). Civ. rej. 10 juin 1828; req. 8 août 1836; civ. cass. 15 févr. 1837; req. 20 juin 1838 (D. A. v° *Privilèges et hypothèques*, n° 2288). Req. 23 nov. 1885 (D. P. 87. 1. 213).

[18] Rodière, *op. cit.*, t. II, p. 371. Pont, sur Seligmann, *op. cit.*, n° 399, note 4.

§ **848**. [1] Et non pas du juge ou du président, suivant la distinction faite au § précédent (Bioche, *op. et v° cit.*, n° 699; Seligmann, *op. cit.*, n° 533; Preschez, *op. cit.*, p. 126; Bruxelles, 14 juill. 1810, D. A. v° *Vente publique d'immeubles*, n° 229; Toulouse, 19 avr. 1839, D. A. v° *Ordre*, n° 1023).

[2] Chauveau, sur Carré, *op. cit.*, t. VI, Ire part., quest. 2607 *quater*. Seligmann, *op. cit.*, n° 540. Preschez, *op. cit.*, p. 127. Voy. cep. Bruxelles, 14 juill. 1810 (D. A. v° *Vente publique d'immeubles*, *loc. cit.*).

[3] Voy., sur cette distinction, les deux §§ suivants.

exactement les créanciers à payer et la somme qui leur est due[4]. Pour économiser les frais et réduire au minimum les droits fiscaux[5], on n'en délivre qu'un par créancier, fût-il titulaire de plusieurs créances[6], et un par créance, fût-elle divisée entre plusieurs créanciers[7]; chacun des créanciers colloqués en sous-ordre a cependant droit à un bordereau particulier[8]. Lorsqu'un créancier colloqué en ordre utile se trouve payé par ailleurs, un bordereau est délivré au créancier non utilement colloqué qui le suit immédiatement[9]; il en est de même pour le saisi lorsqu'il existe un reliquat[10]. Tout créancier inscrit en ordre utile a le droit d'obtenir un bordereau sans autre formalité. La preuve de son droit se trouve faite par la production de ses titres approuvés par le juge et, s'ils ont été contredits, par le tribunal ou par la cour qui a statué sur les contestations : il est donc superflu qu'il affirme l'existence de sa créance[11], et cette formalité, qui n'existe qu'en matière de contribution et dans d'autres cas exceptionnels[12], serait d'autant plus inutile dans l'espèce que

[4] Chauveau, sur Carré, *op. et loc. cit.* Seligmann, *op. cit.*, n° 533.

[5] Voy., sur ces droits, *infrà*, même §.

[6] Seligmann, *op. cit.*, n° 534. Preschez, *op. cit.*, p. 126. *Quid*, si ces créances sont colloquées sur différents lots adjugés à plusieurs adjudicataires? Faut-il ne délivrer quand même qu'un seul bordereau qui restera, après paiement; entre les mains de celui des adjudicataires qui avait la plus forte somme à payer? Doit-on, au contraire, délivrer autant de bordereaux qu'il y a d'adjudicataires? Voy., dans le premier sens, Ulry, *op. cit.*, t. II, n° 393; dans le second, Seligmann, *op. et loc. cit.*, Preschez, *op. et loc. cit.* En tout cas, le créancier qui requiert la délivrance de plusieurs bordereaux doit le faire en produisant ses titres ou par un dire motivé qui sera consigné au procès-verbal (Ulry, *op. et loc. cit.*).

[7] Bioche, *op. et v° cit.*, n° 703. Chauveau, sur Carré, *op. cit.*, t. VI, Ire part., quest. 2607 *sexies*. Seligmann, *op. cit.*, n° 535.

[8] Selgmann, *op. cit.*, n° 621. Si cette sous-collocation a donné lieu à un contredit non encore payé, aucun retard n'en peut résulter pour l'ordre lui-même (Voy. *suprà*, § **823**), et le montant de la collocation à laquelle se réfère la sous-collocation contestée reste jusqu'au jugement entre les mains de l'adjudicataire (Seligmann, *op. cit.*, n° 622), sauf à lui à le consigner pour hâter la radiation des inscriptions qui grèvent l'immeuble (Voy., sur ce point, *infrà*, § **850**).

[9] Req. 23 nov. 1885 (D. P. 87. 2. 213).

[10] Chauveau, sur Carré, *op. cit.*, t. VI, Ire part., quest. 2608.

[11] Bioche, *op. et v° cit.*, n° 698. Chauveau, sur Carré, *op. et loc. cit.* Seligmann, *op. cit.*, n° 536. Il en était autrement sous l'empire de la coutume de Paris (Art. 361 et 362, dans Bordot de Richebourg, *op. cit.*, t. III, p. 55) et de quelques coutumes locales (Voy. notamment celle de Sole où le créancier devait affirmer sa créance sur la croix et le missel placés sur l'autel de saint Jean, ch. XXIX, art. 20; dans Bordot de Richebourg, *op. cit.*, t. IV, p. 997). Par contre, il n'a pas le droit (Civ. cass. 17 juill. 1876; D. P. 77. 1. 276) de déférer au contestant le serment de crédulité qui ne peut être exigé que des veuves, héritiers et tuteurs (Voy. t. II, § **357**).

[12] Voy., en matière de contribution, *infrà*, § **868**; en cas de faillite (C. comm.,

les titres produits sont presque toujours authentiques[13]. Toutefois, l'avoué poursuivant, même distractionnaire[14], n'obtient de bordereau pour le paiement de ses frais que contre remise des certificats de radiation des inscriptions des créanciers non utilement colloqués : ces certificats sont annexés au procès-verbal (Art. 770)[15].

Peut-on s'opposer à la délivrance des bordereaux? L'article 770 ne le prévoit pas, mais nul doute que cette opposition ne soit recevable de la part des personnes qui auraient le droit de refuser le paiement de ces bordereaux, ou de faire opposition à ce paiement, ou même de le répéter s'il est fait indûment; car pourquoi délivrer contre elles des titres exécutoires dont elles pourraient ensuite empêcher l'exécution, remettre aux créanciers des pièces qui n'auront aucune valeur, et payer en pure perte les frais et les droits fiscaux qu'elles comportent[16]? Il faut cependant faire une distinction. Si cette opposition doit remettre en question les résultats de l'ordre et faire écarter, par exemple, un créancier colloqué, elle ne pourra être formée que par les personnes mentionnées au § **845** qui ont seules le droit d'attaquer le règlement définitif pendant trente ans par action en nullité ou par tierce opposition[17] et qui doivent pouvoir, *à fortiori*, en demander la nullité par voie d'exception en s'opposant à la demande des bordereaux. Si, au contraire, l'opposition n'est pas la critique du règlement définitif et consiste seulement à prétendre qu'un créancier colloqué a été payé directement à l'insu du juge ou depuis la clôture des opérations, ou que l'adjudicataire courrait, en payant, un risque auquel il a le droit de ne pas vouloir s'exposer, ceux-là mêmes seront recevables dans leur opposition qui n'ont pas le droit de remettre le règlement en question, à savoir :

art. 497 et suiv.; Boistel, *op. cit.*, n° 987); Lyon-Caen et Renault, *op. cit.*, t. II, n° 2861, et lorsqu'un avoué demande la distraction des dépens (Voy. t. III, § **458**). Voy. encore, sur cette formalité, t. II, §§ **280** et **335**, note 23.

[13] Je dis *presque toujours*, car on a vu au § **813** qu'un créancier privilégié obtient quelquefois collocation en vertu de titres sous seing privé.

[14] L'article 770 ne distingne pas (Seligmann, *op. cit.*, n° 548).

[15] Comp., sur ce point, le § précédent.

[16] Voy., sur ces droits fiscaux, *infrà*, même §.

[17] Voy., sur ces délais, *suprà*, § **844**.

a) le saisi qui, pouvant refuser le paiement et même le répéter si le créancier qui le réclame ou qui l'a reçu est déjà payé[18], peut, à plus forte raison, s'opposer à ce qu'un bordereau lui soit délivré[19]; *b*) les créanciers chirographaires[20], non colloqués en ordre utile[21] ou forclos faute de produire[22], qui, pouvant s'opposer au paiement ou le répéter dans les mêmes cas que le saisi et de son chef[23], peuvent, comme lui, s'opposer à la délivrance des bordereaux[24]; *c*) l'adjudicataire qui relève une erreur de calcul dans la fixation de son prix[25], ou qui a déjà subi une éviction partielle dont l'indemnité lui est due[26], ou qui « est troublé ou a juste « sujet de craindre de l'être par une action soit hypothé- « caire soit en revendication[27] » : il a pu faire à ce sujet un dire au procès-verbal[28]; il pourra de même, en supposant les bordereaux délivrés, suspendre le paiement du prix en vertu de l'article 1653 du Code civil[29]; il peut, par la même raison, en arrêter la délivrance[30]. Les bordereaux délivrés

18 Voy., sur l'opposition au paiement des bordereaux et sur l'action en rapport qui peut être intentée contre les créanciers payés, *infrà*, § **848**.

19 Voy., sur le droit qu'a le saisi de faire en ce cas opposition au paiement, Bioche, *op. et v° cit.*, n° 726. Cet auteur indique (*Ib.*) un autre cas où l'opposition du saisi sera recevable non-seulement contre le paiement, mais aussi contre la délivrance du bordereau.

20 Si l'opposition doit remettre les résultats de l'ordre en question, ils ne peuvent la former qu'en vertu de l'article 1167 du Code civil et aux conditions déterminées par cet article (Voy. *suprà*, § **845**).

21 Si leur opposition réussit, elle pourra les faire arriver en rang utile.

22 Leur forclusion ne les prive pas du droit d'agir pour empêcher ou pour répéter un paiement indû (Voy. *suprà*, § **815**).

23 En vertu de l'article 1166 du Code civil (T. I, § **120**). Comp. *infrà*, § **848**

24 Civ. cass. 10 avr. 1838 (D. A. *v° cit.*, n° 1206).

25 Bioche, *op. et v° cit.*, n° 711. Voy., sur cette hypothèse et sur la fixation par le juge du prix dû par l'adjudicataire, *suprà*, § **834**.

26 S'il est constant qu'après l'acquit des bordereaux il lui restera en main somme suffisante pour couvrir le montant de son indemnité, la délivrance des bordereaux pourra être ordonnée pour le surplus (Bioche, *op. et v° cit.*, n° 696; Seligmann, *op. cit.*, n° 538).

27 C. civ., art. 1653. Voy., sur l'application de cet article dans l'espèce, Chauveau, sur Carré, *op. cit.*, t. VI, Ire part., quest. 2607 *quinquies*. L'opposition ne sera pas admise sous prétexte que les créanciers inscrits n'ont pas produit et que l'adjudicataire doit garder en main la somme nécessaire pour les payer : ces créanciers sont forclos (Voy. *suprà*, § **815**), et l'adjudicataire n'aura, s'ils se présentent, qu'à leur opposer la forclusion (Civ. rej. 7 mai 1873; D. P. 73. 1. 245).

28 Voy. *suprà*, § **829**.

29 Voy., sur ce point, *suprà*, § **707**.

30 Sur la réserve de ce qui est dit *suprà*, notes 26 et 27. Voy., sur cette opposition, Bioche, *op. et v° cit.*, n° 710; Chauveau, sur Carré, *op. et loc. cit.*; Seligmann,

sont exécutoires, sans signification préalable [31], contre l'adjudicataire s'il n'a pas consigné, et dans le cas contraire contre la Caisse des dépôts et consignations [32], mais la délivrance de ces titres ne constitue ni paiement ni novation, et, sauf les intérêts qui ont cessé de courir contre le saisi [33], les créances des porteurs restent intactes [34]. Leurs hypothèques ne sont donc pas éteintes et, malgré la radiation dont il sera parlé au § **851**, conservent toute leur force pour le cas où le montant des bordereaux ne serait pas payé [35]; ils peuvent également produire dans les ordres et contributions ouverts sur le prix des autres biens du débiteur [36]. Chaque délivrance de bordereau donne ouverture au droit proportionnel de collocation qui est de 50 centimes par 100 francs, plus le décime et

op. et loc. cit.; Bruxelles, 27 avr. 1814 (D. A. *v° cit.*, n° 1201); civ. rej. 24 janv. 1838 (D. A. v° *Vente*, n° 1204); et, en sens contraire, Dijon, 8 févr. 1817 (D. A. v° *Ordre*, n° 1203).

[31] Bioche, *op. et v° cit.*, n° 704. Chauveau, sur Carré, *op. cit.*, t. VI, Ire part., quest. 2607 *octies*. Seligmann, *op. cit.*, n° 537; Preschez, *op. cit.*, p. 126. Un amendement de M. Millet, qui proposait de rendre cette signification obligatoire, a été rejeté par le conseil d'État par la raison que l'adjudicataire peut et doit connaître, pour peu qu'il soit diligent, la conclusion d'un ordre dont l'ouverture lui a été dénoncée (Riché, *op. cit.*, n° 95; D. P. 58. 4. 56). Peut-être la signification n'eût-elle pas été inutile dans le cas où l'adjudicataire n'a pas concouru à l'ordre amiable (Preschez, *op. cit.*, p. 121, note 1; voy., sur cette hypothèse, *suprà*, § **791**).

[32] Voy., sur la consignation du prix d'adjudication, *infrà*, § **850**.

[33] La délivrance des bordereaux substitue aussi à la créance provisoire du porteur qui se prescrivait peut-être par moins de trente ans une créance nouvelle uniformément soumise à la prescription trentenaire (Voy. le § suivant), mais elle ne produit pas d'autre effet. Par exemple, je ne dirai pas que l'hypothèque ait produit tout son effet à ce moment et cesse dès lors d'être soumise à la nécessité du renouvellement, puisque cet effet s'est produit, suivant moi, dès le jugement d'adjudication (Voy. *suprà*, § **713**; comp. Chauveau, sur Carré, *op. cit.*, t. VI, Ire part., quest. 2608 *quater*; Seligmann, *op. cit.*, n° 545). Il n'y a pas lieu non plus de considérer les créanciers auxquels des bordereaux sont délivrés comme subrogés aux droits du débiteur contre l'adjudicataire : il n'y a pas trace dans les textes de cette subrogation qui n'est pas davantage commandée par les principes; les créanciers non payés ne peuvent, par conséquent, demander de leur chef la résolution de l'adjudication pour défaut de paiement du prix (soit par la voie de la folle enchère soit dans les termes du droit commun; voy., sur cette distinction, *suprà*, § **752**) : ils ne peuvent la poursuivre que par application de l'article 1166 du Code civil (Orléans, 18 nov. 1836; D. A. v° *Obligations*, n° 2426; voy., sur la différence qui existe entre l'action exercée par les créanciers de leur chef et celle qu'ils peuvent exercer en vertu de l'article 1166 du Code civil, t. I, § **120**).

[34] Voy. *suprà*, § **841**.

[35] Bioche, *op. et v° cit.*, nos 705 et suiv., 718. Chauveau, sur Carré, *op. cit.*, t. VI, Ire part., quest. 2562 *ter* et 2608 *quater*. Seligmann, *op. et loc. cit.* Preschez, *op. cit.*, p. 129.

[36] Req. 23 nov. 1885 (D. P. 87. 1. 213).

[37] Seligmann, *op. et loc. cit.* Orléans, 5 mars 1887 (D. P. 87. 2. 195). Voy., sur les rapports qui existent entre l'ordre et la contribution ouverts simultanément ou successivement sur les biens du même débiteur, *suprà*, § **780**.

double décime, soit 62 centimes 1/2 par 100 francs (L. 22 frim. an VII, art. 69, § 2-9°)[38].

§ **849**. A. Si l'adjudicataire n'a pas consigné son prix, c'est contre lui que le bordereau de collocation est exécutoire (Art. 770). Il l'est pendant trente ans[1], après commandement[2], par voie de folle enchère[3] ou de saisie[4], et à la requête du créan-

[38] Ce droit se percevait sur le jugement qui colloque les différents créanciers, sous l'empire de la loi du 27 frimaire an VII (Art. 33 et suiv.) en harmonie sur ce point avec celle du 11 brumaire an VII (Voy., sur cette dernière, *suprà*, § **778**). Il se perçoit aujourd'hui sur les bordereaux qui leur sont délivrés (Naquet, *op. cit.*, t. II, n° 729). M. Audier faisait observer à ce sujet (*Ordre judiciaire, procès-verbal, droit proportionnel, droit fixe,* dans la *Revue pratique de droit français,* t. XV, 1863, p. 469 et suiv.) que la loi du 21 mai 1858 qui vise à l'économie (Voy. *suprà,* § **778**) a manqué son but en partie par la faute des lois fiscales, et que le règlement de l'ordre par-devant notaire est moins coûteux puisqu'il ne donne lieu qu'au droit proportionnel de quittance (25 centimes par 100 francs avec décime et double décime soit 32 centimes 1/2 par 100 francs (Voy., sur cette quittance, le § suivant). Cette anomalie a disparu depuis la loi du 27 janvier 1872 qui soumet les collocations amiables au même droit proportionnel que les collocations judiciaires (Art. 5; Naquet, *op. cit.*, t. II, p. 731).

§ **849**. [1] Quand même la créance primitive aurait été sujette à une plus courte prescription (Caen, 15 mars 1852; D. P. 54. 5. 529). Objectera-t-on que la délivrance du bordereau n'opère pas novation (Voy. le § précédent), et que la créance doit rester soumise à la même prescription qu'auparavant? Je répondrai qu'il n'y a rien de commun entre ces deux idées, et que la délivrance du bordereau produit ici le même effet que la demande en justice et la reconnaissance par acte séparé de la créance constatée par une lettre de change ou un billet à ordre (C. comm., art. 189): ces événements, qui n'entraînent pas novation et ne font perdre au créancier aucune des garanties de paiement qu'il avait jusque-là, n'en substituent pas moins la prescription trentenaire aux prescriptions plus courtes qui pouvaient jusque-là lui être opposées (Voy., sur cet effet de la demande en justice et sur l'application de l'article 189 du Code de commerce, t. III, § **462**). L'adjudicataire est libéré après trente ans, dans le cas même où l'ordre est annulé et le porteur du bordereau évincé de sa créance (Bioche, *op. et v° cit.*, n°s 714 et 719; Paris, 31 mai 1813, D. A. *v° cit.*, n° 1194; civ. cass. 28 mars 1837, D. A. v° *Vente publique d'immeubles*, n° 1769; Rouen, 14 nov. 1838, D. A. *v° Obligations*, n° 1737; civ. rej. 20 avr. 1852, D. P. 54. 5. 88; Toulouse, 15 déc. 1871, D. P. 71. 2. 255; voy., sur l'opposition au paiement des bordereaux, *infrà*, même §).

[2] Voy., sur la nécessité de faire commandement quand on a un titre exécutoire et qu'on veut pratiquer l'exécution forcée, t. III, § **541**. D'après M. Ulry, on invite d'abord l'adjudicataire à payer par lettre chargée (*Op. cit.*, t. II, n° 403); il est bien entendu que cette façon de procéder n'a rien d'obligatoire. Si le bordereau était exécutoire contre le sous-acquéreur auquel l'adjudicataire a revendu, ce ne serait qu'après sommation de payer ou de délaisser (Grenoble, 22 août 1831, D. A. *v° cit.*, n° 1178; Bordeaux, 4 avr. 1835, D. A. *v° Privilèges et hypothèques*, n° 1742; voy., sur cette formalité, *suprà*, § **656**), mais le bordereau de collocation ne fait titre que contre l'adjudicataire, et la revente faite par ce dernier donne lieu à un nouvel ordre dans lequel les créanciers doivent produire à nouveau et obtenir d'autres bordereaux (Seligmann, *op. cit.*, n° 546).

[3] Voy. *suprà*, §§ **749** et suiv., et *infrà*, §§ **856** et **857**.

[4] Le jugement d'adjudication a constitué l'adjudicataire personnellement débiteur

cier, même chirographaire, qui en a obtenu la délivrance[5]. Le saisi au profit duquel il existe un reliquat en poursuit le paiement par l'adjudicataire au moyen d'un extrait du procès-verbal revêtu de la formule exécutoire : cette pièce a le même caractère et la même valeur qu'un bordereau de collocation[6]. Le paiement se fait entre les mains du créancier ou de son mandataire spécial[7], au domicile de l'adjudicataire[8] ou en l'étude d'un notaire par lui désigné s'il n'y a clause contraire dans le cahier des charges[9]. La quittance est toujours aux frais du débiteur[10], mais dans le premier cas elle est sous seing privé et échappe au droit proportionnel dont il est parlé au § précédent, dans le second cas elle y est soumise[11] : on verra, d'ailleurs, au § **851** qu'elle est toujours notariée lorsqu'elle accompagne la radiation d'une inscription. S'il n'y a pas d'opposition et que le juge n'ait pas réglé l'ordre dans lequel les créanciers doivent être payés, ils le sont au fur et à mesure qu'ils se présentent[12]. S'il y a opposition — les personnes qui peuvent s'opposer à la délivrance des bordereaux peuvent former opposition au paiement et pour les mêmes causes[13] — l'adjudicataire surseoit à payer jusqu'au jugement, et paie ensuite les créanciers dans l'ordre déterminé par le tribu-

du prix pour lequel l'immeuble lui a été adjugé (Voy. *suprà*, §§ **707** et **749**). Chauveau, sur Carré, *op. cit.*, t. VI, Ire part., quest. 2608 *quater*. Seligmann, *op. cit.*, nº 540. Preschez, *op. cit.*, p. 137. Civ. cass. 20 juill. 1808 ; Paris, 23 oct. 1818, 6 mars 1833 et 13 janv. 1835 (D. A. vº *Référé*, nº 199). Paris, 16 nov. 1840 (D. A. vº *cit.*, nº 200). Bordeaux, 24 nov. 1848 (D. P. 50. 2. 151). Paris, 6 déc. 1848 et 24 févr. 1854 (D. A. vº *cit.*, nº 199).

[5] Le titre exécutoire consiste ici dans le bordereau et non pas dans l'acte constitutif d'hypothèque : le droit de pratiquer l'exécution forcée appartient donc au créancier chirographaire aussi bien qu'au créancier hypothécaire (Civ. rej. 16 mai 1854 ; D. P. 54. 1. 396).

[6] Chauveau, sur Carré, *op. cit.*, t. VI, Ire part., quest. 2608.

[7] L'avoué lui-même ne peut toucher le montant du bordereau qu'en vertu d'un mandat spécial (Bioche, *op. et vº cit.*, nº 537 ; voy., sur les actes qu'un avoué ne peut faire sans mandat spécial, t. II, § **370**).

[8] Le paiement doit être fait au domicile du débiteur, s'il n'y a convention contraire (C. civ., art. 1247).

[9] « Le paiement doit être fait au lieu désigné par la convention » (C. civ., art. 1247).

[10] C. civ., art. 1248. Chauveau, sur Carré, *op. cit.*, t. VI, Ire part., quest. 2610. Paris, 30 déc. 1848 (D. A. vº *Obligations*, nº 2254).

[11] Voy., sur ce point, Ulry, *op. cit.*, t. II, nº 401.

[12] Chauveau, sur Carré, *op. cit.*, t. VI, Ire part., quest. 2562 et 2608 *sexies*. Ulry, *op. cit.*, t. II, nº 398. Preschez, *op. et loc. cit.* Req. 28 févr. 1827 (D. A. vº *Ordre*, nº 1215).

[13] Voy. *suprà*, § **844**.

nal[14]. Si le juge a réglé l'ordre dans lequel les créanciers doivent être payés et le délai dans lequel chacun d'eux peut exiger le paiement à défaut de ceux qui le précèdent, l'adjudicataire se conforme exactement à l'ordonnance[15]. Tout créancier porteur d'un bordereau de collocation régulièrement délivré et revêtu de la formule exécutoire a le droit d'être payé : l'adjudicataire qui contesterait au fond la validité d'un bordereau remettrait en question les résultats de l'ordre à une époque où l'on sait qu'ils sont devenus définitifs[16]. Il n'a même pas le droit d'exiger, avant de payer, la production d'un extrait de l'ordonnance de clôture semblable à celui à vue duquel les inscriptions des créanciers non utilement colloqués sont rayées[17] : les textes spéciaux qui autorisent la Caisse des dépôts et consignations à exiger cette pièce[18] ne s'appliquent pas à lui, et, s'il tient à l'avoir, ce ne peut être qu'à ses frais[19]. Il peut seulement, il doit même, comme le conservateur des hypothèques[20] et par application de l'article

[14] *Quid,* s'il paie au mépris d'une opposition? Voy. *infrà,* même §.

[15] Ou bien il s'expose aux mêmes conséquences que s'il payait sans avoir égard à une opposition (Voy. *infrà,* même §). On verra, dans Chauveau (Sur Carré, *op. cit.,* t. VI, Ire part., quest. 2562) et dans M. Ulry (*Op. et loc. cit.*), les mesures que le juge peut prendre pour mettre une certaine régularité dans les paiements à faire par l'adjudicataire, et pour empêcher qu'un créancier qui, vu son rang, devait être payé parmi les premiers soit primé, en fait, par d'autres plus diligents que lui. M. Ulry fait observer avec raison (*Op. et loc. cit.*), que ces mesures ne sont valables que dans deux cas : 1° si elles ont été insérées dans un règlement provisoire non contredit ou confirmé par le tribunal après la contestation dont il a été l'objet; 2° si elles ont été insérées pour la première fois dans le règlement définitif avec le consentement de tous les ayants-droit. On se rappelle, en effet, que le juge commettrait un excès de pouvoir en prenant dans le règlement définitif, sans le consentement unanime des parties intéressées, des dispositions qui n'existaient pas dans le règlement provisoire (Voy. *suprà,* § **837**).

[16] Voy., sur ce principe, *suprà,* § **836,** et sur l'application qu'il comporte dans l'espèce, Chauveau, sur Carré, *op. cit.,* t. VI, Ire part., quest. 2611; Seligmann, *op. cit.,* nos 541 et suiv. Il en résulte encore que l'adjudicataire n'a pas à s'immiscer, à moins que le cahier des charges ne l'y autorise, dans l'emploi des fonds par lui versés (Pau, 3 déc. 1884; D. P. 86. 2. 236). Cela n'empêche pas l'adjudicataire de prendre certaines précautions pour payer valablement : il s'exposerait à payer deux fois, s'il le faisait entre les mains d'une personne sans qualité pour recevoir le paiement ou sur la présentation d'un bordereau qui ne serait pas conforme aux prescriptions indiquées au § précédent (Voy. aussi, dans le même ordre d'idées, l'espèce jugée par la cour de Limoges le 25 janvier 1878; D. P. 80. 2. 208).

[17] Voy. *suprà,* § **847.**

[18] Voy. le § suivant.

[19] Chauveau, sur Carré, *op. cit.,* t. VI, Ire part., quest. 2608 *bis.* Seligmann, *op. cit.,* n° 537. Grosse et Rameau, *op. cit.,* t. II, n° 467.

[20] Voy. *suprà,* § **847.**

164[21], se faire représenter un certificat constatant la date à laquelle l'ordonnance de clôture a été signifiée et l'absence d'opposition au jour où ledit certificat est délivré, car il ne paierait pas valablement au vu de bordereaux délivrés en vertu d'une ordonnance de clôture qui ne serait pas définitive[22]. Le tribunal du lieu du paiement, qui est en même temps celui de l'adjudication, est compétent pour statuer sur les demandes intentées contre l'adjudicataire qui refuse de payer[23].

Les paiements faits par l'adjudicataire sont-ils toujours valables et libératoires, valables pour les créanciers payés en ce sens qu'ils ne pourront être répétés, libératoires pour l'adjudicataire en ce sens qu'il ne sera jamais obligé de payer une seconde fois? Oui, sans doute, lorsqu'ils ne prêteront à aucune critique, c'est-à-dire que, tous les créanciers inscrits ayant été appelés à l'ordre et aucune opposition n'ayant été formée, l'adjudicataire aura payé tous ces créanciers dans l'ordre de leurs collocations. Ce cas excepté, trois hypothèses peuvent se présenter : *a*) L'adjudicataire a payé irrégulièrement, c'est-à-dire au préjudice d'une opposition formée entre ses mains, sans observer les règles tracées par le juge ou avant que l'ordonnance de clôture fût devenue inattaquable : il a alors mal payé, et les ayants-droit peuvent agir contre lui et le faire payer de nouveau de ses propres deniers, fût-il dessaisi de la totalité de son prix[24]. *b*) L'ordonnance de clôture n'a pas été attaquée, aucune opposition n'a été faite au paiement des bordereaux, et le juge n'a rien prescrit à cet égard; ou — ce qui revient au même — l'adjudicataire a attendu que l'ordonnance fût devenue définitive, s'est conformé au dispositif des jugements rendus sur les oppositions de paiement, et a suivi littéralement les prescriptions du juge : dans ce cas l'adjudicataire a bien payé, aucun recours ne peut être exercé contre lui, et, si un créancier postérieur,

[21] Voy. t. III, § **565**.

[22] Bioche, *op. et v° cit.*, n° 728. Seligmann, *op. cit.*, n° 547. Req. 1er août 1861 (D. P. 62. 1. 63). L'adjudicataire qui n'a pas pris cette précaution engage sa responsabilité, ainsi qu'il sera dit dans la suite de ce §.

[23] Chauveau, sur Carré, *op. cit.*, t. VI, 1re part., quest. 2608 *septies*. Voy., sur la règle *Actor sequitur forum rei*, t. I, §§ **167** et **168**.

[24] Bioche, *op. et v° cit.*, n° 714. Ollivier et Mourlon, *op. cit.*, n° 451. Houyvet, *op. cit.*, n° 336.

plus diligent, se trouve payé alors que des créanciers antérieurs ne le sont pas, ils ne peuvent qu'intenter contre lui la *condictio indebiti* dont le succès dépend de sa solvabilité[25]. c) Les créanciers ont été payés dans l'ordre de leurs collocations, mais l'un d'eux a été omis par la faute du conservateur qui ne l'a pas compris dans l'état sur transcription ou du poursuivant qui ne l'a pas sommé[26] : ce créancier a certainement une action pour se faire payer ce qui lui est dû, mais contre qui? Forcera-t-il l'adjudicataire à payer de nouveau, sauf son recours contre les créanciers indûment payés? Agira-t-il directement contre ces derniers? Je préfère cette dernière solution qui a le double avantage d'éviter un circuit d'actions et de faire peser l'insolvabilité des créanciers indûment payés sur celle des deux parties qui est le moins digne d'intérêt, car l'adjudicataire qui s'est scrupuleusement conformé au règlement définitif est à l'abri de tout reproche, au lieu que le créancier omis a eu le tort de ne pas intervenir spontanément dans un ordre entouré d'une publicité si grande qu'il n'a pu l'ignorer[27]. Il ne faut pas con-

[25] Chauveau, sur Carré, *op. cit.*, t. VI, Ire part., quest. 2608 *octies*. Seligmann, *op. cit.*, nos 514 et 543. Ollivier et Mourlon, *op. cit.*, no 452. Houyvet, *op. et loc. cit.* Poitiers, 11 mars 1824 (D. A. vo *Privilèges et hypothèques*, no 2292). Aix, 30 mai 1825 (D. A. vo *Ordre*, no 1215). Orléans, 17 juin 1852 (D. P. 54. 5. 530). La cour de Toulouse n'a pas admis cette *condictio indebiti*, mais elle est arrivée au même résultat en autorisant le créancier lésé à demander l'ouverture d'un nouvel ordre (3 juin 1871; D. P. 73. 5. 341). Aj., sur la manière de procéder en cas d'ouverture d'un nouvel ordre, req. 31 mai 1876 (D. P. 76. 1. 445). La cour d'Alger a aussi admis implicitement la nullité du paiement indûment fait à un créancier, en décidant qu'ayant reçu au-delà de la partie de sa créance qui était légalement conservée, il ne peut prétendre à compenser ce qu'il a reçu en trop avec le surplus de sa créance (9 mars 1870; D. P. 70. 2.176). Au contraire, la cour de Lyon a refusé tout recours aux créanciers non payés contre ceux qui l'ont été régulièrement à leur préjudice (23 avr. 1852; D. A. *vo cit.*, no 1216). En tout cas, un créancier qui a usé de dol pour en faire écarter un autre qui lui est préférable ne peut être payé au détriment de ce dernier, et est exposé à son action en répétition (Req. 27 févr. 1810; D. A. *vo cit.*, no 1197). La *condictio indebiti* des créanciers postérieurs impayés peut-elle être écartée en vertu de l'article 1377 du Code civil *in fine* : « Ce droit (d'agir en répétition) « cesse dans le cas où le créancier a supprimé son titre par suite du paiement » (Voy., sur cette disposition, Demolombe, *op. cit.*, t. XXXI, nos 315 et suiv.; Aubry et Rau, *op. cit.*, t. IV, p. 773; Larombière, *op. cit.*, t. VII, sur l'art. 1377, nos 9 et 10)? Non, en principe (Seligmann, *op. cit.*, no 514), car les créanciers colloqués sont des créanciers hypothécaires munis de titres authentiques dont ils peuvent demander de nouvelles grosses (Voy., sur la procédure par laquelle un créancier demande une nouvelle grosse de son titre exécutoire, le tome V de ce Traité). Oui, par exception, si le créancier indûment payé était un créancier privilégié dont la créance ne reposait que sur un titre sous seing privé qu'il a supprimé.

[26] Voy., sur ces deux cas, *suprà*, § 788.

[27] Voy., sur ce point, Bioche, *op. et vo cit.*, no 715; Chauveau, sur Carré, *op. et*

fondre avec ces questions celle de savoir si l'adjudicataire évincé peut répéter contre le créancier ou contre le saisi le prix qu'il a indûment payé : je renvoie, à cet égard, au § **706**.

§ **850**. B. Si l'adjudicataire a consigné, c'est contre la Caisse des dépôts et consignations que les bordereaux sont exécutoires : elle est représentée dans les départements, comme on le verra plus amplement au tome V de ce Traité, par les trésoriers-payeurs généraux et par les receveurs particuliers. Le projet de 1858 obligeait l'adjudicataire à consigner, sous peine de folle enchère et nonobstant toute clause contraire du cahier des charges, dans les soixante jours de l'ouverture de l'ordre; les parties intéressées ne pouvaient l'en dispenser que par une convention postérieure à l'adjudication [1]. On espérait par-là : 1) écarter de l'adjudication les spéculateurs qui n'achètent que pour revendre; 2) simplifier la procédure d'ordre en mettant hors de cause l'adjudicataire qui, immédiatement libéré par sa consignation, n'avait plus d'intérêt à figurer dans l'ordre et à y contredire; 3) simplifier aussi les paiements qui consisteraient désormais à remettre à chaque créancier un mandat sur la Caisse des dépôts et consignations [2]. Ces avantages étaient largement

loc. cit.; Seligmann, *op. et loc. cit. Quid* d'un créancier qui n'a pas été colloqué parce que les fonds paraissaient manquer sur lui? A-t-il un recours et contre qui, s'il reste un reliquat après que tous les créanciers colloqués en ordre utile ont été satisfaits? Si ce reliquat est resté entre les mains de l'adjudicataire, ce créancier peut reprendre les poursuites (Bordeaux, 31 mars 1832; D. A. *v° cit.*, n° 1159); si ce reliquat a été remis aux créanciers chirographaires, le créancier non colloqué peut, suivant ce qui vient d'être dit, agir contre eux en répétition de l'indû (Bordeaux, 30 déc. 1840; D. A. *v° cit.*, n° 1160). Enfin, comment fera le saisi pour obtenir le paiement de ce reliquat après que tous les créanciers, sans exception, auront été désintéressés? Avant la loi du 21 mai 1858, on doutait qu'il pût agir en vertu du jugement d'ordre (c'est-à-dire de l'ordonnance de clôture), parce que, l'adjudicataire n'étant pas appelé à la procédure, ce jugement ne pouvait former au profit de la partie saisie un titre exécutoire contre lui; on concluait de là que cette partie ne pouvait agir contre l'adjudicataire qu'en vertu du jugement d'adjudication et en s'en faisant délivrer une grosse (Bruxelles, 13 avr. 1829; D. A. *v° cit.*, n° 1163). Aujourd'hui que l'adjudicataire est rattaché à la procédure d'ordre, on ne doit pas hésiter à délivrer à la partie saisie un bordereau de collocation contre lui en vertu de l'ordonnance même de clôture (Voy., sur cette question, Chauveau, sur Carré, *op. cit.*, t. VI, Ire part., quest. 2608; et, sur cette différence entre l'ancienne procédure d'ordre et la nouvelle, *suprà*, § **778**).

§ **850.** [1] Voy. l'article 777 du projet (Seligmann, *op. cit.*, p. 440).
[2] Voy. l'*Exposé des motifs*, n° 45 (D. P. 58. 4. 49).

compensés par de graves inconvénients : 1) l'adjudicataire avait intérêt à retarder l'ouverture de l'ordre qui devait être suivie de consignation dans les soixante jours ; 2) la Caisse ne paie les intérêts des sommes déposées à ses guichets qu'à 3 pour 100, soixante jours après le dépôt, et en comptant uniformément les mois à trente jours et les années à trois cent soixante jours[3]; 3) on risquait surtout d'abaisser la valeur vénale des immeubles en excluant de l'adjudication quiconque n'était pas en mesure d'en payer le prix dans les deux mois[4]. La commission du Corps législatif fut unanime à demander que la consignation fût seulement facultative, et le conseil d'État accepta l'amendement[5]. La consignation n'est donc pas de droit : si l'adjudicataire[6] veut obtenir avant la clôture de l'ordre la radiation des inscriptions qui pèsent sur l'immeuble[7], il consigne son prix et les intérêts déjà échus[8], mais il n'est tenu de le faire que si le cahier des charges l'y oblige ou si les créanciers l'y contraignent en vertu de l'article 2-10° de l'ordonnance du 3 juillet 1816[9]. A l'inverse, il ne peut consigner si le cahier des charges le lui interdit, car rien n'empêche le créancier de stipuler en sa faveur un terme auquel le débiteur ne pourra renoncer en payant avant le temps convenu[10]. Les articles 777 et 778 rè-

[3] O. 3 juill. 1816, art. 14.

[4] Riché, *op. cit.*, n° 100 (D. P. 58. 4. 56). Lavielle, *op. cit.*, n°s 486 et suiv.

[5] Riché, *op. et loc. cit.* « Si la loi de Genève faite pour une population riche exige « la consignation, les lois de Piémont et de Belgique n'ont pas suivi cet exemple » (Riché, *op. et loc. cit.*). Voy. la loi du 29 septembre 1819 pour le canton de Genève (Art. 647 ; Bellot, *op. cit.*, p. 578) ; l'article 106 de la loi belge du 15 août 1854 (*Pasinomie*, 1854, p. 303), et les articles 717 et suivants du Code de procédure italien qui a remplacé le Code sarde (P. 221 et suiv.).

[6] Seulement l'adjudicataire définitif et, par conséquent, en cas de surenchère, le surenchérisseur : la consignation est trop nuisible aux créanciers, au point de vue du taux et des conditions de l'intérêt, pour pouvoir être admise avant que l'adjudication soit définitive (Seligmann, *op. cit.*, n° 644).

[7] Voy., sur cette radiation, *suprà*, § **847**, et le § suivant.

[8] L'adjudicataire peut ne consigner qu'une partie de son prix ou le capital seulement, mais il n'obtient le bénéfice de sa consignation, c'est-à-dire la radiation immédiate des inscriptions, qu'en consignant la totalité de son prix et les intérêts déjà échus (Chauveau, sur Carré, *op. cit.*, t. VI, Ire part., quest. 2619 *septies;* Boitard, Colmet-Daage et Glasson, *op. cit.*, t. II, n° 1040; Rodière, *op. cit.*, t. II, p. 373 ; Bourges, 8 mars 1880, D. P. 81. 1. 305).

[9] « Seront versés dans ladite Caisse..... le prix ou portion du prix d'une adjudi- « cation d'immeubles vendus sur saisie immobilière, bénéfice d'inventaire, cession « de biens, faillite, que le cahier des charges n'autoriserait pas l'acquéreur à con- « server entre ses mains, si le tribunal ordonne cette consignation à la demande d'un « ou plusieurs créanciers. »

[10] C. civ., art. 1187 : « Le terme est toujours présumé stipulé en faveur du débi-

glent l'époque à laquelle l'adjudicataire peut consigner, le mode de consignation et la procédure en validité; les effets de la consignation sont déterminés par le droit commun, et le mode de paiement par les usages et règlements particuliers à la Caisse des dépôts et consignations [11].

a. On sait que l'ordre ne peut être ouvert qu'après la transcription du jugement d'adjudication qui doit intervenir, à peine de folle enchère, dans les quarante-cinq jours qui suivent le jugement d'adjudication ou l'arrêt confirmatif de ce jugement — que le saisissant peut seul poursuivre l'ordre pendant les huit jours qui suivent cette transcription — et que, ces huit jours expirés, l'adjudicataire peut prendre l'initiative de cette poursuite [12]. L'adjudicataire ne peut consigner avant l'ouverture de l'ordre [13], mais il a le droit de le faire dès que le saisissant en a requis l'ouverture, même avant l'expiration des huit jours pendant lesquels il en avait le monopole [14]. Si le saisissant n'a pas usé de son droit, il résulte des articles 750 et 777 combinés que la consignation ne peut avoir lieu que huit jours au plus tôt après la transcription, car l'adjudicataire a dû préalablement requérir l'ouverture de l'ordre et n'a pu le faire au plus tôt que le huitième jour après la transcription : on n'a pas voulu qu'il pût se libérer immédiatement en consignant, obtenir en même temps la radiation des inscriptions qui grèvent l'immeuble, et retarder ensuite l'ouverture de l'ordre au préjudice des créanciers, en attendant pour transcrire l'extrême limite du délai de quarante-cinq jours fixé par l'article 750 [15]. Tous les créanciers individuellement et le syndic en cas de faillite peuvent s'op-

« biteur, à moins qu'il ne résulte de la stipulation ou des circonstances qu'il a été « convenu en faveur du créancier. » Voy., sur cette défense de consigner, Chauveau, sur Carré, *op. cit.*, t. VI, Ire part., quest. 2619; Rodière, *op. cit.*, t. II, p. 374; req. 4 avr. 1854 (D. P. 54. 1. 290).

[11] J'anticipe ici, pour épuiser le sujet de l'ordre après saisie immobilière, sur l'exposé de la procédure d'offres réelles et de consignation (Voy., sur cette procédure, le tome V de ce Traité).

[12] Voy. *suprà*, § **784**.

[13] Arg. art. 777. Si l'adjudicataire ne peut consigner qu'après avoir requis lui-même l'ouverture de l'ordre à défaut du saisissant, c'est qu'il faut que l'ordre ait été ouvert d'une manière ou d'une autre avant la consignation : le saisi peut aussi en requérir l'ouverture (Voy. *suprà*, § **784**).

[14] Ollivier et Mourlon, *op. cit.*, n° 599. Voy. cep. Bioche, *op. et v° cit.*, n° 96.

[15] Bioche, *op., v° et loc. cit.* Ollivier et Mourlon, *op. et loc. cit.* Voy. cep. Seligmann, *op. cit.*, n° 644.

poser à la consignation prématurée, et, si elle est faite, en demander le retrait ou faire juger qu'elle n'est pas libératoire et que les inscriptions ne seront pas rayées[16]. Par contre, il est toujours temps de consigner, même après l'expiration des délais pour produire[17], la confection du règlement provisoire, le jugement des contredits[18] et le règlement définitif, jusqu'à la délivrance des bordereaux de collocation contre l'adjudicataire lui-même[19].

b. L'article 777, supposant que l'adjudicataire requiert l'ouverture de l'ordre, dit qu' « il dépose à l'appui de sa ré« quisition le récépissé de la Caisse des consignations. » Il résulte de cette disposition, également applicable au cas où l'adjudicataire consigne après l'ouverture de l'ordre, que la consignation consiste, dans l'espèce, dans un simple dépôt fait par l'adjudicataire lui-même à la Caisse qui en donne récépissé[20], sans offres réelles[21], avis du jour et de l'heure où la somme sera déposée[22], intervention d'officiers ministériels[23] ni rédaction d'un procès-verbal[24]. La consignation se fait au siège du tribunal saisi de la procédure d'ordre[25] à laquelle on va voir

16 Douai, 4 août 1859 (D. P. 60. 2. 85).

17 Bioche, *op. et v° cit.*, n° 97. Chauveau, sur Carré, *op. cit.*, t. VI, Ire part., quest. 2619 *quinquies*. Seligmann, *op. cit.*, n° 665.

18 Paris, 12 déc. 1835 (D. A. v° *Privilèges et hypothèques*, n° 2164).

19 Après ce moment, la consignation serait naturellement sans objet.

20 L'article 777 tranche les controverses qui s'élevaient avant la loi du 21 mai 1858 sur les formes que devait observer l'adjudicataire pour consigner valablement (Voy. Seligmann, *op. cit.*, n° 640, note 2). On ne suit donc pas ici les formes plus compliquées de l'article 1259 du Code civil (Civ. rej. 26 mars 1890; D. P. 90. 1. 442); mais l'adjudicataire a le droit d'y recourir s'il ne consigne pas pour obtenir la radiation des inscriptions mais seulement sa libération (Grenoble, 25 nov. 1881; D. P. 82. 2. 184). L'article 777 n'est pas non plus applicable au cas de saisie-arrêt formée entre les mains de l'adjudicataire : ce dernier doit alors payer entre les mains du saisissant, ou consigner dans les formes prescrites par les articles 1259 et suivants du Code civil, et spécialement faire précéder sa consignation d'offres réelles (Même arrêt). Comp. Chauveau, sur Carré, *op. cit.*, t. VI, Ire part., quest. 2619 *sexies*.

21 Seligmann, *op. cit.*, n° 647. La procédure en validité des offres, si l'adjudicataire a cru devoir en faire, augmente donc les frais de consignation qui sont à la charge de l'adjudicataire (Voy. *infrà*, même §), et il ne sera pas sursis à l'ordre jusqu'à la fin de cette procédure (Arg. art. 777 : « En cas de contestation (sur la vali« dité de la consignation), il est statué par le tribunal sans retard des opérations « de l'ordre; Bourges, 30 avr. 1853, D. P. 54. 2. 52; voy., sur cette partie de l'article 777, *infrà*, même §).

22 Seligmann, *op. et loc. cit.*

23 Avoué ou notaire (Chauveau, sur Carré, *op. et loc. cit.*).

24 Seligmann, *op. et loc. cit.*

25 A moins qu'il n'y ait une clause contraire dans le cahier des charges (Civ. rej. 26 mars 1890; D. P. 90. 1. 442). Voy., sur ce tribunal, *suprà*, § **850**.

que l'instance en validité de la consignation est nécessairement rattachée[26]. L'acte de consignation indique l'immeuble adjugé, la somme déposée et l'intention qu'a l'adjudicataire d'obtenir, en consignant, la radiation des inscriptions existantes[27]. Les frais de consignation, à savoir le coût de l'acte de dépôt et les droits d'enregistrement sur la somme encaissée, sont payés par l'adjudicataire malgré l'article 1260 du Code civil[28] qui ne les met à la charge du créancier que dans le cas où il a contesté à tort au débiteur le droit de se libérer[29].

c. Une procédure en validité, réduite d'ailleurs au minimum, suit nécessairement la consignation, car aucun conservateur ne consentira à rayer les inscriptions sans que toutes les parties intéressées y aient consenti ou que la justice le lui ait commandé[30]. L'article 777 rattache cette procédure à l'ordre pour que la somme consignée soit plus tôt distribuée entre les ayants-droit[31]. α) Si le saisissant n'a pas encore requis l'ouverture de l'ordre, l'adjudicataire, l'ayant préalablement requise, dépose à l'appui de sa réquisition le récépissé dont j'ai déjà parlé, et déclare, par un dire inséré au procès-verbal, qu'il entend faire prononcer la validité de la consignation et la radiation des inscriptions[32]; puis, dans les huit jours qui suivent l'expiration du délai pour produire[33] augmenté, le cas échéant, du délai de distance[34], somme les créanciers produisants[35] par acte d'avoué à avoué[36], et

[26] Seligmann, *op. et loc. cit.*

[27] Seligmann, *op. et loc. cit.*

[28] Voy., sur cet article, la suite de ce § et le tome V de ce Traité.

[29] Chauveau, sur Carré, *op. cit.*, t. VI, Ire part., quest. 2619 *duodecies*. Seligmann, *op. cit.*, nos 688 et suiv. Grosse et Rameau, *op. cit.*, t. II, no 535. Orléans, 13 août 1840 (D. A. vo *Privilèges et hypothèques*, no 134). Req. 4 avr. 1854 (D. P. 54. 1. 190). Dijon, 15 janv. 1855 (D. P. 55. 2. 131). Il en sera autrement, par le motif inverse, dans le cas indiqué *suprà*, note 20.

[30] Arg. C. civ., art. 2157. Voy., sur cet article, Aubry et Rau, *op. cit.*, t. III, p. 386; Colmet de Santerre, *op. cit.*, t. IX, no 138 *bis*-I et suiv.; Troplong, *op. cit.*, t. III, nos 735 et suiv.; Pont, *Des privilèges et hypothèques*, t. II, nos 1069 et suiv.

[31] C'est pour cela que l'adjudicataire ne peut consigner avant l'ouverture de l'ordre et doit la requérir lui-même, si ce n'est déjà fait (Voy. *suprà*, même §).

[32] Voy., sur cette déclaration, Orléans, 27 mars 1847 (D. A. vo *Ordre*, no 612).

[33] Voy., sur ce délai, *suprà*, § **814**.

[34] Rodière, *op. cit.*, t. II, p. 373. Seligmann, *op. cit.*, no 651. Voy., sur cette augmentation, t. II, § **206**.

[35] La consignation n'est notifiée qu'aux créanciers produisants : les autres l'ont suffisamment connue par la réquisition d'ordre, accompagnée du dépôt du récépissé et de la déclaration dont il vient d'être parlé (Seligmann, *op. cit.*, nos 649 et 650).

[36] « Sommation par acte d'avoué à avoué et par exploit à la partie saisie, si elle

le saisi dans la même forme ou par exploit à personne ou à domicile s'il n'a pas constitué avoué [37], de prendre communication de sa déclaration et de la contester, s'il y a lieu, dans la quinzaine suivante augmentée du délai de distance pour le saisi qui n'a pas constitué avoué [38]. A défaut de contestation dans ce délai et par ordonnance inscrite au procès-verbal, le juge déclare la consignation valable et ordonne la radiation de toutes les inscriptions existantes avec maintien de leur effet sur le prix [39]; le droit de contester demeure d'ailleurs intact, faute de forclusion prononcée par la loi, jusqu'à ce que cette ordonnance ait été rendue [40]. Elle est exécutoire immédiatement et sans recours [41] à moins qu'elle ne soit prématurée, car le juge qui la rendrait avant l'expiration du délai pour contester commettrait un excès de pouvoir, et son ordonnance pourrait être déférée à la cour de cassation [42]. Les frais des déclarations et sommations ci-dessus sont, comme d'ordinaire [43], à la charge des créanciers qui les ont rendus nécessaires en ne consentant pas dès l'abord à la radiation de leurs inscriptions, qui ne contestent, d'ailleurs, ni cette radiation ni la consignation elle-même, et qui ne peuvent nier que celle-ci ait été faite dans leur intérêt aussi bien que dans celui de l'adjudicataire, car elle les a mis à l'abri de son

« n'a pas avoué constitué. » Cette rédaction est mauvaise et pourrait faire croire que la sommation ne s'adresse qu'à la partie saisie qui la recevra par acte d'avoué à avoué ou par exploit, suivant qu'elle aura ou non constitué avoué : l'article 777 ne doit pas être entendu ainsi, et, si l'on se rappelle que les créanciers produisants reçoivent toujours dénonciation du règlement provisoire et de l'ordonnance de clôture (Voy. *suprà*, §§ **825** et **842**), que la loi a rapproché à dessein la procédure de consignation de la procédure même de l'ordre (Voy. *suprà*, même §), et que les créanciers ont généralement plus d'intérêt que le saisi à connaître la consignation et à pouvoir la contester, on ne fera pas difficulté d'admettre que l'article 777 prescrit, en réalité, de sommer par acte d'avoué à avoué les produisants et le saisi qui a constitué avoué, et par exploit le saisi qui n'a pas d'avoué (Seligmann, *op. cit.*, n° 652).

37 Voy., sur cette hypothèse, *suprà*, § **842**.

38 Seligmann, *op. cit.*, n° 651. Il en est de même, quant à lui, du délai pour contredire le règlement provisoire et pour faire opposition à l'ordonnance de clôture (Voy. *suprà*, §§ **828** et **844**).

39 Voy., sur ce point, le § suivant.

40 Seligmann, *op. cit.*, n° 654. Comp. Rodière, *op. cit.*, t. II, p. 374.

41 Chauveau, sur Carré, *op. cit.*, t. VI, Ire part., quest. 2619 *quinquies*. Seligmann, *op. cit.*, nos 651, 653 et 655.

42 Bioche, *op. et v° cit.*, n° 103. Seligmann, *op. cit.*, n° 655.

43 C. civ., art. 1260 (Voy. *suprà*, note 29).

insolvabilité[44]. S'il y a contestation[45], elle est formée, aux termes de l'article 778, par un dire inséré au procès-verbal et motivé à peine de nullité[46] : le juge renvoie les contestants devant le tribunal[47] qui juge sans que les opérations de l'ordre soient retardées et en présence des seuls contestants[48], sauf aux non-contestants à intervenir, s'ils le veulent, en tout état de cause[49]. L'audience est poursuivie sur un simple acte d'avoué à avoué, sans autre procédure que des conclusions motivées et conformément à l'article 761[50]. L'article 778 ne renvoyant pas à l'article 762, j'en conclus que, si la contestation ne constitue pas un véritable contredit[51], il n'y a lieu ni de signifier le jugement à bref délai ni de supprimer le

[44] Seligmann, *op. cit.*, n° 692. On a vu *suprà*, même §, qu'il en est autrement des frais mêmes de consignation.

[45] Toute partie intéressée peut contester, aussi bien le créancier que le saisi (Duvergier, *op. cit.*, t. LVIII, p. 161, note 2; Chauveau, sur Carré, *op. cit.*, t. VI, Ire part., quest. 2619 *decies*). Le passage du rapport de M. Riché (N° 101; D. P. 58. 4. 56), qu'on cite quelquefois en sens contraire (Voy. notamment Bressolles, *op. cit.*, n° 67), signifie seulement que les créanciers non contestants ne sont pas appelés au jugement de la contestation (Voy., sur ce point, *infrà*, note 48). On verra, d'ailleurs, par ce qui suit que cette procédure s'écarte sous plusieurs rapports de celle qu'ont tracée les articles 758 et suivants en matière de contredits.

[46] Première dérogation, et qui n'est pas justifiée, à l'article 758 qui n'exige pas à peine de nullité que les contredits soient motivés (Seligmann, *op. cit.*, n° 681; voy., sur cette partie de l'article 758, *suprà*, § **831**). D'ailleurs, rien n'empêche de plaider à l'audience d'autres moyens de nullité que ceux qu'on a déduits au procès-verbal (Bioche, *op. et v° cit.*, n° 124).

[47] Ils y viennent en vertu de cette seule ordonnance et sans qu'un avoué soit chargé par le juge de poursuivre l'audience; c'est le plus diligent qui la poursuit : seconde dérogation à l'article 758 (Voy. *suprà*, § **831**) et qui s'explique par cette circonstance que les contredits à l'ordre ralentissent la marche de la procédure, au lieu que les contestations soulevées dans l'espèce sont jugées sans retard des opérations de l'ordre (Voy. *infrà*, même §). Une plus grande diligence est donc nécessaire dans le premier cas, et de là la désignation par le juge d'un avoué qui poursuivra l'audience (Seligmann, *op. cit.*, n° 684).

[48] « C'est avec le saisi que l'adjudicataire fait juger la validité de la consignation, « et non avec les créanciers inscrits qui cependant auront souvent un intérêt plus réel « que celui du saisi. Un amendement de M. Millet appelait à ce débat ces créanciers « ou celui qui représentait les autres : la majorité de votre commission s'en est tenue « au système plus économique du projet qui n'empêche pas les créanciers d'interve- « nir s'ils le croient utile » (Riché, *op. cit.*, n° 101; D. P. 58. 4. 57). C'est pour cela que l'article 778 ne renvoie pas à l'article 760, d'après lequel la masse des créanciers est représentée aux contredits par un avoué commun (Voy. *suprà*, § **831**) : troisième dérogation à la procédure des contredits (Seligmann, *op. cit.*, n° 683).

[49] Riché, *op. et loc. cit.* Seligmann, *op. et loc. cit.* Jusqu'à quel moment au juste l'intervention est-elle recevable? Voy. t. II, § **383**.

[50] L'article 778 renvoie aussi aux articles 762 et 764 : la partie de ces articles qui est relative à l'appel des jugements sur les contredits a été réservée (Voy. *suprà*, § **834**).

[51] Par exemple, si l'adjudicataire repousse la contestation d'un créancier inscrit en lui opposant la nullité de son inscription (Seligmann, *op. cit.*, n° 686).

droit d'opposition[52] : cette différence avec la procédure suivie en matière de contredits s'explique par la double circonstance que les contestations relatives à la consignation ne retardent pas la clôture de l'ordre et sont moins compliquées que les contredits, puisqu'elles s'agitent exclusivement entre les contestants et les intervenants s'il y en a[53]. Quant aux frais de la contestation, l'article 778, aux termes duquel « le « prélèvement peut en être prononcé en faveur de l'adjudicataire, » suppose qu'il gagne son procès : s'il succombe, il paie suivant le droit commun[54] les frais de la contestation à laquelle il a eu le tort de résister[55]; et c'est seulement lorsqu'il a gain de cause que la partie qui a contesté à tort paie les frais[56], à moins que, la contestation ayant été soulevée dans l'intérêt de la masse des créanciers, le tribunal n'ordonne, par exception à l'article 766[57], de rembourser ces frais à l'adjudicataire par préférence sur le prix par lui consigné[58]. Le jugement lui-même liquide ces frais comme en matière sommaire[59], et sert de titre exécutoire à l'adjudicataire qui obtient le paiement sans produire à l'ordre ni se faire délivrer un bordereau : la Caisse des dépôts et consignations le rembourse sur le prix par lui consigné au vu d'un extrait du jugement délivré par le greffier[60]. β) Si l'adjudicataire ne consigne qu'après l'ouverture de l'ordre, il déclare simplement sa consignation au procès-verbal par un dire signé de son avoué auquel il annexe le récépissé de la Caisse des dépôts et consignations, et, le délai des productions expiré[61], il procède en tout point comme il vient d'être dit[62].

[52] Voy., sur ces deux dispositions de l'article 762, *suprà*, § **833**, et le tome V de ce Traité.

[53] Quatrième dérogation à la procédure suivie en matière de contredits (Rodière, *op. cit.*, t. II, p. 375; Seligmann, *op. cit.*, n° 1685; *contrà*, Bioche, *op. et v° cit.*, n° 128; Chauveau, sur Carré, *op. cit.*, t. VI, Ire part., quest. 2619 *quinquies;* Ollivier et Mourlon, *op. cit.*, n° 614; Grosse et Rameau, *op. cit.*, t. II, n° 544).

[54] Voy. t. III, § **449**.

[55] Seligmann, *op. cit.*, n° 692.

[56] Seligmann, *op. et loc. cit.* C'est toujours le droit commun (Voy. t. III, § **449**).

[57] Voy. le premier alinéa de cet article et *suprà*, § **832**.

[58] Rodière, *op. et loc. cit.* Seligmann, *op. et loc. cit.*

[59] Voy., sur ce mode de liquidation en général, t. III, § **501**, et en matière d'ordre, *suprà*, § **832**.

[60] Seligmann, *op. cit.*, n° 693.

[61] Voy., sur ce point, *suprà*, § **814**.

[62] Orléans, 27 mars 1847 (D. A. v° *Ordre*, n° 612).

d. La consignation ne produit, dans l'espèce, que ses effets ordinaires, tels qu'ils sont déterminés par le Code civil : les bordereaux sont exécutoires contre la Caisse[63], mais la consignation n'est irrévocable et attributive de propriété qu'à l'expiration du délai pour la contester, ou lorsqu'il est intervenu sur les contestations dirigées contre elle un jugement passé en force de chose jugée : l'adjudicataire conserve jusque-là la propriété du prix et le droit de retirer sa consignation[64]. Nul doute quant à l'attribution de propriété, mais un auteur[65] enseigne que la consignation est définitivement acquise aux créanciers inscrits du jour où elle leur a été notifiée en la forme précédemment indiquée[66], que l'adjudicataire ne peut plus la retirer sans leur consentement[67], il peut seulement, en vertu de l'article 1653 du Code civil, faire défense à la Caisse de payer les bordereaux s'il est troublé ou s'il a juste sujet de craindre de l'être par une action hypothécaire ou en revendication[68]. La loi du 21 mai 1858 eût certainement pu le dire, s'inspirant, notamment, de l'article 687 qui ne réserve pas à l'acheteur d'un immeuble dont la saisie a été transcrite le droit de retirer la consignation qu'il a faite des sommes dues au saisissant et aux créanciers inscrits[69]; mais, en l'absence de disposition spéciale, il est arbitraire de déroger ici aux principes généraux qui régissent la consignation[70]. Quant aux intérêts et arrérages des sommes dues aux créanciers utilement colloqués, la consignation n'en arrête pas le cours en ce qui concerne le saisi. Il demeure, malgré cela et en vertu de l'article 765[71], débiteur de ces intérêts et arrérages jusqu'à la clôture de l'ordre[72], et, par conséquent, comptable jusqu'à ce moment envers les créanciers utilement colloqués de la différence qui existe entre les intérêts par lui dus au

[63] Riom, 19 janv. 1820 (D. A. v° *Obligations*, n° 2222).
[64] C. civ., art. 1261 et suiv. Voy. le tome V de ce Traité.
[65] Seligmann, *op. cit.*, n° 660.
[66] Voy. *suprà*, même §.
[67] Comp. art. 687 (*Suprà*, même §).
[68] Voy., sur cette application de l'article 1653, *suprà*, § **707**, et le § précédent.
[69] Voy. *suprà*, § **666**.
[70] Bioche, *op. et v° cit.*, n° 101. Chauveau, sur Carré, *op. cit.*, t. VI, Ire part., quest. 2619 *octies*. Bourges, 30 avr. 1852 (D. P. 54. 2. 52).
[71] Voy., sur cette partie de l'article 765, *suprà*, § **841**.
[72] Grenoble, 28 mai 1878 (D. P. 79. 2. 90).

taux ordinaire et les 3 pour 100 payés par la Caisse à partir du soixantième jour qui a suivi la consignation[73] : ce qui revient à dire que l'abaissement du taux de l'intérêt qui résulte de la consignation ne nuit véritablement aux créanciers utilement colloqués que dans le cas, d'ailleurs le plus fréquent, où le saisi n'est pas solvable.

e. La Caisse suit, en principe, pour le paiement des bordereaux les mêmes règles que l'adjudicataire[74]; elle peut, notamment, exiger des créanciers qui se présentent à ses guichets d'autres preuves de leur droit que la production de leurs bordereaux, le certificat de radiation des inscriptions non colloquées en ordre utile, et ceux de signification et de non-opposition ou de non-appel dont il est parlé au § précédent[75]. Par exception, et à la différence de l'adjudicataire, elle peut toujours exiger une quittance notariée[76], et ne paie qu'au vu d'un extrait du règlement d'ordre conforme à l'article 17 de l'ordonnance du 3 juillet 1816 ainsi conçu : « Pour « assurer la régularité des paiements requis par suite d'ordre, « il sera fait par le greffier du tribunal un extrait du procès- « verbal dressé par le juge-commissaire, lequel extrait con- « tiendra : 1) les noms et prénoms des créanciers colloqués; « 2) les sommes qui leur sont allouées; 3) mention de l'or- « donnance du juge qui ordonne la radiation des inscrip- « tions. » L'article ajoute que le coût de cet extrait sera compris dans les frais de poursuite; que, dans les dix jours de la clôture de l'ordre, l'avoué poursuivant remettra cet extrait à la Caisse des dépôts et consignations, à peine de dommages-intérêts envers les créanciers colloqués à qui ce retard pourra être préjudiciable, et que la Caisse ne sera tenue de payer avant la remise de cet extrait que dans le cas de l'article 758[77].

[73] Voy., sur cette différence, *suprà*, § **841**.

[74] Voy., sur ces règles, le § précédent.

[75] Bioche, *op. cit.*, nº 104. Seligmann, *op. cit.*, nºs 646 et 659.

[76] Toujours, c'est-à-dire alors même que le paiement du bordereau ne serait pas accompagné de la radiation d'une inscription (Voy., sur cette différence entre l'adjudicataire et la Caisse des dépôts et consignations, le § précédent et le § suivant). Circ. min. fin. 15 juin 1866 (D. P. 68. 2. 158, note 1). *Contrà*, req. 14 avr. 1836 (D. A. vº *Distribution par contribution*, nº 192); Metz, 23 janv. 1868 (D. P. 68. 2. 158).

[77] L'article 17 de l'ordonnance du 3 juillet 1816 vise également la contribution (Voy. *infrà*, § **868**).

Cette dernière disposition, déjà signalée au § **718**, fait allusion au cas où le juge a fait un règlement partiel[78].

§ **851**. 3) Les privilèges et hypothèques s'éteignent par l'extinction de l'obligation principale (C. civ., art. 2180-1°)[1]; le paiement des bordereaux entraîne donc la radiation des inscriptions qui le garantissaient. Les créanciers colloqués, ou les personnes qui ont le droit de recevoir le paiement pour eux[2], donnent leur consentement à cette radiation dans leur quittance ou dans un autre acte notarié, conformément à l'article 2158 du Code civil : « Ceux qui requièrent la radiation déposent au bureau du conservateur l'expédition de « l'acte authentique portant consentement[3] : » c'est le seul cas où la quittance donnée à l'adjudicataire soit nécessairement notariée[4]. Le créancier qui refuserait de souscrire à la radiation y serait contraint par jugement, à la demande de l'adjudicataire ou du saisi et à ses propres frais[5]. Le conservateur opère la radiation d'office[6], c'est-à-dire sans que les

[78] Voy., sur l'application de l'article 17 de l'ordonnance du 3 juillet 1816, les autorités citées *suprà*, note 76.

§ **851**. [1] Voy., sur ce point, Aubry et Rau, *op. cit.*, t. III, p. 487; Colmet de Santerre, *op. cit.*, t. IX, n° 162 *bis*-I et II; Laurent, *op. cit.*, t. XXXI, n°s 357 et suiv.; Troplong, *op. cit.*, t. IV, n°s 846 et suiv.; Pont, *op. cit.*, t. II, n°s 1226 et suiv.

[2] Cette radiation, consentie par un créancier que je suppose entièrement désintéressé et qui n'a, par suite, aucun intérêt à la refuser, n'exige d'autre pouvoir ni d'autre capacité que celle de recevoir le paiement (Comp. *suprà*, § **793**). Le tuteur peut donc consentir à la radiation sans l'autorisation du conseil de famille et l'homologation du tribunal, bien qu'il s'agisse de renoncer à un droit immobilier (Seligmann, *op. cit.*, n° 552), mais l'avoué qui ne peut recevoir le paiement sans mandat spécial (Voy. *suprà*, § **793**) ne peut pas non plus, sans ce mandat, consentir à la radiation de l'inscription de son client.

[3] Voy., sur cet article, Aubry et Rau, *op. cit.*, t. III, p. 389; Colmet de Santerre, *op. cit.*, t. IX, n° 138; Troplong, *op. cit.*, t. III, n° 741; Pont, *op. cit.*, t. II, n°s 1069 et suiv.

[4] Bioche, *op. et v° cit.*, n° 731. Chauveau, sur Carré, *op. cit.*, t. VI, Ire part., quest. 2609 *ter*. Seligmann, *op. cit.*, n° 551. Je rappelle que la Caisse des dépôts et consignations peut toujours exiger une quittance authentique (Voy. le § précédent), mais que l'adjudicataire doit se contenter d'une quittance sous seing privé toutes les fois qu'elle n'est pas accompagnée du consentement à la radiation.

[5] Bioche, *op. et v° cit.*, n° 733. Seligmann, *op. cit.*, n° 552. Ulry, *op. cit.*, t. II, n° 395 *ter*.

[6] « Jusqu'à concurrence de la somme acquittée. » Ces expressions n'ont pas de sens, puisque le créancier qui consent à la radiation est utilement colloqué, c'est-à-dire complètement désintéressé (Boitard, Colmet-Daage et Glasson, *op. cit.*, t. II, n° 1034).

parties intéressées aient besoin de l'en sommer, au vu de la quittance, de la mainlevée donnée par acte séparé ou du jugement[7]; s'il s'y refusait sans motifs légitimes[8], il y serait contraint par un jugement rendu à ses frais sur la demande de l'adjudicataire ou du saisi, sans préjudice des dommages-intérêts pour le préjudice que son retard aurait pu causer[9]. L'article 771 ajoute à ces prescriptions que « l'inscription « d'office est rayée définitivement sur la justification faite « par l'adjudicataire du paiement de la totalité de son prix « soit aux créanciers colloqués soit à la partie saisie[10]. » On discutait, avant la loi du 21 mai 1858, pour savoir si cette phrase, qui se trouvait déjà dans l'article 771 du Code de procédure, faisait allusion aux inscriptions des créanciers colloqués ou non en ordre utile, ou seulement à celle que le conservateur a pu prendre d'office au nom du vendeur en vertu de l'article 2108 du Code civil[11]. Aujourd'hui que les inscriptions des créanciers non utilement colloqués sont rayées même avant le paiement des bordereaux[12], la phrase en question ne peut plus concerner que les inscriptions des

7 Bioche, *op. et v° cit.*, n° 730. Boitard, Colmet-Daage et Glasson, *op. et loc. cit.* Rodière, *op. cit.*, t. II, p. 372. Seligmann, *op. cit.*, n° 553. Dans le cas où le consentement à la radiation est donné par acte séparé, le conservateur doit se contenter d'une expédition de l'acte notarié qui contient ce consentement, et ne peut exiger la production d'une quittance (Preschez, *op. cit.*, p. 127, note 1; Angers, 2 févr. 1848, D. P. 48. 2. 195).

8 Il aurait des motifs légitimes de s'y refuser : 1° si la partie qui demande la radiation ne produisait pas à l'appui les pièces qu'il a le droit d'exiger; 2° si une collocation garantie par une seule inscription était attribuée à plusieurs créanciers qui ne consentissent pas tous à la radiation; le conservateur aurait alors le droit de ne la refuser, attendu qu'il existe envers lui, à la charge des créanciers, une obligation indivisible de lui rapporter un consentement amiable (Bioche, *op. et v° cit.*, n° 734; Chauveau, sur Carré, *op. cit.*, t. VI, Ire part., quest. 2609 *bis;* Seligmann, *op. cit.*, n° 550). Il y a là une application éloignée du principe de l'indivisibilité de l'hypothèque (C. civ., art. 2114; voy., sur ce principe, *suprà*, § **817**).

9 Comp. ce que j'ai dit *suprà*, § **847**, au cas où il refuserait aussi sans motifs de procéder à la radiation des inscriptions des créanciers non colloqués en ordre utile.

10 C'est-à-dire du reliquat dû à la partie saisie (Voy., sur cette hypothèse, *suprà*, § **848**.

11 L'interprétation littérale de l'article 771 était plus favorable à cette dernière opinion : « l'inscription d'office, » c'est-à-dire l'inscription prise d'office. Les partisans de l'autre opinion lisaient comme s'il y avait : « L'inscription est rayée d'of-« fice. » Voy., sur cette controverse, Seligmann, *op. cit.*, n° 553, et, sur l'inscription d'office de l'article 2108 du Code civil, Aubry et Rau, *op. cit.*, t. III, p. 356; Colmet de Santerre, *op. cit.*, t. IX, n° 69 *bis*-VI; Troplong, *op. cit.*, t. I, n°s 286 et suiv.; Pont, *op. cit.*, t. II, n°s 268.

12 Voy., sur cette disposition nouvelle de la loi du 21 mai 1858, *suprà*, § **847**.

créanciers colloqués en ordre utile ou celle que le conservateur a prise en vertu de l'article 2108 du Code civil, et, comme celles-là sont déjà visées par la première phrase de l'article 771 : « Au fur et à mesure du paiement des collocations, le conservateur décharge d'office l'inscription, » la seconde ne peut avoir trait qu'à l'inscription d'office prise en vertu de l'article 2108 du Code civil. La question est, d'ailleurs, sans intérêt, toutes ces inscriptions étant rayées d'office, c'est-à-dire sans réquisition préalable et au seul vu des pièces indiquées au présent §[13].

§ **852**. Telles sont, dans leur ensemble et, autant que possible, dans leurs détails les péripéties d'un ordre judiciaire. La loi du 21 mai 1858, qui attache avec raison tant d'importance à ce qu'elles se déroulent régulièrement et avec toute la célérité possible[1], ne pouvait s'en tenir aux précautions prises par l'article 776 du Code de procédure contre la négligence des avoués de qui dépend l'exacte observation des formalités et des délais dont cette procédure se compose. Le droit que donnait cet article aux confrères du poursuivant, de se faire subroger à lui en cas de retard ou de négligence[2], était, comme la pratique le fit voir, insuffisant ou illusoire : insuffisant, car le poursuivant n'est pas le seul dont la lenteur et l'indolence puissent ralentir la marche de l'ordre; illusoire, car « les délicatesses de la confraternité ou le besoin « d'une mutuelle tolérance empêchaient presque toujours les « avoués de la cause de demander la subrogation[3]. » Le nouvel article 776 est plus complet, plus énergique et plus précis, car il ne laisse pas à l'appréciation du juge et détermine lui-même exactement les cas où s'appliquera la sanction qu'il édicte.

13 Voy., sur cette difficulté, Bioche, *op. et v° cit.*, n° 730; Boitard et Colmet-Daage, *op. et loc. cit.;* Rodière, *op. et loc. cit.;* Seligmann, *op. et loc. cit.*

§ **852.** 1 Voy. *suprà*, § **778.**

2 Voy., sur l'application de cet article, Chauveau, sur Carré, *op. cit.*, t. VI, Ire part., n° CXIII *septies*. Seligmann, *op. cit.*, n° 627; civ. cass. 22 déc. 1834 (D. A. v° *cit.*, n° 1244).

3 Riché, *op. cit.*, n° 99 (D. P. 58. 4. 156). Aj. circ. minist. 2 mai 1859, n° 74 (D. P. 59. 3. 32). On pouvait aussi provoquer un nouvel ordre (Bourges, 8 août 1827; D. A. v° *cit.*, n° 1245), mais c'était, de tous les moyens, le plus coûteux, car on avait, en pure perte, rempli les formalités et fait les frais du premier ordre.

La peine portée par cet article consiste dans une déchéance provoquée par l'une quelconque des parties[4] au moyen d'un dire inséré au procès-verbal[5] ou appliqué d'office par le juge[6], et prononcée dans les deux cas, sans sommation ni jugement, par une ordonnance également inscrite au procès-verbal. La même ordonnance ou une ordonnance séparée commet, pour remplacer l'avoué déchu, un de ceux qui occupent dans la même procédure[7] : l'avoué ainsi désigné ne peut décliner la mission qui lui est confiée, car, s'il le pouvait, tous ceux du siège n'auraient qu'à suivre son exemple pour que l'article 776 restât lettre morte[8]. Toute signification est ici superflue, et il suffit que le greffier fasse connaître officieusement à l'un des avoués sa déchéance, à l'autre la désignation dont il est l'objet[9]. Le premier conserve ses pouvoirs et les actes par lui faits sont valables jusqu'à son remplacement[10], mais il doit remettre les pièces sur récépissé à son successeur dès qu'il le connaît, et n'est payé des frais par lui faits qu'après la clôture de l'ordre[11]; le

[4] Les créanciers qui demandaient à être colloqués en sous-ordre pouvaient demander autrefois la subrogation (Héricourt, *op. cit.*, ch. XI, sect. IV, n° 2 ; p. 390). Le contraire a été jugé sous l'empire de la loi du 11 brumaire an VII (civ. rej 10 pluv. an XII; D. A. v° *Vente publique d'immeubles*, n° 1096), mais ils sont parties à l'ordre (Voy. *suprà*, §§ **820** et suiv.), et on doit leur reconnaître sans difficulté le droit de provoquer l'application de l'article 776 (Chauveau, sur Carré, *op. cit.*, t. VI, Ire part., quest. 2618 *quater*; Pont, sur Seligmann, *op. cit.*, n° 631, note 2).

[5] Bioche, *op. et v° cit.*, n° 689.

[6] « D'office » ne veut pas dire sans examen (Voy. *infrà*, même §).

[7] Le juge n'est pas tenu de suivre l'ordre indiqué par l'article 750 (Voy. *suprà*, § **784**), mais il est naturel de le faire; en tout cas, le juge n'a pas le droit d'aller chercher, en dehors des avoués qui figurent déjà dans l'ordre, un autre avoué qui y serait étranger, à qui aucune partie n'aurait confié ses intérêts, et qui aurait tout à faire pour se mettre au courant de la procédure (Chauveau, sur Carré, *op. cit.*, t. VI, Ire part., quest. 2618 *sexies*).

[8] Riché, *op. et loc. cit.* Seligmann, *op. cit.*, n° 634. Ulry, *op. cit.*, t. I, n° 84. Chauveau, sur Carré (*Op. cit.*, t. VI, Ire part., quest. 2618 *novies*) et Grosse et Rameau (*Op. cit.*, t. II, n° 502) supposent cependant qu'il pourrait avoir des raisons légitimes de refuser.

[9] Chauveau, sur Carré, *op. cit.*, t. VI, Ire part., quest. 2618 *septies*. Seligmann, *op. cit.*, n° 631.

[10] Sans quoi la procédure pourrait se trouver interrompue (Bioche, *op. et v° cit.*, n° 693; Chauveau, sur Carré, *op. cit.*, t. VI, Ire part., quest. 2618 *bis*; Rodière, *op. cit.*, t. II, p. 379).

[11] Chauveau se demande (Sur Carré, *op. cit.*, t. VI, Ire part., quest. 2618 *decies*) à quoi sert cette peine, puisque les avoués ne sont jamais payés de leurs frais qu'après le règlement définitif (Voy. *suprà*, § **837**) : il répond que l'article 776 a peut-être voulu dire que les frais de cet avoué ne seront pas privilégiés en cas de contestation (Voy., sur ce privilège, *suprà*, § **852**). Pourquoi ne pas dire tout simplement que la peine portée contre l'avoué négligent consiste à être privé des émo-

second entre en fonctions dès qu'il est averti de l'ordonnance qui le concerne, exige immédiatement de son prédécesseur les pièces que celui-ci a entre les mains, et remplit dans les délais prescrits les formalités qui restent à accomplir; ces délais ne courent pas contre lui du jour où il a obtenu la remise des pièces, car sa lenteur à les exiger pourrait entraîner de nouveaux retards, mais du jour où le greffier lui notifie la mission dont il est chargé [12].

Deux avoués encourent la déchéance édictée par l'article 776 : 1° l'avoué poursuivant qui n'a pas observé les formalités et délais prescrits par les articles 753 (sommations de produire), 755, 2e alinéa (dénonciation de l'état de collocation provisoire) et 769 (dépôt de l'ordonnance de clôture au bureau des hypothèques) [13]; 2° l'avoué commis dans les termes du § **831**, qui n'a pas rempli les obligations à lui imposées par l'article 761 (poursuite de l'audience pour le jugement des contredits) [14]. Si l'avoué poursuivant a été chargé de cette mission, il cumule deux qualités et deux responsabilités, et peut encourir la déchéance en vertu de la première ou de la seconde disposition de l'article 776 [15], mais l'application de la seconde n'entraîne pas nécessairement celle de la pre-

luments attachés à la suite de la procédure dont la poursuite lui est enlevée, et à supporter plus longtemps l'avance des frais qu'il a déjà faits? En tout cas, la peine subie par l'avoué ne peut atteindre son client auquel le retard n'est pas imputable : les avances par lui faites à son avoué lui sont immédiatement remboursées (Chauveau, sur Carré, *op. et loc. cit.;* Seligmann, *op. cit.*, n° 635). L'avoué ne peut alléguer, pour échapper aux conséquences de son inaction, le décès de la partie pour laquelle il occupe : l'héritier de cette partie la représente et l'avoué constitué par elle doit continuer à instrumenter pour lui sans attendre de nouvelles instructions, ce qui revient à dire que la mort d'un créancier n'interrompt pas l'ordre où ce créancier est intéressé (Limoges, 1er août 1845 ; D. A. v° *Ordre*, n° 1239). L'article 776 n'applique qu'à l'avoué déchu de la poursuite l'obligation de remettre immédiatement les pièces à son remplaçant et d'attendre le paiement de ses frais jusqu'à la clôture de l'ordre, mais cette disposition vise également l'avoué commis, déchu, comme on va le voir, de la charge qui lui a été donnée dans les termes indiqués au § **831**.

[12] Bioche, *op., v° et loc. cit.*

[13] Toutes les pénalités sont de droit étroit, et cette énumération est, par conséquent, limitative (Chauveau, sur Carré, *op. cit.*, t. VI, Ire part., quest. 2618 *octies;* Seligmann, *op. cit.*, n° 629), et exclut notamment l'article 767 (dénonciation de l'ordonnance de clôture; Chauveau, sur Carré, *op. cit.*, t. VI, Ire part., quest. 2618 et 2618 *ter;* Seligmann, *op. et loc. cit.;* Grosse et Rameau, *op. cit.*, t. II, nos 499 et suiv.; Ulry, *op. et loc. cit.*).

[14] L'article 776 dit : « Les obligations à lui imposées par les articles 758 et 761. » L'article 758 figure ici par erreur; l'article 761 seul impose ces obligations à l'avoué.

[15] Bioche, *op. et v° cit.*, n° 687. Chauveau, sur Carré, *op. cit.*, t. VI, Ire part., quest. 2618. Seligmann, *op. cit.*, n° 633.

mière, et l'avoué qui n'a été négligent que dans l'accomplissement des obligations à lui imposées par l'article 761 ne doit pas pour cela se voir enlever la poursuite de l'ordre[16]. Le juge a, d'ailleurs, le droit d'apprécier si l'infraction aux formes et délais prescrits par la loi est imputable à la négligence de l'avoué[17], et de lui épargner la déchéance s'il apparaît que l'infraction de la loi soit le fait d'un huissier[18] ou du greffier[19]; son ordonnance est, par conséquent, motivée[20], mais quoi qu'il décide, elle est souveraine[21] et n'est susceptible de recours que s'il a prononcé la déchéance en dehors des cas prévus par l'article 776[22].

§ **853**. II. J'ai exposé depuis le § **784** la procédure de l'ordre judiciaire proprement dit qui suppose au moins quatre créanciers inscrits : les précautions qui l'entourent — direction d'un magistrat spécial, formalités minutieuses, délais calculés de manière à éviter toute surprise, confection successive d'un état de collocation provisoire et d'un état définitif — sont utiles et peuvent même être nécessaires pour mettre au clair et régler exactement une situation hypothécaire très compliquée; dans le cas contraire, elles sont excessives et peuvent devenir nuisibles. Une pra-

16 Chauveau, sur Carré, *op. et loc. cit.* Pont, sur Seligmann, *op. et loc. cit.*, note 1. *Contrà*, Seligmann, *op. et loc. cit.* La réciproque n'est pas vraie : l'avoué coupable de négligence dans la poursuite de l'ordre encourt, à plus forte raison, la déchéance du droit de poursuivre l'audience à fin de jugement des contredits.

17 Duvergier, *op. cit.*, t. LVIII, p. 160, note 6. Seligmann, *op. cit.*, n° 630. Pont, sur Seligmann, *op. et loc. cit.*, note 1. Grosse et Rameau, *op. cit.*, t. II, n° 497. *Contrà*, Ollivier et Mourlon, *op. cit.*, n°s 583 et suiv.

18 Riché, *op. et loc. cit.* Boitard, Colmet-Daage et Glasson, *op. cit.*, t. II, n° 1039. Seligmann, *op. et loc. cit.* Pont, sur Seligmann, *op. et loc. cit.*

19 Bioche, *op. et v° cit.*, n° 690. Chauveau, sur Carré, *op. cit.*, t. VI, Ire part., quest. 2618 *ter.* Seligmann, *op. et loc. cit.* Pont, sur Seligmann, *op. et loc. cit.*

20 Chauveau, sur Carré, *op. cit.*, t. VI, Ire part., quest. 2618 *septies.* Grosse et Rameau, *op. cit.*, t. II, n° 501. Voy., sur ce principe général et commun à toutes les décisions de justice, t. III, § **459**.

21 Il doit, pour se conformer à l'esprit de la loi, prononcer la déchéance toutes les fois qu'il constate une contravention matérielle imputable à l'avoué (Seligmann, *op. et loc. cit.*); mais l'application de l'article 776 n'est pas prescrite à peine de nullité, et le juge qui omet de la prononcer engage seulement sa responsabilité en se faisant en quelque sorte complice de la négligence ou de la mauvaise volonté de l'avoué (Voy., sur cette responsabilité, *suprà*, § **782**).

22 L'article 776 dit, sans réserves, que « cette ordonnance n'est susceptible d'aucun recours, » mais le recours est de droit dans le cas prévu au texte, car l'ordonnance du juge constitue alors un véritable excès de pouvoir (Chauveau, sur Carré, *op. cit.*, t. VI, Ire part., quest. 2618 *octies*).

tique antérieure au Code de procédure réservait les formalités de l'ordre judiciaire pour le cas où il existait au moins trois créanciers inscrits [1]; l'article 775 du Code de procédure consacrait cet usage pour les ordres ouverts après une aliénation volontaire [2]; le nouvel article 773 [3] supprime cette distinction, que rien ne justifie, entre l'aliénation volontaire et l'expropriation forcée : « quel que soit le mode d'aliéna« tion, » l'ordre judiciaire ne pourra être provoqué s'il y a moins de quatre créanciers inscrits, et, dans ce cas, la distribution du prix sera faite à l'audience par le tribunal luimême procédant et jugeant comme en matière sommaire. Ce règlement s'appelle procédure d'attribution ou encore distribution du prix à l'audience ou par voie d'instance [4]. Il est, d'ailleurs, précédé, comme l'ordre judiciaire, d'un essai d'ordre amiable qui a d'autant plus de chances de succès que les créanciers sont moins nombreux [5] : la partie la plus diligente en poursuit l'ouverture dans les huit jours qui suivent la transcription [6], par requête adressée au juge spécial et, s'il n'y en a pas, au président du tribunal : le saisissant ne jouit pas pendant ces huit jours du privilège que l'article 750 établit en sa faveur dans le cas où il y a plus de quatre créanciers inscrits [7]. A part cela, la tentative de règlement amiable est soumise, dans l'espèce, à toutes les règles établies aux §§ **785** et suivants : si elle échoue, l'ordre judi-

§ **853.** [1] Réal, *Exposé des motifs du Code de procédure,* Ire part., liv. V (Dans Locré, *op. cit.*, t. XXII, p. 599).

[2] Voy., sur ces ordres, le tome V de ce Traité.

[3] A la demande de la commission du Corps législatif (Riché, *op. cit.*, no 98; D. P. 58. 4. 56).

[4] Le nouvel article règle en détail cette procédure dont l'ancien texte posait le principe sans en déterminer la forme (Riché, *op. et loc. cit.*).

[5] Comp. la tentative de conciliation que la loi supprime, la jugeant d'avance condamnée à un échec, quand la demande est formée « contre plus de deux parties, « encore qu'elles aient le même intérêt » (Art. 49-6o; t. II, § **238**). Il en était autrement avant la loi du 21 mai 1858 : l'ordre amiable faisait alors partie de l'ordre judiciaire dont il est aujourd'hui distinct (Voy. *suprà*, § **792**), et, par conséquent, n'avait pas lieu s'il y avait moins de trois créanciers inscrits (Seligmann, *op. cit.*, no 571).

[6] « Après l'expiration des délais établis par les articles 750 et 772 » (Art. 773). L'article 750 fixe le délai dans lequel l'ordre amiable est poursuivi après saisie immobilière (Voy. *suprà*, § **784**); l'article 772, dont je renvoie l'explication au tome V de ce Traité, suppose l'ordre poursuivi après aliénation volontaire.

[7] Bioche, *op. et vo cit.*, no 50. Seligmann, *op. cit.*, no 572. Voy., sur ce privilège, *suprà*, § **784.** L'article 773 le supprime ici pour presser la conclusion de l'ordre.

ciaire devient inévitable, mais dans quels cas, précisément, se règle-t-il par voie d'instance et quelles formes de procéder doivent alors être suivies?

§ **854.** A. L'article 773 se borne à dire que l'ordre ne peut être provoqué « s'il y a moins de quatre créanciers inscrits; » cette formule vague et incomplète doit être remplacée par la suivante : l'ordre est réglé judiciairement toutes les fois qu'il existe, au jour de la clôture de l'ordre amiable, quatre ou plus de quatre créanciers produisants ou non, mais inscrits sur l'immeuble dont le prix est en distribution et tenus de recourir à l'inscription pour la conservation de leurs droits; dans tous les autres cas, l'ordre est réglé par voie d'instance. Les parties n'ont pas le choix entre ces deux procédures, et s'exposent à voir annuler l'ordre en employant l'une au lieu de l'autre : les créanciers[1] peuvent demander cette nullité jusqu'à la clôture des opérations[2], mais elle n'est pas d'ordre public[3] : ni le juge-commissaire ni le tribunal ne peuvent la prononcer d'office[4], et elle est couverte non-seulement quand le règlement de l'ordre s'est achevé sans protestation[5], mais encore quand les créanciers, en se prêtant à une procédure irrégulière, ont renoncé d'avance au droit d'en contester la validité[6]. La formule énoncée au commencement de ce § contient les propositions suivantes, et se justifie en même temps ainsi qu'il suit.

1° S'il y a quatre créanciers ou plus au jour de la clôture de l'ordre amiable, l'ordre est réglé judiciairement, quoiqu'il n'y ait eu au début que deux ou trois créanciers et que le

§ **854.** [1] L'adjudicataire n'y a pas d'intérêt (Toulouse, 19 avr. 1839; D. A. *v° cit.*, n° 1266).

[2] Toulouse, 19 avr. 1839 (D. A. *v° et loc. cit.*). Après la clôture, la nullité est couverte (Voy. *infrà*, même §).

[3] Au contraire, la distinction que la loi fait entre la procédure ordinaire et la procédure sommaire est, jusqu'à un certain point, d'ordre public : le tribunal ne peut prononcer d'office la nullité résultant de ce qu'une de ces procédures a été employée pour l'autre, mais l'affaire où les parties ont, d'un commun accord, procédé sommairement en dehors des cas prévus par l'article 404 est taxée comme en matière ordinaire (Voy. t. II, § **399**).

[4] Chauveau, sur Carré, *op. cit.*, t. VI, Ire part., quest. 2614 *bis*. Seligmann, *op. cit.*, n° 569. Toulouse, 7 déc. 1826 (D. A. *v° cit.*, n° 1266). *Contrà*, Bioche, *op. et v° cit.*, n° 11; Montpellier, 6 juill. 1850 (D. A. *v° cit.*, n° 1263).

[5] Voy. l'arrêt cité *suprà*, notes 1 et 2.

[6] Rouen, 28 avr. 1863 (D. A. *v° cit.*, n° 1263).

nombre de quatre ait été atteint pendant les opérations par suite d'une ou plusieurs interventions. Inversement, l'ordre se règle à l'audience s'il y a moins de quatre créanciers au jour de la clôture de l'ordre amiable, quoiqu'ils aient dépassé ce nombre au moment où cet ordre s'est ouvert et se soient trouvés après coup réduits à deux ou trois par suite de cessions, renonciations ou radiations volontairement consenties. Ces deux solutions ne sont pas dans le texte de l'article 773, mais elles sont dans son esprit, car peu importent ici les événements qui se sont passés pendant l'ordre amiable, et, le choix à faire entre les deux procédures ne doit dépendre que du nombre des créanciers en présence au jour où il y a lieu d'opter entre elles [7].

2° Il n'est contraire à aucun principe et il est conforme au vœu de la loi, qui recherche en cette matière l'économie et la rapidité, que la procédure qui suit l'essai d'ordre amiable s'achève dans les conditions où elle a valablement commencé : l'instance en attribution engagée entre deux ou trois créanciers et l'ordre judiciaire ouvert entre quatre créanciers ou plus se poursuivent donc, quand même le nombre des créanciers aurait augmenté dans le premier cas par suite d'interventions, et diminué dans le second par suite d'un règlement partiel ou de cessions, renonciations ou consentements donnés à la radiation d'une ou plusieurs hypothèques. La substitution d'une procédure différente à une autre déjà commencée serait une source de frais et une cause de lenteurs : il convient de tarir l'une et d'éviter l'autre [8].

3° « S'il y a moins de quatre créanciers inscrits » dit l'article 773. Je tire de ces expressions les quatre conséquences suivantes : 1) Ce n'est pas du nombre des créances, c'est du

[7] Bioche, *op. et v° cit.*, n°s 42 et 46. Comp. Chauveau, sur Carré, *op. et loc. cit.*; Seligmann, *op. cit.*, n° 567.

[8] Bioche, *op. et v° cit.*, n°s 42 et 43. Chauveau, sur Carré, *op. et loc. cit.* Seligmann, *op. cit.*, n° 570. Pé de Arros, *op. cit.* (Dans la *Revue pratique de droit français*, t. XLVII, 1880, p. 251). Besançon, 16 juill. 1808 (D. A. *v° cit.*, n° 1268). Civ. rej. 4 juill. 1838 (D. A. *v° cit.*, n° 1271). Req. 5 janv. 1842 (D. A. *v° cit.*, n° 1272). Montpellier, 24 janv. 1849; Nîmes, 7 juill. 1851; Orléans, 2 mai 1854 (D. A. *v° cit.*, n° 1268). Douai, 16 janv. 1876 (D. P. 77. 2. 100). *Contrà*, req. 26 nov. 1828 (D. A. *v° cit.*, n° 1269). Il n'en serait pas absolument de même en matière de procédure ordinaire ou sommaire (Voy. t. II, § **399**), mais cela tient à ce que la distinction de ces deux procédures a, jusqu'à un certain point, un caractère d'ordre public (Voy. *suprà*, note 3).

nombre des créanciers qu'il faut tenir compte : trois créanciers possédant chacun deux créances inscrites comptent pour trois et non pour six, et l'ordre se règle entre eux par voie d'instance[9]; par contre, quatre héritiers, ayant pris séparément inscription pour la créance de leur auteur qui s'est divisée entre eux, comptent pour quatre et l'ordre est réglé entre eux judiciairement[10]. 2) Ce n'est pas tant le nombre des créanciers qui importe que celui des inscriptions : quatre héritiers, ayant pris une seule inscription pour la créance qu'ils ont trouvée dans la succession de leur auteur, ne comptent que pour un, et, s'il n'y a en dehors d'eux que deux créanciers, l'ordre est réglé par voie d'instance[11]. 3) Tous les créanciers inscrits doivent être comptés, même ceux qui n'ont pas figuré à l'ordre amiable et qui ne produisent pas à l'ordre judiciaire; le juge qui constate, à l'échéance du délai pour produire, que quatre créanciers sont inscrits et qu'il n'y en a que trois qui aient produit, ne doit pas pour cela se dessaisir et renvoyer les produisants devant le tribunal[12]. 4) Les créanciers non inscrits, à savoir les créanciers privilégiés pour frais de poursuite[13] et les créanciers à hypothèque légale dispensés d'inscription et non inscrits[14], n'entrent pas en ligne de compte. Cette règle ne souffre exception, quant à ces derniers, que s'ils se font connaître avant la demande en attribution du prix, soit pendant l'ordre amiable auquel

[9] Bioche, *op. et v° cit.*, n° 33. Boitard, Colmet-Daage et Glasson, *op. cit.*, t. II, n° 1036. Rodière, *op. cit.*, t. II, p. 380. Seligmann, *op. cit.*, n° 564. Ulry, *op. cit.*, t. I, n° 79. Caen, 23 juin 1860 (D. P. 62. 2. 197).

[10] Bioche, *op. et v° cit.*, n°s 34 et suiv. Chauveau, sur Carré, *op. cit.*, t. VI, Ire part., quest. 2614. Boitard, Colmet-Daage et Glasson, *op. et loc. cit.* Rodière, *op. et loc. cit.* Seligmann, *op. cit.*, n° 565. Il a été cependant jugé que plusieurs créanciers agissant dans le même intérêt ne comptent que pour un : par exemple, un créancier et sa caution (Montpellier, 6 juill. 1850; D. A. v° *cit.*, n° 1263), ou deux créanciers qui sont convenus de partager la collocation obtenue d'un commun effort (Caen, 6 août 1866; D. P. 68. 2. 27).

[11] Bioche, *op., v° et loc. cit.* Chauveau, sur Carré, *op. et loc. cit.* Boitard, Colmet-Daage et Glasson, *op. et loc. cit.* Rodière, *op. et loc. cit.* Seligmann, *op. et loc. cit.* Même solution s'il y a plusieurs créanciers solidaires n'ayant pris tous ensemble qu'une inscription (Bioche, *op. et v° cit.*, n° 38).

[12] Bioche, *op. et v° cit.*, n° 41.

[13] Chauveau, sur Carré, *op. cit.*, t. VI, Ire part., quest. 2614 *quater*. *Quid*, s'il a pris inscription? Voy. *infrà*, même §.

[14] Bioche, *op. et v° cit.*, n° 44. Chauveau, sur Carré, *op. cit.*, t. VI, Ire part., quest. 2615. Boitard, Colmet-Daage et Glasson, *op. et loc. cit.* Seligmann, *op. cit.*, n° 566. Ulry, *op. et loc. cit.* Req. 26 nov. 1828 (D. A. v° *cit.*, n° 1269).

ils deviennent ainsi parties, soit après l'échec de cet ordre en informant le juge-commissaire de l'intention qu'ils ont de prendre part à l'ordre judiciaire [15].

4° On ne doit tenir compte que des inscriptions qui grèvent l'immeuble sur lequel l'ordre est actuellement ouvert. Si plusieurs immeubles situés dans le même arrondissement [16] ont été adjugés pour un seul prix, qu'ils soient grevés d'inscriptions différentes, et que le seul sur lequel l'ordre est ouvert ne soit grevé que de trois inscriptions, l'ordre est réglé à l'audience, quand même d'autres créanciers auraient inscription sur les autres immeubles qui ont été adjugés en même temps [17]. On pourra seulement, par économie et s'il n'en doit pas résulter un trop grand retard, joindre l'ordre actuellement ouvert à ceux qui sont probablement près de s'ouvrir, et procéder à l'ordre judiciaire si le nombre total des créanciers inscrits s'élève à plus de quatre [18].

5° L'adjudicataire qui a pris inscription à raison des frais pour lesquels il est privilégié n'est pas compté pour l'application de l'article 773 [19], car cette inscription n'était pas utile pour la conservation de ses droits, et il lui suffisait de retenir sur le prix d'adjudication dont il était débiteur le montant des frais dont il est créancier privilégié [20].

§ **855**. B. L'adjudicataire et l'immeuble sur le prix duquel l'ordre est ouvert sont-ils l'un domicilié l'autre situé dans le même arrondissement, le tribunal de cet arrondissement est compétent pour procéder à la distribution du prix [1]. L'adjudicataire est-il domicilié dans un autre arrondissement que celui de la situation de l'immeuble, c'est le tribunal de la situation qui est compétent [2], car c'est devant l'un de ses

[15] Bioche, *op. et v° cit.*, n° 45. Seligmann, *op. et loc. cit.* Besançon, 29 mars 1816 (D. A. *v° cit.*, n° 1257). Rennes, 28 avr. 1863 (D. A. *v° cit.*, n° 1266).

[16] Voy., sur cette hypothèse, *suprà*, § **644**.

[17] Chauveau, sur Carré, *op. cit.*, t. VI, Ire part., quest. 2614 *ter*.

[18] Bioche, *op. et v° cit.*, n°s 39 et 40. Voy., sur la jonction de deux ou plusieurs ordres, *suprà*, § **818**.

[19] Seligmann, *op. cit.*, n° 568.

[20] Voy., sur ce point, *suprà*, § **707**.

§ **855**. [1] Dans ce cas aucune difficulté. Comp., sur la compétence *ratione personæ* en matière d'ordre, *suprà*, § **781**.

[2] Chauveau, sur Carré, *op. cit.*, t. VI, Ire part., quest. 2625 *quater*. Seligmann, *op. cit.*, n° 580.

membres qu'il a été procédé à l'ordre amiable[3], et c'est à lui que pensait évidemment la commission du Corps législatif lorsqu'elle demandait que le juge qui avait échoué dans l'ordre amiable fît porter d'emblée l'affaire au tribunal[4]. Si ce tribunal se compose de plusieurs chambres, l'affaire est portée de préférence à celle à laquelle ce juge est attaché, mais cette indication n'a rien d'impératif et n'est pas prescrite à peine de nullité[5]. Le privilège du saisissant en matière d'ordre judiciaire[6] n'existe pas ici : l'affaire vient à l'audience à la requête de la partie la plus diligente[7], et l'article 773 ne fixe à cet égard aucun délai, s'en remettant au zèle des parties intéressées à ce que tout se termine au plus tôt[8]. Doivent être assignés non-seulement les créanciers inscrits, mais encore : 1° les créanciers à hypothèque légale dispensés d'inscription et non inscrits qui ont concouru à l'essai d'ordre amiable[9]; 2° le saisi dont la présence sera très utile si le tribunal a besoin de se renseigner sur les créances qui existent encore et sur celles qui sont déjà payées[10]; 3° l'adjudicataire à l'égard duquel il faudrait observer, si l'on avait omis de l'assigner, les formalités préalables à l'exécution des jugements contre les tiers[11]. Ces assignations sont données à personne ou au domicile réel[12], au délai de huitaine avec augmenta-

[3] Voy. *suprà*, §§ **781** et **782**.

[4] Riché, *op. cit.*, n° 98 (D. P. 58. 4. 56). Le conseil d'État n'a pas admis cet amendement, mais l'intention du législateur n'en est pas moins très claire.

[5] Chauveau, sur Carré, *op. et loc. cit.* Seligmann, *op. et loc. cit.*

[6] Voy., sur ce privilège, *suprà*, § **784**.

[7] Seligmann, *op. cit.*, n° 578.

[8] Seligmann, *op. cit.*, n° 573. La commission du Corps législatif a proposé sur ce point un amendement que le conseil d'État n'a pas admis (Riché, *op. et loc. cit.*).

[9] Bioche, *op. et v° cit.*, n° 51. Chauveau, sur Carré, *op. cit.*, t. VI, Ire part., quest. 2615 *septies*. Seligmann, *op. cit.*, n° 579. Comp., sur la participation de ces créanciers à l'ordre amiable, *suprà*, § **788**.

[10] Bioche, *op. et v° cit.*, n° 52. Seligmann, *op. et loc. cit.* C'est pour cela qu'on lui dénonce en cas d'ordre judiciaire l'état de collocation provisoire (Voy. *suprà*, § **825**).

[11] Chauveau, sur Carré, *op. et loc. cit.* Seligmann, *op. et loc. cit.* Voy., sur l'exécution des jugements contre les tiers, t. III, § **565**.

[12] L'article 773 dit seulement « à personne ou à domicile, » mais cela doit s'entendre du domicile réel à l'exclusion du domicile élu. Il est vrai que les sommations de produire à l'ordre judiciaire sont remises au domicile élu par les créanciers dans leurs inscriptions (Voy. *suprà*, § **808**), mais ces sommations sont données à quarante jours au lieu que l'assignation est donnée ici à huitaine (Voy. *infrà*,

tion de distance[13], et par le ministère d'huissiers choisis par le poursuivant[14]; elles contiennent les énonciations ordinaires de l'ajournement[15], moins la copie des titres du poursuivant qu'il produira comme les autres créanciers pendant l'instance[16], et la copie du procès-verbal de non-conciliation dont le juge-commissaire donnera communication à ses collègues[17].

La procédure est sommaire à tous égards[18], et spécialement : 1° quant aux délais : l'affaire se juge à l'expiration du temps fixé pour la comparution[19], ce qui restreint singulièrement le délai accordé aux créanciers pour produire[20],

même §), et la personne qui l'aurait reçue pour le créancier au domicile élu par lui n'aurait guère le temps de l'en avertir à son domicile réel ou à sa résidence. Ce qui doit, au surplus, lever tous les doutes, c'est : 1° le texte même de l'article 773, car le mot « domicile » employé sans épithète signifie toujours le domicile réel; 2° l'Exposé de motifs, d'après lequel l'affaire est jugée sur assignation « à personne ou domicile réel » (N° 41; D.P. 58. 4. 48); 3° un amendement proposé par la commission du Corps législatif, pour que l'assignation n'eût lieu au domicile réel que s'il était situé en France (Riché, *op. et loc. cit.*), et qui montre que la commission regardait comme allant de soi que l'assignation fût donnée au domicile réel (Voy., en ce sens, Seligmann, *op. cit.*, n°s 573 et 581, et, en sens contraire, Bioche, *op. et v° cit.*, n° 56). J'ajoute : 1° que, l'article 773 ne distinguant pas, l'assignation aura lieu, quelque lenteur qu'il puisse en résulter, au domicile réel des créanciers domiciliés en France ou même à l'étranger; 2° que l'adjudicataire doit aussi être assigné à son domicile réel et non pas au domicile de son avoué (*Contrà*, Bioche, *op. et v° cit.*, n° 58); 3° que cette solution doit être maintenue même à l'égard du vendeur non domicilié en France : l'article 753 n'exige pas, il est vrai, que les sommations de produire soient signifiées à son domicile réel situé en pays étranger (Voy. *suprà*, § **808**), mais on vient de voir que l'article 753 ne s'applique dans aucune de ses parties au règlement d'ordre par voie d'instance (Voy., en sens contraire, Bioche, *op. et v° cit.*, n°s 57 et 58).

13 Conformément au droit commun (Voy. t. II, § **206**). Chauveau, sur Carré, *op. cit.*, t. VI, Ire part., quest. 2615 *sexies*. Seligmann, *op. cit.*, n° 582.

14 Et non point par le tribunal (Seligmann, *op. cit.*, n° 577; *contrà*, Bioche, *op. et v° cit.*, n° 53. *Nec obst.* art. 752 (Voy. *suprà*, § **806**) : la procédure des sommations de produire ne s'applique pas ici (Voy. *suprà*, note 10).

15 Et notamment l'indication de la nature et de la situation de l'immeuble sur lequel l'ordre est ouvert (Bioche, *op. et v° cit.*, n° 54). Voy., sur cette énonciation dans les actions réelles, t. II, § **249**.

16 Bioche, *op. et v° cit.*, n° 55. Voy., sur les productions dans les ordres qui se règlent à l'audience, *infrà*, même §.

17 Ainsi se justifie l'exception que j'apporte à l'article 65 : « Il sera donné avec « l'exploit copie du procès-verbal de non-conciliation » (T. II, § **249**). Voy., en ce sens, Seligmann, *op. et v° cit.*, n° 577; et, en sens contraire, Bioche, *op. et v° cit.*, n° 54.

18 Le tribunal statuera, dit l'article 773, « comme en matière sommaire. » On a vu t. II, § **400**, que cette expression est synonyme, en principe, de celle « affaire « sommaire. »

19 Seligmann, *op. et v° cit.*, n° 584. Comp. t. II, § **397**.

20 Comp. *suprà*, note 12.

car, s'ils peuvent le faire en tout état de cause[21], ils sont loin de jouir à cet effet des quarante jours qui leur sont accordés en cas d'ordre judiciaire[22]; 2° quant aux formes de l'enquête qui sont simplifiées, s'il y a lieu, comme il est dit au § **398**[23]; 3° quant aux frais qui sont taxés sur les bases et de la manière indiquées aux §§ **396** et **496**[24], car l'article 773 ne déroge pas au droit commun de la procédure sommaire en permettant aux parties[25] de se signifier des conclusions motivées[26] qui entreront naturellement en taxe[27] : on sait que la jurisprudence admet, dans toutes les affaires sommaires, les parties à échanger de pareilles conclusions et le tribunal à les taxer[28]. D'autre part, l'article 773 ne renvoie pas, pour cette procédure, à l'article 762 qui règle celle des contredits à l'ordre judiciaire[29], et je conclus de là que ni le rapport du juge qui a procédé à l'ordre amiable ni les conclusions du procureur de la République ne sont requises[30], et on n'est pas tenu de signifier le jugement dans les trente jours[31]. L'article 773 n'emprunte à l'article 762 que l'obligation de signifier à avoué et la défense de

[21] Ollivier et Mourlon, *op. cit.*, n° 537.

[22] Ils ne jouissent même pas des délais fixés par les articles 77 et suivants, puisque les écritures prévues par ces articles n'ont pas lieu en matière sommaire (Voy. t. II, § **397**, et, sur le délai pour produire à l'ordre judiciaire, *suprà*, § **814**).

[23] Bioche, *op. et v° cit.*, n° 61.

[24] Bioche, *op. et v° cit.*, n° 537.

[25] A toutes les parties, puisqu'il ne distingue pas (Bioche, *op. et v° cit.*, n° 60; Seligmann, *op. cit.*, n° 583). *Nec obst.* art. 761 : le jugement sur les contredits à l'ordre judiciaire est rendu « sans autre procédure que des conclusions motivées de « la part des contestés ». La situation n'est pas la même, car le règlement de l'ordre par voie d'attribution vient à l'audience *de plano* et sans préparation, au lieu que le jugement des contredits à l'ordre judiciaire est précédé d'un règlement provisoire où les questions litigieuses ont été posées et les solutions préparées. Voy., sur l'article 761, *suprà*, § **831**.

[26] Non grossoyées (Seligmann, *op. et loc. cit.*).

[27] A raison de 7 francs 50 cent. et ailleurs de 5 francs 50 cent. Arg. O. 30 oct. 1841, art. 10, qui fixe ainsi l'émolument des conclusions tendantes à l'intérinement du rapport d'experts en cas de partage ou licitation (Seligmann, *op. et loc. cit.*).

[28] Voy. t. II, § **396**, note 16; t. III, § **496**, note 11.

[29] Voy., sur cet article, *suprà*, § **831**.

[30] Seligmann, *op. cit.*, n° 585. Cela se conçoit d'autant mieux que certaines parties sont souvent représentées dans l'ordre judiciaire par un avoué qu'elles n'ont pas choisi et que le tribunal leur impose (Voy. *suprà*, § **831**), au lieu qu'ici, sauf le cas de défaut que je réserve (Voy. la suite de ce §), chaque partie a son avoué et est par-là même suffisamment protégée. La question est cependant controversée : Bioche exige les conclusions du ministère public (*Op. et v° cit.*, n° 62). MM. Grosse et Rameau exigent celles du ministère public et le rapport du juge (*Op. cit.*, t. II, n° 490).

[31] Rodière, *op. et loc. cit.* Seligmann, *op. et v° cit.*, n° 586.

signifier à partie[32]. Je néglige, pour le moment, tout ce qui a trait au cas où l'une des parties fait défaut et aux voies de recours dont le jugement rendu en cette matière est susceptible[33] et j'ajoute seulement, à propos de la consignation : 1° que, si l'adjudicataire l'a faite avant de poursuivre le règlement à l'audience, il en demande en même temps la validité avec la radiation des inscriptions qui existent sur l'immeuble, et que l'exploit d'ajournement ainsi rédigé vaut sommation de contester la consignation; 2° que, si l'adjudicataire n'a consigné que pendant l'instance en attribution, il en avertit les autres parties par acte d'avoué à avoué et les somme de contester par le même acte, et que le tribunal statue sur les contestations, s'il y en a, par le jugement même qui règle l'ordre ou par un jugement ultérieur si le règlement doit en être retardé[34].

§ **856**. III. L'article 779, le seul qu'il me reste à expliquer, suppose : 1° que, l'adjudicataire n'ayant pas satisfait aux clauses du cahier des charges qui n'ont pas trait au paiement du prix, la folle enchère est poursuivie contre lui pendant la procédure d'ordre[1]; 2° que, ce même adjudicataire n'ayant pas payé les bordereaux trois jours après qu'ils lui ont été signifiés, la folle enchère est poursuivie contre lui après la clôture de l'ordre[2]. La loi du 21 mai 1858, confirmant d'ailleurs la jurisprudence antérieurement établie[3], décide par

[32] Voy., sur ce point, Bioche, *op. et v° cit.*, n° 63; Chauveau, sur Carré, *op. cit.*, t. VI, Ire part., quest. 2615 *octies*; Seligmann, *op. et loc. cit.* La signification à partie, qui serait nulle dans l'ordre judiciaire proprement dit à moins d'avoir été faite aussi à l'avoué (Voy. *suprà*, § **833**, note 5), serait-elle valable dans l'espèce? Voy., pour l'affirmative, Nancy, 23 mai 1874 (D. P. 75. 2. 117), et, pour la négative, la note sur cet arrêt.

[33] « Le jugement est signifié à avoué seulement, s'il y a avoué constitué; en cas « d'appel, il est procédé comme aux articles 763 et 764 » (Art. 773; voy. *infrà*, § **967**). Je rappelle, en outre, que la procédure tracée au présent § est encore plus simple dans le cas où il n'existe qu'un seul créancier (V. *suprà*, § **779**).

[34] Bioche, *op. et v° cit.*, n° 122. Seligmann, *op. cit.*, n° 658. Ollivier et Mourlon, *op. cit.*, n° 612. Comp., sur la procédure de consignation en cas d'ordre judiciaire proprement dit, *suprà*, § **850**.

§ **856**. [1] Voy., sur cette hypothèse, *suprà*, §§ **749** et suiv.

[2] Voy., sur cette hypothèse, *suprà*, *ib.*

[3] Voy. notamment civ. cass. 12 nov. 1821 (D. A. v° *Vente publique d'immeubles*, n° 1947); Bordeaux, 4 juin 1835 (D. A. v° *Privilèges et hypothèques*, n° 2291). Comp. Seligmann, *op. cit.*, n° 695, et voy., en sens contraire, Pont, *Des privilèges et hypothèques*, t. II, n° 1058.

cet article que « l'adjudication sur folle enchère, intervenant « dans le cours de l'ordre et même après le règlement défi- « nitif et la délivrance des bordereaux, ne donne pas lieu à « une nouvelle procédure; le juge modifie l'état de colloca- « tion suivant les résultats de l'adjudication, et rend les bor- « dereaux exécutoires contre le nouvel adjudicataire[4]. » J'ai déjà signalé cet article en traitant de la folle enchère : j'ai montré que cette disposition de pure forme, uniquement inspirée par un désir d'économie et de célérité, ne touche pas au fond du droit, et qu'il faut se garder d'y voir une subrogation de l'adjudicataire sur folle enchère aux droits du fol enchérisseur[5]. Il faut, pour l'application de cet article, distinguer deux cas : 1° l'adjudication sur folle enchère a lieu pendant le cours de l'ordre; 2° elle suit la clôture des opérations.

A. L'adjudication sur folle enchère survient pendant l'essai d'ordre amiable ou, après qu'il a échoué, pendant l'ordre judiciaire ou l'instance en attribution. Le poursuivant ou, à son défaut, la partie la plus diligente, mentionne au procès-verbal l'adjudication sur folle enchère, la date du jugement qui l'a prononcée, le nom du nouvel adjudicataire et les conditions de la nouvelle adjudication; en même temps, il requiert le juge par un dire de donner à la procédure une direction appropriée aux circonstances[6]. Si l'essai d'ordre amiable est encore pendant[7], le juge y convoque le nouvel

[4] L'article 779 ne s'applique évidemment pas au cas d'une folle enchère poursuivie pour défaut de transcription (Voy. *suprà*, § **749**), puisque la procédure d'ordre, tant de l'ordre judiciaire proprement dit que du règlement par voie d'instance, suppose la transcription préalablement faite (Voy. *suprà*, §§ **784** et **854**). L'article 779 ne s'applique pas non plus au cas de revente consentie par l'adjudicataire ou de saisie pratiquée sur lui par ses créanciers : il faut procéder alors à un nouvel ordre (Seligmann, *op. cit.*, n° 723; Paris, 16 avr. 1832, D. A. v° *Ordre*, n° 1189). C'est ce qu'on faisait avant la loi du 21 mai 1858 (Bordeaux, 4 juin 1835, D. A. v° *Privilèges et hypothèques*, *loc. cit.*; Bourges, 21 févr. 1837, D. A. *v° cit.*, n° 1119), et cette loi n'y a rien changé (Civ. rej. 17 mai 1859; D. P. 59. 1. 209). Il en sera de même si l'adjudicataire sur folle enchère, ne satisfaisant pas non plus à ses obligations, l'immeuble est revendu à sa folle enchère : un nouvel ordre sera nécessaire, dans lequel figureront, à moins qu'ils n'y aient renoncé, les créanciers qui ont pris part au premier (Seligmann, *op. cit.*, n° 722).

[5] Voy. *suprà*, § **755**.

[6] Bioche, *op. et v° cit.*, n° 775. Seligmann, *op. cit.*, n° 706. Le nouvel adjudicataire n'est pas tenu de signifier son titre au poursuivant; c'est à celui-ci de veiller sur l'exécution des obligations de l'adjudicataire, de prévoir la folle enchère, et de s'informer de l'adjudication qui en est résultée (Bioche, *op. et v° cit.*, n° 777).

[7] Voy., sur le délai dans lequel il doit le faire aboutir ou y renoncer, *suprà*, § **804**.

adjudicataire conformément à l'article 751[8], mais sans que l'oubli de cette formalité entraîne la nullité de l'ordre, car la convocation du fol enchérisseur n'est pas requise à peine de nullité[9], et la non-convocation de l'adjudicataire sur folle enchère ne peut avoir des conséquences plus rigoureuses[10]. Si l'adjudication sur folle enchère survient pendant la préparation du règlement provisoire, ce travail se poursuit sur la base du prix de cette adjudication, et, dès qu'il est terminé, le poursuivant le dénonce non pas au fol enchérisseur[11] mais au nouvel adjudicataire[12]. Enfin, si l'adjudication sur folle enchère n'a lieu qu'après la dénonciation du règlement provisoire, l'article 779 défend de le recommencer et prescrit simplement au juge de conformer, s'il y a lieu, le règlement définitif aux résultats de la nouvelle adjudication : ni le rang ni le montant des collocations ne sont changés, mais il se peut arriver, si le prix de la seconde adjudication dépasse celui de la première, que des créanciers jusqu'alors exclus se trouvent colloqués en ordre utile, et, dans le cas contraire, que des créanciers jusqu'alors utilement colloqués se trouvent finalement exclus[13]. Si la première adjudication a été transcrite, ces changements peuvent être faits avant la transcription de la seconde[14], car le cours des inscriptions qui pouvaient être prises du chef du saisi et des précédents propriétaires est désormais arrêté[15], et, les droits du fol enchérisseur étant résolus sans que ceux du saisi revivent, nul n'a pu prendre inscription du chef de ce dernier[16]. Si l'ordre se règle à l'audience et que l'instance soit encore pendante devant le tribunal, le nouvel adjudicataire est mis en cause, et le tribunal fixe les droits des créanciers en tenant

[8] Seligmann, *op. et v° cit.*, n° 709.

[9] Voy. *suprà*, § **788**.

[10] Seligmann, *op. et loc. cit.*

[11] Voy., sur la dénonciation du règlement provisoire à l'adjudicataire, *suprà*, § **825**.

[12] Bioche, *op. et v° cit.*, n° 780. Seligmann, *op. cit.*, n° 710.

[13] Seligmann, *op. cit.*, n° 721. Aj., sur les nouvelles collocations, les autorités citées *infrà*, notes 19 et suivantes, et civ. cass. 23 janv. 1878 (D. P. 78. 1. 369).

[14] Voy., sur ce point, *suprà*, § **701**, et même §, note 4.

[15] Voy. *suprà*, § **713**.

[16] Bioche, *op. et v° cit.*, n° 781. Seligmann, *op. cit.*, n° 704. *Contrà*, Chauveau, sur Carré, *op. cit.*, t. VI, Ire part., quest. 2620.

compte du prix de la nouvelle adjudication[17]. En aucun cas, on ne notifie au fol enchérisseur le changement survenu dans la procédure[18].

B. L'adjudication sur folle enchère survient au moment où l'ordre a déjà donné des résultats définitifs, soit que l'essai d'ordre amiable ait abouti, soit que l'ordonnance qui clôt l'ordre judiciaire ait été rendue, soit enfin que le tribunal ait prononcé sur l'ordre réglé par voie d'instance. L'article 779 défend alors de recommencer la procédure, et prescrit de rendre les bordereaux exécutoires contre le nouvel adjudicataire par une simple mention mise au bas par le juge ou par le greffier[19], en les modifiant, s'il y a lieu, par suite de la différence de prix qui peut exister entre les deux adjudications. Si la différence est en moins, les créanciers qui ne se trouvent plus colloqués en ordre utile ne reçoivent pas de bordereaux contre le nouvel adjudicataire; si la différence est en plus, les créanciers qui n'avaient pas de bordereaux contre le premier adjudicataire en obtiennent contre le second[20]; il en est de même du saisi s'il existe un reliquat[21]. Il entre évidemment dans l'esprit de l'article 779 que ce travail supplémentaire soit fait par le même juge ou par le même tribunal[22] : la partie la plus diligente porte la nouvelle adjudication à leur connaissance en levant une expédition du jugement qui l'a prononcée; ou, plus simplement, le greffier en remet la minute au juge ou au tribunal pour qu'ils puissent faire à leur premier règlement les rectifications nécessaires[23]. Le fol enchérisseur n'est point appelé[24], mais les rectifica-

[17] Bioche, *op. et v° cit.*, n° 779.

[18] Bioche, *op. et v° cit.*, n° 785.

[19] Bioche, *op. et v° cit.*, n° 786. Chauveau, sur Carré, *op. cit.*, t. VI, Ire part., quest. 2620 *bis*. Seligmann, *op. cit.*, n° 713.

[20] Bioche, *op., v° et loc. cit.* Chauveau, sur Carré, *op. et loc. cit.* Seligmann, *op. et loc. cit.* Le fol enchérisseur est responsable, en vertu de l'article 740, du préjudice subi par les créanciers qui perdent le bénéfice de leur collocation en ordre utile (Voy. *suprà*, §§ **753** et **754**).

[21] Seligmann, *op. cit.*, n° 718.

[22] Bioche, *op. et v° cit.*, n° 776. Seligmann, *op. cit.*, n° 703. La jurisprudence était déjà fixée en ce sens avant la loi du 21 mai 1858 (Pau, 26 janv. 1832, D. A. v° *Ordre*, n° 1380; Douai, 10 juin 1843, Agen, 9 août 1843, D. A. v° *Privilèges et hypothèques*, n° 2434, Grenoble, 2 juill. 1845, Caen, 22 mars 1849, Riom, 3 août 1854, Alger, 26 juill. 1856, D. A. v° *Ordre*, n° 1354).

[23] Chauveau, sur Carré, *op. et loc. cit.* Seligmann, *op. cit.*, n° 712.

[24] Bioche, *op. et v° cit.*, n° 785.

tions sont signifiées à l'adjudicataire qui peut avoir intérêt à les contester[25].

§ **857**. La folle enchère et l'adjudication qui s'ensuit ne donnent pas lieu, comme on le voit, à un nouvel ordre, et de ce principe résultent les conséquences suivantes. 1° L'ordre amiable, s'il a abouti, demeure intact et les créanciers qui y ont figuré conservent tous les droits qui leur ont été reconnus, quand même, pour éviter tout danger de forclusion, ils auraient produit à nouveau après l'adjudication sur folle enchère : cette formalité surabondante[1] ne peut leur faire perdre aucun de leurs droits, et s'interpréter comme une renonciation aux avantages qui leur ont été accordés[2]. 2° Si l'adjudication sur folle enchère survient pendant ou après le règlement provisoire, la situation respective des créanciers n'est pas changée[3], de nouvelles productions sont inutiles[4], mais les déchéances encourues pour n'avoir pas produit ou contredit en temps utile sont définitivement acquises : les créanciers qui les ont subies n'en sont pas relevés[5], et ceux d'entre eux qui n'ont pas contredit le rang d'un créancier qu'ils ne croyaient pas devoir être colloqué utilement ne sont pas reçus à le contester, quand ce créancier arrive en ordre utile par suite d'une différence en plus entre le prix de la première adjudication et celui de la seconde[6]. 3° Le règlement définitif conserve, à plus forte raison, son autorité de chose jugée à l'égard des créanciers qui y ont figuré, et aucun d'eux ne peut, sauf le cas d'erreur matérielle, le remettre en question sous prétexte que la somme à distribuer n'est plus la même[7]. 4° L'article 765, aux termes duquel les intérêts et arrérages des créances utilement colloquées cessent de courir à partir

[25] Ulry, *op. cit.*, t. II, n° 422.

§ **857**. [1] Voy. l'arrêt cité *infrà*, note 4.

[2] Besançon, 8 mars 1859 (D. P. 59. 2. 87).

[3] Aussi les créanciers colloqués ne reçoivent-ils pas de nouvelles sommations (Civ. cass. 12 nov. 1821 ; D. A. v° *Vente publique d'immeubles*, n° 1947).

[4] Req. 9 juill. 1860 (D. P. 61. 1. 123).

[5] Paris, 26 janv. 1833 (D. A. v° *Ordre*, n° 1380). Colmar, 13 févr. 1850 (D. A. *v° cit.*, n° 1188).

[6] Bioche, *op. et v° cit.*, n° 787. Seligmann, *op. cit.*, n° 718.

[7] Bioche, *op. et v° cit.*, n° 785. Seligmann, *op. cit.*, n° 715. Civ. cass. 30 nov. 1886 (D. P. 87. 1. 109).

du jour où l'ordonnance de clôture est devenue définitive[8], s'applique malgré la revente sur folle enchère : les intérêts et arrérages qui ont couru dans l'intervalle des deux adjudications ne sont pas à la charge du saisi[9], et les créanciers que la différence d'intérêts a mis en perte n'ont de recours que contre le fol enchérisseur[10]. 5° La substitution du nouvel adjudicataire au fol enchérisseur comme débiteur des bordereaux ne donne ouverture ni à un nouveau droit de greffe ni à un nouveau droit proportionnel de collocation[11].

§ **858**. IV. Telle est aujourd'hui la procédure d'ordre : les *desiderata* dont elle est l'objet se bornent à quelques changements de détail qui, sans modifier le caractère général du système, en rendront le fonctionnement meilleur. C'est l'ordre amiable qui appelle surtout des réformes qui rendront la conciliation plus facile et les règlements judiciaires moins fréquents : la commission de 1865[1] proposait d'élever l'amende des non-comparants de 50 à 100 francs[2], et de valider d'une manière générale le consentement donné par les incapables ou par leurs représentants en présence et sous l'autorité du juge-commissaire[3], [4]. Des auteurs[5] demandent également que l'ordre puisse être amiablement réglé en l'absence des créanciers sommés d'y assister si la sommation les a avertis que

[8] Voy. *suprà*, § **841**.

[9] Bioche, *op. et v° cit.*, n° 784. Seligmann, *op. cit.*, n° 714. Toulouse, 3 juin 1828 (D. A. *v° cit.*, n° 1382). Douai, 10 juin 1843; Agen, 9 août 1843 (D. A. v° *Privilèges et hypothèques*, n° 2434). Toulouse, 2 juin 1849 (D. A. v° *Ordre, loc. cit.*). *Contrà*, Chauveau, sur Carré, *op. cit.*, t. VI, Ire part., quest. 2596 *bis*-V.

[10] En vertu du principe rappelé au § précédent, note 19.

[11] Mais seulement à un droit fixe (Trib. de Saint-Amand, 24 août 1882; D. P. 83. 3. 112). Voy., sur les droits de greffe et sur le droit proportionnel d'enregistrement perçus sur les bordereaux de collocation, *suprà*, § **848**.

§ **858**. [1] Greffier, *op. cit.*, p. 130 et suiv.

[2] Elle ne peut dépasser aujourd'hui 25 francs (Voy. *suprà*, § **801**).

[3] Voy., sur l'état actuel de la doctrine et de la jurisprudence sur ce point particulier, *suprà*, § **797**.

[4] Elle proposait aussi de dire expressément dans la loi que la présence et l'adhésion de l'adjudicataire et du saisi ne sont pas nécessaires (Voy. *suprà*, § **791**, note 10), et que le règlement amiable ne pourrait porter que sur le prix des biens mis en distribution (Voy., sur ce point, *suprà*, § **792**, note 10).

[5] Preschez, *op. cit.*, p. 133. Eyssautier, *Quelques idées pratiques sur l'ordre amiable et l'ordre judiciaire* (Dans la *Revue pratique de droit français*, t. XVI, 1863, p. 206 et suiv.). Pé de Arros, *op. cit.* (Dans la *Revue pratique de droit français*, t. XLVII, 1880, p. 303 et suiv.).

leur absence entraînera forclusion[6], que le ministère des avoués y soit rendu facultatif[7], que les frais de représentation puissent être employés en frais d'ordre et ne soient plus mis nécessairement à la charge de la partie représentée[8], et que le juge-commissaire puisse faire un règlement amiable partiel et ne renvoyer au tribunal que les points qui restent litigieux entre les parties[9]. Quant à l'ordre judiciaire, la réforme la plus intéressante consisterait à le relier à l'ordre amiable, de manière que les mêmes sommations de produire servissent à l'un comme à l'autre et qu'on pût procéder à l'ordre judiciaire après l'échec de l'essai d'ordre amiable sans attendre l'expiration d'un nouveau délai de quarante jours[10]. On demande aussi la suppression de la sommation faite au saisi avant le règlement provisoire, et qu'une seule copie des sommations de produire soit remise à l'avoué qui représente plusieurs créanciers[11].

FIN.

6 La présence de tous les créanciers est actuellement indispensable pour la conclusion de l'ordre amiable (Voy. *suprà*, § **801**).

7 La question est très controversée aujourd'hui (Voy. *suprà*, § **790**).

8 Il en est autrement aujourd'hui (Voy. *suprà*, *ib.*).

9 *Quid*, dans l'état actuel? Voy. *suprà*, § **799**.

10 Dayras, *Nouvelles observations pratiques sur la loi du 21 mai 1858* (Dans la *Revue pratique de droit français*, t. XXXIV, 1872, p. 387 et suiv.).

11 Greffier, *op. et loc. cit.* Voy., sur ces divers points, *suprà*, §§ **806** et **808**. La commission demandait encore que le taux du dernier ressort fût porté à 2,000 francs (Greffier, *op. et loc. cit.*), mais cette innovation n'aurait pas été spéciale à la procédure d'ordre, et n'aurait fait, dans la pensée de la commission, qu'appliquer en matière d'ordre une règle nouvelle sur le taux du dernier ressort (Voy. *infrà*, § **894**). Voy., sur la proportion entre le nombre des règlements amiables et celui des règlements judiciaires, Yvernès, *op. cit.*, p. 422, et le dernier compte de l'administration de la justice civile et commerciale qui ait été publié, celui de l'année 1887 (*Journal officiel* du 24 août 1889, p. 4128).

TABLE DES MATIÈRES.

TROISIÈME PARTIE.

PROCÉDURE (*Suite*).

LIVRE III.

PROCÉDURE POSTÉRIEURE AU JUGEMENT.

TITRE II.

Exécution du jugement.

CHAPITRE II.

DE L'EXÉCUTION FORCÉE.

SECTION III.

De la saisie immobilière.

§ I.

Principes généraux de la saisie immobilière.

§ II.

Procédure ordinaire de saisie immobilière.

§ III.

Incidents de la saisie immobilière.

§ II.

Règlement des ordres.

FIN DE LA TABLE.

ERRATUM.

Page 469, note 1. — Au lieu de : *Même dans l'ordre amiable*, lire : *Quid, dans l'ordre amiable?*

BAR-LE-DUC, IMPRIMERIE CONTANT-LAGUERRE.

A LA MÊME LIBRAIRIE

Traité théorique et pratique de procédure, organisation judiciaire, compétence et procédure en matière civile et commerciale, par E. Garsonnet, professeur à la Faculté de droit de Paris, 1882-1891, tomes I à IV, in-8°. **40 fr.** »
(L'ouvrage formera 5 volumes.)

Traité théorique et pratique du droit pénal français, par R. Garraud, avocat à la Cour d'appel, professeur de droit criminel à la Faculté de droit de Lyon, membre de la Commission de surveillance des prisons du Rhône, 1888-1891, tomes I à IV, in-8° .... **40 fr.** »
(L'ouvrage formera 5 volumes.)

Traité théorique et pratique de droit public et administratif, contenant : l'examen de la doctrine et de la jurisprudence; la comparaison de notre législation avec les principales lois politiques et administratives de l'Angleterre, des Etats-Unis, de la Belgique, de la Hollande, des principaux Etats de l'Allemagne et de l'Espagne; la comparaison de nos institutions actuelles avec celles de la France avant 1789, par A. Batbie, membre de l'Institut, professeur à la Faculté de droit de Paris, avocat à la Cour d'appel, sénateur, ancien ministre de l'Instruction publique et des Cultes. *2e édition*, 1885-1888, 8 volumes in-8° et trois suppléments .... **72 fr.** »

Droit maritime. — Commentaire théorique et pratique du livre II du Code de commerce (législations comparées), avec un appendice contenant : la loi du 10 juillet 1885 sur l'hypothèque maritime; la loi du 12 août 1885 modifiant plusieurs dispositions du livre II; le Congrès d'Anvers de 1885; un formulaire; le texte expliqué de la police de Paris, des polices anglaise et allemande; une bibliographie; une table alphabétique et méthodique, par Lucien de Valroger, docteur en droit, avocat au Conseil d'Etat et à la Cour de Cassation, 1883-1886, 5 vol. in-8° .... **40 fr.** »

Précis de droit civil, contenant : *dans une première partie*, l'exposé des principes, et *dans une deuxième*, les questions de détail et les controverses, suivi d'une table des textes expliqués et d'une table alphabétique très développée, par G. Baudry-Lacantinerie, doyen de la Faculté de droit de Bordeaux, professeur de Code civil. *3e édition*, 1888-1889, 3 vol. grand in-8° .... **37 fr. 50**
Chaque volume séparément .... **12 fr. 50**

Manuel des magistrats du Parquet et des officiers de police judiciaire, suivi d'un Code de citation et d'audience, et renfermant toutes les formules usuelles, par G. Vallet, docteur en droit, substitut du procureur de la République à Saint-Etienne, et Em. Montagnon, docteur en droit, substitut du procureur de la République à Valence, 1890, 2 vol. in-8° .... **20 fr.** »

Manuel théorique et pratique du juge d'instruction, accompagné d'un Formulaire complet et suivi de cinq tables très détaillées, par Pierre Sarraute, lauréat de la Faculté des lettres, de la Faculté de droit et de l'Académie de législation de Toulouse, juge au Tribunal civil de Périgueux, 1890, 1 vol. in-8°. **10 fr.** »

Dictionnaire des délais, prescriptions, péremptions en matière civile, commerciale, criminelle, administrative et militaire, suivi d'un *Essai de réforme en matière de délais*, par E.-H. Mancelle, avoué licencié à Rochefort-sur-Mer, 1890, 1 vol. in-8° .... **10 fr.** »

Traité théorique et pratique de la purge des privilèges et hypothèques, par Oscar Dalmbert, docteur en droit, conseiller à la Cour d'appel de Rouen. *Deuxième édition*, complétée et mise en rapport avec la loi du 13 juillet 1889 (Hypothèque légale de la femme), 1891, 1 vol. in-8° .... **8 fr.** »

Usages et règles de la profession d'avocat, jurisprudence, ordonnances, décrets et lois, par M. Cresson, avocat à la Cour d'appel de Paris, 1888, 2 vol. in-8° .... **15 fr.** »

Traité de l'appel en matière civile, par T. Crépon, conseiller à la Cour de cassation, 1888, 2 vol. in-8° .... **16 fr.** »

BAR-LE-DUC, IMPRIMERIE CONTANT-LAGUERRE.